U0875701

隧道及地下工程建设丛书

Beijing Subway Shield Tunneling Technology

北京地铁盾构隧道技术

乐贵平　贺少辉　罗富荣　等　编著

人民交通出版社

内 容 提 要

全书分为3篇。第1篇为综合篇，主要论述了城市典型地层条件，首段盾构隧道试验段的科研试验成果，盾构机如何选型，及三种典型地层条件盾构机选型的结果、经验与不足；第2篇为设计篇，主要论述地铁4号线、5号线及首都机场线盾构隧道的工程筹划、横纵断面设计及隧道结构设计与计算；第3篇为施工篇，主要论述盾构施工场地布置，盾构施工用电设计与计算，盾构隧道管片制造厂设计与管片制造技术，穿越城市典型地层和各种重大环境风险源的盾构施工控制技术。

本书对北京首次采用盾构法修建地铁隧道进行了全面、系统和深入的技术总结，理论紧密联系工程实践，图文并茂，突出应用，可参考性强。

本书可供从事盾构隧道设计、施工、工程管理、教学和科研等相关人员参考使用。

图书在版编目(CIP)数据

北京地铁盾构隧道技术/乐贵平等编著. —北京：人民交通出版社，2012.10

(隧道及地下工程建设丛书)

ISBN 978-7-114-09915-1

Ⅰ.①北… Ⅱ.①乐… Ⅲ.①地铁隧道—隧道施工—盾构法—北京市 Ⅳ.①U231

中国版本图书馆CIP数据核字(2012)第145926号

隧道及地下工程建设丛书

书　　名：北京地铁盾构隧道技术
著 作 者：乐贵平　贺少辉　罗富荣　等
责任编辑：王文华(wwh@ccpress.com.cn)
出版发行：人民交通出版社
地　　址：(100011)北京市朝阳区安定门外外馆斜街3号
网　　址：http://www.ccpress.com.cn
销售电话：(010)59757969，59757973
总 经 销：人民交通出版社发行部
经　　销：各地新华书店
印　　刷：北京盈盛恒通印刷有限公司
开　　本：787×1092　1/16
印　　张：48.5
字　　数：1140千
版　　次：2012年10月　第1版
印　　次：2012年10月　第1次印刷
书　　号：ISBN 978-7-114-09915-1
定　　价：89.00元

《北京地铁盾构隧道技术》主要编著单位

北京市轨道交通建设管理有限公司
北京交通大学
北京城建设计研究总院有限责任公司
北京市市政工程设计研究总院
北京城建集团
中铁隧道集团有限公司
北京住总集团
北京市政集团
中国建筑一局(集团)有限公司
中国铁建十六局集团有限公司
中国中铁一局集团有限公司
北京港创瑞博构件厂
北京城建集团构件厂
北京住总集团管片厂
北京建工集团构件厂

《北京地铁盾构隧道技术》主要编著人员

乐贵平　贺少辉　罗富荣　徐　凌　杨秀仁　曹伍富　王　良
周江天　黄美群　赵德平　蔡永立　王宝申　关　龙　丛恩伟
章龙管　严　淦　张　峰　吕军斗　陈　安　贾朝福　傅鑫谊
傅一彬　杨祥亮　王小华　杨思忠　蔡亚宁　杨玉启

前　言

北京在建设世界城市的进程中将面临着交通拥堵的严峻挑战，解决超大型都市的交通拥堵问题，关键要建设好便捷、舒适的城市公共交通体系。城市的公共交通体系要能真正发挥在城市交通中的骨干和主导作用，最根本的还要靠加强城市轨道交通（地铁）体系的建设和完善。自奥运轨道交通工程计划实施之后，北京按照建设世界城市和宜居城市的要求，提出了加强版的轨道交通（地铁）建设计划；按照加强版的北京市轨道交通建设计划，至2015年，将建成并运营近700km的轨道交通线网，北京轨道交通建设已进入一个快速、跨越式发展的新阶段；建设的规模和投资之大，不但全国轨道交通建设发展史上前所未有，而且将再一次创造世界之最。

北京接下来的轨道交通（地铁）建设将面临更为复杂的城市环境条件、地质条件和地下水条件，建设难度更大。一般说来，盾构法修建地铁隧道具有对周围环境影响小、自动化程度高、施工快速、优质高效、安全环保等优点，尤其是随着近年国内盾构施工技术和盾构机国产化率的不断提高，其优势愈发凸显，应用定会越来越多。但是，由于是在北京首次采用盾构法修建地铁隧道，因对地层条件、城市环境条件复杂性等因素认识不足，在建设过程中也发生了盾构选型不尽合理，对周围环境的影响超出预设控制目标，甚至发生过引起地面坍塌、局部区段成型隧道严重偏离隧道设计轴线等偶发事件。本书对北京首次采用盾构法修建地铁隧道进行了全面、系统和深入的技术总结，从对北京典型地层条件的再认识、地铁5号线盾构隧道试验段的科研试验入手，对北京地铁的盾构机选型、盾构隧道结构设计、典型地层条件和穿越各种重大环境风险源的隧道施工技术等作了详尽的论述，理论紧密联系工程实践，图文并茂，突出应用，可参考性强，是目前国内内容涵盖面最广、技术细节最具体、工程实例最丰富的关于盾构法技术的一部力作。冀望本书对国内，特别是北京下一步的地铁盾构法隧道工程建设能起到很好的指导、借鉴作用，供从事盾构隧道设计、施工、工程管理、教学和科研等相关人员使用。

作者谨识于2012年春天

目　录

第1篇　综　合　篇

第2篇 设 计 篇

第3篇 施 工 篇

第1篇

北 京 地 铁 盾 构 隧 道 技 术

综 合 篇

第1章　北京城区典型工程地质及水文地质条件

1.1　总体特征

北京城区处于平原与山区相连接的地带，地势和地下水位为西北部高，东南部低；地层主要为第四系永定河山前冲洪积层和河流相的沉积层（图1-1），由砂、砂砾石、砂卵石、圆砾以及黏土、粉土、黏质粉土和粉质黏土等互层组成。地层的特点是西北部颗粒粗，东南部颗粒细；东部是黏性土、砂层和砂砾石互层的多层状态（图1-2），西北部很快渐变为砂砾石（砂卵石）、圆砾与粉土互层状态（图1-3）；东部砂砾石层中的砾石粒径较小（一般小于100mm），西北部砂砾石（卵石）、圆砾层中的砾石（卵石）的粒径相对较大，同时西北部的砂卵石（卵石）层中能见到超大粒径的漂石（图1-4），个别漂石的粒径达1 500mm以上；各层的层位、层厚分布不稳定，时厚、时薄，有时尖灭，也有的呈透镜体夹层。

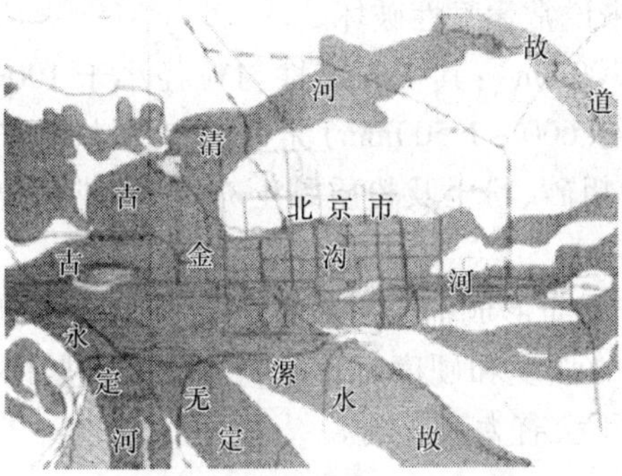

图1-1　永定河冲洪积扇古河道分布

图1-2　砂与砂砾石互层

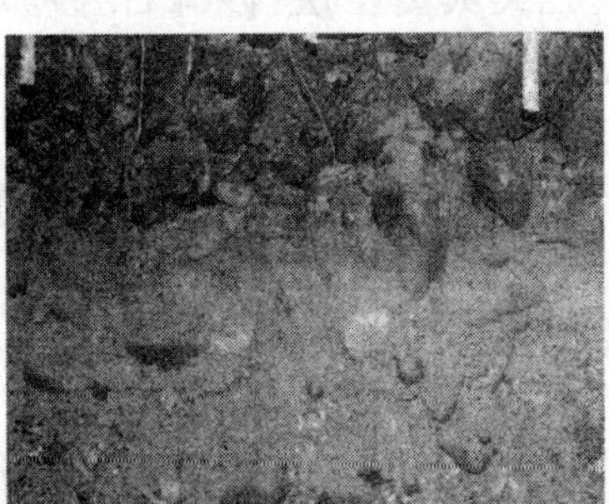

图1-3　砂卵石与砂砾石互层

图1-4　砂砾石层中超大粒径的漂石

1.2 地层分类及其基本特征

调查和统计已施工隧道的工程地质及水文地质条件,按照盾构施工的特点与差异,北京地区的地层可分为以下几类。

(1)粉质黏土:容易发生塑性变形和破坏。含水率的大小对其状态(坚硬、硬塑、可塑、软塑、流塑)和它的强度、稳定性影响较大。一般情况下该土层的稳定性较好。

(2)粉土:一般情况下粉土的稳定性尚可。饱和粉土在振动荷载作用下容易产生液化现象,从而使地基和隧道围岩失稳。该土层在施工降水过程中,容易产生细颗粒流失形成空洞(尤其在与粗颗粒交界处),而且含水率大时的稳定性较差。

(3)细砂、粉细砂:饱和状态下受振动荷载的作用容易产生液化现象。含水率大时会产生流动,出现塌方,特别是粉细砂在施工降水过程中容易产生细颗粒流失形成空洞(尤其相对隔水界面和与粗颗粒交界处)。干燥的粉细砂在外界扰动下容易形成流沙,而使隧道围岩失稳。

(4)中粗砂、粗砂:中粗砂、粗砂地层稳定性因其含水状况不同而变化很大。

(5)卵石、圆砾(粒径小于100mm):一般来说,该类地层的稳定性较好,但级配单一的圆砾层的稳定性较差。经开挖基坑实地观察,开挖深度在10m左右时,边坡坡率为1:0.3(大于73°)仍然属于安全边坡,经过人工掏挖坡脚造成自然滑坡试验,滑动后的新边坡坡率也约为1:0.3。卵石、圆砾地层的破坏形式相对黏性土来说常为脆性破坏。

(6)含超大粒径漂石的卵石、圆砾(粒径大于100mm):其工程特性与粒径小于100mm的卵石、圆砾地层相似,但由于该地层中存在大粒径(600~1 500mm)漂石,会对盾构施工造成严重影响,特意将其列为一类。此类卵石常被中粗砂、粉土及粉质黏土充填,构成稳定的围岩结构。

(7)岩体:包括下伏于土层,由砂卵石经成岩作用而形成的第三系砾岩和西山一带以花岗岩、砂岩和灰岩为主的岩体。相对于土层,岩体的强度和硬度都比较大,隧道掘进困难。岩体遇水饱和后强度会有所降低,但对其工程性质不会有太大影响。

以上地层,变异性最大的是砂卵石地层。

就工程特性而言,归结起来,北京地区存在如下三类典型土层:砂砾石/砂卵石/圆砾地层、粉砂/细砂/中—粗砂地层和粉土—黏土地层,砾石的最大粒径一般在400~600mm,个别漂石的粒径可达1 500mm以上,砂卵石地层的最大含砂率约25%~40%。在多数情况下,地下工程的修建,尤其是地铁工程的修建,均处于此三类典型地层或其混合地层中。

1.3 水文地质特征

北京市区对工程建设有影响的浅层地下水可以划分为三个大区(Ⅰ、Ⅱ、Ⅲ),再细分为七个亚区($Ⅰ_a$、$Ⅰ_b$、$Ⅰ_c$、$Ⅱ_a$、$Ⅱ_b$、$Ⅲ_a$、$Ⅲ_b$),分区情况参见图1-5,各区的地下水分布特征参见表1-1。

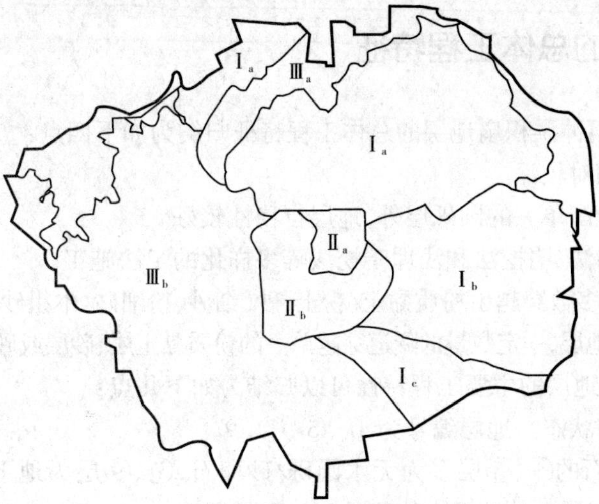

图 1-5　北京市区工程水文地质分区图

北京市区工程水文地质分区及地下水分布特征一览表　　表 1-1

大区	Ⅰ区			Ⅱ区		Ⅲ区	
亚区	I_a 区	I_b 区	I_c 区	II_a 区	II_b 区	III_a 区	III_b 区
位置	东北郊	东郊	东南郊	老城区东北部	老城区大部	清河流域	西郊、西南郊
地下水分布特征	30m 之内有 2～4 个含水层：上部，台地潜水；中部，1～2个层间潜水含水层；下部，潜水或承压水	基本同 I_a 区。由于地处古金钩河下游的网状河流区域，台地潜水分布不连续。又因古河道岩性颗粒较粗，成为本区地下水汇水廊道	基本同 I_a 区。受 I_b 区古河道影响，本区地下水由西东方向流向东北方向，区别于其他区域	围绕王府井一带上层分布有丰富的上层滞水；下部为潜水—承压水	上层较少上层滞水；下部为潜水—承压水	潜水类型，分布特征受现代河流控制，河流一级阶地下分布有承压水	潜水，一般埋藏较深，受人为因素影响，水位变幅较大

归纳起来，北京地区(准确地说是市区浅层 30 m 上下)的地下水赋存特点是：三层水和五个区域。三层水分别是上层滞水、潜水和承压水，且潜水和承压水在不同区域会有层位上的变化，如处于西北部地区的潜水层，到了东部和东南部就变成了承压水层，且补给十分畅通。所谓的五个区域，是因地层分布的差异和城市长期开采地下水、城区地下管线渗漏及施工降水等的影响，而呈现出城市的东、西、南、北、中区在地下水位、径流条件、含水层分布等方面具有明显差异的现象。这是北京地区水文地质的重要特征。

1.4 地层的总体工程特征

北京地区永定河冲洪积扇地层的总体工程特征归纳为如下四点：

(1)地下水位相对较深。

(2)除砂层和级配单一的圆砾层外，地层自稳性较好。

(3)能适应盾构法、明挖法和浅埋暗挖法等多样化的工法施工。

(4)地铁隧道大多数穿越由粉质黏土/粉土、砂(细砂、粉细砂/中粗砂、粗砂)、砂砾石/砂卵石/圆砾组成的交互地层，一定数量的隧道穿越单一的粉质黏土层、砂层或砂砾石/砂卵石层。

砂砾石/砂卵石地层的主要工程特性可以归结为如下几点：

(1)呈多层分布状态。地层编号为④ 、⑤、⑦、⑨。

(2)圆砾、砂卵石的④、⑤层多为无水圆砾/砂卵石，⑦、⑨层为地下水环境中的砂卵石层，渗透系数很大，⑨层中的地下水往往具有一定承压性。

(3)④、⑤、⑦层为具有一定级配的松散堆积层，⑨层具有一定程度的钙质胶结。

(4)级配较好的⑤、⑦、⑨层砂卵石层自稳性较好。

(5)含砂率在25% ~40%之间。

(6)自稳性较好的砂卵石层对施工扰动的敏感性相对不强，自盾构开挖扰动处向外的变形传递有一定的滞后性。

(7)考虑到与盾构选型的密切相关性，砂卵石地层又可以进一步分为：① 最大粒径小于100mm砂砾石/砂卵石地层；②粒径为20 ~30mm的卵石占有较大的含量，个别卵石的粒径达到40 ~60mm的砂卵石地层；③ 含超大粒径(粒径大于100mm)的漂石/孤石的砂卵石地层。

(8)盾构掘进时，密封仓内建立土压平衡比较困难，甚至盾构机实现不了土压平衡的功能；其次是大粒径砂卵石不但切削或破碎困难，而且切削下来的渣土经螺旋输送机向外排出也十分困难；再次是刀盘(刀具)和螺旋输送机以及密封仓内壁磨损严重，而且盾构机掘进过程中产生的振动和噪声对周边环境影响较大等。

砂层的主要工程特性可以归结为如下五点：

(1)无水状态的砂层及黏粒含量低的砂层呈松散状态，即挖即塌。

(2)部分砂层的石英含量高。

(3)含有一定量黏粒，处于潮湿状态的粉细砂层具有瞬间的自稳性。

(4)砂性土一般摩擦阻力大，渗透性好，在盾构机推进挤压下水分很快排出，土体强度提高，故不仅盾构机推进摩擦阻力大，而且开挖面土压力也较大，常会导致盾构机刀盘扭矩和总推力不足。

(5)对施工扰动的敏感性极强，自盾构开挖扰动处向外即时传递变形。

粉质黏土、黏质粉土层的主要工程特性可以归结为如下四点：

(1)无水状态的粉质黏土、黏质粉土层，尤其是粉质黏土，自稳性好，盾构在无水粉质黏土层中掘进甚至可以直接开仓检查。

(2)含水状态的粉质黏土、黏质粉土层，开挖扰动后易成“稀泥”状。

(3)与砂层比较，对施工扰动的敏感性相对不强，自盾构开挖扰动处向外的变形传递有一定的滞后性。

(4)盾构开挖时,易结“泥饼”,刀盘黏附导致阻力增大和螺旋输送机的黏附堵塞。

1.5　含大粒径卵石或孤石/漂石的砂卵石地层的卵石分布规律及工程特性

这里,以北京地铁9号线为例,详细论述含大粒径卵石或孤石/漂石的砂卵石地层的分布规律及工程特性。

北京地铁9号线全线共6个盾构区间,盾构均为穿越含大粒径卵石或孤石/漂石的砂卵石地层,分布在4个标段,总长度为4.51km,从北至南依次为02标丰台科技园站—科怡路站区间(以下简称“丰—科”)、科怡路站—丰台南路站区间(以下简称“科—南”)、03标丰台东大街站—丰台北路站区间(以下简称“丰东—丰北”)、04标丰台北路站—六里桥站区间(以下简称“丰—六”)、06标军事博物馆站—东钓鱼台站区间(以下简称“军—东”)、东钓鱼台站—白石桥南站区间(以下简称“东—白”)。各盾构区间在9号线的平面位置如图1-6所示。

图1-6　北京地铁9号线盾构区间平面示意图

1.5.1 地铁9号线大粒径卵石的分布规律及特性

根据人工挖探、人工分拣结果,典型工点不同粒径的卵石含量与分布密度见表1-2。

不同粒径的卵石含量与分布密度表　　表1-2

序号	工点	粒径大于300mm卵石百分含量或分布密度	粒径大于200mm卵石百分含量或分布密度	备注
1	丰台科技园站	1个/1.2m	—	—
2	科怡路站	1个/1.2m	—	—
3	丰台南路站	15.1%,14个/1.2m或5~7个/1.2m	—	粒径大于500mm卵石含量3.1%,3个/1.2m
4	丰台北路站	7.9%,2~3个/1.2m	51.8%,18个/1m	粒径大于500mm卵石含量0.1%,1个/1.2m
5	六里桥站	11.1%,3~4个/1.2m	37.0%,17个/1m	—
6	太平桥站	3.1%,1~2个/1.2m	21.6%,13个/1m	—

从表1-2中可以看出,不同区域的卵石粒径大于200mm、大于300mm和大于500mm的卵石含量有明显差异,丰台科技园站和科怡路站卵石含量分布相似,丰台北路站粒径大于200mm卵石含量分布最密集,六里桥站和太平桥站卵石分布密度和形态相近。

由调查和挖探结果分析得出,丰台科技园—西客站粒径大于300mm卵石成层分布,科怡路站北—丰台北路站粒径大于400mm和大于500mm的大粒径卵石成层分布。在此地段要尤其注意大粒径漂石对工程施工的影响,并提前采取措施。

根据现场人工分拣和室内筛分试验的颗粒级配曲线分析,多数样品的颗粒级配曲线呈"L"形,典型粒径级配曲线见图1-7,其卵石样不同粒组含量、特征粒径、不均匀系数及曲率系数见表1-3。

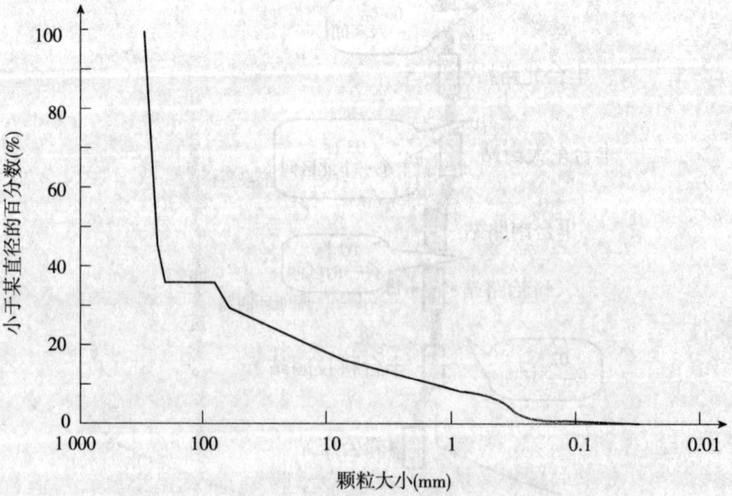

图1-7　典型粒径级配累计曲线

粒组含量及相关特征值　　　　表 1-3

粒径范围(mm)													
> 500	500 ~ 400	400 ~ 300	300 ~ 200	200 ~ 100	100 ~ 80	80 ~ 60	60 ~ 40	40 ~ 20	20 ~ 2	2.00 ~ 0.50	0.50 ~ 0.25	0.25 ~ 0.075	0.075 ~ 0.05
粒组含量(%)													
—	—	—	64.4	—	—	6.1	2.5	4.4	11.6	4.2	5	1.6	0.2

有效粒径 d_{10}	中间粒径 d_{30}	平均粒径 d_{50}	界限粒径 d_{60}	不均匀系数 C_u	曲率系数 C_c	—
(mm)	(mm)	mm)	(mm)	—	—	—
1.148	62.147	236.65	250.60	174.27	10.718	—

从图 1-7 和表 1-3 中可以看出，级配曲线不连续，级配不良，尤其缺少中间颗粒，该卵石地层开挖时，容易导致坍塌及漏浆。

1) 大粒径卵石空间分布规律

(1) 最大粒径的平面分布规律

根据详细勘察资料结合专项勘察成果，对卵石最大粒径的平面分布进行分析。沿线典型工点的卵石最大粒径情况见图 1-8。

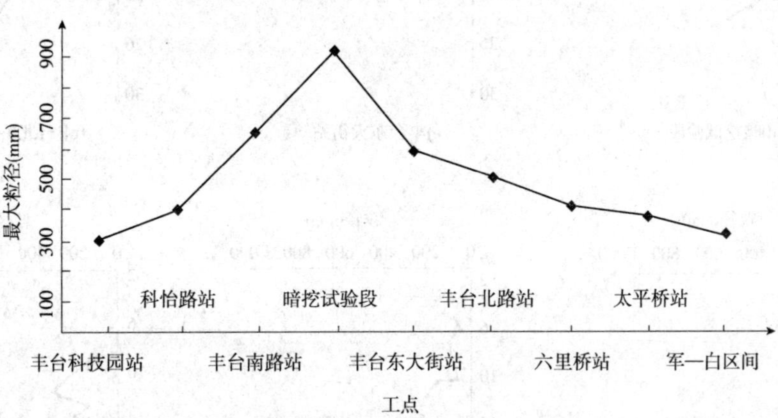

图 1-8　卵石最大粒径沿线路分布图

卵石最大粒径沿线路分布不均匀，基本呈正态分布曲线样式，所统计工点的卵石最大粒径都超过了 300mm，粒径超过 500mm 的平面分布集中在丰台南路站—丰台北路站区段，粒径最大值为 920mm。

(2) 最大粒径沿深度方向分布规律

根据各探井资料，沿线 9 个典型工点的卵石最大粒径沿深度方向分布情况见图 1-9。各工点大粒径卵石分布深度范围及最大粒径卵石出现深度见表 1-4。

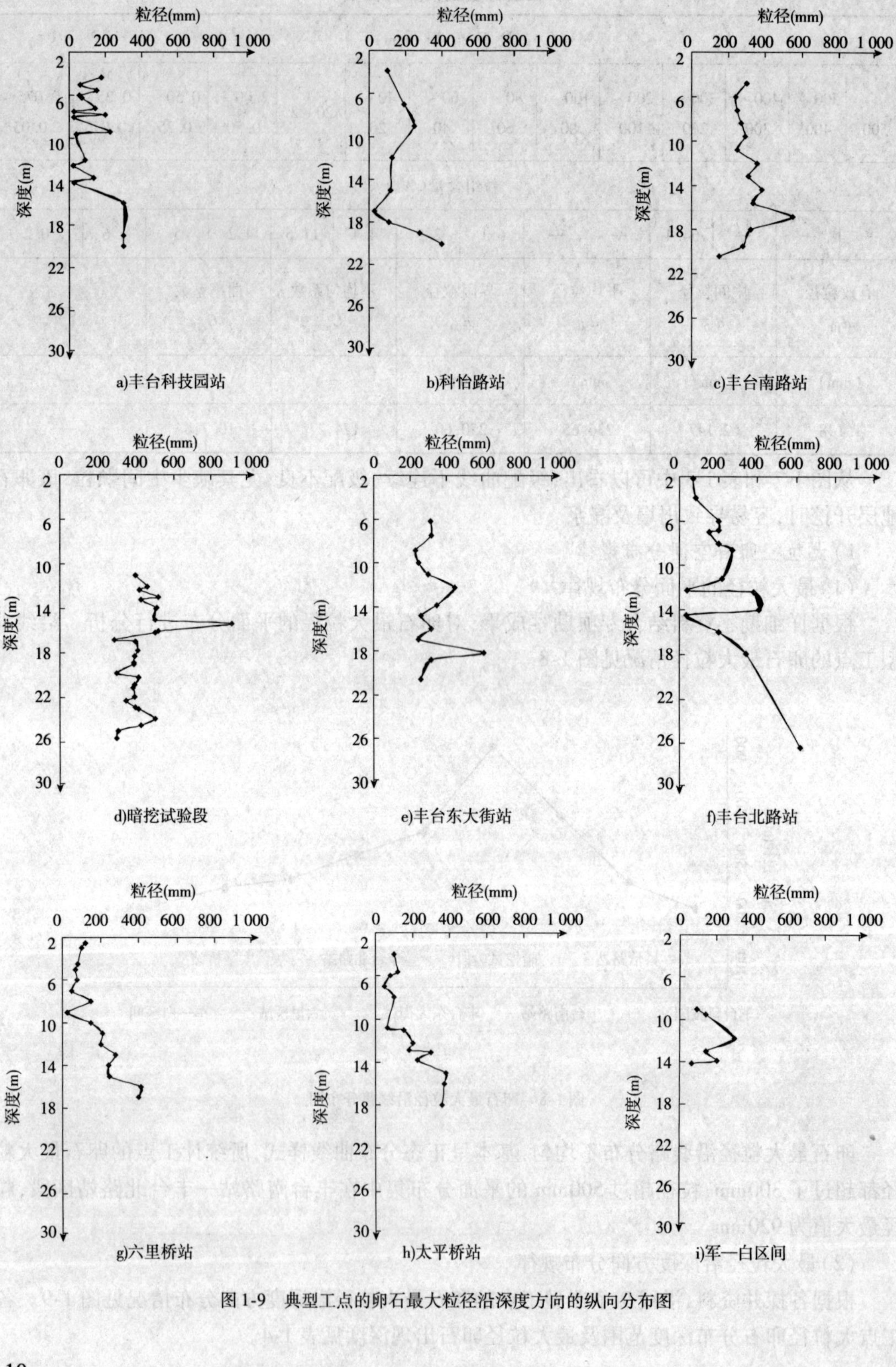

图 1-9 典型工点的卵石最大粒径沿深度方向的纵向分布图

卵石分布深度范围表　　表 1-4

序号	工点	300mm≤粒径＜500mm 卵石分布深度(m)	粒径≥500mm 卵石分布深度(m)	最大粒径卵石出现的深度(m)	备注
1	丰台科技园站	16～21	—	16～18	粒径大于 300mm 的卵石对盾构掘进会产生较大影响,粒径大于 500mm 的卵石可能会导致工艺变化
2	科怡路站	19～21	—	21	
3	丰台南路站	13～15	24～27	27	
4	暗挖试验段	11～12.5,17～26	13～16	16	
5	丰台东大街站	6～8,12～18	19	19	
6	丰台北路站	13～15	27	27	
7	六里桥站	16～18	—	16～18	
8	太平桥站	13～18	—	15～18	
9	军—白区间	12	—	12	

从表 1-4 可以看出,最大粒径大于 300mm 且小于 500mm 和粒径大于 500mm 的卵石分布深度范围在空间上变化较大。以科怡路站和丰台北路站为明显分界,科怡路站以南和丰台北路站以北卵石最大粒径出现在探井中下部,而科怡路站至丰台北路站之间地段地层中卵石最大粒径出现部位较深,线路北部卵石最大粒径出现部位较浅,设计及施工时应充分考虑不同区域大粒径漂石深度范围及漂石分布密集区对施工的影响。

北京地铁 9 号线工程沿线大粒径卵石分布分述如下。

①丰台科技园站

丰台科技园站卵石的最大粒径为 300mm;粒径大于等于 300mm 的卵石分布深度密度较小,一般分布在埋深 16.0～20.0m 处,分布厚度约 4m,分布密度为 1 个/1.2m,探井发现总量为 3 个。卵石地层情况见图 1-10。据调查,该站位附近 8.0m 以上地层中钻孔塌孔现象严重。

图 1-10　丰台科技园站探井揭露的卵石情况

②怡海花园

根据人工探井和地质调查成果分析，粒径大于等于300mm的卵石一般分布在埋深16.5～21.0m处，分布厚度约4.5m，分布密度为(1～2)个/1.2m，探井发现总量为4个。卵石地层情况见图1-11。

大粒径卵石对机械成孔的影响不大。根据调查情况，在深度0～3.0m和13.0m附近存在严重的塌孔和漏浆问题。

图1-11　怡海花园站探井揭露的卵石情况

③花乡站

根据人工探井和地质调查成果分析，该站位卵石地层中揭露的最大颗粒直径为650mm；粒径大于500mm的卵石埋置深度为16.8～18.0m，该层厚度为1.2m，分布状态为(1～3)个/1.2m，探井揭露总量为1～3个；粒径大于300mm的卵石埋置深度为12.0～19.2m，该层厚度为7.2m，分布状态为14个/1.2m，其中，14.4～15.6m，5～7个/1.2m，其他(1～4)个/1.2m，探井揭露总量为31个。卵石地层情况见图1-12。

图1-12　花乡站探井揭露的卵石情况

④文体东街站

探井揭露卵石地层中的最大颗粒直径为590mm，粒径大于500mm的卵石埋置深度15.2～18.0m，该层厚度为2.8m，分布状态为1个/1.2m，探井揭露总量为1个。

粒径大于300mm的卵石主要埋置深度为9.9～21.9m，该层厚度为12m，分布状态一般为(2～4)个/1.2m，其中，11.1～12.3m，10个/m，探井揭露总量为27个。卵石地层情况见

图 1-13。

图 1-13　文体东街站探井揭露的卵石情况

⑤丰台北路站

探井揭露的最大颗粒直径为 510mm。粒径大于 500mm 的卵石埋置深度为 18.8 ~ 19.9m，该层厚度为 1.1m，分布状态为 1 个/1.2m，探井揭露总量为 1 个。

粒径大于 300mm 的卵石埋置深度为 13.1 ~ 23.6m，该层厚度为 10.5m，分布状态为(2 ~ 3)个/1.2m，探井揭露总量为 16 个。卵石地层情况见图 1-14。

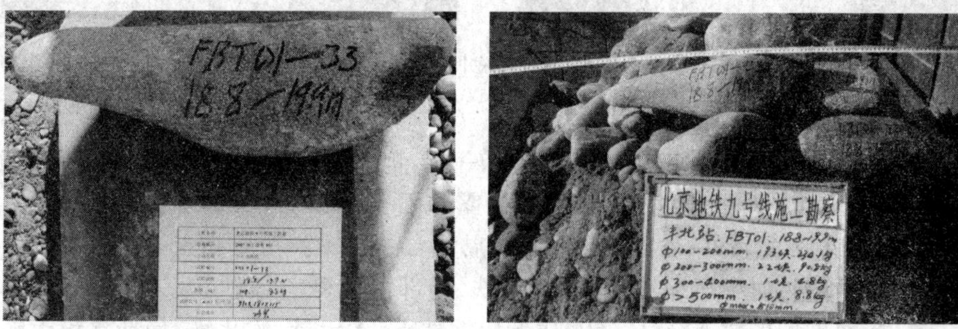

图 1-14　丰台北路站探井揭露的卵石情况

⑥六里桥西站

探井揭露的最大颗粒直径为 400mm。粒径大于 300mm 的卵石埋置深度为 13.3 ~ 23m，该层厚度为 9.7m，分布状态为(3 ~ 4)个/1.2m，探井揭露总量为 19 个。卵石地层情况见图 1-15。

图 1-15　六里桥西站探井揭露的卵石情况

⑦六里桥站

探井揭露卵石地层中的最大颗粒直径为385mm。粒径大于300mm的卵石埋置深度为14.2~24.4m，该层厚度为9.7m，分布状态（1~2）个/1.2m，探井揭露总量为7个。

粒径大于200mm的卵石埋置深度为11.9~24.4m，该层厚度为12.5m，分布状态13个/1.2m，其中15.5~16.7m范围内36个，21.6~22.6m范围内33个，探井揭露总量为131个。卵石地层情况见图1-16。

图1-16　六里桥站探井揭露的卵石情况

⑧军事博物馆站

卵石、圆砾⑤层：杂色，密实—中密，饱和—湿，剪切波速 $v_s=403\text{m/s}$，重型动力触探击数 $N_{63.5}=14\sim60$，属低压缩性土，钻探揭露卵石部分 $D_{\text{大}}=8\text{cm}$，$D_{\text{长}}=12\text{cm}$，$D_{\text{一般}}=2\sim6\text{cm}$，亚圆形，级配较好，含细砂约30%，局部含黏土团。粉质黏土⑤$_1$层：褐黄色，中密，湿—饱和，可塑，属中压缩性土，含氧化铁，局部混圆砾。细砂⑤$_2$层：褐黄色，密实，饱和—湿，标准贯入击数 $N=51\sim60$，属低压缩性土，含云母，氧化铁，局部含粉土夹层，少量圆砾。

第三纪岩层棕红色—灰棕色，半胶结—弱胶结的极软岩，成岩性较差，强风化，胶结物以黏粒组为主，局部为细砂，易掰碎，砾石粒径一般2mm~8cm，局部可达20cm以上（图1-17和图1-18）。

图1-17　瑞海大厦基坑调查

图1-18　公主坟商业大厦砾岩层调查

⑨白碓子站

卵石—圆砾⑤层，中密，$D_{大}=8cm$，$D_{长}=12cm$，$D_{一般}=2\sim6cm$，亚圆形，级配较好，含细砂约 30%，黏土团。

砾岩⑪层，胶结—弱胶结的极软岩，成岩性较差，强风化。胶结物以黏粒组为主，局部为细砂；易掰碎，砾石粒径一般 2mm ~ 8cm，局部可达 1.7m 以上，磨圆度中等。

⑩车公庄站

卵石—圆砾⑤层，密实，钻探揭露卵石部分：$D_{大}=8cm$，$D_{长}=12cm$，$D_{一般}=2\sim6cm$，亚圆形，级配较好，含细砂约 30%，黏土团。卵石—圆砾⑦层，密实，钻探揭露卵石部分：$D_{大}=8cm$，$D_{长}=12cm$，$D_{一般}=3\sim6cm$，亚圆形，级配较好，含细砂约 25%。

2）大粒径卵石的强度

根据施工勘察 80 组单轴抗压试验、595 组点荷载试验数据以及详细勘察阶段的测试数据，卵石地层中的卵石强度最小值 61.69MPa，最大值 226.42MPa，平均强度 139.21MPa。卵石强度有随深度减小的趋势，具体见图 1-19 ~ 图 1-22。

第三纪砾岩中大粒径砾石的单轴抗压强度为 124 ~ 187MPa。卵石和砾岩中的砾石强度较大，施工破岩困难。

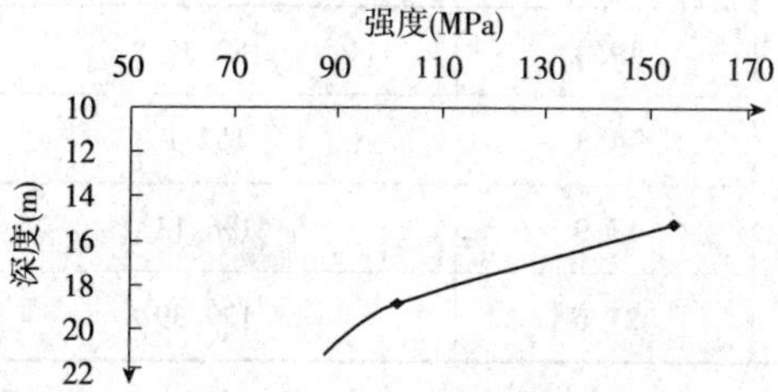

图 1-19　文体东街站卵石强度随深度变化曲线

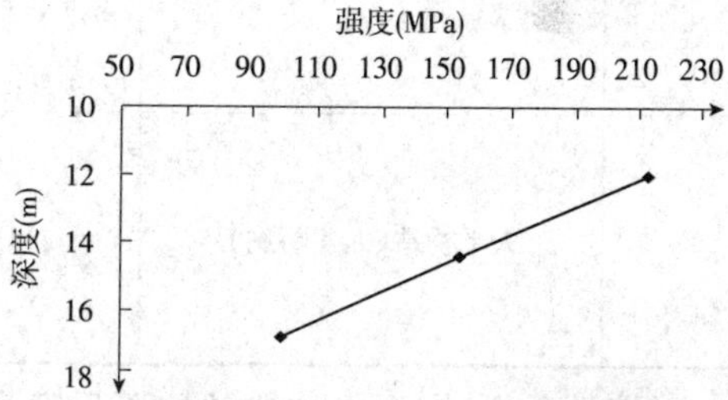

图 1-20　花乡站卵石强度随深度变化曲线

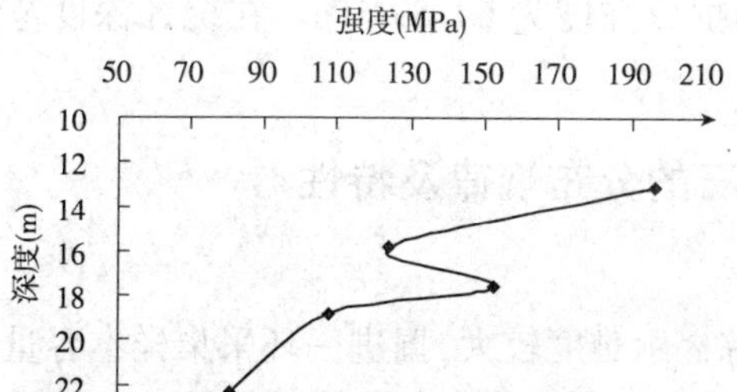

图 1-21　丰台北路站卵石强度随深度变化曲线

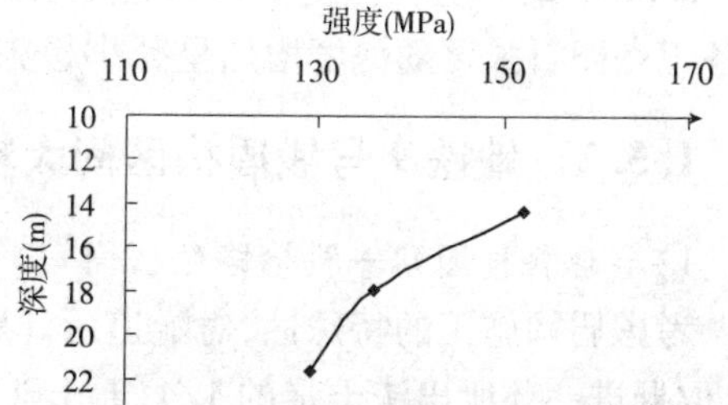

图 1-22　六里桥站卵石强度随深度变化曲线

根据单轴抗压试验和点载荷试验，得出典型工点的探井不同深度处的卵石强度见表 1-5。

典型工点的探井不同深度处的卵石强度一览表　　表 1-5

序号	工　点	探井号	深度（m）	卵石强度平均值（MPa）
1	丰台南路站（花乡站）	HXT01	12	212.25
			14.4	153.97
			16.8	99.12

续上表

序号	工　点	探井号	深度(m)	卵石强度平均值(MPa)
2	丰台东大街站(文体东街站)	WTT02	16.4	154.61
			20.0	101.96
			22.4	87.74
3	丰台北路站	FBT01	13.1	196.18
			15.8	124.42
			17.6	152.37
			18.8	108.33
			22.3	80.98
4	六里桥站(六里桥西站)	LLXT01	13.3	124.46
			15.8	64.59
			17	82.58
			18.2	95.82
			19.4	82.35
5	太平桥站(六里桥站)	LLT01	14.3	152.1
			17.9	136.13
			21.6	129.39

经统计分析,卵石平均单轴抗压强度为123.12MPa,卵石强度高。在12~22.4m范围内各车站卵石强度随深度增大而减小,卵石强度最大值在深度12m左右,最大单轴抗压强度为212.25MPa;最小值在深度15.8m左右,最小单轴抗压强度为64.59MPa。在统计深度范围内各工点卵石强度随深度增加呈减小趋势。

1.5.2 地铁9号线盾构区间大粒径卵石的分布规律及特性

1)丰台科技园站—科怡路站区间

考虑盾构施工的特殊性,对隧道所处地层跟踪揭示难度较大,掘进一环采集样本容量较大,取掘进一环所出渣土量的1/4(1土斗)、粒径大于200mm卵石粒径及数量进行统计分析,丰—科区间地层揭露结果见表1-6及图1-23。

丰—科区间地层揭露大粒径卵石情况　　表1-6

取样范围:西线K2+071.264~K2+072.468				
1/4环(1土斗)卵石含量统计情况				
深度范围	最大粒径	粒径大于450mm	粒径300~450mm	粒径200~300mm
15.1~21.4m	570mm	4块	31块	133块

续上表

一环卵石含量折算				
15.1～21.4m	570mm	约 16 块	约 124 块	约 532 块
隧道进尺 1.2m，开挖直径 6.26m；共计：$3.14\times3.13^2\times1.2=36.93(m^3)$				
含量(块)(m^3)		16/36.93＝0.44	124/36.93＝3.36	532/36.93＝14.41

图 1-23　丰—科区间地层揭露大粒径卵石情况

2）科怡路站—丰台南路站区间

如同丰—科区间地层揭露方法，考虑盾构施工的特殊性，对科—南区间隧道所处地层跟踪揭示难度较大，掘进一环采集样本容量较大，取掘进一环所出渣土量的 1/4（1 土斗）、粒径大于 200mm 卵石粒径及数量进行统计分析，结果见表 1-7 及图 1-24、图 1-25。

科—南区间地层揭露大粒径卵石情况　　表 1-7

取样范围：西线 K2＋856.87～K2＋858.07				
1/4 环（1 土斗）卵石含量统计情况				
深度范围	最大粒径	粒径大于 450mm	粒径 300～450mm	粒径 200～300mm
10.1～16.4m	560mm	6 块	73 块	155 块
一环卵石含量折算				
10.1～16.4m	560mm	约 24 块	约 292 块	约 620 块
隧道进尺 1.2m，开挖直径 6.26m；共计：$3.14\times3.13^2\times1.2=36.93(m^3)$				
含量(块)(m^3)		24/36.93＝0.65	292/36.93＝7.91	620/36.93＝16.79

图1-24　科—南区间地层揭露大粒径卵石情况

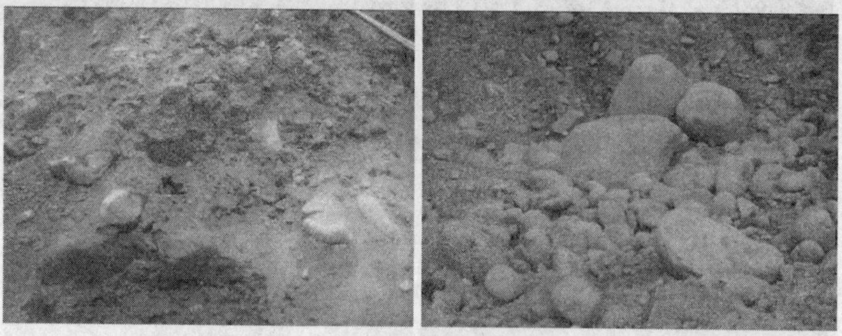

图1-25　科—南区间与丰台南路站连接处地层揭露大粒径卵石情况

3)丰台北路站—六里桥站区间

盾构穿越的地层为卵石⑤层和卵石⑦层,隧道结构位于水位线以上。地质跟踪时发现的漂石最大粒径960mm,一般粒径30～240mm,粒径大于20mm颗粒含量为总质量的75%～90%。

该盾构区间地层中的大粒径卵石对盾构施工参数控制,刀盘、刀具磨损,开挖面稳定等有巨大的影响,盾构掘进效率极其低下,严重影响盾构的正常掘进。施工过程中揭露的大粒径卵石如图1-26～图1-29所示。

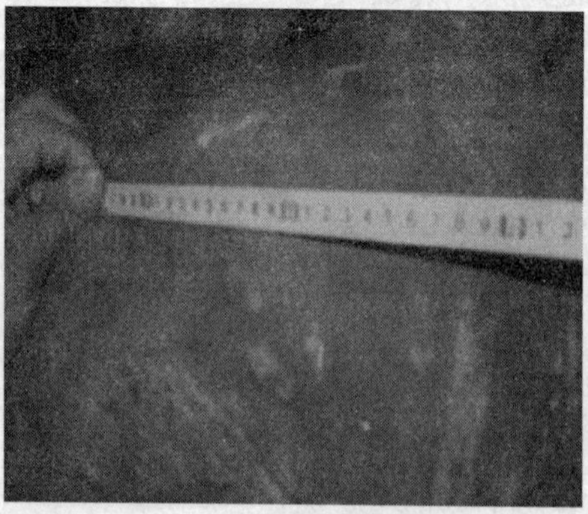

图1-26　大粒径漂石卡住刀盘

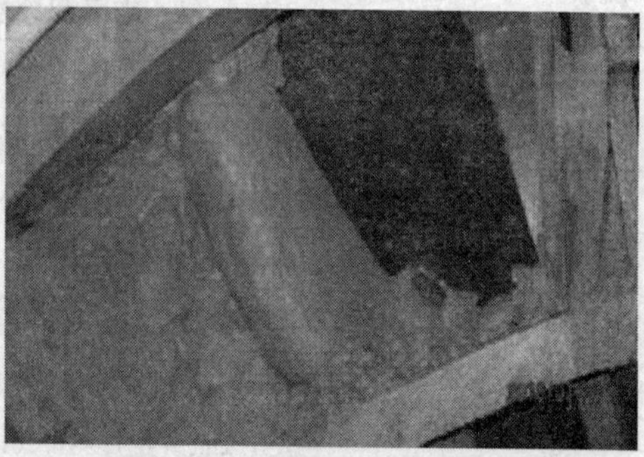

图1-27　螺旋机无法排出的大粒径漂石

图 1-28　1 号检修换刀井内挖出的漂石

图 1-29　2 号检修换刀井内挖出的漂石

第 2 章　北京地铁盾构隧道工程概况

2.1　盾构隧道工法在地铁 5 号线、10 号线、4 号线及机场线的应用概况

北京地铁 5 号线、10 号线、4 号线、奥运支线及机场线工程已经建成，并通车运营。在这些工程中，采用盾构技术先后穿越了北京市区四环以内所有地层和四环以外的部分特殊地层（图 2-1）。截至目前，北京市已经或将要开工建设的新线轨道交通线路近 20 条，至 2015 年，建成运营线路的总里程将达近 700km。这些新建线路的区间隧道大部分将采用盾构法修建。

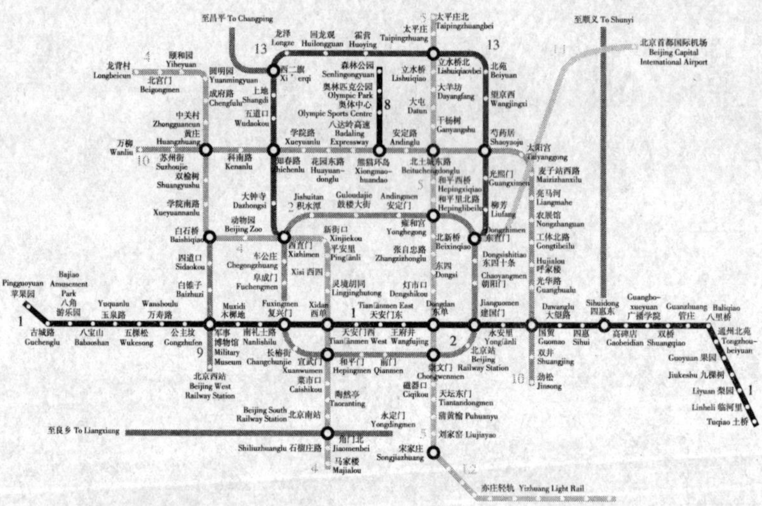

图 2-1　北京地铁路网中的 5 号线、10 号线、4 号线、奥运支线及机场线

综合考虑工程地质及水文地质条件、城市环境及地面交通状况、地铁线路建设工期及施工过程对城市环境和日常交通的影响、盾构技术的优势等因素，北京地铁 5 号线、4 号线、10 号线、奥运支线和机场线的区间隧道的施工大量地选用了盾构工法，见表 2-1。

北京地铁 5 号线、4 号线、10 号线、奥运支线和机场线区间隧道盾构工法统计　　表 2-1

线路名称 / 各条线路长度及盾构隧道所占的比重		5 号线	4 号线	10 号线	奥运支线	机场线
区间线路总长（m）	左线	23 938.23	23 249.06	20 357.826	3 147.931	26 357
	右线	23 902.03	23 311.12	20 716.853	3 147.931	27 977

续上表

各条线路长度及盾构隧道所占的比重 \ 线路名称		5 号线	4 号线	10 号线	奥运支线	机场线
地下线路总长(m)	左线	15 416.631	23 036.953	20 357.826	3 147.931	10 737
	右线	15 380.682	23 099.013	20 716.853	3 147.931	10 737
盾构法施工总长(m)	左线	6 120.688	11 877.751	6 612.458	—	6 659
	右线	6 081.419	11 783.774	6 608.859	—	6 659
盾构法长度/区间线路总长		25.51%	50.82%	32.19%	0	24.51%
盾构法长度/地下线路总长		39.62%	51.29%	32.19%	0	62.02%
盾构法区间数量		7	12	6	0	2

2.2　地铁 5 号线、10 号线、4 号线及机场线盾构所穿越的主要地层及地层特性

地铁 5 号线、10 号线、4 号线及机场线各盾构区间的长度、所穿越的主要地层及其特性见表 2-2。

北京地铁 5 号线、4 号线、10 号线和机场线盾构区间长度和其所穿越的主要地层及地层特性　　表 2-2

线路	盾构区间	盾构区间长度(m)		所穿越的主要地层及地层特性
		左线	右线	
5 号线	宋家庄站—刘家窑站	1 493.442	1 456.7	本段区间盾构隧道位于永定河冲洪积扇的南部地带，隧道洞身所穿越的地层主要为：粉质黏土、粉土④层，夹粉土④$_1$层、粉细砂④$_2$层；粉质黏土、粉土⑥层，夹粉土⑥$_1$层、细中砂⑥$_2$层
	东单站—灯市口站	754.138	754.173	线路隧道走向与地层产状基本平行，区间隧道埋深 8.2～9.5m，隧道上部地层为黏质粉土、砂质粉土，洞身穿越地层为黏质粉土、砂质粉土②层及粉质黏土②$_1$、粉细砂③层、圆砾④层，隧道下部为圆砾，局部地段隧道底部进入潜水层，未进入承压水层
	灯市口站—东四站	657.546	657.546	区间隧道埋深 14.8～15.6m，隧道上部地层为粉土和中粗砂层，洞身穿越地层为中粗砂③$_1$层、圆砾④层、黏质粉土砂质粉土⑤和粉质黏土重粉质黏土⑤$_1$层，隧道下部为圆砾、黏质粉土砂质粉土和粉质黏土重粉质黏土，隧道进入潜水层，一部分进入承压水层

续上表

<table>
<tr><th rowspan="2">线路</th><th rowspan="2">盾构区间</th><th colspan="2">盾构区间长度(m)</th><th rowspan="2">所穿越的主要地层及地层特性</th></tr>
<tr><th>左线</th><th>右线</th></tr>
<tr><td rowspan="4">5号线</td><td>张自忠路站—北新桥站</td><td>632.727</td><td>632.7</td><td rowspan="2">该两段相连的区间盾构隧道位于永定河冲洪积扇的轴部,洞身主要穿越粉细砂层、圆砾层、黏质/砂质粉土、中粗砂层、卵石层。圆砾层饱和、密实,砾石为亚圆形,未风化—微风化,粒径一般为5~20mm,最大达150mm,中粗砂充填,局部成为中粗砂透镜体,该层中部或底部颗粒较粗而变卵石层,其粒径一般为20~80mm,在里程K11+950以北地段,圆砾、卵石层逐渐变薄尖灭。卵石层饱和、密实,卵石为亚圆形,未风化,粒径一般为20~80mm,最大达200mm,中粗砂或黏土充填,局部地段颗粒较细逐渐变为圆砾或砾砂,该层在里程K11+800以北逐渐尖灭</td></tr>
<tr><td>北新桥站—雍和宫站</td><td>701.222</td><td>701.2</td></tr>
<tr><td>雍和宫站—和平里北街站</td><td>1 037.513</td><td>1 035</td><td>—</td></tr>
<tr><td>东四站—张自忠路站</td><td>844.1</td><td>844.1</td><td>—</td></tr>
<tr><td rowspan="6">4号线</td><td>角门北站—北京南站</td><td>1 161.488</td><td>1 231.434</td><td>本段区间盾构隧道主要穿越地层为圆砾⑤层(一般粒径10~40mm,最大粒径150mm,亚圆形,粒径大于20mm的颗粒含量约占全重的55%~75%,卵石主要成分为辉绿岩、砂岩等,中粗砂充填)、中粗砂⑤$_1$层、粉细砂⑤$_2$层、粉质黏土⑤$_4$层、粉质黏土⑥层、黏土⑥$_1$层、粉土⑥$_2$层、细中砂⑥$_3$层、卵石⑦层(一般粒径20~60mm,最大粒径180mm,亚圆形,粒径大于20mm的颗粒含量约占全重的55%,卵石主要成分为辉绿岩、砂岩等,中粗砂充填)、中粗砂⑦$_1$层、粉细砂⑦$_2$层
盾构隧道结构范围内为全断面卵石⑦层,局部地段隧道上部穿越少量黏土及粉细砂层</td></tr>
<tr><td>北京南站—陶然亭站</td><td>821.833</td><td>862.415</td><td>—</td></tr>
<tr><td>灵境胡同站—西四站</td><td>690</td><td>690</td><td>—</td></tr>
<tr><td>西四站—平安里站</td><td>901</td><td>901</td><td>—</td></tr>
<tr><td>平安里站—新街口站</td><td>875</td><td>921</td><td>—</td></tr>
<tr><td>动物园站—白石桥站</td><td>1 360.57</td><td>1 086.292</td><td>本段区间盾构隧道洞身穿越地层主要为砂卵石地层</td></tr>
</table>

续上表

线路	盾构区间	盾构区间长度(m)		所穿越的主要地层及地层特性
		左线	右线	
4号线	白石桥站—学院南路站	1 108.707	1 106.168	本段区间盾构隧道洞身穿越地层主要为砂卵石地层
	学院南路站—双榆树站	814.258	816.929	—
	成府路站—圆明园站	1 019.576	1 059.706	本段区间盾构隧道洞身穿越的地层包括:粉土③层,占整个穿越地层的比例为0.8%;粉质黏土⑥层,占整个穿越地层的比例为47.2%;粉土⑥$_2$层,占整个穿越地层的比例为45.0%;黏土⑥$_1$层,占整个穿越地层的比例为7.0%
	圆明园站—颐和园站	1 528.406	1 517.999	本段区间盾构隧道洞身穿越的地层包括:粉土③层,占整个穿越地层的比例为9.3%;粉质黏土⑥层,占整个穿越地层的比例为46%;粉土⑥$_2$层,占整个穿越地层的比例为35.2%;卵石圆砾⑦层,占整个穿越地层的比例为3.2%;粉细砂⑦$_2$层,占整个穿越地层的比例为6.3%
	颐和园站—北宫门站	1 072.919	1 078.511	本段区间盾构隧道洞身穿越的地层除粉土③层(比例约为9.3%)、粉质黏土⑥层(比例约为46%)、粉土⑥$_2$层(比例为35.2%)、卵石圆砾⑦层(比例约为3.2%)、粉细砂⑦$_2$层外,在靠近北宫门站段的数百米,主要穿越风化程度不同的砂岩、灰岩和花岗岩体
	北宫门站—龙背村站前盾构接收井(清河南)	523.294	511.62	本段区间盾构隧道洞身主要穿越风化程度不同的砂岩、灰岩和花岗岩体
10号线	学院路站—花园东路站	1 083.59	1 083.59	—
	国贸站—双井站	1 473.862	1 471.967	本段区间盾构隧道穿越的主要地层:洞身上部为卵石⑤层、中粗砂⑤$_1$层,饱和,稳定性差;洞身中部为粉质黏土⑥层、黏土⑥$_1$层、粉土⑥$_2$层;洞身底部为粉质黏土⑥层、粉土⑥$_2$层、粉细砂⑦$_2$层,由于隧道底部有承压含水层,极易发生底鼓或涌沙。该区间穿越的地层以砂卵石和黏性土为主
	北土城东路站—芍药居站	476	476	本段区间盾构隧道主要穿越第四纪全新世冲洪积层:粉土③层、粉质黏土③$_1$层、黏土③$_2$层、粉细砂③$_3$层、粉质黏土④层、黏土④$_1$层、粉土④$_2$层和粉细砂④$_3$层
	芍药居站—太阳宫站	780.73	780.73	本段区间盾构隧道主要穿越第四纪全新世冲洪积层:粉土③层、粉质黏土③$_1$层、黏土③$_2$层、粉质黏土④层、粉土④$_2$层
	盾构始发井—三元桥站—亮马桥站	2 099.163	2 095.564	本段区间盾构隧道主要穿越粉质黏土⑥层、黏土⑥$_1$层、粉土⑥$_2$层、细中砂⑥$_3$层,极个别部位为中粗砂⑦$_1$层
	亮马桥站—农展馆站	688.30	688.30	本段区间盾构隧道主要穿越粉质黏土④层、粉细砂④$_3$层、卵石圆砾⑤层、粉质黏土⑥层、粉土⑥$_2$层。在农展馆站段100余米长度范围内,隧道洞身中上部或中下部穿越卵石圆砾⑤层

续上表

线路	盾构区间	盾构区间长度(m)		所穿越的主要地层及地层特性
		左线	右线	
机场线	东直门站—三元桥站	2 568.259	2 575.771	本段区间盾构隧道主要穿越黏土、粉土,局部遇到粉细砂、中砂层
	首都机场T2航站楼支线盾构区间	4 108	4 108	本段区间盾构隧道位于永定河冲积扇的东部地带,洞身主要穿越粉土、粉质黏土和黏土,以穿越粉质黏土居多。隧顶以上地层在K3+325处以南主要为粉土,以北主要为粉质黏土。隧底局部穿越细砂—中砂层

从表2-2可以看出,北京地铁5号线、4号线、10号线和机场线盾构穿越的地层类型可以概括为:全断面砂卵石地层,土、岩混合地层,单一粉细砂或上部粉细砂、下部夹圆砾地层,粉质黏土、粉土夹粉细砂或细中砂地层,黏土、粉质黏土、黏质粉土夹少量的砂、卵石地层。

2.3 地铁5号线、10号线、4号线及机场线施工盾构机概况及平均掘进长度

各条线路每一标段投入的盾构机概况及每台盾构机的平均掘进长度见表2-3;各条线路盾构法施工的掘进速度、关键工序的施工工期及施工造价分别见表2-4~表2-6。

各条线路每一标段投入的盾构机概况及每台盾构机的平均掘进长度统计　　表2-3

线路	盾构区间	盾构机类型及制造商		投入盾构机台数	平均掘进长度(m/台)
		类型	制造商		
5号线	宋家庄站—刘家窑站	土压平衡,面板式刀盘,见图2-2	日本日立	1	2 950.142
	东单站—灯市口站 灯市口站—东四站	—	—	1	2 823.403
	张自忠路站—北新桥站 北新桥站—雍和宫站	土压平衡,面板式刀盘,见图2-3	—	1	2 667.849
	雍和宫站—和平里北街站	—	—	1	2 072.513
	东四站—张自忠路站	—	—	2(由4号线调过来)	844.1

续上表

<table>
<tr><th rowspan="2">线路</th><th rowspan="2">盾构区间</th><th colspan="2">盾构机类型及制造商</th><th rowspan="2">投入盾构机台数</th><th rowspan="2">平均掘进长度(m/台)</th></tr>
<tr><th>类型</th><th>制造商</th></tr>
<tr><td rowspan="13">4号线</td><td>角门北站—北京南站</td><td rowspan="2">土压平衡,辐条式刀盘,见图2-4</td><td rowspan="2">日本三菱重工</td><td rowspan="2">2</td><td rowspan="2">2 039.285</td></tr>
<tr><td>北京南站—陶然亭站</td></tr>
<tr><td>灵境胡同站—西四站</td><td>—</td><td>—</td><td rowspan="3">2（其中一台由5号线转场过来）</td><td rowspan="3">2 489</td></tr>
<tr><td>西四站—平安里站</td><td>—</td><td>—</td></tr>
<tr><td>平安里站—新街口站</td><td>—</td><td>—</td></tr>
<tr><td>动物园站—白石桥站</td><td>—</td><td>—</td><td rowspan="3">2</td><td rowspan="3">3 146.462</td></tr>
<tr><td>白石桥站—学院南路站</td><td>—</td><td>—</td></tr>
<tr><td>学院南路站—双榆树站</td><td>—</td><td>—</td></tr>
<tr><td>成府路站—圆明园站</td><td rowspan="2">土压平衡,面板式刀盘,见图2-5</td><td rowspan="2">德国海瑞克S180</td><td rowspan="2">2</td><td rowspan="2">2 562.8435</td></tr>
<tr><td>圆明园站—颐和园站</td></tr>
<tr><td>颐和园站—北宫门站</td><td>—</td><td>—</td><td rowspan="2">1</td><td rowspan="2">3 186.344</td></tr>
<tr><td>北宫门站—龙背村站前盾构接收井(清河南)</td><td>—</td><td>—</td></tr>
<tr style="display:none"><td></td></tr>
<tr><td rowspan="6">10号线</td><td>学院路站—花园东路站</td><td rowspan="2">土压平衡,面板式刀盘,见图2-6</td><td rowspan="2">德国海瑞克</td><td rowspan="2">2</td><td rowspan="2">2 560.815</td></tr>
<tr><td>国贸站—双井站</td></tr>
<tr><td>北土城站—芍药居站</td><td rowspan="2">加泥式土压平衡</td><td rowspan="2">—</td><td rowspan="2">1</td><td rowspan="2">2 513.46</td></tr>
<tr><td>芍药居站—太阳宫站</td></tr>
<tr><td>盾构始发井—三元桥站—亮马桥站</td><td rowspan="2">土压平衡</td><td rowspan="2">德国海瑞克,1台为S291、1台为S396</td><td rowspan="2">2</td><td rowspan="2">2 793.1135</td></tr>
<tr><td>亮马桥站—农展馆站</td></tr>
<tr><td rowspan="2">机场线</td><td>东直门站—三元桥站</td><td>加泥式土压平衡,面板式刀盘</td><td>德国海瑞克S169</td><td>2</td><td>2 551</td></tr>
<tr><td>T2支线盾构区间</td><td>土压平衡,面板式刀盘</td><td>1台为日本三菱,1台为日本日立</td><td>2</td><td>4 108</td></tr>
</table>

各条线路盾构法施工的掘进速度　表2-4

施工方法 / 线路	盾构法	
	最大掘进速度(m/d)	平均掘进速度(m/d)
5号线	36	9.78
4号线	32.4	18
10号线	44.4	11.09
机场线	24.24	14.4

各条线路盾构法关键工序的施工工期　　表 2-5

线　路	盾构井施工	盾构下井组装	盾构掉头	盾构解体、吊出、转场	盾构机拖拉过站
5 号线	3.5 ~ 6 个月	28 ~ 55d	32 ~ 49d	21 ~ 45d	—
4 号线	约 4 个月	—	—	1 ~ 2 月	26 ~ 60d
10 号线	3 ~ 7.5 个月	15 ~ 50d	20d	15 ~ 70d	—
机场线	3 ~ 7 个月	28 ~ 30d	—	14d	—

各条线路盾构法施工造价（单位：万元）　　表 2-6

线　路	盾构机造价	盾构井施工	盾构下井组装	盾构解体、吊出、转场	盾构过站		盾构推进平均造价（万元/km）
					加深底板	过站	
5 号线	3 000 ~ 4 300	310 ~ 500	35 ~ 400	60 ~ 110	—	—	3 000 ~ 3 400
4 号线	5 500 （含后配套）	80 ~ 200	180	200	50	150	3 450
10 号线	3 000 ~ 4 600	300 ~ 705	43.2 ~ 210	124 ~ 220	—	—	3 227.7 ~ 4 452
机场线	3 000 ~ 4 600	350	50 ~ 120	40 ~ 100	—	—	2 400

图 2-2　宋家庄站—刘家窑站区间施工的盾构机

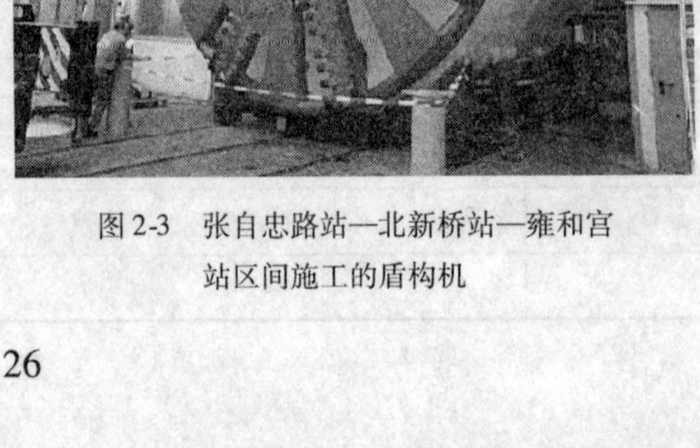

图 2-3　张自忠路站—北新桥站—雍和宫站区间施工的盾构机

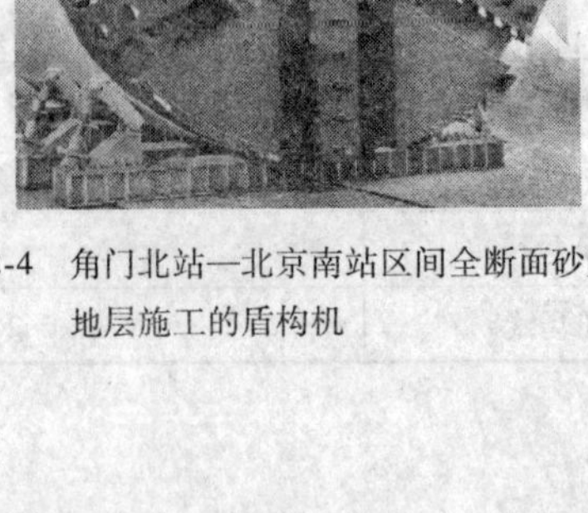

图 2-4　角门北站—北京南站区间全断面砂卵石地层施工的盾构机

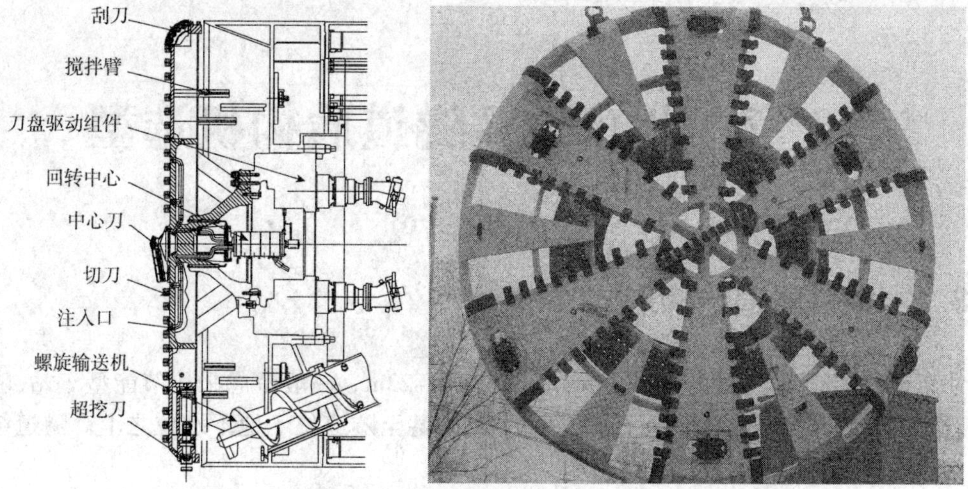

图 2-5　成府路站—圆明园站—颐和园站区间施工的盾构机刀盘

图 2-6　学院路站—花园东路站、国贸站—双井站区间施工的盾构机

第 3 章　北京地铁隧道盾构机选型

3.1　地铁隧道结构形式

北京地铁隧道覆土厚度为 8 ~ 16m，埋深为 14 ~ 22m。一般考虑采用节能型车站，隧道线形既有平曲线又有竖曲线。地下水位高低不一，甚至隧道位于地下水位之上。隧道结构可分为普通环和通用环两种形式（图 3-1，图 3-2）。

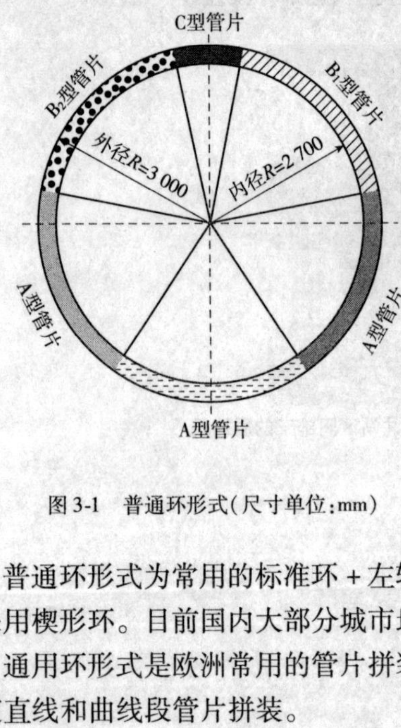

图 3-1　普通环形式（尺寸单位：mm）

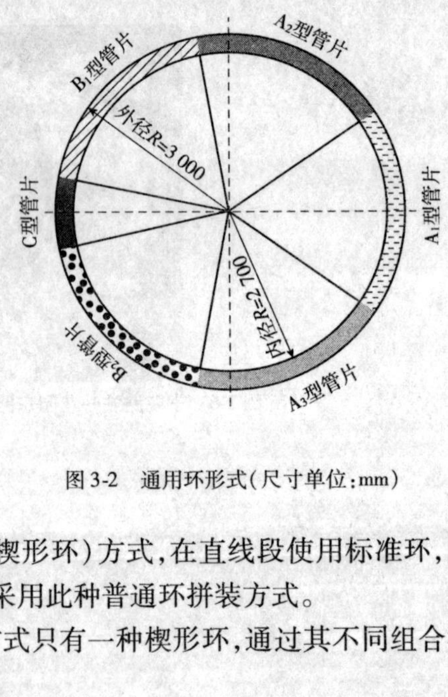

图 3-2　通用环形式（尺寸单位：mm）

普通环形式为常用的标准环 + 左转、右转环（楔形环）方式，在直线段使用标准环，曲线段采用楔形环。目前国内大部分城市地铁隧道均采用此种普通环拼装方式。

通用环形式是欧洲常用的管片拼装方式，该方式只有一种楔形环，通过其不同组合实现隧道直线和曲线段管片拼装。

两种结构形式管片均由 6 块组成，北京地铁 5 号线盾构施工标段即采用通用环拼装方式。

3.2　地铁施工用盾构机选型基本原则

通过对国际国内盾构施工技术的调查分析，针对北京市地铁隧道盾构法施工，盾构机选型时遵循以下几项基本原则：

（1）盾构机技术水平先进可靠，并适当超前，符合我国国情。

(2)所选盾构机应满足北京地铁规划各条隧道所穿越地层不同地质与水文条件的施工需要,特别是要满足规划在 2008 年奥运会之前必须完成的隧道工程施工的需要。

(3)能够满足浅埋或超浅埋地铁隧道施工以及其穿越大量房屋建筑之下施工的需要,即要求盾构机对控制地表沉降配备足够的功能和具有良好的操作性能。

(4)盾构机能够适应北京地下构筑物众多的特点,必要时可实现隧道(盾构机)内清除或撤换障碍物的施工。

(5)盾构机在设计方面应考虑北京地铁隧道施工需要多次拆卸、多次组装和可能应用于多项隧道工程的实际特点。

3.3　盾构机选型考虑要素及注意点

1)工程地质条件

(1)黏性土及粉土层

盾构机在此地层中施工时,一般较容易控制,但常会发生刀盘黏附导致阻力增大和螺旋输送机的黏附堵塞,因而盾构机选型时应注重在刀盘形式、开口率、刀具、加泥位置等方面考虑解决方法。

(2)砂性土层

盾构机在砂性土层施工比在黏土层施工稍为困难。砂性土一般摩擦阻力大,渗透性好,在盾构机推进挤压下地下水很快排出,土体强度提高,故不仅盾构机推进摩擦阻力大,而且开挖面土压力也较大,常会导致盾构机刀盘扭矩和总推力不足。另外,盾构机密封仓内刀具切削下来的砂土不易搅拌成均匀的塑流体,特别是在无水砂性土层中施工,有时甚至实现不了与开挖面土压力保持动态平衡的需要,操作不当会出现开挖面上方的局部坍塌。再有,北京地区砂性土中石英含量较大,刀具磨损较严重,并伴有损坏盾尾密封系统的现象。因此盾构机选型时,应将设备的推力、刀盘的扭矩、形式、开口率以及加泥加泡沫系统等内容作为重点统筹考虑。

(3)砂卵石地层

北京地区的砂卵石地层一般级配良好,含砂率在 25% ~40% 之间。盾构机在此地层中施工远比在砂性土层中施工困难:首先是盾构机密封仓内建立土压平衡比较困难,甚至盾构机实现不了土压平衡的功能;其次是大粒径砂卵石不但切削或破碎困难,而且切削下来的渣土经螺旋输送机向外排出也十分困难;再次是刀盘(刀具)和螺旋输送机以及密封仓内壁磨损严重,而且盾构机掘进过程中产生的振动和噪声对周边环境影响较大等。因此盾构机选型时,必须从如何解决上述三个问题出发,对刀盘支撑方式、刀盘形式、刀具形状及布置方式、加泥加泡沫系统等方面认真研究,保证所选机型适应砂卵石地层的施工。

(4)粉质黏土、黏质粉土、中细砂互层

对于此类地层,盾构机施工比较容易,有时甚至不用加泥只需加水即能顺利施工。

(5)中砂、粉质黏土、砂卵石互层

对于此类地层,盾构机施工比砂性土层困难,而远比砂卵石层容易,所需注重问题与前三项类似，但因为几类地层交互的原因，情况有较大变化。

2）水文地质条件

对于采用密闭式盾构机技术施工，除工作井施工需要考虑降水外，区间隧道盾构机施工时对地下水只需稍加注意即可（对于密封0.6MPa以下的水压力，就目前盾构机技术水平已很容易）。对于城市特殊水，因其产生原因和作用于土体的状况复杂多变，不易一概而论。有些情况其对地层土体物理力学性能的影响较大，如土体被特殊水长期浸泡变软，或由于管道渗漏其周围土体不断被水带走后形成不规则空穴等，给盾构施工沉降控制造成很大困难。因此盾构机选型时对城市特殊水的影响需特别加以考虑。

3）曲线施工

根据城市地铁的使用要求以及城市交通网的规划，地铁隧道必然存在曲线部分，而节能型车站通常为进站上坡，出站下坡，也有坡度较大的竖曲线部分；另外地铁隧道线形设计或施工时，常为避开既有构筑物，不得已改变线形，也会出现曲线。因此盾构机所装备的功能，应满足曲线推进的要求。设计在曲线段一般采用楔形管片，但为减少曲线施工对土层的干扰，作者认为除采用楔形管片外，设计盾构机时还可以考虑采用油压分区控制，实现千斤顶可自由编组；或采用仿形刀装置、铰接机构等功能综合解决。

4）地下构筑物

北京是一个拥有近二千万人口的特大城市，地下修建了大量的构筑物，如上下水管道、煤气、热力、电力、通信、人防工程等。北京又是一个古老的城市，除地下可能有大量文物外，旧繁华市区还可能存在一些年代久远、损坏严重、存在严重渗漏的各种管道。由于历史的原因，北京市城市建设档案管理相对滞后，很难弄清地下各种构筑物的分布状况。工程勘测时，因钻孔距离的局限，隧道沿线总存在勘测的空白，且实际上在地铁隧道上方地面有大量房屋建筑不能实施勘测。因此盾构法施工过程中，会遇到各种障碍物或异物，并且往往不具备从地面进行处理的条件，给盾构掘进施工带来意想不到的困难。盾构机选型时，应考虑北京地下构筑物众多的现实，提出相应的解决办法。

5）浅覆土及隧道下穿建筑物

隧道下穿建筑物，特别是旧有民房（穿越其他现存构筑物两者距离过近的情况也可划归此类），是城市隧道采用盾构法施工的首选原因；另由于种种原因，地铁隧道总会有局部埋深不大、隧道覆土较浅的地段，故盾构机在上述条件下施工不可避免。对此稍作分析即可知道，这两种情况下盾构法施工所需要考虑的问题都是如何控制土体（地面）沉降或变形，避免引起地面建筑物下沉、倾斜、开裂或者避免造成相邻构筑物损坏。根据盾构法施工经验，如果施工控制不好，确实会引起隧道前方或周边土体产生较大沉降与变形，造成地面房屋开裂或严重干扰相邻构筑物。因而盾构机选型时，将盾构机配备控制土体沉降与变形的功能以及具有操作简便、灵巧等性能作为重点考察内容。

6）同一台盾构机多次解体、搬运、组装调试与掘进

根据北京地区地质条件，盾构机的使用寿命一般可达6km，甚至10km以上，而盾构法隧道工程标段划分不会过大，估计在两个区间左右，即单线长度不大于4km，低于盾构机的使

用寿命。在盾构机选型时,应考虑我国国情,尽可能增加盾构机用于工程施工的长度。故在确保所选盾构机适应北京各类地层施工的前提下,须充分考虑盾构机分块的合理性,既要保证盾构机的整体质量,又要满足便于组装、解体和搬运的要求。

3.4　盾构机机型选择

1)盾构机技术发展简要回顾

盾构机问世近 200 年,但得到迅速发展是在 20 世纪 60 年代以后。纵览当今世界各国,盾构机综合技术水平首推日本(截至 2002 年 10 月,生产盾构机及 TBM 近 8 500 台)和欧洲(截至 2002 年 10 月,生产盾构机及 TBM 近 500 台)最高。盾构机类型由初期的手掘式发展到半机械式、全机械式,以及近 30 多年来高速发展的泥水式平衡盾构机和加泥式土压平衡盾构机等。现代盾构机已在自动控制、激光导向、液压传动、开挖面压力控制、壁后同步注浆、盾尾密封、管片拼装、计算机数据采集等方面得到很大发展。进入 20 世纪 80 年代后期,世界上又开发出既可用于软土地层又可用于岩石围岩的复合式盾构机,开发出可转任意角度的复合子母式盾构机。另外,盾构法隧道成型断面除圆形外,多圆形、椭圆形、矩形及多室矩形也在实际工程中得到应用。当今世界盾构机的技术水平已发展到相当高的阶段。对于北京地区的地质条件,以及地铁隧道工程所穿越的区域,采用泥水式平衡盾构机和加泥式土压平衡盾构机均能满足隧道施工的需要。

2)盾构机机型的确定

正如前面所述,采用当今技术水平最高的泥水式平衡盾构机和加泥式土压平衡盾构机,均能满足北京地铁隧道的施工,但究竟采用哪一种机型技术经济更合理,必须从盾构机的工作原理、适用地质领域的宽窄、经济指标以及对环境的影响等综合均衡比较之后,才能得出正确的决策。

泥水式平衡盾构机的工作原理是通过向密封仓内加入泥水(浆)来平衡开挖面的水、土压力,其开挖面的平衡稳定性及控制地面沉降性能较好,盾构机内部空间较大,特别是大直径隧道施工具有一定技术优势,但施工弃土需进行泥水分离处理。该设备系统庞大,占地面积多,且价格昂贵。

加泥式土压平衡盾构机的工作原理则是向密封仓内加入塑流化改性材料,与开挖面切削下来的土体经过充分搅拌,形成具有一定塑流性和透水性低的塑流体,同时通过伺服控制盾构机推进千斤顶速度与螺旋输送机向外排土的速度相匹配,经仓内塑流体向开挖面传递设定的平衡压力,实现盾构机始终在保持动态平衡的条件下连续向前推进。由于加泥式土压平衡盾构机可以根据不同地层的地质条件,设计和配制出与之相适应的塑流化改性剂(如泡沫等),极大地拓宽了该类机型的施工领域,特别是在砂卵石地层中施工优势最为明显。故近年来该机成为盾构机应用的主流机型,在隧道工程中得到广泛应用。

日本土木学会 1997 年修订《隧道标准规范(盾构篇)及解释》时,专门在日本全国境内对盾构机机型、使用地质条件以及工程应用数量等作了较全面的调查。调查结果如图 3-3 ~ 图 3-5 所示。

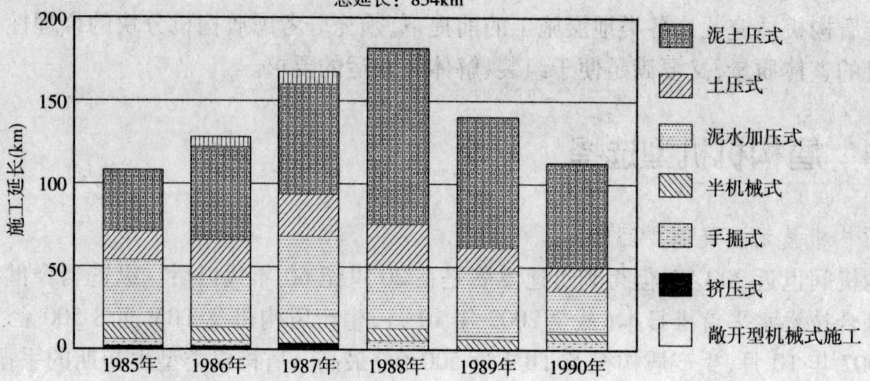

图 3-3　盾构机机型工程采用情况

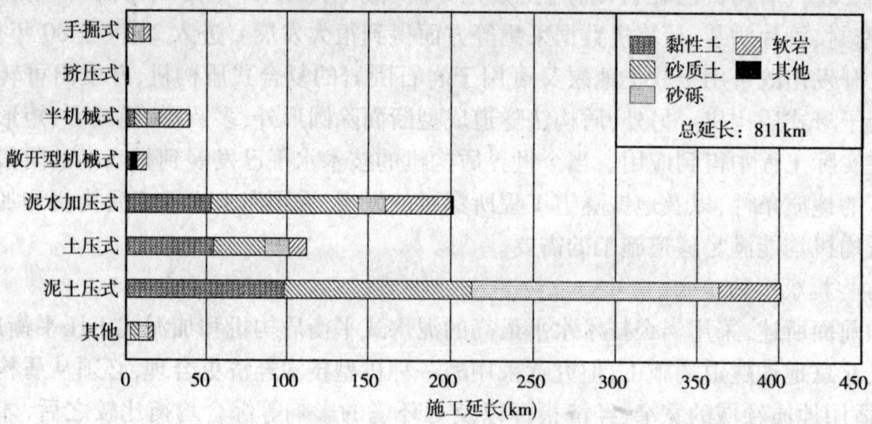

图 3-4　盾构机机型适用地质情况

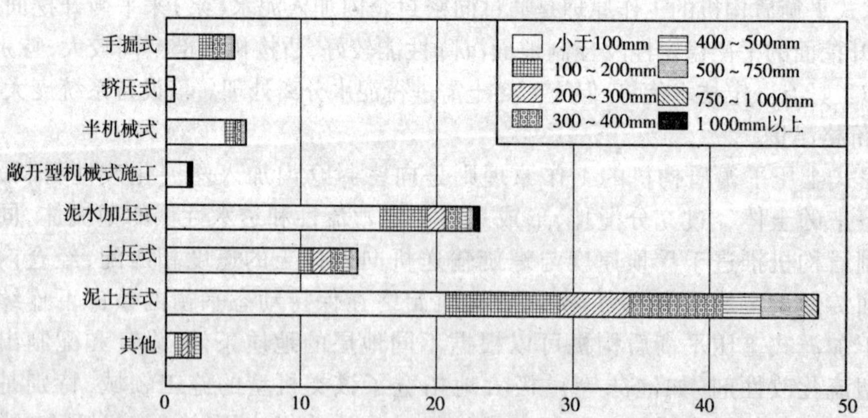

图 3-5　盾构机机型施工最大粒径情况

由图 3-3～图 3-5 可见，加泥式土压平衡盾构机应用的台数最多，工程项目应用的数量最大，适应不同地质条件（黏性土、砂性土、砂砾石甚至软岩）的能力最强，特别是在砂砾地层（最大粒径超过 5mm）中的应用占绝对优势。

为进一步分析判断，对国内各大城市地铁工程应用盾构机的机型也进行了调查，结果见表 3-1。

国内地铁工程应用盾构机型一览　　表 3-1

应用(似应用)工程	数量(台)	使用承包商	盾构机型	制造商
北京地铁 5 号线	1	北京城建集团	ϕ6.20m 加泥式土压平衡盾构机	德国海瑞克公司
南京地铁 1 号线	1	中铁隧道局	ϕ6.34m 加泥式土压平衡盾构机	德国海瑞克公司
	1	上海隧道股份公司	ϕ6.34m 加泥式土压平衡盾构机	日本三菱重工
	1	上海机械施工公司	ϕ6.34m 加泥式土压平衡盾构机	日本小松公司
深圳地铁 1 号线	2	上海隧道股份公司	ϕ6.14m 复合加泥式土压平衡盾构机	日本三菱重工
	1	上海机械施工公司	ϕ6.14m 复合加泥式土压平衡盾构机	日本小松公司
	2	中铁十六局集团	ϕ6.30m 复合加泥式土压平衡盾构机	德国海瑞克公司
广州地铁 2 号线	2	中铁隧道局	ϕ6.30m 复合加泥式土压平衡盾构机	德国海瑞克公司
	2	广州盾建公司	ϕ6.30m 复合加泥式土压平衡盾构机	德国海瑞克公司
广州地铁 3 号线	1	中铁一局集团	ϕ6.30m 复合加泥式土压平衡盾构机	德国海瑞克公司
	2	中铁二局集团	ϕ6.30m 复合加泥式土压平衡盾构机	德国海瑞克公司
	4	广州盾建公司	ϕ6.30m 复合加泥式土压平衡盾构机	德国海瑞克公司
	2	广东省源天公司	ϕ6.30m 复合加泥式土压平衡盾构机	德国海瑞克公司

注：上海市及天津市地铁工程使用盾构机的资料未能收集到，表中没有列入。

由表 3-1 可清楚地看出，无论南方还是北方，国内地铁隧道工程使用的盾构机型均以加泥式土压平衡盾构机型(含复合式)为主。尽管应用的地域或范围较广泛，地质条件相差较大，但据调查，该类机型均能较好地适应和顺利地完成地铁隧道的施工。可见，国内地铁工程盾构机的应用实践，也证明了加泥式土压平衡盾构机具有良好的适应性。作者进一步对泥水式平衡盾构机和加泥式土压平衡盾构机的主要特性进行了比较，其内容与结果详见表 3-2。

泥水式平衡盾构机与加泥式土压平衡盾构机技术特性比较　　表 3-2

序号	盾构机型 / 特性	泥水式平衡盾构机	加泥式土压平衡盾构机
1	平衡工作面介质	密封仓内泥浆	密封仓内泥土
2	排土方式	流体泵送	螺旋输送机和土车
3	适用土质	黏土、砂、卵石	黏土、砂、卵石
4	平衡压力稳定性	稳定	比较稳定
5	控制地层沉降难易程度	容易	较容易
6	适应隧道直径范围	适应范围广 (有 ϕ1.5m 和 ϕ17m 实绩)	适应性比泥水式稍差 (不宜应用于 ϕ10m 以上隧道)
7	刀盘扭矩阻力	较小	比泥水式略大
8	耐高水压性	耐高水压	耐高水压(比泥水式低)

续上表

序号	盾构机型 / 特性	泥水式平衡盾构机	加泥式土压平衡盾构机
9	排泥是否需处理	需要(通常泥浆处理后循环使用)	不需要
10	配套设备	庞大复杂	简单、紧凑
11	施工占用场地	大	较小
12	设备综合造价	高	较低

根据国外与国内盾构机实际应用现状和两种机型技术特性的比较结果,作者认为,对于北京地铁隧道盾构法施工,加泥式土压平衡盾构机的技术经济比较合理,选型时宜优先考虑。

3.5 加泥加泡沫式土压平衡盾构机的基本技术(配置)

前面已详细阐明了采用加泥式土压平衡盾构机技术经济的合理性,下面针对北京地铁隧道工程,提出盾构机的基本技术(配置)选择和要求。

1)盾构机刀盘形式

盾构机刀盘形式,按照工程地质条件和施工控制要求,大致可分为面板式和辐条式(复合式刀盘由这两种形式派生而出)刀盘两种形式。针对北京的地质条件以及目前地铁隧道埋深不超过25m的情况,采用不同形式的刀盘将直接影响盾构机的掘进效果,而且造价相差约为盾构机造价的4% ~8%。因此作者对两种形式的刀盘特性进行了比较。比较结果表明,采用辐条式刀盘既能满足工程施工需要,保证有较好的掘进性能,又能节省设备投资,比较结果详见表3-3。

辐条式及面板式刀盘特性比较 表3-3

刀盘形式 / 比较项目	面板式	辐条式	备注
开挖面水土压控制	一般存在三个压力: p_1:开挖面—面板之间; p_2:面板开口进出口之间; p_3:面板与密封仓内壁之间(即土压计压力)。 其中,p_2 受面板开口影响不易确定,而 $p_3 = p_1 - p_2$ 开挖面压力不易控制,同时控制压力实际低于开挖面压力	只有一个压力 p,密封仓内土压计压力与开挖面的压力相等,因而平衡压力易于控制	—
砂、土适应性(粒径 <15cm)	由于开挖面土体受面板开口影响,进入密封仓内不顺畅,易黏结,易堵塞	仅有几根幅条,同时幅条后均设有搅拌叶片,土、砂流动顺畅,不易堵塞	北京西三环向东四环内地层粒径大致如此
砂卵石适应性(粒径 >15cm)	适应性强,必要时可加滚刀	不能加滚刀,刀头形式及数量较少	—

续上表

刀盘形式 比较项目	面板式	辐条式	备注
刀盘扭矩	刀盘扭矩阻力大,需增加设备能力,造价高	刀盘扭矩阻力小,设备造价低	—
隧道内刀头更换安全性	由于有面板,在隧道内更换刀头时安全可靠	在隧道内更换刀头时安全性差,加固土体费用高	由于是城市隧道,每段长度有限,可避免隧道内更换刀头

2)盾构机刀盘驱动方式

刀盘驱动方式是盾构机的重要组成部分,其承担驱动刀盘旋转、切削开挖面土体及搅拌密封仓内土体的任务。刀盘驱动系统也是盾构机内务系统中消耗功率较大的设备之一。过去为了保证刀盘旋转切削土体的效果,盾构机刀盘驱动方式多设计为液压驱动。但随着变频电机技术的不断发展,逐渐在盾构机的设计中被采用,而且由于其具有明显的技术优势,同时价格也在逐年下降,应用于盾构机呈不断扩大的趋势。作者从盾构机刀盘驱动效率的高低,后续配备设备的多少,设备维护、保养的难易以及作业人员工作环境的优劣等方面综合考虑,认为北京地区隧道施工用盾构机,其刀盘的驱动方式以采用变频电机驱动方式为好。盾构机刀盘驱动方式特性比较见表3-4。

盾构机刀盘驱动方式特性比较　　表3-4

序号	项目	变频电动机驱动(A)	一般电动机驱动(B)	液压驱动(C)	说　明
1	驱动部外形尺寸	中	大	小	一般情况下 A: B: C = (1.5 ~ 2): 2.5: 1.0
2	后续设备	少	少	较多	C需要液压泵、大油箱、冷却装置等,故后续设备较多
3	效率(%)	0.95	0.9	0.65	电机驱动效率高于液压驱动
4	起动电流	小	小	小	A:利用变频起动电流小; B:采用切断磁粉离合器起动,电流小; C:由于无负荷,起动电流小
5	起动力矩	大	较小	较大	A:起动力矩可达额定力矩的120%; B:约小20%; C:启动力矩 = 工作力矩
6	起动冲击	小	大	中	A:由于变频软起动,冲击小; B:离合器离合,冲击大; C:控制液压泵排气、可以低转速、缓慢起动,故冲击较小

续上表

序号	项目	变频电动机驱动(A)	一般电动机驱动(B)	液压驱动(C)	说　明
7	转速控制(微调性)	好	差	好	A:由于变频,可控制转速和进行微调; B:由于采用离合器,不能实现无级调速; C:控制液压泵排量,可控制转速和进行微调
8	噪声	小	小	大	C:液压系统的噪声一般大于电动机系统
9	盾构机内温度	低	较低	较高	C:液压系统功耗大,故温度较高
10	维护保养	易	易	较困难	B:维护保养工作较少; C:液压系统的维护和保养一般较复杂,要求较高

注:①A 驱动传递过程:变频电机 + 减速器 + 驱动刀盘。

②B 驱动传递过程:电机 + 离合器(磁耦) + 减速器 + 驱动刀盘。

③C 驱动传递过程:液压马达 + 减速器 + 驱动刀盘。

3)盾构机刀盘支撑方式

盾构机刀盘支撑方式如图 3-6 所示,一般有中心支撑、中间支撑和周边支撑三种方式。采用何种方式,主要依据盾构机的直径和工程的地质条件而定。中心支撑方式主要用于中小直径(直径≤7.5m)的盾构机,其对地质条件的适应性较好。中间支撑方式则主要用于中大直径(直径在 4.5~17.4m 之间,有工程实绩)的盾构机,当直径不太大、地质条件为黏性土时,刀盘采用中间支撑方式易在支撑的中心部分黏附,并逐渐扩大形成俗称“泥饼”的现象,造成出土不畅与盾构机的阻力增大。因北京市有大量的黏土层,若盾构机刀盘采用中间支撑方式,需对此给予充分注意,并采取有效对策。周边支撑方式则比较灵活,既可用于小直径盾构机,也可用于大直径盾构机,但也同样存在刀盘支撑位置处易于黏附的问题,需要采取相应的解决措施。上述三种盾构机刀盘支撑方式中,前两种目前在盾构机中广泛应用,后一种使用尚不多。故仅对中心支撑方式与中间支撑方式进行比较。

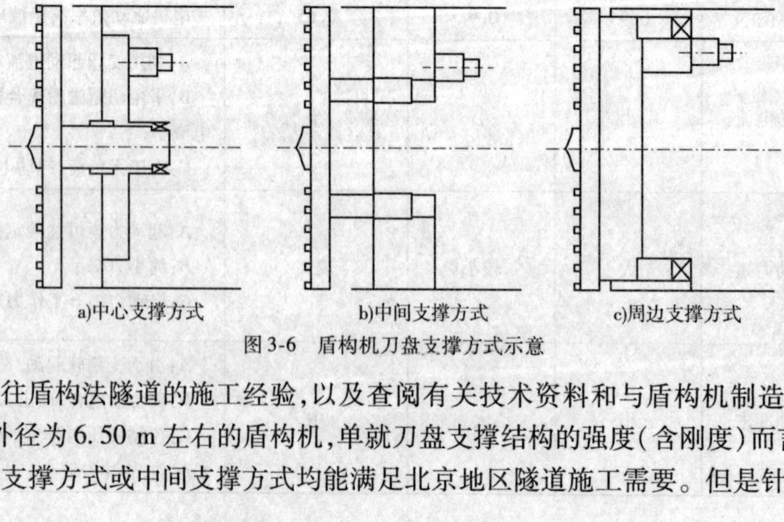

图 3-6　盾构机刀盘支撑方式示意

根据既往盾构法隧道的施工经验,以及查阅有关技术资料和与盾构机制造商进行专题研讨,对于外径为 6.50 m 左右的盾构机,单就刀盘支撑结构的强度(含刚度)而言,盾构机刀盘采用中心支撑方式或中间支撑方式均能满足北京地区隧道施工需要。但是针对北京地铁隧道的规划线路和可能碰到的地质条件,这两种支撑方式在盾构机密封仓内切削土体的搅拌状态(反映切削土体在密封仓内的流动特性与平衡土压力的控制效果)、刀盘密封性能(反映主轴的使用寿命)等方面有较大的差异,若处理不当,会对盾构机的使用造成不利影响。作者结合北京市地质情况,对前述两个方面进行了比较。

(1)盾构机密封仓内切削土体搅拌状态

①中间支撑方式

如图 3-7 所示,由于中间支座的存在,将盾构机密封仓分隔成两个区域,中心区域直径约为 3.5m,占密封仓内相当大的空间。当刀盘旋转切削土体时,支座中心区域以外部分的土体流动顺畅,易于搅拌;中心区域内的土体流动较差,当切削土体黏性较大或者加泥搅拌不良并长期积聚于中心区域时,中心区域土体逐渐增多最终形成"泥饼",完全丧失流动性。内外两个区域的土体流动性差异较大,土体搅拌混合的效果难以确保。综上所述,刀盘采用中间支撑方式的盾构机在黏性土(包括粉细砂)中施工时,若处理不好,密封仓内切削土体搅拌效果不易满足要求,并可能会因黏附堵塞形成"泥饼",造成出土不畅、阻力增大、开挖面土压控制不稳定,从而,盾构机掘进效果受到影响,且对控制地面沉降不利。

②中心支撑方式

如图 3-8 所示,盾构机刀盘旋转切削土体时,密封仓内土体的流动空间和被直接搅拌的范围大,土体流动顺畅,土体搅拌混合效果良好,引起堵塞的可能性较小,开挖面土压控制稳定。因而,盾构机掘进效果较好,改善了盾构机控制地面沉降的性能。

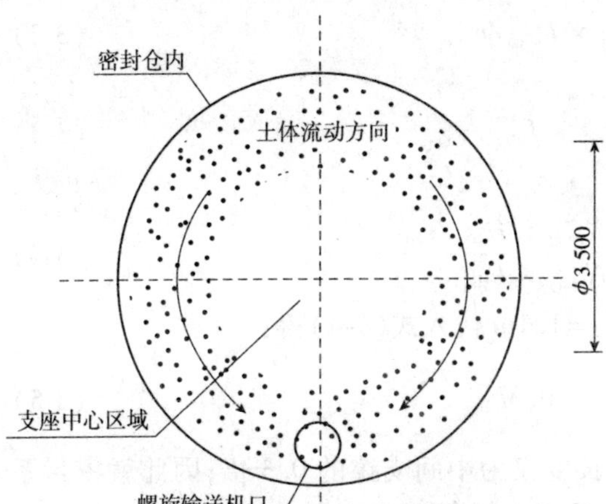

图 3-7　中间支撑式密封仓正面示意(尺寸单位:mm)

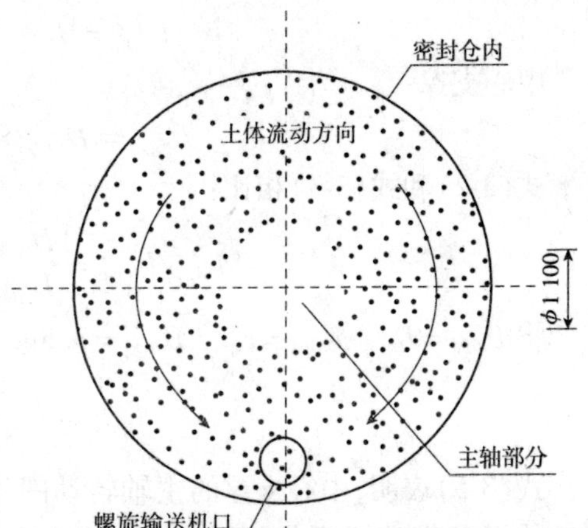

图 3-8　中心支撑式密封仓正面示意(尺寸单位:mm)

(2)盾构机刀盘密封性能

盾构机向前掘进时,其刀盘一方面旋转切削土体,一方面随着盾构机向前方顶进。中心支撑主轴和中间支撑主轴转动圈外周是不同的,即在相同转速下,密封材料所密封的长度不同。因而在相同密封材料、相同密封方式、相同掘进长度以及相同掘进速度的条件下,对密封系统的磨耗完全不同(图 3-9)。按照盾构机刀盘的转速和盾构机推进速度的计算公式,可以求出两者差异,计算公式如下:

$$l = D \times N \times L/v \tag{3-1}$$

式中：l——主轴转动圈外周长度（m）；

D——盾构机刀盘转动轴外径（m）；

L——盾构机掘进距离（m）；

v——盾构机推进速度（m/min）。

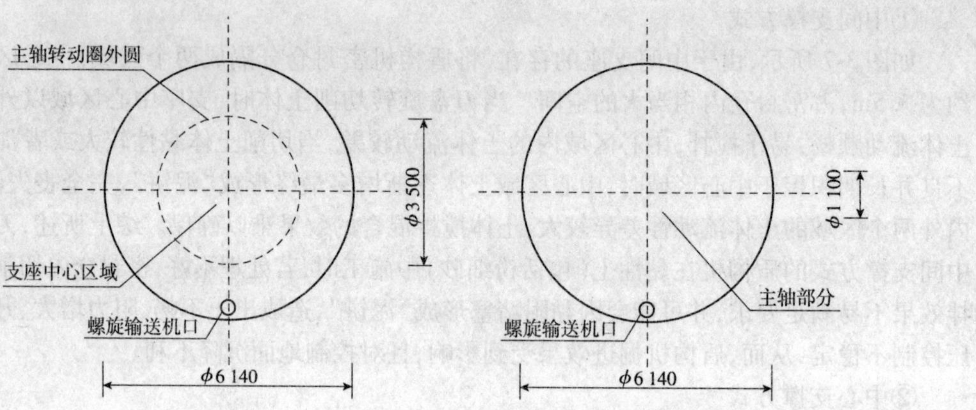

图 3-9　盾构机刀盘两种支撑方式示意（尺寸单位：mm）

中间支撑：

$$l_{中间} = D \times N_{中间} \times L_{中间}/v_{中间} \tag{3-2}$$

中心支撑：

$$l_{中心} = D_{中心} \times N_{中心} \times L_{中心}/v_{中心} \tag{3-3}$$

式(3-2)和式(3-3)相比：

$$l_{中间}/l_{中心} = \frac{D_{中间} \times N_{中间} \times L_{中间}/v_{中间}}{D_{中心} \times N_{中心} \times L_{中心}/v_{中心}} \tag{3-4}$$

将 $L_{中间} = L_{中心}$、$v_{中间} = v_{中心}$、$D_{中间} = 3.5\text{m}$、$D_{中心} = 1.1\text{m}$ 代入式(3-4)得：

$$l_{中心} = \frac{1.1 l_{中间}}{3.5} = 0.3 l_{中间} \tag{3-5}$$

式(3-5)表明，中心支撑的主轴转动圈外周长度仅为中间支撑的0.3倍，因此就密封系统的使用寿命而言，盾构机刀盘采用中心支撑比采用中间支撑有利。

根据比较与分析结果，从①盾构机密封仓内的土体的搅拌效果，确保在黏土、砂、砂卵石地层中推进均不易发生黏附堵塞；②开挖面平衡土压控制稳定，地面沉降控制效果良好；③可延长盾构机的使用寿命，降低工程造价等方面综合考虑，作者认为盾构机刀盘支撑方式采用中心支撑方式优于中间支撑方式。

4）加泥及加泡沫系统

加泥系统是加泥式土压平衡盾构机的基本配置。正是采用该系统，对于不同的地质条件，通过添加塑流化改性材料，改善盾构机密封仓内切削土体的塑流性，既可实现平衡开挖面水、土压力，又能向外顺畅排土，大大拓宽了盾构机的适应范围。北京市东边大部分地区应用盾构法施工时，仅采用加泥系统就可满足隧道施工的要求。

由于北京市地铁规划所穿越地层有大量的砂土及砂卵石地层，而且不少地区地下水位较低，甚至隧道穿越无水砂卵石地层。根据作者的经验，盾构机在这种地质环境中掘进时，仅考虑采用加泥措施来改善切削土体流动性往往效果不佳，盾构机经常堵塞不能正常掘进，而且加泥量过大，掘进效率降低，施工费用增加。为适应前述地质环境的施工，可在加泥的基础上增加泡沫系统。利用加入泡沫改善土体粒状构造，吸附在土体颗粒之间的气泡可以减少土体颗粒的摩擦，增加切削土体的黏聚力，同时降低土体渗透性，达到既能平衡开挖面土压又能连续向外顺畅排土的目的。实践表明在北京市无水砂卵石地层施工时，根据地质的变化，加泥或加泡沫或同时加泥和泡沫的混合液，施工效果良好。

5）螺旋输送机

螺旋输送机是加泥式土压平衡盾构机的重要组成部分，主要有以下三个功能：

（1）将盾构机密封仓内开挖出来的土体向外连续排出。

（2）切削土体在螺旋输送机内向外排出过程中形成密封土塞，阻止土体中的水分散失，保持密封仓内土压稳定。

（3）自动（也可手动）将盾构机密封仓内土压值与设定土压值比较，随时调整向外排土速度，控制盾构机密封仓内实现连续的动态土压平衡过程，确保盾构机连续正常向前掘进。

由于构造不同，螺旋输送机可分为有中心轴的螺旋杆式螺旋输送机和无中心轴的带式螺旋输送机。比较国内外盾构法施工的业绩，可认为前者适用于一般性土、砂运输，后者适用于较大颗粒的砂卵石和块石的运输。虽然目前国内在盾构机用带式螺旋输送机的加工制造方面经验不多，技术尚不成熟，但国外已经大量采用，有相当丰富的设计和施工经验。对于北京地铁隧道施工，必然要遇到砂土层和砂卵石地层，同时还可能遇到少量的大颗粒卵石或漂石，为尽可能增加盾构机最大排出卵石（砾石）的能力，宜采用带式螺旋输送机。

6）皮带运输机

皮带运输机与螺旋输送机相接，盾构机密封仓内切削土体由螺旋输送机向外排出后，经皮带运输机输送到出渣斗车，再运往工作竖井外。盾构机设计时，皮带运输机一方面向外运土，另一方面兼作吊运管片的承重结构。因此，皮带运输机的长度要根据水平出土运输的施工组织而定，地铁施工用皮带运输机的长度一般为 40m 左右；另外，皮带运输机的托架必须满足吊运 5 000kg 的要求。

7）壁后同步注浆系统

随着盾构机技术的不断应用和发展，广大工程技术人员逐渐深刻地认识到壁后注浆技术在盾构法隧道施工中的重要作用，若进行归纳，可以有以下几个作用：

（1）同步填充盾构机向前推进过程中管片逐渐脱出盾尾所产生的间隙（简称盾尾间隙，一般在 60 ~ 100mm 之间）。

（2）改善管片结构防水和抗渗性能。

（3）促进隧道管片结构及早稳定。

（4）限制隧道结构蛇行。

壁后同步注浆最重要的作用是第一项，盾构法隧道施工中能否及时填充盾尾间隙，是控制土体沉降的关键。针对北京市地质条件、地铁隧道的埋深和隧道穿越地区地面建筑物的状况,作者认为,盾构机同步注浆系统应具备单(包括惰性)、双液注浆的功能,才能可靠有效地控制地面沉降,确保地面建筑物的安全。当隧道覆土深度不大,地面建筑物结构性差,沉降控制要求严格,以及隧道穿越地层地质不良、稳定性差时,必须采用壁后同步双液注浆。所注入浆液不仅要求能够同步及时填满整个盾尾间隙,而且要求浆液迅速固结达到设计强度,满足抵抗土体变形下沉的需要;当施工环境条件与前相反时,则可采用壁后同步单液(包括惰性)注浆,也能达到及时饱满填充盾尾间隙的要求和控制沉降的目的,这样做,技术经济上比较合理。

8)盾尾密封系统

盾构机盾尾密封系统是盾构机正常掘进的关键系统之一。追溯盾构机的应用实践,盾构法隧道施工所发生的安全事故常常不在盾构机头而在盾尾。盾构机盾尾密封一般有刚性密封和柔性密封。由于刚性密封对管片生产和管片拼装质量要求较高,逐渐被柔性密封取代。对于北京地区的具体情况,盾构机采用内注密封油脂式钢丝刷柔性密封系统即可满足隧道施工要求。钢丝刷密封系统柔度适中,适应性强,对管片及管片拼装质量要求一般。盾构机掘进时,向盾尾连续注入优质盾尾密封油脂,可保证在0.5MPa的压力下,盾尾不会出现渗漏水和渗漏泥浆。

9)管片正圆器

在直径大于5m的盾构法隧道中,拼装完好的管片在脱出盾尾后会产生下沉变形,影响管片最终拼装质量。由于北京地区隧道施工要求较高,为保证管片在脱出盾尾后的最终拼装质量,建议采用管片正圆器对管片变形进行矫正和限制。根据作者经验,上下支撑式管片正圆器正圆效果较好,其示意见图3-10。

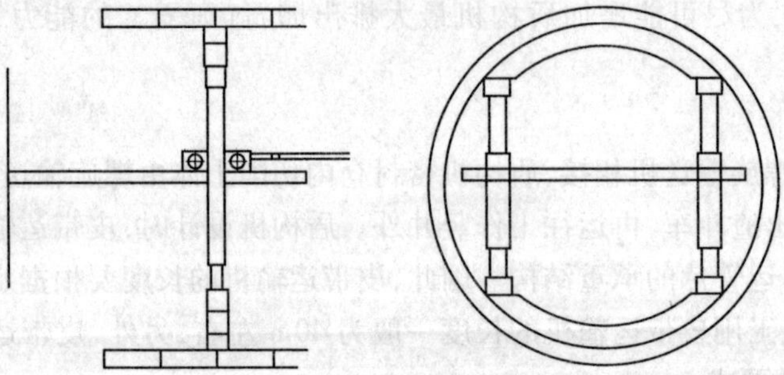

图3-10 上下支撑式正圆器示意

10)数据采集系统与监控管理系统

为提高盾构机施工技术水平,国外已开发出性能优越的管理软件,其中盾构机挖掘数据管理软件是应用最广泛的软件系统。采用此系统,可输出周报、日报、环报以及掘进100mm为单位的挖掘管理数据;有各种参数设定、测量、掘进、报警以及历史曲线和动态曲线等施工应用画面;所有采集数据均能保存下来,供日后分析和判断。

11)全自动监测与导向系统

随时掌握与分析盾构机在掘进过程的各种参数,是现代盾构机技术的一个主要部分,也是指导盾构机实现正常、顺利掘进不可缺少的条件。如前所述,先进的盾构机推进技术数据采集系统与监控管理系统是目前盾构机的基本配置。为更好地把握盾构机推进的各种状

态,作者注意到日本最新开发出的盾构机全自动监测与导向新技术。这一套配有高精度陀螺仪的全自动监测与导向系统拥有以下功能:

(1)自动监测掘进过程中盾构机的各种状态,包括盾构机的倾斜、转动、方位及位置。

(2)将(1)项中监测数据全部收集、显示、打印与保存。

(3)自动监测结果可随时与事先输入的数据(如隧道设计轴线)进行比较。

(4)自动监测结果可以和盾构机的其他推进技术参数同屏显示。

若采用这套全自动监测系统,无论是具体的操作人员还是工程管理技术人员都能在各自的位置上随时掌握盾构机掘进的各种状态,可以与事前输入的隧道轴线相比较,也可以随时对有关参数进行调整。

12)盾尾间隙自动测量系统

按照目前盾构机盾尾密封结构的设计思想,盾构机一般均存在盾尾间隙。间隙的大小则根据盾构法隧道曲线段施工曲率半径的大小、管片安装所需空间以及管片安装不当出现蛇行(此项目与施工队伍的施工技术水平有关)等因素来确定。为尽可能排除或减少盾构机掘进过程中盾尾间隙处出现管片外周与盾壳内侧相互挤压,降低推进阻力,进一步提高管片拼装质量,作者建议为盾构机增加一项盾尾间隙自动测量系统,其价格不贵,但使用效果较好。采用盾尾间隙自动测量系统,在施工中可自动连续测量盾尾间隙的大小,适时判断管片与盾尾之间的相对位置,并与其他盾构机推进技术参数结合,达到综合控制盾构机姿态的目的。盾尾间隙自动测量示意见图 3-11。

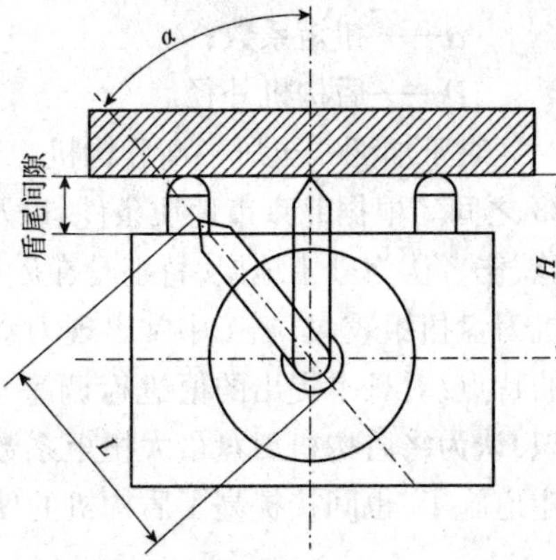

图 3-11　盾尾间隙自动测量示意

13)球面压力传感器

控制开挖面土压平衡的土压计,是盾构机实现土压平衡控制的关键元件之一,其精度一般较高。但在砂卵石地层中施工时,粒径较大的砂卵石会频繁撞击土压计,对土压计的质量要求很高。为防止土压计失效,作者建议将其设计为球面压力传感器,施工中万一出现损坏,可以在机内进行压力计的更换。球面压力传感器更换示意见图 3-12。

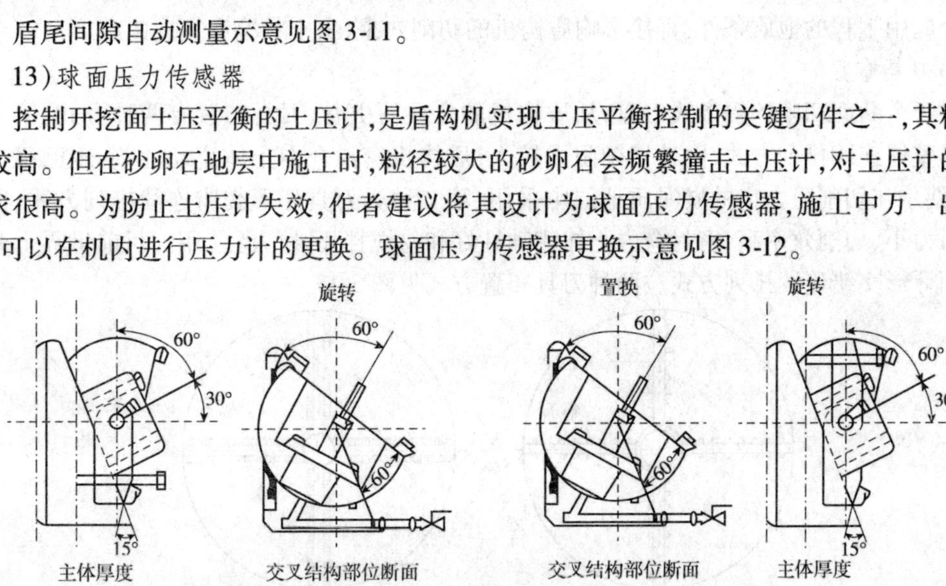

图 3-12　球面压力传感器更换示意

3.6 北京地铁隧道施工用盾构机的几个关键问题

3.6.1 盾构机刀盘扭矩系数

盾构机刀盘扭矩系数 α 是盾构机设计的一个重要参数,其值选用是否得当直接关系到盾构机能否正常掘进。众所周知,影响盾构机刀盘扭矩的因素较多,在此不再赘述。根据日本《隧道标准规范(盾构篇)及解释》中有关盾构机设备部分的内容,盾构机刀盘装配扭矩 M 可用以下简化公式计算:

$$M = \alpha \times D^3 \tag{3-6}$$

式中:M——盾构机装备扭矩(kN · m);

α——扭矩系数;

D——盾构机外径。

对于加泥式土压平衡盾构机,日本经过大量工程实践已给出的经验值,取值范围在 8 ~ 23 之间。根据北京市地质条件,以及在北京市砂卵石地层采用盾构法施工近 8km 的实际经验,作者认为砂土地层,特别是在砂卵石地层中盾构机刀盘旋转切削围岩(砂卵石)时,盾构机刀盘扭矩较大,施工中常出现刀盘扭矩瞬间过大的现象。很有必要结合北京市地质条件的特点,对日本提出的值进行调整。经与日本盾构机制造商进行技术交流和争论,取得共识,认为将盾构机刀盘最大扭矩系数值提高到 25 以上,不仅更适应北京地区砂卵石地层的隧道施工,也间接提高了盾构机的使用寿命,技术经济更为合理。

3.6.2 刀具布置和刀具形状

刀具布置和刀具形状在盾构机设计中是非常重要的内容。刀具布置方式及刀具形状是否适合应用工程的地质条件,直接影响盾构机的切削效果、出土状况和掘进速度。

1)刀具布置

对于全断面切削的辐条式刀盘,从盾构机的发展历史看,刀具布置有两种方式:第一种为刀具整体连续排列方式,因其切削阻力较大,盾构机密封仓内土体流动性差,现已很少使用,仅偶尔在切削阻力小的淤泥质地层中采用;第二种为刀具牙形交错连续排列方式,因其切削阻力小、切削效率高、密封仓内土体流动性好和易搅拌而被广泛使用。目前世界上基本均采用牙形交错连续排列方式。两种刀具布置方式见图 3-13。

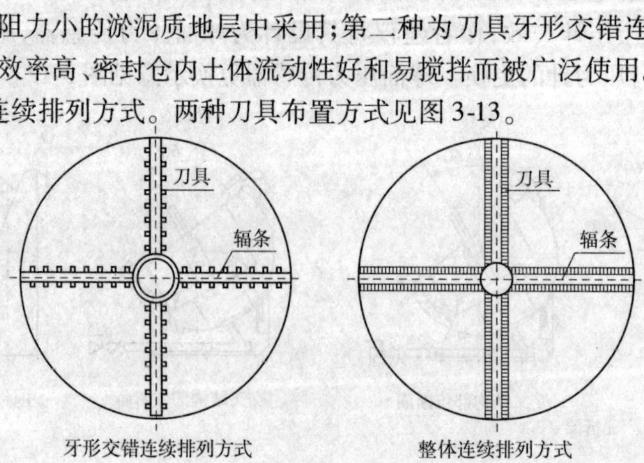

图 3-13 两种刀具排列示意图

根据北京市地铁隧道施工中可能碰到的主要地质条件，刀具布置时应按照牙形交错连续排列的原理，确保盾构机刀具的切削轨迹布满开挖全断面；另针对不同切削要求（包括不同地质的要求），需设置切削刀、超前刀、盘圈贝形刀、鱼尾刀、仿形刀等几种刀具。按照各种刀具的特点及作用，经过分析比较，各种刀具可采用图 3-14 的布置方式。

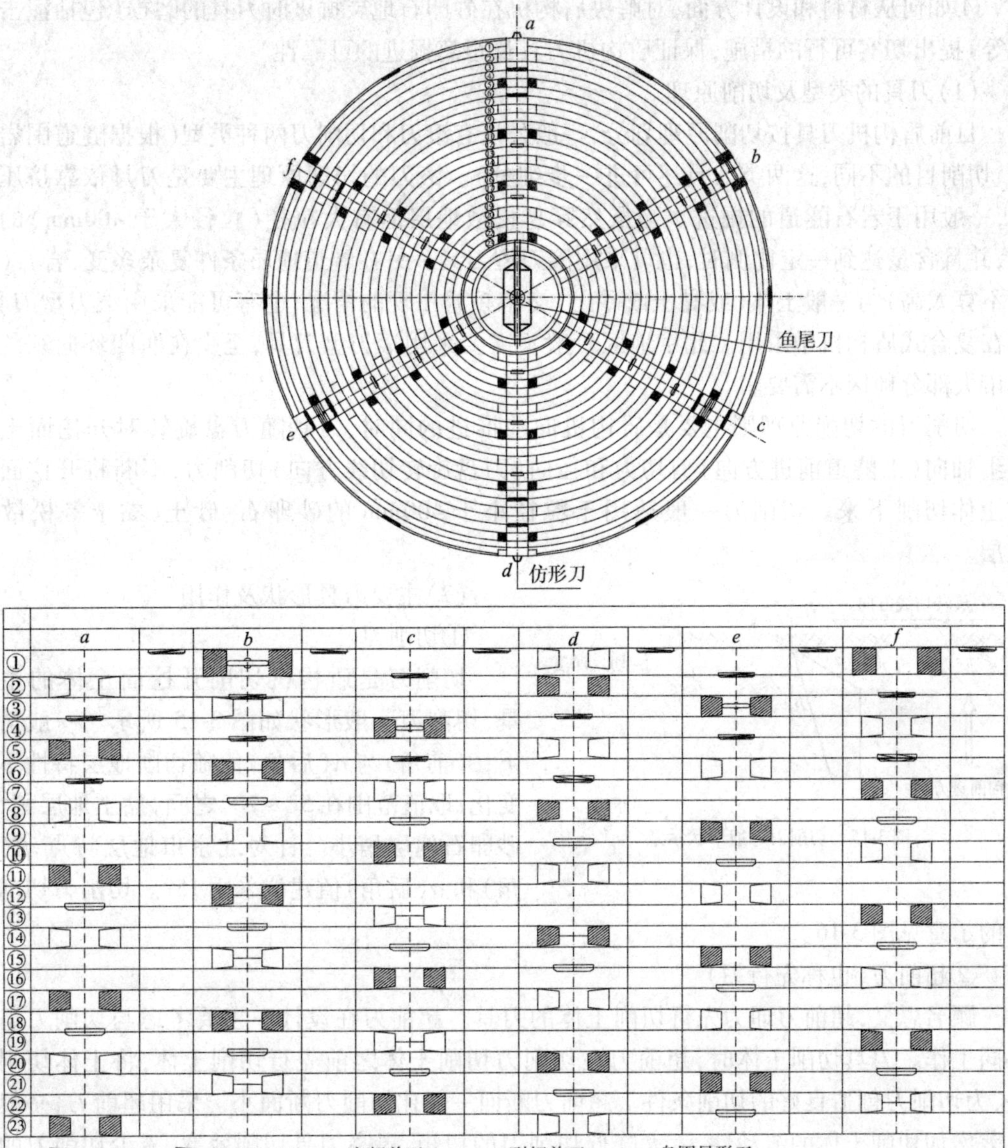

图 3-14　刀具布置示意

2）刀具形状及其作用

如前所述，刀具的形状必须适应施工地质的特点，并且刀具在切削断面不同的位置其作用及要求均不同，因此应对刀具进行设计。针对北京地铁隧道穿越三种主要地层的特点，刀具设计时应考虑以下几个要素：

①刀具在砂、砂卵石地层中的切削效率，即如何减少切削阻力，保证切削土体的流动性。

②通过刀具形状的改变，减少刀具掘进磨损，提高刀具的耐久性。

③适应城市繁华地区施工的需要，尽可能减少刀盘旋转刀具切削土体过程对周边土体及环境的干扰，如振动、噪声等。

④如何从材料和设计方面，对解决盾构机在砂卵石地层掘进时刀具的磨损（包括撞击掉块等）提出切实可行的措施，保证盾构机刀具长距离掘进的可靠性。

(1)刀具的类型及切削原理

目前盾构机刀具按切削原理划分，一般公认有滚刀和切削刀两种类型（根据隧道围岩性质、切削目的不同，这两类刀具还可进一步细分）。滚刀的切削原理主要是刀具依靠挤压破岩，一般用于岩石隧道的掘进。当虽然穿越松散地层但有大粒径（粒径大于400mm）的砾石，并且含量达到一定比例时，也可采用滚刀型刀具。另在隧道地质条件复杂多变、岩石（强度不算太高）与一般土体（或黏土或砂土）交错频繁出现的情况，也有可能采用滚刀型刀具，即在复合式盾构机中采用。北京地区一般不需要采用滚刀型刀具，至少在西四环向东的北京市大部分地区不需要。

切削刀的切削原理则主要是盾构机向前推进的同时，刀具随刀盘旋转对开挖面土体产生轴向（沿隧道前进方向）剪切力和径向（刀盘旋转切线方向）切削力，不断将开挖面前方土体切削下来。切削刀一般适用于粒径小于400mm的砂卵石、砂土、黏土等松散体地层。

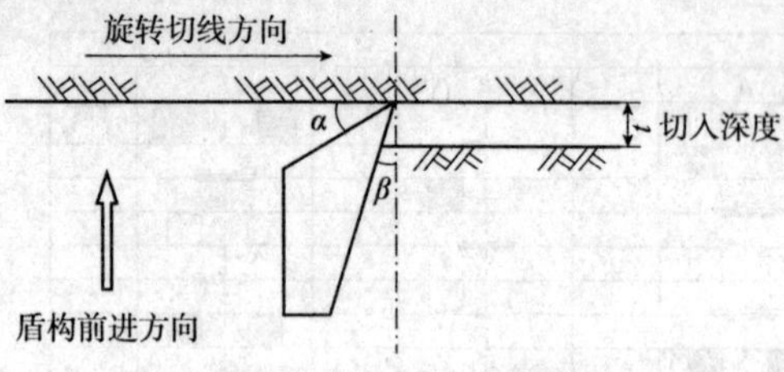

图3-15　切削刀一般形状示意

(2)主要刀具形状及作用

①切削刀

切削刀是盾构机切削开挖面土体的主刀具，切削刀一般形状如图3-15所示。一般情况下，β（前角）与α（后角）值随切削地层特性不同变化，取值范围在5°~20°之间，黏土地层稍大，砂卵石地层稍小。针对北京市地层特点，β（前角）和α（后角）值建议采用15°。切削刀切削土体的示意见图3-16。

②超前刀（也称先行刀）

顾名思义，超前刀即为先行切削土体的刀具。超前刀在设计中主要考虑与切削刀组合协同工作。刀具切削土体时，超前刀在切削刀切削土体之前先行切削土体，将土体切割分块，为切削刀创造良好的切削条件。超前刀断面一般比切削刀断面小。采用超前刀，一般可显著增加切削土体的流动性，大大降低切削刀的扭矩，提高刀具切削效率，减少切削刀的磨耗。在松散体地层，尤其是砂卵石地层使用效果十分明显。超前刀刀具形状及与切削刀协同切削土体的示意见图3-17。

③盘圈贝形刀

盘圈贝形刀实质上是超前刀，盾构机穿越砂卵石地层，特别是大粒径砂卵石地层时，若采用滚刀型刀具，因土体为松散体，在滚刀掘进挤压下会产生较大变形，大大降低滚刀的切削效果，有时甚至丧失切削破碎能力。针对北京市大粒径砂卵石地层的特性，根据日本的施工经验,建议采用盘圈贝形刀,将其布置在刀盘盘圈前端面,专用于切削砂卵石。采用盘圈贝形刀可较好地解决盾构机切削土体(砂卵石)的难题。盘圈贝形刀示意见图 3-18。

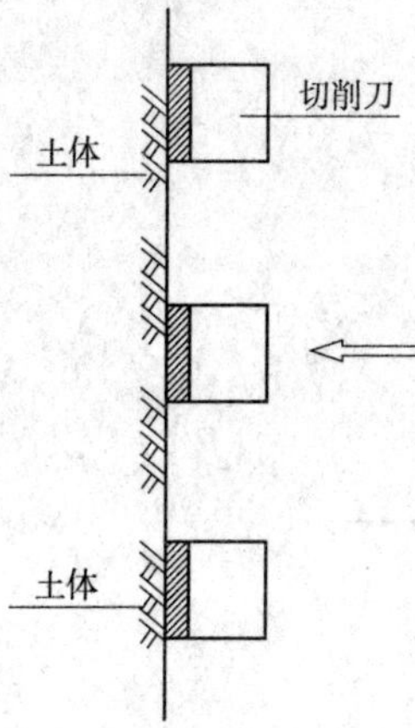

图 3-16　切削刀切削土体示意

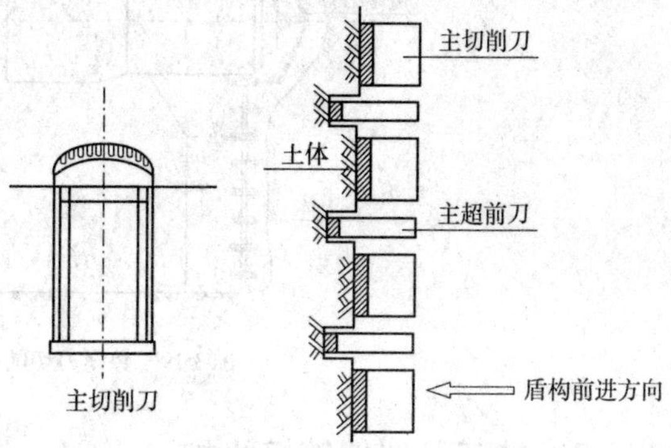

图 3-17　切削刀与超前刀协同切削土体示意

④鱼尾刀

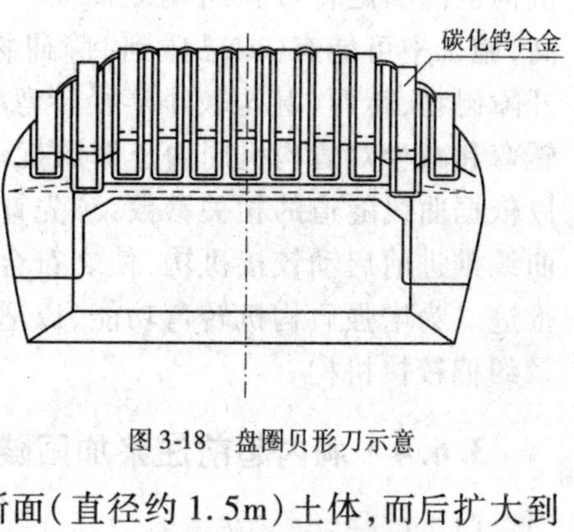

图 3-18　盘圈贝形刀示意

采用大刀盘全断面切削土体,布置在幅条上不同位置的切削刀,从刀盘外周至中心,运动圆逐渐减小,中心点理论上可以视为零。换言之,密封仓内切削土体的运动长度也是由外至内逐渐变小,相应土体流动状态也是越来越差。而且中心支撑部位(直径约 1.5m)不能布置切削刀,为改善中心部位土体的切削和搅拌效果,可考虑在中心部位设计一把尺寸较大的鱼尾刀(图 3-19)。根据经验,鱼尾刀的设计和布置可应用两个技巧:其一让盾构机分两步切削土体,利用鱼尾刀先切削中心部位小圆断面(直径约 1.5m)土体,而后扩大到全断面切削土体,即鱼尾刀设计与其他切削刀不在一个平面上,一般鱼尾刀超前 600mm 左右,保证鱼尾刀最先切削土体;其二是将鱼尾刀根部设计成锥形,使刀盘旋转时随鱼尾刀切削下来的土体,在切向、径向运动的基础上,又增加一项翻转运动(如同犁地一般),这样既可解决中心部分土体的切削问题和改善切削土体的流动性,又大大提高盾构机整体掘进水平。

⑤仿形刀

盾构机一般设计两把仿形刀(一把备用),布置在辐条的两端。施工时,可以根据超挖范围的要求,从辐条两端径向伸出和缩回仿形刀,达到仿形切削的目的。仿形刀伸出最大值一般在 80 ~ 130mm 之间。盾构机在曲线段推进、转弯或纠偏时,通过仿形超挖切削土体创造所需空间,保证盾构机在超挖少、对周边土体干扰小的条件下,实现曲线推进和顺利转弯及纠偏,因而盾构机需设置仿形刀。

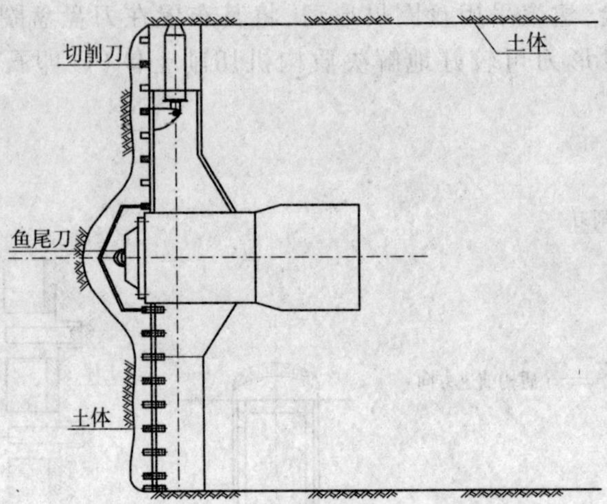

图 3-19　鱼尾刀切削土体示意

3.6.3　转弯及纠偏铰接机构

经过统计，地铁施工用盾构机的灵敏系数（机长/外径）一般不大于 1.5，不用铰接机构也能满足转弯和纠偏的需要。但考虑到在北京市内施工控制地面沉降的要求较高，施工中可能有（或已碰到）障碍物，需要提前（或尽量减少与障碍物相撞的范围）绕开障碍物，转弯（甚至较小半径转弯）掘进。此时使用铰接机构，可以比较容易地实现转弯和减少对盾构机周边土体的扰动，对控制沉降有利。用转弯及纠偏铰接机构，还可以依据曲线隧道的相关参数，预先计算出每段曲线中每环管片应该转动的角度，盾构机曲线推进前启动铰接机构，使之符合曲线前进方向的要求，限定盾构机在设定的曲线上推进。为增强盾构机转弯功能，以适应北京地铁隧道施工的需要，应为盾构机配备转弯及纠偏铰接机构。

3.6.4　洞内超前注浆加固隧道前方土体及气压封闭开挖面系统

1）气压封闭开挖面系统

在北京市采用密闭式盾构机掘进施工时，掘进前方若碰到障碍物，一般不易处理，但施工中很难避免。为此，宜在盾构机设计阶段，考虑与人孔结合，配备气压仓。一旦遇到异常情况（如障碍物等）不能由地面进行处理时，可在隧道内进入盾构机密封仓里进行处理。

2）洞内超前注浆加固隧道前方土体系统

当盾构法隧道穿越地段的地面建筑物的基础结构较差，或建筑物特别重要时，对盾构机控制沉降的性能要求很高。特别是对于隧道前进方向有重要构筑物（如已运行地铁、油库等）相邻以及土体由于城市特殊水的原因变软，或有大量不规则空隙的情况，作者认为还应考虑在隧道内对开挖面前方土体注浆加固的辅助措施，即在盾构机内预先设计多个注浆加固孔（按可全断面注浆的要求设计），同时配备盾构机内专用注浆设备，一旦施工需要，立即安装注浆设备，对开挖面前方土体实施超前注浆加固。设计超前注浆深度一般为 3 ~ 4m，最大注浆加固土体断面直径可达 12m。盾构机内超前注浆加固土体见图 3-20。

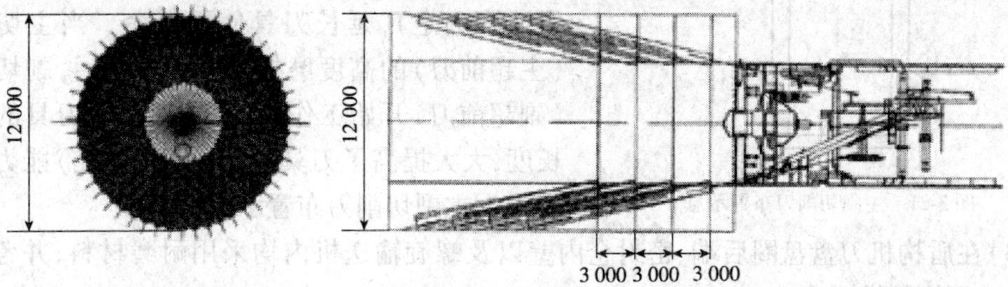

图 3-20　盾构机内超前注浆加固土体示意（尺寸单位：mm）

盾构机掘进施工时，可以根据遇到的不同情况，单独应用机内超前注浆加固土体系统和气压密封系统，还可将两者联合使用，以进一步提高隧道施工的安全性和可靠性。

3.6.5　盾构机总推力及分区油压控制系统

根据日本资料，盾构机的总推力与开挖面的土压阻力、盾构机外圆周摩擦力等六个因素有关。

在设计盾构机时，一般在考虑六个因素的基础上，增加一定比例的富余推力。根据在北京市砂卵石地层盾构法施工的经验，推进阻力较大。为满足北京地区砂卵石地层隧道施工盾构机推力的需要，盾构机的总推力宜适当增大，达到盾构机掘进断面单位面积上推力大于 1 200 kN（盾构机总推力/盾构机外径圆面积）较为合适。

推进系统为盾构机向前掘进提供动力，直线段掘进时，推进千斤顶的合力理论上应在盾构机的轴心；曲线段掘进时，推进千斤顶的推进合力作用点则应该位于最有利于盾构机曲线掘进的位置上。盾构机在推进施工时，为控制出现较大偏差，推进操作时实际上是随时在对盾构机的态势进行纠偏和调整。为便于推进千斤顶分区编组或自由编组，实现适时纠偏，盾构机推进系统应设计为分区油压控制，确保推进千斤顶的合力满足曲线掘进及纠偏的要求。

3.6.6　盾构机在砂卵石地层掘进的耐磨损（耗）措施

根据小直径污水隧道在北京市砂卵石地层进行盾构法施工的经验，北京地区砂卵石地层中采用盾构法施工时，盾构机的刀盘、刀具、密封仓内壁以及螺旋输送机的磨损（耗）比较大，特别是在石英砂含量较多、卵石（砾石）粒径较大的情况下，磨损极为严重。为保证盾构机在砂卵石地层掘进时刀具切削正常，实现长距离掘进，作者查阅国内外有关刊物关于砂卵石地层施工的技术资料，并请教国内外有关盾构技术专家，提出盾构机设计时应采取以下措施。

(1)使用耐磨及韧性好的矿用刀具材料，除在刀具刀口部分考虑嵌入超硬材料（如碳化钨合金等）外，切削土砂（卵石）沿刀具向后流动所经过的刀具表面也适当给予加强。

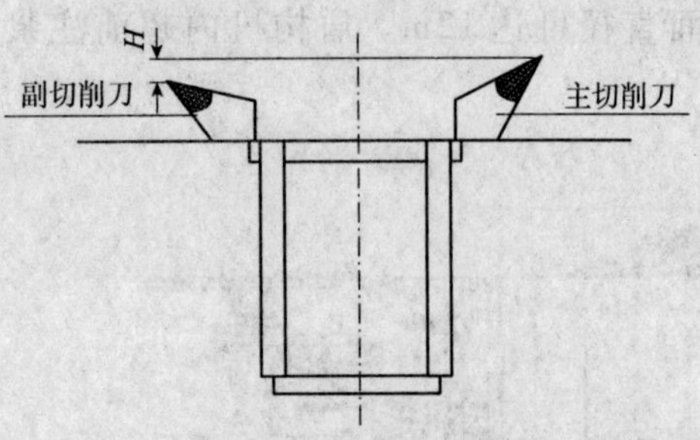

图 3-21　主副切削刀布置示意

(2)考虑采用主副刀联合切削土体，设计主副切削刀(主副超前刀)。其基本思想是利用主副刀不同的切削高度差(高差值约为20mm，可经过磨损计算确定)，延长刀具使用寿命。当主切削刀(主超前刀)的高度磨损大于20mm后，副切削刀(副超前刀)开始工作。这样，延长了刀具的磨损长度，大大提高了刀具整体抗磨损(耗)能力。图3-21为主副切削刀布置示意图。

(3)在盾构机刀盘盘圈后端、密封仓内壁以及螺旋输送机内均采用耐磨材料，并考虑便于维修和更换的措施。

3.6.7　减少盾构机推进阻力的措施

根据不同地质条件，以及 N(标准贯入锤击数)值的大小，切削刀最大切削轨迹外径、刀盘盘圈外径和盾构机外径三者的尺寸之间有细微的差别，若处理不当，将增大推进阻力，给盾构机整机推进性能带来较大影响，其原因不在此赘述。针对北京地区地层特点，为减少盾构机推进阻力，除盾构机设有加泥加泡沫系统外，还应采用以下两项措施：

(1)设计主切削刀最大切削轨迹外径略大于盾构机外径，既减少盾构机刀盘盘圈和盾构机外周的摩擦阻力，又不会影响盾构机控制土体沉降的能力和效果。

(2)调整刀具切削土体深度，合理设置刀盘盘圈刀具(贝形刀)，减少切削阻力。根据刀盘盘圈刀具切入土体深度的计算公式，可计算出刀具切入土体的深度(表3-5)。

刀具切入土体深度　　表3-5

序号	v(mm/min)	$N_{转}$(r/min)	$N_{条}$(条)	t(mm)
1	80	1.15	4	17
		1.15	6	12
		1.15	8	9
2	50	1.15	4	11
		1.15	6	7
		1.15	8	5
3	30	1.15	4	7
		1.15	6	4
		1.15	8	3

注：$t=v/(N_{转}\ N_{条})$

式中：t——刀具切入深度(mm)；

v——盾构机推进速度(mm/min)；

$N_{转}$——刀盘转速(r/min)；

$N_{条}$——刀具布置条(把)数。

由表3-5可知，刀具布置可显著影响刀具切削土体的深度。为减少推进阻力、切削噪声和切削振动，应选择合适的刀具切削深度。根据既往经验，盾构机高速推进时，切削深度以

10～15mm 为好；一般速度推进时，切削深度则以 4～8mm 为好。故在刀盘盘圈上布置 5～7 把刀具较为理想。

3.7　土、岩混合地层盾构选型实例

下面以北京地铁 4 号线第 20 标段为例，论述土、岩混合地层的盾构机选型。

本标段选择德国海瑞克盾构机有三大原因：①德国海瑞克 EPB 盾构机适合本标段工程地质概况；②施工单位对其操作比较熟练，性能比较了解，而且有一批海瑞克盾构机操作手；③满足施工中多次拆卸、多次组装和满足多项隧道工程的实际特点。

3.7.1　工程概况

4 号线第 20 标段线路全长 3 199m；区间线路最大纵坡 1.4%，最小纵坡 0.3%；区间线路曲线最小半径为 350m；区间隧道平均覆土厚度 8～12m；区间隧道外径 6m，内径 5.4m，管片环宽 1.2m，管片拼装衬砌的单洞圆形隧道。

工程地质情况如图 3-22 所示。

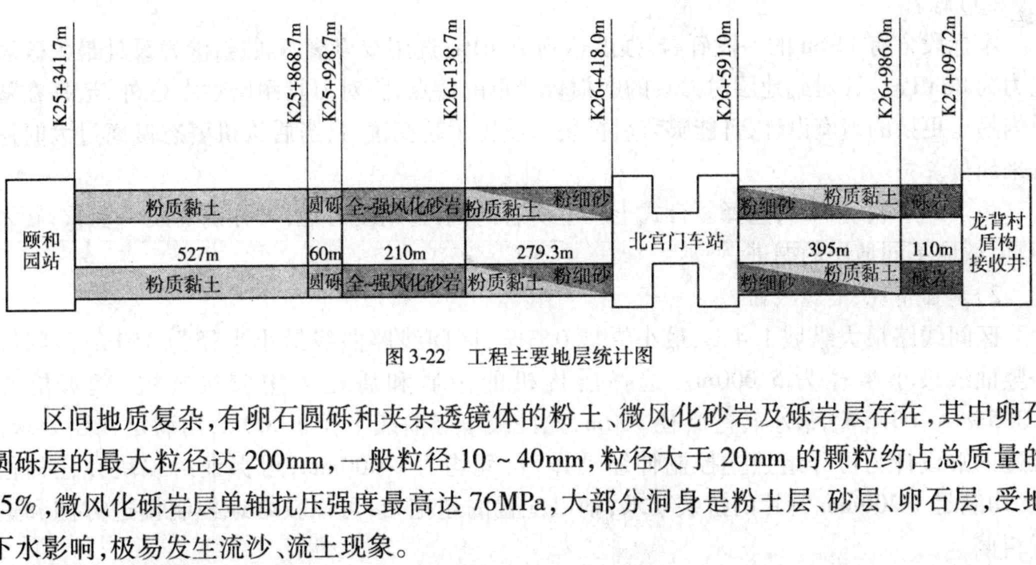

图 3-22　工程主要地层统计图

区间地质复杂，有卵石圆砾和夹杂透镜体的粉土、微风化砂岩及砾岩层存在，其中卵石圆砾层的最大粒径达 200mm，一般粒径 10～40mm，粒径大于 20mm 的颗粒约占总质量的 55%，微风化砾岩层单轴抗压强度最高达 76MPa，大部分洞身是粉土层、砂层、卵石层，受地下水影响，极易发生流沙、流土现象。

3.7.2　盾构机选型

盾构机选型与地质概况、地面情况、隧道线路、断面尺寸、隧道长度、工期等有关系。

1）地质概况

（1）粉质黏土层

盾构机在粉质黏土层掘进，刀盘中心容易结泥饼，选择刀盘开口率应大一点。施工单位在广州施工的盾构机刀盘开口率为 28%，在与北京的粉质黏土相类似的⑤$_2$ 可塑状粉质黏土、⑥密实粉质土地层中掘进比较顺利，所以本标段选择盾构机的刀盘开口率为 30%，可以满足在粉质黏土层中掘进，刀具选择齿刀。

(2)圆砾—卵石层

本标段圆砾—卵石层，在隧道掘进的掌子面中最大的卵石直径达到200mm，一般直径在10~40mm，选择刀盘和螺旋输送机通过最大直径为240mm，可以满足圆砾—卵石通过。在此地层中土压不易建立，本标段盾构机配有加泥、加膨润土、加泡沫系统。向刀盘面、土仓内注入泡沫和膨润土与切削下的土砂一起搅拌，促使其成为塑性流动状态，并提高其不透水性，保持开挖面稳定性。选择较大直径、较大螺距、螺杆能伸缩的中轴式螺旋输送机，既有利于大粒径卵石的排出，又防止在出渣过程中出现喷涌现象，螺杆伸缩可以解决柱塞问题。盾构机配备有超前钻机和注浆装置，可实现特殊地层的超前加固及处理。

(3)强风化砂岩

本标段含有220m的一段强风化砂岩，强度在15~35MPa之间。选用双刃滚刀，并采用半敞开模式掘进可以通过。

(4)粉细砂

粉细砂的颗粒直径在0.1mm左右，加膨润土和泡沫后可以建立起土压力。所选盾构机配有膨润土和泡沫系统。

(5)砾岩

本标段含有110m的一段砾岩，强度达到76MPa，选用双刃滚刀通过，滚刀设计最大破岩能力为80MPa。针对此地层对刀具的磨损较严重的特点，除对刀具耐磨性考虑外，选择在隧道内易于更换的刀座设计，且能够背后拆装。设置了超挖滚刀，当盾构机姿态偏离过大时用其来纠偏。

由于地层软硬不均，选择复合式土压平衡盾构机，选用硬刀盘，可分别安装一套软、硬岩刀具，适应不同地层的掘进。

2)地面情况、隧道线路

区间线路最大纵坡1.4%，最小纵坡0.3%；区间线路曲线最小半径为350m；区间线路竖曲线最小半径为5 000m。选择盾构机的中盾和盾尾采用铰接装置，爬坡能力-3.5%~+3.5%，最小转弯半径300m，允许最小竖曲线半径3 000m，均满足线路要求。推进油缸设计为可分组独立控制伸缩动作，行程均为2 000mm，可保证封顶块在任何位置，均满足1 200mm管片的拼装要求；辅以配置的超挖刀，可以较好地控制掘进方向和进行纠偏。

由于线路曲线多，为保证隧道轴线的准确，配备ELS自动测量导向系统，可以适时测控盾构机姿态和管片拼装精度。

3)隧道长度、工期要求

线路全长3 199m，工期要求16个月。盾构机主轴承寿命10 000h，能掘进10~15km，掘进速度v_{max}=60mm/min，均满足工程要求。

3.7.3 盾构机技术性能描述

3.7.3.1 盾构机主要尺寸及技术参数

盾构机的主要尺寸及技术参数见表3-6。

盾构机的主要尺寸及技术参数　　表 3-6

项目	名　称	技术参数	备注
尺寸质量	设备总长	73m	—
	盾壳长度	7 565mm	
	总质量(约)	520t	
盾体	外径	6 250mm	铰接式
	长度	4 280mm	
	盾构形式	复合式	
	最小水平转弯半径	300m	
	最大工作压力	3×10^5 Pa	
	最大设计压力	4.5×10^5 Pa	
	土压传感器	5 个	
盾尾	外径	6 230mm	
	长度	3 285mm	DN25
	盾尾密封	三排钢丝刷加注油脂	
	注脂管	12(2×6)	DN50
	注浆口	4 个	
推进油缸	总推力	34 210kN,最大总推力 36 400kN	—
	行程	2 000mm	—
	工作压力	3×10^7 Pa	—
铰接油缸	最大回缩力	7 340kN	—
	行程	150mm	
刀盘	开口率	30%	—
	开挖直径	6 280mm	
	刀具	滚刀、刮刀、齿刀、边缘刮刀、超挖刀	
	旋转方向	正、反	
	质量	55t	
刀盘驱动	驱动形式	液压驱动	无级调速
	液压马达数量	8 个	—
	扭矩	4 500kN·m	
	最大扭矩	5 300kN·m	
	转速	0~2.5r/min	
	工作油压	2.1×10^7 Pa	
	主轴承外径	2 600mm	

续上表

项目	名　称	技术参数	备注
人行闸	形式	双室	—
	长度	2 000mm	
	直径	1 600mm	可独立调节
	工作压力	0.3MPa	—
管片安装机	形式	环形	液压驱动比例控制
	旋转角度	±200°	
	举升油缸行程	1 000mm	
	纵向移动行程	2 000mm	
	自由度	6	
	回转力矩	1 500kN·m	
	举升能力	120kN	
	质量	22t	
螺旋输送机	形式	中心轴式	无级调速
	外径	900mm	
	最大扭矩	215kN·m	
	最大输土能力	400m^3/h	
	螺旋输送机门	滑动式	
	质量	30t	—
	最大输送能力	450m^3/h	—
后配套设备	液压系统	1	—
	冷却系统	1	
	注浆设备	2×KSP5 泵	
	泡沫注入系统	1	
	盾尾注脂泵	1	
	数据采集系统	1，SLS－T APD 激光导向系统	
	导向系统	1	
	后续台车	5	
供电	初级电压	10kV（±5%）	—
功率配置	刀盘驱动	630kW	—
	盾构推进	55kW	
	螺旋输送机	110kW	
	合计	1 050kW	

3.7.3.2　盾构机的掘进系统

由于本区段盾构穿越的地层为粉土、黏土、砂土、砂砾，具有弱—中等透水层，要求盾构应具有良好的防水性能。此外，盾构机还要在强度较高的微风化岩中进行掘进，因此盾构机除了具有软土开挖功能，还应具有岩石破碎功能，刀盘上除配备刮刀外，还需配备一定数量的滚刀；盾构机的掘进模式除 EPB 模式以外，还应具有 Semi－Open 及 Open 模式，以适应地层变化。

土压平衡模式：在掘进时通过对盾构机开挖速度、螺旋输送机旋转速度、螺旋输送机卸料门的开启度的调节，开挖面的压力就会得以控制，在盾构机经过的地方沉降或隆起非常小。

敞开模式：当土体的稳定性良好时，土仓中的土体可以不经压力调节，就由螺旋输送机输送出去。敞开式盾构机就在这种无压控制的情况下工作。

半敞开式：土仓里装近 2/3 的渣土，上部填充气体，通过土仓里的土压和气压共同来平衡掌子面的土压力。

1）刀盘的结构

刀盘设计为开口率 30% 的面板型结构，中间支撑式刀盘见图 3-23，主轴承（图 3-24）使用期限 10 000h；在中心位置 1.5m 直径范围内开口率为 35%；同时也能保证粒径 200mm 的砾石及时顺利地进入泥土仓；在刀盘面板上有 5 个注射口。刀盘由 8 个液压马达驱动，泥土仓内设有 5 个土压传感器。密封隔板上装有刀盘驱动设备、土压传感器、膨润土、泡沫及水的管道、气压管道、人闸等。

图 3-23　中间支撑式刀盘

图 3-24　主轴承

2）刀盘布局及刀具形式

采用齿刀、滚刀和刮刀混合配置的组合方案，既能有效开挖各种粉土、砂土、黏土、砂砾，又能适应各种全、强、中、微风化岩等，刀盘的形状采用防堵塞设计，刀具形式和安装位置便于切削和清除土渣。

(1) 刀盘布局

刀盘上有三个性质不同区域：中心区、正面区、边缘区。

①中心区

中心区有 6 个刀座，该区齿刀和滚刀可以互换，刀具设计成背装式，可以在刀盘后面对刀具进行更换。

②正面区

正面区采用刮刀与单刃齿刀(或滚刀)组合的布局方式,共设64把刮刀和8把单刃齿刀(或滚刀),滚刀安装高度超刮刀高度35mm,滚刀为双刃滚刀,刀间距100mm,该间距是根据岩石的剪切破坏机理配置的。

③边缘区

边缘区设置了5把双刃滚刀、8把边缘刮刀和1把超挖刀。5把滚刀在进入软土地层时可从刀盘后面方便地更换为齿刀。

本盾构机刀盘在硬岩区、软土区刀具的布置如下。

硬岩区:刮刀64把、双刃滚刀19把、边缘刮刀8把和超挖刀1把。穿越硬岩区段盾构机刀盘的布局和刀具布置见图3-25。

软土区:刮刀64把、双刃齿刀6把、单刃齿刀13把、边缘刮刀8把和超挖刀1把。穿越软土区段盾构机刀盘的布局和刀具布置见图3-26。

图3-25 穿越硬岩区段盾构机刀盘的布局和刀具布置

图3-26 穿越软土区段盾构机刀盘的布局和刀具布置

(2)硬岩刀具形式

①刮刀

刮刀用来对付各种砂土、黏土等较松散的地层及全风化的岩层等其他未固结的土体,刮刀上装有碳化钨刀刃,目的是为了更好地防止掘进过程中产生的磨损。盾构机刀盘上的刮刀见图3-27。

②滚刀(滚刀设计最大破岩能力为80MPa)

滚刀用来破碎各种强、中、微风化岩, 滚刀安装在刀盘的刀座上,这些刀座也可以安装焊接在特殊支架上的齿刀。盾构机刀盘上的滚刀见图3-28。

③边缘刮刀

边缘刮刀用来校准盾构的开挖直径,见图3-29。

④超挖刀(仿形刀)

超挖刀(仿形刀)用于盾构曲线施工时的超挖及盾构姿态调整,由液压油缸操纵伸缩,其行程为0~50mm。盾构机刀盘上的超挖刀(仿形刀)见图3-30。

图 3-27　盾构机刀盘上的刮刀

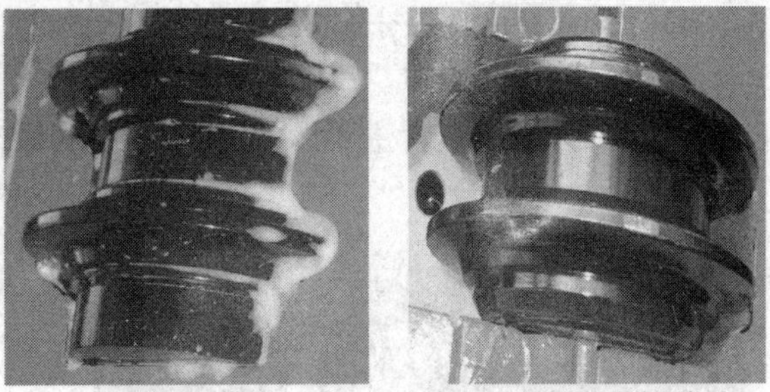

a)中心区滚刀　　b)正面区和边沿区滚刀

图 3-28　盾构机刀盘上的滚刀

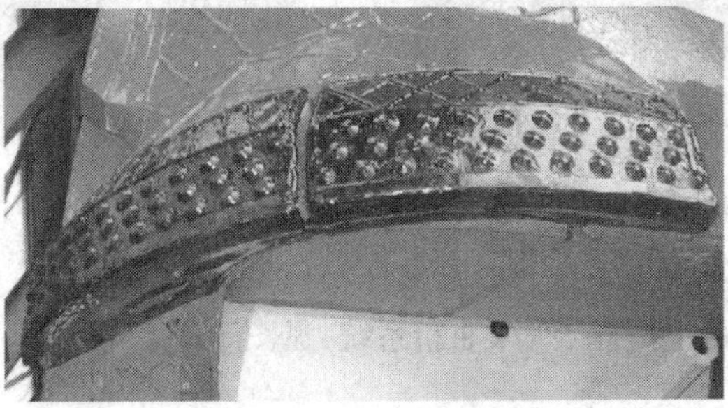

图 3-29　盾构机刀盘上的边缘刮刀

3)盾构机主要部位描述

盾构机主要部位为前盾、中盾、盾尾,见图 3-31 ~ 图 3-33。

图 3-30　盾构机刀盘上的超挖刀(仿形刀)

图 3-31　盾构机的前盾

图 3-32　盾构机的中盾

图 3-33　盾构机的盾尾

4)后续台车的设备分布

(1)桥架:见图3-34。

(2) 1号台车:包含主要设备、注浆系统和操作室,见图3-35。

图3-34 盾构机的桥架

图3-35 盾构机的1号台车

(3)2号台车:包含膨润土系统、油箱、液压马达系统,见图3-36。

(4)3号台车:包含配电电箱、泡沫油脂系统,见图3-37。

图3-36 盾构机的2号台车

图3-37 盾构机的3号台车

(5)4号台车:包含空压机、变压器、电缆卷盘、水管卷盘、冷却系统,见图3-38。

图3-38 盾构机的4号台车

5)改善渣土的设计

(1)在刀盘面板上设计有 5 处泡沫及膨润土注射装置。

(2)泥土仓的仓板上设计有搅拌翼,同时还有 3 个膨润土和泡沫注射口。

(3)在螺旋输送机的筒壁上有 2 个膨润土和泡沫注射口。

(4)渣土改良系统有泡沫和膨润土 2 套设备。

(5)泡沫发生系统由以下部件组成:一台水泵,133L/min;一台泡沫定量泵,300L/h;液体控制装置;4 个泡沫发生器;流量和压力测量装置;使用水冲洗时的切换装置。

6)后配套设施

(1)铰接装置

铰接装置在盾构的支承环和盾尾之间,铰接角度为任意方向 2.0°,铰接油缸共有 14 个,顶推力共计 7 340kN,行程 150mm,可满足施工要求。

①盾构机的铰接部位见图 3-39。

②盾构机的铰接油缸见图 3-40。

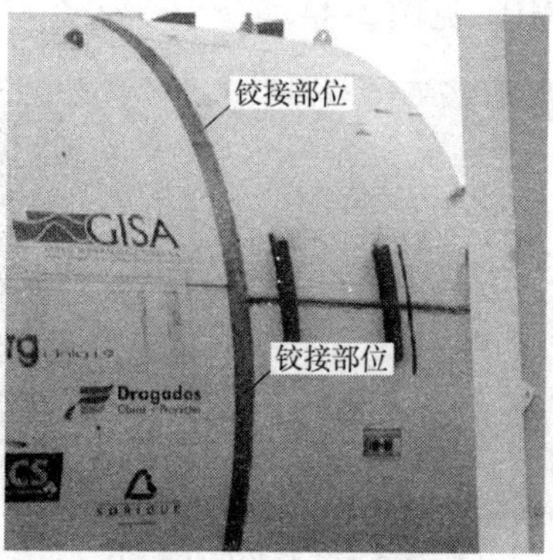

图 3-39　盾构机的铰接部位

图 3-40　盾构机的铰接油缸

(2)螺旋输送机

螺旋输送机的进渣门和出土闸门分别由两个液压油缸控制,出土闸门防水也密封,其开口度可根据需要任意调节,且在断电的情况下,可自行关闭,确保安全,见图 3-41。

螺旋输送机的螺杆可伸缩,伸缩量 1 000mm。螺旋输送机可满足粒径 240mm 碎石的顺利排出。螺旋输送机的转速可以根据泥土仓压力手动或者自动调节。螺旋输送机排出的泥土,由皮带输送机运到后配套拖车的尾部装车,通过运渣车、工作井提升设备把土渣运到地面。

图 3-41　盾构机的螺旋输送机

图 3-42 盾构机的管片拼装系统

(3)管片拼装系统

管片拼装系统由管片拼装机、管片输送机构、整圆器组成,见图 3-42。

管片拼装机有 6 个自由度,确保管片的旋转、升降、移动、俯仰、侧倾和摇摆的各基本动作而进行最终的定位;其油缸举升行程和纵向移动行程分别为 1 000mm 和 2 000mm,完全可以满足 1 200mm 管片错缝拼装。整圆器可使管片在脱出盾尾后临时保持真圆。

(4)盾尾同步注浆装置

盾尾同步注浆装置由注浆泵、清洗泵、储浆槽、管路、阀件等组成。当盾构掘进时,通到盾尾壳体内的 4 根同步注浆管对管片外表面的环行空隙进行同步注浆,见图 3-43。

(5)人闸

人闸长为 2 000mm,直径 1 600mm,工作压力 0. 3MPa,见图 3-44。

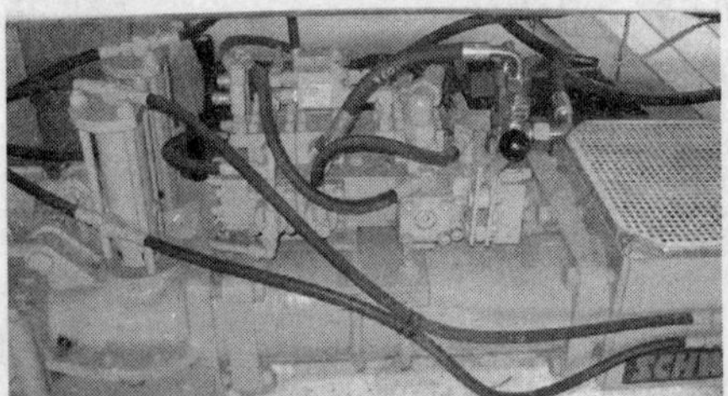

图 3-43 盾构机的盾尾同步注浆装置

图 3-44 盾构机的人闸

人闸由主仓和预备仓组成,两仓被压力门分隔开。主仓利用法兰与中间仓进行连接,中间仓直接焊接在压力密封隔板上,主仓通过密封隔板上的一扇门可以进入土仓。

(6)盾尾密封刷

盾尾密封刷包括三排钢丝刷,两道油脂腔,见图 3-45。

(7)油脂注入系统(图 3-46)

图 3-45 盾构机的盾尾密封刷

图 3-46 盾构机的油脂注入系统

3.7.4　防隆沉系统

图 3-47　盾构机的同步注浆系统

(1)同步注浆系统(图 3-47)

注浆系统可以进行普通注浆,也可以进行双液注浆(砂浆 + 速凝剂),在盾尾上的注浆点布置如下:

①上方两个注浆点可以进行普通(单液)注浆,也可以注双液浆。

②下方两个注浆点只可以注单液浆。

(2)二次注浆系统

通过地面监测,如果发现沉降值 > 2mm/d,在隧道里二次注浆,防止地面继续沉降。

(3)通过土压平衡或气压平衡来控制掌子面土体变形

当泥土仓内的土压力大于地层压力和水压力时,地表将会隆起;当泥土仓内的压力小于地层压力和水压力时,地表将会下沉;因此泥土仓内的土压力应与地层压力和水压力相平衡。此种压力平衡模式即 EPB 模式,见图 3-48。

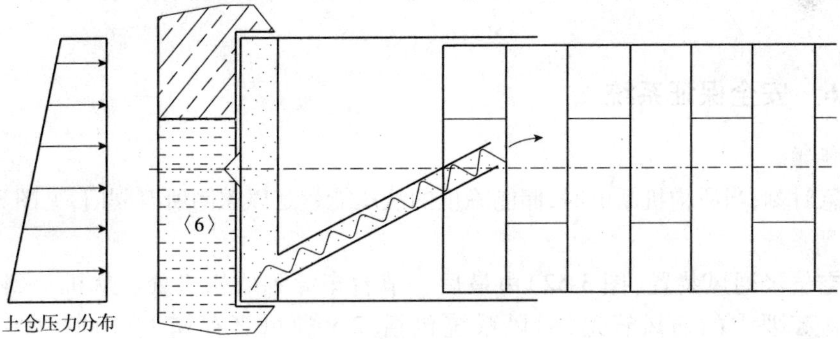

图 3-48　盾构机掘进的 EPB 模式

刀盘开挖下来的渣土及岩石碎块填充泥土仓约 60% 的空间,而其他空间则充以压缩空气。对同一断面而言,借用土仓里近 2/3 的土和气压共同抵挡前方的土压力,此种压力平衡模式即半敞开式模式,见图 3-49。

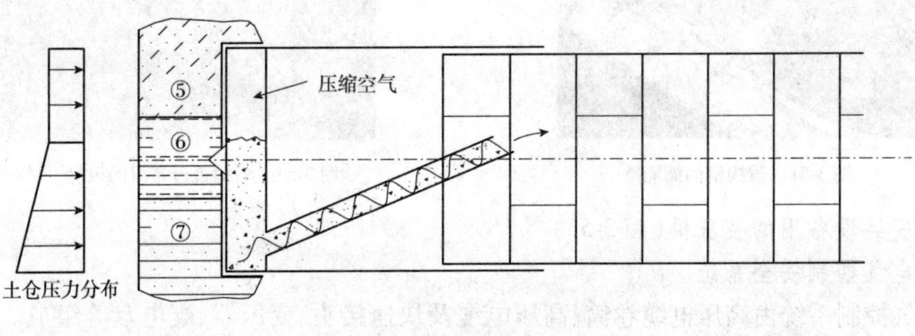

图 3-49　盾构机掘进的半敞开式模式

3.7.5 测量系统

盾构隧道施工测量采用人工测量和VMT系统。

图3-50 盾构隧道人工测量

1）人工测量

人工测量类似常规测量，用全站仪、棱镜、水平尺、塔尺等仪器，见图3-50。

2）导向系统

导向系统采用SLS－T APD自动定位隧道导向系统，由PC机、隧道掘进软件、激光经纬仪、ELS靶、控制盒、调制解调器、激光发射器、TBM－PLC、电缆等组成，有足够的掘进方向控制能力及自动纠偏能力，保证掘进方向误差不超过±40mm，能对盾构姿态位置、水平和垂直偏差进行监测控制，并能及时报警，以便对盾构及时调整和采取必要措施，确保隧道掘进的质量和安全。

所有被监控对象的资料均可由隧道掘进软件进行分类组合，以图表、数据的形式显示。

3.7.6 安全保证系统

1）储能罐

在危急时刻，当盾构机断电时，储能罐里的液压能量足以关闭所有阀门，见图3-51。

2）通风系统

新鲜空气经通风装置（图3-52）由最后一节台车导到盾构机处。从机头到台车尾部预留满足施工要求的通风管道，通风系统包括：2×通风管存储DN1000（100m存储能力），1×通风器，二次通风管DN600（安装在机器上），2×消音器，1×电动风机，1×存储起吊装置。

图3-51 盾构机的储能罐

图3-52 盾构机台车里的风机、风筒

3）安装设备用的空压机（图3-53）

4）电气控制安全系统

电气控制系统由高压电缆卷筒、高压电缆及快速接头、变压器、配电盘等组成。其配置在便于操作、检查、维护的位置，均具有防水、防滴、防潮、防尘和防振的特点，具有接地保护、安全警报、自动互锁、漏电保护、过电流、短路保护等功能，可实现高压电缆的快速收放，保证供电的安全。

图 3-53　盾构机的空压机

3.7.7　控制系统

控制系统利用 PLC 系统。

盾构控制系统由 PLC 和一台监控计算机组成主机系统，配有专门的数据获取处理软件，远程监控终端分布在盾构内及后方台车上，每台远程终端配置小型 PLC，主机和远程终端的通信采用总线方式。

盾构配置较多的传感器，主要有土压传感器、油压器、行程仪、刀盘、螺旋输送机测速仪等，还配有压力、温度继电器。

监控计算机采用触摸式控机，以掘进施工操作、管理、监视为目的，主要功能有数据显示、数据保存、数据处理、数据设定、报警等。

计算机屏幕为直观单显示，有多幅画面供盾构操作人选择，并有打印功能。

3.7.8　换刀设备及条件

刀盘上刀座的设计，使操作人在土仓里从刀座背面对刀具进行拆卸。根据地层条件可以带压换刀，也可以敞开换刀。

预备仓从侧面与主仓连接在一起，使得进入预备仓必须首先通过主仓才能实现。预备仓用于在压缩空气起作用的过程中向内或向外传送工具以及应急。

根据仓的大小，主仓可以进 3 人，材料仓可以进 2 人。主仓和预备仓都是分开操作的，内部都配有通信系统、排气阀和通风阀、时钟、气压表、温度计、供暖等设备。

排气阀和通风阀只在意外情况发生后人员被堵在里面时使用；正常情况下，进出人闸都由仓门负责人来操作；仓门负责人操作两仓的排气阀和通气阀、通信系统、气压表、人闸通风用的流量表，以及带式录入系统等设备。

人闸通过安装在台车上的空气压缩机站供应压缩空气，管路配有相应的滤清器和安全阀。

3.7.9 关键技术参数的计算

1)盾尾外径

(1)盾构机蛇行量。

$$X_1 = \frac{1}{2}\left[(R - \frac{D_0}{2}) - \sqrt{(R - \frac{D_0}{2})^2 - L^2}\right] = 40\text{mm}$$

(2)管片组装时的富余量 X_2 取 30mm。

(3)盾尾盾壳厚度 $a=45$mm。

(4)盾构尾部的外径 $D=6\ 000+2\times(40+75)=6\ 230$(mm)。

为了减小盾构机推进时的阻力,将盾构机设计成前部稍大,后部稍小。

故:盾构支撑环外径为 6 240 mm,盾构切口环外径为 6 250mm,刀盘开挖直径为 6 280 mm。

2)盾构长度

盾构长度的初步确定与切口环、支承环、盾尾长度及管片宽度有关,也与盾构机的灵敏度有关。

$D>6$m 时,有:

$$\frac{L_a}{D} = 0.65$$

式中:L_a——盾构机前端到铰接中心的长度;

D——盾构机的外径,$D=6\ 250$mm。

$$L_a = 0.65D = 0.65 \times 6\ 250 = 4\ 062(\text{mm})$$

选取 $L_a=4\ 280$mm,盾尾长度由计算得 $L_b=3\ 285$mm。

$L_a+L_b=4\ 280+3\ 285=7\ 565$(mm),取盾构长度 $L=7\ 565$mm。

3)盾构机的推力和扭矩计算

按照 Bernhard Maidl、Martin Herrenknecht、Lothar Anheuser 等在《Mechanised Shield Tunnelling》一书介绍的经验公式(3-7)计算盾构机所需的推力。

$$F = \beta \cdot D^2 \quad (\text{kN}) \tag{3-7}$$

式中:β——经验系数,一般取 500~1 200;

D——盾构外径,$D=6.25$ m。

$$F = (500 \sim 1200) \times 6.25^2 = 19\ 530 \sim 46\ 875(\text{kN})$$

本盾构机设计总推力为 34 210kN。

按经验公式(3-6)计算刀盘扭矩。计算时,扭矩系数 α 取 18。计算所得刀盘扭矩 $M=18\times6.25^3=4\ 394.53$(kN·m)。

本盾构机设计的额定扭矩 $T=4\ 500$kN·m,最大扭矩 $T_{max}=5\ 300$ kN·m。

4)刀盘的驱动功率

(1)刀盘驱动所需功率按式(3-8)计算。

$$P' = \frac{T_c \cdot n}{9\ 550} \tag{3-8}$$

式中：T_c——刀盘驱动的最大扭矩，$T_c = 5\ 300\text{kN}\cdot\text{m}$；

n——刀盘最大扭矩时的转速。

计算得到刀盘执行机构实际功率为 $P' = 554.97\text{kW}$。

(2)每台液压马达所需总功率按式(3-9)计算。

$$P_m = \frac{P'}{\eta_m \times m} \tag{3-9}$$

式中：η_m——液压马达效率，$\eta_m = 0.85$；

m——液压马达数量，$m = 8$。

计算得到每台液压马达所需总功率为 81.61kW。

(3)驱动电机的总功率按式(3-10)计算。

$$P_z = \frac{P_m \times m}{\eta_d} \tag{3-10}$$

式中：η_d——电机效率，$\eta_d = 0.9$。

计算得到驱动电机的总功率为 725.42kW。

本盾构机刀盘电机配备的功率为 945kW，在满足上述计算要求的情况下，仍有较大富余，以应对掘进过程中不明因素的影响。

5)盾构推进所需功率

盾构机最大推进功率 P_T 可按式(3-11)计算。

$$P_T = F \cdot v \tag{3-11}$$

式中：F——总推力，$F = 34\ 210\text{kN}$；

v——最大推进速度，$v = 8\text{cm/min}$。

计算得 $P_T = 34\ 210 \times 8 \times 10^{-2}/60 = 45.6\text{kW}$。本盾构机的推进功率取值为 55kW，可满足上述要求。

6)螺旋输送机参数的确定

(1)输送量 Q

螺旋输送机的理论出土量 Q_L 可按式(3-12)计算。

$$Q_L = \alpha \cdot \frac{\pi \cdot D^2}{4} \cdot v_{max} \tag{3-12}$$

式中：D——盾构的开挖直径，$D = 6.28\text{m}$；

v_{max}——盾构的开挖速度，$v_{max} = 8\text{cm/min} \times 60 = 4.8\text{m/h}$；

α——土的松散系数，取为 $\alpha = 1.2$。

计算得 $Q_L = 1.2 \times \dfrac{\pi \times 6.28^2}{4} \times 4.8 = 177.12\text{m}^3/\text{h}$，本盾构机的螺旋输送机的输送能力为 $400\text{m}^3/\text{h}$，可满足计算要求。

(2)螺旋输送机驱动功率

螺旋输送机所需功率按式(3-13)计算。

$$P_L = \frac{Q_L \cdot \gamma}{367}(w_0 \cdot L + H) \tag{3-13}$$

式中：w_0——物料阻力系数，取 3.2；

γ——土的重度，取 $27kN/m^3$；

L、H——分别为螺旋输送机的水平长度和高度。

初定螺旋输送机的长度为10m，倾角为23°，则：

$$L = 10 \times \cos 23° = 9.205(m),\ H = 10 \times \sin 23° = 3.907(m)$$

所以，$P_L = \frac{400 \times 2.7}{367} \times (3.2 \times 9.205 + 3.907) = 98.1(kW)$。

电机所需功率：

$$P = k\frac{P_L}{\eta_{总}} = 2 \times \frac{98.1}{0.75} \approx 261(kW)$$

式中：k——功率储备系数。

本盾构机螺旋输送机驱动电机功率315kW，可以满足上述计算要求。

3.8 粉质黏土、粉土夹少量的粉细砂、卵石地层盾构选型实例

1）选型原则

盾构机的性能是否良好及其对地质条件能否适应是盾构隧道施工成败的关键。

北京地铁4号线第19标合同段盾构区间工程的盾构机选型按照性能可靠、技术先进、经济适用相统一的原则，依据招标文件、颐和园站—圆明园站和圆明园站—成府路站区间岩土工程勘察报告等资料，并参考国内外已有盾构工程实例及相关的技术规范进行盾构机选型。

2）选型依据

盾构机选型具体依据如下。

（1）本合同段盾构工程施工条件

隧道长度：3 032 + 2 044.286 单线延米。

线路间距：8 ~ 19m。

隧道覆土厚度：最小6m，最大厚度15.4m。

平面最小曲线半径：350m。

最大坡度：2.080 1%。

隧道衬砌管片内径：5 400mm，外径：6 000mm。

（2）工程施工环境特点

本工程施工环境具有如下特点，对盾构机施工有一定的影响。

本合同段区间隧道沿线地下管线、建（构）筑物密集。颐和园—圆明园区间线路下穿颐和园、圆明园，与万泉河高架桥相交；圆明园—成府路站区间线路通过成府小学、化工研究院，下穿万泉河。区间线路与万泉河高架桥相交时，隧道外轮廓与桥的桩基距离最小为5m，下穿圆明园一座池塘时覆土厚度仅6m，万泉河底部区域隧道覆土厚度为9m。

本合同段区间线路主要沿颐和园路、清华西路布置，与中关村北大街相交，所经道路尤其是中关村北大街交通繁忙、车流量大。

(3)区间地质特点

本合同段区间隧道穿越地层主要有粉质黏土、粉土层,局部夹有砂层、卵石圆砾等。具体的地层统计表见表 3-7 和图 3-54。

盾构区间洞身地层统计表　　表 3-7

区　间	地层编号	岩土名称	比例(%)
颐和园—圆明园站	③	粉土	9.3
	⑥	粉质黏土	46.0
	$⑥_2$	粉土	35.2
	⑦	卵石圆砾	3.2
	$⑦_2$	粉细砂	6.3
圆明园—成府路站	③	粉土	0.8
	⑥	粉质黏土	47.2
	$⑥_1$	黏土	7.0
	$⑥_2$	粉土	45.0

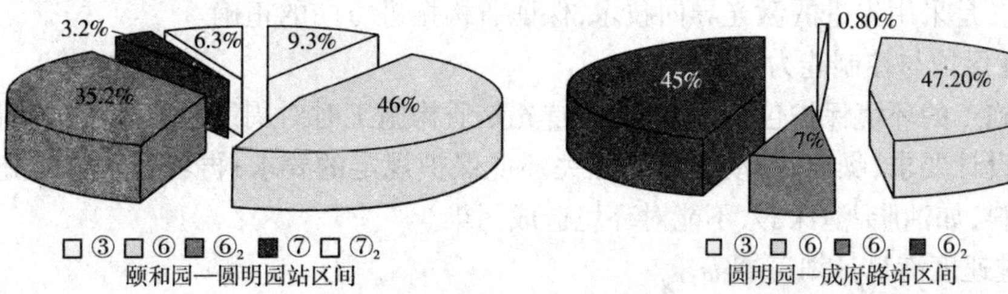

图 3-54　盾构区间隧道洞身主要地层比例图

3)本工程地质特点对盾构机功能的要求

针对以上工程地质条件及特点,盾构应具备以下功能。

(1)盾构机对地层条件的适应性

本合同段隧道地层主要由粉质黏土、粉土层、卵石圆砾层组成,局部夹有砂层,所以盾构对软土地层的适应性是重点考虑的问题。盾构在软土地段的施工时重点考虑以下功能。

①具备土压平衡掘进功能。

②足够的推力和刀盘驱动扭矩。

③良好的加泥、加泡沫等渣土改良能力。

④合理的刀盘及刀具设计。

⑤具有完善的防喷涌功能。

⑥能够有效防止中心泥饼的生成。

⑦较好的人员仓条件。

⑧超前地质钻探及管片壁后同步注浆功能。

由于本合同段承压水分布较为普遍,含水层主要为卵石圆砾地层和砂层,所以盾构应具有平衡水土压力,防止喷砂、涌水,最大限度地减少地表沉降,并有效保护刀盘刀具的能力。

(2)特殊地段的通过能力

本合同段的特殊地段,主要有以下几种。

部分隧道区段较小距离穿越建(构)筑物,且局部隧道覆土厚度仅6m,这样的地段对盾构的施工提出了很高的要求。盾构在通过该类地段时必须能很好的调整与保持土仓压力,控制地面沉降;

区间隧道局部地段含有少量的砂层和卵石圆砾,这就要求盾构机刀盘具有较强的耐磨能力和有效保护刀具的能力。

区间线路曲线段长度占区间总长的66%,且最小曲线半径仅为350m。这就要求盾构机具有小半径曲线施工的能力,且对运输系统、通风系统及测量导向系统均有较高的要求。

当盾构机处于含砂地层施工时,应具有相应的施工辅助措施及设备,如对土仓压力的控制与渣土改良等。

(3)方向调整与控制能力

本合同段盾构隧道线路较长,且曲线段施工及工程接口较多,要求盾构的导向系统具有很高的精度,以保证线路方向准确。盾构方向的控制包括两个方面:一是盾构本身能够进行纠偏、转向;二是采用先进的激光导向技术,保证盾构掘进方向的正确。

(4)环境保护与控制能力

盾构法施工的环境保护包括两个方面:首先是盾构施工时对周围自然环境的保护,即地面沉降满足设计要求,噪声、振动等满足相关环境保护规定的要求;再者要求盾构施工时使用的辅助材料,如油脂、泡沫等,不能对环境造成污染。

(5)掘进速度满足计划工期需求

根据计划工期安排,盾构的掘进速度必须满足本合同段的计划工期要求。

4)盾构机形式的确定

不同类型的盾构机适用的地质类型是不同的。盾构机的选型必须做到针对不同的工程,不同的地质条件进行针对性设计,才能使盾构更好地适应工程。如前所述,盾构机的主要类型有泥水式、插刀式(敞开式)盾构、土压平衡式、复合型盾构等。其中土压平衡盾构能够适应较大的地质范围与地质条件,能用于黏结性、非黏结性、有水或无水、软土和卵石圆砾等多种复杂的地层,施工速度较高,能有效地控制地表沉降。所以根据本合同段的工程条件、地质特点、工期及施工要求,结合类似工程盾构的选型经验和北京地铁既有盾构工程的盾构类型,在本工程宜采用土压平衡式盾构机。

5)土压平衡式盾构机的基本工作原理

土压平衡盾构的开挖土仓由刀盘、切口环、隔板及添加剂注入系统组成。将刀盘切削下来的渣土填满土仓,在切削刀盘后面装有使土仓内土砂强制混合的搅拌臂。借助盾构推进油缸的推力通过隔板进行加压,产生泥土压,这一压力通过渣土及刀盘作用于整个作业面,使作业面稳定,同时用螺旋输送机排土,螺旋输送机排土量与盾构推进量相适应。掘进过程中始终维持开挖土量与排土量平衡,维持土仓内土压力稳定在预定范围内。土仓内的土压力通过土压传感器进行测量,为保证预定的土压力,可通过控制推进力、推进速度、螺旋输送机转速来控制,控制原理见土仓土压力控制示意图3-55。

当土仓内的土压力大于地层土压力和水压力时，地表将会隆起；当土仓内的土压力小于地层土压力和水压力时，地表将会下沉；因此土仓内的土压力应与地层土压力和水压力平衡。

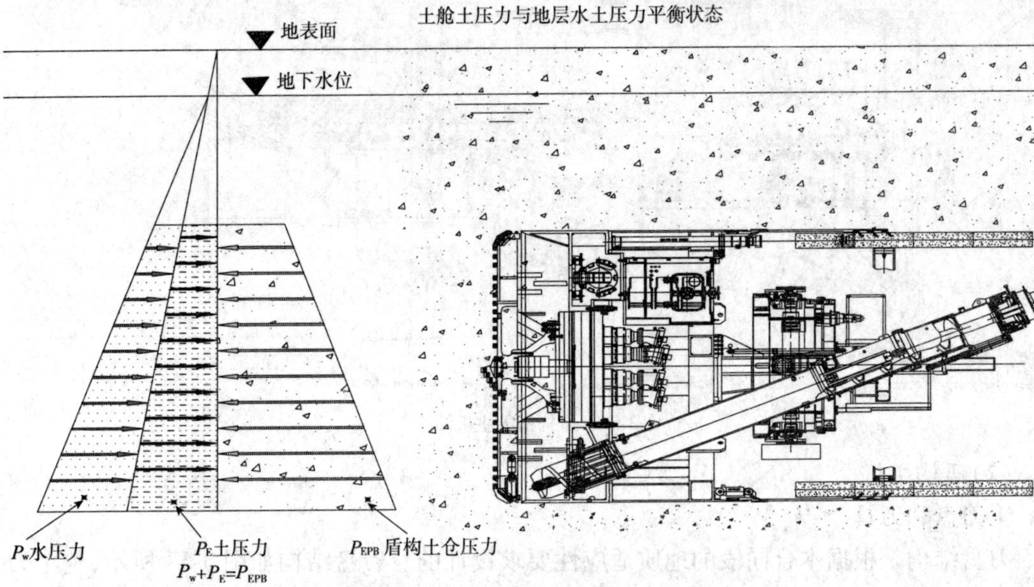

图 3-55　土压平衡工作原理示意图

盾构尾部的空隙通过注浆系统进行同步回填浆液，注浆压力及数量应与地层水土压力及空隙量相适应，有效控制地表的沉降。

渣土改良工作原理：土压平衡盾构维持工作面稳定的介质为渣土。为维持土仓内土压力的稳定和渣土的排出，土仓内的渣土必须具有良好的塑性和流动性、良好的软稠度、低的内摩擦力、低的透水性。一般情况下渣土不一定具有这些特性，刀盘扭矩较大，渣土流动困难，在土压力作用下易压实固结，容易产生泥饼或泥团，在透水性土层中，在水的作用下，渣土在螺旋输送机内排出，无法形成有效的压力递减，土仓内的土压力难以稳定，因此需要对开挖后的渣土进行改良，使其具有上述特性。根据地层情况，可向开挖土仓及刀盘前部注入泡沫、黏土或其他添加剂，进行强制搅拌，使渣土具有可塑性和不透水性，螺旋机排土顺畅，土仓内的压力容易控制和稳定。

6）盾构机的主要组成与功能描述

（1）概述

盾构是一个由不同功能的部件有机结合的综合性施工设备，它集合了盾构施工过程中的开挖、出土、支护、注浆、导向等全部的功能。不同形式的盾构，其主机结构特点及配套设施也是不同的，对盾构来说，盾构法施工的过程也就是这些功能合理运用的过程。

土压平衡型盾构在结构上包括刀盘、盾体、人员仓、螺旋输送机、管片安装机、皮带机和后配套拖车系统等；在功能上包括开挖系统、主驱动系统、推进系统、出渣系统、注浆系统、油脂系统、液压系统、电气控制系统、激光导向系统及通风、供水、供电系统等，图 3-56 为盾构机主机结构图。

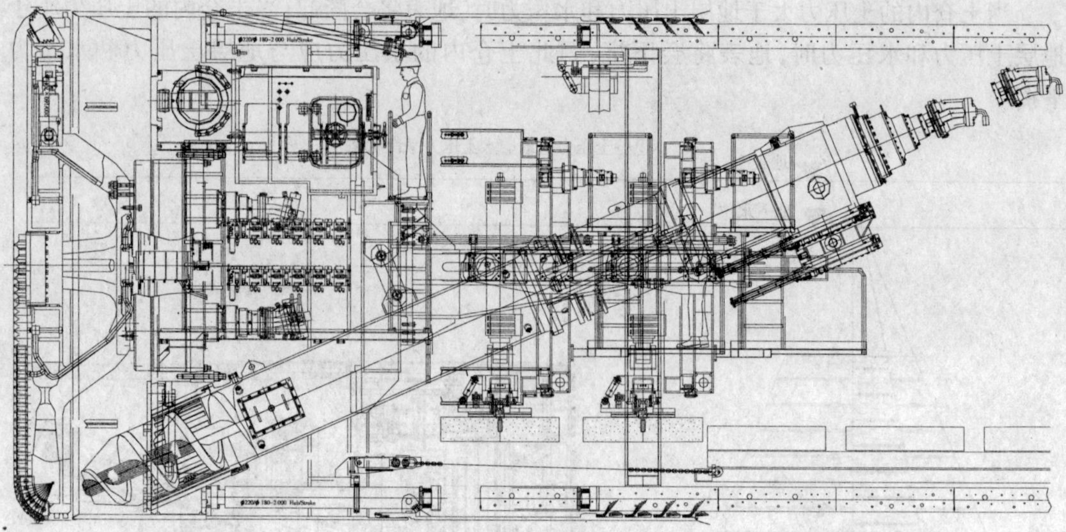

图 3-56　盾构机的主机结构

(2)盾构主机

①刀盘和刀具

刀盘结构是根据本合同段的地质适应性要求设计的。刀盘结构如图 3-57 所示,整个刀盘为焊接结构,在刀盘上焊接了安装各种刀具的刀座。刀盘和主驱动通过一个很厚的法兰盘连接,刀盘背面和法兰盘通过四根 ϕ600mm、壁厚 10mm 的钢管焊接在一起,以传递足够的扭矩和推力。刀盘可以双向旋转。刀盘标称直径 6 280mm,刀盘总质量约 57t。

为了保证刀盘的整体结构强度和刚度,刀盘的中心部位采用整体铸钢铸造,周边和中心部件在制造时采用先栓接后焊接的方式连接。

刀盘是安装在盾构机前面的旋转部分,在支撑掌子面土压的同时进行开挖。通过在不同形式的刀盘上安装不同的刀具或刀具组合,可以适应不同的地质情况下的施工需要。

刀盘采用典型面板式结构,刀盘开口率为 34%。装有中心鱼尾刀 1 把,切刀 64 把,刮刀 16 把,刀盘还配备有一把超挖刀,行程 20 ~ 50mm,由液压操纵伸缩。大多数刀具采用螺栓连接在刀盘面肋板上,可在土仓室内检查或更换刀具。刀盘的后部开口向内倾斜,便于土渣的流动。焊接的搅拌臂可以使渣土改良添加剂和挖出的渣土在刀盘后面进行充分的搅拌。刀盘安装在主轴承的内齿圈上,通过 8 个液压马达驱动。刀盘设计为双向旋转,其转速可无级调节。

刀盘面板上共有 8 个泡沫注入口,其中包括在刀盘的中心设置的四个泡沫注入口。背面有 3 个泡沫注入口备用。泡沫注入口也可以用来加注膨润土和泥浆。通过刀盘的旋转接头,土质改良用的泡沫、膨润土或水被送到土仓内。另外,仿形刀的液压供应也是通过旋转接头来连接的。回转中心通过刀盘中心的法兰和刀盘连接。刀盘结构与刀具示意见图 3-57。

②盾壳

盾壳包括三个主要组件:前体、中体和盾尾。

前体里面装有支撑主驱动和螺旋输送机的钢结构。压力隔板将前体的土仓和主仓分离开来。隔板上面的门可以让人进入土仓进行保养和检查工作。此外,隔板有几个开口,可以作为渣土改良材料的入口以及作为修理时输电线的接线盒接头。水、膨润土或泡沫被输送至土仓,通过安装的隔板上的四个搅拌器使土仓内的渣土充分搅拌。在保养和修理时,螺旋输送机的套筒回收后,通过前体上液压闭合装置,可以关闭螺旋输送机的进渣口。在前体的隔板上安装有土压传感器用以监测土仓内的土压,以便在土压平衡模式下及时对土仓内的土压进行反馈和调节。

前体和中体是用螺栓连接在一起的。

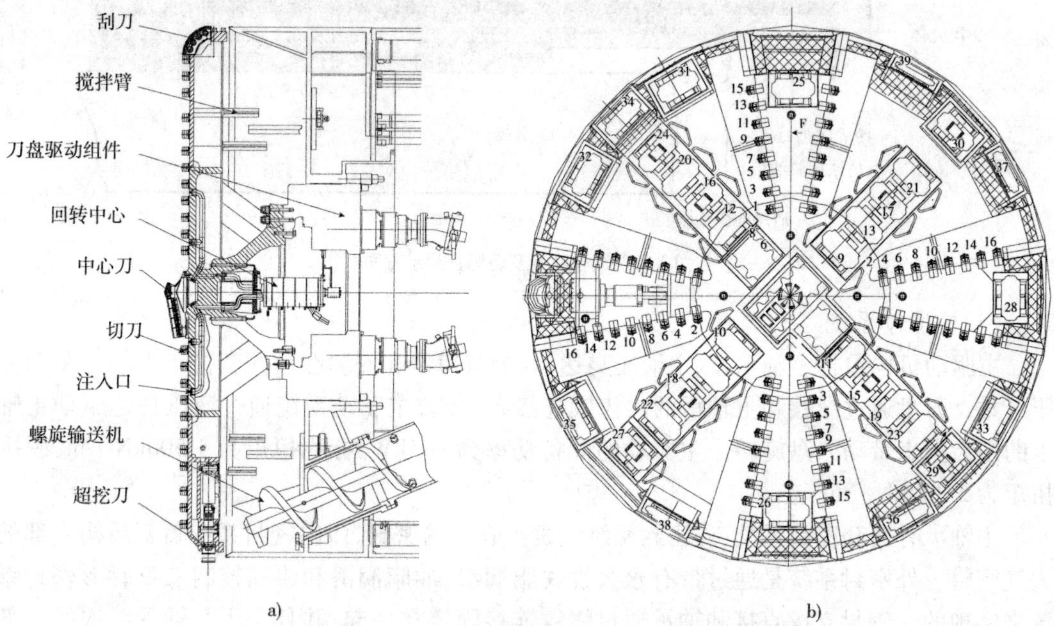

图3-57　盾构机的刀盘结构

在中体内布置了推进缸支座和管片安装机架。管片安装机支架通过相应的法兰面和管片安装机梁连接起来。推进缸和连接盾尾的铰接油缸布置在中体。在中体的盾壳上焊接了带球阀的可在需要时实施超前钻孔的预留孔,当需要时还可以通过这些预留孔注入膨润土等用以减小盾壳与土层的摩擦,或实施临时止水。

中体和盾尾之间通过铰接油缸连接,两者之间可以有一定的夹角,从而使盾构在掘进时可以方便地转向。正常情况下铰接处使用的是预紧密封,并安装有一道气囊密封,用于对铰接密封维修时使用。

盾尾安装了三道密封钢丝刷及两个油脂注入管道,在密封刷中注入密封油脂以防止盾构外面的水或砂土进入盾构。另外还安装了8根内置的同步注浆管道,如图3-58所示。

③人员仓

人员仓是在土仓保压期间,人员出入土仓进行维修和检查的转换通道,出入土仓的工具和材料也由此通过。其主要目的是为了在人员和材料进入土仓时能够保持土仓中的土压。

人员仓包括主仓和准备仓,它们由压力门隔开。主仓和中间仓之间有法兰连接,而中间仓直接焊接在压力隔板上。通过隔板上的门就可以进入土仓。准备仓和主仓横向连接,这样从准备仓出来必须要经过主仓。准备仓的作用是在压缩空气工作时和出现紧急情况时的出入。

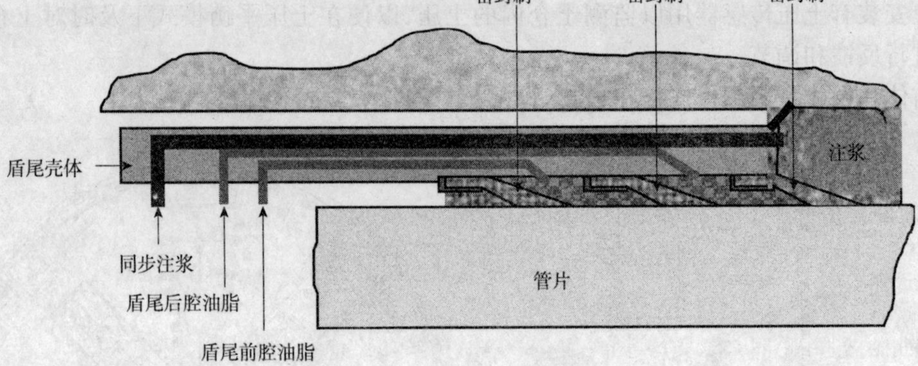

图 3-58　同步注浆及盾尾密封示意图

(3)主驱动系统

主驱动机构包括主轴承、八个液压马达、八个减速器和安装在后配套拖车上的主驱动液压泵站。刀盘通过螺栓和主轴承的内齿圈连接在一起,主驱动系统通过液压马达驱动主轴承的内齿圈来带动刀盘旋转。主驱动的配备功率为 945kW,标称扭矩为 4 500kN · m,脱困扭矩为 5 300kN · m。

主轴承有两套密封系统:外密封系统负责土仓内的密封,而内密封系统负责盾构后部的大气密封。外密封系统是通过带有永久性失脂润滑、油脂润滑和渗漏控制三重唇形密封系统来实现的。密封支撑直接和轴承通过螺纹连接固定在一起,并且作为主轴承结构的一部分,充分保证同心度;内密封系统将小齿轮区和空气之间进行密封。主驱动系统机构如图 3-59所示。

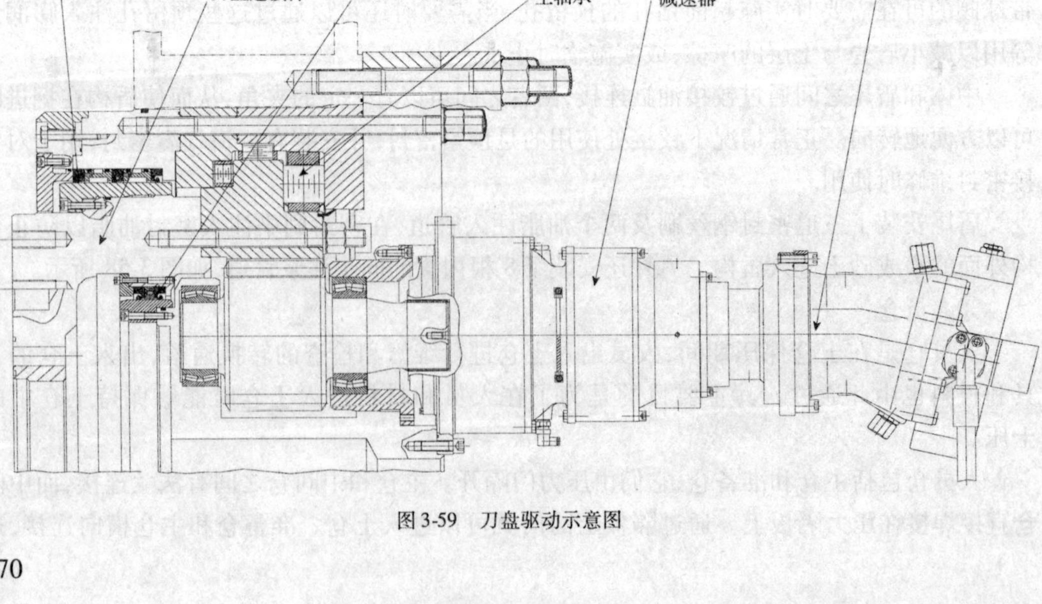

图 3-59　刀盘驱动示意图

(4)推进系统

盾构的推进机构提供盾构向前推进的动力。推进机构包括30个推进油缸和推进液压泵站。能够提供3 421kN的推力。推进油缸在圆周方向上划分为五组区域,每组区域可单独进行控制。通过调整每组油缸的不同推进速度来对盾构进行纠偏和调向。油缸的后端顶在管片上以提供盾构前进的反力。

推进系统油缸的分组如图3-60所示,其中浅色位置的油缸安装有位移传感器,通过油缸的位移传感器可以知道油缸的伸出长度和盾构的掘进状态。

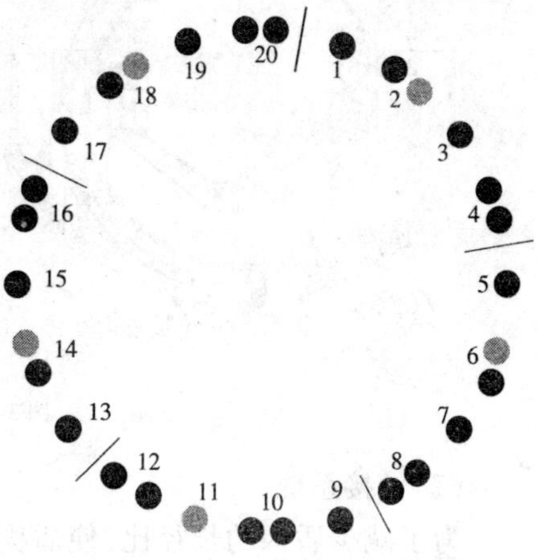

图3-60　推进油缸分区示意图

(5)出渣系统

①螺旋输送机

螺旋输送机安装于前体的底部,从隔板到拖车沿中心线的上仰角23°。在掘进时,开挖的渣土在底部,螺旋输送机伸往渣仓的一段为可更换的耐磨片。螺旋输送机内部为一个带轴的螺杆,螺旋片能够在渣土中伸缩。螺旋片分为两段,中间部分有一段没有螺旋片,这样可以在软土中形成土塞,以有效防止喷涌现象。

螺旋输送机通过一个液压马达带一个减速机驱动,其转速范围可以在0~22r/min内无级调速,从而可以很好地控制出土量。调节螺旋输送机的出土速度是控制土仓压力的重要方法之一。螺旋输送机的后料门可以关闭,这样在需要时可以关闭后门以处理喷涌等紧急情况。

为了提高渣土的流动性,可以向螺旋输送机圆周的孔注入膨润土或泡沫。螺旋输送机机构示意如图3-61所示。

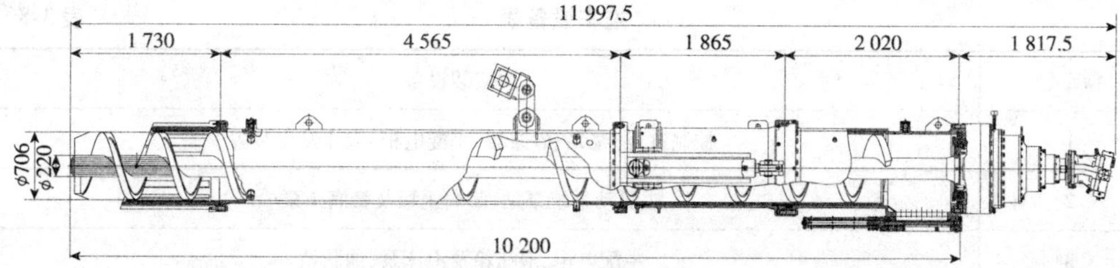

图3-61　螺旋输送机结构示意图(尺寸单位:mm)

在圆砾卵石层遇到大粒径卵石情况下,为满足输送大粒径卵石的要求,螺旋输送机的最大输送粒径为300mm。

②皮带输送机

皮带机用于将螺旋输送机输出的渣土传送到盾构后配套的渣车上。皮带机布置在后配套拖车的上面。

(6)管片拼装机构

管片拼装机安装在盾尾,由一对举重油缸、大回转机构、抓取机构和平移机构等组成。管片安装机的控制方式有遥控和线控两种方式,均可对每个动作进行单独灵活的操作控制。

管片拼装机通过这些机构的协同动作把管片拼装到准确的位置。

管片拼装机由单独的液压系统供应动力，管片拼装机的泵站安装在盾壳内，和推进系统共用一个油箱。管片拼装机机构如图 3-62 所示。

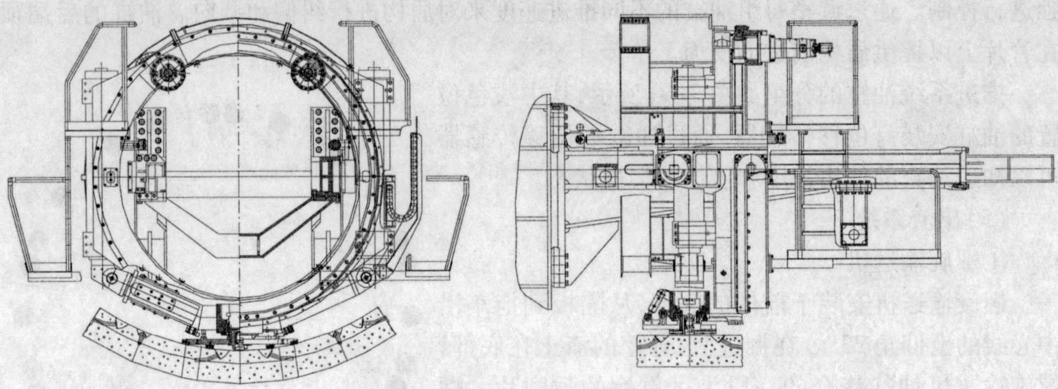

图 3-62　盾构机的管片拼装机构

(7)铰接系统

为了减少盾构的长径比，使盾构在掘进时能够灵活的进行姿态调整，特别是为了能够顺利通过较小的线路弯道，盾尾通过铰接系统和中体相连接。铰接系统包括 14 个铰接油缸和铰接密封。在直线段掘进时铰接油缸一般处于锁定位置，盾尾在主机的拖动下被动前进。当盾构需要转弯时，将油缸处于浮动位置，盾尾可以根据调向的需要自动调整位置。

(8)拖车

盾构的拖车用以安放液压泵站、注浆泵、砂浆罐及电气设备等。拖车行走在钢轨上，拖车之间用拉杆相连。每节拖车上的安装设备见表 3-8。

拖车设备表　　表 3-8

拖车号	主要安装设备
1	控制室、注浆泵、砂浆罐、小配电柜、泡沫发生装置
2	主驱动系统泵站、膨润土罐及膨润土泵
3	主配电柜、泡沫箱及泡沫泵、油脂站
4	两台空压机、风包、主变压器、电缆卷筒
5	内燃空压机、水管卷筒、通风机

皮带机从五节拖车的上面通过，在 5 号拖车的位置出卸渣。绝大部分的液压管、水管、泡沫管及油脂管从拖车内通过到达盾构主机。

在拖车的一侧铺设有人员通过的通道。拖车和主机之间通过一个连接桥连接，拖车在主机的拖动下前进。

(9)液压系统

盾构的液压系统包括主驱动、推进系统（包括铰接系统）、螺旋输送机、管片安装机及辅助液压系统。

主驱动系统和螺旋输送机液压系统共用一个泵站，安装在 2 号拖车上。主驱动系统和螺旋输送机液压系统各自为一个独立的闭式循环系统，这样可以保证液压系统的高效率及系统的清洁。推进系统和管片安装机泵站安装在盾壳内。

盾构的液压系统元器件全部采用国际知名品牌的产品，泵和液压马达绝大部分采用力士乐的产品，阀主要采用力士乐、哈威等国际知名公司的产品。合理的设计系统及可靠的元器件质量，充分保证了液压系统的可靠性。

(10)注脂系统

注脂系统包括三大部分：主轴承密封系统、盾尾密封系统和主机润滑系统。三部分都以压缩空气为动力源，靠油脂泵油缸的往复运动将油脂输送到各个部位。

主轴承密封可以通过控制系统设定油脂的注入量，并可以从外面检查密封系统是否正常。盾尾密封可以通过 PLC 系统按照压力模式或行程模式进行自动控制和手动控制，对盾尾密封的注脂次数及注脂压力均可以在控制面板上进行监控。

当油脂泵站的油脂用完后，油脂控制系统可以向操作室发出指示信号，并锁定操作系统，直到重新换上油脂。这样可以充分保证油脂系统的正常工作。

(11)渣土改良系统

盾构机配有两套渣土改良系统：泡沫系统和膨润土系统。两者共用一套输送管路，在 1 号拖车处相接。

①泡沫系统

盾构机配有一套泡沫发生系统，用于对渣土进行改良。泡沫系统主要由泡沫泵、高压水泵、电磁流量阀、泡沫发生器、压力传感器、管路组成。

②膨润土系统

盾构机还配有一套膨润土注入系统。在确定不使用泡沫剂的情况下，关闭泡沫输送管道，同时将膨润土输送管道打开，通过输送泵将膨润土压入刀盘、渣仓和螺旋输送机内，达到改良渣土的目的。

根据实际需要，可以把膨润土箱内装入的泥浆注入土仓内。

(12)注浆系统

盾构机采用同步注浆系统，这样可以使管片后面的间隙及时得到充填，有效地保证了隧道的施工质量，并能防止地面下沉。

盾构机配有两台液压驱动的注浆泵，它将砂浆泵入相应的注浆点，通过盾尾的注浆管道将砂浆注入到开挖直径和管片外径之间的环形间隙。注浆压力可以通过调节注浆泵工作频率而在可调范围内实现连续调整，并通过注浆同步监测系统监测其压力变化。单个注浆点的注入量和注浆压力信息可以在主控室看到。在数据采集和显示程序的帮助下，随时可以储存和检索砂浆注入的操作数据。

(13)超前钻探系统

在盾构中体上半圆处有六个钻孔供超前钻机钻孔使用，可以用于超前钻探和注浆预加固地层，如图 3-63 所示。根据地质情况和需要，可在管片安装机头部安装超前钻机，对盾构前方进行钻孔和注浆作业，加固地层。

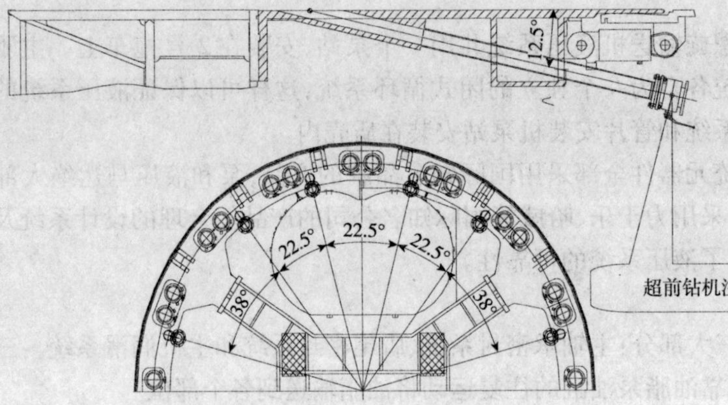

图 3-63　超前注浆系统示意图

(14)SLS－T 激光导向系统

盾构机安装了一套 VMT 公司的 SLS－T APD 导向系统。本系统能够对盾构在掘进中的各种姿态,以及盾构的线路和位置关系进行精确的测量和显示。操作人员可以及时地根据导向系统提供的信息,快速、实时地对盾构的掘进方向及姿态进行调整,保证盾构掘进方向的正确。

SLS－T APD 导向系统和隧道掘进软件全天候提供盾构机的三维坐标和定向的连续的动态信息。隧道掘进软件是 SLS－T APD 的核心。通过其附带的通信装置接收数据,由隧道掘进软件计算盾构机的方位和坐标,并以图表和数字表格显示出来,使盾构机的位置一目了然。SLS－T 激光导向系统见图 3-64。

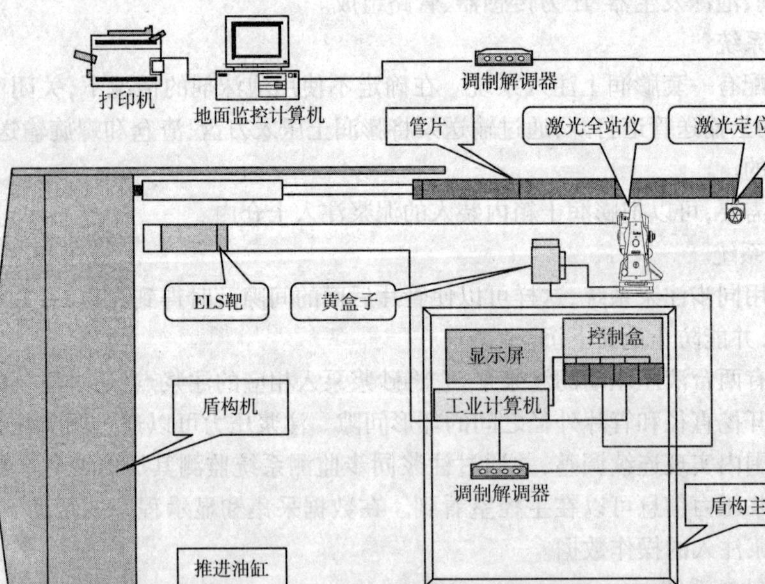

图 3-64　SLS－T 激光导向系统示意图

(15) PDV 数据采集系统

PDV 数据采集系统可采集、处理、储存、显示、评估与盾构机有关的数据。所有测量数据都通过被时钟脉冲控制的测量传感器连续地采集和显示。所有必须记录的测量值都以图形的形式显示在 PDV 的监测器上。

PDV 数据采集系统工作示意见图 3-65。

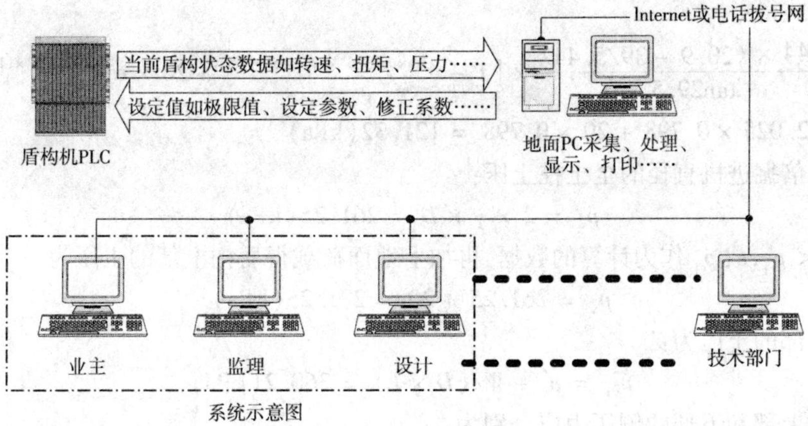

图 3-65　盾构机的 PDV 数据采集系统

通过 PDV 数据采集系统收集到的信息，可以实现对盾构机状态的实时信息化管理。通过互联网、电话拨号网以及 PDV 的计算机可以将当前的盾构机掘进状态数据传送至业主、监理、设计及施工等相关部门，为整个工程的信息化管理提供重要信息来源。

7) 盾构机关键参数计算

(1) 推力计算

①盾构外荷载的确定

由于盾构工程沿线的隧道埋深差别很大，盾构从洞中通过时的时间相对较短，根据常用算法，盾构的外部荷载将按照最大埋深处的松动土压和两倍盾构直径的全土柱高产生的土压计算，并取其中的最大值作为盾构计算的外部荷载。

在 K24 +360 处隧道的最大埋深为 15.4m，但此处围岩主要由粉土及粉质黏土组成。所以对盾构计算取此断面埋深为最大埋深值。软土计算中地质参数均按照此断面的地层选取如下：

岩土重度：$\gamma = 20.9\text{kN/m}^3$。

岩土的内摩擦角：$\varphi = 29.5°$。

土的黏结力：$c = 39\text{kPa}$。

覆盖层厚度：$H_{max} = 15.4\text{m}$。

地面荷载：$p_0 = 20\text{kPa}$。

水平侧压力系数：$\lambda = 0.5$。

盾构外径：$D = 6.25\text{m}$。

盾构主机长度：$L = 7.5\text{m}$。

盾构主机质量：$W = 370\text{t}$。

经验土压力系数：$K_0 = 1$。

松动土压(太沙基公式)计算：

$$p_s = \frac{B_1 \times (\gamma - c/B_1)}{K_0 \times \tan\varphi} \times [1 - e^{-K_0 \tan\varphi (H/B_1)}] + p_0 \times e^{-K_0 \tan\varphi (H/B_1)} \tag{3-14}$$

其中，$B_1 = (D/2) \times \cot[(45° + \varphi/2)/2] = 5.44\text{m}$。

代入上式得：

$$p_s = \frac{5.44 \times (20.9 - 39/5.44)}{\tan 29.5°} \times [1 - e^{-1 \times \tan 29.5° \times (15.4/5.44)}] + 20 \times e^{-1 \times \tan 29.5° \times (15.4/5.44)}$$

$$= 132.025 \times 0.798 + 20 \times 0.798 = 121.32(\text{kPa})$$

计算两倍掘进机直径的全土柱土压：

$$p_q = 2 \times \gamma \times D = 261.25(\text{kPa})$$

因 $p_s < p_q$，故 p_q 作为计算的数据，再加上地面荷载得盾构上部的土压为：

$$p_v = 261.25 + 20 = 281.25(\text{kPa})$$

盾构底部的土压为：

$$p_{v1} = p_v + W/(D \times L) = 360.2(\text{kPa})$$

则盾构上部和下部的侧压力应分别为：

$$p_h = p_v \times \lambda = 140.625(\text{kPa})$$

$$p_{h1} = p_{v1} \times \lambda = 180.1(\text{kPa})$$

②盾构的推力

在土压平衡模式下，盾构的推力应包含以下几个部分：

$$\sum F = F_M + F_{BA}^{EPB} + F_S + F_{NL} + F_{SP} \tag{3-15}$$

③盾壳和土层的摩擦力 F_M

$$F_M = \mu \times [\pi \times D \times L(p_V + p_{V1} + p_h + p_{h1})/4]$$

$$= 0.25 \times [\pi \times 6.25 \times 7.5(281.25 + 360.2 + 140.625 + 181.1)/4]$$

$$= 8\,865(\text{kN})$$

式中：μ——盾壳和土体间的摩擦系数，根据经验值取 0.25。

④刀盘推进力 F_{BA}^{EPB}

刀盘上共安装了 128 把切刀和 16 把刮刀(按照经验计算，16 把刮刀的推力相当于 96 把切刀的推力)，根据经验值每把切刀在软土中的推进力约为 5.6 kN。

$$F_{BA}^{EPB} = (128 + 96) \times 5.6 = 1\,254.4(\text{kN})$$

⑤盾尾密封的摩擦力

$F_{S1} = 10\text{kN/m}$(经验值，周向每米密封的摩擦力)

$F_S = 6.0 \times \pi \times 10 = 189(\text{kN})$(管片外径 6m)

⑥拖拉后配套的力 F_{NL}(经验值)

$$F_{NL} = 750\text{kN}$$

⑦渣仓土压引起的前隔板反力

$F_{SP} = 300\text{kPa} \times \dfrac{6.25^2 \times \pi}{4} = 9\,204\text{kN}$(土仓压力按 3×10^5 计算)

⑧总推力计算

$$\sum F = F_M + F_{BA}^{EPB} + F_S + F_{NL} + F_{SP}$$
$$= 8\ 865 + 1\ 254.4 + 189 + 750 + 9\ 204 = 20\ 262.4(kN)$$

在盾构上坡和转弯时盾构的推力按直线水平段的1.5倍考虑，盾构的实际推力应为：

$$\sum F = 20\ 262.4 \times 1.5 = 30\ 393.6(kN)$$

盾构机实际配备推力为34 210kN，能够满足盾构的实际需要。

(2)扭矩计算

盾构掘进机在软土中推进时的扭矩包含切削扭矩、刀盘的旋转阻力矩、刀盘所受推力荷载产生的反力矩、密封装置所产生的摩擦力矩、刀盘的前端面的摩擦力矩、刀盘后面的摩擦力矩、刀盘开口的剪切力矩、土压仓内的搅动力矩。随着土仓及掌子面渣土改良技术的发展，在软土开挖中刀盘的扭矩可以得到大幅度的降低。这里计算的只是在没有改良的情况下一种近似的理论扭矩，实际情况下一般要小于计算值。

①刀具切削扭矩

推进速度：$v_{max} = 4.8m/h$。

刀盘转速：$n = 1.2r/min$（根据类似工程选取经验值）。

刀盘每转切深：$h_{max} = v/n = 6.67cm$。

岩土的抗压强度：$q_u = 157kPa$；选用粉质黏土的抗压强度为计算依据。

刀盘直径：$D_d = 6.28m$。

$$T_1 = 0.5 \times [q_u \times h_{max} \times (D_d \times 0.5)^2]$$
$$= 0.5 \times [157 \times 0.066\ 7 \times (6.28 \times 0.5)^2] = 51.7(kN \cdot m)$$

②刀盘自重产生的主轴承旋转反力矩

$$T_2 = G \times R \times \mu_g$$

式中：G——刀盘自重，$G = 5\ 700kN$；

R——主轴承滚动半径，$R = 1.3m$；

μ_g——滚动摩擦系数，$\mu_g = 0.004$。

$$T_2 = 5\ 700 \times 1.3 \times 0.004 = 29.6(kN \cdot m)$$

③刀盘推力荷载产生的旋转阻力矩

$$T_3 = P_t \times R \times \mu_g$$
$$P_t = \alpha \times \pi \times R_2 \times P_d$$

式中：α——刀盘不开口率，$\alpha = 66\% = 0.66$；

R_2——刀盘半径，$R_2 = 3.14m$；

P_d——刀盘推力集度。

$$P_d = (P_h + P_{h1})/2 = 160.36(kN/m)$$
$$P_t = 0.66 \times \pi \times 3.14 \times 160.36 = 1\ 044(kN)$$
$$T_3 = 1\ 044 \times 1.3 \times 0.004 = 5.43(kN \cdot m)$$

④密封装置摩擦力矩

$$T_4 = 2\pi \times \mu_m \times F_m \times n \times R_{m1}^2$$

式中：μ_m——密封与钢之间的摩擦系数，$\mu_m = 0.2$；

F_m——密封的推力，$F_m = 1.5\text{kPa}$；

n——密封数，$n = 3$；

R_{ml}——密封的安装半径，$R_{ml} = 1.25\text{m}$。

$$T_4 = 2\pi \times 0.2 \times 1.5 \times 3 \times 1.25^2_{ml} = 8.8(\text{kN} \cdot \text{m})$$

⑤刀盘前表面的摩擦力矩

$$T_5 = \frac{2}{3} \times (\alpha \times \pi \times \mu_p \times R_2^3 \times P_d)$$

式中：μ_p——土层和刀盘间的摩擦系数，$\mu_p = 0.15$。

$$T_5 = \frac{2}{3} \times (0.66 \times \pi \times 0.15 \times 3.14^3 \times 160.36) = 1\,029.4(\text{kN} \cdot \text{m})$$

⑥刀盘圆周的摩擦反力矩

$$T_6 = 2\pi \times D_d \times B \times p_z \times \mu_p$$

式中：B——刀盘边缘宽度，$B = 0.45\text{m}$；

p_z——刀盘圆周土压力，$p_z = (p_{h1} + p_h + p_{v1} + p_v)/4 = 240.55(\text{kPa})$。

$$T_6 = 2\pi \times 6.28 \times 0.45 \times 240.55 \times 0.15 = 640.7(\text{kN} \cdot \text{m})$$

⑦刀盘背面的摩擦力矩

刀盘背面的摩擦力矩由土仓内的压力所产生，假定土仓内的土压力为 P_d。

$$T_7 = \frac{2}{3} \times (\alpha \times \pi \times R_2^3 \times \mu_p \times P_d) = 1\,029.4\text{kN} \cdot \text{m}$$

⑧刀盘开口槽的剪切力矩

$$T_8 = \frac{2}{3} \times \pi \times C_\tau \times R_2^3 \times (1 - \alpha)$$

式中：C_τ——土的抗剪强度，$C_\tau = c + P_d\tan\varphi = 15 + 160.36 \times \tan5° = 29(\text{kPa})$。

在切削腔内，由于渣土含有水，取 $c = 15\text{kPa}$，内摩擦角为 $\varphi = 5°$。

$$T_8 = \frac{2}{3} \times \pi \times 29 \times 3.14^3 \times (1 - 0.66) = 639(\text{kN} \cdot \text{m})$$

⑨刀盘土仓内的搅动力矩

$$T_9 = \phi_b \times L_z \times P_d \times (r_1 + r_2)/2 \times n_b$$

式中：ϕ_b——刀盘支撑柱直径，$\phi_b = 0.6\text{m}$；

L_z——刀盘支撑柱长度，$L_z = 1.1\text{m}$；

n_b——支撑柱数量，$n_b = 4$；

r_2——刀盘支撑柱外端半径，$r_2 = 1.4\text{m}$；

r_1——刀盘支撑柱内端半径，$r_1 = 0.7\text{m}$。

$$T_9 = 0.6 \times 1.1 \times 160.36 \times (1.4 + 0.7)/2 \times 4 = 444.5(\text{kN} \cdot \text{m})$$

⑩刀盘总扭矩

$$T = \sum_{i=1}^{9} T_i = 51.7 + 29.6 + 5.43 + 8.8 + 1\,029.4 + 640.7 + 1\,029.4 + 639 + 444.5$$
$$= 3\,878.53(\text{kN} \cdot \text{m})$$

下面按照公式(3-6)计算盾构的扭矩。若扭矩系数取 20,则计算扭矩为:

$$T = 20 \times 6.28^3 = 4\ 953(\text{kN} \cdot \text{m})$$

此扭矩值应为盾构机的脱困扭矩值。

盾构实际的刀盘驱动扭矩为 4 500kN · m,脱困扭矩为 5 300kN · m,大于前面的计算值,所以既有盾构配备的扭矩足够。

(3)功率计算

①主驱动功率

根据实际工况,取刀盘的驱动扭矩为 3 878kN · m,刀盘最大扭矩时的刀盘转速取 1.2r/min,计算刀盘驱动的实际需要功率为:

$$W_0 = T \times \omega = 3\ 878 \times 1.2 \times 2\pi/60 = 487.3(\text{kW})$$

主驱动系统的效率为:

$$\eta_d = \eta_{mc} \times \eta_{pm} \times \eta_{pv} \times \eta_l \times \eta_{mm} \times \eta_{mv} \times \eta_{mr}$$

式中:η_{mc}—— 联轴器机械效率;

η_{pm}—— 液压泵的机械效率;

η_{pv}—— 液压泵的容积效率;

η_l—— 系统回路效率;

η_{mm}—— 液压马达机械效率;

η_{mv}—— 液压马达容积效率;

η_{mr}—— 减速器机械效率。

$$\eta_d = 0.95 \times 0.98 \times 0.95 \times 0.90 \times 0.95 \times 0.98 \times 0.98^3 = 70\%$$

所以盾构的实际主驱动功率应为:

$$W = W_0/\eta_d = 696\text{kW}$$

盾构机的实际配备功率为 945kW。

②推进系统功率

由前面计算知,盾构推进时的最大推力取 32 693kN,推进速度取 80mm/min,计算推进功率为:

$$W_0 = F \times v$$

$$W_0 = 32\ 693 \times 0.08/60 = 44(\text{kW})$$

推进系统应配备的功率为:

$$W = W_0/\eta = W_0/(\eta_{pm} \times \eta_{pv} \times \eta_c)$$

$$= 44/(0.95 \times 0.98 \times 0.95) = 50(\text{kW})$$

推进系统实际配备功率为 75kW。

3.9　全断面砂卵石地层盾构选型实例

3.9.1　地层条件

地铁四号线动物园—白石桥区间、白石桥—学院南路区间及学院南路—双榆树区间盾构全断面穿越砂卵石地层,该 3 段区间的地层条件分述如下。

1）动—白区间

该段区间的地层主要为粉质黏土④层、粉土$④_2$层、粉细砂$④_3$层、卵石圆砾⑤层、中粗砂$⑤_1$层、粉质黏土⑥层、黏土$⑥_1$层、粉土$⑥_2$层、细中砂$⑥_3$层、卵石圆砾⑦层、中粗砂$⑦_1$层、粉土$⑦_3$层、粉土$⑧_2$层、卵石圆砾⑨层等。隧道断面内大部分为卵石圆砾层，部分地段夹少量的砂层，如图 3-66 所示。

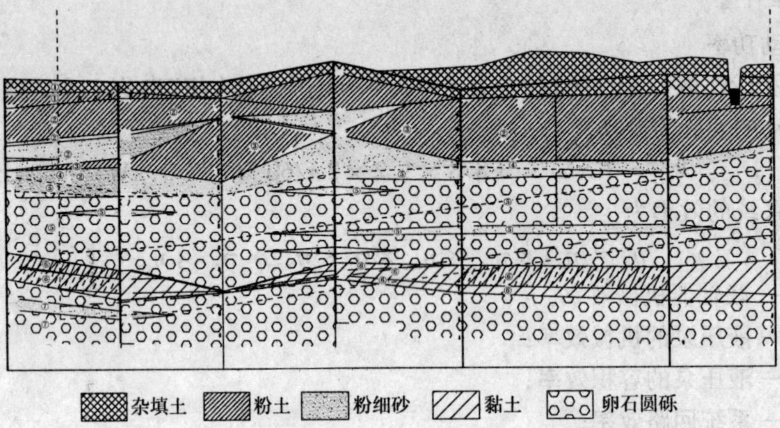

图 3-66　动—白区间地质纵断面图（图中虚线表示盾构隧道轮廓）

2）白—学区间

该段区间的地层主要为粉质黏土④层、粉土$④_2$层、粉细砂$④_3$层、卵石圆砾⑤层、中粗砂$⑤_1$层、粉质黏土⑥层、黏土$⑥_1$层、粉土$⑥_2$层、细中砂$⑥_3$层、卵石圆砾$⑦_3$层、中粗砂$⑦_1$层、粉土⑦层、粉土$⑧_2$层、卵石圆砾⑨层等。隧道断面内基本上为全断面卵石、圆砾层，如图 3-67 所示。

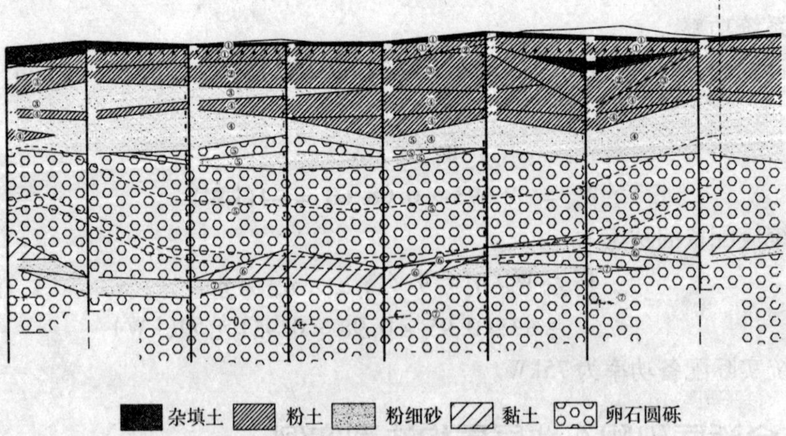

图 3-67　白—学区间地质纵断面图（图中虚线表示盾构隧道轮廓）

3）学—双区间

该段隧道上半断面在粉土层中通过，下半断面进入圆砾石层中，如图 3-68 所示。

本标段砂卵石地层中砂、卵/砾石的含量及粒径大小见筛分试验结果，如图 3-69 所示。

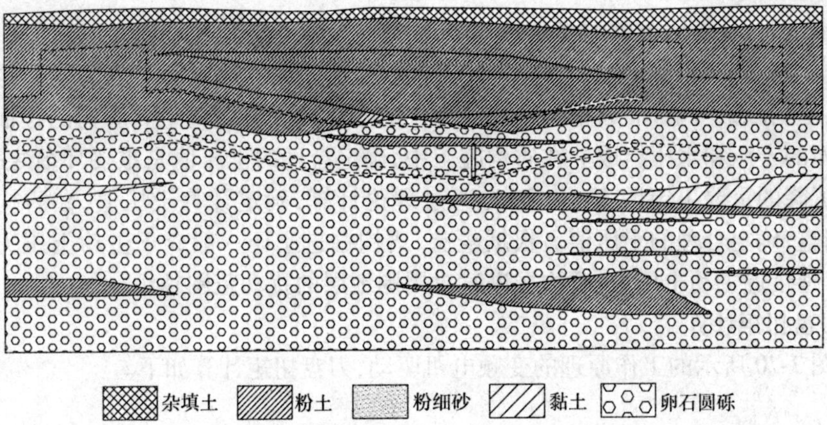

图 3-68　学—双区间地质纵断面图(图中虚线表示盾构隧道和车站轮廓)

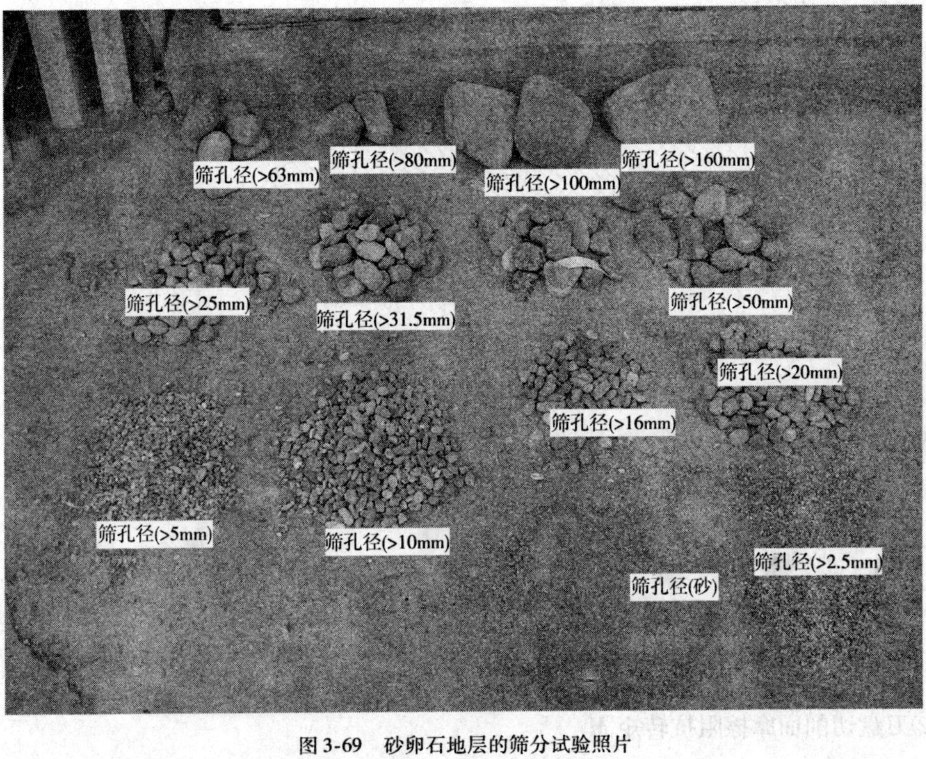

图 3-69　砂卵石地层的筛分试验照片

3.9.2　盾构掘进参数的确定、控制及调整

盾构机的相关内容见 3.5、3.6 节。

1) 盾构掘进参数的确定

盾构掘进过程中,各项参数因地质状况和盾构隧道的埋深不同而变化,以下是根据盾构埋深最深时的各项参数进行的计算,当盾构因坡度变化埋深发生变化时,盾构的各项参数结合工程实际情况重新计算调整。

(1)掘进土压的确定

盾构推进时,开挖面土体的稳定性主要取决于推进土压的合理性。该标段中盾构穿越的主要地层为砂卵砾石层,地层条件较差。隧道覆土厚度在 18~23m 之间。盾构推进参数确定时,以不利因素考虑,而后根据掘进过程中的实际情况再做调整。盾构的正面阻力由作用于开挖面的土压和水压组成。在盾构施工中,确定合理的土压值是重要环节之一,也是地面隆起或沉降的重要决定因素。一般先通过理论计算,确定计算土压值,在盾构掘进过程中,不断调整,确定合理的土压值。根据经验,盾构掘进土压一般介于主动土压力与被动土压力之间,越接近主动土压力,盾构掘进时对周围地层的扰动范围越小。

(2)刀盘扭矩计算

基于图 3-70 所示的工作原理的变频电机驱动,刀盘扭矩计算如下。

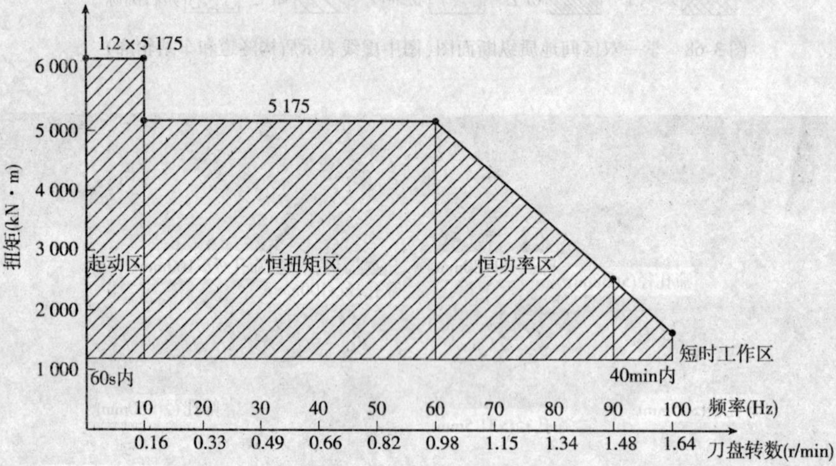

图 3-70　变频调速电机驱动刀盘工作示意图

①刀盘切削阻抗转矩 M_1

$$M_1 = \frac{D^2}{8} \times \frac{v}{N} \times \frac{q_u}{100}$$

式中:D——盾构机外径,取值 6.14m;

N——刀盘转速;

v——盾构机设计推进速度,取值 6cm/min;

q_u——无侧限抗压强度,取值 980.7kPa。

②刀盘切削面摩擦阻抗转矩 M_2

$$M_2 = \frac{\pi D^2}{12} \times \frac{E_1 + E_2}{2} \times \frac{4A\mu}{\pi D^2}$$

式中:E_1——盾构机顶主动土压力,$E_1 = \tan^2(45^\circ - \frac{\varphi}{2}) \sum \gamma_i h_i$;

E_2——盾构机底主动土压力,$E_2 = \tan^2(45^\circ - \frac{\varphi}{2}) \sum \gamma_i h_i$;

A——盾构机刀盘辐条面积,取值 10m^2;

μ——土层与刀盘摩擦系数,取值 0.4。

③刀盘外圈阻抗转矩 M_3

$$M_3 = \frac{\pi D^2}{2} \times B \times \mu \times P_m$$

式中：B——刀盘外圈宽度，取值0.45m；

P_m——盾构机外周平均主动土压力。

④辐条轮阻抗转矩 M_4

$$M_4 = \frac{BL^2}{2} \times \mu \times n$$

式中：L——辐条长，取值2.47m；

n——辐条数量，取值6；

μ——土层与刀盘摩擦系数，取值0.4。

⑤搅拌棒阻抗转矩 M_5

$$M_5 = n_k \times B_k \times L_k \times R_k \times \mu$$

式中：n_k——搅拌棒数量，取值6个；

B_k——搅拌棒宽度，取值0.2m；

L_k——搅拌棒长度，取值0.7m；

R_k——搅拌棒半径，取值1.6m。

将以上结果代入公式 $\sum M = M_1 + M_2 + M_3 + M_4 + M_5$，计算得出所需刀盘转矩。

(3)掘进速度

考虑盾构机设计掘进速度、地质状况、业主工期进度要求，并参考以往盾构施工经验，本合同段盾构施工中掘进速度设定为15～25mm/min。

(4)盾构推力的确定

盾构推进时需要克服的阻力包括以下几个：

①机身外壳表层与土体之间的摩擦阻力(F_1)。

②切削挖掘面的土层负载阻力(F_2)。

③盾尾密封刷与盾构管片之间的摩擦阻力(F_3)。

④后续台车的摩擦阻力(F_4)。

盾构机计算推力为：

$$F = k \times (F_1 + F_2 + F_3 + F_4)$$

式中：k——其他不可预见因素所形成的安全系数。

在实际推进过程中还应当综合考虑推进时的土压、刀盘扭矩、掘进速度、螺旋输送机出土状况、地质状况等因素，在允许范围内随时调整。

(5)注浆量及注入压力

①每环注浆数量

每环注浆量为每环理论切削土量的130%～180%。

本合同段中采用惰性浆液，为了达到更好的注浆效果，避免出现地面沉降，在掘进过程中，除了进行同步注浆之外，还应进行二次补注浆。二次补注浆的浆液材料为水泥浆液，结合本合同段盾构机参数，二次补注浆的注浆量一般为同步注浆量的40%～50%。

②注浆压力

考虑地层注浆的不可预见压力损失，浆液喷注压力应当高于注浆地层的水、土压力值。

(6)加泥、加泡沫量的确定

①加泥数量

盾构穿越地层主要为砂卵石，根据以往施工经验，正常掘进时，加泥量以掘进每环切削土体体积的22% ~30%计算。

②加泥压力

在密封土仓内加入泥浆等润滑材料，一方面可以润滑密封土仓内切削土体，使顺利出土；另一方面可以形成压力水膜，起到稳定挖掘面的作用。泥浆的注入压力一般稍高于土仓内的土压。

③泡沫加入量

此处所说的泡沫加入量是指泡沫添加剂按一定比例兑水之后的混合液的体积。

泡沫溶液的组成：泡沫添加剂5% ~7%，水93% ~95%。

泡沫组成：90% ~95%压缩空气和10% ~12%泡沫溶液混合而成。

地层为卵石及圆砾石，根据以往施工经验，盾构掘进时，泡沫注入量以掘进每环切削土体体积的45% ~55%计算。

④泡沫注入压力

在密封土仓内加入泡沫主要是为了增加土仓内土体间的疏松性，并可以在卵石表面形成黏土膜，润滑密封土仓内切削土体，使顺利出土，另外可以形成压力膜起到稳定挖掘面的作用。它的注入压力一般稍高于土仓内的土压，这一点和泥浆的注入参数确定类似。

2)盾构掘进参数的控制

(1)土压平衡模式下土压的控制

土压平衡盾构机掘进时，是将刀具切削下来的土体充满土仓，利用这种泥土与作业面的土压与水压平衡，同时利用螺旋输送机进行与盾构机推进量相应的排土作业，掘进过程中始终维持开挖土量与排土量的平衡，以保持正面开挖面的土体稳定，土压平衡模式下土压的控制有手动、自动两种操作模式，但其基本原理都是通过调节螺旋输送机的转速，改变出土的速度来控制盾构机密封土仓内的泥土压力。具体情况如下：

掘进开始时先通过手动调节把土压稳定在土压设定值允许偏差范围内，然后再调整为自动控制模式。土压传感器检测土仓内的土压自动控制螺旋输送机转速，改变出土量，保持密封土仓内的土压，维持开挖面土压稳定。当密封土仓内土压偏高时，螺旋输送机转速自动增加，排土量加大，使密封土仓内土压降低；相反，密封土仓内土压偏低时，螺旋输送机转速自动降低，排土量减小，使密封土仓内土压升高；此时人工事先给定盾构机的推进速度，推进完成时转换为手动模式停机。这种操作模式适用于地质状况较好，排土、推进比较顺利平稳时。当地层的土质发生较大的变化时或遇有障碍物时可以更换控制模式为手动，因为我们的施工人员已经掌握了丰富的施工操作经验，完全可以应付各种情况，可以根据实际情况的变化及时改变对各种参数的控制，以适应各种不同地层的施工。

(2)土压平衡模式下排土量的控制

排土量的控制是盾构在土压平衡模式下工作的关键技术之一。

理论上螺旋输送机的排土量 Q_s 是由螺旋输送机的转速来决定的，千斤顶的速度和 P 值设定后，盾构机可自动设置理论转速 N。

$$Q_s = V_s \times N$$

式中：V_s——设定的每转一周的理论排土量。

Q_s应与掘进速度决定的理论渣土量 Q_0 相当，即：

$$Q_0 = A \times v \times N_0$$

式中：A——切削断面面积；

v——推进速度；

N_0——土体松散系数。

通常理论排土率用 $K = Q_s/Q_0$ 表示。

理论上 K 值应取 1 或接近 1，这时渣土有低的透水性且处于好的塑流状态。事实上，地层的土质不一定都具有这种性质，这时与螺旋输送机的实际出土量不符，当渣土处于干硬状态时，因摩擦力大，渣土在螺旋输送机中输送遇到的阻力也大，同时容易造成固结堵塞现象，实际排土量将小于理论排土量，必须依靠增大转速来增大实际排土量，以使之接近 Q_0，这时 $Q_0 < Q_s$，$K > 1$；当渣土柔软而富有流动性时，在土仓内高压力作用下，渣土自身有一个向外流动的能力，从而渣土的实际排土量大于螺旋输送机转速决定的理论排土量，这时 $Q_0 > Q_s$，$K < 1$，此时必须依靠降低螺旋输送机转速来降低实际排出土量。当渣土的流动性非常好时，由于螺旋输送机对渣土的摩擦阻力减少，有时会产生渣土喷涌现象，这时转速很小就能满足出土要求。

在土压自动控制模式下，掘进前预先将设定的土压值输入盾构的控制系统，盾构机便可以自动根据土仓中土压的变化随时对螺旋输送机的转速进行调整，始终保持刀盘土仓中的土压在设定值的上下浮动。

第 4 章　地铁盾构隧道试验段工程

4.1　试验段工程的由来及目的与意义

北京地区地下铁道工程的建设以往采用的施工方法多为传统的明挖法和矿山法，两种工法已经得到了广泛的应用，并体现出了其实用性和经济性。但随着城市的发展以及城市地下工程的逐步增多和向城市新区的扩张，逐步暴露出上述两种工法的一些局限性，这些局限性主要表现在以下几个方面：

(1)明挖法需要在隧道沿线占用比较多的施工场地，在城区交通流量大、道路狭窄的情况下，已经基本无法满足其施工场地要求。

(2)明挖法施工场地暴露，对周围地区的环境影响大，无法满足环保要求。

(3)矿山法虽然占用施工场地较小，但其施工所造成的地表沉降较难控制，通常情况下，对地面建筑物及地下管线都有一定的影响甚至造成破坏。

(4)矿山法施工必须确保开挖面无水作业，因此需要在沿线普遍降低地下水位，降水施工需要在地面施工大量的降水井，不仅提高了工程造价，还造成了对地下水资源的浪费；而且在城区道路狭窄和地面建筑物密集区，没有施做降水井的条件。

(5)矿山法由人工开挖和支护，因此施工进度慢，作业效率低，安全性差。

(6)矿山法施工的防水质量不易保证。

(7)矿山法施工对地表沉降的控制难度较大，尤其是在不良地质段或地面房屋密集区施工时，很难将地表沉降控制在较小范围内。

基于以上诸多原因，在新项目的前期研究过程中，开始逐步倾向于选用盾构法施工城市隧道工程。北京地铁 5 号线工程早在 1994 年可行性研究过程中就推荐采用盾构法施工部分区间隧道。1999 年 11 月，在北京市领导和有关部门的大力支持下，经原国家计委批准，决定对北京地铁 5 号线试验段工程采用盾构法施工。

试验段工程研究的目的在于密切结合北京地区工程、水文地质条件的特点和土压平衡盾构施工工艺，研究盾构隧道施工中的始发技术、开挖面稳定措施和方法、管片拼装技术、地表沉降控制技术、壁后注浆技术、盾构施工监测技术和盾构施工测量技术等，以期探索出适合北京地区工程、水文地质条件特点的一整套盾构施工工艺和参数，掌握盾构隧道施工技术，使盾构施工更便捷，有利于降低工程成本，提高工效，提高工程质量，有效控制地表沉降。试验段研究对形成完备的盾构施工技术以及在北京地铁建设中乃至北方地区推广盾构工法，有着重要的意义。

4.2　试验段工程概况

4.2.1　地铁 5 号线工程概况

北京地铁 5 号线工程是北京市南北交通路网中一个重要的组成部分,南起丰台区的宋家庄,北至昌平区的太平庄。线路全长 27.6km,途经天坛、东单、雍和宫和和平里等重要地区,它的建成将极大地缓解北京市南北交通,是北京市的奥运工程和重点工程。5 号线线路在北四环南北分别采用了地下和地面、高架线路形式,南部的地下线长 16.9km,北部的地面和高架线 10.7km。全线共设 22 座车站,其中地下站 16 座,高架和地面站 6 座。

在地铁 5 号线工程地下线路段,环境条件基本有以下几类:

(1)部分线路穿行在城市繁华地带(东单—和平里段),地面道路狭窄,建筑物老旧、密集,但规划道路比较宽阔(70m),基本向现状道路一侧单向扩宽,线路敷设于扩宽部分下方,基本在现状房屋下。该段地下水丰富。

(2)部分线路在城市待开发区(宋家庄—刘家窑地段),无现状道路,地面建筑物密集,线路在其下穿过。该段地下水丰富。

(3)部分线路在现状已经实现规划的宽阔道路下敷设(刘家窑—崇文门段),红线宽度基本在 60 ~ 70m。该段地下水较少。

前两类地段对隧道施工的要求较高,在施工期间要严格控制隧道施工引起的地表沉降,避免隧道施工导致地面建筑物破坏。同时,由于不具备沿线区域降水的条件(除非大量拆迁地面建筑),无法全面降水等原因,推荐采用盾构法进行隧道施工。

第三类地段的限制条件较少,施工场地条件好,同时有条件进行隧道沿线施工降水,因此推荐采用传统的矿山法施工。

4.2.2　盾构试验段工程概况

由于北京以往没有采用盾构法施工地铁隧道的经验,且北京地区的地质条件与国内其他采用过盾构法施工的地区有比较大的区别,为了确保地铁 5 号线正式施工能够顺利进行,首先选择正线典型的区段开展试验段施工,以摸索和掌握北京地区特有地质条件下的盾构隧道施工技术,同时也为今后全线其他区段采用盾构法施工做准备。试验段选在北新桥—雍和宫段线路的左线,试验段长度约 688m。

4.2.3　试验段的工程地质与水文地质条件

北新桥至雍和宫地质纵断面图见图 4-1。

1)工程地质条件

北京地铁 5 号线车站及区间隧道均在第四纪地层中通过。根据工程地质及水文地质勘察资料,北京地铁 5 号线盾构试验段地质纵断面的地层从上到下主要有:人工填土层、黏质粉土砂质粉土②层(夹粉质黏土层$②_1$、重粉质黏土$②_2$层,局部夹粉细砂透镜体$②_3$层)、粉细砂③层(K11 +900 以北的砂层中出现粉质黏土、黏质粉土$③_3$层)、圆砾④层(一般粒径为

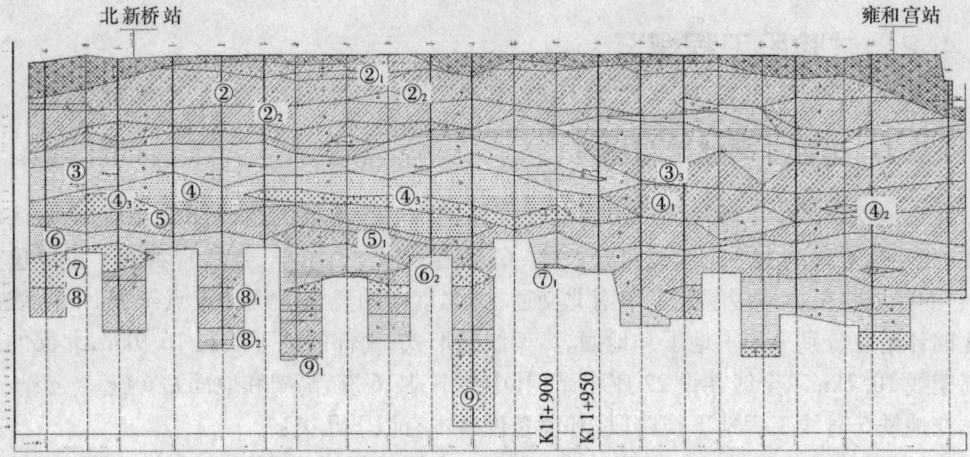

图 4-1　北新桥至雍和宫地质纵断面图

5 ~ 20mm，最大粒径为 150mm，中粗砂充填，局部成为中粗砂④$_2$ 透镜体。该层中部或底部颗粒较粗成为卵石④$_3$ 层，其粒径一般为 20 ~ 80mm，在里程 K11 + 950 以北地段，圆砾、卵石层逐渐变薄尖灭，出现黏质粉土粉质黏土④$_1$ 层）、黏质粉土砂质粉土⑤层（含姜石，局部夹细砂透镜体，夹粉质黏土重粉质黏土⑤$_1$ 层和黏土⑤$_2$ 层）、中粗砂⑥层（含少量砾石，夹粉细砂⑥$_1$ 层和粉质黏土重粉质黏土⑥$_2$ 层）、卵石⑦层（亚圆形，未风化，一般粒径为 20 ~ 80mm，最大粒径为 200mm，中粗砂或黏性土充填，局部地段颗粒较细逐渐变为圆砾或砾砂⑦$_1$ 层）、粉质黏土黏质粉土⑧层（仅分布于里程 K10 + 700 以北地段，含氧化铁和姜石，夹重粉质黏土，黏土⑧$_1$ 层和粉细砂⑧$_2$ 层）和卵石⑨层（为亚圆形，为风化 ~ 微风化，一般粒径为 20 ~ 60mm，最大粒径为 180mm，中砂或黏性土充填，夹粗砂⑨$_1$ 层）。

2）水文地质条件

根据工程勘察报告，地层中储存有上层滞水、潜水和承压水。

上层滞水：赋存于杂填土①$_1$ 层、黏质粉土素填土①层和黏质粉土砂质粉土②层的孔隙之中。主要接受自来水、消防水管道以及雨污水管道、居民院落化粪池的渗漏补给，其次为大气降水的垂直渗流补给。水位根据补给强度不同而不同，本区间水位埋深在 5.0 ~ 7.0m 之间。

潜水：赋存于粉细砂③层、中粗砂③$_1$ 层、砾砂③$_2$ 层、圆砾④层、中粗砂④$_2$ 层、卵石④$_3$ 层的孔隙之中，水位埋深在 14.0m 左右。本区间的潜水主要接受上层滞水和河水的垂直渗流和区域侧向径流补给。在雍和宫附近，潜水具有弱承压性，水位高出含水层顶板为 0.5 ~ 2.8m。护城河水位仅高出河边潜水水位 0.08m，显示河水对潜水的补给趋势。

承压水：赋存于中粗砂⑥层、卵石⑦层、粉细砂⑧$_2$ 层、卵石⑨层及其砂土夹层的孔隙之中。主要接受潜水的垂直渗透补给和区域侧向径流补给，地下水流向为自西向东。承压水的排泄方式主要为侧向径流排泄和垂直越流补给深层承压水。本区间承压水含水层的顶板埋深为 21.0 ~ 25.0m，水头高出含水层顶板为 1.0 ~ 3.0m。

上述地层基本上属于北京地区典型的地质条件，有一定的普遍性。

4.2.4　试验段工程设计概况

1）线路设计概况

北京地铁 5 号线工程左线北新桥站—雍和宫站区间（里程 K11 + 504.601 ~ K12 + 192.645）全长约 688m，作为北京地铁 5 号线盾构试验段工程，先期开工建设。盾构机由雍和宫站南端始发竖井始发。线路最大坡度为 2.2%，在试验段总共有两条平面曲线和两条竖曲线，其曲线设计参数如下：

（1）平面曲线参数

里程 K11 +962.927 处，R =2 000m，转向角 α =4°38′46″，曲线长 162.18m。

里程 K11 +602.456 处，R =800m，转向角 α =5°58′23″，曲线长 128.4m。

（2）竖曲线参数

里程 K12 +030 处，R =5 000m。

里程 K11 +310 处，R =5 000m。

2）结构设计概况

此段区间隧道覆土为 12 ~ 18m，隧道结构采用单层预制拼装式管片衬砌，管片外径 6 000mm，衬砌厚度 300mm，管片间采用预制弹性密封橡胶圈防水。管片环宽 1 200mm，环向分 6 块，即 3 块标准块（中心角 67.5°），2 块邻接块（中心角 67.5°），1 块封顶块（中心角 22.5°）。管片之间采用弯螺栓连接，环向每接缝有 2 个螺栓，纵向共设 16 个螺栓（封顶块 1 个，其他 3 个）。管片环与环之间采用错缝拼装方式。管片端面采用平面式，仅设置防水胶条处留有沟槽。管片有 3 种类型：标准环、左转环和右转环（图 4-2）。

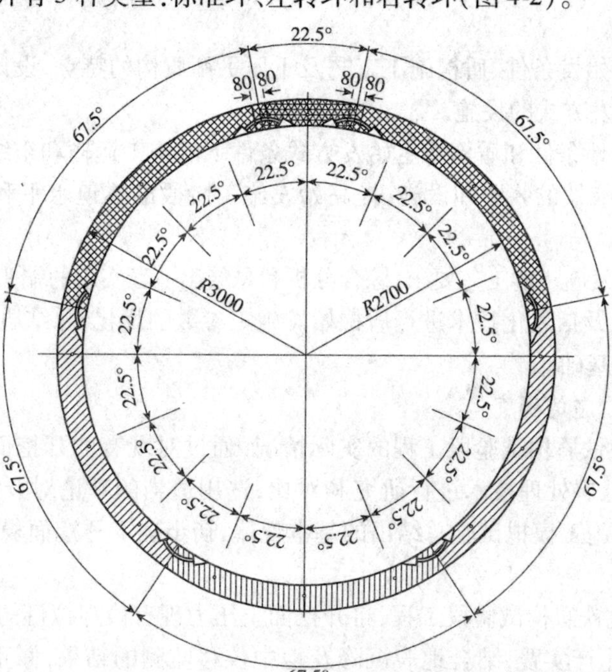

图 4-2　管片分块示意图（尺寸单位：mm）

目前,国内对盾构机及盾构隧道施工进行了比较多的研究,但这些研究基本上是以类似于上海地区的软弱地层和广州的硬岩、软土混合地层为基础进行的。而北京地区的地质特征与上海和广州的差异极大,在北京地区进行盾构隧道施工,虽然可以参照这些既有研究成果,但由于盾构施工极大程度上依赖于地层特性,既有研究成果有其不适用性,针对北京地区工程与水文地质和盾构施工特点,需要另行开展相关的课题研究。为此,北京城建集团经北京市科委批准,进行了相关科研立项工作,于2000年开始开展"北京地铁5号线盾构隧道设计与施工技术的研究"。

4.3 试验段的关键技术及实施技术路线

试验段工程研究的重点是研究盾构施工技术,应与工程实际密切结合进行,但由于尚不能准确地把握北京地区地层条件下盾构施工的相关规律,在开始施工之前进行了盾构施工模拟试验。通过对在北京地层中进行盾构施工时的地层处理措施,推进中推力、扭矩变化规律等做了完整研究,总结出一些规律以指导施工。

随后,在施工过程中密切结合实际,开展了以下7个项目的研究工作,并结合模拟试验中得出的规律进行了分析、研究和总结。

1)盾构始发技术的研究

(1)对北京地铁5号线盾构试验段工程盾构始发施工由于场地的局限,以及场内竖井方位不利于整体布置的影响,使得盾构整体施工效率难以高效发挥的情况,对盾构始发方式进行分析和比选,研究出一种经济合理、操作方便的始发施工方式,以满足盾构安全、经济、快速的始发施工要求。

(2)根据现有的始发条件、盾构施工工艺及土压平衡盾构的特点,设计加工安装简单、造价较低、适合特定始发方式的设施。

(3)结合现场场地条件和盾构特定始发方式条件下的施工运输和组织模式,研制出具有针对性、合理、实用、有效的装置和设施,提高始发施工阶段的隧道水平和垂直运输效率,加快施工进度。

(4)结合盾构始发施工的工艺要求,综合分析和总结出一套实用的端头土体加固的方法。

(5)运用计算机及信息化技术进行盾构始发施工参数的优化,总结盾构施工工艺参数规律,为全线施工奠定基础。

2)开挖面稳定措施的研究

(1)结合北京地铁盾构试验段工程的实际情况,通过对现有的开挖面土压力计算理论、开挖面稳定措施和地层处理技术进行研究和对比,选用适当的理论对开挖面土压力进行计算。同时,结合盾构施工模拟试验总结出的基本规律,初步确定开挖面稳定措施和地层处理方案。

(2)结合北京地铁盾构试验段工程,将开挖面土压力现有值与拟订的开挖面稳定措施及地层处理方案用于生产实践,结合地表沉降及地中位移监测的结果,修正理论计算值,改进开挖面稳定措施和地层处理方案,在保证最佳施工效果的前提下,取得保持盾构隧道开挖面稳定和地层处理的施工经验,并得出适用于北京地区地质条件下的盾构施工土仓土压力控制和维持开挖面稳定的方法。

3)管片拼装技术的研究

(1)在盾构机及成型隧道当前姿态下,分析不同管片环类型的选择对盾尾间隙、管片环端面姿态的影响,研究选择后续管片环的类型和拼装姿态的方法。

(2)分析、归纳已有的施工记录及数据,分析盾构施工参数对盾构机姿态和管片环姿态的影响规律,在此基础上研究预选择管片环类型的方法。

(3)通过分析盾构隧道管片拼装的特点以及直、曲线段的各项施工数据,确定在直线段及不同半径曲线段隧道施工中,不同种类管片环的比例,为管片生产、隧道掘进生产组织提供依据。

(4)研究保证管片拼装质量的方法和管片拼装施工的技术要领。

4)地表沉降控制技术的研究

(1)通过调研国内外盾构施工地表沉降控制技术,参考国内外同行业盾构法施工实例,借鉴控制地表沉降的各种方法,结合北京地铁 5 号线盾构试验段工程地质情况及该工程所使用盾构机的性能,分析盾构施工引起地表沉降原因、沉降过程及沉降规律。

(2)依据试验段工程实例及其监测的反馈信息,对各项数据进行分析、归纳总结,提出地表沉降的预测公式,并应用到实际施工中,优化和修正后形成北京地区地质条件下的地表沉降计算公式。

(3)结合施工的进程,对已制订的方案进行优化、修正,在盾构机掘进施工过程中,试用不同的施工参数,研究各种施工参数对地表沉降的影响。同时采用有限元程序,对不同工况下进行三维数值模拟,进一步验证了不同施工参数下的地表沉降特征和施工参数设置,并根据以上研究分析制订北京典型地层条件下相应的地表沉降控制措施。

(4)结合施工产生的地表沉降和部分地面危房的监测结果,分析了地表沉降对地面危房的影响。

5)壁后注浆技术的研究

(1)结合北京地铁盾构试验段工程的实际情况,研究适合盾构隧道壁后注浆的浆液组成材料和配合比(已申报了发明专利,专利申请号:02158588.1),选用合理的生产设备,配置出满足使用要求的浆液。

(2)将配置出的浆液用于施工,研究合理的壁后注浆工艺,取得盾构隧道壁后注浆的施工经验,并得出一整套盾构隧道壁后注浆的质量控制措施。

(3)对注浆效果进行探查,验证注浆材料、配比和注浆工艺的正确性和合理性,确保良好的使用效果和工程质量。

6)盾构施工监测技术的研究

(1)结合北京地铁盾构试验段工程的实际情况,研究选定适合盾构隧道施工的监测项目。

(2)确定合理的测点布设数量及布设方法、监测方法和监测仪器,采集到满足精度要求的数据。

(3)对采集到的监测数据进行系统的分析研究、总结规律,确定北京地区盾构施工过程中对地表沉降、地中位移、地下水位等的影响范围和规律,并反馈到施工中。同时,对盾构掘进过程中地层的扰动状况进行评价，为地铁5号线后续盾构施工中可能遇到的穿越地下构筑物等工况提供有益的参考。

7）盾构施工测量技术的研究

（1）针对城市中进行地铁建设场地狭小的情况，研究地面控制测量和竖井联系测量最佳方案。

（2）研究盾构隧道内施工测量控制网布设形式、控制点埋设位置、控制点样式及埋设形式。

（3）结合盾构施工的特点，研究和分析盾构机本身导向系统的使用功能、工作原理及应用。

（4）结合盾构机特点研究一套对盾构机自动导向系统的准确性进行复核测量，以及对盾构机和管片进行实时姿态测量的方法。

（5）研究盾构施工测量信息数据处理及反馈技术。

4.4 试验结果及其分析

4.4.1 盾构始发技术及其效果

4.4.1.1 北京地铁5号线盾构始发场地条件分析

根据北京地铁5号线工程的总体工程筹划，在地铁5号线雍和宫站站址先期进行小范围拆迁，开始试验段区间隧道的施工。在场地内结合车站的设计先施做竖井，再进行盾构机的始发施工。

雍和宫盾构施工场地位于北二环路雍和宫桥西南侧，工地的北侧紧邻五道营胡同，东侧紧邻雍和宫大街。施工场地东西向长约60m，南北向长约35m。面积为2 200m^2。地铁5号线线路呈南北走向，竖井位于场地的东南侧，竖井内净空为14m×8m，中部设有钢支撑。由于拆迁的限制，场地与盾构始发竖井相对位置并不理想，竖井南侧紧邻民房，东侧紧邻雍和宫大街，形成“角落”，盾构施工需要的各类辅助设备布置十分局促，场地布置利用率相对较低。表4-1是雍和宫场地与国内外其他几个始发场地面积的数据比较。

国内外盾构施工场地面积列表　　表4-1

序号	盾构施工场地名称	始发场地面积（m^2）
1	北京地铁5号线雍和宫盾构施工场地	2 200
2	上海一般地铁盾构施工场地	>3 000
3	广州一般地铁盾构施工场地	>5 300
4	葡萄牙里斯本一般地铁盾构施工场地	>5 500
5	荷兰鹿特丹盾构隧道施工场地	>8 000
6	法国某隧道施工场地	约10 000

目前国内外一般的盾构施工场地大多都设有出渣预留施工井、管片吊装预留施工井两个施工井,在场内可以同时布置两台龙门吊分别负责吊运渣土、管片及临时材料等。而雍和宫盾构施工场地内只有一个施工井,只能布置一台龙门吊。施工时龙门吊要同时负责渣土、管片、临时材料等的垂直运输,很不利于发挥盾构施工的流水化作业的效率,整体上降低了施工速度。

雍和宫盾构始发施工场地布置情况见图 4-3。

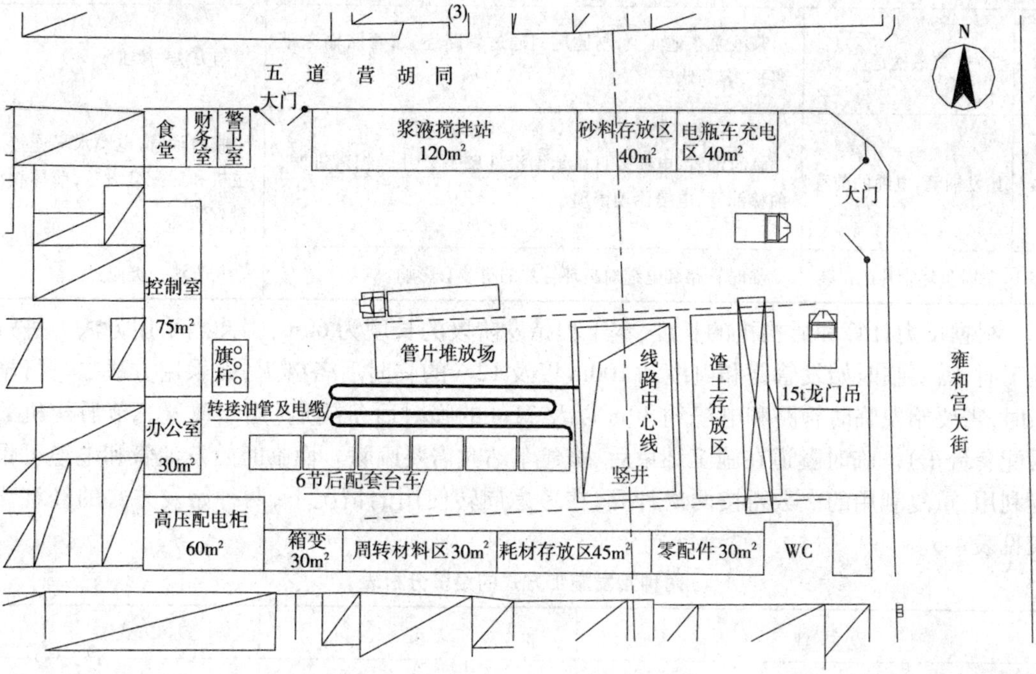

图 4-3　雍和宫盾构始发施工场地布置图

4.4.1.2　盾构始发施工方式的分析与比选

依据本工程施工场地的现况条件,按照总体始发程序及综合考虑施工组织安排,有以下两种始发施工方式可供选择。

方式一:采用主机和后配套设备完全分离的方式,将后配套设备放置于地面,进行始发施工。始发竖井的后部修建临时隧道(长 12m),以满足盾构施工时电瓶车编组有足够的调度空间,保证渣土、管片吊运。

方式二:采用主机和后配套设备部分临时分离的方式,将液压系统及变配电系统的三节后配台车放置于临时隧道内,进行始发施工。此时始发竖井的后部修建的临时隧道需加长(21m)。

两种施工方式的技术分析见表 4-2。

两种始发施工方式的技术分析表　　表 4-2

项　目		方　式　一	方式二
1	施工控制	由于盾构机机操作控制室位于后配台车上面,采用主机和后配套设备完全分离的方式进行始发施工时,控制区和操作区完全分离,因而对施工控制要求的难度较大	控制室和盾构主机均在地下,施工控制及指挥较方便

续上表

项目		方式一	方式二
2	运输组织	由于始发临时油管、临时电缆多且长(100m),始发竖井内操作空间又比较小,施工过程中的运输组织比较困难,尤其管片的运输,由于不能使用管片吊运机而比较困难	由于前20m的施工也必须采用临时始发管路和电缆,施工组织在前20m也受影响,管片运输在前20m也比较困难
3	浆液输送	浆液泵在地面上,与盾尾间通过管路连接,管路输送距离长,容易堵管	与方法一类似
4	始发油管、电缆的前移	临时油管、电缆多且由地面沿井壁下竖井后拐弯进洞,前移油管、电缆比较繁琐	临时油管、电缆水平连接主机和后配套设备,前移相对方便
5	临时负环管片的拼装	临时管路和电缆对负环管片的拼装有影响	与方法一类似

根据反力计算和盾构机的长度,本工程始发阶段的长度为60m,因此当采用方法一进行施工时,需要临时始发管路和电缆约100m以及12m的临时后备隧道;而采用方法二进行施工时,需要始发临时管路和电缆约40m以及21m的临时后备隧道(用于放置三节盾构机的后配套台车)。临时隧道在施工结束后,修建车站时需要废除。而临时始发油管和电缆可重复利用,重复利用的次数暂按两次计算,在考虑周转使用的情况下,两种始发方式的经济比较见表4-3。

两种始发施工方式的经济分析表 表4-3

方式种类		方式一		方式二	
序号	项目	数量	费用(万元)	数量	费用(万元)
1	始发临时油管、电缆	100m	65/2 = 32.5	40m	26/2 = 13
2	临时隧道 (车站施工时需废除)	12m	36	21m	63
3	小计	—	68.5	—	76
4	将来需废弃工程费用 (不含凿除费用)	—	36	—	63

注:本表只对两种方法的不同项进行对比分析。

通过以上对两种始发方法的技术经济对比分析,可知:

(1)在技术方面,方式一相对方式二而言,施工控制较困难,管线前移较繁琐,影响的始发距离较长。

(2)在经济方面,两种始发方式中,方式二相对方式一总体费用较高。其中,虽然方式一较方式二的始发临时油管、电缆费用高,但在工程结束后可再利用;而临时隧道在工程结束后均废除,方式二相对方式一造成更多浪费。

因此，方式一技术较复杂但费用较低，方式二技术简单但费用较高。方式一较方式二具有优越性。

综上所述，按照整个工程的统筹安排，通过对两种始发方式的技术和经济的分析以及技术措施的研究，试验段工程最终选择方式一，将后配套设备放置于地面，采用主机和后配套设备完全分离的方式进行始发施工。

4.4.1.3　盾构始发设施设计及安装施工

始发设施通常包括盾构始发基座、反力架、洞口环和密封环以及临时钢管片等。

1）盾构始发基座设计及安装

盾构始发基座安装在盾构始发井的底板上，主要用于安放盾构主机。盾构机在基座上完成组装和调试工作。基座通常由型钢焊接而成，目前多选用 H 型钢来加工。盾构始发基座结构见图 4-4。

图 4-4　盾构始发基座结构图

从基座性能的稳定性考虑，结构设计采用了三角形这种最为稳定的结构形式；从基座加工、运输和安装的方便性考虑，结构采用了分体式设计，将基座分成左、右两组，中间用螺栓连接，既便于加工，又便于安装。

2）洞口环和密封环的设计及安装

（1）洞口环

洞口环是在浇筑竖井内衬时，预埋在内衬上的钢制筒环，主要用于定位盾构机始发的洞口位置和进行密封环的安装。洞口环安装精度的控制，对施工隧道轴线与理论轴线的偏差大小有着直接的影响。

①洞口环制造运输过程中的精度保证措施

由于洞口环是用厚度为 25mm 的低碳钢板加工而成，为确保洞口环在加工及运输过程中，保持较高的圆度，在环内设计、安装了轮辐结构，这样就控制了在制造和运输安装过程中变形的发生。

②洞口环安装精度的控制

为保证洞口环的安装精度，制订了洞口环安装施工流程（图 4-5），从工艺上保证了安装精度。

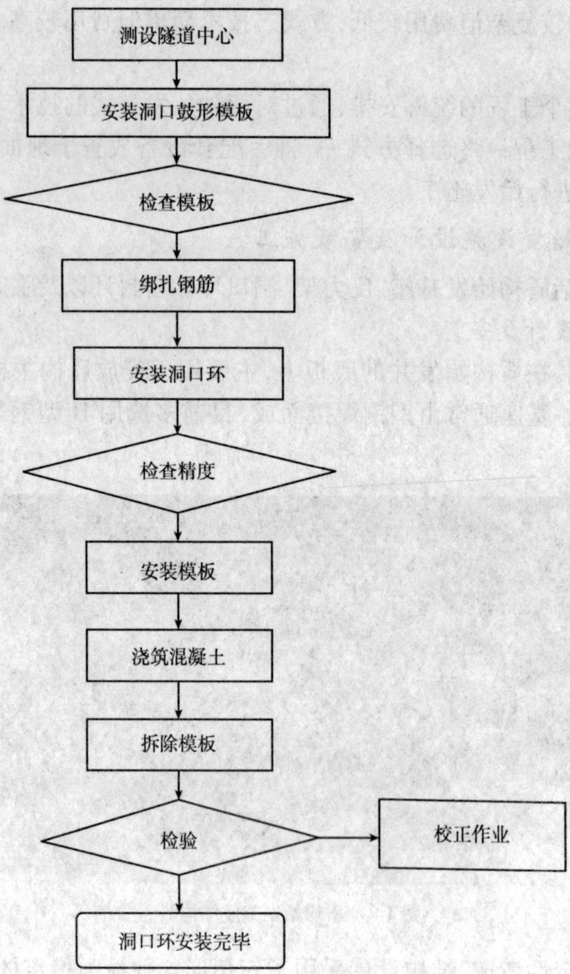

图 4-5　洞口环安装施工流程图

(2)密封环

密封环用于盾构始发时的洞口密封,以防止端头土体坍塌和涌沙、涌水等异常情况的发生,确保盾构顺利始发。盾构始发洞口密封方式有多种,根据始发条件的不同,来选择不同的密封方式。

①洞口的密封压力计算

洞口拱顶的水压力 $P_w = 100\text{kPa}$,盾尾的最大同步注浆压力 $P_p = 200\text{kPa}$,因此环口的最大密封压力 $PCM_{max} = 300\text{kPa}$。

②密封方式的选择

盾构始发洞口密封常用的方式有橡胶板密封、内设双唇密封和气囊两道密封的密封环。根据北京地铁 5 号线盾构始发井洞口水压较高和施工过程中需要在盾尾进行较高压力的同步注浆的情况,决定采用密封环密封方式。环内的两道密封作用分别是:双唇密封用于盾构及外壳与密封环之间的密封;气囊密封用于密封环与管片之间的密封。在密封环的中间部位,预留有注浆孔,用来向唇密封与气囊之间填充水泥砂浆,以增强密封效果,确保盾构始发密封系统的可靠性,进而保证始发的顺利进行。盾构始发密封见图 4-6。

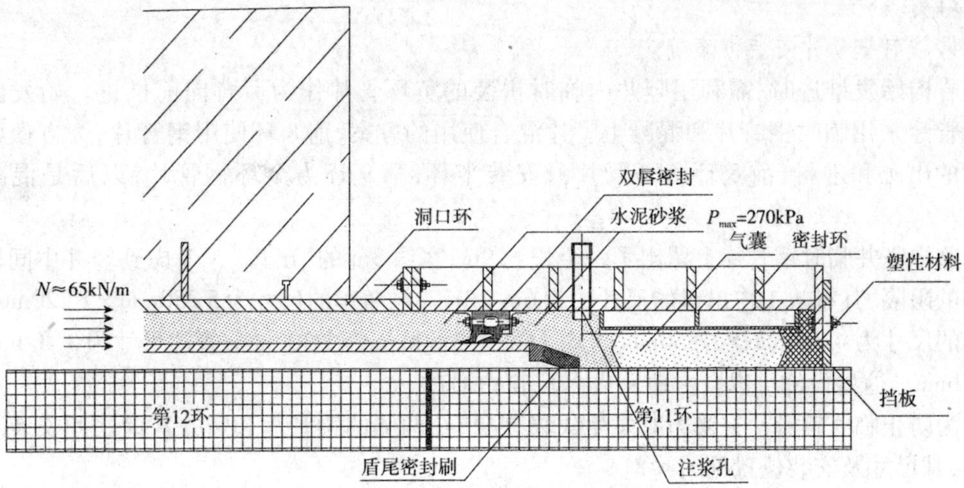

图 4-6　盾构始发密封图

3)反力架的设计及安装

反力架的作用:当盾构顶进千斤顶向前推进时,给千斤顶提供足够的推进反力。千斤顶的反作用力通过临时钢管片或其他构件传递给反力架。反力架将这部分力传递到混凝土井壁上。

通过分析和计算,确定选用三榀 600mm×220mm×20mm 的工型钢焊接在一起可以满足上述要求。其结构见图 4-7。

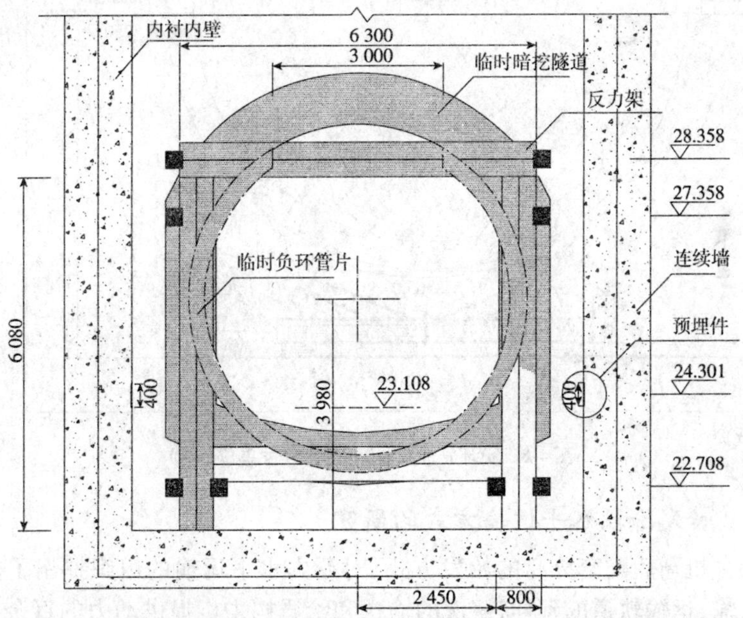

图 4-7　盾构始发反力架结构图(尺寸单位:mm;高程单位:m)

为调整好反力架的垂直度,在反力架与竖井内衬之间留有 100mm 间距,用铅垂仪测量反力架的垂直度,控制其精度不超过 1/1 000;然后,用钢板做支点进行固定,并回灌细石混凝土填实。

4)临时钢管片安装方案确定

盾构始发推进时,需利用竖井内临时拼装的负环管片作为后背向前推进。始发阶段负环管片采用临时钢管片和混凝土管片混合使用的方案,前 8 环使用钢管片,为方便始发阶段的出土和进料,前 8 环负环管片只安装半环,第 9 环为全环钢管片,以后是混凝土管片。

这样竖井临时钢管片上留出了一个长约 9m,宽约 3m 的"出口"。考虑到竖井中间钢管支撑的阻隔,其有效工作出口的尺寸约为6m×3m。电瓶车的尺寸为5 250mm×1 220mm;平板车的尺寸为 4 300mm×1 350mm;土斗尺寸为3 600mm×1 300mm;管片尺寸为3 400mm×1 200mm。这些设施可以自由地从"出口"自由通过。

为防止临时钢管片在受力时发生失稳现象,在两侧的钢管片和竖井井壁之间安装了支撑梁,其尺寸及安装位置见图 4-8。

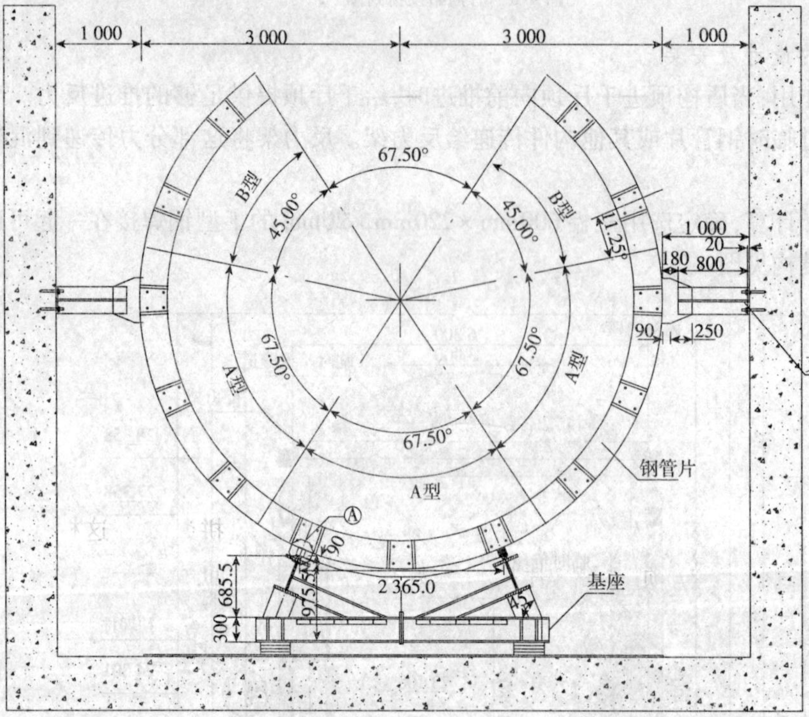

图 4-8 负环管片安装断面图(尺寸单位:mm)

4.4.1.4 始发阶段水平运输方式的研究

采用盾构主机与后配套分离的始发方式,对洞内水平运输的组织提出了较高要求。管片及渣土的运输,运输轨道的延伸,浆液的输送和给盾构主机提供动力的百余条管路及电缆的随机移动等问题都是比较棘手的问题。上述任何一个环节出现问题,都将导致盾构始发工期的延误和费用的增加。为此,在以下几个方面做了重点研究,开发研制了专用的装置和设施,改善了始发阶段水平运输的条件,提高了工效。

1)异型管片运输车的研制

盾构机管片拼装区的下部空间极为有限。在正常情况下,管片吊运机将管片从后配套区域运送到盾尾部位的管片存放机上,存放机将管片运送到拼装机下方。但在始发阶段,由于后配套设备放置在地表,管片吊运机及存放机均无法安装。如何将管片运送至管片拼装区,成为需要解决的问题。通过分析研究,我们设计制作了可以将管片直接运抵盾尾管片拼装区的异型管片运输车。其结构如图 4-9 所示。

图 4-9　异型管片运输车结构图

该管片车设计成凹槽型结构,一端高,主要考虑到要与电瓶车的牵引高度匹配和能够使用现有的轮对;另一端凹下去,主要考虑管片要直接运送到管片拼装机下面,对高度有严格的限制。该设计方案以很低的费用,解决了因没有在隧道内安装第一节后配套车架而无法使用管片吊车将管片运送到管片拼装区的难题。

2)轨道延伸拖架的研制

在盾构始发过程中,通过轨道运输,管片必须直接运抵管片拼装区。这样管片运输车、电瓶车的行车轨道就必须随着管片拼装环数的增加而随时向前延伸。每环管片的宽度是 1.2m,亦即每拼装完 1 环管片,轨道需要向前延伸 1.2m。购进钢轨的定尺是 6m,相当于 5 环管片的拼装后的隧道长度。若将钢轨锯成 1.2m,其花费较大。而且在使用时,若每环都进行导轨的连接,必然造成人力、物力的浪费。为满足使用要求,降低造价,提高工效,经过认真的分析和研究,我们设计了一套特制的轨道延伸拖架(图 4-10)。该拖架可以随着管片拼装环数的增加而不断随时向前延伸,土车、管片车和电瓶车可以在拖架上行走。拖架长度为 6m,可以根据使用的要求进行任意长度的伸长,最大伸长量为 6m。与轨道连接的一端,两侧各用两条 M20 的螺栓与轨道固定,并可通过调节螺栓的伸长量来调节拖架中心线与轨道中心线的重合精度。当拖架达到最大伸长量时,更换一组 6m 定尺的新道轨。这样每拼装好 5 环管片才需进行一次轨道安装作业。该方案与使用短轨方案相比,大大降低了造价,减少了轨道的安装次数,极大地提高了工作效率。

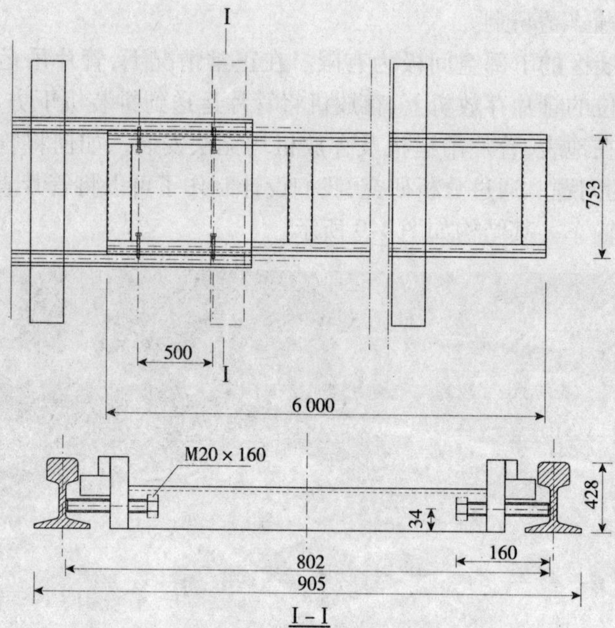

图 4-10　特制的轨道延伸托架图(尺寸单位:mm)

图 4-11　出渣运输示意图

3)渣土水平运输方案

由于盾构始发阶段采用的是单线运输,且道轨顶的高程很低,平板车上放上 $5m^3$ 土斗可以直接在螺旋输送机出口下装载渣土(图 4-11)。由于采用了正常施工时的设备,因此,该方案不需要额外的费用支出。

4)浆液输送方案设计

在浆液搅拌站制备好的浆液,经过搅拌站的砂浆泵泵送到地面的后配套车架的储浆罐内储存;然后,由后配套的砂浆泵根据施工的需要泵送到盾尾的注浆口,进而注入地层(图 4-12)。

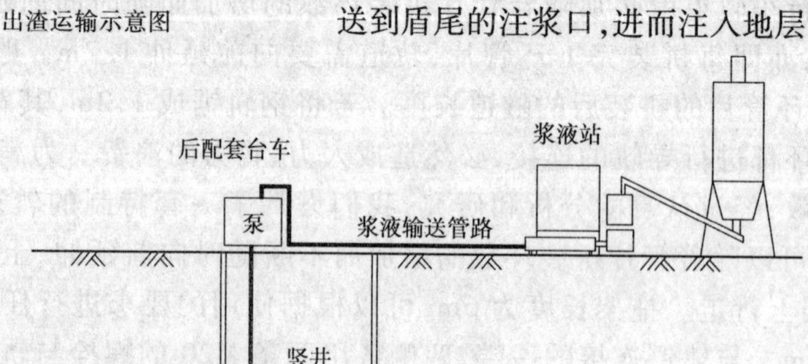

图 4-12　前 60m 始发阶段同步注浆示意图

5）液压油管和电缆等管线的随机移动装置的研制

为盾构主机提供动力的电源和液压泵以及盾构机主控室均布置在地面的后配套台车上。因此，需要通过油管、水管、浆液管和电缆将动力和控制信号传递到主机部分。这些管路和电缆数量有 100 多根，必须随着主机的前移而不断前移；如果管线移动不够及时，可能导致油管、电缆承受拉伸应力，并由此导致管线的损坏甚至断裂，使系统无法正常工作。如果采用人工移动，不仅工人劳动强度大，而且所需时间长，影响盾构掘进。通过分析研究，我们设计制作了“管线行走梁和随动小车装置”。小车行走在吊挂在隧道管片连接螺栓上的工字梁上，管线吊挂于小车的托架上，并由盾构主机提供牵引动力。这样盾构机的随动管线就实现了真正意义上的“随动”，具备方便、快捷的特点（图 4-13）。

从图中可以看到，由于管线在隧道两侧“高架”，使隧道下部和中部有足够的空间，对洞内的水平运输不会产生干扰。该方案节省劳动力，并且工人的劳动强度降低，使管线移动实现了半机械化，提高了作业效率，改善了施工条件。

4.4.1.5　盾构始发端头土体加固

为了确保施工安全和环境保护，始发洞门打开后的始发施工过程中，必须防止洞口掌子面坍塌以及掘进过程中的水土流失，确保始发施工区和地面房屋的安全。由于一般地层不具备自稳的能力，土体渗透性强。一旦临空面较大时，土体会产生坍塌和涌水现象。因此对洞门外存在的黏质粉土进行加固处理，使该区域土体具有自稳性和一定的强度，降低土体渗透性是必不可少的。

1）端头土体加固的技术要求

始发施工端头土体加固的目的是提高土体的自稳能力、降低其渗透性和使之具有一定的强度，但是加固的强度不能太高，否则会给刀盘切削带来困难，会引起刀具的过度磨损并影响工程的进度。根据国内外工程设计、施工的经验，以及结合盾构机配置刀具的性能，在盾构始发施工中加固体强度 R_c 达到 1 ~2MPa 比较适宜。

加固体的完整性必须满足下述条件：

①端墙与加固体之间没有明显的空隙。

②加固体内渗漏出的水、水泥、砂混合物的最大允许值为九孔总和不大于 30L/h。

2）端头土体地层加固施工

地层加固的方法选择主要依据土质情况、土体渗透系数和贯入次数、加固深度和范围、加固的主要目的及整体工程的筹划来确定，本工程在工法的比选过程中，曾使用静压注浆的方法施工试验桩，由于地层孔隙率不匀、且有下卧砂层，浆液流失严重，静压注浆在该地层中效果不好。通过对地层情况及加固设计要求的分析，我们采用了三重管旋喷的加固工法（图 4-14、图 4-15）。通过在盾构始发前对注浆效果进行的探查和测试，证实了经过上述施工后土体强度等各项指标均达到了加固要求。

4.4.1.6　盾构始发阶段信息化施工及施工参数的优化方法

1）施工参数的种类

一般情况下，在施工过程常涉及的施工参数主要有以下几类：

（1）盾构掘进方向控制参数

盾构施工过程中方向控制的手段就是通过控制盾构机的姿态及盾构机与DTA(隧道设计轴线)的最佳匹配关系,使最终成型隧道的轴线偏差最小。而反映这些关系的参数值就是盾构施工方向控制中需要时刻控制和优化的有关参数。

图4-13 管线的随机移动装置图

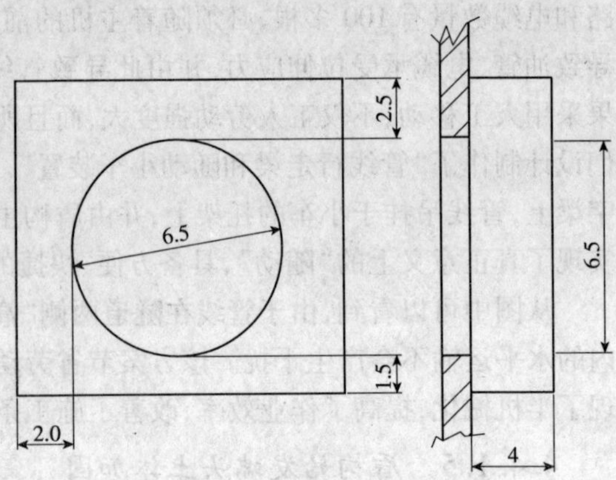

图4-14 旋喷加固范围剖面示意图(尺寸单位:m)

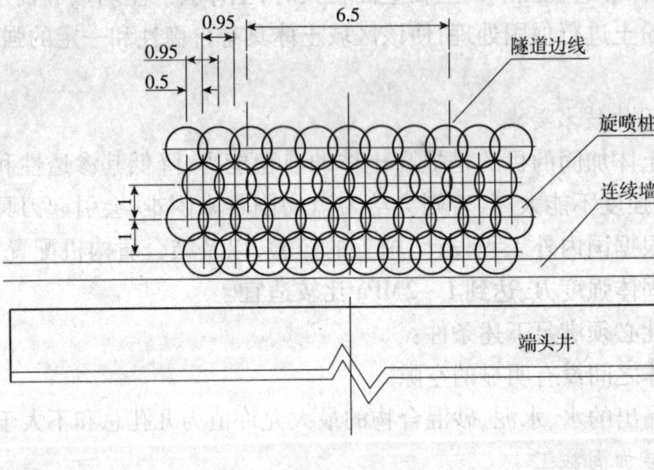

图4-15 旋喷加固平面布孔图(尺寸单位:m)

(2)盾构机的掘进参数

①盾构千斤顶的推进速度及刀盘转速。

②盾构的总推力。

③盾构掘进总扭矩。

④开挖面稳定和地层处理方面的参数:土压分析及确定,泡沫压注。

⑤注浆参数:注浆压力和注浆位置,注浆量。

以上是盾构施工过程中需要严格控制的各项参数,这里主要阐述在始发施工过程中,对各参数进行优化、研究和总结的手段和方法。

2) 施工参数优化的方法

随着计算机技术的广泛运用，自动数据处理技术日益提高，从而为研究盾构施工各类参数的匹配与优化提供了强有力的手段。在研究过程中，借助于计算机计算，采集、归纳和整理了大量的施工实测和监测数据，在施工中及时对当前施工参数进行合理的调整，确保施工的顺利进行和工程的一流质量。试验段工程建立的信息化施工系统包含以下几个方面。

(1) 盾构掘进数据采集与处理系统

在地面控制室(图 4-16)设立了盾构机掘进数据实时采集系统，该系统由一台 PC 机和相应的传输设备组成，它能将掘进过程中盾构机推力、扭矩等参数实时进行采集，并自动处理形成曲线。这些曲线能及时地反应盾构掘进中各项参数及参数间的关系。施工中可以及时地根据这些数据调整添加剂的添加量使盾构达到最佳的掘进状态。图 4-17 为现场数据采集与处理的实例，图中各曲线显示的是推进过程中土压力随时间变化的情况。

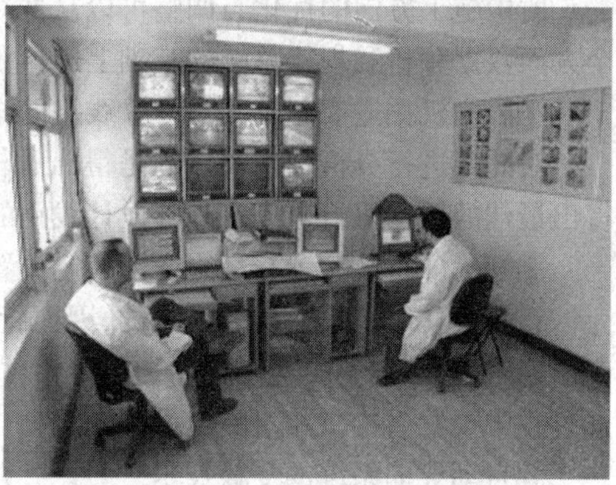

图 4-16　雍和宫盾构工地监控室

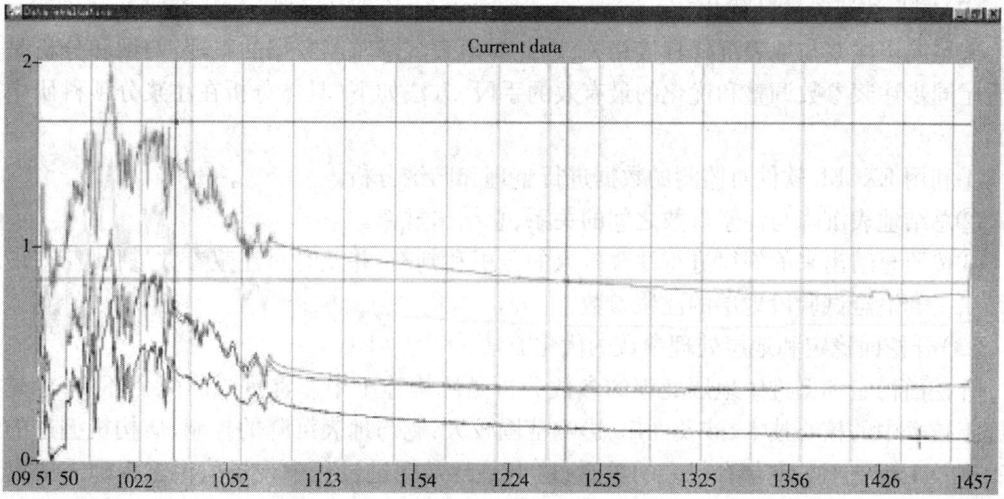

图 4-17　数据采集图例

(2) 盾构机导向数据的采集与实时显示系统

试验段工程在盾构机的采购中选配了先进的 SLS－T 自动导向测量系统，并在地面控制室设置了盾构机掘进导向数据的采集与显示系统，因而在地面控制室可以方便地对导向数据进行分析，并及时根据分析结果给盾构机操作手下达有关方向调整的指令。

(3) 在盾尾设置人工控制测量系统

控制测量是导向测量的依据和基础，为了确保自动导向系统的精确度，需定期对导向系统进行复核，为此在盾尾设置了复核系统。

(4)施工监测系统

在试验段内设置了完备的施工监测系统,监测的项目包括地表沉降、地面危房及地层变形、孔隙水压及地下水位等,在始发区段内由于地层相对比较单一,因而没有做地层变形、孔隙水压和水位的监测。

3)信息化施工技术与参数优化方法

(1)盾构掘进方向的调整与优化方法(在4.7节中有详细的阐述)

盾构施工方向的优化与调整可以从两个方面来进行,优化的手段主要是通过对以下三个方面数据分析和规律总结的基础上进行:

①盾构机掘进姿态及其与设计线路的相对关系

对此项进行分析的主要目的是得出盾构机本身的行进特性及与地层的匹配关系,从中得出最佳的盾构机行进姿态和与设计线路的最佳偏离值。

②管片环拼装位置与最终变形稳定位置的关系

管片是在盾尾进行拼装施工的,因而管片拼装时的位置即为盾尾的位置。待管片最终变形稳定后,可以测出此时管片的位置相对于拼装时位置的差值,这项差值即可作为盾构掘进过程中设置盾构机相对隧道设计轴线最佳偏差值的依据。

③自动导向系统的复核技术

通过对自动导向系统的复核,来调整和优化导向系统的自身的位置设定。

(2)同步注浆参数的优化

盾尾同步注浆与地表沉降直接相关,因此对地表沉降监测数据的整理、归纳和分析是进行盾尾同步注浆参数调整和优化的最有效的手段,方法如下(具体分析在注浆分项科研中阐述):

①利用EXCEL软件对监测的数据进行整理和归纳分析。

②总结地表沉降与注浆参数之间的关系,总结出规律。

③按照总结出来的规律进行注浆效果的分析和判断,并及时对注浆参数进行调整,最终总结出一套适合试验段地层的注浆参数。

(3)开挖面稳定和地层处理参数的优化方法

开挖面稳定和掘进中地层处理的参数分析是盾构施工中非常重要的两个环节,也是盾构施工技术中的核心技术,涉及面广,影响范围较大,它与地表沉降的控制、盾构机掘进的难易程度及工程施工进度都有很大的关系,这也是日常掘进过程中现场值班工程师需要密切注意与随时调整和优化的日常技术问题,分析和优化的方法主要从以下几方面来进行:

①通过盾构机掘进参数采集,分析土压曲线的稳定情况,并将其与理论的土压变化范围进行比较。

②通过盾构机掘进参数采集,综合分析出土的土质状态、添加剂的使用情况、推进速度、推力及扭矩,综合判断地层处理的效果,并根据实际情况进行调整。

③分析地层变形及地表沉降情况,对土压进行调整。

由上面可知,对于土压及地层处理(添加剂的使用)方面的参数调整和优化需考虑的因素是多方面的,需要的是对盾构工法的总体把握和综合分析能力,需要理论和实践的充分结合以及施工过程中的不断研究与分析总结。

针对北京地铁 5 号线盾构试验段工程的始发施工场地面积小(仅 2 200m^2),布局不利于充分发挥盾构施工效率的情况,收集和利用国内外盾构始发施工技术,对盾构始发方案进行分析和比选,提出采用盾构主机与后配套设备分离的始发方式,确定了该情况下始发施工的合理的运输与组织模式,解决了始发施工阶段的水平和垂直运输问题,确保了盾构首次始发的成功。同时通过对始发基座、反力架、洞门密封装置、负环钢管片等始发设施的研究和优化,自行研制施工简单、造价较低的盾构始发设施,并运用计算机及信息化技术对盾构始发时的施工参数进行优化,达到了盾构安全、经济、快速、优质的始发施工要求,为全线盾构施工奠定了基础,为后续工程的施工积累了宝贵的经验。

4.4.2　开挖面稳定措施及其效果

1)盾构隧道穿越地层的特性

根据北京城建勘测院提供的沿线地质勘察报告,北京地铁 5 号线盾构试验段工程的盾构隧道所穿越的地层大致可分为三个区段:

①黏质粉土粉质黏土层(K12 + 192. 645 ~ K11 + 950)

隧道断面经过的地层以粉质黏土、黏质粉土为主,局部有中粗砂透镜体夹层,潜水水位约 37m,具有微弱承压性,高出顶板 2 ~ 3m。承压水水头约 24m,比隧道底高出约 3m。该类地层土体密实度较高,土中黏粒成分多,有无水时硬度大、遇水时黏度大的特点。

②粉细砂、圆砾层及卵石层(K11 + 700 ~ K11 + 950)

隧道断面经过的地层以粉细砂、圆砾层及卵石层为主,潜水水位高程约 31m,位于粉细砂③中,承压水水头约 26m,比隧道底高出 2 ~ 3m。该段范围内地层土质均一,有较好的颗粒级配,其中圆砾层及卵石层中的卵石磨圆度较好,粒径一般为 100mm,最大达 200mm。

③粉土层及砂质地层(K11 + 496. 601 ~ K11 + 700)。

隧道断面经过的地层以黏质粉土、中粗砂为主,潜水水位高程约 30m,较隧道顶低 2m 左右。承压水水头高程约 24m,比隧道底高出约 3m。

2)开挖面稳定研究的基本内容

开挖面稳定是土压平衡盾构机掘进施工的技术核心内容,其研究主要内容如下。

(1)土压管理

土压管理是指在盾构掘进过程中通过合理控制掘进和排土的关系来谋求土仓内土压稳定在目标范围内。其中土仓内土压的设定值可根据相关理论计算,在掘进和停机过程中以计算出的土压力为目标进行土压管理,使土仓内土压力与开挖面前方的水土压力平衡,从而确保开挖面的稳定。

土压管理的一般方法可归纳为:设定目标土压,根据土压计的读数调整螺旋输送机的转速,维持仓内水土压力处于设定的目标范围内。当水土压力超过目标土压设定的上限时,螺旋输送机的转速增加,加大排土量;当土压力低于目标土压设定的下限时,螺旋输送机的转速降低,减少排土量;当土压力位于目标土压设定的范围内时,螺旋输送机定速旋转排土。

此外,刀盘的转速、扭矩以及推力、推进速度也可作为土压管理的依据。

(2)地层处理

螺旋输送机能否顺畅排土,是实现土压管理的基本前提。为此,必要时需对切削下来的土体加泥、加水或加化学泡沫以控制土仓内土砂的塑性、流动性处于适当的范围内，保证螺旋输送机顺畅排土。

向土仓内注入地层处理剂，除在掘进过程中可以起到改善土仓内土体的性质，保证螺旋输送机顺畅排土，避免土压力值波动，有利于开挖面稳定的作用以外，还可以在停机时直接发挥稳定开挖面的功能，是保证开挖面稳定的有力手段之一。

3）开挖面土压力计算理论

目前世界上计算开挖面土压力的方法和理论较多，通过研究和对比分析，我们认为，计算盾构掘进过程中支撑开挖面、保持开挖面稳定所需保持的仓内土压力的理论采用 Philip 和 Murayama 在村山理论的基础上加以修正得出的计算公式和理论比较接近盾构施工时的实际情况（图 4-18）。

计算过程中，将盾构开挖面前方的土体认为是一个处于临界滑动状态的楔形体，盾构掘进时向开挖面施加的压力应介于促使该楔形土体沿滑动面向后向上滑动的被动土压力与阻止该楔形土体沿滑动面向下向前滑动的主动土压力之间，从而保持开挖面稳定。

地层对盾构拱顶产生的竖向荷载由下式计算：

$$\sigma_v = \frac{\bar{\gamma}(ab) - c(a+2b)}{K\tan\varphi(a+2b)}\left[1 - e^{-K\tan\varphi(a+2b)\frac{H}{ab}}\right] \tag{4-1}$$

式中：σ_v——作用在盾构上的竖向荷载（kN/m）；

$2b$——楔形土体的宽度（m）；

a——楔形土体的长度（m）；

c——土的黏聚力（kPa）；

φ——内摩擦角（°）；

H——盾构覆土厚度（m）；

K——土压力系数；

$\bar{\gamma}$——土的平均重度（kN/m^3）。

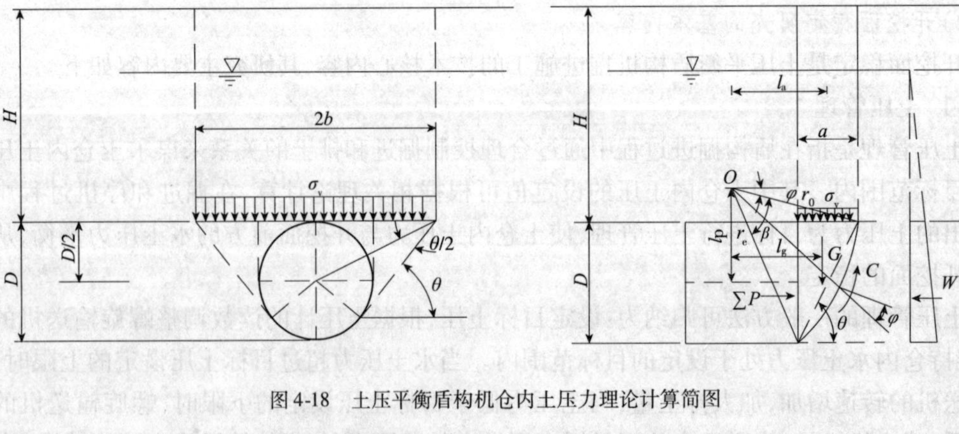

图 4-18　土压平衡盾构机仓内土压力理论计算简图

滑动土体的重量由下式计算：

$$G = \gamma' A_G = \gamma' \frac{\Pi aD}{4} \tag{4-2}$$

式中：G——滑动土体的重量(kN/m)；

γ'——土体的浮重度(kN/m^3)；

A_G——滑动面积(m^2)；

a——楔形土体的长度(m)；

D——盾构机直径(m)。

假设滑动土体沿滑动面绕某一点 O 转动，则盾构开挖面上所需的支撑力可由力矩平衡原理求出：

$$p_m = \frac{\sigma_v a l_a + G l_g - \left(\frac{c}{2}\tan\varphi\right)(r_e^2 - r_0^2)}{\eta_G l_p} \tag{4-3}$$

式中：p_m——平均支撑力(kN/m)；

σ_v——竖向荷载(kN/m)；

G——滑动土体的重力(kN/m)；

c——土的黏聚力(kPa)；

a——楔形土体的长度(m)；

l_a——竖向荷载的力臂(m)；

l_g——滑动土体重力的力臂(m)；

l_p——平均支撑力的力臂(m)；

r_0——第一滑动半径(m)；

r_e——第二滑动半径(m)；

η_G——安全系数。

则开挖面上均布的主动土压力为：

$$e_a = \frac{p_m}{D} \tag{4-4}$$

式中：e_a——主动土压力(kPa)；

p_m——平均支撑力(kN/m)；

D——盾构机直径(m)。

最后，盾构掘进过程中需由盾构施加在开挖面的总压力为：

$$S = \sum p = k e_a + p_w \tag{4-5}$$

式中：e_a——主动土压力(kPa)；

k——安全系数；

p_w——拱顶静水压力(kPa)。

4）盾构隧道施工模拟试验

根据地质勘察报告，盾构隧道主要穿越(黏质粉土粉质黏土层、粉细砂、圆砾层及卵石层、粉土层及砂质地层)三种类型的地层。鉴于土压平衡盾构的工作原理，对于砂、砾石地层，必须解决砂砾石层保水性差、难以形成塑流的问题，以保证工作面稳定。对于砂、砾石地层，目前施工中所采用的技术手段是向开挖面土体、盾构土仓和螺旋机内注入塑化材料、使之形成保水性较好的土体，接近塑流状态，充填土仓和螺旋机，从而达到工作面的稳定。该项技术措施的关键是如何添加适量的塑化材料,改善砂砾石土层的物理状态,同时匹配施工机械和施工参数,进而达到提高推进速度和保持工作面的稳定,减少地表沉降的目的。在本课题研究过程中,先期进行了盾构施工模拟试验,以探索盾构掘进过程中的地层处理技术的基本规律,为正式施工奠定基础。

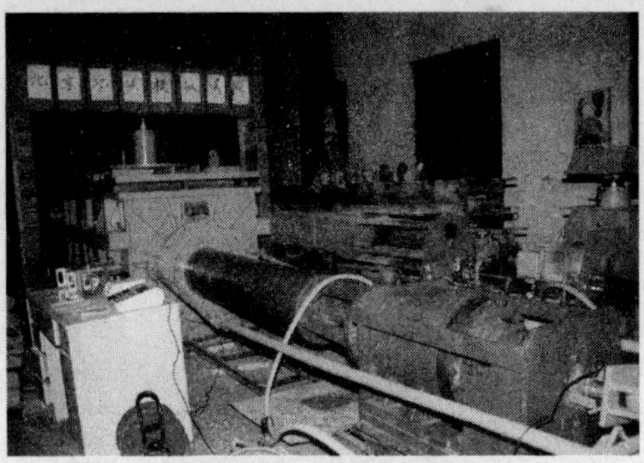

图 4-19 模拟试验设备图

试验用主要设备如下。

(1)模拟土箱,内部横截面为 1 200mm × 1 200mm,内部全长 2 400mm(图 4-19)。土箱中的土层沿顶进方向垂直布置为两层,按盾构推进时接触的先后,依次为粉细砂层、砾石层。土层特性按北京地区的地质特性进行配合比设计。由于本次试验的盾构机中能通过的最大粒径为 30mm,为了确保试验设备的安全及顺利运行,所有装入土箱的材料(石子、砂、土)均要通过 30mm 筛网。

(2)带刀盘的螺旋输送机,其尺寸为 ϕ351mm × 2 000mm(刀盘和螺旋机直径相同)。

测试仪器有:坍落度模具、泥浆比重计、试样烘箱、玻璃量桶和天平秤等、土工试验仪器、土压力盒、数据采集仪和电脑。

试验条件:根据地铁隧道覆土厚度 16.8m,确定土压力为 0.34MPa,该压力由空压机加气囊来产生。模拟盾构推进距离为 2.1m。

试验工况:

(1)在模拟原状土中推进。

(2)推进过程中加入塑化材料后推进。

试验在两种土层中进行掘进模拟,依次分别为粉细砂模拟掘进 1.1m,砂砾石模拟掘进 1.0m。通过对掘进过程中采集到的各种数据的分析,得到一些规律,为盾构施工过程中的地层处理和参数匹配积累了初步经验。

图 4-20 和图 4-21 给出了掘进过程中土仓压力、总推力随掘进行程的变化情况。从图中可知土压与总推力的变化趋势基本保持同步变化,土仓压力、总推力随行程的增加在相应增大。正面土压的影响因素主要有土体自身性质、开挖与排土速度及协调程度等。当土压增加时,又进一步反映在所需推力增加,图中曲线的变化趋势验证了总推力随正面土压的增加而提高。因此,在盾构掘进施工过程中,土仓内的土压力应控制在适当的范围内,不可过高,否则会造成盾构推进所需的总推力增加,加大设备功率消耗。

在推进行程达到 70cm 和 80cm 时,向刀盘前方加注了膨润土浆液,由曲线可以看出,加注塑化材料对粉细砂层的土仓压力、总推力变化并不明显,对于砂砾石层而言,塑化材料的注入使土仓压力和推进所需的总推力有较明显的降低。因此,在砂砾石层中进行掘进时,加注塑化材料是十分必要的。

图 4-22 和图 4-23 给出了掘进过程中出土量与土仓压力之间的变化曲线。从图中可以看到,出土量与土仓压力间的相关性很好,土仓压力增大时出土量相应增加,在粉细砂层和砂砾石层中均具有良好的相关性。这说明推进过程中如果螺旋机的排土速度与刀盘开挖速度相协调,可以保证刀盘前端土压的稳定,有利于掘进施工。

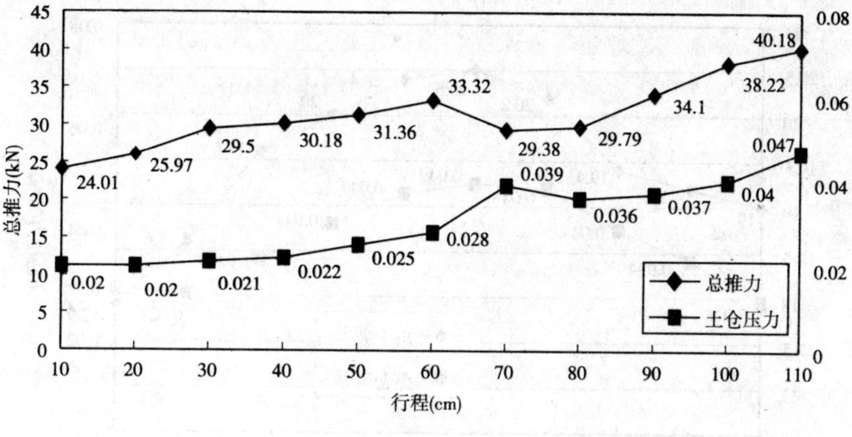

图 4-20　粉细砂层中土仓压力、总推力随行程变化

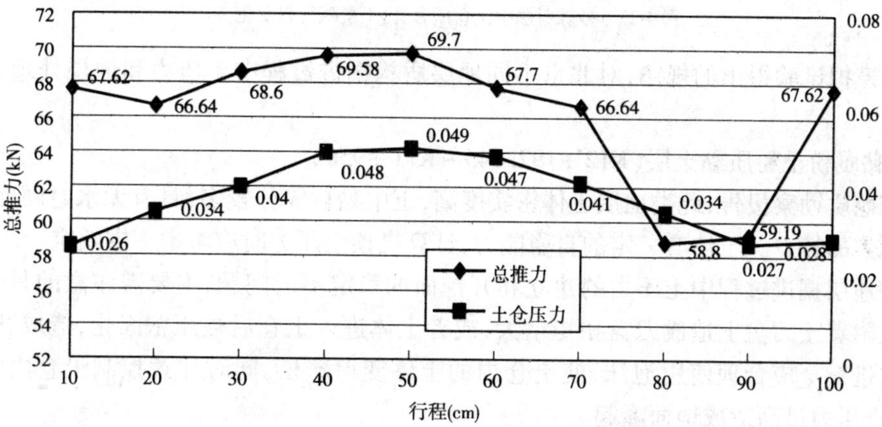

图 4-21　砂砾石层中土仓压力、总推力随行程变化

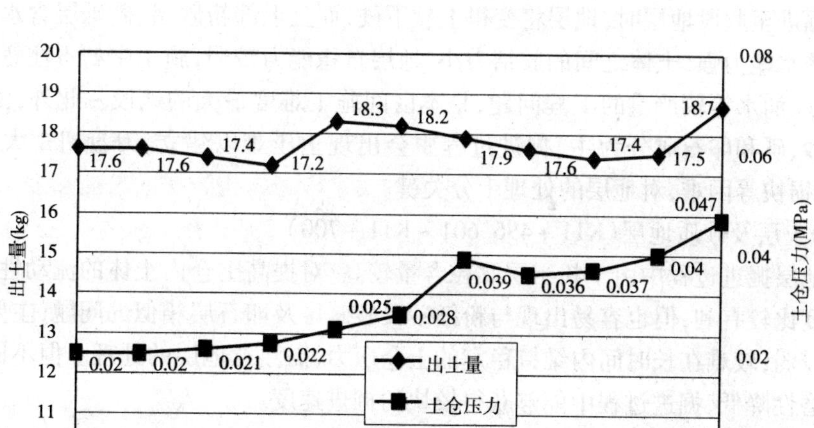

图 4-22　粉细砂层中土仓压力、出土量随行程变化

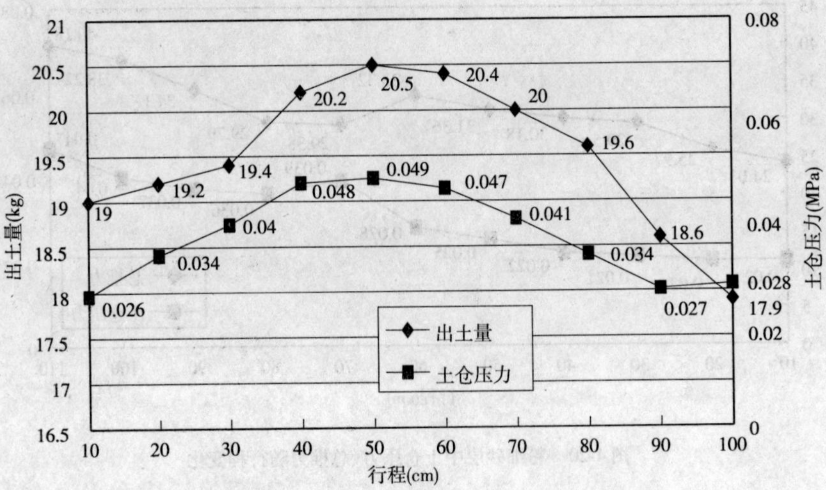

图 4-23　砂砾石层中土仓压力、出土量随行程变化

根据模拟试验得出的规律，对北京不同地层盾构掘进过程中土压力和地层处理方式预测如下：

(1)黏质粉土粉质黏土层(K12+192.645～K11+950)

根据地质勘察报告，此类地层土体密实度高，土中黏粒成分较多，具有无水时硬度大，遇水时黏度大的特点。土体有一定的自稳能力，计算拱顶土压力时应考虑土拱效应。

此类地层掘进过程中土压力的建立和开挖面的稳定不成问题，主要需注意的是避免出现黏性土附着于刀盘上造成刀盘扭矩增大，或者土体进入土仓后被压密固化，造成开挖、排土均无法进行。应合理使用泡沫，使土仓内的土体变得膨松，同时注意控制土仓内的土压力，避免土压力过高造成地面隆起。

(2)粉细砂及砂砾层和卵石层(K11+700～K11+950)

盾构掘进至此段地层时，地层将变得上软下硬，而且上部粉砂层、砂砾层含水率较大，下部卵石层透水能力强，土体之间的胶结力小，地层自稳能力较弱，施工中如不注意控制，很容易产生流沙、涌水等较严重的工程问题，是本区间施工难度最大的地段。此外，由于本地段土体中以砂、砾和卵石成分为主，掘进过程中会出现土压难以建立，刀盘扭矩大，掘进速度慢，刀具磨损快等困难，对地层的处理十分关键。

(3)粉土层及砂质地层(K11+496.601～K11+700)

此段地层掘进过程中由于粉土层黏粒含量较高，对提高土仓内土体的流动性，保持较高的掘进速度比较有利，但也容易出现与粉细砂及砂砾层及卵石层相似的问题，主要是地层的自稳能力较弱，较难在长时间内维持稳定的土仓压力，需注意地层的处理。但不同的是该段地层的研磨性降低，掘进过程中能够获得较快的掘进速度。

5)盾构隧道施工保持开挖面稳定的方法的实践

通过上述理论及试验研究，得出了在盾构隧道施工中如何控制土压力和进行地层处理的基本思路，将其应用于工程实际，以理论指导实践；同时，通过实践反馈的信息完善、修正理论。

(1)盾构始发掘进时的开挖面稳定方法

盾构始发的关键是土压平衡的建立。始发前由于盾构尚未开始掘进,土仓内土压力为零,一旦盾构出洞开始掘进,土仓内的压力无法与开挖面的水土压力保持平衡,将起不到维持开挖面稳定作用,因此在盾构出洞前应采取人工向土仓内填土的方法,使盾构机土仓内先存有一定高度的土体,同时始发掘进时关闭螺旋输送机闸门,不排土掘进一段时间,直到土仓内逐渐充满,土压力逐步达到设定值为止。

拱顶目标土压力的计算可根据前文中阐述的盾构机掘进拱顶土压力计算方法及公式进行。我们利用 EXCEL 自带的功能编写了理论土压力计算的程序,其界面如图 4-24 所示。

			盾构掘进拱顶土压力计算					
里程								
输入数据								
地层参数								
φ =		°=		rad				
c' =								
$\gamma_{细砂}$=		kN/m³						
γ' =		kN/m³		γ_w =		kN/m³		
H=		m						
H_w=		m						
盾构参数								
D=		m						
输出								
几何参数								
θ =		°=		rad				
β =		°=		rad				
2b=		m						
a=		m						
r_0=		m						
l_a=		m						
l_g=		m						
l_p=		m						
r_e=		m						
平均重度	$\overline{\gamma}$ =		kN/m³					
	K=	1	(根据太沙基理论)					
楔形土在隧道顶部产生的垂直应力								
	$\overline{\gamma}ab-c'(a+2b)$		=					
	$K\tan\varphi(a+2b)$		=			σ_v=		kN/m²
	$1-e^{-K\tan\varphi(a+2b)\frac{H}{ab}}$							
			=					
滑动土体重量		G	=					
安全系数		η_0	=	1.3				
不考虑水压力时的平均压力					Pm=		kN/m²	
主动土压力			kN/m²					
压力梯度	Δp	=		kN/m²				
静水压力			kN/m²					
拱顶总水土压力			$=\Sigma p$=		kN/m²	=	bar	

图 4-24　盾构掘进拱顶压力计算界面图

使用时只要将地层及盾构机的相关参数输入,即可自动算出盾构机拱顶土压力值。在施工中将以此值作为土仓内 1 号和 2 号压力传感器的读数目标值来控制土压。

当然,实践是检验真理的唯一标准。土压力计算过程中各种参数、安全系数取得是否合理,盾构掘进过程中土压控制在什么范围之内,还需要地面沉降监测的结果来验证。只有将理论计算、实际结果和监测结果三者有机地结合起来,实现信息化施工和管理,才能真正地控制好土压,保持开挖面的稳定,保证盾构掘进施工的安全、顺利进行。

由地质勘察报告可知始发时盾构前方各地层与土压力计算有关的主要参数(表4-4)。

地层主要参数表 表4-4

地层编号	地层名称	密度(t/m³)	层厚(m)	内摩擦角(°)	黏聚力(kPa)	侧压力系数
①$_1$	杂填土	1.70	1.4	—	—	0.45
①	黏质粉土素填土	1.70	1.8	—	—	0.45
②	黏质粉土砂质粉土	2.04	0.9	20	15	0.40
②$_3$	粉细砂	2.02	0.3	25	—	0.35
②	黏质粉土砂质粉土	2.04	2.5	20	15	0.40
③	粉细砂	2.02	4.9	35	—	0.35
③$_3$	粉质黏土黏质粉土	1.95	2.3	24	29	0.40
③$_4$	砂质粉土	2.05	2.2	30	33	0.40
④$_4$	黏土重粉质黏土	1.91	0.7	14	47	0.45
④$_1$	黏质粉土粉质黏土	2.09	2	29	51	0.35
⑤	粉质黏土重粉质黏土	2.02	2.8	18	44	0.40

将地层的黏聚力和内摩擦角等参数填入EXCEL编制的程序的地层参数栏中,并在盾构参数栏中填入盾构机直径,经计算可得出始发时盾构机拱顶土压力(图4-25)。

实际施工时以理论计算值为目标值对1号和2号土压力计的读数进行控制,土仓内平均土压力建立得比1号和2号土压力计的读数略高,同时根据地表沉降监测的结果及时调整,保证将地表沉降控制在要求的范围之内。

(2)正常段掘进开挖面的稳定方法

①黏质粉土、粉质黏土层区段(K12+192.645~K11+950)

此段地层盾构施工过程中,土压力计算仍利用自编的程序进行。经计算可得出拱顶土压力值的范围,实际施工时以此为目标对1号和2号土压力计进行控制,将平均土压力建立得比1号和2号土压力计设定压力略高。同时根据地表沉降监测的结果及时调整,保证将地表沉降控制在要求的范围之内。

在粉质黏土层和黏质粉土层,土的黏结力较大,在盾构掘进施工过程中,易造成黏性土附着于刀盘上造成刀盘扭矩增大,或者土体进入土仓后被压密固化,造成开挖、排土均无法进行的情况。此时一方面通过刀盘上的四个孔向刀盘前方的土体注入泡沫,在增加土体流动性的同时,降低其黏着性,防止开挖土附着于刀头或土仓内壁。另一方面通过土仓上的四个孔向土仓内注入泡沫并利用刀盘上的搅拌装置加以搅拌,使黏土被切削进入土仓内后,与泡沫充分混合,变得比较膨松,以增加土体的可排性。此外,还可通过螺旋输送机上的两个孔向螺旋输送机内注入适量的泡沫,增加土体的流动性,减小土体的摩擦力,使土体能经螺旋输送机顺利排出(图4-26)。

里程K12+192								
输入数据								
地层参数								
φ =	24.62739°	=	0.429829	rad				
c' =	18.95714							
$\gamma_{细砂}$=	21	kN/m^3						
γ' =	11	kN/m^3		γ_w =	10	kN/m^3		
H=	16.6	m						
H_w=	10	m						
盾构参数								
D=	6.2	m						
输出								
几何参数								
θ =	57.313695°	=	1.000313	rad				
β =	32.686305°	=	0.570484	rad				
2b=	11.345	m						
a=	3.978	m						
r_0=	9.165	m						
l_a=	6.342	m						
l_g=	5.944	m						
l_p=	6.919	m						
r_e=	11.904	m						
平均重度	$\overline{\gamma}$ =	14.976	kN/m^3					
	K=	1	(根据太沙基理论)					
楔形土在隧道顶部产生的垂直应力								
	$\overline{\gamma}ab-c'(a+2b)$		=	47.468		σ_v=	6.758	kN/m^2
	$K\tan\varphi(a+2b)$		=	7.024				
	$1-e^{-K\tan\varphi(a+2b)\frac{H}{ab}}$		=	1.000				
滑动土体重量		G	=	213.091				
安全系数		η_0	=	1.3				
不考虑水压力时的平均压力					Pm=	131.896	kN/m^2	
主动土压力		21.274	kN/m^2					
压力梯度		Δp =	27.656	kN/m^2				
静水压力		100	kN/m^2					
拱顶总水土压力			$=\Sigma p$=	127.656	kN/m^2	=	1.277 bar	

图 4-25　盾构掘进拱顶压力计算图

泡沫注入时，根据出土的情况、盾构机掘进速度、刀盘扭矩等参数合理调整泡沫在四条泡沫注入管路中的分配和注入泡沫的位置，使刀盘前方、土仓内和螺旋输送机内都能够有适量的泡沫注入。

②粉细砂及砂砾层和卵石层区段（K11 +700 ~ K11 +950）

此段地层隧道覆土与前一区段相比较小，而且表层土质较差，土层松软，因此在土压的计算中不考虑土拱效应的作用。

根据地质勘察报告中反映的各种土压计算参数，可确定该地层中盾构施工的拱顶土压力计算参数。

实际施工时以此为目标对 1 号和 2 号土压力计进行控制，将平均土压力建立得比 1 号和 2 号设定的土压力略高。同时根据地表沉降监测的结果及时调整，保证将地表沉降控制在要求的范围之内。

在该区段施工，由于砂、卵石层的渗透性较大，掘进结束时仓内的水、泡沫容易通过地层流失，造成土仓内压力的消散，给土压力维持稳定带来一定的困难。此时，在盾构掘进结束，需较长时间停机时，应向土仓内注入膨润土浆液并用刀盘充分搅拌，改善土仓内土体的性质，使土仓内的砂、石获得流动性和不透水性，并通过泥土压力与开挖面土压力平衡以及膨润土浆液在开挖面上形成的泥膜来维持土压力，防止开挖面坍塌。

由于在砂砾和卵石层施工，地层对切削刀头的磨损较大，而且掘进过程中，为了使开挖土体具有良好的流动性和止水性，必须有30%左右的微细颗粒，单靠泡沫的润滑和地层改良作用已不能完全满足施工的要求。在推进过程中除了使用泡沫以外，还应辅以膨润土浆液，以加强刀具的润滑、冷却，改善工作状态；同时起到补充地层土体微细颗粒的不足，提高土体流动性和止水性的作用(图4-27)。

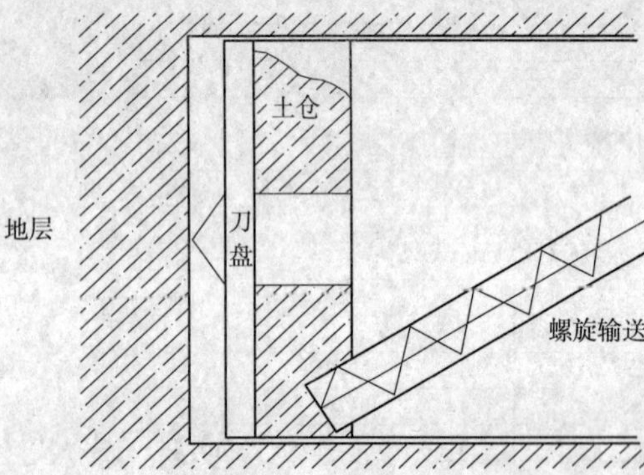

图4-26　黏质粉土、粉质黏土层出土示意图

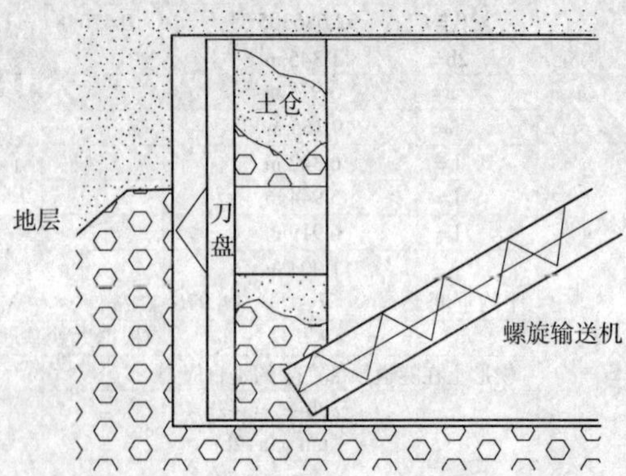

图4-27　粉细砂、砂砾层及卵石层出土示意图

此段地层的盾构掘进施工是整个区间中最困难的一段，主要体现在盾构推进速度慢，刀盘扭矩大，维持目标土压与保证较高的推进速度之间矛盾较大等方面。而且由于切削下来的土体较易堆积在土仓下部而难以充满整个土仓，常出现土仓上部压力低而下部压力高，盾构停机后刀盘再次启动困难的问题，甚至出现刀盘被抱死，正反转达一个多小时后才启动的情况。

此时，我们认真分析了出现这些情况的原因，采取了启动刀盘时先开螺旋输送机排土，降低土仓下部土压至一定程度后再启动刀盘的方法，利用刀盘面板和土仓中隔壁的挡土作用，此时盾构保持连续掘进，使开挖面的稳定得到保证。实践证明，此段地层盾构掘进过程中地面沉降控制在了允许范围之内，盾构推进的也基本保持了较快的速度。

③粉土层及砂质地层区段(K11 +496.601 ~ K11 +700)

此段地层盾构施工在计算拱顶土压力时不考虑土拱效应，经计算得出拱顶土压力值，盾构掘进过程中，实际施工时以此为目标对1号和2号土压力计进行控制，将平均土压力建立得比1号和2号设定的土压力略高；同时根据地表沉降监测的结果及时调整，保证将地表沉降控制在要求的范围之内。

在穿越此段地层时，粉土层位于拱顶，粉细砂、中粗砂层主要位于隧道中、下部，掘进过程中由于刀盘的切削和搅拌，粉土与砂土在土仓内较好地拌和，粉土中的黏粒成分改善了土仓内土的流动性，因此，在通过这类地层时，刀盘的扭矩较小，掘进速度接近黏质粉土粉质黏土层中的速度，唯一比较困难的是土压力的维持相对较难，土仓内压力散失较快，停机需向内加入膨润土浆液，以维持土压和开挖面稳定（图4-28）。

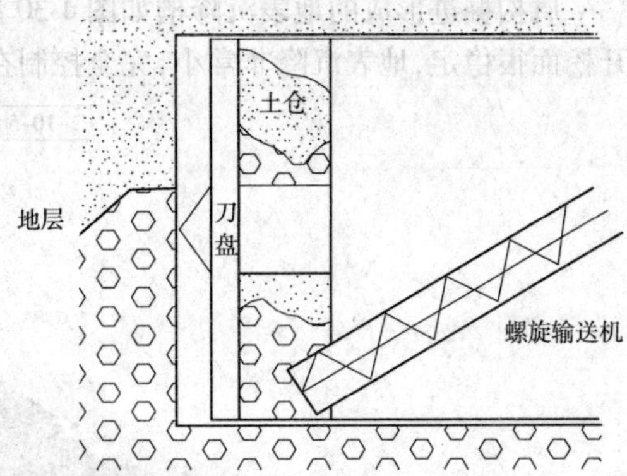

图4-28 粉土层及砂质层出土示意图

（3）长时间停机时的开挖面稳定方法

为保持开挖面的稳定，防止周围土体坍塌，将盾构机刀盘抱死，造成刀盘再次启动时扭矩过大，在盾构机将停机时，同时向刀盘和土仓内注入膨润土浆液，建立起合适的土仓内的平均土压力；在注入膨润土浆液的过程中，旋转刀盘，使仓内的砂土与浆液充分混合，以利于在开挖面和刀盘四周形成泥膜，达到保持开挖面稳定的要求。在停机期间，密切注意仓内土压力的变化，在平均土压力及拱顶土压力低于警戒数值时，及时补注膨润土浆液，以维持仓内土压力的稳定。

6）盾构隧道开挖面稳定措施的应用效果

（1）土压管理和地面沉降

图4-29为统计的盾构试验段沿线土压力理论计算值和实际施工过程中盾构机自带的数据记录系统记录的1号土压力计读数曲线。通过对比两条曲线，我们可以看到，实际施工过程中土压力大多控制得比理论计算值高出30%左右。而从地表沉降监测的情况来看，地表沉降控制得较为理想。

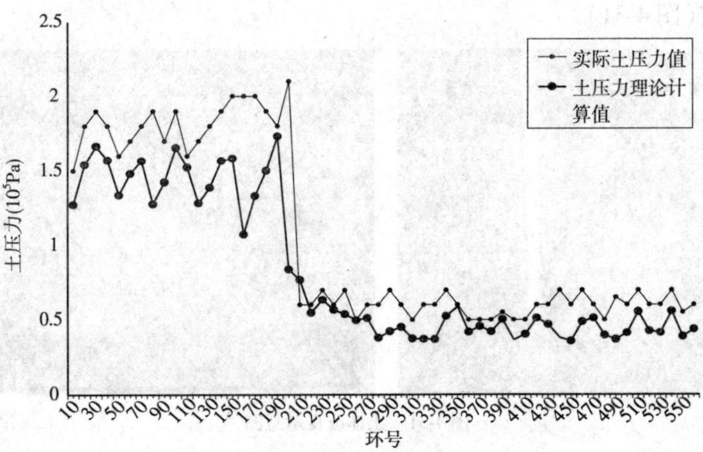

图4-29 土压力变化曲线图

在盾构始发阶段，考虑到地表的危房离始发竖井很近，而且正位于隧道上方，我们将土仓内土压力目标值定得较高，在$2.5\times10^5 \sim 3\times10^5$Pa之间。但在实际施工过程中，根据地表沉降监测报告，我们发现地表的土体有轻微隆起，因此我们及时修正了土压力目标值，将土仓内土压力降低至2.5×10^5Pa以内继续推进，事后的监测报告表明，采取的措施是及时、正确的。

盾构掘进形成的地表沉降槽如图4-30所示，从图中可以看出，由于土压平衡保持得好，开挖面很稳定，地表沉降非常小，完全控制在规定范围之内。

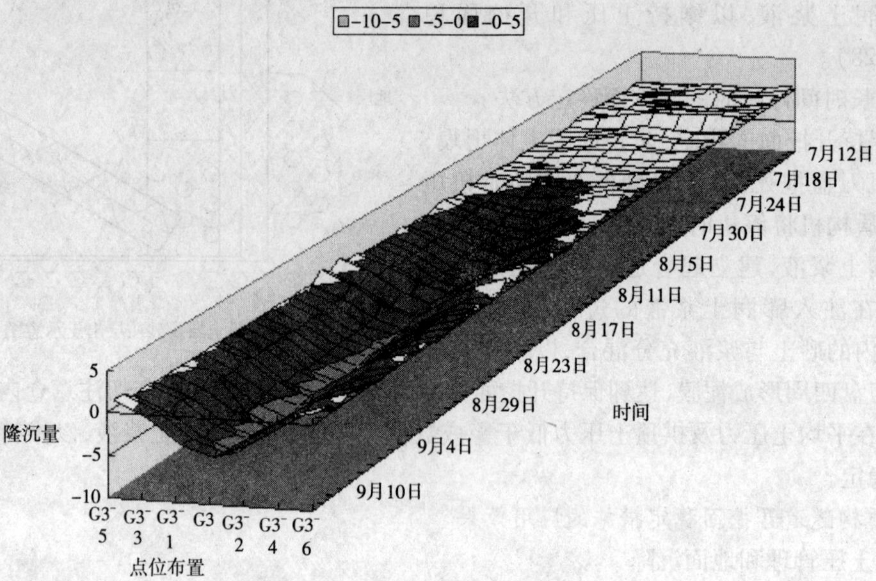

图4-30 G3断面沉降曲线图

(2)地层处理

在盾构掘进施工中，由于合理使用了泡沫、膨润土浆液，地层土体的性质得到了较好地改善，黏土层掘进时土层松软，砂层、卵石层掘进时土体的流动性增强，而且土压能够在较长时间内保持稳定(图4-31)。

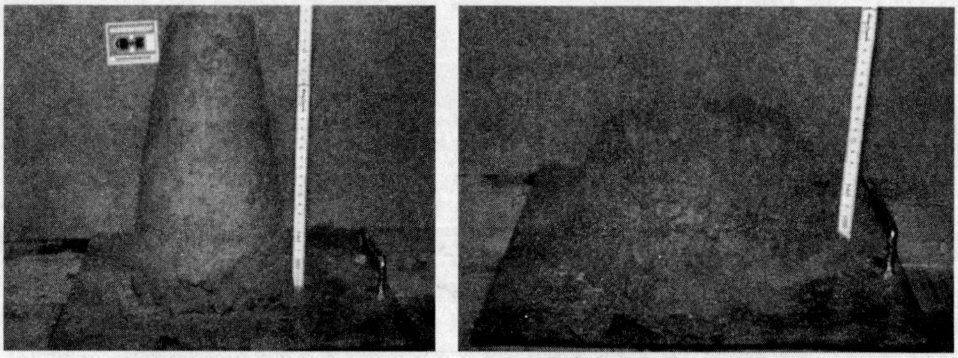

图4-31 土体改良示意图

(3)盾构施工参数

由于掘进过程中根据控制土压力和合理排土的需要使用了地层处理剂——泡沫、膨润土浆液等，而且根据不同地层掘进情况，对地层处理剂掺加量进行了不断的调整，保证了盾构掘进的速度和效率，有效地降低了盾构机掘进所需的推力、扭矩，尤其是在较难施工的砂、卵石地层，地层处理剂的合理使用改善了地层，减小了刀具磨损，降低了盾构机功耗(图4-32)。

从图中可以看出，在1~222环，盾构机主要在黏质粉土粉质黏土层中掘进，推力较小。在223~460环，盾构机主要在粉细砂、圆砾层及卵石层中掘进，推力明显增大，随之泡沫用量也相应加大，以改善土体，保证盾构机处于良好的掘进状态。在 307 ~ 341 环、392 ~ 426 环之间，当泡沫量减小时，总推力有较大幅度的增加。在 461 环以后盾构机进入粉土层及砂质地层，推力应有所下降，但由于泡沫使用量减少，总推力实际下降幅度很小。在 494 ~ 511 环之间，当泡沫量增加时，推力也相应减小。

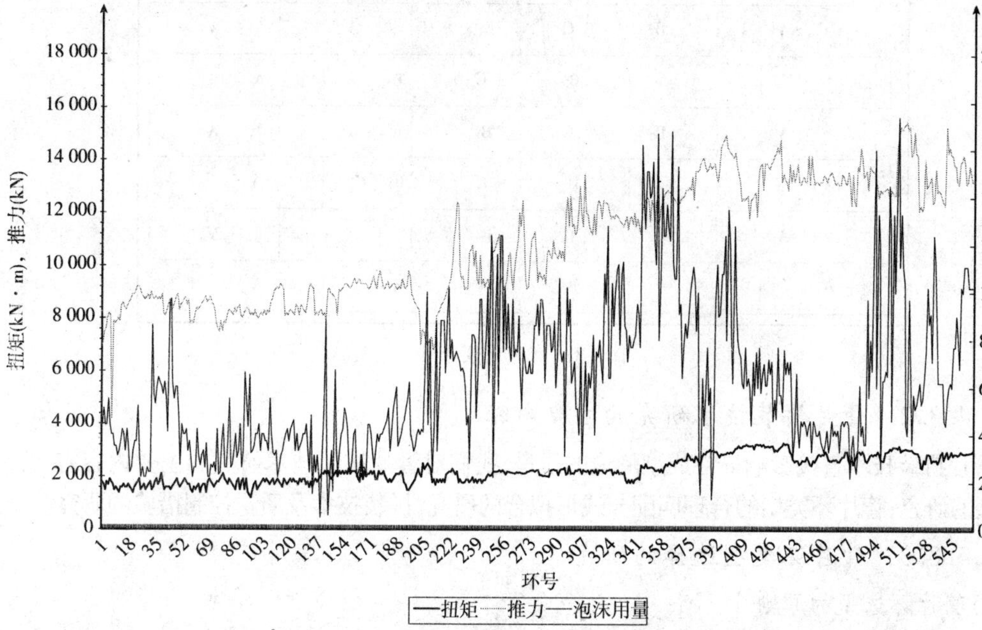

图 4-32　盾构掘进参数曲线图

结合北京地铁盾构试验段工程沿线的工程和水文地质条件，我们通过研究现有的盾构施工开挖面土压力计算理论、开挖面稳定措施和地层处理技术，选用了适当的理论，自编了 Excel 程序，对开挖面土压力进行计算，确定了北京地区盾构施工开挖面稳定措施和地层处理方案，并结合北京地铁盾构试验段工程，将计算出的开挖面土压力值和制订的开挖面稳定措施及地层处理方案用于生产实践，结合地表沉降监测结果，修正理论计算值，改进开挖面稳定措施和地层处理方案。施工过程中，不同地层采取不同的土压力目标值来控制土仓内土压力。开挖面的稳定措施除严格控制土压力和出土量以外，还采取了向土仓和开挖面注入泡沫、膨润土浆液等地层处理剂的手段。通过研究和总结，取得了保持盾构机前方开挖面稳定和地层处理的施工经验，掌握了盾构施工土仓土压力控制和维持开挖面稳定的方法。

4.4.3　管片拼装技术及其效果

4.4.3.1　北京地铁 5 号线工程盾构隧道管片衬砌概况

管片衬砌环采用错缝拼装方式，管片拼装由隧道中心线和隧道轴线定位。管片安装顺序为 A 型管片、B_1 型管片、B_2 型管片和 C 型管片。左、右楔形环的楔形量为 48mm，楔形角为 0.46°（图4-33）。

隧道拼装式衬砌采用的管片外径为 6 000mm，厚度 300mm，内径 5 400mm，环宽 1 200mm。衬砌管片分为 6 块：3 块标准管片（A_1、A_2、A_3型）、2 块邻接管片（B_1、B_2型）及 1 块封顶块(C 型)。相邻管片环间沿圆周均匀布置 16 个纵向连接螺栓,环向管片间设 2 个螺栓,每环共计 28 个螺栓,均为弧形螺栓。管片拼装完毕脱出盾尾后,土层与隧道结构之间的间隙采用同步注浆进行填充,注浆与盾构推进同步进行,起到减小地表沉降,减少管片脱离盾尾后的变位,增强隧道结构的防水性能的作用。

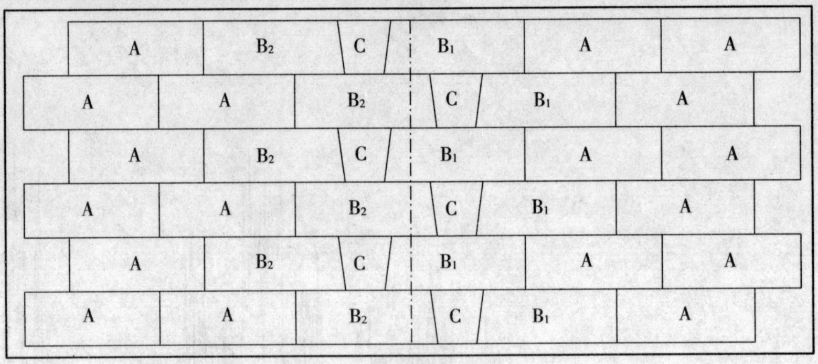

图 4-33 管片的展开图

4.4.3.2 管片拼装技术研究的主要内容

管片拼装技术直接影响最终成型隧道的质量,我们对管片拼装技术研究的主要内容有:管片环选型的研究;管片环类型的合理匹配与线形拟合的研究;拼装技术及质量控制措施的研究。

4.4.3.3 管片环类型选择的研究

1)管片环选型的原则

管片拼装紧跟盾构掘进,在考虑管片和盾尾之间相互位置关系的同时,并考虑进行纠偏施工的需要。

在直线段隧道施工中,在"勤纠偏、小纠偏"的原则下,应尽量减少楔形环的使用量,保证盾构机掘进方向与设计轴线拟合;在曲线段隧道施工中,为配合管片选型,盾构机掘进施工中严格控制超挖,采用合理的直楔环配比,完成曲线段隧道的拟合。盾构法施工的纠偏过程(图 4-34)。

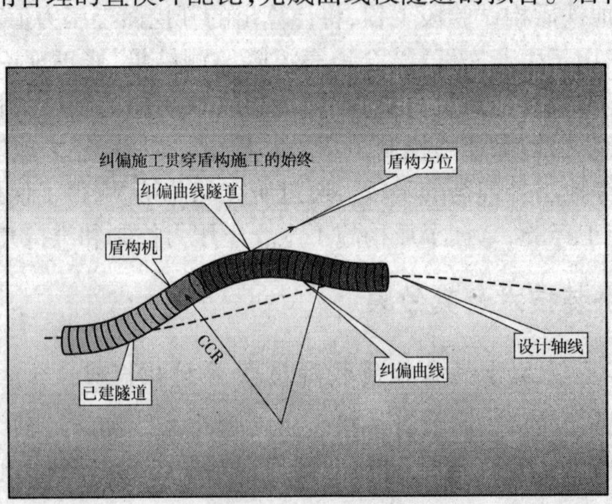

图 4-34 盾构法施工纠偏示意图

2)管片环选型的依据

管片的拼装依据主要有以下两个方面,在管片拼装分析时要经综合分析确定,缺一不可。

(1)盾构千斤顶与铰接千斤顶的行程差

对于不同铰接类型的盾构机而言,管片拼装的总原则是拼装的管片与盾尾的构造方向应尽量保持一致。对主动型铰接的盾构而言,管片拼装后最好做到千斤顶的行程差为零;对于被动型铰接而言,管片拼装后千斤顶的行程差最好为铰接千斤顶的行程差,这样才能满足上述要求。

(2)管片拼装前后管片外表面与盾壳内面的间隙

在盾构机尾部设有三道密封刷,作用是保证在施工过程中水土不会由盾尾进入隧道内。盾构机掘进的同时,将向密封刷内补充油脂,确保其密封性能(图 4-35)。

由于掘进过程中盾构机在转弯或纠偏时,盾尾间隙会有较大的变化。盾构机设计时在密封刷前端设有保护块。虽然保护块保证了当盾尾间隙过小时管片不会挤坏密封刷,但当盾尾间隙过小时,保护块将直接挤压管片,使管片产生较大位移,将影响成型隧道的质量,过小的盾尾间隙甚至会直接损坏拼装好的管片。因此,在管片选择时应保证拼装成型后在各个方向上的盾尾间隙都比较均衡。

3)管片环类型选择方法及管片环拼装姿态的确定

(1)管片环及其组合姿态分析

试验段工程中管片环的形式有标准环、左楔形环及右楔形环三种。

在施工中,标准环有五种拼装姿态,标准环各方向环宽均为 1 200mm,使用标准环对管片走向无影响。

左、右楔形环有五种拼装位置,每种位置对管片环走向及盾尾间隙的影响如图 4-36 ~ 图 4-38 所示。其中,H 为垂直变化量,V 为水平变化量,箭头所示方向为管片环偏转方向。

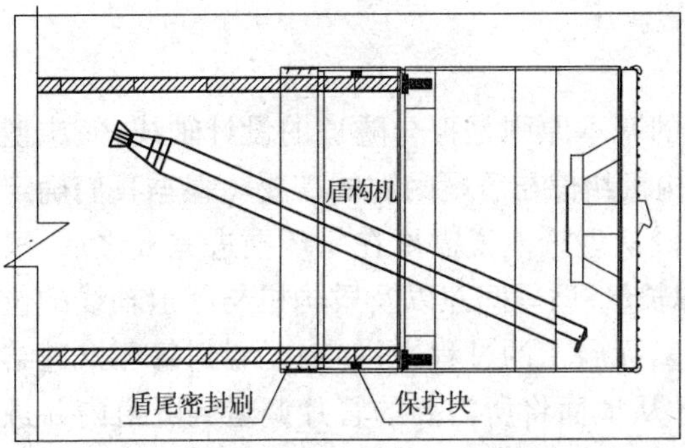

图 4-35　盾构机示意图

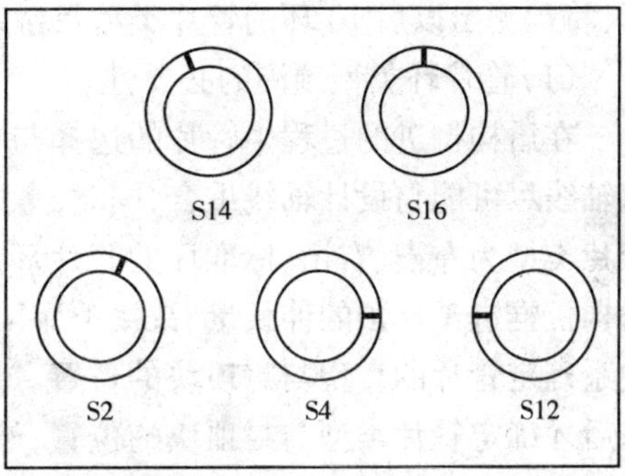

图 4-36　标准环拼装位置示意图

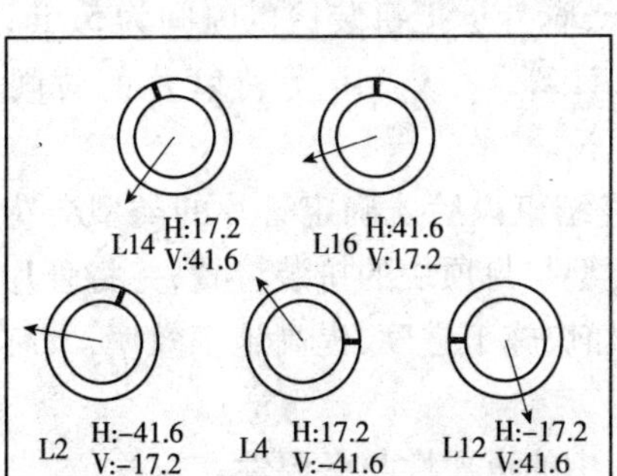

图 4-37　左楔形环拼装位置示意图

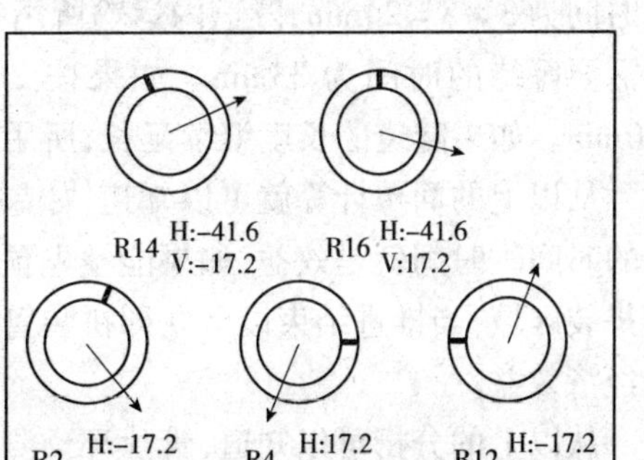

图 4-38　右楔形环拼装置示图

(2)拼装姿态的组合

拼装姿态的组合必须在保证错缝拼装原则的前提下,综合考虑管片环类型及下环管片预测情况确定。为保证错缝拼装,当前环管片可在表4-5选择。

管片搭配表 表4-5

		下一环				
	×	2	4	12	14	16
当前环	2	×	√	×	×	√
	4	√	×	√	×	×
	12	×	√	×	√	×
	14	×	×	√	×	√
	16	√	×	×	√	×

注:√为可选管片位置,×为不可选择位置。

4)管片类型选择的预测

在试验段工程中,盾构机配置的VMT系统具有管片预测的功能,但在使用中,它选定的管片还不能较好满足施工的需求,施工过程中仍以人工计算的方法来确定下一环及下几环的管片类型及管片拼装姿态。因而此系统仍需完善和改进,来实现符合实际施工需求的管片预测。

管片环类型选择预测,主要应用本文所述的选型依据、错缝拼装原则、盾尾间隙的计算方法,完成预测下一环管片的类型及拼装姿态。在此基础上,在盾构推进方向不变的前提下,将预测出以后10环的管片类型及拼装位置。

(1)管片环类型预测的必要性

在盾构掘进的过程中管片的选择与拼装的基本原则是拟合隧道的设计轴线,使成型隧道轴线尽可能与设计轴线重合,同时,考虑盾构机纠偏与盾尾间隙的需要。根据我们确定的管片类型为左楔、右楔、标准环的管片环形式。从理论上说需要在每环掘进完成之后,根据盾构机推进千斤顶的伸长量、铰接千斤顶的伸长量、盾尾间隙以及盾构机与隧道轴线的位置关系确定管片的类型与封顶块的位置。但在实际施工的过程中,如果要等到每环推进结束以后才确定管片类型与封顶块的位置,然后才从地面将所需要的管片调运到隧道内并进行拼装的话,无疑会等待很长时间。就以隧道掘进500m为例,一环管片分3次吊入井内所用的时间为$3\times8=24$min,隧道内运输所用时间为4min,管片运抵拼装区的时间为5min,因此共需要等待的时间为33min。如果按2h完成一环计算,一天24h等待管片的时间就是400min。如果隧道的长度继续延长,所用的时间会更长。

从以上的简单计算就可以知道,如果要等到推进结束以后才确定管片的类型会花费大量的时间。时间就是效益,如果能预先预测管片的类型与封顶块的拼装位置,并将管片运送到拼装区域,当推进结束以后立即拼装管片,无疑会加快施工进度,提高施工效率,具有显著的经济效益。

从以上的分析可以知道,管片环预测在施工过程中的重要性与必要性。

(2)管片环预测的方法

①确定管片环的类型

根据推进千斤顶伸长量、铰接千斤顶伸长量的位置关系确定管片的走向。

楔形管片环的最大楔形量为 48mm。根据其当前需要调整的楔形量，在不同的位置来调整管片环端面的姿态，达到纠偏、调整隧道轴线及调整盾尾间隙的目的。

②初步确定封顶块的位置（管片环姿态）

根据管片设计的特点和推进千斤顶的位置关系制订了管片拼装方案，将封顶块的位置确定为“2”、“4”、“12”、“14”、“16”五种位置，采用这样的拼装方案的优点：

a. 能实现错缝拼装的要求。

b. 在盾构机推进的过程中，推进千斤顶的“靴子”将不会顶在管片的端部，因此可避免管片的一端受力过大而导致管片损坏。

c. 能满足封顶块在隧道轴线上方的要求。

根据上一环封顶块的位置确定下一环封顶块的位置。在选择的过程中封顶块位置需满足当前环拼装位置选择表的要求，在表 4-5 中 2、4、12、14、16 分别是指封顶块所对应的推进千斤顶的位置，表 4-5 中画“√”表示允许，例如上一环封顶块的位置在“2”位置，为了保证错缝拼装，下一环的位置只能选择“4”或“16”位置。

③根据以上两步初步确定管片类型与封顶块的位置

在管片类型确定之后，根据封顶块在不同的两个位置进行比较，综合纠偏，调整盾尾间隙，最后确定出封顶块的位置。

（3）管片预测的程序化

在实际施工的过程中，采用了计算机实现管片的预测与人工选择管片相互结合，每环拼装结束以后，程序根据所得到的，如推进千斤顶伸长量、铰接千斤顶伸长量等资料，进行综合判断，并提示盾构机操作人员下一环管片的类型与封顶块的拼装位置。同时操作人员需要人工进行计算，并确定管片类型及封顶块的位置，且与计算机的预测结果相比较，如果结果相差较大，当操作人员将结果输入计算机并确定时，系统将给出提示，以提醒操作人员所选择的管片的正确与否，此时操作人员需要仔细复核所有的资料，并确认管片选择的正确性。这样可以有效防止人为原因造成的失误。

①需要预先提供的资料。

隧道外径：$D = 6\text{m}$。

管片环宽：1.2m。

盾尾最小间隙：20。

②需要每环提供的资料。

推进千斤顶的伸长量：$L_{上}$、$L_{右}$、$L_{左}$、$L_{下}$。

铰接千斤顶的伸长量：$A_{上}$、$A_{右}$、$A_{左}$、$A_{下}$。

盾尾间隙：$C_{上}$、$C_{右}$、$C_{左}$、$C_{下}$。

程序计算出的管片走向 H（水平）、V（垂直）：

$$H = (L_{右} - L_{左}) + (A_{右} - A_{左})$$

$$V = (L_{上} - L_{下}) + (A_{下} - A_{上})$$

③推进千斤顶的伸长量与铰接千斤顶的伸长量可以从 PLC 程序中直接读取，也可以人工录入资料进行修正。

④对管片的选择。

a. 对程序的要求首先满足表 4-5 的要求。

b. 在 H 大于 70mm 或 V 大于 70mm 或 H 小于 −70mm 或 V 小于 −70mm 或盾尾间隙小于 30mm 时程序提出询问“如何处理”。

c. 本程序在管片选择时以盾尾间隙为优先条件考虑。当盾尾间隙小于 20mm 时，优先考虑拼装管片时调整盾尾间隙的的需要。

4.4.3.4 管片环类型的合理匹配与线形拟合

1）直、楔环合理配合比分析

在选用“标准环 + 左、右楔形环”型管片拼装中，直、楔环使用量在理论上有一定的配比关系，用以完成直线隧道与曲线隧道的拟合。

（1）直线段的直、楔环配合比

在直线段施工中，初始条件有利的情况下，直接采用标准环管片拼装即可完成，但在实际操作中由于初始条件不能精确定位在隧道中心处，同时施工中会产生一定量的偏转，所以实际施工中，还须一定量的楔形环完成纠偏。统计试验段的施工实例，直线段中直、楔环采用的配比为 10∶1。

直线段施工中，在保证正常的施工前提下，应尽量采用标准环来进行拼装。首先，标准环的施工有很大的自由度，可以简化施工组织，由于标准环管片在尺寸上共同性很强，其 A 块可相互替换。其次，标准环的施工速度远大于楔形块的施工速度，标准环的拼装比楔形块的拼装要简单。再次，有利于管片的制备。

（2）曲线段的直、楔环合理配合比

在曲线段施工中，为达到拟合设计轴线的目的，必须选用一定量的楔形环管片，其用量如图 4-39 所示。

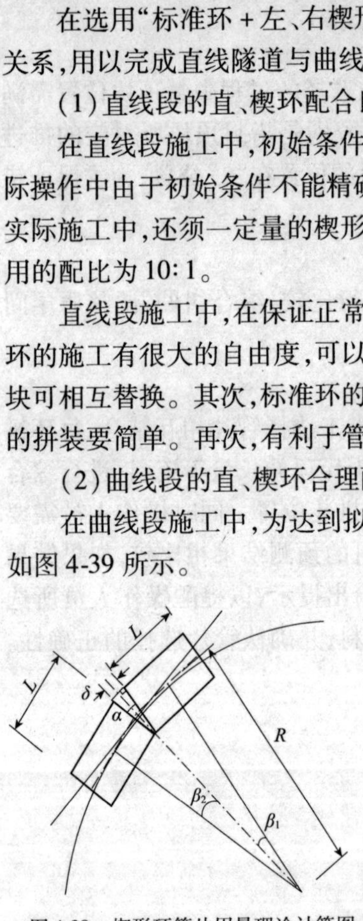

图 4-39 楔形环管片用量理论计算图

如图 4-39 所示，L 为管片宽度，R 为设计曲线半径，δ 为每环管片的楔形量。

$$\beta_1 = \beta_2 \approx \arctan(L/R)$$

$$\alpha = \beta_1 + \beta_2 = 2\beta_1$$

$$\delta = \tan\alpha = \tan 2\beta_1$$

这样可计算每环管片的平均楔形量，标准环无楔形量，左右转环的楔形量为 48mm，通过计算 $\delta/48$ 即可求得曲线施工时的配合比。通过计算得出的配合比见表 4-6。

曲线施工时的配合比表 表 4-6

R(m)	300	500	600	700	800	1 000
U	1∶1	3∶7	1∶3	3∶11	3∶13	3∶17

2）直、曲线隧道轴线拟合

（1）直线隧道轴线拟合

在直线段施工中，隧道轴线可以用标准环拼装，加上少量楔形环纠偏，完成隧道轴线拟合,这种方式较为通用,也比较简单。

在某些特殊情况下,还可以采用左右楔形环来拟合。这两种管片拼装位置有互补修正的关系,通过其的配合使用,可以抵消偏转量。但在施工中必须密切注意盾尾间隙的变化,因此实施过程中,应精确计算盾尾间隙的变化量。这种方法操作上有一定的难度,实践证明,这样的施工虽然可行,但拼装后管片间的错台将会较大,施工中应尽量避免采用此方法。

(2)曲线隧道轴线拟合

在曲线段施工中,只能通过适当配合比的直楔形管片的配合使用才能实现,在施工中还应当密切注意盾尾间隙的变化。掘进过程中还应对超挖方向、超挖量进行有效地控制。相对直线隧道轴线拟合,曲线隧道轴线拟合施工更为复杂。

4.4.3.5　管片拼装技术措施及拼装质量控制研究

1)管片拼装技术措施

为保证管片拼装高质、高效地完成,必须在正确的施工方法指导下合理组织、科学管理。在施工过程中应严格遵守如下技术要求:

(1)在推进前正确地对下一环管片进行预测,通过施工现场内的通信系统通知地面适时将管片吊运下井(图 4-40)。

(2)盾构机的掘进施工是进行管片拼装的前提,盾构机走向及管片端面姿态直接影响盾构机的轴线及管片拼装形式和管片拼装姿态的选择。

掘进过程中,应严格按"勤纠偏,小纠偏"的原则,在直线掘进时,尽量减小千斤顶行程差,在曲线掘进时应依据计算值,控制千斤顶的行程差,使盾构机行进方向与隧道设计轴线在允许偏差范围内平缓掘进,在曲线掘进时应将盾构机位置控制在设计曲线的内侧。保证纠偏幅度在合理范围,确保隧道平面与高程偏差引起的轴线折角不超过 0.4%。

图 4-40　管片吊装图

(3)根据封顶块的位置,遵循"先下后上"的原则逐块进行拼装。管片的吊装、摆放顺序应按如下要求。每环管片分成 6 块,管片存放架上可摆放 3 块管片,在轨道上可摆放两块,楔形块(C 块)置于第一节后备台车上。依据拼装位置,每环管片的排列顺序(表 4-7)。

管片吊装顺序表　　表 4-7

吊装顺序		1	2	3	4	5	6
拼装位置	2	A_3	A_2	B_1	A_1	B_2	C
	4	A_3	B_1	A_2	A_1	B_2	C
	12	A_1	B_2	A_2	A_3	B_1	C
	14	A_1	A_2	B_2	A_3	B_1	C
	16	A_2	A_3	A_1	B_2	B_1	C

注:A－标准块;B－邻接块;C－楔形块。

为加快拼装施工速度,必须保证管片在掘进施工完成前10min进入拼装区,在掘进的同时将管片吊运到管片存放架上,为管片拼装施工做好准备;为保证管片在掘进过程中不被泥土污染,不宜提前将管片准备好,管片吊运见图4-41,管片摆放见图4-42。

图4-41　管片吊运图

图4-42　管片摆放图

(4)在拼装过程中要清除盾尾拼装部位的垃圾,同时必须注意管片定位的正确,尤其是第一块管片的定位会影响整环管片拼装质量及与盾构的相对位置,尽量做到对称。

(5)管片拼装要严格控制好环面的平整度及拼装环的真圆度。

(6)每块管片拼装完后,要及时靠拢千斤顶,以防盾构后退及管片移位,在每环衬砌拼装结束后,及时拧紧连接管片的纵、环向螺栓,在该衬砌环脱出盾尾后,应再次拧紧纵、环向螺栓。

(7)封顶块防水密封垫应在拼装前涂润滑剂,以减少插入时密封垫间的摩阻力,必要时采取其他措施,限制插入时橡胶条的延伸,保证管片止水橡胶条与混凝土连接紧密。

(8)在管片拼装的过程中,如果需要调整管片之间的位置,不能在管片轴向受力时进行调整,以防止损坏防水橡胶条。

(9)曲线段管片的拼装依靠设置楔形管片使管片环轴线形成曲线,并符合设计的曲率半径要求。

2)管片拼装质量控制

管片拼装的质量要求有以下几个方面:

(1)为保证隧道结构完成后的防水符合规范要求,必须保证管片环与环之间错台小于5mm,每环内各管片间错台小于4mm。

(2)拼装完成的隧道结构必须满足设计的防水要求。

(3)拼装完成的管片的螺栓扭矩必须达到设计要求。

(4)管片自身不能产生裂纹,以防止地下水从中渗漏,并保护管片内的结构钢筋。

(5)拼装完成后的止水橡胶条不能脱离钢筋混凝土结构,确保管片隧道结构的防水性能。

结合北京地铁 5 号线盾构隧道工程,综合考虑了盾构施工过程中盾构机和管片的姿态,管片楔形量,不同管片拼装形式下根据管片的纠偏量所选定的管片的类型、确定了楔形块拼装位置的方法,并准确地对管片类型和拼装形式进行了预测,同时在拼装过程中总结了保证管片拼装质量的方法和管片拼装施工的技术要领,使成型隧道管片的环与环之间错台小于 5mm,每环内各管片间错台小于 4mm,确保了成型隧道的质量。

4.4.4　地表沉降控制技术及其效果

4.4.4.1　盾构法施工引起地表沉降的研究现况

随着盾构机的各项性能及自动化程度的不断提高,盾构法已广泛应用于市政管线隧道及地铁隧道建设中,盾构法施工引起地表沉降的理论研究也日趋完善。

1)Peck 二维沉陷槽公式

1969 年,美国著名科学家 P. B. Peck 观测大量沉陷实例,并查阅有关盾构工程记录资料,通过概率推算,归纳出二维沉陷槽断面形状(图 4-43)的分布公式:

$$S = S_{max} e^{-\frac{x^2}{2i^2}} \tag{4-6}$$

式中:S——距隧道中线 x 处某点的竖向地表沉降;

x——某点距开挖面的距离;

S_{max}——地面最大竖向沉降量;

i——沉陷槽宽度系数。

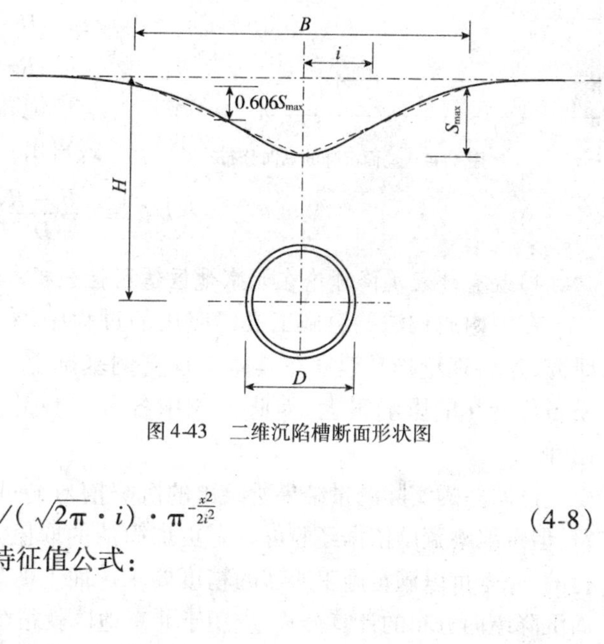

图 4-43　二维沉陷槽断面形状图

同时他还给出了计算地面沉陷体积的公式:

$$V_s = \int_{-\infty}^{+\infty} S_{max} dx = \sqrt{2\pi} \cdot i \cdot S_{max} \tag{4-7}$$

以此为依据,地面沉陷的横向分布公式可改写为:

$$S = V_s/(\sqrt{2\pi} \cdot i) \cdot \pi^{-\frac{x^2}{2i^2}} \tag{4-8}$$

当 i、V_s 已知时,可计算如下一系列特征值公式:

隧道地表沉陷槽宽度计算公式:

$$B = 2 \times 2.5i \tag{4-9}$$

最大沉陷量公式:

$$S_{max} = V_s/(\sqrt{2\pi} \cdot i) \tag{4-10}$$

2)上海软土地层隧道工程中盾构法施工引起地面沉降纵向分布计算公式

刘建航院士总结了我国自 1985 年以来在上海等地区软土隧道工程的经验,根据 Peck 公式的基本原理,推导出盾构正常施工引起地面沉降的纵向分布(图 4-44)计算公式:

$$S(y) = \frac{V_1}{\sqrt{2\pi}\cdot i}\cdot\left[\Phi\cdot\left(\frac{y-y_i}{i}\right)-\Phi\cdot\left(\frac{y-y_f}{i}\right)\right]+$$

$$\frac{V_2}{\sqrt{2\pi}\cdot i}\cdot\left[\Phi\cdot\left(\frac{y-y_i'}{i}\right)-\Phi\cdot\left(\frac{y-y_f'}{i}\right)\right] \tag{4-11}$$

式中：$S(y)$——地表纵向沉降量，负值为隆起；

V_1——盾构开挖面引起的地层损失量；

V_2——盾尾引起的地层损失量；

y_i——盾构推进起始点处盾构开挖面至原点的距离，$y_i = y_i' + L_i$；

y_f——盾构开挖面至原点 O 的距离，$y_f = y_f' + L$；

L——盾构长度。

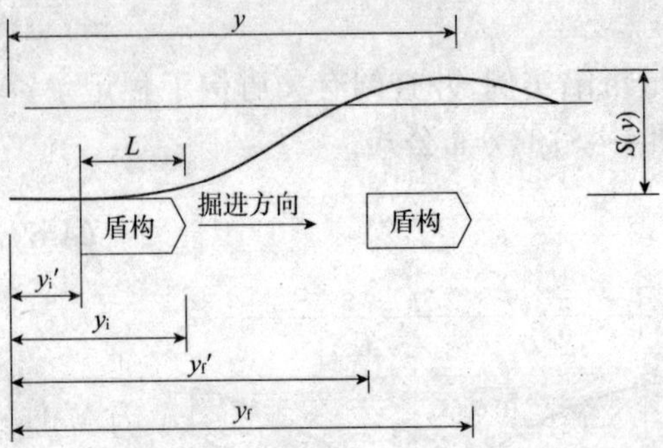

图 4-44　地面沉降的纵向分布

3）Peck 公式的沉陷槽宽度系数

横向沉陷槽宽度系数 i，可根据已知地质条件和隧道尺寸按下式求出：

$$i = H/[\sqrt{2\pi}\tan(45° - \varphi/2)] \tag{4-12}$$

式中：φ——对各层土取加权平均后的内摩擦角；

H——地面至隧道中心的深度；

R——隧道的半径。

饱和含水塑性土中沉陷槽宽度系数，可由下式得出：

$$i/R = \left(\frac{H-R}{D}\right)^{0.8} \tag{4-13}$$

4）既有地表沉降理论在北京地区适用性分析

在国内盾构法隧道施工推广应用的过程中，专家们依据国内的工程实例进行了大量研究，这些理论均是建立在具体工程实例基础上，对所选用的工程适用性较强，同时受地质条件变化的影响很大，因此公式中各种系数的正确取值将直接影响到这些公式的适用性。

试验段的实际测量结果所绘出的沉陷槽与 Peck 理论的沉陷槽假定的正态曲线形态相符，但沉陷槽宽度依据经验可以有更加简洁的取值方法，而且实践证明，这种取值是切实可行的，完全可以满足施工所需的精度要求。而上海软土地层隧道工程中盾构法施工引起地面沉降纵向分布的计算公式，应用于北京地区就很难与实际情况相吻合。

对于北京地区来说，盾构法施工仍处起步阶段，其地质情况与国内已采用过盾构施工的地区有较大的差别。不能完全照搬既有理论及其他地区相关于地表沉降的研究成果，而应当使用地表沉降的基础理论来讨论研究，并对其参数进行修正，从而形成一个在北京地区适用性强而且能有效指导施工的地表沉降预测方法。因此，针对北京的地质条件，进行盾构法施工引起地表沉降的深入分析、研究是十分必要的。

4.4.4.2　地表沉降控制技术的主要研究内容

本节的核心是对北京地区特有地质条件下盾构隧道施工引起的地表沉降进行研究，以现场测试、数值分析及施工控制等为基础，分析北京地区盾构隧道施工的地表沉降机理、沉降发生规律、预测方法和施工控制措施等。主要从以下几个方面进行研究：

(1)结合试验段地质条件及现场监测数据，分析研究北京地区盾构法施工的地表沉降过程。

(2)结合实际地层特征，依据现场实测数据的分析和有限元数值模拟结果，对北京地区地层条件下，盾构施工地铁隧道的地层扰动特征、模式以及地表沉降规律进行分析归纳，提出适合北京地区地层特征的盾构法施工地铁隧道的地表沉降的预测公式。

(3)分析研究各种施工参数对地表沉降的影响，并结合北京地铁 5 号线盾构试验段工程地质情况及该工程所使用盾构机的性能，制订控制地表沉降的措施。

4.4.4.3　监测方案及测点布置

为监测盾构施工产生的地表沉降，沿隧道方向布置了 G1 ~ G17 共 17 条地表沉降监测断面。限于隧道上覆地面楼房林立，密而难寻布测点之地，所以，未能按等间距或特设特殊监测点进行点的布置，而只能依据现场实况布设监测断面和监测点，具体布置情况如图 4-45 所示。每个监测断面在隧道走向的垂向方向上又布置 5 ~ 7 个监测点，其点间距约为 5 ~ 7m，参见图 4-46。

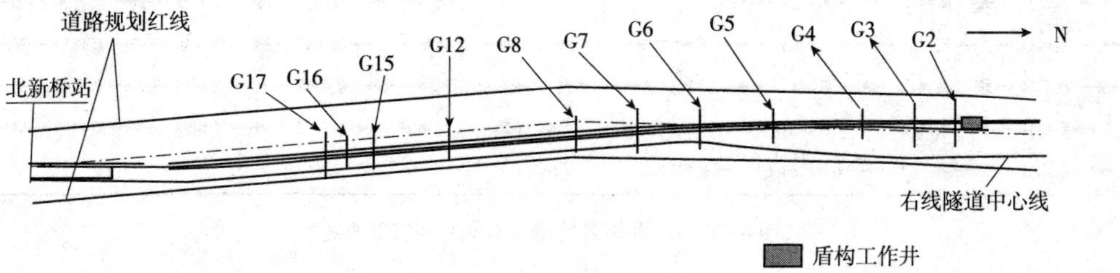

图 4-45　试验段地面沉降观测点平面布置示意图

4.4.4.4　地表沉降监测结果分析及预测研究

1)横向沉降监测与分析

(1)监测断面结果描述

选取 G2、G6、G7 和 G12 等典型断面的地表沉降监测结果来进行分析。

①G2 断面

G2 断面位于雍和宫盾构端头井南侧约 12m 处，里程为 K12 + 186，盾构隧道所处地层为黏质粉土、粉质黏土夹部分薄层中粗砂。潜水水位高程约 37.02m，具有一定的承压性，高出含水层顶板 2 ~ 3m。承压水水位 24.42m，位于隧道底之上 3m 左右。盾构施工引起的地表沉降比较小，最大为 7mm 左右(图 4-47)。

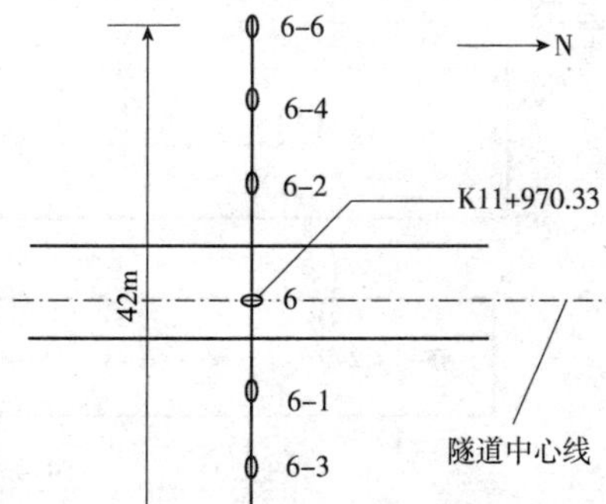

图 4-46　某监测断面监测点布置示意图

从 G2 断面各监测点不同时刻地表沉降(即地表沉降槽演化)可以看出，发生的沉降槽宽度比较大，曲线缓和，曲率小。G2 断面各监测点历时沉降曲线图也反映了相应的特征(图 4-48)。

纵观该断面不同时刻的沉降槽曲线，其 Peck 曲线特色不明显，这主要是由于 Peck 曲线和公式是建立在沉降槽体积与地层损失体积相等的假设基础上，因隧道开挖掘进过程中土体具有较好的自稳性，产生较小的地层损失，地表沉降主要来自后续土体固结沉降，占总沉降量的 50% 以上。

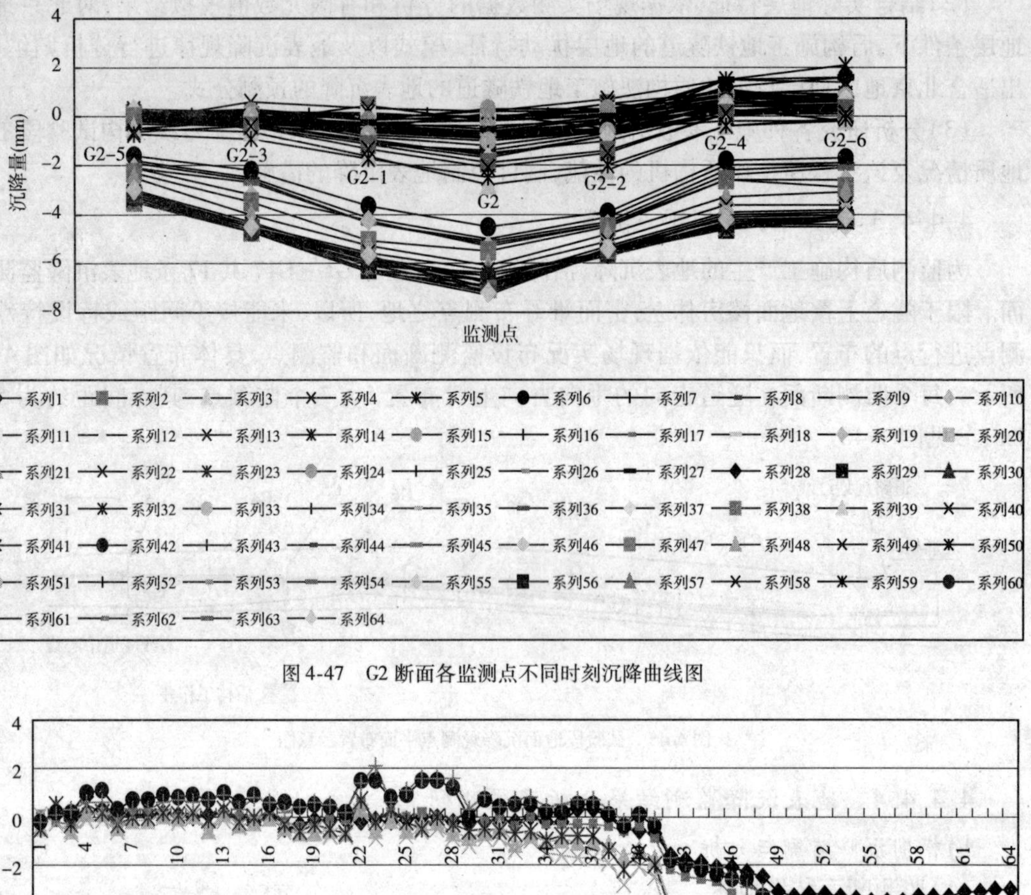

图 4-47　G2 断面各监测点不同时刻沉降曲线图

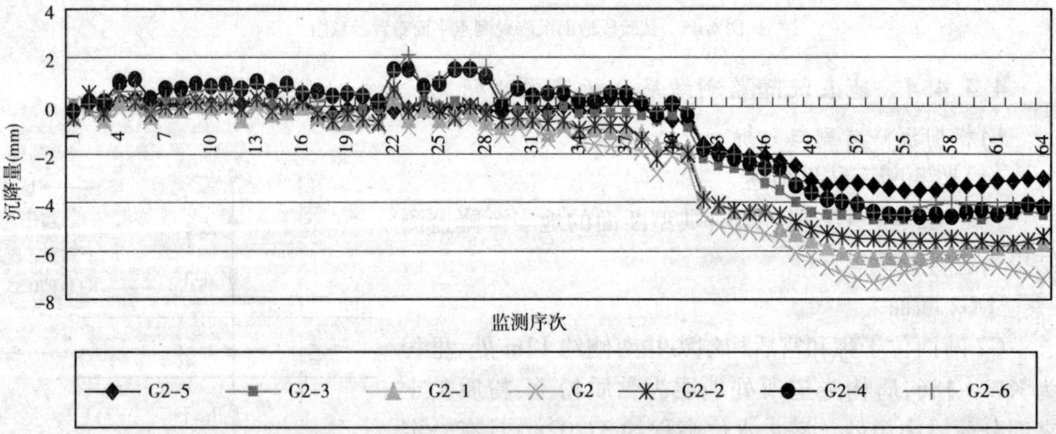

图 4-48　G2 断面各监测点历时沉降曲线图

②G6 断面

G6 断面位于里程 K11 +970 处，盾构隧道所处地层为黏质粉土、粉质黏土夹部分薄粉细砂层向粉细砂层、圆砾层和中粗砂层过渡范围内。潜水水位高程约 30.52m，位于粉细砂③中。承压水水位 24.5m，位于隧道底之上 2.5m 左右。从记录的地层沉降曲线看来，不同时刻地表沉降变化比较连续，且沉降值比较大，最大 10mm 左右（图 4-49）。

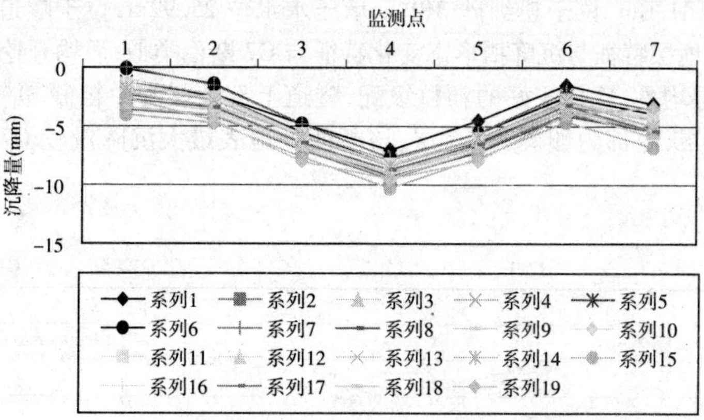

图 4-49　G6 断面各监测点不同时刻沉降曲线图

G6 断面各监测点不同时刻地表沉降(即地表沉降槽演化)不仅表现在变化连续方面,同时还可以看出,地表横向沉降槽宽度较小,为 40 ~45m[相当于 $2(H+D)$],曲线较陡,曲率大。G6 断面各监测点不同时刻的沉降槽曲线特征,与传统的 Peck 曲线比较接近。地表沉降绝大部分因地层损失引起,且主要发生在盾构通过监测断面期间,占总沉降量的 60%左右。

③G7 断面

G7 断面位于里程 K11 +913 处,盾构隧道所处地层为圆砾、粉细砂以及粉质黏土层。潜水水位高程约 30.5m,位于粉细砂③中。承压水水位 25.98m,位于隧道底之上约 1.5m 左右。该监测断面,盾构开挖面处地层大部分为粉细砂层,地层均一,且有较好的颗粒级配,隧道上部地层为中粗砂③$_1$ 层、黏质粉土②$_1$ 层和粉质黏土②层,底部为卵砾石④$_2$ 层,最大沉降量 7mm 左右。

G7 断面地表横向沉降槽宽度较小,约 40m[相当于 $2(H+D)$]。G7 断面各监测点不同时刻的沉降槽曲线特征,与传统的 Peck 曲线接近程度介于 G2 断面和 G6 断面之间。地表沉降主要发生在盾构通过监测断面和后续沉降两个期间,其分别占总沉降量的 40% 和 35% 左右(图 4-50)。

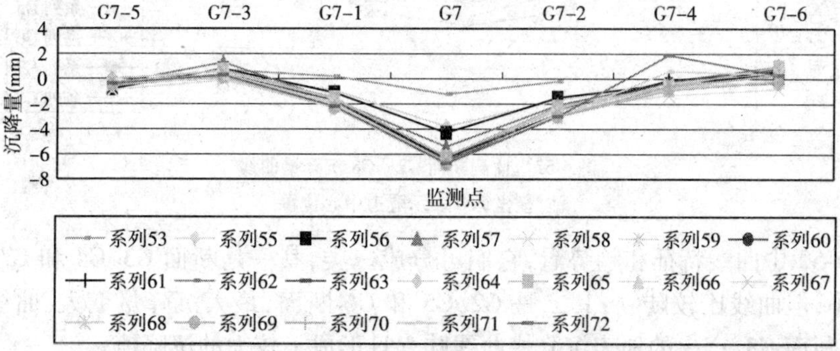

图 4-50　G7 断面各监测点不同时刻沉降曲线图

④G12 断面

G12 断面位于里程 K11 +760 处,盾构隧道所处地层为圆砾、粉质黏土以及卵砾石层。

潜水水位高程约 31.0m，位于粉细砂③中。承压水水位 25.92m，位于隧道底之上 2.0m 左右。该监测断面地层特征与沉降槽形态变化特征与 G7 断面类似，盾构开挖面处地层大部分为粉细砂层，地层均一，且有较好的颗粒级配，隧道上部地层为中粗砂③$_1$ 层、黏质粉土②$_1$ 层和粉质黏土②层，底部为卵砾石④$_2$ 层，该断面处地表最大沉降量较 G7 断面要偏大，约 9mm（图 4-51）。

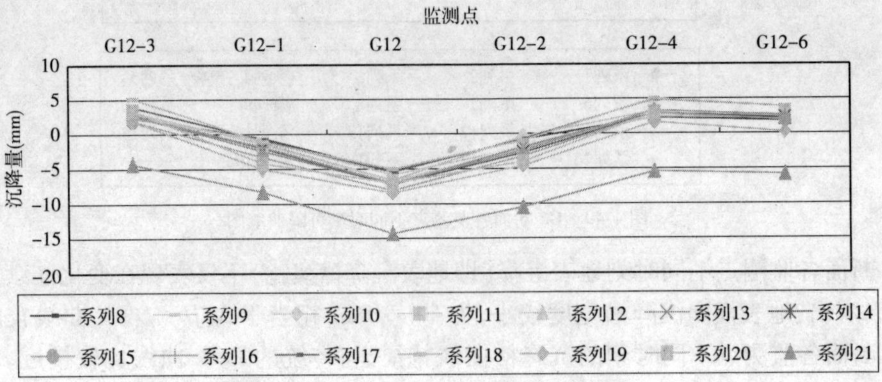

图 4-51　G12 断面各监测点不同时刻沉降曲线图

G12 断面地表横向沉降槽宽度较小，约 40m［相当于 $2(H+D)$］。G12 断面各监测点不同时刻的沉降槽曲线特征，与传统的 Peck 曲线接近程度介于 G2 断面和 G6 断面之间。地表沉降主要发生在盾构通过监测断面和后续沉降两个期间，其分别占总沉降量的 40% 和 35% 左右。

（2）地表沉降特征分析

Peck 曲线只是对沉降曲线的一般性描述，考虑的因素比较简单。从以上几个典型断面处的监测结果可以看出，地表沉降与地质、地表和施工过程等因素密切相关，其中地质条件是决定性因素（图 4-52）。

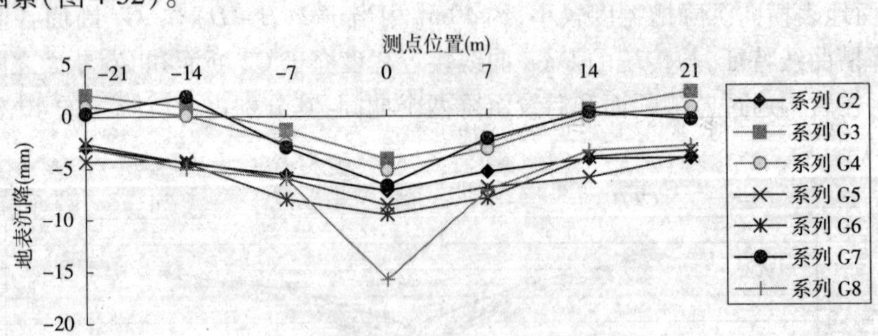

图 4-52　监测断面 G2 ~ G8 沉降槽曲线

注：横坐标 0 表示隧道中心位置。

从图 4-52 中曲线特征和趋势看，它们可分成三类，其一是断面 G3、G4 和 G7，虽然最大沉降值较小，但曲线比较陡立；其二是 G2、G5 和 G6 断面，最大沉降量变大，曲线形态较缓和；其三是断面 G8，产生的地表沉降槽曲线陡立且形成了较大的沉降值。

不同地层条件中的盾构施工，地表沉降槽的特征不同，现结合试验段地层特征，对试验段不同类型地层地表沉降沉陷槽特征进行分析。

①试验段黏土层的地表沉降曲线分析（图 4-53）

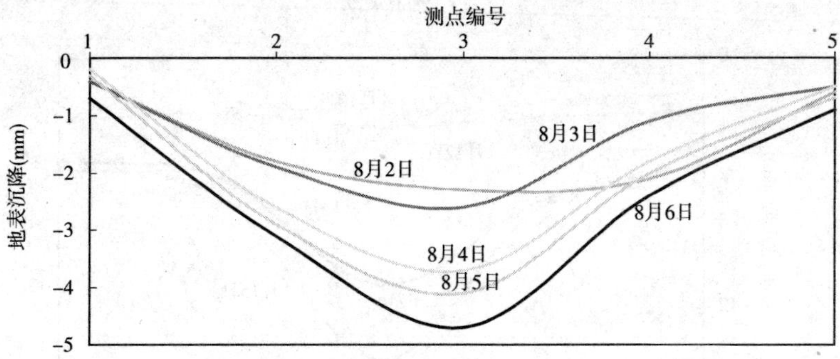

图 4-53　黏土层横断面地表沉降曲线图

注：测点编号 3 为隧道中心位置，图中各曲线为不同时间的地表沉降曲线。

北京地铁 5 号线盾构试验段里程 K12 + 192.645 ~ K11 + 950 主要在黏土层中掘进。该段埋深为 16.5 ~ 17m。施工过程中，掘进速度，所采用的推力比较小，施工过程中建立的土压较高，挖掘出的土黏性比较大，是软塑至中塑黏土层，土壤自稳性能较好。在少量使用泡沫等添加剂后，盾构机的掘进速度可达 40 ~ 60mm/min。

该地段的地表沉降不大，最大沉降量只有 6mm，沉降开始到结束过程较短，最终形成沉降槽宽度比较大，平均沉降量 4.6mm。

a. 地表沉降原因分析

a）盾构隧道在此区段埋深较大，盾构直线掘进，超挖较小，最终沉降槽较宽，最大沉降量较小。

b）隧道范围内土体为黏土层，自稳性较好，因此在掘进过程中开挖面土体不易出现坍塌；另外，黏性土体颗粒的黏质，受扰动土体的范围较小，这也是地表沉降不明显的重要原因。

c）此区段地下水位位于隧道顶面以上 4m，虽然水头较高（8 ~ 10m），但在盾构机通过过程中，地下水位变化不明显。究其原因主要是由于黏性土土体密实，渗透性小，因而盾构掘进施工时受地下水位的影响小，减小了对地表沉降的影响。

d）同步注浆效果较好，浆液可以及时地充填管片与地层之间的间隙。在注浆效果检查过程中发现，壁后注浆密实，浆液与土层间界限明晰，良好的壁后注浆有效地控制了地表沉降的发展。

b. 沉降曲线特点分析

最大沉陷量不大，沉降槽形状不明显，个别沉降槽曲线的对称性不好。Peck 理论所论述的正态分布的曲线形态的特征不明显。

②砂性土地层地表沉降曲线分析（图 4-54）。

北京地铁 5 号线盾构试验段在里程 K11 + 962 ~ K11 + 742，隧道范围内土体主要为砂性土（含少量的卵砾石，但卵砾石层厚度很小，可忽略其影响）。隧道顶部埋深 9 ~ 10.5m，地下水位埋深 1 ~ 2m。此段地层的沉降在整个试验段是较大的，最大的沉降量17.4mm，平均沉降量 14.3mm。

在此段施工过程中，盾构机随着由黏性土向砂性土过渡，推力、刀盘扭矩逐渐增大，推进速度变缓，土压力设定、注浆压力的设定逐级递减，泡沫用量变大。根据实测数据可以看出该段的地表沉降曲线与黏土层的地表沉降曲线相比较，沉降从开始到稳定的过程变长。

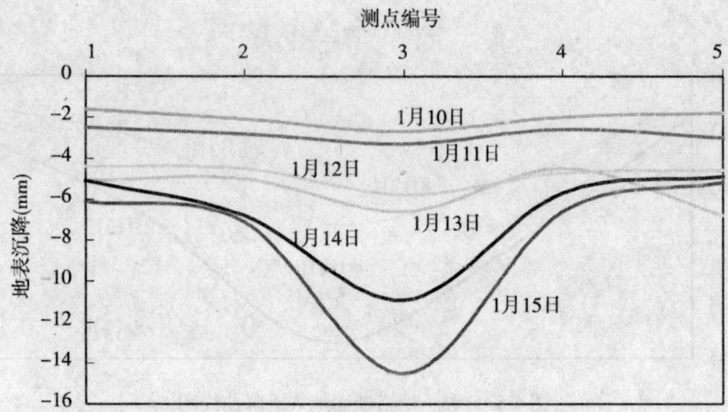

图4-54 砂性土地层地表沉降曲线图

注:编号3为隧道中心位置,图中各曲线为不同时间的地表沉降曲线。

砂层是相对于黏土层不易施工的地层,它对于土压平衡式盾构来说是一个难点。

a. 此段施工产生地表沉降比黏性土层大的原因如下:

a)砂层的渗透性强,因而在同等条件下,地下水流失量大,引起地表沉降量大。

b)在盾构机向前推进,盾背的砂土因其自稳性能差,极易发生塌落,至管片脱出盾尾后同步注浆充填时,地层的变位已经产生。

c)盾构机推进,因砂层自稳性差,超挖量会变大,从而增大地层损失。

d)盾构机推进过程中对土体的扰动范围变大,被扰动土体固结时间较长,沉降量也将增大。

b. 沉降曲线特点分析

沉降曲线有以下几个特点:最大沉陷量相对比较大,沉降槽形状明晰,能与正态分布的曲线相符,除个别曲线的对称性差外,总体来看左右对称,能很好地反应沉降特征。

同时,通过对不同工况下盾构施工地铁隧道的三维有限元数值模拟,也得出了盾构法施工隧道导致地表沉降的发生规律。

a)不同地层下的隧道开挖,在相同的工况下,随地层强度的减弱,受隧道施工引起的地层扰动程度和扰动范围呈增大趋势。但是若考虑施工控制因素,则在砂性地层(粗砂、砾砂和砂卵石地层)由盾构施工产生的地层扰动程度和地表沉降量往往要比黏性土层和粉质土层中要大。

b)在盾构隧道的开挖模拟中,随着掘进的进行,隧道受扰动程度和范围不断向前和向隧道上下方向发展。隧道衬砌的施加,可以有效地约束地层因扰动而产生向隧道方向的收敛变形。当盾构隧道超挖量偏大时,会加大地层的移动变形,从而增大地表沉降。

③砂卵石层地表沉降曲线分析(图4-55)

北京地铁5号线盾构试验段在K11+700~K11+950区段隧道断面的2/3范围内为砂层,其余部分为卵石层。该段隧道覆土厚度为9~16m。地下水位埋深为1~2m,该段的地表沉降曲线与黏性土地层的地表沉降曲线相比较,最大沉降量较大,达到15mm,平均沉降量为11.5mm。

隧道断面范围内,卵石层所占的比例较小,因此本段地表沉降量与砂层的地表沉降基本相同。

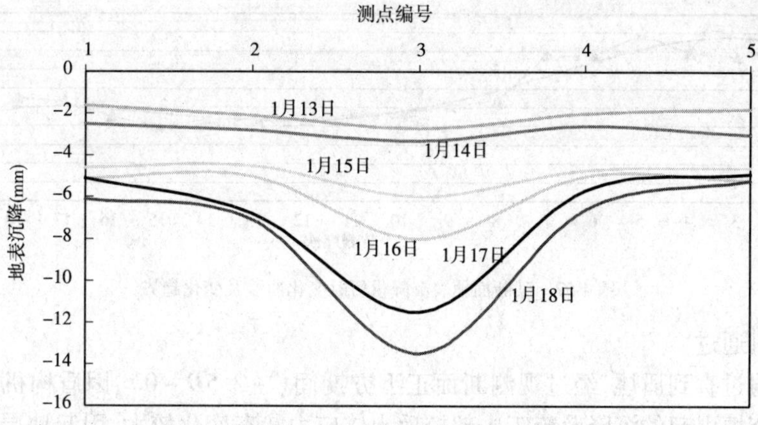

图 4-55　砂卵石层地表沉降曲线图

测点编号 3 为隧道中心位置,图中各曲线为不同时间的地表沉降曲线。

2)纵向地表沉降监测分析及阶段划分

(1)盾构施工地表沉降纵向分布

地表纵向沉降槽是反映盾构推进时,沿推进方向对地层的扰动情况,同时还能反映出盾构推进时不同因素、盾构机的不同部位对地层的作用与影响,包括正面支护力、摩擦力和盾尾空隙等。图 4-56 中给出了盾构机在一段时间内沿隧道纵向某监测点地表沉降历时实测结果。

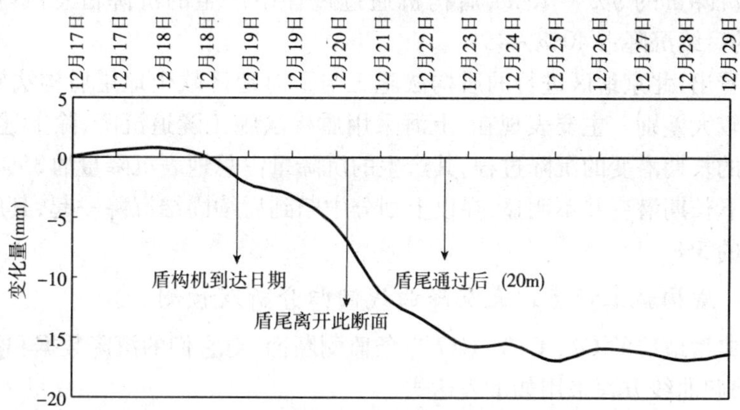

图 4-56　监测点地表沉降量历时变化曲线

(2)地表沉降的阶段划分

盾构机通过某一断面时,盾构机距离该断面位置不同,其地表沉降量不同。通过分析典型断面处的地表沉降过程,盾构施工引发地表沉降过程可以作如下阶段划分(图 4-57)。

①预先沉降

当盾构机距离观测断面有数十米时(通常大于 2.5D,D 为隧道直径,下同),因地下水水位降低而产生地表的预先沉降。

②地表隆沉

当盾构机距离观测断面极近时(0 ~ 2.5D),由于盾构机推力对土体扰动,地下水位变化、开挖面塌落、施工参数(如土压、推力等)变化等多方面因素影响,地表可能产生沉降或轻微隆起。

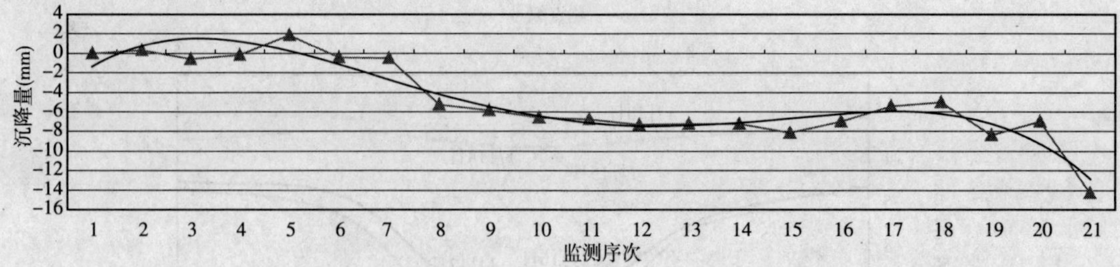

图 4-57 某断面地表沉降量历时变化曲线及变化趋势

③盾构机通过

盾构机通过直到盾尾，经过观测断面正下方期间（$-2.5D\sim0$），因盾构机主体脱出前，浆液未及时充填引起的沉降及施工中超挖后土体应力状态变化较大，引起地层损失，这是盾构施工中产生地表沉降最主要的组成部分。

④后续固结沉降

盾构经过后（盾构后方 $-2.5D$ 之后），盾构推进对地层的影响并未完全消失，所以土体将进一步固结和蠕变残余变形，时间可以长达 1 ~ 2 个月，该阶段沉降才能基本结束，这也是盾构施工中产生地表沉降的主要组成部分。

试验段施工中，各阶段产生的地表沉降量所占的比重分别为：盾构机到达前，地表产生的沉降仅占总沉降量的 5% ~ 15%，盾构机通过过程中产生的沉降占总沉降量的 45% ~ 50%，通过后的后续沉降占 40% ~ 45%。

由此可以看出，北京地区进行的盾构法施工与上海地区软土地层盾构法施工引起的地表沉降组成有较大差别。主要表现在，上海采用盾构法施工隧道沉降，除上述四个阶段外，还有一个明显的长期潜变的沉降过程，其产生的沉降量占总地表沉降量的 35% 左右，而在北京的地质条件下长期潜变并不明显，在以上划分中归到后续固结沉降一起，其所占比重一般小于总沉降量的 5%。

4.4.4.5 盾构施工产生地表沉降曲线回归分析及预测

选择代表典型地层的 G7、G12、G17 三条监测断面，对它们的沉降数据和沉降槽曲线进行回归处理，回归曲线方程采用如下表达式：

$$S = S_{\max}e^{\frac{-y^2}{2i^2}} \tag{4-14}$$

式中：S——距隧道中线横向距离 y 处的沉降量；

$S_{\max}$——隧道中线处的地表最大沉降量（$y=0$）；

i——曲线的标准偏差点，相当于曲线拐点的 y 值。

实际槽宽可采用 b_i，曲线拐点的坐标为（$y=i, S=0.606S_{\max}$）。

1）G7 断面

由图 4-58 可以看出，当盾构机在距离监测断面 13m 左右时，地表呈隆起态势，隆起最大位移量为 0.5mm。当盾构机掘进至断面所在位置，地表下沉明显，下沉量为 4.5mm。随着盾构机远离监测断面，变化趋于稳定，下沉量为 7.0mm。其中虚线代表 K11 +927.12 处（距离断面 13m 左右）的回归曲线，实线代表 K11 +886.28 处（离开断面 35m 左右）的回归曲线，点划线代表 K11 +915 处（断面正上方）的回归曲线，黑点代表 K11 +886.28 处的实际测量值。

2）G12 断面

由图4-59可以看出，在盾构机距离监测断面12m左右时，地表呈隆起态势，最大隆起量为2mm左右。当盾构机掘进至离开断面8m处，地表急剧下沉，下沉量为5.3mm。随着盾构机远离监测断面，变化趋于稳定，位移量为8.0mm左右。其中虚线代表K11+768.00处（距离断面12m左右）的回归曲线，实线代表K11+710.80处（离开断面45m左右）的回归曲线，点划线代表K11+747.42处（离开断面8m左右）的回归曲线，黑点代表K11+710.80处的实际测量值。

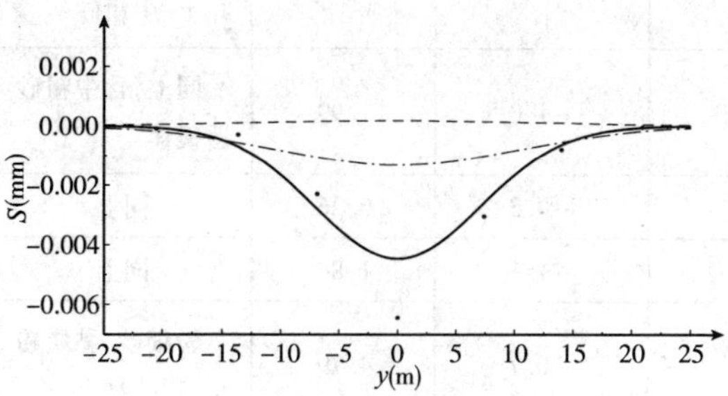

图4-58　G7 监测断面回归曲线图

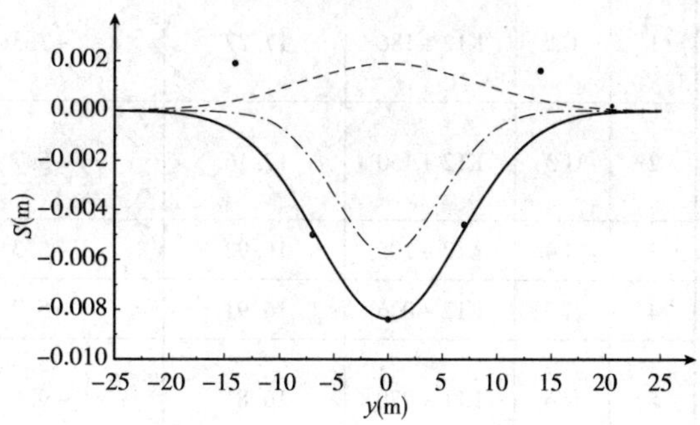

图4-59　G12 监测断面回归曲线图

3）G17 断面

由图4-60可以看出，在距离监测断面10m左右，地表呈隆起态势，最大隆起量为3.9mm。当盾构机掘进至断面所在位置，地表急剧下沉，下沉量为6.7mm。随着盾构机远离监测断面，变化趋于稳定，下沉量为23.0mm。其中，虚线代表K11+659.11处（距离断面10m左右）的回归曲线，实线代表K11+630.22处（离开断面18m左右）的回归曲线，点划线代表K11+648.28处（断面正上方）的回归曲线，黑点代表K11+630.22处的实际测量值。

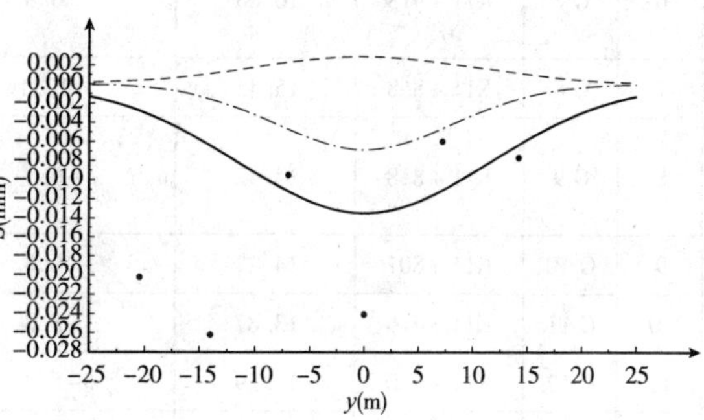

图4-60　G17 监测断面回归曲线图

三个监测断面的曲线回归结果见表4-8。

G7、G12和G17断面地表沉降监测值回归曲线方程　表4-8

监测断面	里　程	回 归 方 程	相关系数
G7	K11+913	$S=-0.004\,470e^{-0.01y^2}$	0.971 1
G12	K11+760	$S=-0.008\,405e^{-0.015\,54\,y^2}$	0.993 3
G17	K11+648	$S=-0.006\,823e^{-0.007\,5y^2}$	0.802 7

4.4.4.6　地表沉降预测

在盾构法地铁隧道的设计和施工过程，对施工产生变形的控制分析时，其中地表最大沉降量和隧道拱顶位移量是盾构法隧道工程现场监测最为关键和重要的两个指标。地表最大沉降量通常为在隧道中心（也即监测断面中心）处的地表沉降值。隧道拱顶位移量主要表现为在地层和注浆压力的共同作用下盾构管片衬砌结构的变形。这两者有着较为密切的关系,它们统一受地层条件、隧道埋深、隧道直径和施工参数等条件的影响和控制。表4-9和图4-61为地铁5号线试验段盾构穿越不同地层,各监测断面的地表最大沉降监测结果及地表最大沉降量 S_{max} 和隧道拱顶位移 F 随隧道埋深变化曲线。

各监测断面地表沉降和拱顶下沉监测结果　　表4-9

序号	断面名称	里程(m)	隧道埋深 h(m)	地表最大沉降量 S_{max}(mm)	隧道拱顶下沉量 F(mm)	$(S_{max} \cdot D)/(F \cdot h)$	隧道通过地层
1	G2	K12+186	17.27	−7.3	−2.6	0.98	黏质粉土、粉质黏土、中粗砂
2	G3	K12+150	17.16	−5.7	−1.0	1.99	同上,含中粗砂透镜体
3	G4	K12+105	16.92	−5.3	−0.3	6.26	同上
4	G5	K12+036	16.91	−5.7	−1.1	1.84	同上
5	G6	K11+970	16.81	−9.4	−0.7	4.79	粉细砂、黏质粉土、粉质黏土
6	G7	K11+913	16.03	−6.8	−1.7	1.50	圆砾、粉细砂、粉质黏土
7	G8	K11+868	15.45	−12.1	−2.7	1.74	同上
8	G9	K11+818	14.42	−6.7	−3.0	0.93	圆砾、粉质黏土、卵砾石
9	G10	K11+801	14.27	−6.8	−2.1	1.36	同上
10	G11	K11+776	13.87	−8.8	−1.9	2.00	同上
11	G12	K11+760	13.59	−5.4	−2.9	0.82	同上
12	G13	K11+744	13.3	−16.2	2.6	−2.81	同上
13	G14	K11+716	12.85	−6.4	0.6	−4.98	同上
14	G15	K11+692	12.84	−9.3	−0.5	−.69	同上
15	G16	K11+668	12.87	−15.4	0.4	−17.95	圆砾、卵砾石
16	G17	K11+648	12.9	−14.9	−0.5	−3.86	同上

注:h－隧道中心埋深;D－盾构隧道直径。

通过分析总结,可以得出地表最大沉降量和隧道拱顶位移之间变化关系,综合考虑隧道埋深和隧道直径以及地层条件,可以定义一量值 K_0——沉降比值来统一描述地表最大沉降量和隧道拱顶位移在不同条件下的变化。其中,K_0与隧道埋深为二次抛物线关系(图4-62)。

$$y = -1.0969x^2 + 34.891x - 273.4$$

结合北京地区的土质条件和现有的实测资料、回归分析过程以及无量纲沉降比值与隧道埋深的拟合结果,可采用公式:

$$W_{max} = -1.0969K'\exp\left(\frac{34.891 - h}{4h/D}\right) \tag{4-15}$$

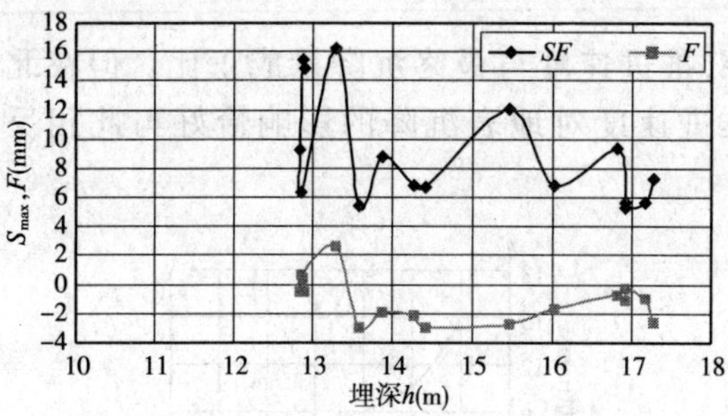

图 4-61　地表最大沉降量 S_{max} 和隧道拱顶位移 F 随隧道埋深变化曲线

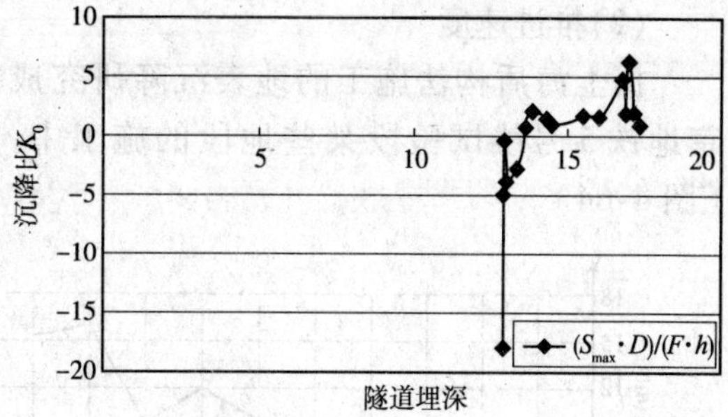

图 4-62　沉降比值 K_0［$K_0=(S_{max}\cdot D)/(F\cdot h)$］隧道埋深变化曲线

来估算地表最大沉降量，但对不同的地层采用不同的系数 K' 来估算，其取值参照如下：

黏质土层：0.9～1.1。粉质土层：1.1～1.3。砂质土层：1.3～1.5。

因此，只要知道隧道的埋深，就可以根据式(4-15)确定地表最大沉降值。

同时，根据回归曲线所采用方程式和所得的结果，可以给出地表沉降槽预测计算公式：

$$W_x = W_{max}\exp\left(-\frac{x^2}{2i^2}\right) \tag{4-16}$$

式中：h——隧道中心埋深；

W_x——隧道两侧横向上距隧道中心 x 处的地面沉降量(m)；

W_{max}——隧道中心处最大沉降量(m)；

i——曲线反弯点离隧道中心的距离(m)，亦称沉降槽宽度系数，由

$$i = \frac{H+R}{\sqrt{2\pi}\tan\left(45^\circ-\frac{\varphi}{2}\right)} \tag{4-17}$$

算得；

H——覆土厚度(m)；

R——盾构隧道半径(m)；

φ——隧道穿过地层的加权内摩擦角。

实践表明，该预测公式能较好地描述北京地区典型地层中施工隧道所产生的地表沉降性状和沉降量。

4.4.4.7　盾构施工引起地表沉降控制

1）地表沉降与施工参数的关系

在施工中有效地控制施工当中的各种施工参数是控制地表沉降的有效手段，以下将参照实测数据对比分析各种施工参数对地表沉降的影响。

(1)推力

推力是盾构法施工中对周围土体扰动的最主要的原因之一，在推力的作用下，盾构机对正面及四周土体产生扰动，在盾构机到达监测断面前，地表的轻微隆起就是盾构机对土体的推力过大形成的。因而推力的大小会对最终地表沉降的大小有较大的影响(图 4-63)。

(2)推进速度

据上海盾构法施工的地表沉降研究成果,推进速度与最终沉降量成正比。但在北京地铁5号线试验段某些地段的施工中,推进速度对地表沉降的影响恰好与此相反(图4-64)。

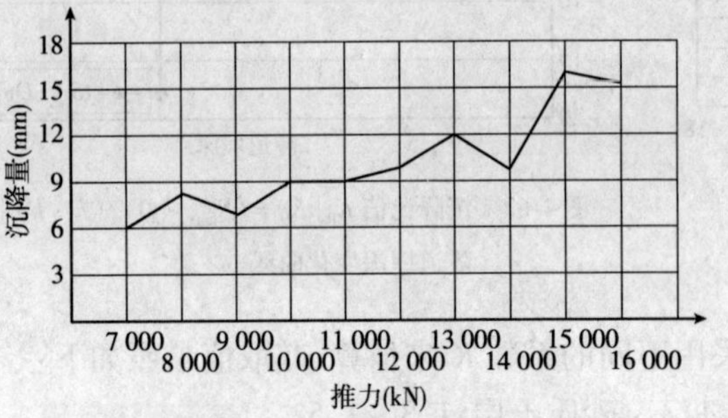

图4-63　推力与沉降量关系图

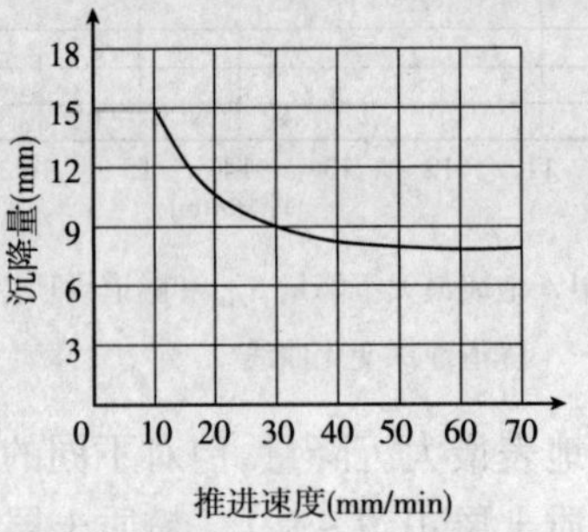

图4-64　速度与沉降量关系图

出现这种结果其原因如下:

①地层原因

在黏土中施工时,因黏土自稳性能较好,受推进速度的影响相对较小,即便推进速度较慢,开挖面土体也较稳定;推进速度较快时,推力的影响的作用范围反而较小,因此黏土中地表沉降受推力影响较小;在砂土中推进时,开挖面稳定能力差,很容出现塌落,隧道外侧土体将向隧道中心处移动,增大扰动的影响范围,推进速度越慢,塌落面积和范围越大,从而使地表沉降也随之增加。

②地下水的影响

地下水位下降将会使地表沉降增加,当推进速度较慢时,推进时间较长,地下水流失较多,这将增大它对地表沉降的影响。

③超挖量的变化

在正常推进速度下,盾构机的超挖量是一定的,但当推进速度较慢时,超挖量将增大,将加大最终沉降。

(3)刀盘扭矩

刀盘扭矩是盾构施工对周围土体扰动程度的一个间接反应,它与地层变化联系紧密。在黏土层中刀盘扭矩稳定且较小,在砂性土层中则扭矩较大,在含砾石层砂层中施工时,砾石或卵石与刀盘撞击常出现扭矩瞬时增大的情况。在盾构机机械性能相同的条件下,刀盘扭矩越大,则说明刀盘转动对周围土体的扰动面积和扰动程度越大,最终形成的地表沉降量也会随之增加(表4-10)。

刀盘扭矩与地表沉降量关系表　　表4-10

地层	刀盘平均扭矩(kN · m)	地表平均沉降量(mm)
黏土层	1600	-4.6
砂卵石层	2200	-11.5
砂　层	3000	-14.3

(4)注浆量

注浆量的多少将直接影响最终沉降量，注浆及时，则土体向隧道中心内侧移动将减小，地层变形减小，地表沉降减小。注浆量达到一定程度后，注入的浆液将产生一定的压力抵抗外周土体的移动，从而使地表沉降变小，这也是影响地表沉降的一个因素(图4-65)。

2)地表沉降的控制方法

地表沉降的控制可分为一般正常施工情况下的控制和停机期间的地表沉降控制措施，以下将分别介绍这两个阶段的控制方法，并对比在北京地铁5号线盾构试验段工程中采用的施工参数。

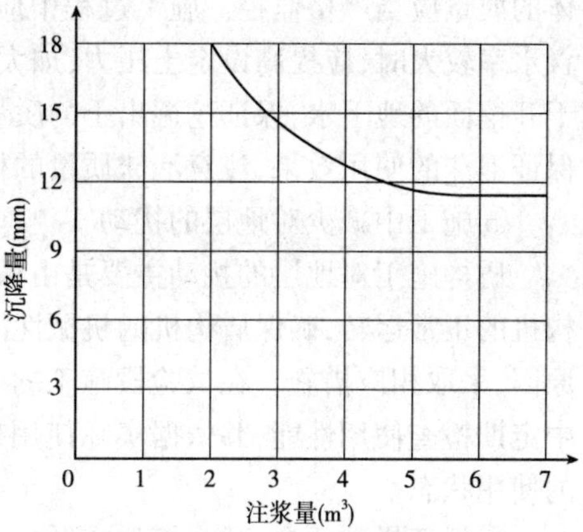

图4-65　注浆量与沉降量关系图

(1)一般情况下地表沉降的控制方法

通过对地表沉降的原因和地表沉降的过程研究，以及试验段中总结出来的施工参数与地表沉降的关系，可以通过控制施工参数和加强施工管理实现控制地表沉降的目的，在试验段施工中正常施工采用的地表沉降的控制方法如下。

①严格控制土压力

为减小因盾构开挖引起的土体的移动，必须设定一定的土仓内土压力。土压力计算在前面已经作了充分的论述，在施工组织设计过程中预先计算，施工中严格管理，使土压力略大于计算值。在试验段施工中，掘进过程加强了土压力的管理，在停机前还将进行特殊处理，以保证在停机过程中，土压力维持的时间较长，停机期间应有专门的值班人员对土压力进行监视，并做好记录。当土压力有变化时，还应当进行适当的措施使土压力恢复，这样使施工过程中土压力得到了较好的控制。

②严格控制注浆量

在施工过程中对注浆应加强管理，注浆操作是盾构施工中的一个关键工序，为防止土体挤入盾尾空隙，必须严格按照“确保注浆压力，兼顾注浆量”的双重保障原则，紧密结合施工测量的反馈信息，不断优化注浆压力的设定，对注浆量一定要确保超过理论计算值，并且在实际平均注浆量的合理范围内波动。注浆操作必须有专人完成，在每环掘进完成后必须对注浆量进行记录，当发现注浆量变化较大时，应进行认真分析研究，通过加大注浆压力等方法补注，当补注不能进行时，必须及时进行二次补浆。在施工中，在黏性土层中注入率为130%～160%，在砂性土层中注入率为150%～200%，注浆压力根据注浆效果进行优化调整。

③尽量减少盾构推进方向的改变

在盾构机推进过程中严格执行“勤纠偏、小纠偏”的原则，严禁大幅度纠偏，尽量减少因施工原因产生的盾构推进方向的改变；当盾构机在曲线段行进或在仰头、叩头推进过程中，必须严格控制超挖方向，保证出土量在合理的范围之内。盾构机的行进方向与盾构操作手的作业水平有直接关系。当盾构操作手熟练程度较高时，能够很好地按照“勤纠偏、小纠偏”原则进行掘进，否则不能正确实施这一原则，当这种情况出现后，大纠偏将造成施工引起的较大超挖,不仅会造成地面沉降增加,而且会使盾构区间所使用的楔形环管片用量加大。在砂层、砂卵石层、局部软弱地层以及通过重要建(构)筑物及危旧建筑施工时,应特别注意盾构掘进的操作。

④严密观察土质变化状况

地下水位变化是盾构施工必然要产生的,但为保证地下水位变化不大,施工中挖掘出土体的质量应当严格监控。施工过程中应杜绝水土分离现象的出现,当所出土体中因地层中含水率较大时,应提高设定土压力,加大气的加入量,这样在平衡土压力提高的同时,可以疏干开挖面的地下水,保证挖掘出土的质量,在砂层中施工时,尤其应当注意出土的质量,必须保证泡沫的使用效果,注意泡沫质量的检查。

⑤施工中减少对地层的扰动

盾构施工对地层的扰动主要是由盾构机千斤顶的推力及刀盘旋转产生的,因而保证盾构机的正常运转,确保盾构机的机械性能就显得十分重要。当土压力突变时,认真分析变化原因,采取相应措施。在试验段施工的整个过程,根据需要使用了泡沫作为添加剂,在使用中定期检查使用性能,并依据实际使用效果,不断优化泡沫的注入率和膨胀率,以达到最佳的使用状态。

⑥保证拼装质量,减小管片变形

隧道管片的变形量与管片拼装的质量有紧密联系,所以在施工过程中,一定要强化拼装施工的管理,保证一次紧固结实,在每环掘进过程中,还应适时对螺栓进行二次紧固。

⑦信息化施工管理

在施工的同时,在施工现场配备了一套监视系统,在地面控制室可以对施工的整个过程进行很好的控制。在地面控制室还有一台与盾构机控制室操作面板相同的实时监控计算机,可以随时观察盾构机的各种状态,及时发现问题,进行处理。施工过程中有大量的施工数据需要记录,而且及时对采集的数据进行分析、总结。特别是监测的数据结果更应当分析,以便通过优化各种施工参数对地表沉降进行控制。

(2)停机前及停机期间的地表沉降控制措施

施工期间,盾构机因为各种原因需要停止施工,为控制停机期间的地表沉降,必须采取一定的措施。

①在停机前采取措施

在盾构机停机前,为加强开挖面的气密性,减少因土仓内漏气而造成的土压力降低,必须对开挖面进行改良处理。采取相应的维持土压力措施,在停机前建立的土压应比正常工作时高,以保证停机期间的土压力。另外,为保证壁后注浆充填密实,在最后一环施工时必须保证注浆用量,在推进完成后,应维持注浆压力在设定压力1h以上,才能确保注浆有效。

②停机期间采取措施

在停机期间,土压力会随时间的推移而降低。因此,必须有专职人员对盾构机前方的土压力值进行记录,保证土压力在计算土压力以上。当土压力低于计算值时可将盾构机少量前进,重新建立土压力,但推进过程中必须进行注浆,或者向土仓内注入膨润土浆液。这两种方法各有优缺点,前者实施较复杂,而土压维持更有效;后者较易实施,但建立的土压力较易再次消散。因此,可根据实际需要选择不同的方案,进行土压力的恢复。一般长时间的停机可采取前者,而短时间,则应当选择后一种方案。

另外,长时间的停机在许多方面对盾构法施工是不利的,过长时间的停机将造成很大的危害。因此,施工中应尽量避免,合理安排工期,保证施工连续。

4.4.4.8　盾构施工地表沉降对地表危房的影响分析

在盾构试验段区间,工程沿线地表为密集的民用平房,且年久未修,在施工前经东城区房屋鉴定站对所有房屋进行安全等级鉴定,其中许多为危房,施工有很大的难度。在施工过程中为确保房屋的安全,我们对所有房屋进行跟踪监测。在施工期间,房屋的沉降量为 -6 ~ 15mm,雍和宫大街 74 号、77 号位于区间隧道中心正上方,经北京市东城区房屋鉴定站鉴定均处于危险状态,其房屋沉降历时曲线如图 4-66 所示。

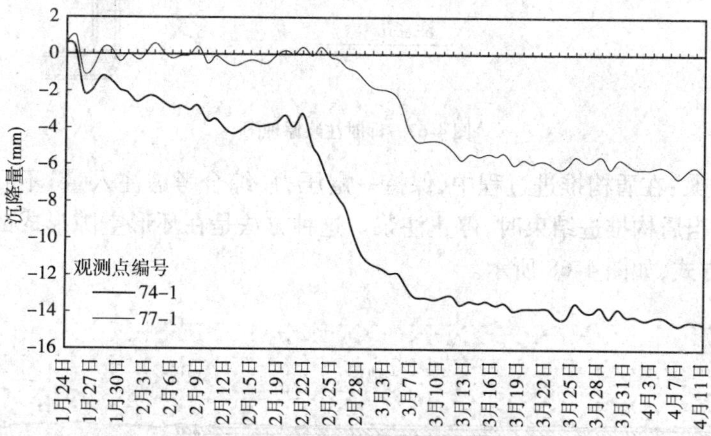

图 4-66　危房沉降历时曲线图

盾构机下穿通过房屋后,对房屋进行了调查,发现房屋外观无变化,原有裂缝没有发展,房屋附近地表土体密实。在试验段沿线的危旧房屋,施工中均未对它们造成影响,这与我们施工中的地表沉降控制密不可分。

通过分析盾构法隧道施工引起地表沉降的原因、影响因素以及盾构法施工地表沉降的过程和每一阶段地表沉降形成的原因,总结、分析盾构法施工在北京地区不同地层引起的沉降槽的形状、沉降槽特点、形成的原因和施工过程中施工参数与地表沉降的关系,针对北京地质情况及所使用盾构机的特点,依据分析结果研究出了一系列地表沉降的控制措施,并在归纳、总结地表沉降规律的基础上提出了对北京地区盾构法隧道施工引起地表沉降的预测公式及相关参数,并将研究成果成功应用于实际施工中的沉降预测和沉降控制,保证了隧道沿线地表沉降量控制在 -17 ~ 5mm 之间。

4.4.5　壁后注浆技术及其效果

4.4.5.1　注浆方式的选择

根据壁后注浆的注入时期,注浆方式主要分为以下两种。

(1)即时注浆:盾构掘进一环结束,立即对脱离盾尾的管片环进行壁后注浆的注浆方式(图4-67)。

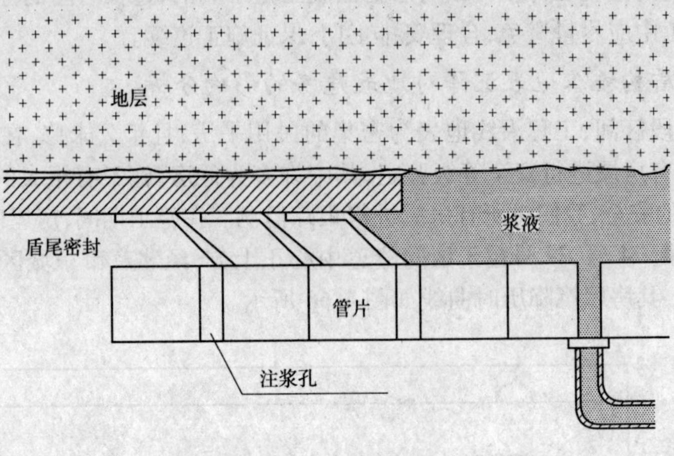

图4-67　即时注浆原理图

(2)同步注浆:在盾构推进过程中,保持一定压力(综合考虑注入量)不间断地从盾尾直接向壁后注浆,当盾构推进结束时,停止注浆。这种方法是在环形空隙形成的同时用浆液将其填充的注浆方式,如图4-68所示。

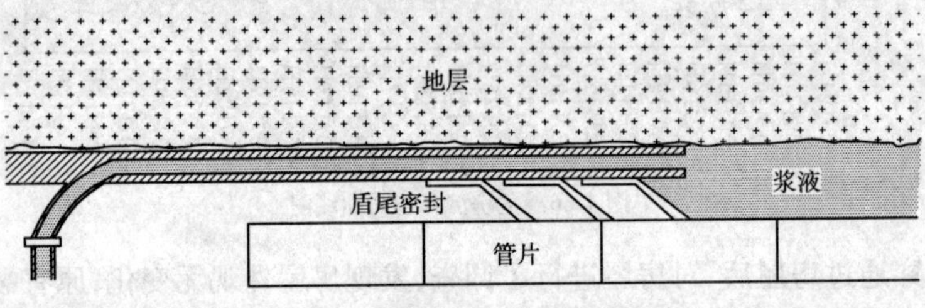

图4-68　同步注浆原理图

选择合理的注浆方式需要综合考虑多方面的因素,主要包括地质条件、注浆机理、作业效率、注浆效果等。

北京地铁5号线盾构试验段工程穿越的地层总体上可分为三段:黏质粉土、粉质黏土层段;粉细砂及砂砾层和卵石层段;粉土层及砂质地层段。区间隧道全部处于潜水位以下。在北京地区,粉质黏土、黏质粉土段地层稳定性较好,其余两地层段在受扰动时均易坍塌,需要在环行间隙形成的同时对其进行填充注浆。结合北京地区的地质特点分析,选择同步注浆方式较即时注浆方式更为合理。此外,在注浆机理、作业效率及注浆效果方面,同步注浆均优于即时注浆。因此,北京地铁5号线盾构试验段工程盾构隧道的施工决定采取同步注浆方式。

4.4.5.2　注浆材料和配比的选择

1)注浆材料应具备的基本性能

根据北京地区的地质条件、工程特点以及现有盾构机的形式,浆液应具备以下性能:

(1)具有良好的长期稳定性及流动性,并能保证适当的初凝时间,以适应盾构施工以及远距离输送的要求。

(2)具有良好的充填性能。

(3)在满足注浆施工的前提下,尽可能早地获得高于地层的早期强度。

(4)浆液在地下水环境中,不易产生稀释现象。

(5)浆液固结后,体积收缩小,泌水率小。

(6)原料来源丰富、经济,施工管理方便,并能满足施工自动化技术要求。

(7)浆液无公害,价格便宜。

2)注浆材料

我们首先结合现场条件和盾构机自身注浆系统的配置,确定采用单液浆进行壁后注浆,然后初步选取了两种单液浆,以便进行对比优选。

(1)以水泥、粉煤灰为主剂的常规单液浆

成分:水泥、粉煤灰、细砂、膨润土(钠土)和水。

(2)以生石灰、粉煤灰为主剂的惰性浆液

成分:生石灰、粉煤灰、细砂、膨润土(钠土)和水。

浆液组成 a 以水泥作为提供浆液固结强度和调节浆液凝结时间的材料,浆液组成 b 以粉煤灰作为提供浆液固结强度和调节浆液凝结时间的材料。粉煤灰还可以改善浆液的和易性(流动性),生石灰能增加浆液的黏度,并有一定的固结作用,膨润土用以减缓浆液的材料分离,降低泌水率,还具有一定的防渗作用,砂在两种浆液中都作为填充料。

3)浆液配比及性能测试

在确定浆液配比时,先根据相关资料,确定了两种浆液的各种材料的基本用量,然后结合浆液站调试,每种配比生产一定方量,并对浆液性能进行相关的测试,从而对配比单进行筛选,保留能够生产出合格浆液的配比,以便今后用于施工。按测试配比拌制出的浆液送到试验室进行主要性能指标的测试。

根据配比单和浆液配合比试验报告中的测试数据,可以绘出浆液流动度、稠度和分层度随时间变化的对比曲线。

由图 4-69 中可知,水泥浆液(配比 1、2、3)的流动性略优于惰性浆液(配比 4、5、6、7、8)。但两类浆液随时间的变化趋势略有不同,水泥浆液的流动性随时间推移下降幅度较大,而惰性浆液的流动性保持平稳。

同样从图 4-70、图 4-71 可以看出,浆液的稠度和分层度也具有类似的规律。

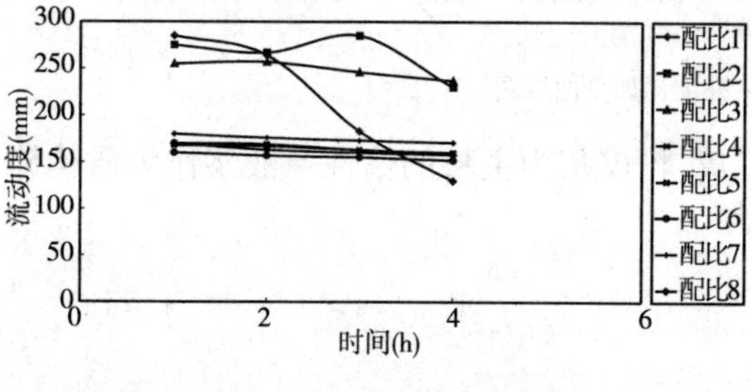

图 4-69　流动度—时间曲线图

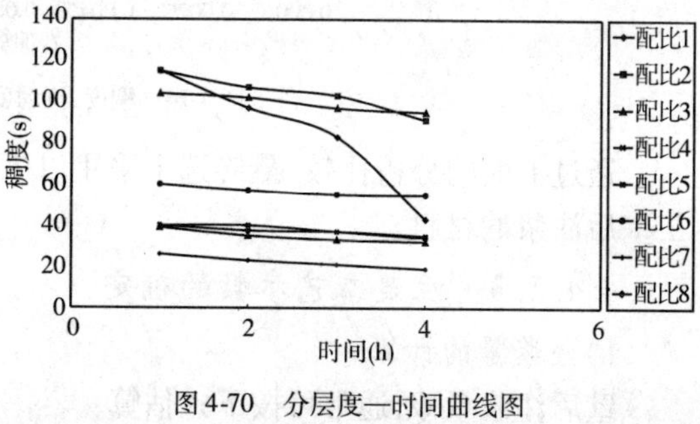

图 4-70　分层度—时间曲线图

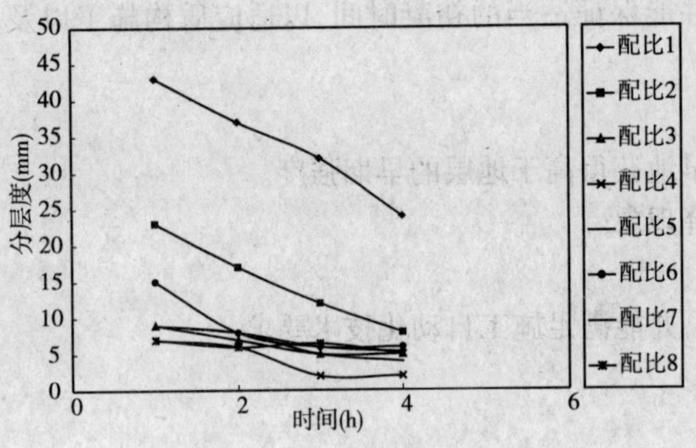

图 4-71　分层度—时间曲线图

根据测试结果还可得知，与水泥浆液相比，以生石灰、粉煤灰为主剂的浆液的凝结时间较长，在 10 ~ 12h 之间。考虑到盾构掘进过程中一些不可避免的停机（如管片拼装、连接电缆、风管、机器维护保养、盾构机临时机、电故障等），若浆液的初凝时间较短，则增加了停机期间发生堵管的可能性，增加额外的清洗工作，并影响盾构的继续掘进。因此，浆液合理的初凝时间应与盾构掘进施工一个工班的时间接近，这样可以在每班结束时再安排浆液输送管路的清理工作，既不影响盾构连续施工，又保证能及时清理管路，避免堵管现象的发生，选用惰性浆液更为可靠。

惰性浆液在主要成分加量不变的情况下，只需调节添加剂的加量就能有效地控制、调节浆液的性能。在施工过程中，可以比较方便地对浆液的性能进行调整，以适应不同地层、不同掘进进度对浆液性能的要求。图 4-72 为石灰配比强度—时间曲线图，图 4-73 为水泥配比强度—时间曲线图，图 4-74 为稠度、流动度—外加剂加量曲线图。

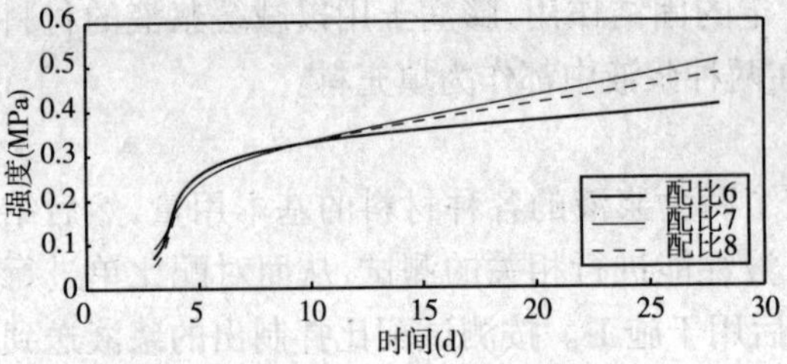

图 4-72　石灰配比强度—时间曲线图

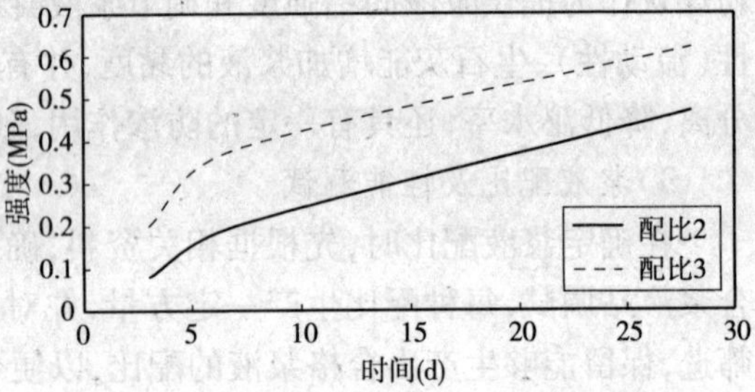

图 4-73　水泥配比强度—时间曲线图

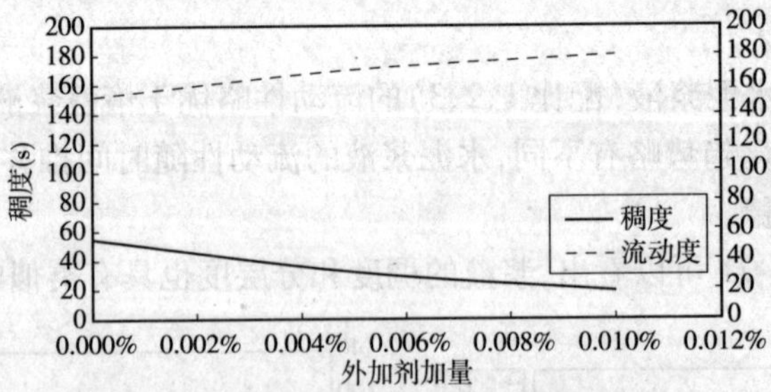

图 4-74　稠度、流动度—外加剂加量曲线图

通过上面的分析比较，最终选定采用以生石灰、粉煤灰为主料的惰性单液浆作为盾构施工壁后注浆的材料。

4.4.5.3　注浆工艺参数的确定

1）注浆量的计算

壁后注浆量 Q，通常可按下式估算：

$$Q = V\alpha$$

式中：V——理论空隙量；

α——注入率。

北京地铁 5 号线采用的土压平衡盾构机刀盘直径 6.20m，而预制钢筋混凝土管片外径为 6.0m，理论上每掘进一环，盾构掘削土体形成的空间与管片外壁之间的空隙的理论体积为：

$$V = 0.25 \times \pi \times (6.2^2 - 6^2) \times 1.2 = 2.298(\text{m}^3)$$

注入率 α 的主要影响因素包括注入压力决定的压密系数 α_1、土质系数 α_2、施工损耗系数 α_3 和超挖系数 α_4，则

$$\alpha = 1 + \alpha_1 + \alpha_2 + \alpha_3 + \alpha_4$$

每环实际注浆量可根据地层和施工损耗等情况选取相应的注入率。

2）注浆压力的确定

北京地铁 5 号线土压平衡盾构机在盾尾处设有四个浆液注入点，盾尾同步注浆的压力因浆液注入点位置的不同而不同。盾尾四个注浆点的位置和相互关系如图 4-75 所示（图中尺寸仅为示意）。

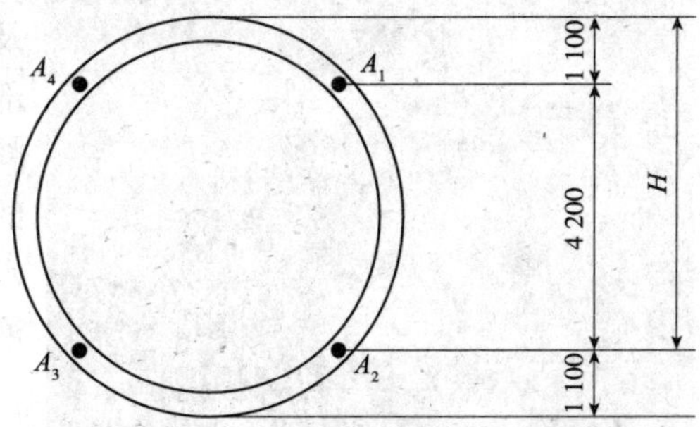

图 4-75　盾尾注浆点的位置和相互关系（尺寸单位：mm）

经计算得出盾构拱顶水土压力，管道中的压力损失在盾构机厂内组装时已测定，则 A_1、A_4 点处注浆压力理论计算值为：

拱顶水土压力 + 管道中的压力损失

最大注入压力为：

（拱顶水土压力 + 管道中的压力损失）×1.25

最小注入压力为：

（拱顶水土压力 + 管道中的压力损失）×0.75

A_2 和 A_3 点处注浆压力理论计算值为：

拱顶水土压力 + 管道中的压力损失 + 侧压力系数 $\times \gamma' \times H + \gamma_{水} \times H$

则最大注入压力为：

（拱顶水土压力 + 管道中的压力损失 + 侧压力系数 $\times \gamma' \times H + \gamma_{水} \times H$）×1.25

最小注入压力为：

（拱顶水土压力 + 管道中的压力损失 + 侧压力系数 $\times \gamma' \times H + \gamma_{水} \times H$）×0.75

实际操作过程中，可根据以上理论计算所得结果分别设定 A_1、A_2、A_3、A_4 点的注浆压力。

3）注浆量和注浆压力的控制

壁后注浆的注入量受浆液向土体中的渗透、泄露损失（浆液流到注入区域之外）、小曲率半径施工、超挖、壁后注浆所用浆液的种类等多种因素的影响。虽然这些因素的影响程度目前尚在探索，但控制注入量多少的基本原则是不变的，就是要保证有足够的浆液能很好的填充管片与地层之间的空隙。

一般每环浆液注入量为 3～4m^3，施工中如果发现注入量持续增多时，必须检查超挖、漏

失等因素。而注入量低于预定注入量时,可以考虑是注入浆液的配比、注入时期、盾构推进速度过快或出现故障所致,必须认真检查,采取相应的措施。

注入压力要考虑不同地层的多种情况,注入压力一般是 $2\times10^5\sim4\times10^5$Pa,由于考虑在砂质或砂卵石地层中浆液的扩散,所以注入压力要比在黏土中的注入压力小一些。

在壁后注浆施工中,为控制注浆效果和质量,应对注入压力和注入量这两个参数进行严格控制,我们采取的是以设定注入压力为主,兼顾注入量的方法。

4.4.5.4 盾构壁后注浆在生产实践中的应用

1)注浆设备简介

(1)浆液站简介

图 4-76 浆液搅拌站

为配合北京地铁 5 号线盾构试验段土压平衡盾构机掘进施工,盾构公司从国外引进了浆液搅拌及泵送系统(图 4-76)。该系统由搅拌和泵送两大部分组成,其中搅拌系统、泵送系统由德国引进,储料罐等钢结构件由国内配套加工制作。搅拌系统的连续生产能力可达到 $10m^3/h$,泵送系统的最长水平泵送距离可达到 1km,可以满足盾构施工对浆液生产和输送的要求。

搅拌系统由砂料储料、计量及上料装置,3 种各自独立的干粉料的储料、计量及上料装置,水和一种液体添加剂的储料、计量及上料装置,还有搅拌机和控制室等组成。该系统的最大优点是采用了连续式计量装置,可以实现连续生产;控制系统采用了可靠性较高的 PLC 控制系统,可以实现自动、手动两种功能,并具有自动采集、存储、打印数据的功能。此外,在两种采用散装罐车加料的储料罐上安装了除尘装置,具有较好的环保性能。

泵送系统由动力包、搅拌罐和柱塞泵等组成,该系统采用的是液压驱动,具有体积小、可靠性高的优点。泵送系统可以单独控制,也可以在搅拌站控制室进行联动控制。

(2)盾尾注浆系统简介

盾尾同步注浆系统,包括储浆罐、注浆泵和控制面板三部分。储浆罐容积为 $5m^3$,可容纳盾构掘进一环注浆所需的浆液。浆罐带有搅拌轴和叶片,注浆过程中可以对浆液不停地搅拌,保证浆液的流动性,减少浆液分离现象。配套设置的两台注浆泵,可以同时对 4 个加注口实施同步注浆。该套系统具有自动、手动两种功能,可以根据要求在盾构机控制室内对盾尾注浆的最大和最小压力进行设定,从而实现对注浆量的控制。由于在系统的相应部位安装了传感器和压力表,在控制面板上可显示盾尾的注浆压力、泵的工作压力及注浆泵的冲程数等参数,以方便对注浆泵的操作、控制。

2)北京地铁 5 号线盾构试验段壁后注浆工艺

(1)前 60m 始发阶段

由于现场条件的限制,此阶段盾构后配套台车位于地表,浆液由浆液站拌制好后直接通过地表管路泵入到后配套台车的注浆罐中，再经泵送至盾尾浆液注入点注入地层。盾尾注浆压力设定为$3\times10^5\sim3.5\times10^5$Pa，采用盾尾上方$A_1$、$A_4$两点注入。

在此段盾构施工过程中，盾构掘进出土时进行同步注浆，以控制注浆压力为主兼顾注浆量(图4-77)。由于当时施工条件所限，盾构每掘进一次时只能出土一斗。土斗装满后需返回竖井口，将土斗吊出倒空再放回平板车上，开至螺旋输送机口下继续掘进下一斗土。在等待土斗的这段时间内，如果注浆压力在掘进结束时未达到要求，那么应持续注浆，直到注浆压力达到要求为止。在拼装管片时，停止注浆，以免拼装时千斤顶部分松开时，注浆会造成管片移位、变形。每天在掘进当天最后一斗土时，将注浆罐中残余的砂浆放掉，由浆液站重新拌制一定方量的膨润土液打入注浆罐，在掘进最后一斗土的过程中用注浆泵泵送，这样从地表台车到盾尾的胶管内以及盾尾注浆管路内即充满了膨润土液，原管路内存留的砂浆被膨润土液挤入地层。停机后，清洗注浆罐、注浆泵，盾尾则在停机6~7h后再用高压清洗设备清洗。通过采用这种方式注浆，避免了停机造成注浆管路和盾尾堵塞，也减少了清洗管路的工作量，保证施工能够连续进行。在此段施工过程中，一方面由于浆液泵送距离较短，另一方面采取的注浆工艺比较合理，在施工过程中基本未出现堵管现象。

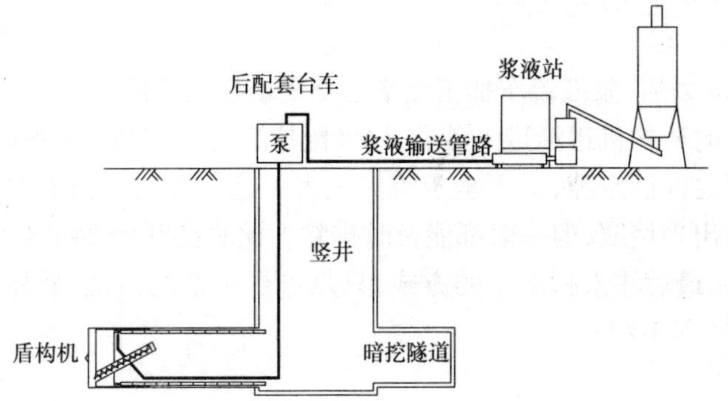

图4-77 前60m始发阶段同步注浆示意图

(2)60~150m正常段施工

盾构掘进60m后，盾构后配套台车全部下入隧道，注浆泵与盾尾之间的注浆胶管缩短，但浆液站至注浆罐的浆液输送管路随盾构的推进不断延长，浆液输送阻力日渐增大，同时浆液在输送管路中停留的时间较长，浆液中砂沉积较多，堵管现象逐渐出现，经常出现在管路中的变径处。此时采取的注浆工艺和前60m相同，只是由于盾构推进进度较快，为保证施工进度，常常等不及拌制膨润土浆液，造成管路清洗工作量加大。100~150m之间，浆液罐车暂时未加工完毕，仍采用管路将浆液从浆液站泵送至隧道内盾构后配套台车上的注浆罐中的方式。由于管路较长，浆液较稠，泵送阻力很大。同时由于要降低成本，将浆液配制材料中的钠土改为了钙土，在不添加外加剂的条件下，拌制的浆液流动性不好，浆液易发生固液分离现象，砂沉淀较快，造成管路极易堵塞，稍不及时清理就会造成清洗极度困难，有时甚至停机10多个小时来清洗管路。此时一方面尝试添加适当的添加剂来改善钙土的性能，保证拌制出的浆液的流动性和减少浆液的材料分离，利于泵送；另一方面采取特殊的泵送方式来减少堵管。具体方法见图4-78。

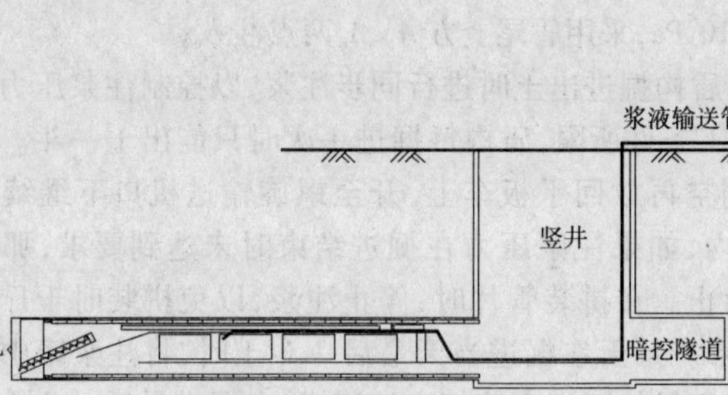

图 4-78　盾构掘进 60 ~ 150m 同步注浆示意图

每环开始推进前，先拌制足够一环使用的砂浆打入注浆罐。当开始掘进后，随着砂浆的消耗不断向注浆罐内补充砂浆，即让浆液站基本不间断泵送浆液，保持浆液在管路中处于流动状态。这样在一环掘进结束时，注浆罐内仍还有够一环使用的砂浆。从拼装本环管片到下一环掘进结束这一段时间，浆液站不需再泵送浆液，可以用清洗球和清水清洗管路，及时疏通浆液泵送管路，减少堵管的可能。这种方法取得了较好的使用效果，即使泵送较稠的浆液，堵管的次数也大大减少，保证了施工的连续性。

(3)150m 后的施工

盾构掘进 150m 以后，浆液罐车加工完毕运至现场投入使用，基本解决了堵管问题，施工进度得到保障。此时盾构机逐渐进入砂层，浆液配比进行了调整，以保证注入的砂浆既能充分充填管片与地层之间的空隙，又不至于流失太大。这一段时间内有时会在注浆泵与注浆胶管之间的变径处出现堵塞，但一般都能及时排除。此时已开始 24h 不间断施工，停机时间很少，基本不再采用最后注入膨润土的方式，只是进行正常的清洗，盾尾在周末停机以后再用高压清洗机清洗(图 4-79)。

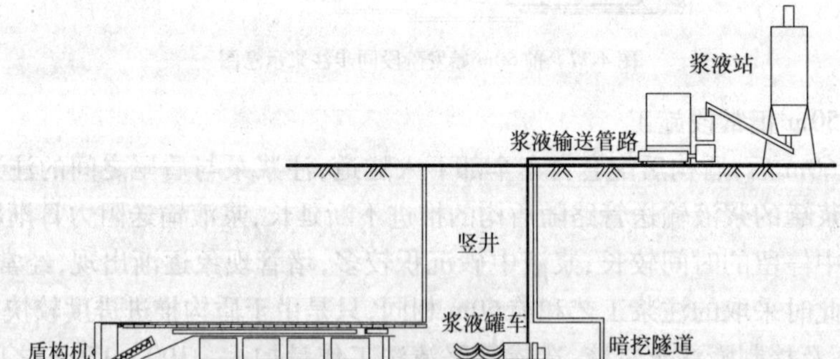

图 4-79　盾构掘进 150m 后同步注浆示意图

3)注浆质量控制

(1)浆液搅拌

制浆时的注意事项：

①对于制浆材料要把好质量关，选用供货质量稳定的供货商。拌制浆液时，不能投入固结的生石灰和膨润土，砂料应是粒径 2 ~ 4mm 的细砂，含泥量不能超过标准，不得混有杂物

和大粒径石子。

②浆液搅拌要充分，拌和要连续，不能间断。

③定期检查计量系统，保证按配比生产浆液。

④根据拌制的第一罐浆液的性能指标，合理调整各骨料和水的加量，保证浆液的性能最终满足要求。

⑤按规定对设备进行日常维护和保养，使设备经常处于良好的工作状态。冬季施工，要对浆液搅拌站的关键部位做好保温工作。

⑥缩短供货周期，尽量缩短原料在施工现场的存放时间，减少材料的板结现象。如用含水率较大的细砂，应相应地调节水的加量。

(2)浆液运输及注入

浆液运输及注入过程中的注意事项：

①若浆液运输距离较长，直接泵送至盾构机浆液罐内容易发生堵管现象，应采用浆液罐车运输，缩短泵送距离，减少堵管现象的发生。

②在浆液站向罐车内泵送浆液的过程中，应保证罐车连续搅拌，防止浆液离析；浆液运送到后配台车后，应及时泵入到储浆罐中，由储浆罐继续进行搅拌。

③罐车泵送完浆液后，及时进行清洗。

④检查从注入孔到泵的输浆管接头的好坏。

⑤注意观察注入压力、注入量。

⑥定期清理注浆管及注浆孔。

4)注浆效果的检测

对于壁后注浆的效果，关键在于浆液在管片与地层间的间隙是否完全充满以及浆液填充后控制地层沉降效果的检测。需要有选择地在部分管片上打检测孔，对注浆效果进行探查、检测。

在盾构施工过程中，在隧道内部分位置进行了注浆效果检测。在黏质粉土、粉质黏土层中采用惰性浆液进行的盾尾同步注浆，由于土层较密实，浆液渗入地层深度不大，在 2 ~ 4cm之间，浆液固结体厚度在 18cm 之间，浆液实际注入量在 2. 4 ~ 2. 7m^3之间，为理论计算量的 104% ~ 117%，与我们预计的基本相符。而在砂、砾石层区段进行的注浆，由于浆液的渗入深度较大，在 4 ~ 10cm 之间，浆液固结体厚度一般在 20cm 以上，浆液用量相应有所增加，在 3. 7 ~ 4. 5 m^3之间，为理论计算量的 161% ~ 195%，略超出预计值。管片四周浆液充填良好，有的部位浆液厚度可达 320mm。建成的隧道基本无渗漏，管片基本无错台。根据地表沉降监测报告，沿线地表沉降都控制在 - 17mm 之内，沉降曲线见图 4-80。

通过图 4-80 可以看出我们选用的注浆材料、配比和采用的注浆工艺是合理的，注浆效果良好。

结合北京地铁盾构试验段工程的实际情况，研究确定了采用生石灰和粉煤灰作为主料的惰性浆液（已申报了发明专利，专利申请号:02158588. 1）作为盾构隧道壁后注浆的浆液，并通过试验确定了浆液的配合比，选用合理的生产设备，配置出满足使用要求的浆液用于施工。在施工过程中研究确定了合理的注浆压力、注浆量等壁后注浆工艺参数，总结出了北京地区盾构施工过程中的壁后注浆工艺,取得了盾构隧道壁后注浆的施工经验,并得出了一整套盾构隧道壁后注浆的质量控制措施。研究确定的浆液不仅减少了堵管的发生,提高了工效,降低了成本,具有良好的经济效益,而且由于壁后注浆工艺和参数控制良好,壁后注浆起到了良好的填充空隙、控制沉降和防水的作用,保证了施工的安全顺利进行,具有很好的社会效益。

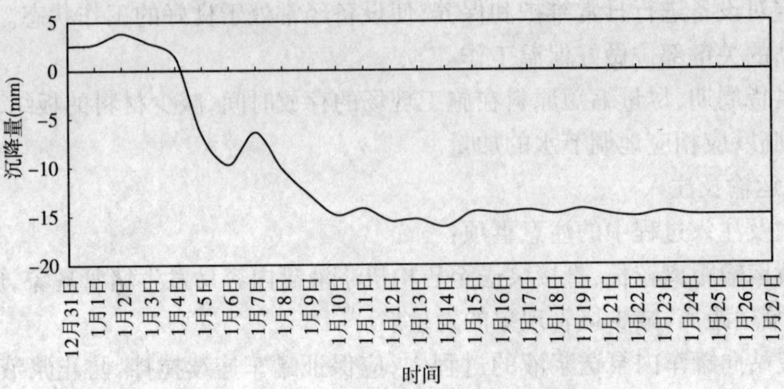

图 4-80 G17 断面时间—沉降曲线图

4.4.6 盾构施工监测技术的研究

4.4.6.1 监测项目的选择

由于土压平衡盾构机在施工过程中盾构机前方土体受到挤压、切割等作用,土体的原始应力平衡状态遭到破坏,土体应力发生变化而产生重分布,造成土体变形,孔隙水压力变化和地下水位变化。这必将对周边和地表环境造成影响。为了准确掌握盾构施工对周围土体和地下水位的影响范围和影响规律,保证周边环境及施工的安全,需对地下水位、地中的水平位移、地中的垂直位移以及地表沉降这四项进行监测。通过这些项目的监测和对监测数据的分析,总结在北京地质条件下盾构施工过程中地表沉降、地中位移和地下水压力的变化规律,掌握不同地层中盾构施工对周边土体的影响范围的大小,为在类似地层中进行盾构施工积累经验。

4.4.6.2 监测方案确定及优化

最佳监测方案是采集到可靠、有效、精准的监测数据的基本保证。由于监测项目多,采用多种监测手段同步进行。对比水平位移和垂直位移之间的异同,经研究分析决定二者采用“二管合一”的监测手段,既能满足监测数据的要求,又能节省监测费用。根据盾构所通过的地质条件不同,在不同的地质段至少布设一个完整的监测断面。试验段工程在垂直于隧道中线方向分别布置了三条监测断面。每条断面各布 7 个分层沉降、测斜监测孔,最大测孔深度为 24m,最小测孔深度为 10m。在每条监测断面附近各布一个孔隙水压力监测孔,根据地质情况,在含水层中埋设孔隙水压力计,对孔隙水压力进行监测;在孔隙水压力监测孔隧道的另一侧布设地下水位长期观测孔。

1)测点布置

监测断面的测点布置见图 4-81。

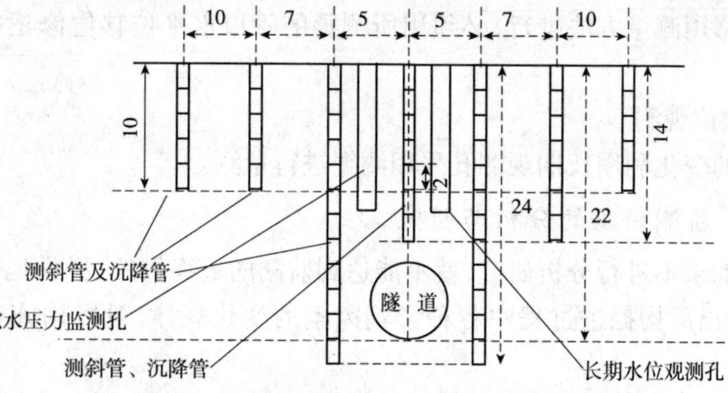

图 4-81　垂直位移、水平位移、孔隙水压力监测点位置示意图(尺寸单位:m)

2) 测点埋设

(1) 垂直位移和水平位移监测

垂直位移监测与水平位移监测采取“两管合一”方案,即在塑料测斜管外埋设深层沉降标,沉降标由一段塑料管和磁性标环组成。此管采用钻孔法埋设。钻孔直径为 127mm,应用套管护壁,钻孔要注意保证垂直,要有完整的地层原始记录。钻孔深度大于设计深度 2m。成孔之后,清孔,立即测量孔深;然后将安装好磁力环的测斜管缓缓插入孔内,特别注意测斜管的十字槽口的一对槽要垂直于盾构行进方向。在孔壁与测斜管之间的空隙中注入净砂,回填密实。图 4-82 为测斜管埋设示意图。

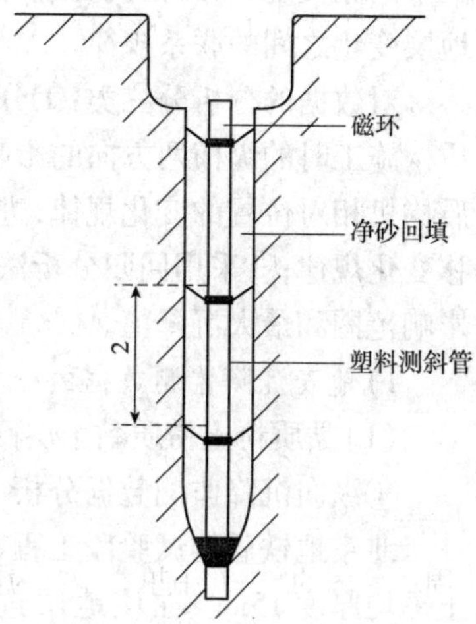

图 4-82　测斜管埋设示意图(尺寸单位:m)

(2) 地表沉降监测

为监测盾构施工产生的地表沉降,沿隧道方向布置了 G1 ~ G17 共 17 条地表沉降监测断面。每个监测断面在隧道走向的垂向方向上又布置 5 ~ 7 个的监测点,其点间距约为 5 ~ 7m,参见前述的“地表沉降控制技术的研究”。

(3) 地下水位长期观测

地下水位分潜水与承压水位,采取立管与测压管进行观测。

3) 监测方法

(1) 垂直位移监测

将带有测绳的探头缓缓放入测管,当遇到磁环时,根据仪器指示,测绳在反应点停住,测读管口的读数。当探头到达管底后,再缓缓向上提,按前述方法测读。同一磁环的两次读数的平均值即为它的最终读数。在每根测管测试的同时,必须用水准仪测量管口的高程变化,以此修正沉降测读数。

(2) 水平位移监测

将测斜仪的导向滑轮对准测斜管口的十字槽中的两条槽(如 *AB* 向)。将测绳缓缓下放,每下放 0.5m 测读一次,连续下放测读,直至管底。然后拉上测斜仪出管口,转向 180°,再下放测读,两次测读的平均值即为 *AB* 向的最终读数。*CD* 向的测试也是如此进行。测斜管口的水平位移用测量方法进行,必须用所测得的管口水平位移值修正每个测点的土体水平位移值。

(3)地下水位观测

地下水位的变化利用长期观测孔采用测绳进行量测。

4.4.6.3 监测数据的分析与研究

监测数据如果不进行分析研究,就不能达到监测的最终目的,科学地对监测数据处理分析,客观地反映出盾构掘进过程中各种影响因素的变化规律,对盾构施工具有重要的指导意义。

盾构是依靠盾构千斤顶的推力向前推进的,正确地使用千斤顶是盾构能沿着设计的方向准确地向前推进的最有效的措施。在实际过程中,由于土层条件的复杂性和施工中诸多不可预见因素的作用,常使盾构机推进过程中发生姿态的变化,出现盾构机偏离设计轴线的情况。当盾构机在曲线推进、纠偏、抬头推进或叩头推进过程中,实际开挖断面不是圆形而是椭圆,引起地层的损失。在盾构推进过程中,应分析各种监测数据与盾构在曲线推进、抬头或叩头推进过程中推力变化的相应联系,盾构机在不同的地质条件的地层中掘进各影响因素的相关规律,盾构机掘进时土仓压力建立的大小与对周边影响的相关关系,以及土压与地层变化之间的联系规律。

对数据的分析分三类:①分析各测点地表沉降与盾构机相对位置的变化规律,进而确定盾构施工时的纵横两方向的影响范围及水平/竖直位移变化规律;②分析各测点地中位移与盾构机相对位置的变化规律,进而确定盾构施工时的纵横两方向的影响范围及水平/竖直位移变化规律;③采用回归分析法分析沉降槽和盾构机相对位置的变化规律,进而确定最大的影响范围和最大沉降值。

1)地表沉降监测数据的分析

(1)黏质粉土粉质黏土层区段

①纵向沉降监测数据分析

北京地铁盾构试验段工程黏土层在 K11 + 970 ~ K12 + 192 段,此段盾构是抬头掘进,覆土平均厚度 15m。在该地层选取 G4 监测断面(里程为 K12 + 106.25)的数据进行分析(图4-83、图 4-84)。

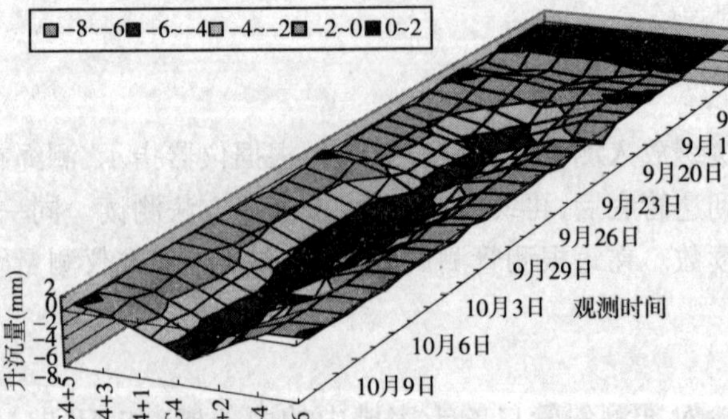

图 4-83 G4 断面沉降曲线图

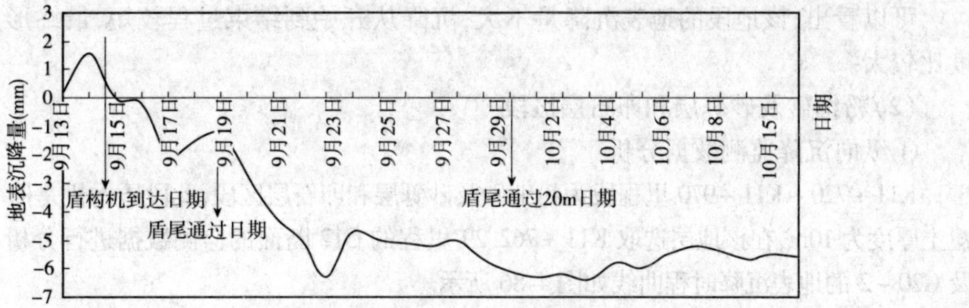

图 4-84　G4 断面 G4 点变化量—时间关系曲线图

通过以上的各种关系图可以看出盾构机在掘进过程中地表变化的趋势为：在黏质粉土粉质黏土层段盾构机在没有到达前 15m 时，黏土层段开始微有上升的趋势，上升的量不大，不超过 2mm，在盾构机到达时开始下降，直至盾构机过后 20m 开始趋于稳定，最大沉降量不超过 7mm。

②横向沉降监测数据分析

根据大量的数据分析及其图形的变化趋势选定 PECK 公式：

$S=S_{\max}e^{\frac{-y^2}{2i^2}}$为地表沉降回归曲线方程，此方程是非线性的，可将它转换成线性的相关关系，然后用线性的回归分析来处理。

将 $S=S_{\max}e^{\frac{-y^2}{2i^2}}$ 变换得：

$$\ln S=\ln S_{\max}+[-1/(2i^2)]y^2$$

设 $\ln S=Y$，$\ln S_{\max}=A$，$-1/(2i^2)=B$，$y^2=X$，则有：

$$Y=A+BX$$

方程 $Y=A+BX$ 是线性方程，根据地层的差异选择不同的断面及同时间段的数据进行回归计算，得到的回归曲线(图 4-85)，其回归分析成果如表 4-11 所示。

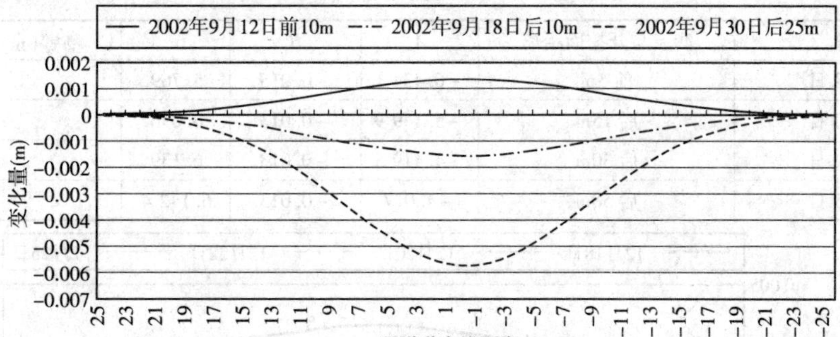

图 4-85　G4 断面回归分析曲线图

回归分析成果表　　表 4-11

时间	测点距开挖面距离	A	B	i	槽宽(m)$L=2i\sqrt{2\pi}$
2002 年 9 月 12 日	前 10m	−6.593	−0.006	9.048	45
2002 年 9 月 18 日	后 10m	−6.478	−0.006	9.097	45
2002 年 9 月 30 日	后 25m	−5.160	−0.007	8.212	41

可以看出,该地段的地表沉降量不大,沉降从开始到结束过程较短,最终形成沉降槽宽度比较大。

(2)粉细砂及砂砾层和卵石层区段

①纵向沉降监测数据分析

K11 +720 ~ K11 +970 里程段为粉细砂及砂砾层和卵石层区段,此段盾构机是叩头掘进,平均覆土厚度为10m,在该地层选取 K11 +762.29 里程的 G12 断面的监测数据进行分析,其测点 G20 及 G20 -2 的地表沉降时程曲线如图4-86 所示。

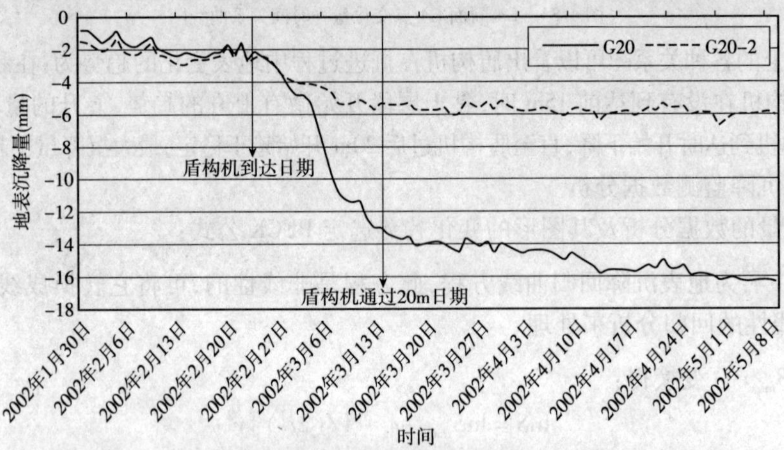

图4-86　G12 断面 G20 及 G20 -2 测点地表沉降量—时间关系曲线图

②横向沉降监测数据分析

通过表4-12 中的数据可画出不同时间段的回归曲线(图4-87)。

G12 断面回归分析成果表　　表4-12

时间	测点与开挖面距离	A	B	i	槽宽(m)$L=2i\sqrt{2\pi}$
12 月 18 日	前 5m	-6.434 1	-0.015	5.769	29
12 月 20 日	后 15m	-5.149 9	-0.013	6.096	31
12 月 22 日	后 30m	-4.419 5	-0.013	6.139	31
12 月 25 日	后 50m	-4.077	-0.013	6.142 4	31

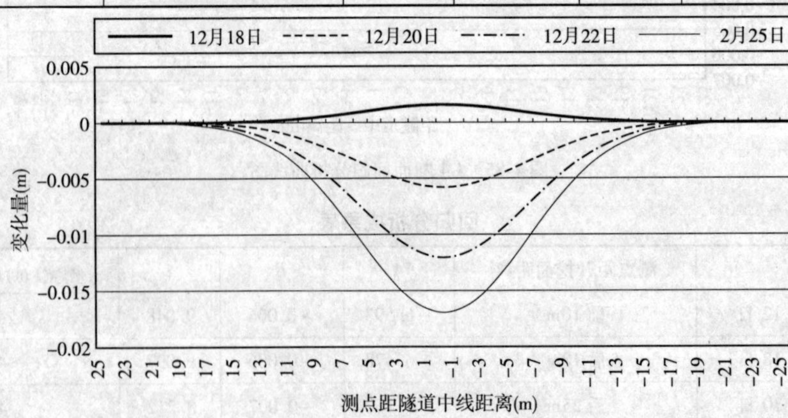

图4-87　G4 断面回归分析曲线图

可以看出,该段的地表沉降曲线与黏土层的地表沉降曲线相比较,沉降从开始到稳定的过程变长。沉降曲线有以下几个特点:最大沉陷量相对比较大,沉降槽形状明晰,能与正态分布的曲线相符,除个别曲线的对称性差外,总体来看左右对称,能很好地反映沉降特征。

(3)粉土及砂质土层区段

①纵向沉降监测数据分析

K11 + 504 ~ K11 + 720 里程段为粉土及砂质土层区段,此段盾构机是叩头掘进,平均覆土厚度为 9m,在该地层选取 K11 + 570 里程的 G20 断面的监测数据进行分析,其测点 G20 - 1 的地表沉降时程曲线如图 4-88 所示。

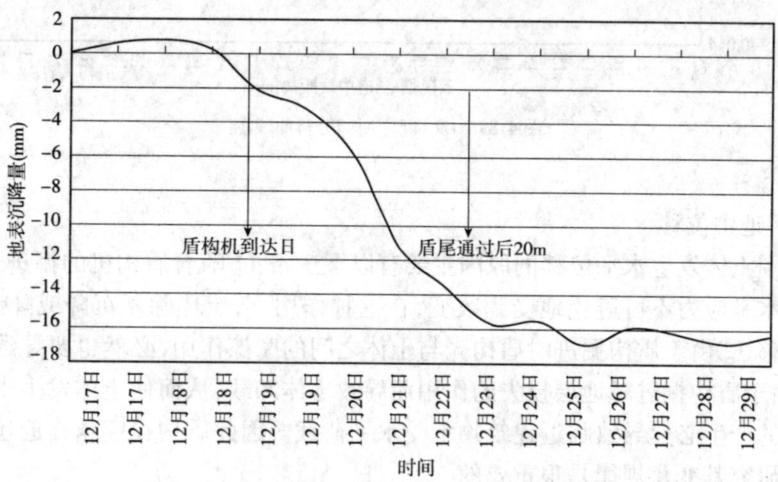

图 4-88　G20 断面 G20 - 1 测点地表沉降量—时间关系曲线图

G20 断面的地表沉降关系图可以看出盾构机在掘进过程中地表变化的趋势为:在砂层段盾构机在没有到达前时没有上升趋势,在前 20m 时有下降的趋势,直至盾构机过后 20m 开始趋于稳定。最大沉降量在 17mm。

②横向沉降监测数据分析

通过表 4-13 中数据可得回归曲线(图 4-89)。

G20 断面回归分析成果表　　表 4-13

时间	测点与开挖面距离	A	B	i	槽宽(m)$L=2i\sqrt{2\pi}$
2 月 11 日	前 10m	−5.447	−0.012 3	6.351	32
3 月 7 日	后 10m	−4.597	−0.011 6	6.534	33
3 月 18 日	后 18m	−4.523	−0.010 7	6.814	34
4 月 15 日	后 50m	−4.350	−0.011 0	6.723	34

本段地表沉降量与砂卵石层的地表沉降基本相同。

通过不同断面的回归分析可得,盾构机通过时地表的横向沉降范围基本满足如下的规律:

$$B = 2(H + 2R) \tag{4-18}$$

式中:B——沉降槽宽度;

H——隧道的覆土厚度;

R——隧道的半径。

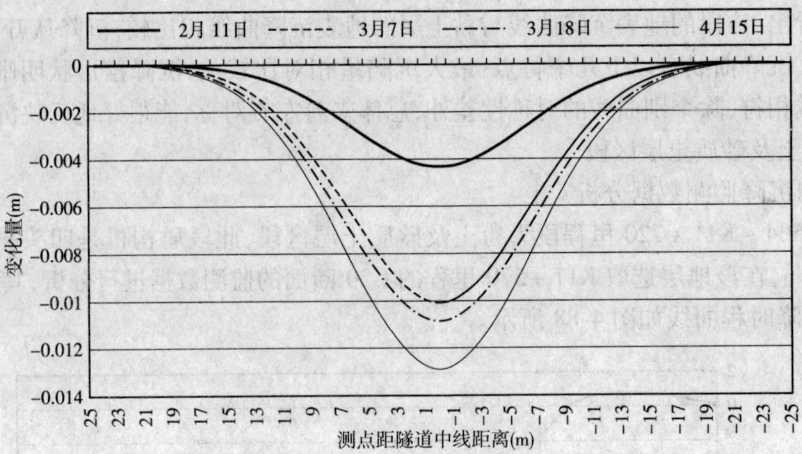

图4-89 G20断面回归分析曲线图

2)地中位移

(1)水平地中位移

导致周围土体发生水平位移的原因主要有以下三条:①随着盾构机的掘进,盾构切口处土体的原始水平应力不可避免地受到改变,在这种作用下,土体除了沉降或隆起以外,还要发生水平位移;②由于盾构掘进时盾构壳与土体之间的摩擦作用,必然也要导致土体发生水平位移;③由于盾构掘进时地层损失的作用而导致土体卸载,从而使土体发生水平位移。由于水平位移的产生必然导致临近建筑物承受水平荷载。因此盾构在穿越临近建筑物的施工过程中分析研究其变化规律是很重要的。

为了使采集的数据具有可比性,在同一个监测断面C上布置了4个测孔,分别是C4(位于隧道中心线上方)、C5(距隧道中线7m)、C6(距隧道中心线14m)和C7(距隧道中线21m),然后将C4、C5、C6和C7测孔采集到的数据绘制成水平地中位移的时程曲线图,进行对比分析。从图中可以看出:在地层的同一深度,距隧道越近扰动越大,水平位移越大,但位移量最大不超过6mm,粉细砂及砂卵石层的位移要比粉土及砂层位移大,且范围也大。从位移量比较,粉细砂及砂卵石层是粉土及砂层中的2倍。从影响范围比较,粉细砂及砂卵石层在距隧道中线外15m左右,位移小于1mm,而粉土及砂质地层在距隧道中线10m左右,位移就小于1mm。它们的影响范围和变化趋势详见图4-90和图4-91)。通过分析得出的这些规律,可以预测不同地层盾构施工的影响范围,对今后在类似地层进行盾构施工提供了宝贵经验。在盾构隧道紧邻其他地下建(构)筑物或建筑物基础时,可以根据这些规律确定盾构施工是否会对其造成影响,造成多大影响以及如何有效地避免盾构施工的影响。

图4-92和图4-93分别是粉细砂及砂砾层及卵石层和粉土及砂质地层中不同深度测点在不同时间的水平位移变化曲线,C4测孔位于隧道的正上方,D5测孔位于隧道旁边距隧道7m。从图中可以分析得出:位于隧道正上方土体的位移量很小,位于隧道两侧土体的位移量稍大于隧道上方的土体位移。

(2)垂直地中位移研究

盾构在掘进过程中对周边土体的垂直位移影响很小,下面对在粉细砂及砂砾层及卵石层中D5测孔采集的不同深度土层垂直位移数据进行分析,数据见表4-14。

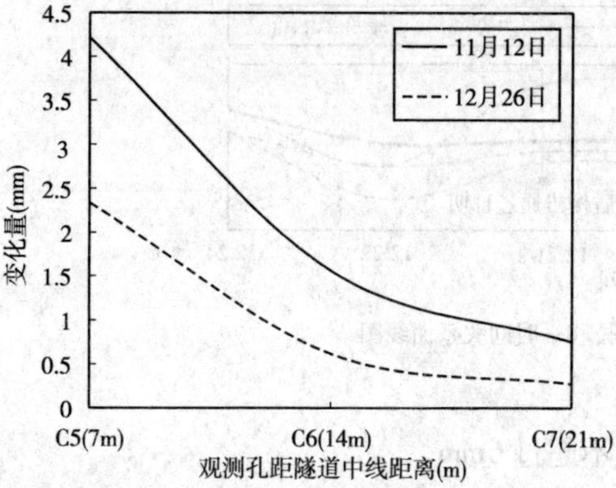

图 4-90　粉细砂、砂卵石地层地中位移变化曲线图

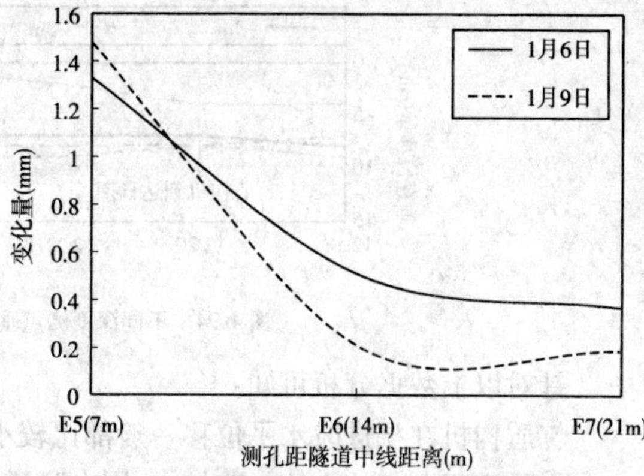

图 4-91　E 断面粉土及砂质地层地中位移变化曲线图

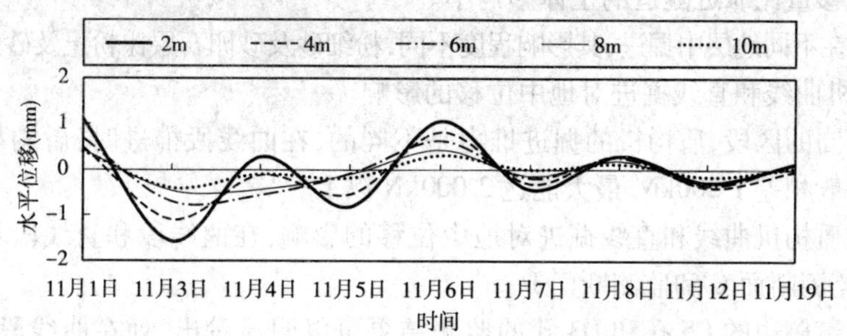

图 4-92　隧道上方 C4 测孔不同深度位移曲线图

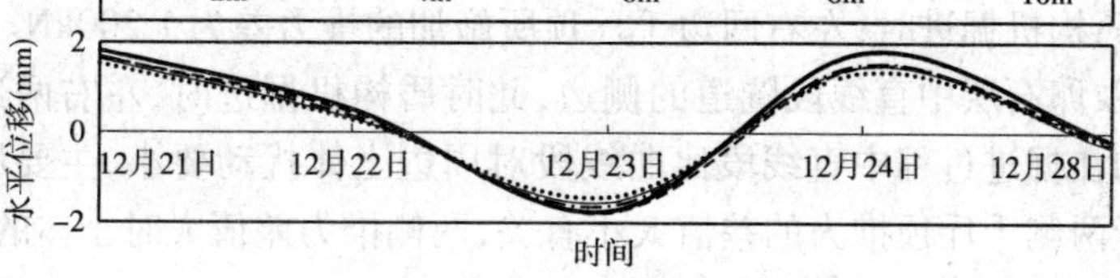

图 4-93　D5 测孔不同深度位移曲线图

D5 测孔不同深度的垂直位移与时间关系表　　表 4-14

时间 垂直位移	12 月 18 日	12 月 20 日	12 月 21 日 (1)	12 月 21 日 (2)	12 月 22 日	12 月 24 日
-2m	-0.007 9	-0.006 8	-0.006 9	-0.006 9	-0.007 2	-0.004 2
-5m	-0.006 9	-0.007 8	-0.008 9	-0.008 9	-0.012 2	-0.006 2
-7m	-0.008 9	-0.007 8	-0.007 9	-0.007 9	-0.009 2	-0.006 2
-11m	-0.003 9	-0.003 8	-0.001 9	-0.001 9	-0.009 2	-0.004 2

根据表 4-14 中数据绘制了不同深度测点垂直位移—时间关系曲线图(图 4-94)。从图中可以看出,盾构在整个掘进过程中土体的垂直位移量都不大,最大量小于 13mm,从盾构掘进的各过程分析,盾构机在到达前至盾构机通过时这一阶段,位移量不大且比较平缓;盾构机通过后,位移量增大且变化速率增大,而后盾尾通过 10m 土体又有回升趋势,盾构通过后随着注浆的逐渐充实是形成这一现象的最主要原因。

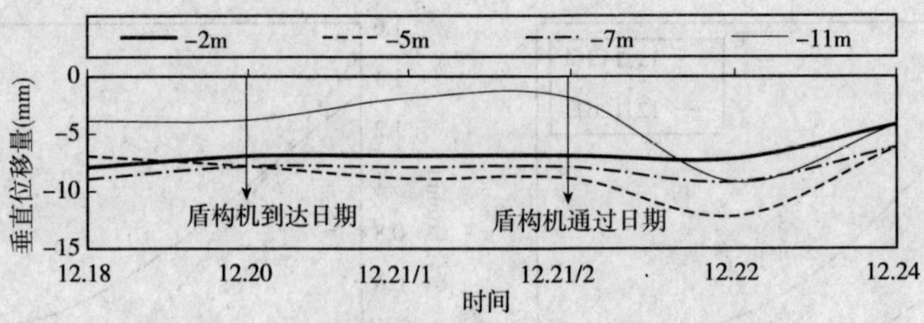

图 4-94　不同深度测点垂直位移—时间关系曲线图

针对以上数据分析可知：

①盾构机在掘进时水平位移一般都比较小，不超过 6mm。

②隧道正上方的土体影响较小，同在隧道一侧的土体位移量与距离隧道的远近有关，离隧道越远的位移量比靠近隧道的土体影响小。

③盾构机在不同地层中掘进，其影响程度不同，粉细砂及砂卵石层比粉土及砂层中影响大。

(3)盾构机曲线和直线掘进对地中位移的影响

在掘进不同的区段，盾构机的掘进推力是不同的，在曲线段推进时，盾构机左右两边千斤顶的推力一般相差 1 200kN，最大能达 2 000kN 以上。

为了研究盾构机曲线和直线掘进对地中位移的影响，在曲线段和直线段均布置了监测断面，分别是监测断面 C 和监测断面 D。

从同在隧道侧边的 C5 孔和 D3 孔的监测结果可以明显看出，处在曲线段的 C5 孔比处在直线段 D3 孔地中水平位移明显要大，C5 孔的水平位移在 5mm 左右，D3 孔的水平位移最大也不超过 2mm。C5 是在粉细砂、砂砾层及卵石层中的曲线段的监测孔，C5 监测孔位于隧道的侧边，此段盾构机掘进时，左右两边千斤顶所施加的推力差为 1 200kN。D3 监测孔位于粉细砂、砂砾层及卵石层中直线段隧道的侧边，此时盾构机掘进时、左右两边施加的推力相同。这说明盾构在掘进过程中直线段比曲线段对周边土体扰动要小，主要原因与盾构在推进过程中施加于两侧千斤顶推力的差值大小有关，两侧推力差值大时土体的水平位移大。

3)盾构机在不同地层掘进过程中对地下水位的影响

盾构机在掘进过程中水位也是在不断的变化，为掌握其变化情况选用不同地层中所采集的数据进行对比分析，C9 是在粉细砂及砂砾层及卵石层中的水位观测孔，D9 和 E9 是在砂层中的水位观测孔，从不同地层的水位变化曲线图可以看出盾构机在到达之前水位有下降趋势，盾构机过后水位有回升趋势；在粉细砂、砂砾层及卵石层中水位回升的幅度较大，在粉土及砂质地层中回升的幅度比较平缓，盾构机过后 30m 水位基本回到原来位置。通过这一现象可以分析得出水位变化的原因：盾构在掘进时，盾构周围土层中的滞水流失造成水位下降。盾构过后，地下水得到周边地层补给水，使水位得到回升。图 4-95 为 C9 测孔地下水位—时间关系曲线图，图 4-96 为 D9 测孔地下水位—时间关系曲线图，图 4-97 为 E9 测孔地下水位—时间关系曲线图。

结合北京地铁盾构试验段工程的实际情况，研究选定了盾构隧道施工的监测项目，并确定了合理的测点布设方法、监测方法和监测仪器，通过对采集到的监测数据进行系统的分析研究，得出不同地层的地中位移、地表沉降、孔隙水压力、地下水位等各项监测数据随盾构推进而变化的规律及其影响因素，不仅用于指导施工，还为设计进行优化提供了依据。

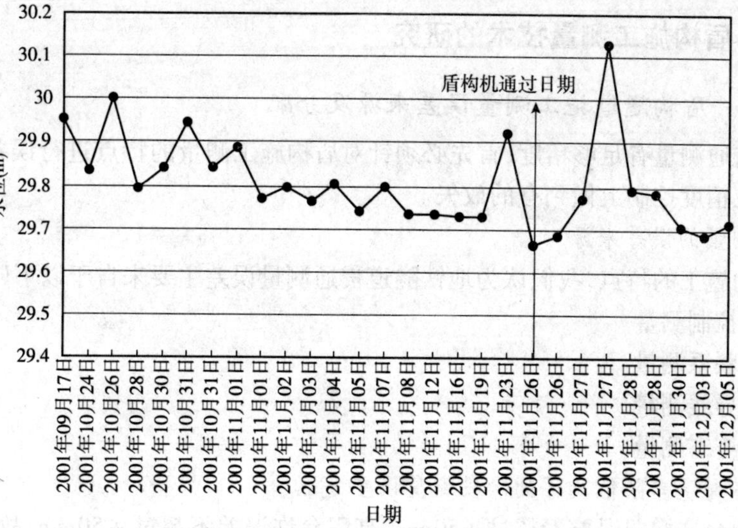

图 4-95　C9 测孔地下水位—时间关系曲线图

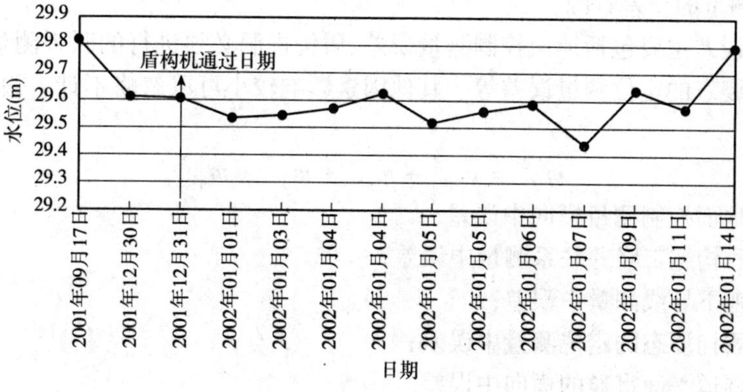

图 4-96　D9 测孔地下水位—时间关系曲线图

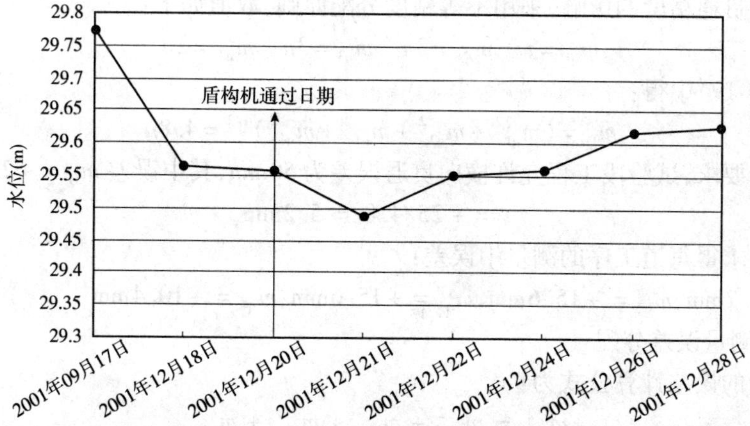

图 4-97　E9 测孔地下水位—时间关系曲线图

4.4.7 盾构施工测量技术的研究

4.4.7.1 盾构隧道施工测量误差来源及分配

为保证贯通测量有足够精度，首先必须针对盾构施工测量的特点进行误差分析，为以后的测量工作在精度控制上做到有的放矢。

1)隧道测量的误差来源

结合盾构施工的特点，我们认为地铁隧道贯通测量误差主要来自于以下四道测量工序：

(1)地面控制测量。

(2)竖井联系测量。

(3)地下导线测量。

(4)盾构姿态测量。

2)隧道贯通误差限值及不同阶段测量误差分配

本工程的允许横向误差不超过+50mm，高程允许误差不超过+50mm，故其相应的中误差为+25mm。

(1)平面测量的误差分配

横向贯通误差主要包括地面控制测量误差、盾构进洞必须进行的联系测量误差，地下导线测量及盾构姿态的定位测量误差等。其他因素影响较小可以忽略不计。假设各项误差相互独立，则有：

$$m_Q^2 = m_{q1}^2 + m_{q2}^2 + m_{q3}^2 + m_{q4}^2 \tag{4-19}$$

式中：m_{q1}——地面控制测量横向中误差；

m_{q2}——盾构施工竖井联系测量中误差；

m_{q3}——地下导线测量中误差；

m_{q4}——盾构姿态的定位测量中误差；

m_Q——隧道平面贯通的横向中误差。

考虑到试验段工程的实际情况，以及所用测量方法和已建地铁测量工作的实际经验，各种误差对横向贯通精度的影响，采用不等精度分配原则，取值如下：

$$m_{q1} = n \quad m_{q2} = 3n \quad m_{q3} = 3n \quad m_{q4} = 2n$$

代入式(4-19)中得：

$$m_Q = (m_{q1}^2 + m_{q2}^2 + m_{q3}^2 + m_{q4}^2)^{1/2} = 4.8n$$

根据设计要求，试验段工程允许横向贯通误差为50mm，其中误差$m_Q = +25$mm。

$$n = +25/4.8 = 5.2\text{mm}$$

从而可以求得每道工序的测量中误差：

$m_{q1} = +5.2$mm，$m_{q2} = +15.6$mm，$m_{q3} = +15.6$mm，$m_{q4} = +10.4$mm

(2)高程测量误差分配

高程测量的误差计算公式为：

$$m_H^2 = m_{h1}^2 + m_{h2}^2 + m_{h3}^2 + m_{h4}^2 \tag{4-20}$$

式中：m_{h1}——地面高程控制测量中误差；

m_{h2}——盾构进洞处通过竖井传递高程的测量中误差；

m_{h3}——盾构机姿态高程测量中误差；

m_{h4}——由盾构进洞处到隧道贯通处地下水准测量中误差；

m_H——区间隧道高程贯通测量中误差。

根据地铁测量的经验，高程测量误差采用不等精度分配取值如下：

$$m_{h1}=+14\text{mm},m_{h2}=+10\text{mm},m_{h3}=+10\text{mm},m_{h4}=+14\text{mm}$$

代入式(4-20)中得，$m_H=+24.3\text{mm}<25\text{mm}$。

按上述分配，进行平面和高程控制测量，只要把握每一环节的误差范围，将能满足试验段工程区间隧道的贯通测量的精度要求。

使用仪器：由于每一测量环节的精度要求很高，如没有高精度的仪器也无法实施，所以我们在整个过程使用稳定性好、精度高的全站仪 - leica T2000（2 +2ppm）测角中误差为 0.5″，精密水准仪 leica - NA2 及配套测微器和铟钢尺。

4.4.7.2　盾构隧道施工地面控制测量的研究与应用

地面控制测量包括平面控制网测量和高程控制网测量。

1）地面平面控制网的布置研究

GPS（全球定位系统）布设平面控制网已经得到广泛应用。根据盾构机从施工竖井出发至接收井贯通，中间不设施工竖井的特点，试验段工程利用 GPS 技术精度高、不需控制点间通视、布网速度快、工作量小等优点布设盾构施工平面控制网，考虑到施工需要，在施工竖井和接收井附近各布设三个 GPS 近井点，其中两个点作为坐标起算和起始方向，另一个点作检核方向。

盾构施工 GPS 平面控制网，起算于地铁 5 号线首级 GPS 控制网，使用标称精度不低于 $10\text{mm}+5\times10^{-6}\times d$ 的 GPS 接收机，采用规范规定的四等技术要求进行观测。

2）地面高程控制网的布设研究

为了方便施工及地面的变形监测，在线路沿线布设一条二等加密水准线路，采取往返等距二等水准的施测方法观测，往返闭合差不大于 $0.6n^{1/2}$，n 为测站。

3）地面控制测量实施

根据现场情况，在始发井和接收井间布设 GPS 控制网，其布网形式如图 4-98 所示。

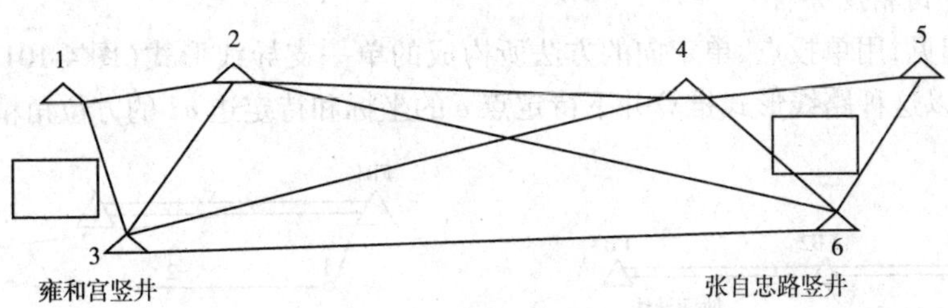

图 4-98　地面控制网布设示意图

上述 GPS 控制网摒弃了以往 GPS 加导线的常规测量方法，既大大减少了工作量，又提高了测量精度。

4.4.7.3　竖井联系测量研究

竖井联系测量是隧道贯通测量中一个重要环节，它主要是将地面上控制点的坐标和方位角传递至地下隧道,作为地下导线的起算坐标和起始方位角。试验段工程的联系测量采用了由全站电子经纬仪、1/20 万垂准仪和陀螺经纬仪的联合作业的新方法,使竖井定向测量工作摆脱了传统的悬吊钢丝投点的联系三角形方法。新的竖井定向测量方法不仅克服了受城市地铁施工场地狭窄制约,使测量图形强度不易提高、占用竖井时间过长等缺点,同时也提高了测量精度,缩短了测量时间,为地下铁道的施工提供了快速、准确的测量保障。

1)竖井定向方法

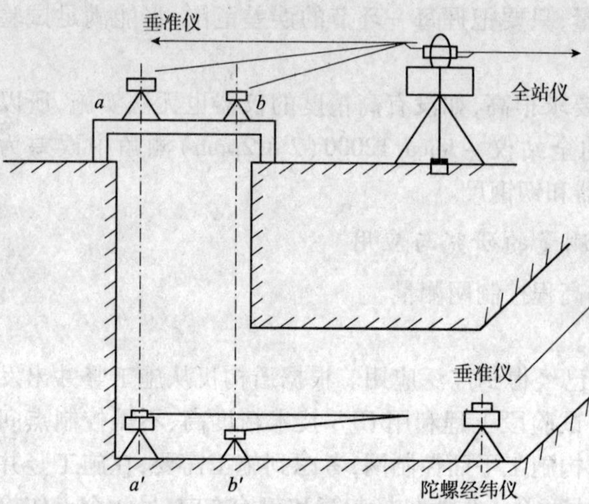

图 4-99　联系测量示意图

据地下铁道测量的精度要求和现有测量仪器的现状,在实际工作中利用 leica T2000、NL 垂准仪和 GAK－1 陀螺经纬仪组合成竖井定向系统,竖井定向作业方法见图 4-99。

该系统采用双投点、双定向的方法,既增加了测量检核条件,又提高了定向精度,竖井定向基本形式见图 4-100。

新的竖井定向系统作业步骤如下:

(1)将 1/20 万垂准仪架设在地面竖井的盖板或架子上,向井下投点,即以井底 a'、b'的待传递坐标点对中。

(2)将全站仪置于竖井近井点上,测定 1/20 万垂准仪竖轴中心的坐标。由于垂准仪是以井下待测点对中的,因此两个垂准仪竖轴中心的坐标即为井下待测点 a'、b'的坐标。

(3)在井下 c 点架设陀螺经纬仪测定 $a'c$、cb'的陀螺方位角。

(4)在井下 c 点安置全站仪测点 $\angle a'cd$ 和 $\angle b'cd$,利用 a'、b'和 d 间的几何关系,将坐标传算至 c 点,将方位角传算至 cd 边,并以它们作为井下测量的起算点和起算方向。

2)竖井定向精度分析

为简单起见,用单投点、单定向的方法所构成的单一支导线形式(图 4-101)简化原竖井定向方案,并以这种路线形式推算井下待定点 c 的坐标和待定边 cd 的方位角精度。

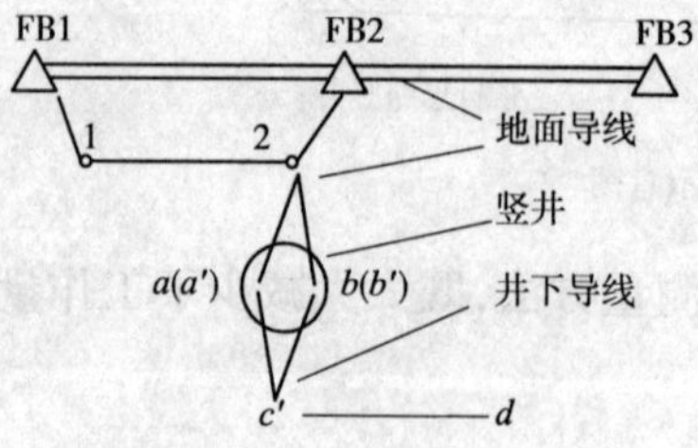

图 4-100　联系测量路径示意图

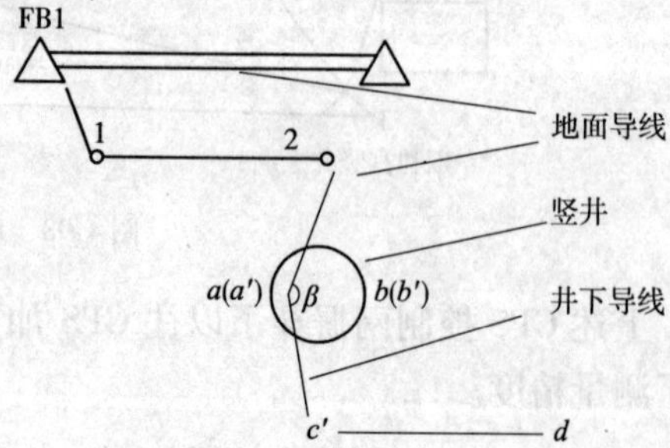

图 4-101　联系测量路径示意图

(1)陀螺经纬仪定向误差

在地下铁道测量中所使用的 GAK-1 陀螺经纬仪标称精度为一次定向中误差 ±20″,实际作业时待测边的陀螺方位角一般独立定向三次,陀螺方位角改正常数同样使用仪器测前、测后各测定三次。如果不考虑测定改正常数时所测边已知方位角的误差,只顾及陀螺方位角和其改正数测定误差 m_1 和 m_2,则陀螺方位角测定误差 $m_{陀}$ 为:

$$m_{陀}^2 = m_1^2 + m_2^2 = (20/\sqrt{3})^2 + (20/\sqrt{6})^2, m_{陀} = \pm 14.1''$$

(2)垂准仪投点误差

虽然 NL 垂准仪、标称精度为 1/20 万,但由于仪器自身竖轴偏心等误差和实际对点误差的影响,地下铁道竖井投点实践证明该仪器在 20m 深竖井井筒的投点误差一般为 ±2mm。

由于采用双投点、双定向方法,上述误差减少 1/2,即 $\sqrt{m_{陀}} = \pm 10''$,投点误差为 ±1.4mm。根据此两项精度指标不难求出,井下坐标起算点 c 的点位误差小于 5mm,cd 边起算方位角的精度小于 10s。

试验段工程采用的竖井定向方法,经过理论探讨和实践证实其为一种较好的竖井定向方法。同时,在地铁 5 号线定向中,采用半自动陀螺定向系统进行定向测量,不仅提高了定向精度和定向的可靠程度,而且大大减少了单纯人工定向时由于误操作造成的返工,提高了工作效率。

4.4.7.4　地下控制测量的研究

联系测量完成之后,在地下应布设施工测量控制导线,以指导盾构机掘进。地下导线随着盾构推进而不断延长,导线点也随着盾构掘进而进行布设。根据盾构施工隧道的特殊性,地下施工控制导线精度将主要受到隧道里的折光差的影响和不稳定的隧道管片环影响。

图 4-102　隧道控制测量两侧施工控制点图

为了消除和减弱折光差对横向贯通误差的影响,我们将施工测量控制导线点埋设在隧道两侧(图 4-102)。交叉向前延伸(图 4-103 和图 4-104),达到消除或减弱折光差影响的目的。这一做法还能在测量时不影响施工,不占用正常的施工空间,为施工赢得更多的时间。

施工测量控制导线点位的稳定,直接影响到后续测量工作的精度。由于隧道的结构是由衬砌管片环组成,点位只能建立在管片环上,只要管片环不动,点位就相对稳定。通过对现场测量控制点的观察和对重复测量数据比较,发现盾构机后 60m 的管片环基本趋于稳定,所以施工测量控制导线点选在盾构机 60m 后的管片环上是可靠的。

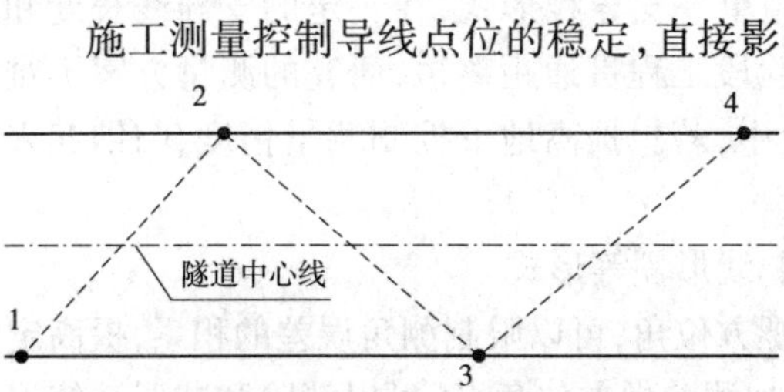

图 4-103　地下导线控制点平面布置示意图

同时,为提高测量精度,尽量减少不必要的测量精度损失,我们建立仪器观测平台,该平台与管片环固定在一起,并保持水平,而且设置强制归心装置,形式见图 4-102。使用这种装置,仪器的对中误差 $s\leq 0.089$mm,这一精度大大高于本研究工作对对中误差的要求。

盾构在掘进时,盾构机后面有 50m 长的后配套,测量控制点位无法打在隧道的两侧,根据现有盾构机的特点,后配套顶至隧道顶有 500mm 高,通视良好的可用空间,把控制点以吊篮的形式固定在隧道的顶部,仪器及后视棱镜依然采用强制归心(图 4-105)。

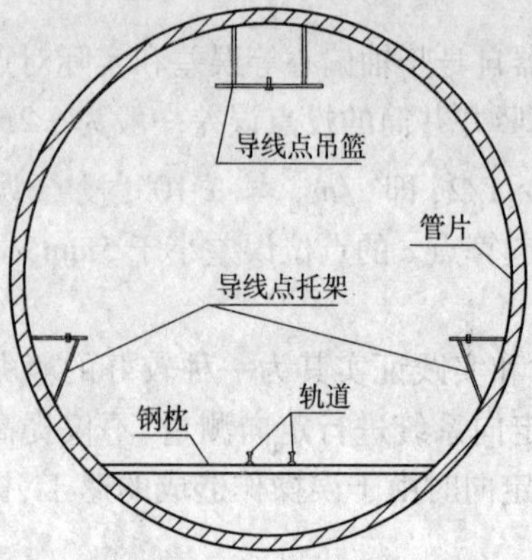

图 4-104 地下导线控制点断面布置示意图

图 4-105 隧道顶部测量施工控制点布置图

地下控制测量以支导线形式居多,导线点的横向误差是制约盾构贯通的主要因素,按等边直伸形导线估算,其最远点横向误差可用下式计算:

$$M_q = \pm m_\alpha/\rho \times L[(n+1.5)/3]^{1/2}$$

式中:m_α——测角中误差;

L——支导线长度;

n——支导线边数。

根据上式,按边长平均 150m,测角中误差为 5s 计算,不难计算出地下控制导线任意一点的横向误差。表 4-15 给出了不同长度和边数的导线最远点横向误差。

导线边数及长度与横向误差对照表　　表 4-15

导线边数(条)	4	6	8	10	12	14
导线长度(m)	600	900	1 200	1 500	1 800	2 100
横向误差(mm)	11.3	19.9	29.9	41.1	53.4	66.8

从表 4-15 中可以看出,当地下控制测量采用单一支导线形式,在一定的支导线长度和边数下,其精度很难大幅度提高。当然,由于试验段工程贯通距离短,研究的测量方案不难满足工程要求。但是,在一些较长隧道控制测量中,若想提高地下控制测量精度,归纳起来可以从以下几个方面采取特殊措施和方法:

(1)地下控制测量布设形式可以采用导线网、线形锁等形式。

(2)在地下导线测量中,加测一定数量的陀螺方位角,可以限制测角误差的积累,提高定向精度。同时,在某些受折光影响大的导线边上加测陀螺方位角,还可以消除和减弱系统误差对方位的影响。经有关部门研究,在地下直伸导线中,加测一个陀螺方位时,加测在导线全长 2/3 处的边上为最优，若加测两个以上的陀螺方位时，以按导线全长均匀分布最好。

(3)从地面向地下钻孔，增加地上和地下联系测量机会。

上述结论，今后可以作为在各种情况下盾构施工测量的依据。

4.4.7.5　盾构姿态测量技术研究

1)盾构施工自动导向测量的研究

(1)自动导向系统的调研和选型

采用盾构法施工隧道工程，由盾构的位置和姿态的偏差而引起的盾构隧道的偏差是影响和控制隧道精度的关键，也是盾构施工操作水平的主要反映。因此，如何确保运动中的盾构机始终被控制在理想的偏差范围之内，是施工精度控制的关键。

为了加强施工过程中的管理水平和提高工程自动化控制程度，减轻人工测量的劳动强度，提高盾构施工的速度，经过对盾构法施工工艺的研究和试验段盾构操作控制水平的分析，决定将德国 VMT 公司生产的 SLS－T 自动导向系统应用于北京地铁 5 号线盾构试验段施工测量，这是目前世界上在地铁盾构法施工领域最为先进的隧道掘进机自动导向系统。

有关目前世界上地铁盾构掘进机上使用的激光导向系统、陀螺加机械装置的定向系统及人工测量导向系统在功能应用方面的比较见表 4-16。

有关国际地铁盾构使用的几种导向系统导向功能的比较表　　表 4-16

项目	SLS－T 激光导向系统	陀螺加机械装置	人工测量导向	备注
能实现的导向功能	显示盾构机的行进曲线（相对 DTA）； 实时显示盾构机的位置坐标和相对偏差； 实时显示盾构机的俯仰和旋转姿态； 可实现远程控制	可由陀螺得出方位和相对简单的行进曲线； 可由设置在盾构机上的机械测量装置测出俯仰和旋转姿态，但不能实时显示	在盾构掘进过程中没有导向的数据	SLS－T 激光导向系统可以方便地升级，从技术上可以实现所有的自动导向功能，但价格较昂贵
测量复核的频率的要求	一般直线地段 100m； 曲线地段视曲线半径来定	一般每天复核一次	每环	—
需要的人员及工作量	除了控制测量和复核测量需专业测量人员外，施工过程中的导向测量只需 1 名工程师；工作量小	很多工作需要多个专业的测量人员完成，而且内外业的工作量较大	几乎所有的导向数据均需专业测量人员提供，工作量极大	—
施工控制	施工控制方便，精度高	施工控制较不方便	施工控制很不方便，精度难以掌握，需要非常有经验的操作手	—
其他方面的应用	结合导向功能，实现在管片的拼装和管片环测量方面的应用	—	—	—

从表 4-16 不难看出 SLS－T 激光导向系统优于其他的测量系统，SLS－T 目前是国际最先进的盾构测量导向系统。

(2)SLS－T 自动导向系统的组成及各部件的功能

SLS－T 自动掘进导向系统主要由以下部件组成：

① 激光经纬仪

内置激光或结合一个激光发生器发射激光，测量水平及竖直方向的角度及距离。激光经纬仪见图 4-105。

②电子激光接收靶

接收激光，内置倾斜仪，通过其可测出盾构机的俯仰和旋转姿态，见图 4-106。

③后视棱镜

后视棱镜为导向系统提供后视点。

④黄盒子

黄盒子给激光经纬仪提供电源，同时也实现 PC 机和激光经纬仪之间的通信。

⑤电脑

⑥网卡

⑦显示器及电缆卷盘等

此外要实现该系统的功能，相关联的部件和软件还有：盾构机掘进系统的 PLC，要实现一些附加功能的部件如自动测量盾尾间隙的部件、要实现管片环收敛等量测的部件等，隧道掘进软件等。

(3)SLS－T 自动导向系统的工作程序和原理的研究与调试

SLS－T 导向系统实际上就是一个全自动的监测系统和数据处理系统，激光经纬仪不断量测盾构机的位置和姿态，测得的数据经过相关软件处理后实时在操作室内显示出来，提供给盾构机操作手作为盾构机掘进方位等控制的依据。其基本原理和普通的施工测量的原理是一致的，该系统工作程序和原理主要包括导向依据的建立和取得、导向作业、数据的处理和利用、测量精度的复核这几个方面，下面简要说明：

①导向依据的建立和取得

将地面控制点通过联系测量引至始发竖井内，并以此作为洞内控制测量的依据，亦是盾构机自动导向测量的依据。导向测量系统激光经纬仪及后视点的初始坐标都是通过人工测量在竖井内控制点的基础上测得的，并输入到计算机中，作为下步施工中盾构机位置及姿态控制的基础，导向控制点布置见图 4-107。

由于激光经纬仪和后视棱镜的吊篮设置在已建的隧道管片上，因此在施工过程中掌握管片环的变形规律，并以此来确定激光经纬仪吊篮的位置是关键，而对管片变形影响最大的是注浆控制和浆液的凝固时间，通过本试验段工程对管片环拱顶下沉的测量结果，可以总结得出当第二天上午对第一天掘进的管片环进行测量时，管片环的变化值较大，一般为 2cm 左右；第三天上午对第一天掘进的管片环进行测量时，偏差值仍在变动，但变化值变小，水平一般在 5mm 以内，竖向一般在 10mm 以内；第四天上午（隔三天）进行量测时，水平变化值很小，竖向拱顶下沉值在 2mm 左右，并趋于稳定。

因此从以上管片环变形规律可知，在使用类似的惰性浆液的情况下进行盾构法隧道施工时，激光经纬仪吊篮的点应设置在掘进完后 3d 或 3d 以上的管片环上。在此列举 A28 拱顶下沉监测断面观测曲线如图 4-108 所示。

图 4-106　电子激光接收靶

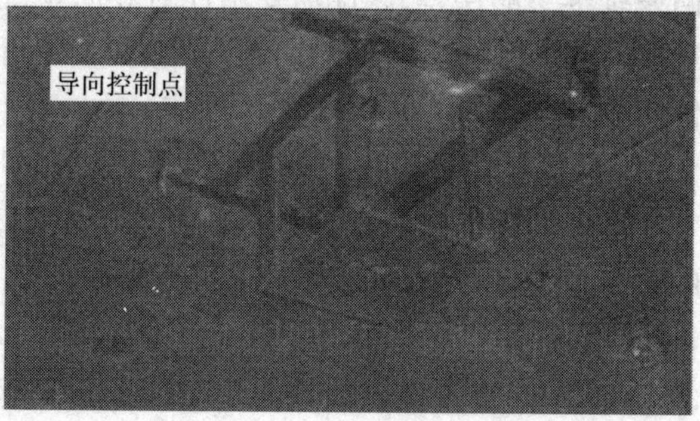

图 4-107　导向控制点布置图

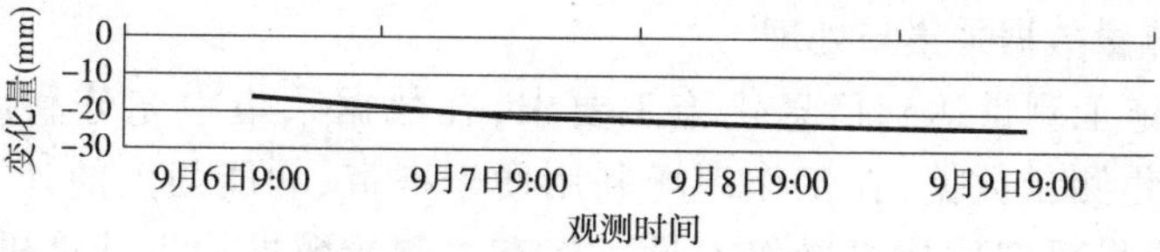

图 4-108　A28 断面拱顶下沉曲线图

②进行导向

盾构机开始掘进以后，安装在盾构机上的电子激光光靶不断向前移动，安装在盾构机后方已完成的隧道顶部的激光经纬仪发出的激光光束自动跟踪并射在光靶上，由于激光经纬仪的坐标已知，由激光入射点在光靶上的位置、角度和距离即可推算出盾构机的坐标和方位角，同时由光靶内内置的倾斜仪可测出盾构机的转角和俯仰角，从而可确定盾构机位置的六个参数（盾构机位置 x、y、z 三维坐标及盾构机方位、俯仰、旋转三向姿态）。

③数据的处理和利用

控制盒对取得的各项原始数据进行处理，利用软件进行分析和计算，系统能自动将计算的结果与已输入的设计隧道轴线坐标进行比较，并得出盾构机实际位置和设计隧道轴线位置的偏差，以图文的形式在操作控制室内显示出来，以指导盾构机的掘进施工（图 4-109）。

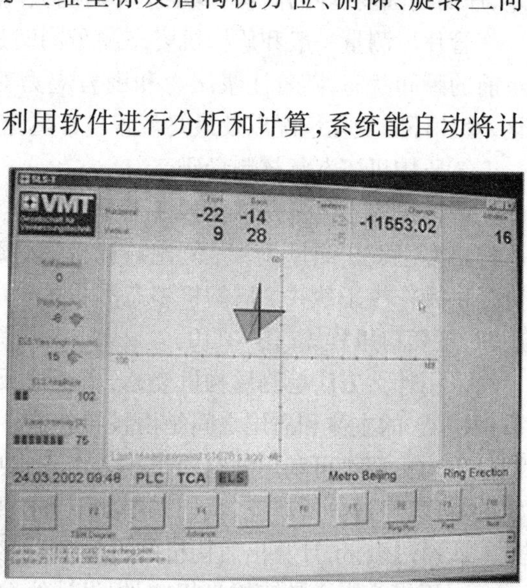

图 4-109　SLS－T 系统操作界面

④对盾构机自动导向系统调试研究

为了控制盾构机自动导向系统的精度，确保隧道的准确贯通，需定期利用洞内的控制导线，来校核和调整激光经纬仪的坐标及人工测定盾构机的位置与 VMT 系统显示的盾构机的位置是否一致，而对盾构机自动导向系统进行调试。调试工作主要是确保测量控制点稳定、可靠，避免因吊篮控制点位移或导向系统本身的误差引起偏差。因此一般在一个工程项目刚开始或使用新的导向系统的时候，由于没有掌握管片环本身位移的规律和导向系统本身的误差，因此需要增加对导向系统导向精确性的复核频率，待掌握了管片环位移规律及导向系统本身的导向精确性之后，便可减少复核频率。经反复试验研究，试验段工程使用的导向系统，可1～2个月复核一次。

(4)信息化盾构施工测量与复核测量的研究

准确测定盾构机姿态是隧道贯通的重要环节，如果贯通时盾构机姿态测量超出所匹配的误差范围，也很难使隧道贯通准确。试验段所使用的盾构机所配备的测量系统——SLS－T导向系统是很先进的，但是，由于制约导向装置本身精度的因素很多，加之外界施工干扰的影响，导向装置提供的数据往往精度不高、数据不可靠。为了使SLS－T系统测出的盾构机姿态精准、可靠，必须依靠人工测量方法对盾构机导向系统进行检校，对盾构机姿态进行检核测量。

①盾构施工测量数据采集与处理

为保证盾构施工测量达到信息化施工要求，在数据采集中充分利用全站仪本身的数据存储功能采集测量数据，在工作现场利用便于携带、功能强大的计算器进行现场计算，及时将测量成果反馈盾构机操作人员。将有关测量数据输入计算机，计算出标准成果。从数据采集到数据处理都实现了计算机化、自动化，及时为施工决策提供测量信息。

②管片环测量研究

管片环测量主要是测定管片环安装位置是否符合设计要求。在测量工作中主要是利用全站仪和辅助工具测定管片环上的一些特征点，从而通过几何计算确定管片环安装位置的正确性，并为管片环安装人员提供操作校正参数。衬砌管片环测量内容主要包括环中心偏差、环的椭圆度、环的高程和坡度、环两侧纵向超前量以及环的横向旋转等。

管片环测量一般和盾构机姿态测量同时进行，其所测的管片环状态为管片环背后未注浆前的瞬间状态，随着注浆压力和围岩应力对管片环的作用，管片环的空间位置将发生变化，管片环的变化情况以及最终位置应在隧道变形测量中解决。

③盾构机姿态复核测量研究

盾构机姿态测量是试验段工程研究的难点之一，也是与常规暗挖法施工的不同之处。盾构机姿态复核测量主要是测定盾构机掘进瞬时位置是否符合设计要求，为盾构机操作人员提供操作校正参数。盾构机姿态测量内容主要包括平面偏离、高程偏离、纵向坡率、横向旋转、旋切口里程等(图4-110)。

采用什么方法检测盾构机姿态，是正确反映盾构机姿态的关键。试验段工程所使用的盾构机，它的主体和盾尾之间是由铰接连在一起，所以主体和盾尾不一定在同一状态，而且测量盾构机姿态可利用的空间很小。由于这些客观条件的制约，要测出盾构机的姿态有一定的难度，经过分析研究，我们采用如下方法测量和计算盾构机的姿态：

a. 通过测量，计算出盾构机的机头中心三维坐标。

b. 用机头中心的三维坐标，根据设计线路的三维坐标计算出盾构机姿态(里程、左右和上下偏离、俯仰角、旋转角)。

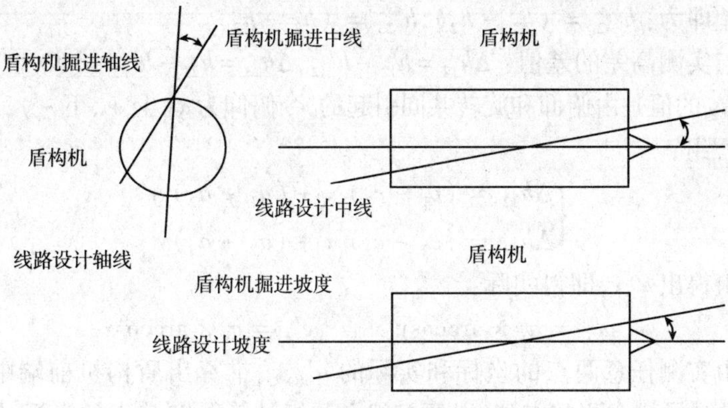

图 4-110　旋转、俯仰示意图

为了得到盾构机的机头中心点的三维坐标，在盾构机的上半部分人闸附近作了 16 个点，在作好点的第一次就测得这 16 个点与盾构机的几何关系（以后的工作不再做）。通过测出人闸附近（通视良好）16 个点中任意几点（至少 3 点）的三维坐标和这些点与盾构机的几何关系，计算出机头中心的三维坐标。测点 N 与盾构机几何关系如图 4-111 所示。

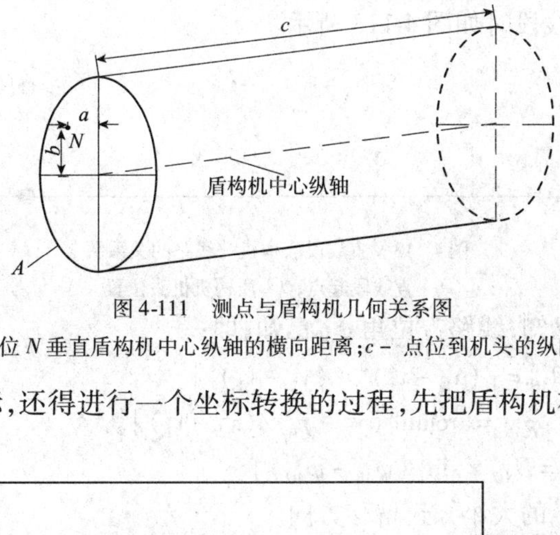

图 4-111　测点与盾构机几何关系图

A – 点位 N 垂直盾构机中心纵轴的横向距离；c – 点位到机头的纵向距离

要得到机头的坐标，还得进行一个坐标转换的过程，先把盾构机布设的测点进行平面投影（图 4-112）。

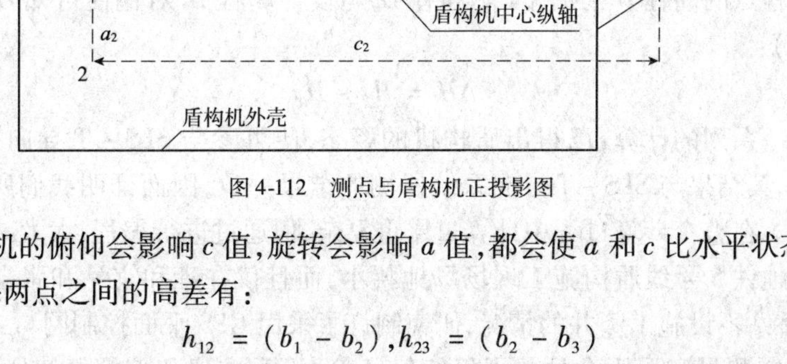

图 4-112　测点与盾构机正投影图

由于盾构机的俯仰会影响 c 值，旋转会影响 a 值，都会使 a 和 c 比水平状态小，根据正投影和侧投影，每两点之间的高差有：

$$h_{12} = (b_1 - b_2), h_{23} = (b_2 - b_3)$$

实测的高差即为：$h'_{12} = (h_1 - h_2), h'_{23} = (h_2 - h_3)$。

理论高差与实测高差的差值：$\Delta h_{12} = h_{12} - h'_{12}, \Delta h_{23} = h_{23} - h'_{23}$。

而Δh_{12}、Δh_{23}的值是由俯仰和旋转共同引起的，令俯仰为x(上+，下-)，旋转为y(左-，右+)，即得方程组：

$$\begin{cases} \Delta h_{12} = (c_1 - c_2)\,x + (a_1 + a_2)\,y \\ \Delta h_{23} = (c_2 - c_3)\,x + (a_2 + a_3)\,y \end{cases}$$

解出方程组得出x、y，即得实际：

$$a'_i = a_i \times \arccos y \qquad c'_i = c_i \times \arccos x$$

这样可以由实测任意两点的坐标和实际的a'_i、c'_i推算出盾构机前端中心O点的坐标(x_2、y_2)，在测量时尽量多测些点位，以便多组合几组计算得出O点的坐标，用几组O点坐标的平均值来计算盾构机的姿态，这样大大提高了测量精度。

知道了盾构机头O点的三维坐标，进而来推算它所对应的线路里程，偏离设计线路的值。直接计算无从下手，在计算之前，我们并不知道O点对应线路的具体位置，如直线段、缓和曲线段，还是圆曲线段。首先还得判断盾构机所处线路的大概位置，用O点和线路的要素点的坐标进行计算，比较它们的距离和方位角，判断出大概位置后再分段计算。现以在直线段为例进行计算，在直线段时如图4-113所示。

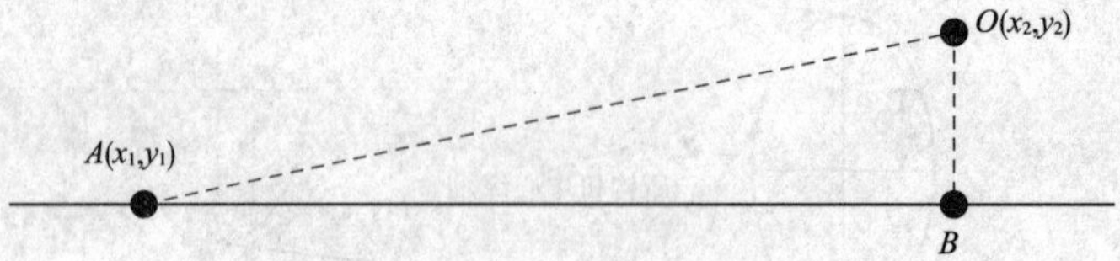

图4-113　直线段盾构机与线路的关系图

A－直线段起点；O－盾构机机头位置

由于A、O点坐标已知，线路方位角φ_{AB}已知，即：

A、O两点的距离：$D_{AO} = [(x_2 - x_1)^2 + (y_2 - y_1)^2]^{1/2}$。

A、O两点的方位角：$\varphi_{AO} = \arctan[(y_2 - y_1)/(x_2 - x_1)]$。

偏离线路距离：$OB = D_{AO} \times \sin[(\varphi_{AB} - \varphi_{AO})]$。

通过比较φ_{AB}和φ_{AO}的大小知道偏移方向。

$$AB = D_{AO} \times \cos(\varphi_{AB} - \varphi_{AO})$$

盾构机头O点对应的里程为A点里程加AB长度即可，通过O点的里程可以计算出设计线路在此里程点的高程H_1；所测实际高程H_2与设计高程H_1对比便可知O点的上下偏移量(上+，下-)：

$$\Delta H = H_2 - H_1$$

通过以上一系列的计算，已得出盾构机的姿态，便可参与SLS－T导向系统进行比较。通过几次检测，其结果与SLS－T导向系统所测的结果一致，因而证明我们所采取的方法和措施是可行的。在整个计算过程中计算量繁重复杂，但通过进行编程，大大减少了计算量。

针对北京地铁5号线盾构施工现场场地狭小，而且仅在雍和宫站和张自忠路站设盾构井，中间北新桥站不设施工竖井的情况，研究制订了采用GPS平面控制网与二等加密水准线路进行地面控制测量和采用全站电子经纬仪、1/20万垂准仪和陀螺经纬仪联合作业，双投点双定向进行竖井联系测量的新方法,摆脱了传统的测量方法的束缚,克服了受城市地铁施工场地狭窄制约,测量图形强度不易提高、占用竖井时间过长等缺点,提高了测量精度,缩短了测量时间,为地铁施工提供了快速、准确的测量保障。同时,在盾构隧道内施工测量控制网布设形式、控制点埋设位置、控制点样式及埋设形式等方面,密切结合盾构施工的特点,在分析盾构机本身自动导向系统的使用功能、工作原理基础上,研究出了一套对盾构机自动导向系统的准确性进行复核测量,对盾构机和管片进行实时姿态测量的方法以及对盾构施工测量信息数据处理及反馈的技术。

4.5　试验总结

通过研究,形成了一整套适合北京地区地层条件的盾构施工技术,使盾构法在北京地区城市地铁建设中的首次应用获得了成功,圆满地完成了盾构试验段工程的施工任务。施工中取得了日最高进尺 15.6m,拼装管片 13 环的好成绩,建成的隧道质量优良,成型隧道的偏差基本上控制在 ±6cm 之内(规范容许偏差为 ±10cm),地表沉降量控制在 -17 ~ 5mm 之间,隧道基本无大的错台,无渗漏水。与上海软土层和广州、深圳、南京等地区的复合地层中地铁盾构施工相比,该研究成果包括的各分项施工工艺、参数密切结合北京地区黏土层、砂层和卵砾石层工程和水文地质条件,具有其唯一性和独立性,尤其是盾构壁后注浆发明了生石灰和粉煤灰为主料的盾构壁后注浆材料(已申报了发明专利,专利申请号:02158588.1),在国内尚无先例,而施工过程中的盾构主机与后配套分离的始发技术,地表沉降控制技术和管片拼装技术都具有独创性,达到了国际先进水平,得到了国内外专家同行的公认,被国际隧道协会副主席 Sebastian Pelisse 誉为“世界隧道的精品”。

第2篇

北 京 地 铁 盾 构 隧 道 技 术

设 计 篇

第5章　地铁5号线盾构隧道工程设计

5.1　工程概况

地铁5号线是北京轨道交通路网规划中偏东的南北向的轨道交通骨干线,贯穿城市中心,连接丰台、崇文、东城、朝阳、昌平5个城区。5号线南起宋家庄,北至太平庄。线路全长约27.7km,地下线16.9km,地面和高架线10.8km。全线共设23座车站,其中地下站16座,高架站6座,地面站1座。设太平庄车辆段、宋家庄停车场以及指挥中心。地铁5号线地下区间长14km,其中矿山法施工的区间隧道长7.8km,明挖法施工的区间隧道长0.6km,盾构法施工的区间隧道长5.6km。具体盾构区间包含宋家庄站—刘家窑站、东单站—灯市口站、灯市口站—东四站、东四站—张自忠路站、张自忠路站—北新桥站、北新桥站—雍和宫站、雍和宫站—和平里北街站六段区间,具体里程和长度详见表5-1。

盾构区间统计表　　表5-1

区间名称	起点里程	终点里程	区间长度(m)	联络通道里程
东单站—灯市口站区间	K7+876.764	K8+630.936	754.172	K8+268.000
灯市口站—东四站区间	K8+809.736	K9+476.300	666.564	K9+128.000
东四站—张自忠路站区间	K9+675.800	K10+501.900	826.1	K10+043.000
张自忠路站—北新桥站区间	K10+681.700	K11+314.400	632.7	K10+978.000
北新桥站—雍和宫站区间	K11+485.200	K12+186.400	701.200	左线为试验段工程(见第4章论述),没有设置联络通道
雍和宫站—和平里北街站	右线:K12+575.650 左线:K12+574.330	右线:K13+325.600 左线:K13+325.600	右线:749.95m 左线:753.783m	K12+785.000

5.2　隧道周边环境条件

1)东单站—灯市口站区间

东单站—灯市口站区间工程位于东长安街以北、灯市口大街以南,沿东单北大街、东四南大街纵向布置。线路平面位于东单北大街、东四南大街现状道路东侧民房下,规划道路范围内,现状道路宽度为16~50m,为市区南北向交通要道,交通量大,地铁施工期间交通不能中断。东单北大街、东四南大街规划道路红线宽度为70m,在现状道路基础上向东西两侧呈不对称拓宽,向东扩约40m。沿道路两侧较大范围基本为1~3层房屋建筑,基础多为三合土基础,建筑物的建设年代较早,状况不佳。本区段地面为东城区重要的商业街区("银街"),临街多为商业店铺。现状道路下方地下管线密集,主要有污水、上水、电力、热力、电信等类型的10多根地下管线,埋深最深的是一条电力管沟(1 500mm×1 800mm),管底埋深约7m。

根据北京城建勘察院提供的资料和现场踏勘情况,结合线路的埋深情况,隧道施工影响范围内(施工影响范围按1.5倍的隧道埋深)的重要建筑物详见表5-2。

重要建筑物调查表 表5-2

序号	建筑物名称	单位名称	建筑地址	距隧道距离(m)	地上层数	高度(m)	结构类型	地下层数	埋深(m)	基础类型	使用情况	围护结构	竣工日期
1	国泰证券北京营业部	协和医院	东城区西总布胡同	13	5	16.7	框架	1	5.9	筏基	办公	—	1992
2	华龙饭店	北方服务集团公司	东城区东单北大街30号	14	6	20.0	框架	1	5.0	筏基	办公	护坡桩	1991

2)灯市口站—东四站区间

灯市口站—东四站区间工程位于灯市口大街以北、朝阳门内大街以南,沿东四南大街纵向布置。线路平面位于东四南大街现状道路东侧民房下、规划道路范围内,现状道路宽度为16m左右,为市区南北向交通要道,交通量大,地铁施工期间交通不能中断。东四南大街规划道路红线宽度为70m,在现状道路基础上向东西两侧呈不对称拓宽,向东扩约40m。沿道路两侧较大范围基本为1~3层房屋建筑,基础多为三合土基础,建筑物的建设年代较早,状况不佳。本区段地面为东城区重要的商业街区("银街"),临街多为商业店铺。现状道路下方地下管线密集,主要有污水、上水、电力、热力、电信等类型的10多根地下管线,埋深最深的是一条电力管沟(1 500mm×1 800mm),管底埋深约7m。

根据北京城建勘察院提供的资料和现场踏勘,结合线路的埋深情况,隧道施工沿线无重要建构筑物。

3)东四站—张自忠路站区间

东四站—张自忠路站区间工程位于朝阳门内大街以北、地安门大街以南,沿东四北大街纵向布置。线路平面位于东四北大街现状道路东侧民房下、规划道路范围内,现状道路宽度为16m左右,为市区南北向交通要道,交通量大,地铁施工期间交通不能中断。东四北大街规划道路红线宽度为70m,在现状道路基础上向东西两侧呈不对称拓宽,向东扩约40m。沿道路两侧较大范围基本为1~3层房屋建筑,基础多为三合土基础,建筑物的建设年代较早,状况不佳。本区段地面临街房屋多为商业店铺。现状道路下方地下管线较多,主要有污水、上水、电信等类型的地下管线,这些管线埋深较浅,均不超过5.0m。

根据北京城建勘察院提供的资料和现场踏勘,结合线路的埋深情况,隧道施工沿线无重要建构筑物。

4）张自忠路站—北新桥站区间

张自忠路站—北新桥站区间隧道位于地安门大街以北、东直门内大街以南，沿东四北大街纵向布置。线路平面位于东四北大街现状道路东侧民房下、规划道路范围内，现状道路宽度为16m左右，为市区南北向交通要道，交通量大，地铁施工期间交通不能中断。东四北大街规划道路红线宽度为70m，在现状道路基础上向东西两侧呈不对称拓宽，向东扩约40m。沿道路两侧较大范围基本为1～3层房屋建筑，基础多为三合土基础，建筑物的建设年代较早，状况不佳。本区段地面临街房屋多为商业店铺。现状道路下方地下管线较多，主要有污水、上水、电信等类型的地下管线，这些管线埋深较浅，均不超过5.0m。

根据北京城建勘察院提供的资料和现场踏勘，结合线路的埋深情况，隧道施工沿线无重要建构筑物。

5）北新桥站—雍和宫站区间

北新桥站—雍和宫站区间工程仅包括右线（左线为试验段工程），本工程位于东直门内大街以北、北二环路以南，区间南段位于雍和宫大街东侧，区间北段位于雍和宫大街现状道路下。雍和宫大街现状道路宽度为12～15m，道路西侧基本为单层民房，房屋建成年代较早，多数为砖砌结构或木结构，比较破旧；现状道路东侧临近雍和宫围墙。雍和宫大街的规划红线宽度为70m，受雍和宫制约红线只能向西侧展宽。试验段线路基本在西侧现状民房的下方通过。

6）雍和宫站—和平里北街站

雍和宫站—和平里北街站盾构区间隧道位于北二环路以北、和平里北街以南，沿线经过地坛公园及和平里西街西侧和平里居民区。护城河—地坛公园地面较开阔，道路宽约40m；和平里居民区则民房密集，多为1～3层建筑，基础多为三合土基础，建筑物的建设年代较早，状况不佳。护城河—地坛公园现状道路下方地下管线繁杂，主要有污水、上水、电信等类型的管线，埋深较浅。居民区内的地下管线较少。

根据北京城建勘察院提供的资料和现场踏勘，结合线路的埋深情况，隧道施工沿线无重要建构筑物。

5.3　地质条件

1）设计所提出的对岩土勘察的要求

岩土勘察的阶段不同，所提出的要求亦不相同。详细勘察报告应满足施工设计对支护计算、地基计算及其他设计计算的要求，并应符合下列规定：

（1）详细划分地层，提供各项设计需要的岩土参数。

（2）详细划定各地段的围岩类别。

（3）提供地下水位及其变化规律，提供含水层的渗透系数，以及评价地下水对建筑材料的腐蚀性。

（4）对围岩压力或土压力进行分析评价，对地基基础方案、支护方案、不良地质及特殊地质的治理提出建议。

(5)对工程和运营过程中可能发生的环境地质问题进行预测，提出防治措施。

此外，岩土勘察报告对盾构法施工的分析评价宜包括下列内容：

(1)关于盾构机选型及隧道最小埋深的建议。

(2)当采用普通盾构时，提出开挖方法、支护方法、辅助施工措施的建议，提出在软硬不均土层中开挖措施及开挖面障碍物处理方法的建议。

(3)当采用密闭型盾构时，提出选择排土方式的建议。

(4)提供岩土压力、水压力、土的颗粒组成及其特征参数，土的渗透系数和透气性等有关参数。

(5)提出关于衬砌方案的建议。

(6)预估盾构施工、土体固结造成的沉降和地面变形，分析评价地层移动、地面变形对邻近工程的影响，提出防治措施。

(7)预估出现有害气体的可能性，提出防治措施。

(8)预测施工及运营中隧道的纵向沉降。

(9)预估在地震和动载作用下地层液化及震陷的可能性，提出预防的措施。

2)地层条件分类

北京地铁5号线盾构区间隧道所穿越的地层统计详见表5-3。

北京地铁5号线盾构区间穿越土层统计表 表5-3

<table>
<tr><td colspan="2">区间名称</td><td>东单站—灯市口站</td><td>灯市口站—东四站</td><td>东四站—张自忠路站</td><td>张自忠路站—北新桥站</td></tr>
<tr><td colspan="2">隧道埋深</td><td>8.4～9.8m</td><td>9.0～16.2m</td><td>4.3～14.2m</td><td>6.4～13.3m</td></tr>
<tr><td colspan="2">隧道上部地层</td><td>黏质粉土砂质粉土②层、粉质黏土②$_1$层和粉细砂②$_3$层</td><td>黏质粉土砂质粉土②层、粉细砂②$_3$、粉细砂③层、砾砂③$_1$层和圆砾④层</td><td>黏性土②层和卵石③$_2$层</td><td>卵石③$_2$层</td></tr>
<tr><td rowspan="2">洞身通过地层</td><td>上半断面</td><td>黏质粉土砂质粉土②层、粉质黏土②$_1$层和粉细砂③层</td><td>黏质粉土砂质粉土②层、粉细砂③层、砾砂③$_1$层和圆砾④层</td><td>卵石③$_2$层</td><td>卵石③$_2$层</td></tr>
<tr><td>下半断面</td><td>粉细砂③层和砾砂③$_1$层</td><td>砾砂③层、圆砾④层、粉质黏土重粉质黏土⑤$_1$层</td><td>卵石③$_2$层和黏性土③层</td><td>黏性土③层和卵石④$_2$层</td></tr>
<tr><td colspan="2">隧道下部地层</td><td>砾砂③$_1$层和圆砾④层</td><td>圆砾④层、粉质黏土重粉质黏土⑤$_1$层、黏质粉土砂质粉土⑤层</td><td>黏性土③层</td><td>卵石④$_2$层</td></tr>
</table>

续上表

区间名称		东单站—灯市口站	灯市口站—东四站	东四站—张自忠路站	张自忠路站—北新桥站
地下水	是否进入潜水	—	—	—	—
	是否进入承压水	—	—	—	—

北京地铁 5 号线盾构区间隧道所穿越地层以一般地层为主,包括黏土,粉质黏土,黏质粉土夹少量的砂、卵石(粒径一般小于 50mm),砂层、粉质黏土层及卵砾石(粒径以小于 50mm 的为主)层交互地层等。

5.4　工程筹划

本标段区间工程包括区间隧道,区间防灾联络通道,及区间人防段。与本工程进度安排相关的相邻车站工程详见图 5-1。

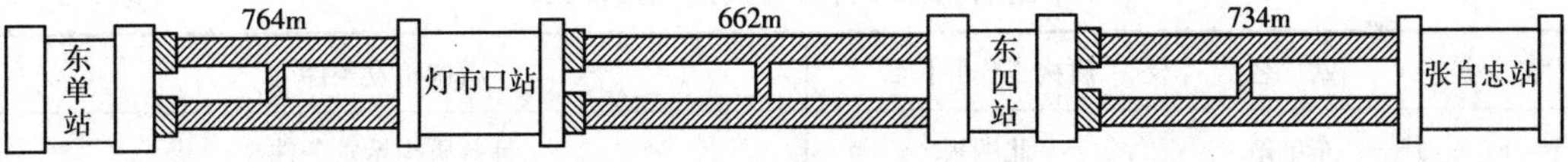

图 5-1　盾构区间与相邻车站平面示意图

虽然盾构施工有速度快、对周边环境影响小、可一次成型、工程质量易保证等优点,但也存在设计制造周期长、设备繁杂、设备造价高、前期准备时间长、转运困难等缺点。其推进顺序安排的合理与否将直接影响到采用盾构机的数量、工程进度和工程造价。因此,盾构的始发位置、推进顺序、调头或过站方式,以及盾构隧道的推进组合,应该认真研究确定。

1)盾构机运用数量及盾构下井拼装时间安排

(1)盾构机运用数量

本标段共有 3 段盾构区间隧道,盾构推进长度约 4. 272km(单线延米),如果从盾构机的性能和设计寿命上来讲,一台盾构机即可全部承担,隧道贯通时间最早在 2005 年下半年,不满足北京地铁 5 号线总体筹划的工期要求,因此,计划采用两台盾构施工。

平均每台盾构机推进长度为 2. 1km 左右,从每台盾构推进的长度看,基本上能够充分发挥各台盾构机的功效。

由于本设计阶段盾构机的来源未定,盾构机暂按新购置考虑。

(2)盾构机下井拼装时间安排

根据招标文件中设计招标的截止日期,考虑到工程设计周期、施工招标周期、盾构机谈判签约时间,以及盾构机生产制造周期,盾构机初步计划 2003 年第四季度下井拼装。这两台盾构机分别命名为 1 号盾构机和 2 号盾构机。

2)盾构区间相邻车站的施工安排

(1)盾构区间相邻车站施工方法和工期

本标段 3 个区间相邻的车站共 4 个:东单站、灯市口站、东四站和张自忠路站,根据结构方案,选用的施工方法见表5-4。

与盾构区间相邻车站的施工方法和工期 表5-4

序号	站名	推荐施工方法	工期	盾构能否过站
1	东单站	两端明挖,中间暗挖	20个月	—
2	灯市口站	明挖法	15个月	时间和结构净空都具备过站条件
3	东四站	两端盖挖,中间暗挖	22个月	结构空间具备过站条件,时间安排上比较紧张
4	张自忠路站	明挖法	16个月	

(2)具备盾构机始发条件的车站

盾构机始发条件有两个:

①盾构机及后配套下井拼装的空间。

②盾构机施工必要的施工场地。

根据本标段车站方案设计资料,能够具备盾构机始发拼装并为盾构始发提供施工场地的车站见表5-5。

车站盾构工作井位置及盾构始发条件 表5-5

序号	站名	盾构工作井位置	盾构始发条件
1	东单站	北端头	具备盾构始发条件
2	灯市口站	南端头、北端头	两端具备盾构始发条件
3	东四站	南端头、北端头	两端具备盾构拼装的空间,但施工场地较紧张
4	张自忠路站	南端头	具备盾构始发条件

3)盾构推进方案

参照上海、广州、北京以及国外地铁的盾构施工经验,结合本工程的特点,综合考虑盾构机的性能、盾构区间推进顺序的安排、盾构出发位置、施工场地、过站与调头等因素,对应施工总体部署,共做了如下盾构推进方案,分别叙述如下:

1号盾构从张自忠站南端头井出发,到东四站,盾构机在东四站北端头井调头,反向推进东四—张自忠路区间的另一条隧道,1号盾构机在张自忠路南端头井解体吊出。

2号盾构从东单出发,向灯市口方向推进,过灯市口站,继续向前推进,一直推到东四站,在东四站南端头井调头,再反推东四—灯市口区间的另一条隧道,盾构从灯市口站拖过站,继续推灯市口—东单的另一条隧道,最后在东单站出洞进站,盾构机解体吊出。详见图5-2。

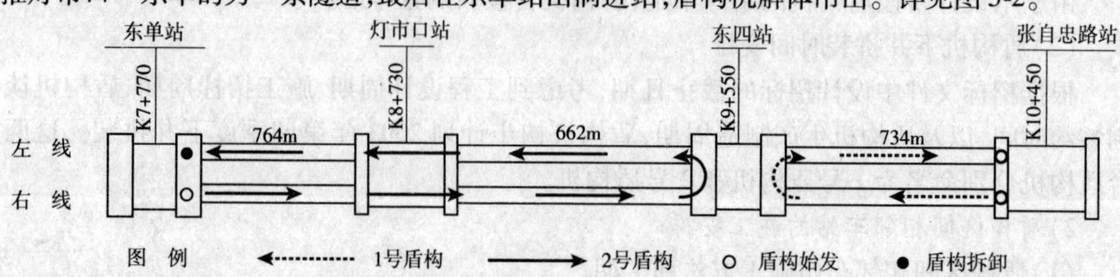

图5-2 盾构推进方案示意图

4)盾构施工的主要进度指标

(1)盾构机设计和制造时间:8~10个月。

(2)盾构安装调试时间:2~3个月。

(3)开始推进前100m推进速度:4.5m/d。

(4)正常日进尺:7m/台(含进出洞时间)。

(5)盾构过站时间:15d(含维修保养时间)。

(6)盾构井下调头时间:20d(含后配套转移时间)。

(7)盾构转场时间:2个月(含拆装时间)。

5)盾构施工场地布置

为了节省工程投资,根据盾构推进方案,盾构作业场地利用相邻车站施工场地的一部分,端头加固场地也安排在车站施工场地内。联络通道地面加固场地根据现场踏勘,结合线路条件和规范要求,主要布置在道路上,以免增加房屋拆迁面积,增加工程造价。

根据各站施工场地的布置和盾构推进方案时间安排,经过现场踏勘,盾构推进共需要3块施工场地,都是利用相邻车站的施工场地,主要用于盾构作业,这3块场地在盾构始发前1个月,由车站施工单位交付盾构施工单位;另外还需3块施工场地主要用于盾构区间联络通道地面加固,短期占用。

各施工场地汇总见表5-6。

施工场地汇总表 表5-6

场地名称	场地位置	用途	面积(m^2)	交付使用时间
A场地	东单站北端	2号盾构始发,担负东单—灯市口—东四右线区间施工出土、下料的需要	2 600	2003年11月
B场地	东四站南端	2号盾构调头,担负东四—灯市口—东单左线区间施工出土、下料的需要	2 400	2004年9月
C场地	张自忠路站南端头	1号盾构始发,担负张自忠路—东四左、右线区间施工出土、下料的需要	2 500	2003年12月
D场地	外交部街西口	联络通道6-A地面加固	120	2003年12月
E场地	演乐胡同西口	联络通道6-B地面加固	95	2004年12月
F场地	东四五条西口	联络通道6-C地面加固	95	2003年12月

6)施工期间交通组织

因本标段的三个区间隧道采用盾构法施工,施工场地主要又利用相邻车站的施工场地,因此施工期间的交通组织主要在车站施工中考虑。

因联络通道施工需要的地面加固场地,位于3个胡同路口,对这3个胡同的居民出行有一定的影响,因此,加固施工作业尽量安排在夜间进行,以减少对胡同居民出行的影响。

盾构施工土方和管片运输需要大量的施工车辆，为了减少施工车辆对线路沿线的东单北大街、东四南大街交通影响，施工车辆尽量安排在晚9点至早6点作业。

5.5 盾构隧道总体设计

1)平面

5号线盾构区间隧道左、右线采用两条单线隧道，隧道内径为5.4m，外径为6.0m，除试验段区间外，在区间中部设置联络通道。

5号线盾构区间隧道线间距详见表5-7。

5号线盾构区间隧道线间距表　　表5-7

区间名称	左、右线线间距	联络通道形式
东单站—灯市口站	14.8~16.8m	单一通道
灯市口站—东四站	14.8~16.8m	单一通道
东四站—张自忠路站	16.8m	单一通道
张自忠路站—北新桥站	14.8~16.8m	单一通道
北新桥站—雍和宫站	14.8~20.75m	—
雍和宫站—和平里北街站	14.8~20.75m	单一通道

2)纵断面

5号线盾构区间隧道纵向基本为"人字坡"和"单坡"，区间线路排水沟内积水均排至与之相连的车站端部，不再单独设置排水泵房，故区间联络通道均为单一通道，即仅作为安全疏散通道使用。

5号线盾构区间隧道坡度详见表5-8。

5号线盾构区间隧道坡度表　　表5-8

区间名称	坡度形式	坡度
东单站—灯市口站	"人字坡"	0.3%和0.3%
灯市口站—东四站	"人字坡"	0.3%、1.7%和0.8%
东四站—张自忠路站	"人字坡"	0.3%和0.3%
张自忠路站—北新桥站	"单坡"	0.3%和0.5%
北新桥站—雍和宫站	"人字坡"	0.3%和1.6%
雍和宫站—和平里北街站	"单坡"	左线:0.5%和1% 右线:0.3%和0.8%

3）限界

5号线盾构区间圆形隧道限界应满足线路的最小曲线半径条件，并根据行车及隧道内设备布置需要，圆形隧道的建筑限界 $D=5\ 200$mm。

考虑盾构隧道施工时不可避免的施工误差、结构变形、隧道沉降以及测量误差等，在隧道建筑限界周边再预留100mm的裕量，即隧道管片内净空理论值 $D=5\ 200+100\times2=5\ 400$(mm)。

4）变形缝设置

5号线盾构区间隧道的衬砌采用预制装配式钢筋混凝土管片衬砌，管片纵向及环向均有拼装缝，适应变形能力比较强，故盾构区间隧道不再单独设置变形缝。

5）管片衬砌环

5号线盾构区间隧道的衬砌采用预制装配式钢筋混凝土管片衬砌，管片环宽1 200mm，环向分6块，C块为纵向插入式。其具体分块情况为3块标准块（中心角67.5°），2块邻接块（中心角67.5°）和1块封顶块（中心角22.5°）（图5-3）。管片之间采用弯螺栓连接，环向每接缝有2个螺栓，纵向共设16个螺栓（封顶块1个，其他3个）。

管片环与环之间采用错缝拼装方式。管片端面采用平面式，仅防水胶条处留有沟槽。

为适应曲线段施工及施工纠偏等需要，本工程管片有3种类型，即标准环、左转环和右转环。楔形环（左、右转环）的楔形量按曲线半径300m计算。衬砌排版时，对不同半径的曲线均以标准环和楔形环按一定的比例组合来拟合。因竖曲线半径较大，施工时可采用增设管片间的垫片来解决，也可采用楔形环来拟合。

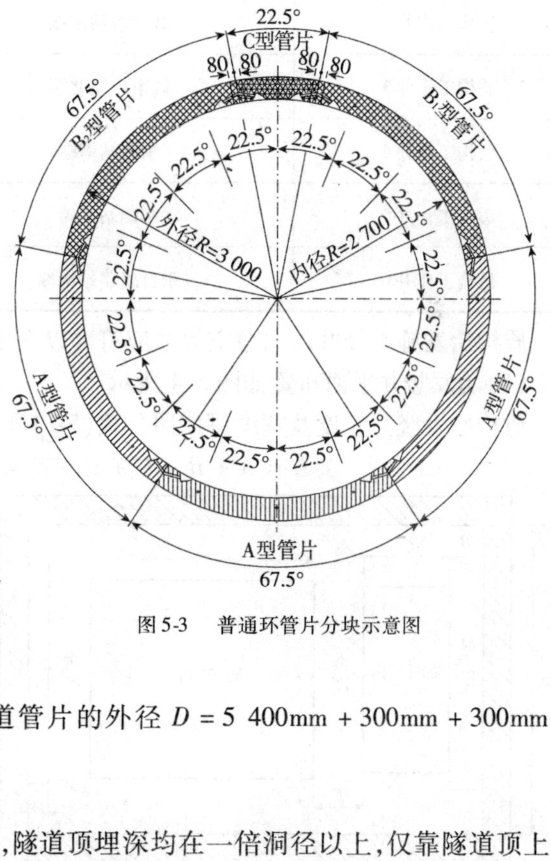

图5-3　普通环管片分块示意图

根据隧道的埋深、所处的地质及水文地质条件以及周围的环境情况，经计算分析及参考和借鉴其他工程的经验，确定管片的厚度为300mm，采用等厚度的板式管片。根据隧道建筑限界，则隧道管片的外径 $D=5\ 400\text{mm}+300\text{mm}+300\text{mm}=6\ 000\text{mm}$。

6）隧道抗浮

5号线盾构区间隧道的埋置深度较大，隧道顶埋深均在一倍洞径以上，仅靠隧道顶上覆土及自重就能满足抗浮要求，不需采取其他抗浮措施。

5.6 盾构始发井及接收井设计

盾构工作井主要用于盾构始发、接收、调头、拆卸以及进料出土等作业。有两种设置方式:一种是设置在车站端头,一种是单独设区间工作井。

为了节省工程投资,本区段的盾构始发、接收和调头等作业均考虑在车站端头内进行,盾构工作井在车站方案设计中一并考虑,这里不再赘述。

为了确保盾构始发和出洞的安全,首先对盾构工作井外侧一定范围内的土体进行加固,根据北京地铁5号线盾构试验段及其他工程的经验,推荐采用地面旋喷加固方法,加固后的土体强度应不小于0.5MPa。

根据盾构推进方案,盾构工作井的位置及功能详见表5-9。

盾构工作井的位置及功能 表5-9

编 号	位 置	功 能
盾构工作井1	东单站北端	盾构拼装始发、接收、拆卸
盾构工作井2	灯市口站南端	盾构接收、始发
盾构工作井3	灯市口站北端	盾构接收、始发
盾构工作井4	东四站南端	盾构调头、始发
盾构工作井5	东四站北端	盾构调头、始发
盾构工作井6	张自忠路站南端	盾构始发拼装、接收、拆卸

盾构始发施工竖井的内净空尺寸应符合以下规定。

(1)始发竖井平面布置如图5-4所示。

盾构始发竖井长度及宽度可按照公式(5-1)和(5-2)计算:

$$L = A + B + C + D + E = A + (3.5 \sim 5\text{m}) \tag{5-1}$$

$$H = d + \Delta d = d + 2.0\text{m} \tag{5-2}$$

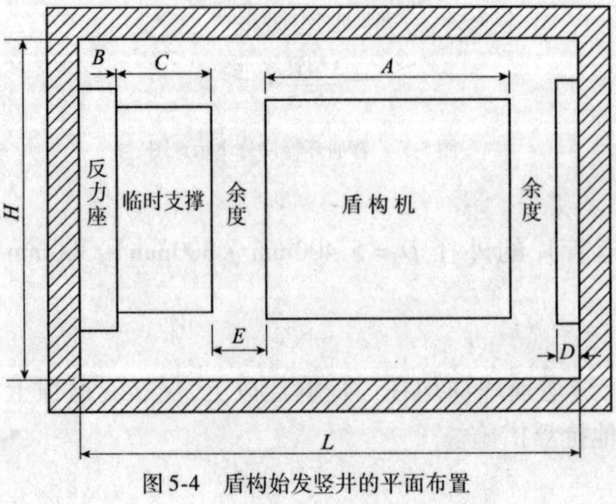

图5-4 盾构始发竖井的平面布置

式中:L——始发竖井的长度(m);

A——盾构机的长度(m);

B——反力支撑座的厚度(m);

C——临时支撑的宽度(m);

D——始发导口的厚度(m);

E——作业余度(m);

H——始发竖井的宽度(m);

d——盾构的外径(m);

Δd——宽度余量(m),一般取1.5~2.0m。

(2)推荐盾构始发竖井平面净空尺寸如图 5-5 所示。

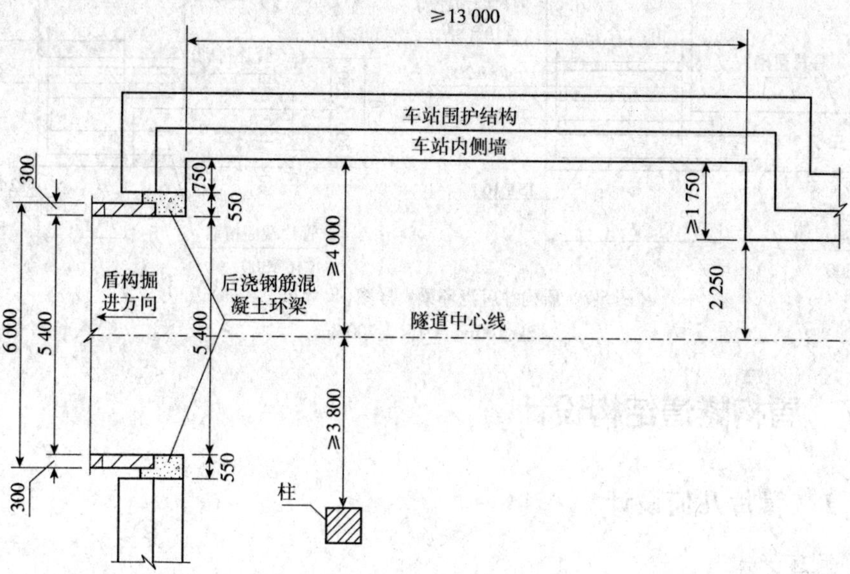

图 5-5　推荐盾构始发竖井平面净空尺寸图(尺寸单位:mm)

盾构接收施工竖井的内净空尺寸应符合以下规定:推荐接收竖井长度 $L = 12\ 000$mm,如图 5-6 所示。

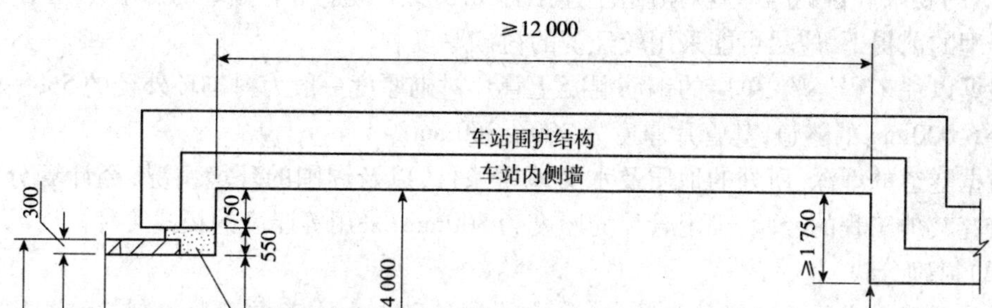

图 5-6　盾构接收竖井平面净空尺寸图(尺寸单位:mm)

盾构隧道施工完成后,在盾构施工竖井侧墙的预留洞口处,应设置后浇环梁,用于结构的封闭及防水的完整,见图 5-7。

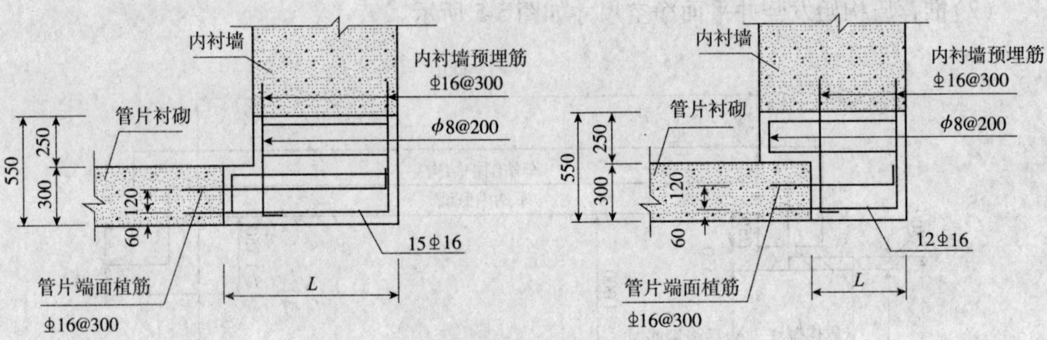

图 5-7　盾构井后浇环梁大样图(尺寸单位:mm)

注:100mm < L < 1 200mm。

5.7　盾构隧道结构设计

5.7.1　管片几何设计

1)普通环管片

(1)管片厚度

衬砌厚度的确定应根据隧道所处围岩条件、覆土厚度、管片材料、断面大小、施工工艺等因素综合考虑确定,并应满足衬砌构造(如手孔大小等)、防水抗渗以及拼装施工(如千斤顶作用等)的要求。衬砌的厚度对隧道土建工程量以及工程造价有显著的影响。在结构安全、功能合理的前提下,应尽可能采用较经济的衬砌厚度。

根据以往工程经验,单层的钢筋混凝土管片衬砌厚度一般为衬砌环外径的5% ~6%,对于外径6 000mm的隧道,其管片厚度为300 ~360mm。

根据隧道的埋深、所处的地质及水文地质条件,以及周围的环境情况,经计算分析及参考和借鉴其他工程的经验,确定管片的厚度为300mm,采用等厚度的板式管片。

(2)衬砌分块

管片衬砌沿半径方向可分为数块,分块的数量和大小应考虑管片预制、运输、拼装等施工因素,同时也要考虑管片衬砌结构受力情况和防水效果。随着分块数量的增加,衬砌环刚度降低,柔度增加。柔性的衬砌可使周围地层的荷载趋于均匀,充分利用地层自身的承载能力,使衬砌所承受的内力减小,便于设计出较经济的衬砌厚度。但由于接缝增多,拼装速度受到影响,也增加了防水工作量和难度。另一方面,隧道也应具有适当的刚度,以满足防水、抗震以及隧道功能的要求。

一般情况下,小断面隧道(如市政管道等)分4块,中至大断面隧道(如地铁、公路隧道等)分6 ~10块。国内地铁区间单线隧道大多采用6块模式,即3块标准块(A块) +2块邻接块(B块) +1块封顶块(C块)。

考虑管片拼装施工方便,封顶块一般采用较小的体量。封顶块常用的拼装方式有径向楔入和纵向插入两种。径向楔入式封顶块受力后有向内侧滑动的趋势,对结构受力不利,目前已很少采用。纵向插入封顶块受力条件较好,但需加长千斤顶行程(一般需加长1/3衬砌环宽)。封顶块为纵向楔形块,在其他管片拼装完成后,将封顶块与邻接块沿纵向搭接2/3

环宽,并推入到最终拼装位置。

本区段采用 6 块分块,C 块纵向插入式分块方式。

普通环的具体分块情况为 3 块标准块(中心角 67.5°),2 块邻接块(中心角 67.5°)和 1 块封顶块(中心角 22.5°)。衬砌分块见图 5-3。

(3)衬砌环宽度

管片宽度的选择对施工、造价的影响较大。当宽度较小时,虽然搬运、拼装在曲线上施工方便,但接缝增多,加大了隧道防水的难度,增加管片的制作成本,而且不利于控制隧道纵向的不均匀沉降。管片宽度太大则施工不便,也会使盾构的盾尾长度增长而影响其灵活性。因此,过去单线区间隧道管片的宽度控制在 700 ~ 1 000mm 之间,但随着铰接盾构的出现,管片宽度有进一步提高的趋势。

目前,管片的宽度控制在 1 000 ~ 1 500mm 之间,上海地铁区间隧道的管片宽度为 1 000mm,广州、南京及本工程的试验段地铁区间隧道的管片宽度均为 1 200mm。

从北京地铁 5 号线盾构试验段目前的应用情况看,较大的环宽尺寸无论从施工进度方面还是从工程造价方面均有较明显的优势,是今后的发展趋势,故本设计衬砌环宽尺寸推荐为 1 200mm。

(4)衬砌接头构造

衬砌接头构造设计包括接头连接方式、接头面构造形式、防水凹槽形式等内容。

①衬砌接头连接方式

衬砌环内管片之间以及各衬砌环之间的连接方式,从其力学特性来看,可分为柔性连接和刚性连接。

刚性连接通过增加连接螺栓的排数,力图在构造上使接缝处的刚度与管片本身的刚度相同,使衬砌环整体刚度沿圆周分布较均匀,抵抗变形能力强。而柔性连接允许相临管片间产生微小的转动和压缩,使衬砌环能按内力分布状态产生相应的变形,以缓解管片接头处应力集中现象,使外荷载分布趋于均匀,并可充分利用地层以及衬砌的承载能力。柔性接头的衬砌结构计算时,必须考虑接头的受力性能,结构计算模型应能真实反映接头对衬砌整体受力造成的巨大影响。

大量实践证明,刚性连接不仅拼装麻烦、造价高,而且会在衬砌环中产生较大的次生应力,带来不良的后果。目前,盾构隧道多采用柔性连接接头方式。

衬砌接头连接方式可分为直螺栓连接、弯螺栓连接、斜螺栓连接、无螺栓连接(砌块)以及销钉连接等。

直螺栓构造较简单,施工方便,在隧道衬砌为箱形管片时适用性较好。但其用于平板形管片时,在接头两侧需设置预埋钢连接盒或较大的手孔,对管片衬砌削弱较大。而弯螺栓连接时,接头两侧不需预埋连接盒,手孔也比直螺栓小,对管片截面的削弱也小。实践表明,弯螺栓连接存在钢材用量大,制作、拼装困难,造价高等缺点,接头刚度也较弱,但考虑到本工程试验段的管片、接头形式及模板的利用,5 号线盾构隧道普通环方案纵缝和环缝均采用弯螺栓连接(图 5-8),环向管片间设 2 个单排螺栓,纵向共设 16 个螺栓(封顶块设 1 个螺栓,其他管片每块设 3 个螺栓)。封顶块也采用纵向插入的拼装方式。

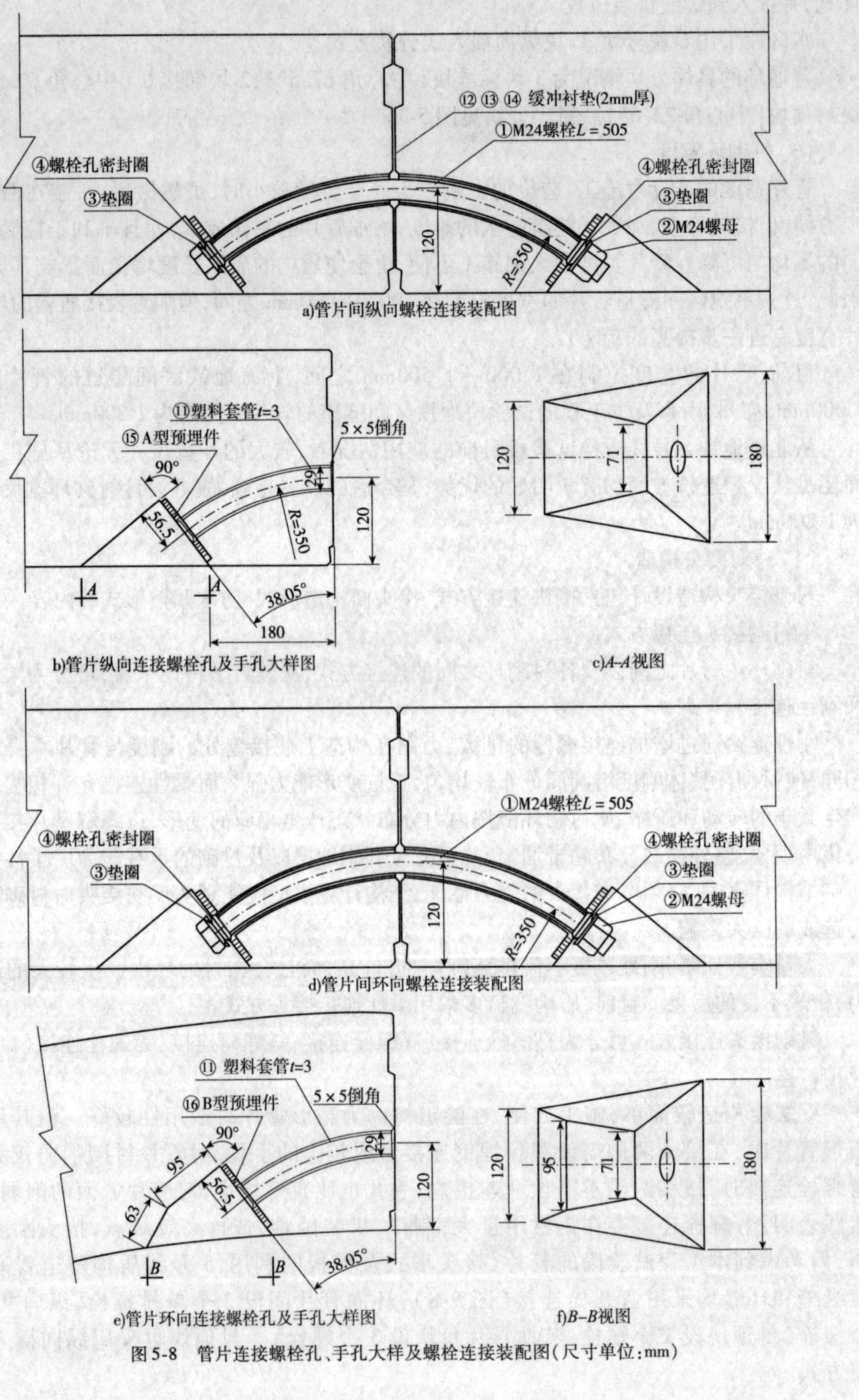

图 5-8　管片连接螺栓孔、手孔大样及螺栓连接装配图(尺寸单位:mm)

②接头面构造形式

由于本区间隧道穿越的土层主要为粉土和砂性土，土体强度较好，层面分布也较均匀，管片衬砌接头面采用平面式（图 5-9）。

由于管片拼装时不可避免地存在一定误差，接头面的四个周边容易产生应力集中而被破坏。该现象可通过在接头面周边设置退缝槽来解决（图 5-10）。

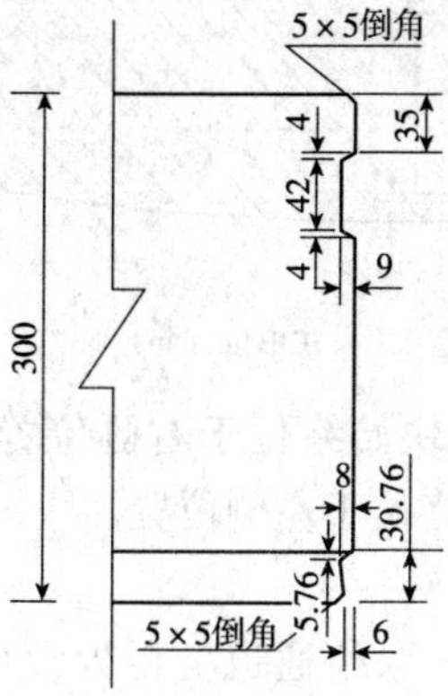

图 5-9　管片接头面构造形式（尺寸单位：mm）

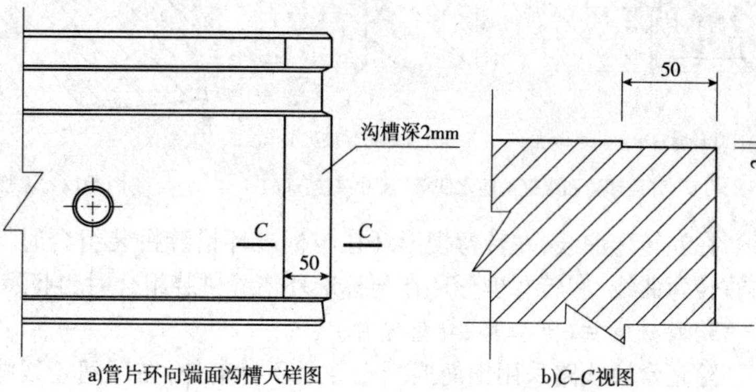

图 5-10　接头面周边设置的退缝槽（尺寸单位：mm）

③防水凹槽形式

根据接头防水的需要，一般在环缝和纵缝靠近外弧侧处设安装橡胶止水条的凹槽（图 5-11），在内弧侧设嵌缝槽。

（5）管片注浆孔

衬背注浆是管片背后注浆的重要方式之一，在目前盾构机同步注浆得以应用之际，利用衬背注浆孔仍是必须准备的措施之一。

目前衬背注浆孔基本具备两种功能：

①利用该孔的埋件兼作管片拼装用起重吊装持力部件。一般埋件应满足起吊荷载要求。

②利用该孔注浆。考虑到该孔只作为同步注浆后的补充注浆手段，不是必须使用，为保证同步注浆浆液不从预留空洞泄入，又方便浆液注浆使用，在孔洞外侧预留了一层 25mm 厚的素混凝土层，以方便后期补充注浆时冲破。注浆孔构造见图 5-12。

2）楔形环管片

左转弯楔形环是按封顶管片在右侧位置进行设计，右转弯楔形环是按封顶管片在左侧位置进行设计，楔形量是按 $R = 300$m 的曲线半径计算，楔形量 $\Delta = 48.00$mm，楔形角 $\beta = 0.46°$，楔形量平分为两部分，对称设置于楔形环的两侧环面。

左转弯楔形环的 LA_1、LA_2 和 LA_3 管片分别与右转弯楔形环的 RA_3、RA_2 和 RA_1 相同。

楔形环管片衬砌除环宽尺寸作如图 5-13 所示的变动外，其余尺寸均同标准环管片衬砌。

楔形环各管片衬砌钢筋笼请参照标准环各相应管片衬砌，环宽尺寸的变化通过钢筋保护层厚度的增减来实现。

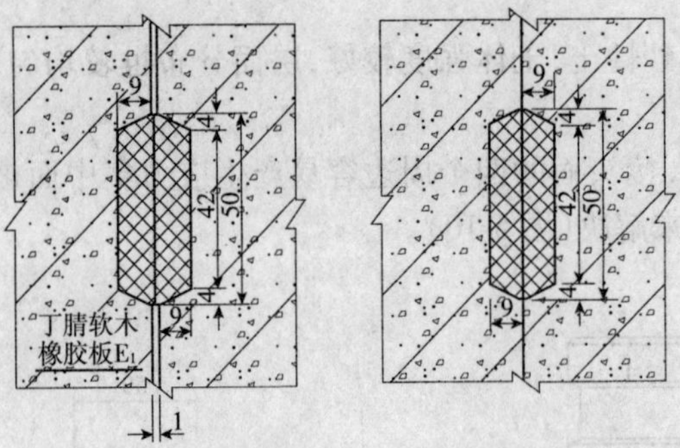

a)管片环缝密封垫防水做法　b)管片纵缝密封垫防水做法

图 5-11　管片环缝和纵缝的防水凹槽(尺寸单位:mm)

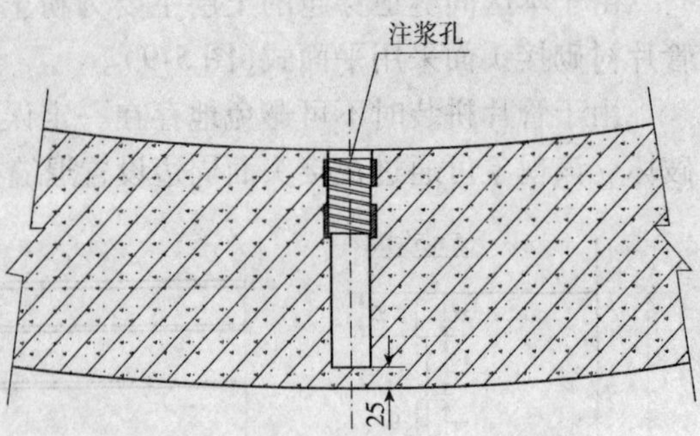

图 5-12　注浆孔构造图(尺寸单位:mm)

在左转弯曲线,左转弯楔形环在与标准环错缝拼装组合时,封顶块始终位于右侧位置。在右转弯曲线,右转弯楔形环在与标准环错缝拼装组合时,封顶块始终位于左侧位置。

3)特殊管片(开口环、异型管片)

除正常段线路采用钢筋混凝土普通环衬砌外,在区间正线隧道与联络通道交界处设两环开口衬砌环特殊管片。

本区间隧道开口衬砌环采用钢管片,钢管片采用板、肋结构,通缝拼装方式,以便于衬砌开口部位管片的拆除和支撑,如图 5-14 所示。

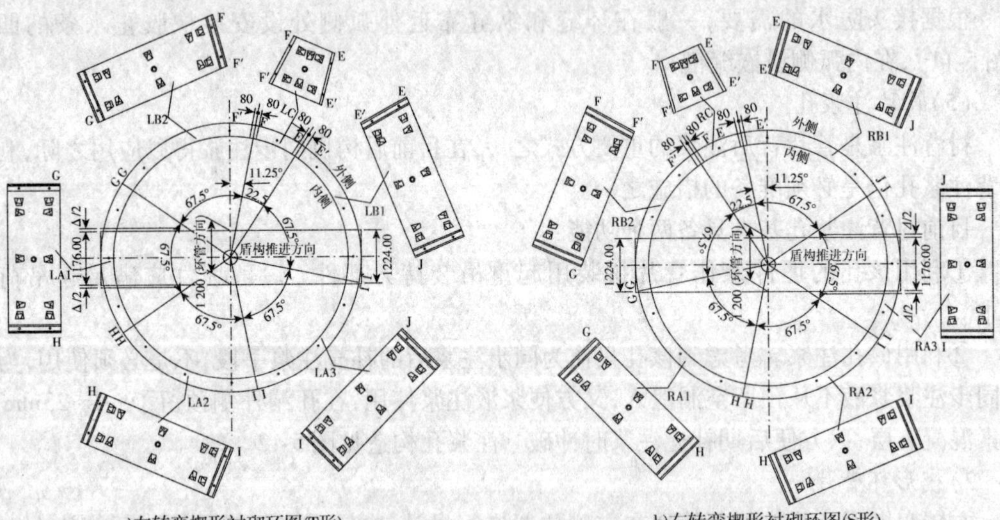

a)左转弯楔形衬砌环图(T形)　b)右转弯楔形衬砌环图(S形)

图 5-13　楔形环管片

5.7.2　管片衬砌环内力计算

1)盾构隧道的荷载分类及荷载图式

衬砌设计时所要考虑的各种荷载,根据不同的条件和设计方法进行假定,并根据隧道的用途,组合这些荷载(表 5-10)计算截面内力。

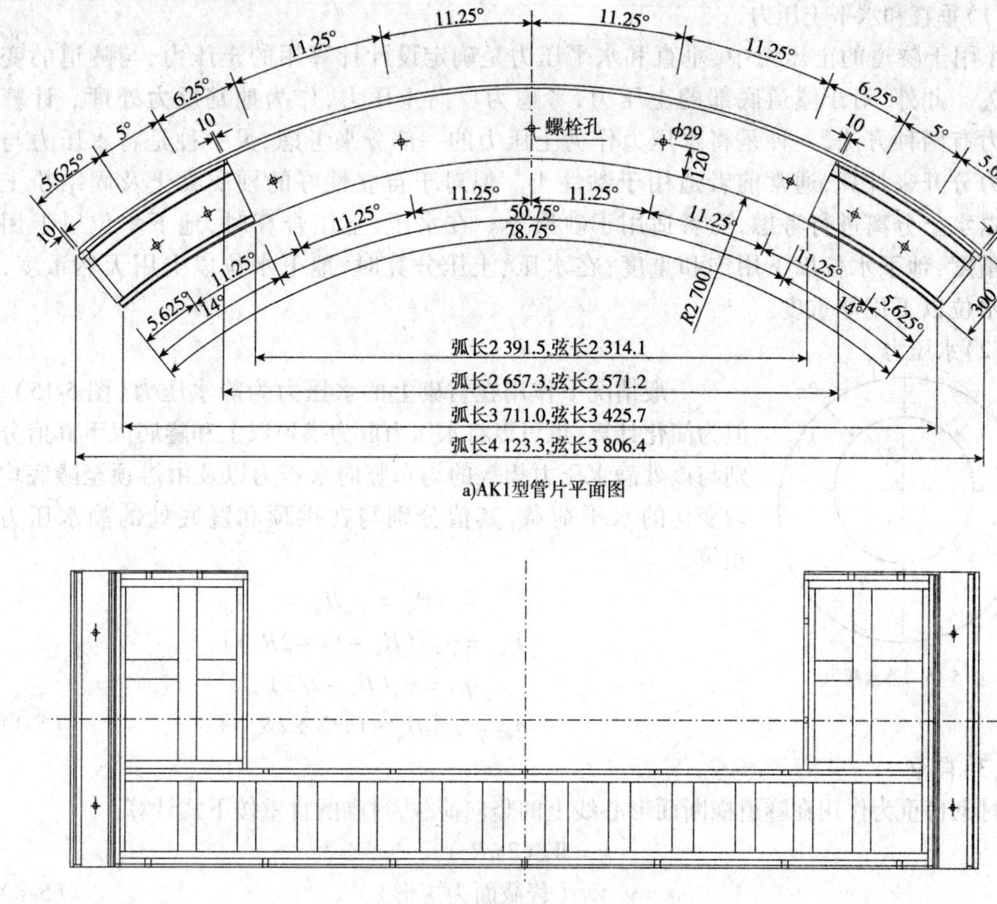

a)AK1型管片平面图

b)AK1型管片立面图

图5-14 隧道开口衬砌环钢管片(尺寸单位:mm)

荷载分类表 表5-10

荷载分类		荷载名称
永久荷载		结构自重
		地层压力
		水压力
		隧道上部或地层破坏棱体内的设施及建筑物基底附加应力
		设备重量
可变荷载	基本可变荷载	地面车辆荷载
		地面车辆荷载引起的侧向土压力
		隧道内部车辆荷载及其动力作用
	其他可变荷载	施工荷载
偶然荷载		地震荷载
		人防荷载

注:施工荷载包括设备运输、施工机具及人员、盾构推进、压注浆等引起的荷载。

(1)垂直和水平土压力

作用于隧道的土压力中,垂直和水平压力是确定设计计算用的土压力,与隧道的变形无关。此外,对于隧道底部的土压力,考虑为反向土压力,作为地基反力处理。计算土压力有两种方法,一种是将水压力作为土压力的一部分来考虑,另一种是将水压力与土压力分开来计算,通常前者适用于黏性土。但对于自立性好的硬质黏土及固结粉土也多以水土分离进行考虑,后者适用于砂质土。在水压、土压合算时,地下水位以上用天然重度,地下水位以下用饱和重度;在水压、土压分算时,地下水位以上用天然重度,地下水位以下用浮重度。

(2)水压力

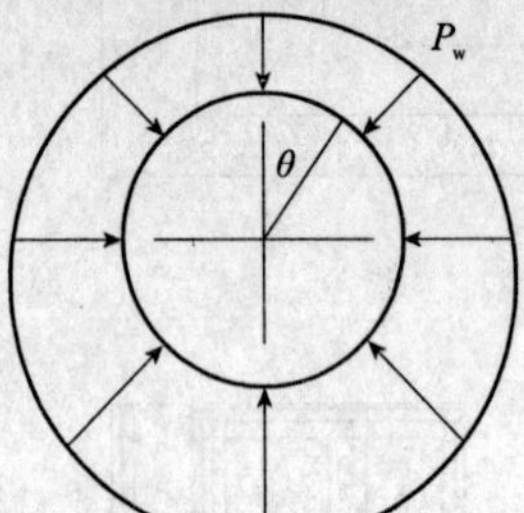

图 5-15 静水压力

一般情况下作用在衬砌上的水压力为静水压力(图 5-15)。但为简化计算,也可以将水压力取为拱顶以上和隧底以下其值分别与该处静水压力相等的均布竖向水压力以及由拱顶至隧底均匀变化的水平荷载,其值分别与在拱顶和隧底处的静水压力相等。

$$
\begin{aligned}
P_{w1} &= \gamma_w H_w \\
P_{w2} &= \gamma_w [(H_w + (t + 2R_c)] \\
q_{w1} &= \gamma_w (H_w + t/2) \\
q_{w2} &= \gamma_w [H_w + (t/2 + 2R_c)]
\end{aligned} \tag{5-3}
$$

(3)自重

衬砌自重为作用在隧道横断面形心线上的竖向荷载,衬砌的自重按下式计算:

$$
\begin{aligned}
g &= W/(2\pi R_c) \\
g &= \gamma_c \times t \ (\text{若截面为矩形})
\end{aligned} \tag{5-4}
$$

(4)地面超载

超载参考值如下:

$p_0 = 20\text{kPa}$(公路车辆荷载),$p_0 = 25\text{kPa}$(铁路车辆荷载)。

(5)地层反力

计算衬砌构件内力时,必须确定地层反力作用的范围、大小和方向。地层反力通常分为两种:一种是独立于地层位移而定的反力,另一种是从属于地层位移而定的反力。实际上,前者是作为与给定荷载相平衡的反力,预先假定其分布均匀;后者被认为与衬砌向地层内位移相关而产生,并与地层的位移成比例且定义该比例因子为地层(基)反力系数,此比例因子的取值取决于地层特性和衬砌尺寸。

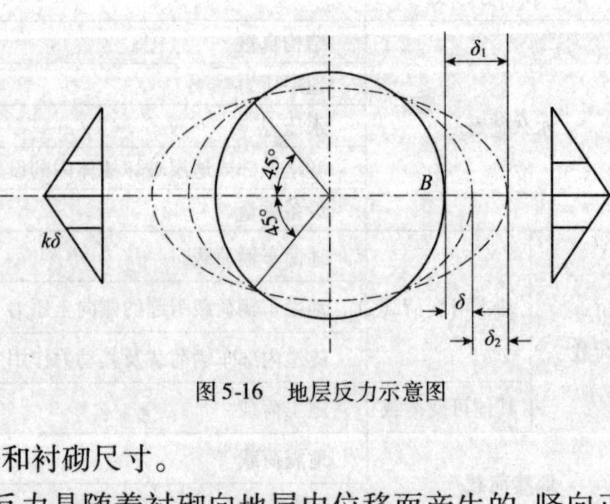

图 5-16 地层反力示意图

修正惯用法假定作用于两侧的地层反力是随着衬砌向地层内位移而产生的,竖向正负45°范围内为脱离区,而水平方向正负45°范围内,按三角形分布的荷载考虑(以水平直径上的点为顶点），见图 5-16。水平直径上点的地层反力与衬砌向地层内的水平位移成正比。土壤介质的侧向弹性抗力系数的取值不同，衬砌结构内力的 M、N 值也随之相应的变化，对工程的经济意义很大，必须谨慎合理，保证结构具有一定的安全度。

考虑了地层反力的位移 δ：

$$\delta = \delta_1 - \delta_2 \tag{5-5}$$

式中：δ_1——土、水压引起的 B 点位移；

δ_2——地层反力引起的与上述方向相反的 B 点位移。

$$\delta = \frac{(2P_1 - Q_1 - Q_2)R_c^4}{24(\eta EI + 0.045\,4kR_c^4)} \tag{5-6}$$

$$P_1 = P_{e1} + P_{w1}$$

$$Q_1 = q_{e1} + q_{w1}$$

$$Q_2 = q_{e2} + q_{w2}$$

式中：E——弹性模量（Pa）；

I——每延米管片截面惯性矩，$I = \dfrac{1.0 \times t^3}{12}$（$m^4/m$）；

η——管片刚度有效率；

k——水平基床系数（MPa/m）。

地层反力为：

$$q = k\delta \tag{5-7}$$

盾构隧道的荷载图式如图 5-17 所示。

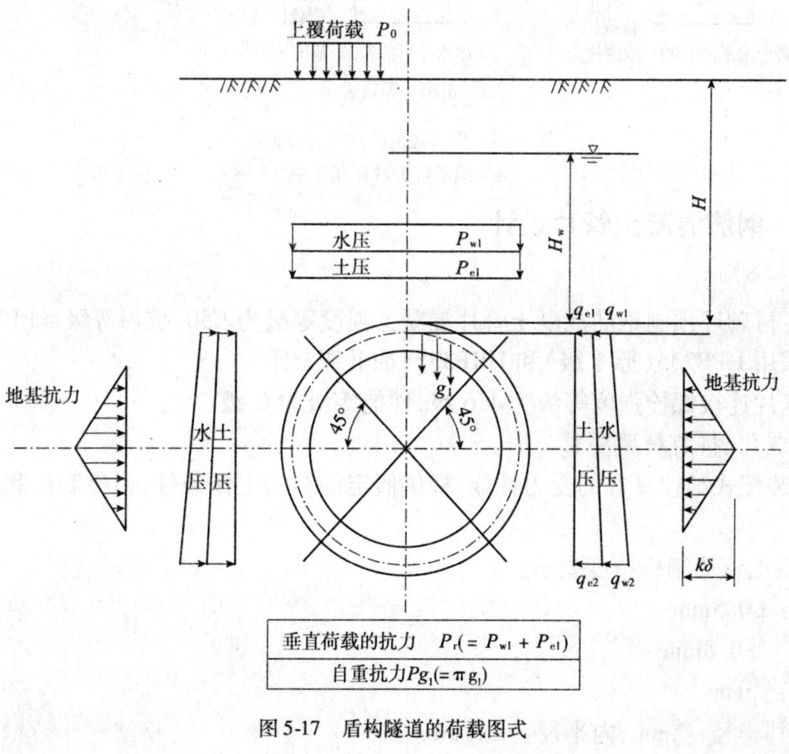

图 5-17　盾构隧道的荷载图式

2)管片衬砌环内力计算模型、计算参数及计算软件

盾构隧道结构的内力计算方法见图5-18。计算方法的选择应根据地层情况、衬砌构造特点及施工工艺等确定,在北京地区宜考虑衬砌与围岩共同作用及装配式衬砌接头的影响。

5号线盾构隧道根据北京地质特点及管片接头情况,参考试验段的试验、实测资料,选取了修正惯用法和梁—弹簧模型法进行计算分析。在采用梁—弹簧模型法进行计算分析时,接头采用了试验得到的弯曲刚度,$K_n^+ = 2.85 \times 10^4\ \mathrm{kN \cdot m^2/rad}$,$K_n^- = 1.39 \times 10^4\ \mathrm{kN \cdot m^2/rad}$。计算软件采用了有限元软件SAP84、同济曙光软件及自编的结构计算程序。

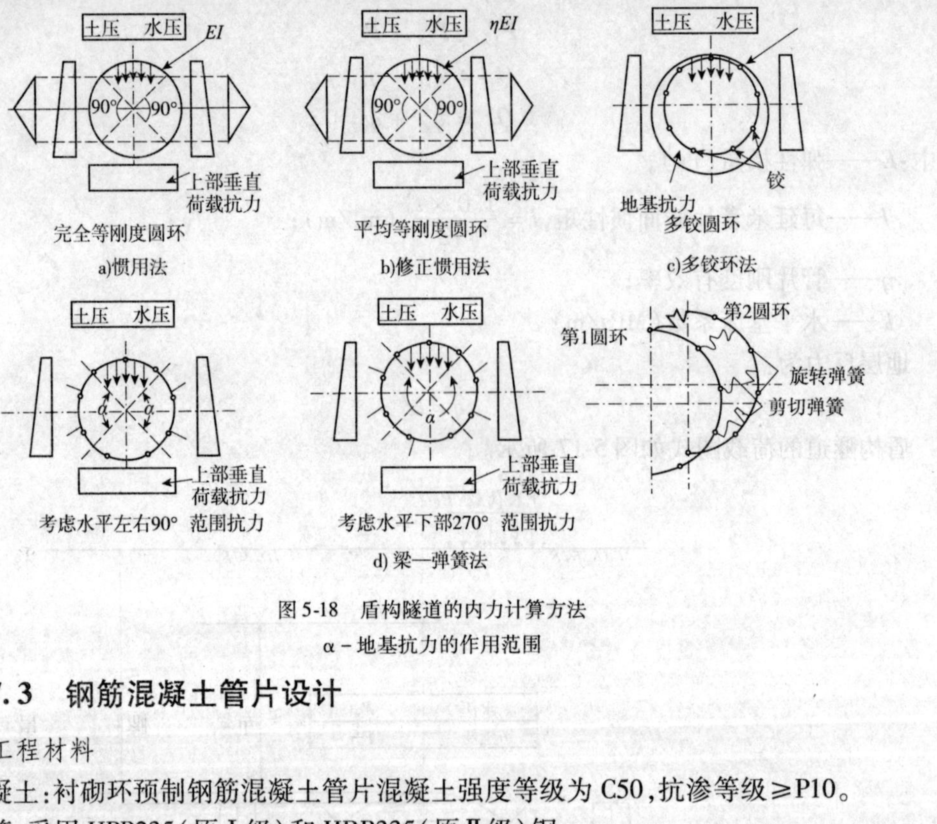

图5-18 盾构隧道的内力计算方法

α-地基抗力的作用范围

5.7.3 钢筋混凝土管片设计

1)工程材料

混凝土:衬砌环预制钢筋混凝土管片混凝土强度等级为C50,抗渗等级≥P10。

钢筋:采用HPB235(原Ⅰ级)和HRB335(原Ⅱ级)钢。

螺栓:管片连接螺栓强度等级为4.6级,性能等级为C级。

2)衬砌制作、拼装精度要求

为保证装配式结构良好的受力性能,提供假定的结构工作条件,衬砌制作和拼装必须达到下列要求。

(1)混凝土管片制作精度要求:

①宽度:±0.5mm。

②弦长: ±0.8mm。

③厚度:$^{+4}_{-0}$mm。

④管片外半径:$^{+2}_{-0}$mm;内半径: ±1.0mm。

⑤螺栓与孔间隙：±1.0mm。

(2)管片拼装精度要求：

①相邻环的环面间隙：≤1.0mm。

②纵缝间隙：≤2mm。

③环间螺栓孔不同轴度：<1.0mm。

3)构造措施

(1)受力筋混凝土保护层厚度

钢筋混凝土管片混凝土保护层厚度，外侧取 50mm，内侧取 30mm。

(2)钢筋的锚固与搭接

①除设计图中注明外，钢筋的锚固长度为 $35d$。

②混凝土管片钢筋必须采用焊接骨架。

(3)防腐措施

①管片间的连接螺栓及联络通道处的钢管片均涂锌铬涂层作为防腐处理。

②圆隧道轨面以下缝及手孔用细石混凝土浇捣填实。

③凡暴露于大气中的金属埋件与露件，均涂锌铬涂层。

4)配筋

盾构隧道管片的配筋如图 5-19 所示。环向主筋为 $8\phi18$，箍筋为 $\phi8$。

5.7.4　钢管片设计

地铁盾构区间的联络通道(图 5-20)，须在区间隧道贯通后，从隧道内部开洞施工(图 5-21)。由于盾构区间采用工厂预制管片、现场拼装的方式形成，为满足联络通道施工的要求，需要对与之相连的管片进行特殊设计、制造，此部分管片称作“特殊衬砌环管片”。国内已建工程特殊衬砌环管片多采用钢管片的形式，本次 5 号线盾构区间设计时也采用了同样的方案。

联络通道洞口中心位于相邻两环管片的接缝处，故此两环管片均采用钢材制作(图 5-22)。

由于钢管片采用格构式结构，与混凝土管片相连接的一面钢板上螺栓孔数量可以增加一倍。管片与通道连接的洞口是预制的，而管片拼装后洞口与轨顶的相对位置又有严格的要求，对管片拼装精度要求较高。额外的螺栓孔可以大大提高钢管片的就位精度，降低施工难度。

钢管片的刚度很高，开洞后的两环管片可以形成一个完整的环，确保隧道整体稳定。故联络通道施工时，在地层加固到位的前提下，仅需拆除预制洞口内多余的块，即可进洞开挖，无需其他辅助措施，施工简便。

5 号线工程实践显示，采用钢管片制作特殊衬砌环，虽然解决了施工难度的问题，但是暴露出以下问题：

为了方便钢管片与混凝土管片的连接，利用现有的防水构造与材料，钢管片外形尺寸、端部构造采用与混凝土管片相同的尺寸与精度。这种精度要求导致钢管片的加工与管片模板无异，大大增加了制造成本，经济性差。

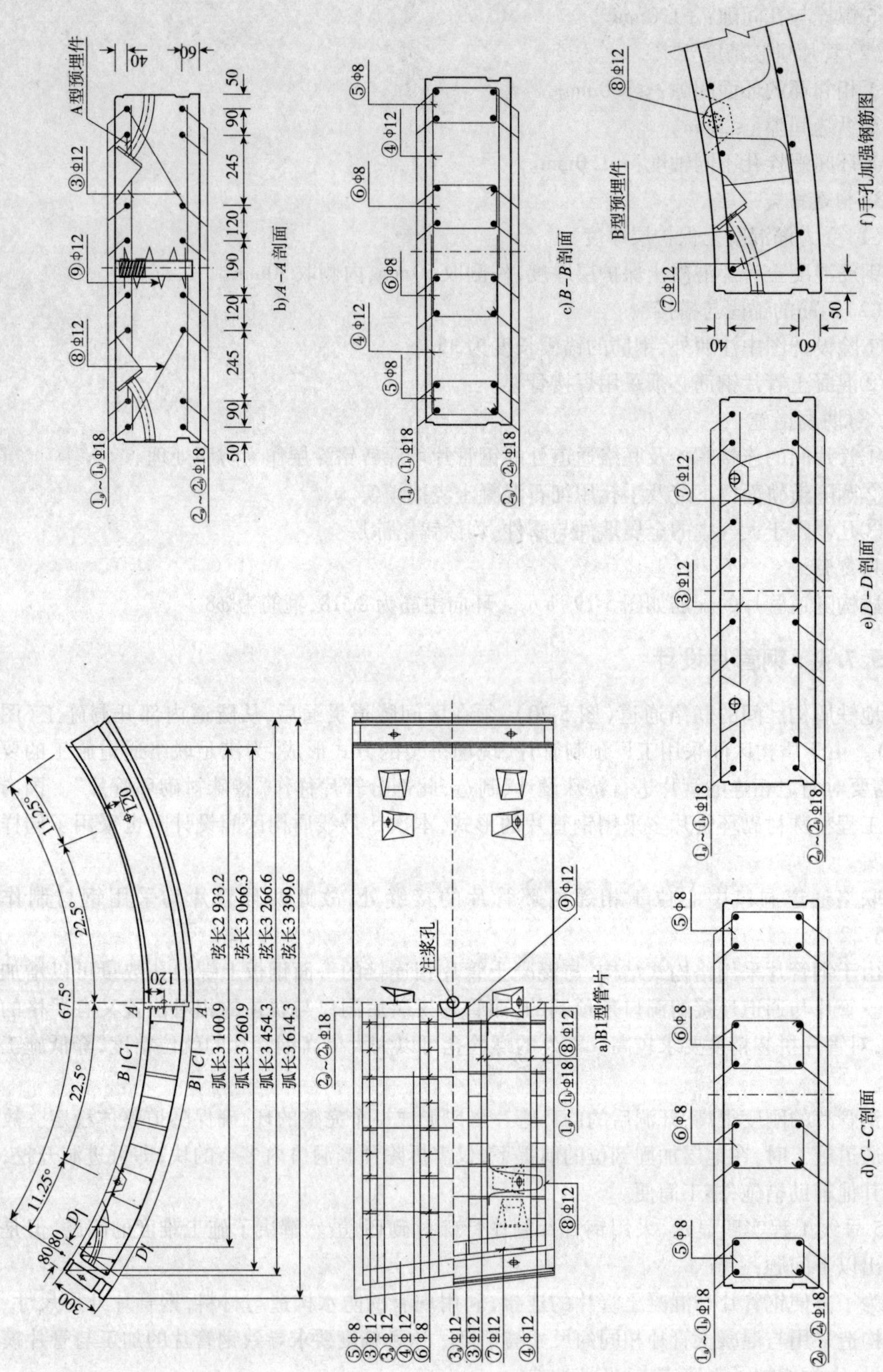

图5-19　盾构隧道管片的配筋（尺寸单位：mm）

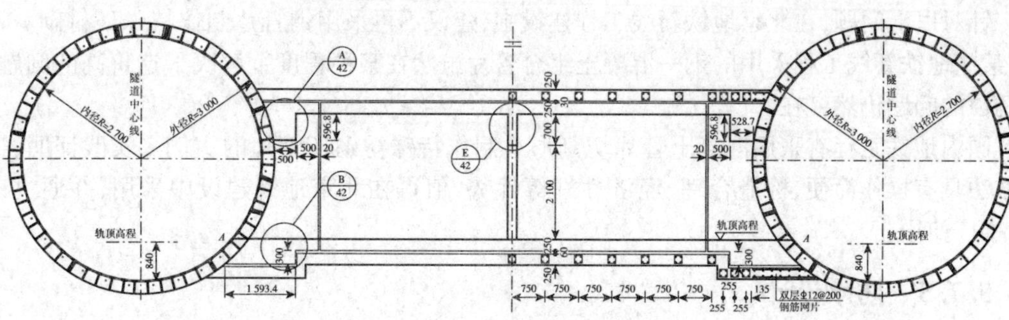

图 5-20　地铁盾构区间联络通道剖面图(尺寸单位:mm)

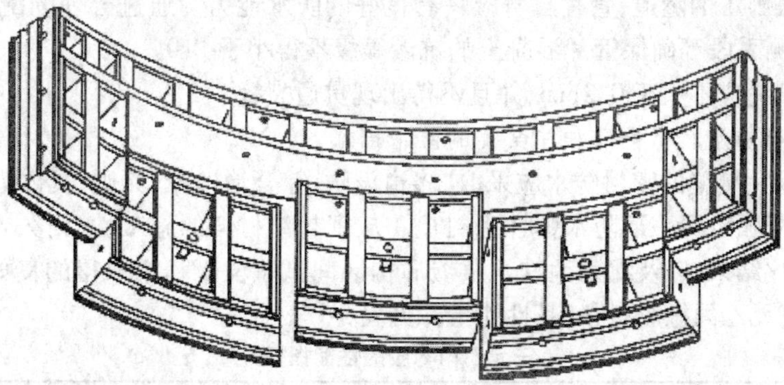

图 5-21　开洞管片示意图

a)预留洞口范围内钢管片锈蚀严重　　b)钢管片背板内侧防腐涂层脱落

图 5-22　开口环钢管片的锈蚀和防腐涂层脱落

钢管片焊接成型后,表面需采用锌铬涂层处理,以达到防腐防锈的目的。北京市场很难找到能够整体浸泡一环管片的炉具,为此特制炉具费用较高。而某些厂家为了降低成本,简化工艺,采用喷涂的办法处理,导致钢管片在地下拼装不久之后就开始出现锈蚀和脱皮的现象(图 5-22)。

为防止腐蚀面的进一步扩大,5 号线盾构区间施工时对钢管片每一个区格进行了混凝土填实处理,并在暴露的加劲板表面涂刷防锈漆。在后期制作的钢管片区格内增设栓钉,以提高混凝土与钢结构的黏结力,但同时也增加了管片加工的难度。

针对以上问题,在北京地铁新线工程建设中,建议不再采用钢管片制作特殊环衬砌。目前,某些地铁新线工程采用的钢—混凝土组合管片虽然在某种程度上解决了造价高的问题,但锈蚀的问题仍然存在。

国内地铁工程有采用混凝土管片切割形式制作特殊衬砌环管片的实例。实践证明,这种方法具有操作简便、构造合理、经济性好等优势,值得在北京地铁建设中采用,并通过改进,推广使用。

5.7.5 防水设计

1)管片混凝土结构自防水

(1)盾构法施工的隧道,管片自身应具有良好的防水能力。通过合理的配合比设计、严格的养护和检测手段等确保管片混凝土的抗渗等级不得小于P10。

(2)管片裂缝应不大于0.2mm,并且不得出现贯通裂缝。

2)管片接缝防水及螺栓孔和注浆孔的防水措施

(1)盾构管片接缝的密封防水应采取“多道设防、综合治理”的原则,具体措施如下:

衬砌管片外弧设置一道防水弹性密封垫。从密封垫材料的施工性、耐久性和不同材料的材质性能对比结果,以及北京地铁5号线盾构区间试验段工程中取得的良好防水效果分析,决定选用三元乙丙橡胶材料,其性能指标见表5-11。

三元乙丙橡胶的性能指标　　表5-11

项　目	指　标	测试方法
硬度SH(度)	67±5	按GB/T 531测试
拉伸强度(MPa)	≥10.5	按GB/T 528测试
伸长率(%)	≥350	按GB/T 528测试
防霉等级	不低于1级 (即0级与1级)	参照GB 2423.16-81J测试
低温硬度变化SH(度) (-15℃×22h)	≤12	按GB/T 531测试
压缩永久变形(%) (70℃×22h)	≤25	按GB/T 7759测试
拉伸强度变化率(%) (70℃×96h)	≥-15	按GB/T 528测试
伸长率变化率(%) (70℃×96h)	≥-30	按GB/T 528测试
硬度变化SH(度) (70℃×96h)	≤+6	按GB/T 531测试

①弹性密封垫在管片张开量为5mm时应能承受0.8MPa的水压。

②衬砌管片内弧侧预留嵌缝槽,管片拼装完毕后在预留凹槽内采用聚合物水泥砂浆或密封膏进行嵌缝密封。嵌缝范围:进出洞20~30m、联络通道两侧各10~20m范围内变形量较大的盾构隧道内整环嵌缝,其余区段在拱顶45°范围和拱底90°范围内进行嵌缝处理。

③每一个螺栓孔、注浆孔均设置密封垫圈。根据实际工程经验,螺栓孔密封圈和注浆孔

密封圈选用缓膨胀遇水膨胀橡胶(性能指标见表 5-12)。

遇水膨胀橡胶的性能指标　　表 5-12

序 号	检测项目		指 标
1	硬度(邵尔)(度)		42 ±7
2	拉伸强度(MPa)		≥4
3	断裂伸长率		≥400%
4	体积膨胀率(14d)		≥250%
5	24h 纯水膨胀率		≤20%
6	纯水膨胀率(7d)		≤175%
7	纯水膨胀率(14d)		≤250%
8	反复浸水试验	硬度变化(邵尔 A)(度)	≥ ±7
		拉伸强度(MPa)	≥3
		扯断伸长率	≥350%
		体积膨胀率	≥250%
9	低温弯折(-20℃ ×2h)		无裂纹

3)变形缝处防水措施

在地层变化较大处、区间隧道与车站接口处设置变形缝,在变形缝部位,管片弹性密封垫的表面增设一道 3mm 厚的缓膨胀遇水膨胀橡胶条进行加强防水密封处理,性能指标见表 5-12。

4)衬砌管片外侧的注浆防水

由于盾构施工时在管片与天然土体之间存在环形空隙,必须通过注浆将此空隙填充密实,在管片外侧形成一道防水层。这种注浆又分为同步注浆与二次注浆两种。

为防止盾构机注浆孔堵塞,同步注浆采用惰性浆液。二次注浆主要采用水泥浆,但在隧道开挖对地表建筑或管线影响较大的地段,为减少地面沉降,可选择速凝型浆液,即在水泥浆液中添加适当比例的水玻璃。

注浆应满足以下几点要求:

(1)注浆压力应大于开挖面的土压力,一般可控制在 1.1 ~1.2 倍的静止土压力范围内。

(2)避免地面有较大的隆起和沉降。

(3)不能使管片因受压而错位变形。

(4)不能使浆液从管片或盾构机与管片之间渗漏出来。

(5)采取措施保证环形空隙内均匀地充满浆液。

区间联络通道和区间人防段隧道采用矿山法施工,防水措施如下:

(1)铺设防水层前,初期支护表面不得有明水流。

(2)采用厚度不小于 1.2mm 的塑料防水板进行全包防水处理。防水层铺设前,用水泥砂浆抹面的方法对初期支护表面进行找平处理,同时将初期支护表面的钢管、铁丝等突出物从根部割除,割除部位用水泥砂浆进行覆盖。

(3)在初期支护表面铺设不小于 $300g/m^2$ 的无纺布作为防水层的缓冲层,防水层采用无钉孔铺设双焊缝施工工艺。后续施工环节中应采取有效措施对防水层进行保护。

(4)在现浇混凝土结构的拱顶部位预埋注浆管,结构施工完毕后对拱顶部位进行二次注浆处理,将拱顶部位二衬与防水板之间的空隙填充密实。

(5)施工缝部位采用宽度不小于25cm的背贴式止水带和中置式遇水膨胀止水条进行防水密封处理。

(6)穿墙件部位采用止水法兰和密封膏和防水层进行过渡连接,形成密封止水。

盾构区间隧道与联络通道接口的防水要重点加强,因联络通道采用矿山法施工,防水层与盾构管片之间需要进行刚柔过渡处理,此时应在柔性塑料防水板的两端密实黏贴背贴式止水带,利用背贴式止水带上的齿条与现浇混凝土二次衬砌之间的密实咬合进行止水。同时在现浇混凝土结构与盾构管片之间设置两道遇水膨胀止水条,进行密封处理。必要时在两道遇水膨胀止水条之间预设注浆管,一旦接头部位出现渗漏水时,进行注浆封堵处理。

5.8 盾构先行过站设计案例

5.8.1 工程概况

1)项目由来

北京地铁5号线盾构试验段工程包括雍和宫站盾构始发井、北新桥站、张自忠路站及其相连的区间。

盾构试验段于2000年底开工,盾构机于2001年在雍和宫站下井后往北新桥车站推进。根据工程进度及工程安排,雍和宫至北新桥盾构试验段左线隧道盾构机于2002年12月到达北新桥车站,由于北新桥等车站仍在施工设计阶段,尚未开工建设,不具备盾构接收条件。而盾构机也无法长时间在土中停留,必须通过北新桥车站向下一个区间继续推进。为了保证盾构试验段工程顺利进行,盾构机先行推进过站后,再进行车站的基坑和主体结构施工。

2)北新桥站概况

北新桥站位于东四北大街、雍和宫大街、交道口东大街、东直门内大街交叉路口处,呈南北走向。车站向北连接雍和宫车站,向南连接张自忠路车站,这三座车站之间的区间隧道均采用盾构法施工。车站所在的东四北大街和雍和宫大街尚未实现规划,现状道路宽12m,东直门内大街已实现规划,道路宽35m,路口周围均为一至三层的商业店铺或民房。

3)雍和宫站—北新桥站盾构区间概况

雍和宫站—北新桥站区间采用盾构法施工,区间全长708.4m(K11+485.200~K12+193.600),线路呈南北走向。北端位于雍和宫大街现状道路东侧建筑物下方,中部斜穿雍和宫大街,南端进入雍和宫大街现状道路西侧 建筑物下方。雍和宫大街现状道路宽12~15m,地面交通繁忙。隧道上方建筑物低矮、破旧。西侧临街房屋基本为民房。

5.8.2 车站结构类型及施工工法

1)工程地质及水文地质概况

依据北京城建勘察测绘院2002年9月提供的《北京地铁5号线北新桥站岩土工程勘察

报告》2002详勘033－9号，北新桥站工程地质与水文地质概况如下。

（1）场地环境概况

场地地处北京永定河冲洪积扇轴部，地势平坦，微有起伏，地面高程在43.94～44.35m之间，地面坡降小于千分之一。

（2）岩土分层及特征

车站范围场地主要为第四纪沉积层，为中细砂和粉质黏土互层，现况地面高程为44.2m，土层自上而下依次为：

人工填土层（Q^{ml}）：主要为杂填土$①_1$层。

第四纪全新世冲洪积地层（Q_4^{al+pl}）：主要为黏质粉土砂质粉土②层，该层在不同地段分别夹粉质黏土$②_1$层、重粉质黏土$②_2$层。局部夹粉细砂透镜体$②_3$层。

第四纪晚更新世冲洪积地层（Q_3^{al+pl}）：主要为圆砾④层，局部成为中粗砂$④_2$层透镜体。该层中部或底部颗粒较粗成为卵石$④_3$层；黏质粉土砂质粉土⑤层；中粗砂⑥层；卵石⑦层；粉质黏土黏质粉土⑧层；卵石⑨层。车站深度范围内主要有杂填土、粉砂、细砂、粉质黏土、黏质粉土、中砂等土层，基底较为坚实稳固。

（3）水文地质概况

本场地地下水为赋存于第四纪地层中的上层滞水、潜水和承压水。

上层滞水：赋存于杂填土$①_1$层、黏质粉土素填土①层和黏质粉土砂质粉土

②层的孔隙之中，实测水位高程为43.90～34.08m，相应水位埋深为2.3～10.25m。

潜水：赋存于粉细砂③层、中粗砂$③_1$层、砾砂$③_2$层、圆砾④层、中粗砂$④_2$层、卵石$④_3$层的孔隙之中。实测水位高程为28.86～31.70m，位于结构底板以上1.487～3.697m，相应水位埋深为16.3～13.45m。

承压水：赋存于中粗砂⑥层、卵石⑦层、粉细砂$⑧_2$层、卵石⑨层及其砂土夹层的孔隙之中。实测水头高程为24.17～26.73m，位于结构底板以下0.634～3.203m，水头高度位于含水层顶板以上1～3m。

土方开挖施工时，基坑的降水工作已完成，土方开挖施工不受地下水影响。

2）车站结构形式

北新桥站为地下双层三跨岛式站台车站，全长170.8m，标准段总宽22.1m，车站共设有四个出入口，两个风道。采用明挖法施工，西南、西北两个出入口过路段采用暗挖施工，总土方开挖量约76 070m^3，回填量13 000m^3；车站在东南、东北、西南、西北四处设置围挡，总面积约10 384m^2。

3）车站基坑围护结构

本车站基坑围护结构形式为钻孔灌注桩＋两道钢支撑＋一层锚杆，车站端部盾构区间上方桩间采用钢格栅喷射混凝土加固，其余部位的桩间土采用挂网喷射混凝土。基坑锚杆形式为一桩一锚。

基坑开始开挖时，车站及站北侧范围内左线区间隧道已形成；北新桥车站施工时进行整体分段开挖，先开挖北侧基坑，再开挖南侧及中部基坑，最后进行基坑贯通开挖。开挖至距离既有盾构隧道顶部约50cm，在进行后续土方开挖时，需注意与盾构管片拆除的配合。

5.8.3 盾构先行过站方案与其他方案的比选

在城市地下轨道交通施工中,由于车站距离较近,所以区间较短,一台盾构机多数情况下要施工两个区间甚至更多,盾构过站形式与车站及区间的施工组织有密切的联系。在国内外的盾构施工中过站一般有三种形式:①车站结构已经完成,且站内结构及空间满足盾构机通过条件,采用站内直接通过后继续掘进形式;②车站没有完成或车站结构不能满足盾构机通过,采用吊出、转场、下井组装再掘进形式;③盾构机先掘进通过车站,车站围护及主体结构后施工的"先隧后站"法。

在车站主体结构已经完成,站内空间满足盾构机通过的情况下,盾构机直接通过车站施工是一种比较快捷的施工方式,能够缩短施工工期,但要保证施工过程的安全性。由于车站内空间狭小,设备安装及人员作业困难,受站内空间限制致使盾构机盾体部分与后配套台车部分要解体,解体后的盾构机盾体部分要横向移动并纵向移动,后配套台车上部分部件要改变安装位置再移动。在过站中的盾体横移、纵移是至关重要的,且施工方法也比较多。

盾构机过站的方案,对相邻车站和盾构施工工期协调的要求较高,需要盾构和车站的土建工程进度紧密结合,才能保证总工期的要求。在工程的实际实施过程,由于地铁施工点多线长,受拆迁、场地、管线及地质条件的限制,工程进度受很多条件制约,很难协调好车站和盾构区间的施工衔接,而且盾构施工和车站施工的交叉作业多,对两者的进度也有一定的影响。采用吊出、转场、下井组装再掘进形式可以将区间施工对车站的影响减至最低。由于预留工程量小,可有效降低车站的工程造价。

根据北新桥车站的具体情况,盾构先行掘进过站属于一个特例,盾构机到达北新桥车站后,沿着车站继续推进,待车站主体基坑开挖后,将形成的盾构隧道管片拆除。此方案的最大优点是盾构的推进不受车站施工工期的影响,对于盾构试验段工程顺利进行较有保障。但此方案存在一些问题,首先废弃工程较多,北新桥车站长170.8m,此范围的隧道形成及拆除费用较高;另外,由于盾构隧道的形成,给车站主体结构的设计和施工带来相当的难度,同时由于盾构隧道外径较大,使得车站主体外墙不能按限界定位,而必须外放,这样车站规模加大,并且行车道外侧有闲置空间得不到利用。

5.8.4 盾构先行过站设计

(1)先行过站盾构区间的设计

因区间施工时,车站尚未开工,所以对区间管片并无特殊要求,另外此部分盾构管片需拆除,可以适当使用一些精度不满足长期使用要求的管片进行拼装。

(2)车站基坑设计

为保证左线既有盾构隧道的安全及灌注桩的成孔,灌注桩的内侧距盾构区间外侧1 250mm。待基坑开挖时,对盾构隧道采取相应的保护措施,基坑开挖完成后,回收部分完好管片。

(3)站端盾构隧道上方基坑支护措施

由于区间左线盾构隧道已推过车站,因此在车站两端左线盾构隧道上方无法施做钻孔灌注桩,需做特殊处理。施工时先施作盾构隧道两侧的钻孔灌注桩,分步开挖土体,边挖边在桩间架设钢筋格栅,铺设钢筋网片,喷射混凝土,形成围护结构。分步开挖的深度应根据实际监测而定,不宜大于1m。在格栅范围内基坑外侧一定范围内不得施工堆载,并不宜作为施工便道。从施工现场实际情况看,格栅混凝土的变形略大于钻孔灌注桩支护的变形,但是作为临时支护结构,变形在允许值范围内。

(4)土体的加固处理

为确保站端盾构隧道处的基坑安全,以及确保与车站相接盾构隧道在基坑开挖时的安全及使用要求,在以上两种情况处对基坑外侧土体进行加固。土体加固采用旋喷桩,局部可采用注浆加固。土体加固应在基坑开挖前施作完毕,施工时不得破坏既有结构(盾构管片)和管线,严格控制施工过程,确保质量。

5.8.5　车站段隧道拆除的设计要求

1)管片统计

北新桥站车站里程为 K11 +485. 200 ~ K11 +314. 400,全长 170. 8m,共计有 142 环管片在车站内部。拆除管片时南端和北端各留 4 环锁洞门,管片拆除从 727 环拆起,拆至 594 环,共计拆除管片 134 环。在所要拆除 134 环管片中,多数环的楔形块处于 2、4 和 16 号位,少数环的楔形块处于 14 号位,楔形块处于 8、10、12 号位的各仅占一环,详见表 5-13 。

过站管片楔形块位置列表　　表 5-13

环　数	楔形块位置	环　数	楔形块位置	环　数	楔形块位置	环　数	楔形块位置
587	16	604	2	621	16	638	2
588	2	605	16	622	2	639	4
589	16	606	2	623	4	640	2
590	2	607	4	624	2	641	16
591	16	608	2	625	16	642	2
592	2	609	16	626	2	643	4
593	16	610	2	627	16	644	2
594	2	611	16	628	2	645	4
595	16	612	2	629	4	646	2
596	2	613	4	630	2	647	4
597	16	614	2	631	16	648	2
598	2	615	16	632	2	649	4
599	16	616	2	633	16	650	2
600	2	617	16	634	14	651	4
601	16	618	2	635	16	652	2
602	2	619	16	636	2	653	4
603	16	620	2	637	16	654	2

续上表

环 数	楔形块位置	环 数	楔形块位置	环 数	楔形块位置	环 数	楔形块位置
655	4	676	2	697	16	718	2
656	2	677	16	698	2	719	16
657	4	678	2	699	16	720	2
658	2	679	4	700	2	721	16
659	4	680	12	701	16	722	2
660	2	681	14	702	2	723	16
661	4	682	16	703	16	724	2
662	2	683	2	704	2	725	16
663	4	684	16	705	16	726	2
664	2	685	2	706	2	727	16
665	4	686	16	707	4	728	2
666	2	687	2	708	2	729	16
667	4	688	16	709	16	730	2
668	2	689	2	710	2	731	16
669	16	690	16	711	16	732	2
670	8	691	2	712	2	733	16
671	16	692	16	713	16	734	2
672	2	693	2	714	2	735	16
673	16	694	16	715	16		
674	2	695	14	716	2		
675	4	696	10	717	16		

在一部分(约 20 环)所要拆除的管片的上方,有一施工便桥,在北新桥车站施工时用做临时交通设施。便桥是用军用梁东西向架设而成,南北向 25m ,东西向 24m,位置处于东直门内大街紧贴十字路口的中央。所以基坑纵向挖土分三个阶段进行。

2)进度控制

所需拆除管片的总数为 134 环,共计 804 块,车站基坑开挖至隧道中部深度时,开始车站主体范围内既有盾构隧道管片的拆除。在车站范围内的隧道中的管线设施拆除完毕后,首先进行管片的试验性拆除,若试验性拆除成功,则进行管片的正式拆除。

与车站基坑开挖协调,并结合拆除管片的施工条件,管片拆除分四个阶段进行:

第一阶段,进行基坑北侧隧道上部管片的拆除。

第二阶段,进行基坑南侧隧道上部管片的拆除。

第三阶段,进行基坑贯通部位隧道上部管片的拆除。

第四阶段,进行基坑内所有下部管片的拆除。

管片拆除以 30 块/d 计,考虑第一、二、四阶段都有用手钻拆除的作业,故进行拆除作业工期计划为30d。

3)技术重点及难点

由于北新桥车站施工时围护结构采用护坡桩加内支撑形式,基坑中间有两层支撑,在拆除和吊装管片过程中容易碰到支撑,易造成支撑掉落,进而造成基坑有坍塌的危险,所以要特别注意保证施工安全。

所要拆除的管片有的处于基坑第二层支撑的正下方,管片顶部距这些支撑仅有1.73m,汽车吊在吊动这些管片时起吊高度受到限制,在操作时比较困难,需特别注意。在手动葫芦配合汽车吊进行管片拆除时,要保证手动葫芦拉动方向尽量保持水平,手动葫芦的放置也是难点之一。

减少管片损伤,保证管片的回收率,尽量降低拆除管片的成本和提高拆除管片的效率。

4)土方开挖方案

土方开挖原则:本阶段土方开挖主要为配合管片拆除而进行,坚持竖向分层,纵向分段,中部拉槽的原则。

土方开挖共分为12个步骤:

(1)土方开挖至既有盾构隧道顶以上50cm时,进入土方开挖与管片拆除的配合施工。

(2)进行中部拉槽施工,拉槽深度为2.5m,东侧留出2m台阶,按1∶0.5放坡;西侧留出10.15m台阶,要求坡顶距盾构隧道东侧净距为3m,按1∶0.33放坡。

(3)架设第二道钢支撑。

(4)挖除东侧的台阶土方。

(5)进行东侧锚杆施工。

(6)挖除既有盾构隧道东侧3m以外的土方至盾构底高程处。

(7)摘除既有盾构隧道上部4m土方。

(8)拆除既有盾构隧道上部3块管片。

(9)进行西侧锚杆施工。

(10)摘除盾构隧道周围剩余土方。

(11)拆除盾构隧道剩余管片。

(12)基坑开挖见底。

5)管片拆除方案

(1)管片拆除前的施工作业

拆除管片之前的施工作业包括隧道内管线设施的拆除、管片螺栓的松动和拆除管片机械的就位。

隧道内所要拆除的管线设施包括一根风管、一根高压电缆、两根水管、电线及灯管。

管片螺栓松动的目的是让管片进行第一次应力释放。土体开挖至距离管片顶部1.5m时将螺栓松动,使螺栓的应力得到缓慢释放,防止在土体开挖完毕后突然松动螺栓,应力突然释放过大而造成车站护坡桩的破坏。

在正式进行管片拆除之前,所有拆除管片所需的机械要按时就位。

(2)管片纵向拆除

当进行北新桥站车站的基坑施工时,该段隧道管片在基坑土方开挖至隧道中部高程下方0.5m时开始进行拆除作业。管片纵向拆除与基坑开挖协调，分四个阶段进行：

第一阶段，进行基坑北侧隧道上部管片的拆除，由南而北进行。

第二阶段，进行基坑南侧隧道上部管片的拆除，由南而北进行。

第三阶段，进行基坑贯通部位隧道上部管片的拆除，由南而北进行。

第四阶段，进行基坑内所有下部管片的拆除，由南向北进行。

管片纵向拆除从727环拆至594环，共计134环。

第一阶段(北侧)挖土工作达到要求后，对第一阶段所要拆除管片的最南端一环上部管片用手钻进行拆除作业，以释放管片环与环之间的纵向压缩应力，时间约为1～2d。然后向北对相临三环管片做试验性拆除，汽车吊放置在基坑拉槽处，手动葫芦固定在加工制作好的架子上，纤绳由人工牵引，由汽车吊、手动葫芦和纤绳配合整体拆除每环上部的三块管片。若试验性拆除成功，再进行后续管片的拆除。

在试验性拆除成功的前提下，进行第一阶段纵向管片的拆除，由汽车吊、手动葫芦和纤绳配合分块拆除每环上部的三块管片，沿隧道方向依次由南而北进行。当管片楔形块处于16号位，而该环管片又完全处于支撑中间时，用汽车吊将上部三环整体吊起，回转后放置在基坑内。向北拆除到北端时，车站边界内的四环管片不予拆除。

南侧挖土工作达到要求后，进行第二阶段纵向管片的拆除，车站边界内最南端的四环管片不予拆除，对这四环向北相临的第一环管片的上部管片进行手钻拆除作业，以释放管片环与环之间的纵向压缩应力，时间约为1～2d。然后由汽车吊、手动葫芦和纤绳配合分块拆除每环上部的三块管片，沿隧道方向依次由南而北进行隧道上部管片的拆除。当管片楔形块处于16号位，而该环管片又完全处于支撑中间时，用汽车吊将上部三环整体吊起，回转后放置在基坑内。

第三阶段进行车站贯通部位隧道上部管片的拆除，由南而北进行。由汽车吊、手动葫芦和纤绳配合分块拆除每环上部的三块管片，沿隧道方向依次由南而北进行隧道上部管片的拆除。当管片楔形块处于16号位，而该环管片又完全处于支撑中间时，用汽车吊将上部三环整体吊起，回转后放置在基坑内。

待完成隧道上部管片拆除作业后，进行第四阶段由北而南依次进行隧道底部管片的拆除。首先对所要拆除的最北端一环管片所剩的底部管片进行手钻拆除作业，然后用汽车吊和纤绳配合进行底部管片的拆除。

为防止因纵向应力释放，车站南侧不需拆除的管片出现渗漏水现象，在南侧管片上设置拉杆。若局部仍有渗漏水现象，则对其单独进行嵌缝处理。

(3)管片环向拆除

在所要拆除的134环管片中，多数环的楔形块处于2、4和16号位，少数环的楔形块处于14号位，楔形块处于8、10、12号位的各仅占一环。

管片环向拆除原则上首先进行顶部管片的拆除，然后进行左右两侧管片的拆除。当管片楔形块处于16号位时，上部三块整体拆除。当顶部管片是B块时，无法先进行顶部管片的拆除，先进行楔形块的拆除，然后进行B块的拆除，再进行另外一个A块的拆除。楔形块处于各位置时，管片的拆除次序如图5-23所示。

考虑到先拆除顶部管片，可能会因为螺栓的强度不够而导致左右管片滑落，发生危险，故从安全和保护管片角度出发，采取在管片外部进行管片加固的措施。制作两个 5m 的钢梁，在拆除顶部管片之前，纵向固定楔形块处于同一位置的三块管片，这样就可以起到加固顶部管片左右两个管片的目的。

配合钢梁，加工六个螺栓和与其配套的螺帽，凿除管片上的注浆预留孔，用螺栓和螺帽把钢梁固定在三块管片上。钢梁的作用是抵抗左右待拆除管片的重力。

钢梁的安装过程是先把钢梁用钢丝绳两端系好，在隧道的另外一侧拉动钢丝绳，使钢梁沿管片滑到指定位置，然后从爬梯上爬到该位置人工进行螺栓固定。当拆除顶部管片完毕，准备拆除左右管片中一块时，用钢丝绳穿过固定钢梁螺栓的预留圆孔，汽车吊将管片吊稳后将钢梁松开，进行该块管片的拆除。

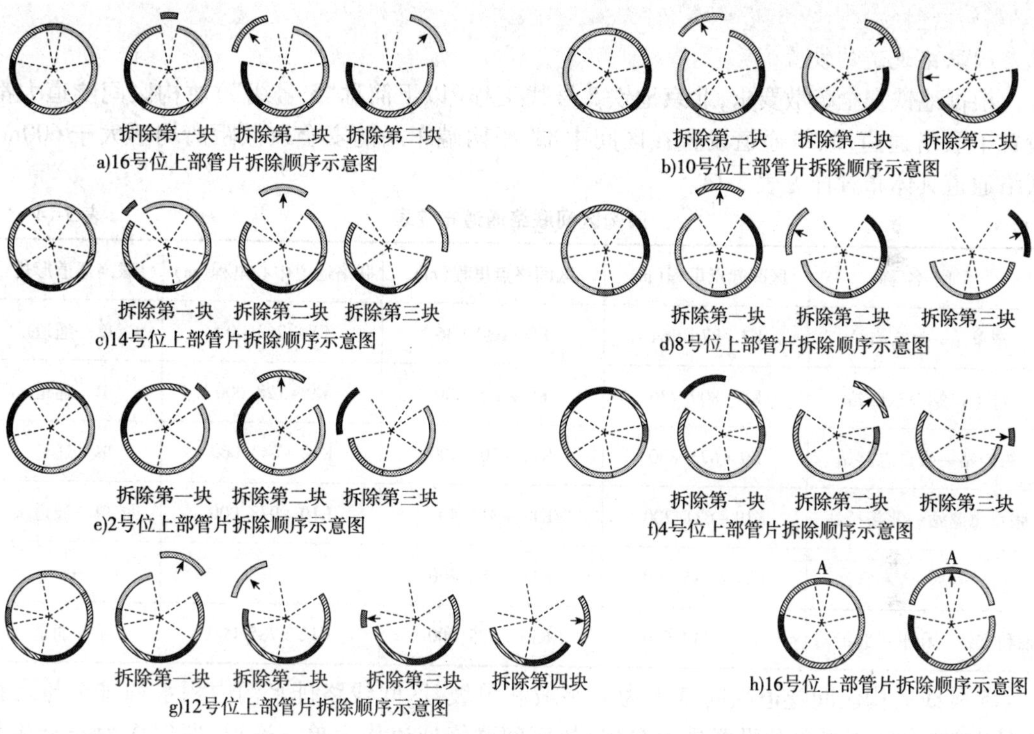

图 5-23　楔形块处于不同位置时的管片拆除次序

拆除顶部管片时，将管片中部注浆预留孔打穿，用钢丝绳或钢索穿过注浆孔，上下用销子将钢丝绳与顶部管片拴牢，钢丝绳上端挂于吊钩，拆除环向及纵向螺栓，用汽车吊、手动葫芦和纤绳配合将顶部管片拆除。

拆除顶部管片的左右管片时，用钢丝绳或钢索穿过环向两个螺栓孔，钢丝绳汇合后挂于吊钩，用销子将钢丝绳拴牢，拆除环向及纵向螺栓，这样依次用汽车吊、手动葫芦和纤绳配合将左右管片拆除。

自北而南拆除每环下部三块管片时，一边拆除钢轨和 H 型钢，一边用汽车吊和纤绳配合依次进行下部管片的拆除。加工制作类似于拼装管片时注浆预留孔上的螺栓，不同的是螺栓底部是一个钢丝绳可以穿过的圆孔。进行拆除时，螺栓旋于注浆预留孔，钢丝绳穿过底部圆孔挂在吊钩上，用销子将钢丝绳拴牢，然后汽车吊和纤绳配合进行管片拆除。

当管片楔形块处于16号位,而该环管片又完全处于支撑之间时,利用管片拆除支架和汽车吊配合,将上部三块管片整体吊起,吊车回转将管片放置在东侧基坑内。

(4)工程实施情况

从开挖出来的盾构隧道剖面来看,盾构施工时注浆效果很好,盾构隧道在基坑开挖过程中也无明显上浮。此方案可以同时保证车站基坑以及盾构隧道的安全,并成功回收了部分完好的盾构管片。

5.9 附属结构设计

1)联络通道的设置

根据地铁安全疏散要求,北京地铁5号线工程(以下简称"5号线")盾构区间隧道大都设置了联络通道,联络通道设置在区间中部,距两端车站的安全疏散距离均不大于600m。联络通道具体布置详见表5-14。

盾构区间联络通道布置表 表5-14

区间名称	区间起点里程(m)	区间终点里程(m)	联络通道中心里程(m)	联络通道形式
东单站—灯市口站	K7 +876.764	K8 +630.936	K8 +268.000	单一通道
灯市口站—东四站	K8 +809.736	K9 +476.300	K9 +128.000	单一通道
东四站—张自忠路站	K9 +675.800	K10 +501.900	K10 +043.000	单一通道
张自忠路站—北新桥站	K10 +681.700	K11 +314.400	K10 +978.000	单一通道
北新桥站—雍和宫站	K11 +485.200	K12 +186.400	—	—
雍和宫站—和平里北街站	K12 +349.636	K13 +325.600	K12 +785.000	单一通道

5号线盾构区间隧道纵向基本为人字坡和单坡,区间线路排水沟内积水均排至与之相连的车站端部,不再单独设置排水泵房,故区间联络通道均为单一通道,即仅作为安全疏散通道使用。

2)联络通道的结构形式

综合考虑5号线工程特点和国内外已建地铁工程实例,盾构区间联络通道均采用矿山法施工,从已贯通的盾构隧道进洞开挖。联络通道断面采用拱顶直墙单洞形式。盾构区间线路埋深较大,联络通道上方土柱较高,对顶板形成较大压力,采用拱顶结构可有效扩散上部荷载,改善受力。由于联络通道净空尺寸较小,侧墙采用直墙形式,底板不设仰拱,既可满足受力要求,又可简化施工。联络通道的结构形式如图5-24所示。

联络通道初期支护采用"格栅拱+钢筋网+喷射混凝土(厚度250mm)"形式,二次衬砌采用"C30模筑防水钢筋混凝土(厚度250mm)"。

联络通道断面净宽2.0m,净高2.8m(起拱高度1.0m),门框尺寸1.5m(宽)×2.1m

（高）。5 号线工程实践证明，此通道尺寸满足疏散人流的宽度要求，满足北京市场常用双向开启防火门安装要求，同时满足隧道施工的空间要求。

联络通道两端节点钢筋与区间隧道钢管片焊接成整体，为了避免左右线隧道及联络通道的差异沉降对通道结构的破坏，在通道两端分别设置两道变形缝。

此外，5 号线盾构区间联络通道仅在中部设置一道双向开启防火门，对区间左右线隧道不能起到很好的隔绝作用，有待改进。在现行《地铁设计规范》（GB 50157—2003）相关条文中已明确指出，区间联络通道两端须各设置一道双向开启防火门。

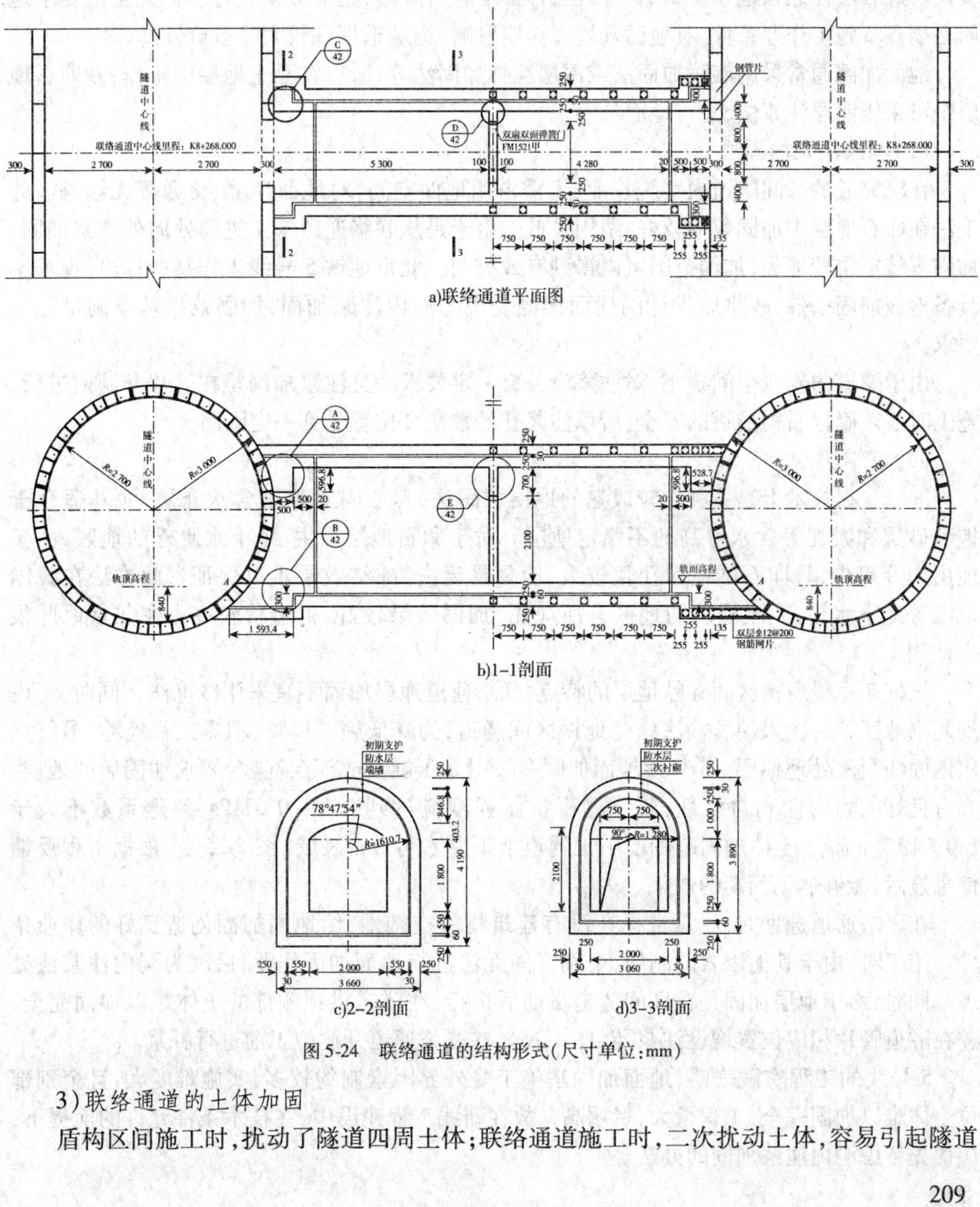

图 5-24　联络通道的结构形式（尺寸单位：mm）

3）联络通道的土体加固

盾构区间施工时，扰动了隧道四周土体；联络通道施工时，二次扰动土体，容易引起隧道变位和地表沉降。盾构施工时无需降水，仅为联络通道施工设置降水井也无必要；而且盾构区间穿越地区大都无地面作业空间，难以找到降水施工场地。因此，5 号线盾构区间联络通道施工时，采用土体加固的办法，提高土体强度和抗渗性能，从而达到控制变形和止水的目的。

目前国内已经应用的加固方法主要有地面加固法、洞内注浆加固法和冻结法。

(1)地面加固法

地面加固是一种应用比较广泛的工法，技术比较成熟，加固效果容易保证，费用也相对较低。此方法在北京地铁 4、5、10 号线工程中均有所应用，施工效果较好。但此工法要求地面必须具备施工作业条件，对地面环境有一定影响，当通道埋深较大时造价较高。

地面加固通常采用旋喷加固法或深层搅拌加固法等，适宜在黏土地层中施作；砂卵石地层中可采用深层注浆法，进行地面加固。

(2)洞内注浆加固法

在已完成的区间隧道内实施作业，无需占用地面空间，对地面环境、交通等无影响。此工法在卵石地层中加固效果较好，费用较低。由于是从联络通道施工进洞处向外注浆加固，加固区域定位较准确，加固范围可以得到有效控制。北京地铁 5 号线工程某些标段，现场不具备地面加固条件，故将原设计的地面加固变更为洞内注浆加固，加固效果基本满足施工要求。

由于隧道内作业空间狭小，对注浆设备有一定要求。且注浆加固是在管片开洞前进行，施工时必须确保盾构隧道的安全，所以注浆孔的数量和位置受到一定限制。

(3)冻结法

冻结法在技术上是一种比较成熟的地层加固法，其加固对象是含水介质，尤其适合于饱和砂层和淤泥等含水率高的不稳定地层。对于卵石地层为主、地下水匮乏的地区，由于地层内冷媒少，且卵石砾径和孔隙较大，冷量易流失，冻结效果难以保证。此方法在我国上海等地下水位高、土质软的地区有所应用，加固效果较好，但造价较高。在北京地区很少使用。

根据 5 号线盾构区间穿越地层的特点，联络通道地层加固不宜采用冷冻法。同时，考虑到北京地区第一次采用盾构法修建地铁区间隧道，为降低施工风险、积累工程经验，最终采用地面加固法处理地层。5 号线地面加固多采用高压旋喷或深层注浆，要求加固后的地层，应有良好的均匀性和自立性，其无侧限抗压强度应达到 0.3 ~ 0.5MPa，渗透系数不大于 1.0×10^{-8}cm/s。土体加固范围不小于隧道上下左右各 3m 区域(图 5-25)。根据工程反馈信息显示，能够达到预期的效果。

在联络通道选址时，尽量选择在没有建筑物的空阔地，给地面加固创造良好的作业条件。施工时，由于其他因素的制约，个别区间无法进行地面加固作业，后改为洞内注浆法处理。同时，由于地层加固是在区间隧道贯通后进行，在隧道拱顶侧部的土体难以加固完全，遂在隧道管片相应位置增设注浆孔(图 5-26)，在联络通道开洞施工前进行补浆。

5 号线的工程实践表明，地面加固法施工受外界因素制约较多，实施难度大，且个别部位土体难以加固完全，工程量大，费用高。故在新线工程建设中，在技术条件允许的前提下，应优先考虑洞内注浆加固的办法。

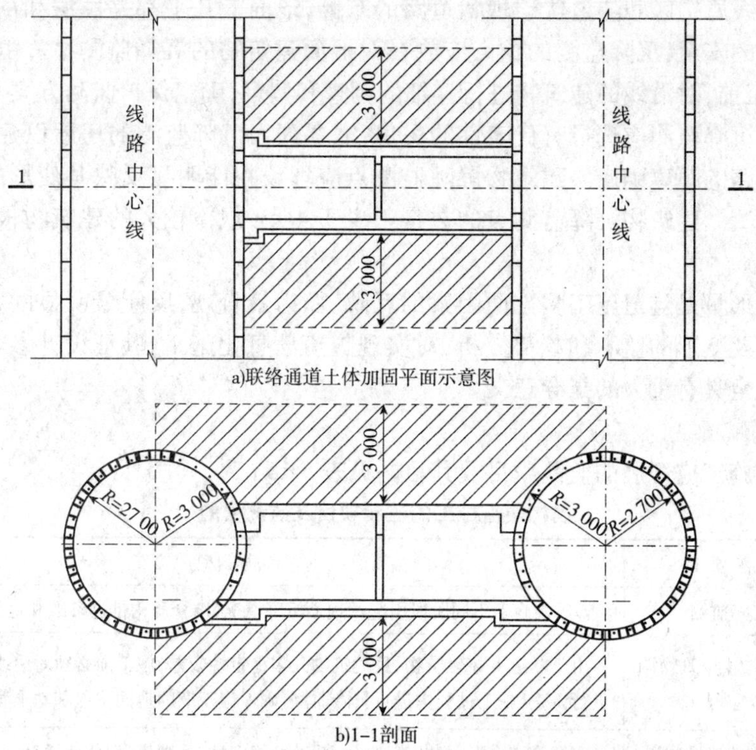

a)联络通道土体加固平面示意图

b)1-1剖面

图 5-25　联络通道土体加固示意图(尺寸单位:mm)

5. 10　监控量测设计

图 5-26　钢管片预留注浆孔

盾构法隧道施工中进行监控量测,对实现隧道信息化施工,确保施工顺利进行以及验证设计参数,有着十分重要的指导意义。尤其对于地铁 5 号线工程,盾构法隧道基本在现状建筑物下方通过,施工监测对保证周边环境和结构的安全,其意义更加重要。

监控量测是反映隧道本身变形以及由隧道施工引起的其他影响的最直接途径。通过监控量测可以判断出施工因素对地层变形的影响,提供优化盾构机施工参数、减少地面沉降的依据。根据前一步的监测结果,预测下一步的地表沉降和对周围建筑的影响,以便采取经济、安全的保护措施。通过对已建成隧道结构的监控量测,可以及时采取相应的技术措施,控制隧道的变形,保证隧道的顺利贯通。

1)盾构法隧道监测的必测项目

沉降监测是地下工程监测中最常用的主要监测项目,沉降监测的主要对象是受施工影响的建筑物、地下管线和周围道路等。根据地铁隧道的线路特点,一般沉降监测沿着线路走向和地面环境设置若干监测断面,每个断面的布点范围要基本能覆盖隧道施工的影响范围。通常中线两侧布点范围不小于 $H+D$(H 为隧道覆土厚度,D 为隧道结构外径)。

地铁5号线盾构区间隧道位于现状道路的东侧,地面上几乎都是民房和商业店铺。为保护地面建筑的安全,沉降监测的重点应放在对地面建筑物的沉降监测上。由于地面建筑物很多,在施工前,对沿线的建筑物进行详细的调查和鉴定,确定保护监测方案。

建筑物的沉降监测应选择有代表性的民房,需要列入沉降监测的房屋以建筑物的完损等级和其与线路的距离确定。建筑物沉降监测点应埋设在能明显反映其变形的敏感部位,同时要便于监测。建筑物沉降监测点的数量不少于4点,规模较大的建筑物根据需要增加测点数量。

土体的变形量是隧道施工多方面因素的反映,作为最直观,反应最明显的物理量,加强对地下土压力及变形的监测和趋势分析,对实现隧道信息化施工,验证设计参数,保证周边环境和结构安全具有重大的指导意义。

2)施工监测项目

盾构隧道施工应开展的监测项目及其目的见表5-15。

盾构隧道施工的监测项目及监测目的　　表5-15

项次	监测项目	监测目的
1	地面沉降监测	了解盾构施工不同阶段引起的地面沉降情况,结合盾构推进参数和地质情况指导施工
2	地面建(构)筑物调查及沉降监测	由于隧道下穿建筑物,且建筑物大多稳定性较差,施工前必须对沿线建筑物的现状进行调查,施工过程中进行沉降监测,确保施工期间地面房屋和地下管线的安全
3	隧道收敛变形监测	了解隧道变形,判断隧道受力状态及稳定性,反馈信息,优化设计
4	地中位移监测	了解盾构施工对地层的扰动情况以及地中地层的沉降关系

3)盾构法隧道监测的选测项目

鉴于目前北京地区盾构隧道工程的实例较少,建议增加一些监测项目,对盾构隧道设计、施工技术进行研究。建议增加的监测项目见表5-16。

盾构隧道施工的选测项目　　表5-16

项次	监测项目	监测目的
1	管片内力监测	了解管片衬砌的实际受力状态
2	地层接触应力量测	了解管片与地层的关系和相互作用,逐步掌握北京地层与管片的相互作用规律
3	地下水位观测	了解地下水的存在对盾构隧道施工相关要素的影响,如地面沉降等
4	隧道内沉降观测	了解隧道修建后的沉降情况
5	不同地层施工参数统计	了解不同地层中盾构掘进的适应性

4)监测资料的整理分析

在盾构隧道施工过程中,应按表5-17的监测频率要求进行监测。每天的监测结果要及时汇总分析,根据沉降的监测结果,必要时调整盾构机的施工参数,保持开挖面的土压平衡,以减少地面沉降量,确保地面建筑和构筑物安全。若监测数据出现异常,结合施工现场的工况进行分析,有安全隐患时,及时处理。如有必要,也可以作为变更设计的依据。

地面和建筑物沉降监测要根据监测结果,绘制各测点位移与时间的关系曲线、同一个断面的沉降槽曲线以及回归曲线等。根据地铁施工对地面沉降的要求和结构的安全要求,设置警戒值。当监测结果超过警戒值或发生突变时,及时反馈分析,并采用相应的措施。

隧道的收敛监测结果要及时汇总,绘制相应的时间曲线,结合相应位置的地面沉降的监测结果进行分析,判断隧道结构的受力和稳定性,出现异常,及时进行处理。

土中位移监测能反映出盾构掘进时,对地层的扰动情况。根据其监测结果,结合地质和水文状况,判断分析土层的变化趋势,用以指导盾构安全施工。

施工监测频率　　表5-17

		监测项目	常用工具	监测频率
必测项目	1	地面沉降监测	水准仪等	距掘进面距离<20m时,1~2次/d; 距掘进面距离<50m时,1次/2d; 距掘进面距离>50m时,1次/周
	2	地面建(构)筑物调查及沉降监测	水准仪等	距掘进面距离<20m时,1~2次/d; 距掘进面距离<50m时,1次/2d; 距掘进面距离>50m时,1次/周
	3	隧道结构收敛变形监测	收敛计等	距掘进面距离<20m时,1~2次/d; 距掘进面距离<50m时,1次/2d; 距掘进面距离>50m时,1次/周
	4	地中位移监测	水准仪、分层沉降仪、倾斜仪等	距掘进面距离<20m时,1~2次/d; 距掘进面距离<50m时,1次/2d; 距掘进面距离>50m时,1次/周
选测项目	1	管片内力监测	压力计、电阻应变仪等	距掘进面距离<20m时,1~2次/d; 距掘进面距离<50m时,1次/2d; 距掘进面距离>50m时,1次/周
	2	地层接触应力监测	压力计、频率计、电阻应变仪等	距掘进面距离<20m时,1~2次/d; 距掘进面距离<50m时,1次/2d; 距掘进面距离>50m时,1次/周
	3	地下水位监测	测绳等	距掘进面距离<20m时,1~2次/d; 距掘进面距离<50m时,1次/2d; 距掘进面距离>50m时,1次/周
	4	隧道内沉降监测	水准仪等	距掘进面距离<20m时,1~2次/d; 距掘进面距离<50m时,1次/2d; 距掘进面距离>50m时,1次/周

第6章　地铁4号线盾构隧道工程设计

6.1　工程概况

地铁4号线是北京轨道交通路网中一条由南至北的轨道交通线，经丰台、宣武、西城和海淀4个行政区。线路起点位于丰台区南四环北侧马家堡西路的南端，沿马家堡西路、菜市口大街、宣武门外大街、宣武门内大街、西单北大街、西四南大街、西四北大街、新街口南大街南北向布设，为与国铁北京南站换乘，其间在进入菜市口大街前，线路东偏至东庄公园绿地；在新街口附近转向西，沿西直门内大街、西直门外大街东西向布设；在白石新桥转向北，沿中关村南大街、中关村大街南北向布设；在清华西门附近再次转向西，沿清华西路、颐和园路东西向布设；在北宫门附近，线路再次转向北，穿越清河、五环路红山口高架桥，线路爬出地面至京密引水渠东侧的龙背村。

正线线路全长28.195km，除线路北端有518m地面线外，其余27.659km均为地下线；出入段线长1.592 km，其中地面线长114 m，其余1.478 km均为地下线；与9号线、10号线的联络线总计长531m，均为地下线。共设24座车站及1座马家堡车辆段、1座龙背村停车场，指挥中心设在地铁5号线的小营综合基地。同步建设4号线与9号线、10号线的联络线，在白石桥站南端预留9号线的部分区间土建工程，在北京南站预留14号线北京南站和区间部分土建工程。

本线与运营中的北京地铁2号线（地铁环线）在宣武门站和西直门站形成换乘关系，充分发挥了向城市中心区的辐射作用；与运营中的地铁1号线在西单站交叉换乘，与东西方向的交通走廊连成一体，进一步扩展了对全市的覆盖作用；与新投入运营的13号线在西直门站有换乘条件，方便了回龙观等北部新兴居住区乘客进入中心区；4号线还与6号线、7号线、9号线、10号线、11号线、12号线等多条在建和规划线路形成换乘关系。北京市最主要的客流方向是向心交通，4号线的总体走向与北京市的客流主流向完全吻合，其在轨道线网中的主骨架作用进一步强化，既有效地扩展了自身对城市交通的支撑作用，也加强与多条线路的横向联系，提高了整个轨道网的整体性和互通性，为相关规划线路项目的建设准备了条件。

6.2　隧道周边环境条件

1）角门北路站—北京南站区间

该区间需要下穿马草河、南三环、凉水河、京山铁路，以及南三环众多市政管线（给水、雨水、污水、热力、电力、燃气、电信等）、凉水河两岸的截排污工程（南岸3m直径、北岸1.75m

直径),京山铁路配套的电力、电信、给水、排污等管线。

该区间下穿万芳亭公园时,地面不均匀分布有商业用房、设备与管理用房和公共厕所等,均为低层房屋;左线邻近京山铁路凉水河桥(施工期间仍正常运营),隧道外皮距该桥桥墩外皮仅5m;在凉水河北岸、线路东侧,隧道紧邻洋桥北里小区14层楼,净距5m;在京山铁路北侧,有东庄公园管理用房和部分棚户房(施工过程中陆续拆迁)。

2)北京南站—陶然亭站区间

线路从北京南站北端出发,下穿既有铁路咽喉区(现已拆除),左、右线分别自北京铁路工务段、北京南站乘务员公寓下穿过,后相继穿过东庄小区住宅楼、南二环、南护城河、右外大街滨河路、陶然亭公园,进入菜市口大街。该段地面高程为37.04~44.24m,设计轨面埋深16.31~22.40m,线路上方及两侧地面上既有建筑物密集(东庄小区以多层建筑为主)。

3)灵境胡同站—西四站—平安里站—新街口站区间

3段连续区间,自灵境胡同站沿西单北大街、西四南大街、西四北大街、新街口南大街一路向北,线路均在道路的西侧密集民房区下穿行;在新街口路口南侧,线路转向西,下穿东冠英小区后过西直门内大街,在赵登禹路口附近进入新街口站。

3段区间隧道上部的建筑物主要为临街商铺、低层住宅和文物,以及旧城市政给排水、燃气、热力、电力和电信等管线;沿道路的西侧,右线隧道上方偏东,尚有一条纵贯南北的简易人防工事。其中,区间上方或邻近的文物项目(包括文物普查项目),主要有义达里门楼、万松老人塔(市级文物)、元大都下水道(区级文物)、西四新华书店、广济寺(国家级文物)、双关帝庙、小寺、隆长寺、普庆寺、苍圣祠、祝寿寺等11处。

4)动物园站—白石桥站区间

该段线路从动物园站西端出发,沿西直门外大街向西,在首都体育馆附近转入中关村南大街,下穿南长河进入白石桥站。隧道下穿西直门外大街地下过街道1座、人行天桥1座,中关村南大街人行天桥1座、长河桥1座;右线隧道距首都体育馆最近距离仅6m,左线隧道下穿白石新桥的挡土墙。

隧道上方有市政给水、雨水、污水、热力、电力、电信及燃气等众多大型管线;尤其是在中关村南大街段,隧道与各类管线方向一致,且间距连续在5m左右。

5)白石桥站—学院南路站—双榆树站区间

该段线路位于中关村南大街下,盾构井在距白石桥站250m左右的五塔寺路口北侧。盾构井—白石桥站之间采用浅埋暗挖法施工,盾构井—学院南路站之间及学院南路站—双榆树站之间采用盾构法施工。隧道上方的各大型管线种类齐全,有给水、雨水、污水、热力、电力、电信及燃气等。

6)成府路站—圆明园站区间

该段线路自成府路站出发沿中关村北大街向北,在北京化工研究院(清华西门)转向西,进入颐和园路(清华西路);在圆明园南门附近,设圆明园站。隧道大体在城市道路下,各类市政管线齐全;在北大物理学院北侧、清华西门南侧,线路为实现转弯,侵入建设用地,上方均为低层建筑,有住宅和学校(成府小学)。另外,隧道在邻近化工研究院处下穿万泉河。

7)圆明园站—颐和园站区间

该段线路自圆明园西端出发,基本沿颐和园路向西行进,由于设计线路无法与颐和园路完全吻合,隧道需穿越圆明园(国家级文物保护单位,并得到批准),其上方无明显历史遗存;穿越圆明园后,隧道下穿或邻近部分低层建筑,有居民住宅、临街商铺、办公和部分管理用房。在邻近颐和园站的东侧,隧道接近正交穿越万泉河高架桥,距桥桩最近距离为5m。

本段线路上方道路两侧虽也分布有各类市政管线,但没有特别重大的市政管线。

8)颐和园站—北宫门站区间

该段线路从颐和园站西侧出发,斜穿中央党校成教学院,该院址内有学生公寓、食堂、教学楼和办公楼等,个别楼房还属于文物或文物普查项目。隧道在成教学院内下穿人工湖,该湖与颐和园内的昆明湖有联系,隧道距湖底在7~9m之间,穿越长度为190~210m。线路穿越成教学院后转入颐和园路,其右线隧道局部下穿低层民房。

9)北宫门站—龙背村站区间

该段线路从北宫门站出发即转向北,经过公交站场、低层民房,转入颐阳路,在清河南岸设盾构井,完成盾构掘进。盾构井位于现状的军队加油站,计划拆迁。

6.3 地质条件

1)设计所提出的对岩土勘察的要求

(1)初步勘察

由于初步勘察阶段,隧道的施工方案尚未稳定,所以勘察大纲应综合考虑浅埋暗挖和盾构施工的可能性,除根据勘察规范及设计要求外,还应该适当避开设计线路中线一定距离(8~10m为宜),所有钻孔完成后应严格封堵。

(2)详细勘察

一般地,开展详细勘察时,设计方案基本稳定,施工方法确定,设计要求和规范规定更加严谨,但应特别注意盾构井(尤其是独立设置的)附近的勘察及其内业整理不仅要满足盾构工程设计的需要,也要满足基坑围护结构设计的需要。

另外,由于施工条件的复杂性,盾构井的位置有可能在施工之前调整,所以相应的勘察工作也应及时服务于工程现场。

2)地层条件分类

(1)工程地质条件

线路垂直于永定河冲、洪积扇的轴部,第四纪地层沉积韵律明显,地层由黏性土、粉土、砂类土、碎石类土交互沉积而成,局部有基岩出露。沿线岩土条件分段描述如下:

①南四环—宣武门

地层从上到下依次为:人工填土层;新近沉积层;第四纪全新世冲洪积层;第四纪晚更新世冲洪积层。

②宣武门—西直门段

地层从上到下依次为:人工填土层;第四纪全新世冲洪积层;第四纪晚更新世冲洪积层。

③西直门—成府路

地层由上到下依次为:人工填土层;新近沉积层;第四纪全新世冲洪积层;第四纪晚更新世冲洪积层。

④成府路—龙背村

地层由上到下依次为:人工填土层;新近沉积层;第四纪全新世冲洪积层;第四纪晚更新世冲洪积层;基岩。

(2)水文地质条件

北京市地下水的来源主要是大气降水和河流湖泊入渗补给,另外西北部山区基岩裂隙水向东南径流时也补给了北京市的地下水。地下水的大体流向是自西北向东南流。北京平原地区地下水类型按地下水的赋存条件为第四纪松散岩类孔隙水,按水力性质又分为上层滞水、潜水、层间水和承压水。

上层滞水主要含水层为新近沉积粉细砂$②_3$层、粉土③层,局部为粉土$④_2$层。

潜水含水层在不同地段分别为圆砾卵石$②_5$层、粉土$④_2$层、粉细砂$④_3$层、卵石圆砾⑤层和粉土$⑥_2$层。含水层岩性的分布主要受北京平原区埋藏古河道的控制。根据古河道和古河间地块可划分若干水文地质单元,与地铁4号线有关的自南向北依次为古漯水—古金沟河河间地块、古金沟河、古金沟河—古清河河间地块、古清河、等水文地质单元。

承压水含水层为粉土$⑥_2$层、卵石圆砾⑦层、中粗砂$⑦_1$层、粉细砂$⑦_2$层、卵石圆砾⑨层及以下粗粒土层,其中夹有若干层粉质黏土隔水层。本层地下水是北京市地下水开采的主要含水层之一。

拟建场区地下水对混凝土结构无腐蚀性,对钢结构具弱腐蚀性,在干湿交替环境下对钢筋混凝土中的钢筋具弱腐蚀性,在长期浸水条件下对钢筋混凝土中的钢筋无腐蚀性。

(3)工程地质评价

隧道穿过的绝大部分地层透水性较好,在隧道开挖过程中,地下水可能产生潜蚀作用,并造成流沙、坍塌现象。地铁结构底板大部分位于饱和地层,可能会引起底鼓和涌砂。

①南四环—宣武门

隧道穿过的岩土层主要为卵石圆砾⑦层和⑨层,修正后的隧道围岩分级为Ⅵ级,土石可挖性分级为Ⅲ级。

②宣武门—西直门

隧道主体埋置于粉细砂$④_3$层、中粗砂$④_4$层、圆砾卵石⑤层、卵石圆砾⑦层、中粗砂$⑦_1$层、粉细砂$⑦_2$层、粉质黏土$⑦_4$层,局部为粉质黏土⑥层、粉土$⑥_2$层,修正后的隧道围岩分级为Ⅵ级,土石可挖性分级为Ⅰ~Ⅲ级;围岩自身稳定性差。

③西直门—成府路

隧道主体埋置于粉土$④_2$层、粉细砂$④_3$层、卵石圆砾⑤层、黏土$⑥_1$层、粉质黏土⑥层、粉土$⑥_2$层、细中砂$⑥_3$层、卵石圆砾⑦层和卵石圆砾⑨层,修正后的隧道围岩分级为Ⅵ级,土石可挖性分级为Ⅰ~Ⅲ级。

④成府路—龙背村

隧道主体埋置于圆砾卵石②$_5$层、粉土③层、粉质黏土③$_1$层、粉细砂③$_3$层、粉质黏土④层、粉土④$_2$层、粉细砂④$_3$层、卵石圆砾⑤层、粉质黏土⑥层、黏土⑥$_1$层和粉土⑥$_2$层，修正后的隧道围岩分级为Ⅵ级，土石可挖性分级为Ⅰ~Ⅱ级。

在K25+950、K26+940处基岩埋深较浅，在K25+950处，高程40.01m为强风化（中等风化）砂岩，高程31.21m以下为微风化砂岩；K26+940处，高程38.62m为中等风化砂岩，高程35.62m为中等—微风化砂岩；拟建线路结构穿过强风化砂岩，并局部位于微风化砂岩中，风化砂岩的隧道围岩分级为Ⅱ~Ⅲ级，土石可挖性分级为Ⅳ~Ⅴ级。

(4)周围环境与地下工程相互作用的评价

①地表水下渗对地下水的补给作用

拟建线路沿线分别下穿旱河、马草河（钻探时水面高程为36.00m）、凉水河（钻探时水面高程为35.82m）、南护城河（钻探时水面高程为37.57m），四个河道虽有防渗措施，但与地下水存在水力联系，对地下水有一定的补给作用，对隧道施工产生不利影响。

拟建线路下穿南长河，河水水面高程约为47.5m；在西外大街段该河道及动物园内水体位于隧道北侧，与线路基本平行，河水及地面水体对地下水有一定的补给作用，对该段隧道施工会产生不利影响。

拟建线路沿线分别下穿万泉河、101中学院内水塘、中央党校成教学院院内湖泊三个水面。中央党校成教学院院内水塘，塘内水深约3.0m，与上层滞水存在直接的水力联系，对地下水有一定的补给作用，致使该段上层滞水水位较高，对隧道施工产生不利影响。

②周围环境对地下结构的影响

南四环—宣武门段线路主要位于现状道路的下面，在K0+820~K3+110段由于古漯水河道存在新近沉积地层，加之隧道主要位于一般第四纪的碎石类土和砂类土中，土体自稳能力较差，给设计施工带来一定影响；线路周围的地面建筑物对地层产生了附加荷载，使隧道周围土压力增大；拟建线路分别下穿旱河、马草河、凉水河、南护城河四条河流，虽然河流都经防渗处理，但地表河流对施工及地下结构均有较大影响；线路大部分处于交通繁忙地段，车辆较多，车辆行驶过程中产生强烈振动，使浅埋隧道周边土质更加松弛。

宣武门—西直门段主要位于现有地面交通要道下方，给设计施工带来较大影响；线路周围的地面建筑物对地基产生了附加荷载，使隧道围岩土压力增大；现有环线地铁、一线地铁、暗河均对设计和施工有较大影响；线路大部分处于交通繁忙地段，车辆较多，车辆行驶过程中产生强烈振动，使浅埋隧道周边土质更加松弛。

西直门—成府路段主要位于西直门外大街和中关村大街道路的中线，线路大部分处于交通繁忙地段，车辆较多。目前西直门外大街改造刚刚完成，沿线还有部分较大建筑正在施工。车辆行驶和其他施工过程中产生强烈振动，会使隧道周边土质更加松弛。

成府路—龙背村段主要位于道路的中线及沿万泉河方向，还有部分位于山前，并有基岩出露，由于地质单元的多样性，导致地层、水位变化较大，给设计施工带来较大影响；线路周围的地面建筑物对地基产生了附加荷载，使隧道周围土压力增大；拟建线路分别下穿万泉河、101 中学院内水塘、中央党校成教学院院内水塘三个水面，地表水对施工及地下结构均有较大影响；线路大部分处于交通繁忙地段，车辆较多，车辆行驶过程中产生强烈振动，使浅埋隧道周边土质更加松弛。

③修建地铁对环境的影响

南四环—宣武门段经过老城区，老建筑物和民房较多，其基础多为天然地基，结构抗震性能较差，隧道开挖及列车运营产生的振动会对地面建筑产生影响；沿线还有凉水河、护城河等比较大的地表水系，隧道开挖会对周围河流产生影响。

宣武门—西直门段沿线建筑物较多，如崇光百货、西单商场等，与线路的距离较小，其基础多天然地基或桩基，在隧道施工过程应采取有效措施。

西直门—成府路段沿线有北京大学、人民大学、北京理工大学、民族大学、解放军艺术学院、中国农业科学院、国家图书馆、国家气象局等教学科研单位，有首都体育馆、动物园、天文馆、北京展览馆、海龙大厦、当代商城、友谊宾馆、西苑宾馆、凯旋大厦等娱乐商业设施。部分单位还有古建筑，且修建年代久远，其基础多为天然地基，结构抗震性能较差，隧道开挖及列车运营产生的振动会对地面建筑产生影响；沿线还有南长河、动物园、紫竹院公园等比较大的地表水系，隧道开挖会对周围河流、水塘产生影响。

成府路—龙背村段沿线有圆明园、中央党校成教学院、颐和园等古建筑，且修建年代久远，其基础多为天然地基，结构抗震性能较差，隧道开挖及列车运营产生的振动会对地面建筑产生影响；沿线还有万泉河、清河等比较大的地表水系，其线路将下穿中央党校成教学院院内的水塘，隧道开挖会对周围河流、水塘产生影响。

(5)地震设防

北京位于山区和华北平原相接处，褶皱剧烈，断层较多，系升降运动变换地带。但这些断裂尚未发现有影响第四纪地层稳定性的活动迹象。沿线地区地震基本烈度为 8 度。

经初步判断，线路自地面下 25m 深度范围内，土层平均剪切波速值为299 ~ 341m/s，场地土类别为Ⅱ类，建筑场地类别为Ⅱ类。自地面下 20m 深度范围内的饱和粉土及砂类土不液化。

全线按地震基本烈度 8 度设防。

6.4　工程筹划

4 号线工程设计阶段在总体线位、站址及规划条件的基础上，结合车站的结构形式、施工方法、环境条件、工程地质与水文地质等因素，按照“质量、投资、工期”最优的原则，进行了多轮的工程总体筹划论证工作，最终形成实施的工程方案。其中，土建工程中的盾构组织是整个项目建设的关键一环。

1)方案设计阶段的盾构工程筹划

4 号线最初的盾构组织，是按照连续区间采用双机同向掘进、过站的办法，独立区间采用单机掘进、调头或转场的办法；除邻近线路终点端(清河南岸)设独立的盾构接收井外，其余盾构井均设在车站端部。该方案设计考虑了 7 组 12 台盾构机(表 6-1)。

盾构区间一览表 表 6-1

序　号	始发井	过　站	终到井
1	西庄站[1,2]	角门北路站	石榴庄路站
2	西庄站[3]	—	陶然亭站
3	新街口站[4,5]	平安里站	西四站
4	白石桥站[6]	—	动物园站
5	双榆树站[7,8]	学院南路站	白石桥站
6	颐和园站[9,10]	圆明园站	成府路站
7	颐和园站[11,12]	北宫门站	清河南独立盾构井

注:站名上角数学表示盾构机编号,下同。

2)初步设计阶段的盾构工程筹划

随着工程设计深化,最初的盾构组织方案基本保留到初步设计阶段,但增加了西单站—灵境胡同站盾构区间,即 8 组 13 台盾构机(表 6-2)。

盾构区间一览表 表 6-2

序号	始发站	过　站	终到站
1	西庄站[1,2]	角门北路站	石榴庄路站
2	西庄站[3]	—	陶然亭站
3	西单站[4]	—	灵境胡同站
4	新街口站[5,6]	平安里站	西四站
5	动物园站[7]	—	白石桥站
6	双榆树站[8,9]	学院南路站	白石桥站
7	颐和园站[10,11]	圆明园站	成府路站
8	颐和园站[12,13]	北宫门站	清河南

3)初步设计优化方案的盾构工程筹划

2003 年 8 月以来,为进一步落实 4 号线盾构工程施工组织的可行性,在初步设计初稿的基础上,召开了一系列征求意见的会议,国内各大施工企业都提供了很多优秀的想法与建议。根据规划调整及设计深化的工作进展情况,结合建设单位与各施工企业的意见,调整石榴庄路站—角门北路站盾构区间为矿山法区间,调整西单站—灵境胡同站盾构区间为矿山法区间,灵境胡同站—西四站区间由矿山法施工调整为盾构法施工;增加盾构机转场组织,调整单站过站方式为连续过站模式。

调整后的计划后,第 1 组 2 台盾构自西庄站南端出发,首先向角门北路站掘进,在角门北路站北端吊出;转场至经西庄站北端,再向陶然亭站掘进;在陶然亭站南端吊出，完成掘进。第2组2台盾构自新街口站东端向平安里站掘进，经平安里站、西四站，到达灵境胡同站北端，完成掘进。第3组2台盾构自双榆树站南端向学院南路站掘进，经学院南路站、白石桥站，到达动物园站西端，完成掘进。第4组2台盾构自颐和园站东端向圆明园站掘进，经圆明园站到达成府路站北端，完成掘进。第5组1台盾构自颐和园站西端右线向北宫门站掘进，经北宫门站，掘进至清河南岸盾构井；盾构机吊出转场至颐和园站西端，再掘进左线隧道，经北宫门站，掘进至清河南岸盾构井，完成掘进。即5组9台盾构机（表6-3），总掘进里程为25.512km，占全线区间总长度的54.5%。

盾构区间一览表　　表6-3

序号	始发站	过站	终到站
1	西庄站[1,2]		角门北路站
	西庄站[1,2]		陶然亭站
2	新街口站[3,4]	平安里站、西四站	灵境胡同站
3	双榆树站[5,6]	学院南路站、白石桥站	动物园站
4	颐和园站[7,8]	圆明园站	成府路站
5	颐和园站[9]	北宫门站	清河南

4）施工图设计阶段的调整

随着工程有序地进行，现场条件逐步得到落实，但也有部分地段的工程实施条件极其恶劣，或者因规划条件局部改变，工程设计也发生了部分变化。对于盾构工程的工程筹划来讲，比较大的变化就是规划的西庄站调整到北京南站，线路条件的改变致使角门北路站—西庄站区间、西庄站、西庄站—陶然亭站的工程设计发生巨大的变化；其次，规划的9号线白石桥站将作为9号线的起（终）点站与4号线白石桥站合建，相应的动物园站—白石桥站区间、白石桥站、白石桥站—学院南路站区间也重新设计；相应的盾构工程的组织也予以调整（表6-4）。

盾构区间一览表　　表6-4

序　号	始发站	盾构井	过　站	终到站	盾构井
1	北京南站[1,2]	独立设置	—	角门北路站	站内结合
	陶然亭站[1,2]	独立设置	—	北京南站	独立设置
2	新街口站[3,4]	站内结合	平安里、西四站	灵境胡同站	站内结合
3	双榆树站[5,6]	站内结合	学院南路站	白石桥站	独立设置
	白石桥站[5,6]	独立设置	—	动物园站	站内结合
4	颐和园站[7,8]	站内结合	圆明园站	成府路站	站内结合
5	颐和园站[9]	站内结合	北宫门站	清河南	独立设置

调整后盾构施工筹划，一方面是长度发生了变化，另一方面，北京南站和白石桥站两端的盾构井均与车站剥离，独立设置。另外，考虑到北京南站与陶然亭站综合施工工期等因素，角门北路—北京南站—陶然亭站，采用北京南站南端盾构井始发向南掘进，在角门北路站吊出；转场到陶然亭站南（约 400m）姚家井设置的盾构井，再向南（北京南站）掘进，在北京南站北侧的盾构井吊出，完成掘进。

5）盾构工程筹划的特点

根据 4 号线工程筹划，一台盾构机通常连续施工 2～3 个区间，其间的车站均采用过站方案。这对于减少盾构机拆装、转场次数，延长机械寿命及缩短工期是很有价值的，但是盾构机经过的车站结构底板需在车站通长范围内加深 1.05m，这一因施工过程需要而增大永久结构规模的缺点备受质疑。

工程筹划需考虑车站与区间施工速度的匹配。不论是盾构机于站端始发或到达以及过站，其对车站结构施工的干扰是不可避免的。良好工程筹划，应统筹设计全线结构的施工进度，考虑车站结构与区间结构施工速度的匹配，避免相互制约，并留有一定的适应施工现场情况变化的调整余地。

盾构机难以形成多开挖面的特性，使筹划人员更需考虑施工中不可预知的风险。同时要求对掘进区段内工程地质、水文情况的调查更深入，对地下管线、地下构筑物、地下障碍物的定位更准确，盾构机自身的使用、维修、养护更规范。

6.5 盾构机选型

1）盾构机选型基本原则

（1）盾构机技术水平先进可靠，并适当超前，符合我国国情。

（2）应能够满足北京市地铁规划各条隧道所穿越地层不同地质与水文条件的施工需要。

（3）能够满足浅埋或超浅埋地铁隧道施工以及穿越大量房屋建筑物之下施工的需要，即要求盾构机对控制地表沉降配备足够的功能和具有良好的操作性能。

（4）盾构机能够适应北京市地下构筑物众多的特点，必要时可实现隧道（盾构机）内清除或拆换障碍物的施工。

（5）应考虑北京市地铁隧道施工需要多次拆卸、多次组装和可能运用于多项隧道工程的实际特点。

2）主要考虑因素

（1）工程地质条件：隧道结构主体穿越地层主要为粉质黏土、粉土、粉细砂及砂卵石地层，属中压缩性土，地层分布较为稳定，层面起伏不大；在颐和园站—北宫门站—龙背村站区间，勘察资料显示基岩出露。对于粉质黏土、粉土、粉细砂等地层，盾构适应性较好，主要应具备防坍塌（合适的土压平衡建立模式、地层改良技术）、防泥饼（适宜的中心刀超前及刀具布置）等技术措施；而对于砂卵石地层，应慎重分析掘进能力（推进速度与总推力）、最大粒径卵石通过能力（开口率）等；在基岩地区，不仅应考虑破岩能力，还应考虑软硬不均地层（基岩不整合，岩土分界模糊地段）中，尚应注意盾构机扭转、滚动（扭矩设定、防滚动措施）等。

(2)水文地质条件：沿线地层水位变幅较大，盾构选型应注意干湿交替环境下的隧道掘进。

(3)曲线施工：4 号线线路设计最小平面曲线半径为 350m，盾构选型应考虑线路平面曲线半径（一般建议盾构机选型应考虑规范规定的最小平面曲线半径，即 300m）及竖曲线的适应问题，同时，应充分了解盾构始发掘进时的盾构井结构条件（根据经验，车站始发应特别注意盾构后配套台车与车站结构之间的安全空隙，并注意因此产生的临时性台车轨道曲线）。特别是，受环境条件限制，4 号线出现几处曲线始发问题，所以，盾构机选型时应对曲线始发充分考虑。

(4)环境条件：沿线穿越的地面建筑物、构筑物及地下管线众多，对盾构掘进时的土压平衡建立要求特别高，确保掘进过程中对地层的扰动降到最低；另外，也是因为地面场地条件限制，采用泥水平衡盾构机的可能性难度较大（其配套的泥水平衡系统的场地不足）；其三，4 号线反复穿越地面径流，盾构选型应考虑水力联系出现不利方面的情况。不仅盾构机掘进的掌子面土压平衡建立能够及时稳定，而且，要求盾构应配套同步注浆系统，确保管片与地层间隙及时保压填充。

(5)测量要求：基于工程安全与质量的要求，盾构机配套中须配备自动导向系统。

3)盾构机机型的建议

综上所述，设计推荐采用能够提供土压平衡模式的盾构机，不排斥泥水式盾构（但应根据具体场地条件，配套适宜的泥水处理系统，以下论述主要基于土压平衡式盾构）。

盾构机头可以选择面板式（开口率应大于 30%）或辐条式，以适应粒径 300mm 以下的砾石；刀具的硬度与刚度应适应砂卵石地层，其伸出量应适应黏土地层，其走行轨迹应科学合理，安装优选背装式（以利于更换）；渣仓内应设压力传感器确保压力可控，并有足够能力的搅拌系统；螺旋输送器应能够排出不大于 300mm 粒径的卵石、块石，并具备自动开启控制系统（预防穿越径流时的“喷涌”现象发生）；盾构机的总推力、扭矩配置与设定应系统协调，并适合相应的埋深与地质条件；应配备膨润土和泡沫注入系统，以超前改良地层和改善仓内土体的流动性；需配备同步注浆系统，该系统分布合理，在既定的工程条件下注浆能够及时保压，且在一根注浆管堵塞的情况下体系有效，注浆管还应适合施工过程中清洗或更换；须配备自动导向系统，确保掘进的姿态合理，掘进方向与设计保持在规定的误差范围；管片安装系统应适合管片的几何状况与实际重量、拼装方式；盾尾间隙不仅确保正常状况下的管片安装与掘进的要求，而且，应适应小曲线半径下盾构掘进的要求，并建议慎重考虑在困难条件下（如纠偏）盾尾间隙的适应性。

6.6 盾构隧道总体设计

6.6.1 总体设计要求

4 号线盾构隧道设计首先应服从地铁运营功能的需要；其次在确保工程建设安全

的基础上，尚应满足对环境的适应性，以及质量的要求，具体来说：

(1)满足施工工艺、行车运营、城市规划、环境保护、防水、防灾、防迷流、防腐蚀和人民防空等要求，符合技术先进、安全适用、经济合理与确保质量的要求。

(2)区间结构主要构件的设计使用年限为100年。

(3)区间结构的净空尺寸除满足建筑限界要求外，尚应考虑施工误差、结构变形、后期沉降的影响。

(4)结构设计符合强度、刚度、稳定性、耐久性、抗浮和裂缝开展宽度验算的要求，并满足施工工艺的要求。

(5)区间结构设计除满足线路设计的要求，并考虑施工时对环境、城市规划等造成的影响及相应需采取的环境保护措施。

(6)结构计算模式符合结构的实际工况条件，并根据岩土土质情况考虑结构与地层的相互作用。

(7)区间结构的抗震设计，根据《北京地铁4号线工程场地地震安全性评价报告》及有关规范进行设计。

(8)本线路的盾构区间隧道均按5级人防设防。

(9)结构设计采取防止杂散电流腐蚀的措施。

(10)区间隧道防水遵循“以防为主，刚柔相济，多道防线，因地制宜，综合治理”的原则，结构以自防水为主，处理好管片接缝、变形缝等薄弱环节的防水。

6.6.2 平面

(1)轨距1 435mm。

(2)正线数目为双线。

(3)正线最小曲线半径350m。

6.6.3 纵断面

(1)正线最大坡度不大于2.4%，困难情况下不大于3%。

(2)隧道内的正线坡度不小于0.3%，困难地段在确保排水的条件下不小于0.2%的坡度。

(3)两相邻坡段的坡度差等于或大于0.2%时，应设置竖曲线连接。竖曲线半径正线区间一般情况用5 000m，困难情况用3 000m；车站端部一般情况用3 000m，困难情况用2 000m。

6.6.4 限界

1)直线地段建筑限界

采用盾构法施工的圆形隧道，应按盾构段的最小平面曲线半经确定建筑限界。当曲线半径$R \geqslant 300$m，区间单圆隧道的直线及曲线建筑限界直径均为5 200mm，轨道建筑高度800mm(图6-1)。

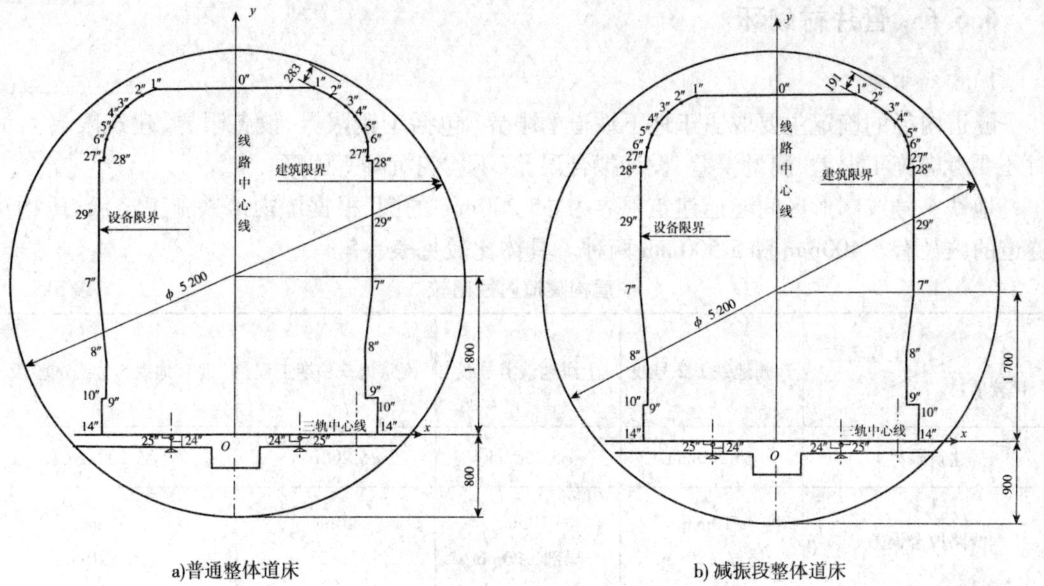

图 6-1　直线地段圆形盾构隧道限界图

2) 曲线地段建筑限界

圆形隧道在曲线超高地段采用移动隧道中心线的办法代替曲线加宽和加高。其建筑限界在曲线超高地段应根据曲线半径和超高，采用圆心在水平(x)方向和垂直(y)方向移动的办法设置。当超高值按外轨抬高一半，内轨降低一半设置时，移动量计算公式为：

水平移动量：$x = h_0\sin\alpha$

垂直移动量：$y = -h_0(1-\cos\alpha)$

式中：α——轨道超高角度，$\alpha = \sin^{-1}(h/s)$；

h_0——直线段圆心距轨顶面高度(mm)；

h——轨道超高值(mm)；

s——内外轨中心距离，取 1 500mm。

直缓点和缓直点处移动量为 0；圆缓点和缓圆点处移动量为圆曲线移动量；直缓(缓直)点与缓圆(圆缓)点之间移动量为前两处移动量的线性内插值。

3) 不同类型轨道连接

不同类型轨道连接处应采取设结构过渡段的方式渐变，过渡坡度采用 1%。

6.6.5　变形缝设置

4 号线工程技术要求规定，当遇到以下情况时需设置变形缝：

(1) 盾构进出洞加固区外设一道变形缝。

(2) 区间联络通道处设置特殊衬砌环，变形缝设置在与特殊衬砌环相邻的第一环混凝土管片外侧。

(3) 当盾构穿越地质情况变化较大的地层时，需要在该地层两端一倍洞径处设置。

6.6.6 管片衬砌环

1)内径拟定

隧道内径的确定主要取决于地下铁道的限界(包括车辆限界、设备限界、建筑限界),同时还要考虑施工误差、测量误差、设计拟合误差、不均匀沉降等因素。

地铁4号线圆形区间隧道建筑限界为 ϕ5 200mm 的圆,根据国内地铁施工经验,盾构法隧道的内径有5 400mm 和5 500mm 两种。具体比较见表6-5。

盾构隧道内径比较　　表6-5

<table>
<tr><th>工程名称
比较项目</th><th>广州地铁1、2号线</th><th>上海地铁1号线</th><th>南京地铁一期工程</th><th>北京地铁5号线试验段</th></tr>
<tr><td>建筑限界</td><td>ϕ5 200mm</td><td>ϕ5 200mm</td><td>ϕ5 200mm</td><td>ϕ5 200mm</td></tr>
<tr><td>线路拟合误差</td><td>±10mm,
局部±20mm</td><td>±10mm,
局部±20mm</td><td>±10mm,
局部±20mm</td><td>±10mm,
局部±20mm</td></tr>
<tr><td>轴线施工偏差</td><td rowspan="2">±80mm</td><td>±80mm</td><td>±80mm</td><td rowspan="2">±80mm</td></tr>
<tr><td>后期不均匀沉降</td><td>±50mm</td><td>±50mm</td></tr>
<tr><td>隧道内径</td><td>ϕ5 400mm</td><td>ϕ5 500mm</td><td>ϕ5 500mm</td><td>ϕ5 400mm</td></tr>
</table>

地质条件较好的选用5 400mm 的内径,如广州地铁、北京地铁;地质条件较差的选用5 500mm的内径,如上海地铁、南京地铁和成都地铁。根据北京地区的地质条件,参照地铁5号线的设计、施工经验,隧道的内径定为5 400mm。

2)管片衬砌形式比选

隧道衬砌形式一般分两种:单层衬砌和复合衬砌。经上海地铁1、2号线试验、施工、运行检验证明,采用具有一定接头刚度的单层柔性衬砌是合理、成功的。圆环的变形、接缝张开及混凝土裂缝开展等,均控制在预期的范围内,完全满足了地铁隧道的设计要求。且采用单层衬砌,施工工艺单一、工程实施周期短、投资省。因此,经综合的技术、经济比较论证,本工程区间圆形隧道采用单层衬砌,管片采用钢筋混凝土平板形管片。

为有效地拟合区间曲线,衬砌环采用三种形式,即:标准衬砌环、左转弯衬砌环、右转弯衬砌环。

3)管片厚度、环宽、分块及拼装方式

(1)管片厚度

管片厚度需据计算而定,主要取决于断面大小及荷载条件(包括围岩条件、覆土深度等),有时隧道使用目的和管片施工条件也起支配作用。根据工程实践,管片厚度可取隧道外径的5%~6%。国内外相关资料表明,对于直径6m左右的盾构隧道管片厚度一般两种取值:300mm 和350mm。详细比较见表6-6。

盾构隧道管片厚度比较　表6-6

工程名称/比较项目	上海地铁1号线	广州地铁1号线	广州地铁2号线	南京地铁一期工程	日本大阪地铁	北京地铁5号线试验段	深圳地铁
地质条件	以淤泥质黏土为主的软土层	含水砂层、残积土层、全风化层为主	残积土层、全风化层、中风化层、微风化层等	以粉质黏土为主的软土层	盾构穿越细砂、粉细砂为主	第四系粉质黏土层、粉细砂层、卵石层等	黏土层，砂层全、中风化层等
外径	6 200	6 000	6 000	6 200	6 800	6 000	6 000
埋深	7.7～15.8m	10.5m	—	15.2m	8.5～18.5m	12～16m	16.5m
管片分块	6	6	6	6	6	6	6
管片厚度	350mm厚，单层衬砌	300mm厚，单层衬砌	300mm厚，单层衬砌	350mm厚，单层衬砌	300mm厚，单层衬砌	300mm厚，单层衬砌	300mm厚，单层衬砌
纵向螺栓个数	17根，M27	10根，M24	17根，M27	17根，M27	21根	16根，M24	10根，M24

根据表6-6比较可以看出，在软土地层中，一般为350mm厚；在基底承载力较好的地层中，一般为300mm厚。因此对于北京地铁4号线，根据地质条件，采用300mm厚的管片能够满足管片结构受力要求。

另外从结构计算分析角度来看，300mm厚的C50钢筋混凝土管片能够满足结构的强度、抗裂要求，并保证混凝土的配筋率在合适的经济配筋率范围内。

(2)管片环宽

管片宽度主要受隧道断面的大小和盾构机后配套系统的制约，从加快施工进度、节约工程材料和减少漏水环节的角度出发，管片宽度越大越好；从方便管片制作、运输和出渣的角度而言，管片宽度小一些好。根据工程实践，中等直径盾构一般采用1.0～1.5m的管片宽度。按国内已建盾构区间隧道的情况：上海地铁1号线的环宽基本为1 000mm，广州地铁1号线的环宽为1 200mm，广州地铁2号线的环宽为1 500mm，南京地铁试验段环宽为1 000mm，南京地铁一期工程环宽为1 200mm，北京地铁5号线试验段及其他盾构区间环宽为1 200mm。因此考虑国内的成熟经验，衬砌环的宽度取为1 200mm。

(3)管片分块

管片分块和管片制作、拼装及隧道大小有关，从利于管片拼装、运输的角度而言，管片分块多一些好；从改善结构受力、防水性能，节约工程材料，加快施工进度的角度而言，管片分块少一些好。根据工程实践，中等直径(约6m)盾构隧道的管片分6～7块为宜。经比较采用六块方案：一个小封顶块(中心角为22.5°)、两个邻接块(中心角为67.5°)、三个标准块(中心角为67.5°)。

①接头连接

接头连接采用柔性连接——螺栓连接。

②管片拼装方式与纵向螺栓个数

管片拼装方式有两种:通缝拼装和错缝拼装。相较于通缝拼装,错缝拼装有助于提高衬砌环的整体刚度和改善接缝防水性能。错缝拼装可使接缝分布均匀,提高了管片衬砌的纵向刚度,减少接缝及整个衬砌环的变形。但错缝拼装在施工中相对易于造成管片的开裂,而且增加了管片拼装的难度和盾构机长冲程油缸的个数。综合比较并借鉴北京地铁 5 号线的工程经验,管片拼装方式采用错缝拼装。

综上所述,管片设计采用六块方案,错缝拼装,采用 16 个 M24 纵向螺栓。

螺栓形式的选择根据实际情况综合考虑,采用弯螺栓。

目前国内有加强管片纵向连接的趋势。因此管片拼装方式与纵向螺栓个数应结合在一起进行考虑。在设计中环与环间以 16 个 M24 的纵向螺栓相连,既能适应一定的纵向变形,又能将隧道纵向变形控制在满足列车运行及防水要求的范围内。纵向螺栓采用热浸锌作防腐蚀处理。

③管片的环向连接

块与块间以两根 M24 的环向螺栓紧密相连,能有效减少纵缝张开及结构变形。环向螺栓也采用热浸锌作防腐蚀处理。

4)管片封顶块的插入方式

封顶块的插入方式与管片宽度、螺栓形式及布置、管片分块皆有关系,并且影响盾构千斤顶的行程。因为千斤顶的行程影响盾构机的长度,进而影响盾构机的灵敏度。国内外中等直径的隧道盾构机的行程一般在 2 000mm 以内。因此封顶块的外形及插入方式以 2 000mm的千斤顶行程为基础进行设计。本设计中考虑盾构施工时,首先径向推入 1/2 管片宽度后再纵向插入。

5)管片端面构造

管片接头已考虑螺栓接头结构,为降低施工难度,管片端面构造不设置传力榫槽,仅考虑防水构造槽。

6)楔形量分析

为拟合线路曲线,需设置转弯环,根据盾构区间的最小平曲线半径 350m,以及转弯环和标准环的比例取 2:1,计算楔形量为 30mm。线路竖曲线半径较大,因此竖向可不设楔形量,可以采用衬砌环面分段贴设不同厚度的低压缩石棉橡胶板,以形成所需要的楔形斜面来解决。

7)钢筋混凝土管片设计要素汇总

钢筋混凝土管片设计要素汇总见表 6-7。

衬砌环设计要素汇总表　　表 6-7

项　目	构　造	说　明
管片内径	ϕ5 400mm	—
管片厚度	300mm	—
管片宽度	1 200mm	—
管片分块	六块	一个小封顶块 K、两个邻接块 B、三个标准块 A
管片拼装方式	错缝拼装	

续上表

项　目	构　造	说　明
封顶块插入方式	径向插入结合纵向插入式	先搭接600mm径向推上,再纵向插入
管片连接	弯螺栓连接	环向:12个M24螺栓; 纵向:16个M24螺栓
端面构造	不设置传力榫槽,仅考虑防水构造槽	

8)管片制造、拼装精度要求

为保证装配式结构良好的受力性能,提供符合计算假定的结构工作条件,衬砌制作和拼装必须达到下列精度:

(1)钢筋骨架

①管片钢筋骨架需焊接成型,并按防迷流要求进行检验,焊接强度与较小直径钢筋等强;钢筋焊接应符合《钢筋焊接及验收规程》(JGJ 18)中的有关规定。

②管片主筋保护层厚度:外侧50mm;内侧30mm。

③箍筋、分布钢筋和构造钢筋的混凝土保护层厚度不小于20mm。

④管片钢筋须精确加工、准确定位。钢筋与钢筋之间,以及钢筋与任何邻近的金属预埋件之间的净距离不得小于25mm。在钢筋笼搬运或混凝土浇筑过程中,应采取有效措施确保钢筋骨架不变位。

⑤加工钢筋的允许误差见表6-8。

钢筋加工的允许误差　　表6-8

项　目	允许误差(mm)
受力钢筋长度	±10
弯起钢筋弯折位置	±10
箍筋的部位长度	±5
分布钢筋长度	±10

⑥安装钢筋位置的允许误差见表6-9。

钢筋安装位置的允许误差　　表6-9

项　目	允许误差(mm)
主筋间距	±10
箍筋间距	±10
分布筋间距	±5
骨架长、宽、高	+5 -10
主筋保护层厚度	+5 -3
环、纵螺栓孔	畅通、内圆面平整

⑦钢筋表中钢筋尺寸为理论计算结果，钢筋下料长度以实际放样尺寸为准。

(2)成品检验与标志

①为保证装配式结构良好的受力性能，提供符合计算假定的条件，管片制作及拼装必须达到表6-10的精度。

管片制作及拼装精度 表6-10

序　号	项　目	允许偏差(mm)
1	管片宽度	±0.3
2	管片弧弦长	±1.0
3	管片厚度	±1.0
4	环向螺栓孔孔径、孔位	±1.0
5	纵向螺栓孔孔径、孔位	±1.0
6	衬砌环外径	±3.0
7	整环拼装相邻环环面间隙	0.6~0.8
8	整环拼装纵缝相邻块间隙	1.5~2.5

②衬砌表面应密实、光洁、平整、边棱完整无缺损；在贮存和运送过程中应对管片采取有效的保护措施；管片拼装前，应严格检查，确保密封垫沟槽及平面转角处没有剥落缺损，不合要求应进行修补。

③管片拼装前应逐块对粘贴的防水密封垫进行检查，拼装时不得损坏防水密封条。

④管片检验完成后，应对每一管片在内弧面易见位置印制清晰的、不易被抹掉的编号标记，内容包括管片型号、模具编号、生产日期等。

9)工程材料

(1)混凝土

①混凝土强度等级为C50，抗渗等级P10。

②设计使用年限为100年的结构混凝土材料应符合北京轨道交通工程《现浇混凝土结构早期裂缝控制技术要求》的规定，具体要求如下：

a. 混凝土优先采用双掺技术(掺高效减水剂加优质粉煤灰或磨细矿渣)。

b. 在保证混凝土强度和其他耐久性指标的前提下，应尽量降低胶凝材料的总用量和水泥的用量；但胶凝材料最少用量(水泥、抗裂防水剂和掺和料)不应少于320kg/m^3。当有抗渗要求时，水泥用量不应低于260kg/m^3。

c. 限制水胶比：水胶比的最大限值为0.46。

d. 混凝土中的最大氯离子含量为0.06%。

e. 宜使用非碱活性集料；当使用碱活性集料时，混凝土中的最大碱含量为3.0 kg/m^3。

f. 严格控制入模温度，取30℃。

g. 优先掺加优质引气剂。

③本工程采用的混凝土应满足《预防混凝土工程碱集料反应技术管理规定(试行)》(京建科[1999] 230号)的要求。

(2)钢筋

钢筋采用HPB235、HRB335级，其性能和质量必须符合国家现行标准和行业标准的规定，并应有各项性能的质量证明书或检验报告。

焊条采用 E43 – 系列型焊条，其性能和质量应符合国家现行标准的规定。

(3)螺栓

管片连接螺栓采用强度等级为 4.6 级、性能等级为 C 级的钢材。

10)拼装

管片环与环之间采用错缝拼装。

①管片拼装时应先就位底部管片，然后自下而上左右交叉安装，每环相邻管片应均布摆匀，并控制环面平整度和缝口尺寸，最后插入封顶管片成环。

②根据千斤顶 2 000mm 的行程，封顶块先以不超过管片宽度 1/2 的位置径向推上，然后再纵向插入。

③一般情况下，封顶块的位置偏离正上方 ±22.5°，在曲线模拟和施工纠偏时，标准环、楔形环封顶块可依据需要偏离正上方 ±22.5°的整数倍角度，但不宜大于 ±90.0°。

④线形拟合。纠偏用楔形环管片数量可取衬砌环总量的 5% ~ 10%（转弯用楔形环除外）。

⑤精度要求。管片拼装允许偏差为：高程和平面 ±50mm；每环相邻管片平整度 4mm；纵向相邻环环面平整度 5mm；衬砌环直径椭圆度 5‰。

11)特殊衬砌环

联络通道、排水泵房处特殊衬砌环管片采用钢筋混凝土切割管片工艺。

6.7　盾构始发井及接收井设计

盾构机的始发与到达，对车站设计提出了要求。采用盾构法施工区间结构，相邻车站的站端同时作为盾构井使用。与盾构法施工区间相邻的车站，在设计时不仅需为盾构机始发与到达提供场地及空间，也需为盾构机的吊装提供条件。4 号线与盾构区间相邻的几座车站，在结构设计上，于站端加宽、加深以满足盾构机施工的要求；在施工方法的选择上，或采用明挖法（含盖挖），或采用两端明（盖）挖、中间暗挖法施工，为盾构机的进、出提供条件。

6.7.1　盾构始发要求

(1)盾构始发的车站沿车站纵向长度不小于 12 000mm 的区段为盾构始发井段。始发井段车站侧墙与线路中心线间的净距离应不小于 4 000mm，始发井段内车站中柱与线路中心线的净距离应不小于 3 800mm。

(2)盾构始发井段车站顶板及各层楼板应预留盾构吊装孔洞，并尽量靠近车站端墙，其沿线路方向与垂直线路方向的尺寸不宜小于 11 500mm × 7 500mm（对称线路中线）。

(3)盾构始发段盾构掘进所需的出土孔洞，初步设计阶段暂不考虑，待施工招标后，工点设计单位结合具体情况与施工单位协商解决。

(4)盾构始发井段车站端墙预留盾构始发孔洞在初步设计阶段按直径 6 620mm 设计。

(5)盾构始发井段端墙内侧车站底板应预留盾构始发密封空间，初步设计阶段按 1 000mm（垂直并对称线路中心线）× 640mm（深）的凹槽设计。

(6)始发井段车站底板顶面应低于线路轨面设计线 1 610mm。

(7)始发井段车站底板顶面尚应低于端墙预留盾构始发孔洞最低点 100mm。

(8)盾构始发场地按 4 000 ~5 000m^{2}计。

(9)施工阶段,计算盾构始发井段端墙内力时,盾构拼装引起的临时地面超载按 70kPa 计。

(10)施工阶段,计算车站顶板上盾构管片堆放、运输等临时地面超载综合按 35kPa 计。

6.7.2 盾构过站要求

(1)车站底板顶面应低于线路轨面设计线 1 610mm。

(2)车站站台层垂直线路方向的尺寸与净高不宜小于 6 700 mm ×6 900mm。

(3)车站两端墙上预留盾构到达、二次始发孔洞在初步设计阶段按直径 6 620mm 设计。

(4)车站的盾构到达和二次始发端均沿车站纵向长度不小于 12 000mm 的区段为盾构工作井段。工作井段车站侧墙与线路中心线间的净距离应不小于 4 000mm,工作井段内车站中柱与线路中心线的净距离应不小于 4 550mm。

(5)车站底板顶面尚应低于端墙预留盾构到达孔洞最低点 100mm。

(6)车站两端墙侧车站底板应预留盾构洞门密封空间,初步设计阶段按 1 000mm(垂直并对称线路中心线)×640mm(深)的凹槽设计。

6.7.3 盾构终到要求

(1)盾构终到的车站沿车站纵向长度不小于 12 000mm 的区段为盾构终到井段。终到井段车站侧墙与线路中心线间的净距离应不小于 4 000mm,终到井段内车站中柱与线路中心线的净距离应不小于 3 800mm。

(2)盾构终到井段车站顶板及各层楼板应预留盾构吊装孔洞,并尽量靠近车站端墙,其沿线路方向与垂直线路方向的尺寸不宜小于 11 500mm ×7 500mm(对称线路中线)。

(3)盾构终到井段车站端墙预留盾构终到孔洞在初步设计阶段按直径 6 620mm 设计。

(4)盾构终到井段端墙内侧车站底板应预留盾构终到密封空间,初步设计阶段按 1 000mm(垂直并对称线路中心线)×640mm(深)的凹槽设计。

(5)盾构终到井段车站底板顶面应低于线路轨面设计线 1 610mm。

(6)盾构终到井段车站底板顶面尚应低于端墙预留盾构终到孔洞最低点 100mm。

(7)盾构终到地面临时施工场地按 800 ~1 000m^{2}计。

(8)施工阶段,计算盾构终到井段端墙内力时,盾构吊装引起的临时地面超载按 70kPa 计。

6.7.4 洞门环

1)洞门衬砌构造

洞门衬砌构造如图 6-2 所示。洞门衬砌为内径 5 400mm,外径 6 620mm 的钢筋混凝土圈,其混凝土强度等级为 C40、抗渗等级为 P8。

洞门衬砌长度取值依据：洞门衬砌长度应不小于 400mm，在区间内以泵房里程作为控制点进行盾构衬砌环排版，并根据理论排版对泵房里程进行微调，以确定合理洞门长度。到达井洞门长度设计为理论值，施工时应按实际情况进行调整。

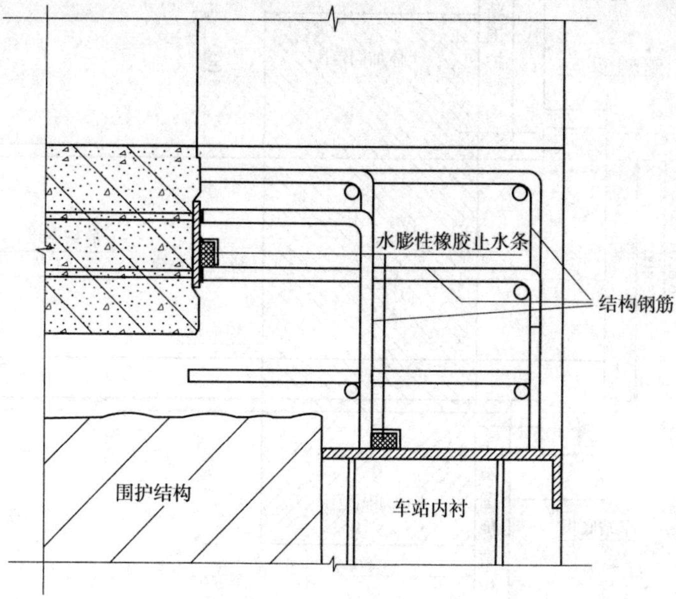

图 6-2　洞门后浇结构大样

2）洞门防水设计

（1）洞门衬砌结构防水设计

①保留管片与现浇洞门圈之间的环向接缝嵌缝密封；并在现浇洞门圈与管片之间加设一道水膨胀型止水条。

②现浇洞门圈与车站内衬墙之间的施工缝处加设两道水膨胀型止水条。

③洞门衬砌施工前应对管片背后进行二次注浆来加强防水，确保洞门施工的干燥作业面。

（2）洞门处的施工临时防水设计

①洞门环板：在车站内衬墙施工中预埋一环形钢板，其宽度为 150mm，内径 ϕ6 620mm，外径 ϕ6 820mm。环形钢板上加焊 72 只 M20 螺母，通过与螺栓结合来固定帘布橡胶板。

②洞门环板是洞口防水止浆设计的主要预埋构件，其精度高低将会影响盾构进出洞，施工中应严格控制其定位。

③帘布橡胶板：由氯丁橡胶加棉纱线、尼龙线复合而成，通过它和管片的密贴来防止管片背后注浆时的浆液外流。

④扇形压板：通过调节扇形压板的位置来压紧帘布橡胶板，保证帘布橡胶板在注浆压力下不翻转。

6.7.5　始发段和接收段地层加固

盾构进出洞时，洞口段地层须预先进行加固处理，以保证盾构机进出洞的安全。

1)加固范围

对于盾构始发端和接收端,地层改良加固范围在纵向上是有一定区别的,如图 6-3 所示。

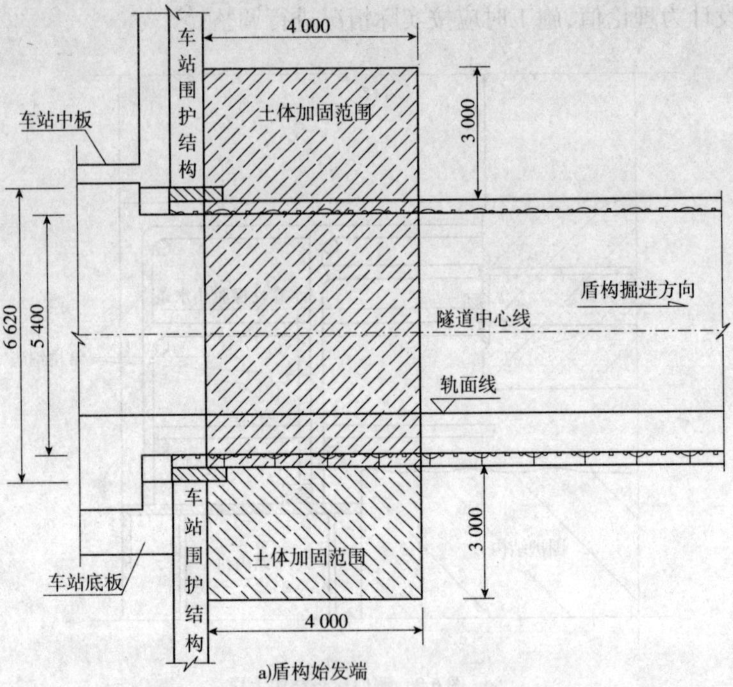

a)盾构始发端

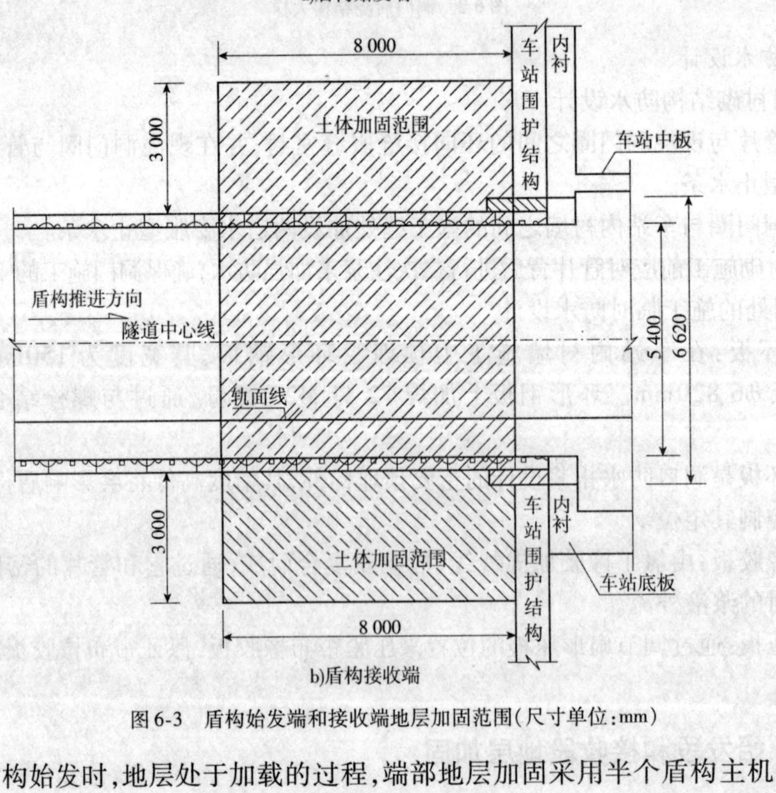

b)盾构接收端

图 6-3 盾构始发端和接收端地层加固范围(尺寸单位:mm)

由于盾构始发时,地层处于加载的过程,端部地层加固采用半个盾构主机长度,为简便统一,确定为 4m;反之,盾构接收时,地层处于卸荷的过程,端部地层加固采用整个盾构主机长度,为简便统一,确定为 8m。

在竖向方面,加固的深度应低于盾构隧道底部 3m,并高于隧道顶部 3m;在横断面方向,加固的宽度宽于隧道外皮外侧 2.5m。

2)加固指标

加固后的地层应有良好的均匀性和自立性,其无侧限抗压强度取 1.0 ~ 1.5MPa;渗透系数≤1.0×10^{-8}cm/s。

3)加固方法

针对 4 号线工程所处的地理环境、地质条件等特点,洞门附近地层加固基本采用两种办法:①深层高压注浆(即"旋喷桩")工艺;②小导管注浆工艺。前者适用于盾构井端部,场地具备条件处;后者主要应用在地面场地条件恶劣的地段(如地下管线众多)。

6.8 盾构隧道结构设计

6.8.1 管片几何设计

北京地铁 4 号线工程盾构区间采用平板式单层预制钢筋混凝土管片衬砌。管片外径 ϕ6 000mm,内径 ϕ5 400mm,环宽 1 200mm,厚度 300mm。环向分为 6 块,即 3 块 A 型标准块(中心角 67.5°)、2 块 B 型邻接块(中心角 67.5°)、1 块 C 型封顶块(中心角 22.5°),见图 6-4。管片间采用弯螺栓连接,每环纵缝设置 12 根螺栓,每个环缝设置 16 根螺栓。管片环与环之间采用错缝拼装,端面为平面式,仅在设置防水胶条处留有沟槽。

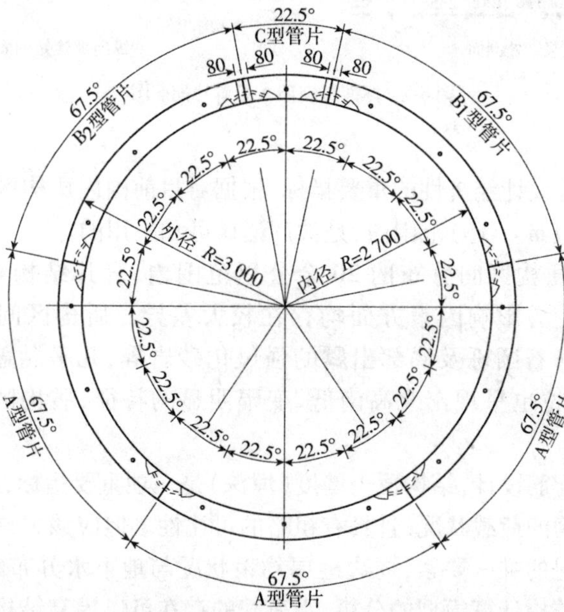

图 6-4　管片衬砌环分块(尺寸单位:mm)

标准环与左、右转弯环的各种组合满足了线路平曲线拟合及蛇形纠偏的需要。左、右转弯环为双面楔形环,水平楔形量是在 $R = 300$m 的曲线半径上以 1:1 布置楔形环和标准环计算的，楔形量为$\Delta=48.0\text{mm}$，楔形角$\beta=0.46°$，楔形量平分为两部分，对称两侧环面设置。

管片混凝土强度等级为C50，防水等级P10；钢筋采用HPB235、HRB335级；弹性橡胶密封垫采用三元乙丙橡胶挤出硫化而成。

6.8.2 配筋设计

1）配筋形式

以标准衬砌环A型标准块为例，纵向由16根主筋①、②分别形成4道纵向暗梁，承受主要荷载，横向设置螺栓孔加强筋③。纵梁箍筋④、⑤、⑥，螺栓孔吊筋⑦、⑧，注浆孔螺旋筋⑨及螺栓孔螺旋分布筋⑩的布置，见图6-5。

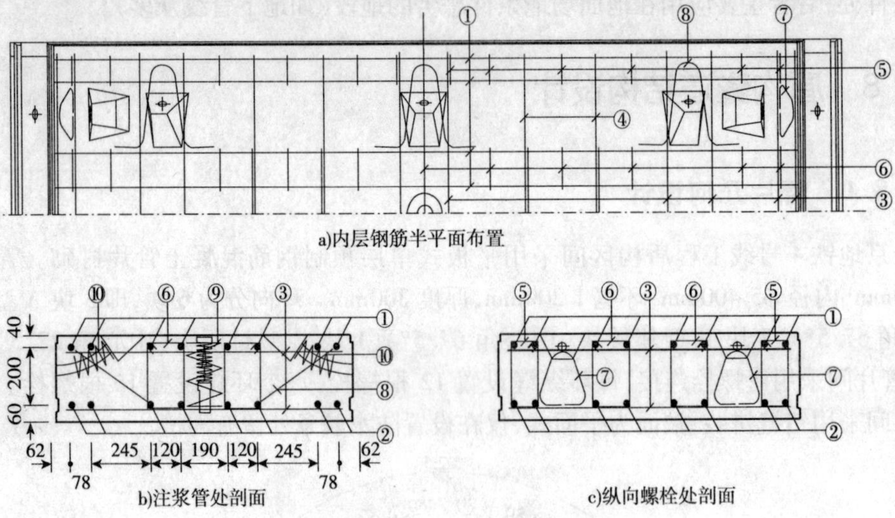

图6-5 标准衬砌环A型管片配筋图

2）含钢量

含钢量是衡量结构设计经济性的重要指标，根据对目前国内盾构区间管片设计的调查，含钢量在140~160kg/(m^3·环)范围内，是被广泛认可和采用的。

北京地铁4号线盾构区间分布的20余公里范围内，管片结构在覆土厚度、地质条件、地下水位等诸多受力影响因素方面均存在较大差异。盾构区间穿越的主要地层有黏土、粉土、粉细砂、卵石圆砾及局部出露的强风化砂岩等，几乎涵盖了城区南北向主要代表性地层。地下水位也呈现出北高南低、变幅明显的特征，盾构区间还将穿越数条河流与数个地表水体。

对于管片结构的配筋设计，结构覆土厚度（埋深）是一项重要指标，对其数值的统计可以较直观地判定管片结构的荷载状况，且具有粗略的可比性。但应该强调的是，结构覆土厚度不是判定结构受荷状况的唯一要素，周边地层约束状况与地下水分布的情况同样起着重要的作用。通过对管片结构计算模型的分析，水荷载的存在可以提高结构的侧向抗力，对于结构受力是有利的。因此，考虑到地下水位的起伏变化及偏于安全的计算原则，设计中是按全断面无水条件、全土柱荷载验算的。

通过北京地铁4号线盾构区间衬砌结构覆土厚度的统计（表6-11）数值可以看出，北京地铁 4 号线盾构区间管片结构覆土厚度近半数分布在 12 ~ 15m 的范围内,但个别区段存在较大的离散。若全线采用一种配筋类型,要么在个别区段安全储备不足,要么以牺牲经济性为代价;但若配筋类型过多,则与推进标准化设计、利于全线统一调配管片的初衷不符。经过对各区段代表性地质剖面,不同埋深的结构受力情况计算分析、归类,4 号线的管片配筋设计采用两种类型。除标准衬砌环外,在结构埋深较大(覆土厚度 >15m,即 2.5 倍管片外径)、围岩地质情况较差、邻近特殊荷载等局部地段及盾构区间侧向开洞(联络通道处)的管片和相邻各两环管片采用加强衬砌环。

北京地铁 4 号线盾构区间衬砌结构覆土厚度统计　　表 6-11

区间名称	最大值(m)	最小值(m)	平均值(m)	分布(%)					
				<6m	6 ~ 9m	9 ~ 12m	12 ~ 15m	15 ~ 18m	>18m
角门北路—北京南站	16.50	7.39	12.96	—	3.59	13.90	71.75	10.76	—
北京南站—陶然亭站	17.09	10.44	13.31	—	—	19.26	61.89	18.85	—
灵境胡同—西四	17.09	12.22	15.38	—	—	—	31.03	68.97	—
西四—平安里	17.48	11.37	14.86	—	—	6.62	43.71	49.67	—
平安里—新街口	15.26	10.76	13.66	—	—	21.19	49.01	29.80	—
动物园—白石桥	16.63	5.22	13.52	1.36	0.45	27.60	40.72	29.86	—
白石桥—学院南路	16.25	9.81	13.58			19.18	53.06	27.76	
学院南路—双榆树	10.17	8.59	9.21		50.00	50.00			
成府路—圆明园	16.48	8.88	12.85		1.12	38.20	37.64	23.03	
圆明园—颐和园	20.83	6.22	13.25		9.84	16.93	55.91	15.75	1.57
颐和园—北宫门	21.22	7.60	10.20		25.97	58.01	12.15	1.10	2.76
北宫门—龙背村	9.95	8.11	8.99		62.65	37.35			
全线	21.22	5.22	12.65	0.14	9.34	24.90	42.93	22.29	0.41

标准衬砌环管片主筋采用 ϕ18,含钢量为 145.13kg/(m^3 · 环),加强衬砌环除主筋采用 ϕ20 外,其余构造钢筋均与标准衬砌环相同,其含钢量为 166.25kg/(m^3 · 环)。加强衬砌环约占全线盾构区间管片总量的 14%,加权计算后,4 号线管片钢筋含量约为148.09kg/(m^3 · 环)。

6.8.3　优化设计

在完成施工图设计前,对北京地铁在施工的盾构区间管片配筋设计及实际拼装过程中的使用状况做了调查,并听取管片预制厂方的改进意见与建议,对盾构管片的配筋设计中的不足与不便之处进行了完善与优化。

1)主筋

原设计内层主筋自两侧弯下,与通长的外侧主筋对接,形成受力骨架。在实际操作中,为保证加工精度、提高效率,钢筋骨架一般都在一定的胎具中加工及焊接,箍筋首先入位,而后主筋依次穿入,见图 6-6。

主筋两侧弯起的形式使其穿入不便,因此在优化设计中,改为内、外侧主筋分别自一端弯上或弯下，并使其对接点交错布置，见图6-7。

图6-6 钢筋加工胎具

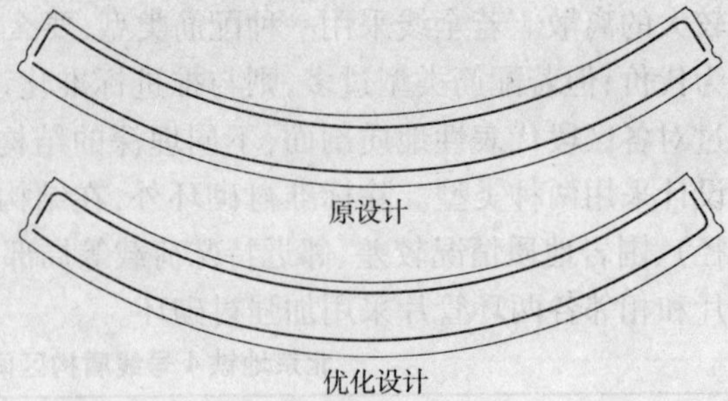

图6-7 主筋形式的优化

2）分布钢筋

设计中，对在永久荷载、可变荷载及偶然荷载作用下管片的强度和裂缝宽度进行了验算，但在实际施工中，由于条件所限或人为因素、有时也会出现超出强度和裂缝宽度要求的荷载。根据对国内其他相关工程的调查，目前盾构管片的裂缝主要是在施工过程中产生的，特别是管片拼装完毕，开始下一环掘进，由新拼装完毕的管片来传递盾构千斤顶的顶推力时。其主要原因是由于管片环面不平、千斤顶推力分布不均匀（在围岩不均匀、纠偏及曲线施工时容易出现），导致管片出现了局部超限的拉应力。随着隧道的修建完毕，圆形的盾构隧道逐步转入比较稳定的受力状态，施工期出现的裂缝大部分都变小。

在国内其他城市地铁盾构管片的配筋设计中，纵向布置暗梁的同时，在迎千斤顶面的暗梁外侧增设腰筋，以期更有效地承担施工过程中千斤顶荷载，对解决施工期出现裂缝的问题有所改善。

考虑到腰筋设置在实际操作中的定位困难，并且使管片含钢量有较明显的增加，4号线的管片配筋设计是通过调整、加强分布钢筋来解决这一问题的。通过表6-12可以看出，4号线的配筋设计中，对容易出现裂缝的纵、环向螺栓孔处的吊筋、螺旋筋及横向钢筋均有所加强，箍筋按照“细而密”的原则调整布置，以期有效分散施工中可能出现的特殊荷载。这也是4号线管片整体含钢量略高于北京地铁5、10号线的原因。

标准衬砌环标准块（A型）管片含钢量对比　　表6-12

钢筋		4号线			5号线			10号线		
		直径（mm）	长度（mm）	根数	直径（mm）	长度（mm）	根数	直径（mm）	长度（mm）	根数
主筋	①	18	3 322	8	18	3 450	8	18	3 470	8
	②	18	3 556	8	18	3 395	8	18	3 394	8
横向加强筋	③	14	1 120	20	12	1 120	20	12	1 120	20
箍筋	④	10	2 256	8	12	1 440	8	10	2 060	8
	⑤	6	798	24	8	801	36	8	740	16
	⑥	6	882	22	8	861	36	8	820	18
吊筋	⑦	16	580	4	12	600	4	12	600	4
	⑧	16	941	6	12	900	6	12	900	6

续上表

钢筋		4 号线			5 号线			10 号线		
		直径（mm）	长度（mm）	根数	直径（mm）	长度（mm）	根数	直径（mm）	长度（mm）	根数
螺旋筋	⑨	10	1 773	1	12	2 430	1	10	2 430	1
	⑩	6	1 265	10	-	-	-	6	1 170	10
标准块含钢量（kg/m^3）		143.11			142.36			133.31		
全环含钢量（kg/m^3）		145.13			143.84			134.73		

3）螺栓孔预埋件

为避免螺栓孔断面，特别是地震荷载作用下的应力集中，避免手孔断面削弱处出现裂缝，设计中除设置螺栓孔螺旋筋及吊筋（图 6-8）外，还考虑设置预埋钢垫板。而预埋钢垫板的设置却带来了诸多问题。

首先，预埋钢垫板成为区间结构防迷流腐蚀的薄弱环节。

图 6-8　螺栓孔预埋件

地铁迷流又称杂散电流，是指采用直流供电牵引方式的地铁列车在地下铁道运行时，走行轨的对地电阻由于受到不可避免的污染、潮湿、漏水和高地应力作用等因素的影响而降低，由走行轨泄漏到土壤介质中的电流。该电流对地铁隧道结构内的钢筋产生电化学腐蚀，钢筋被腐蚀氧化后体积增大，可破坏混凝土结构，缩短隧道结构的使用寿命。

地下隧道及车站结构通常利用表层钢筋的可靠连接并由引出端子引排，构成电流辅助收集网。盾构区间采用隔离法防护，管片钢筋不暴露、不连通。虽然预埋钢垫板按设计要求需进行表面镀锌钝化处理，但实际操作中易受损，其防腐隔绝效果及耐久性较难保证，此块与内部钢筋相连、与外界环境接触的钢板使盾构区间的防腐蚀、防迷流设计露出了破绽。

其次，预埋钢板的定位也成为管片预制的棘手问题。

螺栓孔套管为 PVC 材料，无法与钢垫板可靠连接，试图用螺栓孔套管顶紧预埋钢板定位，效果不佳。若增加定位钢筋，使钢垫板与钢筋骨架焊接，其加工精度及刚度亦难保证钢垫板与模具的完美密贴。而钢垫板与模具的不密贴，带来的直接问题就是漏浆，影响混凝土管片加工质量。当然，钢垫板与钢模具间可采用螺栓旋紧定位等其他方式解决此问题，但是钢模具改造的代价显然是高昂的。

鉴于此，在优化设计中，变预埋钢垫板为外置钢垫板，并在钢垫板下设置橡胶密封垫圈（图 6-9），部分解决了这一问题。螺栓连接在盾构管片正常使用阶段及地震工况下的作用，尚存在不同的观点与看法，其所能发挥的作用及对管片受力的影响，还需工程实践的检验与实验数据的支持。

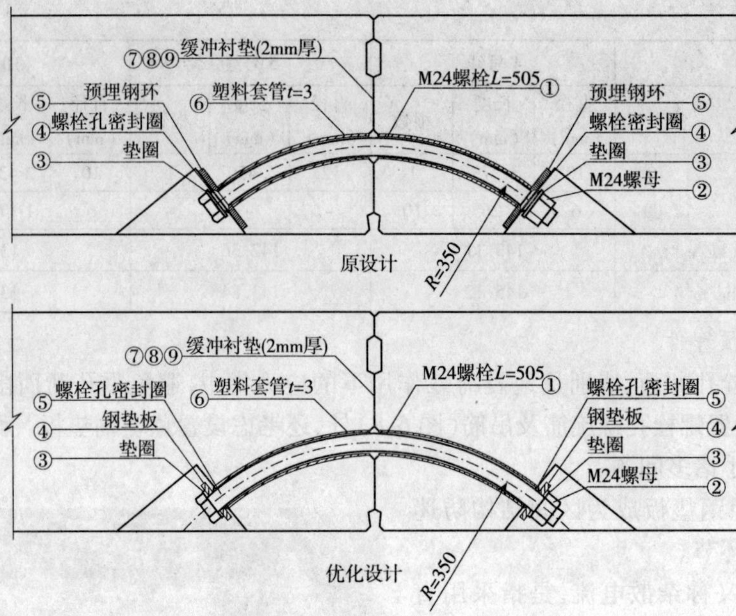

图 6-9 螺栓孔垫板预埋与外置处理(尺寸单位:mm)

4)注浆管及附件

根据对管片预埋注浆管实际使用情况的调查及相关实验数据,原设计的"单月牙圆弧螺纹塑料注浆管(兼吊装孔)"可以满足管片拼装及二次注浆要求。据最新研究与设计成果显示,"复合螺纹注浆管"除保持安装方便、拼装效率高、防水性能好、耐腐蚀、产品材料机械强度大、几何尺寸精度高的优点,其抗拔力进一步提高,有利于工程安全,故优化设计中对注浆管及其附件也做了改进。

注浆管及其附件成套预埋于预制管片中,加工完成后运至现场。因注浆管兼作吊装孔,拼装时需卸下注浆管塞(图 6-10 中⑩),就位后再次旋上,其过程中不可避免的使注浆管塞密封垫圈(图 6-10 中⑭)遇水或受潮,若采用遇水膨胀橡胶,易使材料受损或防水性能降低。考虑到实际使用效果,采纳了改进建议,将注浆管塞密封垫圈材料改为弹性橡胶。

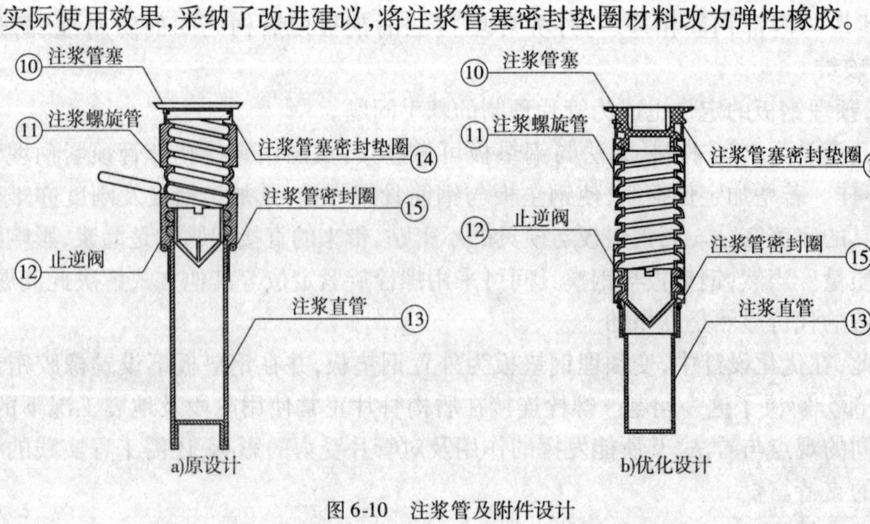

图 6-10 注浆管及附件设计

5) 楔形环钢筋净保护层

为了减少钢筋笼胎具数量、便于加工,左、右转弯楔形衬砌环除外形尺寸按设计要求预制外,其钢筋笼采用与标准衬砌环(直线环)对应管片相同的配筋设计,环宽尺寸的变化通过钢筋保护层厚度的增减来实现。设计中,对标准衬砌环主筋的位置向内侧作了适当调整,钢筋净保护层厚度达到 42mm,这样使楔形环管片出现最大楔形量($\Delta/4=12$mm)的位置,主筋净保护层分别为(42 ± 12)mm,满足规范"管片受力钢筋内侧保护层最小厚度 30mm"的要求。

由楔形环的几何外形可知,主筋净保护层沿圆周是不断变化的,其最大值与最小值仅在管片环与环接触的局部某点出现,因此这样的设置方法是可行的。若全线均采用楔形环(万能管片)的组合设计,则不存在这一问题。

6.8.4　管片衬砌环内力计算

1) 工程概况

北京地铁 4 号线盾构部分共分 4 段 12 区间,全线长 10 430m,区间结构平均覆土厚度 12.65m 左右(表 6-13),采用 C50 钢筋混凝土管片拼装。最大覆土厚度为 21.22m(党校假山),最小覆土厚度为 5.22m(动物园站端)。

计算程序采用同济曙光有限元软件盾构模块,荷载根据《建筑结构荷载规范》(GB 50009—2001)取值,断面尺寸配筋计算及相关验算按《混凝土结构设计规范》(GB 50010—2002)相关规定执行。

盾构区间结构覆土厚度统计　　表 6-13

编号	名称	最大值			最小值			平均值(m)
		数值(m)	位置	备注	数值(m)	位置	备注	
304	角门北路站—北京南站	16.50	K02 +901.65	万芳亭土山	7.39	K03 +399.52	凉水河底	12.96
305	北京南站—陶然亭站	17.09	K04 +599.00	陶然亭土山	10.44	K04 +563.00	南护城河底	13.31
310	灵境胡同站—西四站	17.09	K10 +189.19	区间中部	12.22	K09 +757.19	灵境站端	15.38
311	西四站—平安里站	17.48	K10 +962.77	区间中部	11.37	K11 +550.77	平安里站端	14.86
312	平安里站—新街口站	15.26	K12 +398.39	区间中部	10.76	K11 +768.39	平安里站端	13.66
315	动物园站—白石桥站	16.63	K15 +400.55	动物园站端	5.22	K16 +576.55	长河底	13.52
316	白石桥站—学院南路站	16.25	K17 +742.80	区间中部	9.81	K18 +306.80	学院路站端	13.58
317	学院南路站—双榆树站	10.17	K19 +302.00	双榆树站端	8.59	K18 +870.00	区间中部	9.21
322	成府路站—圆明园站	16.48	K22 +799.50	区间中部	8.88	K23 +201.50	万泉河底	12.85
323	圆明园站—颐和园站	20.83	K23 +937.15	圆明园假山	6.22	K23 +763.15	圆明园池底	13.25
324	颐和园站—北宫门站	21.22	K25 +914.00	党校假山	7.60	K25 +782.00	党校湖底	10.20
325	北宫门站—龙背村站	9.95	K26 +698.30	区间中部	8.11	K26 +800.30	区间中部	8.99
—	全线	21.22	—	—	5.22	—	—	12.65

2)典型断面的选取

全线盾构结构埋深、地质、地下水及覆土相差较大,计算量大。为简便选取典型断面计算进行分析。选取原则如下:

(1)区间结构埋深。结构埋深越大,结构所受荷载也越大。

(2)地下水位。水荷载对圆形盾构结构受力有利,影响大,考虑北京地区地下水位总体有下降趋势,计算均按无水位或水土合算考虑。

(3)区间结构所处地质。结构范围内的地质对结构的侧压力及弹性抗力影响颇大。

(4)上覆地质情况。

3)工程地质与水文地质条件

全线盾构区间地下土层主要为填土层、砂土层、粉土层、粉黏土层及卵石层,结构所处地层多在粉黏土和卵石层。地下水位在南段较低,北段较高。考虑北京地下水的开采等原因,水位可能下降,计算均采用无地下水或水土合算。

4)计算原理和方法

地震横断面验算不起控制作用,由于区间盾构结构埋深比较大,人防荷载组合对结构也不起控制作用,计算中只考虑基本组合与裂缝验算。

根据《建筑结构荷载规范》(GB 50009—2001)的规定,基本组合中侧向水平土压力对结构受力有利,分项系数应取为1.0;竖向土荷载分项系数可取为1.27。因结构埋深较大,竖向土荷载标准值可采用太沙基土压力公式进行计算。

竖向土压力标准值:

$$F_v = \frac{B_1(\gamma_s - c_0/B_1)}{K_a\mu}[1 - \exp(-K_a\mu H/B_1)] \tag{6-1}$$

覆土主动土压力系数与内摩擦角的乘积:

$$K_a\mu = \tan^2(45° - \varphi_0/2)\tan\varphi_0$$

结构顶土压力影响宽度之半:

$$B_1 = \frac{D}{2}\cot(45° + \frac{\varphi}{2})/2$$

式中:D——盾构外径;

H——覆土高度;

γ_s——覆土加权重度;

φ——结构侧土层内摩擦角;

c_0——覆土土层黏聚力;

φ_0——覆土土层内摩擦角。

侧向水平土压力标准值:

$$p_i = \lambda\gamma h_i$$

式中:h_i——地面至计算点的距离。

根据隧道穿越土层的地质特点,按局部地层抗力的弹性地基圆环进行计算,地层抗力值由程序按结构位移值与地层抗力系数自行考虑。计算模型如图6-11所示。

计算采用同济曙光有限元软件盾构模块,管片计算宽度为1.2m。采用修正惯用法时,

整体刚度折减系数 $\eta=0.8$，错缝拼装管片的弯矩增加系数 $\xi=0.3$；采用弹簧元法时，管片接头刚度的理论值与实际值有比较大的差距，一般应以实测值为主，考虑目前北京地铁盾构试验资料比较缺乏，此处管片接头刚度均为同济曙光软件默认值，分别取 $k_n=3\times10^6\text{kN/m}$，$k_s=1\times10^5\text{kN/m}$，$k_\theta=1.0\times10^5\text{kN}\cdot\text{m/rad}$。

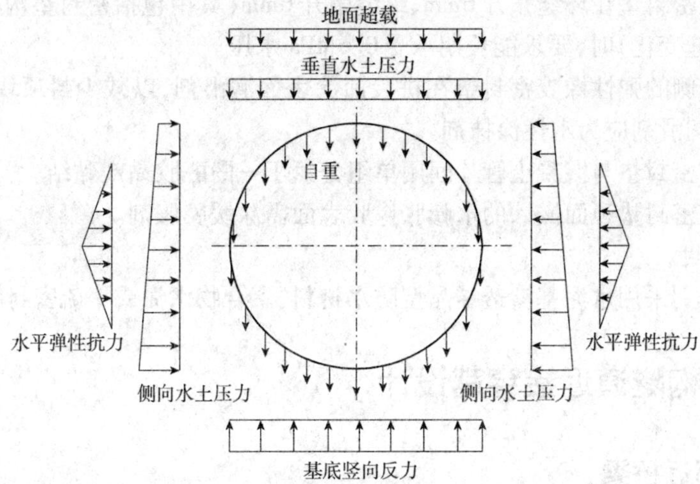

图 6-11　盾构隧道结构的计算模型

6.8.5　防水设计

1）防水设计原则

衬砌防水设计遵循"以防为主，刚柔相济，多道防线，因地制宜，综合治理"的原则。采用高精度钢模制作高精度管片，以管片结构自防水为根本，接缝防水为重点，确保隧道整体防水。

2）主要技术标准

区间隧道及连接通道顶部不允许滴漏，结构表面可有少量湿渍，总湿渍面积不应大于总防水面积的 6/1 000；任意 100m^2 防水面积上的湿渍不超过 4 处，单个湿渍面积不大于 0.2m^2。衬砌接头不允许漏泥沙和滴漏，拱底块在嵌缝作业后不允许有渗水。

主要防水技术措施：

（1）管片混凝土结构自防水。

（2）衬砌接缝设弹性橡胶密封垫。

（3）嵌缝密封。

3）防水材料的技术性能及施工要求

（1）管片混凝土结构自防水。

管片采用以耐久性好为特点的高性能自防水混凝土，通过改性外掺剂提高混凝土的抗渗性，混凝土管片抗渗等级≥P10。同时，应检测管片混凝土的渗透系数及氯离子扩散系数，管片混凝土渗透系数 $K\leqslant5\times10^{-13}\text{m/s}$，氯离子扩散系数 $\leqslant8\times10^{-9}\text{cm}^2/\text{s}$。在有腐蚀性介质或隧道埋层较深的地层中，需于管片外弧面涂刷外防水涂层，管片混凝土渗透系数 $K\leqslant8\times10^{-14}\text{m/s}$、氯离子扩散系数 $\leqslant2\times10^{-9}\text{cm}^2/\text{s}$（涂刷后检测）。

混凝土管片衬砌每环需取一块管片进行检漏试验，即在 0.8MPa 水压维持 3h 条件下，渗水进入管片外背高度≤5cm。

(2)弹性橡胶密封垫

①材料:由三元乙丙橡胶挤出硫化而成。

②形式:角部棱角分明的框形橡胶圈。

③弹性橡胶密封垫在环缝张开6mm、纵缝张开6mm(其中包括密封垫沟槽制作误差、拼装误差、后期接缝变化)时,要求能长期承受0.6MPa水压。

④封顶块两侧的弹性橡胶密封垫在拼装前涂表面润滑剂,以减少封顶块插入时弹性密封垫间摩阻力,润滑剂应为水性涂抹剂。

⑤弹性橡胶密封垫与混凝土管片间用单组分氯丁—酚醛胶黏剂黏结。

⑥弹性橡胶密封垫顶面嵌入的水膨胀橡胶表面需涂缓膨胀剂。

(3)嵌缝密封

嵌缝材料分别采用水泥基渗透结晶型防水材料、聚合物水泥或聚硫密封胶。

6.9 盾构隧道近接穿越设计

6.9.1 邻近桥梁

1)概况

自2005年5月,《工程建设环境安全技术管理体系》(试行)文件颁布以来,总体组积极组织各参建土建工点设计单位对该文件进行宣贯,对岩土工程勘察报告作了核查,对工程环境调查项目逐一核实(表6-14和表6-15),并对重点项目提请进行现状评估。

各土建工点设计单位结合工程的设计方案、施工方法,采用数值模拟分析、反分析、工程类比等手段,进行了新建地铁施工对邻近建(构)筑物和市政基础设施等环境安全风险源所造成的附加荷载及附加变形的影响分析与预测,并把分析预测值与该风险源现状评估结果做出对比分析,判断设计拟所采用的施工工法、加固措施能否满足邻近建(构)筑物和市政基础设施所允许的剩余承载能力和剩余变形能力,并据此优化设计方案,制订控制标准值。

控制标准值结合施工步骤,按照“分部、分阶段”的原则分别给出绝对沉降和差异沉降的“双控”标准,并提出预警值、报警值和极限值三级控制标准。预警值取为极限值的70%,报警值取为极限值的80%。工程环境的影响预测和工程环境变形控制标准经过专家评审后,成为专项设计及施工图设计依据。

沿线市政构筑物一览表 表6-14

编号	名称	施工方法	区间长度(m)	相关构筑物
301	设计起点—马家楼站	明挖	304.200	—
302	马家楼站—石榴庄路站	明挖	257.197	—
		矿山	510.263	旱河桥
303	石榴庄路站—角门北路站	矿山	619.998	人行天桥1座

续上表

编号	名　称	施工方法	区间长度	相关构筑物
304	角门北路站—北京南站	盾构	1 533.502	万芳亭立交
305	北京南站—陶然亭站	盾构	1 399.001	人行天桥 1 座
306	陶然亭站—菜市口站	矿山	982.049	人行天桥 2 座
307	菜市口站—宣武门站	矿山	938.950	人行天桥 1 座
308	宣武门站—西单站	矿山	621.000	人行天桥 1 座
309	西单站—灵境胡同站	矿山	802.091	空中连廊
310	灵境胡同站—西四站	盾构	673.000	—
311	西四站—平安里站	盾构	911.700	—
312	平安里站—新街口站	盾构	918.100	—
313	新街口站—西直门站	矿山	768.722	—
314	西直门站—动物园站	矿山	1 224.390	高梁桥 人行天桥 1 座 展览路立交
315	动物园站—白石桥站	盾构	1 320.400	地下通道 2 个 人行天桥 2 座 长河桥
316	白石桥站—学院南路站	盾构	1 480.830	人行天桥 3 座
317	学院南路站—双榆树站	盾构	823.000	人行天桥 1 座
	双榆树站	暗挖		四通桥
318	双榆树站—黄庄站	矿山	843.180	人行天桥 1 座
319	黄庄站—中关村站	矿山	680.451	人行天桥 2 座
	中关村站	盖挖		人行天桥 1 座
320	中关村站—成府路站	矿山	666.700	预留结构 人行天桥 1 座
322	成府路站—圆明园站	盾构	1 058.035	人行天桥 1 座
323	圆明园站—颐和园站	盾构	1 513.000	万泉河高架
324	颐和园站—北宫门站	盾构	1 076.539	—
325	北宫门站—龙背村站	盾构	480.612	—
		明挖	475.879	—
		路堑	139.121	五环路高架
		地面线	100.000	
326	龙背村站—设计终点	地面线	230.109	

沿线市政构筑物汇总　　表6-15

	名　称	数量
跨线桥	万芳亭立交、高梁桥、展览路立交、四通桥、万泉河高架、五环路高架	6
跨河桥	旱河桥、长河桥	2
人行天桥	—	19
地下通道	—	2
铁路桥	—	1
河道	旱河、盖板河、长河、万泉河、清河、泄水渠	6
湖泊	圆明园池塘、中央党校人工湖	2
既有线	2号线、1号线	2
预留结构	西直门站、北四环	2

2）设计原则

①对于地铁结构与桥梁基础较近的桥桩，应先量测、加固，再施工。

②地铁结构与桥梁基础净距<3m时，原则上可采用地面加固措施；净距>3m时，宜采用洞内注浆加固措施。

③对于地铁结构与人行天桥基础较近时，原则上宜采用洞内注浆加固措施，必要时可临时封闭该人行天桥通行。

④加固措施要根据邻近桥梁上部结构特性、基础类型、拟加固范围内地质情况，因地制宜、综合考虑，既要保证加固效果，又要保证施工的简单有效、经济合理。

⑤加固方案要进行比选，不宜种类过多。

⑥考虑桥梁变形的允许沉降值，并制订桥梁保护预案。

⑦要考虑对管线的影响，应与管线加固措施综合考虑。

3）技术措施

（1）盾构前方的隆陷控制

地表隆起的主要原因是盾构推力对土体的推应力大于原始侧向地应力，因此，在实时监测的情况下可以根据地表隆起状况调整推进速度及出土量，降低正面土仓压力，达到降低地表隆起的目的。地表沉降过大则是由于开挖面推力小于原始应力而引起的，应通过调整推进速度及减少出土量，提高正面土仓压力方式来控制沉降。

（2）盾构通过时的沉降控制

盾构通过时的沉降是无法避免的，但是如果沉降超限可以采取控制掘进速度和出土量，调整土仓压力，控制同步注浆的压力及注浆量，从而达到有效控制地层的弹塑性变形的目的。

（3）固结沉降的控制

盾构通过后，由于应力松弛的影响，地层还会发生固结沉降，为此应根据地面实时监测结果进行实时控制，在管片衬砌背后实施跟踪回填与固结注浆，尤其对拱部120°范围进行地层固结注浆是非常重要的。

(4)其他措施

盾构邻近桥梁基础时，一般立足于强化盾构施工管理和加强监控量测，做到事先预测、事中监测以及事后检测。应适量放慢掘进速度，有效控制土压平衡和同步注浆，必要时进行地面跟踪注浆和洞内补强注浆。另外，应针对不同的桥梁上部结构形式，做好预案。

6.9.2　灵—西区间主体结构下穿万松老人塔

1)概况

万松老人塔位于西城区砖塔胡同南侧，新建地铁结构右线的左上方，右线里程为 K10 + 330.35m，高约 15.9m，修建于元初，迄今约 770 多年的历史，目前已经向正东倾斜约 3°；结构右下方有 1.5m×2.0m 的人防通道。区间采用盾构法施工，若采取措施不当，会引起该建筑物的倾斜。

2)专项设计

(1)工程技术措施

本段区间设计采用盾构法施工，道床为浮置板减震道床，已经考虑了减小对地面建筑物的影响，另外在施工过程中加强施工管理，具体要求为：

a. 区间施工前，合理地进行盾构机选型。

b. 优化盾构区间施工顺序，左线先通过，施工过程中加强地表沉降及万松老人塔倾斜监测，根据监测结果指导右线施工。

c. 盾构推进的初始 100m 长度作为试验段，根据地面变形监测数据及盾构施工所采用的参数，不断优化调整，以使盾构在全线推进中，能随地质、物探、环境条件变化而动态变化地、合适地确定施工参数，保证盾构匀速、连续通过。

d. 盾构进出洞时，须预先采取地层加固等辅助措施，确保进、出洞的安全，加固壳的厚度约 3m，长度均为 6m，加固后的地层，应有良好的均匀性和自立性。

e. 盾构推进时，对盾构外径及衬砌外径间的环行空隙同步压注浆液，减少盾尾通过后隧道外周围形成的空隙，减少隧道周围土体的水平位移及因此而产生的负摩阻力。浆液必须满足泵送要求，浆液的泌水率 <3%，浆液 1d 的强度≥0.2MPa，28d 的强度≥3MPa，并确保在列车振动和 8 度地震下不液化，该浆液须通过实验确定其配比。另外还要进行二次补偿注浆，使二次注浆作为同步注浆的补充，为减少地面沉降，可选择速凝型浆液，即在水泥浆液中添加适当比例的水玻璃。

f. 随时调整盾构施工参数，减少盾构的超挖和欠挖，以改善盾构前方土体的坍落和挤密现象。为防止管片环变形，必须使用形状保持装置等来确保管片组装精度，同时充分紧固接头螺栓。

g. 对于万松老人塔右下方的人防通道，在施工时加强监测。

(2)环境安全监控措施

①施工监测的目的

地下工程按信息化设计，工程实施中应进行动态监控量测，建立合理的监控量测网，及时定期进行监测，以此作为判断设计是否合理安全、施工方法是否正确的重要手段。通过监

控量测,达到以下目的:

a. 将监测数据与预测值相比较,判断前一步施工工艺和支护参数是否符合预期要求,以确定和调整下一步施工,确保施工安全和地表建筑物、地下管线的安全。

b. 将现场测量的数据、信息及时反馈,以修改和完善设计,使设计达到优质安全、经济合理。

c. 将现场测量的数据与理论预测值比较,用反分析法进行分析计算,使设计更符合实际,以便指导今后的工程建设。

②现场监控量测项目、测点布置、监测手段与监测频率

本次监测的重点包括万松老人塔监测和盾构区间监测。

万松老人塔下盾构区间具体的监测项目、监测布点与正常的盾构区间一致进行监控量测布点处理,但频率须加密,另外尤其要对万松老人塔周边进行地面沉降观测及塔身倾斜观测。

③监控量测管理

监控量测管理基准值根据有关规范、规程、计算资料及类似工程经验制订。监控量测必须建立及时的信息管理系统,监测数据必须及时反映给设计代表、监理、施工单位的总工等,及时分析,确保施工安全。

6.9.3 角—北区间主体结构下穿京山铁路

1)概况

角门北路站—北京南站区间起点为位于北京市丰台区马家堡西路的角门北路站,出站后向北过马草河及马草河桥,之后转向东北过南三环、万芳亭公园,下穿凉水河、京山铁路,转向西北进入北京南站。区间以盾构法施工为主,部分采用矿山法施工。盾构始发井设在近区间终点处,位于北京南站和京山铁路之间。

(1)区间与京山铁路斜交,区间穿越铁路段比较长,对控制铁路路基的沉降极为不利

区间左线结构约在左 K3 +496.0 ~ K3 +536.0 处下穿铁路,区间线路与既有铁路线路的交角约为21°,影响铁路里程约在 K11 +002.2 ~ K11 +42.42 处,共40.22m;区间右线结构在约右 K3 +553.0 ~ K3 +583.0 处下穿铁路,区间线路与既有铁路线路的交角约为25°,影响铁路里程约在 K10 +958.0 ~ K10 +986.45 处,共28.45m。

(2)盾构始发井与京山铁路较近

1 号盾构始发井与京山铁路最西侧轨道最近距离为 18.4m,2 号盾构始发井与京山铁路最西侧轨道最近距离为 18.0m。

(3)区间埋深相对较浅

区间下穿京山铁路段埋深在 13.200 ~ 13.650m。

(4)地质条件比较差

在盾构穿越京山铁路段,地质条件为中粗砂、粉细砂及卵砾石等,卵砾石粒径较大,最大直径可达 20cm,对盾构的掘进形成不利因素。

(5)地下水比较丰富

根据勘察报告,本地段有两层地下水,第一层为上层滞水,第二层为层间潜水,水位水头高程在整个区间线路稳定分布,地下水状况见表 6-16。

地下水的状况　　表6-16

地下水性质	水位(水头)埋深(m)	水位(水头)高程(m)	含水层及其特征	
			岩性名称	渗透系数(m/d)
上层滞水(一)	9.2~10.6	29.25~29.63	圆砾层	100
			细砂层	5
层间潜水(三)	16.8~21.8	17.2~22.75	卵石层	180

从表6-16中可以看出上层滞水水位较高,再加上受北京南站排水回灌的影响,整个区间段的地下水又加大,对盾构掘进的掌子面的稳定形成了极为不利的因素。

(6)地面列车动荷载的影响较大

根据现场的调查,京山铁路运行比较繁忙,列车在该地段的运行时速又比较大,最高时速可达120km/h,故地面列车的动荷载对区间施工造成的影响不可忽略。

(7)盾构始发的影响

由于盾构始发井距京山铁路比较近,且盾构穿越京山铁路段处在曲线段上,再加上盾构始发需要一段距离调整的过程才能达到掘进的相对稳定,因而盾构的始发对京山铁路的保护带来一定的压力。

2)专项设计

(1)第一次设计方案

①在盾构始发段及区间与铁路相交段西侧实施旋喷加固,使之形成旋喷隔离带,以尽量减小盾构始发不稳定及区间下穿期间对既有铁路路基的影响。

②在铁路路基下实施地面注浆加固,以控制地表沉降量。

③对既有铁路线路进行加固处理,采取扣轨加固措施。铁路扣轨里程为K10+936.0~K11+066.0,共130m。区间施工期间应加强监测,根据监测结果采取补渣等措施以调整轨面。

④同时对所经过列车进行限速行驶,盾构下穿期间铁路列车限速60km/h。

⑤施工期间加强监控量测,根据现场监控量测的情况,及时调整盾构施工参数,加强洞内同步注浆及后补充注浆,严格控制沉降量。

(2)第二次设计方案(北京铁路局协调会,6月7号)

①在盾构始发段及区间与铁路相交段西侧实施旋喷加固,使之形成旋喷隔离带,以尽量减小盾构始发不稳定及区间下穿期间对既有铁路路基的影响。

②对既有铁路线路加固进行进一步的优化。根据区间下穿通过的不同时间段,采取扣轨分别加固措施保证铁路安全,左线区间通过时,铁路加固里程为:K10+989.8~K11+061.0,共71.2m,右线区间通过时,铁路加固里程为:K10+941.0~K11+0.8,共59.8m。区间施工期间应加强监测,根据监测结果采取补渣等措施以调整轨面。

③同时对所经过列车进行限速行驶,盾构下穿期间铁路列车限速60km/h。

④施工期间加强监控量测,根据现场监控量测的情况,及时调整盾构施工参数,加强洞内同步注浆及后补充注浆,严格控制沉降量。

(3)第三次设计方案(根据专家审查意见进行的优化,7月6号)

①对在盾构始发段及区间与铁路相交段西侧实施的旋喷隔离带进行优化处理,取消2

号盾构井东侧的隔离带，并对盾构始发端头的旋喷加固进行了优化。

②明确了既有铁路线路加固方案及对铁路线路的各专项监测，由铁路相关部门负责实施，并且铁路的加固应能保证地铁下穿期间铁路运营的安全。

③施工期间加强监控量测，根据现场监控量测的情况，及时调整盾构施工参数，加强洞内同步注浆及后补充注浆，严格控制沉降量。

④进一步优化（最终专项设计内容）。

本设计采取地面、地下相结合的加固方案原则：

①在盾构始发段及区间与铁路相交段西侧实施旋喷加固，使之形成旋喷隔离带，并取消了区间与隔离带相交处的旋喷加固，以减少隔离带和线路斜交造成的对盾构推进的不利影响，以最大程度地减小盾构始发不稳定及区间下穿期间对既有铁路路基的影响。

②对铁路路基、轨道的加固方案及各专项监测详见铁路局相关设计单位的专项设计方案。

③施工期间加强监控量测，进一步细化地表沉降监测方案。根据监控量测情况及时调整盾构机施工参数，并及时进行同步注浆及补充注浆，其同步注浆和补充注浆的控制压力为0.2～0.4MPa。

6.9.4 动—白区间主体下穿长河桥

1）概况

（1）地铁桩基托换概况

长河白石桥位于中关村南大街，桥梁为简支T形梁，梁长22.4m，梁宽1.54m，全桥共38片梁；桥梁基础为桩基，每侧均设12根直径1.2m，深19.3m，间距5.0m的桩基；桩顶设置盖梁，盖梁长59.0m，中间设置一变形缝，盖梁横截面为1.1m×1.4m。9号线与4号线在动物园站—白石桥站区间段与长河白石桥的24根桩基中的10根分别交于9号线左线K0+470.981、9号线右线K0+476.041、4号线右线K16+548.580、9号线左线K0+492.645、9号线右线K0+497.679、4号线右线K16+570.251。其中9号线与其中的6根桩相交，4号线与其中的4根桩相交。采用桩基+托换梁主动托换法托换该桥梁基础。

（2）影响程度及风险分析

长河白石桥位于中关村南大街，是北京市重要道路，桥上车流量大。由于4号线结构与桥基础冲突，需对桩基进行托换，施工期间施工风险较大，如施工过程中对长河桥的结构安全及桥梁耐久性产生影响，将严重影响北京的交通环境，并造成很大财产损失。

2）专项设计

根据加固原则及既有桥基础与新建地铁结构的相互关系，按地铁公司召开的桥梁保护专题会议要求，本桥基础保护分类为A类（加固时机为“先加固，后施工”）。为确保桥梁的安全，本设计分别对长河白石桥10根桩基进行托换，并提出4号线施工期间，对既有桥梁基础的监控量测方案。

第7章　首都机场线盾构隧道工程设计

7.1　工程概述

机场线线路起点在东直门交通枢纽,设东直门站,与地铁2号线和13号线换乘;沿规划的东华广场转向东外斜街,下穿三元桥后,设三元桥站,与10号线换乘。线路出站后渐出地面,转至京顺路与机场高速绿化带间以高架形式敷设,在大山子开始落地,下穿五元桥匝道、京包铁路后,以地面线的形式穿越高压走廊,在北皋立交处下穿机场高速路和北皋匝道后出地面,沿机场辅路北侧电力线走廊高架设置,过温榆河后沿李天路向东,线路分为两岔,T3线沿李天路、机场第二通道前往T3航站楼,设T3站,T2线沿岗山村、岗山路、首都机场路到T2航站楼,设T2站。

线路正线全长28.1km,地下线长9.79km,U形槽长0.68km,地面线长1.65km,高架线长15.98km。

全线有三段地下线,分别是东直门—三元桥站东侧、北皋立交处下穿机场高速、及T2支线(部分)。线路平面最小曲线半径200m,出现在东直门站东侧。采用盾构法施工的区间有两段,分别是东直门—三元桥区间和T2支线。

7.2　工程地质与水文地质条件

7.2.1　东直门—三元桥区间

1)工程地质概况

(1)人工填土层(Q^{ml})

粉土填土①层:褐色—褐黄色,湿,稍密,含砖渣、白灰渣、树根等,局部为粉质黏土填土;杂填土①$_1$层:杂色,稍密,稍湿—湿,主要为砖块、石块,局部为生活垃圾;该层总厚为0.90~5.20m,层底高程为35.21~40.70m。

(2)第四纪全新世冲洪积层(Q_{41}^{al+pl})

粉土③层:灰色—褐黄色,中密—密实,湿—很湿,属中压缩性,含云母、氧化铁,局部夹粉质黏土、粉砂透镜体;粉质黏土③$_1$层:灰色—褐黄色,硬塑为主,局部软塑,属中高压缩性—中压缩性土,含云母、氧化铁;黏土③$_2$层:灰色—褐黄色,硬塑为主,局部软塑,属中压缩性,含姜石、氧化铁;粉细砂③$_3$层:褐黄色,中密—密实,湿,属低压缩性土,含云母、氧化铁;该层厚度变化较大,总厚为4.40~12.80m,层底高程为25.61~32.26m。

粉质黏土④层：褐黄色，硬塑为主，局部软塑，属中高压缩性—中压缩性土，含云母、氧化铁；黏土$④_1$层：褐黄色，硬塑为主，局部软塑，属中高压缩性，含姜石、氧化铁；粉土$④_2$层：褐黄色，密实，很湿，属中压缩性，含云母、氧化铁，局部夹粉质黏土、粉砂透镜体；粉细砂$④_3$层：褐黄色，密实，湿—饱和，属低压缩性土，含云母、氧化铁；中粗砂$④_4$层：褐黄色，密实，湿—饱和，属低压缩性土，含云母、砾石；该层总厚度1.70～6.50m，层底高程为21.71～28.36m。

(3)第四纪晚更新世冲洪积层(Q_3^{al+pl})

圆砾⑤层：杂色，密实，湿—饱和，属中低压缩性土，最大粒径135mm，一般粒径10～20mm，粒径大于2mm颗粒物含量约占总质量的65%，亚圆形，成分以砂岩、辉绿岩为主，连续分布；中粗砂$⑤_1$层：褐黄色，密实，湿—饱和，属低压缩性土，含砾石，以透镜体形式分布；粉细砂$⑤_2$层：褐黄色，密实，湿—饱和，属低压缩性土，以透镜体形式断续分布。本层总厚度0～7.20m，层底高程为20.86～26.50m。

粉质黏土⑥层：褐黄色，硬塑，属中压缩性土，含云母、氧化铁；黏土$⑥_1$层：褐黄色，硬塑为主，局部软塑，属中压缩性土，含姜石、氧化铁；粉土$⑥_2$层：褐黄色，密实，很湿，属中—中低压缩性土，含云母、氧化铁；粉细砂$⑥_3$层：褐黄色，密实，饱和，属低压缩性土，含云母、氧化铁；本层厚度0.80～8.20m，层底高程为14.68～20.80m。

卵石⑦层：杂色，密实，饱和，属低压缩性土，亚圆形，最大粒径110mm，一般粒径20～25mm，粒径大于20mm颗粒含量约为总质量的65%；中粗砂充填，母岩成份为砂岩、辉绿岩；中粗砂$⑦_1$层：褐黄色，密实，饱和，属低压缩性土，含砾石；粉细砂$⑦_2$层：褐黄色，密实，饱和，属低压缩性土，含砾石；本层总层厚为0～8.70m，层底高程为10.78～16.53m。

粉质黏土⑧层：褐黄色，硬塑，属中压缩性—中低压缩性土，含氧化铁；黏土$⑧_1$层：褐黄色，硬塑，属中压缩性—中低压缩性土，含氧化铁；粉土$⑧_2$层：褐黄色，密实，很湿，属中—中低压缩性土，含云母、氧化铁；细中砂$⑧_3$层：褐黄色，密实，饱和，属低压缩性土，含云母、氧化铁；本层厚度4.40～13.00m，层底高程为5.16～10.00m。

2)水文地质概况

据勘察成果，本段线路在K0+000～K2+000段和K2+000～K4+100段的含水层、水位埋深、高程等水文地质条件有所差异，因此大体以K2+000为界可以划分为两个水文地质单元：K0+000～K2+000和K2+000～K4+100。

K0+000～K2+000段在勘察深度范围内存在四层地下水，本段受周围施工降水的影响，本次勘察实测水位与近3～5年的水位比较有一定变化，目前潜水呈疏干状态。

①上层滞水：水位高程为27.46～37.97m，水位埋深为2.60～10.60m，观测时间为：2005年2月20日。含水层为填土和粉土③层，补给来源为管沟渗漏及大气降水，以蒸发的方式排泄。

②潜水：在本次勘察中未发现本层地下水，据详勘报告，本层地下水水位高程为27.46m，水位埋深12.14m，观测时间为2000年4月23日，含水层为粉细砂$④_3$层、中粗砂$④_4$层、圆砾⑤层、中粗砂$⑤_1$层、粉细砂$⑤_2$层，层顶高程为21.71～25.61m。层底高程为20.86～25.66m，主要接受侧向径流补给。

③承压水:水头高程为16.94~18.22m,水头埋深为22.05~22.61m,观测时间为2005年2月20日。含水层为卵石⑦层、中粗砂$⑦_1$层和粉细砂$⑦_2$层,层顶高程为18.11~20.80m,层底高程为11.36~15.72m,主要接受侧向径流补给。

④承压水:本场区的该层承压水水头高程为11.31m,水头埋深为28.96m,观测时间为2003年6月26日。含水层为圆砾⑨层、中粗砂$⑨_1$层、粉细砂$⑨_2$层及粉细砂$⑧_3$层,层顶高程为6.25~10.00m,层底高程为-3.05~2.10m,主要接受侧向径流补给。

历年最高水位:1959年水位高程接近自然地面;1971~1973年水位高程为31.50m;近3~5年最高水位高程为27.50m。根据历年最高水位,参考钻探时的实测地下水位,建议抗浮设防水位按高程30.0m考虑。

K2+000~K4+100勘察深度范围内存在四层地下水:

①上层滞水:水位高程为31.51m,水位埋深为7.53m,观测时间为2003年6月26日。含水层为粉细砂$③_3$层,补给来源为管沟渗漏及大气降水,以蒸发和向下垂直补给潜水的方式排泄。

②潜水:水位高程为27.12~27.54m,水位埋深为10.94~11.81m,观测时间为2003年6月26日~2005年2月20日。含水层为粉细砂$④_3$层、中粗砂$④_4$层、中粗砂$⑤_1$层、粉细砂$⑤_2$层,层顶高程为23.71~27.94m,层底高程为20.88~24.34m,主要接受侧向径流补给。

③承压水:水头高程为17.94~19.21m,水头埋深为18.72~20.54m,观测时间为2003年6月20日~2005年2月20日。含水层为卵石⑦层、中粗砂$⑦_1$层和粉细砂$⑦_2$层,层顶高程为15.48~16.73m,层底高程为10.78~12.44m,主要接受侧向径流补给。

④承压水:本场区的该层承压水水头高程为14.30m,水头埋深为24.60m,观测时间为2003年6月20日。含水层为粉细砂$⑧_3$层、粉细砂$⑨_2$层,层顶高程为7.92~10.88m,层底高程为-5.42~-1.04m,主要接受侧向径流补给。

历年最高水位:1959年水位高程接近自然地面;1971~1973年水位高程为31.50m;近3~5年最高水位高程27.50m。根据历年最高水位,参考钻探时的实测地下水位,建议抗浮设防水位按高程31.5m考虑。

地下水的腐蚀性评价:

根据勘察报告水质分析资料,依据国家标准《岩土工程勘察规范》(GB 50021—2001)第12.2.1条"水、土对混凝土结构的评价"及第12.2.2条"水对钢结构的评价"进行综合评价,初步综合评价结果如下:

拟建场区地下水对混凝土结构无腐蚀性,对钢结构具弱腐蚀性,在干湿交替环境下对钢筋混凝土中的钢筋具弱腐蚀性,在长期浸水条件下对钢筋混凝土中的钢筋没有腐蚀性,综合评价为弱腐蚀性。

3)工程地质评价

(1)隧道围岩

本段围岩属于Ⅵ级。

(2)土石可挖性分级

根据《地下铁道、轻轨交通岩土工程勘察规范》(GB 50307—1999)附录B,本段线路穿越的土石可挖性分级划分见表7-1。

围岩可挖性分级　　表 7-1

圆砾⑤层	20.86～26.50m	Ⅲ
中粗砂⑤$_1$层	20.86～26.50m	Ⅰ
粉细砂⑤$_2$层	20.86～26.50m	Ⅰ
粉质黏土⑥层	14.68～20.80m	Ⅱ
黏土⑥$_1$层	14.68～20.80m	Ⅱ
粉土⑥$_2$层	14.68～20.80m	Ⅱ
粉细砂⑥$_3$层	14.68～20.80m	Ⅰ

(3)抗震设防烈度

拟建场地处于地震基本烈度 8 度区内。

(4)建筑场地分类

建筑场地类别为Ⅱ类。

(5)液化判别

根据《铁路工程抗震设计规范》(GB 50111—2006)计算初步判别,该段自地面下 20m 深度范围内的饱和粉土及砂类土不液化。

7.2.2　T2 航站楼支线

1)工程地质概况

本次勘察揭露深度(42.0m)范围内,拟建场地地层除表层人工填土外,其下局部见新近沉积土,再下由一般第四纪冲洪积成因的黏性土、粉土和砂类土构成。现将揭露深度范围内土层从上至下分别描述如下:

(1)人工填土层

粉土素填土①层:黄褐色,稍湿—湿,松散—稍密,含大量植物根系和少量砖屑、碎石及生活垃圾,以粉土为主,局部以粉质黏土为主。本层厚度 0.7～4.5m。

(2)新近沉积层

粉土②层:黄褐色,中密,湿,结构性较差,含云母、氧化铁及植物根。此层仅在 46 号～49 号钻孔内分布,厚度较小,本层厚度 0.4～1.0m。

(3)一般第四纪冲洪积沉积层

粉土③层:褐黄色,中密—密实,湿—很湿,含云母、氧化铁、钙质。夹粉质黏土③$_1$、黏土③$_2$透镜体。粉质黏土③$_1$:褐黄色,软塑—硬塑,含云母、氧化铁、钙质;黏土③$_2$:褐黄色,可塑—硬塑,含云母、氧化铁、钙质。本层厚度 1.6～5.3m。

粉质黏土④层:褐灰色,软塑—硬塑,含云母和较多量有机质,局部为有机质土。夹黏土④$_1$、粉土④$_2$、粉细砂④$_3$透镜体。黏土④$_1$:褐灰色,可塑—硬塑,含大量有机质,局部呈灰黑色,结构性差。粉土④$_2$:褐灰色,稍湿—饱和,中密—密实,含云母和有机质。粉细砂④$_3$:褐灰色,饱和,中密—密实,主要矿物成分为石英、长石、云母。本层厚度 9.4～18.5m。

粉细砂⑤层:褐灰色,饱和,中密—密实,主要矿物成分为石英、长石、云母,局部含较多黏土块。夹粉土⑤$_1$、粉质黏土⑤$_2$透镜体。粉土⑤$_1$:褐灰色,饱和,中密—密实,含云母和有机质。粉质黏土⑤$_2$:褐灰色,可塑—硬塑,含云母和有机质。揭露厚度4.3～12.9m,部分钻孔钻穿此层。

粉质黏土⑥层:褐灰色,可塑—硬塑,含云母、贝壳和有机质。夹黏土⑥$_1$、粉土⑥$_2$、细中砂⑥$_3$透镜体。黏土⑥$_1$:褐灰色,可塑—硬塑,含云母、有机质。粉土⑥$_2$:褐灰色,饱和,中密—密实,含云母、有机质。细中砂⑥$_3$:褐灰色,饱和,中密—密实,主要矿物成分为石英、长石、云母。本层揭露厚度0.1～7.3m。

细中砂⑦层:褐灰色,饱和,密实,主要矿物成分为石英、长石、云母,含少量贝壳及砾石。本层揭露厚度2.8～9.2m。

粉质黏土⑧层:褐灰色,可塑—硬塑,含云母及有机质。夹粉土⑧$_1$透镜体。粉土⑧$_1$:褐灰色,饱和,中密—密实,含云母及有机质。本层揭露厚度1.2～2.4m,未钻穿此层。

2)水文地质条件

现场钻探期间,42.0m深度内可见三种类型地下水,自上至下依次为上层滞水、潜水、承压水。

上层滞水共分两层:第1层初见水位埋深3.4～10.5m,初见水位绝对高程20.98～30.10m,静止水位埋深1.8～6.0m,静止水位绝对高程25.48～31.50m;第2层初见水位埋深8.0～12.0m,初见水位绝对高程19.39～25.00m,静止水位埋深6.5～11.7m,静止水位绝对高程19.69～26.60m。本次勘察所有施工钻孔均见第1层滞水,部分钻孔见第2层滞水,滞水水量较小,仅个别地段水量较大。上层滞水主要接受大气降水、绿地灌溉和自来水、雨水、污水等地下管线的垂直渗漏补给。在不同地段,含水层的渗透系数相差很大,补给方式和补给量悬殊较大,形成上层滞水分布不均匀,水量变化很大的特点。其动态随季节大气降水及管道渗漏的变化而变化。

勘察期间各钻孔均见潜水,初见水位埋深15.7～19.5m,初见水位绝对高程12.64～17.21m,静止水位埋深15.3～19.1m,静止水位绝对高程13.28～17.48m。其含水层主要为粉土④$_2$层、粉细砂④$_3$层、粉细砂⑤层及粉土⑤$_1$层,静止水位位于拟开挖隧道底板以上。潜水以径流补给及大气降水、灌溉水和上层滞水的垂直渗透补给为主,以侧向径流和向下越流补给承压水的方式排泄。潜水的动态与大气降水关系密切。每年7～9月份为大气降水的丰水期,地下水位自7月份开始上升,9～10月份达到当年最高水位,随后逐渐下降,至次年的6月份达到当年的最低水位,平均年变幅为2～3m。

在部分深孔中进行了承压水的水位观测,承压水初见水位埋深31.8～36.0m,初见水位绝对高程-3.09～1.70m,静止水位埋深29.60～31.10m,静止水位绝对高程1.60～3.10m。其含水层主要为细中砂⑦层,其中夹有若干层粉质黏土、黏土隔水层,静止水位远低于开挖隧道底板,可不考虑其对隧道施工的影响。其补给来源以温榆河与小中河联合冲洪积扇顶部的潜水及侧向径流为主,主要排泄方式为侧向径流、人工开采及越流补给潜水。承压水的动态比潜水稍有滞后,当年最高水位出现在9～11月,最低水位出现在6～7月,年变幅约为1～2m。

该场地历年最高地下水位接近地表(1959年),近3～5年潜水最高地下水位绝对高程为23.0～25.0m。

根据历年最高地下水位，建议抗浮设防水位按绝对高程29.0m考虑。

根据其腐蚀性测试成果，并依据《岩土工程勘察规范》（GB 50021—2001）第12.2.1条及第12.2.2条进行综合评价，拟建场地内上层滞水和潜水对混凝土及钢筋混凝土结构中的钢筋均无腐蚀性，对钢结构具弱腐蚀性。

3）工程地质评价

①根据《铁路隧道设计规范》（TB 10003—2001）附录A.1.1～A.1.3及纵断面图所揭露的岩土资料，结构围岩为粉质黏土④层、黏土$④_1$层、粉土$④_2$层和粉细砂⑤层，依据隧道与围岩的位置关系及纵断面图，揭露的隧道围岩分级均属Ⅵ级。

②根据《地下铁道、轻轨交通岩土工程勘察规范》（GB 50307—1999）附录B，本次勘察区间段地层的土、石可挖性分级均为Ⅰ～Ⅱ级。

③根据《中国地震动参数区划图》（GB 18306—2001）和《建筑抗震设计规范》（GB 50011—2001）[①]附录A.0.1条，拟建场区的抗震设防烈度为8度，设计地震分组为第一组，设计基本地震加速度值为0.20g。

④根据本次详细勘察所揭露的地层情况，地表下25m范围内以中密—密实的细砂及基本承载力s_0≤250kPa的黏性土、粉土为主，根据《铁路工程抗震设计规范》（修订）（GBJ 111—87）第4.0.1条判定，拟建场地土类型为Ⅲ类，即中软土。

据区域地质资料，拟建场地第四纪堆积物厚度达300～500m。拟建场地地面以下25m深度范围内，各土层平均剪切波速v_{sm}分别为220m/s和225m/s，根据《铁路工程抗震设计规范》（修订）（GBJ 111—87）第4.0.1条判定，场地分类为Ⅲ类。

⑤据本次勘察原位试验成果及室内土工试验资料，根据《铁路工程抗震设计规范》（GBJ 111—87）判别方法，当地下水位位于地表下2.0m时，该段地面下20m深度范围内的饱和粉土及砂类土不液化。

⑥地基土层在水平向分布较均匀，成层性较好，可判定拟建场地为均匀地基，为可进行建设的一般场地。

7.3 工程筹划

1）东直门—三元桥区间

根据总体工程筹划，东三区间工程采用两台盾构机进行掘进作业，盾构机由三元桥站始发，向东直门方向掘进，到达盾构接收井后吊出。中间在风道处有一次到达和始发，全程盾构机2进2出，2个始发洞门、2个到达洞门。

2）T2航站楼支线

T2支线区间工程采用两台盾构机进行掘进作业，盾构机由始发井始发，向T2站掘进，到达接收井后吊出。中途在1、2号风道和中间检修井处各有一次到达和始发，全程盾构机4出4进，分别有4个始发洞门、4个到达洞门。

① 《建筑抗震设计规范》（GB 50011—2010）为最新规范。

7.4　线路平纵断面设计

1)东直门—三元桥区间

(1)隧道平面

区间线路起始于东直门站东端,沿东直门外大街向东,左右线分别以160m和180m的半径曲线转向察慈小区西侧东直门公交车场内的盾构接收井,然后以550m半径曲线向北转入东直门外斜街。下穿亮马河后,线路穿过东直门外斜街沿东南侧的现况绿地内前行,此段线路均敷设在首都机场路红线内。线路沿东直门外斜街继续以800m的曲线向东北方向前进500m左右,再以800m半径和1 000m半径组成的"S"形曲线转入香河园路下穿三元桥后,进入设在现况京顺路西北侧规划红线内的机场线三元桥站。

(2)隧道纵断面

线路从东直门站以0.2%以及0.3%两个的纵坡爬升至K1+500,转而以0.655%纵坡向下,在K2+620设置反坡点,线路以3%的纵坡爬升,进入三元桥车站前变为0.2%上坡。

2)T2航站楼支线

(1)隧道平面

本区间线路基本呈南北走向。线路在天竺苗圃场处转为地下,线间距逐渐变为12.0m。下穿西单商场超市机场分店后以半径550m曲线转入现状岗山路下;穿越规划机场东西航站区联络线和规划机场贵宾专用道后,线路以两组半径800m曲线转入机场一号路东侧的绿地下,与机场一号路平行。在国航办公楼前线路以半径600m曲线从中国民用航空华北管理局办公楼和国航办公楼间的空隙穿过,隧道穿过停机坪、2号高架桥后,以半径400m曲线调整线路为南北方向至T2航站楼前的绿地下。区间左线全长4 575.287m,右线全长4 562.055m。在靠近T2站处设岔线一处。区间在T2K1+140设置雨水泵房一处,在T2K2+825、T2K4+105设置废水泵房兼联络通道、风井风道各一处,在T2K3+325设置活塞风井一处;另外在T2K2+300.386、T2K4+555.5处设联络通道兼泵房,T2K1+295、T2K1+800.77、T2K3+714.711、T2K4+955.433处设置联络通道。

(2)隧道纵断面

本区间以3%的下坡在右线T2K0+899处入地,在T2K1+140里程处以半径为5 000m的竖曲线变坡为0.3%的下坡,盾构始发井设在这个0.3%的下坡上。在T2K2+825里程处以半径为5 000m的竖曲线变坡为0.3%的上坡,在T2K3+450里程处以半径为5 000m的竖曲线变坡为0.3%的下坡,在T2K4+105里程处以半径为5 000m的竖曲线变坡为0.401 6%的上坡,在T2K5+400里程处以半径为5 000m的竖曲线变坡为0.2%的上坡,设置岔线和T2站。

7.5　盾构机选型

根据区间所处地质环境及区间线路走向,区间隧道施工建议选用铰接式土压平衡盾构机。盾构机配备同步注浆和二次注浆系统,有利于控制盾构施工造成的地层变形。盾构机配备膨润土和泡沫注入系统，通过向密封仓内注入膨润土浆或泡沫改善密封仓内土体的流动性。超前注浆系统能对开挖面前方的地层进行预先加固。开挖刀盘采用液压驱动。

7.6 管片设计

1）内径拟定

隧道内径的确定主要取决于地下铁道的限界（包括车辆限界、设备限界、建筑限界），同时还要考虑施工误差、测量误差、设计拟合误差、不均匀沉降等因素。

根据机场线现有可选车型，初步确定圆形隧道限界为 ϕ5 200mm 的圆。根据国内地铁施工经验，盾构法隧道的内径有 5 400mm 和 5 500mm 两种，具体比较见表 7-2。

盾构隧道内径比较列表 表 7-2

比较项目	广州地铁 1、2 号线	上海地铁 1 号线	南京地铁一期工程	北京地铁 5 号线试验段
建筑限界	ϕ5 200mm	ϕ5 200mm	ϕ5 200mm	ϕ5 200mm
线路拟合误差	±10mm，局部 ±20mm	±10mm，局部 ±20mm	±10mm，局部 ±20mm	±10mm，局部 ±20mm
轴线施工偏差	±80mm	±80mm	±80mm	±80mm
后期不均匀沉降		±50mm	±50mm	
隧道内径	ϕ5 400mm	ϕ5 500mm	ϕ5 500mm	ϕ5 400mm

地质条件较好的选用 5 400mm 的内径，如广州地铁、北京地铁；地质条件较差的选用 5 500mm的内径，如上海地铁、南京地铁和成都地铁。根据北京地区的地质条件，并借鉴成熟的设计、施工经验，隧道的内径定为 5 400mm。

2）管片衬砌形式比选

隧道衬砌形式一般分两种：单层衬砌和复合衬砌。经北京地铁五号线盾构试验段的设计施工证明，采用具有一定接头刚度的单层柔性衬砌是合理、成功的。圆环的变形、接缝张开及混凝土裂缝开展等，均控制在预期的范围内，完全满足了地铁隧道的设计要求。且采用单层衬砌，施工工艺单一、工程实施周期短、投资省。因此，经综合的技术、经济比较论证，本工程区间圆形隧道采用单层衬砌，管片采用钢筋混凝土平板形管片。

为有效地拟合区间曲线，衬砌环采用三种形式，即：标准衬砌环、左转弯衬砌环、右转弯衬砌环。

3）管片厚度、环宽、分块及拼装方式

（1）管片厚度

管片厚度需根据计算而定，主要取决于断面大小及荷载条件（包括围岩条件、覆土深度等），有时隧道使用目的和管片施工条件也起支配作用。根据工程实践，管片厚度可取隧道外径的 5% ~6%。国内外相关资料表明，在 6m 直径左右的盾构隧道管片厚度一般两种取值：300mm，350mm。详细比较见表 7-3。

盾构隧道管片厚度比较列表　　表 7-3

工程名称	上海地铁1号线	广州地铁1号线	广州地铁2号线	南京地铁一期工程	日本大阪地铁	北京地铁5号线试验段	深圳地铁
地质条件	以淤泥质黏土为主的软土层	含水砂层、残积土层、全风化层为主	残积土层、全风化层、中风化层、微风化层等	以粉质黏土为主的软土层	盾构穿越细砂、粉细砂为主	第四系粉质黏土层、粉细砂层、卵石层等	黏土层，砂层，全、中风化层等
外径(mm)	6 200	6 000	6 000	6 200	6 800	6 000	6 000
埋深(m)	7.7～15.8	10.5	—	15.2	8.5～18.5	12～16	16.5
管片分块	6	6	6	6	6	6	6
管片厚度(mm)	350 厚，单层衬砌	300 厚，单层衬砌	300 厚，单层衬砌	350 厚单层衬砌	300 厚单层衬砌	300 厚，单层衬砌	300，单层衬砌
纵向螺栓个数	17 根，M27	10 根，M24	17 根，M27	17 根，M27	21 根	16 根，M24	10 根，M24

根据以上比较可以看出，在软土地层中，管片厚度一般为 350mm 厚；在基底承载力较好的地层中，管片厚度一般为 300mm 厚。因此对于北京地铁机场线，根据地质条件，采用 300mm 厚的管片能够满足管片结构受力要求。

另外从结构计算分析角度来看，300mm 厚的 C50 钢筋混凝土管片能够满足结构的强度、抗裂要求，并保证混凝土的配筋率在合适的经济配筋率范围内。

(2)管片环宽

管片宽度主要受隧道断面的大小和盾构机后配套系统的制约，从加快施工进度、节约工程材料和减少漏水环节的角度出发，管片宽度越大越好；从方便管片制作、运输和出碴的角度而言，管片宽度小一些好。根据工程实践，中等直径盾构一般采用 1.0～1.5m 的管片宽度。按国内已建盾构区间隧道的情况：上海地铁 1 号线的环宽基本为 1 000mm，广州地铁 1 号线的环宽为 1 200mm，广州地铁 2 号线的环宽为 1 500mm，南京地铁试验段环宽为 1 000mm，南京地铁一期工程环宽为 1 200mm，北京地铁 5 号线试验段环宽为 1 200mm。因此考虑国内的成熟经验，衬砌环的宽度取为 1 200mm。

(3)管片分块

管片分块和管片制作、拼装及隧道大小有关，从利于管片拼装、运输的角度而言，管片分块多一些好；从改善结构受力、防水性能，节约工程材料，加快施工进度的角度而言，管片分块少一些好。根据工程实践，中等直径(约 6m)盾构隧道的管片分 6～7 块为宜。经比较拟采用六块方案：一个小封顶块 C(22.5°)、两个邻接块 B(67.5°)、三个标准块 A(67.5°)。

①接头连接

接头连接采用柔性连接——螺栓连接。

②管片拼装方式与纵向螺栓个数

管片拼装方式有两种：通缝拼装和错缝拼装。相较于通缝拼装，错缝拼装有助于提高衬砌环的整体刚度和改善接缝防水性能。错缝拼装可使接缝分布均匀，提高了管片衬砌的纵向刚度,减少接缝及整个衬砌环的变形。但错缝拼装在施工中相对易于造成管片的开裂,而且增加了管片拼装的难度和盾构机长冲程油缸的个数。综合比较,推荐机场线盾构隧道采用错缝拼装。

综上所述,管片设计采用六块方案,错缝拼装,采用16个M24纵向螺栓。螺栓形式的选择根据实际情况综合考虑,采用弯螺栓。

目前国内有加强管片纵向连接的趋势。因此我们认为,管片拼装方式与纵向螺栓个数应结合在一起进行考虑。我们在设计中环与环间以16根M24的纵向螺栓相连,既能适应一定的纵向变形,又能将隧道纵向变形控制在满足列车运行及防水要求的范围内。纵向螺栓采用必要的防腐蚀处理。

③管片的环向连接

块与块间以两根M24的环向螺栓紧密相连,能有效减少纵缝张开及结构变形。环向螺栓采用热浸锌作防腐蚀处理。

4)管片封顶块的插入方式

封顶块的插入方式与管片宽度、螺栓形式及布置、管片分块皆有关系,并且影响盾构千斤顶的行程。因为千斤顶的行程影响盾构机的长度,进而影响盾构机的灵敏度。国内外中等直径的隧道盾构机的行程一般在2 000mm以内。因此封顶块的外形及插入方式以2 000mm的千斤顶行程为基础进行设计。本设计考虑盾构施工中,首先径向推入1/2管片宽度后纵向插入。

5)管片端面构造

管片接头已考虑螺栓接头结构,为降低施工难度,管片端面构造不设置传力榫槽,仅考虑防水构造槽。

6)楔形量分析

根据北京现有管片生产情况,以及施工单位现有机具情况,确定机场线盾构区间管片楔形量为48mm,楔形角$\beta = 0.46°$。

7)混凝土管片设计要素汇总

衬砌环管片设计要素汇总见表7-4。

衬砌环设计要素汇总表　　表7-4

项　目	构　造	说　明
管片内径	5 400mm	—
管片厚度	300mm	—
管片宽度	1 200mm	—
管片分块	六块	一个小封顶块C、两个邻接块B、三个标准块A
管片拼装方式	错缝拼装	
封顶块插入方式	径向插入结合纵向插入式	先搭接600mm径向推上,再纵向插入
管片连接	弯螺栓连接	环向:12个M24螺栓; 纵向:16个M24螺栓
端面构造	平面式	设防水密封垫槽

8)管片制造、拼装精度要求

为保证装配式结构良好的受力性能,提供符合计算假定的结构工作条件,衬砌制作和拼装必须达到表 7-5 的精度。

管片制作和拼装精度要求　　表 7-5

项　目	允许偏差	备　注
管片宽度	±0.3mm	—
弧弦长	±1.0mm	按验收标准检验
四周沿边厚度	±1.0mm	按验收标准检验
内半径	±1.0mm	—
外半径	±3mm	—
环、纵向螺栓孔	±1.0mm	按验收标准检验
环面间隙	0.6～0.8mm	—
纵缝间隙	1.5～2.5mm	—

9)工程材料

(1)预制钢筋混凝土管片:强度等级 C50,抗渗等级 P10。

(2)钢筋:HPB235、HRB335 级钢筋。

(3)防水材料:EPDM、遇水膨胀橡胶等。

(4)连接件:预制钢筋混凝土管片连接螺栓强度等级为 5.6 级。

(5)预埋件及特殊衬砌环管片:Q235 钢。

(6)焊条:E43。

7.7　盾构隧道结构计算

1)计算依据与原则

(1)基本原则

计算按照平面应变假设,采用荷载—结构模型,根据隧道穿越土层的地质特点,按局部地层抗力的弹性地基圆环进行计算,地层抗力值由程序按结构位移值与地层抗力系数确定。地层弹性抗力系数取值根据有关地质报告取值。

计算采用同济曙光有限元软件盾构模块。采用修正惯用法时,整体刚度折减系数 $\eta=0.8$,错缝拼装管片的弯矩增加系数 $\xi=0.3$;采用弹簧元法时,管片接头刚度的理论值与实际值有比较大的差距,一般应以实测值为主,考虑目前北京地铁盾构试验资料比较缺乏,此处管片接头刚度均为同济曙光软件默认值,分别取 $k_n=3\times10^6$kN/m,$k_s=1\times10^5$kN/m,$k_\theta=1.0\times10^5$(kN·m)/rad。

(2)计算基本规定

①结构构件设计使用年限为 100 年。

②结构构件安全等级为一级,相应构件的重要性系数 γ_0 取 1.1;在人防荷载或地震荷载组合下,相应构件的重要性系数 γ_0 取 1.0。

③结构受力钢筋净保护层厚度外侧 40mm，内侧 30mm。

④结构构件在永久荷载和基本荷载组合下，应按荷载短期效应组合并考虑长期效应组合的影响进行结构构件的裂缝验算，最大允许裂缝宽度为 0.2mm；当计及地震、人防偶然组合时，不验算结构的裂缝宽度。

⑤结构的地震作用按 8 度设防，框架构件的抗震等级为三级。

⑥按最不利情况进行结构抗浮稳定验算，在不考虑侧壁摩阻力时，其抗浮安全系数不得小于 1.10，当计及侧壁摩阻力时，其抗浮安全系数不得小于 1.15。

2）荷载组合与荷载取值

（1）荷载组合

结构内力考虑以下荷载基本组合①恒载＋活载；②恒载＋部分活载＋地震荷载；③恒载＋部分活载＋人防荷载。各种荷载组合工况的荷载分项系数见表 7-6。

荷载分项系数表 表 7-6

序号	荷载 组合验算工况	永久荷载	可变荷载	偶然荷载	
				地震荷载	人防荷载
1	基本组合构件强度计算	1.35	≤4kPa 时，取 1.4 ＞4kPa 时，取 1.3		
2	构件裂缝宽度验算	1.0	1.0	—	—
3	构件变形计算	1.0	1.0	—	—
4	抗震荷载作用下构件强度验算	1.2(1.0)	—	1.3	—
5	人防荷载作用下构件强度验算	1.2(1.0)	—	—	1.0
6	构件抗浮稳定验算	1.0	—	—	—

（2）主要荷载与荷载取值

主要荷载包括：

①地面超载。地面超载通常可按 20kPa 取值，当结构顶覆土高度超过 5m 时，可不考虑超载的作用。

②竖向与水平土压力。计算土压力有水土合算和水土分算两种方法。水土合算适用于黏性土质，计算时地下水位以上用天然重度，地下水位以下用饱和重度；水土分算适用于砂性土质，计算时地下水位以上用天然重度，地下水位以下用浮重度。

竖向土压力作为作用于衬砌顶部的均布荷载来考虑，其大小应根据隧道的覆土厚度、隧道的断面形式、外径和围岩条件确定。当结构覆土厚度小于隧道外径时，考虑隧道土压力的长期作用，应采用全土柱荷载；当结构覆土厚度大于隧道外径时，荷载计算可以考虑采用松弛土压力，一般采用 Terzaghi 公式。

水平土压力考虑为作用在衬砌两侧，自拱顶至隧道底沿横断面的直径水平作用的分布荷载，其大小根据垂直土压力和侧向土压力系数确定。

③管片自重。

④水荷载。

⑤地层抗力。地层抗力值由程序按结构位移值与地层抗力系数确定。地层弹性抗力系

数取值根据有关地质报告取值。在难以得到地层抗力的条件下,可以考虑将施工条件下的静止土压力系数作为侧向土压力系数。

⑥地震荷载。

⑦施工荷载与其他荷载。

盾构隧道结构计算模型如图 7-1 所示。

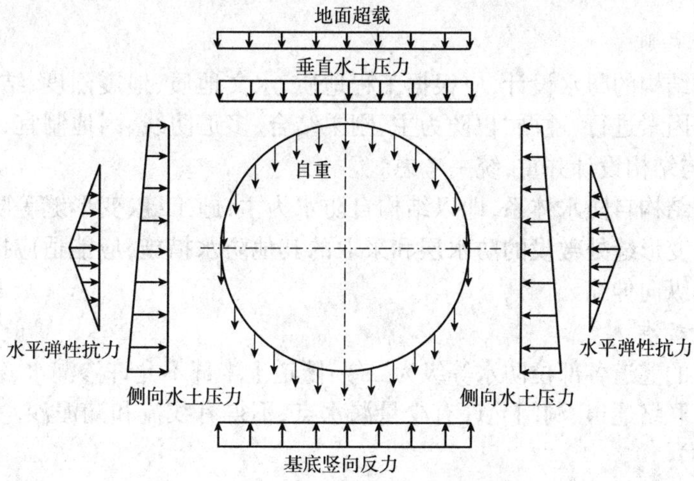

图 7-1　盾构隧道结构计算模型

3) 内力计算与结构设计

盾构管片结构构件内力计算通常有两种方法:均质圆环法和弹簧元法。

(1) 均质圆环法

假设管片环是弯曲刚度均匀的环,由于管片接头对整体刚度的影响,可将接头部分弯曲刚度的降低评价为管片整体弯曲刚度的降低,但仍然将其作为抗弯刚度均匀的圆环处理。

由于接头的影响,将管片整体弯曲刚度由 EI 降低为均匀弯曲刚度 ηEI(η 称为整体刚度折减系数)来计算圆环截面内力;同时考虑弯矩不是全部都经由管片接头传递,其中一部分通过环与环之间接头的剪切力传递给由错缝接头连接的相邻管片,进一步考虑错缝接头的连接部分的弯矩分配,根据从 ηEI 均匀弯曲刚度圆环计算出来的截面内力中,对弯矩考虑一个增减 ξM(ξ 为弯矩增加系数)。其中 $(1+\xi)M$ 为主截面的设计弯矩,与轴力 N 组合进行设计。

(2) 弹簧元法

假设管片圆环是具有旋转弹簧的圆环,用旋转弹簧和剪切弹簧分别模拟管片接头和环间接头,将其弹性性能用有限元法进行构件分析,计算截面内力。使用这种模型可计算由于管片接头引起的管片环的刚度降低和错缝接头的拼接效应。

4) 结构构件验算

盾构管片的验算主要包括以下内容:

(1) 管片裂缝验算。

(2) 抗浮验算。

(3) 环向螺栓验算。

(4)吊装孔抗剪验算。

(5)纵向抗震验算。

(6)管片变形验算。

7.8 盾构隧道防水设计

1)防水设计原则

机场线区间结构的防水设计,应根据工程地质、水文地质、地震烈度、结构特点、施工方法和使用要求等因素进行,遵循“以防为主、刚柔结合、多道防线、因地制宜、综合治理”的原则,并要求防水与结构设计并重,统一考虑。

确立混凝土结构自防水体系,即以结构自防水为主,施工缝、变形缝等防水薄弱部位为重点设计对象。变形缝处敷设的防水层和采取的其他防水措施,应能适应接缝两端结构产生的差异沉降及纵向伸缩。

2)防水设计标准

盾构法施工的隧道各部位防水等级为二级:隧道上半部不允许渗漏水,结构表面偶见湿渍;隧道下半部、联络通道、洞门允许有少量漏水点,不得有线流和漏泥沙,实际渗漏量不大于0.1L/(m^2·d)。

3)盾构管片防水

(1)衬砌外注浆防水

因盾构施工的特点,在管片与天然土体之间存在一定的空隙,若不加处理,空隙积水将增加管片间漏水的可能性。通过同步注浆与二次注浆充填空隙,形成一道外围防水层,有利于区间隧道的防水。

衬砌混凝土自防水

地下工程的设计,特别强调结构自防水,本区间也不例外。根据埋深、工程地质与水文地质条件以及结构尺度的拟订情况,经计算分析,确定管片混凝土的抗渗等级不小于P10。

管片接缝防水

为了满足接缝防水要求,在管片接缝处设置了三元乙丙橡胶弹性密封垫和嵌缝两道防水措施,并以弹性密封垫为主要防水措施。

嵌缝槽密封材料内部嵌填采用遇水膨胀橡胶腻子;外部密封材料采用氯丁胶乳水泥。

(2)螺栓孔的防水

采用遇水膨胀橡胶密封圈作为螺栓孔密封圈,利用压密和膨胀双重作用加强防水,显然,它也是可以更换的。

4)变形缝防水

盾构区间变形缝采用复合式弹性密封垫和防水嵌缝材料。

盾构法隧道中盾构井、风道、联络通道与盾构区间连接处都需设置变形缝,变形缝宽度为2mm。变形缝环面贴设丁腈软木橡胶板,同时采用适应变形量大的弹性密封垫,并采用高模量聚氨酯密封胶进行嵌缝。

5)洞门防水设计

洞门防水设计可分为两个部分:洞门衬砌结构防水设计;洞门处的施工临时防水设计。

(1)洞门衬砌结构防水设计

①保留管片与后浇洞门圈之间的环向接缝嵌缝密封。

②后浇洞门圈采用合成纤维防水混凝土浇筑,它与现浇混凝土内衬墙、盾构管片的接缝处各设置两道标准型活性钠质膨润土橡胶止水条,并在两道止水条间预埋注浆管,注浆管在拱部及两侧拱腰处经由注浆导管引出。

(2)洞门处的施工临时防水设计

①洞门环板:在车站内衬墙施工中预埋一环形钢板,其宽度为 150mm,内径 ϕ6 620mm,外径 ϕ6 820mm。环形钢板上加焊 72 只 M20 螺母,通过与螺栓结合来固定帘布橡胶板。洞门环板是洞口防水止浆设计的主要预埋构件,其精度高低将会影响盾构进出洞,施工中应严格控制其定位。

②帘布橡胶板:由氯丁橡胶加棉纱线、尼龙线复合而成,通过它和管片的密贴来防止管片背后注浆时的浆液外流。

③扇形压板:通过调节扇形压板的位置来压紧帘布橡胶板,保证帘布橡胶板在注浆压力下不翻转。

7.9　附属结构设计

7.9.1　盾构始发(接收)井

1)东直门—三元桥区间盾构接收井

东直门站—三元桥站区间盾构接收井设置在察慈小区西侧东直门公交车场内,接收井基坑深 26.4m。该盾构接收井与区间一座联络通道合建。待盾构机吊出以后施作盾构井中板、顶板及井底素混凝土回填。

根据管线资料显示盾构井范围内管线分布较少,其中有一根 ϕ100 上水管需改移,盾构井附近基坑影响范围内管线较少,但仍有雨水、污水、上水等不同类型,不同管径的地下管线,施工前应全面探明管线运行状态,判断对基坑变形的要求。若属于安全隐患状态,制订可行的保护措施。盾构井东侧道路狭窄,交通流量大,围挡占用部分道路车道,需做交通疏解。

盾构施工竖井结构形式为矩形框架,基坑支护结构采用多支点排桩支护体系结合坑外降水。围护结构采用钻孔灌注桩,内支撑系统采用钢管支撑加型钢围檩。钻孔灌注桩桩径 800mm,中心距 1 200mm,桩长 30m。桩间采用挂钢筋网喷射混凝土封闭。桩顶设冠梁。内支撑采用钢管支撑,第一道钢支撑设于冠梁上,第二、三道钢支撑及水平钢围檩设于井壁顶部环梁至中部环梁之间,其他两道钢支撑通过水平钢围檩支撑在中部环梁至坑底之间。盾构井井壁厚度根据埋深和结构受力确定,中部环梁以下采用 800mm 厚;以上采用 600mm 厚。中隔壁采用等厚 800mm。底板厚度 1 000mm,后浇中板厚 400mm,后浇顶板厚 800mm。

考虑到盾构提出吊装设备对井圈的影响,经与盾构施工单位协商,在冠梁与地面之间设置 400mm 厚现浇混凝土挡土墙。

2）T2 航站楼支线盾构始发井

为进行区间的掘进施工，采用两台盾构机从明挖隧道北端的盾构井始发。盾构井采用C30 模注钢筋混凝土框架结构，顶部预留起吊孔，侧墙预留洞门开孔。为满足盾构掘进期间的排水，在盾构井设两个临时集水坑，尺寸为 3.5m×1.69m×1.0m，盾构段施工完成后将集水坑回填。

盾构始发井基坑开挖深度 12.925m，开挖宽度 21.6m。围护结构采用 ϕ600 的钻孔灌注桩，间距 900mm，钻孔桩入土深度为 4.5m。内支撑采用 ϕ600×（14mm 厚）的钢管，腰梁采用 2I45。

盾构井侧墙厚 800mm，顶板厚 800mm，中隔墙厚 600mm，底板厚 1 000mm。结构均采用 C30 钢筋混凝土，抗渗等级为 P8。

3）T2 航站楼支线盾构接收井

T2 航站楼支线盾构接收井结构参数见表 7-7。

盾构接收井结构参数　　表 7-7

项　目		材料及规格	结构尺寸
围护结构	锚杆	ϕ22 砂浆锚杆，l=2.5m	横纵间距：1.2m×1.2m
	钢筋网	ϕ6.5，150mm×150mm	基坑壁布设
	喷射混凝土	C20 喷混凝土	0.05m
	钻孔桩	C25 混凝土	ϕ800，间距 1.2m
	旋喷桩	水泥浆	ϕ1 000，间距 1.2m
	钢支撑	ϕ600，t=14mm 钢管	间距 3.0m
明挖结构	顶板	C30 钢筋混凝土，P8	0.8m
	中板	C30 钢筋混凝土	0.4m
	底板	C30 钢筋混凝土，P8	1.0m
	端、侧墙	C30 钢筋混凝土，P8	0.8m
防水层	底板、边墙	两层 3mm 厚 SBS 防水层	—
	顶板	两层 3mm 厚 SBS 防水层	—

注：盾构井顶板、中板预留起吊孔，待盾构隧道完成后，后浇带采用 C40 钢筋混凝土。

4）洞门设计

盾构机从工作井开始向区间推进处洞门称为始发洞门，盾构机从区间进入工作井处洞门称为到达洞门。

洞门衬砌为内径 5 400mm，外径 6 620mm 的钢筋混凝土圈，其混凝土强度等级为 C40，抗渗等级为 P10。

洞门衬砌长度取值依据：洞门衬砌长度应不小于 400mm，在区间内以联络通道里程作为控制点进行盾构衬砌环排版，并根据理论排版对联络通道里程进行微调，以确定合理洞门长度。到达井洞门长度设计为理论值，施工时应按实际情况进行调整。

7.9.2　区间风道

空调通风系统是对全部地下车站及相应区间隧道内温度、湿度、风速、噪声和空气质量进行全面控制，并在事故工况下，为人员安全疏散提供新鲜空气，同时满足一定的排烟风速，以控制烟气流向和排除烟气。根据通风模拟计算，东三区间需要设置 1 座区间风道，T2 支线需设置两座区间风道，其中 T2 支线 2 号风井兼做盾构接力井。

1）东直门—三元桥区间风井风道

风井位于东外斜街与东北城角联络线高架桥之间，风井所在地地面场地环境较为狭窄。风道在穿越东外斜街与盾构区间衔接处区域上方地下管线较为密集。有上水、雨水等多种类型，不同管径的多条地下管线。

本工程利用风井作为施工竖井，断面为矩形结构，采用复合式衬砌，初期支护厚度井上部为 300mm、下部为 350mm；二次衬砌边墙厚度为 500mm，底板厚 600mm，中隔墙厚度 300mm。矿山法施工的风道为双层结构，同时作为施工通道，有三种结构断面形式，分别为：风道 FA 断面、风道 FB 断面及风道 FC 断面，均采用复合式衬砌，初期支护厚度为 300mm；二次衬砌厚度为 600mm（仰拱厚 700mm），中板厚 400mm。在初期支护与二次衬砌之间设置柔性外包防水层。

2）T2 航站楼支线 1 号风井风道

风井结构设计：本工程利用风井作为施工竖井。风井断面为通风设计和人员疏散空间控制。风井断面内净空为 5.0m × 7.2m 的矩形断面，实际布置为 5.0m × 3.1m 和 5.0m × 3.8m 两个矩形断面，中间中隔墙厚度 0.3m。风井净空满足了通风和隧道内人员疏散的要求，也满足了施工的各种施工管线、设备、施工人员上下楼梯布置要求。风井结构形式为复合式衬砌，在井口设计了安装塔架基础的钢筋混凝土锁口盘。因为风井穿越渗透系数较大的含水层，竖井开挖前应进行降水，本设计未含降水设计。风井支护参数详见表 7-8。

风井支护结构参数表　　表 7-8

项目		材料及规格	结构尺寸
初期支护	超前小导管	ϕ32（壁厚 3.25mm），l = 2.5m	纵间距：两榀钢支撑；环间距：0.4m
	注浆	水泥—水玻璃浆液	—
	钢筋网	ϕ6.5，150mm × 150mm	双层钢筋网，四周铺设
	喷射混凝土	C20 喷混凝土	0.30m
	格栅钢拱架	ϕ22、ϕ14、ϕ6 钢筋	间距 0.5m
临时支护	钢支撑	I22a	间距 1.0m
	喷射混凝土	C20 混凝土	0.3m
防水层		1.5mm 厚 EVA + 400g/m^2 无纺布	—
二次衬砌：竖井井壁（中隔墙）		C30 防水钢筋混凝土，P8	0.5m（0.3m）

风道结构设计：利用风道作为施工通道。风道断面和风井一样为通风设计和人员疏散空间控制，采用城门洞形，内净空高 × 宽为 5.8m × 10.0m，分上下两层，结构形式也为复合式

衬砌。断面设计满足了运输车辆、各种施工管线、设备布置和行人要求。风道底面基本位于潜水面上,也需要提前降水。支护参数见表 7-9。

风道支护参数表 表 7-9

项目		材料及规格	结构尺寸
初期支护	超前小导管	ϕ32(壁厚 3.25mm),l=2.5m(FA 断面)	纵间距:两榀钢支撑;环间距:0.3m
		ϕ32(壁厚 3.25mm),l=2.0m(FB、FC 断面)	纵间距:两榀钢支撑;环间距:0.3m
	注浆	水泥—水玻璃浆液	
	钢筋网	ϕ6.5,150mm×150mm	双层钢筋网,四周铺设
	喷射混凝土	C20 喷混凝土	0.30m
	格栅钢拱架	ϕ25、ϕ14 钢筋	间距 0.5m
临时支护	钢支撑	I22a	间距 1.0m
	喷射混凝土	C20 混凝土	0.3m
防水层		1.5mm 厚 EVA+400g/m^2 无纺布	—
二次衬砌		C30 防水钢筋混凝土,P8	0.5m

3)T2 航站楼支线 2 号风井兼盾构接力井

T2 航站楼支线 2 号风井兼盾构接力井结构参数见表 7-10。

盾构接力井结构参数表 表 7-10

项目		材料及规格	结构尺寸
围护结构	锚杆	ϕ22 砂浆锚杆,l=2.5m	横纵间距:1.2m×1.2m
	钢筋网	ϕ6.5,150mm×150mm	基坑壁布设
	喷射混凝土	C20 喷混凝土	0.05m
	钻孔桩	C25 混凝土	ϕ800,间距 1.2m
	钢支撑	488I 钢	间距 3.0m
明挖结构	顶板	C30 钢筋混凝土,P8	0.9m
	中板	C30 钢筋混凝土	0.4m
	底板	C30 钢筋混凝土,P8	1.0m
	端、侧墙	C30 钢筋混凝土,P8	0.8m
防水层	底板、边墙	两层 3mm 厚 SBS 防水层	—
	顶板	两层 3mm 厚 SBS 防水层	—

盾构井顶板、中板预留起吊孔,待盾构隧道完成后封闭,后浇带采用 C40 钢筋混凝土。

7.9.3 区间联络通道

1)东直门—三元桥区间联络通道

东三区间共有 5 座联络通道,里程位置如下。

CT1 联络通道(与盾构接收井合建),右 K0 +453.765,采用明挖施工;CT2 联络通道,右 K1 +034.566,采用暗挖施工;CT3 联络通道(与区间风道合建),右 K1 +396.592,采用暗挖施工;CT4 联络通道,右 K1 +977.800,采用暗挖施工;CT5 联络通道(与区间泵房合建),右 K2 +561.000,采用暗挖施工。

CT2 联络通道位于东直门外斜街北侧东城区环卫第四管理所大院内,结构顶覆土厚度为 17.50m;CT4 联络通道位于新源里小区北侧东直门外斜街道路下,结构顶覆土厚度为 18.77m;在三元桥西侧京顺路的辅路位置,结构覆土厚度为 21.98m。

联络通道的结构形式采用复合式衬砌,即初期支护 + 钢筋混凝土模筑衬砌。初期支护为 250mm 厚格栅钢架 + C20 喷射混凝土支护,二次衬砌为 300mm 厚(仰拱厚 350mm)模筑钢筋混凝土,强度等级为 C30,抗渗等级为 P10;泵房泵机采用潜水泵,利用 CT5 联络通道作为设备用房,初期支护为 300mm 厚格栅钢架 + C20 喷射混凝土支护,二次衬砌为 400mm 模筑钢筋混凝土,强度等级为 C30,抗渗等级为 P10。

在通道中央设置双向开启的甲级防火门。在区间正线盾构隧道与联络通道相交处,侧壁开洞采用混凝土切割技术。联络通道两端与正线隧道间各设置变形缝一道。

2)T2 航站楼支线联络通道

区间在 T2K1 + 800.580、T2K2 + 300.386、T2K3 + 186.323、T2K3 + 714.778、T2K4 + 554.764、T2K4 +931.878 处设置联络通道,共 6 座。

其中,1、5 号联络通道均位于山岗路下,结构顶覆土厚度分别为 7.656m、9.482m;2 号联络通道兼电缆井,3、6 号联络通道均位于一号路东侧绿地下,结构顶覆土厚度分别为 10.295m、10.468m、10.628m;4 号联络通道位于国航办公楼东侧,结构顶覆土厚度为 9.416m。

联络通道的结构形式采用复合式衬砌,即初期支护 + 钢筋混凝土模筑衬砌。其支护参数根据区间的地质情况、埋深和地下水位情况的不同而选取(表 7-11)。

区间附属结构地质情况及结构设计参数表 表 7-11

中心里程(右)	埋深及地质情况	初期支护参数	二次衬砌参数
1 号联络通道 T2K1 +800.580	埋深约 12.106m,主要位于第四纪沉积层($③_3$ ~ $③_1$)地层,上部为粉土层,下部为黏土层。围岩分类为Ⅵ级	拱部 ϕ42 超前小导管 + 格栅钢架 +250mm 厚 C20 喷射混凝土支护	C30,P10 模筑钢筋混凝土,厚 300mm
5 号联络通道 T2K2 +300.386	埋深约 17.774m,主要位于第四纪沉积层($③_1$ ~ ④)地层,上部为粉土层,下部为粉质黏土层。围岩分类为Ⅵ级	拱部 ϕ42 超前小导管 + 格栅钢架 +250mm 厚 C20 喷射混凝土支护	C30,P10 模筑钢筋混凝土,厚 300mm
2 号联络通道 T2K3 +186.323	埋深约 14.754m,主要位于第四纪沉积层(④ ~ $④_2$)地层,上部、下部均为粉土层。围岩分类为Ⅵ级	拱部 ϕ42 超前小导管 + 格栅钢架 +250mm 厚 C20 喷射混凝土支护	C30,P10 模筑钢筋混凝土,厚 300mm
3 号联络通道 T2K3 +714.778	埋深约 14.918m,主要位于第四纪沉积层(④ ~ ⑤)地层,下部为细砂层。围岩分类为Ⅵ级	拱部 ϕ42 超前小导管 + 格栅钢架 +250mm 厚 C20 喷射混凝土支护	C30,P10 模筑钢筋混凝土,厚 300mm

续上表

中心里程(右)	埋深及地质情况	初期支护参数	二次衬砌参数
6 号联络通道 T2K4 + 554.764	埋深约 18.918m,主要位于第四纪沉积层(④~$④_2$)地层,上部为粉土层,下部为粉质黏土层。围岩分类为Ⅵ级	拱部 ϕ42 超前小导管 + 格栅钢架 + 250mm 厚 C20 喷射混凝土支护	C30,P10 模筑钢筋混凝土,厚 300mm
4 号联络通道 T2K4 + 931.878	埋深约 13.966m,主要位于第四纪沉积层(④)地层,下部为黏土层。围岩分类为Ⅵ级	拱部 ϕ42 超前小导管 + 格栅钢架 + 300mm 厚 C20 喷射混凝土支护	C30,P10 模筑钢筋混凝土,厚 300mm

各联络通道的断面净空尺寸均为 2.52m(高)×2.5m(宽)。在通道中央设置双向开启的甲级防火门。在区间正线盾构隧道与联络通道相交处侧壁开洞采用混凝土切割技术。通道结构采用复合式衬砌。联络通道两端与正线隧道间各设置变形缝一道。

7.9.4 疏散平台

区间段除盾构接收井内、区间风井内疏散平台采用现浇 C30 钢筋混凝土结构外,疏散平台均采用钢梁上承钢格板的方式设置。

1)布置方式

(1)钢梁(L 形角钢)

①圆形断面钢梁的间距应与盾构管片的长度(1.2m)相匹配。钢梁在管片上固定时应避开管片间的接缝位置一定距离,必要时可调整钢梁的间距来适应。

②马蹄形断面钢梁的间距宜采用 1.2m,遇变形缝处需要适当调整整钢梁的间距;曲线地段钢梁长度可根据限界条件适当调整。

(2)钢格板

标准钢格板设计长度为 2 390mm,现场安装时两块钢格板间的间隙为 10mm;钢格板与角钢采用安装夹固定;根据消防栓的位置,每隔 50m 设置特制带铰链的活动式盖板,钢格板长度为 1 190mm。

钢格板通过工厂定制,加工而成。排放时,区间直线段满足疏散平台边缘距线路中心的距离(x)不小于 1 730mm,圆曲线段疏散平台边缘距线路中线的距离(x)应满足疏散平台区间圆曲线段限界要求。直缓点(缓直点)与缓圆点(圆缓点)之间的缓和曲线段的限界值采用直线段值与圆曲线段值,按照缓和曲线长度线性内插的方法核算。

(3)平台扶手

平台扶手通过锚固件与结构墙相连,锚固件沿隧道纵向间距为 1.2m。

2)安装

(1)疏散平台

待主体结构达到一定强度后,通过后锚固螺栓把焊接好的钢梁精确固定在结构上(后锚固螺栓的钻孔可采用机器探位等方式,避开结构钢筋);然后安装钢格板。

安装顺序为:测量定位→钻孔→清孔→安装锚栓→固定钢梁→安装钢格板→安装平台扶手。

钢梁不得安装在盾构管片拼缝、暗挖结构变形缝等位置,并应满足锚栓安装要求的最小边缘距离。如不能满足,应通过现场监理工程师和设计人员协调解决。在特殊情况下可适当调整钢梁的长度及间距；考虑钢格板的安装，调整后的钢梁间距不大于 1.2m。当下端固定螺栓为电缆支架与疏散平台共用时，电缆支架应在疏散平台的钢梁固定后再进行安装。

(2)钢格板

钢梁上预留四个 ϕ10 的圆孔，后期为钢格板与钢梁安装螺栓连接用。钢格板的安装要严格按照设备安装有关规定及厂家编写的《安装手册》要求执行。

在钢格板安装前，需对格板边缘进行测量，线路中线到平台边缘的距离(x)在区间直线段满足 1 730mm，区间曲线段满足限界要求。钢格板安装完毕后，必须重新测量，确保不侵限，并检查每块钢格板与钢梁连接是否牢固。如钢格板安装位置超限，可通过偏移或切割钢格板的方法进行调整。

(3)平台扶手

扶手沿疏散平台(及楼梯)内侧全长布置。扶手安装后应保证扶手杆不滑动、不转动。

(4)紧固锚栓

锚栓的锚固要严格按照生产厂家的产品使用说明执行，并根据相关产品标准的有关规定进行施工和验收。

锚孔应尽量避开受力主筋，对于废孔应用化学锚固胶或高强度等级的树脂水泥砂浆填实。

锚栓工程质量应进行抗拔承载力的现场检验。同规格、同批号、基本相同部位的锚栓组成一个检验批。抽取数量按每批锚栓总数的 1% 计算，且不少于 3 个。

7.10　施工设计

1)盾构机进出洞地层加固

盾构进出洞时，洞口段地层须预先进行加固处理，以保证盾构机进出洞的安全。加固后的地层应有良好的均匀性和自立性，其无侧限抗压强度为 1.0～1.5MPa；渗透系数取 1.0×10^{-8}cm/s。

2)盾构始发、到达段施工

(1)盾构始发和到达前，应对前方一定范围内土体进行改良和加固处理，以保证围岩的自稳及防止地下水的流入；防止始发和到达时因盾构机掘进速度减慢，开挖面压力不足引起的开挖面坍塌；防止地表产生过大沉降和对地下埋设物的影响。

(2)始发前的洞口开口作业引起前方土体坍塌的危险较大，因此在拆除临时挡土结构时，应加强对土体的稳定及地面沉降的观测，遇有危险情况，应备有应急措施并及时通知各方。

(3)在进行始发台、反力架和首环负环管片的定位时，要严格控制始发台、反力架和负环的安装精度，确保盾构始发姿态与设计线路基本重合。

(4)在盾构到达前首先做好到达准备工作，如洞门密封、接收基座、洞门凿除、端头加固等工作，进入加固体掘进后，要加强洞口的观察与沉降监测。盾构机到达时，应对盾构机的位置进行准确的测量，明确成洞隧道中心轴线与隧道设计中心轴线的关系，同时应对接收洞门位置进行复核测量，确定盾构机的贯通姿态及掘进纠偏计划。

3)地面变形控制

在开始掘进的前 100m 宜作为盾构施工的试验段，对盾构机的掘进控制参数、地层的沉降规律进行分析比较，以确定盾构机在不同地层中的掘进参数，把施工对周边环境的影响控制在允许范围内。

(1)盾构前方的隆沉控制

地表隆起的主要原因是盾构正面对土体的推应力大于原始侧向地应力,因此在实时监测的情况下可以根据地表隆起状况调整推进速度及出土量,降低正面土仓压力,达到降低地表隆起的目的。地表沉降过大则是由于开挖面推力小于原始应力而引起的,应通过调整推进速度及减少出土量,提高正面土仓压力方式来控制沉降。

(2)盾构通过时的沉降控制

由于盾构掘进时土体产生变形,如果沉降超限,可以采取控制掘进速度和出土量,调整土仓压力,控制同步注浆的压力及注浆量,从而有效控制地层的弹塑性变形。

(3)固结沉降的控制

盾构通过后,由于应力松弛的影响,地层还会发生固结沉降,为此应根据地面实时监测结果进行实时控制,在管片衬砌背后实施跟踪回填与固结注浆,尤其对拱部120°范围进行地层固结注浆是非常重要的。

(4)其他措施

盾构在曲线推进、纠偏、抬头或叩头推进过程中,实际开挖断面不是圆形而是椭圆,从而会引起附加变形,此时应调整掘进速度与正面土压,减少对地层的扰动度和超挖,从而减少地层的变形。盾构暂停推进时,可能会引起盾构后退,而使开挖面松弛,造成地表沉陷,此时应作好防止盾构后退措施,并对开挖面及盾尾采取封闭措施。

4)监控量测

为了解盾构施工对周边环境的影响,应对整个区间隧道上方的地面建筑物、地下构筑物、管线、隧道结构进行全面跟踪监控量测。地表变形的限值为 -30 ~ +10mm。监控量测内容见表7-12。

监控量测表 表7-12

监测项目	内容	方法及工具	监测频率
建筑物、管线外观观察及裂缝量测	观察建筑物、管线变形和开裂情况	利用肉眼、罗盘对围岩情况、支护结构裂缝进行观察和描述	每次开挖后进行
地表变形	了解地表变形情况及变形影响范围	水准仪、铟钢尺	开挖面距监测断面前后 $<2B$ 时:1次/d;开挖面距监测断面前后 $<5B$ 时:1次/2d;开挖面距监测断面前后 $>5B$ 时:1次/周
建(构)筑物、管线变形	了解建(构)筑物、管线变形和倾斜情况	水准仪、铟钢尺	同上
拱顶变形	了解隧道结构顶部的变形情况	水准仪、铟钢尺	同上
收敛变形	了解隧道结构侧墙的变形情况	收敛计	同上

7.11 重大环境风险源及技术措施

1)盾构下穿三元桥施工

(1)概况

三元桥建于20世纪80年代初,区间隧道下穿的京顺路桥为边孔设铰三跨钢筋混凝土V形墩刚架体系,桥梁总宽44.8m,主路车道均允许通过汽超—20车辆,基础形式为3.0m×52.0m条形扩大基础。

根据2006年9月"三元桥桥梁综合检查报告"以及2006年9月"三元桥主桥咨询报告",该桥列为D类桥,目前的状况不佳。

桥台基础底高程为36.0,距隧道顶约16.63m;桥墩基础底高程35.65m,距隧道顶约16.28m。

(2)盾构下穿三元桥监测方案

监测项目分为洞内监测和洞外监测。洞外监测包括地面沉降(隆起)监测、桥基变形监测以及桥梁结构监测项目等,桥梁结构监测项目与要求应根据"三元桥主桥咨询报告"(2006年9月)的要求以及现场监测的可操作性进行布点分项监测。

(3)施工控制指标与要求

根据2006年9月"三元桥主桥咨询报告"中的要求,桥梁变形控制指标如下:各墩台之间不均匀沉降控制值为5mm;允许横桥向相邻墩柱之间不均匀沉降控制值为2mm;允许倾斜角度1′(0.003%)。

预警值(F)确定:

$$F = 实测值/容许值$$

当$F<0.8$时:安全。

当$0.8 \leqslant F \leqslant 1$时:预警。停工查原因,准备补救措施。

当$F>1$时:警戒。采取补救措施。

在实际施工过程中,应同相关单位对警戒值进行分析、使用及修正。

(4)施工主要技术措施

根据影响盾构掘进地面沉降控制的因素,盾构穿越三元桥桥区过程中应严格控制各项指标,确保沉降控制在允许的范围内。

①对桥区范围内地下管线和地下孔洞情况提前进行地面雷达探测。

②盾构掘进前300m的试验段应尽快调整好盾构机的施工状态,以最好的状态通过桥区。通过试验段的监控量测数据,推断过桥区时可能引起的地面变形。

③盾构机过桥区前,必须在桥梁主梁下的关键部位搭设可调式支架,预防突发事件。

④盾构过桥区时,必须加强桥梁与地面变形监控量测,根据量测的结果,采取可靠有效的地面控制沉降措施,如对桥基进行注浆加固等。

⑤严格保证盾构匀速、连续穿越三元桥桥区,确保盾构机在桥区范围内不停机。

⑥施工过程中严格控制掘进土压力和出土量。

⑦严格控制盾尾同步注浆和二次补注浆。

⑧隧道通过桥区后，采取相应措施，如对基础下进行注浆等，尽量恢复该桥的现使用状态。

2）小覆土段施工

盾构在过停机坪北侧通往地下隧道的U形槽段（左T2K5+332~T2K5+345，右T2K5+336~T2K5+349）时，该处覆土厚度最小为3.9m，属小覆土施工。盾构推进时应严格控制盾构的掘进姿态，并进行严格的注浆管理以控制地表变形，注浆压力、注浆量及注浆材料选用也可通过试验施工确定。必要时可以考虑先在小覆土段地面堆载后再盾构掘进施工的措施。盾构通过此段沉降允许值为±10mm。

3）其他邻近建构筑物的保护

盾构区间沿线构筑物众多，东三区间隧道影响范围内主要有察慈小区、亮马河桥；T2支线隧道影响范围内主要有北京陆联通果菜批发市场、西单商场超市机场分店（已停业）、岗山路两侧机场生活区住宅楼、特警学校、中国民用航空华北管理局、国航办公楼、机场停机坪、2号和3号桥等建筑（构）筑物。施工中应减少对地层的扰动，控制地面沉降，并加强对建（构）筑物监测，及时反馈信息，适时调整盾构机掘进参数及注浆参数。设计主要采取以下几种措施。

盾构通过察慈小区、亮马河桥、北京陆联通果菜批发市场、西单商场超市机场分店（已停业）、岗山路两侧机场生活区住宅楼、特警学校、中国民用航空华北管理局与国航办公楼时，采取盾构机同步注浆系统进行地层加固，并在建筑物周围设置测点，及时分析数据，根据洞身穿越前后地表发生的不均匀水平位移和沉降量，来判定建筑物的安全性，及时修正工程措施。隧道地表沉降控制值为-10mm，地面隆起控制值为5mm。

盾构通过机场停机坪时，为减少机场停机坪的地面沉降，隧道施工时采取盾构机同步注浆系统进行地层加固。与机场管理单位协商，尽可能减少停机坪上飞机的停放架次，同时加强监控量测，根据监控量测结果制订合理的控制措施，以确保施工安全通过，确保停机坪地面沉降控制在-7mm以内，平曲度小于1/1 000。

盾构穿越2、3号桥桩时，采取盾构机同步注浆系统进行地层加固，并在桥墩处设置临时支撑，对桥体先预支并用千斤顶动态调整沉降，同时加强对桥梁的监控量测。必要时采取地面跟踪注浆的方法控制桥桩的变形。注浆材料采用水泥—水玻璃双液浆，注浆压力0.2~0.5MPa，并根据现场实际情况进行调整。桥桩最大允许沉降值-10mm。

第3篇

北 京 地 铁 盾 构 隧 道 技 术

施 工 篇

第 8 章　钢筋/钢纤维混凝土管片制造技术

8.1　概述

8.1.1　盾构法施工背景

北京地下铁道工程最早始于 1965 年 7 月开工建设的西起苹果园、东至北京站、全长 22.5 km的地铁 1 号线。工程在毛主席“精心设计、精心施工”批示下，采用了明挖基坑和现浇混凝土结构的施工方法，于 1969 年完成建设并投入试运营。此后的 10 年间，采取同样的施工方法又先后修建了北京地铁环线（地铁 2 号线）、112 工程和 519 工程等。但是随着城市发展、城市地下工程逐步增多以及面向城市中心区域扩张，该种施工方法逐渐暴露出一些局限，北京的城市地下铁道工程迫切需要选用盾构法来施工。

早在北京地铁工程建设伊始的 20 世纪 60 ~ 70 年代，在北京城建集团及前身的历任领导和工程技术人员的积极倡导下，就曾两次启动对北京地区盾构施工方法的研制工作，但由于种种原因而暂停，致使该种施工方法在北京地铁设计和施工中很长时间处于空白状态。

20 世纪 90 年代初，随着国内外盾构技术的发展，结合北京地铁发展的需求，在北京地铁总公司的全力支持下，北京城建集团又开始了地铁盾构设计和施工的技术研究。经过多年的努力，在各方的支持下，1999 年北京地铁 5 号线盾构法施工试验段工程获批，由此北京地铁建设正式迎来了盾构法施工时代。

北京地铁 5 号线南起丰台区的宋家庄、北至昌平区的太平庄，线路全长 27.6 km，总共 22 座车站，分别由 16 座地下站和 6 座高架及地面站组成。为了确保地铁 5 号线全线盾构施工能够顺利进行，首选正线典型、长度约 688m 的北新桥至雍和宫段的左线开展试验段施工。由于盾构法施工极大程度上依赖地层特性，而北京地区的地层特性显著不同于上海和广州等已进行地铁盾构设计与施工的其他城市，也就无法照搬两地既有的研究成果，因此急需开展北京地区盾构隧道设计和施工系统研究为地铁 5 号线建设保驾护航，也为形成完备的盾构法设计和施工技术及在北京地区地铁建设中推广盾构工法奠定基础。

8.1.2　北京地铁 5 号线试验段盾构管片研究

地铁盾构管片是一种在地下隧道工程中使用的高精度装配式混凝土预制构件，北京地铁 5 号线预制混凝土盾构管片设计为：管片外径 6 000mm，内径 5 400mm，管片厚度 300mm，管片环宽1 200mm，管片宽度和内弧弦长尺寸误差仅为±1mm。在环向分成6块(3A+2B+1C)，即由3块标准块(中心角67.5°)、2块邻接块(中心角67.5°)和1块封顶块(中心角22.5°)组成一环(图8-1)。管片块之间采用弯螺栓连接，环向每接缝有2个螺栓，纵向共设16个螺栓；环与环之间则采用错缝拼装方式，管片端面为平面式，仅在防水胶条处留有沟槽。管片衬砌环分为3种类型，即标准环、左转环和右转环。

图8-1　地铁盾构管片拼装图

为了生产出高精度和高质量的混凝土盾构管片，确保预制盾构管片能够满足设计要求，避免管片出现开裂等质量问题，在试验段期间，根据北京地区气候、材料特性和盾构法施工等综合因素，北京城建集团构件厂展开了塑性双掺高性能混凝土配合比研究和单模位式保温养护罩组成的计算机自动控制蒸养系统设计开发，并设计制作了自动喷淋养护装置、钢筋骨架成型胎具、管片翻转架、橡胶止水带挤压架和管片水平拼装试验台等生产和试验机具，确保了该厂为地铁5号线试验段生产的管片外观圆滑平整，颜色亮白一致，气泡很少且无缺棱掉角现象和裂缝，且管片宽度和内弧弦长尺寸误差控制超过了国标规定的±1mm，达到了±0.8mm水平。

根据研究和管片生产成果，结合国家现行有关标准规范，为严格过程管理和产品验收，北京城建集团构件厂于2001年制定了“预制混凝土盾构管片生产质量检验标准”企业标准，这也为北京市轨道交通建设管理有限公司制定北京地区现行的《轨道交通预制钢筋混凝土盾构管片质量验收标准》和《盾构法隧道施工与验收规范》(GB 50446—2008)提供了依据。

8.1.3　近年来北京地铁盾构管片生产概况

随着北京地铁5号线试验段施工的成功推行，由预制厂家生产的管片质量和用盾构法施工的地铁工程质量得到了专家们的广泛认可，加之该种方法具有投资少、建设速度快、不影响地面交通和各种市政管线布置以及扰民拆迁少的优点，为后续线路总长达52 km的北京地铁4号线、10号线和机场线采用盾构法施工奠定了基础。表8-1是2001～2007年北京市盾构管片生产使用情况的统计。

北京市盾构管片生产使用情况统计　表8-1

序号	施工单位	时间	工程名称	管片数量(环)	小计(环)
1	北京城建集团构件厂	2001～2005年	5号线试验段	573	12 141
			5号线其他段	3 968	
		2005～2006年	4号线	4 200	
		2006～2007年	机场线	3 400	
2	北京住总集团管片厂		10号线	4 723	5 533
			4号线	810	

续上表

序号	施工单位	时间	工程名称	管片数量(环)	小计(环)
3	北京建工集团构件厂		5 号线	2 370	12 786
			4 号线	7 016	
			机场线 T2 支线(右线)	3 400	
4	北京港创瑞博构件厂	2004 年 3 月 ~ 2005 年 8 月	北京地铁 5 号线雍和宫站—和平里北街站和东四站—张自忠路站两个区间	2 602 标准环	17 489
		2005 年 4 月 ~ 2006 年 8 月	北京地铁 10 号线北土城站—芍药居站—太阳宫站两个区间	3 057 标准环	
		2006 年 6 月 ~ 2006 年 8 月	北京地铁 10 号线北土城站—芍药居站区间	100 标准环,为钢纤维管片	
		2005 年 8 月 ~ 2006 年 12 月	北京地铁 10 号线花园路站—学院东路站、国贸站—双井站两个区间	4 400 通用环	
		2006 年 9 月 ~ 2007 年 5 月	北京首都机场线工程	2 130 标准环	
		2005 年 12 月 ~2007 年 12 月	北京地铁 4 号线双榆树—动物园区间	5 200 标准环	
5	北京榆树庄构件厂				
合计(环)					

注:管片环宽为 1.2m/环。

8.1.4　盾构管片类型和主要技术参数

1)管片类型

盾构管片类型的划分有以下两种方法。

(1)按其结构受力及所处地质可分为标准环、加强环和通用环三种,为了曲线施工及纠偏需要,每种类型的管片又分别配有左转环和右转环。北京地铁 5 号线采用的管片类型是标准环 + 左转环 + 右转环,北京地铁 4 号线采用的管片类型是加强环 + 标准环 + 左转环+右转环,而在我国南方地区城市如深圳,近年来逐步采用通用环+左转环+右转环的形式。

(2)按其材质可分为钢质管片、铸铁管片、钢筋混凝土管片、钢纤维混凝土管片和复合管片。其中,钢质管片和铸铁管片一般用于复环管片中,但由于铸铁管片成本较高,现已很少采用;钢筋混凝土管片目前在结构中最常使用;钢纤维混凝土管片在国外已有使用,但在国内只是处于试验阶段。北京城建集团构件厂从2000年7月开始生产钢筋混凝土管片(图8-2),并对掺入钢纤维和聚丙烯纤维改善钢筋混凝土管片的防裂性能进行过试验研究。

图8-2　钢筋混凝土管片

2)钢筋混凝土管片主要技术参数

(1)外径6 000mm,内径5 400mm,环宽1 200mm,厚度300mm。

(2)混凝土强度等级C50,抗渗等级P10。

(3)钢筋采用HPB235、HRB335级。

(4)钢筋骨架采用焊接成型,焊条使用E43系列产品。

(5)钢筋混凝土管片最大计算裂缝宽度允许值为0.2mm。

(6)管片连接螺栓采用强度等级为4.6级、性能等级为C级的钢材制造。

特别注意在混凝土的蒸汽养护中,应严格按照试验确定的合理的养护制度执行,避免管片成品出现温度裂缝。

8.2　管片制造厂概论

8.2.1　选址及用地面积

鉴于管片生产会造成一定的噪声和环境污染,因此宜选在远离居住区和办公区的区域,场地周边道路应做硬化处理,场地面积以不少于50亩(1亩=666.6m^2)地为宜。北京地铁盾构隧道管片制造厂的位置及用地面积见表8-2。

北京地铁盾构隧道管片制造厂的位置及用地面积　　表8-2

厂　名	厂　址	用地面积
北京城建集团构件厂	位于石景山区五环路边远离居住区和办公区的位置	管片生产车间和管片堆放场地占地31.95亩
北京住总集团构件厂	位于北京市昌平区南口农场	总占地面积48.99亩
北京建工集团构件厂	位于北京市大兴区黄村镇磁魏路薄村,距大兴区政府所在地黄村镇中心9km,在南六环外3km	总占地面积117亩
北京港创瑞博构件厂	位于卢沟桥永定河畔	总占地面积67.5亩

注:1亩=666.6m^2。

8.2.2　场地布置

管片生产场地的布置应根据生产能力和管片存放周转情况进行设计安排，一般分为以下几大功能区域：管片混凝土成型区、钢筋加工区、后期养护及存放区和配套设施区（如搅拌站、锅炉房和配电室等）。各功能区的划分要注意与生产规模和生产工艺相匹配，成型车间应尽量远离办公区。

下面分别以北京城建集团构件厂、北京住总集团构件厂、北京建工集团构件厂、港创瑞博构件厂和北京市丰台区榆树庄构件厂为例，来介绍管片生产场地各功能区的布置和相互关系。

1）　北京城建集团构件厂

北京城建集团构件厂拥有管片生产模具 11 套，年生产能力 7 000 环，有两栋跨度为 21m、长度 150m 的厂房车间，总面积 6 300m^2，存放场地面积 15 000m^2，最多可以存放管片 3 000环。

该构件厂管片生产工艺为固定模位法，采用汽车运输混凝土，吊车配合浇筑混凝土，主要设备设施有搅拌站、龙门吊、钢筋加工车间及设备、管片生产车间及设备、锅炉房和存放场地等。

图 8-3 为北京城建集团构件厂管片生产场地布置示意图。

2）　北京住总集团构件厂

2004 年北京住总集团有限责任公司中标北京地铁 10 号线 11 标段区间段工程，为参与地铁施工，承接管片加工任务，集团公司建设了全新的管片生产基地。新建的管片生产基地位于北京市昌平区南口农场构件厂生产厂区内，占地约 50 亩，自 2004 年 8 月开始动工基建，通过产品初试、中试、终试，于 2005 年 3 月正式投产。该构件厂生产的管片相继供应给北京地铁 10 号线 11 标段麦子店西路盾构始发井—三元桥站—亮马桥站区间段和农业展览馆—亮马桥站区间段，总计 4 723 环，其中冬期生产 1 533 环；地铁 4 号线 4 标段角门北路站—北京南站盾构区间，总计 810 环，其中冬期生产 278 环。

管片制造厂区占地面积为 32 660m^2，其中东部原厂区面积为 26 660m^2，西部新征厂区面积为 10 000m^2，其平面布置如下：

（1）厂区内北端建有锅炉房一座，负责日常养护用蒸汽供应，此外还建有 400kW 变电室一座，100t 地磅房一座。

（2）厂房北侧为大棚式砂石储料场，东侧建有 1 344m^2 的水养护池，可满足混凝土管片水养 7d 的需要，管片成品出厂房后可直接进入水养护池。厂区南半部分为 5 000m^2 的管片堆放区、试验室、生活区、办公区。

（3）厂房西部新征场地上，在北侧将建一座 1m^3 搅拌机组，作为原厂房内搅拌机组的辅助机组，在中部道路旁建有三环拼接区域，其余作为管片堆放区。

（4）东部厂区放置两台 20t 龙门吊，西部库区放置一台 20t 龙门吊。

（5）整个厂区内建有循环道路。

管片制造厂房内平面布置如下。

（1）厂房原面积：主跨厂房为 1 890m^2（90m × 21m），副跨厂房为 810m^2（90m × 9m）。主

厂房天车梁底距地面有效起吊高度为7m，布置两台20t天车，一台5t天车。主跨为钢筋混凝土管片生产区，副跨为管片钢筋生产区。

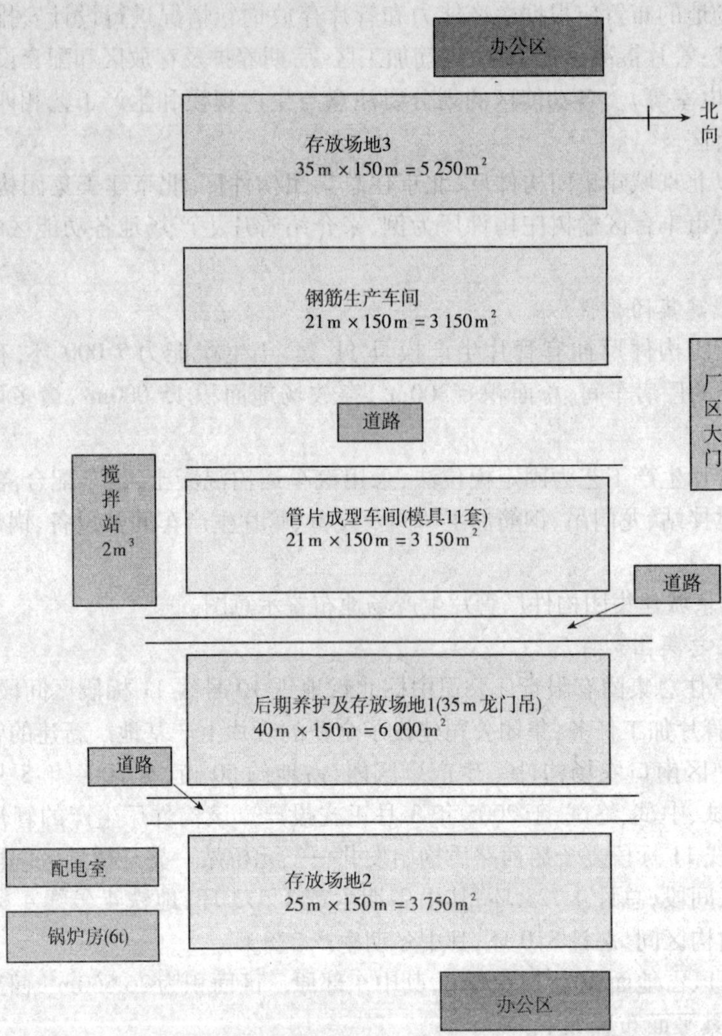

图 8-3　北京城建集团构件厂管片生产场地布置示意图

(2)为了适应11.60m直径的管片单体大、占地面积多的特点，拟在原厂房的基础上，主副跨的南端均向南再延长30m，即主跨厂房面积为2 520m^2（120m×21m），副跨厂房面积为1 080m^2（120m×9m）。

(3)主副厂房内北端头为搅拌区域，装配两台0.75m^3搅拌机组，此布置是为了缩短混凝土运输距离。

(4)搅拌好的混凝土由两台混凝土运输车运输，车上放置混凝土吊斗，由天车将吊斗吊至管片模具上方进行浇筑。

(5)新定制的混凝土管片模具为纵向四列布置，占地面积为871.5m^2，模具间净距不少于1.5m，便于模具拆装操作。同时，纵向留有两条宽度不小于3m的安全通道。

(6)厂房内部留有157.5m^2的面积为放置管片翻板机、修板区和管片平移车的区域。剩下的面积为管片堆放区,管片成品出厂房后可直接进入养护区。

(7)副跨为钢筋加工区域,从北向南分别为 9 套钢筋笼加工胎具区、钢筋成品堆放区、钢筋加工区、钢筋半成品堆放区等,从南向北形成一条龙加工方式。

3)北京建工集团构件厂

该制造厂位于北京市大兴区黄村镇磁魏路薄村,距大兴区政府所在地黄村镇中心 9km,在南六环外 3km。磁魏路为北京规划的中轴线道路的南延长线。

该制造厂原来生产一般工业与民用建筑用构件和桥梁上的大型构件,从 2003 年 3 月开始进行改造,准备生产管片,当年 10 月改造完成,10 月 5 日试生产第一块管片,11 月 9 日正式开始生产。制造厂自由土地面积为 30 000m^2,为了生产管片,新建管片生产厂房一座,建筑面积 1 728m^2,在厂房的北侧新建低跨钢筋加工车间,建筑面积 864m^2。拌和楼建筑面积 400m^2,为了适应管片生产,所有拌和设备全部更新,使混凝土搅拌水平达到三级商品混凝土搅拌站水平。为了适应管片存放的需要,当时在自由土地的北侧租赁场地(30 年租期)12 000m^2,可存放管片 1 200 环,此场地作为构件专用存放场地,场地上安装龙门吊两台。2005 年,因产量扩大,在原生产厂房的东侧扩建厂房 1 350m^2,并在租赁场地的北侧再租场地 36 000m^2,租期 30 年,作为备用构件存放场地,可存放管片 3000 环,场地上装有龙门吊 3 台。当前,该制造厂年生产能力 10 000 环,存放能力 4 000 环。在现有厂房的南侧留有二期厂房用地 6 000m^2,必要的时候,可以再建一座面积为 3 000 ~ 6 000m^2 的厂房,以扩大产能。

该制造厂的生产场地平面示意如图 8-4 所示。

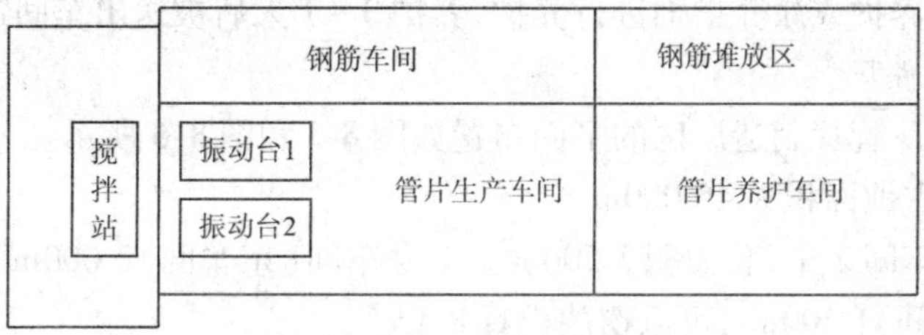

图 8-4　北京建工集团构件厂的生产场地平面示意图

搅拌站建筑面积 400m^2,设两台 750L 强制式搅拌机,混凝土供应能力 150m^3/台班(8h),每台班最大混凝土需求量为 84m^3,在数量上混凝土供应的保证率为 178%。在养护车间平行设置两个振动台,管片模具从振动台上流水的时间为 5 ~ 7min(混凝土下料 1min,振动密实成型 3min,放置、起吊模位及扣模具盖板 1 ~ 3min),以最大时间 7min 计算,36 片模具(13 套模具的一半,部分 C 模两两连在一起)在一个台班中占用的振动台工作时间为 $36 \times 7/60 = 4.2$h,振动台的工作保证率为 190%。

振动台(混凝土浇筑地点)为两台平行设置,搅拌机也是两台平行设置,以及搅拌机与振动台之间的联系浇灌机(每斗混凝土容量 1/2m^3,刚好可以浇筑一块管片)也是两台平行设置。这三种设备均为双配置,所有配件都互相兼容,而且保证率都处在较高的水平上,换句话说,两套设备中只要有一套能保证正常工作,就可以实现 90% 以上的产量(以模具的套为基准)。实际情况也是这样的,由于搅拌机、振动台的使用率很高,所以在实际生产过程中故障率也是很高的,但是这个较高的故障率并没有对生产进度产生多大影响,这主要得益于平行设置双套设备的工艺设计。

生产车间面积 1 728m^2,设两台 10t 天车,天车是在管片生产前就有的,原是为生产其他构件安装的,在生产管片时基本没有改动。天车用来安放钢筋骨架、移动模具(安装完钢筋骨架后将模具从操作区吊运到振动台上,完成浇筑振捣后将模具吊离振动台放到振动台旁边,吊离模具盖板并用刮杠将管片外弧面刮平,然后吊入养护池进行最终抹面和蒸汽养护)、脱模并吊运管片、吊离及吊放养护池池盖。业内一般按模具在生产过程中的流转方式,将管片生产工艺分为固定台座法(模具固定,在模具上安装附着式振动器或使用插入式振捣棒振动混凝土至密实,天车吊着混凝土料斗移动)和机组流水法(模具在类似于生产线的轨道上移动,混凝土浇筑点固定)。该厂的生产工艺属于后者,只是模具流转采用吊车吊运,设置轨道及隧道式蒸汽养护窑,这种让模具在轨道上移动的过程中进行生产操作的工艺方法要求有足够的生产车间和较大的投资。采用天车移动模具的方法是该厂利用原有工厂进行改造的一种变通的方法,这种方法对天车的依赖性很大,生产车间中的天车是关键设备,尤其是操作区域的天车就更加关键。在整个生产过程中,天车又是利用率最高的设备,其一旦出现故障,生产立即停止。在双班生产中,维修班组可以利用两个班组工作之间的间隙(早晚各 4h)对天车进行维护和保养,在三班倒生产中,维修班组只能利用两个班交接的十几分钟时间进行快速的维护和保养。据统计,在 2006 年度,由于操作区天车故障导致生产停止 12 次,其中造成一天以上三天以内的停产 2 次。应该说该厂生产中的一个瓶颈就是天车。

管片脱模后被立即送往养护车间,经过简单修整后,用专用的翻板机将其翻转到侧立状态,利用降温、水生养护或涂养护剂进行养护,养护 3 ~7 天后被送出车间进行存放。

4)港创瑞博构件厂

港创瑞博构件厂管片制造厂区的平面布置如图 8-5 和图 8-6 所示。

(1)整个厂区占地面积为 45 000m^2。

(2)管片加工车间 2 个,总面积 3 500m^2。1 号车间(东车间)2 000m^2,可以摆放模具 12 套;2 号车间(西车间)1 500m^2,可以摆放模具 8 套。

(3)钢筋加工车间 2 个,总面积 2 200m^2。3 号车间(东车间)1 300m^2,4 号车间(西车间)900m^2。

(4)水养护池 6 个,总面积 2 400m^2。

(5)管片堆放场地 15 000m^2,可储存地铁管片 3 000 环以上。

(6)自动化搅拌站一座,有 2 条 120m^3/h 的混凝土生产线。北侧为大棚式砂、石储料场。

(7)建有锅炉房 2 座,负责日常养护用汽供应。

(8)建有 400kW 变电室一座,100t 地磅房一座,占地面积为 3 000m^2。

(9)试验室、生活区、办公区总占地面积 5 000m^2。

港创瑞博构件厂的盾构管片采用固定台座法生产工艺。该工艺技术的主要特点是管片混凝土浇筑、振捣成型、表面成活、蒸汽养护、管片脱模和模具清理全部在同一个固定地点完成。整个生产工艺包括:钢筋加工、管片成型、养护储存、发货等。

地铁管片钢筋骨架在独立的车间内完成,主要工序包括:钢筋的调直、切断、弯弧、弯箍和骨架焊接成型。为保证钢筋骨架尺寸精度满足规范要求,骨架焊接必须在特制的靠模上

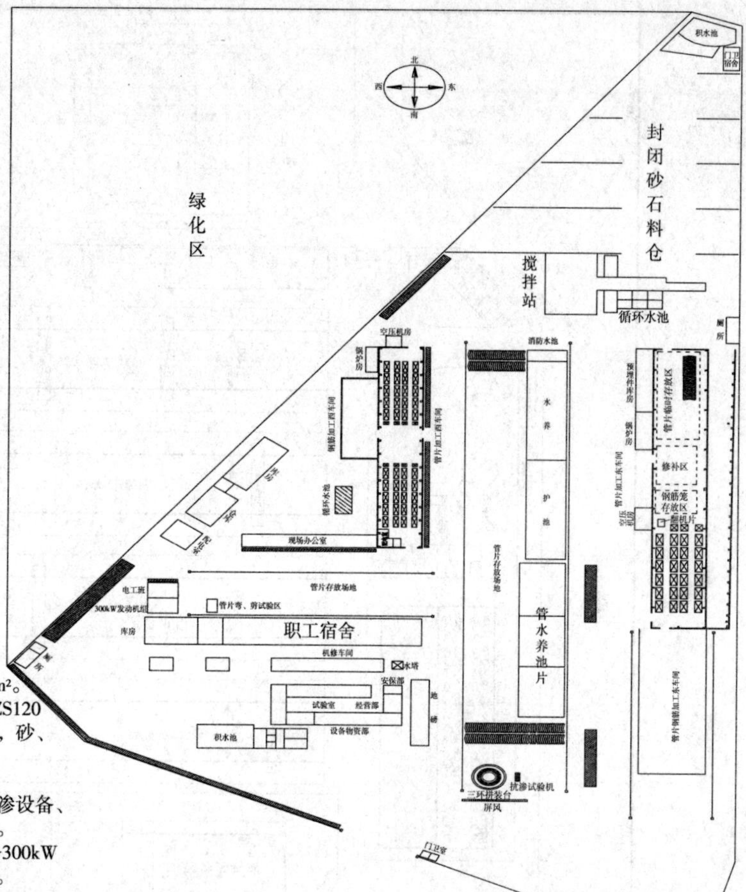

说明：

1. 管片生产场地共占地面积45 000m²。
2. 供应管片生产混凝土搅拌站为HZS120型双机组自动化混凝土搅拌系统，砂、石料仓均设置在大棚内。
3. 场地可储存800环以上管片。
4. 场地设置三环拼装设备、管片抗渗设备、管片抗弯剪设备，行车均可覆盖。
5. 厂区内设置630kVA变压器，另备300kW的发电机组以保证生产顺利进行。

图 8-5　管片制造厂区的平面布置图

进行，焊接采用二氧化碳保护焊机。

港创瑞博构件厂为管片混凝土设立了独立的自动化搅拌站系统，搅拌好的混凝土用专门设计的吊斗放置在运输汽车上运送到混凝土车间。在车间内用行车吊混凝土吊斗浇筑混凝土，采用高压高频风动振动器方式振捣成型，混凝土表面成活后就地用帆布罩覆盖进行蒸汽养护，定期测温，控制升、降温速度和最高温度满足规范要求。当混凝土达到脱模强度后脱模，管片放置在车间内适当降温后才能进行二次养护（涂刷养护剂或水养 7d 以上），管片储存 14d 以上并且管片同条件强度达到设计强度的 100% 以上即可出厂。

图 8-6　港创瑞博构件厂鸟瞰图

5)　北京市丰台区榆树庄构件厂

北京市丰台区榆树庄构件厂平面布置图及管片生产工艺平面布置图如图 8-7、图 8-8 所示。

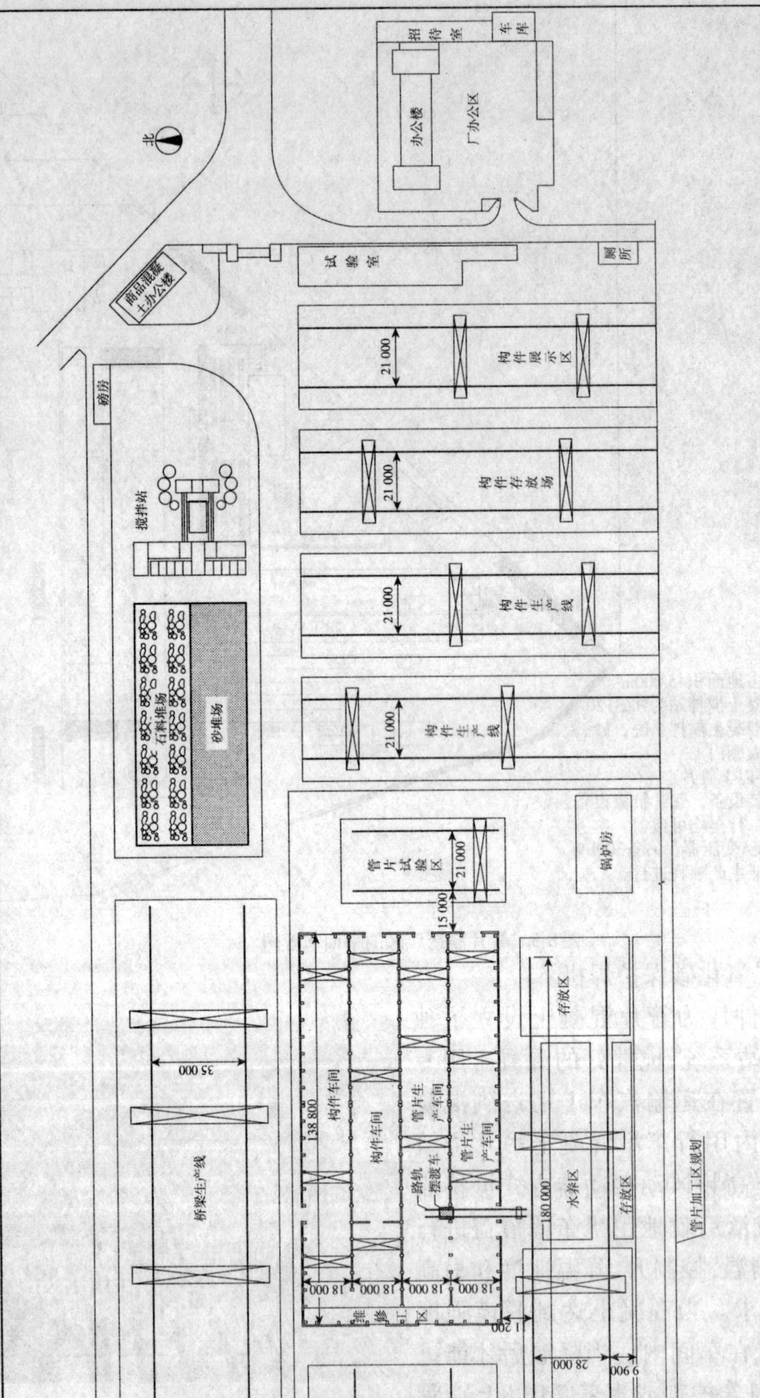

图8-7 北京市丰台区榆树庄构件厂平面布置图(尺寸：mm)

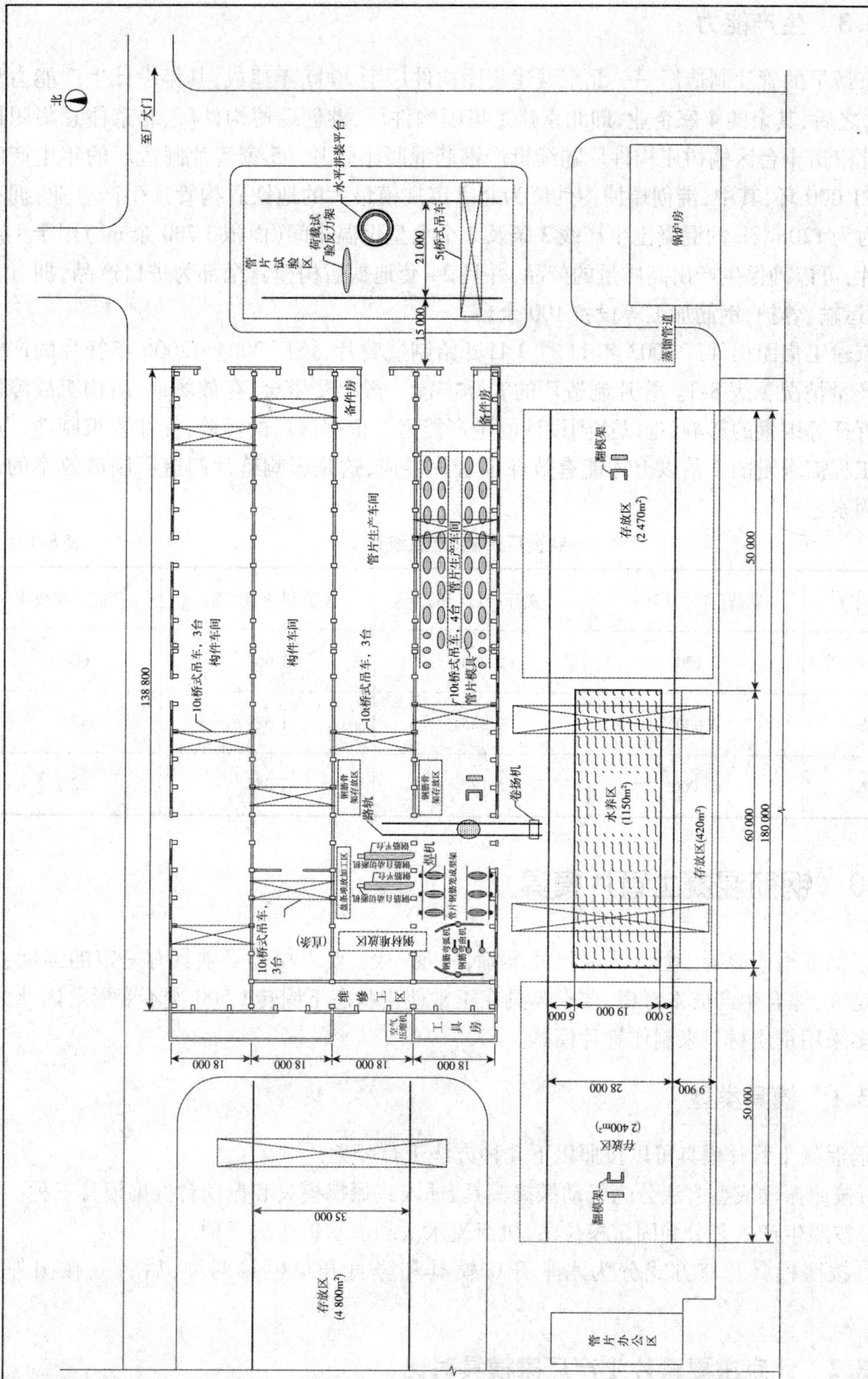

图8-8　管片生产工艺平面布置图(尺寸单位：mm)

8.2.3 生产能力

北京最早的管片制造厂——北京城建集团构件厂于2000年建成,其年设计生产能力为7 000环,之后,其余的4家企业,即北京建工集团构件厂、港创瑞博构件厂、北京住总集团构件厂及北京市丰台区榆树庄构件厂陆续投产钢筋混凝土管片。5家管片制造厂的年生产能力约为21 000环,其中,港创瑞博构件厂为北京市规模最大的地铁盾构管片生产企业,拥有生产能力为120m^3/h的混凝土生产线2条及2个大型保温车间(面积3 700余m^2)用于生产盾构管片,可以确保生产出高质量的产品,并且24套地铁盾构模具全部为进口产品,拥有自有吊装、运输、养护、钢筋加工等设备100余台。

北京建工集团构件厂2003年11月9日开始制造管片,该厂2004~2006年管片的产能与实际产量情况见表8-3。管片制造厂的实际产能一般会受资金、存放场地、盾构机故障以及工程拆迁等因素的影响,难以达到设计的生产能力。依据该厂的经验,往往要求制造厂产能达到工程需求量的2倍以上才能有效保证管片供应,这是影响管片制造厂制造效率的最大障碍因素。

制造厂产能、产量统计　　表8-3

年份(年)	制造厂产能(环)	实际产量(环)	实际供应量(环)	产能利用效率
2004	3 120	2 060	1 668	66%
2005	6 000	2 835	1 083	47%
2006	10 000	5 170	7 088	52%

8.3 钢筋混凝土管片模具

为了保证钢筋混凝土管片成品尺寸准确,外观一致,要求模具必须具有一定的强度、刚度和稳定性,综合生产成本考虑,要求模具在正常使用状态下周转1 500次不变形。因此,世界各地多采用钢质材料来制作管片模具。

8.3.1 模具类型

钢筋混凝土管片模具可以按照以下几种方法进行分类:

(1)按照振动成型方法分为气动振捣模具、插入式振捣模具和振动台振捣模具三种。

(2)按照生产工艺分为固定模位法、机组流水法和流水传送法三种。

(3)按照模具开口方式分为水平开口模具和竖直开口模具两种,后者只在国外有应用。

8.3.2 北京主要管片生产厂家模具对比

北京市主要管片制造厂拥有的模具及其对比见表8-4。

北京市主要管片制造厂的管片模具及其对比　　表 8-4

序号	管片厂家	模具规格（内径/外径）	模具类型	模具套数	模具制造厂家
1	北京城建集团构件厂	5 400/6 000mm	固定模位的气动振捣水平开口式钢质模具	11 套	CBE
2	北京住总集团管片厂	5 400/6 000mm	气动振捣（附着式气动振动器）成型钢模具（模具下面设附着式振捣器）	6 套，直环、左楔环和右楔环每种管片各配备 2 套模具	由 BERNOLD - CERESOLA 公司生产制造
3	北京建工集团构件厂	5 400/6 000mm	振动台振捣的钢质模具，钢模的侧模分为平移式和倾斜式两种	13 套	其中 10 套为台湾伸昌钢铁工业股份有限公司制造，3 套为杭州铁牛机械制造有限公司制造
4	港创瑞博构件厂				
5	北京市丰台区榆树桩构件厂				

图 8-9 为由 BERNOLD-CERESOLA 公司生产制造的气动振捣成型钢模。

图 8-9　气动振捣成型钢模（模具下面设附着式振捣器）

8.3.3 管片模具主要技术参数

高精度的模具是确保管片结构尺寸准确的基础，在模具首次质量验收和施工过程中的质量检验中，可以通过表8-5中列举的5个技术参数的允许偏差控制来验收模具的加工质量和使用质量。

管片模具拼装主要技术参数偏差　　表8-5

序　号	项　目	单　位	允许偏差	检验方法
1	宽度	mm	±0.3	用测微螺旋尺量测
2	内腔高度	mm	+1,0	用游标卡尺量测
3	对角线	mm	±0.8	用钢卷尺、刻度放大镜量测
4	边模夹角	mm	塞尺量测≤0.2	用靠尺、塞尺量测
5	半弦长	mm	±0.4	用钢卷尺、刻度放大镜量测

管片模具加工精度很高，而且有特定角度，因此除常规测量器具外，还需要制作专用测量器具，对表8-5中所列的主要技术参数进行量测，表8-6为模具主要测量器具列表。

模具主要测量器具表　　表8-6

序号	器具名称	规　格	用　途
1	测微螺旋尺	长度1200mm	测量模具宽度
2	游标卡尺	可测量深度 300mm	测量模具内腔高度
3	靠尺	特制	测量夹角
4	钢片塞尺	≤0.2mm	测量夹角
5	钢卷尺	5m	测量半弦长
6	刻度放大镜	大于10倍	配合读数

北京建工集团构件公司管片厂使用了高精度的三维测量设备（激光跟踪仪、六自由度三维测量仪、三维摄影测量仪等）测量钢模、管片的尺寸。三维测量能更加直接、精确地测量模具和管片的空间几何尺寸。模具三维测量样表见表8-7。

模具三维测量样表　　　　表 8-7

模具测量报告			
项目名称	北京地铁4号线　4、10 标段		
测量地点：	北京建工集团构件厂	模具编号：	A1-5
测量日期：		环境温度：	
计算日期：		操作人员：	

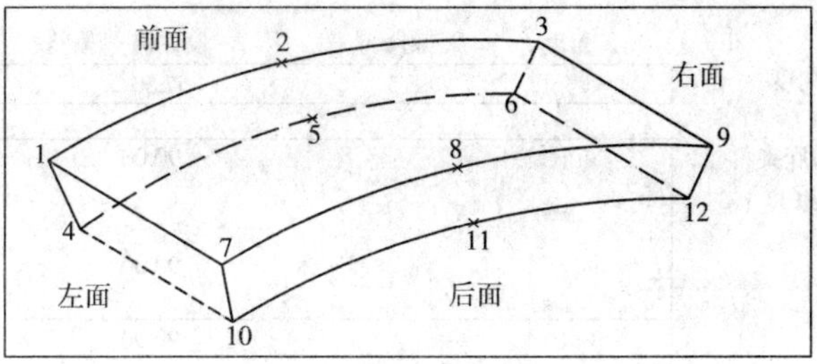

单位: mm

	距离	测量值	设计值	偏差	允许偏差
宽度	1–7		1200.0		± 0.300
	4–10		1200.0		± 0.300
	平均(1 –7 , 4–10)	0.0	1200.0	0.0	± 0.300
	2–8		1200.0		± 0.300
	5–11		1200.0		± 0.300
	3–9		1200.0		± 0.300
	6–12		1200.0		± 0.300
	平均(3–9 , 6–12)	0.0	1200.0	0.0	± 0.300
	平均值	0.0	1200.0	0.0	± 0.300
内腔高度	1–4		300.0		± 0.800
	7–10		300.0		± 0.800
	3–6		300.0		± 0.800
	9–12		300.0		± 0.800
	平均值	0.0	300.0	0.0	± 0.800
弧长	1–2–3		3534.3		± 0.400
	4–5–6		3180.9		± 0.400
	7–8–9		3534.3		± 0.400
	10–11–12		3180.9		± 0.400

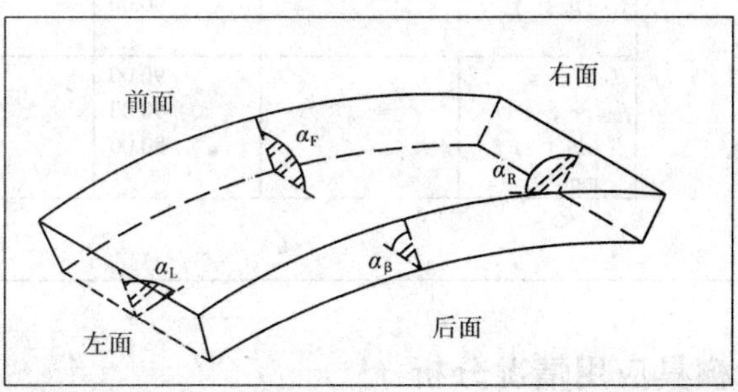

续上表

模 具 测 量 报 告	
项 目 名 称	北京地铁4号线 4、10 标段

测量地点：北京建工集团构件厂　　模具编号：A1–5

测量日期：　　环境温度：

计算日期：　　操作人员：

	角度	测量值	设计值	偏差	允许偏差
分块角度	[°]		67.50		±0.200
边底夹角 (在300mm长度上)	α_L [°]		90.00		±0.0800
	[mm]				±0.419
	α_R [°]		90.00		±0.0800
	[mm]				±0.419
	α_F [°]		90.00		±0.0800
	[mm]				±0.419
	α_B [°]		90.00		±0.0800
	[mm]				±0.419

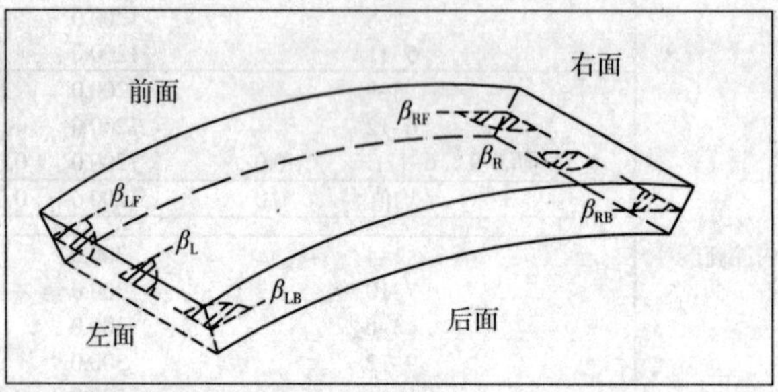

	角度	测量值	设计值	偏差	允许偏差
边模夹角	β_{LF} (°)		90.00		±0.020 0
(在1 200mm长度上)	β_{LB} (°)		90.00		±0.020 0
	平均 β_L (°)		90.00		±0.020 0
	(mm)				±0.419
	β_{RF} (°)		90.00		±0.020 0
	β_{RB} (°)		90.00		±0.020 0
	平均 β_B (°)		90.00		±0.020 0
	(mm)				±0.419

8.3.4 管片模具应用情况分析

不同厂家加工的管片模具，由于模具设计结构、使用材料和制造工艺等方面的不同，其加工质量也存在差异。表8-8是北京市主要管片制造厂所使用的不同厂家生产的模具的应用情况及优缺点分析。

不同厂家生产的模具的应用情况及优缺点分析　表 8-8

序　号	模具厂家	优　点	缺　点
1	CBE	①便于浇筑成型,保证成品结构尺寸和保证管片外观棱角分明、线条流畅; ②结构设计科学,周转次数 1 000 次未见变形; ③不锈蚀; ④自动化程度高	①振动噪声较大; ②振动器等配件需要从国外进口,不方便
2	台湾伸昌钢铁、杭州铁牛	侧模为平移式的钢模,不易对管片造成啃边;倾斜式侧模对侧模移动部件的影响小	侧模为平移式的钢模,对侧模移动部件的影响大,在多次开合模后部件磨损往往较严重;倾斜式侧模的钢模,在打开侧模时,往往造成对管片的啃边现象。 台湾制造的钢模整体质量很好,大部分模具在周转 800 次以上仍然可以继续使用。在钢模使用过程中,由于特殊的振捣方式(振动台式)对钢模焊接要求非常严格,会出现局部开焊现象,在补焊过程中,由于焊接余热对原材料形成退火,增加了内应力,造成原料在使用过程中变形。平移式钢模是靠两根滑杠为支撑,靠侧模分离器对侧模进行打开或关闭。侧模分离器是以方牙 35 丝杠的螺旋进行控制的,对丝杠及内部的轴承磨损严重,需定时更换,对支撑滑杠也有一定的磨损,随着时间推移,会对钢模精度造成一定的影响,例如在使用过程中钢模有宽度超标的现象发生
3	BERNOLD - CERESOLA		模具设计的缺陷对生产施工和产品质量造成的不利影响主要体现在以下方面: ①由于模具各模板结合处缝隙过大而导致的混凝土漏浆现象; ②螺栓孔手孔无倒角,管片上的内弧面螺栓孔端部没有留出操作空间; ③管片成品标志处不清晰,且与模具粘连,使管片起吊时标志处经常出现损坏现象,在浇筑混凝土后,管片模具标志牌处与模具连接部位漏浆。 以上模具在设计上的缺陷,主要影响管片成品的外观质量,经过对模具进行加工处理后,所有问题均得以解决

8.4 钢筋混凝土管片生产主要设备

依照管片生产流程中的不同阶段，可以将主要生产设备分为与混凝土配置有关的设备、钢筋加工设备、管片成型设备、养护设备、吊运设备和配套设备6大种类。下面分别叙述前文所提到的北京5家管片制造厂的主要生产设备。

8.4.1 北京城建集团构件厂

北京城建集团构件厂主要管片生产设备见表8-9所列。

北京城建集团构件厂主要管片生产设备　　表8-9

序号	所属类型	设备名称	规格型号	数量
1	与混凝土配置有关	搅拌站	$2m^3$	1套
2		实验设施	钢筋混凝土	1套
3	钢筋加工设备	切断机	FGQ40A	3台
4		弯曲机	18型、32型、进口	6台
5		钢筋网片焊接机	NBC－Fϕ6－ϕ20mm	5台
6		二氧化碳电焊机	NBC－315	10台
7	管片成型设备	成型胎具		3套
8		管片模具	CBE	10套
9		布料斗	$1.5m^3$	2个
10	管片养护设备	蒸汽锅炉	4T	2台
11		蒸养系统	ZYX－1	1套
12		养护罩	$(1.5\times2.156\times4.5)m^3$	33个
13		自动养护喷淋系统	ZDYH－S	1套
14	吊运设备	管片平车	XLP	2台
15		叉车	CPCD30－W2	1辆
16		龙门吊	10t	2台
17		普通货车		2台
18		电动双桥吊	Q5t	6台
19	配套设备	空压机	9.00	2台
20		管片翻转机	GPF－1	1台

8.4.2 北京建工集团构件厂

北京建工集团构件厂主要管片生产设备见表8-10及表8-11所列。

北京建工集团构件厂主要管片生产设备　　表8-10

序号	设备名称	规格型号	单位	数量
1	配电设备	高94－069	台	1
2	锅炉	DZL4－1.27－A2	台	1
3	锅炉	DZL4－1.25－A3	台	1

续上表

序号	设备名称	规格型号	单位	数量
4	桥式起重机	双梁 LQD	台	2
5	桥式起重机	10t	台	2
6	龙门起重机	5t	台	1
7	龙门起重机	MH5t	台	2
8	龙门起重机	MH10t	台	1
9	龙门起重机	MH20t	台	3
10	电动单梁桥式起重机	MD	台	1
11	汽车起重机	12t	台	1
12	强制式搅拌机	750CT	台	2
13	强制式搅拌机	JS500	台	2
14	混凝土配料设备	HP800B	台	4
15	振动台	ZD－1	台	2
16	轮胎式装载机	ZL－20	台	1
17	轮胎式装载机	LW320F	台	1
18	混凝土浇筑机	$1.4m^3$	台	3
19	钢筋冷拔机	D5C	台	4
20	钢筋轧尖机	ZJ10	台	1
21	钢筋调直机	TQ4－8	台	1
22	钢筋调直机	CT4/8	台	1
23	钢筋切断机	QJ40	台	3
24	立式钢筋切断机	GQ40L	台	1
25	钢筋弯曲机	GJ5－40	台	3
26	半自动钢筋弯曲机	40mm	台	3
27	钢筋弯环机	GW－14	台	3
28	钢筋预应力拉伸机	LYB44	台	4
29	钢筋预应力拉伸机	YZ60/250	台	1
30	钢筋镦头机	JLD5－1	台	1
31	点焊机	DNC－75	台	2
32	点焊机	DN3－100	台	1
33	对焊机		台	2
34	钢筋卷圆螺旋成型机	0～40mm	台	1
35	直流电焊机	AX7－500－1	台	2
36	交流弧焊机	BX1－250－2	台	2

续上表

序号	设备名称	规格型号	单位	数量
37	交流弧焊机	BX1-300-1	台	1
38	半自动二氧化碳弧焊机	NBC-3.5	台	8
39	交流电焊机	BX1-300-1	台	1
40	空气压缩机	3W-1.0/7	台	1
41	空气压缩机	500L	台	1
42	空气压缩机	2V-0.6/7	台	2
43	空心板抽芯机	6.00t	台	1
44	电动卷扬机	JJK-3	台	1
45	剪板机	G11-13X2500	台	1
46	机械压力机	J23-25	台	1
47	摇臂钻床	Z32-K	台	2
48	木工刨床	MB-430	台	1
49	木工平刨	BM503	台	1
50	机动翻斗车	FC10	台	2
51	机动翻斗车	FC-15	台	1
52	套丝机	TS-1	台	1
53	木工电锯	DJ-1	台	1
54	木工砂轮	SL-1	台	1
55	玻璃钢水箱	SX-1	台	1
56	全自动软水器	SN-4BL1-A	台	1
57	油压千斤顶	YZ60/290	台	1
58	油压千斤顶	60t	台	2
59	千斤顶	200t	台	1
60	电子汽车衡	60t	台	1
61	水泥筒仓(大)		台	2
62	水泥筒仓(小)		台	2
63	螺旋输送机		台	4
64	冷拔机电葫芦		台	1
65	钢筋冷拉系统		台	1
66	侧向吊	CXD-1	台	3
67	点焊床	DHC-1	台	6
68	管片翻身架	FSJ-1	台	2
69	雨晰太阳能系统		台	1
70	孔雀开水器	ZTK-TV	台	1

续上表

序号	设备名称	规格型号	单位	数量
71	钢筋切断机	GQ40F2	台	1
72	直流手工钨极氩弧焊机	NSA－200A	台	1
73	电、汽两用快速蒸饭车	KZ	台	1
74	自动恒温电饭铛	YCD	台	1
75	千斤顶	YCQ100	台	2
76	油泵	ZBJ3.2/6.3	台	2
77	灌浆机	UBL2.5/1.1	台	1
78	龙门式起重机	LQ22	台	1
79	空气压缩机	30HP	台	1
80	东风重型半挂牵引车	京 C41507	台	1
81	东风货车	京 AC875	台	1
82	东风货车	京 C41509	台	1
83	声震计	TES－1350A	台	1

北京建工集团构件厂的试验室设备清单 表 8-11

编号	设备名称	型号	单位	数量
001	水泥胶砂流动度测定仪	NLD－2	台	1
002	远红外线干燥箱	766	台	1
003	负压筛析仪	FYS－150B	台	1
004	ISO 水泥胶砂振实台	ZT－96	台	1
005	水泥净浆搅拌机	SJ－160	台	1
006	雷氏沸煮箱	F2－31	台	1
007	电动抗折试验机	KZJ－500	台	1
008	1kN 液压试验机	W4－87023	台	1
009	液压万能试验机	WE－30	台	1
010	压力试验机	NYL－2000	台	1
011	50L 强制式搅拌机		台	1
012	案秤	AGT－10	台	2
013	台秤	TGT－50	台	2
014	水泥胶砂搅拌机	01763JJ－5	台	1
015	500mL 量筒(杯)		台	4

续上表

编号	设备名称	型号	单位	数量
016	$1m^2$ 振动台	$JO_2-31-422$	台	1
017	托盘天平	HC. TP11B. 10/1000g	台	2
018	建筑材料结构检测仪	0039	台	1
019	混凝土试模	150mm × 150mm 100mm × 100mm 185mm × 175mm × 150mm	台	40
020	混凝土坍落度仪	200mm × 100mm × 300mm	台	2

8.4.3 北京住总集团构件厂

北京住总集团构件厂的主要生产设备见表 8-12 所列。

北京住总集团构件厂的主要生产设备　　表 8-12

序号	名称	型号	单位	数量
1	标准环模具	6 000mm × 5 400mm × 300mm × 1 200mm	套	2
2	右转弯模具	6 000mm × 5 400mm × 300mm × 1 200mm	套	2
3	左转弯模具	6 000mm × 5 400mm × 300mm × 1 200mm	套	2
4	双卧轴混凝土搅拌机	$35m^3/h$, HZS35	台	2
5	单梁吊车(钢筋车间)	1t	台	2
6	双梁桥式吊车		台	2
7	单梁吊车	5t	台	1
8	龙门式吊车	20m	台	1
9	龙门式吊车	35m	台	2
10	钢筋切断机		台	2
11	钢筋弯曲机		台	2
12	钢筋卷圆/螺旋成型机		台	2
13	CO_2 保护焊机		台	8
14	管片翻转架		台	2
15	管片抗渗试验台		座	2

续上表

序号	名　称	型　号	单位	数量
16	管片水平拼装平台		座	1
17	管片平移车		台	1
18	空气压缩机	$10m^3$	台	2
19	混凝土料斗平移车		台	2
20	锅炉	4t	台	1
21	锅炉(备用)	2t	台	1
22	靠尺	1 500mm	把	1
23	测角仪		个	5
24	角尺		把	1
25	螺旋千分尺		套	1
26	数字深度测量仪		件	1
27	读数放大镜		件	1
28	数字温度计		台	4
29	游标卡尺	1 500mm	把	1

8.4.4　港创瑞博构件厂

港创瑞博构件厂管片加工主要生产设备见表 8-13 及表 8-14 所列。

港创瑞博构件厂管片加工主要机械设备一览表　　表 8-13

序号	设备名称	规格型号	单位	数量	备注
1	管片模具	ϕ6m	套	20	
2	龙门吊	20/5t	台	3	
3	龙门吊	5t	台	2	
4	龙门吊	10t	台	1	
5	单梁桥式起重机	3t	台	4	
6	双梁桥式起重机	10t	台	3	
7	双梁桥式起重机	5t	台	2	
8	单梁桥式起重机	10t	台	2	
9	叉车	5	台	1	
10	叉车	10	台	1	
11	搅拌机	HZS120 机组	台	2	
12	装载机	ZL－50	台	2	

续上表

序号	设备名称	规格型号	单位	数量	备注
13	钢筋调直切断机	GT4/14	台	2	
14	钢筋切断机	GQ40F2	台	2	
15	钢筋弯弧机	W-32	台	3	
16	钢筋弯箍机	W-18	台	8	
17	钢筋弯曲机	40mm	台	2	
18	CO_2保护焊机	NBC-315	台	20	
19	翻片机		台	7	
20	管片运输车	5t	台	3	
21	管片抗渗台	自制	台	1	
22	管片水平拼装台	自制	台	1	
23	燃油锅炉	2t	个	2	
24	燃油锅炉	3t	个	1	
25	空气压缩机	$10m^3/min$	台	3	

材料试验、质检仪器设备　表 8-14

序号	仪器设备名称	规格型号	单位	数量	备注
A	试验设备				
1	压力机	NYL2000D	台	1	
2	万能试验机	WE-30	台	1	
3	水泥压力试验机	YEW-200	台	1	
4	自动调压混凝土抗渗仪	HS-4.0	台	2	
5	钢筋腐蚀测量仪	PS-6	台	1	
6	振动台	$1m^2$	台	1	
7	坍落度筒		个	2	
8	抗渗试模		组	6	
9	混凝土试模	10cm×10cm×10cm	组	30	
10	三级天平	DL-203B	台	1	
11	二级天平	500g	台	1	

续上表

序号	仪器设备名称	规格型号	单位	数量	备注
12	水泥稠度仪		套	1	
13	台秤	100kg	台	1	
14	案秤	10kg	台	1	
15	混凝土养护箱		台	1	
16	雷式沸煮箱		台	1	
17	干燥箱		台	1	
18	碎石压碎值仪	150.5	套	1	
19	温湿度控制仪		台	1	
20	小型混凝土搅拌机	60L	台	1	
21	水泥净浆搅拌机	160	台	1	
22	水泥试模		套	2	
23	砂筛	0.08～80mm	套	1	
24	石子筛	6611 型	套	1	
B	质检设备				
1	内径千分尺	0～1 500mm	把	1	
2	游标卡尺	0～1 500mm	把	1	
3	合尺	5m	把	10	
4	塞尺		把	3	
5	回弹仪		台	1	
6	直钢尺	1m	把	1	

8.4.5 北京市丰台区榆树庄构件厂

北京市丰台区榆树庄构件厂的主要管片生产设备见表 8-15 所列。

北京市丰台区榆树庄构件厂管片制造工艺设备及检测仪器 表 8-15

序号	名　称	型号、规格	单位	数量
1	标准环模具	6 000mm×5 400mm×300mm×1 200mm	套	4
2	左弯环模具	6 000mm×5 400mm×300mm×1 200mm	套	1
3	右弯环模具	6 000mm×5 400mm×300mm×1 200mm	套	1
4	全自动混凝土搅拌站	$60m^3/h$	座	1
5	双梁桥式吊车	10t	台	7
6	双梁桥式吊车	5t	台	2

续上表

序号	名　称	型号、规格	单位	数量
7	龙门吊车	10t	台	3
8	龙门吊车	5t	台	1
9	钢筋自动切断机		台	2
10	钢筋自动弯曲机		台	2
11	钢筋自动弯弧机		台	2
12	钢筋弯曲机	GUB-40-ED	台	5
13	电焊机	BX3-300-2A	台	8
14	翻片机		台	2
15	管片支架		个	2
16	管片吊架		个	2
17	管片摆渡车		台	2
18	管片试验反力架	200t	台	1
19	管片水平拼装平台		座	1
20	空气压缩机	$10m^3$	台	2
21	热水炉		座	1
22	下料斗		个	2
23	试验振动台		个	1
24	立方体试模	15cm×15cm×15 cm	个	12
25	抗渗试模		个	6
26	内径千分尺	100～2 000mm/0.01mm	把	2
27	游标卡尺	0～2 000mm/0.05mm	把	2
28	游标卡尺	0～450mm/0.02mm	把	2
29	水平尺	1215mm/L－250T	把	2
30	钢卷尺	GW－3 001	把	2

8.5　管片制造生产管理人员及劳动力配置

以北京市丰台区榆树庄构件厂为例，表8-16列出了管片制造所需生产管理人员及劳动力配置。

北京市丰台区榆树庄构件厂管片制造生产所需管理人员及劳动力配置　　表 8-16

工种	人数	工种	人数	工种	人数
弯弧	8	模具检测	4	桥吊(包地面)	8
弯曲	10	浇混凝土	8	成品	6
烧焊	10	光面	8	机动	2
开料	8	拔螺栓、养护	2	混凝土运输	4
脱模	8	修饰	4	混凝土监控	4
组模	16	检查	6	辅助人员	10

8.6　管片制造工艺流程及技术要求

8.6.1　工艺流程

不同管片生产厂家由于模具设计、工艺布置和管片养护方式不同，在管片制造工艺上可能会存在局部差异。图 8-10 为北京城建集团构件厂基于蒸汽养护方式的钢筋混凝土管片制造工艺流程；图 8-11 为北京市丰台区榆树庄构件厂基于蒸汽养护、养护池水养护方式的钢筋混凝土管片制造工艺流程。

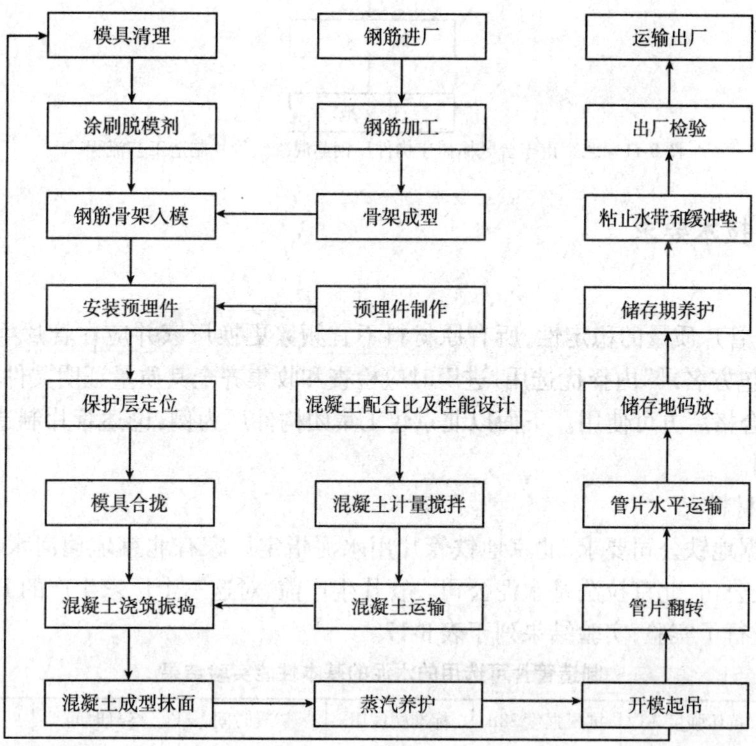

图 8-10　北京城建集团构件厂钢筋混凝土盾构管片制造工艺流程

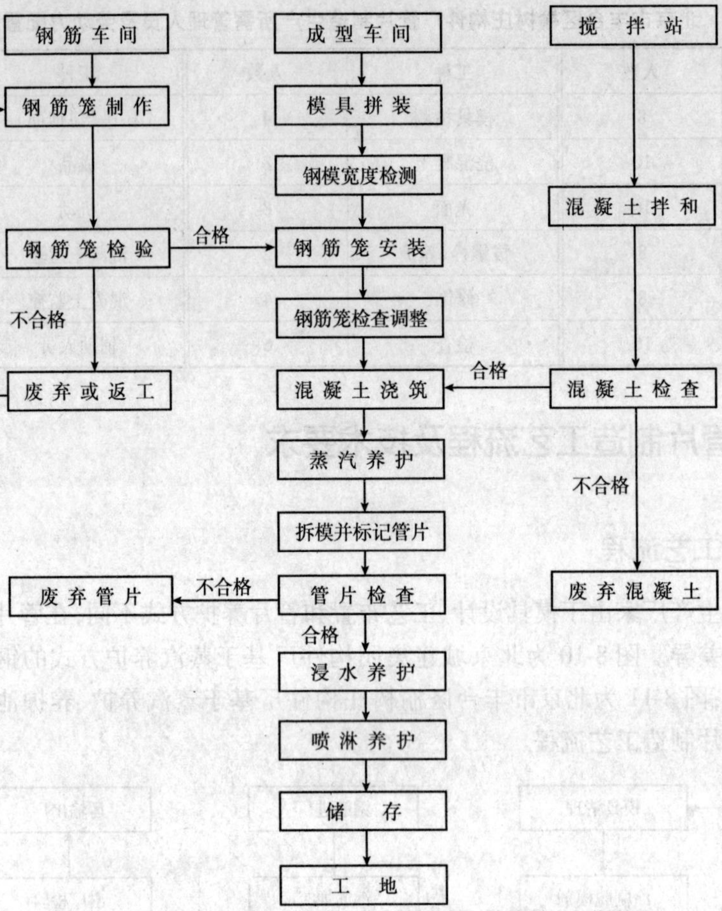

图8-11 北京市丰台区榆树庄构件厂钢筋混凝土管片制造工艺流程

8.6.2 技术要求

1)原材料

为了保证管片质量的稳定性,所有原材料不宜频繁更换厂家并应在管片生产企业评定的“合格分承包方名录”内择优选用,进厂时应检查和收集齐全其质量证明文件,进厂后应及时取样复试,合格后方可使用。下面以北京建工集团构件厂为例,论述管片制造过程原材料的选择和应用。

(1)胶凝材料

水泥:根据地铁公司要求,北京地铁管片用水泥指定厂家有北京琉璃河水泥厂、北京水泥厂有限责任公司、北京拉法基水泥公司。管片生产前,对这三个厂家生产的P. O42.5散装水泥的品质进行了实验,实验结果列于表8-17。

制造管片可选用的水泥的基本性能实验结果　　表8-17

水泥厂家	抗压强度3d(MPa)	抗压强度28d(MPa)	标准稠度用水量(mL)	初凝时间(h:min)	终凝时间(h:min)	安定性
琉璃河水泥厂	31	53.6	139.2	2:20	3:45	合格

续上表

水泥厂家	抗压强度 3d (MPa)	抗压强度 28d (MPa)	标准稠度用水量(mL)	初凝时间 (h:min)	终凝时间 (h:min)	安定性
北京水泥厂有限公司	31.5	52	141	2:35	4:00	合格
北京拉法基水泥公司	26.5	50.6	142	2:20	3:40	合格

经过实验和综合因素分析，最终确定琉璃河水泥厂生产的 P. O42.5 散装水泥作为生产管片混凝土使用的水泥。该种水泥的其他性能指标见表 8-18 所列。

制造管片所选用的水泥的性能指标实验结果　　表 8-18

项目	细度 (g/cm^3)	标准稠度用水量(%)	凝结时间 (h:min)		安定性	三氧化硫(%)	氧化镁(%)	烧失量(%)	碱含量(%)	氯离子含量(%)	抗折强度 (MPa)		抗压强度 (MPa)	
			初凝	终凝							3d	28d	3d	28d
实测值	0.4	26.8	2:48	3:41	合格	2.2	3.1	2.9	0.57	0.01	5.1	8.9	26.4	61.5

由于北京琉璃河水泥厂生产的水泥在北京市场上应用得比较多，故有时运到厂的水泥温度比较高，最高时达到 30～40℃，如直接用于混凝土生产中会使混凝土出模温度升高，出现假凝现象。为了保证混凝土的生产质量，要求供货商提供的水泥为转存水泥，运到管片制造厂的水泥出罐温度不得高于 20℃。同时，根据防水和耐久性要求，水泥中的碱含量应不超过 0.6%。通过系统的实验测试，该种水泥的碱含量能控制在 0.6% 范围内，并且质量比较稳定。

此外，在管片制造过程中还要求所用的水泥应保证生产出来的构件外观颜色基本一致。

粉煤灰：宜采用Ⅰ级粉煤灰，应有出厂合格证书和检验文件；如选用矿渣，其质量等级宜在 75 级以上；所用掺和料应保证生产出来的构件颜色基本一致，不建议使用复合掺和料。

最终选用了赤峰东元发展有限公司粉煤灰开发利用分公司生产的Ⅰ级粉煤灰，其性能指标见表 8-19。

粉煤灰性能指标　　表 8-19

项目	细度(%)	需水量比(%)	烧失量(%)	含水率(%)	三氧化硫(%)	$f-CaO$	碱含量(%)	氯离子含量(%)
测值	4.8	92	0.76	0.26	0.27	0.06	1.23	0.003

该种粉煤灰的优点是：质量稳定，物理化学性能较优良，货源充足且使用比较普遍，和不同品种的水泥及外加剂掺和使用情况表明，此掺和料和各种材料的适应性均比较好。

(2)砂

采用涿州河砂，细度模数 2.5(实测指标值见表 8-20)，含泥量 2.4%，泥块含量 0.5%，表观密度 2 740kg/m^3，堆积密度 1 510kg/m^3，属于低碱活性砂。砂的实际筛分及级配如表 8-20

及图 8-12 所示。

砂的实际筛分结果(试样总重 500g)　　表 8-20

筛孔尺寸 (mm)	分计筛余				累计筛余百分率 (%)	规范要求 JGJ 52
	质量 (g)	筛余 (%)	质量 (g)	筛余 (%)		
10	0	0	0	0	0	0
5.00	45	9	46	9	9	10～0
2.5	47	9	47	9	19	25～0
1.25	35	7	36	7	26	50～10
0.63	83	17	84	17	42	70～41
0.315	241	48	237	47	90	92～70
0.160	32	6	33	7	97	10～90
筛　底	17		18			
总　计	500		501			
损耗筛余量(%)	0		-0.01			<1%
细度模数	2.50		2.51		2.50	3.0～2.3
两次试验细度模数差					0.01	<0.2

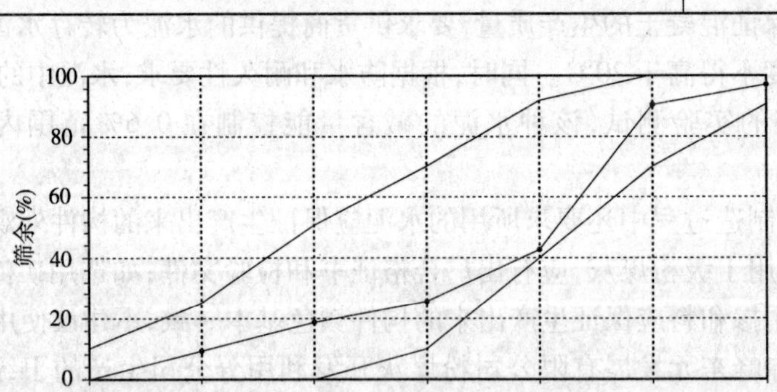

图 8-12　砂的实际级配曲线

依据试验结果,此砂为Ⅱ区中砂,各方面指标均满足规范及地铁公司要求,级配基本合理,适用于管片 C50、P10 混凝土。

(3)集料

采用涿州河碎卵石,5～25mm 连续级配,针片状含量 3.7%,含泥量 0.3%,泥块含量 0.2%,压碎指标值 4.4%,属于低碱活性集料。集料实际筛分及级配如表 8-21 及图 8-13 所示。

集料的实际筛分结果(试样总重 5kg)　　表 8-21

筛孔尺寸(mm)	分计筛余		累计筛余(%)	规范要求 JGJ 53
	质量(g)	筛余(%)		
25	197	3.9	4	0~5
20	1 531	30.6	35	—
16	1 507	30.1	65	30~7
10	1 566	31.3	99	—
5	169	3.4	99	90~100
2.5	4	0.1	99	95~100
筛　底	26			
总　计	5 000			
损耗筛余量(%)	0			<1%

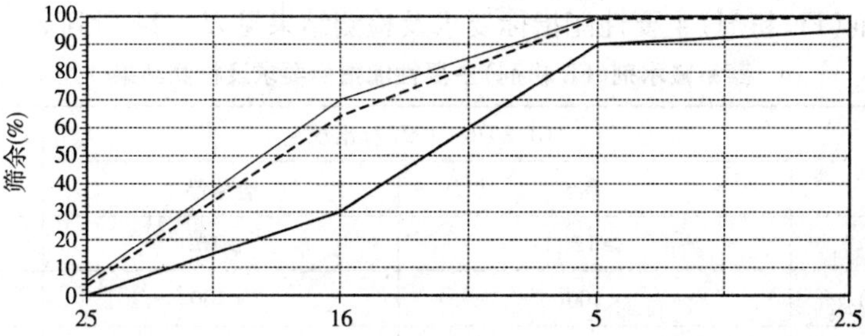

图 8-13　集料的实际级配

依据试验结果分析,该种集料各方面指标均满足规范及地铁公司要求,级配基本合理,适用于管片 C50、P10 混凝土。

从以上砂、集料的实际筛分图表分析,砂、集料级配指标合理,使用时较易控制混凝土的和易性和密实度。

(4)水

水的性能指标往往在混凝土配合比配置时被忽视,而恰恰是水中含有的一些化学组分影响混凝土中胶凝材料、外加剂的适应性,甚至还能严重影响到混凝土的耐久性。基于此,在管片混凝土生产过程中,通过对生产用水外送检验(检验结果见表 8-22),来严格控制管片拌和用水的品质。

管片制造用水的检验结果　　表 8-22

检验项目	pH 值	不可溶物(mg/L)	可溶物(mg/L)	氯化物(以 Cl^- 计)(mg/L)	硫酸盐(以 SO_4^{2-} 计)(mg/L)
检测结果	7	0	400	72	75

规范要求的钢筋混凝土拌和用水其有害物质含量应符合表 8-23 的规定。

规范要求的钢筋混凝土拌和用水有害物质含量 表 8-23

检验项目	pH 值	不可溶物(mg/L)	可溶物(mg/L)	氯化物(以 Cl^- 计)(mg/L)	硫酸盐(以 SO_4^{2-} 计)(mg/L)
要求	≥4	≤2 000	≤5 000	≤1 200	≤2 700

检验结果表明,各组分指标均能达到混凝土行业标准要求,拌和用水的品质优良。

(5)外加剂

宜选用适合蒸汽养护的高效减水剂,需有出厂合格证书和检验证明,进厂后按规定进行性能试验和混凝土试配。另外,所用的外加剂应保证生产出来的构件外观颜色基本一致并且气泡少。

外加剂的选取原则为:满足生产要求、便于振捣排气、质量稳定、和胶凝材料有良好的适应性、供货方有良好的社会信誉和充足的货源、价位合理。本着这些基本原则,对几十种外加剂品种进行了大量的对比试验,下面重点列举几种减水剂的主要性能指标及其优缺点。

①萘系减水剂(FE 粉剂)

萘系减水剂(FE 粉剂)主要性能指标要求及检测结果见表 8-24 所列。

萘系减水剂(FE 粉剂)主要性能指标要求及检测结果 表 8-24

测试项目		GB 8076—1997 标准规定		检测结果
		一等品	合格品	
减水率(%)		≥12	≥10	20
泌水率比(%)		<100	<100	18
含气率(%)		<4.5	<4.5	2.4
凝结时间之差(min)	初凝	> +90	> +90	-1
	终凝	—	—	-19
抗压强度比	3d	>125	>120	185
	7d	>125	>115	164
	28d	>120	>110	147
收缩率比(%)	28d	<135	<135	124
对钢筋锈蚀作用	对钢筋无锈蚀作用			
每立方米混凝土带入碱量	0.593kg			
碱总量(%)	19.84			

试验分析:减水率一般在 15% ~25%,基本上不影响混凝土的凝结时间,引气量低(小于2%),提高混凝土强度效果较明显,缺点是碱总量偏高,每立方米混凝土带入碱量偏高。属复合型减水剂,保塑、缓凝效果比较明显,很难满足管片大规模生产要求。

②萘系减水剂(迈地 150)

萘系减水剂(迈地 150)主要性能指标检测结果见表 8-25 所列。

萘系减水剂(迈地 150)主要性能指标检测结果　　表 8-25

pH 值	8.0~10.0
相对密度	1.19~1.21
固含量(%)	38~42
氯盐含量(%)	小于 0.005
硫酸钠(%)	小于 0.4
对钢筋锈蚀作用	对钢筋无锈蚀作用
每立方米混凝土带入碱量	0.05kg

试验分析:减水率比较高,可达 30%,具有高温耐热性,适于蒸养,质量稳定,长期存放无沉淀。缺点:和部分水泥的适应性还有待于进一步的试验,北京没有生产基地,增加了运输成本。

③AN3000 高效减水剂(氨基磺酸类)

AN3000 高效减水剂(氨基磺酸类)主要性能指标检测结果见表 8-26 所列。

AN3000 高效减水剂(氨基磺酸类)主要性能指标检测结果　　表 8-26

pH 值		9
相对密度		1.12
固含量(%)		30±1
氯离子含量(%)		未检出
含气量(%)		1.7
抗压强度比	3d	188
	7d	172
	28d	134
对钢筋锈蚀作用		对钢筋无锈蚀作用
每立方米混凝土带入碱量		0.2kg

试验分析:减水率比较高,具有高温耐热性,适于蒸养,无毒,产品质量稳定,和水泥适应性较好,可以和萘系减水剂复合使用。缺点:此减水剂储存时间较长时略有沉淀。

④聚羧酸高效减水剂(SK-20HE)

聚羧酸高效减水剂(SK-20HE)主要性能指标检测结果见表 8-27 所列。

聚羧酸高效减水剂(SK-20HE)主要性能指标检测结果　　表 8-27

减 水 率(%)	31
含气量(%)	1.2
混凝土外加剂释放氨的量(%)	未检出
氯离子含量(%)	未检出
总碱量(%)	0.28

续上表

抗压强度比	3d	170
	7d	172
	28d	142
对钢筋锈蚀作用		对钢筋无锈蚀作用
每立方米混凝土带入碱量		0.01kg

试验分析:在掺量很小的情况下可产生较好的分散效果,具有优良的早强作用,为蒸汽用混凝土专门配置,产品质量稳定,和水泥适应性较好,适宜配置高强混凝土。缺点是此减水剂造价相对较高。

(6)钢筋

依照北京地铁公司相关文件规定,地铁工程用钢筋必须从首钢、唐钢、承钢、莱钢四个钢铁公司之一或多家采购钢材,但对具体经销商不做限制。

钢筋进场时必须附有质量保证书,进场后必须按照北京市见证取样规定进行取样送检,经试验室按规范批量抽样检验合格后方可投入使用。钢筋必须按规格分类挂牌堆放,钢筋表面应洁净,不得有油漆、油垢、锈皮,钢筋必须顺直,调直后表面伤痕不应使钢筋截面积减少,当钢筋出现颗粒状或片状锈蚀现象时必须停止使用。

根据设计图纸的要求,钢筋分别采用了光圆钢筋和螺纹钢筋,牌号分别为 Q235 和 HRB335。每进货一次,视为一批量,且不大于60t,检验结果必须严格符合现行国家标准《钢筋混凝土用热轧带肋钢筋》(GB 1499)等的规定。除了这些标准之外,管片纵向受力钢筋的强度还应符合以下规定:

①钢筋的抗拉强度实测值与屈服强度实测值的比值,不应小于1.25。

②钢筋的屈服强度实测值与强度标准值的比值不应大于1.3。另外,当钢筋发生脆断、焊接性能不良或力学性能显著不正常等现象时,应对该批钢筋进行化学成分检验或其他专项检验。

(7)管片加工辅助材料

①脱模剂

应选用质量稳定、无气泡、适于喷涂、脱模效果好的脱模剂,并使构件外观颜色一致,表面光滑、无气泡。北京城建集团构件厂经试验对比,选择了天津产花王脱模剂。

②养护剂

养护剂的作用机理是在管片表面或表层形成一层水膜,从而防止混凝土早期水化时水分损失,可以减少收缩,起到良好保水养护和抗裂防渗效果,特别是在冬季当不适宜浇水养护或水池浸泡时采用。但是经过多年试验,国内外生产的养护剂使用效果均不明显。

③灌浆头、塑料弯管

按设计要求选用聚酰胺材质,固定厂家供货。

④保护层垫块

形状有方形的和圆形的,厚度满足保护层要求,并且具有一定的强度。

⑤橡胶密封垫

a. 材料由三元乙丙橡胶挤出硫化而成；

b. 橡胶密封垫在环缝张开 6mm、纵缝张开 6mm 时，要求能长期承受 0.6MPa 水压；

c. 橡胶密封垫与混凝土管片间用单组分氯丁—酚醛胶黏结。

⑥传力垫

传力垫（软木垫）粘贴于背千斤顶管片环面上，目的是为防止错缝拼装时由于环面高差引起管片碎裂。

衬垫厚 2mm，抗拉强度大于 0.55MPa，压缩率（压力 10MPa）大于 90%，回弹率大于 75%，用氯丁—酚醛胶黏结。

（8）其他材料

焊丝等材料确保满足使用要求。

2）混凝土配合比设计

（1）设计依据

①混凝土强度等级 C50，抗渗等级 P10；

②结构设计使用年限 100 年；

③控制体积水胶比不超过 0.46，最大氯离子含量 0.06%；

④宜使用非碱活性集料，当使用碱活性集料时，混凝土中最大碱含量不大于 $3kg/m^3$；

⑤混凝土应满足《预防混凝土结构工程碱集料反应规程》（DBJ 01－95—2005）要求。

（2）配合比设计

研究与确定管片混凝土配合比时，遵循的基本思路应是：满足管片强度要求、抗渗要求、外观质量要求和生产工艺要求，而且经济合理。

下面以北京建工集团构件厂为例，论述混凝土配合比的研究和确定的过程。

确定管片混凝土的配合比时，需要解决的难点是：在养护不超过 50℃ 的低温条件下，管片的出池强度达到 20MPa；适应不同的施工要求，混凝土坍落度不大于 100mm，具有适宜的黏度、很好的排气性能；管片外观颜色均匀一致，可见裂缝符合规范要求。

经过上百次的不断地反复试验，首先确定了第一套施工配合比，之后，由于生产要求的不断变换，又陆续地对配合比进行了优化调整。

生产水平、操作环境对施工混凝土的影响是非常大的，这也是混凝土配置前所应考虑的主要因素之一。由于该公司管片厂生产车间为封闭式，集料厂房为半封闭式，可以有效地减少恶劣天气及风沙对集料的影响，从而能很好地控制每盘集料含水率的偏差。该厂的搅拌设备为全自动计量器具，计量误差不大于 3%；混凝土振捣方式为分离式全自动控制振动；生产作业区的管片养护区为封闭式车间，车间温度全年保持在 20～30℃。针对这样的生产水平和操作环境，准备配合比时，不需要把不同季节的外界环境加以考虑，只需考虑胶凝材料、集料、外加剂的性能变化即可。

依据所积累的混凝土配合比的试验经验，不断地满足生产变换的要求，在管片生产过程中，基本可以做到在 24h 内根据生产的要求确定合理的配合比。

①2003 年 11 月至 2004 年第一季度用配合比的前期准备及施工配合比

在第一套配合比确定之后，因在生产初期下达的生产任务比较紧，该厂在外加剂选择方面倾向于比较熟悉且常用的固态萘系高效减水剂。表 8-28 为基于固态萘系高效减水剂进行的配合比试验结果。

基于固态萘系高效减水剂的配合比试验结果 表 8-28

序　号	水泥（kg）	水（kg）	砂石（kg）	外加剂（kg）	掺和料（kg）	和易性	出池强度（MPa）	标养 28d 强度（MPa）	渗水深度（mm）
01	368	150	1 779	3.45	100	良好	21	58	50
02	368	150	1 779	2.3	100	良好	19	57.5	51
03	368	150	1 779	3.45	100	良好	20	57.6	55
04	368	160	1 805	2.16	90	良好	17.5	58.5	53
05	359	160	1 841	2.24	90	良好	19	58	52
06	332	160	1 875	2.1	83	良好	20	56.5	55
07	332	160	1 800	2.45	98	良好	19	56	56
08	332	160	1 875	2.1	83	良好	20	55.8	48
09	332	155	1 875	2.1	83	良好	20	57	53
10	332	155	1 875	2.1	83	良好	20	58	52
11	332	155	1 875	2.1	83	良好	20	58.5	50

注：1. 11 号配合比，施工性能良好，确定为施工基准配合比。

2. 渗水深度是在 P12 抗渗等级要求下，试块渗水试验完成后立即对渗水试块劈裂测量得出的渗水高度。

此组配合比和易性、可操作性、抗渗性能、混凝土碱含量、氯离子含量均能满足要求，但由于使用固态外加剂，搅拌时间需要延长且凝结时间过长（最长初凝时间为 5h、终凝时间为 7h），成品外观气泡分布较多。为了提高混凝土的抗渗性能和改善混凝土的外观质量，该厂试图在混凝土中加入一定量的引气剂以提高抗渗性，加入一定量的消泡剂以减少混凝土的外观气泡。在混凝土中所加的引气剂的性能见表 8-29。

混凝土引气剂的性能 表 8-29

<table>
<tr><th rowspan="2">测试项目</th><th colspan="3">GB 8076—1997 标准规定</th><th rowspan="2">检测结果</th></tr>
<tr><th colspan="2">一等品</th><th>合格品</th></tr>
<tr><td>含气量（%）</td><td colspan="3">>3.0</td><td>4.9</td></tr>
<tr><td>抗压强度比</td><td>28d</td><td>≥90</td><td>≥80</td><td>141</td></tr>
<tr><td>对钢筋锈蚀作用</td><td colspan="4">对钢筋无锈蚀作用</td></tr>
<tr><td>碱含量（%）</td><td colspan="4">2.76kg</td></tr>
</table>

掺加引气剂的混凝土配合比试验结果见表 8-30。

掺加引气剂的混凝土配合比试验结果 表 8-30

序号	胶凝材料（kg）	水（kg）	砂石（kg）	外加剂（kg）	引气剂（kg）	和易性	出池强度（MPa）	标养 28d 强度（MPa）	渗水深度（mm）
01	415	155	1875	2.1	0.4	良好	15	43	52
02	468	150	1779	3.45	0.7	良好	16	46	51

试验结果表明，掺加引气剂对提高混凝土抗渗能力不是很明显，但是对于混凝土的强度影响较大。

在混凝土中所加的消泡剂的性能见表 8-31。

混凝土消泡剂的性能　　表 8-31

检测项目	结　果
堆积密度	390g/L
活性成分	固定于无机基体上的表面活性多元醇
颗粒尺寸	最多 8% 留在 0.8mm 筛网上

掺加消泡剂的混凝土配合比试验结果见表 8-32。

掺加消泡剂的混凝土配合比试验结果　　表 8-32

序　号	胶凝材料(kg)	水(kg)	砂石(kg)	外加剂(kg)	消泡剂(kg)	和易性	出池强度(MPa)	标养 28d 强度(MPa)	渗水深度(mm)
01	415	155	1 875	2.1	0.2	黏聚性不够	19	56	51
02	468	150	1 779	3.45	0.3	黏聚性不够	20	58	50

试验结果表明，掺加消泡剂降低了混凝土的黏聚性。通过进一步的实体试验观察，同样生产工艺、振动方式、振动时间的混凝土外观气泡不能减少。随着生产任务的增加，这样的混凝土已不能满足后期的生产要求。基于这样的结果，该厂通过对各种混凝土用原材料的进一步优选，确定出了更能满足生产要求的配合比。

②2004 年初至 2006 年配合比的前期准备及施工配合比

基于 2003 年 11 月至 2004 年第一季度的试验、生产经验，在优选原材料的基础上，取消引气剂、消泡剂，进一步开展了混凝土配合比试验研究，结果见表 8-33。

2004 年初至 2006 年配合比的前期试验结果及选定的施工配合比　　表 8-33

序　号	水泥(kg)	水(kg)	砂石(kg)	外加剂(kg)	掺和料(kg)	和易性	出池强度(MPa)	标养 28d 强度(MPa)	渗水深度(mm)
01	332	150	1 875	4.15	83	良好	19	55.1	60
02	315	147	1 906	3.94	79	良好	17.5	53.3	70
03	399	154	1 849	4.49	50	良好	21	63	40
04	373	152	1 883	4.15	42	良好	20	60.9	45
05	441	152	1 808	4.9	49	良好	21	66	42
06	408	152	1 880	9.6	72	良	35	72	35
07	399	140	1 833	8	45	良好	36	75	20
08	373	140	1 869	8.3	42	良好	25	68	30
09	399	150	1 851	6.7	50	良好	24	67	35

续上表

序　号	水泥（kg）	水（kg）	砂石（kg）	外加剂（kg）	掺和料（kg）	和易性	出池强度（MPa）	标养 28d 强度（MPa）	渗水深度（mm）
10	399	152	1 799	6.7	50	良好	21	62	42
11	409	150	1 780	5	46	良好	26	68.1	43
12	399	150	1 792	5.8	50	良好	23	65	35
13	399	150	1 792	5.8	50	良好	25	64	30
14	399	150	1 792	5.8	50	良好	22	62.5	36

注：14 号确定为施工基准配合比。

试验结果表明，该组配合比配制的混凝土，其和易性、可操作性、抗渗性能、混凝土碱含量、氯离子含量均能满足要求，强度保证率高，成品外观气泡较少，表面观感质量好，可见裂缝很少，且终凝时间缩短至 6h，能满足双班生产要求。

为了更好地减少混凝土的可见裂纹，从而提高混凝土的耐久性，该厂还进行了在混凝土中掺加聚丙烯纤维的试验。所掺加的聚丙烯纤维的性能见表 8-34。

聚丙烯纤维的性能　　表 8-34

直径（μm）	20、30、48	燃点（℃）	约为 580
长度（mm）	5、8、15、19、12	耐酸性	极高
断裂强度（MPa）	>400	安全性	无毒、无刺激
密度（g/cm^3）	0.91	耐碱性	极高
初始模量（GPa）	>3.5	导热性	极低
断裂伸长率（%）	15～35	抗低温性	好
熔点（℃）	约为 160	磁性	无

掺加聚丙烯纤维的配合比试验结果见表 8-35。

掺加聚丙烯纤维的混凝土配合比试验结果　　表 8-35

序号	胶凝材料（kg）	水（kg）	砂石（kg）	外加剂（kg）	纤维（kg）	和易性	出池强度（MPa）	标养 28d 强度（MPa）	渗水深度（mm）
01	450	155	1 792	5.8	0.6	良好	20	64	32
02	450	155	1 792	5.8	0.9	良好	21	63	35
03	465	155	1 772	5	0.6	良好	22	64	33
04	465	155	1 772	5	0.9	良好	22	64	33
05	450	155	1 806	7	0.6	良好	23	66	32
06	450	155	1 806	7	0.6	良好	22	63.5	30

试验结果表明,掺加聚丙烯纤维的混凝土用水量均比基准混凝土提高 3%,外表面均有不同程度的纤维外露现象,影响混凝土成品的外观质量,同时对成品进行对比观察,裂纹并无明显减少倾向。

③2006 年第二季度至 2007 年配合比的前期准备及施工配合比

在 2006 年,因管片供应任务愈来愈紧张,该厂决定利用现有模具实现 24h 连续作业方式进行管片生产。这种生产方式在几个管片厂中尚属先例。要实现这种方式生产混凝土管片,就需要对配合比进行大量的可行性试验,这对于配合比试验工作来说也是一个新的考验。该厂在确保混凝土的强度、抗渗性、抗裂性、可操作性等指标不降低的前提下,试验摸索出了在不掺加任何早强剂的情况下,通过尽可能地缩短混凝土的凝结时间来保证管片模具周转时间的混凝土施工配合比。试验结果见表 8-36。

为实现 24h 连续作业方式进行管片生产而开展的混凝土配合比试验结果　　表 8-36

序号	水泥(kg)	水(kg)	砂石(kg)	外加剂(kg)	掺和料(kg)	凝结时间(h)	出池强度(MPa)	标养28d强度(MPa)	湿密度(kg/m^3)	能否满足三班连续生产要求	原因分析
01	332	155	1 875	2	83	8	38	57.5	2 470	否	外加剂性能不能满足要求,后期强度率低
02	373	152	1 883	4.49	42	8	40	58	2 460	否	更换外加剂品种后在增加水泥用量情况下凝结时间不能缩短
03	373	152	1 883	4.15	42	7	40	58.5	2 465	否	更换外加剂后不能满足施工要求
04	441	152	1 808	4.9	49	7.5	42	63	2 470	否	增加水泥用量后不能满足施工要求
05	449	154	1 849	4.49		7	45	67	2 450	否	在不掺用掺和料的情况不能满足施工要求
06	399	140	1 833	9	45	7	45	70	2 440	否	在增大外加剂用量、减少用水量的情况下还是无法满足施工要求
07	373	140	1 869	8.3	42	7	42	71.2	2 443	否	在调整外加剂凝结时间的情况下还是不能满足施工要求

续上表

序号	水泥(kg)	水(kg)	砂石(kg)	外加剂(kg)	掺和料(kg)	凝结时间(h)	出池强度(MPa)	标养28d强度(MPa)	湿密度(kg/m³)	能否满足三班连续生产要求	原因分析
08	430	151	1 849	5.16		6	41	65.5	2 450	否	在增大水泥用量、不掺用掺和料的情况下不能满足施工要求
09	399	154	1 849	2.25	50	6	39	58.5	2 472	否	减水剂用量过小,不能满足施工要求
010	450	180	1 742	7	50	5	46	75	2 435	能	黏稠度过大,操作比较困难,综合造价过高
011	399	130	1 849	3.14	50	4.5	42	72.5	2 440	能	黏稠度大,操作比较困难,不易成品排气
012	409	150	1 790	5	46	5	40	67	2 450	能	黏稠度大
013	399	150	1 810	5.8	50	5	41	62.5	2 443	能	满足施工要求
014	370	145	1 810	5.8	50	4.5	40	61.5	2 410	能	满足施工要求
015	370	142	1 810	5.8	50	4.5	42	62	2 416	能	满足施工要求
016	370	142	1 810	5.8	50	4	40	63	2 400	能	满足施工要求

试验结果表明,通过对外加剂的合理选择、砂率的优化调整、胶凝材料的有效控制,完全可以满足管片连续作业的生产要求,混凝土的总碱量、氯离子含量、抗渗等级等耐久性指标均能满足设计和规范要求。从成品的外观质量上看,混凝土管片外观颜色一致,出池、养护期间未见裂纹,28d 后的可见裂缝均能控制在规定范围内,满足生产要求。

3)耐久性设计

混凝土的耐久性是指混凝土结构在自然环境、使用环境及材料内部因素的作用下,保持其自身工作能力的性能。混凝土所处的环境可以划分为一般大气环境、海洋环境、土壤环境及工业环境等。混凝土的材料内部因素的作用指的是材料的物理化学作用,如混凝土的碳化、钢筋锈蚀等。由混凝土耐久性引起的工作性能的改变包括混凝土结构构件承载能力的降低等。因此,混凝土材料耐久性的一种综合度量指标,是外部侵蚀性物质(水、气及溶于水、气中的其他分子和离子等)侵入混凝土内部的难易程度。

配制管片混凝土时,该厂采取的确保管片耐久性的技术措施包括:①选用质量稳定、低水化热和含碱量低的水泥,尽可能避免使用早强水泥和 C3A 含量高的水泥;②使用优质Ⅰ级粉煤灰作为掺和料;③采用高效减水剂尽量降低拌和水用量;④选用坚固耐久、级配合格、粒形良好的洁净集料,重视集料级配与粗集料粒形要求,采用无碱集料反应危害的集料;⑤尽量取用较低的水胶比和较少的水泥用量,并通过严格的质量控制,使其达到良好的工作性、均匀性、密实性和体积稳定性；⑥限制单方混凝土中胶凝材料的最低和最高用量；⑦确保混凝土中的碱含量、氯离子含量符合设计和规范要求。

经检验，管片用混凝土的反复冻融试验能达到25 次冻融循环以上，强度无损失，质量损失 >0.05%。混凝土抗渗性能符合 P12 要求，渗透系数为 $K_r = 6 \times 10^{-15}$ m/s。该厂委托清华大学土木工程系建筑材料研究所进行氯离子扩散系数测定，测试结果为 292×10^{-10} cm/s。根据《地铁设计规范》(GB 50157—2003)第 11.6.7 条要求，盾构法施工的隧道结构混凝土渗透系数不宜大于 5×10^{-13} m/s、氯离子扩散系数不宜大于 8×10^{-9} cm/s，显然该厂生产的混凝土氯离子扩散系数不能满足规范要求。清华大学土木工程系建筑材料研究所认为，以他们的大量试验经验证明，规范要求的氯离子扩散系数，以 C50 强度等级的混凝土进行试验是很难达到要求的，如果要达到规范要求的氯离子扩散系数，混凝土的强度等级至少要在 C80 以上。就此疑问，该厂向《地铁设计规范》(GB 50157—2003)主要编写人员进行了咨询，他们的解释是，规范要求的混凝土渗透系数和氯离子扩散系数两项指标中，只要有一项指标能达到要求，就可以认定符合规范要求。基于这种解释，该厂认定其所生产的 C50、P10 混凝土能满足设计和规范提出的耐久性要求。

4)裂缝控制措施

水泥在水化过程中会放出大量的水化热，而混凝土内外的冷却速度却不同，如果混凝土内外温差超过 25℃，就会使混凝土产生早期温度裂缝。所以，在设计和确定配合比时，首先要选用低水化热水泥，并在混凝土中掺加一些降低早期水化热的粉煤灰掺和料。

在管片制造过程中，采取的裂缝控制措施包括：①夏季施工时，应尽量降低砂石料进入搅拌机的温度，保证混凝土的入模温度不高于 20℃；②冬季采用综合蓄热法进行施工，保证混凝土的入模温度不低于 15℃；③混凝土强度达到 20MPa 及以上时再拆模；④严格控制混凝土早期升降温时间，使混凝土内外温差梯度不高于 20℃；⑤合理安排混凝土施工顺序；⑥加强对混凝土的养护，保证混凝土湿养时间不少于 7d，蒸养出池管片要在车间自然环境下放置不少于 16h，使混凝土管片表面缓慢冷却；⑦对混凝土要进行二次抹压，在进行二次抹压表面处理后，要立即加以养护，避免和减少混凝土在升温阶段的裂缝产生；⑧采用水养护法，使混凝土处于湿润状态，养护应不少于 7d；⑨严格控制混凝土坍落度，并保证混凝土具有良好的的和易性；⑩模板安装时均匀涂上一层性能良好的水性脱模剂，以减少干燥模板对混凝土内部水分的吸收，同时减少起模时模板对管片的拉应力；⑪在混凝土未终凝前，用木抹子拍打压实混凝土，大大减小混凝土收缩应力，从而有利减少混凝土的早期收缩裂缝；⑫严格控制管片混凝土的稠度在要求范围内；⑬通过实验来选用振动时间，不得漏振或过振，严格控制管片上表面的浮浆层厚度。

该厂对管片采取水养护措施，管片的前期养护是影响管片后期开裂的重要因素之一。规范规定管片成品前期必须进行不少于 7d 的湿养护，该厂最初采用管片在出池放置 12h 后入养护池进行密集的雾化喷淋洒水养护的方法。此方法的优点是节约资源，养护水可以循环利用，水以雾化的形式喷洒可以使养护池区形成一个巨大的湿气场，保证管片表面的湿润性。但是，使用一段时间后发现由于养护池的面积有限，管片码放得过于紧凑，使个别管片表面形成色差，影响到了管片颜色的一致性。经过分析原因后，决定采用注入高碱水使管片整体没入的全湿养护方法，这样可以从根本上解决湿度不均的问题。该养护方法在使用一段时间后，发现由于使用高浓度的碱水，管片在吊出养护池、放置于自然环境后，管片个别部位有一种暗色的养护痕迹，经过很长时间后也不能完全消退。通过对养护水进行检测（检测结果见表8-37），发现养护水的硬度明显增加，这可能就是造成这种现象的主要原因。

管片养护水各项性能指标 表8-37

项　目	测定结果	单　位	项　目	测定结果	单　位
总碱度	1.21×10^3	$(CaCO_3)$mg/L	色度	<2	度
总硬度	5.0	$(CaCO_3)$mg/L	浑浊度	<1	度
总酸度	0.0	$(CaCO_3)$mg/L	臭和味	无	—
矿物油	2.10	mg/L	肉眼可见物	无	—
总放射性	—	Bq/L	pH值	11.73	—

为了改变这种现象，该厂又改变了养护工艺，用塑料布封闭覆盖管片，在管片底部注入不高于码放垫木的纯净水，利用养护车间的自然温度（全年保持在20～30℃）和管片水化放出的热量，使水变成水蒸气，在管片养护区形成一个自然的“蒸养池”。这种方法不仅能保证混凝土的前期水化用水，防治裂缝开展，提高混凝土耐久性，还可以最大限度地利用现有的养护车间。采用这种养护方式，需要注意的是码放要严格按管片生产时间进行，管片在完成吊装运输后要立即对其用塑料布密封。经过一段时间的验证，此养护方式下的管片，裂缝控制符合要求，外观颜色一致。

北京城建集团构件厂在混凝土配合比设计时，优先采用优质粉煤灰和磨细矿渣的双掺技术，以降低水化热，改善硬化混凝土性能；在满足设计要求的条件下，尽量采用低水泥用量和低的水胶比；在满足施工性能的前提下，尽量采用低坍落度。在历经7年的管片生产过程中，结合材料质量状况也在不断地调整优化混凝土配合比，表8-38为该厂历年使用的混凝土配合比情况。

历年使用的混凝土配合比 表8-38

序　号	时　间	坍落度（mm）	水泥（kg）	水（kg）	砂（kg）	石（kg）	掺和料（kg）	外加剂（kg）
1	2005年	60～80	350	134	680	1 143	93	2.0
2	2006年	60～80	361	133	692	1 116	96	2.79
3	2007年	60～80	366	133	677	1 134	91	2.83

根据北京住总集团管片厂所选用的材料的特点，依据《普通混凝土配合比设计规程》JGJ 55进行的配合比设计如下所述。

(1)已知条件

①水泥：北水P. O42.5，试验编号：D2005－024。

②砂：北京京涛天易砂石贸易有限公司，试验编号：D2005－028。砂为天然水洗砂，细度模数2.9，含泥量0.4%，泥块含量0.5%，砂含水率2.0%。

③石：昌平居庸关5～25mm碎石，试验编号：D2005－031。含泥量0.4%，泥块含量0.2%，压碎指标值8%，针片状含量1.4%。

④外加剂：天津雍阳UNF－5AST高效减水剂，试验编号：D2005－009。

⑤水为饮用水。

⑥掺和料为矿粉，S95 级，北京恒基力业工贸有限公司，试验编号：D2005 - 008。

(2)配合比初步计算

①计算水灰比：

$$f_{cu,0} \geqslant f_{cu,k} + 1.645\sigma$$

式中：$f_{cu,0}$——混凝土配制强度(MPa)；

$f_{cu,k}$——混凝土立方体抗压强度标准值(MPa)；

σ——混凝土强度标准差(MPa)，此配合比取 6.0MPa。

所以 $f_{cu,0} = 50 + 1.645 \times 6.0 = 59.9$(MPa)

$$\text{水灰比 } W/C = (\alpha_a \times f_{ce})/(f_{cu,0} + \alpha_a \times \alpha_b \times f_{ce})$$

式中：α_a、α_b——回归系数，此配合比取 $\alpha_a = 0.46$，$\alpha_b = 0.07$；

f_{ce}——水泥 28d 抗压强度实测值(MPa)，此配合比取 44.0MPa。

所以 $W/C = (0.46 \times 44.0)/(59.9 + 0.46 \times 0.07 \times 44.0) = 0.33$

根据工程要求 W/C 取 0.34、0.33、0.32。

②用水量取 143kg/m³。

③水泥用量：

a. $W/C = 0.34$，总胶结料为 420 kg/m³，水泥为 360 kg/m³，矿粉为 60 kg/m³；

b. $W/C = 0.33$，总胶结料为 433 kg/m³，水泥为 365 kg/m³，矿粉为 68 kg/m³；

c. $W/C = 0.32$，总胶结料为 447 kg/m³，水泥为 370 kg/m³，矿粉为 77 kg/m³。

④砂率 β_s 的选择：

a. $W/C = 0.34$，$\beta_s = 37\%$；

b. $W/C = 0.33$，$\beta_s = 36\%$；

c. $W/C = 0.32$，$\beta_s = 35\%$。

⑤计算砂石用量，采用质量法，取每立方米混凝土质量为 2 450 kg。

a. $W/C = 0.34$，砂石总质量为 2 450 - 143 - 420 = 1 887(kg)

砂子用量：1 887 × 37% = 698 (kg)　　石子用量：1 887 - 698 = 1 189(kg)

b. $W/C = 0.33$，砂石总质量为 2 450 - 143 - 433 = 1 874(kg)

砂子用量：1 874 × 36% = 675 (kg)　　石子用量：1 874 - 675 = 1 199(kg)

c. $W/C = 0.32$，砂石总质量为 2 450 - 143 - 447 = 1 860(kg)

砂子用量：1 860 × 35% = 651(kg)　　石子用量：1 860 - 651 = 1 209(kg)

根据以上各种原材的用量进行试拌，通过观察拌和物的和易性，可以初步确定混凝土的基准配合比，再通过试件的强度就可以基本确定混凝土的配合比。

5)钢筋加工

(1)半成品加工

①钢筋用料表应根据施工图纸和相应标准规范出具，并应经项目总工复核签字后才能使用。

②钢筋原材必须是经过试验合格的产品才能用于结构施工，钢筋半成品加工应根据钢筋用料表进行。

③钢筋半成品加工应分为调直、切断、弯曲、焊接几个主要工序。

④各工序应分别进行加工,半成品应分别进行码放。

⑤及时进行质量检验和状态的标识,经检验员检查不合格的不准使用,并按不合格品程序进行评审处置。

⑥试验员应及时按标准规范要求取样试验,复试合格后及时进行状态标识,不合格的按程序进行复试,仍不合格的按不合格品处置。

⑦质量要求:钢筋应平直,表面不应有裂纹、油污、划伤、锤痕和片状老锈等缺陷,焊接接头不应有裂纹、烧伤、焊瘤,弯曲无裂缝,钢筋加工允许偏差应符合表8-39要求。

钢筋加工允许偏差　　表8-39

项　目		允许偏差(mm)	检查方法
切断	长　度	+3、-5	用尺量
弯折	弯折点位置	±10	
	箍筋内径	±2	

(2)钢筋骨架制作工序及技术要求

①钢筋骨架制作工序

a. 焊接钢筋骨架;

b. 焊接弯螺栓加强筋;

c. 安装焊接吊装埋件螺旋筋;

d. 在骨架的箍筋上绑扎塑料垫块;

e. 检查钢筋笼并填写钢筋分项工程质量检验评定表。

②技术要求

a. 钢筋焊接前,必须根据施工条件进行试焊,合格后方可施焊。焊工必须持有焊工考试合格证。

b. 焊接骨架和网片的焊点设置要求:焊接骨架的所有钢筋相交点全部焊接。

c. 焊接骨架的质量应符合下列要求:外观检查,每批抽查10%,并不得少于3件;焊点处熔化金属均匀;焊点无裂纹、多孔性缺陷和明显烧伤;每件骨架的焊点脱落、漏焊数量不得超过焊点总数的4%,且无相邻两点脱落、漏焊;量测骨架的长度、宽度及高度,其偏差应符合要求;当外观检查不符合上述要求时,则应逐件检查,并剔除不合格品,不合格品经整修后,可提交二次验收。

d. 钢筋必须顺直,调直后表面伤痕及锈蚀不应使钢筋截面积减小,管片弧形主筋下料和成型尺寸必须正确,并在靠模中定位、焊接。

e. 钢筋骨架焊接成型,其平行搭接的焊缝厚度 h 应不小于 $0.3d$(d 为钢筋直径),焊缝宽度 b 不小于 $0.7d$,搭接长度 L 单面焊接 $\geq 10d$,双面焊接 $\geq 5d$,钢筋交叉搭接焊缝厚度 h 不小于 $0.35d$,焊缝宽度 b 不小于 $0.5d$。

f. 焊接成型时,焊前焊接处不应有水锈、油渍等,焊后焊接处不应有缺口、裂纹及较大的金属焊瘤。

g. 钢筋端部的扭曲、弯折应予以校直或切除。

h. 管片钢筋采用内、外弧面主筋与箍筋拼装而成。内外弧主筋的弧度、焊接产生的收缩应力控制、各组成骨架钢筋的位置、焊渣清理等环节是骨架制作的关键。落料成型、排料焊接、整料焊接、整体拼装采用靠模法；为减少焊接应力，确保骨架精度和强度，采用对称跳点焊接法。

i. 箍筋弯钩沿受力筋方向错开放置，弯钩应放在受压区。

j. 钢筋骨架制作成型后，按规定要求进行实测检查，如实填写记录。检查合格后，分类堆放并标志。

k. 垫块应绑扎牢靠，保护层厚度要符合设计要求。

l. 预埋件所用材料、加工精度、焊缝高度与长度必须严格按设计图纸加工。

m. 管片钢筋骨架所用材料的规格、品种、焊接、制作加工等必须符合表 8-40 要求。

钢筋骨架制作的允许偏差　　表 8-40

序　号	项　　目	单　位	允许偏差(mm)	检验方法
1	主筋间距	mm	±5	钢尺量 4 点
2	箍筋间距	mm	±5	钢尺量 4 点
3	分布筋间距	mm	±5	钢尺量 4 点
4	骨架长、宽、高	mm	+5，-10	钢尺量 4 点
5	保护层厚度	mm	+5，-3	钢尺量 4 点
6	钢筋长度	mm	±10	钢尺量 4 条

③断料和弯曲

a. 钢筋工长根据下达的生产计划进行备料。

b. 钢筋断料前，进行清除钢筋表面锈斑、油脂及其他有害物质工作。

c. 成盘的钢筋和需弯曲的钢筋首先进行调直工作，其后断料、成型。

d. 钢筋的制作按照钢筋加工大样图进行断料和弯曲成型。

e. 钢筋进入弯弧机时应保持平衡，防止平面翘曲，成型后表面不得有裂缝。

f. 钢筋加工允许偏差：主筋、构造筋均为 ±10mm，主筋折弯点的位置为 ±20mm，箍筋折弯尺寸 ± 为 5mm。

钢筋的弯曲如图 8-14 所示。

图 8-14　钢筋弯曲

④骨架焊接

a. 钢筋骨架放置在符合设计要求的胎具上，按图纸规定位置摆放，并加以临时固定。

b. 半成品位置经测量调整和检验各项尺寸符合要求后，才可进行焊接工作。

c. 钢筋骨架焊接成型时焊接位置应准确，严格掌握好二氧化碳保护焊的焊接质量。

d. 焊口要符合规范要求，不得出现烧伤钢筋，焊缝表面不得有气孔及其他杂质。

e. 焊接钢筋骨架允许偏差：主筋间距为 ±10mm，主筋保护层厚度为（+5、-3）mm，箍筋间距为 ±10mm，分布筋间距为 ±5mm，钢筋骨架长、宽、高为（+5、-10）mm。检验合格后方可进入下一道工序。

钢筋骨架焊接及焊接好的管片钢筋骨架如图 8-15 所示。

⑤安装入模

a. 钢筋骨架安装完保护层定位卡具后，进入管片生产车间，由桥吊配合专用吊具把钢筋骨架放入模具内。

b. 对准位置轻吊、轻放，防止钢筋骨架与模具碰撞。

c. 钢筋骨架入模后，由操作工安装管片的芯管、注浆管及绑扎螺旋筋等安装定位工作。

d. 钢筋骨架安装定位后由质检员进行隐预检。

e. 钢筋骨架安装定位后，钢筋之间以及钢筋与任何邻近的金属埋件之间的净距离不得小于 25mm，并保证钢筋骨架在混凝土浇筑中不变位。

钢筋骨架入模如图 8-16 所示。

图 8-15　钢筋骨架焊接及焊接好的管片钢筋骨架

图 8-16　钢筋骨架入模

8.7　管片制造

8.7.1　模具清理

从以下几方面进行模具的清理与检查。

(1)仔细清理模具内外围和底部。

(2)检查模具外围上的密封圈是否已清洁好，安装是否正确。

(3)仔细清理模具中部指定位置的测量宽度卡口并涂上油脂。

(4)仔细清洁模具的盖子。

(5)检查盖子边缘上的密封圈是否已清洁好,安装是否正确。

(6)对所有活动零部件进行仔细清理并涂上油脂。

8.7.2　涂刷脱模剂

涂刷脱模剂要求薄而匀,无集油、淌油现象,应特别注意模板拐角处不能漏涂。

8.7.3　管片钢模合拢

操作程序及技术要求按照模具说明书的操作执行。

8.7.4　钢筋骨架入模

1)操作程序

(1)安装尼龙吊装预埋件。

(2)安放钢筋骨架。

(3)安装沿模具边的弯螺栓预埋件。

(4)检查模具、钢筋骨架、预埋件,无误后盖上模具盖子。

2)技术要求

(1)脱模剂的喷涂均匀得当。

(2)钢筋不得与模板接触。

(3)所有弯螺栓涂上油脂,外露部分密封圈应完好无损。

(4)塑料管的尺寸要准确,安放位置要正确,以防水泥浆进入。

(5)中心预埋件安放正确且有较好的密封性。

(6)底部及内外弧面保护层应控制在规定范围内。

(7)模板盖子上密封圈要求密封性良好以防漏浆。

8.7.5　混凝土搅拌及运输

1)操作程序

(1)检查计量设备、器具及搅拌设备。

(2)测定砂石含水率。

(3)调整施工配合比。

(4)搅拌混凝土。

(5)运输混凝土。

2)技术要求

(1)保证各种材料计量准确,各种计量器具和设备必须在检定的周期内。搅拌设备运行正常,电子计量秤处在灵敏、可靠的工作状态,使用的料斗应保持清洁。各原材料计量允许偏差见表 8-41。

原材料计量允许偏差　表8-41

原材料	允许偏差(%)	原材料	允许偏差(%)
水泥、掺和料	±1	水、外加剂	±1
集料	±2		

(2)砂石含水率的测定每工作班至少一次,遇有雨雪天气,应增加测定次数,并根据砂石含水率及时调整砂、石、水用量,使混凝土水灰比符合设计要求。

(3)施工配合比须经主任工程师签字。

(4)投料顺序及搅拌时间:非冬季施工投料顺序为砂→水泥→外加剂→50%水搅拌60s,再加入石子及剩余水搅拌不少于60s;冬季施工投料顺序为集料→水→水泥→外加剂,搅拌时间比常温条件延长50%,不少于3min,严禁热水直接与水泥接触,避免水泥假凝。

(5)混凝土搅拌应均匀、色泽一致,和易性良好,且满足设计要求。在搅拌和浇筑地点应分别检测混凝土坍落度、黏聚性和保水性。要求每盘做目测检查,每班且不超过$100m^3$实测不少于1次。冬期应加测混凝土出机温度,要求混凝土出机温度不低于15℃。入模温度不低于5℃。入模温度每班每配合比测定不得少于3次,并做好记录。

(6)运输车在装入混凝土前应将料斗内积水和杂物排除干净,运输途中不得随意加水。

(7)混凝土运至现场时不得出现离析、泌水现象。

8.7.6 混凝土浇筑振捣

1)操作程序

(1)用吊斗吊运混凝土,混凝土坍落度为40~60mm,采用连续浇捣成型。

(2)由模具中部均匀浇筑混凝土,不得干扰模具中心部分吊装预埋件。

(3)边浇筑混凝土边振捣,便于气泡连续排出和使混凝土密实。

(4)待浇筑工作完成后,抹平两个盖子之间的自由面。

(5)填写混凝土浇筑记录。

但应注意的是:进行收水抹面,应同时清扫模具上粘的混凝土,以防止因混凝土硬化而给拆模后的清理工作带来不便,这项操作可减轻后续工作的强度,增加模板的使用寿命。

2)技术要求

(1)管片浇捣应达到外光内实,外弧面平整、光洁,螺栓孔保持通畅,管片不得有缺棱掉角、蜂窝等外观缺陷。

(2)混凝土采用连续浇捣,振捣时间应控制适当,以避免过振和漏振,如出现下列情况时说明混凝土已振捣好:混凝土表面停止沉落或沉落不明显、混凝土表面气泡不再显著发生或已泛出灰浆、混凝土已将模板边角部位充实并有灰浆出现。

(3)在浇捣混凝土时,应派专人经常检查模板固定螺栓及振捣器是否有松动脱落现象。

(4)混凝土振捣要求密实,不得出现蜂窝麻面等情况。

8.7.7　混凝土成型抹面

1)操作程序

(1)混凝土浇筑完毕后间隔一定时间,打开模具上盖到安全位置,分 3 ~5 次收水抹平管片,以消除气泡及两个盖子之间的不平部分。

(2)用刮杠沿侧模表面刮除自由面多余混凝土,清除模具外侧混凝土。

(3)将管片杠背混凝土用铁抹子搓平,压实。

(4)清洁模具盖子并喷涂脱模剂。

(5)整理、清扫模具及现场。

2)技术要求

(1)初次收水抹面前进行表面修整,用刮杠刮平,再用木抹子提浆、铁抹子压光。

(2)抹面严禁洒水及水泥,抹面应间隔进行 3 ~5 次,力求板面光滑平整。混凝土抹面应派专人把关,保证表面质量及平整度符合要求。

8.7.8　管片蒸汽养护

1)养护制度

(1)收水抹面后加盖防水布及模盖。

(2)静停 2h 后,加盖养护罩,开始蒸汽养护。

(3)养护制度可根据需要设置,但控制升降温度不要过快,恒温温度不要过高以防开裂。

2)技术要求

(1)防止覆盖物和滴水损坏混凝土压光表面。

(2)测温员测量温度时严格按养护制度执行并留有记录,不得擅自更改。

8.7.9　开模工序

1)操作程序

开模操作程序与合模操作正好相反,按照模具说明书的操作执行。

2)技术要求

(1)管片应在开模试件强度达到一定要求后方可开模,混凝土试件的养护条件应与管片相同,出模强度由试验室检测。管片出模时,试块抗压强度不小于设计强度的 75%。

(2)开、出模过程中严禁用大锤猛击模板。

(3)开、出模过程中注意保护成品。

(4)出模后对管片成品进行实测,做好记录,然后在指定位置(管片模具编号处)进行标识,内容包括型号、生产日期、管片编号、厂名等。

(5)在冬季室温较低时,室内应采取升温措施,保证室温在 10℃左右。管片应在室内码放至少 3d,以降低管片内部温度,避免管片移到室外时产生温差裂缝。

(6)管片单块检验,其外观尺寸允许偏差应符合要求。

3)管片抗压强度和抗渗检验

(1)混凝土试件应在混凝土浇筑地点随机采取,同一配合比每 15 环管片预留 2 组边长为100mm的立方体抗压试件(出模及同条件养护)、2组边长为150mm的立方体抗压试件(14d及28d标养),并预留30%见证试验试块;每30环管片预留抗渗试件1组(见证试件占30%)。所做试件应具有代表性,振捣密实程度与构件一致,试件编号须与管片编号对应。

(2)标养强度试件,应在用标准方法成型后,置于温度20℃±2℃、相对湿度95%以上的标养室内养护。

8.7.10 橡胶止水条及传力垫安装

1)橡胶止水条安装

(1)操作程序

①将管片及橡胶止水条沟槽清理干净。

②将胶水均匀刷涂于管片和橡胶止水条沟槽内。

③按要求静停一定时间后,将橡胶止水条安装在管片沟槽内。

④用橡皮锤将橡胶止水条敲实压紧。

(2)技术要求

①胶水刷涂应均匀、到位,无积胶现象,应特别注意管片四角处的刷涂。

②安装橡胶止水条应根据气候掌握好静停时间,敲击应均匀到位,不得遗漏。

③橡胶止水条应粘接牢固,安装完成后提拉应无开裂现象。

2)传力垫安装

(1)操作程序

①传力垫的粘贴面和粘贴基面必须干净、干燥、平整。可用棉纱或毛刷进行清理,必要时用稀料处理。

②将专用胶均匀涂刷在两个粘贴面上,喷涂应均匀、完整,无积聚、流淌现象,涂刷完毕后应根据季节温度使胶干燥到一定程度时再将两个粘贴面合在一起压实。

(2)技术要求

①压实应用专用工具将空气赶出,不得有空鼓翘边现象。

②存放时间较长的管片,传力垫如发生翘起,应重新处理达到要求。

图8-17 养护池内的管片

8.7.11 管片二次养护

为了使管片混凝土强度继续增长,减少温差裂缝,出模后的管片应在车间内放置一段时间,然后吊出车间到场地存放并养护。

管片二次养护要在安装防水密封条前进行,养护方法为:非冬施期间可以采用人工浇水、自动喷淋或池水养护等方式(图8-17)进行,一般应继续养护7d左右,当有条件时可以养护14d;冬季可以采用喷涂养护剂的方法。

8.7.12　管片出厂检验

管片的出厂检验应遵循并符合下列要求。

(1)每块管片必须经过严格质量检查,须逐块填写好检验记录表。

(2)管片出厂前应严格检查,橡胶止水条沟槽内两侧及平面转角处不得有剥落、缺损。

管片出厂检查内容包括:

(1)管片养护达到 14d 以上,管片强度达到设计强度。

(2)管片外形尺寸符合要求。

(3)管片无缺角掉边。

(4)管片的预埋件完好,位置正确。

(5)管片标识正确。

(6)橡胶止水条及软木垫粘贴牢固、齐全。

8.7.13　模具检查

模具的检查应符合下列要求。

(1)每次生产前检查:检查模具凹角合拢刻痕,用专用量具检查模具宽度。

(2)每月检查:用千分尺测量模具宽度,用角尺测量模具四角角度,用钢卷尺、刻度放大镜测量对角线。

8.7.14　模具及测量工具维护、保养

1)模具维护、保养

模具的维护与保养应符合下列要求。

(1)每月:在夹具螺钉上涂上油脂,检查各角中的定位圆锥是否清洁,检查凹进处、螺钉和调整支撑是否清洁,对活动零件(螺钉、钉、轴等)进行清洁和检查。

(2)每 6 个月:如需要,更换模具的橡胶密封条,并保证模具四个边模和顶盖密封,更换曲钉上的橡胶密封环。

2)测量工具维护、保养

(1)测量工具应由专人保管使用。

(2)测量过程应轻拿、轻放,严禁磕碰。

(3)定期到指定部门校验各量具。

8.7.15　管片生产保证措施

1)安全保证措施

(1)加强安全教育,严格执行安全生产的各项规章制度,现场设专职安全监督员;各作业班组要有负责安全管理人员,把日常安全管理与定期检查结合起来,及时排除事故隐患,制止违章作业行为。

(2)各种常规机械电器(如搅拌机、龙门吊、锅炉等)均应严格按照安全规程操作,确保

施工安全;施工人员要正确使用个人施工防护用品,遵守安全防护规定,进入现场必须戴安全帽。

(3)吊车驾驶员吊运模板、混凝土斗、钢筋笼、看台板时,应注意力集中,防止伤人和磕碰。

(4)应注意保护各类电线、管道和电气设备,防止意外损坏;电源箱、用电器、插头插座应按规定配备,不得代用。

(5)为保证安全,码放管片时必须上下整齐划一,防止倾翻。

2)质量保证措施

(1)为保证预制管片的质量,宜成立施工质量领导小组,严格按质量保证体系程序运行。

(2)质量目标:管片出厂合格率100%,优良率大于95%。

(3)推行施工质量管理责任制,严格贯彻技术交底、技术复核、自检、互检、专检、原材料检验和隐蔽工程验收等技术管理制度。

(4)做好技术检查复核工作。

(5)加强原材料的检验、试验工作,设专人负责进场材料的验证。

(6)试验员、质检员必须持证上岗。

3)进度保证措施

(1)各级领导班子成员高度重视,严密组织,精心施工,各项管理责任到人。

(2)为了保证项目运作良好,在模具、材料、养护设施等方面应保证其需求资金的投入,以保证施工进度。

(3)合理安排进度计划,并随时根据不同的施工状况给予调整。

(4)采用蒸汽养护管片,加快模具的周转。

(5)加强生产的过程控制,实行产品质量过程检验,保证管片质量和生产的顺畅有序。

(6)充分做好原材料的进场组织工作。

(7)加强设备的日常管理和维护,使设备处于正常运转状态。

(8)定期检查施工进度和劳动力配备情况,确保技术工种、特殊工种、一线操作工人的数量,做好各操作层面的人员组织与安排。

(9)每周召开产品质量和施工进度例会,加强信息沟通,准确掌握施工中存在的问题,分析原因并及时采取有效措施,保证施工计划的顺利实施。

4)成品保护措施

(1)加强对各级管理人员、操作人员的成品保护意识和责任教育。

(2)对相关人员进行成品保护专项技术交底,从技术上保证成品的质量。

(3)将成品保护作为必要的质量检查点,通过质检员的全过程检验来保证成品保护的良好实施。

(4)注重采取有效措施,做到拆模不损伤、吊运不碰伤、码放不压伤、表面不污染、养护及时。

(5)成立专职的养护班组,专门负责成品的养护和保护。

(6)建立和执行成品保护制度,责任到人,对成品保护采取奖罚措施。

5)环保措施

(1)混凝土搅拌站必须配置防尘装置,并采取有效措施降低噪声。

(2)定期清理沉淀池,以防污染环境。

(3)散装水泥储存仓应有除尘设施,水泥进厂时应严格控制"冒顶"现象发生。

(4)搅拌站砂石储存场应经常洒水,以防扬尘。

(5)混凝土搅拌站工作间必须保持清洁,对遗洒的水泥、砂子、石料必须及时清理。

(6)现场的施工垃圾要及时清除,做到文明施工、工完场清。

(7)为减小施工噪声对周围环境带来的影响,施工应有序进行,尽量减小噪声,严禁野蛮作业。

(8)合理组织施工,对噪声较大的工序,如混凝土浇筑振捣等,尽量选择在白天进行。

8.8 管片成品检验

8.8.1 外观质量要求

管片外观质量要求和检验方法见表8-42。

管片外观质量要求及检验方法　　表8-42

项目		质量要求	检验方法
露筋		不应有	观察、用直尺量
孔洞		不应有	观察、用直尺量
蜂窝		不应有	观察
裂　缝	影响结构性能和使用的裂缝	不应有	观察、用尺量和刻度放大镜量测
	不影响结构性能和使用的裂缝	不宜有	
外形缺陷		不应有	观察
外表缺陷		不应有	观察
外表玷污		不宜有	观察

8.8.2 尺寸允许偏差

管片外形尺寸允许偏差见表8-43。

管片外形尺寸允许偏差　　表8-43

序号	项　目	允许偏差(mm)	检验范围	检验点数	检验方法	备　注
1	宽度	±1.0	每块	3	卡尺量	左右转
2	弧弦长	±1.0	每块	2	钢尺量	
3	厚度	+3,-1	每块	3	卡尺量	
4	螺栓孔直径、位置	±1	每块	3	钢尺量	

8.8.3 强度检验

1)混凝土抗压强度试件制作

混凝土试件应在混凝土浇筑地点随机取样制作,三个试件为一组。每班次、同配合比的混凝土,每15环至少成型三组,一组供出模使用,一组和管片同条件养护14d试压,另一组28d标养试压。

2)混凝土强度检验评定

同一验收批的混凝土应由强度等级相同、生产工艺和配合比基本相同且不超过三个月生产的管片组成。对大批量连续生产的管片,应按统计法评定其混凝土强度。

8.8.4 抗渗试验

混凝土抗渗试件的取样、制作、养护和试验必须符合现行国家标准《普通混凝土长期性能和耐久性能试验方法标准》(GB/T 50082—2009)的有关规定。

每生产15环管片为一批,进行一次抗渗性能检验,抗渗试验结果应满足设计要求。

混凝土抗渗性能试验应按下列步骤进行:试件养护至试验前一天取出,将表面晾干,然后在其侧面涂一层熔化的密封材料,随即在螺旋或其他加压装置上,将试件压入经烘箱预热过的试件套中,稍冷却后,即可解除压力,连同试件套装在抗渗仪上进行试验。

(1)试验从水压为0.1MPa开始,以后每隔8h增加水压0.1MPa,并且要随时注意观察试件端面的渗水情况。

(2)当6个试件中有3个试件端面出现渗水现象时,即可停止试验,记下当时的水压。

(3)在试验过程中,如发现水从试件周边渗出,则应停止试验,重新密封。

(4)混凝土的抗渗等级以每组6个试件中4个试件未出现渗水时的最大压力计算,其计算式为:

$$P = 10H - 1$$

式中:P——抗渗等级;

H——6个试件中4个未出现渗水时的最大水压力(MPa)。

8.8.5 管片成品检漏试验

1)试验目的

检验管片成品的抗渗性能。

2)试验仪器及设备

(1)强度达到设计要求的管片成品,要求管片无裂缝、气泡等质量缺陷。

(2)管片抗渗试验台。

(3)液压介质:本试验使用的液压介质为水。

(4)水压泵、压力仪表、尼龙水带、表、扳手、直尺放大镜等。

3)试验步骤

(1)按照试验设计装置图安装试验仪器。

(2)按照跳点对称的方法用扳手分别拧紧抗渗实验台管片侧面和端面部位的紧固螺栓。注意必须对称均匀用力上紧,同时在紧固过程中检查实验台底模上的密封胶圈,保证其位置正确。

(3)连接加压水泵和抗渗实验台,并开动加压水泵直到抗渗模具上的两个排气孔均有水流淌出,迅速封闭排气孔。

(4)续开动加压水泵,保持腔内水压均匀增加到 0.8MPa,记录时间并停止给压。

(5)查管片侧面情况,并观察水压仪表,发现压力下降应及时补充压力,使其始终保持 0.8MPa 的恒定水压。

(6)每隔半小时仔细检查管片侧面渗水线高度,恒压 6h 后,选择侧面渗水线最高位置,用直尺测量渗水线高度并记录数据。

4)试验标准

(1)压力 0.8MPa 恒压 6h,渗水高度小于 50mm(机场线)。

(2)压力 1.0MPa 恒压 2h,渗水高度小于 60mm(4 号线)。

8.8.6　水平拼装试验

水平拼装受检管片中,外观质量、尺寸偏差和裂缝检查应合格,水平拼装合格则可判定该批产品的外观质量和尺寸偏差为相应等级。表 8-44 为管片水平拼装检验允许偏差。

管片水平拼装检验允许偏差　　表 8-44

序号	项　目	允许偏差(mm)	检验频率	检验方法
			范围、点数	
1	环向缝间隙	2	每环测 3 点	塞尺量
2	纵向缝间隙	2	每条缝测 3 点	塞尺量
3	成环后内径	±2	测 4 条(不放胶条)	钢卷尺
4	成环后外径	±2	测 4 条(不放胶条)	钢卷尺

8.8.7　吊装预埋件拉拔试验

1)试验目的

检测吊装孔预埋件抗拉拔力。

2)试验准备

(1)应在 5℃以上的环境中进行。

(2)混凝土抗压强度及抗渗等级均需满足设计要求。

(3)加荷设备及仪表应先进行标定。

3)试验仪器及装置

试验仪器和装置(图 8-18)主要有:反力架、千斤顶、钢绞线、试验钢销和锚具、压力仪表、扳手等。

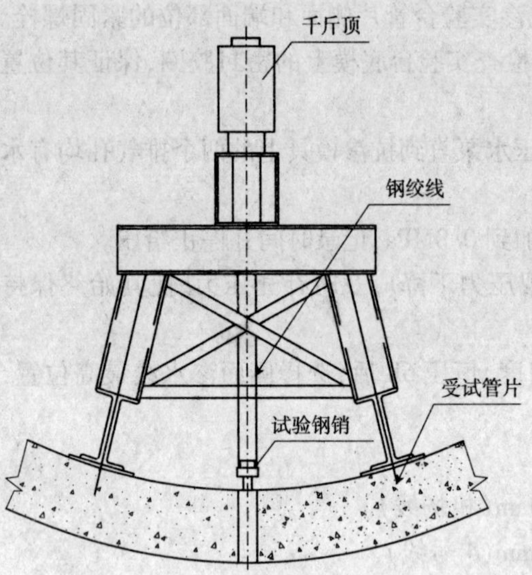

图 8-18　吊装孔预埋件拉拔试验装置示意图

4)试验步骤

(1)用反力架、千斤顶、钢绞线、试验钢销和锚具组成加载试验装置。

(2)采用压力表测定试验荷载。

(3)采用分级加荷。当荷载小于正常使用短期荷载检验值时,每级荷载为该荷载值的20%;当荷载大于正常使用短期荷载检验值时,每级荷载为该荷载值的10%;当荷载接近承载力荷载检验值时,每级荷载为承载力检验荷载设计值的5%。

(4)每级荷载持荷时间为90s,正常使用短期荷载检验值下宜持续180s。

(5)仔细观察预埋件周围混凝土表面,并做好试验记录。

5)质量标准

抗拉拔力不低于10倍构件重力,对不合格的吊装孔预埋件禁止使用。

8.9　盾构管片雨季与冬期施工

8.9.1　雨季施工措施

(1)应增加砂石含水率测定次数,并及时调整混凝土配合比。

(2)雨季应加强对储存管片场地的检查,防止地基出现不均匀沉降。

(3)进入雨季前应检查车间防水,以防漏雨。

8.9.2　冬期施工措施

1)冬施设备的检查维修

宜组织对供暖管线、阀门系统、供水管线、油管系统、龙门吊及吊钩安全装置、紧急制动装置、运输车辆等各施工设施进行一次全面的检查,对需要维修、更换的设备及时维修、更换,对需要保温的管线等要及时保温。

2)原材料选用及配合比设计

(1)试验室根据设计要求和实际生产情况需要进行试配,出具冬季施工用的配合比。

(2)各种原材料应按国家标准进行相关检查及试验,水泥及外加剂每次进货都必须送检。

3)原材料储备与防护

为防止冬天冰冻及雨雪天气对集料的影响,应做好材料储存与防护工作。

(1)为了满足冬季管片生产需要,要求搅拌站提前储存一定量的砂石。

(2)砂石原材进入冬施前均要求覆盖,以防砂石结块。

4)钢筋焊接、弯曲

室内温度低于5℃,不得进行焊接和弯曲加工。

5)混凝土施工

(1)材料加热:宜采用蒸汽排管法对拌和水进行加热,要求冬施前重新安装通气设施,确保水温不低于50℃;搅拌楼的汽路、油路加装保暖措施,保证其畅通、工作性能良好。

(2)加热温度控制:结合该配合比胶凝材料用量较少的实际情况,盾构管片施工要求混凝土入模温度不低于15℃,拌和水加热的最高温度不能超过60℃。

(3)混凝土搅拌:冬季投料顺序为集料—水—水泥粉煤灰—外加剂,为保证混凝土搅拌均匀,混凝土净搅时间不少于210s。

(4)混凝土浇筑:质检员应对混凝土入模状况进行检查,防止有冻块进入模内。

6)管片生产车间保温

(1)可能条件下在管片车间加装暖气管,以确保室温保持在10℃以上。

(2)车间门窗要求密封,尽量防止热量的散失。

7)管片养护

(1)为防止管片因出池时温差过大导致裂缝,需确保管片温度与外界温度之差不超过20℃。

(2)管片必须在室内码放保存适当的时间,方可运往室外码放,从而减少温差裂缝。

(3)为了防止储存的管片中心孔存水结冰损坏管片,需在冬施前将管片中心孔积水抽干,将顶部管片螺旋孔封闭;冬季及时清理积雪,防止雪水流入孔中发生冻胀。

8.10　管片储存和运输

管片的运输及存放主要采用桥式吊车、龙门吊、平车和半挂车等设备和车辆,操作程序和注意事项如下。

(1)检查设备,吊具应满足安全规定要求。

(2)挂好吊钩。

(3)安全平稳起吊,不得碰撞损坏管片。

(4)垫好垫木并放置平稳。

(5)管片应按环码放,将1环管片中A、B、C共6片由下至上顺序码放好。

(6)吊车应缓慢起步并设专人指挥。

(7)起吊时应注意人身安全。

(8)堆放管片的场地地坪必须坚实平整,管片应上下码放整齐,堆放高度不得超过6层。

(9)管片脱模起吊、吊运、拖运、堆放必须防止管片损坏。

(10)管片运输要有专门车辆、专用垫木,堆放高度不应超过3层,运输中车辆要平稳行驶。

(11)采用200mm×100mm×100mm垫木,垫木放置位置要正确,应按地面垫石位置放置(两垫石分别距离管片边1m左右)。

(12)垫木保存应注意防潮、防雨。

(13)在管片内弧面和侧面应标明管片型号、生产日期、管片编号、厂名,并在检验合格后加盖合格章,合格章加盖在侧面最高段位置。

8.11 钢纤维混凝土管片技术

8.11.1 钢纤维品种、掺量对混凝土性能的影响

确定钢纤维品种和掺量主要考虑以下几个因素:对混凝土基本力学性能的影响、对工作性影响、纤维结团性、在混凝土中的分布均匀性等。

目前工程中常用的钢纤维有高强钢丝型、钢板切削型及铣削型三种类型。以下收集了三个国内生产厂和一个国外在上海合资生产厂的钢纤维产品。

(1)上海高强钢丝型钢纤维,长径比80,试验代号为B80,样品见图8-19。

(2)赣州高强钢丝型钢纤维,长径比56,试验代号为G56,样品见图8-20。

(3)上海铣削型钢纤维,长径比40,试验代号H40,样品见图8-21。

(4)嘉兴钢板切削型钢纤维,长径比50,试验代号为J50,样品见图8-22。

图8-19 高强钢丝切断型(黏结成排型)

图8-20 高强钢丝切断型(松散型)

图8-21 铣削型

图8-22 切削型

1)基本力学性能试验

采用四个品种钢纤维、设计了五种掺量,分别进行了基本力学性能研究,试验内容见表8-45。在先期进行的探索性试验中,发现在保持配合比其他参数相同的情况下,钢纤维的掺入会降低混凝土的坍落度,而且钢纤维掺量越大,坍落度降低越明显。为了保持相同的工作性,单方用水量略有提高,试验结果表明抗压和抗折强度有时出现微小降低现象。通过认真分析并实际试拌,经过验证,适当提高外加剂用量可以保证钢纤维混凝土具有良好的工作性,外加剂用量以提高0.05% ~0.1%为宜。对四种钢纤维重复进行的力学试验结果见表8-46。

试验内容一览表　　表8-45

试件类型	试件尺寸(mm)	钢纤维品种及掺量(kg/m^3)
立方体抗压强度试验	100×100×100	B80:(0,30,40,50,60,80) G56:(0,30,40,50,60,80) H40:(0,30,40,50,60,80) J50:(0,30,40,50,60,80)
轴心抗压强度试验	100×100×300	
静力受压弹性模量试验	100×100×300	
劈裂抗拉强度试验	100×100×100	
抗折强度试验	100×100×400	

纤维混凝土力学性能试验结果　　表8-46

试验编号	坍落度(mm)	钢纤维掺量(kg/m^3)				抗压强度(MPa)		劈裂抗拉强度(MPa)		轴心抗压强度(MPa)		抗折强度(MPa)		弹性模量(10^4MPa)	
		B80	H40	J50	G56	7d	28d	7d	28d	7d	28d	d	28d	7d	28d
01	60	0	—	—	—	50.0	67.5	4.00	4.45	33.4	40.7	4.10	5.21	4.19	4.72
11	55	30	—	—	—	51.2	68.6	4.15	4.50	33.8	46.7	5.04	6.79	4.53	4.96
21	55	40	—	—	—	50.4	67.8	4.05	4.38	33.0	42.8	5.00	5.41	4.23	4.82
31	55	50	—	—	—	53.4	69.5	4.12	4.74	33.9	42.0	4.90	6.89	4.57	5.46
41	50	60	—	—	—	54.5	70.2	4.18	4.48	34.8	45.5	4.92	7.23	4.41	4.77
51	50	80	—	—	—	53.1	69.4	4.43	4.62	36.3	44.1	4.90	7.13	4.55	4.75
02	65	—	0	—	—	51.0	65.4	4.07	4.54	33.8	40.1	4.50	5.54	4.18	4.56
12	55	—	30	—	—	51.9	66.0	4.17	4.54	35.5	47.8	6.00	6.79	4.34	4.59
22	55	—	40	—	—	55.5	67.8	4.12	5.04	34.4	48.0	6.37	6.96	4.83	4.73
32	55	—	50	—	—	53.1	67.2	4.41	5.10	34.6	44.7	6.38	6.89	5.00	5.62
42	50	—	60	—	—	51.5	67.0	4.60	5.22	34.1	47.1	6.57	7.85	4.74	5.22
52	50	—	80	—	—	51.1	62.3	4.30	5.06	34.4	45.0	6.45	8.80	4.93	5.27
03	65	—	—	0	—	49.5	65.8	4.00	4.42	33.1	41.3	4.31	5.26	4.28	4.59
13	50	—	—	30	—	54.2	69.1	4.05	4.48	37.2	50.0	6.00	6.76	4.89	5.26
23	50	—	—	40	—	55.5	68.1	4.14	5.80	36.6	47.4	6.08	6.67	4.75	5.15
33	50	—	—	50	—	52.6	66.9	4.27	4.79	36.5	48.3	5.95	7.38	4.68	4.94
43	55	—	—	60	—	54.4	67.2	4.18	4.74	37.8	48.2	5.79	7.16	4.95	5.35

续上表

试验编号	坍落度(mm)	钢纤维掺量(kg/m³)				抗压强度(MPa)		劈裂抗拉强度(MPa)		轴心抗压强度(MPa)		抗折强度(MPa)		弹性模量(10^4MPa)	
		B80	H40	J50	G56	7d	28d	7d	28d	7d	28d	d	28d	7d	28d
53	55	—	—	80	—	56.9	69.7	4.16	4.89	38.9	51.1	5.70	6.94	4.55	4.80
04	60	—	—	—	0	52.0	69.0	4.37	4.74	33.6	42.4	4.20	5.34	4.32	4.67
14	50	—	—	—	30	56.4	70.0	5.00	5.96	33.5	44.6	6.39	6.94	4.57	4.86
24	50	—	—	—	40	53.1	69.2	5.35	5.83	35.0	46.9	5.06	5.46	4.86	5.11
34	50	—	—	—	50	53.8	69.4	5.20	5.49	40.3	50.6	6.08	6.40	4.68	5.08
44	50	—	—	—	60	54.9	69.1	4.90	5.39	39.8	47.3	6.12	7.80	4.45	5.11
54	50	—	—	—	80	58.8	70.4	4.70	5.40	41.1	46.1	7.45	8.36	4.51	5.00

2)钢纤维掺量对混凝土韧度的影响

选取两种高强钢丝切断型钢纤维,采用四种不同掺量,在清华大学土木工程系建材研究所进行了钢纤维混凝土试件断裂性能测试,试件尺寸为150mm×150mm×550mm。试验采用德国TONI公司制造的200kN电液伺服抗折试验机进行,实行位移控制加载,加载速率为0.15mm/min,试验及结果计算方法按照JSCE-SF4规范进行。28d试验结果见表8-47。

28d试验结果 表8-47

编 号	初裂强度 f_u(MPa)	最大弯拉强度 f_{max}(MPa)	3mm等效弯拉强度 f_e(MPa)	韧度比 $R_e=f_e/f_u$
B80-25	4.56	5.37	3.18	0.70
B80-30	4.95	5.82	3.74	0.76
B80-40	5.46	6.42	4.64	0.85
B80-50	5.96	7.01	5.4	0.91
*G56-30	5.14	6.05	—	—
G56-40	4.94	5.81	3.6	0.73

注:G56-30一组试件在加载初期突然脆断,出现较宽裂缝,试件承载力基本丧失,该组试件为无效试件。

3)钢纤维品种及搅拌工艺对混凝土性能的影响

用实际生产搅拌设备采用两种不同的搅拌工艺进行对比试验,研究钢纤维搅拌结团性及其在混凝土中的分布均匀性。

(1)搅拌工艺

第一种工艺,钢纤维后掺法,即首先将钢纤维以外的组分进行搅拌,然后再加入钢纤维继续搅拌,搅拌时间较普通混凝土适当延长1~2min。

第二种工艺,钢纤维先掺法,即将钢纤维与砂石集料先进行干拌,再放入水泥、水进行湿拌,搅拌时间与后掺法接近。

(2)混凝土中钢纤维分布均匀性试验方法

通过测定单位体积混凝土中钢纤维的平均根数进行判定,测量方法参照《钢纤维混凝土试验方法》(CECS 13:89)中“拌和物钢纤维体积率试验”的步骤进行。首先计算出单位体积内钢纤维的质量，然后 用“单位质量钢纤维根数换算表”（见表 8-48）中的理论根数折算成根数。每盘混凝土测量三次，取平均值。

单位质量钢纤维根数换算表　　表 8-48

钢纤维品种	B80	G56	H40	J50
理论根数（根/kg）	4 600	3 600	5 000	6 000
实际根数（根/kg）	4 872	3 541	4 932	5 748

注：理论根数为厂家提供，实际根数为称重折算。

结团性评价：运用观察法进行评价，将钢纤维混凝土的结团现象分为“严重结团、中度结团、轻微结团、不结团”四类，具体评价标准见表 8-49。试验结果汇总见表 8-50。

钢纤维混凝土结团性评价标准　　表 8-49

结团现象	严重结团	中度结团	轻微结团	不结团
评价标准	单方混凝土中钢纤维结团块数在10 个以上	单方混凝土中钢纤维结团块数 5 ~ 10 个	单方混凝土中钢纤维结团块数 1 ~ 5 个	无钢纤维结团块

钢纤维搅拌结团性能和分布均匀性试验结果　　表 8-50

钢纤维品种	理论掺量 kg/m³（根/升）	后掺法					先掺法				
		钢纤维结团状况	每升钢纤维混凝土中含钢纤维平均根数				钢纤维结团情况	每升钢纤维混凝土中含钢纤维平均根数			
B80	30（138）	不结团	131	132	136	133	不结团	140	138	142	140
G56	30（108）	轻微结团	90	95	90	92	不结团	95	85	110	97
H40	30（150）	不结团	160	120	90	123	不结团	135	125	165	142
J50	30（180）	轻微结团	190	130	120	147	不结团	165	190	210	188
B80	40（184）	不结团	180	185	190	185	不结团	183	179	178	180
G56	40（144）	中度结团	100	145	165	137	不结团	145	130	125	133
H40	40（200）	轻微结团	170	165	135	157	不结团	245	175	195	205
J50	40（240）	中度结团	135	120	115	123	不结团	215	275	225	238
B80	50（230）	不结团	225	245	215	228	不结团	215	225	245	228
G56	50（180）	严重结团	135	125	145	135	轻微结团	165	195	140	167
H40	50（250）	中度结团	155	175	140	157	轻微结团	215	185	200	200
J50	50（300）	严重结团	225	255	240	240	轻微结团	235	245	275	252

4）主要结论

（1）钢纤维掺量在 30 ~ 80kg/m³ 范围内变化，对混凝土抗压强度、轴心抗压强度、抗折强度、劈裂抗拉强度以及静压弹性模量影响不大或略有提高。

(2)观察在试验室搅拌条件下钢纤维混凝土的搅拌均匀性，当掺量大于60kg/m³时，各种钢纤维均有不同程度的结团现象，但是以G56最易结团，其他三种钢纤维略好。

(3)除黏结成排的高强钢丝切断型钢纤维外(B80)，其他钢纤维对搅拌工艺要求比较苛刻，必须选择先掺法进行搅拌。

(4)在相同的钢纤维掺量的情况下，比较实际测量单位体积混凝土中钢纤维分布数量，以B80、G56内分布数量较多，并且以B80为最好，在不同的搅拌工艺下，钢纤维分布数量变化不大。

(5)B80钢纤维30kg/m³掺量的强度和韧性与G56钢纤维40kg/m³掺量的相近，均有良好的增韧效果。

(6)根据北京港创瑞博混凝土有限公司和西南交大力学性能试验结果、钢纤维混凝土搅拌结团性试验结果，并参考国外类似工程使用的钢纤维掺量，推荐B80、G56两种高强钢丝切断型钢纤维作为足尺管片试验用钢纤维，合理掺量控制在30~50kg/m³。

8.11.2 钢纤维混凝土配合比设计

1)钢纤维混凝土配合比设计要点

钢纤维混凝土比常规的高性能混凝土的配合比设计更难，主要表现在：

(1)钢纤维超过一定量后或者搅拌工艺不合理时容易结团。

(2)实际使用的坍落度较小(30~70mm)，混凝土在振捣时必须有良好的触变性，也就是振捣时流动性好，停止振捣后能够很快失去流动度形成初始结构，易于抹面。

(3)振动成型过程中分层离析小，也就是石子基本不下沉。

(4)早期强度高，满足24h模具周转两次以上的要求。

钢纤维混凝土配合比设计要点如下：

(1)水胶比(*W/B*)：对于钢钎维混凝土，应保持和同强度等级普通混凝土相同的水胶比，为此外加剂用量宜提高0.05%~0.1%。对C50钢钎维混凝土的水胶比应控制在0.31~0.33之间。

(2)砂率：和普通混凝土相比，混凝土中加入钢钎维后其工作性能下降，砂率过小时易发生离析现象，因此宜适当提高砂率。对C50钢钎维混凝土的砂率宜控制在40%~42%。

(3)胶凝材料用量：胶凝材料总量以及掺和料的比例应综合考虑混凝土力学性能、工作性，并考虑提高混凝土的耐久性要求。胶凝材料总量一般应不少于400kg/m³，建议优先使用Ⅰ级粉煤灰作为掺和料，其掺量应小于胶凝材料总量的20%。

(4)钢钎维品种和掺量：建议使用高强钢丝切断型钢纤维。对于黏结成排型钢纤维(B80)的掺量可以控制在60 kg/m³以内，松散型钢纤维(G56)的掺量可以控制在50 kg/m³以内，以保证钢纤维混凝土不出现结团现象。

(5)聚丙烯纤维掺量：应根据高温抗爆性能来考虑，进口产品用量控制在0.6~0.9kg/m³，国内产品用量控制在0.9~1.2kg/m³。

(6)外加剂品种：根据外加剂和水泥的适应性、对混凝土早龄期收缩性能的影响以及经济性评价，应优先选用预制构件专用的聚羧酸系高效萘系减水剂或改性三聚氰胺系高效减水剂。

2)钢纤维混凝土施工配合比及性能

(1)施工配合比

根据上述的设计原则和要点，经试验最终确定的钢纤维混凝土配合比试验结果见表8-51。

C50 钢纤维混凝土配合比（单位：kg/m^3）　　表 8-51

序号	水胶比	砂率	水	水泥	砂	10～20mm 碎石	5～10mm 碎石	Ⅰ级粉煤灰	钢纤维	聚丙烯纤维	PCA－1
1	0.32	40	139	370	742	780	334	80	30（B80）	0.6	5.85
2	0.32	40	139	370	742	780	334	80	35（G56）	0.6	5.85

（2）力学性能

C50 钢纤维混凝土基本力学性能试验结果示于表 8-52。

C50 钢纤维混凝土基本力学性能　　表 8-52

坍落度（mm）	脱模抗压强度（MPa）	7d 抗压强度（MPa）	28d 抗压强度（MPa）
55	23.6	55.0	69.0

8.12　钢筋混凝土管片制造成本分析

以北京建工构件公司管片厂为例，钢筋混凝土管片制造成本分析详见表 8-53。

盾构钢筋混凝土管片成本分析　　表 8-53

序号	名　称	单 位	数 量	单 价（元）	合 价（元）	备　注
1	C50、P12 混凝土	m^3	6.45	390	2 515.50	
2	圆钢 ϕ6～14（mm）	kg	126	3.8	478.80	
3	螺纹钢筋⌀10～20（mm）	kg	809	3.8	3 074.20	
4	钢筋成型与加工	kg	935	0.4	374.00	含机械、焊接材料、人工
5	模具费用	环	1		800.00	
6	管片制作费用	环	1		350.00	机械、人工等
7	辅助材料费	环	1		56.00	垫木（重复使用）、脱模剂等
8	蒸汽养护费	环	1		151.00	含水、机、电、燃料、人工
9	水生养护费	环	1		101.00	含水、机、电、人工（养护剂）
10	管片各种试验、检验	环	1		102.00	含第三方见证试验
11	管片短驳运输	环	1		250.00	含汽车、机械、人工
12	塑料管件制作与安装	环	1		144.00	含材料、人工
13	废品损失	环	1		80.00	
14	工具费用	环	1		137.00	
15	场地租赁费	环	1		160.00	
16	止水条传力垫粘贴	环	1		160.00	含防雨保护
17	模具维护费用	环	1		120.00	
18	管片运到现场	环	1		450.00	
费　率　组　成						
1	工、机、料合计	环			9 503.50	
2	固定资产折旧	环	1×5%		475.18	

续上表

序号	名　称	单位	数量	单价(元)	合价(元)	备　注
3	管理费	环	(1+2)×5%		498.93	
4	利润	环	(1+2+3)×5%		523.88	
5	税金	环	(1+2+3+4)×6.5%		715.10	
6	流动资金贷款利息	环			0.00	
综合单价　(元/环)			11 716.59			
综合单价　(元/m^3)			1 816.52			

8.13　问题与体会

8.13.1　气　泡

由于管片沟槽(防水构造)的存在及采用外部振动的浇筑方法,在管片与模板的接触表面,尤其是环向侧面,产生少量气泡是很难避免的,而且,一味追求表面气泡减少,可能会损害混凝土的其他性能,例如增加振动时间可能会造成局部过振,再如降低混凝土的黏聚性会使管片外表面产生较厚的浮浆层,进而增加因不均匀收缩引起龟裂的程度等。

使用水泥浆或水泥砂浆封堵气孔算是修补吗?这也是个需要研究的问题。封堵气孔,在沟槽部位是防水构造的需要,在其他部位仅仅是为了美观。

8.13.2　裂　缝

由于混凝土收缩等因素在混凝土表面出现均匀的龟裂纹是正常的,检查这些龟裂纹关键要看深度,深度在10~20mm的基本上可以认为对结构不会有太大影响,但考虑到耐久性的要求,还是要尽量避免出现裂缝。要解决这个问题,目前在技术上没有多少难度,例如优选砂石集料、适量掺加聚丙烯纤维(可以提高混凝土防火性能)、脱模后涂保护剂进行保护等,都可以大大改善混凝土表面龟裂情况并提高耐久性,但这些措施会增加混凝土成本,在目前的市场条件下,各管片工厂很难主动采取这些措施。

8.13.3　蒸汽养护的自动温度控制

目前采用的蒸汽养护自动温度控制设备可以精确控制蒸养池内相对点(温度传感器所在点)的温度(±1℃),并且可以自动做测温记录以及打印测温曲线。有一种观点认为管片混凝土养护属于低温养护(≤60℃),精确控制养护温度没有必要,但实践证明,一方面可以实现精确控制,并且增加的成本不多,另一方面也节约了蒸汽,整体降低了煤耗,形成了一定的经济效益。

8.13.4　养护

1)蒸汽养护

随着混凝土技术,尤其是减水剂技术的发展,免蒸养混凝土已经成为可能,通过优化混凝土配合比,使用高性能减水剂(目前我们使用的产品合成本约45元/m^3)制备的混凝土已经可以实现两班生产(混凝土从浇筑到有 20MPa 的强度,在不通蒸汽养护的条件下需要 9h),与蒸汽煤耗、环境污染控制相比较,免蒸养混凝土还是有一定优势的,也是今后管片混凝土发展的一个方向。

蒸汽养护对混凝土是有利还是有害也是一个值得研究的问题。

2)水生养护

目前在管片生产领域所谓的水生养护指的是浸水养护。浸水养护对混凝土水化有一定的好处,但也不是通用的。在中国北方缺水地区进行水生养护有一定难处,一是因为缺水,二是受到排放污染控制,这些都很难从技术层面去解决。

对北方来讲,塑料薄膜覆盖养护应是最有效和最实际的养护方法。

8.13.5　振动工艺

振动台、振捣棒(也叫插入振捣法)或附着式振动器(也叫台座法)各有自己的优缺点和适合特性。振动台特别适合机组流水生产工艺;振捣棒法对模具损坏最小,混凝土振捣的效果也较好,但是生产效率低,而且对工人操作熟练程度的依赖较大;附着式振动器法对模具的损坏最大,但生产一次性投资较小,生产效率也较高。

8.13.6　钢模

钢模的开合,无论是铰开或是平开,只要设计合理,都有较好的使用耐久性。采购模具时主要考虑的因素是模具的周转次数、维修是否方便及费用如何。

根据使用经验,模具短端固定有一定的优势,可以很大程度上避免变形。

8.13.7　三维测量

使用高精度的三维测量设备(激光跟踪仪、六自由度三维测量仪、三维摄影测量仪等)测量钢模、管片的尺寸是一个发展趋势。三维测量更加直接、精确地测量了设备或产品的空间几何尺寸,比三环拼装完成后检验具有更重要的意义。

8.14　钢筋混凝土管片压弯静载试验研究

8.14.1　试验目的和内容

通过破坏荷载试验考察钢筋混凝土盾构管片在不同荷载阶段的力学行为、裂缝扩展以及满足正常使用极限状态的安全性。

8.14.2　管片设计参数

(1)盾构隧道覆土按 10.6 ~ 13.6m 考虑,管片混凝土设计强度等级为 C50。

(2)设计主筋为 ϕ18,单方混凝土配筋量 138.8kg。

(3)选取 A 型管片,经计算控制管片配筋的内力:弯矩值 210 kN · m,轴力值 1 440kN。

8.14.3 试验设备

1）试验装置

混凝土管片采用卧式加载，平面布置如图8-23所示，试验装置如图8-24所示。

图8-23 试件的平面布置

基坑侧壁为C50钢筋混凝土结构。铺设足够的钢筋骨架，保证底部和侧墙具有足够的刚度，并尽量保证侧墙的垂直。在设置千斤顶和支座的位置处加密钢筋网和预埋厚20mm的钢垫板。基坑底部设置经过抄平的钢轨，其上安放两个充满混凝土的圆钢管，以减少底部摩擦力，作为卧式放置混凝土管片的垫块。沿管片的横向放置一个200t的千斤顶，对管片施加弯矩；沿管片的纵向放置一个300t的千斤顶，对管片施加轴向力。纵向千斤顶的中心位置与管片弧顶断面的中心线重合。

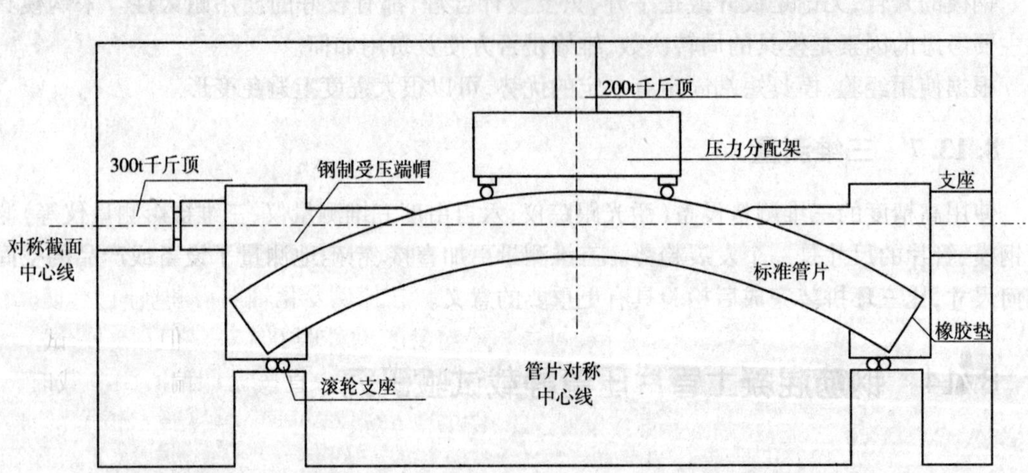

图8-24 试验装置图

为保证对弧形管片施加的荷载沿理想的方向传递，在管片的两端设置了刚度很大的传力钢构件，其作用是传递纵向力并作为横向力的支承点，该支承与基坑侧墙之间每侧各放置2根圆钢，以减少支座处的摩擦力。钢构件与管片之间加橡胶垫片，并在每侧各设置两个螺杆与管片紧固成一个"加载整体"，该整体在与所有千斤顶和支座的接触处之间设置了聚四氟乙烯板，用以减小摩擦力。横向千斤顶与加载整体之间设置压力分配架。将混凝土管片与传力钢构件拼装完毕后，整体吊入试验基坑内。

2)数据采集设备

应变的测点布置如图 8-25 所示,管片上下两侧和内外弧面对称布置,在钢筋骨架上与 5 个测面相同的位置上布置钢筋应变片。

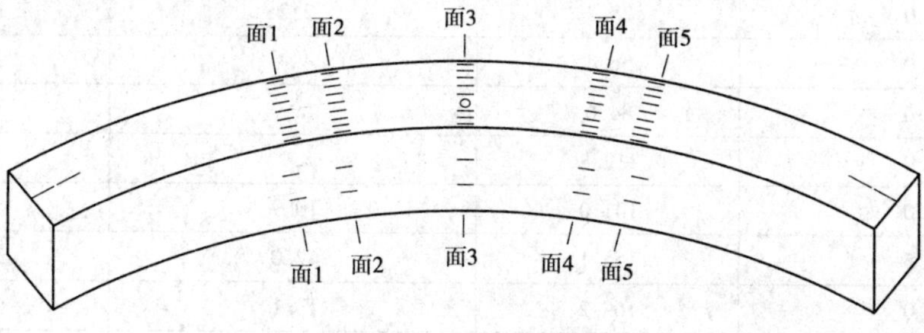

图 8-25　测点布置图

钢筋应变片采用箔基丝绕电阻应变计,长度 × 宽度为 3mm × 2mm。混凝土表面应变片为纸基应变计,长度 × 宽度为 80mm × 5mm。

应变的读数使用 DH－3816 静态应变测试系统(图 8-26),可以设置采集时间间隔,实现自动采集与数据的传输。

用数字式位移计测量支座位移和跨中挠度。

裂缝宽度的观测采用读数显微镜,精度为 0.02mm。

图 8-26　DH－3816 静态应变测试系统

8.14.4　试验过程

根据管片实际的最不利荷载状态,轴力为 1 440kN,弯矩为 210kN · m,此时的偏心距约为 14.6cm,用 15cm 的偏心距作为试验的横向力和轴向力的加载比例。

加载方式按加载等级表(表 8-54)分级加载。按比例变化轴向力和横向力,使其保持固定的偏心距 0.15m。但由于受试验条件的限制,当一直按设计偏心距加载时,试件的裂缝很难扩展,在裂缝不扩展的情况下,将很难分析钢纤维对裂缝的改善作用。经试作之后,将试验荷载分两阶段设计,在轴向千斤顶到达 1 440kN 前,按 0.15m 的偏心距等比例地施加轴向力和横向力。轴向千斤顶超过 1 440kN 后,保持轴向力不变,只加横向力直至试件的钢筋屈服,达到试件承载能力的极限状态。

加载的级差根据试验的不同阶段有所区别。在预计出现裂缝时,加载级差小到 0.5MPa。施加每级荷载后停留一段时间(待变形稳定后),读取荷载、应变和位移值。分析构件的应力和位移随荷载的变化情况。

试验时始终注意试件裂缝的发生与发展,裂缝测量采用读数显微镜。当某处开裂时,布置在弧面的应变片数值有突变,可及时观察裂缝的发生与扩展,读取裂缝开裂的荷载等级、裂缝位置、裂缝宽度和长度。

加载等级表　　表8-54

横向千斤顶油压 p(MPa)	横向力 P(kN)	纵向千斤顶油压 n(MPa)	轴向力 N(kN)
0.0	0.0	0.0	0.0
1.0	28.2	2.2	100.6
2.0	56.4	4.4	201.3
3.0	84.6	6.5	301.9
4.0	112.8	8.7	402.6
5.0	141.0	10.9	503.2
5.5	155.1	12.0	553.6
6.0	169.2	13.1	603.9
6.5	183.3	14.2	654.2
7.0	197.4	15.4	704.5
7.5	211.5	16.5	754.9
8.0	225.6	17.6	805.2
8.5	239.7	18.7	855.5
9.0	253.8	19.8	905.8
9.5	267.9	21.0	956.2
10.0	282.0	22.1	1 006.5
11.0	310.2	24.3	1 107.1
12.0	338.4	26.6	1 207.8
13.0	366.7	28.9	1 308.4
14.4	406.2	32.1	1 449.3
17.0	479.5	32.1	1 449.3
20.0	564.1	32.1	1 449.3
23.0	648.7	32.1	1 449.3
27.0	761.5	32.1	1 449.3
29.0	817.9	32.1	1 449.3
30.0	846.1	32.1	1 449.3
32.0	902.5	32.1	1 449.3

8.14.5 试验结果分析

由试验测得的应变值,可以由式 $\sigma_i = E\varepsilon_i$ 求出量测断面的应力,并根据图8-27所示的计算图示计算截面弯矩和轴力。对应于每一加载等级都有一组相对应的截面内力和裂缝的宽度。采用两种分析方法比较安全性。

(1)由量测得到的钢筋应变和混凝土应变求出的弯矩和轴力,按规范给出的公式计算裂缝宽度;将此计算裂缝宽度除以实测裂缝宽度,其比值可以认为实测裂缝宽度与计算裂缝宽度的差别,可以代表具有安全储备的"安全系数"含义。进行各试件"安全系数"的数值比较,可以间接反映各试件安全程度的大小。但这种方法存在两个问题:其一,量测的应变值

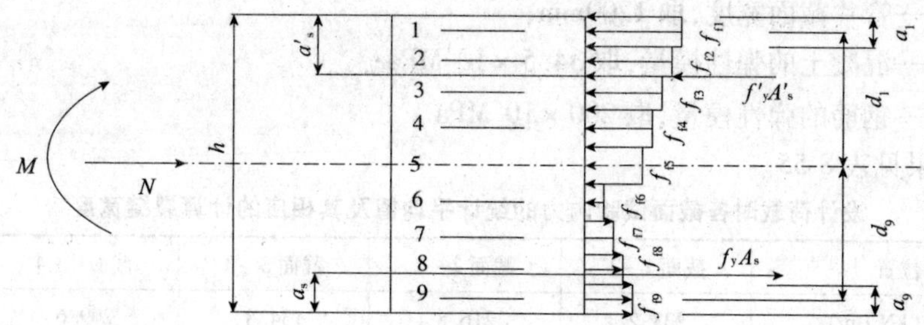

图 8-27　正截面内力计算简图

由于受测试条件的影响存在一定的误差，由此计算的截面内力和裂缝宽度也将受到这一误差的影响。因此，并不是每一个量测断面的内力值都能代表真实的内力。其二，计算的裂缝宽度与钢筋直径有关，直径越小，计算的裂缝宽度越大，“安全系数”也大，但并不能真正表明它的安全储备就高。

(2)针对上述问题，将各个试件在同一荷载级和同一量测断面的内力值取其平均值，近似地代表真值，用此内力计算出的钢筋混凝土管片的裂缝宽度，可以认为是按现行设计规范的真实裂缝宽度。再将各个试件的实测裂缝宽度与该裂缝宽度进行比较，接近或大于真实裂缝宽度，就可以认为是安全的。

1)弯矩、轴力量测值的计算

据应变值算出管片各量测断面正截面的弯矩 M 和轴力 N，按式(8-1)～式(8-5)计算，其中取拉力为正，压力为负：

$$M = (f_y + f'_y)A_s(h - a_s - a'_s) - (f_{f1} + f_{f9})a_1bd_1 - (f_{f2} + f_{f8})a_2bd_8 - (f_{f3} + f_{f7})a_3bd_7 - (f_{f4} + f_{f6})a_4bd_4 \tag{8-1}$$

$$N = (f_y + f'_y)A_s + \sum_{i=1}^{9} f_{fi}a_ib \tag{8-2}$$

$$f_{fi} = \varepsilon_iE_c(i = 1,2,\cdots,9) \tag{8-3}$$

$$f_y = \varepsilon_yE \tag{8-4}$$

$$f'_y = \varepsilon'_yE \tag{8-5}$$

式中：f_y、f'_y——纵向受拉、受压钢筋的测量应力值；

A_s——受拉区纵向非预应力钢筋截面面积；

f_{fi}——混凝土第 i 条应变片的测量应力值，f_{fi}为拉应力时，$f_{fi}=0$；

ε_i——第 i 条应变片测量应变值，由应变仪测量得出；

ε_y、ε'_y——纵向受拉、受压钢筋的测量应变值，由应变仪测量得出；

a_i——第 i 条应变片的测量值所代表混凝土应变的范围，取 $a_1 = a_2 = a_8 = a_9 = 30$mm，$a_3 = a_7 = 33.75$mm，$a_4 = a_5 = a_6 = 37.5$mm；

d_i——第 i 条应变片到中性轴的距离，取 $d_1 = d_9 = 135$mm，$d_2 = d_8 = 105$mm，$d_3 = d_7 = 75$mm，$d_4 = d_6 = 75$mm，$d_5 = 0$；

a_s——受拉纵向钢筋合力点至受拉区边缘的距离，取 40mm；

a'_s——受压纵向钢筋合力点至受压边缘的距离，取 60mm；

h——管片截面高度，取 300mm；

b——管片截面宽度，取1200mm；

E_c——混凝土的弹性模量，取34.5×10^3MPa；

E——钢筋的弹性模量，取200×10^3MPa。

计算结果见表8-55。

设计荷载时各截面试验内力的统计平均值及其相应的计算裂缝宽度　　表8-55

截面位置	截面1－1	截面2－2	截面3－3	截面4－4	截面5－5
M平均值(kN·m)	238.2	216.8	134.8	209.6	220.2
N平均值(kN)	1 564.3	1 500.1	1 313.9	1 507.1	1 554.2
偏心距e(m)	0.152	0.145	0.103	0.139	0.142
计算裂缝宽度(mm)	0.267	0.202	0.046	0.175	0.204

注：设计荷载为弯矩210kN·m，轴力1 440kN，偏心距0.145m。

2)试件的破坏形态及实测裂缝分析

试件在逐级加载的过程中，首先在内力较大处出现1～2条裂缝(图8-28)，之后随着这少数裂缝的扩展，不断地出现新的裂缝，至试验结束时多则会出现10多条裂缝(图8-29)。

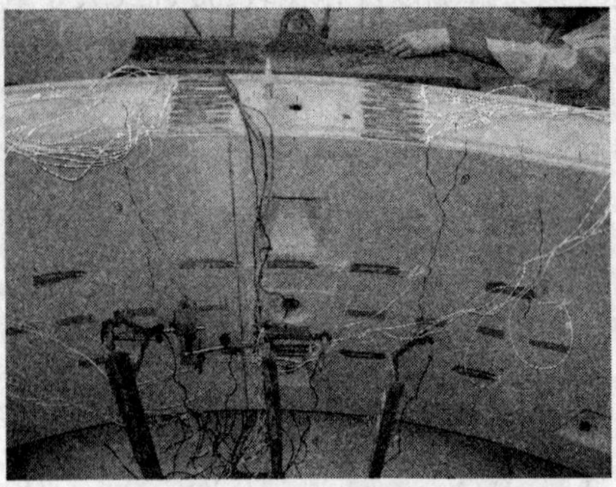

图8-28　试件开裂初期

图8-29　试件达到极限承载力时的破碎情况

在各级荷载条件下，将各试件中开裂宽度最大的实测主裂缝宽度示于表8-56。

试件主裂缝宽度表(单位：mm)　　表8-56

荷载(MPa) \ 试件	管片1	管片2
7.5		
8		0.04
8.5		0.065
9	0.03	0.09
10	0.05	0.11
11	0.065	0.11
12	0.055	0.125
14.4	0.115	0.195
17	0.14	0.235

续上表

荷载(MPa) \ 试件	管片 1	管片 2
20	0.145	0.235
23	0.285	0.23
27	0.295	0.375

对比达到正常使用极限状态的裂缝宽度限值时，各个试件的承载力见表 8-57（这里的承载力用横向千斤顶的出力表示，设计荷载为 406kN）。当实测裂缝宽度不能恰好达到 0.2mm、0.3mm 时，由线性内插得出。

相同裂缝宽度时试件的横向承载力（单位：kN）　　表 8-57

实测裂缝宽度(mm)	0.20		0.30	
试件编号	1	2	1	2
管片承载力(kN)	415	598	702	818

把每一个试件的各条裂缝在相同荷载等级时的最大裂缝宽度汇总成表 8-58。

试件最大裂缝宽度表（单位：mm）　　表 8-58

荷载(MPa) \ 试件	管片 1	管片 2
5		
5.5		0.03
6	0.01	0.035
6.5	0.01	
7	0.01	0.055
7.5	0.01	
8	0.02	0.065
8.5		0.07
9	0.055	0.09
10	0.06	0.11
11	0.07	0.11
12	0.07	0.125
13		0.155
14.4	0.115	0.195
17	0.14	0.235
20	0.145	0.235
23	0.285	0.235
27	0.295	0.41

结论：在正常使用极限状态开裂宽度限值为0.2mm和0.3mm时，试验管片裂缝宽度均能满足规范要求。

3）混凝土管片安全性分析

（1）钢筋混凝土最大裂缝宽度

首先由试验得到的内力值计算钢筋混凝土管片的最大裂缝宽度。

对于矩形截面的钢筋混凝土偏心受压构件，按荷载效应的标准组合并考虑长期作用影响的最大裂缝宽度 w_{max} 可按式(8-6)～式(8-9)计算[《混凝土结构设计规范》(GB 50010—2002)8.1.2]：

$$w_{max} = \alpha_{cr}\psi\frac{\sigma_{sk}}{E_s}(1.9c + 0.08\frac{d_{eq}}{\rho_{te}}) \tag{8-6}$$

$$\psi = 1.1 - 0.65\frac{f_{tk}}{\rho_{te}\sigma_{sk}} \tag{8-7}$$

$$d_{eq} = \frac{\sum n_i d_i^2}{\sum n_i v_i d_i} \tag{8-8}$$

$$\rho_{te} = \frac{A_s + A_y}{A_{te}} \tag{8-9}$$

式中：α_{cr}——构件受力特征系数，钢筋混凝土受弯、偏心受压构件 $\alpha_{cr}=2.1$；

ψ——裂缝间纵向受拉钢筋应变不均匀系数，$\psi<0.2$ 时取 $\psi=0.2$，$\psi>1$ 时取 $\psi=1$；

σ_{sk}——按荷载效应的标准组合计算的钢筋混凝土构件纵向受拉钢筋的应力，按式(8-10)计算；

c——最外层纵向受拉钢筋外边缘至受拉区底边的距离，当 $c<20$mm 时，取 $c=20$mm，当 $c>65$mm 时取 $c=65$mm；

ρ_{te}——按有效受拉混凝土截面面积计算的纵向受拉钢筋配筋率，在最大裂缝宽度计算中，当 $\rho_{te}<0.01$ 时，取 $\rho_{te}=0.01$；

A_s——受拉区纵向非预应力钢筋截面面积；

A_y——受拉区纵向预应力钢筋截面面积，对于本试验 $A_y=0$；

A_{te}——有效受拉混凝土截面面积，对本试验 $A_{te}=0.5bh$；

ν_i——第 i 种纵向受拉钢筋的相对黏结特性系数，螺纹钢筋取 $\nu_i=1.0$；

n_i——第 i 种纵向受拉钢筋的根数；

d_{eq}——受拉区纵向钢筋的等效直径；

（2）偏心受压构件钢筋应力

计算裂缝宽度公式中，受压区纵向钢筋拉应力 σ_{sk}，需在荷载效应的标准组合作用下，按式(8-10)～式(8-13)计算[《混凝土结构设计规范》(GB 50010—2002)8.1.3]：

$$\sigma_{sk} = \frac{N_k(e-z)}{A_s z} \tag{8-10}$$

$$z = \left[0.87 - 0.12(1-\gamma'_f)\left(\frac{h_0}{e}\right)^2\right]h_0 \tag{8-11}$$

$$e = \eta_s e_0 + y_s \tag{8-12}$$

$$\eta_s = 1 + \frac{1}{4\,000e_0/h_0}\left(\frac{l_0}{h}\right)^2 \tag{8-13}$$

式中：e——轴向拉力作用点至受压钢筋合力点的距离；

e_0——轴向力对截面重心的偏心距，$e_0 = \frac{M}{N}$，M、N 见式(8-1)及式(8-2)；

h_0——截面有效高度，取 $h_0 = 260\text{mm}$；

γ'_f——受压翼缘截面面积与腹板有效截面面积的比值，取 $\gamma'_f = 0$；

z——纵向受拉钢筋合力点至截面受压区合力点的距离；

η_s——使用阶段的轴向压力偏心距增大系数，在本试验取 $\eta_s = 1.0$；

y_s——截面重心至纵向受拉钢筋合力点的距离，取 $y_s = 110\text{mm}$；

N_k——按荷载效应的标准组合计算的轴向力值，取 $N_k = N$，N 见式(8-2)。

(3)安全系数

按式(8-6)计算的钢筋混凝土管片的最大裂缝宽度(即计算裂缝宽度)与同级荷载下实测的裂缝宽度之比值，可以视为衡量安全储备的一个相对量值，暂时定义为“安全系数”。

把各组管片的实测裂缝宽度最先达到 0.2mm、0.3mm 时的安全系数汇总成表 8-59(当实测裂缝宽度不能恰好达到 0.2mm、0.3mm 时，由线性内插得出)。

计算裂缝宽度与实测裂缝宽度的比值　　表 8-59

实测裂缝宽度(mm)	0.2		0.3	
试件编号	1	2	1	2
管片安全系数	1.08	2.20	1.91	2.43

(4)混凝土管片承载力极限状态的相对安全性

承载力极限状态时钢筋达到屈服，此时管片试件变化较大，裂缝扩展加快，横向千斤顶不能再增加油压，认为试件达到了极限承载力。

管片的极限承载力比较见表 8-60。

管片的极限承载力比较表　　表 8-60

试件类型	横向千斤顶出力(kN)	试件承受的实际弯矩(kN·m)	实际弯矩与设计弯矩的比值
钢筋混凝土管片	846	425	2

注：设计荷载为弯矩 210kN·m，横向千斤顶出力 406kN。

8.14.6　结论

北京地铁 10 号线工程盾构管片普通环钢筋用量为 138.8kg/m³，以设计荷载弯矩 210kN·m、轴力 1 440kN 为评价钢筋混凝土盾构管片正常使用极限状态时的承载力，试件均满足正常使用极限状态的要求。在极限承载力为 846kN(横向千斤顶出力)时试件承受约 425kN·m的弯矩，相当于设计弯矩的 2 倍。

第 9 章　盾构隧道施工的地面用地面积及场地布置

9.1　地铁 5 号线

9.1.1　从张自忠路站始发的盾构施工

从张自忠路站始发，至北新桥站区间的盾构施工地面用地面积及场地布置如表 9-1 和图 9-1 所示。

从张自忠路站始发的盾构施工的地面用地面积（单位：m^2）　　表 9-1

始发井及提升区面积	办公、生活用房区面积	管片堆放区面积	材料、物资堆放区面积	施工区域内通道面积	集土坑	合　计
162.03	465	218.6	123.8	970.8	150	2 090.23

9.1.2　从北新桥站始发的盾构施工

从北新桥站始发，至雍和宫站区间的盾构施工地面用地面积及场地布置如表 9-2 和图 9-2所示。

从北新桥站始发的盾构施工的地面用地面积（单位：m^2）　　表 9-2

始发井及提升区面积	办公、生活用房区面积	管片堆放区面积	材料、物资堆放区面积	施工区域内通道面积	集土坑	合　计
116.12	398	196.7	156.9	873.8	178	1 919.52

9.1.3　宋家庄站—刘家窑站区间的盾构施工

南起于丰台区宋家庄站盾构工作井，北至刘家窑站，包括 1 个右线盾构工作井、1 个左线盾构工作井和左、右线盾构法区间隧道。盾构工作井设在里程 YK0 + 647.464 ~ YK0 + 663.439 处，内净空右线井为 15m × 9.2m，左线井为 15m × 7.75m，深为 19.365m，该盾构工作井东连区间暗挖隧道，西接区间盾构法隧道。右线盾构法区间隧道起于右 YK0 + 662.500，止于 YK1 + 981.200，右线全长 1 318.7m；左线盾构法区间隧道起于左 K0 + 663.439，止于 YK1 + 981.200，左线全长 1 354.501m。其中在里程右 K1 + 110.000 处设有一区间联络通道及泵房，在里程右 K1 + 545.000 处设有另一区间联络通道。

依据现场实际情况，结合本工程周围环境，本着合理组织交通运输，满足盾构及其后配套设备进场、组装、吊运下井、施工材料供应、始发掘进、渣土存放、渣土运输的要求，以及办公、生活的要求，并与盾构工作井施工现场的布置、暗挖段隧道施工现场的布置、盾构正常段施工现场布置结合起来，依据北京市文明施工及安全生产的有关规定，对施工总平面统一规划、综合考虑、合理布置。设龙门吊、浆液站、变电站、冷却塔、管片存放区、积土坑、加工区、库房、盾构及其后配套设备存放组装区、生活区及办公区等。为了满足盾构始发施工的出土及材料运输，在盾构工作井以东的暗挖隧道施工竖井处设置 1 台东西走向跨度 22.5m 的 15t 龙门吊。集土坑设在暗挖隧道施工竖井的西侧，占地面积 150m^2，集土坑设计存放渣土 300m^3。管片存放区设在暗挖隧道施工竖井的北侧，设计存放 20～25 环。在东南侧设生活区、库房。在盾构工作井西侧的围墙外设办公区。宋家庄施工现场占地约 5 000m^2，刘家窑施工现场占地约 3 000m^2。施工现场平面布置详见图 9-3 及图 9-4。

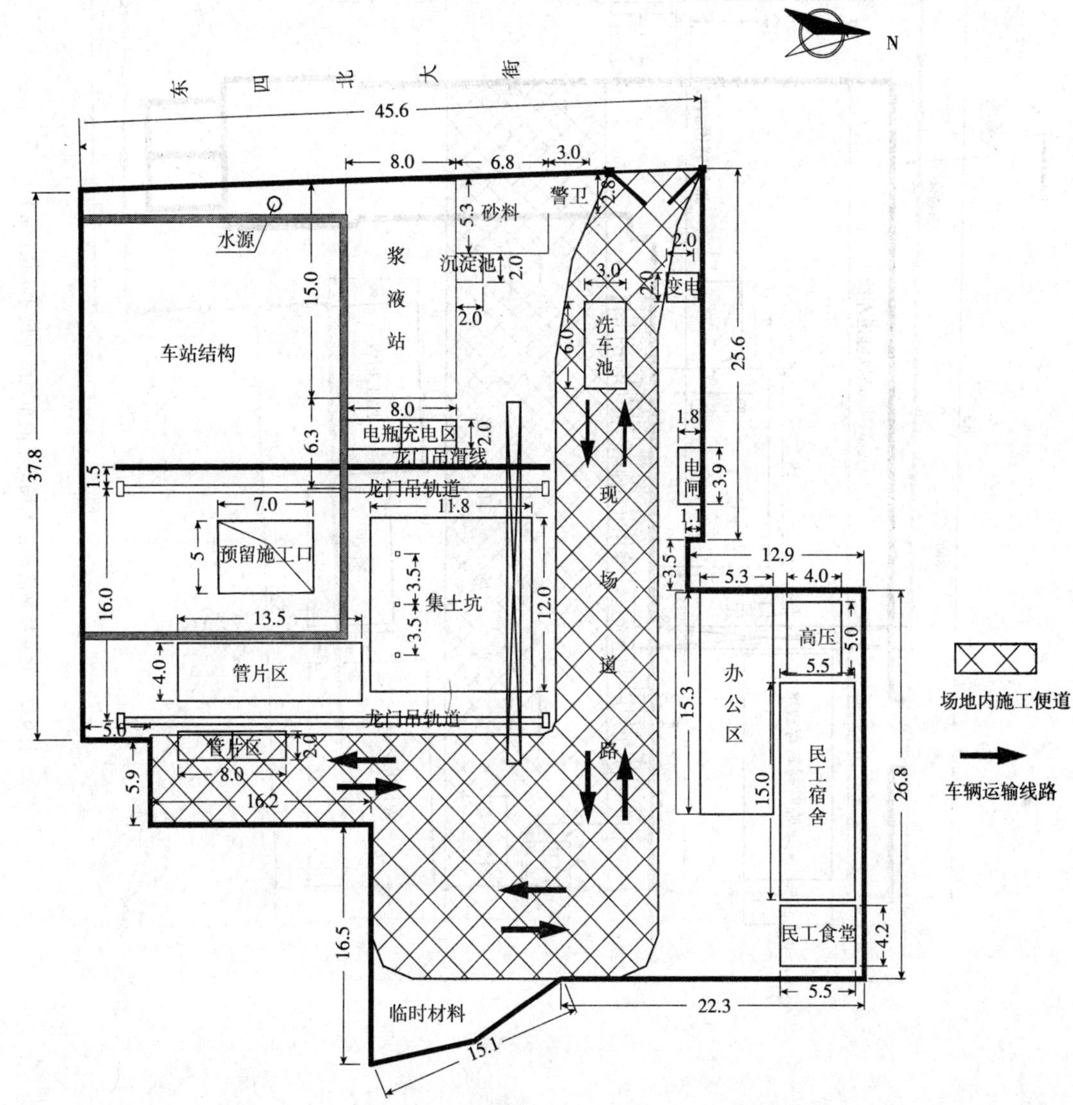

图 9-1　张自忠路站盾构施工场地平面布置图(尺寸单位：m)

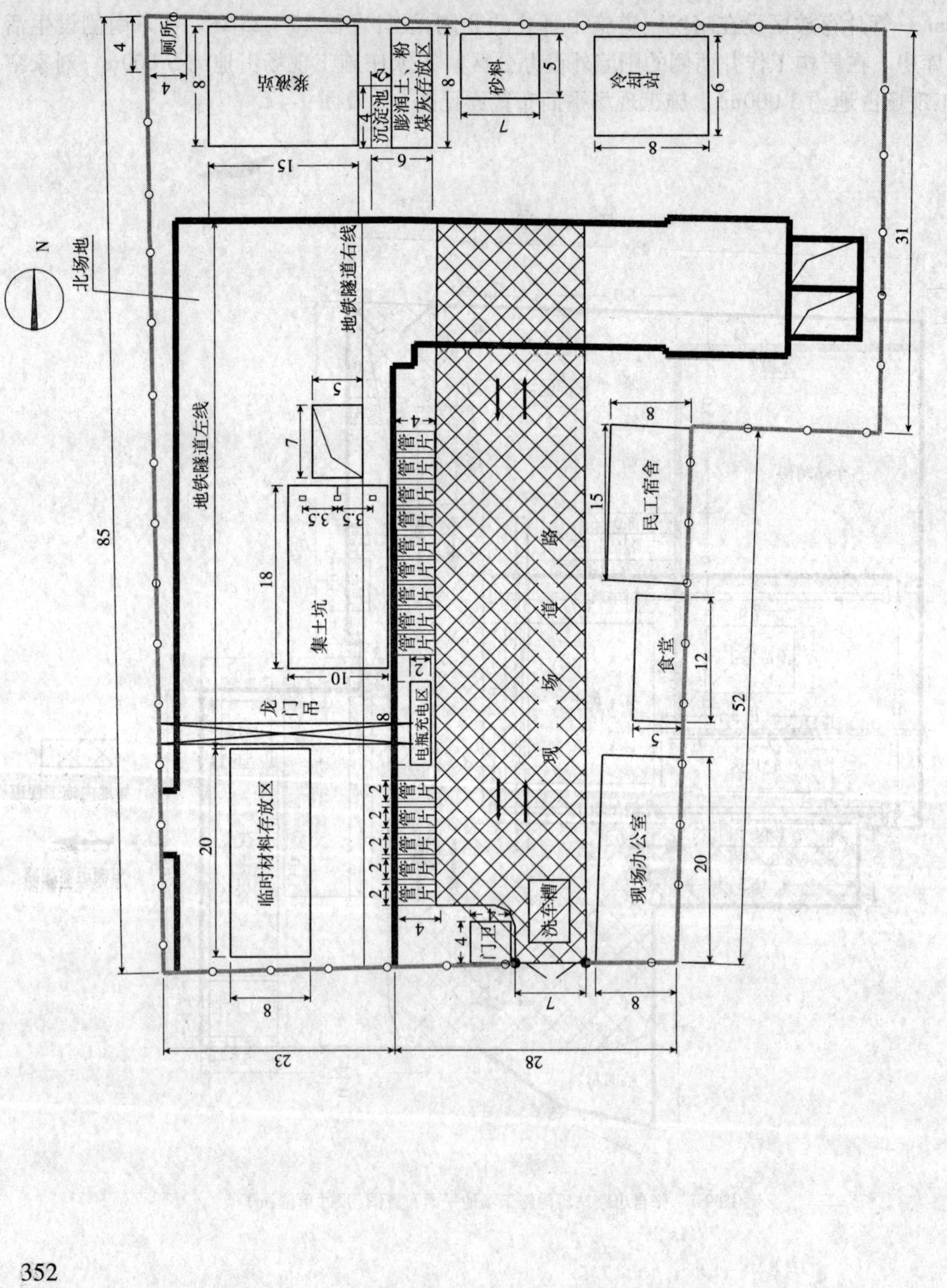

图9-2 北新桥站盾构施工场地平面布置图（尺寸单位：m）

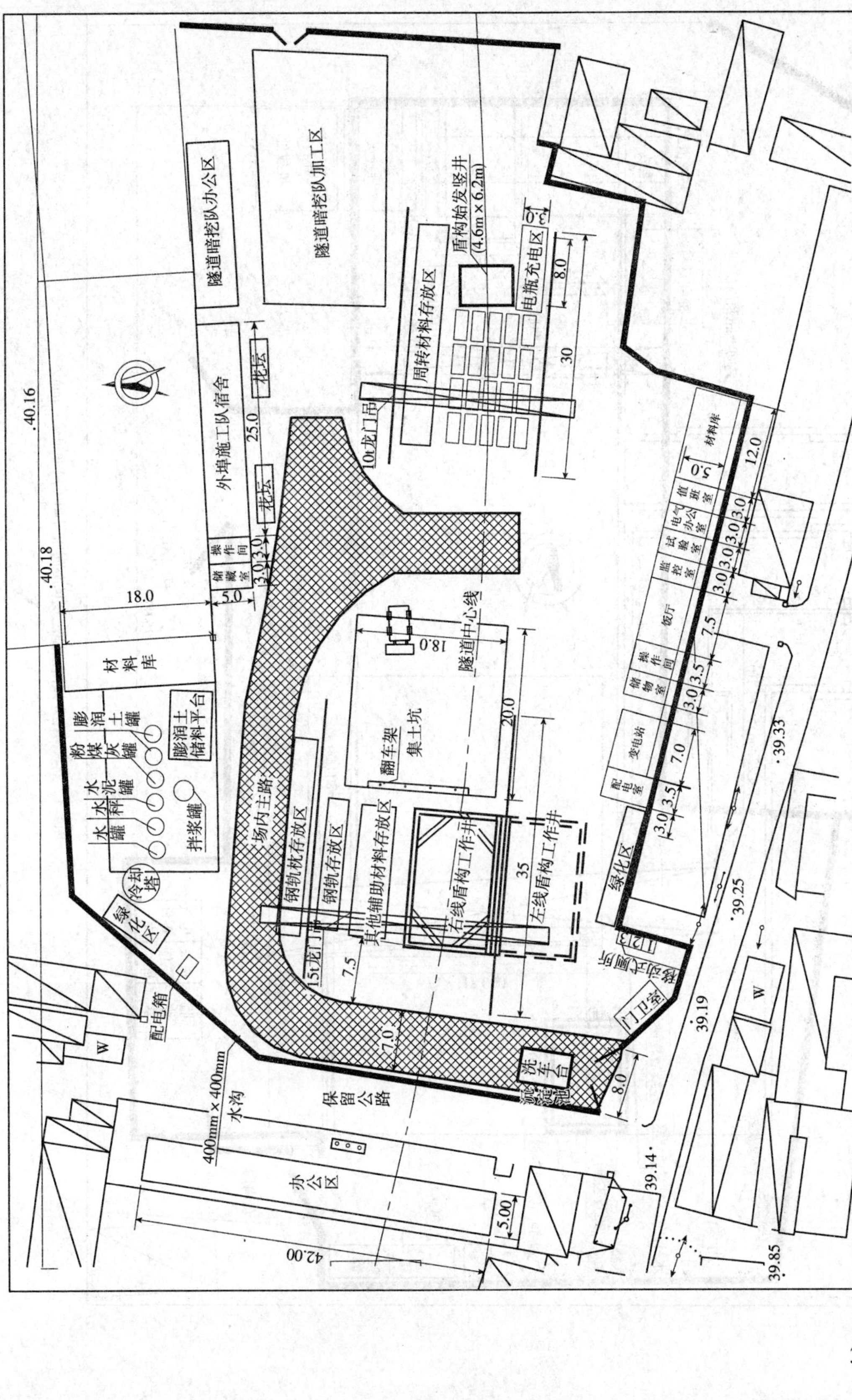

图 9-3　宋家庄站右线盾构始发施工现场平面布置图（尺寸单位：m）

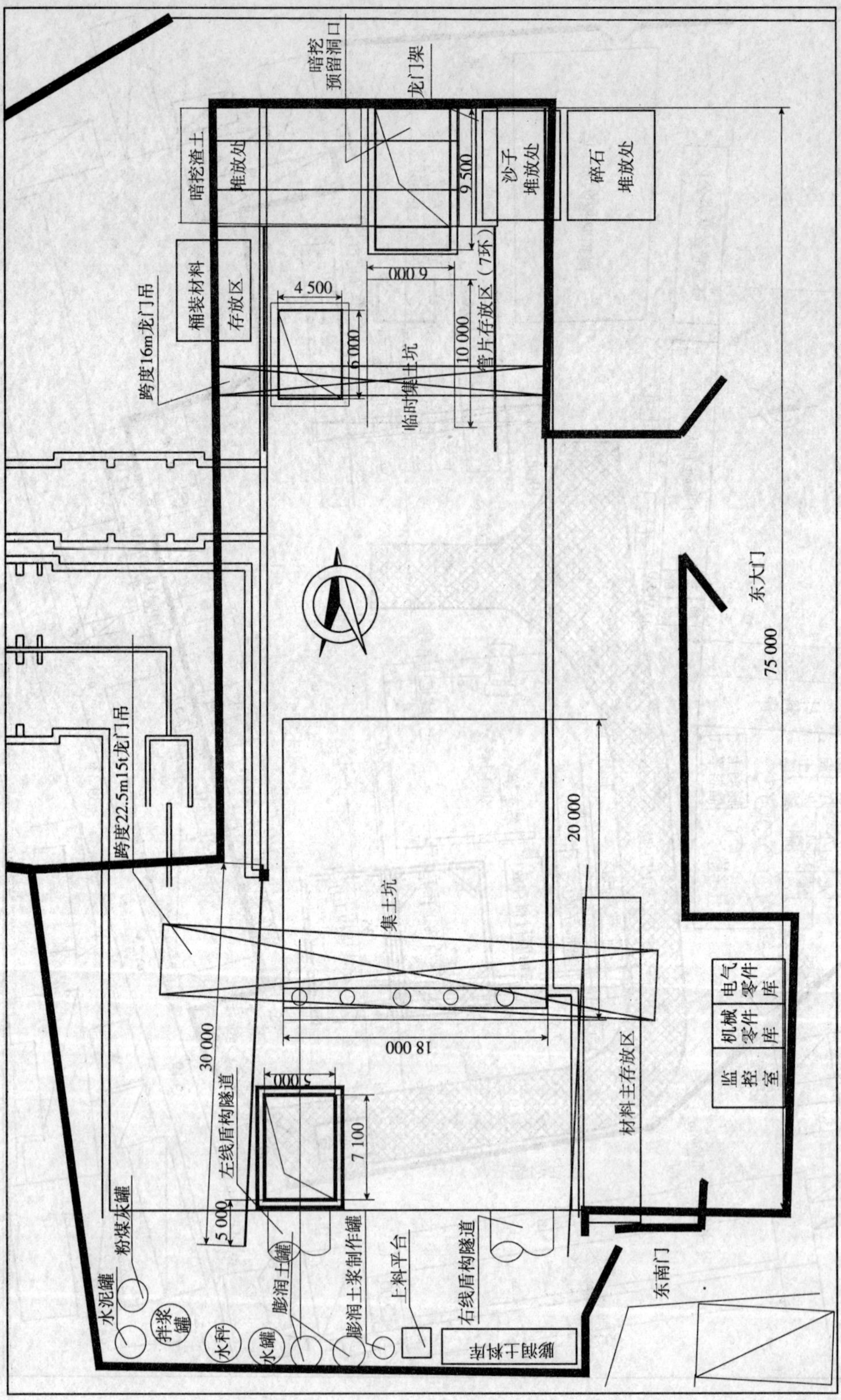

图9-4 刘家窑站左线隧道施工现场平面布置图（尺寸单位：mm）

9.2　地铁 4 号线

9.2.1　北京南站—角门北路站区间盾构施工

北京南站—角门北路站区间盾构工程分别在右线 K3 + 635.000、左线 K3 + 595.000 处设盾构始发井，然后由北向南掘进，下穿京山铁路，近距离穿越洋桥北里 14 层居民楼、京山铁路桥，下穿凉水河、万芳亭公园、南三环后，再沿马家堡西路向南，穿过马草河及马草河桥，最后到达角门北路站。其中，右线盾构段 1 231.434m，左线盾构段 1 161.488m。

1）工程用地范围

北京南站—角门北路站区间工程在左线 K3 + 595.000、右线 K3 + 635.000 处设盾构始发井（15m × 9m），在左线 K3 + 705.000、右线 K3 + 735.000 处设盾构出土井（7.1m × 4.6m）。根据盾构区间施工组织安排，施工用地分两个阶段。

盾构机始发阶段利用盾构始发井与盾构出土井之间暗挖隧道，采用盾构机主机和后配套设备井下连接的方式进行始发，需占用东庄公园内约 1 400m^2 的场地用于盾构始发施工，此场地在后期将被铁路占用。

盾构正常掘进阶段施工用地移到盾构始发井周围，需占用东庄公园内靠近京山铁路附近约 7 000m^2 的临时用地。

2）施工场地布置

施工场地布置如图 9-5 所示。

根据盾构区间施工组织安排，盾构区间施工场地分两个阶段进行布置，第一个为盾构始发掘进阶段，第二个为盾构正常掘进阶段。盾构始发掘进阶段主要利用角门北路站—北京南站暗挖区间的两个盾构出土井进行管片、渣土的吊装，详见图 9-5；在正常掘进段利用盾构始发竖井的两台龙门吊进行管片、渣土的吊装，详见图 9-6。

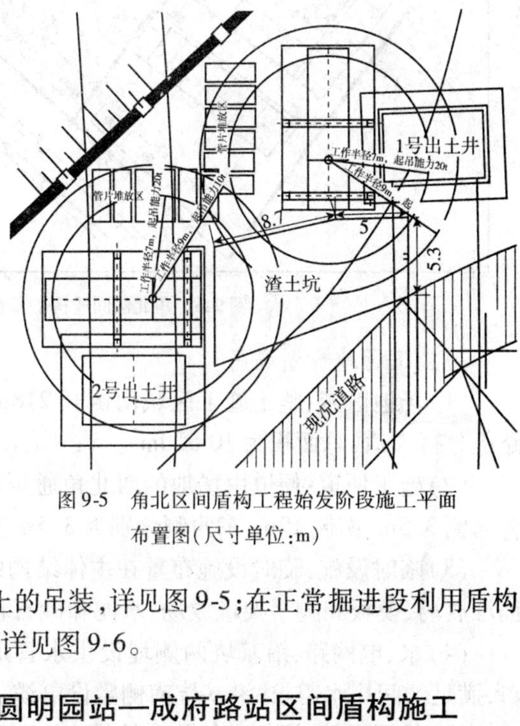

图 9-5　角北区间盾构工程始发阶段施工平面布置图（尺寸单位：m）

9.2.2　颐和园站—圆明园站区间及圆明园站—成府路站区间盾构施工

本合同段包括颐和园站、圆明园站两个车站工程及颐和园站—圆明园站区间、圆明园站—成府路站区间两个区间盾构工程。颐和园站—圆明园站区间起止里程为 K25 + 173.149 ~ K23 + 655.85，长 3 046.405 单线延米。圆明园站—成府路站区间起止里程为 YK23 + 474.4 ~ YK22 + 410.3，长 2 122.2 单线延米，包括两个联络通道和一个泵站。

1）场地规划原则

（1）以满足施工生产和现场管理为主，尽量少占用设计规划的施工区域以外的场地，少干扰既有道路交通。

(2)方便施工组织,满足高峰期生产的需要。

(3)生活、生产区分开。

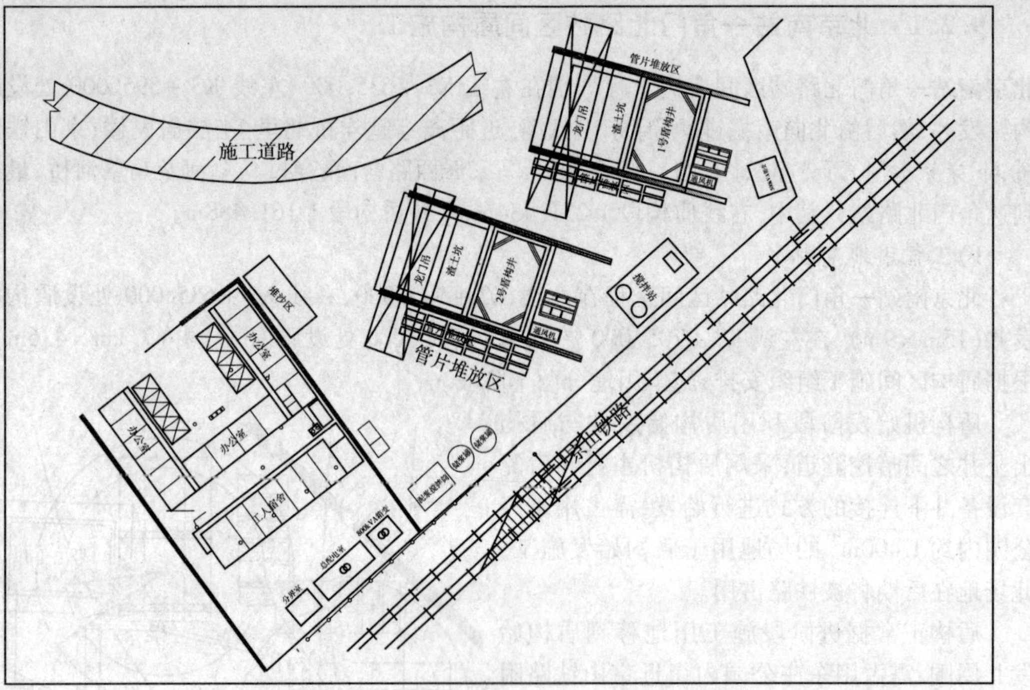

图 9-6 角北区间盾构工程正常掘进阶段施工平面布置图

2)施工场地规划说明

(1)场地区域:整个施工区域南侧长 218m,北侧长 200m,宽 56m,占用颐和园路和海淀路部分行人道,总面积为 10 500m^2。

(2)施工便道:便道由场地的西北角通至场地的东南角,贯穿车站主体。便道宽度分别为北侧 3.5m、南侧 12m,东西侧分别为 3.5m、8m。

(3)临时设施:临时设施布置在主体结构的南侧,主要有办公区、试验室、钢筋加工场、钢筋堆放场、模板和脚手架堆放场、水泥和砂石料堆放场、材料库、变电房、机械修理房等。

(4)水、电网路:沿基坑两侧埋设供水管道,满足车站施工需求,同时在东、西端留有接口,满足区间用水需求;沿基坑南侧敷设电缆,满足施工场地内用电。

(5)排污系统:沿便道外侧砌筑排水沟,使整个施工场地内排水通畅;为了防止沉渣淤堵排水沟,设置沉砂井,污水经沉淀池沉淀后就近排入污水管道。

9.3 地铁 10 号线

9.3.1 国贸站—双井站区间盾构施工

国贸站—双井站区间简称为国双区间,盾构施工场地位于东三环与广渠门外大街交叉口东北角,处于正在施工的地铁10号线双井车站明挖基坑施工范围内,东侧为正在施工中的某房地产公司,场地限制比较严重,见国双区间盾构施工场地布置图(图9-7)。

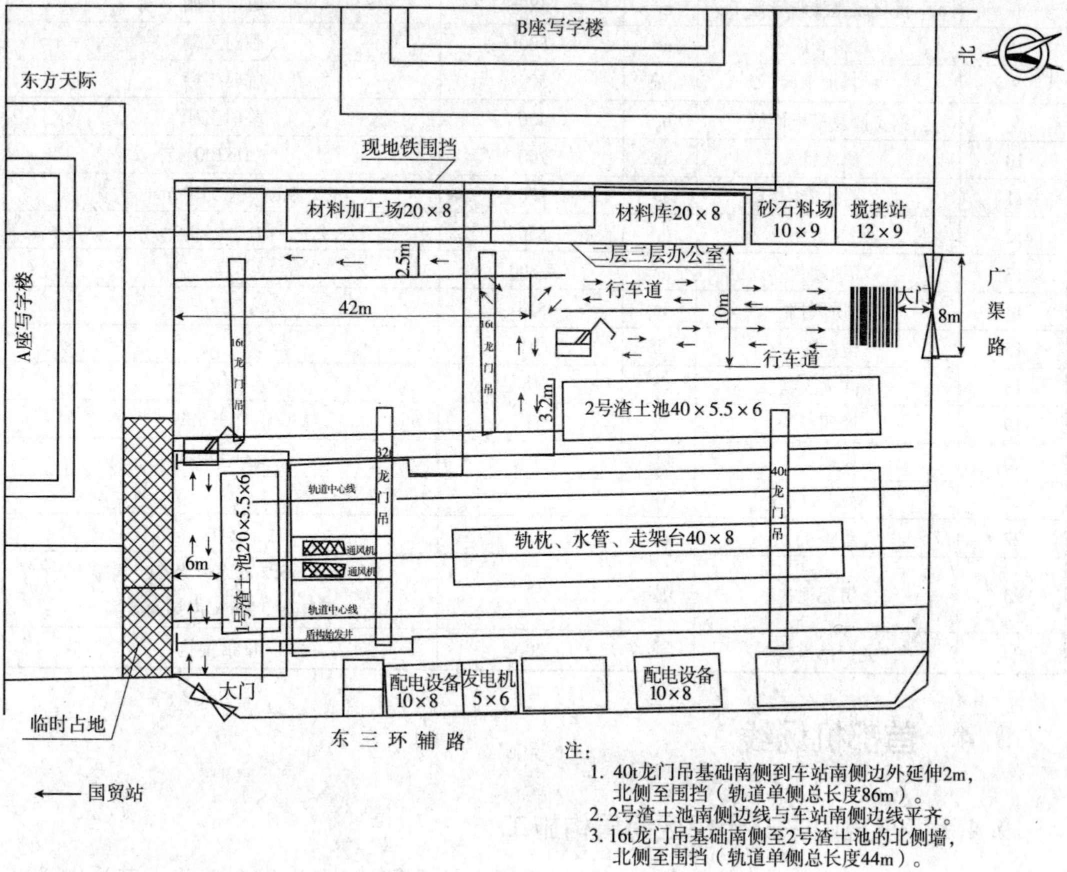

图9-7　国双区间盾构施工场地布置图(尺寸单位:m)

9.3.2　北土城站—芍药居站—太阳宫站区间盾构施工

本合同段为北京地铁10号线一期工程土建施工第9合同段,位于北京市朝阳区,由北土城站—芍药居站区间、芍药居站、芍药居站—太阳宫站区间、太阳宫站即两站两区间共四部分组成。芍药居站施工和盾构施工的地面用地面积和主要临时工程见表9-3所列。

主要临时工程及用地面积　　表9-3

序号	名　称	单位	数　量	备　注
1	门卫	m^2	10	单层活动房
2	办公及管理用房	m^2	1 000	三层活动房
3	职工宿舍	m^2	1 500	三层活动房(竖井为单层)
4	发电及配电房	m^2	30	临时工棚
5	机电仓库	m^2	55	临时工棚

续表

序号	名　称	单位	数　量	备　注
6	机具放置维修场地	m^2	580	临时工棚
7	材料仓库	m^2	500	临时工棚
8	材料加工区	m^2	500	临时工棚
9	钢支撑及模板堆放	m^2	450	临时工棚
10	给水管	m	200	DN100
11	排水管	m	200	混凝土管 ϕ300mm
12	临时道路	m^2	850	
13	场地硬化	m^2	5 800	
14	硬质围挡	m	514	
15	电闸箱	个	30	
18	干式灭火器	支	16	
19	照明灯	支	3	镝灯 3.5kW
20	照明灯	支	10	镝灯 1.0kW
21	标准大门	座	2	
22	集土坑	m^3	1	680
23	沉淀池	座	2	8m×3.5m×2m,底板为 C15 混凝土,墙体为 370mm 内抹面砖墙
24	龙门吊道轨	m	200	43kg 钢轨

9.4 首都机场线

9.4.1 东直门—三元桥区间盾构施工

隧道设计施工起点为轨道交通机场线三元桥车站南端,终点为设在察慈小区住宅楼西南侧的盾构接收井。盾构施工地面用地面积及场地布置如表 9-4 和图 9-8 所示。

盾构施工的地面用地面积(单位:m^2)　　表 9-4

始发井及提升区面积	办公、生活用房区面积	管片堆放区面积	材料、物资堆放区面积	施工区域内通道面积	集土坑	合计
92	1 347.8	116.23	231.54	529.77	135	2 452.34

9.4.2 T2 航站楼支线盾构施工

机场线 09 标段为机场线 T2 航站楼支线(左线)地下段。隧道设计起点为左 T2K1 + 295,终点为左 T2K5 + 397,全长 4 092m,盾构法施工。1 号盾构机采用过站法(即结构先施做,盾构后穿越)穿越 1 号风井,整个工程中盾构机三次始发、三次到达,最终 1 号盾构机到达位于机场一号路东侧林地内的 2 号风井解体、吊出,2 号盾构机到达位于 T2 航站楼南侧的盾构接收井进行解体、吊出。

根据工程实际情况,结合总体施工组织安排,本标段在业主指定位置设置盾构施工场地,场地面积 7 693m^2(含 150m 长明挖矩形结构施工场地)。

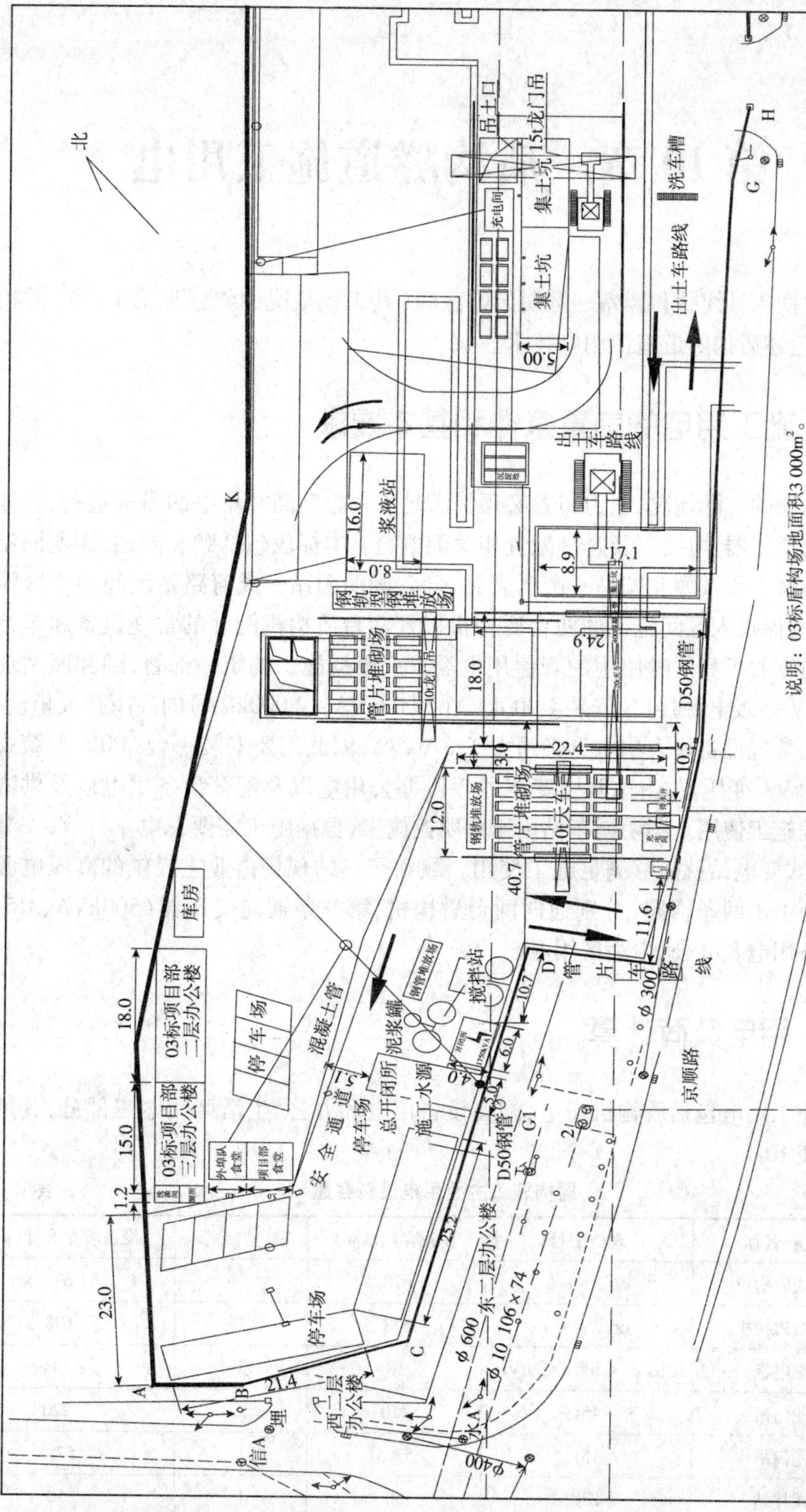

说明：03标盾构场地面积3 000m²。

图9-8　东三区间盾构施工场地平面布置图（尺寸单位：m）

第10章　盾构隧道施工用电

这里以地铁4号线颐和园站—圆明园站区间(其工程概况的叙述见第15章)盾构施工为工程实例,论述盾构隧道施工用电技术。

10.1　施工用电的前置条件和基本要求

根据本标段的实际情况,电力布置必须按满足工程施工高峰用电的需求进行,总体规划和部署现场的变压器、电线以及合理配置相关配电箱。本标段包括颐和园站、圆明园站两个车站主体和附属工程及颐和园站—圆明园站区间、圆明园站—成府路站区间两个区间盾构工程,因此要确保投入区间施工的两台盾构机以及两台盾构机配套的常规设备和车站主体及附属工程施工的机具同时使用的峰值用电需求。根据施工的统一部署,颐和园站现场由业主提供10kV一级电源接口,安装4 000kVA(2 000kVA+2 000kVA)的高压开关柜设备,同时根据配套的常规设备最大用电量必须大于670kVA,因此需要安装一台500kVA箱式变电站和一台315kVA变压器,由这两台变压器提供办公用电以及配套设备供电以及供隧道照明和附属工程施工使用。圆明园车站由于是明挖施工,根据施工需要总电量计算,安装一台500kVA的箱式变电站就能够满足施工使用。颐和园车站现场由业主提供的高压电源进入现场经开关柜引出两条回路,分别通向两台盾构机,第三条通向变压器(500kVA、315kVA)供给常规设备用电及办公、生活区用电。

10.2　用电负荷计算

盾构机施工用电包括盾构机用电、配套设备用电和办公、生活区用电三部分,其用电设备的容量见表10-1。

盾构施工主要用电设备容量　　表10-1

序号	设备名称	规格型号	设备容量(kW)	数量(台)	设备容量合计(kW)
1	右线盾构机	ϕ6 250mm	1 678.5	1	1 678.5
2	左线盾构机	ϕ6 250mm	1 678.5	1	1 678.5
2	充电机	KC01-100A/220V	18	8	144
3	龙门吊	45t	110	2	220
4	龙门吊	15t	57.5	1	57.5
5	搅拌站	HZS35	50	1	50

续上表

序号	设备名称	规格型号	设备容量(kW)	数量(台)	设备容量合计(kW)
6	储浆罐	$6m^3$	18.5	1	18.5
7	注浆泵	FBY50	11	2	22
8	通风机	100RD - 2FS37	60	2	120
9	污水泵	GD100 - 32	30	2	60
10	水泵	150WQ100 - 40 - 22	22	1	30
11	冷却塔	SRM - 100	11	1	15
12	电焊机等维修设备	BX1 - 500 等型号			65
13	生活区用电				30
14	施工照明				50
	总计				4 239

1）盾构施工配套设备及办工生活用电负荷计算

（1）盾构施工配套设备及办工生活用电设备容量（P_s）

如表 10-1 所列，配套设备及办工生活用电设备容量 P_s 为：

$P_s = P_{出渣门吊} + P_{下料门吊} + P_{砂浆搅拌站} + P_{储浆罐} + P_{注浆泵} + P_{充电机} + P_{通风机} + P_{循环水泵} + P_{循环水冷却塔} + P_{排污泵} + P_{水泵} + P_{施工场地照明} + P_{维修加工设备} + P_{办公和生活} = 220 + 57.5 + 50 + 18.5 + 15 + 144 + 120 + 30 + 22 + 60 + 30 + 50 + 50 + 15 = 882(kW)$

（2）盾构施工配套设备及办公生活用电有功计算负荷（P_{js1}）

$$P_{js1} = P_s \cdot K_d（使用系数 K_d 取 0.65）$$

$$P_{js1} = P_s \times 0.65 = 882 \times 0.65 = 573.3(kW)$$

（3）盾构施工配套设备及办公生活用电视在计算负荷（S_{js1}）

$$S_{js1} = P_{js1}/\cos\phi（取功率因数 \cos\phi = 0.85）$$

$$S_{js1} = P_{js1}/0.85 = 573.3/0.85 = 674.47(kVA)$$

2）盾构机掘进用电负荷计算

（1）单台盾构机的设备容量（P_s）

如表 10-1 所列，单台盾构机的设备容量 P_s 为：

$P_s = P_{刀盘驱动系统} + P_{推进系统} + P_{出渣系统} + P_{液压补给} + P_{管片安装} + P_{背衬注浆系统} + P_{辅助液压系统} + P_{泡沫系统} + P_{冷却系统} + P_{空气压缩机} + P_{二次通风系统} + P_{盾构机照明} = 945 + 75 + 360 + 75 + 45 + 37.5 + 22 + 7.5 + 16.5 + 55 + 15 + 25 = 1\ 678.5(kW)$

（2）单台盾构机掘进时的用电设备有功计算负荷（P_{js2}）

$$P_{js2} = P_s \cdot K_d（使用系数 K_d 取 1.0）$$

$$P_{js2} = 1\ 678.5kVA$$

（3）单台盾构机掘进时的用电设备视在计算负荷（S_{js2}）

$$S_{js2} = P_{js2}/\cos\phi（取功率因数 \cos\phi = 0.85）$$

$$S_{js2} = P_{js2}/0.85 = 1\ 678.5/0.85 = 1\ 974.7(kVA)$$

10.3 电导线的选择

1)导线截面的选择方式

选择导线截面有三种方式,分别为按机械强度选择、按允许电流选择和按允许电压降选择。由于盾构机及后配套设备负荷量较大,其主要矛盾在导线的容许电流方面,所以常用的是按允许电流选择方式选择配电导线的截面。

(1)按机械强度选择:导线必须保证不因一般机械损伤而折断。

(2)按允许电流选择:导线必须能承受负载电流长时间通过所引起的温升。

三相制线路上的允许电流要至少大于计算电流,按下式计算:

$$I_{js} = \frac{K_d P_s}{\sqrt{3} U_{线} \cos\phi}$$

式中:I_{js}——计算电流(A);

K_d——需要系数;

P_s——设备容量;

$U_{线}$——电压;

$\cos\phi$——功率因数,取0.85。

(3)按允许电压降选择:导线上引起的电压降必须在一定限度内。配电导线截面可用下式计算:

$$S = \frac{\sum P_{js} L}{C\varepsilon\%}$$

式中:S——导线截面;

ε——允许的相对电压降,照明允许电压降为2.5%~5%,电动机电压不超过±5%;

C——系数,视导线材料和线路电压配电方式而定,铜线线路额定电压380V/220V、配电五线,$C=77$;

L——线路长度。

2)至盾构机导线截面

因用电距离为2.5km、10kV高压送电,所以按允许通过电流选择盾构机导线截面:

(1)右线盾构机

$I_{盾} = (K_d \cdot P_{js2})/(1.732 U_{线} \cdot \cos\phi)$

$= (1.0 \times 1678.5) \div (1.732 \times 10 \times 0.85) = 114.01(A)$

查《电气设计手册》,至盾构机高压电源电缆选用YJV10KV 3×70mm^{2}的高压屏蔽线。

(2)左线盾构机

允许通过电流的计算及盾构机高压电源电缆的选择与右线盾构机相同。

3)至充电机导线截面

由于负荷量较大,其主要矛盾在导线的容许电流方面,所以按导线的持续容许电流选择:

$$I_{充} = (K_d \times P_{s充})/(1.732 U_{线} \times \cos\phi)$$

$$I_{充}=(0.6\times144)/(1.732\times0.4\times0.85)=146.72(A)$$

查《电气设计手册》,$3\times70+2\times35mm^2$ 铜芯电缆长期允许载流量为 185A 符合要求,所以至充电机电源电缆选用 YC$3\times70+2\times35mm^2$。

4)至通风机导线截面

由于负荷量较大,其主要矛盾在导线的容许电流方面,所以按导线的持续容许电流选择:

$$I_{通}=(K_d\times P_{s通})/(1.732U_{线}\times\cos\phi)$$

$$I_{通}=(0.7\times64)/(1.732\times0.4\times0.85)=76.08(A)$$

查《电气设计手册》,$3\times35+2\times16mm^2$ 铜芯电缆长期允许载流量为 95A 符合要求,故至通风机电源电缆选用 YC$3\times35+2\times16mm^2$。

5)至多级泵、污水泵、水泵导线截面

由于负荷量较大,其主要矛盾在导线的容许电流方面,所以按导线的持续容许电流选择:

$$I_{泵}=(K_d\times P_{s泵})/(1.732U_{线}\times\cos\phi)$$

$$I_{泵}=(0.7\times30)/(1.732\times0.4\times0.85)=35.66(A)$$

查《电气设计手册》,$3\times25+2\times16mm^2$ 铜芯电缆长期允许载流量为 85A 符合要求,故至多级泵、管道泵、水泵电源电缆选用 YC$3\times25+2\times16mm^2$。

6)至 45t 龙门吊

由于负荷量较大,其主要矛盾在导线的容许电流方面,所以按导线的持续容许电流选择:

$$I_{吊}=(K_d\times P_{s吊})/(1.732U_{线}\times\cos\phi)$$

$$I_{吊}=(0.7\times110)/(1.732\times0.4\times0.85)=130.75(A)$$

查《电气设计手册》,YC$3\times50+2\times25mm^2$ 铜芯电缆长期允许载流量为 150A 符合要求,故至 45t 龙门吊电缆选用 YC$3\times50+2\times25mm^2$。

7)至 15t 龙门吊

$$I_{搅}=(K_d\times P_{s搅})/(1.732U_{线}\times\cos\phi)$$

$$I_{搅}=(0.6\times57.5)/(1.732\times0.4\times0.85)=58(A)$$

查《电气设计手册》,YC$3\times35+2\times16mm^2$ 铜芯电缆长期允许载流量为 100A 符合要求,故至 15t 龙门吊电源电缆选用 YC$3\times35+2\times16mm^2$。

10.4 箱式变电站和高压配电站容量及高压配电屏确定

1)箱式变电站容量确定

箱式变电站输入电压 10kV,输出电压 400V/230V。箱式变电站容量为盾构施工配套设备及办公生活用电视在计算负荷。

箱式变电站容量为:

$$S_{js1}=P_{js1}/0.85=573.3/0.85=674.47(kVA)$$

选箱式变电站容量为 500kVA+315kVA。

2)盾构机变压器容量确定

盾构机掘进时同时工作的设备最多,此时设备使用系数最大。盾构机变压器容量为盾构机掘进时的用电设备视在计算负荷。

单台盾构机变压器容量为:

$$S_{js2} = P_{js2}/0.85 = 1\ 678.5/0.85 = 1\ 974.7(\text{kVA})$$

两台盾构机,每台盾构机配备变压器容量为2 000kVA。

3)高压配电站容量确定

高压配电站容量为整个施工现场所有配电容量之和,它包含箱式变电站容量和盾构机变压器容量,其数值为:

$$S_{js} = S_{js1} + 2 \times S_{js2} = 674.47 + 2 \times 1\ 974.7 = 4\ 623.87(\text{kVA})$$

因此,选择安装一台500kVA和一台315kVA变压器能够满足施工要求,两个2 000kVA的高压开关柜能够满足两台盾构机使用。

4)用电线路保护

根据《施工现场临时用电安全技术规范》(JGJ 46—2005)规定,本供电系统采用TN-S(三相五线制)接零保护系统供电,如图10-1所示。

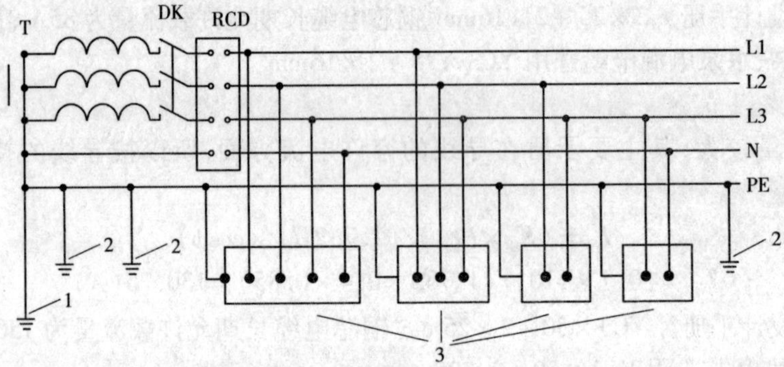

图10-1 TN-S(三相五线制)接零保护系统

注:1-工作接地;2-PE重复接地;3-电气设备外露导电部分;L1、L2、L3-相线;N-工作零钱;PE-保护零钱;DK-总电源隔离开关;RCD-总漏电保护器;T-变压器

10.5 配电箱的设置

1)隔离开关和漏电断路器

分配电箱装设隔离开关和漏电断路器,分配电箱和开关箱中漏电保护器的额定漏电动作电流和额定漏电动作时间实行分级分段保护,所有用电设备实行"一机、一闸、一漏、一箱"。

A箱: $I_n\Delta \leqslant 100\text{mA}, T_n \leqslant \Delta 0.1\text{s}$。

B箱: $I_n\Delta \leqslant 50\text{mA}, T_n \leqslant \Delta 0.1\text{s}$。

C箱: $I_n\Delta \leqslant 30\text{mA}, T_n \leqslant \Delta 0.1\text{s}$。

2)保护方式的确定

①现场临时用电采用保护接零方式(TN-S接零保护系统)。

②重复接地：根据《施工现场临时用电安全技术规范》(JGJ 46—2005)规定，在总配电箱，分配电箱、末级分配箱均做一组重复接地，$R_{地}\leqslant 10$。

③防雷接地：龙门吊等施工高大设备必须做防雷接地，接地电阻≤4Ω。

3)接地与防雷

(1)箱变基础下、门吊轨线附近、粉煤灰罐基础下均用∠50mm×5mm、长 2m 的角钢或 ϕ40mm、长 2m 的钢管埋入地下，再用 10mm×4mm 的扁钢通过电焊互相连接作为接地装置。要求箱变接地电阻值不大于 4Ω，门吊和粉煤灰罐接地电阻值均不大于 10Ω。

(2)箱变基础角钢与接地装置用 10mm×4mm 的扁钢可靠焊接，箱变基础角钢与箱变金属构架用 BV25mm^{2}的黄/绿双色线可靠连接。

(3)门吊的钢轨连接夹板两端用接地线互相连接，两条轨道用接地线跨接后，再用 BV16mm^{2}黄/绿双色线与接地装置可靠接地。

(4)粉煤灰罐用 10mm×4mm 的扁钢或 ϕ14mm 钢筋与接地装置牢固焊接。

(5)门吊、粉煤灰罐均安装避雷针，利用各自的金属结构体作为接地装置连接，作为避雷装置；箱式高压配电站和箱式变电站的输入端安装避雷器，避雷器接地端与箱式高压配电站和箱式变电站的接地装置连接，作为箱式高压配电站及箱式变电站的避雷装置。

(6)隧道内轨线接地：用 ϕ12mm 的钢筋将轨道互相焊接后，再用 BV16mm^{2}黄/绿双色线从井口接到地面接地装置可靠连接。

(7)隧道内循环水管、排污管用 BV16mm^{2}黄/绿双色线从井口接到地面，与地面接地装置可靠连接。

(8)所有配电箱/开关箱内均设置接地排，接地排与电源电缆的接地芯连接。

(9)所有用电设备的金属外壳均用电缆的接地芯线与其对应配电箱/开关箱的内接地排可靠连接。

(10)电缆敷设：

①电缆干线采用埋地或架空敷设，避免机械损伤和介质腐蚀。

②地面电缆沟深 600mm、宽 500mm，在电缆沟底铺厚 50mm 细砂然后铺设电缆，再覆盖砖等硬质保护。

③电缆穿越建筑物、构筑物、道路、易受机械损伤的场所及引出地面从 2m 高度至地下 0.2m 处，加设防护套管。

④埋地敷设电缆的接头应设在地面上的接线盒内，接线盒内应能防水、防尘、防机械损伤并应远离易燃、易爆、易腐蚀场所。

(11)安装配电箱：

①配电系统应设置室内总配电屏和室外分配电箱或设置室外总配电箱和分配电箱，实行分级配电。

②动力配电箱与照明配电箱宜分别设置，如合置在同一配电箱内，动力和照明线路必须分路设置。

③开关箱应由末级分配电箱配电。

④总配电箱应设置在靠近电源的地区。分配电箱应设置在用电设备或负荷相对集中的地区。分配电箱和开关箱的距离不得超过 30m。开关箱与其控制的用电设备的水平距离不

宜超过3m。

⑤电箱、开关箱应装设在干燥、通风及常温场所；不得装设在有严重损伤作用的瓦斯、烟气、蒸汽、液体及其有害介质中。不得装设在易受外来固体物撞击、强烈震动、液体浸溅及热源烘烤的场所。否则，须作特殊防护处理。

⑥配电箱、开关箱周围应有足够两人同时工作的空间和通道，不得堆放任何妨碍操作维修的物品；不得有灌木、杂草。

⑦配电箱、开关箱应采用铁板或优质绝缘材料制作，铁板的厚度应大于1.5mm。

⑧配电箱、开关箱应装设端正、牢固，移动式配电箱、开关箱应装设在坚固的支架上。固定式配电箱、开关箱的下底与地面的垂直距离应大于1.3m，小于1.5m；移动式配电箱、开关箱的下底与地面的垂直距离宜大于0.6m，小于1.5m。

(12)生活用电安装和施工场地照明安装：

①室内配线必须采取绝缘导线，距地面高度不得小于2.5m。

②进户线过墙应穿管保护，距地面不得小于2.5m，并应采取防雨措施。

③进户线室外端应采用绝缘子固定。

④室内配线所用导线截面，应根据用电设备的计算负荷确定，但铝线截面应不小于$2.5mm^2$，铜线截面应不小于$1.5mm^2$。

⑤潮湿场所或埋地非电缆配线必须穿管敷设，管口应密封。采用金属管敷设时必须做保护接零。

(13)隧道内照明安装：

①隧道内照明线路采用BV$50mm^2$绝缘铜芯线按三相五线制架设。

②架设高度不低于2.5m，每10m一盏40W节能灯。

③节能灯接线采取分相跳接法，使三相负荷保持平衡。

④隧道内照明每100m安装一个漏电保护开关箱，同时安装一个停电应急照明灯。

⑤隧道内的照明灯具离地面高度低于2.5m的场所的照明，电源电压应不大于36V。

10.6 安全用电措施

(1)严格执行三级配电两极保护，实行“一机、一闸、一漏、一箱”，杜绝一闸多用。

(2)开关箱内除应设置负荷及短路保护装置外，还必须设置隔离开关及漏电保护器，且漏电保护器应装设在电源隔离开关的负荷侧。

(3)所有电气设备的金属外壳，必须可靠地接到PE线上。

(4)固定电气设备应采用防雨、防淹措施，如搭设防雨棚、做排水沟等。

(5)配电箱、开关箱的电源进线端严禁采用插头和插座作为活动连接。

10.7 盾构施工供电系统

盾构施工供电系统详见图10-2所示。

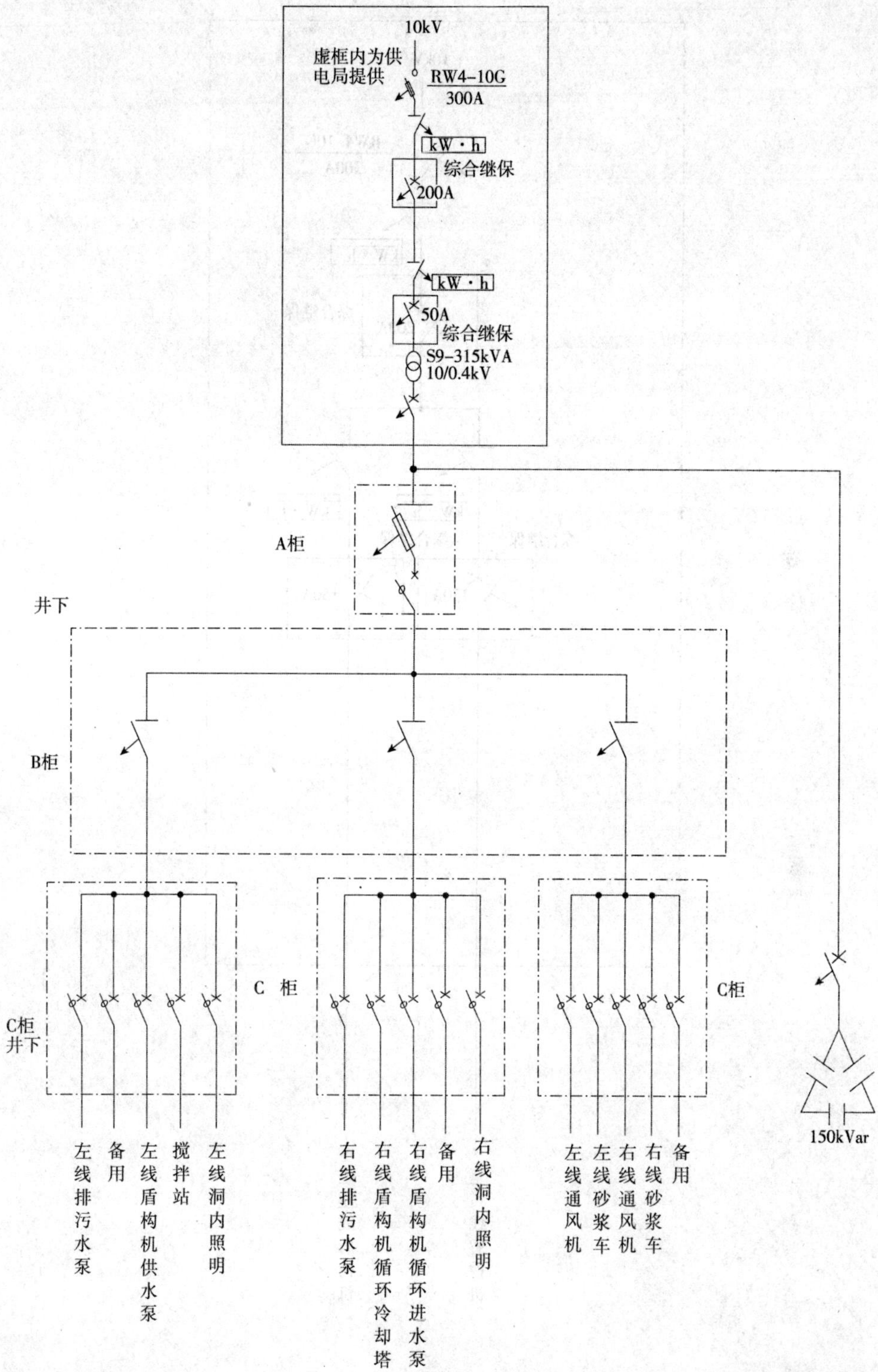
10kV
虚框内为供电局提供
RW4-10G
300A
kW·h
综合继保
200A
kW·h
50A
综合继保
S9-315kVA
10/0.4kV
A柜
井下
B柜
C柜
井下
C 柜
C柜
150kVar
左线排污水泵
备用
左线盾构机供水泵
搅拌站
左线洞内照明
右线排污水泵
右线盾构机循环冷却塔
右线盾构机循环进水泵
备用
右线洞内照明
左线通风机
左线砂浆车
右线通风机
右线砂浆车
备用

a)

图　10-2

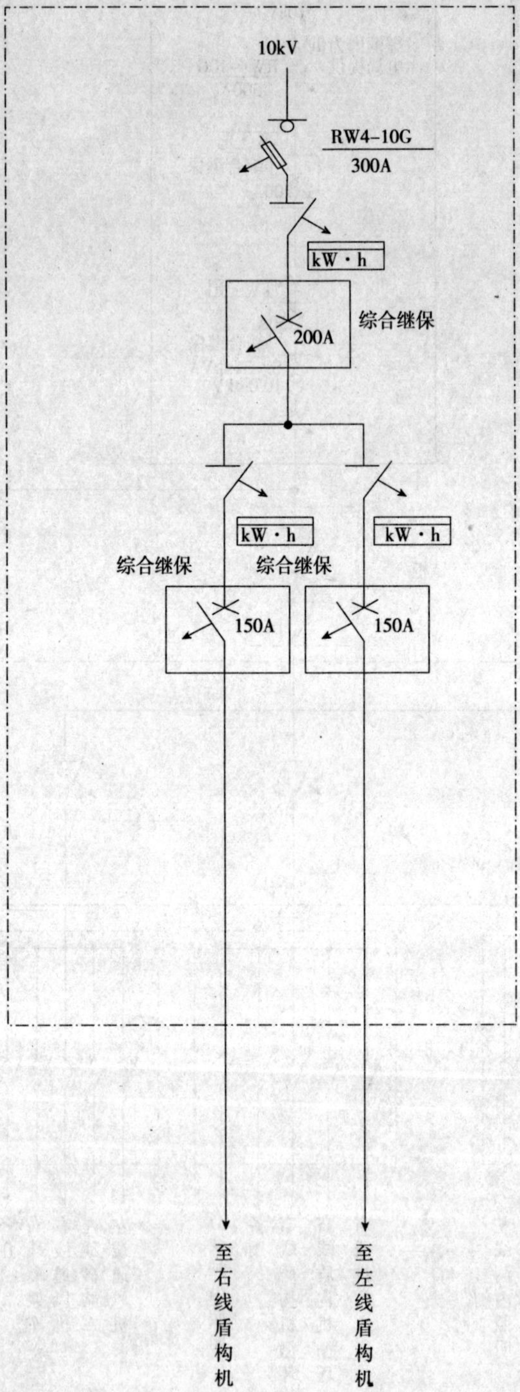
10kV
RW4-10G
300A
kW · h
综合继保
200A
kW · h
kW · h
综合继保
综合继保
150A
150A
至右线盾构机
至左线盾构机

b)

图 10-2

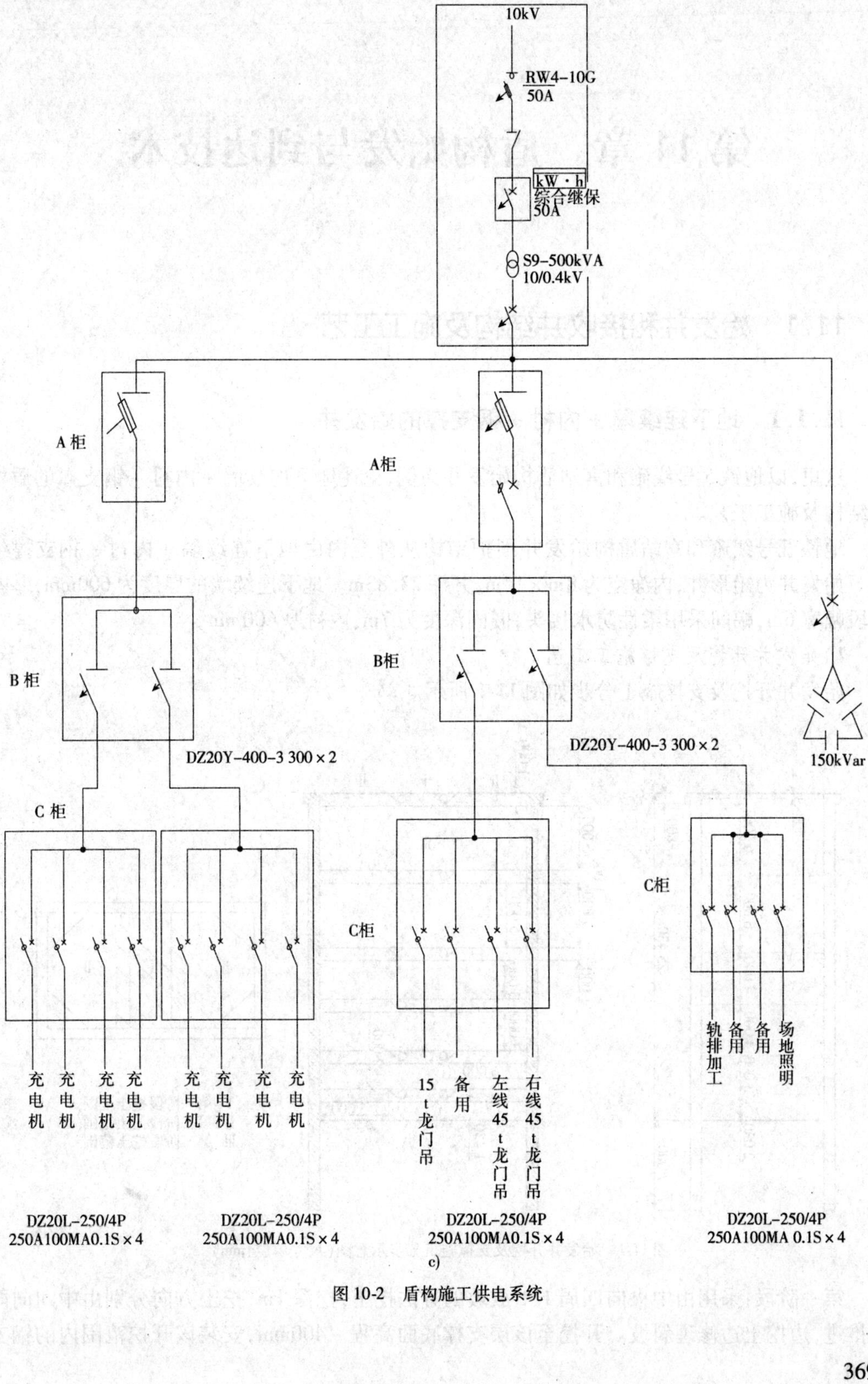

图 10-2　盾构施工供电系统

第 11 章　盾构始发与到达技术

11.1　始发井和接收井结构及施工工艺

11.1.1　地下连续墙 + 内衬 + 钢支撑的始发井

这里，以地铁 5 号线雍和宫站盾构始发井为例，论述地下连续墙 + 内衬 + 钢支撑的盾构井结构及施工工艺。

地铁五号线雍和宫站盾构始发井围护结构从外至内由地下连续墙 + 内衬 + 钢支撑组成。始发井为矩形井，内净空为 8m × 14m，井深 23.83m。地下连续墙的厚度为 600mm，基本槽段幅宽 6m，幅间采用柔性防水接头，嵌固深度为 7m，内衬厚 600mm。

1）始发井开挖及支撑施工工艺

始发井开挖及支撑施工分步如图 11-1 所示。

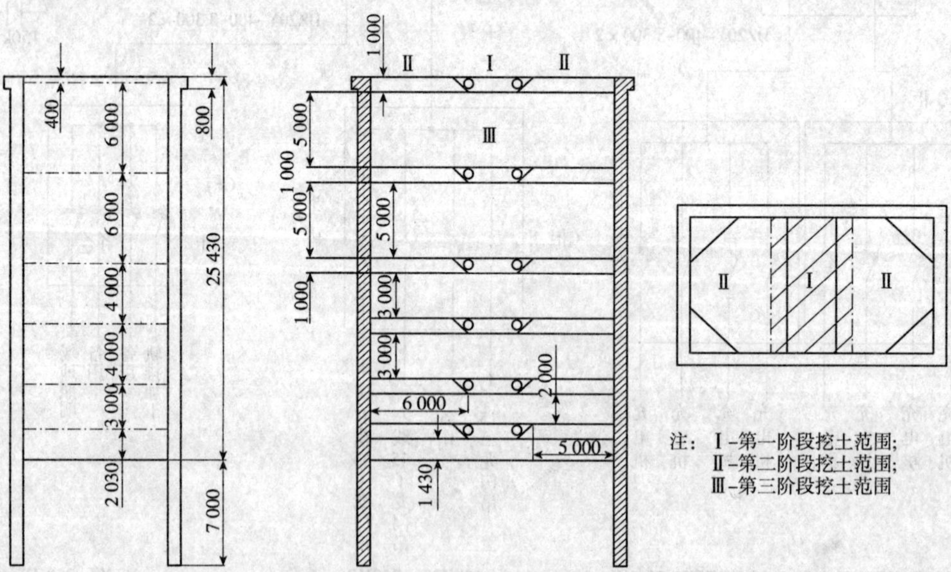

图 11-1　始发井开挖及支撑施工分步示意图（尺寸单位：mm）

第一阶段：采用由中央向四周 1∶1 放坡的方法挖土，挖深 1m，挖土方向分别由中间向两端推进，边挖土边修理斜坡。开挖至该层支撑底面高程 -400mm，安装该开挖范围内的钢支撑,同时施加预应力(为设计轴力的 60%)。

第二阶段:在对撑安装结束后,两侧余留的土体应按顺序、分块、对称地开挖,安装角撑。

第三阶段:采用人工和反铲挖掘机相结合的方式开挖该层的土体,机械开挖底面控制在钢支撑顶面。

第四阶段:按以上三个循环阶段的开挖步序向下开挖至竖井底板设计高程 -300mm 处。整个开挖过程中,竖井中留集水井,以释放竖井中的残留水。

2)支撑体系施工与土方开挖的质量控制

(1)支撑体系施工要求

①必须遵守先支撑后开挖的原则。

②固定端端头的连接:支撑固定端头设置厚度 20mm 的钢板作封头端板,端板与支撑杆件满焊,焊缝厚度 8mm,并增设 4 道加劲肋板。

③钢支撑预加压力施工:支撑安装完毕后,应及时检查各节点的连接状况,经确认符合要求后方可施加预压力(为设计轴力的 60%),预压力的施加应在支撑的两端同步对称地进行。支撑端部垫板与地下连续墙之间的空隙采用快硬细石混凝土或钢板密实充填,以确保支撑轴力均匀传递。预压力应分级施加,加至设计值时,应再次检查各节点的连接情况,必要时应对节点进行加固,待额定压力稳定后锁定。

(2)基坑开挖技术要求

①竖井开挖前应降水(竖井外降水,竖井内设集水井排水),把地下水位降至竖井底板以下 1~2m,以疏干和加固地层。

②要注意减少基坑顶边缘地面荷载,槽壁附近堆载不得大于 20kPa。

③基坑开挖必须遵守"由上而下,先撑后挖,分层开挖"的原则。在开挖支撑位置时,应快挖快撑,并且应合理地控制开挖速度,避免土体卸荷过快。

④基坑开挖过程中,应避免碰撞支护结构,扰动基底原状土。

⑤开挖至坑底高程后,坑底应及时满封闭。

3)基底处理与封底

由于深基坑变形存在时间效应,土体在开挖后处于临时平衡状态,会发生蠕变。如果基底开挖后暴露时间过长,基坑积水或孔隙水压力升高形成超静孔隙水压力等,将会明显降低土体的抗剪强度,导致基底隆起、支护结构变形等。因此,基底开挖至相应高程后应尽快进行基底检查和基础施工。

(1)基底检查与处理

①检查基底的地质情况,特别是土质与承载力是否与设计相符。

②基底围护结构是否基本稳定,通过施工变形监测进行跟踪,及时反馈信息。

③如果基底有局部超挖,应用封底的混凝土加厚填平。

(2)基底垫层施工

基底垫层检查处理后,施做地梁并应及时进行封底垫层施工。垫层施工方法采用排水封底,如果坑内有水,应在坑内做排水沟、集水井抽水。如果坑底渗水较大,且有一定的动水压力时,集水井内应设带法兰的滤水鼓,四周挖沟填碎石做盲沟进行抽水,在减压的情况下,铺基坑垫层和浇筑混凝土。当底板混凝土强度达到设计强度的 70% 以上后,方可停止抽水,随后用法兰盘加橡胶垫圈封闭集水井。

4)竖井内衬结构施工

(1)主要技术参数

①竖井内净空 8m×14m,深 23.83m。

②内衬浇筑上半段厚 400mm,下部厚 600mm,混凝土强度等级 C30,抗渗等级 P8。

③竖井内上部支撑采用三榀 600 号工字钢。

④竖井内下部支撑采用混凝土对撑(800mm×1 000mm)。

(2)底板施工

竖井土方开挖至设计高程后,即可进行底板的施工,具体步骤如下:

①铺设混凝土垫层,厚度 100mm。

②清除底板表面的杂物。

③绑扎底板钢筋,并预留侧墙的钢筋。

④支设集水坑(800mm × 800mm × 800mm)模板,进行底板混凝土浇筑,厚度为 1 000mm。

(3)始发工作井内衬结构施工步骤

清除基底表面杂物→绑扎底板钢筋、预插边墙钢筋→底板混凝土浇筑→绑扎侧墙钢筋→支立侧墙及壁柱模板→浇筑竖井内衬→拆模、加设支撑→拆除原有支撑。

11.1.2 钻孔灌注桩 + 内衬 + 支撑结构的始发井与接收井

这里,以地铁四号线角门北路—北京南站盾构始发井为例,详尽论述钻孔灌注桩 + 内衬 + 支撑结构的盾构井的结构及施工工艺。

该工程在左线 K3 + 595.000、右线 K3 + 635.000 处设盾构始发竖井,始发井净空尺寸为 15m×9m,底板厚 800mm,侧墙厚 700mm,深约 21m,主要包括围护桩施工、桩顶冠梁施工、土方开挖与支撑安装、桩间土支护、浇筑垫层及底板混凝土、内衬墙及混凝土支撑施工等。

1)主要施工方法及施工顺序

(1)围护结构施工

盾构始发井先进行围护结构施工,围护桩采用旋挖钻机成孔,土方开挖采用人工配合小型挖掘机进行。土方开挖过程中,逐层进行桩间土挂钢筋网锚喷施工,开挖至井底设计高程后进行底板及内衬墙结构施工,混凝土采用商品预拌混凝土。盾构井施工期间垂直运输采用一台 25t 履带吊车进行。

盾构始发井围护结构施工流程如下:围护桩施工→桩顶冠梁施工→土方开挖与支撑安装→挂钢筋网锚喷。

(2)盾构始发井内衬施工

盾构始发井内衬施工是先浇筑垫层及底板混凝土,井壁分层施工,井壁二次衬砌强度达到设计要求后方可拆除围护结构钢支撑。内衬模板主要采用组合钢模板,盾构始发洞门处及暗挖预留口处使用酚醛覆模多层板模板,支撑体系采用满堂红碗扣架;混凝土采用商品混凝土,混凝土泵泵送浇注,插入式振捣棒振捣密实。

2）主要施工工艺

（1）围护桩施工方案

①施工工艺流程：围护桩采用旋挖钻机成孔，施工工艺流程见图 11-2。为防止钻孔桩施工时由于相邻两桩施工距离太近或间隔时间太短，造成塌孔或对临桩的桩身质量造成影响，故采取分批跳孔施作。钻孔桩施工时按隔孔施作，即“三一”跳挖桩法，安排分 3 批施工，先施工完成第 1 批，然后施工第 3 批，最后施工第 2 批，如图 11-3 所示。

②施工方法：

a. 准备工作，包括平整场地、场地准备、清除杂物、换除软土、夯打密实、统一规划泥浆池。

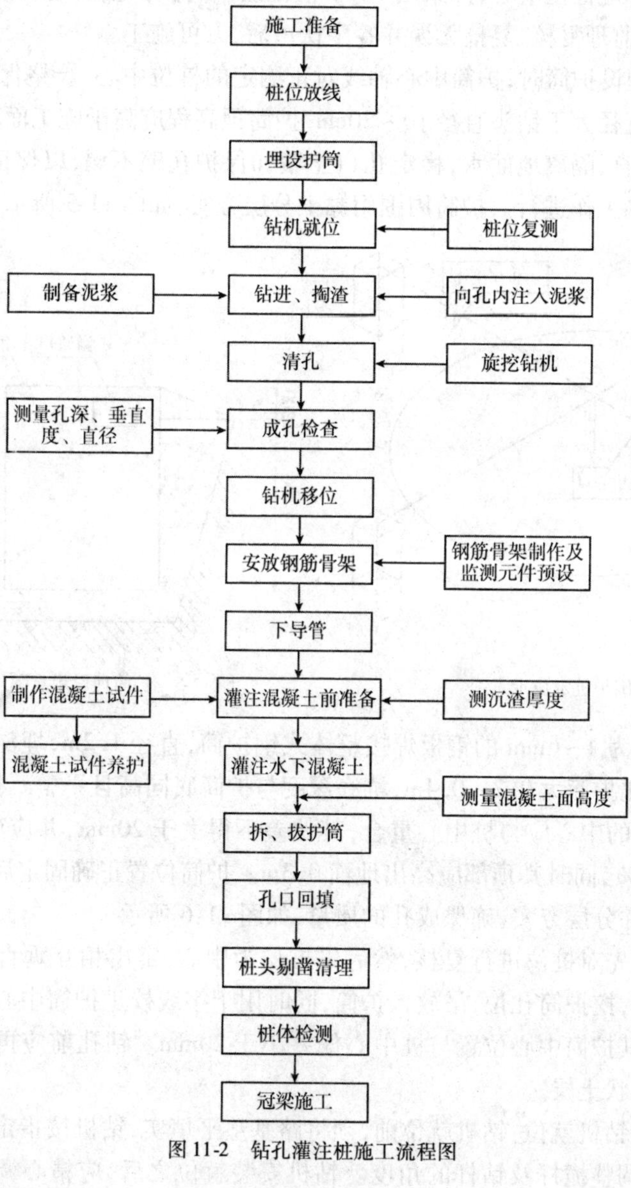

图 11-2　钻孔灌注桩施工流程图

b. 测量放线，以业主提供的水准点及测量控制网进行引测，在轴线的延长线上做点建立控制网。每个控制点采用不少于0.2m^3混凝土浇筑，中间放置埋件，在埋件上刻十字作为轴线引测点。每天应对现场测量控制点进行校核，并做好有效保护，如图11-4所示。

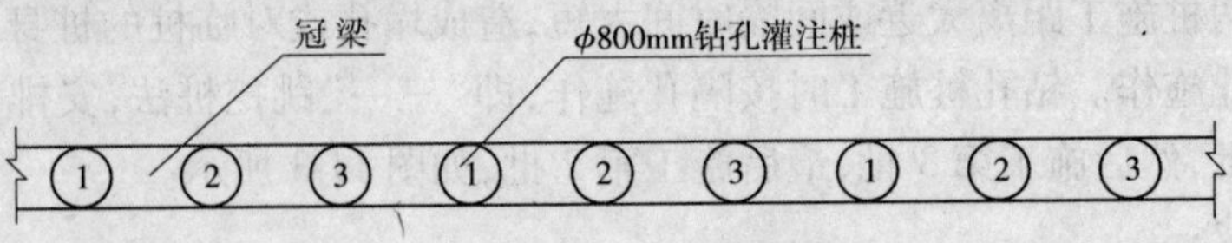

图11-3　钻孔灌注桩钻孔顺序图

依据设计图纸的桩位进行测量放线，使用全站仪测定桩位。在桩位点打300mm深的木桩或钢筋桩，桩上标定桩位中心，并采用“十字栓桩法”作好标记，并加以保护。测量结果经自检、复检后，报请监理复核，复核无误并签字认可后，方可施工。

c. 埋设护筒：埋设护筒时，护筒中心轴线对正测定的桩位中心，严格保持护筒的垂直度。采用钢护筒，护筒直径大于钻头直径10～20cm，护筒顶高程应高于施工面200～300mm，并确保筒壁与水平面垂直，隔离地面水，稳定孔口土壤和保护孔壁不塌，以保证其垂直度并防止泥浆流失，以利钻孔工作进行。护筒周围用黏土分层夯实，如图11-5所示。

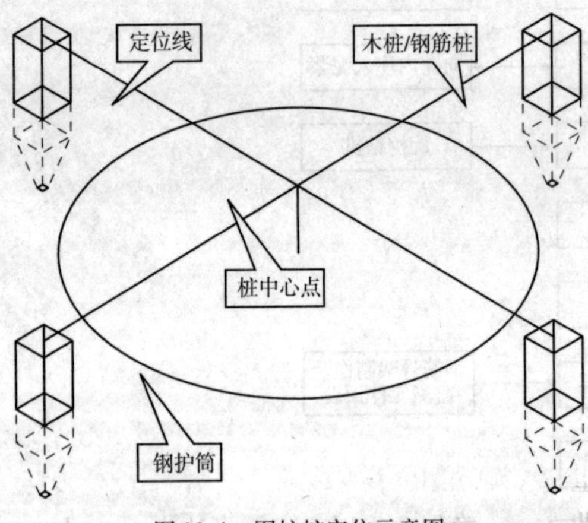

图11-4　围护桩定位示意图

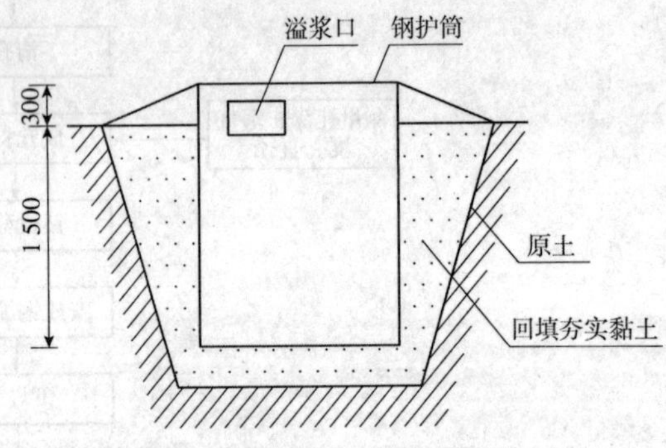

图11-5　护筒埋设示意图(尺寸单位：mm)

护筒采用板厚为4～6mm的钢板焊接整体式钢护筒，直径1.2m，埋深1.5m。可利用钻机开挖，挖坑直径比护筒大0.2～0.4m，坑底深度与护筒底同高且平整。护筒上设2个溢水口，护筒埋设时，筒的中心应与桩中心重合，其偏差不得大于20mm，并应严格保持护筒的垂直度偏差不大于1%，同时其顶部应高出地面0.3m。护筒位置正确固定后，四周均匀回填最佳含水率的黏土，并分层夯实，确保成孔的质量，如图11-6所示。

护筒定位时应先对桩位进行复核，然后以桩位为中心，定出相互垂直的十字控制桩线，并作十字栓点控制，挖护筒孔位，吊放入护筒，同时用十字线校正护筒中心及桩位中心，使之重合一致，并保证其护筒中心位置与桩中心偏差小于20mm。钻孔前应再次测定桩位，并确保护筒底端坐在原状土层。

d. 设备安装及钻机就位：钻机就位前，须将路基垫平填实，钻机按指定位置就位，并须在技术人员指导下，调整桅杆及钻杆的角度。钻机安装就位之后，应精心调平，确保施工中不发生倾斜、移位。

对孔位时，采用十字交叉法对中孔位。在对完孔位后，操作手启动定位系统，予以定位记忆。对中孔位后，钻机不得移位，钻臂也不得随意改变角度，如图 11-7 所示。

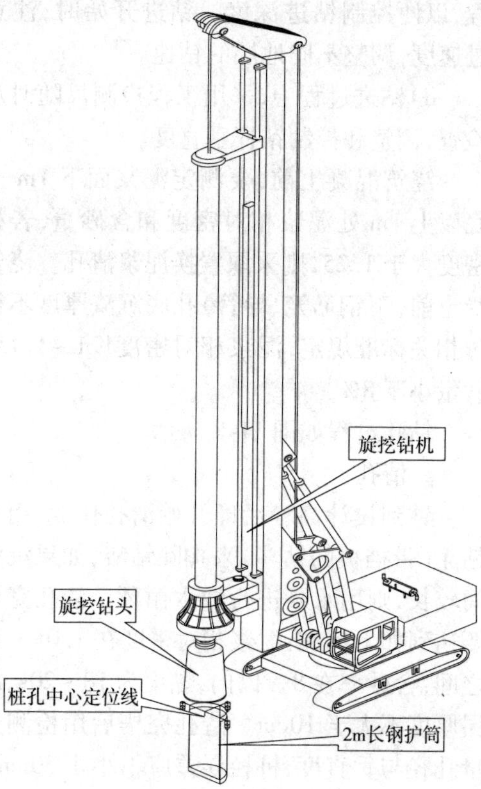

图 11-6　挖护筒孔位

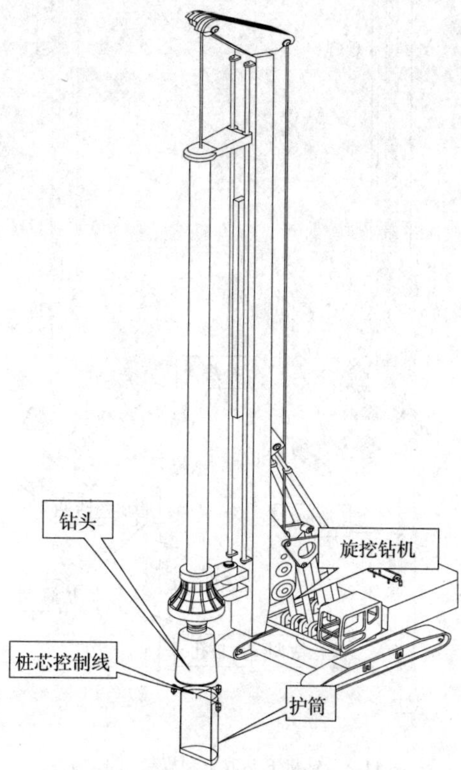

图 11-7　钻机就位

e. 泥浆制备：

本工程采用膨润土泥浆进行护壁。泥浆比重应控制在 1.06 ~ 1.2，胶体率不低于 95%，含砂率不大于 4%。成孔过程中，泥浆系统应定期清理，确保文明施工，泥浆池实行专人管理负责。泥浆性能指标及测试方法见表 11-1。

泥浆性能指标及测试方法　　表 11-1

顺序	项目	性能指标	测试方法
1	相对密度	1.06 ~ 1.2	相对密度计
2	黏度	18 ~ 28s	漏斗法
3	含砂率	≤4%	含砂率计
4	胶体率	≥95%	静置、澄清

f. 钻孔：

a）第一根桩施工时，要慢速运转，掌握地层对钻进的影响情况，以确定在该地层条件下的钻进参数。

b）在钻进过程中，一定要保持泥浆面不得低于护筒顶 400mm。提钻时，须及时向孔内补浆,以保持泥浆面不得低于护筒顶400mm。钻进过程中,要经常检查钻斗尺寸(可根据试钻情况决定其大小)。

c)开钻前,用水平仪测量孔口护筒顶高程,以便控制钻进深度。钻进开始时,注意钻进速度,调整不同地层的钻速。

d)钻进过程中,采用工程检测尺随时观测检查,调整和控制钻杆垂直度。

浇筑混凝土前,要测定泥浆面下1m及孔底以上1m处泥浆相对密度和含砂量,若相对密度大于1.25,则采取置换泥浆清孔。浇筑混凝土前(下钢筋笼、导管)孔底沉渣厚度不得超过相关标准规定,泥浆相对密度1.1~1.15,含砂量小于8%。

钻孔过程如图11-8所示。

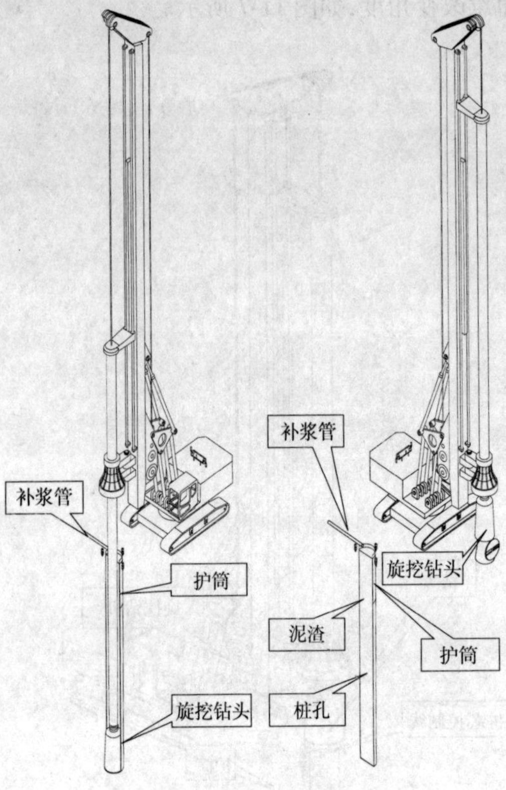

图11-8　钻机下钻取土和提钻出土

a)下钻取土;b)提钻出土

g. 清孔:

钻到设计高程后即开始清孔作业,用孔内钻斗(带挡板的钻斗)来掏除钻渣,如果沉淀时间较长,则用水泵进行浊水循环。清孔完毕时要达到如下标准:泥浆相对密度在1.05~1.15之间,含砂率在8%以内,黏度为18~20s,沉淀层厚度不大于10cm。清孔完毕后用检测笼测量孔径与垂直度,桩径误差应不小于30mm,不大于50mm,垂直度应不大于0.5%,如不合格应会同监理工程师进行处理(洗孔或回填重钻)。

在清孔后,孔底沉渣不得大于30cm,并将孔口处杂物清理干净,方可进行下步工序。

h. 桩孔质量检测:桩孔质量参数包括孔深、孔径、钻孔垂直度等。

a)孔深:钻孔前先用水准仪确定护筒高程,并以此作为基点,按设计要求的孔底高程,以测锤确定孔深。

b)孔径:用探孔器测量,若出现缩径现象应进行扫孔,符合要求后进行下道工序。

c)垂直度:采用双向锤球或孔锤测定,应小于0.5%。

i. 钢筋笼制作:

a)钢筋采购。钢筋由指定厂家提供。由公司物资部提前收集钢筋合格证、资质等有关材料报送给项目经理部,经项目经理部认可后报监理备案。进场钢筋必须有出厂证明或合格证。钢材运到现场后,按要求进行原材料复试,填写实验申请单,复试合格后方可施工。同时,钢筋进场后应报监理验收,并做好记录台账。

b)钢筋笼加工。平整钢筋笼加工场地,钢筋进场后保留标牌,按规格分别堆放整齐,防止污染和锈蚀。

根据设计图纸,计算箍筋用料长度、主筋分布段长度,将所需钢筋调直后用切割机成批切好备用。由于切断待焊的主筋、箍筋的规格尺寸不尽相同,注意分别摆放,防止错用。在钢筋圈制作台上制作箍筋并按要求焊接。将支撑架按 2 ~ 3m 的间距摆放在同一水平面上对准中心线,然后将配好定长的主筋平直摆放在焊接支撑架上。将箍筋按设计要求套入主筋(也可将主筋套入箍筋内)并保持与主筋垂直,进行点焊或绑扎。箍筋与主筋焊好或绑扎后,将绕筋按规定间距绕于其上,用绑扎丝绑扎并间隔点焊固定。钢筋笼保护层采用混凝土轮垫块,每隔 4 ~ 6m 沿钢筋笼周边主筋均匀设置 3 块。为防止搬运中脱落,可在下笼时边下边设置。制作好的钢筋笼稳固放置在平整的地面上,防止变形。在接头中心至长度为 35d 且不小于 500mm 的区段内,同一根钢筋不得有两个接头;若该区段在受拉区内,接头的受力面积占受力钢筋总截面积不超过 50%。钢筋笼保护层厚度 70mm。

钢筋加工成型严格按规范和设计要求执行。钢筋下料单按名称、使用部位分级编号,并实行分级审核制度,确认无误后方可下料施工。钢筋笼如图 11-9 所示。

根据现场实际情况,钢筋笼成型后根据规范要求进行自检、隐检和交接检,内容包括钢筋(外观、品种、型号、规格)、焊缝(长度、宽度、厚度、咬口、表面平整等)、钢筋笼容许偏差(主筋间距、加劲筋间距、钢筋笼直径和长度等),并作好记录。结合钢筋焊接取样试验和钢筋原材复试结果,有关内容报请监理工程师检验,合格后方可吊装。

检验合格后的钢筋笼应按规格编号分层平放在平整的地面上,防止变形。

c)直螺纹连接:本工程中直径≥20mm 钢筋运到现场采用滚轧直螺纹连接或焊接。

j. 钢筋笼吊装:

钢筋笼吊装采用 25t 吊车,用 4 ~ 6 个起吊点,钢筋笼下放前,应先安装钢筋保护层的垫块,以确保混凝土保护层厚度。

吊点加强焊接,确保吊装稳固。吊放时,吊直、扶稳,保证不弯曲、扭转。对准孔位后,缓慢下沉,避免碰撞孔壁。钢筋笼起吊如图 11-10 所示。

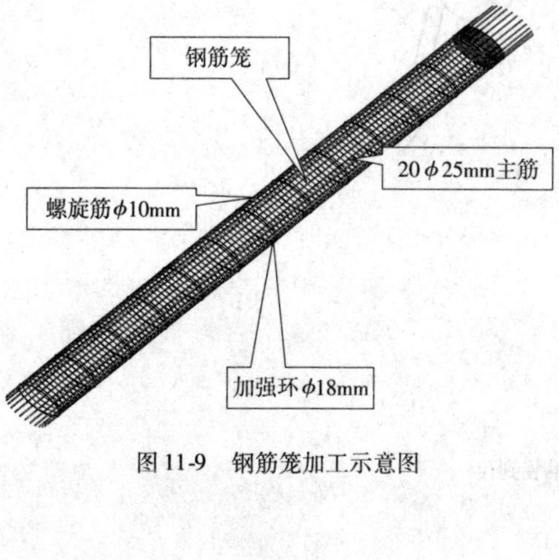

图 11-9　钢筋笼加工示意图

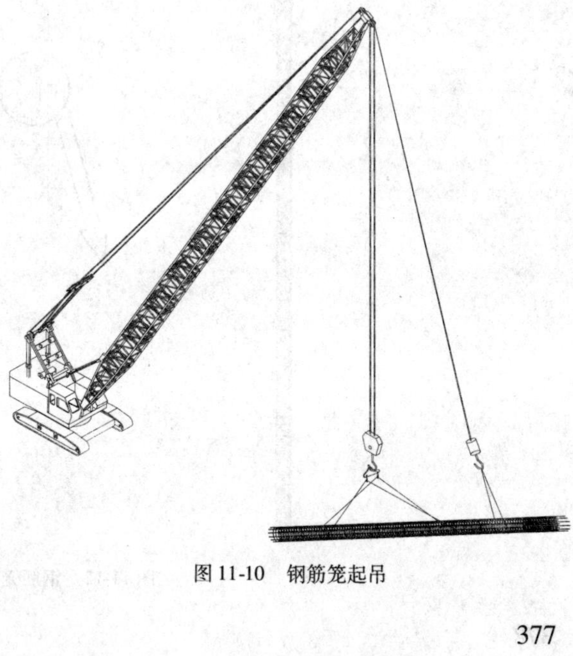

图 11-10　钢筋笼起吊

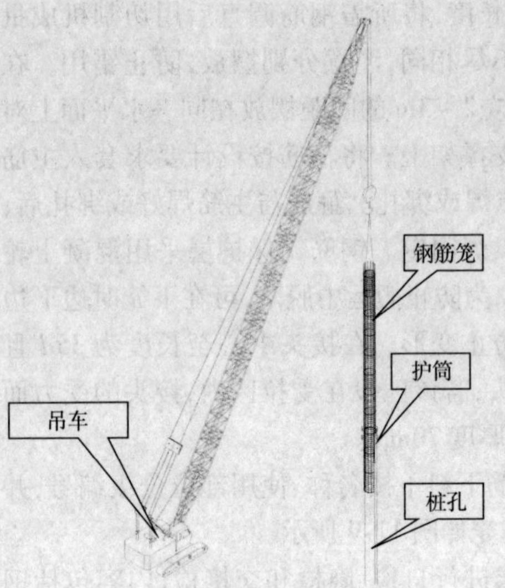

图 11-11　往桩孔内下放钢筋笼

起吊钢筋笼采用扁担起吊法，起吊点设在钢筋笼箍筋与主筋连接处，且吊点对称并一次性起吊。钢筋笼设置合理的起吊点，以保证钢筋笼在起吊时不变形。吊放钢筋笼入孔时应对准孔位，保持垂直，轻放、慢放入孔。若遇阻碍应停止下放，查明原因进行处理，严禁高提猛落和强制下放。下放钢筋笼时，要求有技术人员在场，现场测护筒顶高程，准确计算吊筋长度，以控制钢筋笼的桩顶高程及钢筋笼上浮等问题。往桩孔内下放钢筋笼如图 11-11 所示。

钢筋笼安装到位后，用水平仪测量护筒顶高程，确保钢筋笼顶端到达设计高程，随后立即固定。下放钢筋笼时，要求有技术人员在场，使用 ϕ14mm 或 ϕ16mm 吊筋以控制钢筋笼的桩顶高程。

钢筋笼吊装到位（图 11-12）至灌注混凝土的时间间隔不应大于 4h。

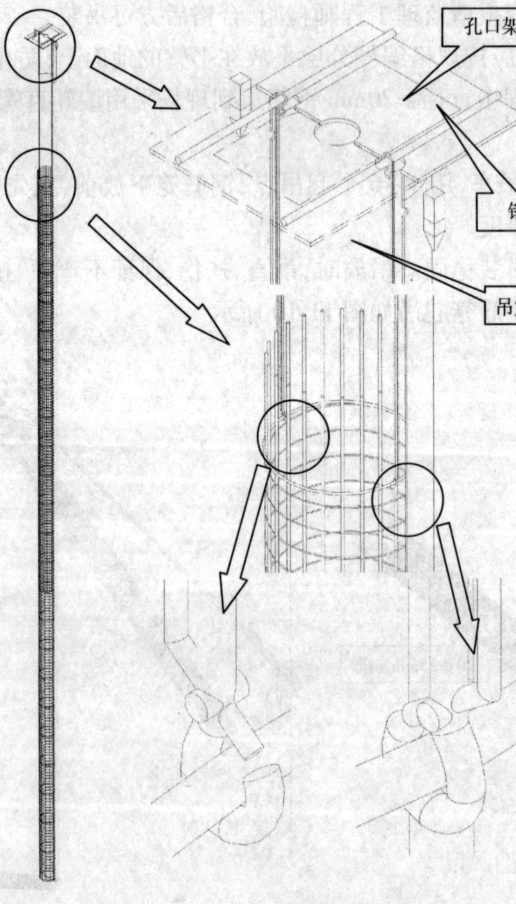

图 11-12　钢筋笼吊装到位

k. 水下灌注混凝土：

a) 导管和漏斗。

选择合适的导管，导管直径为 250mm。导管组装时接头必须密合不漏水（要求加密封圈，黄油封口）。在第一次使用前应进行闭水打压试验，试水压力 0.6～1.0MPa，不漏水为合格。导管底端下至孔底高程以上 500mm 左右，漏斗安装在导管顶端。下混凝土导管如图 11-13 所示。

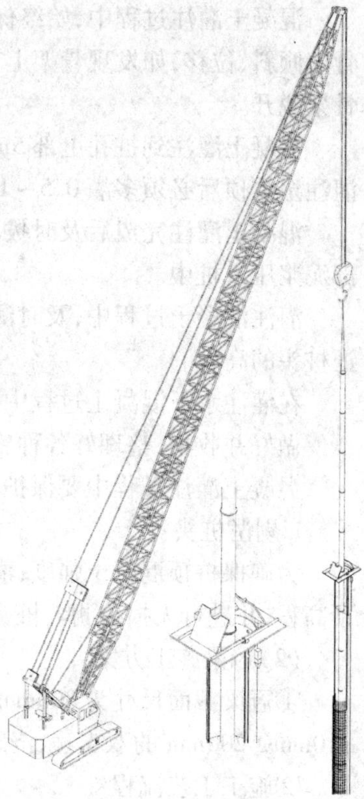

图 11-13　下混凝土导管

b) 对混凝土的技术要求。

桩设计要求混凝土强度为 C25；为使混凝土有较好的和易性，水泥用量宜不小于 $300kg/m^3$，混凝土含砂率采用 40%～50%，水灰比采用 0.5～0.6。混凝土的坍落度宜为 180～220mm，首批灌注的混凝土初凝时间不得早于灌注桩全部混凝土灌注完成时间，灌注应尽量缩短时间，连续作业。

粗集料（碎石）最大粒径不得大于 30mm。采用普通硅酸盐水泥，可适当掺加高效减水剂，掺量根据试验确定，并经设计单位的认可。不允许任何含有氯化钙的外加剂用在混凝土配合比中。配制的混凝土应该密实，具有良好的流动性。

c) 浇筑水下混凝土。

混凝土浇筑前必须重新检查成孔深度并填写混凝土浇筑申请，合格后方可浇筑。

混凝土浇筑前必须检查混凝土坍落度、和易性并记录。混凝土运到灌注点时不能产生离析现象。导管内使用的隔水塞球胆大小要合适，安装要正，一般位于水面以上。灌注混凝土前孔口要盖严，防止混凝土落入孔中污染泥浆。水下浇筑混凝土如图 11-14 所示。

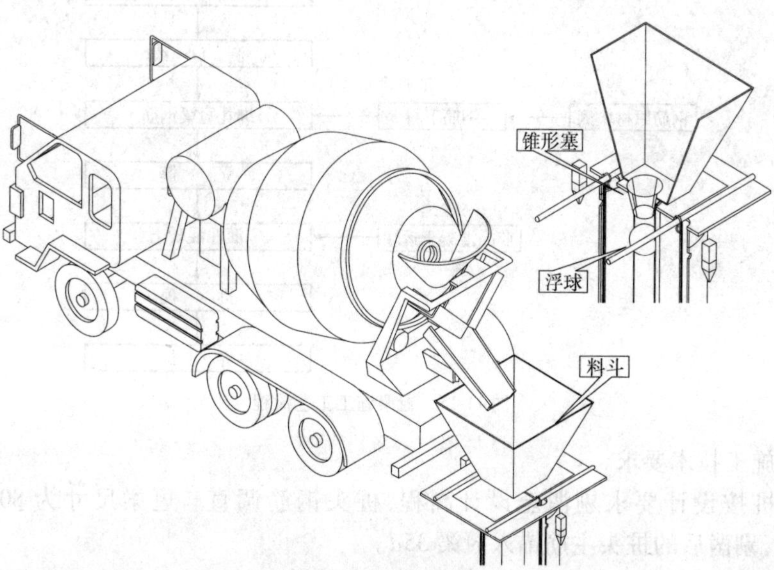

图 11-14　水下浇筑混凝土

混凝土灌注过程中,始终保持导管位置居中。提升导管时应有专人指挥掌握,不使钢筋骨架倾斜、位移,如发现骨架上升时,应立即停止提升导管,使导管降落,并轻轻摇动使之与骨架脱开。

混凝土灌注到桩孔上部5m以内时,可不再提升导管,直到灌注至设计高程后一次拔出。灌注至桩顶后必须多灌0.5~1m,以保证凿去浮浆后桩顶混凝土的强度。

混凝土灌注完成后及时拔出护筒,在最后一次拔管时,要缓慢提拔导管,以避免孔内上部泥浆压入桩中。

灌注混凝土过程中,及时测量混凝土面的高程,严格控制超灌高度,确保有效桩长和保证桩头的高度。

在灌注水下混凝土过程中,设污水泵及时排水防止泥浆漫出,确保文明施工。

做好并收集、整理好各种施工原始记录及质量检查记录等原始资料,并做好施工日志。

混凝土灌注过程中要保护安设在钢筋笼上的监测元件。

l. 剔凿桩头:

为确保桩顶混凝土强度,灌注桩施工完毕后,将桩顶浮浆层剔凿至少500mm,至设计桩顶高程,并进行无损检测。桩头凿毛并清理干净。

(2)冠梁施工方案

①冠梁截面尺寸为800mm×800mm(高×宽),配筋为主筋6ϕ25mm+4ϕ20mm,箍筋为ϕ10mm@200mm的双支箍,浇筑C25混凝土。

②施工工艺流程

冠梁施工工艺流程如图11-15所示。

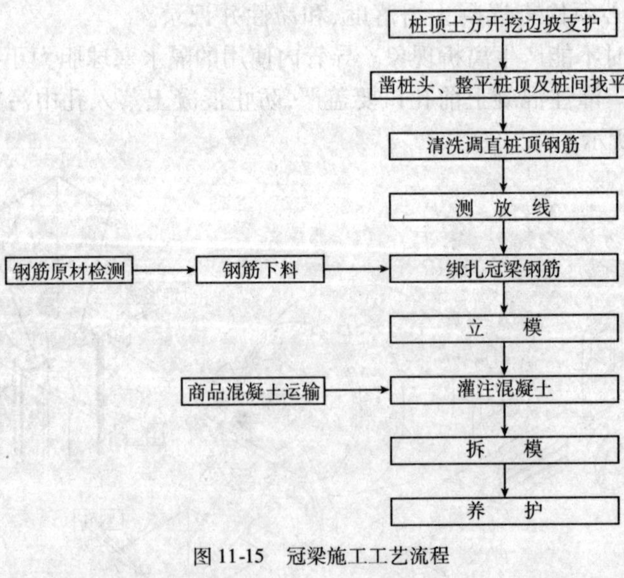

图11-15　冠梁施工工艺流程

③冠梁施工技术要求

a. 围护桩按设计要求剔凿至设计高程,桩头钢筋调直。冠梁尺寸为800mm(宽)×800mm(高),剔凿后的桩头主筋锚入冠梁35d。

b. 冠梁截面配筋为主筋6ϕ25mm+4ϕ20mm,箍筋为ϕ10mm@200mm的双支箍,浇筑

C25 混凝土。

c. 冠梁主筋采用绑扎搭接，搭接长度按规范要求，搭接接头错开距离为 1 200mm，同一断面接头数量不大于 50%。

d. 模板采用木模或钢模，单侧支模，利用开挖后的坑壁作为另一侧模板。固定好模板及角度，防止在浇筑时出现跑模现象。

e. 冠梁混凝土浇筑采用混凝土罐车自卸方式，如遇雨天或场地情况使混凝土车无法靠位，则采用混凝土泵车进行浇筑。浇筑期间采用振捣棒振捣密实，并抹平冠梁顶部。

f. 混凝土初凝后进行拆模。

g. 冠梁浇筑时，每次留一组混凝土试块。

(3) 土方开挖

①施工准备

a. 所有材料、设备、运输作业机械、水、电等必须进场到位；

b. 临时弃土地点必须落实，弃土线路畅通；

c. 降排水系统正常运转；

d. 管线改移、支吊保护全部完成，落实好开挖过程中的加固保护措施。

②主要技术参数

盾构右线井：土方开挖面积 173.25m^2，开挖深度 20.334 m，总土方量为 3 522.87 m^3；左线井土方开挖面积 173.25m^2，开挖深度 20.554m，总土方量为 3 560.98 m^3。

③开挖施工工艺

盾构井基坑土方开挖采用人工配合小型反铲挖掘机进行，开挖过程中遵循“先中间后两边，由上而下，先撑后挖，竖向分层”的原则，土方用 20t 汽车吊将土垂直提升出基坑。土方开挖施工工艺流程如图 11-16 所示。

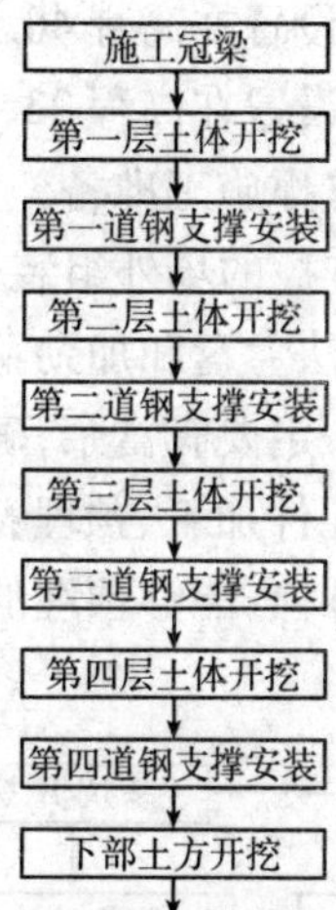

图 11-16　土方开挖施工工艺流程图

土方开挖根据盾构井结构尺寸、钢支撑排距以及挖掘机最大开挖能力，在竖向上分为六步。

第一步：基坑开挖至冠梁底高程后，桩顶凿至新鲜混凝土面，清除桩顶残渣、浮土和积水，模筑桩顶冠梁。

第二步：冠梁强度达到设计值后，开挖至第一道钢支撑下 1.5m 处，高程为 38.67m，安装腰梁（围檩）及第一道钢支撑。

第三步：向下开挖至第二道钢支撑下 1.5m 处，高程为 32.47m，安装腰梁及第二道钢支撑。

第四步：向下开挖至第三道钢支撑下 1.5m 处，高程为 27.47m，安装腰梁及第三道钢支撑。

第五步：向下开挖至第四道钢支撑下 1.5m 处，高程为 22.47m，安装腰梁及第四道钢支撑。

第六步：向下开挖至高程 20.336m 处，留 20cm 人工捡底开挖至基底高程 20.136m，及时浇筑混凝土垫层。

④开挖期间对残留水的处理

a. 在围护结构施工前，加密地质钻探范围，详细了解土体滞留水的分布情况、水的承压性、水量及其变化规律，以指导围护结构的施工。

b. 根据详细地质勘探结果，在基坑开挖之前，对小流量的滞留水采取地面打孔预注浆的方式进行封堵，对于水量较大时，提前准备好足够的排水设施，在开挖过程中如遇到水量较大的滞留水时及时进行疏导及排放。

⑤土方开挖的质量控制与技术要求

a. 开挖前应降水(竖井外降水，竖井内设集水井排水)，把地下水位降至盾构井底板以下1～2m，以疏干和加固地层。

b. 要注意减少竖井顶边缘地面荷载，槽壁附近堆载不得大于20kPa。

c. 竖井开挖必须遵守"由上而下，先撑后挖，分层开挖"的原则。在开挖支撑位置时，应快挖快撑，并且应合理地控制开挖速度，避免土体卸荷过快。

d. 竖井开挖过程中，应避免碰撞支护结构，扰动基底原状土。

e. 开挖至井底高程后，井底应及时封闭并进行结构底板施工。

(4)支撑架设

①钢支撑设计布置

盾构始发井围护结构设置ϕ600mm、厚12mm钢管横撑和斜撑。钢管支撑从上到下共4道，第一道设置在高程40.17m处，第二道设置在高程33.97m处，第三道设置在高程28.97m处，第四道设置在高程23.97m处。

②钢支撑施工准备

a. 钢支撑的场外组装：钢支撑在运送到场后，要根据盾构井开挖尺寸和钢支撑长度进行选材配节，法兰盘和加劲箍都应预先加好，拼装成完全能吊装的成型的单根钢支撑。钢支撑场外组装一定要有富余，确保土方开挖完毕及时进行钢支撑吊装。

b. 装配件加工、预埋：钢支撑装配件加工主要有固定端和活动端支座，预埋件主要是支座及固定螺栓，能够预埋的最好预埋在围护桩上，不能预埋的要加设足够强度的膨胀螺栓和牛腿架。

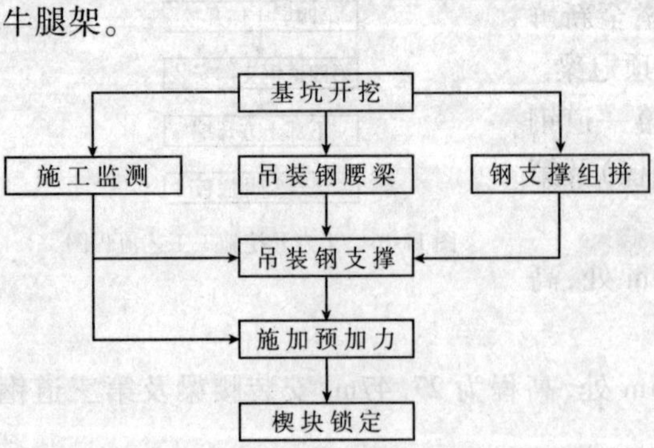

图11-17　钢支撑架设工艺流程图

③钢支撑架设方法及流程

钢支撑架设工艺流程如图11-17所示。

钢支撑架设与盾构井土方开挖是盾构井施工中密不可分的两道关键工序。支撑架设极具时间性和协调性，支撑架设的时间、位置及预加力的大小直接关系到盾构井稳定的成败。支撑架设必须严格满足设计工况要求。

a. 钢支撑采用一台20t汽车吊起吊整根安装。

b. 钢支撑架设方法：

a)每层开挖至支撑架设的高度后，立即放出支撑位置线。

b)第一道支撑支顶在冠梁上,其余支撑均支顶在钢腰梁上。

c)腰梁施工:腰梁安装前,以 C20 细石混凝土填平桩间凹槽,然后安装三角架、斜拉筋上部固定角钢,以 M20 膨胀螺栓紧固,最后吊装钢腰梁,将钢腰梁紧靠桩身平面、安装斜拉筋并拉紧,三角架及腰梁架设、斜拉筋及腰梁架设分别如图 11-18 及图 11-19 所示。

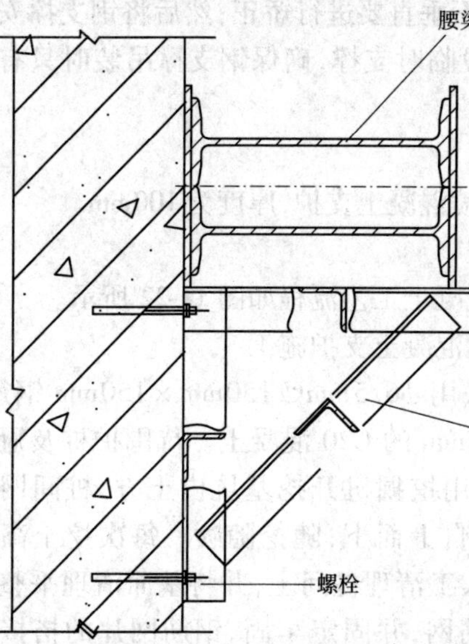

图 11-18　三角架及腰梁架设示意图

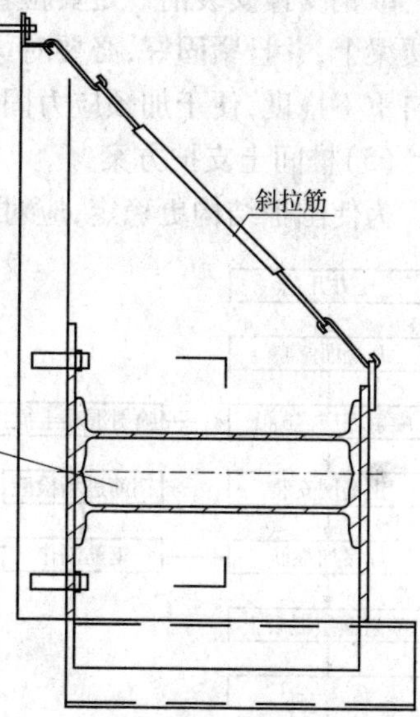

图 11-19　斜拉筋及腰梁架设示意图

d)钢支撑安装:用一台 20t 汽车吊吊放钢支撑到钢腰梁上,为确保腰梁、端头、千斤顶各轴线在同一平面上,钢支撑上法兰螺栓应采用对角和分等分顺序扳紧。每榀钢支撑安装时,用两台实验室标定过的 100t 千斤顶对围护结构施加预应力,达到设计值后,用钢楔块塞紧后拆除千斤顶。图 11-20 所示为钢支撑端部节点示意图。

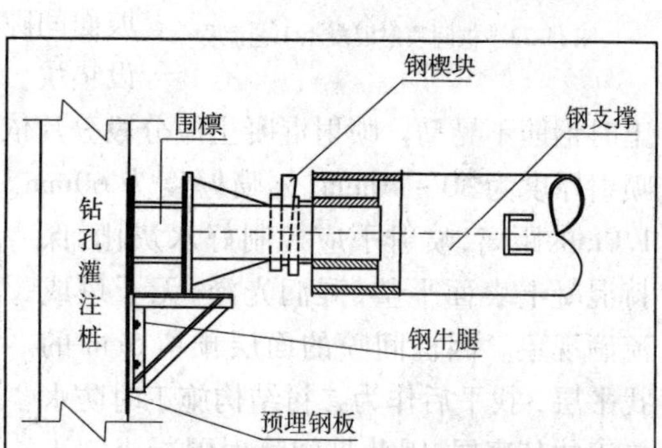

图 11-20　钢支撑端部节点示意图

e)斜支撑的架设安装方法与横撑基本相同。图 11-21 所示为钢斜撑端部节点示意图。

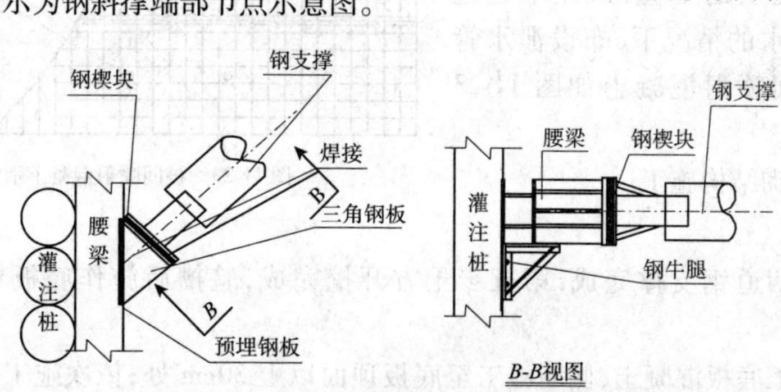

图 11-21　钢斜撑端部节点示意图

④确保钢支撑稳定的技术措施

a. 焊接管端头与法兰盘焊接处，法兰端面与轴线垂直偏差控制在1.5mm以内，每根钢支撑的安装轴线偏心不大于20mm，并保证支撑接头的承载力符合设计要求。钢支撑连接时必须对称上螺栓，按顺序紧固。

b. 钢支撑安装前一定要检查钢管的垂直度，若不垂直要进行矫正；然后将钢支撑安装在钢腰梁上，并且紧固好，必要时可在钢支撑中部架设临时支撑，确保钢支撑吊装时只有很小的自重下挠度，便于加预应力固定。

(5)桩间土支护方案

为使围护结构更稳定，应对桩间土体进行挂网喷混凝土支护，厚度为100mm。

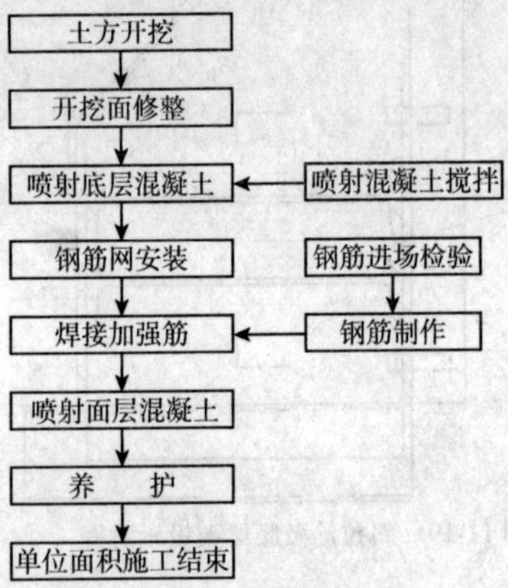

图11-22　桩间喷射混凝土工艺流程

①工艺流程

桩间喷射混凝土工艺流程如图11-22所示。

②挂网喷射混凝土支护施工

桩间护壁采用ϕ6.5mm@150mm×150mm钢筋网，喷射厚度为100mm的C20混凝土。待围护桩及冠梁施工完毕之后，采用挖掘机开挖基坑内土方，桩间网喷混凝土支护，采用自上而下，随挖随喷。每次挖土高度为3m左右，采用人工清理桩间土，并将基面清理平整。再在面层上挂钢筋网，并固定牢固，钢筋网片的搭接不小于20cm。喷射混凝土中的钢筋网应调直除锈，钢筋网与坡面间隙宜大于20mm，网片与坡面间距过小的部位可加设垫块。钢筋网应与土钉和加强筋连接牢固，喷射混凝土时钢筋不晃动。喷射混凝土应分段分片依次进行，同一分段内喷射顺序应自下而上，一次喷射厚度为30~40mm，复喷厚度为60mm。喷射时，喷头与受喷面应垂直，宜保持0.6~1.0m的距离，喷射手应控制好水灰比，保持混凝土表面平整、湿润光泽，无干斑或流淌现象。因桩间喷的面层预留5cm的找平层，找平后作为二衬结构施工时防水施工的基底层，因此桩间喷射混凝土施工时要尽量保障面层的平直，误差不超过±2cm。有地下水的情况下，布设泄水管进行泄水。桩间喷射混凝土如图11-23所示。

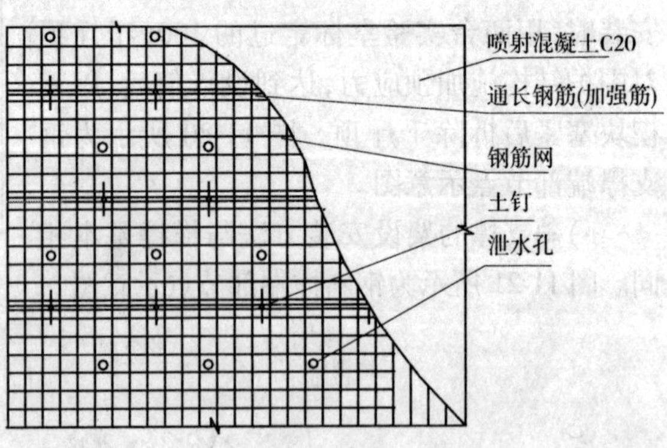

图11-23　桩间喷射混凝土示意图

(6)二次衬砌结构施工

①施工顺序

第一步：第四道钢支撑完成，第五步土方开挖完成，验槽后施作底板垫层如图11-24所示。

第二步：施工底板混凝土，侧墙施工至底板顶面以上30cm处；依次施工洞口预埋钢环，洞口分两次浇筑，如图11-25所示。

第三步：浇筑第一段侧墙及最下一道混凝土角撑[施工面高程至 23.263（左线 23.024）]，底板达到设计强度 85% 后方可拆除第四道钢支撑，如图 11-26 所示。

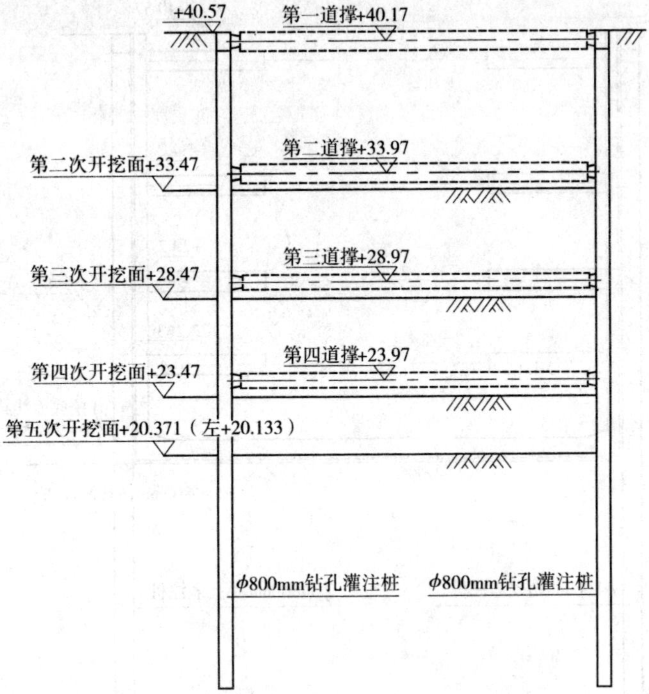

图 11-24　开挖完成验槽后施作底板垫层

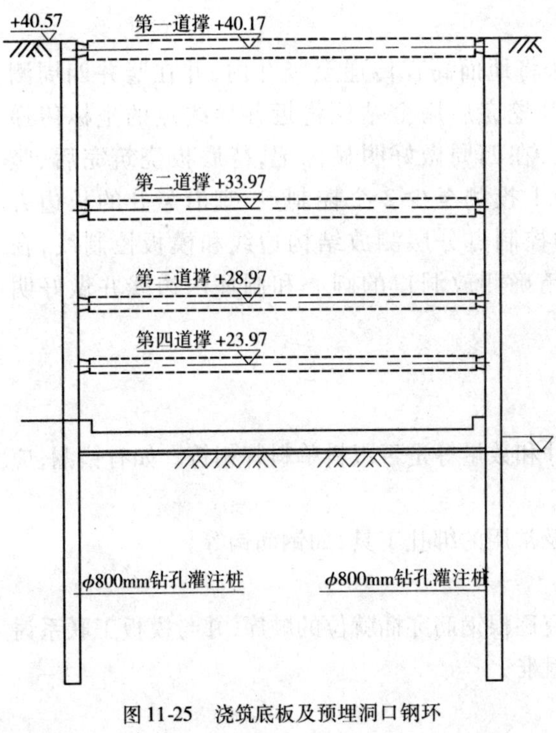

图 11-25　浇筑底板及预埋洞口钢环

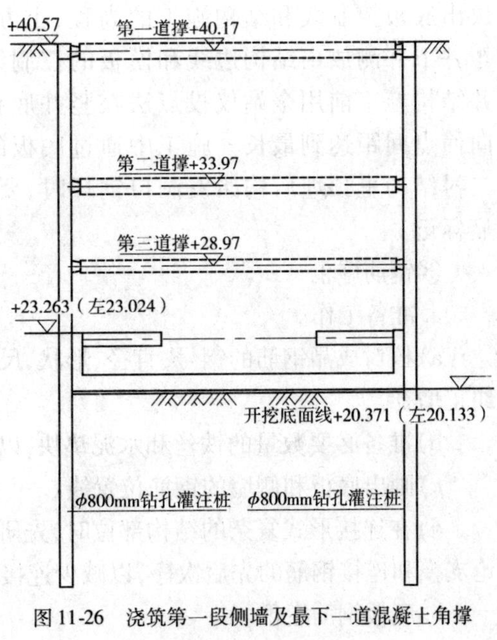

图 11-26　浇筑第一段侧墙及最下一道混凝土角撑

依次施工侧墙并依次拆除第三、二、一道钢支撑。侧墙每次浇筑高度为 5 ~ 6m。施工缝的留置位置如图 11-27 所示。

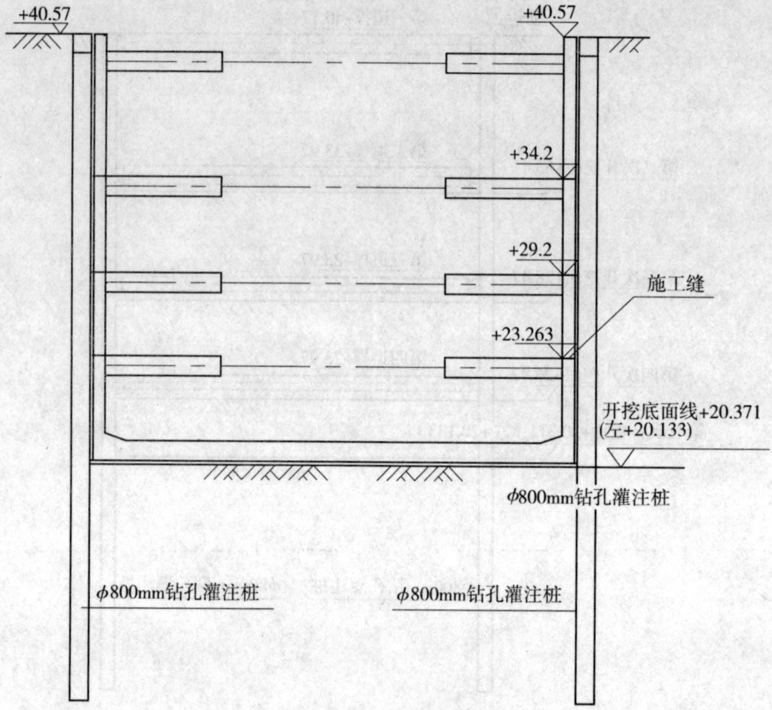

图 11-27　施工缝的留置位置

②施工测量

在土方开挖将至井底时，用悬挂钢尺法将地面高程传递至竖井内，并在竖井四周测放出底板控制线和结构施工的高程，土方开挖完后用全站仪将近井导线点的坐标传递至井下并测放出结构边线和模板的控制线，在四周做好明显标记，待底板浇筑完后、竖井结构施工前用全站仪投点法在竖井底板上投测至少 2 个控制点，宜沿竖井的长边方向使点间距达到最长。施工中通过底板的控制点分层测放结构边线和模板控制线，在二衬结构里预埋盾构始发洞口钢环时，要精确测放洞口的圆心和洞环内边线并做好明显标记。

③钢筋施工

a. 准备工作。

a）核对成品钢筋的钢号、直径、形状、尺寸和数量等是否跟料单料牌相符。如有错漏，应纠正增补。

b）准备必要数量的铁丝和水泥垫块，以及常用的绑扎工具，如钢筋钩等。

c）画出底板和侧墙的钢筋位置线。

d）在连接形式复杂的结构部位时，先研究逐根钢筋穿插就位的顺序，并与模板工联系讨论支模和连接钢筋的先后次序，以减少连接困难。

b. 底板钢筋定位。

a)钢筋网的绑扎:四周两行钢筋交叉点应每点扎牢,中间部分每隔一根相互呈梅花形扎牢;双向主筋的钢筋网,则需将全部钢筋相交点扎牢。绑扎时应注意相邻绑扎点的铁丝扣要呈八字形,以免网片歪斜变形。

b)由于底板厚 800mm,在底板的上层钢筋网下面设置钢筋马凳,以保证钢筋位置正确。

c. 墙体钢筋定位。

a)墙体钢筋网的绑扎同底板,钢筋的弯钩应朝向混凝土内。

b)在墙体两层钢筋间设置撑铁,以固定钢筋间距。撑铁用直径 6 ~ 10mm 的钢筋制成,长度等于两层网片的净距,间距 1m,相互错开排列。

c)为保证上下层钢筋网间距,减小施工难度,节约能源,也可采用 T 字架的架立方式来控制钢筋位置的正确。钢筋直径小于 20mm 时,采用绑扎连接;当钢筋直径≥20mm 时,采用直螺纹套管连接或焊接。焊接长度满足单面焊≥$10d$,双面焊≥$5d$(d 为钢筋直径)。

d. 模板施工。

盾构井侧墙模板采用组合钢模板,局部使用 12mm 厚覆膜多层板。钢模板以 P6015 为主,采用横排方式,转角处用阴角角模。12mm 厚覆膜竹胶板根据结构尺寸现场制作拼装,主要使用在盾构预埋钢环及混凝土角撑部位。水平、竖向龙骨采用 ϕ48mm × 3. 5mm 钢管,内楞间距 600mm,外楞间距 600mm。模板采用错缝花拼。支撑系统采用满堂红搭设脚手架,支架水平网格尺寸 600mm × 600mm,竖向步距为 900mm。并沿断面方向搭设斜撑,使用 ϕ48mm 钢管设置,设置数量不少于 6 道,立向的间距 3 000mm。底部斜撑支于底板上的地锚上。盾构井模板支撑平面如图 11-28 所示。

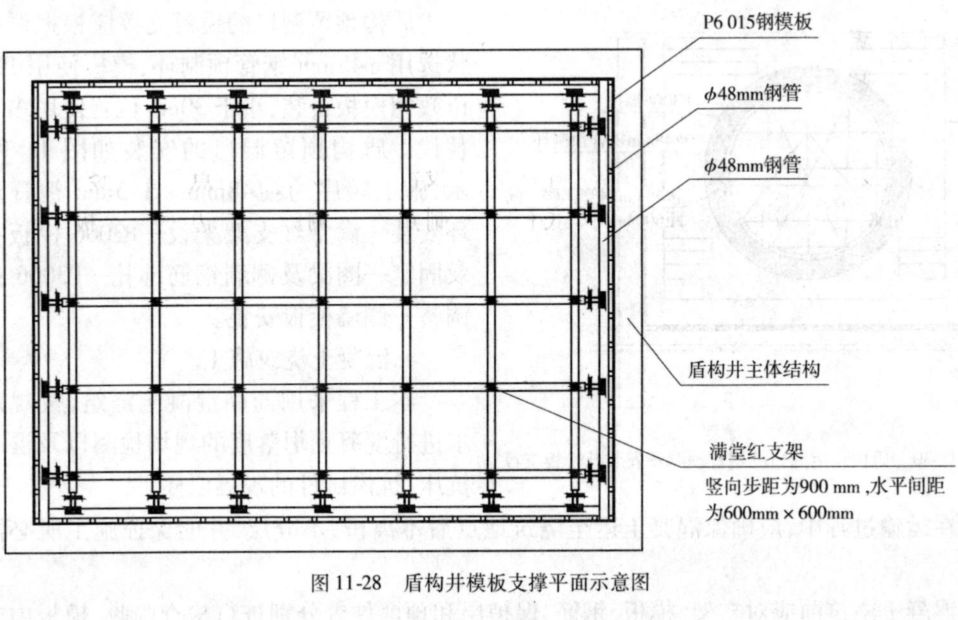

图 11-28　盾构井模板支撑平面示意图

混凝土角撑与侧墙同时浇筑,采用多层板模板及方木背楞,支撑如图 11-29 所示,方木稳定于满堂红支架上。

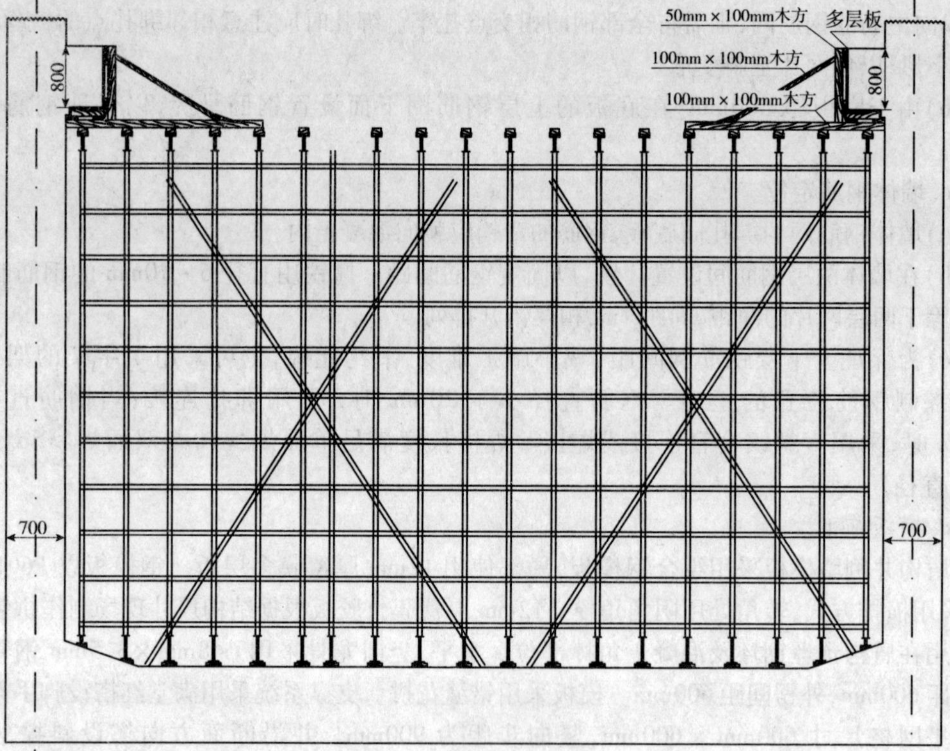

图 11-29 浇筑混凝土角撑的模板及支撑(尺寸单位:mm)

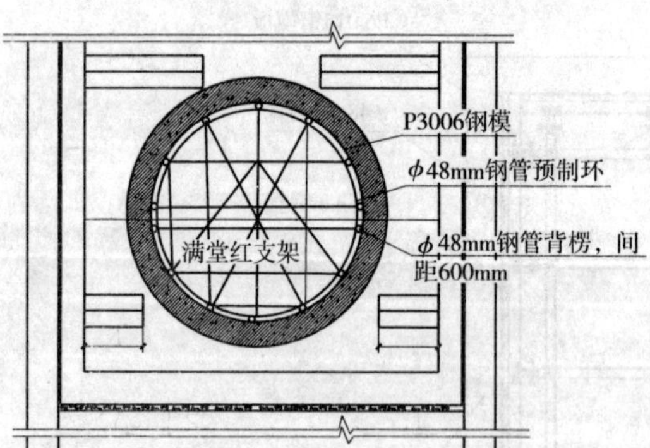

图 11-30 盾构预留洞口的钢管预制环安装及模板支撑

盾构预留洞口的模板支撑应根据洞口形状选用 ϕ48mm 钢管预制环，模板使用 P3006 市政钢模板拼装，小于 30cm 位置使用多层板替代。盾构预留洞口的安装如图 11-30 所示，施工顺序为：ϕ48mm × 3.5mm 钢管预制环安装—满堂红支架架设—P3006 模板拼装及固定—圈梁及侧墙钢筋绑扎—P3006 模板调整—侧墙模板安装。

e. 混凝土浇筑施工。

本工程采用商品混凝土浇筑，按规范要求进行混凝土坍落度的现场检测以及混凝土抗压、抗渗试件的现场取样。

在运输过程中，应确保混凝土运至浇筑地点后不离析、不分层，并能保证施工所必需的稠度。

混凝土浇筑前应对支架、模板、钢筋、保护层和预埋件等分别进行检查验收，模板内的杂物、积水和钢筋上的污垢应清理干净；模板如有缝隙应填塞严密，模板内面涂刷脱模剂。符合要求后，方能进行混凝土施工。

混凝土的浇筑采用泵送入模。按规范要求控制混凝土的自由倾落高度、浇筑层厚度、间歇时间、振捣方式,以确保混凝土质量。混凝土浇筑过程中,严禁随意加水。

混凝土的振捣要做到"快插慢拔",快插是为了防止先将表面混凝土振实而与下面混凝土发生分层、离析现象;慢拔是为了使混凝土能填满振捣棒抽出时所造成的空洞。对干硬性混凝土有时还要在振捣棒抽出洞旁不远,再将振捣棒重新插入才能填满空洞。在振捣过程中,可以将振捣棒上下略为抽动,使上下振捣均匀。

混凝土分层浇筑时,每层混凝土厚度控制在 300mm 左右;在振捣上一层时,插入下一层中 50mm 左右,以消除两层之间的接缝。同时,振捣上层混凝土要在下层混凝土初凝之前进行。

每一插点都要掌握好振捣时间,过短不易捣实,过长可能引起混凝土产生离析现象。一般每个点振捣时间为 20 ~ 30s,使用高频振动器时,最短不能少于 10s,振捣时间以混凝土表面呈水平不再显著下沉,不再出现气泡,表面泛出灰浆为准。

振动器插点要均匀排列,可采用"行列式"或"交错式"的次序移动,不能混用,以免造成混乱而发生漏振或超振。每次移动位置的距离应不大于振捣棒作用半径 R 的 1.5 倍,一般振捣棒的作用半径为 300 ~ 400mm。

振动器使用时,严禁将其支撑在结构钢筋上或碰撞钢筋和预埋件,并且不要紧靠模板振动(一般保持间隔在 50 ~ 100mm)。

a)底板混凝土的浇筑

底板整体性要求高,混凝土必须连续浇筑。采用分层浇筑(图 11-31)、分层振捣的方法时,必须保证上下层之间混凝土在初凝前结合好。

浇筑方案根据整体性要求、结构大小、钢筋疏密、混凝土供应等具体情况选用。全面分层浇筑方式步骤如下:在整个底板内全面分层灌注混凝土,要做到第一层全面灌注完毕回来灌注第二层时,第一层灌注的混凝土还未初凝,如此逐层进行,直至灌注好;施工时从短边开始,沿长边进行较合宜。必要时也可分为两段,从中间向两端或从两端向中间同时进行。

b)侧墙混凝土的浇筑

混凝土浇筑前应做好清仓处理。墙体分层浇筑,纵向由一端向施工缝挡头板方向浇筑,混凝土自由倾落高度控制在 2m 以内。严格控制每层浇筑高度,每层浇筑高度为 300mm;振捣上层混凝土时,应将振捣棒伸入下层混凝土内 50mm。侧墙混凝土的浇筑顺序如图 11-32 所示。

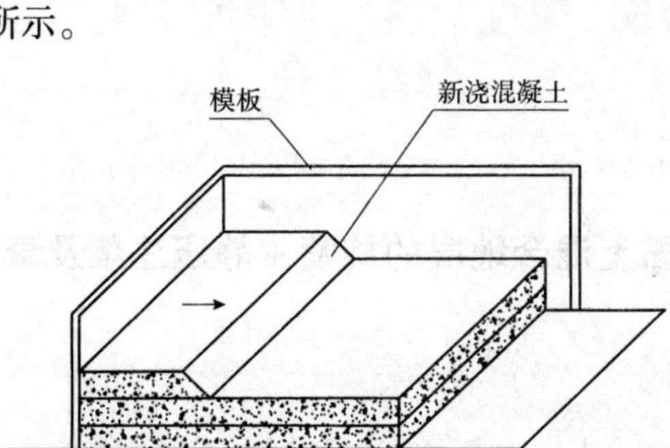

图 11-31　盾构井底板混凝土的分层浇筑

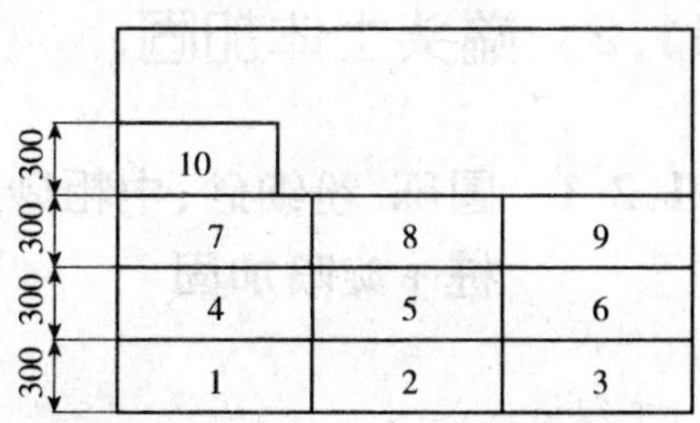

图 11-32　侧墙混凝土的浇筑顺序(尺寸单位:mm)

注:浇筑顺序为 1、2、3……。

混凝土采用泵送入模的浇筑方式。混凝土斜向入槽口设于墙模顶部,间距1.0m。为防止混凝土输送压力冲击模板,在槽口处设混凝土浇筑漏斗,以缓冲混凝土冲击力。混凝土的振捣采用斜向入槽口插入振捣器振捣与人工均匀敲击模板相结合的方式。

侧墙混凝土浇筑施工完毕,及时进行养护。

c)盾构井洞口处浇筑混凝土施工

盾构井洞口处墙体混凝土按图11-33所示的方法和顺序进行浇筑。第一层混凝土浇筑至洞口下方并振捣密实;在间歇30min后浇筑第二层混凝土,第二层混凝土的三部分尽量同时浇筑,浇筑至洞口中线处,并振捣密实,特别注意洞口下方腋角的混凝土振捣;在间隔30min后,一次浇筑第三层混凝土,并振捣密实。

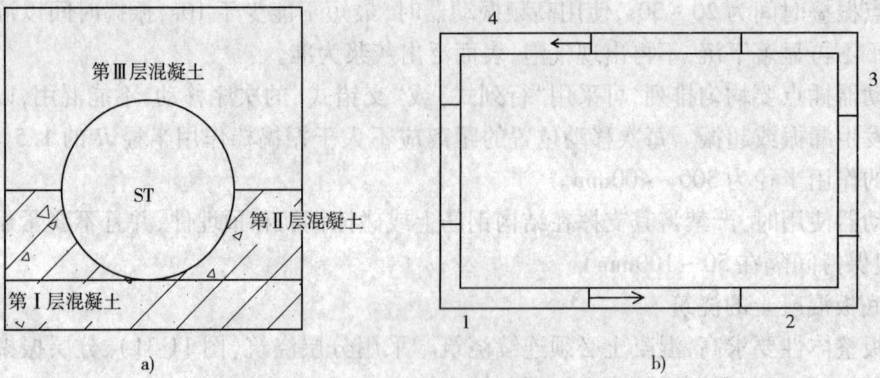

图11-33 盾构井洞口处墙体混凝土浇筑顺序

根据盾构区间隧道施工先后顺序,在盾构井侧墙混凝土结构内预埋盾构的始发钢环。主要做法为:在盾构井结构单元底板混凝土浇筑完成后,在盾构井侧墙上进行盾构环位置的精确放样,伴随端头井侧墙结构混凝土模板工程的施工,根据放样位置,将加工好的盾构环分底部及顶部两片,用龙门吊依次下放入工作井,分段栓接拼装成环。盾构钢环下井前在地面进行预拼装,检验钢环的加工精度及焊接质量,并校正盾构圆环。校正后的盾构环根据分片在内部焊接ϕ42mm钢管加固,以防止盾构钢环在起吊或拼装过程中发生变形,盾构环经检查验收满足要求后再用于施工。拼装完成的盾构钢环与结构混凝土模板固定牢靠,复测安装精度满足相关规范要求后进行侧墙混凝土浇筑。

11.2 端头土体加固

11.2.1 圆砾、粉细砂、中粗砂及粉质黏土混合地层的旋喷+静压注浆及素桩+旋喷加固

1)工程概况

张自忠路站—北新桥站区间、北新桥站—雍和宫站区间为北京地铁五号线的盾构区间工程之一,位于北京市东城区,线路基本由南向北走向,南起于东城区张自忠路站,北至雍和

宫站,包括2个盾构法区间隧道。张自忠路站—北新桥站区间隧道结构顶面覆土厚度为12~14m,北新桥站—雍和宫站覆土厚度为12~16m。

2)端头土体条件

(1)人工填土层(Q4ml)

杂填土①$_1$层:主要成分为碎石、炉灰、房渣土等,稍湿,局部因管道漏水呈饱和状态,松散~稍密。一般厚度1~3m,最大厚度为6.3m;黏质粉土素填土①层:稍湿~饱和,可塑~硬塑,2~3m厚。以上两层总厚3~6m。K11+200以北为1.4~3m,层底高程为39.32~43.0m。

(2)第四纪全新世冲洪积地层(Q4al+pl)

黏质粉土砂质粉土②层:稍湿~饱和,可塑~硬塑。该层在不同地段分别夹粉质黏土层②$_1$、重粉质黏土②$_2$层,局部夹粉细砂透镜体②$_3$层。K10+350~K12+369段厚度为5~9.5m,层底高程为32.03~37.35m。

粉细砂③层:湿~饱和,密实,厚度3~9.5m,层底高程27~31.9m。K11+900以北的砂层中出现粉质黏土、黏质粉土③$_3$层,厚度小于5.5m。

(3)第四纪晚更新世冲洪积地层(Q3al+pl)

圆砾④层:饱和,密实。砾石为亚圆形,未风化~微风化,一般粒径为5~20mm,最大粒径为150mm,中粗砂填充,局部成为中粗砂④$_2$透镜体。该层中部或底部颗粒较粗成为卵石④$_3$层,其粒径一般为20~80mm,在里程K11+950以北地段,圆砾、卵石层逐渐变薄尖灭,出现黏质粉土、粉质黏土④$_1$层,厚度为3m左右,本层厚度2~8m,层底高程22.3~27.32m。

黏质粉土砂质粉土⑤层:饱和,硬塑,含姜石,局部夹细砂透镜体,夹粉质黏土、重粉质黏土⑤$_1$层和黏土⑤$_2$层,本层厚度1.2~6m,层底高程19~25m。

中粗砂⑥层:饱和,密实,含少量砾石,夹粉细砂⑥$_1$层和粉质黏土、重粉质黏土⑥$_2$层。本层厚度0.7~7.8m,局部缺失,层底高程16.06~21.94m。

卵石⑦层:饱和,密实,卵石为亚圆形,未风化,一般粒径为20~80mm,最大粒径为200mm,中粗砂或黏性土充填,局部地段颗粒较细逐渐变为圆砾或砾砂⑦$_1$层,在里程K11+800以北逐渐尖灭,本层一般厚度2.5~7m,层底高程13.6~18.54m。

粉质黏土、黏质粉土⑧层,本层仅分布于里程K10+700以北地段,饱和,硬塑~坚塑,含氧化铁和姜石,夹重粉质黏土,黏土⑧$_1$层和粉细砂⑧$_2$层,厚度2~8m,层底高程8.36~13.28m。

卵石⑨层:饱和,密实,卵石为亚圆形,为风化~微风化,一般粒径为20~60mm,最大粒径为180mm,中砂或黏性土充填,夹粗砂⑨$_1$层,本层厚度大于7m。

3)端头土体加固

(1)加固范围及加固方法

依据已有施工经验,端头土体加固范围的横断面尺寸应不小于洞口拱顶以上3 000mm、洞底以下3 000mm、左右各2 500mm。

在雍和宫站始发端头采用旋喷+静压注浆的加固方法,张自忠路站始发及接收采用旋喷加固方法,其他部位采用素桩+旋喷加固方法。

(2)静压注浆施工工艺

静压注浆施工工序如下:

钻孔→封堵注浆孔→注入浆液→拔出注浆管→封堵注浆孔→转入下一孔位施工。

步骤一:测放桩位,先用测量仪器将桩位准确地测放在地面上,并标示清楚,便于钻机就位,钻杆轴线垂直对准钻孔中心位置,减少就位误差。

步骤二:将钻机、注浆泵及其他机具就位,钻机应安放稳固,按预先计算好的控制点高程及偏角用仪器校正,使钻机就位后对正孔位并应调整好钻孔角度。

步骤三:浆液制备。

步骤四:钻孔注浆。钻孔前要检查注浆设备和管路系统,其压力和流量必须满足要求,在注浆管和喷头内部不得有任何杂物,注浆管接头的密封环必须良好。当钻进达到设计高程,然后开始利用注浆泵输送浆液。在输送浆液之前用抹布等物将钻孔周围密封。为保证端头质量,先注浆 0.5 ~ 1min 后开始后退,再边注浆边退出。按钻孔顺序,采用跳钻施工,应掌握好钻进速度、注浆压力和送浆量。注浆之初应观察孔口的浆液是否得到充分搅拌,并检查浆液初凝时间,以此来调整注浆速度。要根据不同地层选用 A、B 或 A、C 浆液。注浆到预定位置时停止注浆,退出钻头后,立即用木塞封住孔口,防止浆液外流。步骤四注意事项:①钻孔长度和注浆长度相比,注浆长度比钻孔长度短 0.5 ~ 1m。②注浆过程中,一旦卡钻则只能将钻头钻杆丢弃。

步骤五:清洗管路。注浆完一个孔口,用清水清洗注浆泵和输浆管路,待喷头喷出清水时停止清洗。机具必须清洗干净,以免残留浆液堵塞管路。

步骤六:冲洗完毕后,把钻机等机具设备移动到新孔位上,进行下一钻孔施工。

步骤七:废浆液处理。应在适当位置挖一集水坑,使废浆液通过管路流入此集水坑,沉淀后排水,处理废浆。

(3)钻孔灌注桩施工工艺

钻孔灌注桩施工工序如下:

放线定点→钻机就位→冲孔至设计深度→测量孔深→吊放钢筋笼→吊放导管→水下灌注商品混凝土成桩。

钻孔灌注桩施工工艺要求:

①施工准备。

a. 平整场地,测量定位:测量采用坐标定位,中线偏角法进行校核,径向布置桩位。

b. 人工开挖埋设钢护筒:钢护筒每节长 1.5m,直径比桩径大 20cm。钢护筒的厚度根据桩径的大小和地质情况选定,一般为 8 ~ 12mm。护筒口高出地面 30cm 以上,护筒埋好后校正孔位,周边用土回填密实。护筒平面位置偏差不得大于 5cm,倾斜度不得大于 1%。

c. 准备制泥浆材料和泥浆池:采用预制铁箱设置泥浆池制备膨润土泥浆。

d. 钻机就位:本次钻孔采用冲击钻机。在钻孔施工部位设置围挡,防止泥浆溢出,确保行车、机械设备和人员安全。

②泥浆护壁。

a. 钻孔泥浆原料使用符合要求的膨润土,以机械和人工制作的方法循环使用。

b. 泥浆的相对密度要控制在 1.1 ~ 1.15 之间,当地质条件差时,适当加大泥浆的相对密度,确保成孔的安全。由专人采用泥浆比重计经常测定泥浆相对密度,并做好记录。

③成孔。

灌注桩采用冲击钻机成孔作业、泥浆护壁施工工艺。

④清孔。

钻孔至设计高程经检查合格后及时清孔。然后用抽渣筒将孔底浓泥浆取出,使泥浆指标达到清孔标准。清孔时保持孔内的水位高出地下水位以防坍孔。

钻孔应一次完成,遇到事故应立即处理,成孔并清孔后需用监理工程师批准的仪器和方法对孔位、孔深、孔径、孔形、垂直度和泥浆浓度厚度等进行检查。

(4)旋喷桩施工工艺

旋喷桩施工工序如下:

钻孔定位→铺设钻机→导孔钻机就位→钻机打导孔→三重管钻机就位→下三重管、钻进→喷射成桩→回灌。

旋喷桩施工工艺要求:

①钻孔定位。

根据给定基准点测量放线,定出设计孔位。

②铺设钻机平台。

定出孔位后,沿孔位线用木板铺设钻机工作平台。

③钻导孔。

导孔直径 ϕ108mm,垂直度控制在 1% 以内,孔位误差小于 10cm。

④三重管成孔。

当各三重管旋转就位、准备就绪后便可开始三重管成孔施工,此时应注意检查清水泵流量及水流压力是否达到设计要求。钻机基础应牢固,防止在施工过程中钻机移位。同时还应达到以下要求:

a. 钻孔时,钻杆的垂直度不应大于 1%;

b. 钻孔深度一定要满足设计要求;

c. 布置孔位时按梅花形布置。

⑤旋喷施工

旋喷前要检查高压设备和管路系统,其压力和流量必须满足设计要求,注浆管及喷嘴内不得有任何杂物。注浆管接头的密封圈必须良好。

11.2.2　以粉质黏土及粉土为主的地层的旋喷桩加固

11.2.2.1　5 号线宋家庄站—刘家窑站盾构始发与接收端头土体加固

1)工程概况及端头土体条件

宋家庄站盾构工作井位置隧道埋深约 12.565m,属中厚覆土。覆土自上而下分别为杂填土、粉土、粉砂、粉质黏土。隧道穿越地层为粉质黏土和重粉质黏土层。隧道断面处于潜水之中,洞门处潜水水位在盾构隧道底板以上 3.875m,承压水水位则位于隧道底板以下 1.975m。

在刘家窑站盾构调头井位置隧道埋深约 13m。覆土自上而下分别为杂填土、粉细砂、粉质黏土、黏土层。隧道穿越地层主要有粉质黏土、黏土及粉土层。隧道断面处于潜水之中。

2)端头土体加固

(1)加固范围

依据初步设计,端头土体加固的尺寸为洞口拱顶以上 2 500mm、洞底以下 1 500mm、左右各 2 000mm,长 10m。

(2)端头土体加固方法

依据设计,盾构始发井的端头加固采用高压旋喷排桩和 C10 素桩联合加固,桩径均为 800mm。

加固体的完整性必须满足下述条件:端墙与加固体之间没有明显的空隙;加固体钻孔渗漏出水量不大于 30L/h。

(3)地面垂直双重管旋喷桩施工工艺

①主要施工机具

地面垂直双重管旋喷主要施工机具见表 11-2。

施工主要机具一览表　　表 11-2

序号	设备名称	型　号	规　格
1	高压泥浆泵	SNS－H300 Y－2 型液压	30MPa
2	钻机	地质钻机	
3	空压机		0.8MPa
4	泥浆搅拌机		
5	双重管		
6	高压胶管		

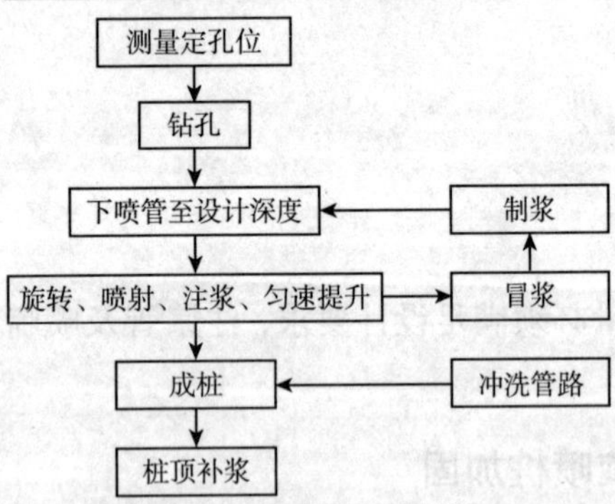

图 11-34　旋喷桩施工工艺流程图

②施工工艺流程

为了减小桩与桩之间的相互干扰,保证加固体的质量,采用跳孔施工。双重管高压旋喷施工流程如图 11-34 所示。

③施工方法及施工参数

a. 施工方法

a)钻机就位。钻机就位即将使用的钻机安置在设计的孔位上,使钻杆头对准孔位的中心。钻机就位后,必须作水平校正,使其钻尖对准钻孔中心位置,钻杆轴线与钻孔中心线一致。

b)钻孔。本工程采用地质钻机,钻孔的倾斜度不大于 1.5%。

c)插管。插管是将旋喷注浆管插入地层预定的深度。钻孔完毕,拔出岩芯管,换上旋喷管插入预定深度。在插管过程中,为防止泥沙堵塞喷嘴,可边射水、边插管,水压力不超过 1MPa。

d)喷射作业。旋喷前,要检查高压设备和管路系统,其压力和流量必须满足要求,在注浆管及喷嘴内不得有任何杂物,注浆管接头的密封圈必须良好。喷射管达到预定深度后,由下而上进行喷射作业。喷射过程中,应时刻注意检查浆液初凝时间、注浆流量、风量、压力、旋转提升速度等参数,并且随时做好记录,绘制作业过程曲线,旋喷注浆管的旋转和提升必须连续不中断，防止喷嘴被堵。

e）拔管、冲洗机具。喷射作业完成后，拔出喷射管。将注浆管等机具设备冲洗干净，管内不得残存水泥浆。把浆液换成水，在地面上喷射，将泥浆泵、注浆管软管内的浆液全部排出，管内不得有残存水泥浆。

f）移动机具、回填注浆。把钻机等机具设备移动到新孔位上，进行下一钻孔的施工，并将作业完成的孔回填注浆。

b. 施工参数

a）压缩空气：压力 0.7MPa，流量 $3m^3$/min，喷嘴间隙 2 ~ 4mm。

b）水泥浆液：压力 20 ~ 40MPa，流量 80 ~ 120L/min，喷嘴孔径 2 ~ 3mm。

c）注浆管：提升速度 10 ~ 20cm/min，旋转速度 10 ~ 20r/min，外径 ϕ75mm。

c. 加固体强度及抗渗性检测

加固体强度主要由素桩提供，旋喷桩主要解决渗漏问题。

3）素桩加固

在刘家窑盾构始发端头土体加固区，布设两排 ϕ800mm 素混凝土桩，混凝土强度等级为 C10，桩径 800mm，排间距 900mm，桩间距 1 000mm。由于素桩紧靠车站围护桩且地质条件较好，选用长螺旋钻机进行施工，并由钻杆内压入混凝土，防止了塌孔，加快了施工进度。洞门桩凿除期间，为保证开挖面的稳定性，洞门桩靠近土体面留下部分钢筋，待洞门桩凿除完毕，盾构始发推进条件具备时再割除钢筋。素混凝土桩施工如图 11-35 所示。

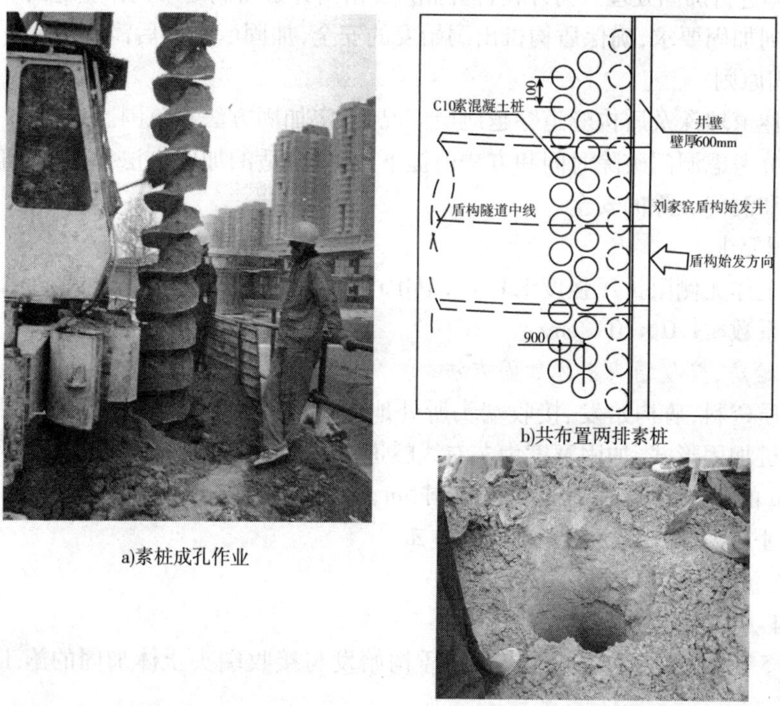

a)素桩成孔作业

b)共布置两排素桩

c)素桩成孔灌注完成

图 11-35　素混凝土桩施工（尺寸单位：mm）

11.2.2.2 机场线T2航站楼支线盾构始发与接收端头土体加固

1)工程概况

机场线T2航站楼支线(左线)地下段的隧道设计起点为左T2K1+295,终点为左T2K5+397,全长4 092m,盾构法施工。1号盾构机采用过站法(即结构先施做,盾构后穿越)穿越1号风井;整个工程中盾构机三次始发、三次到达,最终1号盾构机到达位于机场一号路东侧林地内的2号风井解体、吊出,2号盾构机到达位于T2航站楼南侧的盾构接收井进行解体、吊出。

本标段盾构进出洞门共计8次,加固部位包括盾构始发井始发洞门,1、2号风道进出洞门,中间检修井进出洞门和盾构吊出井出洞门。

2)端头土体条件

隧道洞身主要穿越粉土、粉质黏土和黏土,以穿越粉质黏土居多。隧道顶以上在T2K3+325里程处以南主要为粉土,以北主要为粉质黏土。局部隧道底部穿越细砂-中砂层。

上层滞水水位埋深3.46~3.80m,层间潜水水位埋深为11.20~20.83m,承压水水头埋深为23.93~29.43m。

隧道顶埋深5.3~14.50m,盾构始发段覆土厚度为5.45m,通往地下隧道的U形槽段覆土仅为3.9m,属浅覆土盾构隧道。

3)盾构始发、接收端头土体加固原则和要求

盾构机在进出洞时,工作面将处于开放状态,如果处理不当,会出现涌水、流沙、涌泥等现象,严重情况下会引起洞门塌方。为了确保盾构始发和到达时的安全以及各地层的稳定,必须对端头的土体进行加固处理。另外,盾构机吊入、吊出井必须满足吊机作业地面承载力要求。

为了达到加固要求,确保盾构机出洞始发的安全,加固区加固后需养护14d以上。

(1)加固原则

①根据隧道埋深及盾构隧道穿越地层情况,确定加固方法和范围。

②在充分考虑洞门破除时间和方法前提下,选择合适的加固方法和范围,确保盾构机进出洞的安全和洞门破除的安全。

(2)加固要求

①加固土体无侧限抗压强度1.0~1.5MPa。

②渗透系数$\leq 1.0\times10^{-8}$cm/s。

4)盾构始发、接收端头土体加固方法

根据地质资料,盾构始发、接收端头所处地层差异较小,本标段端头加固采用ϕ800mm双重管旋喷桩加固形式,加固宽度为左右线隧道线间距各外扩5m的范围,深度为隧道外径上下各2.5m的正方形土体,加固长度进洞5m、出洞8m。

5)地面垂直双重管旋喷桩端头加固施工

(1)工艺流程(图11-34)

(2)施工方法及施工参数

同前述5号线宋家庄站—刘家窑站盾构始发与接收端头土体加固的施工方法及施工参数。

6)洞门加固效果的检测

(1)地面检测方法

在加固完成并达到设计规定的养护时间后进行加固效果检查，分别在两个桩孔上，离孔芯分别为 15cm、30cm、45cm 的地方，进行全取芯钻孔，取芯位置见图 11-36 所示。

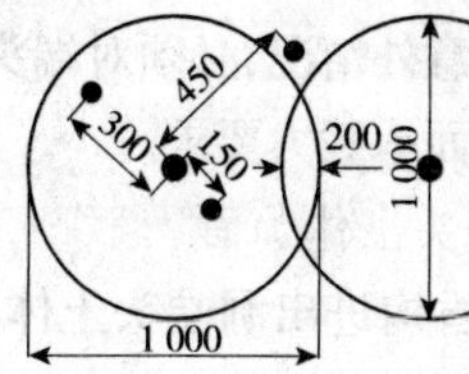

图 11-36　取芯示意图（尺寸单位：mm）

观察岩芯，检查土体处理的连续性。将离桩芯 30cm 且深度位于隧道埋深处的两块岩芯送实验室进行强度测试，最后用水泥砂浆回填钻孔，试验室的抗压强度必须达到设计要求。在加固体的强度达到要求以后，需对加固体的渗透性进行检查，在竖井的每一个洞眼的范围内水平钻 9 孔，孔径 50cm，长度深入到加固体后 0.5m。

(2)洞内检测方法

在盾构施工开凿洞门前，进行加固效果检查。

①洞门加固效果检查内容：

a. 加固体强度。

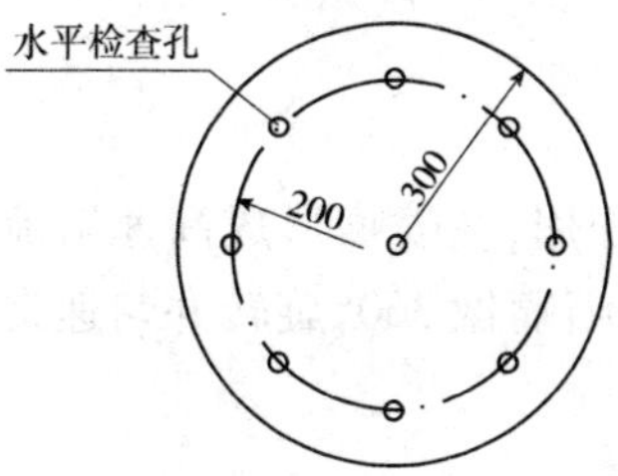

图 11-37　检查孔布置示意图（尺寸单位：mm）

b. 加固体整体性、均匀性。

c. 加固体中地下水含量情况。

②检查方法：

在洞门范围内钻 9 个水平孔，孔径 8cm，钻深为 1m，检查孔布置参见图 11-37。

a. 将深度位于隧道埋深处的两块岩芯送试验室进行强度测试，最后用水泥砂浆回填钻孔，试验室的抗压强度必须达到设计要求。

b. 观察岩芯，检查土体处理的连续性。

c. 测定 9 孔流水量的总和（测定之前，将 9 孔的水流分别用导管导入容器，以便于测量），要求 9 孔的总流水量 <30L/h。如果出水量超过限值，就要重新进行地面补浆加固。

11.2.3　洞身上部为砂层、下部为砂砾层的洞内水平注浆加固

1)工程概况

机场线 03 标段，主要工程为东直门—三元桥区间盾构隧道 2 568.259m、3 个联络通道（左 K1 +034.566 联络通道、左 K1 +974.254 联络通道、左 K2 +564.776 联络通道及泵房）和区间风井风道。隧道设计施工起点为轨道交通机场线三元桥车站南端，终点为设在察慈小区住宅楼西南侧的盾构接收井。

2)端头土体条件

本标段盾构始发及到达端头加固共计 4 处，加固部位包括机场线三元桥站始发井端头、风道接收和始发端头、盾构接收井端头。三元桥站始发端头为黏土地层，其余 3 个端头均是洞身上部为砂层、洞身下部为砂砾层。三元桥站始发端头加固采用 1 排 ϕ800mm@1000mmC10 素混凝土桩和 14 排 ϕ600mm@500mm 梅花形布置的旋喷桩组成，素混凝土上部采用三七灰土回填；风道接收和始发土体采用洞内水平注浆方式进行加固，采用水煤气管，间距 500mm × 500mm，梅花形布置；盾构接收井土体采用 20 排 ϕ600mm@500mm 梅花形布置的旋喷桩。

为了确保盾构始发和到达时的施工安全以及各地层的稳定，防止端头地层发生坍塌或漏

水涌水等意外情况，必须对端头的土体进行加固处理。另外，盾构机吊入、吊出井必须满足吊机作业地面承载力要求。

3）端头土体加固

（1）盾构进出洞端头土体的加固原则和要求

①加固原则

a. 根据隧道埋深及盾构隧道穿越地层情况，确定加固方法和范围；

b. 充分考虑洞门破除时间和方法，选择合适的加固方法和范围，确保盾构机进出洞的安全和洞门破除的安全。

②加固要求

a. 加固土体强度达到0.4MPa；

b. 渗透系数≤1.0×10^{-8}cm/s。

4）端头加固施工

（1）双重管旋喷桩施工工艺

①旋喷桩施工工艺

旋喷采用双重管高压喷射法施工，利用高压水、压缩风共同作用，在喷嘴形成高速射流切割土体、砂层，同时由底部注入水泥浆，对其进行分选和置换。喷嘴做360°旋转并匀速提升，形成具有一定直径的旋喷桩。旋喷桩施工流程见图11-34。

②施工方法及施工参数

施工方法及施工参数同前。

③施工技术措施

施工技术措施同前。

（2）水平注浆施工

①水平注浆施工工艺流程如图11-38所示。

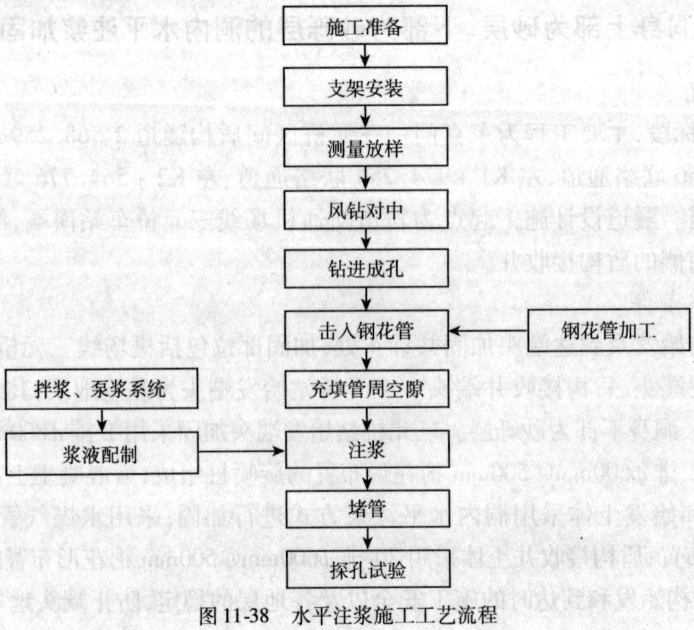

图11-38　水平注浆施工工艺流程

②钢花管注浆施工主要技术参数见表 11-3。

钢花管注浆施工主要技术参数一览表　　表 11-3

分 类	项 目	参 数
成孔下管	管距×排距	1.4m×0.8m，桩间护壁钻孔
	孔 径	52mm
	管偏斜	<1%
钢花管	钢花管长度	5m(入土段长 4m)
	钢花管直径	48mm
	钢花管壁厚	3mm
注 浆	浆液配合比	(质量比)水泥:水 = 1:1
	初注压力	0.8 ~ 1.0MPa
	终注压力	1.8 ~ 2.0MPa

③施工技术措施：

a. 注浆材料采用 P. O. 32.5 普通硅酸盐水泥，注浆时水灰比由大至小，先灌入较稀浆液，视地层吃浆量情况逐渐调整水灰比，再灌入较稠浆液。

b. 一个孔的注浆作业一般应连续进行到结束，不宜中断。如因机械故障被迫中断时，应排除故障尽快恢复注浆。恢复注浆时一般从稀浆开始，逐渐调整至稠浆。

c. 注浆应有专人记录浆液消耗、注浆时间、注浆压力。当注浆出现大量吃浆不止、长时间灌不结束的情况时，应检查原因，若是因地层裂缝原因造成，可调整水灰比采用稠浆灌注，并采用中断间歇注浆方法，若到此压力就发生冒浆或大量吃浆的，可在较低压力下结束。

d. 注浆结束后应立即封闭阀门，拆卸清洗输浆管路。

e. 注浆后进行水平探孔试验以确定有无达到开孔要求。

(3) 钻孔灌注桩施工

钻孔灌注桩施工同前论述。

11.2.4　卵石地层高压旋喷法加固

1) 工程概况

地铁 4 号线角门北路站—北京南站区间盾构工程分别在右线 K3 + 635.000、左线 K3 + 595.000 两处设盾构始发井，然后由北向南掘进，下穿京山铁路，近距离经过洋桥北里 14 层居民楼、京山铁路桥，穿过凉水河、万芳亭公园、南三环后，再沿马家堡西路向南，穿过马草河及马草河桥，最后到达角门北路站。其中，右线盾构段 1 231.434m，左线盾构段1 161.488m。隧道轨顶设计高程为 17.75 ~ 25.00m，隧道结构顶高程为 22.75 ~ 30.0m，隧道结构底高程为 16.75 ~ 24.00m，隧道埋深约为 16.0 ~ 23.5m，覆土厚度约为 10.0 ~ 17.5m。

2) 端头土体条件

本区间工程盾构主要穿越地层为圆砾⑤层(一般粒径 10 ~ 40mm，最大粒径 150mm，亚圆形，粒径大于 20mm 的颗粒含量约占总质量的 55% ~ 75%，卵石主要成分为辉绿岩、砂岩等，中粗砂充填)、中粗砂$⑤_1$层、粉细砂$⑤_2$层、粉质黏土$⑤_4$层、粉质黏土⑥层、黏土$⑥_1$层、粉土⑥$_2$ 层、细中砂⑥$_3$ 层、卵石⑦层、中粗砂⑦$_1$ 层、粉细砂⑦$_2$ 层。

角门北路站—北京南站区间盾构工程隧道纵剖面图如图 11-39 所示，盾构隧道结构范围内为全断面卵石⑦层，卵石一般粒径 20 ~ 60mm，最大粒径 180mm，亚圆形，粒径大于 20mm 的颗粒含量约占总质量的 55%，卵石主要成分为辉绿岩、砂岩等，中粗砂充填。

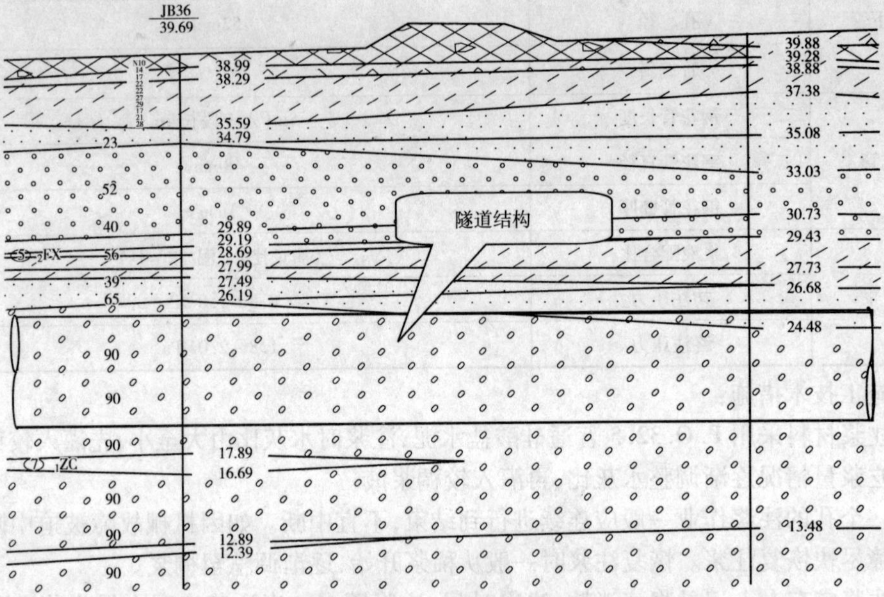

图 11-39　角门北路站—北京南站区间盾构工程隧道纵剖面图

3）端头土体加固

（1）盾构的始发段和接收段地层加固方法

根据设计要求，结合以往施工经验，该工程采用地面垂直高压旋喷注浆施工方法对盾构的始发段和接收段地层进行加固处理。加固范围为隧道轴线方向（纵向）长 6m、宽 12.6m、厚度 10m，即隧道顶以上 2m，隧道底以下 2m，左右各 3.3m，加固后的土体无侧向抗压强度为 0.3 ~ 0.5MPa。

（2）施工工艺

①高压旋喷法的施工参数：

旋喷桩直径：800mm；

桩 间 距：沿隧道方向 700mm，垂直隧道方向 600mm；

搭接厚度：沿隧道方向 100mm，垂直隧道方向 200mm；

水 灰 比：1.5∶1加 1% 水玻璃，加固体龄期为 30d；

水泥强度等级：P. O. 42.5；

加固体的土体黏聚力：0.3 ~ 0.5MPa

喷嘴数量：1 个（ϕ2.6 ~ ϕ2.8mm）；

旋转速度：18 ~ 20r/min；

提升速度：20 ~ 30cm/min。

②高压旋喷法工艺流程见图 11-40。

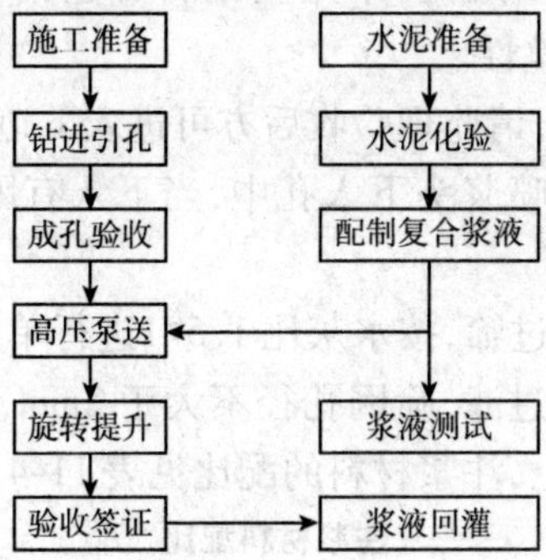

a)

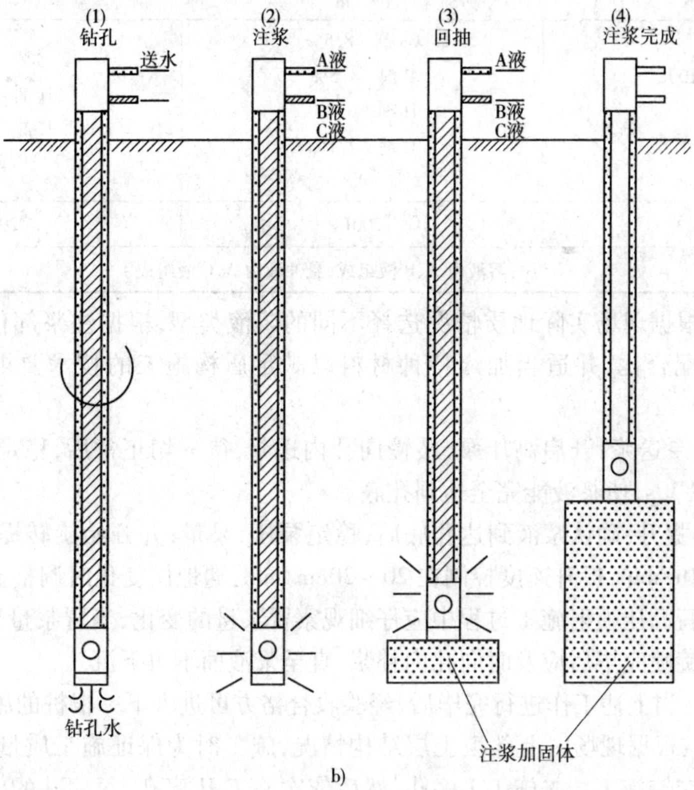

b)

图 11-40　高压旋喷工艺流程图

③高压旋喷施工技术：

a. 施工准备：施工前先清理现场区，平整场地；标示地下管线及地下构筑物位置；按设计测放轴线，测放具体孔位，并作出明确标示，绘制平面布孔图，编制孔号；然后开挖循环槽、泥浆池，架设导轨，调平工作台后，用卡位器对准起始孔位并固定，准备开钻。

b. 钻孔：根据现场孔位安装钻机，在地面或地下无障碍时采用垂直钻杆回抽注浆法。此方法特点是均匀布孔，垂直钻孔，易操作及控制，浆液扩散分布比较均匀，加固止水效果好。根据地层情况采用高压水钻进成孔或采用金刚石钻进工艺成孔，成孔孔径 91 ~ 130mm，钻孔深度不小于设计深度并以先导孔确定的深度为准。成孔时控制就位误差小于 20mm，高压水成孔时的水压控制在 18 ~ 22MPa 之间,采用金刚石合金钻头钻进时控制泥浆相对密度在 1.05 ~ 1.2 之间,保证孔壁的完整性。

c. 验孔:钻孔达到设计深度,请监理验收后方可进入下道工序。

d. 下喷浆管:成孔验收后将喷浆头下入孔中,当下入有困难时可先用稀水泥浆送浆,边送浆边旋转直至下入孔底。

e. 配料制浆:配料水泥必须过筛,按水灰比 1.5∶1进行单桶配料并搅拌成浆,当搅拌均匀后将其抽入汲浆桶,并进行二次过滤,筛网孔径不大于 2mm,以防粗颗粒混入堵塞喷嘴。根据需要加入适量粉煤灰及膨润土,注浆材料的配比见表 11-4。

注浆材料配比 表 11-4

A　液	B　液	C　液
硅酸钠 100L 水 100L	Gs 剂　8.5% P 剂　4.5% H 剂　6.7% C 剂　7.1% 水	水泥　42% H 剂　4.6% C 剂　3.2% 水
200L	200L	200L
注:溶液由 A、B 液组成,悬浊液由 A、C 液组成		

注浆时,将根据现场实际地质情况选择不同的浆液类型,根据注浆部位不同的强度要求,选择不同的配合比,并适当加入特种材料以满足盾构施工的技术要求及甲方的特殊要求。

f. 高压泥浆泵送浆:开启高压泵,缓慢向孔内送浆,待一切正常后,稳定泵压与泵量,并在原位旋转喷浆 30s,使浆液能完全达到孔底。

g. 喷浆旋转提升:确认浆液到达孔底后,稳定泵压、泵量,并开始旋转提升,喷嘴旋转速度控制在 18 ~ 20r/min,提升速度控制在 20 ~ 30cm/min,遇地层变化时调整上述参数。

h. 冒浆回灌:高压喷射施工过程中应仔细观察冒浆量的变化,当冒浆量异常时应作好记录并寻找原因,旋喷完毕后应及时向孔内补浆,直至浆液面不再下沉。

i. 验收签证:当上述工作进行完毕后,经验收合格方可进入下一根桩的施工工作。

j. 施工顺序:根据现场区上部填土层结构情况,施工时为保证施工质量,施工顺序分为两序,隔排隔行交错施工。先施工 I 序孔,然后依次施工 II 序孔,每序孔的施工间隔期控制在 12 ~ 72h 内。

(3)加固效果

地层加固完成后,进行钻孔取芯试验以检查加固效果。钻孔取芯试件无侧限抗压强度达到 0.3 ~ 0.5MPa。

11.2.5　圆砾、砂砾、粉质黏土及粉土混合地层素混凝土桩 + 袖阀管注浆加固

1)端头地层条件及加固方法

地铁四号线圆明园站、颐和园站及成府路站盾构始发与到达端头的地层情况如表 11-5 所示。

盾构始发、到达端综合情况统计表　　　　表 11-5

项　目	地　层		覆土厚度(m)
颐和园站始发端	上覆	粉土③层、粉质黏土③$_1$层	9.2
	洞身	黏土⑥$_1$层、粉质黏土⑥层	
	下卧	粉质黏土⑥层、粉土⑥$_2$层	
圆明园站到达端	上覆	粉质黏土③$_1$层、粉土⑥$_2$层	10.0
	洞身	粉土⑥$_2$层、粉质黏土⑥层	
	下卧	粉质黏土⑥层	
圆明园站始发端	上覆	圆砾～砾砂②$_5$层	8.5
	洞身	圆砾～砾砂②$_5$层、粉质黏土③$_1$层、粉土③层、粉质黏土⑥层、粉土⑥$_2$层	
	下卧	粉土⑥$_2$层	
成府路站到达端	上覆	粉土③层、粉土④$_2$、粉细砂④$_3$	10.4
	洞身	粉土⑥$_2$层、粉质黏土⑥层、粉土⑥$_2$层	
	下卧	粉质黏土⑥层、粉土⑥$_2$层	

根据各端头地层情况，拟采用 ϕ800mm 素混凝土钻孔桩灌注桩 + 袖阀管压密注浆方式对地层进行加固，并以管井井点降水为辅助措施。压密注浆以"袖阀管(PVC 管) + 芯管"方式进行，注浆孔分两序进行，一序为外围孔、二序为中部孔。外围注浆孔采用水泥 - 水玻璃双液浆，中部孔采用水泥 - 膨润土浆液。注浆孔位呈梅花形布置，间距为 0.8m。每个端头布置 5 个降水井，降水井直径为 600mm。加固范围及要求：根据既往盾构始发与到达施工的经验，盾构始发时洞门密封装置的密封效果相对盾构到达时的密封效果好，且盾构始发时在盾构刀盘抵到始发洞门掌子面后即可形成封闭，但盾构到达时，洞门掌子面将有相对较长的一段暴露时间。因此，本合同段盾构始发端头地层加固计划每个洞门在紧靠车站围护结构施做一排 ϕ800mm 的素混凝土钻孔灌注桩，在素混凝土桩的外排施作压密注浆止水，压密注浆的长度取 4.5m，到达端头地层加固长度取 7.0m。始发、到达端地层加固范围为隧道衬砌轮廓线外左右两侧 3.0m，顶板以上 3.0m 至底板以下 2.5m，加固范围详见图 11-41。

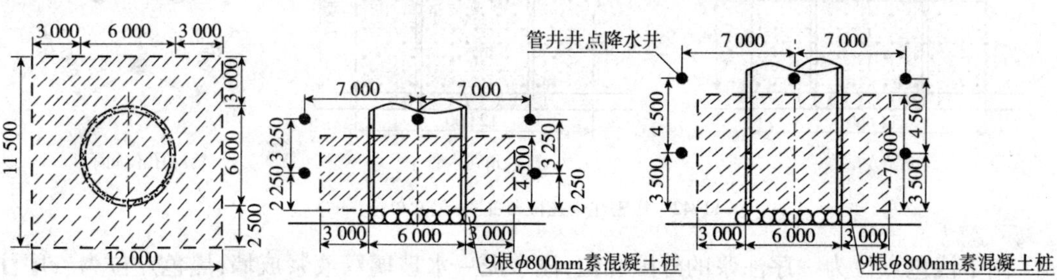

a)压密注浆加固纵剖面图　　b)始发端　　c)到达端

图 11-41　端头地层加固范围(尺寸单位：mm)

2)施工工艺

(1)注浆材料及配合比

水泥:普通硅酸盐水泥;

水玻璃:浓度38°Bé;

膨润土:200目通过率为91.90%;

缓凝剂:磷酸氢二钠。

(2)注浆参数

①外围注浆参数见表11-6。

外围注浆参数　　表11-6

项　目	参　数	备　注
凝胶时间(s)	50~150	
注浆步距(m)	0.5	
注浆压力(MPa)	0.8~2.0	
注浆速度(L/min)	10~20	根据现场施工具体调整
注浆量(L)	125	每步距0.5m

②内部注浆参数见表11-7。

内部注浆参数　　表11-7

项　目	参数值	备　注
注浆步距(m)	0.5	
注浆压力(MPa)	0.5~0.8	工作油压
注浆速度(L/min)	10~15	根据现场施工具体调整
注浆量(L)	125	每步距0.5m

(3)注浆孔布置

注浆孔布置如图11-42所示。

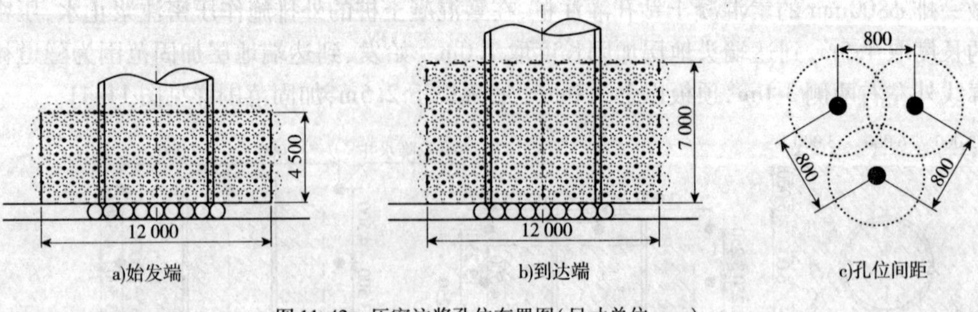

图11-42　压密注浆孔位布置图(尺寸单位:mm)

图中浅色点位为一序注浆的外围孔位,注水泥-水玻璃双液浆成墙,黑色点位为二序注浆的中部注浆孔位,注水泥-膨润土浆液压密。

(4)钻孔深度及注浆步距设计

在施工场地根据钻孔布置图准确地进行注浆孔位置放样,并同时测量各孔位的地面高程。再根据盾构高程及注浆范围要求，准确计算出各注浆孔位的钻孔深度。注浆深度即为钻孔孔底至底以上 11.5m。

(5)注浆工艺要求

①先注外围，后注中部，以达到一序外围成墙、二序内部压密的目的。

②注浆结束标准：达到设计注浆压力或注浆量达到设计注浆量的 80% 以上。

③做好施工过程记录，及时了解注浆压力和流量变化情况，并进行综合分析，判断注浆效果是否满足设计要求。

11.3 盾构始发技术

盾构机始发是盾构施工的关键环节之一。其主要内容包括：出洞前土体加固（已在第 11.2 节论述）、设置盾构始发基座、盾构机下井安装及调试、安装密封胶圈、组装负环管片、盾构机试运转、拆除洞门临时墙、盾构机出洞加压和掘进。

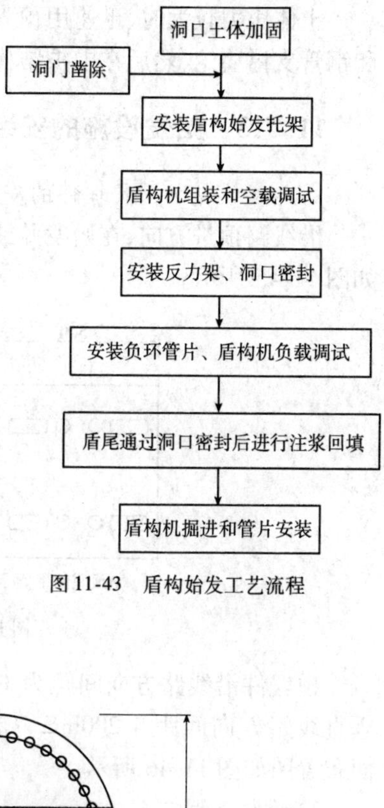

图 11-43　盾构始发工艺流程

11.3.1 盾构始发工艺流程

盾构始发工艺流程如图 11-43 所示。

11.3.2 洞门的凿除

下面以 ϕ800mm、间距为 950mm 的钻孔灌注桩洞门为例论述盾构始发和到达洞门的凿除。

(1)凿除方法

凿除洞门采用人工风镐破除的方法。

(2)凿除顺序及工艺

如图 11-44 所示，凿除顺序及工艺如下：

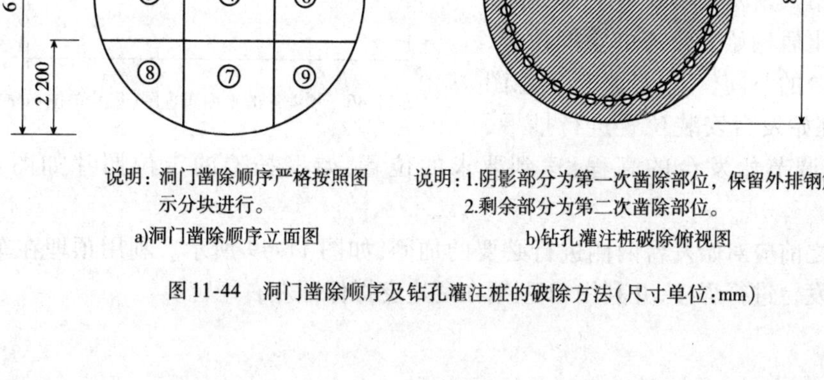

说明：洞门凿除顺序严格按照图示分块进行。

a)洞门凿除顺序立面图

说明：1.阴影部分为第一次凿除部位，保留外排钢筋和保护层。
2.剩余部分为第二次凿除部位。

b)钻孔灌注桩破除俯视图

图 11-44　洞门凿除顺序及钻孔灌注桩的破除方法（尺寸单位：mm）

①钻孔灌注桩分两次破除,先凿除大部分,留少部分钢筋混凝土,如图 11-44b)所示。

②第一次凿除时按先上后下、先中间后两侧的顺序进行,洞门凿除顺序如图 11-44a)所示。

③洞门凿除采用人工风镐施作,凿除大部分混凝土和钢筋,剩余部分等盾构机刀盘抵达混凝土桩前约 0.3 ~0.5m 时迅速凿除。

④待盾构机推进时迅速割除钢筋,尽量缩短洞门土体无支撑时间。凿除的方法采用先凿除桩体上下两端混凝土和割断钢筋,然后通过倒链把整桩拔出。

(3)洞门凿除过程的应急措施

发现有异常情况后,迅速用木板和钢管撑住,防止土体坍塌,然后尽快从围护墙外进行注浆加固。

土体压力较大时,迅速用预先制作好的钢筋网片与围护结构的钢筋焊接在一起,用木板和钢管支撑稳定,然后在围护结构外围进行注浆加固,同时在洞门里面进行注浆加固。

11.3.3 始发设施的安装

1)始发设施加固预埋件的安装

沿线路顶进方向,在始发井或车站底板上预埋 500mm × 500mm × 10mm 的钢板,预埋件如图 11-45 所示。

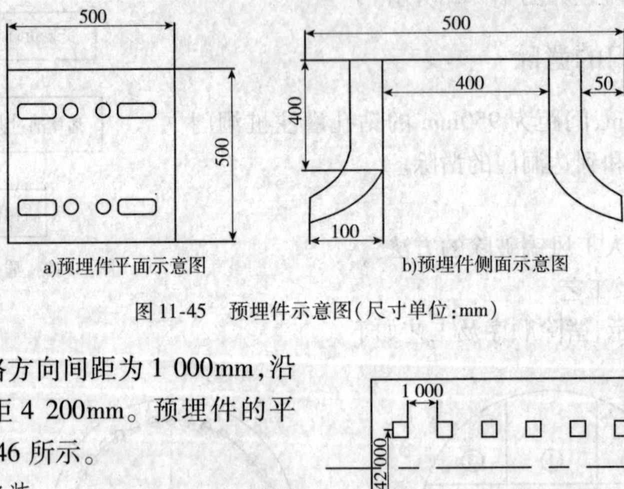

图 11-45　预埋件示意图(尺寸单位:mm)

预埋件沿线路方向间距为 1 000mm,沿垂直线路方向间距 4 200mm。预埋件的平面布置图如图 11-46 所示。

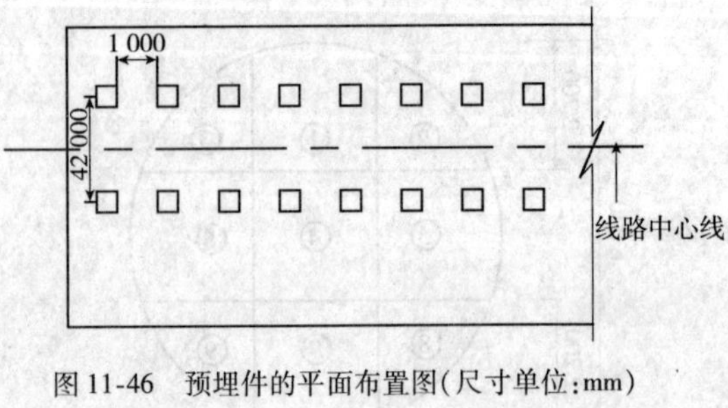

图 11-46　预埋件的平面布置图(尺寸单位:mm)

2)始发台的安装

在后配套吊入始发安装位置后,依据隧道设计轴线定出盾构始发姿态的空间位置,然后推出始发台的空间位置,始发台示意图见图 11-47。在始发台安装位置进行抄平,利用垫薄钢板调节始发台的高程,达到要求的位置,始发托架的定位照片如图 11-48 所示。

盾构始发之前应对始发台两侧进行必要的加固,如图 11-49 所示。利用预埋在车站底板的钢板与始发台进行焊接,并利用 H 型钢在两边支撑保证左右稳定。

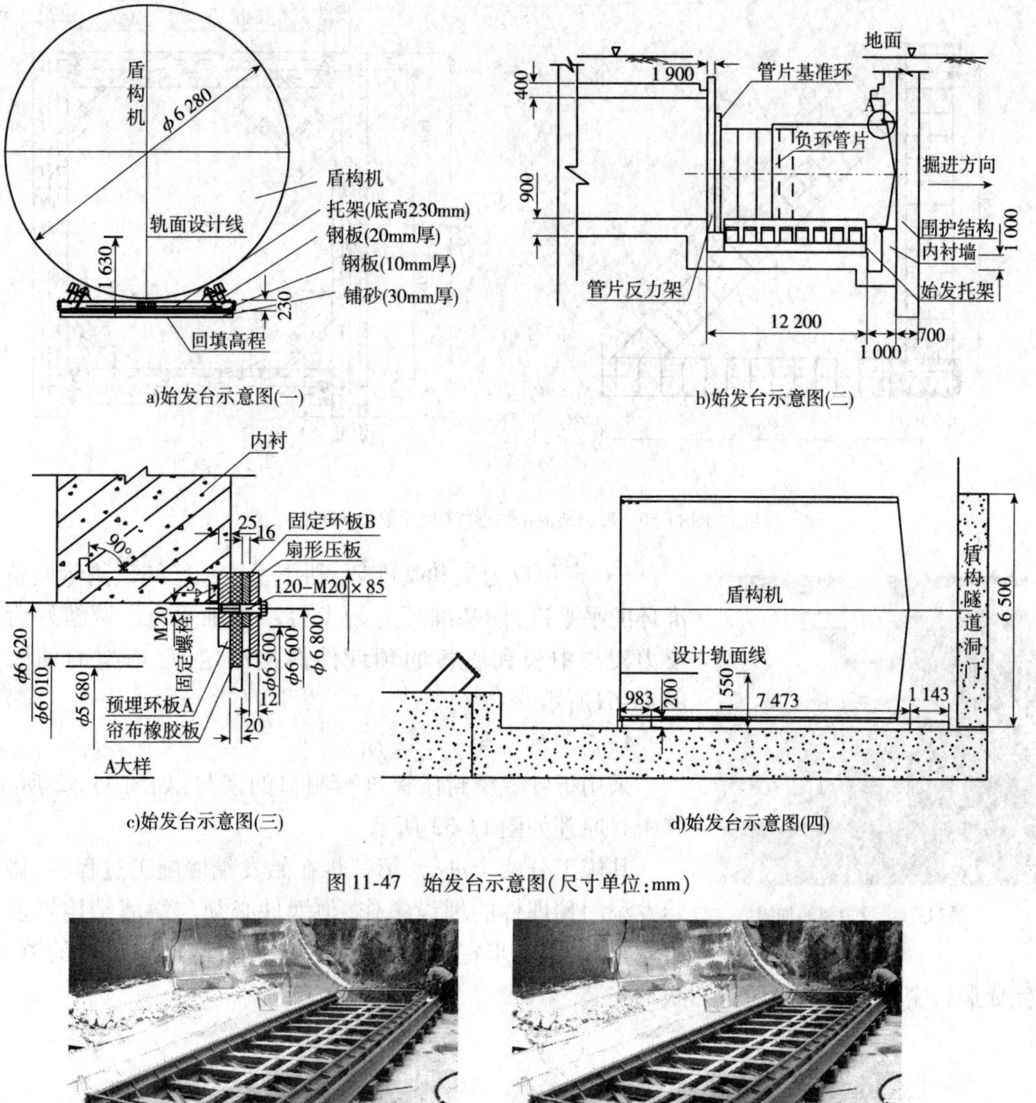

图 11-47　始发台示意图(尺寸单位:mm)

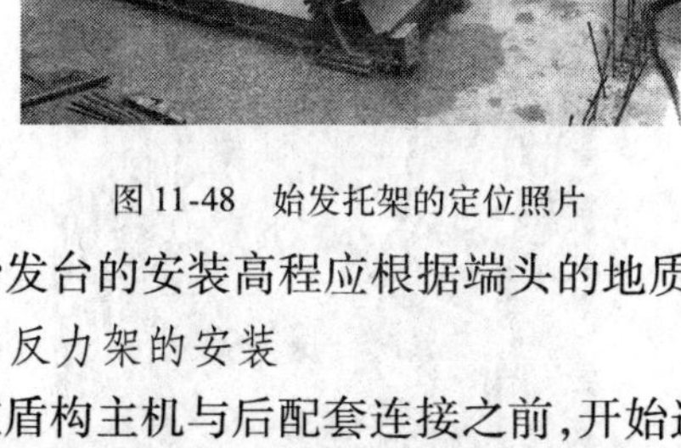

图 11-48　始发托架的定位照片

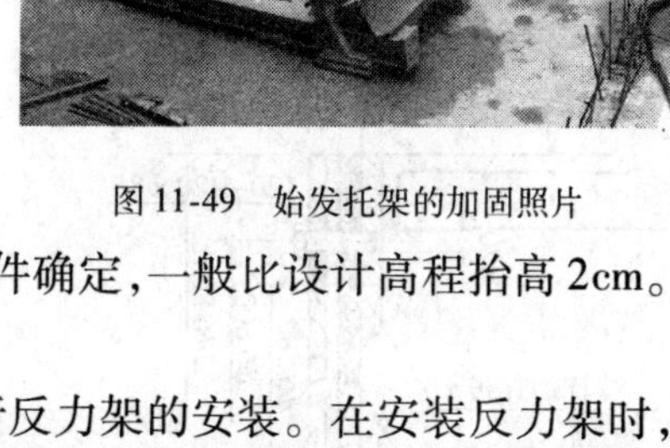

图 11-49　始发托架的加固照片

始发台的安装高程应根据端头的地质条件确定,一般比设计高程抬高 2cm。

3)反力架的安装

在盾构主机与后配套连接之前,开始进行反力架的安装。在安装反力架时,反力架端面应与始发台水平轴垂直,以便盾构轴线与隧道设计轴线保持平行。反力架的结构形式如图 11-50 所示。

(1)反力架在工厂加工后进行试拼装合格,并且检查基准环的平整度合格后方可进场。

(2)安装反力架前,先将反力架位置定位,然后分节安装反力架部件并调节好位置。

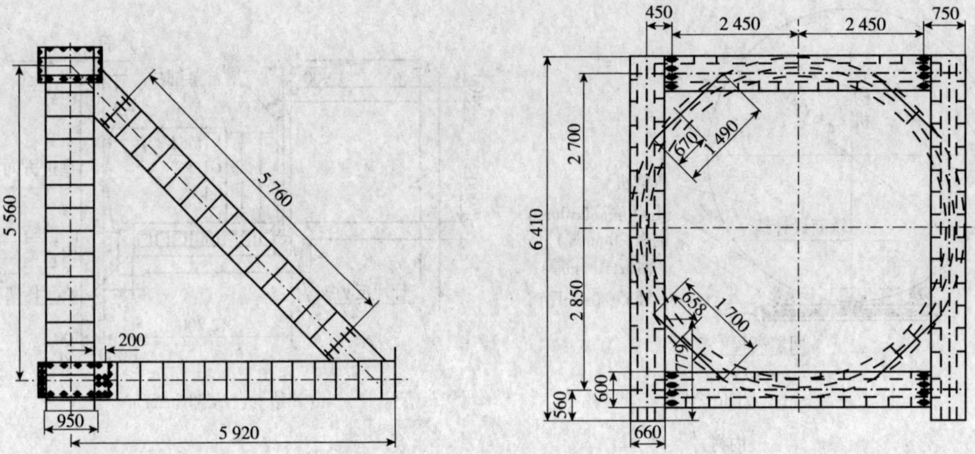

a)　　b)

图 11-50　反力架的结构形式(尺寸单位:mm)

图 11-51　反力架的加固

(3)定位反力架和基准环,利用垂线和经纬仪测量调整基准环的平整度,使基准环与始发台水平轴垂直。调整好后将反力架与中板和底板的预埋件焊接固定,反力架的加固如图 11-51所示。

4)洞门的密封

采用折叶式密封压板进行洞口的密封,如图 11-52 所示,其密封原理如图 11-53 所示。

其施工分两步进行,第一步在始发端墙施工过程中,做好始发洞门预埋件的埋设工作,预埋件必须与端墙结构钢筋连接在一起;第二步在盾构正式始发之前,清理完洞口的渣土,完成洞口密封压板及橡胶帘布板的安装。

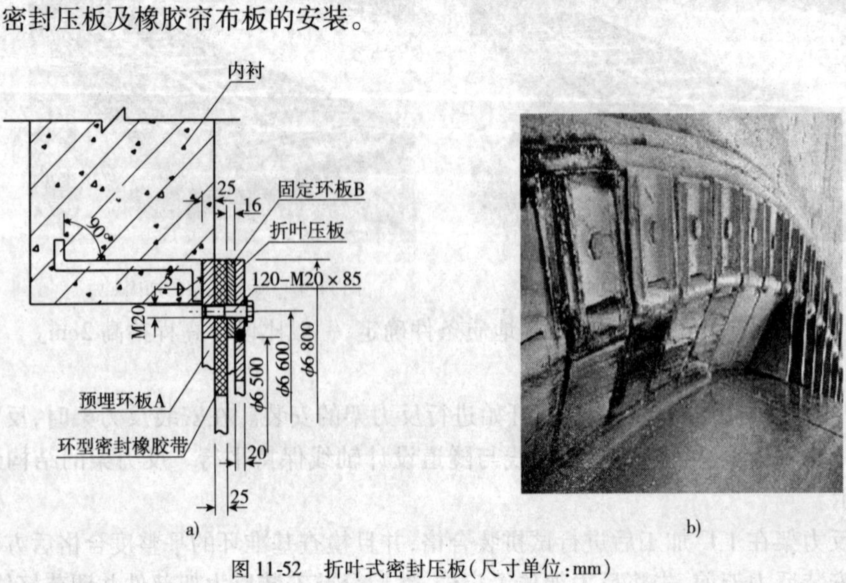

a)　　b)

图 11-52　折叶式密封压板(尺寸单位:mm)

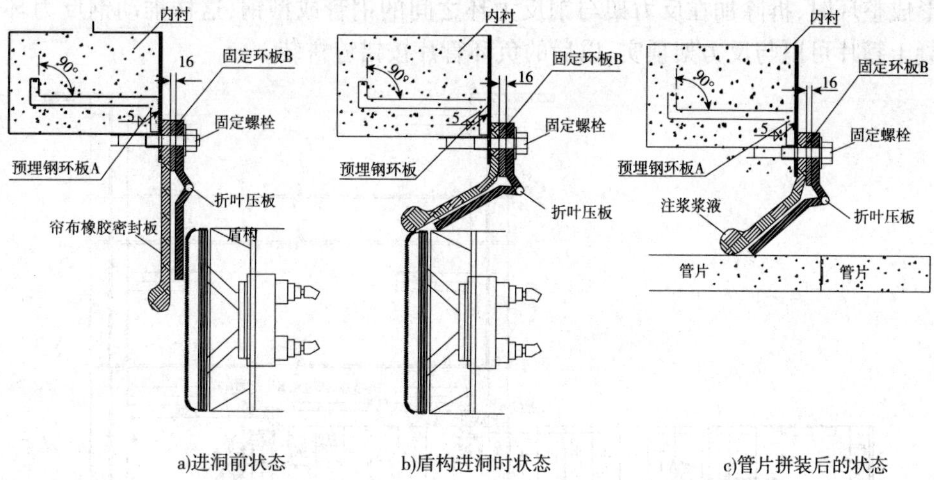

图 11-53　始发洞口密封原理(尺寸单位:mm)

(1)安装步骤

①洞门防水密封施工前,先检查材料的完好性,尤其是帘布橡胶板是否完好,径向尼龙线密集排列和螺栓孔是否完好。

②安装前清理完洞口的渣土和疏通预埋钢板的孔并涂上黄油。

③将螺栓旋入预先埋设在井圈周边的螺母内。

④安装帘布橡胶板及圆环板,并用薄螺母固定在井壁上。

⑤将扇形压板套在装有薄螺母等的螺栓上。

⑥根据盾构穿越洞圈时及始发后的两个阶段,注意调整扇形压板的位置。

(2)洞门处防水装置安装注意事项

①由于是通过帘布橡胶板和扇形压板与管片的密贴防止管片背后注浆时浆液外流,所以安装时螺栓必须进行二次旋紧。

②防止安装扇形压板时损坏帘布橡胶板。

③检查盾构机头外壳表面是否有凸起物,若有凸起物需清理干净并在机头外壳表面涂上黄油,以免撕裂帘布橡胶板和利于盾构机顶入。

5)负环管片的拼装

盾构机始发应在反力架和洞内正式管片环之间安装数环负环管片,紧贴反力架的第 1 环负环管片一般采用钢管片,作为基准环,每个负环的管片分块数与标准管片环相同,依次安放在托架上。并在内、外侧采取钢丝拉结和钢管支撑等加固措施,以保证在传递推力过程中管片不会浮动变位。负环管片的拼装如图 11-54 所示。

负环管片的拼装应做好对负环管片的支撑。负环管片支撑系统采用钢反力架、钢反力环,负环管片拼装为直线拼装,拼装时遵循管片与钢反力环保持平行的原则。

在盾构内拼装钢反力环,为保证钢反力环的安全性和不发生翻转,可用一片标准混凝土管片与钢反力环连接,待钢反力环从盾尾向外推出时再拆除,然后是 -7 环。-7 环负环管片为普通混凝土管片,其与钢反力环用特定的螺栓连接,在拼装混凝土管片之前,在反力架与钢反力环之间加钢管或型钢,以保证拼装混凝土管片时不反正翻转。拼装完混凝土管片,使之形成整环时，拆除加在反力架与钢反力环之间的钢管或型钢，这样推动钢反力环和 -7 环混凝土管片可以与反力架顶实，以后的负环管片按错缝拼装。

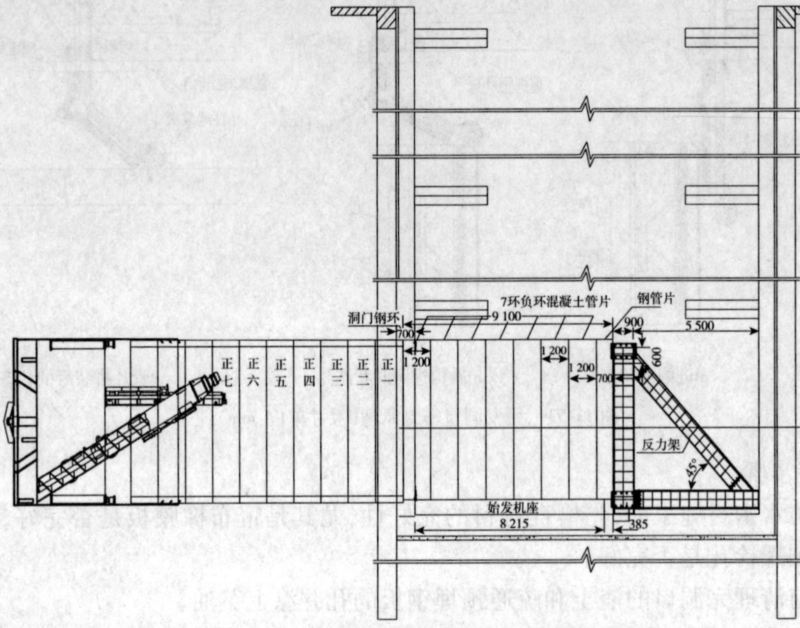

图 11-54　负环管片的拼装(尺寸单位:mm)

进洞负环管片一般为 7 环，故根据进洞环里程可定出反力架位置。支撑系统必须具有足够的强度和刚度。在安装反力架时，必须严格以里程控制，反力架两立柱的支座，采用预埋钢板螺栓连接的方式，控制其表面高程，并且在支座上弹出反力架里程控制线。两立柱用经纬仪双向校正垂直度。采用加设垫片的方法调整钢反力环，使它形成的平面与 7 环管片的平面严格吻合。

盾构机始发在反力架和洞内正式管片之间安装 7 环负环管片(全部为闭口环)，反力架与临时管片之间设一环钢管片作为基准环，每环临时管片分块数与标准管片相同。

根据设计图纸上的管片理论排列和负环的环数确定负环的 -7 环管片拼装位置。-7 环的位置定位非常重要，管片车运送第一块 A 型管片至拼装机下方后按以下步骤拼装：

(1)根据管片安装顺序，将须安装管片位置的千斤顶缩回到位，空出管片拼装位置。

(2)在盾壳底部放置薄木板并保证千斤顶后推负环时，负环管片不会从薄木板上滑落。

(3)用管片安装有线遥控器操作，安装头必须与管片调整好相对位置(通过调整安装头上的六个自由度)，然后吊起管片。

(4)将管片旋转至最终的正确位置上，并在盾壳内对管片采取临时固定措施。

(5)穿上螺栓，拧紧螺栓(只拧环向螺栓)。

(6)依次拼装 A 型管片、B1 管片、B2 管片，安装 B1 管片、B2 管片时，在盾壳内采取临时固定措施，防止管片下垂。

(7)待 -7 环成环后,用千斤顶将此环整体后推,千斤顶伸长速度不宜太快。

(8)送进器继续输送 -6 环管片至安装位置并重复以上步骤,拼装成整环并用纵向螺栓与 -7 环连为一体。

(9)当 -7 环脱离盾壳时,应在始发托架导轨与负环外径之间的空隙内打入木楔子以支撑负环。

(10) -7 环与反力架上的反力环压紧后用纵向螺栓将负环与反力架连为一体。

(11)当 -6 环拼装完毕后,盾构机刀盘切入土体,之后的负环拼装类似于初始掘进段管片拼装。

6)始发的其他工作

(1)盾构机在始发前对洞门加固效果进行检查,合格后才开始掘进。

(2)渣土运输准备工作就绪。

(3)盾构已准确定位。

(4)地面监测点已布设完毕并获得初始读数。

(5)当盾构机壳体脱离洞门密封圈后,即开始回填注浆。

(6)盾构全部进入洞门后,立即封堵洞圈,紧固扇形钢板上的钢丝绳,紧密扇形钢板,防止洞门漏浆。当盾尾离开洞门约 3m 时,对洞口压注聚氨酯或双液浆封堵,同时启动同步注浆系统及盾尾油脂系统,以防浆液倒灌,堵管。

11.3.4　盾构机下井组装与调试

1)吊装与组装设备

盾构机的吊装与组装如图 11-55 所示。

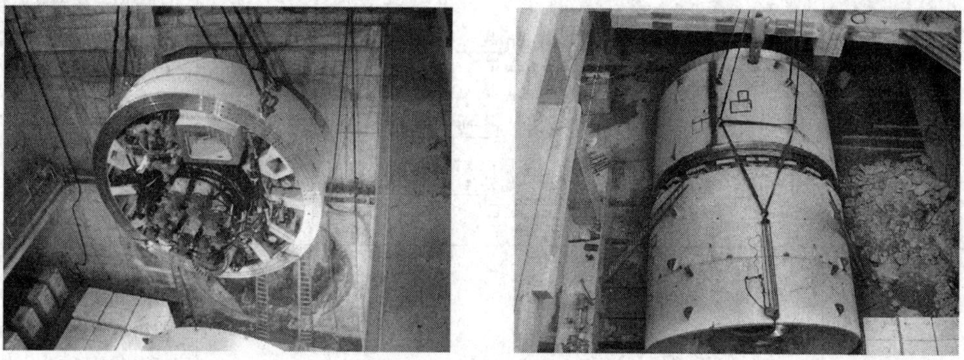

图 11-55　盾构机的吊装与组装

盾构机的组装场地分成三个区:后续台车存放区、主机存放区、吊机存放区;盾构机按后配套拖车、主机依次进场组装。吊装设备为:250t 履带吊机一台, 80t 液压千斤顶两台,小型泵站一台,以及相应的吊具、机具、工具。

在 250t 履带吊机安放前对安放位置进行处理,安放位置经过碾压后铺 500mm 厚 C50 混凝土面层,安放吊车时,在吊车轮下铺一层 20cm 厚钢板。

2)组装与调试程序

盾构组装与调试程序如图 11-56 的框图所示。

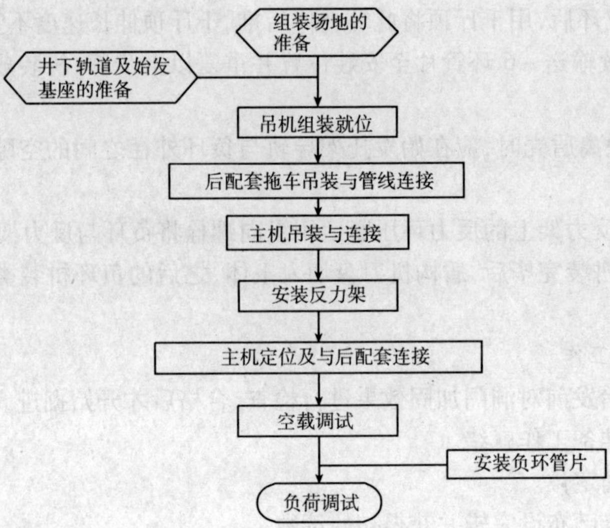

图 11-56　盾构组装与调试程序

3)组装顺序

(1)车站站台层具备条件时的组装顺序

车站站台层具备条件时,组装顺序见表 11-8。

盾构组装顺序表　　表 11-8

序号	步骤	施工顺序	说　明
1	组装始发台、托架	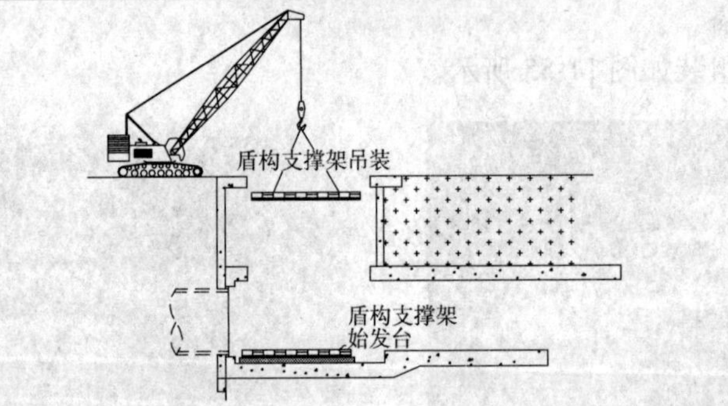	①盾构运输到施工场地; ②组装盾尾、焊接盾尾及盾尾密封刷; ③组装第五节台车,临时托架吊入井内
2	组装五节台车	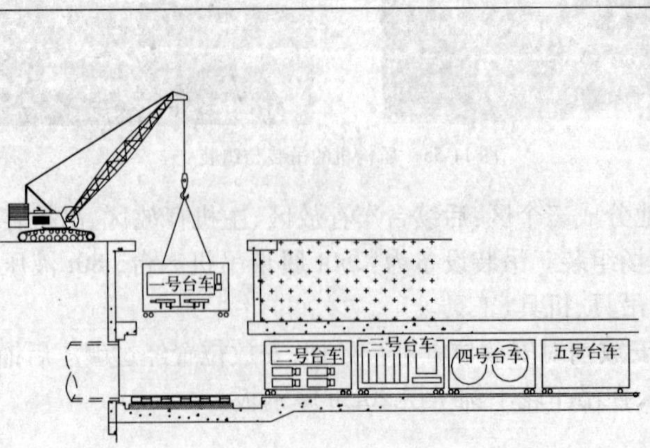	①吊第五节台车,同时组装第四节台车并送到井口; ②第四节台车吊入井内,同时组装第三节台车并送到井口; ③将第三节台车吊入井内,同时完成第二节台车的组装及井内第四、五节台车的连接; ④依此类推,完成五节台车的组装下井及连接。 其中,各个环节吊入井内台车的后移配合进行

续上表

序号	步骤	施工顺序	说　明
3	组装桥架	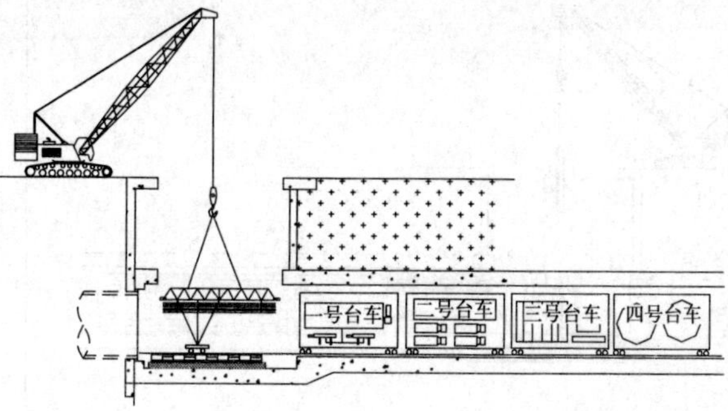	①第五节台车吊入井内的同时对桥架进行组装； ②桥架吊入井内
4	吊装螺旋输送机	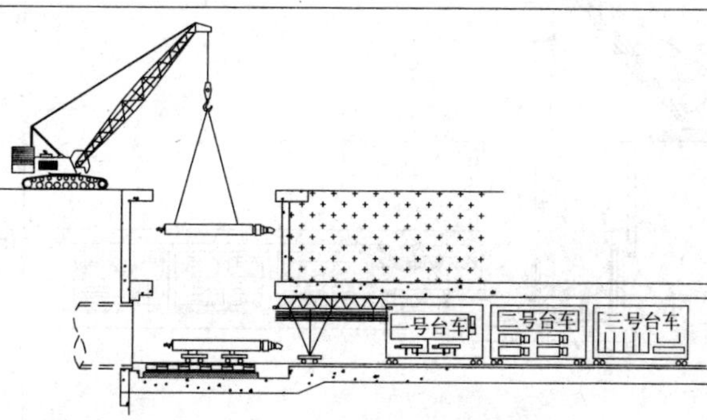	①完成桥架与后配台车的连接； ②螺旋输送机吊入井内
5	吊装中盾	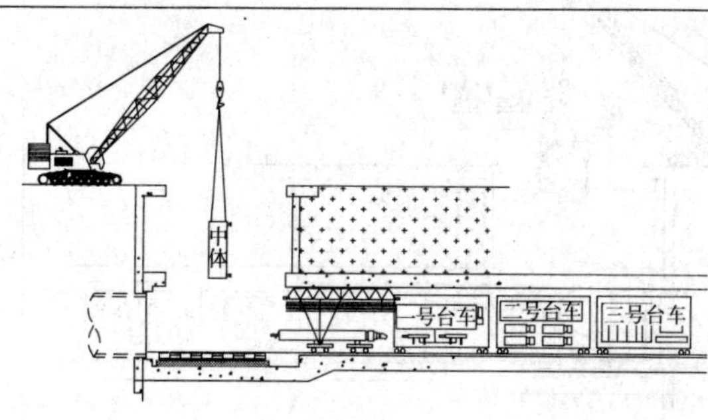	①螺旋输送机后移； ②中盾吊入井内
6	组装前盾与中盾	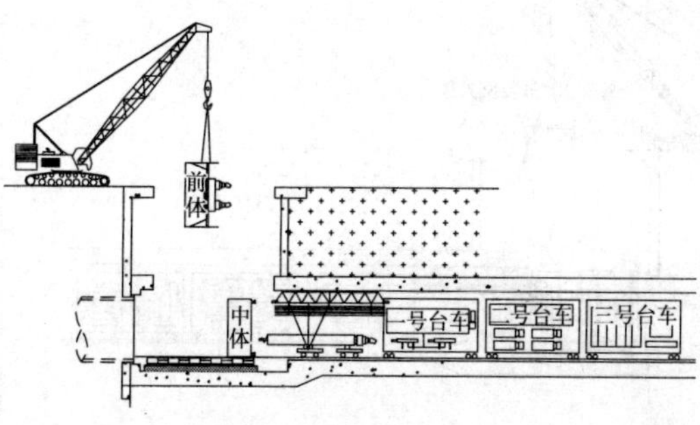	①中盾后移； ②前盾吊入井内

续上表

序号	步骤	施工顺序	说　明
7	组装刀盘	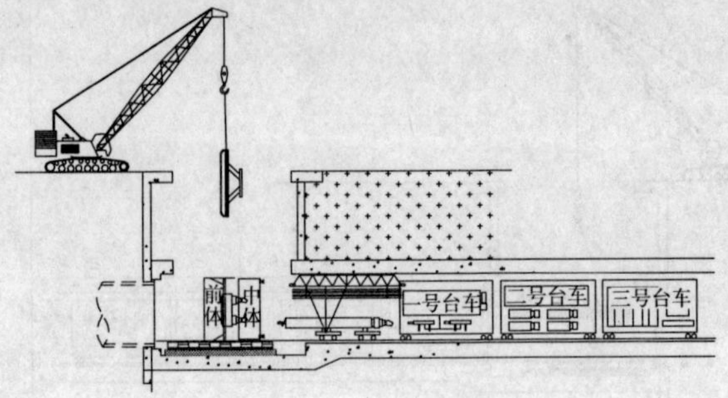	①前盾与中盾的连接及后移； ②刀盘吊入井内
8	组装管片拼装机、盾尾	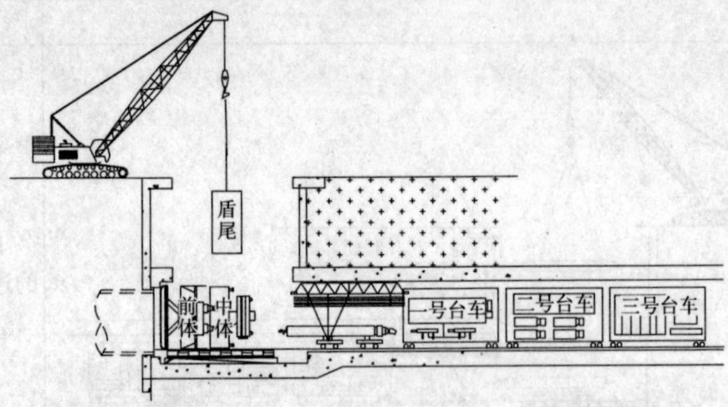	①主机连接及前移； ②管片拼装机及盾尾的吊入井内及拼装
9	组装螺旋输送机	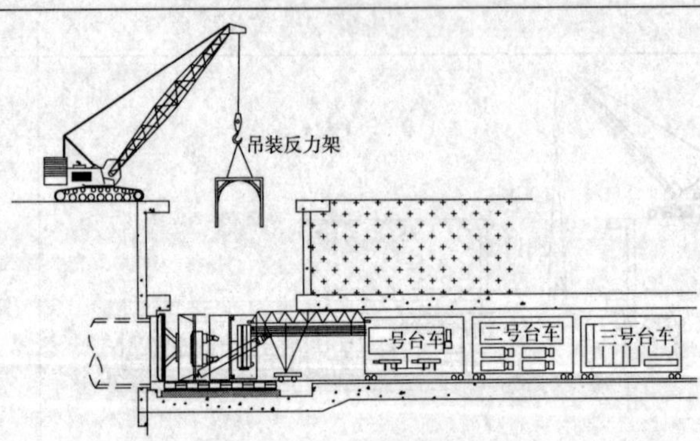	①螺旋输送机前移； ②螺旋输送机吊起及组装
10	设备连接、安装反力架	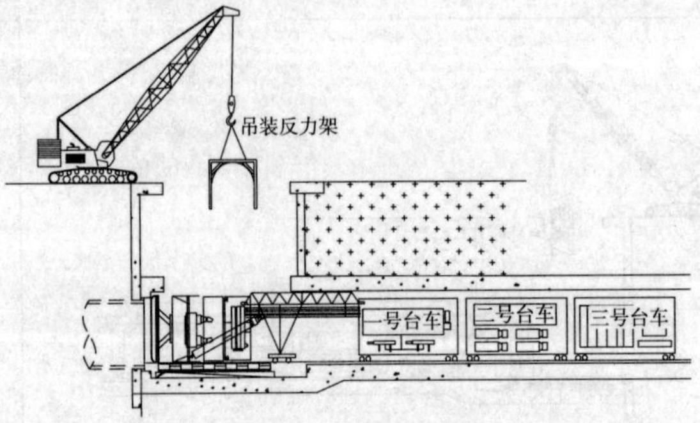	①盾构机设备的连接； ②反力架吊入井内； ③安装反力架

续上表

序号	步骤	施工顺序	说　明
11	完成组装、准备始发	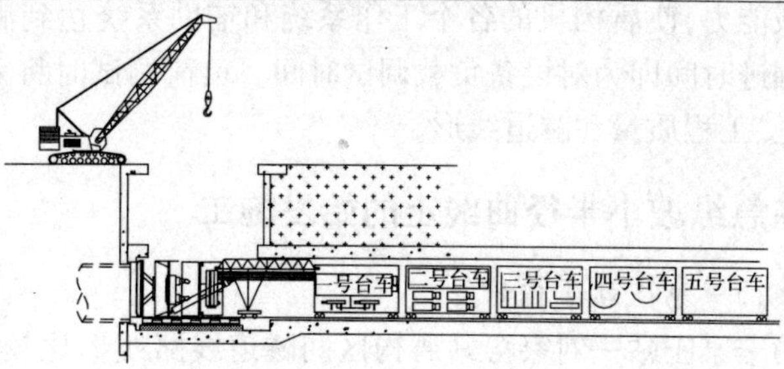	①完成组装 ②盾构机调试，准备始发

(2)地面过渡方案

站台层不具备一次将盾构机及后配套拖车全部组装的条件，或盾构机在始发井内始发时，采用地面组装过渡方案。

①盾构机主机全部在井下组装。

②后配套拖车在地面组装。

③拖车与主机间用加长的电缆、液压管线连接。

④盾构机向前掘进一定距离，将后配套台车下井组装。

4)组装技术与安全措施

(1)盾构组装技术

①盾构组装前必须制订详细的组装方案与计划，同时组织有经验的经过技术培训的人员组成组装班组。

②组装前应对始发基座进行精确定位。

③履带吊机工作区应铺设钢板，防止地层不均匀沉陷。

④大件组装时应对始发井端头墙进行严密的监测，掌握其变形与受力状态。

⑤大件吊装时必须有 90t 以上的吊车辅助翻转。

(2)盾构组装安全技术措施

①盾构机的市内运输委托给专业的大件运输公司运输。

②盾构机吊装由具有资历的专业队伍负责起吊。

③组建组装作业班进行盾构机组装，指定生产副经理负责组织、协调盾构机组装工作。

④每班作业前按起重作业安全操作规程及盾构机制造商的组装技术要求进行班前交底，完全按有关规定执行。

⑤项目部安质部、工地派出所具体负责大件运输和现场吊装、组装的秩序维护，确保安全。

5)盾构机调试

(1)空载调试

盾构机组装和连接完毕后，即可进行空载调试。主要调试内容为：液压系统、润滑系统、冷却系统、配电系统、注浆系统以及各种仪表的校正。着重观测刀盘转动和端面跳动是否符合要求。

(2)负荷调试

空载调试证明盾构机具有工作能力后即可进行负荷调试。负荷调试的主要目的是检查各种管线及密封的负载能力,使盾构机的各个工作系统和辅助系统达到满足正常生产要求的工作状态。通常试掘进时间即为对设备负载调试时间。负荷调试时将采取严格的技术和管理措施保证工程安全、工程质量和隧道线形。

11.3.5 盾构在急纵坡小半径曲线上的始发施工

1)北京地铁 5 号线的宋家庄站盾构始发

北京地铁 5 号线的宋家庄站—刘家窑站盾构区间隧道线路线形比较复杂,平面上曲线占 60% 左右,其中 $R=400$m 半径的曲线段连续长达 560m;铅垂面上为典型的"V"字形节能坡,最大坡度达 2.4%。盾构在宋家庄站始发井始发。盾构始发井处于 $R=400$m 半径的曲线上,盾构须在小半径曲线段始发,这在北京尚属首次,盾构施工史上罕见,无资料可借鉴。盾构机的主要尺寸、技术性能及主要参数见第 15.5 节论述。

(1)始发路径的合理选择

盾构始发段包括盾构始发井全部处于 $R=400$m 的小半径曲线段,而且处于 2.4% 下坡段,由于受始发时条件的制约,盾构始发基座、负环管片、反力架均难以布置成相应的曲线状,使得盾构始发时在出基座前只能沿直线推进,轴线偏差控制较为困难,因此,始发路径的合理选择是盾构小曲线始发能否成功的一大难点和关键。

图 11-57 盾构与始发洞门斜交,呈 85°夹角

(2)盾构曲线始发方案

盾构始发时,从始发洞门开始其中心路径前 8.5m(盾构主机长 8.405m)沿隧道设计中心线($R=400$m 曲线)的内弦线(该内弦线通过始发洞门中心线,偏离隧道设计中心线最大值为 31mm)推进,盾构与始发洞门斜交呈 85°夹角,如图 11-57 所示,待盾尾脱离基座后逐步调整盾构姿态使盾构沿隧道设计线路推进。负环管片全部采用闭环管片,并对负环管片实行立体加固,确保负环管片具有足够的刚度,不发生上浮、下沉及左右偏移,稳定可靠地将盾构推进时的巨大反力传递给反力架。反力架的承载力按 18 000kN 考虑。

(3)盾构始发过程控制

盾构始发时其铰接角度为零,盾构中心轴线位于隧道设计中心线的外侧,即处于盾构始发路径的延长线上,其坡度与隧道设计坡度一致,即 2.4%,但比设计高程抬高了 15mm。

盾构离开始发基座前基本沿预定始发路径直线前进,必要时可通过对推进千斤顶的选择来对盾构姿态作微量调整,在此期间盾构须切割洞门加固体,以慢速、低压为推进原则,以确保盾构姿态的稳定。经计算,在盾构工作井盾构始发处土压力为 0.11MPa,加固段推进时土压力由 0 逐渐增至 0.11MPa 左右。盾构机出加固区前,为克服地层土体强度的突变,防止地面沉降过大,必须将土压力的设定值逐渐提高到 0.14MPa,并根据地面监测反馈的信息对土压力设定值及时做出调整。盾构推进速度控制在 5mm/min 以内,刀盘转速控制在 0.5r/min。

盾尾离开基座后,盾构已处于相对自由的状态,一般通过盾构推进千斤顶的合理选用来调整盾构姿态,必要时可同时使用铰接功能来调整,以使盾构逐步沿隧道设计轴线推进。由于盾构在曲线段施工时具有一定的盾尾"离心"现象,尤其是在 $R=400\mathrm{m}$ 的小半径曲线段更为明显,刀尖一般宜向内偏离设计轴线 20mm 左右。30 环以前盾构推进速度宜控制在 30mm/min 以内,刀盘转速控制在 1r/min 以下,以后盾构推进速度可逐步提高至在 40～60mm/min,刀盘转速控制在 1～1.2r/min,土压力稳定在 0.1～0.15 MPa。期间需加强地面监控量测和隧道施工的人工复核测量,并据此及时调整各项参数。盾构在急纵坡小半径曲线上始发的姿态调整过程如图 11-58 所示。

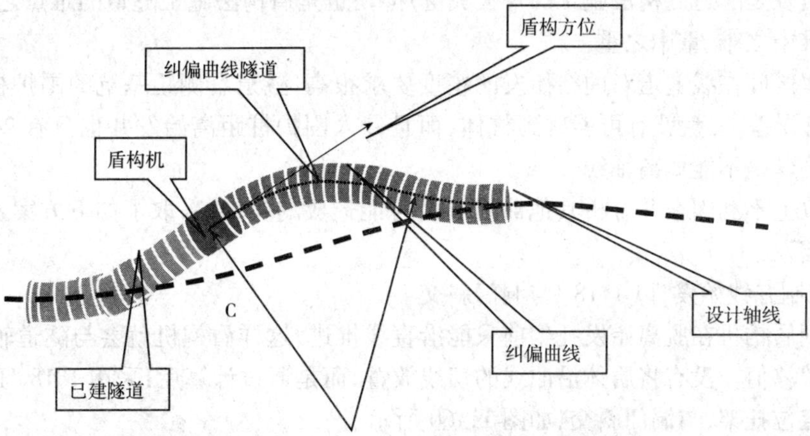

图 11-58　盾构在急纵坡小半径曲线上始发的姿态调整过程

(4)盾构曲线始发施工效果

根据专业测量单位的检测结果,本工程小半径、急纵坡盾构曲线始发非常成功,隧道轴线水平偏差最大 42mm,高程偏差最大 31mm,管片错台基本在 2mm 以内,最大 5mm,该段隧道未发现有渗漏点,地面最大隆起 1mm,最大沉降 12mm,未出现房屋开裂和地下构筑物及管线破坏现象。该段始发完成后,众多国内外同行及专家到现场进行了参观,对其施工质量(图 11-59)均给予了肯定和赞扬。

a)R=400m曲线段

b)缓和曲线段

图 11-59　盾构在急纵坡小半径曲线上始发的成型隧道的优良工程质量

2)地铁10号线一期双井站盾构始发

盾构机的主要尺寸、技术性能及主要参数见第19.2.1节论述。

由于在建的东方天际大厦基坑围护桩侵入原国—双区间盾构左线隧道，造成该段施工无法按原计划进行。

在发现围护桩侵入隧道的同时，项目部迅速成立了专门的方案小组并先后制定出“暗挖洞内凿桩”、“明挖放坡拔桩”和“隧道调线”等多项施工处理方案。后通过项目领导多方协调，积极做工作，并经六次方案论证，最终采用“隧道调线”方案。

线路调整后，原盾构由直线始发改为曲线始发(缓和曲线，最小半径350m)。通过盾构机自身的转弯能力(最小半径250m)避开基坑的围护桩。

盾构始发是隧道盾构法施工的一大关键环节，也是盾构法施工隧道的难点之一，而曲线始发更是难中之难、重中之重。

国—双区间左线隧道对曲线始发的精度要求很高，隧道右侧距基坑的围护桩最近只有55mm，稍有误差，刀盘就有可能碰到桩体，而且侵入围护桩距离始发井也只有24m，盾构机通过时几乎丝毫不能偏离轴线。

针对以上不利因素并分析其他曲线始发可能造成的劣势，采取了如下方案及技术措施进行盾构始发：

(1)控制弦线始发，以1°18′与洞门斜交

考虑到盾构机在脱离始发托架前只能沿直线推进，这样盾构机就会与隧道轴线(曲线)产生一个偏移值。没有将盾体沿曲线的切线放置，而是通过计算后，采用1°18′这个相对较大的角度定位托架，与洞门斜交，如图11-60所示。

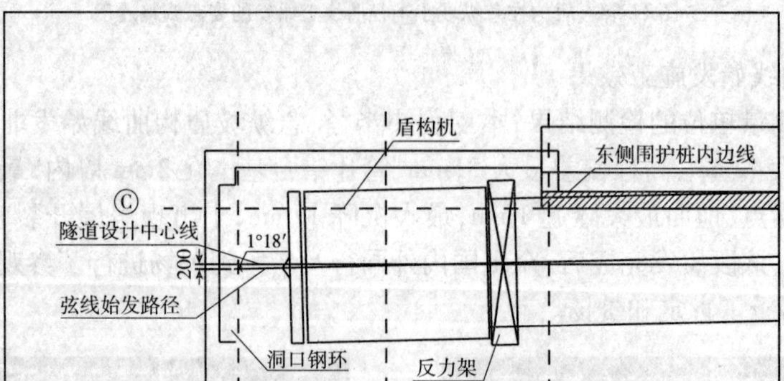

图11-60 国双区间左线盾构曲线始发示意图(尺寸单位：mm)

盾构始发时，从始发洞门开始其中心路径前8.5m(盾构主机长度)沿隧道设计中心线(缓和曲线)的内弦线(该内弦线通过始发洞门中心线，偏离隧道设计中心线最大值为200mm)推进，待盾尾脱离托架后逐步调整盾构姿态使盾构沿隧道设计线路推进。

(2)扩大洞门，给曲线始发提供条件

由于原“隧道调线”前设计的洞门无法满足曲线始发的要求，我们将洞门西扩20cm，破除该部分钢筋混凝土，植筋后重新安设钢环并浇筑混凝土。止水帘布及扇形板也经过改造

后安装在钢环上。

(3)反力架改造,负环管片加固

由于刀盘右侧先接触到土体,土体的反压在垂直刀盘方向上会形成偏心矩,在这种情况下为避免左侧推进油缸脱顶、右侧推进油缸受力过大,致使反力架变形、负环管片松动,而在反力架右侧应力集中的法兰栓结处加焊筋板,并增加斜撑以承受盾构机巨大的推力。

同时,对负环管片实行立体加固(钢丝绳捆绑,木楔子垫实等措施),确保负环管片具有足够的刚度,不发生上浮、下沉及左右偏移,稳定可靠地将盾构推进时的巨大反力传递给反力架。

(4)车站内曲线铺轨

由于双井站站台层跨度不能满足后部台车直线放置,故结合台车转弯能力,按照 250m 的半径铺设轨道,并将部分侵入台车行驶限界的基坑围护桩保护层凿除,部分侧墙连接筋及角筋也被弯曲到影响台车走行的高程以下。

实践证明以上措施确实行之有效,S294 盾构机成功始发,比要求的工期提前一个多月完成了始发施工,并且顺利地通过了东方天际大厦基坑围护桩侵入段。

11.3.6　盾构机初期掘进

1)初期掘进长度的确定

(1)初期掘进长度决定因素

①隧道长度须足够设立主掘进用洞内后方台车进入。

②隧道的管片长度能够支持盾构机的推进力。

③地上建(构)筑物保护要求。

(2)初期掘进长度计算

①供主掘进用洞内后方台车需求长度

以地铁四号线角门北路站—北京南站区间盾构机为例,为了主掘进所必需的后续设备共有 6 节后方台车,根据盾构机图纸得知所需隧道长度约为 67m,如图 11-61 所示。

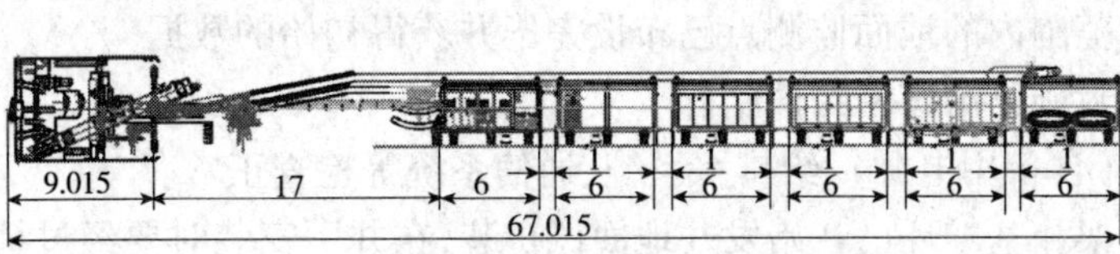

图 11-61　盾构机各部分的长度(尺寸单位:m)

②支持盾构机推进力的长度

盾构机的推进力主要靠盾尾已成型隧道的管片衬砌环与地层的黏结摩擦力来提供。支持盾构机推进力的长度计算公式及计算过程如下:

$$P=\mu[1/2\pi DL(P_v+P_h)+G]$$

式中:P——总推力,为 37 840kN,即 3 862t;

μ——摩擦系数,为 0.3;

D——环片外径,为 6.14m;

P_v——垂直压力,为 123.393kN/m^2,即 12.59t/m^2(由 Terzaghi's 松弛土压理论计算所得);

P_h——侧向压力，为49.111kN/m²，即5.01t/m²（由Terzaghi's松弛土压理论计算所得）；

G——每米环片质量，为12.77t。

经计算得：

L = 隧道管片衬砌环总长度 = 75.76m

经计算，支持盾构机推进力的长度约为76m。

③地上建（构）筑物保护要求：距离盾构始发井100m左右为京山铁路。京山铁路是进京的关键运营线路，列车流量大、速度快，对地层扰动很大。为保护起见，待盾构机顺利通过京山铁路后，左线距离盾构始发井150m（左K3+437.5）、右线距离盾构始发—100m（右K3+527.5）位置停机，同时对盾构机进行一次全面的维修保养，准备穿越凉水河。

④考虑盾构机推进力、后方台车所需长度及地上建（构）筑物保护要求，在掘进至100m处开始拆除负环管片及反力座。

(3)初期掘进长度

根据以上的计算分析结果，盾构的初期掘进长度左线为150m、右线为100m。

2)初期掘进及技术措施

(1)初期掘进前的准备工作

盾构机在初期掘进前应再次确认以下工作完成。

①盾构机的联动调试满足要求。

②洞门范围内的障碍物已清除（完成洞门范围内的钻孔灌注桩凿除）。

③洞门橡胶密封圈已安装到位。

④负环管片准备就绪。

⑤渣土运输准备工作就绪。

⑥地面砂浆搅拌站调试完毕。

⑦盾构机已准确定位。

⑧自动导向系统安装、测试完毕。

⑨初始掘进范围内的地面监测点已布设完毕并获得初始的数据。

⑩盾尾的密封刷已涂满密封油脂。

⑪供电系统（含备用电源）、给排水系统、通信系统等检查正常。

⑫始发反力架和基准环已在始发井地面试拼装，在井下安装时要经过精确定位测量，以确保第一环负环管片的位置准确。

(2)盾构机初期掘进

以北京南站站—角门北路站初始掘进为例，左线150m、右线100m作为掘进试验段，此段由盾构机生产厂家人员操作盾构机，通过设立试验段，达到以下的目的：

①熟练掌握操作方法。

②掌握在不同地质地层中盾构推进的各项参数的调节控制方法。

③测定和统计不同地层条件下推力、扭矩的大小；盾构机姿态的控制特点；注浆参数的选择和浆液配比的优化；同步注浆中出现的问题和解决方法；各种刀具的适应性等。

④熟练掌握管片拼装工艺及注浆工艺。

⑤掌握施工监测与盾构推进施工的协调方法等。依此详细分析在不同地层中各种推进

参数条件下地层的位移规律和结构受力情况，以及施工对地面环境的影响，并及时反馈调整施工参数，为全标段顺利施工做好参照。

(3)始发期间地面及地下施工组织

①始发掘进为洞内始发，而不是地面转接始发。

②始发掘进的垂直运输是利用盾构出土井为吊出吊入通道，管片、螺栓等材料均从此处下去；考虑到施工场地问题和 45t 吊车起吊能力，一次只能起吊两片或三片管片；渣土由机车运至出土井井口后，用 45t 吊车进行起吊，并在集土坑卸土。

③运输机车为单轨一列车运输，始发阶段无浆液车和管片车；受出土井至车站距离限制，渣土车为两节，分别放 $7m^3$ 土斗，分四次运出；管片的垂直运输使用无土斗的渣土车，分两次或三次运输。

④同步注浆浆液从盾构井处下井。

⑤待后配套台车到达反力架后，出土、运输管片均使用 40/15t 龙门吊完成。

(4)始发设施的调整

盾构机在完成左线 150m、右线 100m 的初期掘进后，将对始发设施进行必要的调整，为后续的快速掘进提供条件。调整工作主要包括：

①拆除负环管片、始发托架、基准环和反力架。

②重新安排给排水系统。

③安装送风机和风管。

④其他各种管线的延伸和连接。

3)初期掘进时注意事项

①盾构密封刷已涂满密封油脂。

②盾构始发时缓慢推进。始发阶段由于设备处于磨合阶段，注意推力、扭矩的控制，同时注意各部分油脂的有效使用。掘进总推力控制在反力架承受能力以下，同时确保在此推力下刀具切入地层所产生的扭矩小于始发台提供的扭矩。

③始发前在刀头和密封装置上涂抹油脂，避免刀盘上刀头损害洞门密封装置。始发前在基座上涂抹油，减少盾构推进阻力。

④始发基座导轨必须顺直，严格控制高程，间距及中心轴线，基准环的端面与线路中线垂直。盾构机安装后始发前对盾构机的姿态复测，复测无误后才开始掘进。

⑤防止盾构旋转、上抬。盾构始发时，正面加固土体强度较高，由于盾构与地层间无摩擦力，盾构易旋转，应加强盾构姿态控制，如发现盾构有较大转角，可采用大刀盘正反转的措施进行调整。盾构刚始发掘进时，掘进速度宜缓慢，大刀盘切削土体可加水降低盾构正面压力，防止盾构上抬，同时加强后盾支撑观测，尽量完善后盾钢支撑。

⑥在始发阶段，由于盾构机推力小、地层较软，应调整好盾构机姿态，使用下侧的千斤顶加朝上力矩向前推进，防止盾构机低头。

⑦始发初始掘进时，盾构机处于始发台上，在始发台及盾构机上焊接相对的防扭转装置，为盾构机初始掘进提供反扭矩。

⑧盾构机始发时，在反力架和洞内正式管片之间安装 7 环负环管片，在内、外侧采取钢丝拉结和钢管支撑和方木等加固措施，以保证在传递推力过程中管片不会浮动变位。

⑨初期掘进段盾构正面中心土压的初始设立应根据计算确定，并根据跟踪测量数据及时调整设定压力，随时做好二次压浆的准备。

⑩在初期掘进阶段，由于反力架会产生不同程度的变形，因而影响隧道成环质量，当管片接缝发生问题时，及时用石棉橡胶楔形料纠正或用纵向拉杆固定，以提高成环质量，并做好测量工作。

⑪确定土压平衡状态下密封仓内的土压力，当密封仓被充满后，开启螺旋输送机出土，控制排土速度来保证密封仓内的土压力和开挖面土压力相平衡。

⑫最初的 100m 管片安装须保持良好的真圆度，以保证盾构始发位置的准确。如最初的真圆度保持不好，则往后误差会越来越大，不但造成后续施工越来越困难，也会对管片本身产生破坏。因此最初的管片安装必须做到以下几点：

a. 按顺序及操作规范施工；

b. 安装管片后及时进行回填注浆；

c. 加强管片真圆度的测量。测量办法有两种：一是丈量弦长、间距控制法；二是测量盾尾封与管片之间的间隙，如各个方向间隙基本一致，则可说明管片的真圆度较好。

4）负环管片、始发托架和反力架的拆除

盾构完成左线 150m、右线 100m 初期掘进以后开始对负环管片、始发托架和反力架进行拆除，准备正常掘进。

①拆除临时管片之前，将洞门附近的管片用 6 根[18 槽钢沿隧道纵向拉紧，并注意拧紧螺栓，防止管片松弛。

②将反力架后座与始发竖井结构分离，切割反力架后撑的型钢，并用千斤顶顶开后，将反力架和始发竖井结构分离 100mm 左右。

③将反力架与负环分离 100mm 左右。

④用两条钢丝绳各绕首负环一圈，在横向另加一条钢丝绳作保险绳。

⑤整环吊出洞口。

⑥拆除其他负环各连接螺栓，分别吊出井口。

⑦分块拆除始发托架和反力架并调出井口。

11.4 盾构到达技术

11.4.1 到达工艺流程

盾构机到达施工是指从盾构机到达下一站（或为接收井、调头井）之前 50m 到盾构机贯通区间隧道进入车站或接收井被推上盾构接收基座的整个施工过程。其工作内容包括：盾构机定位及接收洞门位置复核测量、端头地层加固、洞门处理、安装洞门圈密封设备、安装接收基座等，盾构到达施工流程如图 11-62 所示。

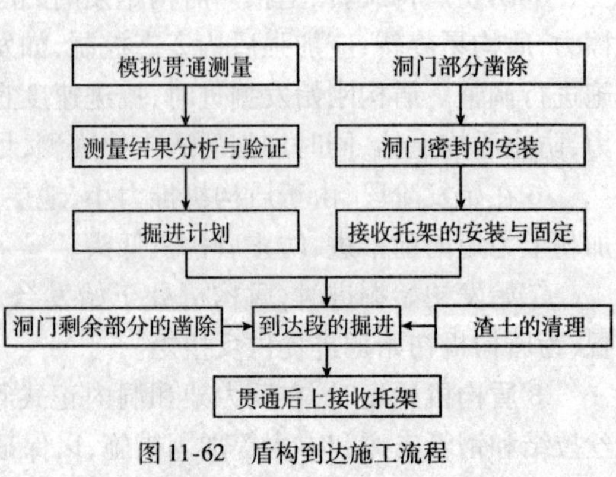

图 11-62 盾构到达施工流程

11.4.2　盾构到达的准备工作

(1)盾构机定位及接收洞门位置复核测量

在盾构推进至盾构到达范围时,对盾构机的位置进行准确的测量,明确成洞隧道中心轴线与隧道设计中心轴线的关系,同时应对接收洞门位置进行复核测量,确定盾构机的贯通姿态及掘进纠偏计划。在考虑盾构机的贯通姿态时注意两点:一是盾构机贯通时的中心轴线与隧道设计轴线的偏差,二是接收洞门位置的偏差。综合这些因素在隧道设计中心轴线的基础上进行适当调整。纠偏要逐步完成,每一环纠偏量不能过大。

(2)进洞段的土体加固

到达前一个月进行端头加固,并检查加固效果是否满足盾构机到站掘进要求,详见第 11.2 节的论述。

11.4.3　盾构到达施工注意事项

(1)盾构到达前检查端头土体加固质量,确保加固质量满足设计要求。

(2)到达前,在洞口内侧准备好砂袋、水泵、水管、方木、风炮等应急物资和工具。

(3)准备洞内、洞外的通信联络工具和洞内的照明设备。

(4)增加地表沉降监测的频次,并及时反馈监测结果指导施工。

(5)橡胶帘布内侧涂抹油脂,避免刀盘刮破帘布而影响密封效果。

(6)在盾构机刀盘距洞门掌子面 0.5m 时应尽量出空土仓中的渣土,减小对洞门及端墙的挤压以保证凿除洞门混凝土施工的安全

(7)在盾构贯通后安装的几环管片,一定要保证注浆饱满密实,并且一定要及时拉紧,防止引起管片下沉、错台和漏水。

11.4.4　端头土体加固条件下的盾构到达施工

1)盾构到达准备工作

(1)模拟贯通测量

在盾构机掘进至距离端头墙 100m 时,进行模拟贯通测量,对盾构机的位置进行准确的测量,明确成洞隧道中心轴线与隧道设计中心轴线的关系,制订掘进纠偏计划,步骤如下:

①模拟隧道内控制点坐标,利用开放导线原理计算因测量误差造成导线终端闭合差,以了解其精度是否合乎规范要求。

②在盾构机初期掘进开始即行模拟,即隧道内第一个控制点测设完成后在正式掘进前,提报相关资料及成果。

③依照每段隧道中心线形及长度,模拟可能设置控制点的数量及间距,原则上直线段每 100m 一点、曲线段每 50m 一点,于地面上布设仿真开放导线(愈接近实况愈佳)。

④由拟引测入井控制点以强制定心法,逐点引测各地面模拟控制点坐标,最后闭合至拟引测出地面控制点。

⑤以开放导线计算各仿真控制点坐标,并计算闭合后经平差计算各模拟控制点坐标,比对各相对点坐标差异性。

⑥开放导线最后一点坐标与闭合计算后坐标值比较，其误差不可大于隧道中心总偏移量允许偏差。

⑦如结果超过允许偏差，先找出发生测量误差的原因，待排除后再重做一次模拟贯通测量，检查结果是否控制在标准内，并确保日后隧道内控制测量精度合乎规范要求。

⑧根据测量结果制订掘进纠偏计划。纠偏要逐步完成，每一环纠偏量不能过大。

(2)进洞段的土体加固

确认土体加固效果达到设计要求。

2)盾构到达施工

(1)考虑到盾构机经过600m的曲线段后进入缓和曲线段(到达段)，在盾构机距离端头墙100m时即根据盾构机的贯通姿态及掘进纠偏计划进行推进，见图11-63所示的盾构机到站示意图。

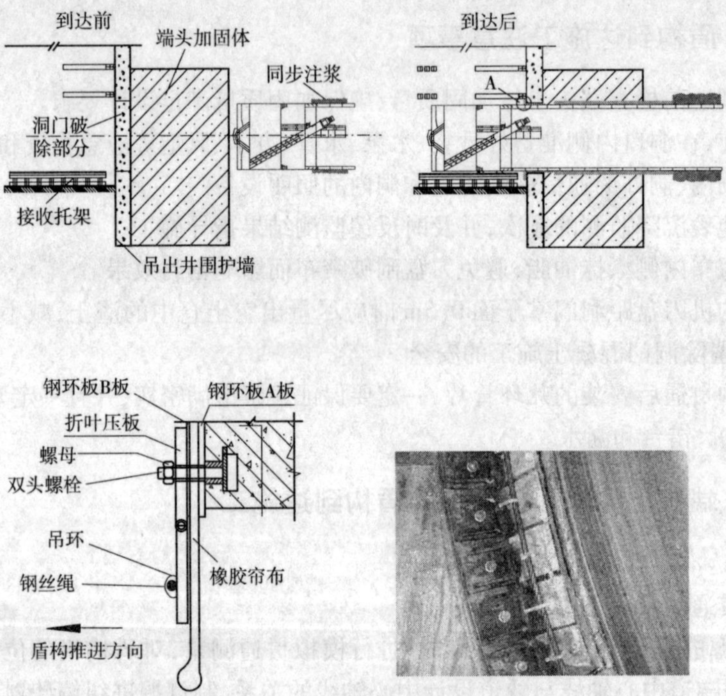

A大样图

图11-63　盾构机到站示意图

(2)在盾构机距离端头墙50m时，选择合理的掘进参数，逐渐放慢掘进速度，控制在20mm/min以下，推力逐渐降低，缓慢均匀地切削洞口土体，以确保到达围护桩和墙体的稳定和防止地层坍塌，其控制要点为：

①增加测量频率，保证测量数据准确性；

②适当调整铰接角度，理论计算值为0.43°；

③分区油压由操作手根据实际推进情况自行调整；

④根据千斤顶行程差和盾尾间隙合理选择管片，保证隧道轴线与盾构机开挖轴线重合，防止出现管片拉住盾尾导致无法进行曲线纠偏的情况发生；

⑤下土压控制在 150kPa 左右，严格控制出土量在 $45m^3$ 以内；

⑥同步注浆应注意观察砂浆的质量，采用注浆压力与注浆量双控的原则，注浆压力为 0.25 ~ 0.3MPa，注浆量正常为 $3m^3$ 左右，在推进过程中注浆压力和注浆量若有异常需及时汇报。

(3)盾构进入到达段后，加强地表沉降监测，及时反馈信息以指导盾构机掘进。

(4)盾构机刀盘距离贯通里程小于 10m 时，在掘进过程中，专人负责观测出洞洞口的变化情况，始终保持与盾构机驾驶员联系，及时调整掘进参数，其控制要点为：

①到加固区后逐渐降低下土压力到 100kPa 左右，推进压力降到 1 200kN 以下(由于现推力一直在 2×10^4kN 以上，此数据以实际推进参数为准)，推进速度在 15 ~ 20mm/min 之间。

②同时派测量人员在角门北站开始监测出洞洞门的变形情况，若有情况双方应及时通信。

③当盾构机中心刀刀尖离桩 20cm 左右时停止推进，将土仓的土尽量排空，防止凿桩时土仓的土涌入车站里，给破桩和后续工作带来不便。

(5)在拼装的管片进入加固范围后，浆液改为快硬性浆液，提前在加固范围内将泥水堵在加固区外。

(6)洞门的凿除：根据刀盘不能旋转或推力上升等机械状态的变化，可知盾构机已推抵接收井围护结构。通过从接收井的围护结构钻探或测量，确认盾构机的位置，使其停止推进。此时，进行洞门的凿除。搭架子在桩上打眼放膨胀水泥，用风镐将洞门内的桩分块破除，破除完后检查在洞门范围内是否仍留有钢筋茬，有则用氧气乙炔割去，然后清理土仓和刀盘为后续吊装工作做准备。

(7)洞口密封装置的安装：为防止盾构机出洞时推出的渣土损坏帘布橡胶板，洞门防水装置在洞门围护桩凿除、渣土被完全清理干净后安装。

(8)安放接收基座：根据盾构机解体方案，接收基座由一个 7215mm 大基座和一个 4215mm 的小基座拼接而成。结合角门北路站左右线接收井的实际情况，右线接收基座只需根据测量放出盾构机轴线位置的延长线让基座中心与之重合然后找平即可；左线则需用长 6mI14 的工字钢在 12m 的接收井内每隔 0.5m 横向摆放后找平，将基座安放在这由工字钢组成的横梁上。基座定好位以后与地面的预埋件焊接牢固，防止盾构机在基座上滑行时带动基座移位。

(9)盾构机出洞：

①为防止盾构机扎头，向盾构机方向延长基座滑轨位置至钢环，用轨道面找平。

②开始解除推进连锁，选择下半圈千斤顶(左右必须对称)将盾构机推出，同时进行同步注浆。行程满足拼装要求后开始拼装管片，如最后两环拼装时出现盾构机滑行，可在基座上焊挡铁。

③从围护桩到车站结构这 1 ~ 2 环可能因为浆液从盾尾往接收井泄漏而不能充分填充，等盾构机推入车站结构后满足喷混凝土空间时搭架子往管片与结构之间喷混凝土，同时埋上 6 根钢花管(长 2m，周身打眼，梅花形布置)为二次补浆作准备。

(10)最后几环管片的安装

当隧道贯通后，一般还需要安装5～6环管片才能完成区间隧道的管片安装。同时，随着隧道的贯通，盾构机前方没有了反推力，将造成管片之间的环缝连接不紧密，容易漏水。在最后几环管片安装时，应根据现场实际情况，采用以下对应措施：

①在刀盘前方的预定位置设置支挡，以防盾构机刀盘向前滑动。

②使用特殊设计的专用高强度螺栓，使其仅依靠螺栓紧固力即可将管片间的止水压缩到位。

③管片安装完毕需用风动扳手拧紧所有纵向和横向螺栓，且在下一环掘进完毕后再次紧固螺栓。

④严格按照操作规程拼装管片，同时防止管片之间出现错缝、台阶差。

⑤保证每环进尺为1 200mm，保证管片特别是封顶块的安装质量。

⑥管片安装前应保证止水条不损坏、不预膨胀，并及时清理干净管片上因注浆掉落的渣土和砂浆等。

⑦为加强管片防水和防止管片背后的砂浆突然从洞口冒出，在完成每一环管片的推进和管片安装后，待砂浆凝固2h，再进行下一环管片的推进。

(11)当最后一环管片拼装完成后，通过管片的二次注浆孔，注入双液浆进行封堵。注浆的过程中要密切关注洞门的情况，一旦发现有漏浆的现象立即停止注浆并进行处理。

(12)当盾构前体盾壳被推出洞门时，通过压板卡环上的钢丝绳调整折叶压板，使其尽量压紧帘布橡胶板，以防止洞门泥土及浆液漏出。在管片推出盾尾时再次拉紧钢丝绳，使压板能压紧橡胶帘布，让帘布一直发挥密封作用，如图11-64所示。

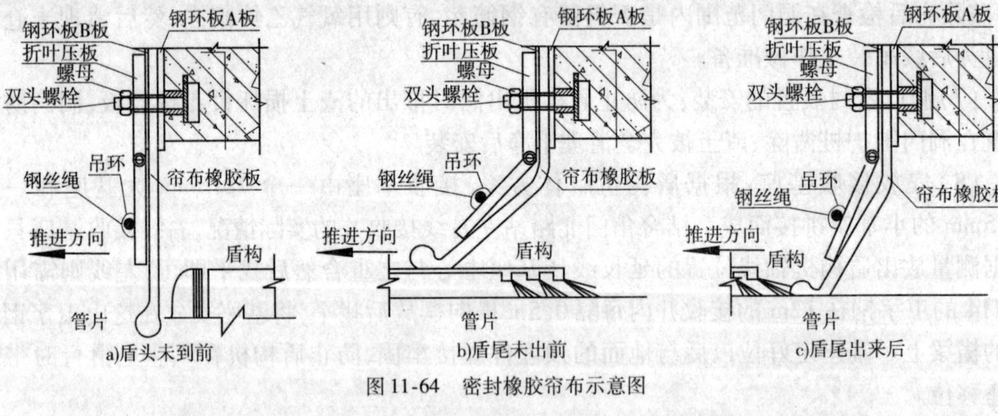

图11-64 密封橡胶帘布示意图

(13)由于盾构到达时推力较小，致洞门附近的管片环与环之间连接不够紧密，因此要做好后20环管片的螺栓紧固和复紧工作，用槽钢沿隧道纵向拉紧后20环管片，使后20环管片连成整体，防止管片松弛而影响密封防水效果。

11.4.5 洞门为玻璃纤维筋混凝土桩及端头土体未加固条件下的盾构到达施工

在地铁5号线宋家庄盾构接收端头，将盾构接收洞门范围内的竖井围护桩的钢筋替换为玻璃纤维筋，如图11-65所示，桩身混凝土为C15。玻璃纤维筋直径为ϕ25mm，根数与原竖井围护桩钢筋主筋相同，长度为12.5m，替换钢筋范围为盾构出洞预留洞门长度即6.5m，两端各3m与钢筋绑扎牢固。笼内加劲筋亦为玻璃纤维筋制作，间距为1m。为了保证钢筋笼一次起吊成功,玻璃纤维筋部分较为软弱,在此部分绑扎了 4 根杉木杆,下钢筋笼时将绑扎铁丝剪断,到钢筋笼下放完成后木杆在泥浆的浮力下被取出。

盾构直接切削桩体出洞,不对端头土体进行加固处理。盾构出洞情况良好,如图 11-66 所示。盾构直接出洞,节约了洞门桩凿除施工时间(5 ~7d),降低了施工风险。

a)玻璃纤维筋绑扎　b)玻璃纤维筋配置同桩主筋　c)成型钢筋笼　d)钢筋笼下放

图 11-65　玻璃纤维筋混凝土桩施工过程

a)盾构切桩出洞1　b)盾构切桩出洞2　c)盾构切桩出洞3

图 11-66　盾构切削玻璃纤维筋混凝土桩出洞施工过程

11.4.6 盾构到达施工事故案例

1）工程概况

该标段是北京轨道交通南北干线上一项重点工程，区间隧道采用土压平衡盾构施工，该盾构主要参数见表11-9。

盾构主要参数　　表11-9

刀盘形式	面板式	刀盘开口率	34%
刀盘直径	6 280mm	前盾直径	6 270mm
盾构主机长	9 500mm	最大扭矩	3 800kN·m
脱困扭矩	4 150kN·m	最大推力	35 000kN

岩土工程详勘报告显示，盾构到达前50环主要穿越土层为粉质黏土、粉砂和细砂。盾构到达端从上到下覆盖土层依次为：杂填土、素填土、粉土、粉质黏土、粉土、粉砂、粉质黏土和粉砂。

本站地下38m深度范围内主要揭露了3层地下水，第一层为台地潜水，第二层为层间水，第三层为潜水和承压水。承压水埋深为23.9～26.1m，盾构接收井结构底高程24.485m，影响施工的地下水主要为第一层台地潜水与第二层层间水。

盾构到达端头区域隧道埋深约12.32m，采用旋喷法进行加固，纵向加固范围为9m，旋喷桩桩长12m，梅花形布孔，间距450mm，咬合150mm，布孔平面图如图11-67所示。洞门止水采用橡胶帘布与预埋钢板相结合的方法，钢板与主体结构搭接长度为80cm。盾构接收井布置如图11-68所示。

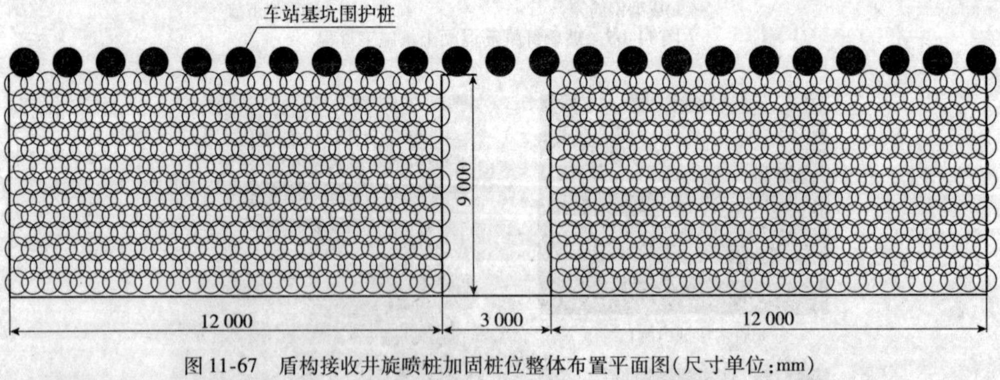

图11-67　盾构接收井旋喷桩加固桩位整体布置平面图（尺寸单位：mm）

2）事故过程

盾构刀盘于2010年9月16日顶到车站围护桩，此时，破桩工作已基本完成，只剩下桩体部分钢筋尚未截断，刀盘已部分可见，现场发现盾构仍在进行同步注浆，在刀盘的8点钟位置有浆液携带泥沙从刀盘与周围土体的缝隙中流出，如图11-69所示。发现此现象后，停止注浆，涌水涌沙量稍微减少。

待刀盘前方的土体清理完后，盾构开始恢复推进，推进速度缓慢，推力较大，最大推力达30 000kN，洞门下部的压板被盾构带出约30cm，同时压板与车站主体连接钢筋被拔出，洞门处主体结构严重损坏，如图 11-70 所示。此外，洞门 7 点钟方向涌水涌沙量加大，如图 11-71 所示。

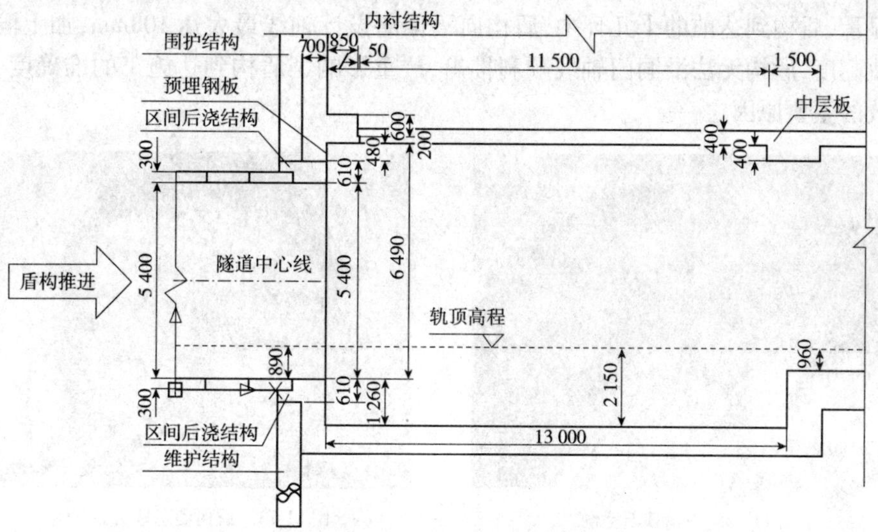

图 11-68　盾构接收井布置图（尺寸单位：mm）

图 11-69　刀盘的 8 点钟位置的流浆现象

图 11-70　被带出的压板及破损的车站结构

3）事故原因分析

综合分析事故发生全过程，得出此次事故的主要原因有以下几点：

（1）土体加固欠佳

盾构到达端头采用旋喷桩进行加固，纵向加固范围为 9m，旋喷桩桩长 12m，间距 450mm，咬合 150mm。从现场几次钻孔取样来看，旋喷桩加固并没有取得良好的加固效果：一方面，不能很好地固结土体，土体加固不均匀，局部仍为原样土，加固后强度较低，整体稳定性无法保证；另一方面，无法起到良好的止水效果，渗水

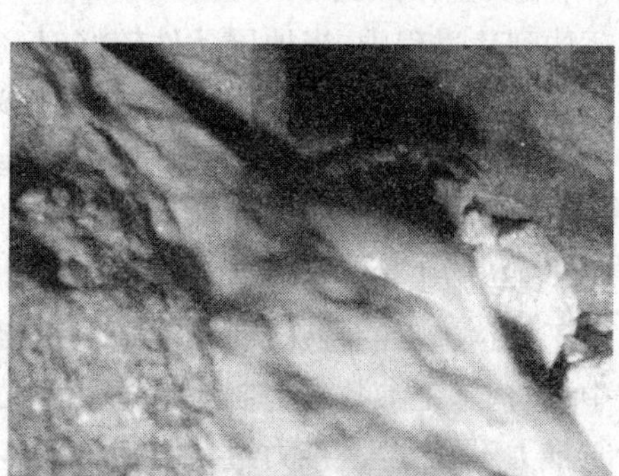

图 11-71　刀盘的 7 点钟位置的涌水涌砂

现象时有发生,同时在盾构刀盘上部形成空洞,如图11-72所示。

(2)盾构姿态控制不佳

盾构到达施工过程中姿态控制不佳,盾构向下偏离设计轴线,如图11-73所示。VMT导向系统显示,盾构到达前的十几环中,盾构向下偏离设计轴线最大达108mm,加上洞门处焊接的导轨高度,盾构无法沿洞门轴线顺利推出,严重影响了盾构到达施工的准确度,是本次到达事故的主要原因之一。

图11-72 刀盘顶部空洞

图11-73 盾构姿态呈明显下倾

(3)施工参数控制不当

在刀盘顶至围护桩后依然进行注浆,导致注浆量过大,最后从刀盘前方流出,人为形成有水环境,造成涌水涌沙现象的发生。

(4)洞门设计直径偏小

盾构刀盘直径为6.28m,而洞门直径为6.6m,富余量略显不足。

4)盾构到达主要风险因素总结

通过以上分析,盾构到达风险点主要有以下几个方面:盾构姿态控制、端头土体加固、到达段施工参数控制、洞门破除、洞门密封设置等。

(1)盾构姿态

盾构姿态在一定程度上决定了到达施工的成败,姿态控制不当,盾构轴线偏离洞门轴线,造成盾构无法按预设的洞门推出。

(2)端头土体加固

盾构到达过程中,当地层条件较好时,可以不加固或局部加固,但必须采取相应措施确保施工安全,如合理控制盾构到达时掘进参数、增加封门处喷射混凝土厚度、待盾构刀盘顶至围护桩时再破除洞门等。当地层条件较差时,必须对一定范围内的端头土体进行加固,加固后的土体要满足强度、稳定性、渗透性及几何尺寸的要求。

(3)到达施工参数

由于到达施工的特殊性,不能采取正常推进时参数进行到达施工掘进。盾构到达施工过程中,盾构施工参数的控制应注意以下几点:

①推力不宜太大,推力过大容易将土体挤出洞门,引起土体损失。

②刀盘接近围护结构时缓慢降低土压,当刀盘顶至围护结构时,排空土仓内土体,将土压降为0,此时,密切注意出土量,严防超限。

③进行土体改良时，严格控制改良剂的注入压力及注入量，防止人为在掌子面前方土体形成有水条件，造成土体失稳。

(4)洞门破除

当盾构到达端头地层条件较差时，破除洞门围护结构时容易造成端头地层塌陷、地下水涌入盾构工作井等工程事故，因此破除洞门前要根据端头土体的自稳能力、地下水状况等因素制订相关的洞门破除施工方案，提前对端头土体进行加固。同时，为了减少洞门破除对端头土体的扰动，把挡土墙分成多个小块，通常将洞门分成 12 块和 9 块进行施工，如图 11-74 所示。破除作业工作要迅速、连续。

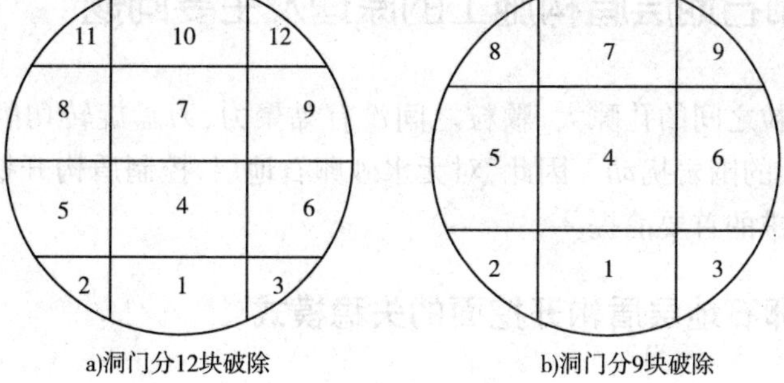

图 11-74　洞门凿除顺序

(5)洞门密封设置

为了防止盾构到达时泥土、地下水从端头地层透过盾壳和土体之间的间隙涌入盾构工作竖井，盾构到达时需安装洞门密封。帘布橡胶板内衬涂抹油脂，避免刀盘刮破帘布橡胶板，影响密封效果。

5)盾构到达施工安全风险控制要点

通过对北京地铁某线 X 标盾构到达事故原因的分析，可知盾构到达施工的主要风险点为盾构姿态控制、端头土体加固、到达段施工参数控制、洞门破除、洞门密封设置等方面。为使盾构顺利到达，必须做到以下几点：

(1)根据不同的地层条件，选择适当的加固方法，确保端头加固满足要求。

(2)应加强对盾构姿态的控制，确保盾构姿态的偏离控制在合理的范围之内。

(3)合理控制盾构到达关键施工参数。

(4)合理控制洞门破除时机及破除顺序。

(5)确保盾构到达洞门处密封设置效果。

第 12 章　砂卵石地层盾构施工技术

12.1　砂卵石地层盾构施工的原理及主要问题

砂卵石地层颗粒之间的孔隙大，颗粒之间没有黏聚力，刀盘旋转切削时，地层非常容易坍塌，容易产生较大的围岩扰动。因此，对无水砂卵石地层，控制盾构开挖面的稳定性，是保证盾构安全高效推进的首要前提。

12.1.1　砂卵石地层盾构开挖面的失稳模式

1）无水砂卵石地层开挖的力学特性

砂卵石地层是一种典型的力学不稳定地层，其基本特征是结构松散、无胶结、呈大小不等的颗粒状。这种地层一旦被开挖，就很易破坏原来的相对稳定或平衡状态，使开挖面和洞壁失去约束而不稳定。砂卵石地层颗粒之间的孔隙大，颗粒之间的黏聚力 c 为零。刀盘旋转切削时，地层非常容易坍塌，围岩容易发生扰动，当切削刀的开挖力传递到开挖部位周围，扰动的围岩范围就更大。围岩中的大块卵石、砾石越多，粒径越大，这种扰动程度就越大，特别是隧道顶部大块卵石剥落会引起上覆地层的突然沉陷。

2）无水砂卵石地层盾构开挖面的失稳模式

盾构在整个掘进过程中，所穿越地层基本上可以分为两种：①基本为全断面砂卵石地层；②部分断面砂卵石地层。在盾构掘进过程中，如果开挖面没有足够的支撑压力，开挖面上覆地层发生失稳的模式对应有以下两种情况。

（1）全断面砂卵石地层

盾构在全断面卵石、圆砾石层，上覆地层分别为砂性土和黏性土。砂卵石地层中颗粒之间传力方式为点对点，如图 12-1 所示。若开挖面支撑压力不足，或大块卵石排出时，或螺旋输送机的排土量大于刀盘切削土量，在刀盘前上方会产生较大的空洞区域，卵石或砾石将相继松动，在开挖面上方引起较大的塌落区，继而使得上覆砂性土和黏性土层产生的松动范围也比较明显，如图 12-2 所示。

若覆土较浅，将引起很大的局部地表沉降。如果上覆土体的抗剪强度很低，还会引起冒落的危险。

（2）部分断面砂卵石地层

盾构穿越部分断面砂卵石地层时，卵砾石位于盾构开挖面的下半部，上部为细砂、中砂层，开挖面上方土体塌落和松动的程度都较全断面砂卵石地层轻，如图 12-3 所示。

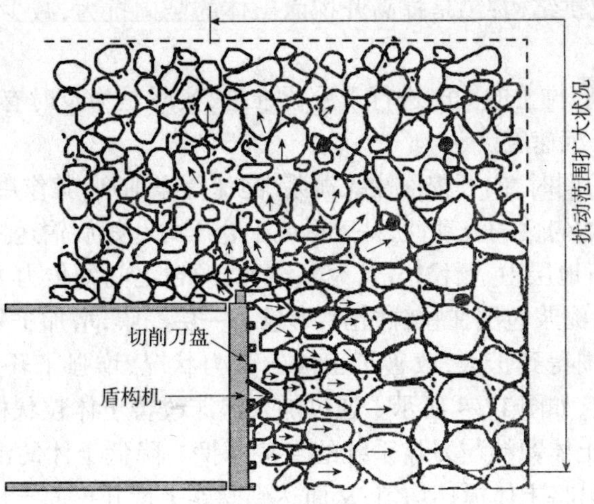

图 12-1　砂卵石地层开挖状况

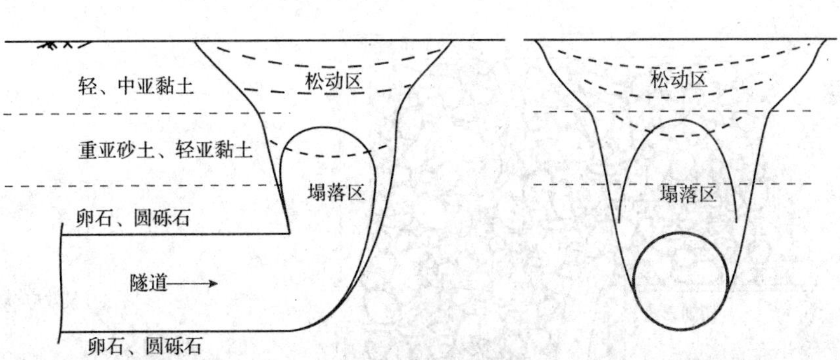

图 12-2　全断面砂卵石地层开挖面失稳形态

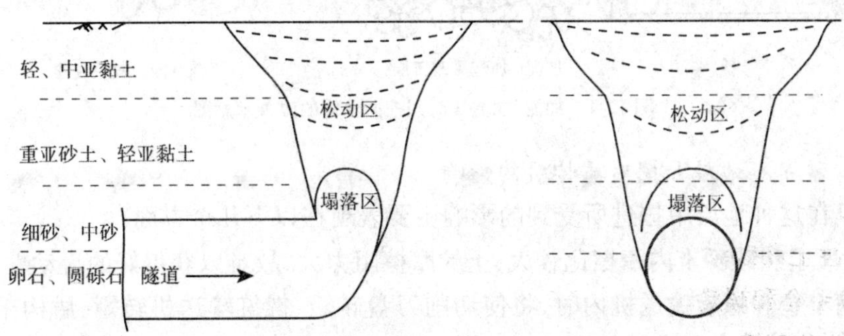

图 12-3　部分断面砂卵石地层开挖面失稳形态

12.1.2　砂卵石地层盾构开挖面的稳定性控制原理

1) 砂卵石地层盾构开挖面的稳定机理

由前述开挖面上覆地层结构的稳定性分析可知，盾构在地层中掘进时，需要在土仓内建立一定的土压力，并向开挖面注入添加剂，是基于以下机理：

(1) 盾构刀盘对开挖面的支撑以及土仓内泥土压力的作用有两点：一是为土体结构提供

水平推力，以利于形成拱结构；二是提高开挖面土体的竖向抗力，减少开挖面上方土体失稳的可能。

(2)盾构机在切削、排土的同时进行千斤顶推进，实际是为及时有效地平衡开挖面土体的应力，控制并减少下沉速度。

(3)在刀盘切削的同时，向开挖面注入泥浆、泡沫等添加剂，其作用是改善被切削下来进入土仓内的砂卵石的均匀性和流动性，易于形成土仓压力和螺旋输送机排土。

(4)在无水砂卵石地层中，颗粒松散，无黏结力，颗粒之间的传力方式为点对点，向开挖面土体添加泥浆之后，泥浆包围在颗粒周围，形成了一层泥膜，增加了颗粒之间的黏聚力，使得颗粒之间的传力范围得到扩大，改善了土体的受力状况，增强了开挖面土体的强度和刚度，利于开挖面的稳定，如图 12-4 所示。通过加入泡沫改善土体粒状构造，同时吸附在颗粒之间的气泡可以减少土体颗粒与刀盘系统的直接摩擦。降低土体的渗透性，又因其相对密度小，搅拌负荷轻，容易将土体搅拌均匀，从而达到既能平衡开挖面土压，又能连续向外顺畅排土的目的。

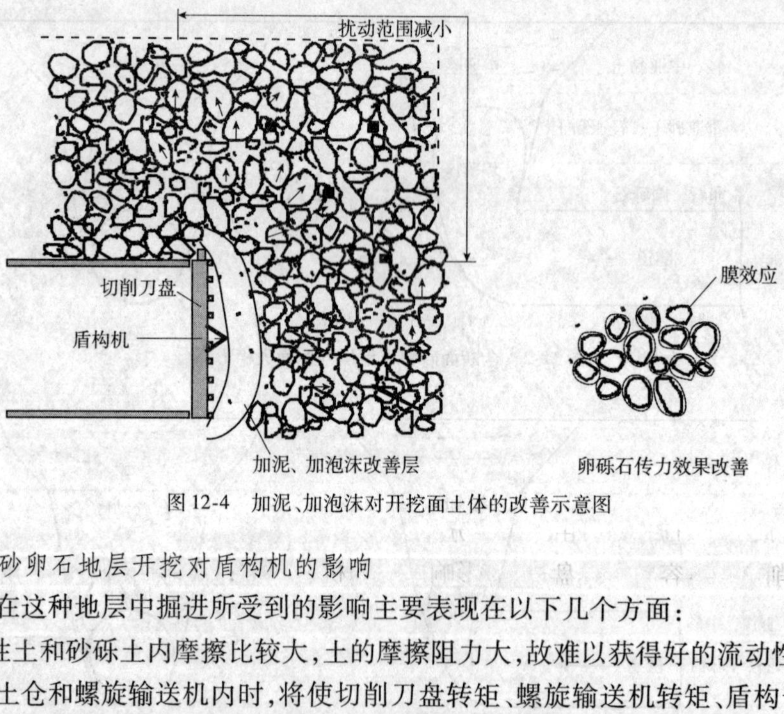

图 12-4　加泥、加泡沫对开挖面土体的改善示意图

2)无水砂卵石地层开挖对盾构机的影响

盾构机在这种地层中掘进所受到的影响主要表现在以下几个方面：

(1)砂性土和砂砾土内摩擦比较大，土的摩擦阻力大，故难以获得好的流动性，当切削下来的土充满土仓和螺旋输送机内时，将使切削刀盘转矩、螺旋输送机转矩、盾构千斤顶推力增大，甚至使开挖排土无法进行。因此，盾构刀盘切削土体时容易使刀盘过热，加剧刀盘刀具的磨损，影响盾构的机械性能。

(2)刀盘切削进来的土体须经螺旋输送机运出至皮带运输机，当在土层含水率低、土质较硬的情况下，螺旋机也会因工作扭矩过大而发热，影响其性能，严重时甚至停转。

(3)这种砂卵石地层的塑流性差，会导致大颗粒卵石滞留土仓内或向盾构机四周移动，使得对盾构机位置和姿态控制变得困难，严重时则无法推进。

3)无水砂卵石地层稳定性控制措施

由前述可知，盾构在掘进过程中，如果控制不当或未采取有效措施，将引起较大的塌落

和松动,以至于引起显著的地表沉降。因此必须对开挖面稳定加以控制,常采取以下措施:

(1)调节推进千斤顶的推力,使得在盾构土仓内建立起的泥土压力足以与地层土压力相抗衡。

(2)保持开挖面切削土量和螺旋输送机排土量的平衡,使泥土压力与地层土压力保持动态平衡。

(3)向开挖面添加泥浆或泡沫,改善开挖面砂卵石地层的力学性质,同时有利于改善盾构刀盘和螺旋输送机的工作环境。

基于盾构开挖面的稳定性分析,为保证无水砂卵石地层开挖面稳定,必须确保以下两个方面控制技术的实现:

(1)合理确定开挖面的泥土压力并保持泥土压力与地层土体压力的平衡。

(2)实施加泥—加泡沫技术,改善开挖面土体的受力状况,实现切削土体的塑流性。

12.1.3　砂卵石地层开挖面加泥、加泡沫改良土体

加泥式土压平衡盾构机掘进时,向开挖面添加塑流化改性材料,与开挖面切削下来的土体经过充分搅拌,形成具有一定塑流性和透水性低的塑流体。同时通过伺服机构控制盾构机千斤顶速度与螺旋输送机向外排土的速度相匹配,经密封仓内塑流体向开挖面传递设定的平衡压力,实现盾构机始终在保持动态平衡的条件下连续向前推进。由于加泥式土压平衡盾构机可以根据不同地层的地质条件,设计和配制出与之相适应的塑流化改性剂(如泡沫等),极大地拓宽了该类机型的施工领域,特别是在砂卵石地层中施工优势最为明显。

盾构穿越无水砂卵石地层,盾构机在这种地层环境中掘进时,仅采用加泥措施,改善切削土体的流动性能力有限,土体离析严重,盾构机经常堵塞不能正常掘进,而且加泥量过大,费用增加。为适应这种地层的施工,需考虑在加泥的基础上增加泡沫系统,利用加入泡沫改善土体粒状构造,吸附在颗粒之间的气泡可以减少土体颗粒与刀盘系统的直接摩擦,增加切削土体的黏聚力,同时降低土体的渗透性。又因其相对密度小,搅拌负荷轻,容易将土体搅拌均匀,从而达到既能平衡开挖面土压,又能连续向外顺畅排土的目的。

另外,在盾构推进施工时,由于大部分地层为砂卵石,土层含水率低、土质较硬,一方面,当盾构刀盘切削土体时容易使刀盘过热,影响盾构的机械性能;另一方面,刀盘切削进来的土体须经螺旋输送机运出至皮带运输机,当在地层含水率低、土质较硬的情况下,螺旋输送机也会因工作扭矩过大而发热,影响其性能,严重时甚至停转。因此,必须通过往土仓内加注改良后的泥浆的方式来改善土质,起到减摩的作用,满足螺旋机运输的性能,并起到冷却刀盘的作用。

因此,加泥、加泡沫的功效主要表现为以下几个方面:

(1)保持开挖面的稳定。

(2)增加切削土体的塑性流动性。

(3)使开挖面土体及切削下的土体具有良好的止水性。

(4)防止切削土砂黏附在刀盘及螺旋输送机内,避免闭塞现象,减轻机械负荷,降低刀盘扭矩,同时也提高了掘进速度。

(5)对刀盘、螺旋输送机起减摩冷却作用。

(6)泡沫的可压缩性或称之为弹性,对土压的稳定也有积极作用。

12.1.4 砂卵石地层盾构施工中经常出现的主要问题

1）刀盘扭矩大、盾构机推力大

表12-1所列为北京地铁某标段砂卵石地层盾构推进的刀盘扭矩、千斤顶推力等推进参数。

北京地铁某标段砂卵石地层盾构推进参数　　表12-1

衬砌环编号	盾构推进参数		盾构推进时间(min)	管片拼装时间(min)
	刀盘扭矩(kN·m)	千斤顶推力(kN)		
279	3 196	9 035	77	53
280	3 155	9 941	70	99
281	3 348	11 016	59	68
282	3 411	11 084	65	55
283	3 256	10 682	79	77
284	3 342	12 356	104	88
285	3 437	9 792	105	75
286	3 425	8 635	88	67
287	3 350	9 113	219	88

据表12-1的盾构推进参数，砂卵石地层的盾构推进往往表现出下列主要现象：

（1）刀盘扭矩值一直居高不下，而且波动幅度较小。

（2）刀盘过载频繁，扭矩过大。

（3）推进时间延长，泡沫和膨润土用量增大，渣土含水率增大。

（4）排出渣土变热。

（5）甚至出现刀盘扭矩急剧上升到无法继续推进的问题。

2）建立土压平衡较困难

因砂卵石地层级配的变化、大颗粒卵石的存在而引起的可切削性能随时改变，土仓内渣土的砂和卵石的分离，以及螺旋输送机出土量的稳定性难以控制等原因，使得盾构机在推进过程中往往难以建立真正的土压平衡，而有时对地层引起较大的扰动。

3）刀盘、刀具及土仓隔板的不均匀磨损

盾构在砂卵石地层中掘进，刀盘及刀具的磨损往往表现出下列特征：

（1）大部分强化先行刀磨损严重，从刀盘中心向外，磨损的程度逐渐加大，周边刀往往完全磨耗掉或松动脱落，如图12-5所示。

（2）切削刀容易松动脱落，切削刀的磨损同样是从刀盘中心向外，磨损的程度逐渐加大。

（3）因周边刀完全磨耗或脱落，导致开挖直径变小，盾构推进困难。

（4）刀盘面板平均磨损较严重，刀盘外周常见穿孔。

（5）因土仓内砂和卵石颗粒的分离，使得土仓隔板的下部，尤其是螺旋输送机的入口部位的隔板磨损较大。

砂卵石地层盾构掘进刀盘的磨损如图12-6及图12-7所示。

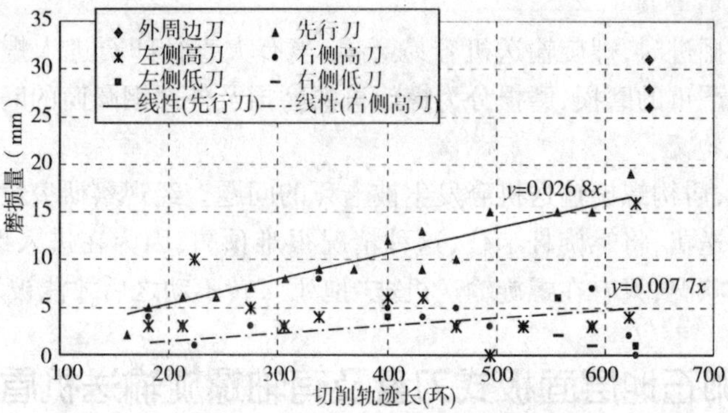

图 12-5　北京地铁某标段砂卵石地层盾构刀具磨损统计

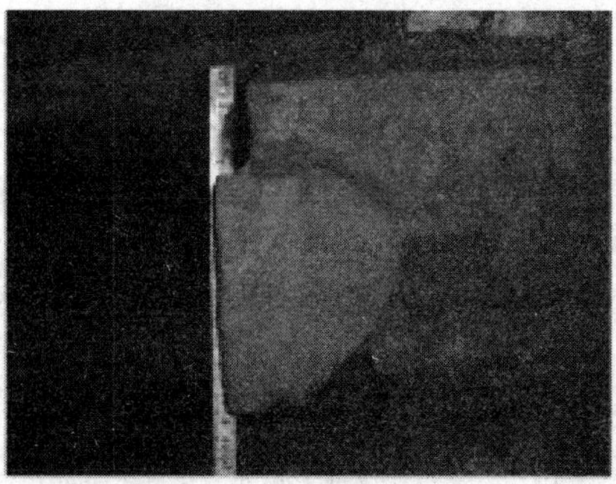

图 12-6　角门北路站—北京南站区间盾构机刀盘切削刀外侧不均匀磨耗

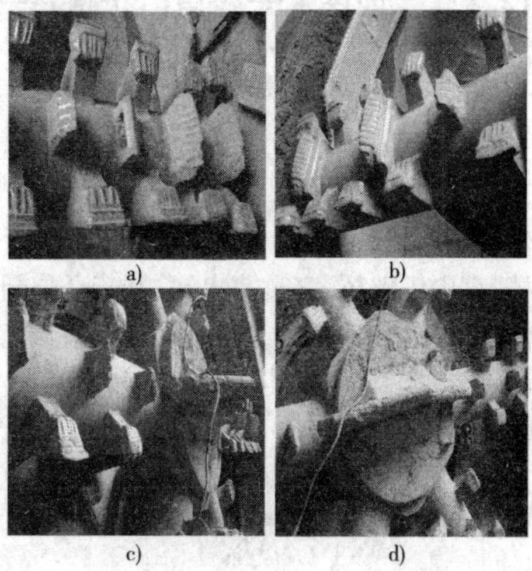

图 12-7　军白区间砂卵石地层盾构掘进辐条式刀盘刀具的磨损

4）盾构推进过程中容易发生小坍塌

当盾构刀盘上方为砂层或级配单一的圆砾层时，盾构推进过程中易发生小坍塌而对地下管线产生不利影响或引起较大的地表沉降。

5）盾构机推进姿态控制困难

因砂卵石地层级配的变化、大颗粒卵石的存在而引起可切削性能的随时改变等原因，推进过程中盾构机的姿态控制往往较为困难，推进参数一旦控制不好，盾构机的姿态就会偏离设计轴线。

6）盾构机刀盘卡死

盾构刀盘被卡死的情况（常称之为刀盘"抱死"）在砂性土、砂层及黏土中发生的概率比较低，但在砂卵石层中（尤其含有大粒径卵石）发生的几率较高。主要原因是加泥量及泥的浓度不够，同时当膨润土浆液较稀时，螺旋输送机只带出砂和一些小粒径的卵石，掘进过程中螺旋输送机转速与推进速度配合不当，而大一些的卵石被留在土仓中。当遗留的大直径卵石增多到一定数量时，最后当刀盘受到的摩擦阻力矩超过自身的额定最大扭矩，刀盘则被卡住。

7)螺旋输送机的磨损

在砂卵石层中掘进时,螺旋输送机容易磨损,当有大直径卵石进入螺旋输送机后,会对螺旋输送机产生更严重的磨损,磨损分为螺旋机的磨损及外部钢圆筒的磨损。

8)螺旋输送机抱死

在施工过程中,盾构螺旋输送机会发生被卡死的问题。经观察研究发现,主要源于大的卵砾石进入螺旋输送机,将螺旋杆卡住,这种情况很难预防,因为在进入螺旋输送机前无法得知土仓内土体的状况,只有在螺旋输送机被"抱死",转不动之后才能被发现。

12.2 砂卵石地层面板式刀盘及有轴螺旋输送机盾构施工技术

12.2.1 地铁4号线角门北路站—北京南站区间盾构隧道

12.2.1.1 工程概况

1)概述

如图12-8所示,角门北路站—北京南站区间盾构工程分别在右线K3+635.000、左线K3+595.000处设盾构始发井,然后由北向南掘进,下穿京山铁路,近距离经过洋桥北里14层居民楼、京山铁路桥,穿过凉水河、万芳亭公园、南三环后,再沿马家堡西路向南,穿过马草河及马草河桥,最后到达角门北路站。其中,右线盾构段长1 231.434m,左线盾构段长1 161.488m。

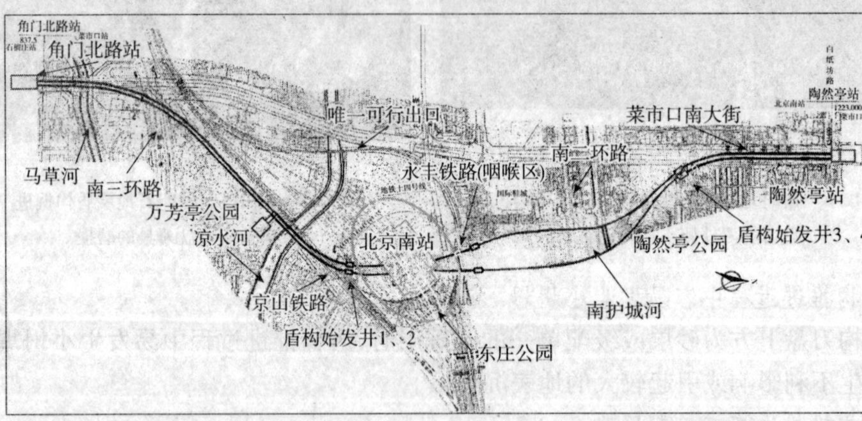

图12-8 北京地铁4号线4标段线路总平面图

2)隧道平面

角门北路站—北京南站区间线路曲线多、半径小,最小水平曲线半径350m,最大水平曲线半径2 000m,线间距12~21.49m。

3)隧道纵断面

角门北路站—北京南站区间隧道轨顶设计高程为17.75~25.00m,隧道结构顶高程为22.75~30.0m,隧道结构底高程为16.75~24.00m,隧道埋深为16.0~23.5m,覆土厚度为10.0~17.5m。从纵断面上看,最小竖曲线半径3 000m,最大竖曲线半径5 000m;区间线路纵坡成"V"字形,角门北路站位于纵坡最大坡度2%上坡段,出站后区间线路以1.5%的坡率下坡，至最低点后左右线分别以 0.686 3% 和 0.690 6% 的坡率上坡，北京南站位于纵坡 0.2% 的上坡段。

隧道采用标准单圆盾构衬砌结构，衬砌管片外径 6 000mm，厚度 300mm，内径 5.4m，环宽 1.2m。衬砌管片分为 6 块，其中 3 块标准管片（A 型）、2 块邻接管片（B_1 和 B_2 型）和 1 块封顶块（C 型），采用错缝拼装。相邻管片环间沿圆周均匀布置 16 个纵向连接螺栓，环向管片间设 12 个螺栓，每环共计 28 个螺栓，均为弧形螺栓。盾构隧道结构断面与效果如图 12-9 所示。

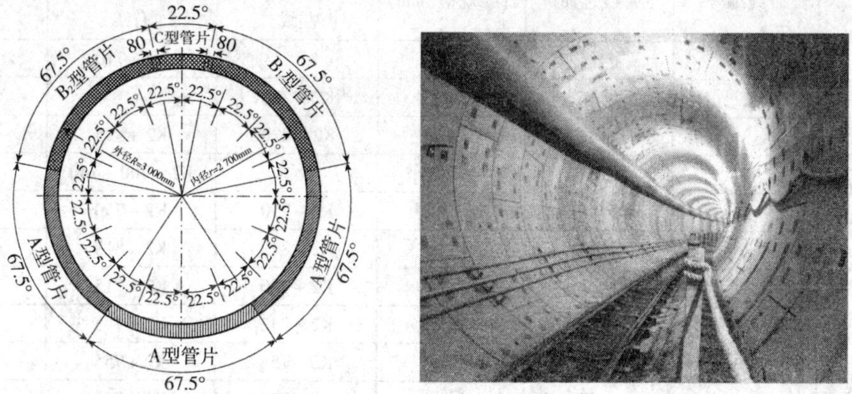

图 12-9　盾构隧道结构断面与效果

4）隧道近接环境条件

（1）既有建筑物

北京地铁 4 号线工程角门北路站—北京南站区间重要建筑物及其结构与基础类型见表 12-2。

角门北路站—北京南站区间重要建筑物及其结构与基础类型　　表 12-2

序号	建筑物名称	地　　址	单位名称	层数（层）	基底埋深（m）	结构类型	基础类型
1	居民楼	丰台区洋桥北里 18 号楼	西罗园房管所	14	5.82	框剪	筏基
2	居民楼	丰台区洋桥北里 34 号楼	西罗园房管所	14	5.82	框剪	筏基
4	网球馆	丰台区万芳亭公园内	万芳亭公园	2	4	框架	承台
5	康体中心	丰台区南三环西路甲 13 号	万芳亭公园	2	1.2	砖混	条基

（2）既有河流和桥梁

①马草河。马草河底口宽 18m，顶口宽 35m，河底高程为 25.88m，底板结构形式为现浇混凝土结构。河堤结构形式为砌石（两台阶），河堤高度 4～5m，水深 0.4m。

②马草河跨河桥。桥身设计为简支梁，摩擦型桩基，区间隧道结构距离桩基最小水平距离 1.35m。

③万芳桥。桥面宽 63.64m，地铁左线距 4 号桥墩最近距离为 3.993m。

④凉水河。凉水河底口宽 30m，顶口宽 54m，河底高程 34.78m。底板结构形式：原土，两侧各 1m 为花砖。河堤结构形式：角砖护坡，河堤高度 3.5m。

（3）既有交通干道

①南三环路：重要的交通干道，为北京市交通主干道之一。

②马家堡西路:比较重要的交通干道。

③京山铁路:重要的铁路干线,为进京的关键运营线路。

(4)地下管线

北京地铁四号线工程角门北路站—北京南站区间的地下管线见表 12-3。

角门北路站—北京南站区间的地下管线表 表 12-3

名称	管线编号	管线性质	管线规格(mm)	对应里程		关联形式
				左线	右线	
燃气管线	1	燃气	ϕ400		K2 +710	斜交
	2	燃气	ϕ1 150	K2 +760		斜交
	3	燃气	2ϕ600	K2 +820	K2 +825	斜交
上水管线	4	供水管	ϕ600		K2 +700 ~740	斜交
	5	供水管	ϕ1 200	K2 +750	K2 +750	斜交
	6	供水管	ϕ600	K2 +812	K2 +818	斜交
电缆、光缆	7	电信光缆		K2 +700	K2 +715	斜交
	8	电缆	74 ×79	K2 +742	K2 +745	斜交
	9	照明电缆		K2 +755	K2 +755	斜交
	10	电缆	74 ×79	K2 +785	K2 +790	斜交
	11	照明电缆		K2 +785	K2 +790	斜交
	12	电信光缆		K2 +825	K2 +830	斜交
排水管线	13 *	污水管	ϕ3 000	K3 +345	K3 +345	垂直
	14	污水管	ϕ1 750	K3 +438	K3 +440	垂直
	15	雨水管	ϕ300	K3 +695		斜交

注:* 表示 13 号污水管材质为混凝土管片螺栓连接。管线高程为 31.85m,对应隧道顶高程为 28.5m。

12.2.1.2 工程地质及水文地质条件

1)区域地质条件

角门北路站—北京南站盾构区间隧道均在第四纪地层中通过。根据现场勘探、原位测试及室内土工试验成果,按地层沉积年代、成因类型,将本工程场地内的土层划分为人工堆积层(Q^{ml})、新近沉积层(Q_4^{3+2al})和第四纪晚更新世冲洪积层(Q_3^{al+pl})四大类,并按地层岩性及其物理力学性质,进一步划分为 8 个大层及若干亚层,地层特性及其分布特征见表 12-4。

地层特性及其分布特征 表 12-4

沉积年代	地层代号	岩性名称	状态	密实度	湿度	压缩性	层底高程(m)	分布特征
人工堆积层(Q^{ml})	①$_1$	杂填土		稍密—中密	稍湿		32.50 ~43.72	连续分布
	①	粉土填土		中密	湿			连续分布
新近沉积层(Q_4^{3+2al})	②	粉土		中密	湿	中压缩性	27.61 ~33.26	不连续
	②$_1$	粉质黏土	可塑			中高压缩性		局部分布
	②$_3$	粉细砂		中密	湿	低压缩性		不连续
	②$_4$	中粗砂		中密	稍湿	低压缩性		局部缺失
	②$_5$	圆砾		稍密—中密	稍湿	低压缩性		

续上表

沉积年代	地层代号	岩性名称	状态	密实度	湿度	压缩性	层底高程(m)	分布特征
第四纪晚更新世冲洪积层(Q_3^{al+pl})	⑤	圆砾		中密—密实	湿	低压缩性	25.11 ~ 27.61	局部缺失
	⑤$_1$	中粗砂		密实	湿	低压缩性		透镜体分布
	⑤$_2$	粉细砂		密实	湿	低压缩性		透镜体分布
	⑤$_4$	粉质黏土	硬塑			中压缩性—低压缩性		局部透镜体分布
	⑥	粉质黏土	硬塑			中压缩性—低压缩性	23.51 ~ 27.49	局部缺失
	⑥$_1$	黏土	硬塑			中压缩性		透镜体分布
	⑥$_2$	粉土		密实	湿	中压缩性—低压缩性		局部缺失
	⑥$_3$	细中砂		密实	湿	低压缩性		
	⑦	卵石		密实	饱和	低压缩性	11.75 ~ 17.3	连续分布
	⑦$_1$	中粗砂		密实	湿	低压缩性		薄层或透镜体
	⑦$_2$	粉细砂		密实	湿	低压缩性		薄层或透镜体
	⑧	粉质黏土	硬塑			中压缩性	10.71 ~ 15.16	不连续
	⑧$_2$	粉土		密实	很湿	中压缩性		不连续

2）隧道洞身所穿越的地层

角门北路站—北京南站区间的地质纵剖面如图 12-10 所示，盾构隧道结构范围内为全断面卵石⑦层，卵石粒径一般为 20 ~ 60mm，最大粒径 180mm，亚圆形，粒径大于 20mm 的颗粒含量占全重的 55% 以上。卵石的主要成分为辉绿岩、砂岩等，中粗砂充填。

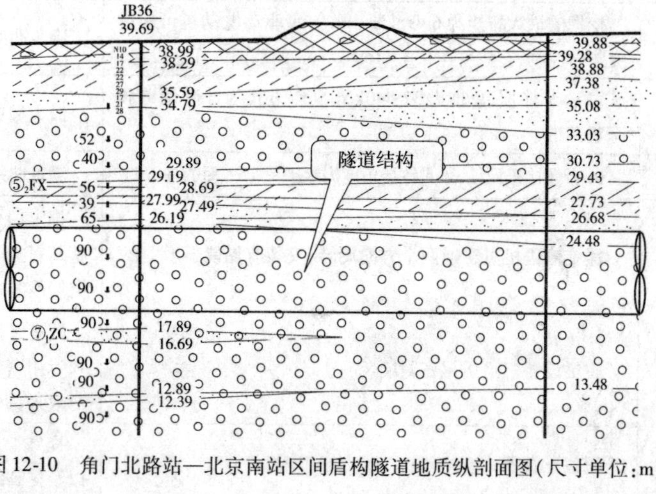

图 12-10　角门北路站—北京南站区间盾构隧道地质纵剖面图(尺寸单位:m)

3)水文地质条件

隧道下方处于层间潜水层,在整个区间线路稳定分布。地下水状况见表 12-5。

地下水状况一览表 表 12-5

地下水性质	水位(水头)埋深(m)	水位(水头)高程(m)	含水层及其特征	
			岩性名称	渗透系数(m/d)
上层滞水(一)	9.2~10.6	29.25~29.63	圆砾②$_5$层	100
潜水(二)	10.6	29.63	细砂②$_3$	5
层间潜水(三)	16.8~21.8	17.2~22.75		180

12.2.1.3 盾构机类型及主要技术参数

1)盾构机类型

本工程采用两台三菱重工业株式会社设计与制造的 ϕ6 140mm 土压平衡(EPB)盾构机进行施工,该盾构机由盾构机本体、盾构千斤顶、管片拼装机、刀盘、仿形刀盘、铰接装置、螺旋输送机、管片调节器、动力装置、电源装置、管道和布线、牵引车架、注浆系统、泡沫系统、回填系统、PLC 控制系统和数据选择系统、盾构机导向系统、皮带传送装置等构成。其主要特点见表 12-6。

盾构机主要特点 表 12-6

系统		设计参数	作用及效果
主轴承		寿命 17 850h	盾构机可掘进约 10km
刀盘主密封		寿命在 6km·5 000h 以上	盾构机可掘进约 10km
刀盘装置	挖掘装置	刀盘由主辐条 3 根、辅助辐条 3 根,共 6 根辐条构成,上面配置有 1 个中央刀头、98 个切削刀头、12 个特殊切削刀头、40 个强化先行刀头,并在先行刀头上装有超声波式磨损检测装置。刀盘开口率 3.9%	按照区间工程条件进行设计。切削刀头在刀盘辐条侧面用销子加以固定,便于在土仓中进行更换。超声波式磨损检测刀头装备于第 2、5、6 刀盘辐条上,计测磨损量
	超挖装置	2 台仿形刀装备。最大超挖可达到从外壳外径起 100mm 处	还可进行左右旋转挖掘
	驱动装置	挖掘的最大扭矩为 6 498kN·m,刀盘驱动电动机可通过变频器控制,转数可在 0.3~1.94r/min 的范围内任意设定	满足曲线施工
推进装置	推进千斤顶	22 台千斤顶,总推力 37 840kN,操作方式为计测调谐和全数调谐	最大掘进速度 8.0cm/min
	铰接千斤顶	16 台铰接千斤顶,最大铰接角度为水平 ±1.5°,垂直 ±0.5°	满足曲线施工
螺旋输送机		螺旋输送机可正逆两个方向旋转,安装有储能器	排土门可根据排土的状况调整其打开程度。储能器起到在突然停电时及时关闭闸门的作用
盾尾密封		盾尾设置三道盾尾密封刷	配有管路自动向盾尾密封注入专用密封油脂,保证盾尾的密封效果,提高防水性能
正圆器		配备正圆器	提高管片组装作业的作业性以及提高线形精度

续上表

系统	设计参数	作用及效果
同步注浆系统	安装有 1 部同步注浆装置，可从机内 4 处进行自动注浆（或手动注浆）	及时有效对衬砌背部和地层间空隙进行充填，防止地表沉降
泡沫、膨润土注入系统	刀盘、密封隔板及螺旋输送机均设有泡沫、膨润土注入管路	改变开挖土体的流塑性
人孔锁、材料锁、压气装置	隔壁的面板上安装人孔锁（2 个）、材料锁和压气装置，可以对挖掘面进行压气加压，最高使用压力为 0.3MPa	在挖掘面上进行维修作业
导向系统	具有及时测定盾构机位置及姿态（方位/俯仰/旋转）的装置，能按环自动存储必要的数据	检测结果在操作室显示并与设计的数据进行比较，操作人员可根据显示的结果方便地控制盾构机掘进
数据传输系统	配备数据采集处理和远程传输系统	实现办公掘进工况信息管理

2）主要技术参数

盾构机的主要尺寸及技术参数见表 12-7。

盾构机主要尺寸及技术参数　　表 12-7

项目	名　称	技术参数	备注
尺寸及质量	设备总长	约 67m	
	盾壳长度	8 215mm	
	总质量	约 350t	
盾构机本体	外径	6 140mm	铰接式
	护罩长度	750mm	
	圈梁长度	3 840mm	
	盾尾长度	3 625mm	
	最小水平转弯半径	250m	
	最大工作压力	30MPa	
	土压传感器	隔壁部分（外周）$\phi 80 \times 3$（N1 ~ N3） 隔壁部分（内周）$\phi 30 \times 2$（S1、S2） 本体外板部分 $\phi 80 \times 1$（01）	6 个
盾尾	外径	6 140mm	
	长度	3 625mm	
	盾尾密封	三排钢丝刷加注油脂	
	注脂管	6（2 × 3）	
	注浆口	4	DN40
推进油缸	总推力	37 840kN	
	行程	2 150mm	
	工作压力	30MPa	
	收缩运转压力	20MPa	
	千斤顶最大伸出速度	80mm/min	
	千斤顶最大回缩速度	296mm/min	

续上表

项目	名　称	技术参数	备注
铰接油缸	完全推进	32 000kN	
	行程	170mm	
	角度	水平 ±1.5°,垂直 ±0.5°	
刀盘	开口率	39%	
	开挖直径	6 160mm	
	刀具	中央刀头、切削刀头、特殊切削刀头、保护切削刀头、超挖刀	
	旋转方向	顺时针方向和逆时针方向	
	质量	22t	
刀盘驱动	驱动形式	电力驱动(整流器驱动)	
	电动机数量	10	
	转速	0.2～1.94r/min	
	扭矩	5 415kN · m	
	最大扭矩	6 498kN · m	
人行闸	形式	双　室	可独立调节
	长度	2 600mm	
	直径	1 600mm	
	工作压力	0.3MPa	
管片安装机	形式	环形齿轮式	电驱动 液压驱动
	速度	0.76r/min/1.53r/min	高低转速
	推压力	220kN	
	提升力	150kN	
	管片宽度	1 200mm	
	垂直行程	700mm	
	滑动行程	1 000mm	
	内部自由空间	约 3 050mm	
	操作压力	33kN	
	质量	14t	
正圆器	形式	竖直伸展型	液压驱动
	推举力	400kN	
	推举冲程	400mm	
	滑动冲程	1 450mm	

续上表

项　目	名　称	技术参数	备注
螺旋输送机	形式	中心轴式	液压驱动
	外径	800mm	
	转速	1.4 ~ 13.3r/min	可调
	最大扭矩	91.8kN · m	
	输土能力	约 $224m^3/h(\eta = 100\%)$	
	螺旋输送机门	刀门型	液压驱动
	螺旋输送机滑块	轴滑型	液压驱动
	螺旋输送机间壁	刀门型	液压驱动
	质量	15.5t	
皮带输送机	动力	30kW	电驱动
	带宽	750mm	
	带长	约 43mm	
	带速	100m/min	
	预设曲线半径	200m	
	空转轮角度	30°	
	输送能力	$260m^3/h$	
注入口	刀盘	$\phi40$	4 个
	间壁	$\phi50$	6 个
	螺旋输送机	$\phi50$	2 个
	盾构机侧壁	$\phi50$	(10 +2)个
后配套设备	回填注入设备	1	第一节台车
	操作室	1	
	油箱、油冷却器	1	第二节台车
	盾尾注脂泵	1	
	泡沫注入系统	1	第三节台车
	变换器	1	
	加泥装置	1	第四节台车
	动力盘	1	
	加泥装置	1	第五节台车
	高压变压器	1	
	高压 VCB 盘	1	
	压气用压缩机	1	第六节台车
	水箱	1	
	电缆卷筒	1	
	管片输送系统	1	
	数据采集系统	1	
	导向系统	1	ROBOTEC 测量系统
	后续台车	6	

续上表

项目	名　称	技术参数	备注
电源	初级电压	10kV	
	次级电压	380V/220V	
	高压转换器	1 200kVA	干树脂型
	电源电路	380V × 50Hz × ϕ3	
	控制电路	100V × 50Hz × ϕ1	
	照明电路	220V × 50Hz × ϕ1	
	紧急电路	AC24V	
	频率	55Hz	
	保护	IP55	

12.2.1.4　盾构隧道施工技术

1)盾构推进的实际参数及合理参数

(1)推进速度:推进平均速度 30mm/min,峰值不超过 50 mm/min。

(2)上土仓压力:0.07～0.15MPa(初始掘进定为0.08～0.1MPa,过铁路定为0.11MPa),对每环的出土量必须做一个统计,绝对不允许每环出了多少土都不知道的现象发生;注意观察上土压与左、右、下土压的差,如果土压差异较大,观察土体的和易性,检查泡沫与泥浆的效果。

(3)千斤顶行程:每环的长度必须足够,可使得管片自由放入,不可以用人工推管片的方法放入壳体,以防止管片被碰坏。

(4)千斤顶压力:注意各区的千斤顶压力,尽量合理地多选择千斤顶,否则对管片不利。

(5)推力:严格注意推力的变化,初始掘进时多观察后背的变形,如果后背开焊,立即停止推进,并上报。

(6)铰接:注意铰接角度的变化,由于初始掘进在曲线中始发,当整个机体(8 665mm)全部进入土体时,应开始进行轴线的纠偏,但在机座上不需进行纠偏;铰接角度的开启可随推进距离的变化而逐渐加大,铰接角度控制在0.4°～0.7°之间(初始掘进在0.5°～0.6°之间)。

(7)回转角:推进时注意机体的回转角,当超过 ±0.1°范围内时,立即调整刀盘的左右转,防止盾构机的较大扭转。

(8)注浆压力:初始掘进时不能使注浆压力太高,否则会使洞口帘布破坏,同时应多检查管路,看是否由于堵塞引起压力偏高。

(9)注浆流量:初始掘进时不宜过大,否则会引起压力过高,对洞口的封闭不利,可采取长时间的注入不间断而流量调低的方法;A 液可保持在 25～35L/min 之间,同时多注意每环掘进距离与注浆累计量的关系,看是否因过多而引起漏浆、压力高等问题。

(10)注浆累计:为保证洞口处的密闭性(初始掘进洞口土体损失大),开始 +6 环可以不限量,当注浆至 4 000L 时看压力是否增加。如果压力一点没有增加,可以再注;如果压力增加明显,可以停止注浆,待推进时再注浆,但在管拼装时必须停止同步注浆;与注浆压力结合,注浆压力的终压考虑为 1.5 ~2.0MPa 之间。

(11)注浆泵:同步注浆完时必须冲洗,在交接班时必须保证管路的清洁。

(12)补注浆:根据地面监测的情况及同步注浆的效果决定补注浆的量,同时在补注浆时观察盾壳内的漏浆情况及补注浆的压力,决定补注浆的累计数量。

(13)加泥方向:尽量多用刀盘上加泥口,以保证土体流塑性好。

(14)加泥累计:每环的加泥量在 2 500 ~4 000L 之间。

(15)泡沫累计:每环的量在 2 500 ~5 000L 之间。

(16)加泥加泡沫效果检查:可以看最后入电瓶车土斗泥的形状,最好就是渣土能成尖,不能使出的渣土像流体一样,开始时必须每环检查,把信息反馈给盾构司机。

(17)螺旋输送机力矩:注意力矩的变化,防止大的卵石卡住螺旋输送机。

(18)螺旋输送机压力:在 0.35 ~0.6MPa 范围较适宜。

(19)排土门开度:开到 40% ~70% 可满足推进,有黏土时应注意开度。

(20)刀盘旋转速度:初始掘进时暂时调到最低。

(21)刀盘力矩:通过控制尽量降低力矩。

(22)仿形刀:不可以为了纠偏擅自开仿形刀,如果要使用应上报。

(23)盾构机姿态:保持在 ±40mm 之内;尽量避免产生大的纠偏。

2)盾构姿态控制统计分析

(1)盾构姿态控制

盾构机的姿态由一套日本 enzan 公司提供的隧道工程盾构法掘进管理系统 ARIGATAYA VersionⅢ控制。

该系统能向用户提供关于盾构机当前空间位置和方向的连续的实时信息,通过正确的方向控制的操作,能使盾构机与隧道设计轴线(DTA)的误差控制在较小范围内。

ARIGATAYA Version Ⅲ系统由 ROBOTEC 测量系统、数据采集系统、中央控制室三部分构成。ROBOTEC 测量系统由后视点(RMT)、目标点(RMT1、RMT2)和总站(器械点)组成。测量之前,后视点、总站的坐标值事先给定。测量时,总站的追踪系统通过感知目标点上 LED 发出的红外线来自动寻找目标点 RMT1、RMT2,然后锁定目标点,意味着固定了总站两个轴的角度(水平角度和垂直角度)。目标点锁定后,总站对准目标点的三棱镜发射光波,然后接收从三棱镜反射回来的光波。由于空气中的光速一定,通过测定光波从发射到反射回来所经历的时间就可算出从总站到目标点的距离。同时,总站自身伺服电动机的角度值决定了总站在两个轴上的角度,详见图 12-11 的 ROBOTEC 测量画面。此系统可高精度地测出距离,通常 2.5km 之内的误差为 3mm +2ppm。

(2)数据采集、存储、打印系统

盾构机的数据采集、存储及打印系统如图 12-12 所示。

ARIGATAYA Version Ⅲ系统对盾构掘进机、陀螺仪、注浆数据、排土量计测数据四处的信号通过直接配线进行收集,收集点数最大达 512 点,收集周期 3s 左右。然后,经过大约 3s 的处理,生成瞬时值、最大值、最小值和累计值。挖掘结束时,根据保存种类、最终值或是平均值生成存储数据,数据可用 EXCEL 形式打印输出。

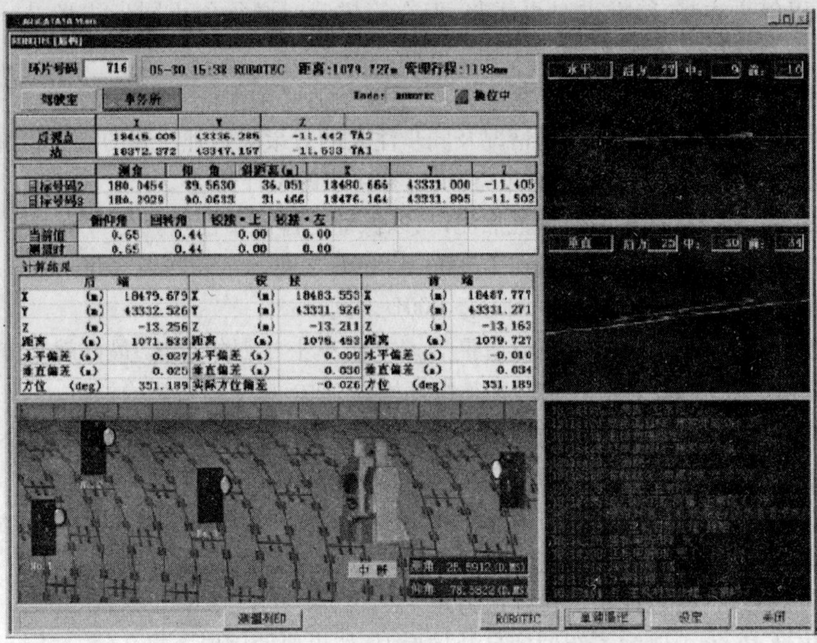

图 12-11　ROBOTEC 测量画面

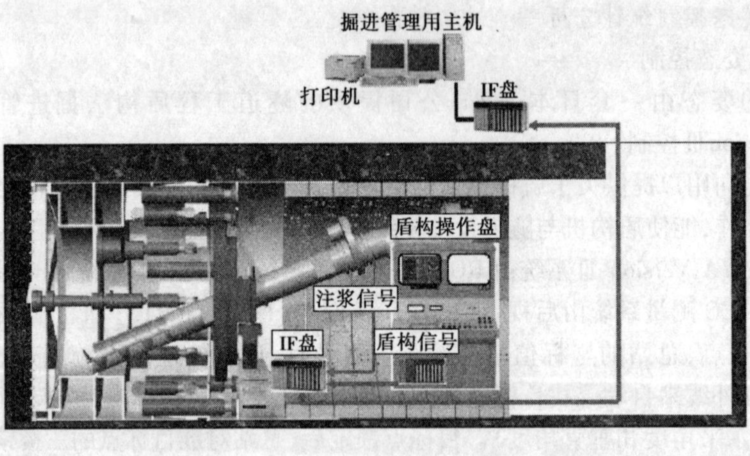

图 12-12　盾构机的数据采集、存储及打印系统

(3)施工效果

通过隧道工程盾构法掘进管理系统 ARIGATAYA Version Ⅲ对盾构机姿态的控制，成型隧道轴线满足规范要求，其计算精度完全能满足实际工程的施工精度要求。

3) 管片拼装质量控制统计分析

(1)管片拼装质量控制措施

①在推进前正确地对下一环管片进行预测。

②掘进过程中，应严格按"勤纠偏，小纠偏"的原则进行纠偏。在直线掘进时，尽量减小千斤顶行程差；在曲线掘进时应依据计算值，控制千斤顶的行程差，使盾构机行进方向与隧道设计轴线在允许偏差范围内平缓掘进，应将盾构机位置控制在设计曲线的

内侧。保证纠偏幅度在合理范围内,确保隧道平面与高程偏差引起的轴线折角不超过0.4%。

③管片拼装过程中,第一块管片的位置尤为重要,它决定了本环其他管片的位置及拼缝的宽窄。管片高于相邻块,将会导致 C 块的位置不够;低于相邻块,纵缝过大,防水性降低。同时,第一块应平整,防止形成喇叭口。

④当拼装第五块(B1 或 B2)时,应用尺子量 C 块空位的宽度,并调整第五块位置,保证其值为(48 ±1)cm 或(95 ±1)cm。

⑤管片拼装应满足规范规定的偏差:高程和平面互不侵限;每环相邻管片平整度为10mm;纵向相邻环环面平整度为 10mm;衬砌环直径椭圆度为 0.5%。

⑥螺栓应确保紧固,拧紧力矩要达到设计要求,即 300N · m。

⑦同一环内各管片的相邻位置应符合设计图纸要求,不可互换。每环管片上有管片类型标记、环类型标记、纵缝对接标记,安装管片时应认真查看这些标记,保证管片安装正确;管片迎千斤顶面和背千斤顶面不同,方向不要错装。操作员在安装管片时看到管片中心的管片标志字符应是正确的,如果是倒置的,则管片朝向错误。

⑧管片 C 块安装方法为先纵向搭接 1m,然后安装器径向推顶到预定位置再纵向插入。C 块及 B1、B2 与 C 块相邻面的止水条,在安装前应涂润滑剂。

⑨安装时应注意小心轻放,避免损坏管片和止水条。尤其是在管片初步就位过程中,应平稳控制管片拼装机的动作,避免待拼管片与相邻管片发生摩擦、碰撞,而造成管片或橡胶密封垫的损坏。

⑩对掘进过程中出现的管片裂缝和其他破损,要及时观察记录并提醒盾构机操作员注意,并要选择合适时间对管片进行修补。

⑪拼装中应严格控制每环管片环面高差。管片初步就位后,通过塞尺与靠尺对相邻管片相邻环面高差进行量测,根据量测数值对管片进行微调,当相邻管片环面高差达到要求后,及时靠拢千斤顶,防止管片移位。

⑫封顶块先径向居中压入安装位置,搭接长度大于 0.9m(故一般要求千斤顶行程量大于 1 500mm 时才停止掘进),调准后再沿纵向缓慢插入。如遇阻碍应缓慢抽出后进行调整。严禁强行插入和上下大幅度调整,以免损坏或松动止水条。

(2)施工效果

由于在拼装过程中不断总结保证管片拼装质量的方法和管片拼装施工的技术要领,从而使成形隧道管片的环与环之间错台小于 5mm,每环内各管片间错台小于 5mm,确保了成型隧道的质量。

4)同步注浆、补注浆的浆液类型、配比和注浆工艺及参数

(1)盾构同步注浆

①注浆目的

盾构机的刀盘开挖直径为 6 160mm,管片外径为 6 000mm,因此,当盾构机盾尾脱出管片后,在土体与管片之间将形成一道宽度为 8cm 的空隙。如果不及时进行回填,隧道上方的土体将有可能塌陷下来,从而引起地面的超限沉降。

注浆除防止地面沉降外,还有增强防水和限制管片变形的作用。

②注浆方式

采用盾尾同步注浆方式。随着盾构的前进,砂浆泵送系统通过一套泵送装置将砂浆经过4个注入口同步注入管片和开挖洞身之间的环形间隙之中,砂浆泵可以手动控制,也可以自动控制,砂浆泵上方设置了一个带搅拌器的砂浆罐(容积为3.5m^3)。

③砂浆供应

砂浆在地面搅拌好后,通过溜管装入拖卡上的砂浆斗中(容积为6m^3)。当砂浆斗被运到砂浆罐旁时,先接通砂浆斗搅拌器的电源并搅拌3~5min后,通过后续台车上的砂浆转运泵将砂浆转移到砂浆罐中。

④砂浆配合比

采用单液砂浆,主要成分及配合比见表12-8。

同步注浆材料配合比和性能指标　　表12-8

水泥(kg)	粉煤灰(kg)	膨润土(kg)	砂(kg)	水(kg)	外加剂
60~100	241~340	60	900~960	419~516	按需要根据试验加入

浆液的初凝时间约为10h,24h抗压强度为0.5MPa,3d抗压强度为2MPa,28d抗压强度为6MPa。

⑤注浆量

根据刀盘开挖直径和管片外径,可以按下式计算出一环管片空腔的注浆量。

$$V = \pi \times K \times L \times (D_1^2 - D_2^2)/4$$

式中:V——一环管片注浆量(m^3);

L——管片环宽(m);

D_1——刀盘外径(m);

D_2——管片外径(m);

K——扩大系数,取1.5~2。

代入相关数据,可得:

$$V = \pi \times (1.5 \sim 2) \times 1.2 \times (6.16^2 - 6^2)/4 = 2.75 \sim 3.67(m^3)$$

在开始新一环的掘进前,可以得到上一环的注浆总量,通过清零后,可以开始下一环的注浆。

⑥注浆压力

注浆压力应略大于各注浆点位置的静止水土压力,并避免浆液进入盾构机土仓中。

最初的注浆压力是根据理论的静止水土压力确定的,在实际掘进中应不断调整。如果注浆压力过大,会导致地面隆起和管片变形,还易漏浆。如果注浆压力过小,则浆液填充速度赶不上空隙形成速度,将会引起地面沉陷。一般而言,注浆压力可取1.1~1.2倍的静止水土压力,最大不超过0.3~0.4MPa。

由于是从盾尾圆周上的四个点同时注浆,考虑到水土压力的差别和防止管片大幅度下沉和浮起的需要,各点的注浆压力将不同,并保持合适的压差,以达到最佳效果。在最初的压力设定时,下部每孔的压力应比上部每孔的压力略大0.05~0.1MPa。

(2)二次注浆

盾构机穿越后考虑到环境保护和隧道稳定因素,如发现同步注浆有不足的地方,通过管片中部的注浆孔进行二次补注浆，补充第一次注浆未填充部分和体积减少部分，从而减少盾构机通过后土体的后期沉降，减轻隧道的防水压力，提高止水效果。

二次注浆使用专用的泥浆泵，注浆前凿穿外侧保护层，安装专用的注浆接头。

①注浆孔位置

二次注浆采用后方注浆方式，即从第三环及以后管片注浆孔进行壁后注浆。注浆孔选择在对注浆效果起重要作用的位置，从便于施工和注浆效果两方面综合考虑。

②注浆方式及顺序

在隧道内通过管片注浆孔注浆。注浆顺序为：隧底注浆→两侧注浆→隧顶注浆。

③注浆材料

使用同步注浆浆液材料。

④注浆参数

二次注浆压力按比同步注浆压力高出 0.01 ~ 0.03MPa 来控制。

5）刀具及刀盘的磨耗、损耗特征和规律

（1）刀盘及刀具配置情况

盾构机的刀盘及刀具布置如图 12-13 所示，刀盘由主辐条 3 根、辅助辐条 3 根共 6 根辐条构成，上面配置有 1 个中央刀头、98 个切削刀头、12 个外围强化先行刀头、40 个强化先行刀头，各种刀具如图 12-14 所示。在刀头上装有超声波式磨损检测装置，如图 12-15 所示。刀盘开口率 39%。切削刀头在刀盘辐条侧面用销子加以固定，便于在土仓中进行更换。超声波式磨损检测刀头装备于第 2、5、6 号刀盘辐条上，量测磨损量。

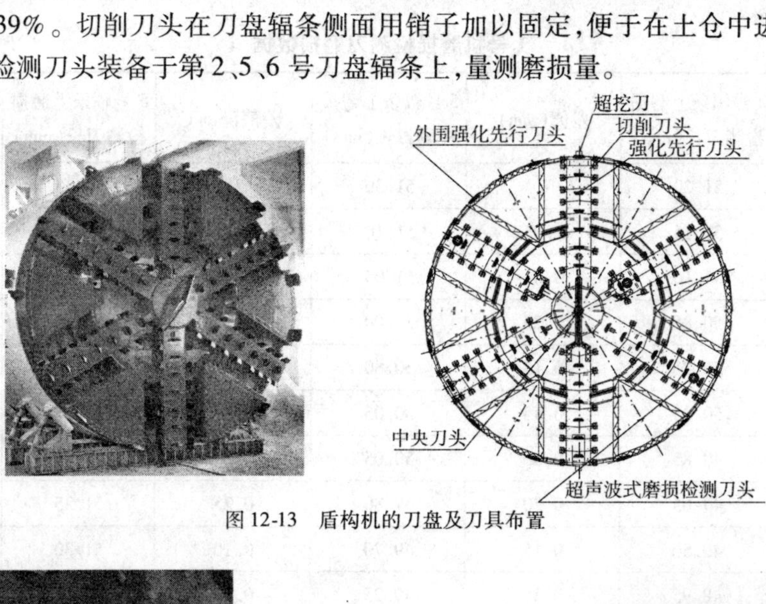

图 12-13　盾构机的刀盘及刀具布置

图 12-14　各种刀具

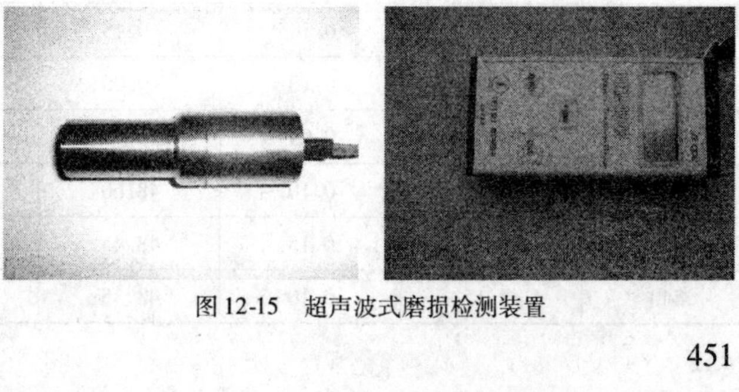

图 12-15　超声波式磨损检测装置

(2)刀具磨损

刀具磨损状况如图 12-16 所示,磨损检测数据见表 12-9(1 号机磨损检测刀磨损数据)及表 12-10(2 号机磨损检测刀磨损数据)。

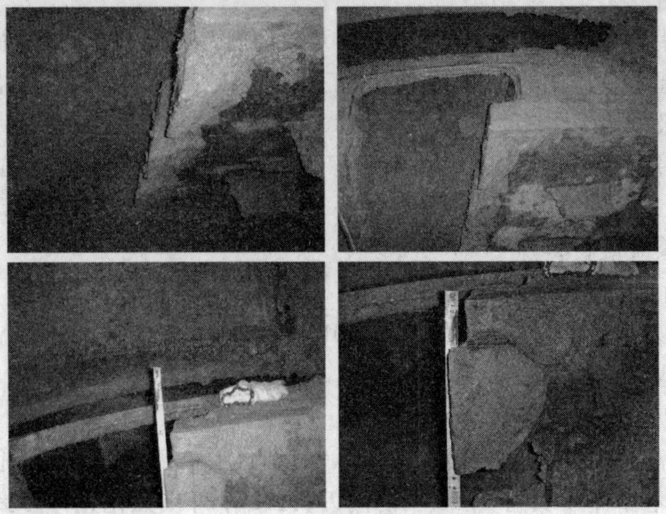

图 12-16　刀具磨损状况

1 号机磨损检测刀磨损数据　　表 12-9

环号	2 号辐条上磨损检测刀长(mm)	差值(mm)	5 号辐条上磨损检测刀长(mm)	差值(mm)	6 号辐条上磨损检测刀长(mm)	差值(mm)
152	51.20	0	51.30	0	52.35	0
162	51.15	0.05	51.10	0.20	52.25	0.10
171	51.10	0.05	51.05	0.05	52.15	0.10
182	50.85	0.25	51.00	0.05	52.05	0.10
188	50.70	0.15	50.80	0.20	52.00	0.05
214	50.25	0.45	50.05	0.75	51.55	0.45
233	49.85	0.40	50.05	0.00	51.40	0.15
241	49.65	0.20	49.80	0.25	51.35	0.05
246	49.50	0.15	49.70	0.10	51.30	0.05
280	48.95	0.55	49.25	0.45	50.95	0.35
290	48.85	0.10	49.15	0.10	50.90	0.05
300	48.75	0.10	49.00	0.15	50.90	0.00
310	48.50	0.25	48.75	0.15	50.80	0.10
320	48.40	0.10	48.60	0.15	50.65	0.15
330	48.25	0.15	48.45	0.15	50.55	0.10
340	48.15	0.10	48.35	0.10	50.45	0.10

续上表

环号	2 号辐条上磨损检测刀长(mm)	差值(mm)	5 号辐条上磨损检测刀长(mm)	差值(mm)	6 号辐条上磨损检测刀长(mm)	差值(mm)
350	48.10	0.05	48.15	0.20	50.30	0.15
360	47.95	0.15	48.05	0.10	50.20	0.10
370	47.90	0.05	47.80	0.25	50.15	0.05
380	47.65	0.25	47.70	0.10	50.15	0.00
390	47.55	0.10	47.50	0.20	49.85	0.30
400			47.45	0.05	49.80	0.05
410			47.40	0.05	49.65	0.15
420			47.30	0.10	49.55	0.10
430			47.25	0.05	49.50	0.05
440			47.15	0.10	49.40	0.10
450			47.10	0.05	49.35	0.05
460			47.00	0.10	49.25	0.10
470	46.95		46.90	0.10	49.25	0.00
480	46.95	0.00	46.90	0.00	49.25	0.00
490	46.80	0.15	46.75	0.15	49.20	0.05
500	46.75	0.05	46.70	0.05	49.15	0.05
510	46.70	0.05	46.65	0.05	49.10	0.05
520	46.65	0.05	46.55	0.10	49.05	0.05

2 号机磨损检测刀磨损数据　　表 12-10

环号	2 号辐条上磨损检测刀长(mm)	差值(mm)	5 号辐条上磨损检测刀长(mm)	差值(mm)	6 号辐条上磨损检测刀长(mm)	差值(mm)
127	52.15		52.40		52.10	
136	52.15	0.00	52.40	0.00	52.10	0.00
143	52.05	0.10	52.25	0.15	51.80	0.30
148	52.00	0.05	52.20	0.05	51.75	0.05
153	51.95	0.05	52.20	0.00	51.70	0.05
176	51.95	0.00	52.15	0.05	51.60	0.10
184	51.70	0.25	51.90	0.25	51.40	0.20
210	51.55	0.15	51.65	0.25	50.95	0.15
220	51.45	0.10	51.50	0.15	50.85	0.15
230	51.35	0.10	51.40	0.10	50.75	0.10

续上表

环号	2 号辐条上磨损检测刀长(mm)	差值(mm)	5 号辐条上磨损检测刀长(mm)	差值(mm)	6 号辐条上磨损检测刀长(mm)	差值(mm)
240	51.25	0.10	51.30	0.10	50.75	0.00
250	51.10	0.15	51.15	0.15	50.60	0.15
260	50.90	0.20	51.00	0.15	50.50	0.10
270	50.80	0.10	50.80	0.20	50.40	0.10
280	50.35	0.45	50.55	0.25	50.30	0.10
290	50.15	0.20	50.40	0.15	50.30	0.00
300	50.00	0.15	50.30	0.10	50.20	0.10
310	49.80	0.20	50.15	0.15	50.15	0.05
320	49.75	0.05	50.10	0.05	50.15	0.00
330	49.65	0.10	50.00	0.10	50.05	0.10
340	49.55	0.10	49.95	0.05	49.90	0.15
350	49.45	0.10	49.90	0.05	49.90	0.00
360	49.40	0.05	49.85	0.05	49.90	0.00
370	49.35	0.05	49.80	0.05	49.90	0.00
380	49.20	0.15	49.65	0.15	49.80	0.10
390	49.15	0.05	49.55	0.10	49.80	0.00
400	49.10	0.05	49.40	0.15	49.80	0.00
410	48.95	0.15	49.30	0.10	49.75	0.05
420	48.70	0.25	49.15	0.15	49.65	0.10
430	48.50	0.20	49.00	0.15	49.50	0.15
440	48.35	0.15	48.85	0.15	49.50	0.00
450	48.25	0.10	48.75	0.10	49.50	0.00
460	48.10	0.15	48.65	0.10	49.50	0.00

(3)刀具磨损特征及规律

①大部分强化先行刀磨损严重,从刀盘中心向外,磨损的程度逐渐加大。

②切削刀部分松动,用以连接的螺栓磨损较严重,有 1~2 把切削刀脱落,刀具磨损同样是从刀盘中心向外,磨损的程度逐渐加大。

③周边刀磨损严重,大部分脱落,导致开挖直径变小,盾构推进困难。

④刀盘面板磨损较严重,平均磨损约 1cm。

⑤刀盘外周磨损严重。

6)长距离推进的换刀

(1)施工方案概述

①刀具更换位置

刀具更换位置为:左线 K2 +946.77,隧道埋深 16.941m;右线 K3 +045.152,隧道埋深 16.572m,根据甲方、万芳亭公园管理处提供的资料以及现场调查,确认盾构机换刀位置地下无管线。刀具更换平面位置如图 12-17 所示。

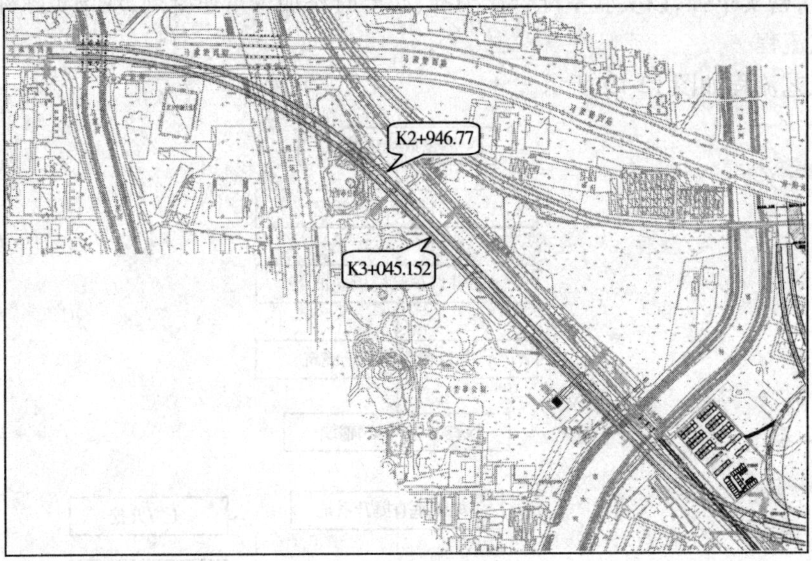

图 12-17　换刀平面位置图

②施工方案

在地面施作工作井,对盾构机刀具进行更换。工作井直径 ϕ1 500mm,每天进尺2 000 mm,大约 10d 可挖至设计高程(盾构机拱顶下 1m)位置,在工作井护壁下部 2 ~3m 范围内采用钢格栅、竖向设置连接筋,形成暗梁结构,同时打设小导管(小导管长度 1 500mm)对地层进行加固处理。工作井与盾构机位置关系如图 12-18 所示。

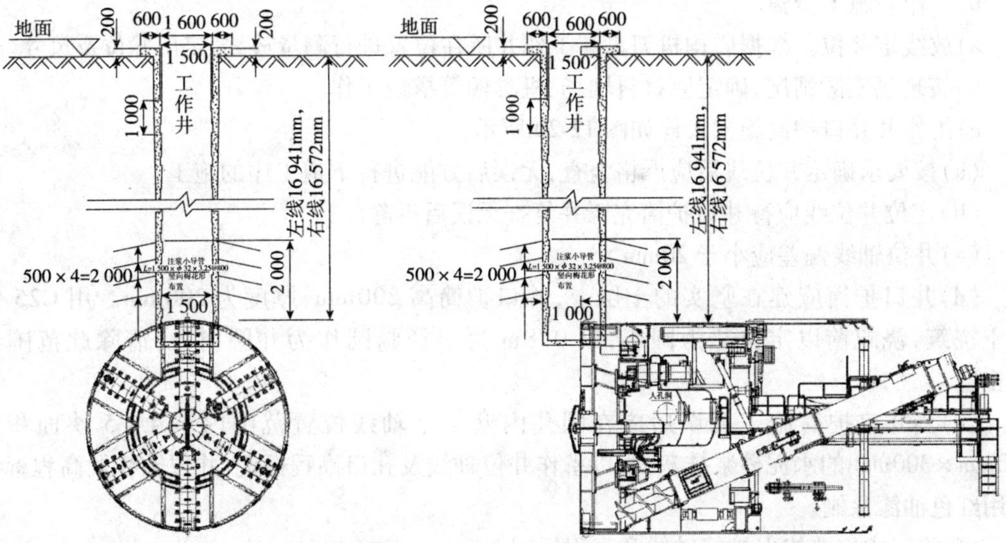

图 12-18　工作井与盾构机位置关系(尺寸单位:mm)

(2)施工工艺

①工作井施工

工作井开挖直径为1 500mm,深度18m,工作井护壁厚度为150mm,工作井护壁用C25混凝土浇筑,密实早强,以实验室配合比为准,必要时添加少量速凝剂,现场实际称量。

a. 工艺流程

施工工艺流程如图12-19所示。

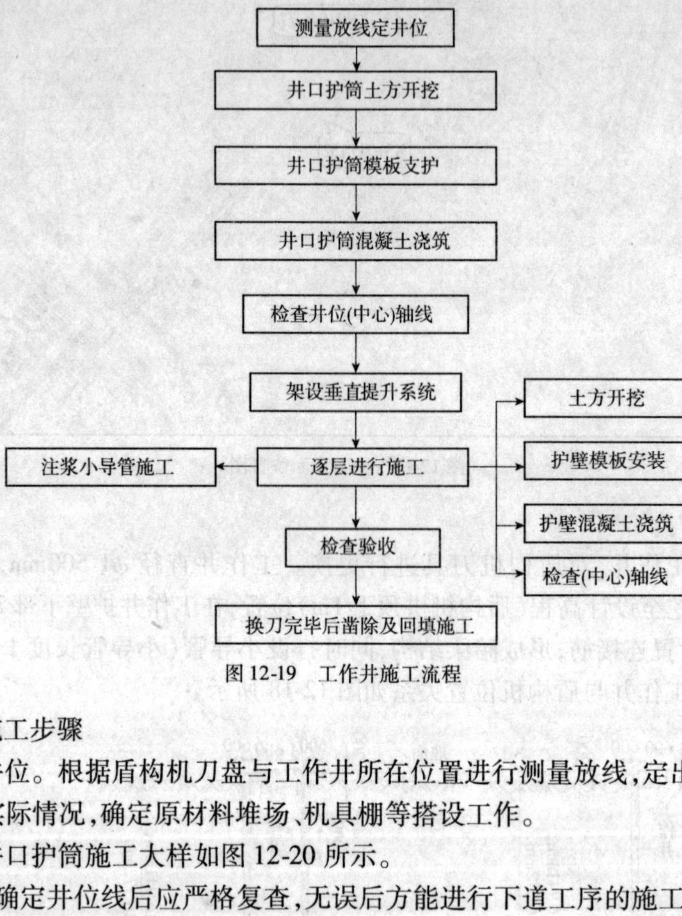

图12-19　工作井施工流程

b. 工作井施工步骤

a)放线定井位。根据盾构机刀盘与工作井所在位置进行测量放线,定出井位及尺寸。

b)按现场实际情况,确定原材料堆场、机具棚等搭设工作。

c)工作井井口护筒施工大样如图12-20所示。

(a)按要求确定井位线后应严格复查,无误后方能进行下道工序的施工。

(b)定位井位线应待井口护筒完工并复查无误后拆除。

(c)井位轴线偏差应小于20mm。

(d)井口护筒应建在坚实的土层上,井口护筒高200mm,厚度为200mm。用C25混凝土浇筑,浇筑前以定位井为圆心,以0.8m为半径画圆作为井圈内径,清除此范围内浮土。

(e)当井口护筒施工无误后应在圆孔内壁十字轴线位置范围内作4~5块面积约200mm×300mm的水泥砂浆抹灰面,以备作井位轴线及孔口高程标记,井位轴线及高程标记宜用红色油漆涂刷。

(f)施工中应严格保护好轴线和高程标记。

d)挖取土方施工及浇筑护壁。

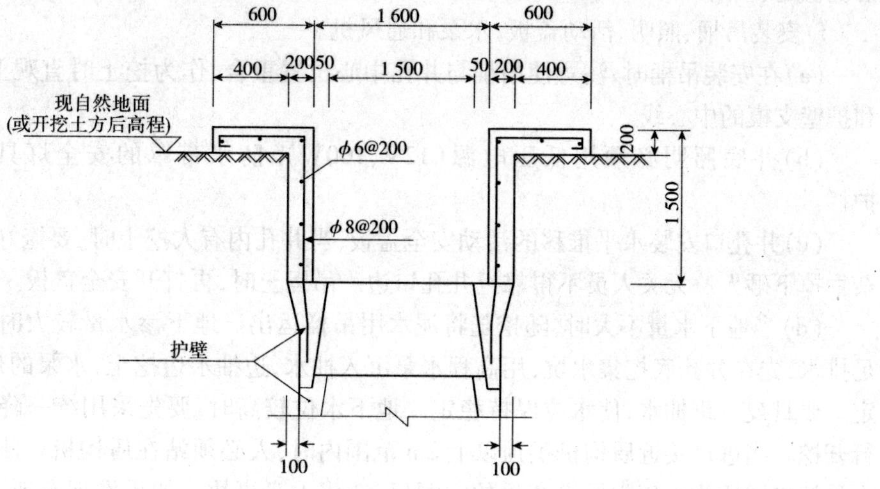

图 12-20　工作井井口护筒大样图(尺寸单位:mm)

(a)护壁是关系到施工安全的关键工序,必须严格按设计要求及施工规范浇筑每节护壁(图 12-21),保证每层护壁的壁厚、工作井尺寸及牢固性。

(b)土方施工每节开挖深度为 1 000mm 左右,开挖面上口应以井圈内沿下挖,下口护壁外形尺寸呈"八"字形。每节应按护壁下口外沿尺寸作修边处理,为装模灌注护壁做好准备。井孔内挖出的土方应运至井 10m 以外或指定地点存放,不允许乱堆。

(c)护壁模板采用拆上节、支下节重复周转使用。模板之间用卡具、扣件连接固定,必要时可以在每节模板的上下端各设一道用槽钢或角钢做成的圆弧形的内钢圈作为内侧支撑,防止内模因胀力而变形。不设水平支撑,以方便操作。

(d)护壁混凝土每挖完一节以后要立即浇筑。混凝土采用人工现场拌制,人工浇筑,人工捣实,混凝土强度为 C25,配合比由试验室确定,坍落度控制在 80 ~ 100mm 之间,确保孔壁的稳定性。

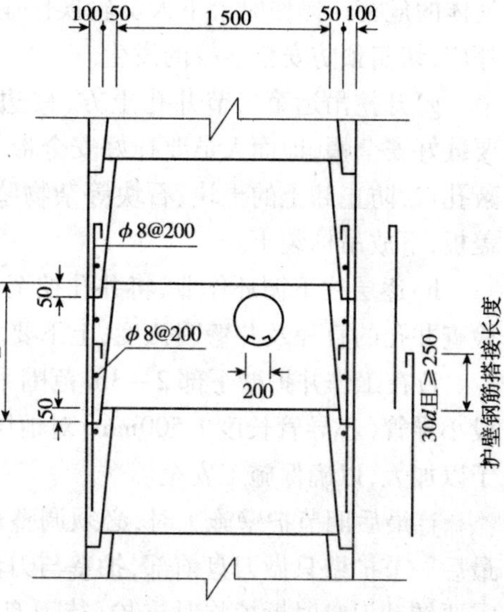

图 12-21　工作井护壁大样图(尺寸单位:mm)

(e)护壁混凝土所需水泥、砂石料采用袋装运输、堆放,挖出土方的堆放需铺垫铁皮,避免污染路面,注意保持环境卫生和现场文明施工。

(f)每节护壁做好以后,必须将井位十字轴线和高程测设在护壁的上口,然后用十字线对中,吊线坠向井底投射,以半径尺杆检查井壁的垂直平整度。随之进行修整,井深必须以基准点为依据,逐根进行引测。保证工作井轴线位置、高程、截面尺寸满足设计要求。

e)架设垂直运输架。第一节井孔成孔以后,即着手在井孔上口架设垂直运输支架,要求搭设稳定、牢固。

f)安装吊桶、照明、活动盖板、水泵和通风机。

(a)在安装吊桶时,注意使吊桶与井孔中心位置重合,作为挖土时直观上控制井位中心和护壁支模的中心线。

(b)井底照明必须用低压电源(12V、100W)、防水带罩的安全灯具。井口上设围护栏。

(c)井孔口安装水平推移的活动安全盖板,当井孔内有人挖土时,要掩好安全盖板,防止杂物掉下砸人。无关人员不得靠近井孔口边。吊运土时,再打开安全盖板。

(d)当地下水量不大时,随挖随将泥水用吊桶运出。地下渗水量较大时,吊桶已不能满足排水,先在井孔底挖集水坑,用高程水泵沉入抽水,边抽水边挖土,水泵的规格按抽水量确定。要日夜三班抽水,使水位保持稳定。地下水位较高时,要先采用统一降水的措施,再进行开挖。当进尺接近盾构机拱顶以上2m范围内时,人必须站在盾构机一侧施工,防止施工人员掉进因盾构不正常推进产生的空洞里,造成人身事故。如果发现有地下空洞而不能支模作护壁时,可下钢护筒与连接筋焊接作护壁,待焊接完成后将钢护筒取出,以免影响后续推进。

(e)当井孔深大于10m时,要向井下通风,加强空气对流。必要时输送氧气,防止有毒气体的危害。操作时上下人员轮换作业,井孔上人员密切注视观察井孔下人员的情况,互相呼应,切实预防安全事故的发生。

g)开挖吊运第二节井孔土方(修边)。从第二节开始,利用提升设备运土,井孔内人员要戴好安全帽,地面人员要拴好安全带。吊桶离开孔口上方1.5m时,推动活动安全盖板,掩蔽孔口,防止卸土的土块、石块等杂物坠落孔内伤人。吊桶在小推车内卸土后,再打开活动盖板,下放吊桶装土。

h)逐层往下循环作业,将井孔挖至设计深度,清除虚土;井孔挖至规定的深度后,用支杆检查井孔的直径及井壁圆弧度,上下要垂直平顺,修整孔壁。

i)在工作井护壁下部2~3m范围采用钢格栅、竖向设置连接筋,形成暗梁结构,同时打设小导管(小导管长度1 500mm)对地层进行加固处理,小导管注浆范围根据现场实际情况予以加大,以确保施工安全。

j)最后四节护壁施工时,必须调整长度,保证倒数第二节下沿正好骑在盾构机拱顶上,最后一节护壁只做刀盘前部,护壁与刀盘之间的间隙采用木板作为临时支撑并用丝杠顶住,需要转动刀盘时拆掉临时支护,待刀盘转到下一修复位置、观察到土体稳定时再恢复临时支撑。

k)进行盾构机刀具更换。

l)在更换完所有需要更换的刀具后,用级配砂石进行回填,回填时必须拆除倒数第一节护壁,以免影响盾构机后续掘进施工,回填时采用30cm一步,人工夯实,最后2m用黏土回填并夯实。然后,盾构机才可以进行掘进施工。

②刀具检查及刀具更换施工

a. 刀具检查及更换施工步骤

刀具检查及更换施工步骤如图12-22所示。

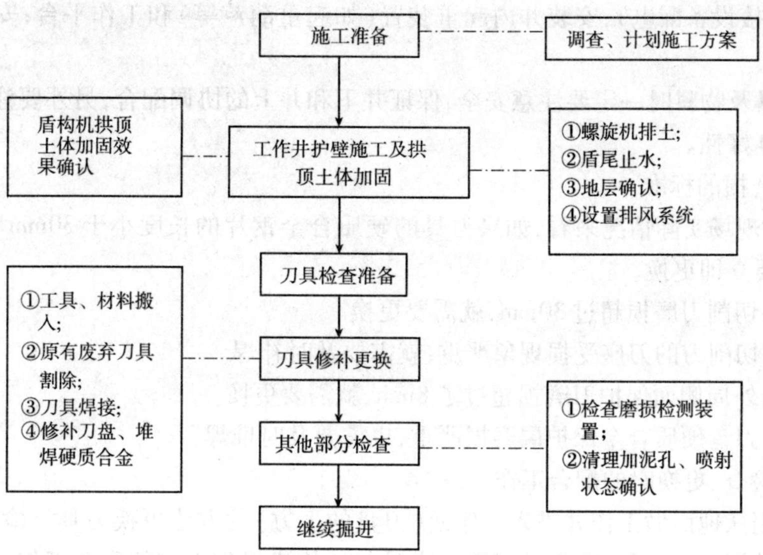

图12-22　刀具检查及更换施工步骤图

b. 竖井内检查

a)竖井内及作业面状态的确认。竖井施工完毕后必须由土建工程师对整个结构及施工工作面进行检查、确认,检查合格后才可进行下一步施工。

b)照明装置检查确认。竖井及工作面内要保证足够的照明亮度,同时还要检查照明装置的安全、防水、防撞等性能。

c)有毒有害气体的检测确认。竖井及工作面内要使用空气质量检测仪进行检测,排除有毒、有害气体的存在后方可进行施工。

c. 换刀检查准备

a)盾尾处止水。为了防止换刀期间大量水从盾尾涌入土仓内,需要在近盾尾处的3环管片注浆孔内,压入双液浆形成一道止水箍,将后面的水挡住。

b)空转刀盘。在换刀施工期间需要旋转刀盘,当刀盘每一幅条旋转到上方竖井接口处时,才可检查更换,所以需要在换刀之前进行刀盘空转操作。检查刀盘旋转时所带的土体对竖井是否造成影响,同时要注意在刀盘旋转时,人员及工具要及时离开工作面及竖井,以不超过0.5r/min的速度转动刀盘,待刀盘旋转结束后由土建工程师进行工作面及竖井的确认。

c)根据土仓内的实际情况掌握好是否需要螺旋输送机排土。如果工作人员进入竖井后发现刀盘处积土太多就需要通过螺旋输送机适量排土,注意排土期间的地层观测、检查。

d. 刀具更换、修复

a)刀具更换、修复施工。

(a)在工作井内对刀具进行焊接的空间狭小,所以需要合理安排设备和器具,以保证作业人员对刀盘进行焊接作业时有适当的作业空间。

(b)为了保证换刀人员的安全,只有确认换刀人员和所有设备器具从护壁内撤出后才能旋转刀盘,刀盘旋转位置可从操作屏幕中超挖刀的位置进行推算。

(c)工具、材料的准备:工具(焊接设备、起重设备等物料)的搬运;焊接、切割设备接线

（注意防止焊接设备漏电）；安装井内起重装置（如起重葫芦等）和工作平台；安装通风换气设备。

运送工具及物料时一定要注意安全，保证井下和井上的协调配合，另外要注意时刻检查运输设备的良好性。

b）刀具磨损的标准。

（a）根据现场实际情况来看，如果刀具的硬质合金钢片的长度小于30mm（原始状态为50mm）就需要立即更换。

（b）如果切削刀磨损超过30mm，就需要更换。

（c）如果切削刀的刀座受损现象严重，就需要及时补焊。

（d）如果外周侧面保护刀磨损超过了8mm，就需要更换。

（e）如果刀盘硬质合金保护层磨损严重，也需要及时堆焊。

c）刀具检查、更换时的配合工作。

本次采用从地面做工作井进入工作面（刀盘的上方）的方法更换刀具。检查、更换刀盘每个幅条及其周边的刀具，需要做好换刀人员与盾构机操作人员的配合工作。通过对讲机时刻保持联系，盾构机操作人员要操作准确、运转平稳，保证刀盘所旋转的位置有利于刀具检查、更换和减少对周边土体的扰动，另外当刀盘处积土很多，也需要盾构机操作人员排出适量的土体，以利于刀具检查、更换施工。

d）刀具的更换及修复。计划每台机器更换的刀具种类及数量为：周边刀12把、切削刀62把、外侧强化先行刀24把、外周侧面保护刀6把，如图12-23所示。

（a）刀具更换的程序和方法。每次更换时，工作人员先将刀具周围的泥土清掉，保证有一定的工作空间。先检查、更换刀盘外侧2把周边刀和4把切削刀，然后向内逐个检查刀具的磨损情况，确定需要更换时作好记录。

ⓐ切削刀更换时用套筒及加力杆卸下固定螺栓，将拆下的螺栓及附件放入随身携带的工具袋内，以防丢失。同时将固定螺栓和固定座用水清洗干净，并检查一下是否有裂纹，如有裂纹必须换新螺栓，以确保新装刀具有足够的连接强度。将新的刀具按原来的位置安装好，并将固定螺栓拧紧。

ⓑ周边刀和强化先行刀、刀盘外周保护刀更换时采用焊接的形式，首先要将废弃的刀具切除，采用碳刨割除的方式，切除后要用砂纸、磨光机打磨平整，用丙酮擦拭干净后方可焊接，焊接时严格依照图纸要求画线、定位，采用二氧化碳气体保护焊接，焊缝要求为15mm，焊接后要将焊接处的碳化层去除并打磨。

每换完一批后，由值班机械工程师检查安装、焊接质量，并检查是否有遗漏或者紧固不牢的。机械工程师确认无误后方可继续作业。更换速度按实际情况定，必须以保证安装焊接质量为前提。

（b）刀盘其他部分的修复。刀盘表面的硬质合金层如果磨损严重需要进一步堆焊，采用707焊条焊接。

e. 其他部分的检查和清理

利用更换刀具的同时，对刀盘上的加泥、加泡沫口进行清理疏通，清理后进行测试，另外有可能的话也要对土仓内土压计上的泥土进行清理。

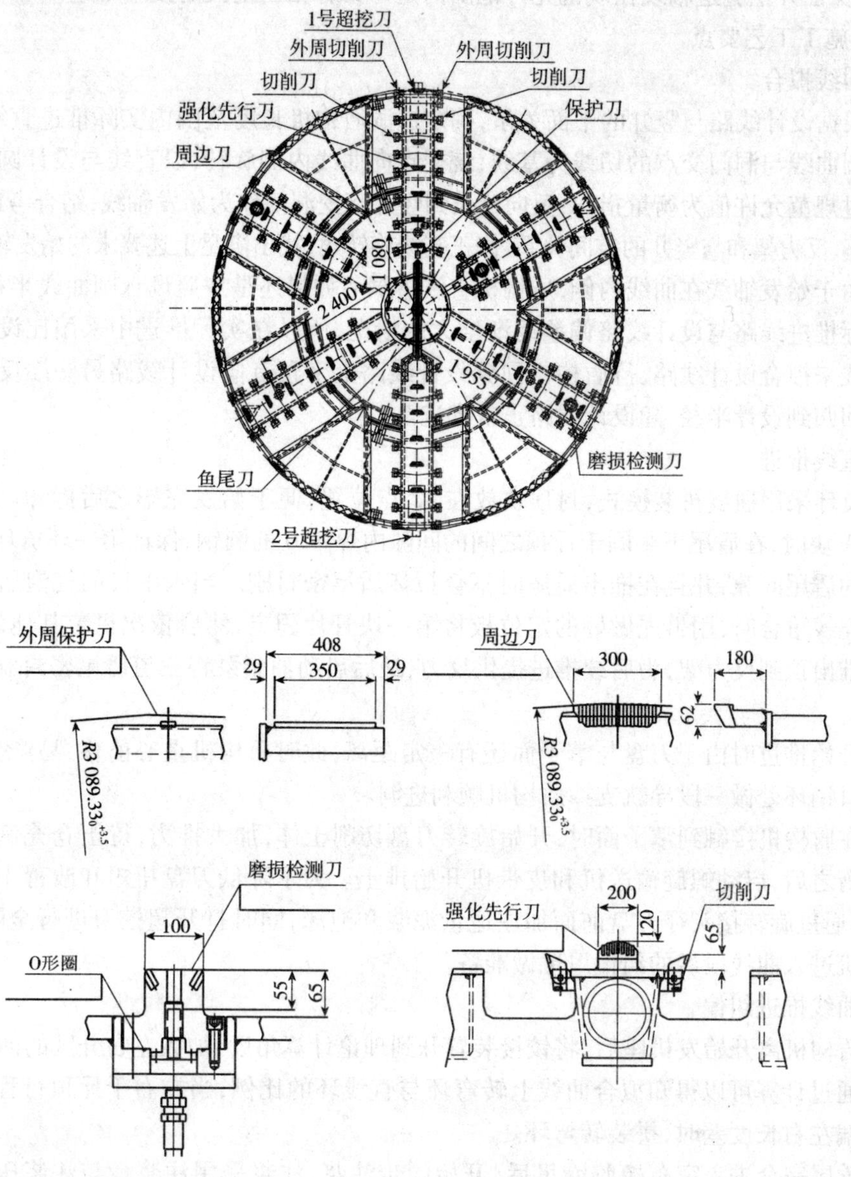

图 12-23　刀盘及刀具示意图(尺寸单位:mm)

(3)施工结果

经过近一个月的施工,两处刀盘修复工作顺利完成,共更换周边刀 24 把、先行刀 20 把、切削刀 10 把,刀盘周边修复块 4t。作为首次采用地面工作井进行刀盘修复施工来说,本次施工积累了丰富的经验,形成了整套的施工工艺,解决了以往地面加固开仓换刀施工占地面积大、施工工期长、施工成本高等一系列工程难题。为后续盾构刀盘修复施工提供了有力的借鉴。

7)小曲线半径段施工

角门北路站—北京南站区间盾构工程是在设计线路半径为 350m 圆曲线段上的竖井始

发进洞，保证开挖隧道轴线在规范允许范围内是一具有相当重大的技术难题。

(1)施工工艺要点

①曲线拟合

a.根据设计线路与竖井的平面关系，确定进洞盾构机长度范围内实际推进直线的轨迹。以设计圆曲线与洞门交点的切线为基线，绕交点向曲线内侧旋转；以直线与设计圆曲线偏差值不超过规范允许值为衡量指标，反向延长到竖井暗挖洞门作为始发轴线；结合考虑盾构机、始发机座、反力架和与竖井的空间关系，修正基线旋转角，找出满足上述要求的始发轴线。

b.由于始发轴线在曲线内侧，盾构机直线进洞后如果还是按照设计圆曲线半径推进，将出现实际推进线路与设计线路偏差逐渐增大的情况，所以在实际推进中采用比设计半径小的圆曲线来拟合设计线路，待盾构机回到设计线路上来且有向设计线路另一端反向增大的趋势时回归到设计半径，随设计线路正常推进。

②直线推进

a.负环采用通缝拼装模式，封顶块放在12点位置，便于始发完毕之后拆卸。拼第一环负环的A块时，在盾尾下半圈千斤顶之间的间隙内焊$\phi20$的圆钢，保证第一环负环拼装完后有良好的盾尾间隙，并且在推出盾尾时不会拉坏盾尾密封刷。当水平尺的气泡居中与纵向螺栓孔连线重合时，用事先做好的定位板将第一块管片固定，然后依次拼装其他块，成环之后将其推出顶到反力架，为后续推进提供反力，最后启动油脂泵将三道盾尾密封刷之间的间隙填满。

b.开始推进时由于刀盘与掌子面还有一定距离，此时盾构机重心前移，易产生栽头，必须在洞口钢环处做一段导轨支撑盾构机顺利进洞。

c.在盾构机接触到掌子面时，开始旋转刀盘切削土体，加大推力，待土仓充满土建立起土压平衡之后，启动螺旋输送机和皮带机开始排土。为了降低刀盘扭矩和改善土体的流动性，需要通过旋转接头往刀盘前面加注适量泥浆和泡沫，同时打开超挖刀进行全断面超挖，为盾构机进入曲线段后的纠偏甩尾做准备。

③曲线推进纠偏

a.盾构机离开始发机座后，将铰接装置开到理论计算角度，加大左右分区的油压差。

b.通过计算可以得知拟合曲线上转弯环与直线环的比例，当左右千斤顶行程差达到转弯环纠偏左右长度差时，拼装转弯环。

c.盾尾完全进入帘布橡胶圈里后，开始同步注浆，注浆采用注浆量与注浆压力双控的原则。

(2)参数设定

在初始掘进段内，对盾构的推进速度、土仓压力、注浆压力作了相应的调整，指标为：

①上土压力控制在0.05~0.1MPa之间。

②推力控制在1 800t以内。

③扭矩控制在4 200kN·m以内。

④盾构机在机座上时不开铰接直线推进，打开超挖刀行程10cm进行全断面超挖；进入曲线段时，用300m的转弯半径的圆曲线来拟合设计线路，要求将铰接开到0.86°~0.92°，超挖刀只需在曲线内侧超挖即可，左右分区油压差在10MPa上下。

⑤注浆上部压力在 0.25 ~ 0.3MPa，注浆量 $3m^3$ 左右。

⑥管片选型按照转弯半径为 300m 的转弯环与直线环的比例是 1:1 来选择。

(3)施工复测与结果评价

盾构机自动导向系统所显示的推进轴线与设计线路误差值在北京市轨道交通建设管理有限公司所试行的《轨道交通盾构隧道工程施工质量验收标准》允许范围内，而且测量单位对成型隧道的复测结果也与导向系统的显示结果相吻合，因而证明该小半径曲线段盾构始发方案是合理的，可以作为以后类似工程的参照和借鉴。

8)盾构施工进度指标

(1)盾构施工的准备

盾构正式掘进施工前，除需修建工作井、制作和安装盾构基座和支承平台，以及加固洞口地层外，还必须在人员培训、机械准备和材料采购等各方面做好准备工作，才能保证盾构掘进的顺利进行。

①人员的培训

盾构施工需要许多定岗的专业人员，如盾构操作员、管片拼装员、注浆操作员、电瓶车驾驶员、龙门吊司机、搅拌站操作人员等，对这些专业操作人员必须进行上岗前的培训。培训的内容主要包括岗位专业操作知识及技能的培训、安全规程知识的培训等。

②机械的准备

盾构施工需要较多配套设备，如浆液制备设备、渣土运输及提升设备、隧道通风设备等，这些设备应当在盾构施工前安装就位并调试完毕。此外，渣土装运设备和外弃车辆如采取分包形式，也应在盾构施工前签订分包合同。

③材料的采购

盾构施工材料包括消耗材料和周转材料，施工材料应当按照施工进度安排分批采购，满足盾构施工阶段性需要。施工消耗性材料主要包括：管片、螺栓、泡沫、膨润土、砂浆等；施工周转材料主要包括：钢轨、钢枕、走道板、电缆、风机和风管等。管片的采购应至少提前半年进行，管片质量的技术要求应符合国家规范规定的要求，管片的生产至少在盾构施工开始前 3 个月进行，以满足盾构施工的需要。

(2)盾构现场施工组织

①人员的组织和安排

盾构施工需要土建、电气、机械等技术人员和生产人员通力合作，才能保证施工的顺利进行。经实践中的研究表明，按以下设置盾构施工项目部人员组织机构是较为合理的：

按盾构施工需要，设置了如表 12-11 所示的生产岗位人员，并逐一制订了岗位职责。

生产岗位人员安排(单台盾构每班作业)　　表 12-11

序　号	现场主要岗位安排	
1	盾构操作员	1 人
2	值班工程师	1 人
3	机械工程师	2 人
4	电气工程师	1 人

续上表

序　号	现场主要岗位安排	
5	现场责任师(地面)	1人
6	注浆管理	1人
7	管片拼装手	1人
	辅助工人安排	
8	管片拼装配合	2人
9	电工及焊工	2人
10	浆液搅拌站操作人员	3人
11	竖井内辅助工人	2人
12	隧道清洁工	2人
13	竖井内信号工	1人
14	地面辅助工人	3人
15	浆液搅拌站操作人员及地面清洁工人	3人
16	地面信号工	1人
17	电瓶车驾驶员	1人
18	龙门吊司机	2人
19	铲车驾驶员	1人

②机械设备的组织和部署

盾构所有配套设备,如龙门吊、搅拌站、电瓶车、铲车和渣土运输车辆,在现场必须服从统一组织和部署才能保证盾构施工的顺利进行。单班作业时,浆液搅拌站操作人员必须提前半小时到岗,为盾构掘进提前做准备;渣土运输车辆由值班人员根据第二天的进度安排,提前安排运输车辆的数量;电瓶车电瓶的更换和铲车的加油需由驾驶员提前报告值班工程师,由值班工程师安排合适的时间进行加油,以保证盾构施工的连续性。

③材料进场组织和安排

盾构施工日常材料主要为管片、砂石料、粉煤灰、膨润土和水泥等,所有进场材料的质量由现场材料主管和质量员把关,不合格材料一律不能进入现场。管片进场需要龙门吊卸车,因此必须选择合适的时机,提高龙门吊的利用率,减少对隧道施工的影响,砂石料、粉煤灰、膨润土和水泥等浆液制备材料需由外地运输到北京,需提前通知供货商,确保材料的顺利到位。

(3)盾构工程进度指标分析

本区间盾构工程工序时间及进度指标分析见表12-12。

盾构工程施工工序时间及进度指标分析　　表12-12

序号	工序名称	单位	进度指标	备　注
1	盾构始发井施工	月/个	3.5	包括二衬结构施工
2	盾构机组装调试	d/项	40	含盾构机及配套设备进场和安装、盾构机调试
3	盾构始发、接收端头加固	d/项	30	包括旋喷加固及地面恢复

续上表

序号	工序名称	单位	进度指标	备　注
4	盾构始发掘进	d/项	17	100m 初始掘进长度,含掘进、拼装、注浆、清理
5	拆除反力架和负环	d/项	7	包括反力架和负环拆除、运输轨道重新铺设以及管路的连接
6	正常段掘进	m/d	12	10 环/d,每周要求停机检修一天
7	到达段掘进施工	d/项	8	50m 盾构机到达施工
8	洞门施工	d/个	12	含防水、钢筋绑扎、支模、混凝土浇筑
9	盾构机解体运输	d/项	30	盾构机拆除后解体吊运

9)监控量测资料及统计分析

(1)测点布置

①地面沉降测点布置

根据隧道的埋深及沿线的工程地质和水文地质条件,监测断面一般垂直于隧道中线方向布置,原则上每 30m 设置一个断面,特殊地段可以加密至 10m。每个断面布设 7 个监测点(图 12-24),于线路中线两侧对称布置,监测点间距为 7m。

隧道结构的变形监测主要包括拱顶下沉和净空水平收敛,一般沿隧道纵向每 10m 布置一个断面,要结合地面沉降监测断面布设。

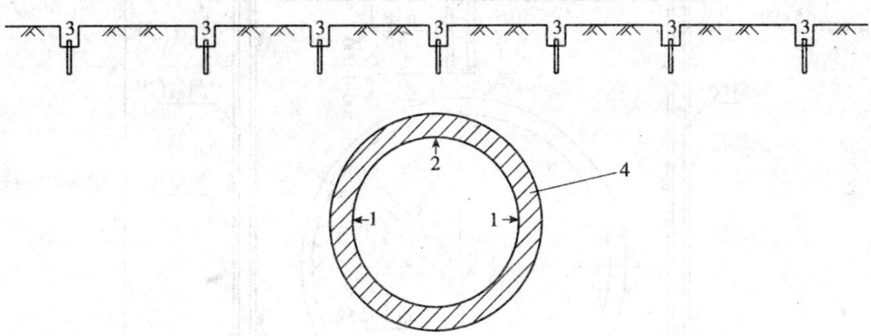

图 12-24　监测断面的测点布置

1-水平收敛监测点;2-拱顶下沉监测点;3-地面沉降监测点;4-隧道结构

测点要在管片拼装后及时进行测量,初始值在点位布设后 12h 内测量。

隧道变形监测频率为:

距离盾构工作面 1 倍洞径及以内:2 次/d。

距离盾构工作面 1~2 倍洞径:1 次/d。

距离盾构工作面 2~5 倍洞径:1 次/2d。

距离盾构工作面大于 5 倍洞径:1 次/每周。

隧道的监测结果要及时汇总,结合相应位置的地面沉降的监测结果进行分析,出现异常,及时进行处理。

②区间隧道地面沉降监测断面的间距(表 12-13)

地面沉降监测断面的间距　　表 12-13

埋置深度	间距(m)	埋置深度	间距(m)
$H>2B$	20~50	$B<H\leqslant 2B$	10~20
$H\leqslant B$	10		

注：B 代表隧道的外径。

③地面建筑物的测点布置

在隧道施工影响范围内，根据沿线地面建筑物的详细调查资料，包括建筑物的历史年限、使用要求以及受施工影响的程度，在需保护的建筑物的四角及其他构筑物基础上布设监测点，有裂缝的建筑物要设裂缝监测点。

④地下管线监测点布置

根据地下管线的详细调查资料，在受影响的管线上每隔 5m 布设一个监测点，以测量盾构掘进期间地下管线的变形量。

⑤土体内部垂直/水平位移测点布置

土体内部位移(垂直/水平位移)每 30m 设一断面，在隧道中线顶部地层中布设 1 个垂直测孔，隧道两侧布置两个测斜孔，如图 12-25 所示。

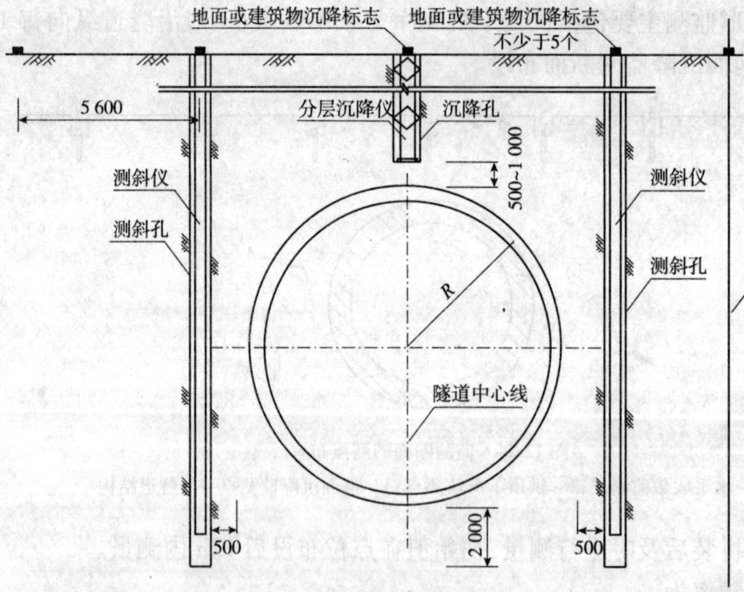

图 12-25　监测主断面的测点布置(尺寸单位：mm)

⑥地下水土压力及变形的测点布设

盾构法施工掘进过程中，由于盾构前方的土体受到挤压、切割等作用，土体的原始应力平衡受到破坏，土压力重分布。施工中，水土不可避免的流失，造成土体变形，水压力降低，产生固结沉降。土体的变形量是隧道施工多方面因素的反映，作为最直观、反应最明显的物理量，加强对地下水土压力及变形的监测和趋势分析，对实现隧道信息化施工，验证设计参数，保证周边环境和结构安全具有重大的指导意义。

地下水土压力及变形的监测内容主要有：

a. 土层垂直位移监测。

b. 土层水平位移监测。

c. 土层孔隙水压力监测。

d. 地下水位监测。

土层垂直位移和水平位移的监测可以采取“两管合一”的方法，插入埋设；孔隙水压力采用钻孔埋设的孔隙水压力计进行监测；地下水位的变化采用长期观测孔进行观测。土层位移监测一般每 50m 布置一个断面，在每个断面上对称布置 7 个观测孔。孔隙水压力的监测，每个断面埋设 2 个孔隙水压力计。

地面隆沉、土体位移监测项目在横断面上的布点范围要能覆盖施工影响范围，通常隧道中线两侧布点的范围不小于覆土厚度与隧道衬砌外径之和。监测项目应在盾构掘进前测得初始值，监测数据要绘制成时态曲线，用回归法进行处理，及时反馈指导施工。要同步采集盾构开挖面压力、推力、推进速度、出土量和注浆量等施工参数，以便与监测数据一起分析，提高施工控制水平，保证施工安全。

⑦衬砌环内力和变形测点布置

每 50m 布设一个监测断面，每个断面布设 5 个测点，采用内贴式，不允许破坏管片。

(2) 主要监测仪器

主要监测仪器见表 12-14。

主要监测仪器汇总　　表 12-14

类别	设备、仪器名称	单位	数量
监测仪器	全站仪	台	1
	精密水准仪	台	1
	铟钢尺	付	1
	计算机	台	1
	收敛仪	台	1
	测斜仪	台	1
	频率仪	台	1
	反射镜片	片	100

(3) 监测控制标准

①地表沉降控制标准：允许隆起值为 10mm，允许沉降值为 20mm。

②建筑物下沉及倾斜控制基准：根据《建筑地基基础设计规范》(GB 50007—2002) 确定各建筑物的允许倾斜和沉降值，或以有关部门对建筑物沉降的特殊要求为基准。

③其他监测控制基准：采用北京地铁施工监控量测技术要求的规定进行控制。

(4) 监控量测资料统计分析

盾构隧道施工过程中重要建(构)筑物沉降及地表沉降如图 12-26 ~ 图 12-30 所示，量测资料表明取得了很好的变形控制效果。

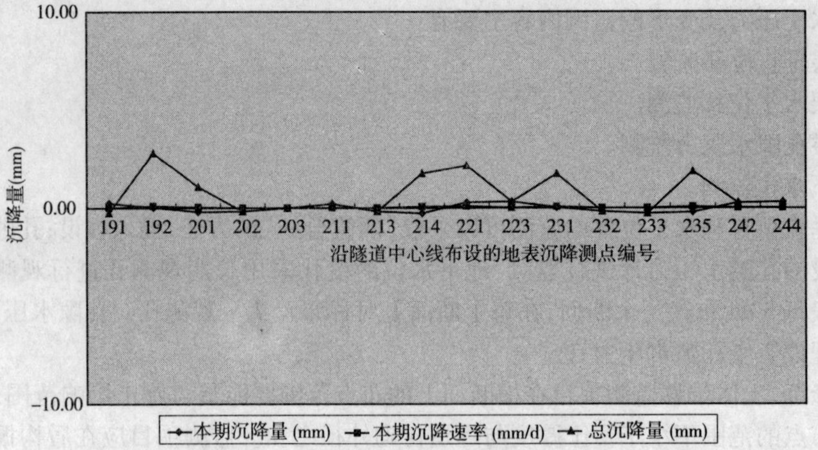

图 12-26　角北区间京山铁路轨道沉降时程曲线

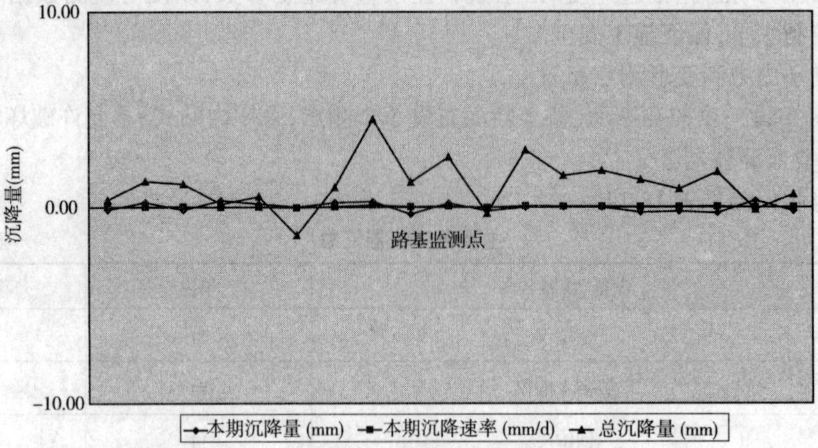

图 12-27　角北区间京山铁路路基沉降时程曲线

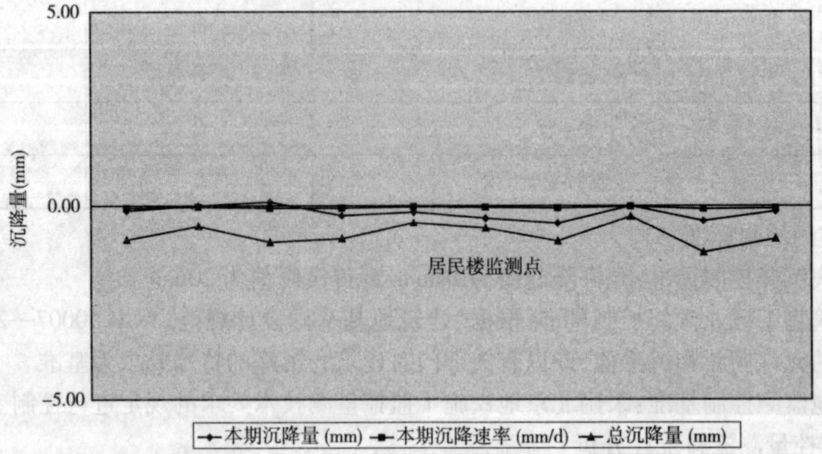

图 12-28　角北区间洋桥北里 14 层居民楼沉降时程曲线

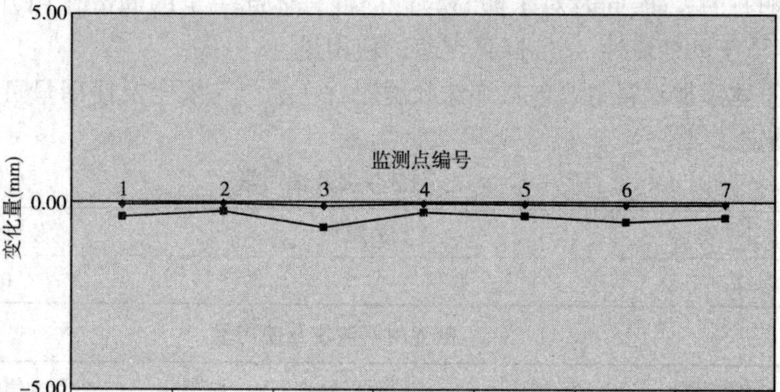

	1	2	3	4	5	6	7
◆ 沉降速率 (mm/d)	−0.06	−0.04	−0.11	−0.05	−0.06	−0.09	−0.07
■ 总沉降量 (mm)	−0.39	−0.25	−0.68	−0.28	−0.38	−0.53	−0.42

图 12-29　角北区间凉水河铁路桥沉降时程曲线

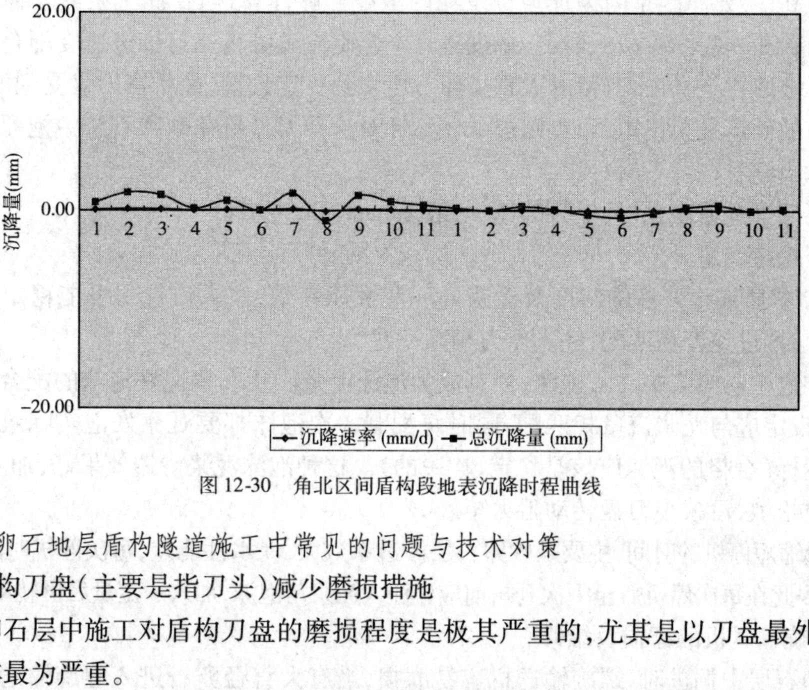

图 12-30　角北区间盾构段地表沉降时程曲线

10）砂卵石地层盾构隧道施工中常见的问题与技术对策

（1）盾构刀盘（主要是指刀头）减少磨损措施

在砂卵石层中施工对盾构刀盘的磨损程度是极其严重的，尤其是以刀盘最外圆上的刀头及刀盘体最为严重。

从施工经验来看，要减轻刀盘的磨损应注意以下几点：第一，控制好推进速度，尽量保持匀速，同时前方土压也要保持恒定，刀盘的摩擦阻力矩亦会是一稳定值，这时刀盘的转速会比较均匀，可以更好地把加入的造泥材料与土体进行均匀搅拌，减少刀盘与土体的干摩擦；第二，采用经过泡制浓度均匀的改性膨润土浆液，这种浆液可以起到润滑减阻及冷却的效果，施工中根据渣土改良状况、是否含有地下水等情况确定加入浆液的数量与浓度；第三，在刀盘上增加膨润土浆液的注入口，其目的是为了让浆液更好地扩散渗透至前方土体中，使土体的泥化效果更好；第四，添加泡沫，就是在所用的膨润土浆液中加入渗透性、稳定性良好的均一泡沫介质，它可以更快地随泥浆渗透至土体中，使土体变得疏松，并使砂卵石中的砂颗粒附着于卵石的表面,同时对于卵石与砂的混合体起一定的润滑作用,可降低渣土的密实度,改善了渣土的塑流性,还能降低泥浆的使用量。

仓内土体添加材料主要包括泡沫和制泥材料等。其浓度及使用量可按照表12-15及表12-16来确定。

泡沫浓度及使用量　　表12-15

土质类别	浓度(%)	使用量(m^3/m^3)
砂砾、卵石层	5	0.4~0.6

制泥材料浓度及使用量　　表12-16

土质类别	浓度(%)	最大使用量(m^3/m^3)
砂砾、卵石层	30~50	0.30

(2)盾构机刀盘卡死的预防及处理

盾构刀盘被卡死(称之为刀盘"抱死")的情况在砂卵石层中(尤其含有大粒径卵石)发生的几率较高,主要原因是因为加泥量及泥的浓度不够,同时当膨润土浆液较稀时,螺旋输送机只带出砂和一些小粒径的卵石,掘进过程中螺旋输送机转速与推进速度配合不当,而大一些的卵石被留在土仓中,遗留的大直径卵石增多到一定数量,最后当刀盘受到的摩擦阻力矩超过自身的额定最大扭矩,刀盘则被卡住。针对这种刀盘易在砂卵石层中抱死的情况,采取以下技术措施:

①控制好推进速度,尽量保持匀速,一般20mm/min左右。

②土压保持稳定。

③ 控制好膨润土浆液的浓度及泥浆的一些性能参数,注入流量尽可能稳定,不要忽高忽低,做到与推进速度相匹配,注入压力稍高一些。

④在推进中向泥浆中注入泡沫,使其成为泡沫泥浆。要求掌握好泡沫的配合比,浓度要适当,流量设定应与泥浆流量相匹配,同时每配制一次泡沫都要观察发泡实际效果,看泡沫质量是否达标(合格的泡沫应该是稳定、均一的)。这种泡沫泥浆渗透效果好,加入后可使土仓内土体更松散,可减小刀盘转动阻力矩。

⑤尽量缩短停机的时间,主要是砂卵石层渗透系数大,保水性能差,每次停机时刚加入的泥水会流失,因此在每次停机后至下次开机前应先注入泥浆与泡沫,加入一定量后再转动刀盘。

(3)螺旋输送机的磨损及维修

在砂卵石层中掘进时,螺旋输送机容易磨损,当有大直径卵石进入螺旋输送机后,会对螺旋输送机产生更严重的磨损,磨损分为螺旋机的磨损及外部钢圆筒的磨损。

在砂卵石层中掘进,螺旋输送机的磨损是不可避免的,我们减轻螺旋输送机磨损程度的措施为:

①改善对土体的搅拌效果及对大粒径卵石的破碎效果,即在进入螺旋输送机前使切削下来的土体与加入的泥浆充分混合。

②调整膨润土浆液的浓度及加泥的注入量,通过刀盘上的装置注入到前方土仓中,利用刀盘上的搅拌翼对土体搅拌,加大土体的流塑性,从而减少刀盘螺旋输送机工作时所受到的摩阻力。

③根据刀盘转速及螺旋输送机排出泥土的状况，制定出适宜的推进速度，尽可能地保证切削下来的土体搅拌均匀，再由螺旋输送机排出。

④本次投入使用的盾构机的螺旋输送机的易损部位加焊了耐磨材料，按盾构在石英砂中推进 2 000m 进行设计，无须更换。

(4)螺旋输送机抱死的处理办法及预防措施

在施工过程中，盾构螺旋输送机会发生被卡死的现象，这主要源于大的卵砾石或其他异物进入螺旋输送机，将螺杆卡住，这种情况很难预防，因为在螺旋输送机进入前无法得知土仓内物体的状况，只有在螺旋输送机被"抱死"转不动之后才能被发现。该情况发生之后，采取的措施是停止掘进，一边通过设置在螺旋输送机头、尾部的两个加泥口向螺旋输送机内加泥，一边转动螺旋输送机，利用泥浆的注入压力配以螺旋输送机前部土体对后部土体的挤压力将大卵石或异物排出。当采取此措施无效时，还可以拆开螺旋输送机头、尾部的两个观察口，对螺旋输送机进行清掏再辅以上述措施，一般便可以解决此问题。

(5)盾构姿态控制

施工过程中对姿态进行严格控制，避免较大的纠偏及盾构机"抬头"。

12.2.2　地铁 10 号线二期西局站—六里桥站区间盾构隧道

1)工程概况

地铁 10 号线二期西局站—六里桥站区间(以下简称"西—六区间")左线设计范围里程为 K43 +664.783 ~ K44 +963.074，总长 1 298.291m，区间右线设计范围里程为 K43 +664.783 ~ K44 +963.074，总长 1 298.291m；左、右线均为盾构法施工，区间结构顶覆土14.7 ~18.7m，上方地面现状主要为道路、民房和绿地。盾构隧道采用强度等级 C50 和抗渗等级 P10 钢筋混凝土管片错缝拼装，弯螺栓连接，管片外径 6.0m，内径 5.4m，每环管片宽度 1.2m。在左 K44 + 970.424、右 K44 +970.425 处设置盾构始发井，盾构从六里桥南端盾构井始发，到达西局站后，盾构机解体吊运至右线施工井，盾构机进行右线始发，由六里桥向西局方向掘进。

2)工程地质及水文地质条件

地层岩性及分布特征自上而下依次为：杂填土、粉土、粉质黏土、粉细砂、卵石圆砾。盾构区间隧道主要穿越第四系沉积土中的⑦卵石层，一般粒径为 200 ~ 300mm，大于 20mm 颗粒物含量约占 80%，充填物为中粗砂，在盾构井、暗挖段及盾构掘进施工中，超过 500mm 的大粒径漂石频繁出现，目前已发现的漂石最大粒径为 1 100mm，见图 12-31 及图 12-32。

图 12-31　漂石粒径 1 100mm

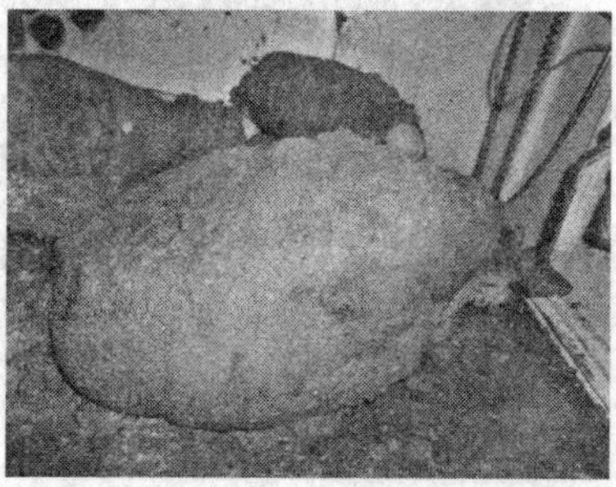

图 12-32　开仓取出的漂石，粒径 670mm

区间地质断面如图 12-33 所示，盾构穿越地层为全断面卵石层，地下水位位于隧道底板以下 100～200mm 处。

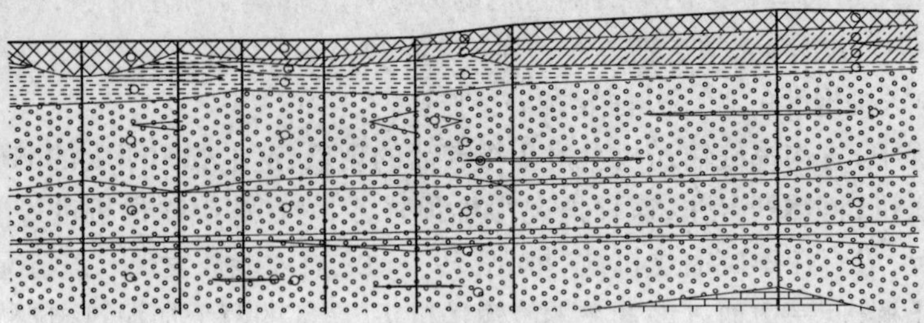

图 12-33　区间地质断面

3）盾构机类型及主要技术参数

采用德国海瑞克公司生产制造的 EPB 土压平衡盾构机，盾构机刀盘采用面板式，开口率为 30%，盾构机主驱动采用液压驱动，如图 12-34 所示。

图 12-34　EPB 土压平衡盾构机和刀盘形式

4）盾构隧道施工技术

因本工程地质条件复杂，盾构隧道所处地层中卵石含量高、粒径大，且卵石层在扰动下极不稳定，给本工程施工造成以下难点：

（1）刀盘及螺旋机易卡死、土仓内易结泥饼：在掘进 -8～10 环过程中因刀盘卡死开仓五次，开仓时发现在土仓内及刀盘进土口处均形成泥饼（图 12-35），泥饼非常坚硬密实，有时需用风镐才能破除（图 12-36）。

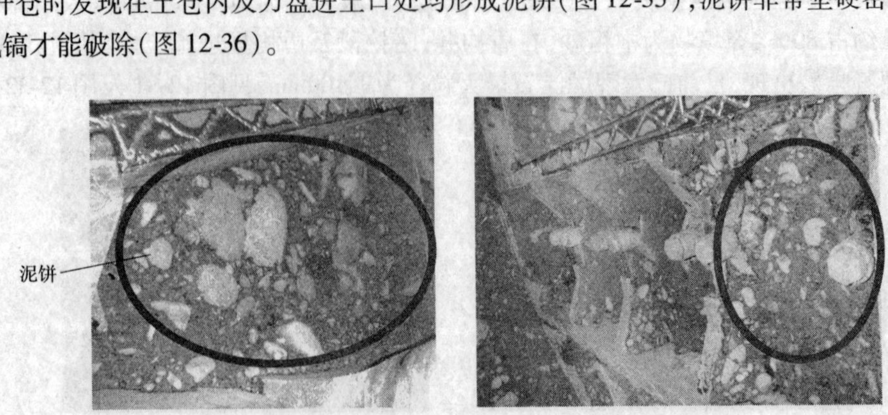

图 12-35　土仓内及刀盘进土口处均形成泥饼

(2)土压平衡难以建立:在始发掘进过程中曾做过土压力 0.08 ~ 1.6bar($1bar = 10^5 Pa$)之间的试验,但因土体不能调成流塑状态(图 12-37),而无法建立真正的土压平衡,推进速度慢,推力大,超挖现象很难控制。

图 12-36　风镐破除泥饼

a)　b)

图 12-37　土体未达到流塑状态

(3)盾构机推力及刀盘扭矩过大:盾构始发掘进时推力一般为 13 000 ~ 17 000kN,刀盘扭矩一般在 1 800 ~ 2 500kN · m 之间,盾构机长期处于超负荷工作状态。

(4)掘进速度无法保证:盾构始发掘进阶段掘进速度只有 1 ~ 10mm/min,而且经常出现无掘进速度的现象,掘进一环耗时达 6 ~ 10h。

(5)地表沉降难以控制:由于无法建立土压平衡、超挖现象难以控制,造成无法保证地表沉降处于可控范围。

为解决以上问题和探索大粒径高含量砂卵石地层盾构施工土体改良参数,并为地铁 10 号线二期六里桥—莲花桥站区间穿越京西机务段铁路提供参考掘进参数,特在西局站—六里桥站区间设置 245 环的试验段。试验段盾构掘进以通过土体改良技术来优化土压、刀盘扭矩、转速、推力、出土量、掘进速度等参数控制地层损失率为主,以其他手段为辅。试验段于 2010 年 6 月 18 日开始掘进:1 ~ 46 环的平均掘进指标为 1 环/日;47 ~ 144 环的平均掘进指标为 9.8 环/日,此阶段部分仍处于始发阶段,受列车编组影响,掘进速度相对较慢。145 ~ 245环的平均掘进指标为 10 环/日。盾构掘进过程中地面沉降曲线如图 12-38 所示。

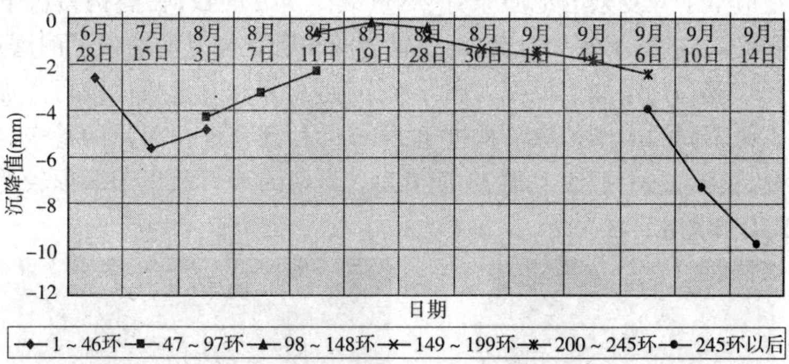

图 12-38　盾构掘进过程中地面沉降曲线图

在施工过程中,为使盾构较为顺利地推进,采取了下列技术措施。

(1)土体改良及泥饼防治

在盾构始发掘进阶段,单纯使用泡沫剂及膨润土改良土体,均无法将土体调成理想的流塑状态,无法建立真正的土压平衡,从而出现刀盘扭矩过大、掘进速度缓慢、土压不稳定及易结泥饼的情况。在后续的施工过程中采取了以下措施进行土体改良:

①加入膨润土:经过多种尝试,改用钠基优质膨润土,并调整膨润土的发酵时间及黏稠度,一般在每环掘进过程中,向土仓内注入 5 ~ 7m^3、发酵至少 24h 以上、黏稠度为 50s 的膨润土。

②加入聚合物泡沫剂:经过大量的试验,优化了泡沫剂的类型,增加了注入泡沫剂的种类,将以前单纯的泡沫剂更换为 SLF30 + 10% SLFP1 型泡沫剂,同时加入了 Rheosoil143 发泡聚合物及 HHZ - 02 分散型泡沫剂,按照一定比例调配;采取多种改良材料共同对掌子面土体进行塑流化改良的措施。在这几种措施的综合作用下,掌子面土体的流塑性得到了有效改善,土压平衡得以真正建立,刀盘的扭矩降低了 40% 以上,并且排土顺畅,效果明显,如图 12-39所示。

a)　　b)

图 12-39　改良后土体达到流塑状态

③加入高分子分散剂和聚合物:在掌子面加入的同时向土仓内分别注入 TAP 聚合物、HHZ - Z、HHZ - A 高分子分散剂溶液及 Rheosoil143 发泡聚合物,使所注入的溶液充分混合,这样能有效控制土仓内泥饼的形成,而且有效控制刀盘进土口处泥饼的形成,将泥饼对正常掘进的影响降至最低。在后续的盾构施工中尝试了这种方法后可以有效的防治泥饼的形成,改善土体的流塑性。

(2)刀具的优化

为更好的适应本工程复杂的地质条件,尽量减少换刀次数,在盾构刀盘下井组装前,对海瑞克 S539 原装刀具进行了较大改造:对刀盘刀圈和所有齿刀均增设了耐磨层和耐磨保护板、更换了部分原装滚刀,增加了贝壳刀和导流小齿刀,并对刀盘整体进行了加固,更换及增加的刀具来自三个不同的生产厂家。推进至 145 环时,开仓进行刀具的检查,经对比各厂家滚刀的磨损情况,更换了 31 把滚刀和 28 把齿刀。更换的滚刀及齿刀磨损较严重,平均超过 25mm,如图 12-40 和图 12-41 所示。

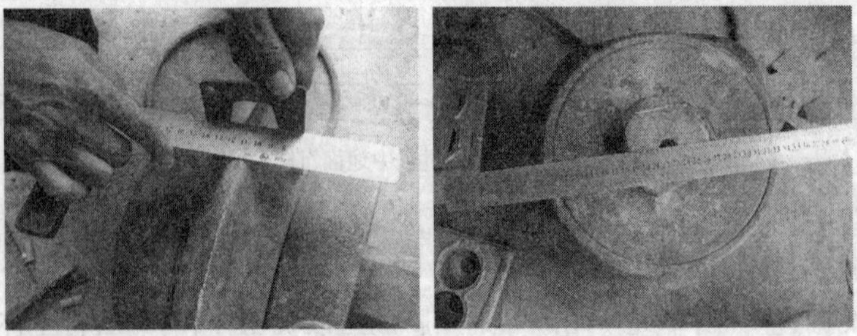

a)　　b)

图 12-40　更换的部分滚刀磨损情况

a)　　b)

图 12-41　更换的部分齿刀磨损情况

(3)地表沉降控制

为有效监控地表沉降,保证施工安全,在正常地表监测的同时,增设了多个深孔沉降监测点,深孔沉降监测点可以更好的反馈盾构掘进施工对地层的影响,进而保证地表沉降监测的精度。

为了控制地表沉降量,在进行同步注浆的同时,又采取了径向补偿式注浆与二次补浆相结合的措施:在管片脱离盾尾 5 环时及时进行径向补偿式注浆,并根据掘进记录的出土情况和地面监测情况及时进行二次补浆施工,从而最大程度的补偿盾构机掘进过程中扰动区域的地层损失,有效控制了地表沉降,地表沉降最大点沉降时态曲线如图 12-42 所示。

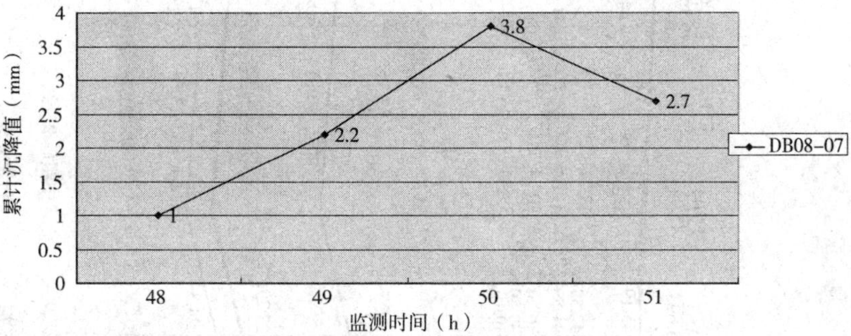

图 12-42　地表沉降最大点沉降时态曲线

为了改良土体、提高推进速度、降低扭矩、减少刀具磨损、降低沉降,在土仓和刀盘内增加了大量的添加材料且种类繁多,导致成本费用增加。但是经以上措施的实施,现阶段盾构掘进平均速度为 35mm/min、盾构机推力、刀盘扭矩及地表沉降量均在可控范围,日平均掘进 10 环,且现已连续掘进 114 环,措施优化颇见成效。

12.3　含大粒径卵石或孤石/漂石的砂卵石地层面板式刀盘及无轴螺旋输送机盾构施工技术

12.3.1　地铁 9 号线丰台科技园站—科怡路站区间盾构隧道

1)工程概况

丰台科技园站—科怡路站区间(以下简称“丰—科区间”)设计范围为 K1 + 822.316 ~

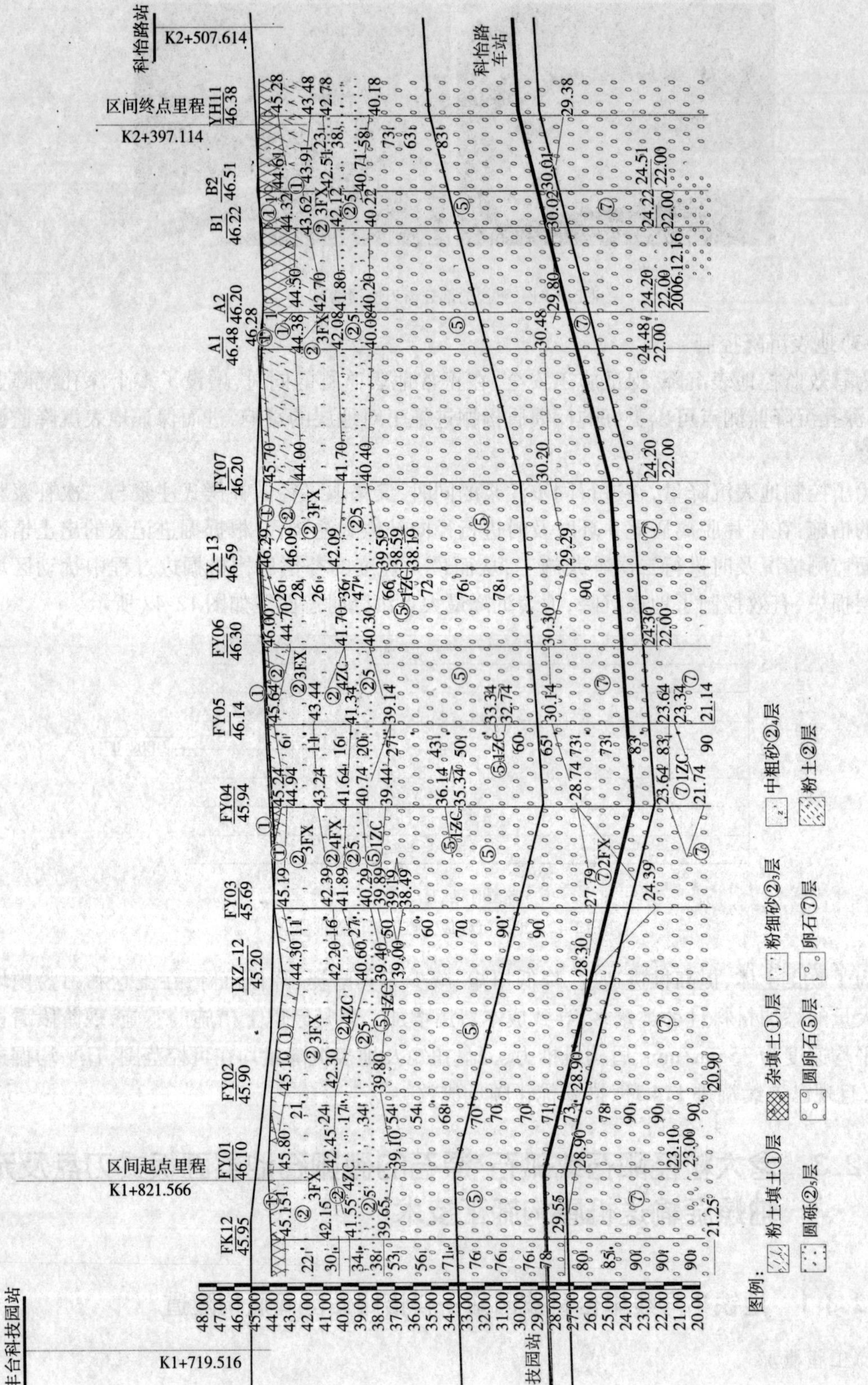

图12-43 丰台科技园站—科怡路站区间地质纵断面图(高程单位:m)

K2 +396.414，全部采用盾构法施工。本区间平面最小曲线半径 1 500m，最大纵坡 2.5%，结构底板高程 31.40 ~33.49m，埋深 14.70 ~15.60m。本区间基本沿规划中的万寿路南延线下方设置，整体呈南北走向，区间在 K2 +287.8 ~ K2 +347.2 范围内下穿南四环路，路下有多条管线，本段隧道覆土 11.5m，主要近距离穿越 1 350mm 污水沟，隧道顶距离沟底净距 5.6m，盾构隧道下穿 3 000mm ×1 750mm 雨水沟，隧道顶距离沟底净距 6.41m，盾构隧道下穿 1 150mm污水管沟，隧道顶距离沟底净距 4.66m。本工程盾构隧道结构形式为双线单圆形隧道。

2）工程地质和水文地质条件

本区间土层分布较为稳定，自上而下依次为人工填土、新近沉积土层、第四纪晚更新世冲洪积地层，地质状况详见图 12-43。地下水动态类型主要为渗入—径流型潜水，水位埋深 27.4m，水位高程 18.54m，含水层为卵石⑦、⑨层，渗透系数 220m/d。

3）盾构机类型及主要技术参数

根据该区段砂卵石地层的特点，本工程使用的 1 台盾构机为新购德国海瑞克 S488 盾构机（图 12-44），盾构机主要参数：海瑞克土压平衡盾构机 ϕ6.26m、盾构设备总长 80m、盾构机盾体长7.9m；总质量 431t、总功率 1 758kW、后配套台车 5 台、初级电压 10kV、螺旋输送机直径 800mm、刀盘主驱动为油压驱动、额定扭矩 5 980kN · m、最小转弯半径 200m、推进千斤顶 32 个、行程 2m、总推力 34 210kN。

图 12-44　盾构机的刀盘

该机采用了较大开口率（42%）的辐条式与面板式结合的刀盘，辐条共 6 支，无滚刀，螺旋输送机采用无轴式。大开口率能够大大降低刀具的磨损，大的颗粒通道从刀盘外缘到刀盘中心区域，这样便于将挖掘的颗粒运输到开挖仓。螺旋机内径可以通过渣土的最大尺寸为 500mm ×500mm，在大颗粒阻塞螺旋入土口时可以通过螺旋输送机伸缩来解决。

刀盘采用 4 根辐臂支撑的厚壁法兰连接主驱动装置并作为刀盘面板的基座。刀座、刀盘和刀盘支撑结构的强度和刚度能保证刀盘在最高单轴抗压强度 150MPa 以上的卵石、圆砾地层中，在最不利地质条件下掘进时，不出现刀盘变形及超出正常的磨损。使用耐冲击性和耐磨性高的材料铸造刀盘。刀盘主要配备如下刀具：1 把中心刀、5 把鱼尾刀、56 把齿刀 、16 把刮刀、76 把先行刀。刮刀具有高耐磨的钢刀体和高质量的硬质合金刀刃，齿刀的前面硬质合金堆焊到切削边缘，后部有硬质合金球齿保护，同时先行刀主要用于疏松土体并承受来自卵石的冲击，保护其他刀具免受冲击破坏。

盾构掘进过程中，刀具发生较严重的磨损或破坏，如图 12-45 所示；同时，右线盾构掘进因土压力控制欠佳，致使出土量大，地层过度损失，在 2009 年 9 月 30 日隧道 213 环位置地表发生塌陷，如图 12-46 所示。

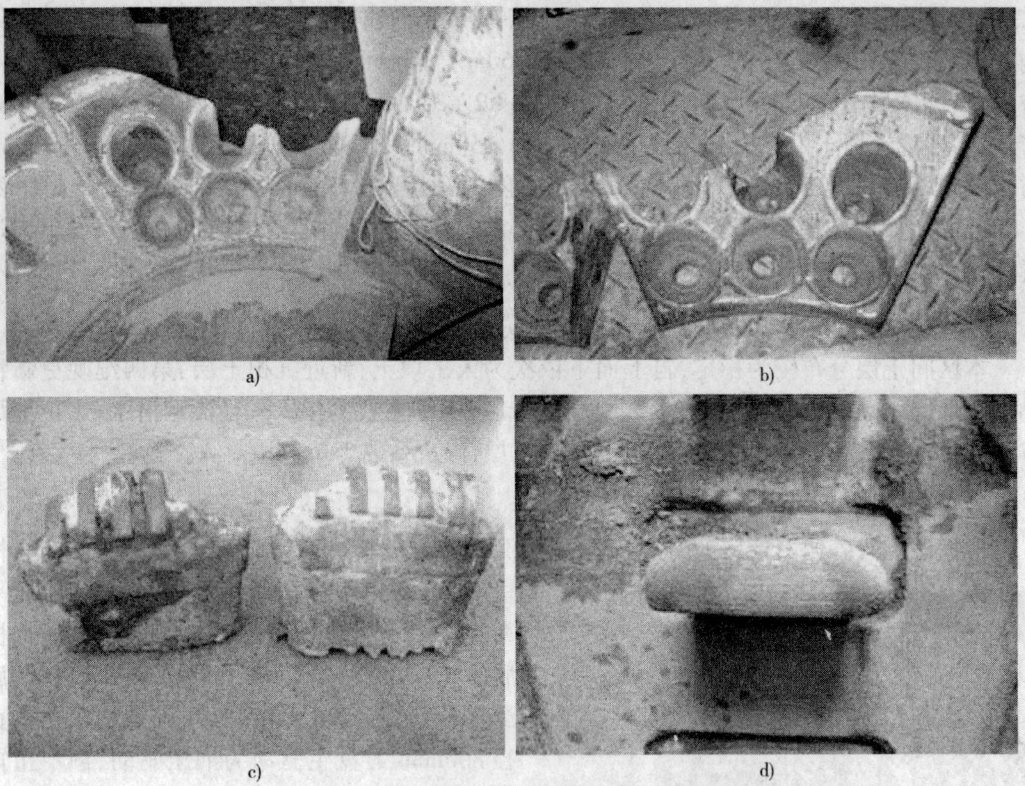

图 12-45　磨损、破坏的刀具

图 12-46　右线地表塌陷及回填情况

12.3.2　地铁 9 号线丰台北路站—六里桥站区间盾构隧道

1)工程概况

北京地铁 9 号线丰台北路站—六里桥站区间(以下简称"丰—六区间")为盾构施工区间,起讫里程为:K6 +509.548 ~ K7 +993.3,其中左线长 1 498.968m,右线长 1 483.752m。线路最大纵坡 1.8%,最小纵坡 0.2%,最小平面曲线半径为 450m;线间距为 10 ~15m,区间结构平均覆土厚度 16.0m。

2）工程地质及水文地质条件

盾构所穿越（刀盘切削）的地层的特性及大粒径卵石状况见第 1.5 节的论述。

3）盾构机类型及主要技术参数

所用盾构机型号为海瑞克 S540 土压平衡盾构机，刀盘外径 6 280mm，盾构机外径 6 250mm，设计最大推力 35 100kN，额定扭矩 5 380kN·m，脱困扭矩 6 930kN·m，刀盘开口率 34%，螺旋机速度为 0～20r/min，启动扭矩 100kN·m。盾构机采用面板式复合刀盘，共设置 48 把刮刀，4 套中心双刃滚刀，28 把单刃滚刀，8 把边刮刀。盾构机刀盘及其螺旋输送机如图 12-47 所示。

a)　b)

图 12-47　盾构机刀盘及其螺旋输送机

4）盾构隧道施工技术

截至 2010 年 9 月 8 日丰—六区间左线盾构完成 90 环掘进，已经到达第一个检修竖井，准备进行检修换刀工作。在前期施工过程中，曾经出现刀盘卡死无法转动、土仓内渣土被挤密、大粒径漂石卡死螺旋机、螺旋机为排出大卵石而造成土方超排、引起地面塌陷的情况，如图 12-48 所示。

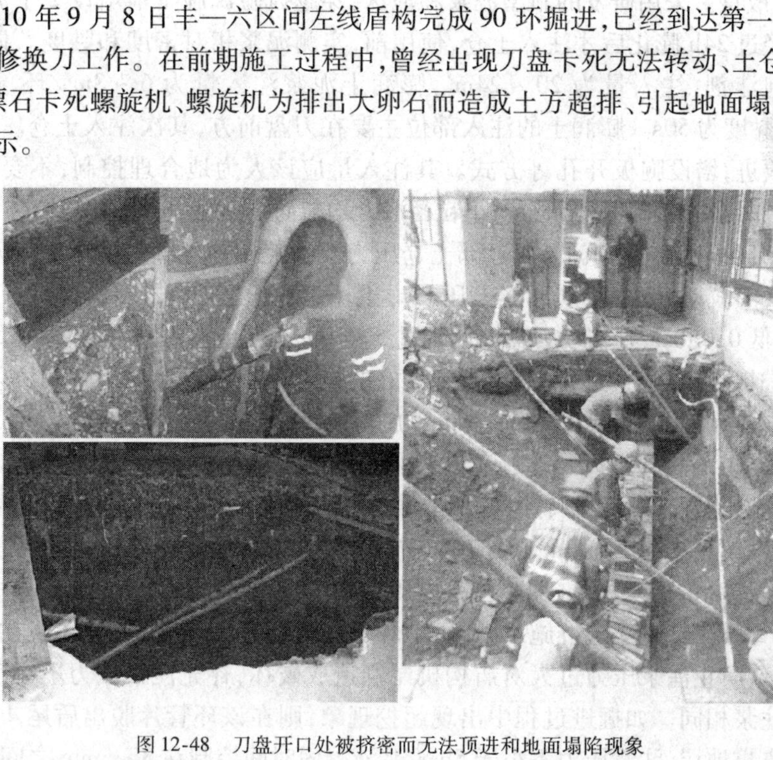

图 12-48　刀盘开口处被挤密而无法顶进和地面塌陷现象

打开仓门后，发现土仓内的土体被挤密，导致搅拌棒被固死、刀盘无法转动。螺旋机无法排出的大粒径漂石通过开仓取出，长径达680mm。

分析出现上述情况的原因，主要是由前述环境的综合影响所致，具体如下：

(1)由于砂卵石地层土性特差，土体改良很难达到"流塑化"要求，另外地面房屋密集复杂，为保证房屋及居民的生命财产安全，采用满仓保压掘进方式，试图控制塌方和减小地面变形，但是砂卵石地层难以建立土压平衡状态，当土仓内充满渣土后，一旦保压则很快即被挤密，导致刀盘前方土体无法进入土仓，而土仓内的渣土板结后卡住搅拌棒，导致刀盘被卡死。在这种情况下，即使螺旋机清空土仓底部的渣土，上部土体因板结而不散落，导致螺旋机只能空转而无法排土。

(2)为了保证盾构机的正常施工，改用半仓低压掘进方式，并加入一般的膨润土泥浆，但是砂卵石土体在此改良材料作用下产生离析现象，结果是一方面小粒径的沙粒喷涌而出，另一方面是大粒径漂石在土仓底部沉积后卡死螺旋机，为排出漂石，螺旋机刀盘反复转动，造成土方超排而引起塌陷。

房屋的鉴定报告显示，绝大部分房屋不允许有差异沉降变形，这对盾构施工提出了非常高的要求，形成了两种对立的矛盾，即：保压则无法掘进或掘进缓慢、低压掘进则房屋安全无保障。

为了保证地面环境安全，并尽快进入正常掘进状态，项目部结合前期施工情况和类似地层中的施工经验，先后组织了多次专家论证和专家咨询，并进行设备改造和参数的调整，通过采取以下措施，才克服上述困难。

(1)渣土改良。采用研发的新型泥浆和泡沫，穿越风险源施工前增设2个泥浆存储罐，膨润土泥浆经过24h膨化后才注入土仓，使用前，实测泥浆相对密度和黏度。掘进时，向刀盘前方注入泡沫剂，注入量为20～24m^3，膨润土泥浆注入量为6～8m^3/环，相对密度为1.08～1.15，黏度为50s。膨润土的注入部位主要在刀盘前方，其次注入土仓。对膨润土注入系统适当改进，增设胸板开孔等方式。其注入量应该人为地合理控制，不要有较大的变幅，尽量保持用量均衡，确保大卵石与小粒径混合均匀而不离析。

(2)土仓压力。穿越建筑群时，上部土仓压力严格控制在0.2～0.5bar($1bar = 10^5Pa$)，不要出现过大的波动，仔细甄别真实土压和虚土压，当在建筑物下方遇到大漂石意外停机时，土压每降低0.05bar，则转动刀盘向前推进5～10mm，使土压保持在0.2～0.5bar之间。

(3)推进速度。匀速推进，使渣土得到更好的搅拌以提高改良效果，同时可以维持稳定的土压。穿越建筑群施工时，以10mm/min的速度匀速推进，避免波动过大。

(4)出土量。盾构穿越风险源施工时，出土量控制在40～43m^3之间，具体根据环境因素进行调整。通过调整螺旋机转速，使出土量与掘进速度相匹配，出土量采用称重和量体积双重控制，如发现超排量大于3m^3，及时通知技术负责人，分析超排原因并采取措施。

(5)同步注浆和补充注浆。同步注浆以压力为主控指标，注浆量为辅控指标，注浆终压不得小于3～5bar。穿越建筑群施工时，每一环均应进行补充注浆，补充注浆在管片脱出盾尾4环后进行，防止注浆压力过大对盾构机尾刷造成破坏，补充注浆压力不小于5bar，浆液配比与同步注浆相同。如掘进过程中出现超挖现象，则在该环管片脱出盾尾4环后注入双液浆以尽早支撑地层，注浆压力不小于5bar，浆液凝固时间控制在3～5min之间。

盾构掘进过程中,刀具发生较严重的磨损或破坏,如图 12-49 所示。

a)磨损的滚刀　　b)刀具及其基座已被磨损　　c)磨损的刮刀

图 12-49　刀具的磨损或破坏

12.4　砂卵石地层辐条式刀盘盾构施工技术

12.4.1　工程概况

本标段盾构隧道工程为北京地铁 4 号线 14 标的 3 段区间隧道(图 12-50):即动物园站—白石桥站区间(以下简称“动—白区间”)、白石桥站—学院南路站区间(以下简称“白—学区间”)、学院南路站—双榆树站区间(以下简称“学—双区间”)。动—白区间盾构隧道长 1 333.6m,白—学区间盾构隧道长 1 471.3m,学—双区间盾构隧道长 823m,单线总长度为 3 627.9m。本标段沿线基本都处在中关村南大街两侧绿地或其主辅路下方,白石桥站向东沿西外大街下方到动物园车站。

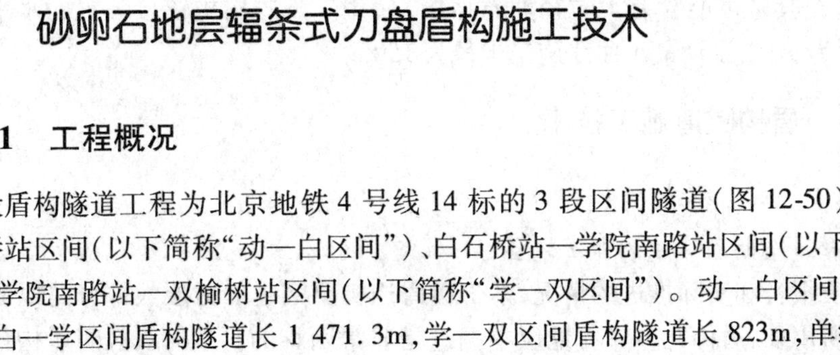

图 12-50　盾构隧道平面分布及工程筹划示意图

(图中灰线表示区间盾构法施工的隧道)

动—白区间隧道平面上大致呈“C”形,设计最小曲线半径为350m,曲线长度约占区间全长的85%。由于要和地铁 2 号线西直门站相接,该区间段自白石桥站向动物园站一路下坡,落差近 7.5m,竖曲线最小半径为 5 000m,竖曲线同平曲线叠加构成了一条立体空间的长距离急曲线地铁隧道,如图 12-51 所示。

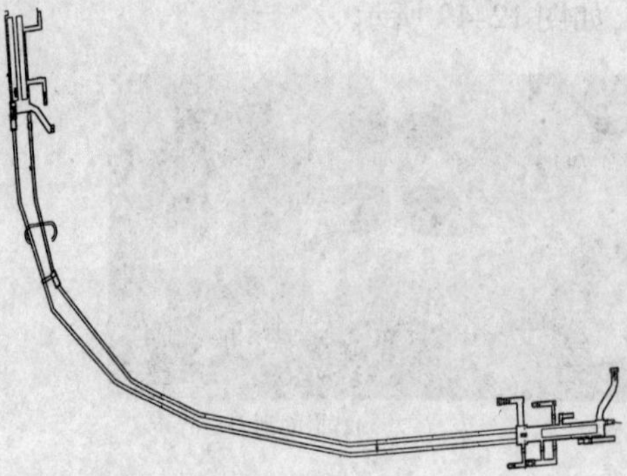

图 12-51　动—白区间隧道平面示意图

12.4.2　工程地质及水文地质条件

工程地质及水文地质条件见第 3.9 节的论述。

12.4.3　盾构机类型及主要技术参数

本标段盾构隧道使用的盾构机是日本 IHI(石川岛播磨重工业株式会社)生产的 ϕ6.14m 加泥式土压平衡盾构机(图 3-71)。盾构机刀盘的结构形式为辐条式,其特点就是开口率大,更适合在砂卵石地层中(尤其是可能含有大粒径卵石地层)使用。该盾构机铰接装置的水平张角为 ±2°,垂直张角为 ±1°,设计最小曲线施工半径为 150m。

12.4.4　盾构隧道施工技术

12.4.4.1　施工难点

1)盾构隧道全断面穿越砂卵石地层

根据地质报告和实际推进的情况,本工程盾构机要穿越的地层大部分是以砂卵石为主的地层。众所周知,盾构在砂卵石地层中掘进是非常困难的。学—双区间盾构最大推力接近 3 400t,正常掘进也在 2 300t 左右。刀盘扭矩最大达到 5 100kN · m,正常在 3 500kN · m 左右。所以在此种地层中掘进对盾构机尤其是刀盘的磨损是非常严重的,国际上有先例的全断面砂卵石掘进的记录是 850m。由于盾构掘进时推力很大,对管片的作用力非常大,容易产生管片碎裂和比较大的错台,因此盾构在全断面砂卵石地层中掘进是非常困难的,故选择合理盾构设备,选用先进可靠的工艺,采用合理有效的施工参数,是本工程成功的先决保证。

2)350m 小半径曲线掘进施工

动—白区间有一曲率半径为 350m 的曲线段,在小半径曲线施工时容易出现大的管片错台,轴线控制较难掌握,施工较为困难。

12.4.4.2　施工应对措施

1)砂卵石地层盾构掘进参数控制

(1)土压控制

正常掘进理想土压为 0.08 ~ 0.12MPa。但是考虑到土压和刀盘扭矩成正比的关系,为了尽量减少刀盘的磨损,在满足地面沉降要求的前提下,应适当的降低土压,正常情况下土压最低控制在 0.05MPa。

(2)推进速度控制

正常掘进速度控制在 40mm/min 左右,推进时应保证速度的均匀性,实现稳定快速的掘进,在综合盾构掘进刀盘速度、扭矩,推进压力以及螺旋机参数等因素的基础上尽量缩短盾构掘进时间,减少盾构机的磨损。

(3)总推力控制

砂卵石地层中掘进理想推力应该控制在 23 000kN 以下,当推力较大时应该根据出土情况进行泥浆和泡沫注入量和注入比值的调整。当盾构推力长时间大于 27 000kN 时应当采取向盾构侧壁外注减阻泥浆来降低推力。

(4)刀盘参数控制

在刀盘扭矩合适的前提下尽量降低刀盘的旋转速度,初步控制在 0.67 ~ 0.78r/min 之间,当刀盘的扭矩超过 75% 时,首先应该检查泥浆和泡沫的质量与注入率,在以上因素正常的前提下应适当的调快刀盘的旋转速度。在每次盾构掘进前且满足刀盘正常施工的前提下,适当减少刀盘空转的时间以减少刀盘的磨损。

(5)螺旋输送机控制

螺旋输送机的开度应根据实际情况确定,螺旋输送机的转数应根据推进速度、推进土压、出土情况适当调整。应尽可能的减低螺旋输送机的力矩和压力,如果出现其值较高的情况,应采取向螺旋输送机内注入泥浆泡沫的方式来降低压力和扭矩,以减少对螺旋输送机的磨损。

(6)注浆参数控制

①同步注浆

同步注浆浆液的凝结时间控制在 20s 以内。B 液的波美度控制在 30,A、B 液混合注入量控制在 3 000L/环左右,但应结合注浆压力确定注浆量,在压力较低时应适当多注。

②补注浆

补注浆量应控制在 1 500L/环左右,补注浆位置与同步注浆位置相反,补注浆的控制参考同步注浆。

(7)盾构姿态控制

盾构机轴线严格控制在 ±25mm 以内,机头机尾差严格控制在 ±20mm 以内,轴线偏差不在 ±30mm 范围时上报项目部,每环必测管片和盾壳的间隙,应尽量使各位置的间隙相等,当间隙量有差别时应通过加贴软木衬垫来调整,当间隙量相差较大时,应通过左、右曲管片来调整间隙量。

推进时应尽量匀速推进千斤顶,充分考虑千斤顶对管片成型质量的影响,必要时通过铰接来调整盾构掘进姿态。

白一学区间左线第 101 环和前 128 环主要掘进参数如图 12-52 及图 12-53 所示。

2)砂卵石地层中掘进的辅助措施:加泥与加泡沫

盾构穿越无水砂卵石地层时,如果仅采用加泥措施来改善切削土体的流动性,其能力有限,加入量太少起不到改善作用,加入量过大反而会造成土体严重离析;如果增加泥浆的浓度则可能出现无法运输和压送,盾构机经常堵塞不能正常掘进的现象。为适应这种地层的施工,在加泥的基础上通过加入泡沫改善土体粒状构造,吸附在颗粒之间的气泡可以减少土体颗粒与刀盘系统的直接摩擦,改善土体的塑流性,增加切削下来的土体的黏聚力,同时又能降低土体的渗透性(图 12-54)。另外泡沫因其相对密度小,搅拌负荷轻,可以降低刀盘的旋转扭矩,且更容易将土体搅拌均匀,从而达到既能平衡开挖面土压,又能连续向外顺畅排土的目的。

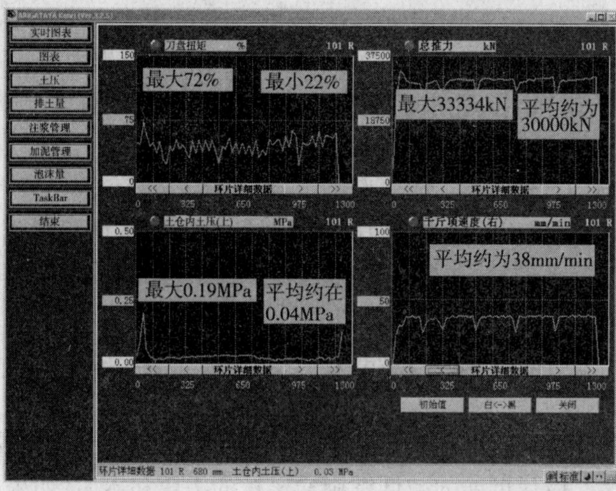

图 12-52　白一学区间左线第 101 环主要掘进参数

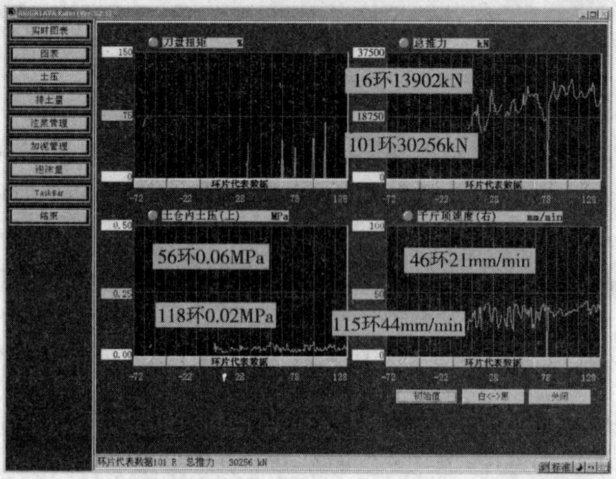

图 12-53　白一学区间左线前 128 环主要掘进参数

图 12-54　盾构螺旋输送机实际排出的渣土

(1)加泥控制

盾构推进过程,应根据实际出土的塑流性、刀盘的扭矩以及总推力来调整加泥量,白一学区间左线中某 50 环加泥管理如图 12-55 所示。

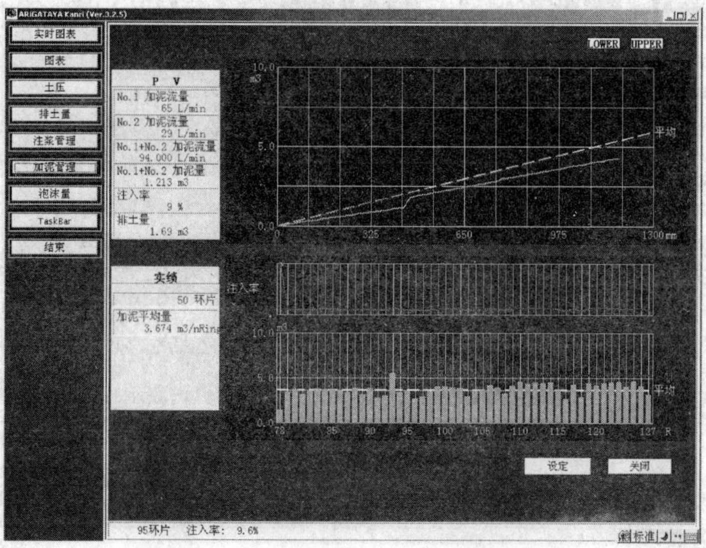

图 12-55　白一学区间左线中某 50 环加泥管理

(2)加泡沫控制

盾构推进过程中,应根据实际出土的塑流性、刀盘的扭矩以及总推力来调整泡沫注入量,白一学区间左线中某 50 环加泡沫管理如图 12-56 所示。

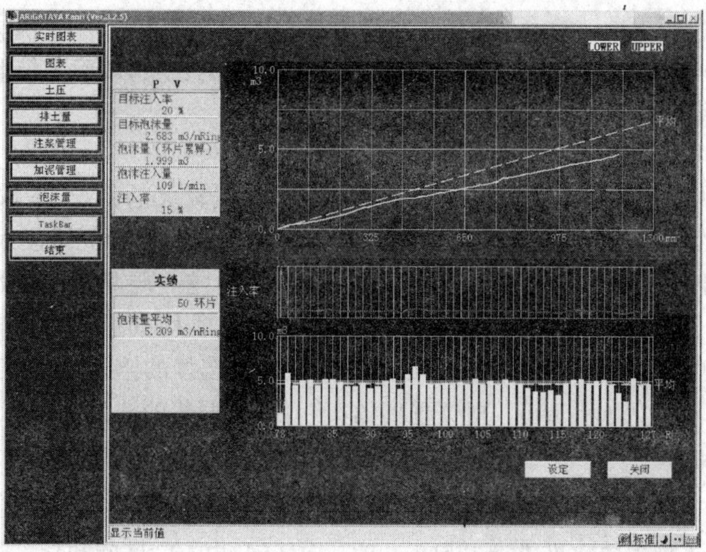

图 12-56　白一学区间左线中某 50 环加泡沫管理

(3)加泥加泡沫比值控制

加泥加泡沫的比值控制在砂卵石地层盾构掘进施工中非常重要,合理的比值和注入量能改善土体塑流性到最佳状态,从而降低刀盘扭矩和推力。在实际推进中应根据地层砂卵石含量和卵石粒径来调整比值。白—学区间左线前 128 环加泥加泡沫统计如图12-57所示。

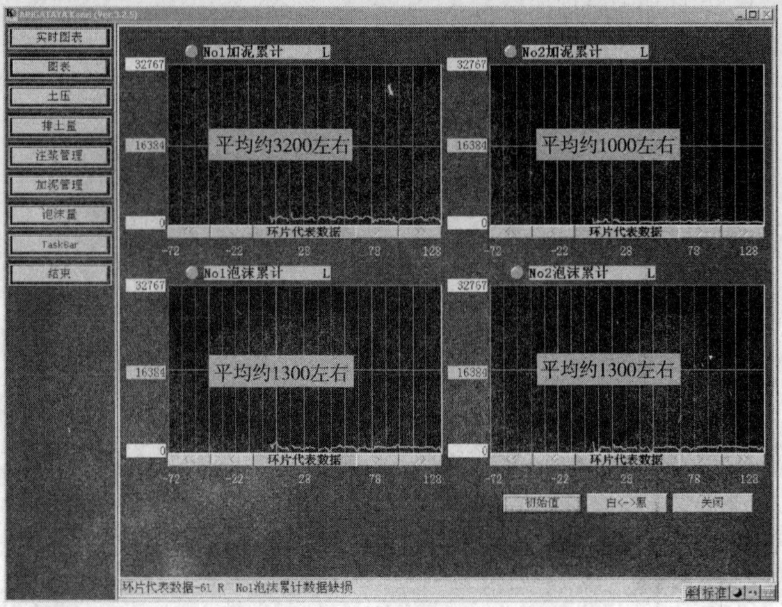

图 12-57　白—学区间左线前 128 环加泥加泡沫统计

3)小曲线半径段的施工控制

(1)启用盾构铰接及仿形刀装置,预先推出弧线

首先根据设计曲线半径计算出所需用的铰接角度,使盾构机前盾与后端的张角与设计曲线近似的吻合,经现场试验及建模模拟后确定水平张角为 0.5°,竖直张角为 0.1°,然后根据铰接张角计算出所需超挖的范围及超挖量,因该段区间为左转,故确定仿形刀超挖范围为左侧 180°,超挖量为 20mm 左右。

(2)增加盾构壁外加泥

针对无水砂卵石地层中盾构掘进施工时推进阻力比较大的情况,采取增加盾构壁外加泥的措施,即配制浓度较高的膨润土泥浆,通过盾构壳体预留的泥浆注入口将泥浆注入到盾构壳体与土层的间隙中,在盾构壳体与土体之间形成一层黏稠、润滑效果良好的泥膜,减少了盾构壳体与土体之间直接接触的面积,使得盾构推进阻力由 37 000kN 降至 16 000 ~ 20 000kN 之间,一方面增加了推进千斤顶编组选择的空间,另一方面大大提高了推进速度,可以达到 70mm/min。根据现场的实际数据,泥浆的浓度为 9%,黏度为 18s,相对密度为 1.07。

12.4.4.3　施工的实际效果

(1)实现了不换刀单次推进近 1.5km。动—白区间、白—学区间和学—双区间隧道均为不换刀一次推进。盾构掘进 1 100m 出洞时的状态如图 12-58 所示。

尽管 3 段区间隧道均实现了一次顺利推进,但是,施工中刀具的磨损相当严重,如图 12-59所示。

图 12-58　盾构推出学—双区间后的状态

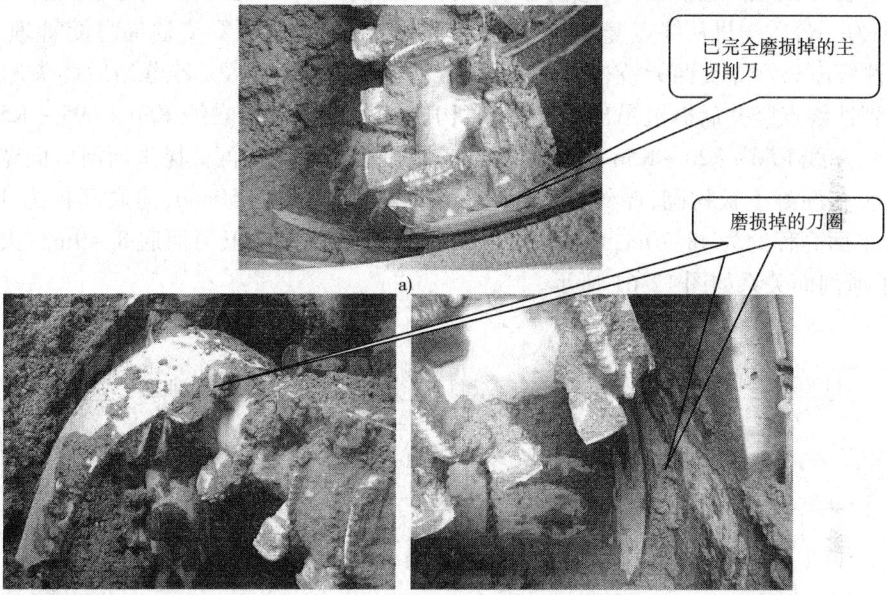

a)

b)　c)

图 12-59　刀具在砂卵石地层中的磨损情况

(2)创造了单月掘进 653 环的纪录,成型隧道的工程质量优良,如图 12-60 所示。

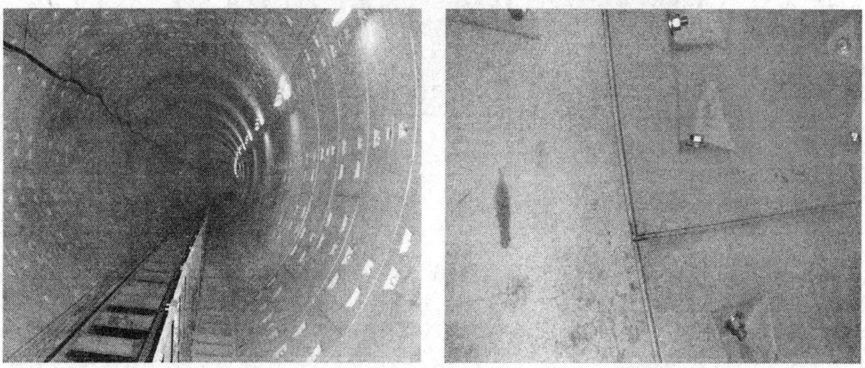

a)成型隧道图　b)管片接缝图

图 12-60　优良的成型隧道质量

12.5 辐条式刀盘及无轴螺旋输送机盾构施工技术

12.5.1 地铁10号线二期火器营站—终点区间

12.5.1.1 工程概况

地铁10号线二期火器营站—终点区间(以下简称“火—终区间”)设计里程:右线为K55+996.037~K56+936.224,全长940.187m;左线为K55+996.037~K56+959.326,全长963.289m。在右线K56+944.175处设一座盾构始发、接收井。区间上方主要管线有燃气管、污水管、雨水管、电信管线、电缆管线、公安电缆、上水管、电力管线等市政管线。盾构施工顺序为一台盾构机从终点竖井始发后,依次下穿昆玉河、下穿交通局海淀管理处1~2层房屋、侧穿万泉河立交西天桥桥桩,并沿昆玉河向南掘进,到达火器营站后调头向终点竖井掘进,到达终点竖井后拆机吊出。其中,盾构施工分别在隧道右线K56+695~K56+755(约60m)、左线K56+720~K56+780(约60m)范围内下穿昆玉河。昆玉河河床面宽度47~48 m,河底有混凝土板衬砌,厚约150mm,其下为聚苯板,厚约50mm,河底高程为46.35~46.41m,水面高程约为48.70m,水深约2.3m,盾构隧道顶距昆玉河河底8~9m。火—终区间与昆玉河剖面关系如图12-61所示。

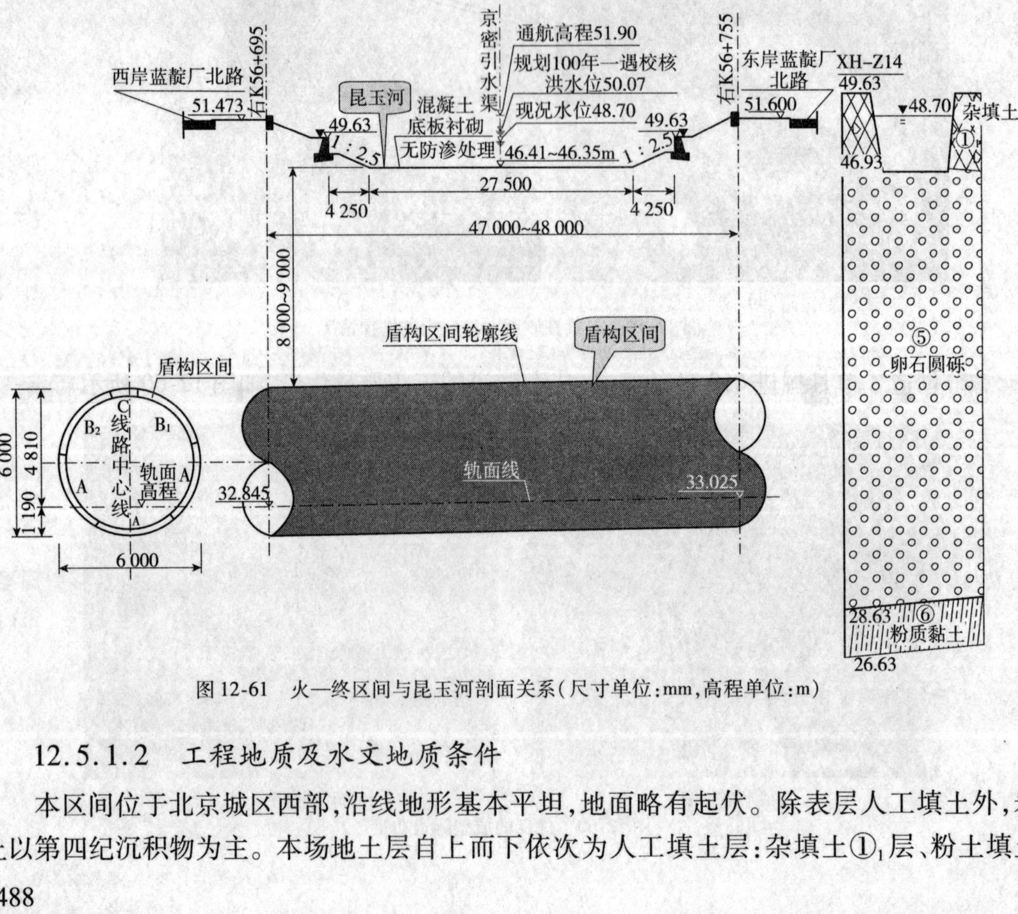

图12-61 火—终区间与昆玉河剖面关系(尺寸单位:mm,高程单位:m)

12.5.1.2 工程地质及水文地质条件

本区间位于北京城区西部,沿线地形基本平坦,地面略有起伏。除表层人工填土外,岩土以第四纪沉积物为主。本场地土层自上而下依次为人工填土层:杂填土①$_1$层、粉土填土

①层；第四纪新近沉积层：粉土②层、粉质黏土②$_1$层、黏土②$_2$层；第四纪全新世冲洪积层：粉细砂④$_3$层；第四纪晚更新世冲洪积层：卵石圆砾⑤层、细中砂⑤$_1$层、粉质黏土⑥层、黏土⑥$_1$层、粉土⑥$_2$层、粉细砂⑥$_3$层、卵石⑦层、细中砂⑦$_1$层。盾构穿越地层为卵石圆砾⑤层，该地层岩性及分布特征：杂色，密实，湿，低压缩性，最大粒径不小于 380mm，一般粒径 20～60mm，粒径大于 20mm 颗粒物含量为 50%～70%，局部达到 90%，圆砾、中粗砂充填，含量不足 30%，局部夹粉质黏土及砂土薄层。

本区间范围内的地下水主要为层间水（三），含水层为卵石⑦层，水位埋深为 29.5m，水位高程为 21.8m。

12.5.1.3　盾构机类型及主要技术参数

本标段选用日本日立 F6.15m 辐条式土压平衡盾构机。为了增强盾构机对大粒径卵石和漂石的破碎能力，减轻刮刀和刀盘的磨损，特地在刀盘上布置了 36 把先行刀（A）（高度 150mm）和 6 把边缘先行刀（B）（高度 150mm）。刀盘外径为 6180mm，开口率为 63.6%。刀盘刀具类型设置如表 12-17 所示，刀盘结构如图 12-62 所示。

刀盘刀具类型设置表　　表 12-17

刀具类型			数量	备　注
1	刮刀		78 把	宽度：150mm，高度：100mm
2	边缘刮刀		12 把	宽度：200mm，高度：100mm
3	先行刀（A）	焊接安装	36 把	宽度：62mm，长度：300mm，高度：150mm
4	先行刀（B）	焊接安装	6 把	宽度：62mm，长度：300mm，高度：150mm
5	抗磨板		1 套	刀盘外圈周围
6	中心鱼尾刀		1 把	—
7	仿形刀头		2 把	—

为了增强盾构机对砂卵石地层的适应性，选用外径为 ϕ800 的无轴式螺旋输送机（图 12-63）。旋机采用可伸缩设计，行程 1 000mm，增大排土能力，确保能够排除粒径小于 450mm 的卵石和漂石。采用液压马达驱动，装备扭矩为 138kN · m，排土能力300 m^3/h。为了增强刀盘刀具、螺旋输送机的耐磨性，刀盘外圈周围焊接有抗磨板，以保护刀盘盘体。外围先行刀刀座采用 800K 耐磨焊条堆焊 5mm，避免刀座直接与砂卵石接触磨损。在螺旋机易损部位，如螺旋机套筒内壁和扇叶采用 800K 耐磨焊条堆焊 5mm，从而提高螺旋机使用寿命。

图 12-62　盾构机及刀盘结构图

图 12-63　无轴式螺旋输送机

盾构机的基本参数见表 12-18。

盾构机的基本参数 表 12-18

名　称	项　目	基本参数
开挖直径		6 180mm
掘进速度		8cm/min
总推进力		38 500kN
前后铰接角		2°
盾构掘进机主机长度		8 640mm
盾构掘进机总长度		约 76m
主机功率		1 200 kW
盾壳	盾壳外径	6 160mm/6 155mm/6 150mm
	土压传感器数量	4 个
	盾尾密封形式及数量	钢丝刷 3 道
刀盘	转速	0 ~ 1.5r/min
	刀盘扭矩（额定）	5 730 kN · m
	刀盘扭矩（最大）	7 449kN · m
	脱困扭矩	7 449kN · m
	开口率	63.6%
推进油缸铰接	数量 × 直径 × 推力 × 行程 × 压力	22 × 260mm × 1 750kN × 2 150mm × 33MPa

12.5.2　地铁 9 号线丰台东大街—丰台北路站区间

12.5.2.1　工程概况

丰台东大街站—丰台北路站区间隧道左线长 1 030m，右线长 1 085m，双线共计 2 115m。隧道顶板覆土厚度在 8 ~ 12m 之间。线路南起丰台东大街站，沿东大街向北延伸，沿线依次下穿游泳场北路、丰管路、七里庄路、近园路、丰台北路后，到达丰台北路站。

12.5.2.2　工程地质及水文地质条件

该段区间地层卵石粒径大，500 ~ 1 200mm 居多；卵石含量高达 50% ~ 80%，细颗粒少；卵石强度高，大于 100MPa；地铁穿越范围内全断面无水。对盾构穿越地层进行调查，结果表明地层中大于 20mm 的卵石约占 64.1%，如图 12-64 所示。

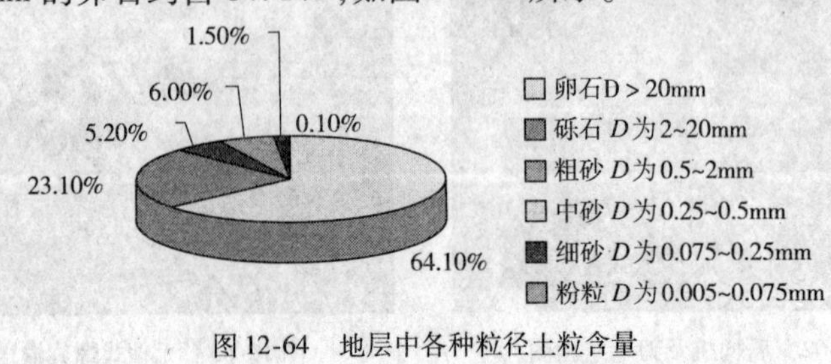

图 12-64　地层中各种粒径土粒含量

根据勘察单位提供的岩土工程勘察报告，施工阶段对地层进行补勘察，地勘揭露地层中卵砾石的含量高达 80%，最大粒径超过 900mm，平均抗压强度 80MPa 以上，揭露卵石如图 12-65 所示，各深度卵石揭露情况如表12-19所示。

图 12-65　地层揭露大粒径卵石情况

不同深度地层揭露卵石情况　表 12-19

埋深（m）	投标时初勘报告				施工阶段补勘			
	岩性名称	最大粒径（mm）	一般粒径（mm）	粒径大于 20mm 的颗粒占总质量的百分比（%）	岩性名称	最大粒径（mm）	一般粒径（mm）	粒径大于 20mm 的颗粒占总质量的百分比（%）
9.0~10.0	卵石	120	20~70	70	卵石			
10.0~11.0	卵石	240	20~80	65	卵石	450	70~120	70
11.0~12.0	卵石	320	30~70	65	卵石			
12.0~13.2	卵石	250	30~60	65	卵石	530	90~190	80
13.2~14.0	卵石	160	40~60	70	卵石	520	110~210	85
14.0~15.0	卵石	310	40~110	70	漂石	920	180~280	85
15.0~16.3	卵石	330	50~120	80	卵石	610	140~260	80
16.3~17.5	卵石	400	100~140	85	卵石	470	130~250	85

12.5.2.3 盾构机类型及主要技术参数

1)盾构类型及主要参数

本工程采用由日本石川岛生产的加泥式土压平衡盾构，设备总长80m，盾体长9.2m，装机容量1 600kVA，刀盘主驱动采用变频电机驱动，额定扭矩为6 282kN·m，脱困扭矩7 538kN·m，最大总推力40 000kN。

2)刀盘形式与刀具布置

盾构主要穿越层为圆砾卵石⑤层，地勘揭露最大粒径420mm，一般粒径20～80mm，粒径大于20mm的颗粒为总质量的55%～75%。根据盾构穿越地层特点，采用辐条式刀盘，适当降低刀盘开口率，将原来60%的开口率降低为54%，同时加装滚刀。

刀盘配置中心刀1把，刮刀105把，滚刀6把，先行刀30把，仿形刀2把。刀盘具体配置情况如图12-66所示。

考虑到施工中刀具和砾石撞击等不利因素，刀具采用日本进口耐磨刀具，刀具加焊耐磨层，且刀具分3层布置。刀具保护设置如图12-67所示。

图12-66 刀盘结构形式图

a) b) c) d)

图12-67 刀具的保护

盾构机的主要尺寸及技术性能参数见表12-20。

盾构机的主要尺寸及技术性能参数 表12-20

序号	名 称	项 目	规格及参数
1	盾构主机	长度(mm)	9 155(不含工作台)
		外径(mm)	6 140
		装机容量(kVA)	1 600

续上表

序号	名　称	项　目	规格及参数
2	推进系统	千斤顶	2 500kN × 34.3MPa × 2 300 × 16
		推进速度(mm/min)	0 ~ 92
		总推力(kN)	40 000
3	刀盘系统	驱动方式	变频电机驱动
		支撑方式	辐条式中间支撑
		最大扭矩系数	α = 22.6
		工作扭矩(kN · m)	6 282
		刀盘转速(r/min)	0 ~ 1.6
4	仿形刀	行程(mm)	120
		工作压力(MPa)	20.6
5	铰接系统	千斤顶	2 500kN × 34.3MPa × 200 × 12
		转动角度(°)	1.0
		总推力(kN)	30 000
6	螺旋输送机	驱动方式	液压
		结构形式	带式 900
		最大排土粒径(mm)	ϕ 640
		排土能力(m^3/h)	307/199
7	皮带运输机	驱动方式	电动
		输送能力(m^3/h)	413
8	管片起吊机	起吊能力(kN)	50
9	管片拼装机	旋转速度(r/min)	0 ~ 1.0
		旋转方向	双向
		回转角(°)	± 200
10	盾尾间隙测量系统	量程(mm)	2 ~ 100
11	盾尾密封系统	密封结构	三道钢丝刷(注油脂式)
		自动注油脂泵	1 套
12	壁后注浆系统	—	2 套
13	加泥系统	—	1 套
14	加泡沫系统	—	1 套
15	数据采集及监控系统	—	1 套
16	全自动测量系统	—	1 套
17	后续台车系统	—	1 套

12.5.2.4 盾构隧道施工技术

在盾构施工时，合理设定土压力，调节盾构推进速度与排土速度关系，保持开挖面稳定，使盾构保持均衡施工，控制同步注浆的压力和速度，及时实施二次补浆。

合理调整盾构机掘进参数，以"匀速，均衡、连续"的原则进行推进。

根据实际调节推进千斤顶的推力，控制盾构的推速为45～55mm/min（一般推力控制为20 000～30 000kN），使在盾构土压仓内建立起的泥土压力足以与地层土压力相抗衡；保持开挖面切削土量和螺旋输送机排土量的平衡，使泥土压力与地层土压力保持动态平衡；土压力控制为0.05～0.08MPa；从刀盘向开挖面添加泥浆及泡沫，改善开挖面圆砾地层的力学性质，同时改善盾构刀盘和螺旋输送机的工作环境，泥浆及泡沫注入总量控制在开挖土方量的20%～40%之间，施工中根据实际的出土效果进行加泥与加泡沫的相应比例调整；对同步注浆从量和压力上进行双控，同步注浆的注入率为200%～220%之间，注浆压力控制在0.35～0.4MPa之间，后续补注浆根据沉降监测值予以确定。

合理确定触变泥浆减阻浆液的加入量，从而降低盾构总推力，降低盾构对地层的扰动。盾构机头、机尾外一共12个点注入减阻浆液（触变泥浆加入量一般为300～400L/环），盾构掘进过程中进行点注入。

推进过程中及时调整好盾构机的姿态，做到"勤纠偏，小纠偏"，减少蛇行现象的发生，严格控制盾尾间隙，选择使用好左右楔型环管片达到纠偏的目的。

采取有效的渣土塑流化改良方法与措施：

1）开挖面土体塑流化改良方法

根据以往的施工经验，为适应圆砾地层的施工，在加泥的基础上同时使用泡沫系统。利用加入泡沫改善土体粒状构造，吸附在颗粒之间的气泡可以减少土体颗粒与刀盘系统的直接摩擦，降低土体的渗透性。又因其相对密度小，搅拌负荷轻，容易将土体搅拌均匀，从而达到既能平衡开挖面土压，又能连续向外顺畅排土的目的。

另外，在盾构推进施工时，由于大部分地层为圆砾，当盾构刀盘切削土体时容易使刀盘过热，影响盾构的机械性能；另一方面，螺旋机也会因工作扭矩过大而发热，影响其性能，严重时甚至停转。因此，必须通过往泥仓内加注改良材料的方式来改善土质，起到减摩的作用，满足螺旋机运输的性能，并起到冷却刀盘的作用。

因此，加泥、加泡沫的功效主要表现为以下几个方面：

（1）保持开挖面的稳定。

（2）增加切削土体的塑性流动性。

（3）使开挖面土体及切削下的土体具有良好的止水性。

（4）防止切削土砂黏附在刀盘及螺旋输送机内，避免闭塞现象发生，减轻机械负荷，降低刀盘扭矩，同时也提高掘进速度。

（5）对刀盘、螺旋输送机起减摩冷却作用。

2）合理选择塑流化改良材料

加泥材料主要由膨润土、润滑剂、流化剂以及水组成。

发泡剂属阴离子表面活性剂，由烷基磺酸盐发泡剂和羧甲基纤维素增黏剂以及其他助剂复配形成。

根据以往类似工程的施工经验，加泥与泡沫量的总和一般不超过土方开挖的35%，控制在20%～40%之间。

3)加强塑流化改良的管理

随时把握土压仓内渣土的塑性流动性，对盾构进行反馈控制。

因该区间盾构穿越含大粒径的卵石或孤石/漂石地层，盾构刀盘、刀具磨损较严重，如图12-68～图12-72所示。

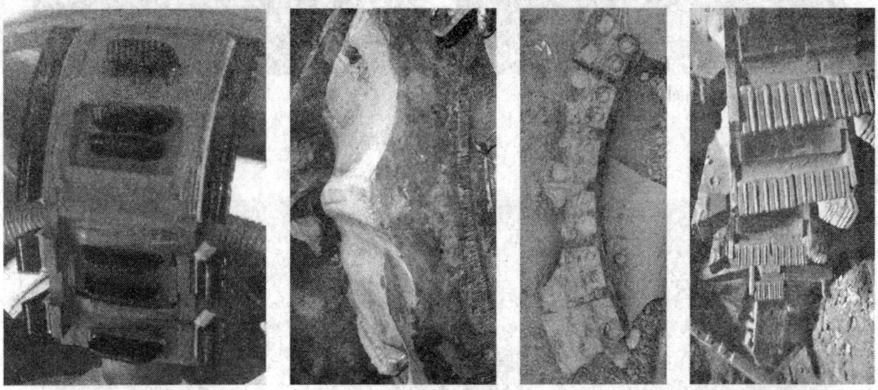

a)B辐条出厂前　b)B辐条磨损后　c)B辐条检修后

图 12-68　B 辐条磨损情况

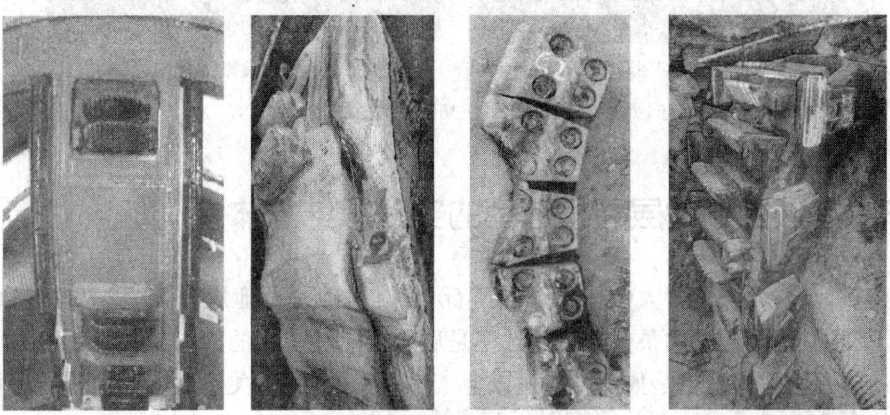

a)C辐条出厂前　b)C辐条磨损后　c)C辐条检修后

图 12-69　C 辐条磨损情况

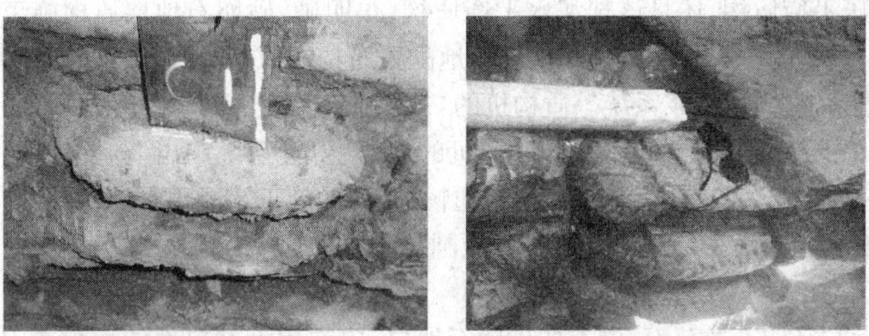

a)先行刀磨损　b)检修后

图 12-70　先行刀磨损情况

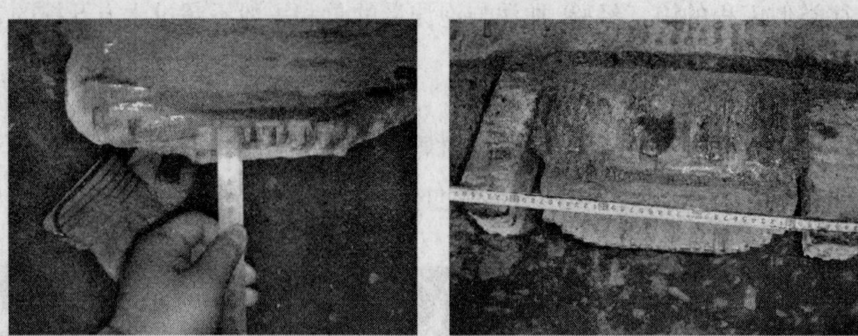

a)周边刀磨损　　b)检修后

图 12-71　周边刀磨损情况

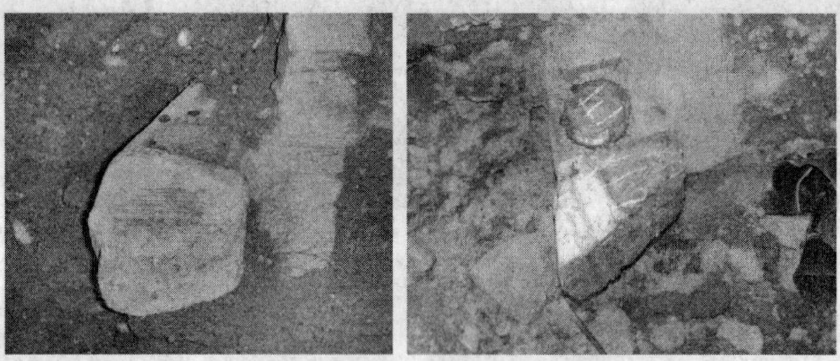

a)主切削刀磨损　　b)检修后

图 12-72　主切削刀磨损情况

12.6　砂卵石地层盾构选型的实践总结与体会

砂卵石地层，尤其是含大粒径卵石或孤石/漂石的砂卵石地层，是北京地铁隧道盾构法施工最不利、最困难的地质条件。盾构选型是盾构法隧道施工的核心与关键，北京地铁隧道砂卵石地层的盾构选型更是如此。通过以上工程实践的论述，关于砂卵石地层的盾构选型，有如下体会：

(1)直径为6m的地铁隧道，在砂卵石地层中采用盾构法施工，盾构的选型不需讨论到底是该选土压平衡盾构，还是该选泥水平衡盾构；很明确，砂卵石地层盾构施工应该选择土压平衡盾构，选型的核心与关键是如何优化地配置盾构的刀盘、刀具系统，出渣系统，渣土改良系统，减阻系统，同步注浆系统等盾构机的二级系统；刀盘、刀具系统和出渣系统的优化和配置是核心中的核心，关键中的关键，盾构机的刀盘、刀具系统和出渣系统如同一个人体的进食系统和排泄系统，只有吃得顺利、排得通畅，盾构的施工才能正常、顺利的进行。

(2)卵石粒径不大于20cm的砂卵石或圆砾地层，应选用辐条式刀盘及有轴的螺旋输送机。

(3)含大粒径卵石或孤石/漂石的砂卵石地层，应选用大开口率的面板式刀盘及无轴螺旋输送机；其刀盘开口率宜不小于42%，宜配置重型撕裂刀破碎地层中直径大于50cm的大粒径卵石或孤石/漂石，不宜配置滚刀，滚刀破碎大粒径卵石或孤石/漂石的效果不及重型撕裂刀；只有配置大开口率的面板式刀盘及重型撕裂刀，才有利于盾构在推进、切削过程中，瞬间固定、破碎大粒径卵石或孤石/漂石。

(4)刀具由重型撕裂刀、滚刀、先行刀、切削刀、刮刀等组合而成；刀具的材质、类型、数量、位置与分布、切削高度差、切削刀的前角/后角大小等的优化配置，是刀具选型与配置的关键，刀具配置好了等于掘进成功了一大半。

(5)为使盾构在掘进过程中能真正建立土压平衡，做到带压、保压掘进，应根据砂卵石地层的含砂率，及有地下水或无地下水的状态，通过实验室试验及初始掘进试验，优化渣土改良材料(如优质膨润土、优质泡沫等)的选择和配合比。

(6)为降低切削扭矩，应优化配置好盾构减阻系统。

12.7 砂卵石地层盾构掘进渣土改良的实践总结与体会

土压平衡式盾构施工中开挖出来的土体充满刀盘和隔板之间的压力仓，一方面开挖土作为支撑开挖面稳定的介质，其土性对开挖面的稳定起着决定性的作用。另一方面，它又源源不断地由螺旋输送机向外排出，它的土性好坏又直接影响着出土的顺利与否。北京地铁盾构隧道的工程实践和国内外诸多施工实例表明，土压平衡式盾构施工成功的关键就是要将从开挖面上切削下来的土体在压力仓内调整成一种比较理想的状态，使土体的性质满足一定的基本条件后，盾构开挖和排土才能够顺利地进行。当开挖土的状态不能满足这一要求时，就会给施工带来困难。这种施工困难主要表现为以下几种。

(1)刀盘及压力仓的结饼和闭塞

压力仓结饼是由于开挖土缺乏流动性，在盾构机推进压力的作用下，在压力仓内发生压密、固结排水，形成坚硬“泥饼”的现象；压力仓内发生“结饼”后，如果没有其他补救措施，这种“泥饼”将不断扩散，进而使整个压力仓发生堵塞，导致刀盘扭矩过大，开挖困难或无法进行，导致刀盘主轴承温度过高，加速主轴承的损坏，甚至会出现主轴承“烧结”、“报死”的严重后果。

压力仓闭塞是由于开挖土体在压力仓成拱，使盾构机不能正常出土，进而土体压实充满压力仓，而缺乏流塑性的土体又使搅拌翼的阻力上升，加大刀盘扭矩，引起施工困难。压力仓内土体成拱后，若盾构施工继续推进，土体会进一步压缩，导致拱作用更加剧烈。

上文所述的地铁 9 号线 04 标丰—六盾构区间和 10 号线二期 11 标西—六盾构区间采用土压平衡式盾构掘进时，由于压力仓的结饼和闭塞等导致仓内的压力失控，造成地面隆起和扭矩上升，甚至无法掘进，必须停机开仓，采用人工风镐破除，严重地影响了施工进度。丰—六盾构区间由于结饼而不得不停机开仓处理。然而由此引发了地面塌陷等问题，对周围环境产生了重大影响。

(2)刀具消耗严重

砂卵石地层条件差，刀具、刀盘的磨损严重。这种情况在北京地铁盾构掘进中普遍存在，刀具消耗严重，大大地增大了工程成本。在上文所述的北京地铁 9 号线 02 标段丰—科区间、地铁 10 二期 11 标西—六区间和 17 标段火—终区间盾构掘进几百米后发现整个刀盘上的刀具磨损非常严重，必须更换，如图 12-73 及图 12-74 所示。

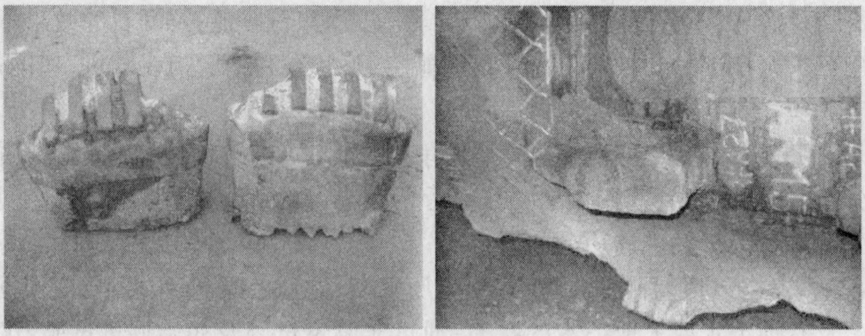

a) b)

图 12-73　地铁 9 号线 2 标盾构机刀盘、刀具磨损照片

a) b)

图 12-74　地铁 10 线二期 17 标段刀盘的磨损比较

在北京地铁 9 号线 06 标段军事博物馆站—东钓鱼台站区间，盾构从世纪坛始发井向北掘进不到 200m 的检查井中发现：整个刀盘上的刀具磨损非常严重，必须全部更换，其新购买的加拿大罗威特盾构机刀盘配制如图 12-75 及图 12-76 所示。盾构机的主要参数：最大推力为 3 780t，刀盘最大功率为 1 200kW，主轴承直径为 3 130.55mm，脱困扭矩 7 740kN · m，刀盘最大转速为 3.2r/min；外径为 6 264mm，总质量为 342t。盾构机配置方案：复合刀盘设计，重型撕裂刀加周边滚刀，强化刀盘本体。

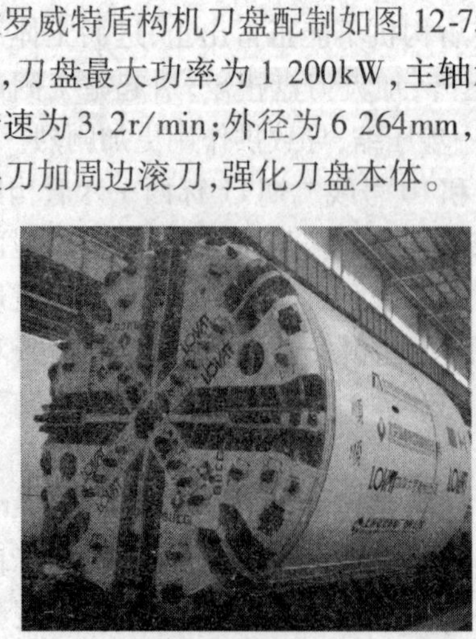

图 12-75　加拿大罗威特盾构机刀盘

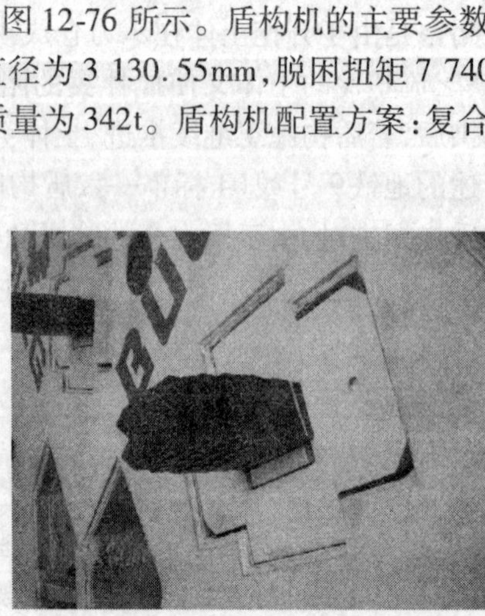

图 12-76　安装在面板上的重型撕裂刀

(3)电流消耗过大和发生卡机事件

由于刀具、刀盘与土体间的摩擦因数大,因此,扭矩及推力也相应的增大,造成电流消耗过大,油压增大,甚至发生机械故障的现象。

若开挖面不能保证平衡,开挖面前上方发生坍塌,或遇到卵石块较多的情况,就会发生卡机事件,使盾构机刀盘不能转动。

(4)地表沉降控制困难

丰—科区间正常掘进注浆量为理论注浆量的 167%,沉降值基本控制在 20mm 以内。而在另一地层条件类似的区间,正常掘进注浆量为理论注浆量的 200%,沉降值控制在 30mm 以内,达到控制目标仍比较困难。

(5)土压平衡很难建立

由于砂卵石地层的塑流性差,设定的工作压力不能顺利地传递到开挖面,不易实现连续的动态平衡,使开挖面稳定难以保持,导致地表隆沉幅度增大,而且顶部大块卵石剥落还会引起地面的突沉现象。

第13章 土、岩混合地层盾构施工技术

13.1 工程概况

以北京地铁4号线20标段为例，论述土、岩混合地层的盾构施工技术。

本段工程包括颐和园站—北宫门站区间（以下简称“颐—北区间”）、北宫门站—龙背村盾构调头井（以下简称“北—龙区间”）两个盾构区间，龙背村盾构调头井（以下简称“盾构调头井”）如图13-1所示。

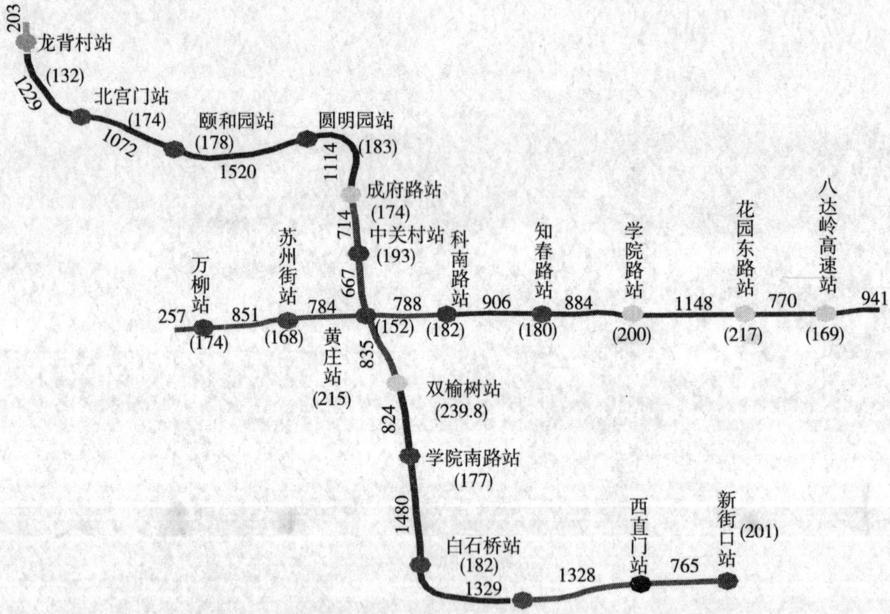

图13-1 颐和园站—北宫门站—龙背村盾构调头井平面图

颐和园站—北宫门站起讫里程为：K25 + 349.749 ~ K26 + 428.300，区间长度左线长1 074.919m、右线长1 078.551m。设两个联络通道，其中一个联络通道T24A与泵房合建，里程为K25 + 589.625，另一个联络通道T24B里程为K25 + 974.825。区间线路最大纵坡1.741 3%，最小纵坡0.3%，线间距为13 ~ 15m，区间结构线路埋深15.08m，结构平均覆土厚度10.0m。

北宫门站—龙背村盾构调头井区间左线K26 + 602.30 ~ K27 + 125.594，左线长523.294m；右线K26 + 602.30 ~ K27 + 113.920，右线长511.620m，线路最大纵坡为0.453 5%，最小线间距为11m，最小曲线半径为350m，区间隧道平均覆土厚度10m左右。

区间隧道为外径 6m，内径 5.4m，管片拼装衬砌的单洞圆形隧道，管片环宽 1.2m，管片混凝土为 C50、P10。

龙背村盾构调头井中心桩号为：右线 K27 + 104.200，沿线路方向侧墙外壁尺寸为长 17.0m，垂直线路侧墙外壁长 22.0m。两边分别与明挖区间和盾构区间相连，专门设计为盾构机调头井。盾构调头井施工场地布置在清河南岸加油站内。

盾构区间采用一台盾构机，从颐和园站左线下井始发，到达北宫门站解体吊出，第二次由颐和园站右线始发，到达并通过北宫门站，第三次由北宫门站始发，至龙背村盾构接收井吊出，第四次由北宫门站始发，至龙背村调头井解体吊出，如图 13-2 所示。

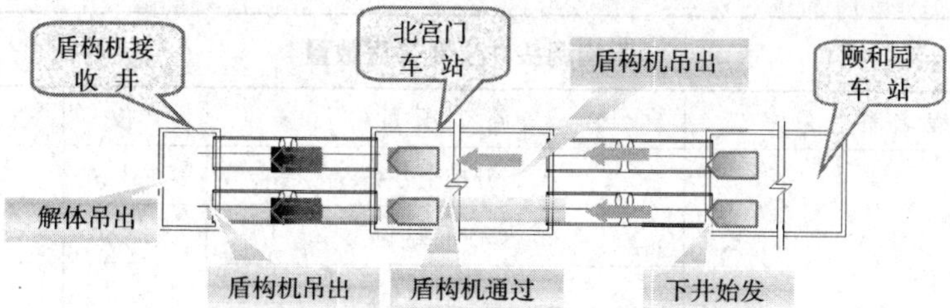

图 13-2　颐和园站—北宫门站—龙背村盾构调头井盾构施工过程

工程范围及主要工程数量见表 13-1 ~ 表 13-3。

工 程 范 围　　表 13-1

工程名称	工程范围
颐—北盾构区间 北—龙盾构区间	①施工准备与拆卸恢复等临时性工程； ②区间隧道及洞门施工； ③联络通道及泵房施工； ④其他永久工程
龙背村盾构调头井	①施工准备与拆卸恢复等临时性工程； ②降水工程； ③主体结构施工； ④其他永久工程

主要工程数量　　表 13-2

工程名称	工程部位	施工项目	单位	工程数量
颐—北盾构区间 北—龙盾构区间	盾构区间	开挖土方（实方）	m^3	97 710.5
		管　片	环	2 633
		同步注浆	m^3	11 074
		止水条	环	2 628
		管片连接螺栓（长）	套	42 064
		管片连接螺栓（短）	套	31 596
		零　环	环	8
		变形缝后一环	环	20

续上表

工程名称	工程部位	施工项目	单位	工程数量
颐—北盾构区间 北—龙盾构区间	附属工程	暗挖土方	m^3	140
		C20 混凝土	m^3	137
		C30 混凝土	m^3	186
		钢筋	t	50.65
		防水层	m^2	430
		小导管	m	1 724

盾构调头井主要工程数量 表 13-3

工 程 名 称	施 工 项 目	单位	工程数量
龙背村盾构调头井	开挖土方	m^3	6 400
	C25 混凝土	m^3	656
	C30 混凝土	m^3	741
	C20 混凝土	m^3	220
	C15 混凝土	m^3	166
	钢筋	t	486
	钢支撑	t	69

13.2 工程地质及水文地质条件

工程地质及水文地质条件见第 3.7 节的论述。

13.3 工程难点与对策

根据地质特点和施工经验，预测有以下六个难点。

1）盾构在硬岩地段的掘进

硬岩地段为右线 K26 +986.00 ~ K27 +085.00，全长 99m。

（1）盾构采用敞开模式掘进。

（2）刀盘全部应用滚刀破岩，并采用适当推力及刀盘高转速的掘进方式。

（3）提高刀盘的转速，严格控制盾体的滚动角（小于 ±7mm/m），采取盾构旋转的措施。

（4）施工中必须对刀具进行勤检查、勤更换。

2）盾构在砂卵石地层中的掘进

在颐北区间有 160m 段隧道掌子面下部有 1.0 厚的饱和的圆砾—卵石层，其中卵石圆砾层中卵石一般粒径 10 ~ 40mm，最大粒径 200mm，级配好，含砂量在 20% 左右；该段隧道掌子面中间有 3m 厚的粉质黏土；掌子面上部是饱和的粉细砂层。

此段地层特殊,砂卵石层摩擦阻力大,透水性强;粉细砂自稳性差,透水性大。易造成:①土仓压力不好建立;②刀具磨损严重;③喷涌。所以盾构掘进中采取以下措施:

(1)在 2 号联络通道加固区处做好换刀工作。

(2)充分利用中心掌子面的粉质黏土层,通过盾构机配置的膨润土和泡沫加入装置向刀盘面中心区多加注膨润土;向刀盘面边缘区和土仓内多加注泡沫,促使渣土成为塑性流动状态,提高其不透水性,在保持开挖面稳定性的同时又使排土比较容易。

(3)增大膨润土的黏度,膨润土经过 12h 膨化后再使用。

(4)调整盾构机的掘进参数,严格控制出土量,其出土量适当少于理论出土量,保持土体的密实,以便土仓内建立土压平衡。

(5)通过盾构机配置的膨润土和泡沫加入装置向螺旋输送机内注入泡沫和膨润土,增加土砂的流动性,便于土砂的排出。

(6)定期使螺旋输送机的正反来回转,保证螺旋输送机内畅通不发生堵塞。

3)盾构在中央党校成教学院内人工湖下的掘进

过中央党校成教学院内人工湖段为 $K_{右}25+588.000 \sim K_{右}25+781.000$,全长 193m。颐和园人工湖最大深度 2.7m,最小深度 1.6m,湖底到隧道顶部的覆土厚度 8.2m,从上到下 0.5 ~1.4m的粉土填土、4.2m 厚的圆砾—砾砂、2.6m 厚的粉质黏土。盾构机在此人工湖下掘进,对人工湖不进行排水,进行有水施工。

(1)进入湖底段掘进前,对盾构机进行一次全面的维修保养,重点检查刀具、注浆系统,盾尾密封、中体与盾尾铰接处密封的止水效果,使盾构机及配套系统的工作状态良好。

(2)控制好土仓压力和同步注浆压力,防止造成地层扰动过大,避免与上部湖底贯通。

(3)严格控制浆液的质量,浆液凝固时间控制在 5 ~6h。

(4)若盾尾发生漏水,则在盾尾漏水部位集中压注盾尾油脂。

(5)若盾构隧道上部与湖底贯通,立即关闭螺旋输送机的后门,对土仓加压,使土仓内土压平衡,停机一段时间,利用隧道掌子面上部 2.5 厚的粉质黏土层自封闭上部的湖水,然后再启动盾构,迅速掘进通过湖底。

4)盾构在小曲线半径段的掘进

小曲线半径段为左线 K26 + 602.300 ~ K26 + 941.937、右线 K26 + 602.300 ~ K26 + 936.345段,半径为 350m,曲线左线全长 339.637m,右线全长 334.045m。

(1)进入曲线前检查边缘刀具的磨损情况和超挖刀的使用功能,保证这些刀具完好后再进入曲线段施工。

(2)提前进入圆曲线操作状态。

(3)根据掘进的需要适时的选用超挖刀进行掘进来保证曲线段的线形。

(4)曲线段推进时,根据推进速度、出土量和地层变形的信息数据,及时调整各种施工参数,在尽量短的时间内将施工参数和注浆量调至最佳状态。

(5)同步调整控制左右油缸的油压值和油缸的行程,保证曲线内侧处土仓压力略小于外侧。

(6)加强对推进轴线的控制,做到勤测勤纠,每次纠偏量尽量小。选好管片,确保管片的环面始终处于曲率半径的径向竖直面内。

5)粉细砂层、富水层地段掘进时防止喷涌出现的措施

(1)采用土压平衡模式掘进参数。

(2)加入高浓度泥浆或泡沫,改善土体的和易性,使土体中的颗粒和泥浆成为一整体。

若盾构掘进中发生意外,出现喷涌现象后采取以下措施来处理。

①立即关闭螺旋输送机的后门,适当向前掘进,使土仓内建立平衡状态。

②通过刀盘的转动,将土仓内的土体搅拌均匀,然后才将螺旋输送机的后门慢慢打开,开门度为10%,边掘边出土,始终保持土仓内压力稳定。

③掘进过程中向土仓内注入泡沫剂、膨润土等提高渣土的流动性和止水性。同时在螺旋输送机出口栓接保压泵渣装置建立土压平衡状态。

6)盾构掘进中遇到孤石的处理措施

孤石一般在砂卵石地层出现,处理办法是进仓用静态爆破,破除孤石,一般采用膨胀炸药。

当刀盘前面发现孤石,首先分析所处地段的地质情况,若地下水丰富、自稳性又比较差,需要对刀盘前方地层进行加固,地面条件不允许加固时,必须采取带压操作。

13.4 盾构机类型及主要技术参数

盾构机类型及主要技术参数见第3.7节的论述。

13.5 盾构掘进施工

13.5.1 正常掘进与主要施工工艺

13.5.1.1 主要施工工艺

1)掘进模式的选择

本台复合式土压平衡盾构机具有敞开式、半敞开式及土压平衡三种掘进模式,在掘进中将全部用到。通过试验段的掘进选定了六个施工管理指标来进行掘进控制管理:①土仓压力;②推进速度;③总推力;④排土量;⑤刀盘转速和扭矩;⑥注浆压力和注浆量,其中土仓压力是主要的管理指标。图13-3是不同地层的盾构掘进模式的选择。

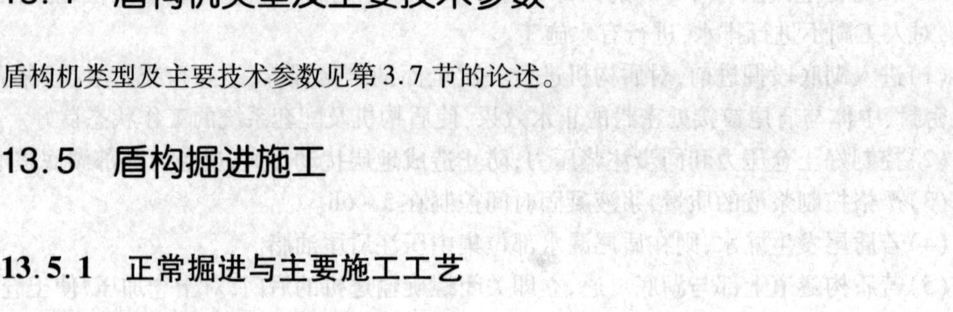

图13-3 不同地层的盾构掘进模式的选择

(1)土压平衡模式的实现

土压平衡模式掘进时,是将刀具切削下来的土体充满土仓,由盾构机的推进、挤压建立起压力,利用这种泥土压与开挖面地层的土压与水压平衡。同时利用螺旋输送机进行与盾构推进量相应的排土作业,始终维持开挖土量与排土量的平衡,保持开挖面土体的稳定。

(2)土压平衡模式下土仓压力的控制方法

土仓压力控制采取以下两种操作模式:

①通过螺旋输送机来控制排土量的模式:即通过土压传感器检测,改变螺旋输送机的转速控制排土量,以维持开挖面土压稳定的控制模式。此时盾构的推进速度人工事先给定。

②通过推进速度来控制进土量的模式:即通过土压传感器检测来控制盾构千斤顶的推进速度,以维持开挖面土压稳定的控制模式。此时螺旋输送机的转速人工事先给定。

掘进过程中根据需要可以不断转化控制模式,以保证开挖面的稳定。

(3)掘进中排土量的控制

排土量的控制是盾构在土压平衡模式下工作的关键技术之一。根据对渣土的观察和监测的数据,要及时调整掘进参数,不能出现出渣量与理论值出入较大的情况,一旦出现,立即分析原因并采取措施。

理论上螺旋输送机的排土量 Q_S是由螺旋输送机的转速来决定的,掘进的速度和 P 值设定后,盾构机可自动设置理论转速 N。

Q_S根据渣土车的体积刻度来确定。Q_S应与掘进速度决定的理论渣土量 Q_0相当,即:

$$Q_0 = A \times v \times n_0$$

式中:A——切削断面面积;

n_0——松散系数;

v——推进速度。

通常理论排土率用 $K = Q_S / Q_0$表示。

理论上 K 值应取 1 或接近 1,这时渣土具有低的透水性且处于好的塑流状态。事实上,地层的土质不一定都具有这种性质,这时螺旋输送机的实际出土量与理论出土量不符,当渣土处于干硬状态时,因摩擦力大,渣土在螺旋输送机中输送遇到的阻力也大,同时容易造成固结堵塞现象,实际排土量将小于理论排土量,必须依靠增大转速来增大实际排土量,以使之接近 Q_0,这时 $Q_S < Q_0$,$K < 1$。当渣土柔软而富有流动性时,在土仓内高压力作用下,渣土自身有一个向外流动的能力,从而渣土的实际排土量大于螺旋输送机转速决定的理论排土量,这时 $Q_S > Q_0$,$K > 1$。此时必须依靠降低螺旋输送机转速来降低实际出土量。当渣土的流动性非常好时,由于螺旋输送机对渣土的摩阻力减少,有时会产生渣土喷涌现象,这时转速很小就能满足出土要求。

渣土的出土量必须与掘进的挖掘量相匹配,以获得稳定而合适的土仓压力值,使盾构的工作处于最佳状态。当通过调节螺旋输送机转速仍达不到理想的出土状态时,可以通过改良渣土的可塑性来调整。

(4)盾构机掘进的主要技术措施

不同地层条件下,盾构机掘进的主要技术措施见表 13-4。

不同地层条件下盾构机掘进的主要技术措施　　表 13-4

地层情况	盾构掘进技术措施
黏性土及粉土层（粉质黏土、黏质粉土）	①采用土压平衡模式。 ②以齿刀、刮刀为主切削土层，以低转速、大扭矩推进。 ③土仓内土压力值 P 略大于静水压力和地层土压力之和 P_0，即 $P = 1.3P_0$。 ④向土仓和刀盘注入泡沫和水，改善土体的流动性，防止泥土在土仓内黏结。 ⑤向螺旋输送机内注入水或泥浆，改善土体的流动性，利于出土
砂性土层（粉细砂、中细砂、中砂、中粗砂）	①采用土压平衡模式。 ②进行开挖面稳定设计，控制土压力，采用土压平衡模式掘进，严格控制出土量，确保土仓压力，以稳定开挖面来控制地表沉降。 ③向土仓和刀盘面注入高浓度的泥浆，形成隔水泥膜，防止水从地层中渗出，提高土仓内渣土的稠度来改善渣土的止水性以及在螺旋输送机上安装止水保压装置，以使土仓内的压力稳定平衡。 ④选择合理的掘进参数，确保快速通过，将施工对地层的影响减到最小。 ⑤适当缩短浆液胶凝时间，保证注浆质量。 ⑥当含水率较大时，加入高浓度的泥浆充分搅拌并及时调整螺旋输送机的开门度来防止因地下水压力过大而发生喷涌。 ⑦若盾尾发生漏水，则在盾尾漏水部位集中压注盾尾油脂，并在距离盾尾 15 环管片的位置压注聚氨酯进行堵水
砂卵石地层	①采用土压平衡模式。 ②由于盾构机在该地层掘进时，土仓内不易形成连续的土压平衡，为此采取向刀盘面、土仓和螺旋输送机内注入泡沫和高浓度的膨润土来改良渣土，维持土仓内土压平衡。 ③为增大膨润土的黏度，膨润土在地面泥浆池内经过 12h 膨化后，黏度达到 24s 的泥浆方可运进洞泵送到盾构机的膨润土罐内使用。 ④调整盾构机的掘进参数，严格控制出土量，适当少于理论出土量，保持土体的密实，以便在土仓内建立土压平衡。 ⑤定期使螺旋输送机正反来回转，保证螺旋输送机内畅通不发生堵塞
粉质黏土、黏质粉土、中细砂互层	①采用土压平衡模式。 ②该地层关键就是控制排土量和掘进速度，通过调整螺旋输送机的转速来控制排土量，保持土仓内的压力稳定、平衡。 ③通过加水或浓度较稀的泡沫改善土体的流动性，利于出土。 ④在此互层掘进中，要注意千斤顶的控制，保持好盾构机姿态
中砂、粉质黏土、砂卵石互层	①采用土压平衡模式。 ②针对该地层变化较大，盾构需要稳定均衡施工，避免出现突变时来不及调整。 ③调整盾构机的掘进参数，严格控制出土量，其出土量应适当小于理论出土量，保持土体的密实，以便土在仓内建立土压平衡。 ④采取向刀盘面、土仓和螺旋输送机内注入泡沫和高浓度的膨润土来改良渣土，维持土仓内土压平衡。 ⑤定期使螺旋输送机正反来回转，保证螺旋输送机内畅通不发生堵塞
全风化岩层	①采用土压平衡模式。 ②以齿刀、刮刀为主切削土层，以低转速、大扭矩推进。 ③土仓内土压力值控制在 0.6～0.7bar。 ④向土仓和刀盘注入泡沫和水，改善土体的流动性，防止泥土在土仓内黏结
微风化砾岩	①采用敞开模式。 ②在掘进时，采用小推力、高转速，以滚刀破岩为主的掘进模式。 ③通过该地层时，要向土仓内注入泡沫，减小刀盘的扭矩，减少刀具的磨损量

注：$1\text{bar} = 10^5\text{Pa}$。

2)渣土改良和管理

在盾构施工中,尤其在复杂地层及特殊地层盾构施工中,为了保持开挖面的稳定,应根据围岩条件适当注入添加剂,以确保渣土的流动性和止水性,同时要慎重对土仓压力和排土量进行管理。

(1)渣土改良的目的

①使渣土具有良好的土压平衡效果,利于稳定开挖面,控制地表沉降。

②提高渣土的不透水性,使渣土具有较好的止水性,从而控制地下水流失。

③提高渣土的流动性,利于螺旋输送机排土。

④防止开挖的渣土黏结刀盘而产生泥饼。

⑤防止螺旋输送机排土时出现喷涌现象。

⑥降低刀盘扭矩和螺旋输送机的扭矩,同时减少对刀具和螺旋输送机的磨损,从而提高盾构机的掘进效率。

(2)改良的方法与添加剂

渣土改良就是通过盾构机配置的专用装置向刀盘面、土仓内或螺旋输送机内注入泡沫或膨润土,利用刀盘的旋转搅拌、土仓搅拌装置搅拌或螺旋输送机旋转搅拌使添加剂与渣土混合,其主要目的就是要使盾构切削下来的渣土具有好的流塑性、合适的稠度、较低的透水性和较小的摩阻力,以满足在不同地质条件下盾构掘进可达到理想的工作状况。

(3)渣土改良的主要技术措施

根据本工程的地质条件和盾构施工的经验,采取如下主要技术措施。

①在富水断层带和其他含水地层采用土压平衡模式掘进时,拟向刀盘面、土仓内和螺旋输送机内注入膨润土泥浆,增加对螺旋输送机内注入的膨润土泥浆量,以利于螺旋输送机形成土塞效应,防止喷涌。

②在砂性土地层中掘进时,拟采取向刀盘面和土仓内注入泡沫的方式来改良渣土。泡沫注入量根据具体情况确定。

③在砂卵石地层中掘进时,由于掘进对地层的扰动,不易形成连续的土压,为此向刀盘面、土仓和螺旋输送机内注入泡沫和浓度高的膨润土泥浆来改良渣土,维持土仓内土压平衡。

3)掘进过程中姿态控制

由于隧道曲线和坡度变化以及操作等因素的影响,盾构推进会产生一定的偏差。当这种偏差超过一定限界时,就会使隧道衬砌侵限、盾尾间隙变小,使管片局部受力恶化,并造成地应力损失增大而使地表沉降加大,因此盾构施工中必须采取有效技术措施控制掘进方向,及时有效纠正掘进偏差。

(1)盾构掘进方向控制

①采用SLS-T隧道自动导向系统和人工测量辅助进行盾构姿态监测

该系统配置了导向、自动定位、掘进程序软件和显示器等,能够全天候在盾构机主控室动态显示盾构机当前位置与隧道设计轴线的偏差以及趋势。据此调整控制盾构机掘进方向,使其始终保持在允许的偏差范围内。

因盾构推进导向系统后视基准点需要前移,必须通过人工测量来进行精确定位。为保证推进方向的准确可靠,拟每周进行两次人工测量,以校核自动导向系统的测量数据并复核盾构机的位置、姿态，确保盾构掘进方向的正确。

②采用分区操作盾构机推进油缸控制盾构掘进方向

根据线路条件所做的分段轴线拟合控制计划、导向系统反映的盾构姿态信息，结合隧道地层情况，通过分区操作盾构机的推进油缸来控制掘进方向。

推进油缸按上、下、左、右分成四个组，每组油缸都有一个带行程测量和推力计算的推进油缸，根据需要调节各组油缸的推进力，控制掘进方向。

在上坡段掘进时，适当加大盾构机下部油缸的推力；在下坡段掘进时则适当加大上部油缸的推力；在左转弯曲线段掘进时，则适当加大右侧油缸推力；在右转弯曲线掘进时，则适当加大左侧油缸的推力；在直线平坡段掘进时，则应尽量使所有油缸的推力保持一致。

(2)盾构掘进姿态调整与纠偏

在实际施工中，由于管片选型不当、盾构机驾驶员操作失误等原因，盾构机推进方向可能会偏离设计轴线并超过管理警戒值；在稳定地层中掘进时，因地层提供的滚动阻力小，可能会产生盾体滚动偏差；在线路变坡段或急弯段掘进过程中，有可能产生较大的偏差，这时就要及时调整盾构机姿态、纠正偏差。

①参照上述方法分区操作推进油缸来调整盾构机姿态，纠正偏差，将盾构机的方向控制调整到符合要求的范围内。

②在急弯和变坡段，必要时可利用盾构机的超挖刀进行局部超挖和在轴线允许偏差范围内提前进入曲线段掘进来纠偏。

③当滚动超限时，就及时采用盾构刀盘反转的方法纠正滚动偏差。

(3)方向控制及纠偏注意事项

①在切换刀盘转动方向时，应保留适当的时间间隔，切换速度不宜过快，切换速度过快可能造成管片受力状态突变，而使管片损坏。

②根据掌子面地层情况及时调整掘进参数，调整掘进方向时应设置警戒值与限制值。达到警戒值时及时实行纠偏程序。

③蛇形修正及纠偏时应缓慢进行，如修正过程过急，蛇形反而更加明显。在直线推进的情况下，应选取盾构当前所在位置点与设计线上远方的一点作一直线，然后再以这条线为新的基准进行线形管理。在曲线推进的情况下，应使盾构当前所在位置点与远方点的连线同设计曲线相切。

④推进油缸油压的调整不宜过快、过大，否则可能造成管片局部破损甚至开裂。

⑤正确进行管片选型，确保拼装质量与精度，使管片端面尽可能与计划的掘进方向垂直。

⑥盾构始发、到达时方向控制极其重要，应按照始发、到达掘进的有关技术要求，做好测量定位工作。

4)管片拼装

(1)管片的储存及搬运

①管片出厂前逐片进行尺寸、外观的检测，不合格者不允许出厂。外观的检测内容有：管片表面光洁平整，无蜂窝、露筋，无裂痕、缺角，无汽、水泡，无水泥浆等杂物；灌浆孔螺栓套管完整，安装位置正确。轻微的缺陷进行修饰，止水带附近不允许有缺陷。

②达到龄期并检验合格的管片有计划的由平板车运到施工现场，运输时管片之间用垫木垫实，以免使管片产生有害裂纹或棱线部分被碰坏。

③管片到达现场后由龙门吊卸到专门的管片堆放区。管片堆放区应选择适当，以免因其自重造成场地不均匀沉降和垫木变形而产生异常的应力和破裂。在卸之前对管片进行逐一的外观检测，不符合要求（裂缝、破损、无标志等）的管片立即退回。管片吊放到两节拖卡上，之间用 10cm × 10cm 方木垫隔，拖卡上应预先安放方木垫块以方便管片堆放。

标准管片和左、右转弯管片分开堆放，以方便吊运和存量统计。管片贴密封垫后，经专人检查合格（位置、型号、黏结牢固性等）才可吊下隧道使用。储存时，必须注意，不能让油类、泥等异物污损管片，混凝土管片的接头配件应确保不发生腐蚀。遇雨天管片上应加盖罩设施，确保雨季施工不受影响。

④管片下井采用龙门吊进行。洞内采用电瓶车牵引管片车运输。管片车上的管片堆放有序，堆放次序应依据下一环的管片安装顺序，如图 13-4 所示。

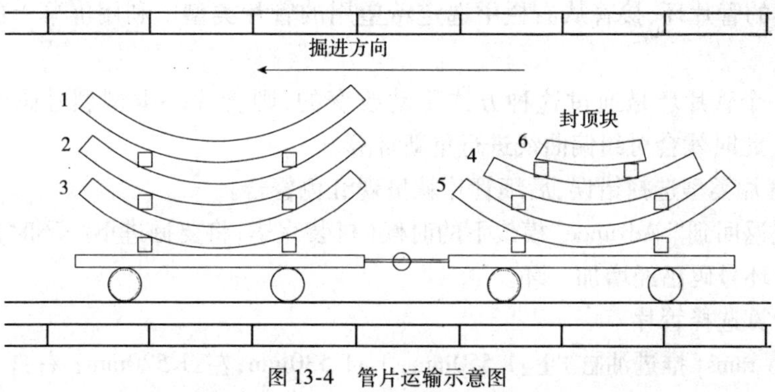

图 13-4　管片运输示意图

⑤管片运到盾构机附近后，由专门设备卸到靠近安放位置的平台上，再送到管片安装器工作范围内，然后从下到上依次安装到相应位置上。当最后封顶块插入安装紧固后，一环管片即安装完毕，可以进行下一环的掘进。

（2）管片拼装程序

①利用 VMT 系统进行管片选型

VMT 系统程序中对各种有关的因素预先设定重要性的不同，程序会给所有的可能的后续管片评估打分，其中不利因素得分最小的一种类型胜出。这就是程序建议的可拼装的最好的一环后续管片。此时程序会沿已经计算好的纠偏曲线进行一次模拟掘进，预测当前掘进路径最可能的后续掘进路径。接着程序对上面提到的各种影响因素可能出现的改变进行预测，然后把预测的上一管片环作为参考管片环，进行下一管片环顺序的计算：先前预测到的第一环被作为预测下一环的理论参考管片环，第二管片环的选择过程同第一环的选择过程。

以下为 VMT 系统程序管片选择步骤：

a. 在一环掘进快要结束时，即主千顶的行程大约为 1 400mm 时，现场值班的土建工程师对上一管片环的盾尾间隙进行手动测量。

b. 当掘进结束且推进油缸仍在上一环管片时，则可通过选择“Survey Off”，可使

VMT 系统进入管片拼装模式，此时屏幕右侧的模式框中的模式从“Advance ”转为“Ring Erection”。

c. 利用“Next”或“F10”，转换功能键菜单，找到功能键“F4”即“Ring Builing ”。出现管片拼装的主屏幕，在此处选择“Initial Values”（初始值），并在屏幕左下角输入盾尾间隙的值。

d. 接着，操作人员应当检查“Reference ring ”的类型（上一环管片）是否正确。如果其前面的操作无误，则此类管片应当是正确的。现在选择按键“Acceptance ”及“OK”键，返回到管片拼装主模式下。

e. 此时在屏幕的中央就会显示上一管片环的信息。

f. 按下“Calculate”则从当前位置开始计算一个新的纠偏曲线，计算完毕后，计算的结果显示在屏幕的中央。如果对建议的管片环满意，则可选择按键“Build”，进行管片拼装。如果对建议的管片环类型不满意，或现有管片的类型限制，则可对其进行更换。首先选择屏幕中央要被替换的管片环，接着从右栏中选定希望用的管片类型。利用屏幕上的箭头执行替换操作。

g. 如果一个管片环是通过这种方式手动改变的，则管片环类型型号码的两边就会有“* *”标志。此时就会对纠偏曲线进行重新计算。

h. 如果管片类型选择错误，后续管片就呈现红色警告。

i. 当系统返回到“Advance”模式下的时候（拼装完毕，将要掘进下一环时），可看到屏幕右上角的管片环号码已经增加一环。

②人工计算选择管片

假定 Push rams（推进油缸）上：1 550mm；下：1 530mm；左：1 520mm；右：1 540mm。

Articulation rams（铰接油缸）上：80mm；下：70mm；左：62mm；右：75mm。

盾尾间隙上：65mm；下：80mm；左：60mm；右：90mm。

上下：(1 550 − 1 530) − (80 − 70) = 10mm；

左右：(1 520 − 1 540) − (62 − 75) = −7mm。

盾尾间隙：上：75 − 65 = 10mm；下：70 − 80 = −10mm；

左：75 − 60 = 15mm；右：70 − 90 = −20mm。

查表需要右转向下，所以选择 *R*2；

在进行管片选型的时候，应考虑盾尾间隙影响，只有盾尾间隙接近警戒值（60mm）时，才根据盾尾间隙进行管片选型。

(3)管片的安装

本工程管片拼装采用错缝拼装。

管片在安装前仍要进行一次检查，再确认管片种类正确、质量完好无缺和密封垫黏结无脱落，管片的吊装孔预埋位置正确，逆止阀、封堵盖完好无损，以及其他主要预埋件和混凝土的握裹牢固，管片接头使用的螺栓、螺母、垫圈、螺栓防水用密封垫等附件准备齐全后，才允许安装。每环管片安装结束后要及时拧紧各个方向的螺栓，且在该环脱出盾尾后再次拧紧。

对掘进过程中出现的管片裂缝和其他破损，要及时观察记录并提醒盾构机操作员注意，并要选择合适时间对管片进行修补。

管片安装是盾构法施工的重要环节，其安装质量的好坏不仅直接关系到成洞的质量，而且对盾构机能否继续顺利推进有着直接的影响。

①安装顺序

管片安装采取自下而上的原则，由下部开始，先装底部标准块（或邻接块），再对称安装标准块和邻接块，最后安装封顶块，封顶块安装时，先径向搭接 2/3，径向推上，然后纵向插入。

拼好的一环管片从盾尾脱出时，受到自重和压力的作用产生变形，当变形量过大，既成环和拼装环高低不平，影响到纵向螺栓安装时，用真圆保持器对管片进行临时整圆。

②拼装工艺

管片拼装工艺流程如图 13-5 所示。

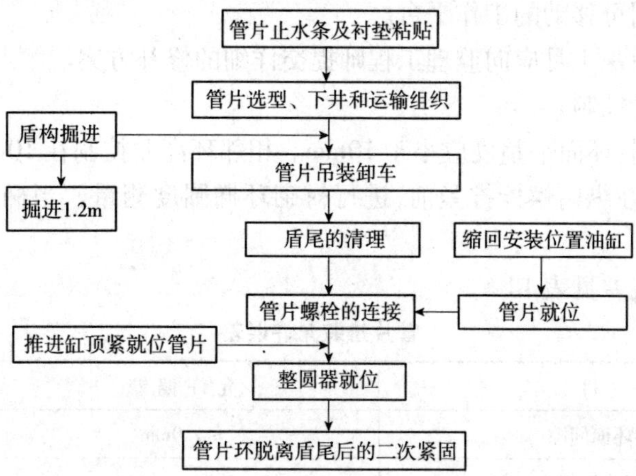

图 13-5　管片拼装工艺流程

管片在防水处理前必须对管片进行清理，然后再进行密封的粘贴。

安装过程中彻底清除盾壳安装部位的垃圾和积水，同时必须确保管片的定位精确，尤其第一环要做到居中安放。

用管片拼装机将管片吊起，沿吊机梁移动到盾尾位置。

安装时千斤顶交替收回，即安装哪块管片收回哪块相对应的千斤顶，其余千斤顶仍顶紧。

管片安装应把握好管片环面的平整度、环面的超前量以及椭圆度，还要用水平尺将第一块管片与上一环管片精确找平。

第二块管片与上一环管片和第一环管片大致对准后，先纵向压紧环向止水条，再环向压紧纵向止水条，并微调对准螺栓孔。

边拼装管片边拧紧纵、环向连接螺栓。

在整环管片脱出盾尾后，再次按规定扭矩拧紧全部连接螺栓。

③特殊地段的管片安装

a. 曲线段管片安装

平面曲线采用左转弯、右转弯衬砌环进行调整，竖曲线用低压石棉垫片调整，蛇形修正用橡胶垫片调整。施工中注意标准管片和左右转弯管片的衔接,拼装工艺与标准管片相同。

b. 区间内联络通道位置处的管片安装

区间隧道的联络通道与正线隧道相接处采用特殊管片,以通缝形式拼装。此时管片仍为封闭的,并在洞门周边设置一圈封闭钢梁,构成一坚固的封闭框架,在联络通道施工时,先拆除通道部位的特殊管片,将洞口荷载完全传到框架上,再向里施工。此段管片安装时由于管片分块较多,因而应注意标准管片和楔形管片的衔接,拼装工艺与标准管片相同。

④隧道管片修补

对已安装好的管片出现的破损处和超过一定宽度的裂缝及所有渗水裂缝,都应进行修补处理。具体办法为选用高标号的环氧水泥砂浆回填修补,并压实抹光,做到既能保证强度和防水效果,又能保证美观。

隧道的修补采用可移动的工作平台。

修补工作开始前一个月应向监理工程师提交详细的修补方案。

⑤管片拼装质量控制

a. 成环环面控制:环面平整度应小于 10mm。相邻环高差控制在 10mm 以内。

b. 安装成环后,在纵向螺栓拧紧前,进行衬砌环椭圆度测量。当椭圆度大于 20mm 时,应做调整。

管片拼装允许误差见表 13-5。

管片拼装允许误差 表 13-5

项目	允许偏差	备注
相邻环的环面间隙	≤1.0mm	内表面测定
纵缝相邻块间隙	2mm	其中 1mm 为衬垫
对应的环向螺栓孔的不同轴度	≤1.0mm	

(4)管片安装中的注意事项

①管片接头必须拧紧,为避免管片旋转过程中安装头单独承受管片重量,应将四条压板均匀地接触管片,避免管片拼装过程中螺栓头被拔出。

②管片拼装过程中,第一块管片的位置尤为重要,它决定了本环其他管片的位置及拼缝的宽窄。管片高于相邻块,将会导致 K 块的位置不够;低于相邻块,纵缝过大,防水性能降低。同时,第一块应平整,防止形成喇叭口。

③当拼装第五块(B 或 C)时,应用尺子量 K 块空位的宽度,并调整第五块位置,保证其值为(48 ±1)cm 或(95 ±1)cm。

④管片拼装应满足规范规定的偏差:高程和平面不侵限;每环相邻管片平整度 10mm;纵向相邻环环面平整度 10mm;衬砌环直径椭圆度 0.5%。

⑤应确保螺栓紧固,拧紧力矩要达到设计要求的 300N · m。

⑥同一环内各管片的相邻位置应符合设计图纸要求,不可互换。每环管片上有管片类型标记,环类型标记,纵缝对接标记,安装管片时应认真查看这些标记,保证管片安装正确;管片迎千斤顶面和背千斤顶面不同,方向不要错装。操作员在安装管片时看到的管片中心

的管片标志字符应是正置的,如果是倒置的,则管片朝向错误。

⑦管片 K 块安装方法为先纵向搭接 1m,然后安装器径向推顶到预定位置再纵向插入。K 块及 B、C 与 K 块相邻面止水条,在安装面应涂润滑剂。

⑧安装时应注意小心轻放,避免损坏管片和止水条。

⑨对掘进过程中出现的管片裂缝和其他破损,要及时观察记录并提醒盾构机操作员注意,并要选择合适时间对管片进行修补。

⑩注意:每次根据需要拼装管片的位置,回缩相应位置的部分千斤顶,如果回缩过多千斤顶是十分危险的,前面土体的支撑压力会使盾构机后移,轻则导致盾构机姿态变样,重则引起安全事故发生。

⑪封顶块先径向居中压入安装位置,搭接长度大于 0.9m(故一般要求千斤顶行程量大于 1 500mm 时才停止掘进),调准后再沿纵向缓慢插入。如遇阻碍应缓慢抽出后进行调整。严禁强行插入和上下大幅度调整,以免损坏或松动止水条。

(5)管片拼装操作安全

①管片拼装必须落实专人负责指挥,盾构机驾驶员必须按照指挥人员的指令操作,严禁擅自转动拼装机,以免发生伤亡事故。

②举重臂旋转时,严禁施工人员进入举重臂活动半径内,拼装工在管片全部定位后,方可作业。

③拼装管片时,拼装工必须站在安全可靠的位置,严禁将手脚放在环缝和千斤顶的顶部,以免受到意外的伤害。

④举重臂在管片固定就位后,方可复位,封顶拼装就位未完毕时,人员严禁进入封顶块下方。

⑤举重臂旋转时,盾构驾驶员必须看清旋转半径内的人员,并鸣号警示。

⑥举重臂拼装端头必须拧紧到位,并定期检查磨损情况,对内丝口损坏的管片采取可靠的措施,方可使用。

(6)管片上浮的控制

①采用快凝浆液注浆,尽快封闭管片与地层的间隙,防止隧道上浮。

②同步注浆时,应注意注浆的同步性和均匀性,根据总的方量计算,每 100mm 需注入 33 ~ 40 个冲程量,注浆时应均等注入空隙,同时做到上部的两个注浆管的注浆量要为总的注浆量的 3/4。

③在同步注浆的基础上,结合聚氨酯注浆在隧道周围形成环箍,每隔 10m 打一道环箍,使隧道纵向形成间隔的止水隔离带,以减缓、制约隧道上浮。

④加强测量和监测的频率,并及时调整盾构姿态,掘进时适当将轴线降低。

5)盾构同步注浆

当盾构掘进时,注浆泵将储浆槽中的浆液泵出,通过四条独立的输浆管道,通到盾尾壳体内的 4 根同步注浆管,对管片外表面的环行空隙进行同步注浆,如图 13-6 所示。盾构开挖会在土体与管片之间会形成一道宽度为 140mm 左右的环行空隙,同步注浆的目的是为了尽快填充环形间隙使管片尽早支撑地层,防止地面变形过大而危及周围环境安全,同时作为管片外防水和结构加强层。

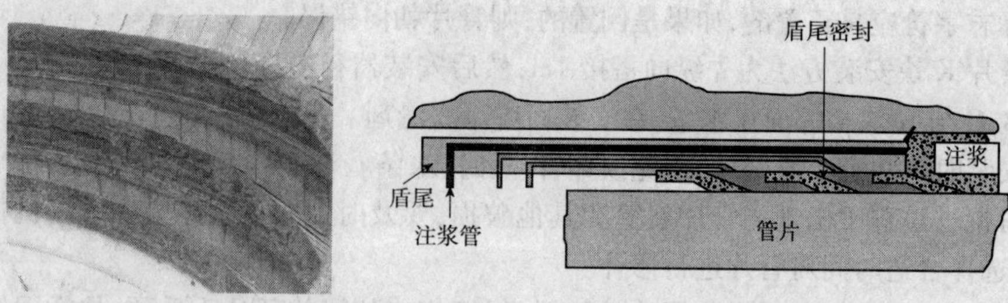

图 13-6　同步注浆示意图

(1)注浆材料及配比设计

①注浆材料

采用水泥砂浆作为同步注浆材料，该注浆材料具有结石率高、结石体强度高、耐久性好和能防止地下水侵袭的特点。水泥采用 42.5 级抗硫酸盐水泥，以提高注浆结石体的耐腐蚀性，使管片处在耐腐蚀注浆结石体的包裹内，减弱地下水对管片混凝土的腐蚀。

②浆液配比及主要物理力学指标

根据盾构施工经验，同步注浆拟采用表 13-6 的配比。在施工中，根据地层条件、地下水情况及周边条件等，通过现场试验优化确定。同步注浆浆液的主要物理力学性能应满足下列指标：

同步注浆材料配比　　表 13-6

水泥(kg)	粉煤灰(kg)	膨润土(kg)	砂(kg)	水(kg)	外加剂
80 ~ 200	381 ~ 241	60 ~ 50	710 ~ 934	460 ~ 470	按需要根据试验加入

a. 胶凝时间：一般为 3 ~ 10h，根据地层条件和掘进速度，通过现场试验加入促凝剂及变更配比来调整胶凝时间。对于强透水地层和需要注浆提供较高的早期强度的地段，可通过现场试验进一步调整配比和加入早强剂，缩短胶凝时间。

b. 固结体强度：1d 不小于 0.2MPa，28d 不小于 2.5MPa。

c. 浆液结石率：>95%，即固结收缩率 <5%。

d. 浆液稠度：8 ~ 12cm。

e. 浆液稳定性：倾析率(静置沉淀后上浮水体积与总体积之比)小于 5%。

(2)同步注浆主要技术参数

①注浆压力

注浆压力略大于该地层位置的静止水土压力，同时避免浆液进入盾构机的土仓中。

最初的注浆压力是根据理论的静止水土压力确定的，在实际掘进中将不断优化。如果注浆压力过大，会导致地面隆起和管片变形，还易漏浆。如果注浆压力过小，则浆液填充速度赶不上空隙形成速度，又会引起地面沉陷。一般而言，注浆压力取 1.1 ~ 1.2 倍的静止水土压力，最大不超过 3.5bar($1\text{bar} = 10^5\text{Pa}$)。

采取盾尾圆周上的四个点同时注浆的方式，考虑到水土压力的差别、防止管片大幅度下沉和浮起的需要，各点的注浆压力将不同，并保持合适的压差，以达到最佳效果。在最初的压力设定时，下部每孔的压力比上部每孔的压力略大 0.5 ~ 1.0bar($1\text{bar} = 10^5\text{Pa}$)。

②注浆量

根据刀盘开挖直径和管片外径,可以按下式计算出一环管片的注浆量。

$$V = \pi/4 \times K \times L \times (D_1^{\,2} - D_2^{\,2})$$

式中:V—— 一环注浆量(m^3);

L—— 环宽(m);

D_1—— 开挖直径(m);

D_2—— 管片外径(m);

K—— 扩大系数,取 1.3 ~2。

代入相关数据,可得:

$$V = \pi/4 \times (1.3 \sim 2) \times 1.2 \times (39.1 - 36) = 3.8 \sim 5.8(m^3/环)$$

根据上面经验公式计算,注浆量取环形间隙理论体积的 1.3 ~2 倍,则每环(1.2m)注浆量 $Q=3.8 \sim 5.8m^3$。

③注浆时间和速度

在不同的地层中,根据不同凝结时间的浆液及掘进速度来具体控制注浆时间的长短。做到"掘进、注浆同步,不注浆、不掘进",通过控制同步注浆压力和注浆量的双重标准来确定注浆时间。

注浆量和注浆压力达到设定值后才能停止注浆,否则仍需补浆。

同步注浆速度与掘进速度匹配,按盾构完成一环掘进的时间内完成当环注浆量来确定其平均注浆速度。

④注浆结束标准及注浆效果检查

采用注浆压力和注浆量双指标控制标准,即当注浆压力达到设定值,注浆量达到设计值的 85% 以上时,即可认为达到了质量要求。

注浆效果检查主要采用分析法,即根据压力—注浆量—时间曲线,结合管片、地表及周围建筑物监测结果进行综合评价。

对拱顶部分采用超声波探测法通过频谱分析进行检查,对未满足要求的部位,进行补充注浆。

(3)同步注浆方法、工艺

同步注浆装置有:注浆泵、清洗泵、储浆槽、管路、阀件等组成。

注浆量和注浆压力的大小可以实现自动控制和手动控制,手动控制可对每一条管道进行单个控制,而自动控制可实现对所有管道的同时控制。注浆工艺流程及管理程序如图 13-7所示。

(4)同步注浆的注意事项

①在开工前制订详细的注浆作业指导书,并进行详细的注浆材料配合比试验,选定合适的注浆材料及浆液配比。

②制订详细的注浆施工设计、工艺流程及注浆质量控制程序,严格按要求实施注浆、检查、记录、分析,及时作出 P(注浆压力)—Q(注浆量)—t(时间)曲线,分析注浆速度与掘进速度的关系,评价注浆效果,反馈指导下次注浆。

③成立专业注浆作业组,由富有经验的注浆工程师负责现场注浆技术和管理工作。

④根据洞内管片衬砌变形、地面及周围建筑物变形监测结果,及时进行信息反馈,修正

注浆参数和施工工艺,发现情况及时解决。

⑤做好注浆设备的维修保养和注浆材料供应,定时对注浆管路及设备进行清洗,保证注浆作业顺利、连续不中断的进行。

⑥每环掘进之前,都要确认注浆系统处于正常的工作状态,并且浆液储量足够,掘进中一旦注浆系统出现故障,应立即停止掘进,并进行检查和修理。

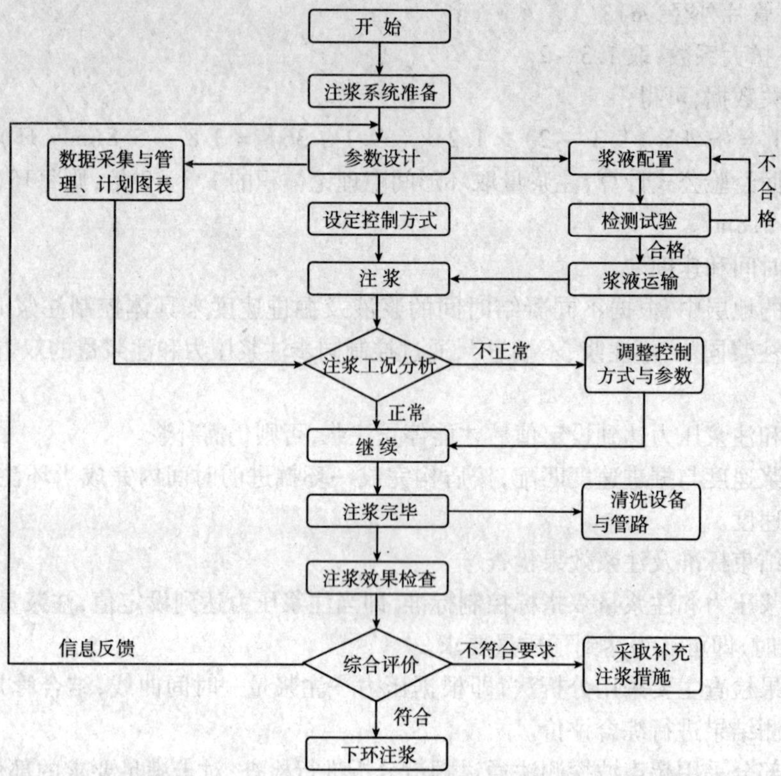

图 13-7 管片衬砌背后同步注浆工艺流程及管理程序

6)二次注浆(又称壁后注浆)

盾构机穿越后应考虑环境保护和隧道稳定的因素,如发现同步注浆有不足的地方,通过管片中部的注浆孔进行二次补注浆,补充一次注浆未填充部分和体积减少部分,从而减小盾构机通过后土体的后期沉降,减轻隧道的防水压力,提高止水效果。

二次注浆使用专用的注浆泵,注浆前凿穿外侧保护层,安装专用的注浆接头。

二次注浆采用水泥浆——水玻璃双液浆,注浆压力一般为 0.2 ~ 0.4MPa。

7)地层与建筑物隆沉控制

(1)盾构区间总共有 27 栋民房。其中两层的 7 栋,其余均是一层,其中受主要保护的房屋是中央党校成教学院的两层宿舍楼。

(2)严格建立隧道沉降量测控制网,及时定期的进行监测,掌握隧道施工时和建成后对周围环境及对隧道本身的影响。注意对盾构前方监测点监测数据的分析。如果盾构前方监测点地面变形控制在 -5 ~ +5mm 之间,则盾构在通过时地面变形可控制在 -20 ~ +10mm 之间,否则应调整出土量,控制地面沉降,在要求更加严格的环境下,应另外确定控制值。

(3)地面变形接近 -20 ~ +5mm 时,尽快找出原因并采取相应措施。

(4)加强对掘进参数的管理,尤其是土仓压力的设定要合理,通过优化盾构掘进参数来保持开挖面的稳定,从而控制地层和建筑物的隆沉。

(5)在砂卵石地层中掘进时,由于掘进对地层的扰动,不易形成连续的土压,为此采取向刀盘面、土仓和螺旋输送机内注入泡沫和浓度高的膨润土来改良渣土,维持土仓内土压平衡,从而控制地层和建筑物的沉降。

(6)根据初始 100m 的掘进,对盾构施工所采用的参数不断进行优化调整,使盾构在全线掘进中,随地质、埋深、环境条件的变化而动态的、合适的确定施工参数,将地面沉降控制在 +10 ~ -20mm 范围内。盾构穿越密集建筑物时,更应运用优化盾构施工参数的方法,满足环境要求。

(7)本标段的 8 个洞门地质比较差,应对其预先加固。

(8)加强对同步注浆及二次注浆管理来控制地层的隆沉。

(9)注意盾构在曲线上推进及其盾构纠偏。

盾构在曲线上推进时,土体对盾构和隧道的约束力差,盾构轴线较难控制,因此推进速度要减缓,纠偏幅度不要过大,加大注浆量、加强纠偏测量工作等,以减少地层损失,降低地面沉降。

(10)防止管片接头、壁后注浆孔等处漏水而引起地层下沉,因此管片安装和防水施工应按要求进行,保证施工质量。若出现管片接缝漏水应及时采取二次注浆,达到防水效果。

8)刀具的更换

盾构机从颐和园站到北宫门区间,隧道穿过的地层主要为粉细砂③$_3$层、粉土③$_5$层、粉质黏土④层、粉土④$_2$层,部分为全风化—强风化砂岩、微风化砾岩地层。由于盾构穿过的地层石英含量比较大,对刀具磨损较为严重,掘进过程中刀具的更换就显得尤为重要。

(1)刀具更换时间和地点的确定

根据盾构掘进的速度、刀具的磨损程度、地面环境情况和地层条件等因素来决定刀具的更换时间和更换地点。

刀具磨损量的预测如下:

$$\delta = K \cdot \pi \cdot D \cdot N \cdot L/v$$

式中:δ——磨损量(最外周部)(mm);

K——磨损系数(mm/km);

D——盾构外径(m);

N——刀盘转速(r/min);

L——推进距离(km);

v——推进速度(m/min)。

根据经验和对该地层的判断计算,磨损量按 20mm 计算,推算出掘进 600 ~ 800m 需要检查和更换刀具。根据地层情况,与联络通道的加固相结合,选定检修与更换刀具的地点如图 13-8 所示。

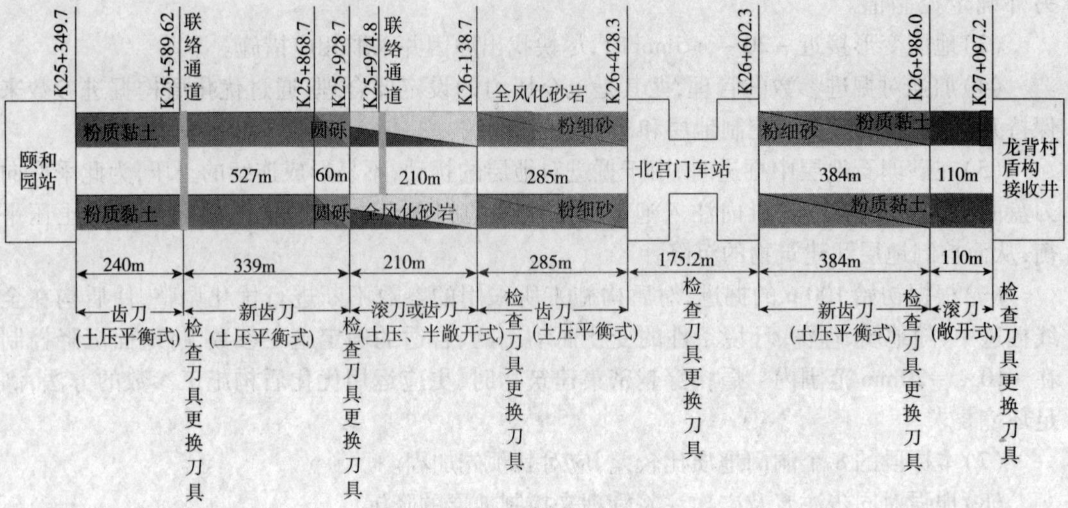

图 13-8 刀具检修与更换地点的选择

(2)换刀地点的加固

由于换刀需要在隧道内进行，而且右线 K25 + 589.625、K25 + 974.825 地层条件相对较差，所以检查和换刀前一个月应在预计地点进行地层加固，确保控制地面沉降和换刀安全。刀具检修与更换地点地层的加固方法与加固范围见表 13-7。

换刀地点的地层加固 表 13-7

<table>
<tr><th>换刀地点</th><th>地层条件</th><th>加固方法</th><th>加固范围</th></tr>
<tr><td>右线 K25 +589.625</td><td>主要为：粉质黏土层⑥；粉土层$⑥_2$</td><td rowspan="2">降水 + 注浆加固</td><td rowspan="2">除联络通道一侧按联络通道设计的范围进行加固外，另一侧按长度 6m，宽度 12m，高度上部为 4m，下部为 2m 进行加固</td></tr>
<tr><td>右线 K26 +061.35</td><td>全风化～强风化砂岩层⑩；
中风化～微风化砂岩层$⑩_1$</td></tr>
</table>

注浆方式采用前进式分段注浆，以压力注浆方式将浆液注入到预定的地层中，地层土体受到挤压而密实，使加固土体强度达到 0.8～1.0MPa，从而达到加固目的。最外面一圈加固使用混合浆液，里面的加固使用水泥浆液。

钻孔使用锚杆钻机钻孔，采用全断面合金钻头钻进，孔位平行布置，加固范围内共 117 个孔。孔位、孔向、角度及孔深按照设计要求施工，注浆孔孔径 108mm。在电信管线范围内，注浆孔应避开宽 3m、深 2.5m 的电信管线。当孔位无法钻进时，应适当调整孔口位置，施钻过程中遇到管线异常等情况时，应立即停钻并向现场值班人员、监理及业主报告，待查明原因，明确处理方案后方可恢复钻进，孔间距为 1.25m。埋设孔口管：开孔直径为 146mm，长度为 2m，用 CS(水泥、水玻璃)砂浆埋设 ϕ127mm 无缝孔口管，在管口安装 ϕ127mm 球形闸阀，作为封闭钻孔中可能会出现的涌水。钢管壁设倒刺，防止压力过大，造成孔口管发生位移。钻孔直径采用 108mm，在钻至后半部时，钻孔直径改为 89mm。扫孔钻进时，观察分析弃渣状态，用以判断注浆质量和调整注浆参数。

钻孔及注浆原则为先外后内、先疏后密、外密内疏、反复钻注。

注浆方法为：根据成孔工艺采用孔口封闭、自上而下分段、待凝、孔口循环法，每段长度为2.5～3.5m。

采用的两种浆液及其配合比：一为水泥浆，掺入5%的水玻璃，水灰比（水：水泥）=0.45:1～1:1；二为将水泥：粉煤灰：白灰=1:1:1拌和成黏稠状浆液。

注浆压力：盾构线路上方加固区域的注浆压力控制在0.5～0.6MPa，其他部位控制在0.2～0.3MPa。

注入率：初始注入率不宜大于30L/min，在拟定压力下的注入率不宜大于10L/min。

注浆结束标准及封孔：采用定量定压相结合方式进行注浆结束标准控制，当注浆量达到设计注浆量时，而注浆压力不上升时应调整浆液配比，缩短凝胶时间，并采取间歇注浆措施，控制注浆量。或注浆压力达到设计终压，持续5min结束，当注浆量达到设计注浆量的80%以上，即可结束注浆。

(3)刀具检查和更换的主要程序：

①更换刀具前一周储备好预计需要更换的刀具和准备好换刀工具。

②停止掘进前，做好检查和换刀的各项准备工作和预防措施。

③开仓前，通过螺旋输送机排空土仓内的土，并通过人闸内的泄压孔将土仓内压力降为0bar（$1bar=10^5Pa$）。

④开仓应严格按照人闸安全操作规程操作，确保无压操作。

⑤检查刀具。对刀盘清洗后，逐个检查刀具，并做好记录。

⑥根据刀具和刀盘磨损情况，确定换刀的类型和编号。

⑦换刀原则：按拆一把换一把的换刀顺序，以便土仓周边土层发生变化时可及时恢复掘进。

⑧试转和复紧。在刀具更换完成并经工程师检查后，关闭仓门（稳定地层可先不关闭）。试转刀盘若干圈后，再安排人员进入土仓复紧刀具，确认上紧后，退出土仓，关闭仓门。

⑨恢复掘进。开始阶段控制刀盘转速和千斤顶推力由小到大逐渐增加，避免因幅度过大造成对刀具的损坏。

13.5.1.2　防止"泥饼"的技术措施

盾构机在个别区段全断面穿越粉质黏土、粉土和粉质黏土互层，如图13-9所示。由于地层渗透性差，黏性较高，有一定的自稳能力，所以在该层掘进主要应防止"泥饼"产生。

"泥饼"是黏性土在高温高压作用下产生的高强度的塑性体，一旦产生极不容易被软化。它在刀盘的前方随着刀盘转动，引起掘进速度缓慢；降低刀盘开口率，同时对刮刀和齿刀造成偏磨和不正常磨损；损坏螺旋输送机。"泥饼"是盾构机在黏土中掘进最大的隐患。

盾构机在该层采用土压平衡模式（EPB）掘进。在掘进过程中加大了泡沫使用量，在土仓和刀盘前方加入适量膨润土和水降低土的渗透性；密切注意在EPB模式下土仓内土压传感器的变化，要确保螺旋输送机的出土量小于盾构机的掘进土量；要严格控制同步注浆的注浆量和注浆压力，在确保同步注浆效果明显的前提下快速掘进；尽量避免在该层中换刀。

应急预案：如果刀具磨损严重，无法继续掘进时，采用地面注浆加固，开仓进行换刀作业，必要时采用带压作业。换刀期间加强地面监测。

13.5.1.3 难以建立土压平衡模式(EPB)掘进段的技术措施

如图13-10所示，盾构机通过380m粉细砂、细砂、中粗砂、砂—卵石层，主要位于颐和园路下。该层地下水丰富、渗透性较强并且自稳能力很差，在该层掘进时，采用土压平衡模式(EPB)掘进，但在该层不容易建立EPB模式，同时EPB模式也容易丧失，在这种情况下极易造成地面沉降。

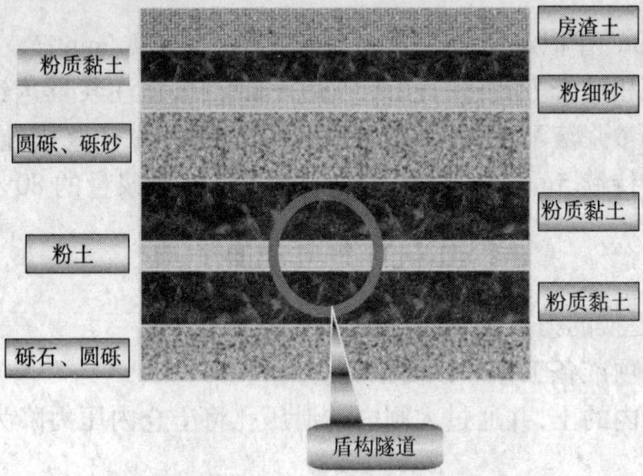

图13-9 盾构机在个别区段全断面穿越粉质黏土、粉土和粉质黏土互层

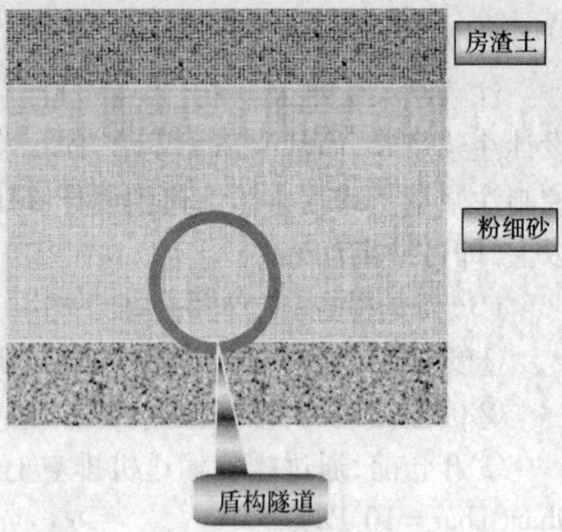

图13-10 盾构机穿越粉细砂、细砂、中粗砂、砂—卵石层

在该层掘进对刀具损伤较严重。在掘进过程中，加大了泡沫使用量，在土仓和刀盘前方加入适量膨润土和水降低砂性土的渗透性；一定要注意在EPB模式下土仓内土压传感器的变化，要确保螺旋输送机的出土量小于盾构机的掘进土量；要严格控制同步注浆的注浆量和注浆压力，在确保同步注浆效果明显的前提下快速掘进；尽量避免在该层中换刀。

应急预案：如果刀具磨损严重，无法继续掘进时，采用地面注浆加固，开仓进行换刀作业，必要时采用带压作业。换刀期间加强地面监测。

13.5.2 硬岩段盾构掘进

1)硬岩段地层结构

2006年4月盾构机掘进至颐和园—北宫门区间盾构左线第598环(K26+073.75)至603环(K26+080.95)处发现硬岩(图13-11)，刀具磨损严重。现场取样，经清华大学土木水利学院建筑材料试验室检测，硬岩最大抗压强度值为165.4MPa，平均强度值为124.8MPa。

右线在第586环(K26+055)处开始发现硬岩，如图13-12~图13-17所示，现场取样，经清华大学土木水利学院建筑材料试验室检测(图13-18)，平均抗压强度为88.2MPa。

图13-11 颐和园—北宫门区间盾构左线第598环至603环区段的硬岩地层结构

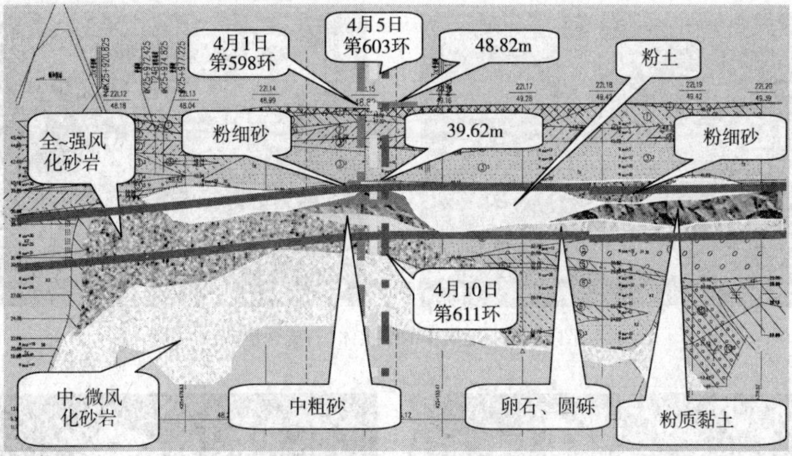

图 13-12　右线硬岩段地层结构

图 13-13　刀盘正面区掌子面硬岩

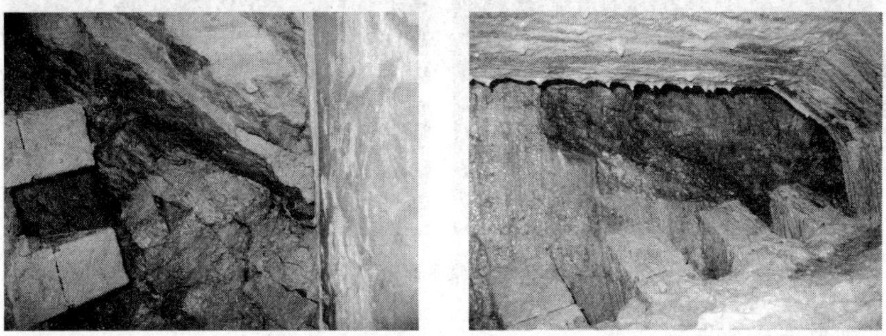

图 13-14　刀盘中心区掌子面硬岩

图 13-15　刀盘边缘区掌子面硬岩

图 13-16　地层中的结核体（石英含量高）

图 13-17　花岗岩及其试验室制成的试块

图 13-18　刀盘正面区掌子面硬岩及抗压强度试验

2）硬岩段掘进技术措施

该段采用敞开（Open）或半敞开（Semi - Open）模式掘进（图 13-19）。在掘进过程中逐步调整适合该段的掘进模式；察看每环渣土、地质、渣温等情况决定后续掘进模式和掘进参数，施工中必须对刀具进行强制检查，及时更换受损刀具。硬岩地层自稳性能好，但因其高强度对刀具和刀盘的磨损都很大，所以在该地层掘进时，如何保护好刀具和刀盘是重点。

硬岩段掘进技术措施：

（1）硬岩掘进采用敞开式掘进模式，刀盘转速控制在 1 ~ 3r/min（转速较高为好）之间。

（2）当纠偏困难时，合理利用超挖刀和盾构铰接功能以达到纠偏效果。

（3）降低掘进速度，速度控制在 10 ~ 20mm/min 之间，掘进时应密切注意盾构滚动角的变化，及时地调整刀盘转向。

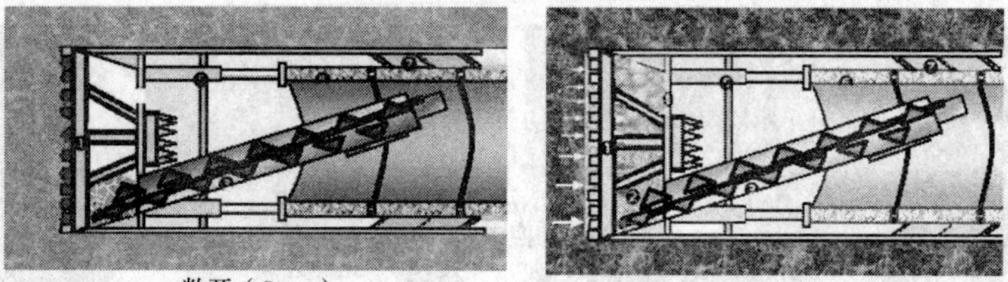

敞开（Open）　　半敞开（Semi-Open）

图 13-19　硬岩段盾构掘进的敞开(Open)或半敞开(Semi－Open)模式

(4)掘进过程中,加注泡沫剂和膨润土以降低刀盘扭矩,降低刀盘温度,减少刀盘和刀具的磨损。

(5)在盾构掘进时,根据出渣的情况随时判断刀具的磨损情况,出现大块岩石或滚动角变化异常时应立刻停机,开仓检查刀具。

(6)根据岩石风化程度或出土的难易程度有针对性的施加泡沫,降低刀盘扭矩,便于掘进;增加掘削下来土体的和易性。

(7)盾构在硬岩掘进时,贯入度不要太大,要防止盾构机的刀盘被卡住。

(8)Semi－Open 模式转化为 Open 模式时,通过调整出土速度来实现转换,在施工过程中通过土压传感器来判断是否已转换为敞开模式。

尽管采取了上述具针对性的技术措施,但施工过程中刀具的磨损仍很严重,如图 13-20 ~ 图 13-23 所示。

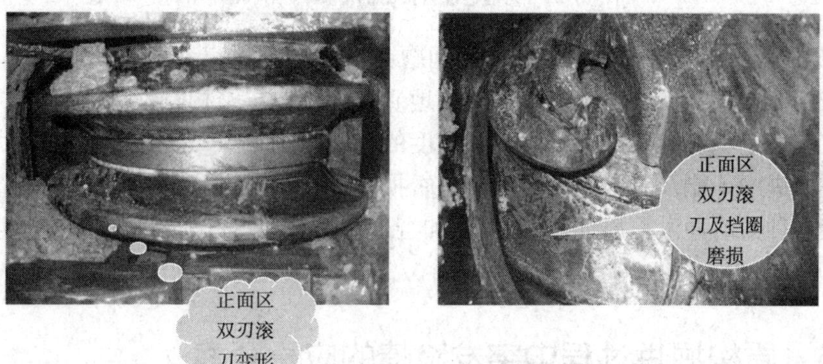

图 13-20　刀盘正面区双刃滚刀及挡圈的变形与磨损

图 13-21　刀盘正面区单刃齿刀及刮刀的磨损

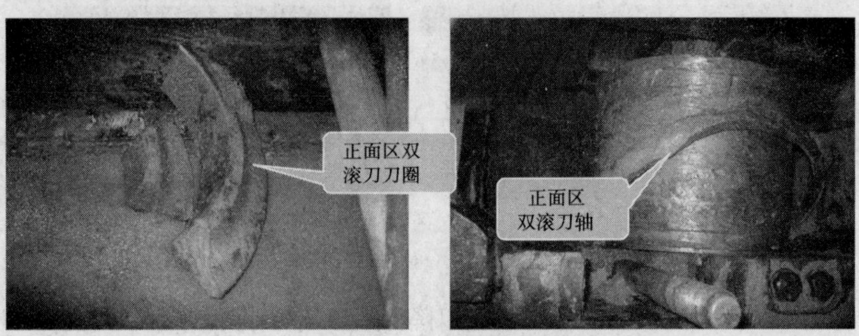

图 13-22　刀盘正面区双刃滚刀刀圈断裂及刀轴变形与磨损

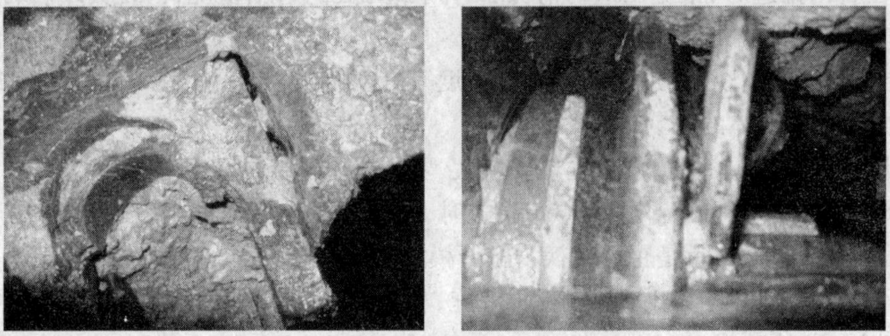

图 13-23　刀盘边缘区滚刀的磨损、变形和断裂

硬岩段掘进存在的不足及值得研究的问题：

(1)在施工前未能较准确地掌握该段的地质条件及地层结构特性。

(2)在掘进中不能准确把握推力和贯入度的合理匹配。

(3)在掘进中不能及时准确判断刀具是否损坏,以便更合理地利用刀具。

(4)在这种山前冲洪积扇地层,如何更加合理地进行刀具配置以适应复杂地层是一个值得研讨的问题。

13.6　盾构掘进过程中突发险情的应急预案

13.6.1　盾构隧道过建筑物时的应急预案

(1)项目部成立应急领导小组,由一名项目副经理任组长,小组成员由项目部各部门负责人参加,各部门选择有责任心的人参加应急小组。提前对可能出现的险情制订应急方案,预备应急物资,并事先和建筑物业主建立有效的联系,一旦出现险情,应急小组人员立即就位,各负其责,立即组织实施应急方案,排除险情。对出现严重险情或有其发展趋势的房屋,应迅速将建筑物内人员疏散,设置安全警戒线,严禁其他人员进入警戒范围内,并马上组织对房屋的加固工作。

(2)针对建筑物自身结构情况和以往施工经验,确定盾构通过建筑物监测主要控制标准和采取的相应措施,见表 13-8。

主要控制标准和采取的相应措施　　表 13-8

序号	项目	控制标准	采取的应急措施	备注
1	建筑物沉降	20mm	二次注浆	根据建筑物自身的结构情况、裂缝等情况综合判断
		20～30mm	地面跟踪注浆	
		30mm 以上	顶撑加固措施	
2	建筑物倾斜	①混凝土结构、条形基础，基础倾斜方向两端点的沉降差与其距离的比值：0.004； ②框架结构、桩基础：0.002L（L 为相邻桩基间的距离）	二次注浆	
		①混凝土结构、条形基础，基础倾斜方向两端点的沉降差与其距离的比值：超过 0.004； ②框架结构、桩基础：超过 0.002L（L 为相邻桩基间的距离）	地面跟踪注浆（或顶撑等加固措施）	

13.6.2　螺旋输送机发生喷涌时的预案

盾构通过砂层、湖底时螺旋输送机易出现喷涌，应采取以下措施防止喷涌的出现：

(1)采用土压平衡模式的掘进参数。

(2)加入高浓度泥浆或泡沫，改善土体的和易性，使土体中的颗粒和泥浆成为一整体。

若盾构掘进中发生意外，出现喷涌现象后采取以下措施来处理：

①立即关闭螺旋输送机的后门，适当向前掘进，使土仓内建立土压平衡。

②通过刀盘的转动，将土仓内的土体搅拌均匀。

③然后再将螺旋输送机的后门慢慢打开，开门度为 30%，边掘进边出土，始终保持土仓内压力稳定。

④掘进过程中向土仓内注入泡沫剂、膨润土等提高渣土的流动性和止水性。同时在螺旋输送机出口栓接保压泵渣装置建立土压平衡状态。

13.6.3　人员进入土仓带压作业的预案

施工组织中预先安排了换刀和检查工作面状况的地点，并在盾构到达该地点之前进行土体加固，确保地层稳定，在土仓内不必带压作业。但在土压平衡模式下掘进期间，遇到特殊情况，需要更换刀具、检查工作面状况及排除意外故障时，人员需要在土仓内带压作业。

1)人闸构造和功能

人闸由主仓和预备仓组成，两仓被压力门分隔开。主仓利用法兰与中间仓进行连接，中间仓直接焊接在压力密封隔板上，主仓通过密封隔板上的一扇门可以进入土仓。预备仓从侧面与主仓连接在一起，必须先通过主仓才能进入预备仓。预备仓用于在压缩空气起作用的过程中向内或向外传送工具以及应急品。

根据仓的大小，主仓可以进三人，材料仓可以进两人。主仓和预备仓都是分开操作的，内部都配有通信系统、排气阀和通风阀、时钟、气压表、温度计、供暖等设备。

排气阀和通风阀只在意外情况发生且人员被堵在里面时使用；正常情况下，进出人闸都

由仓门负责人来操作；仓门负责人操作两仓的排气阀和通气阀、通信系统、气压表、人闸通风用的流量表以及带式录入系统等设备

人闸通过安装在台车上的空气压缩机站供应压缩空气，管路配有相应的滤清器和安全阀。

2）人员进出土仓的流程

人员进出土仓的流程如图13-24所示。

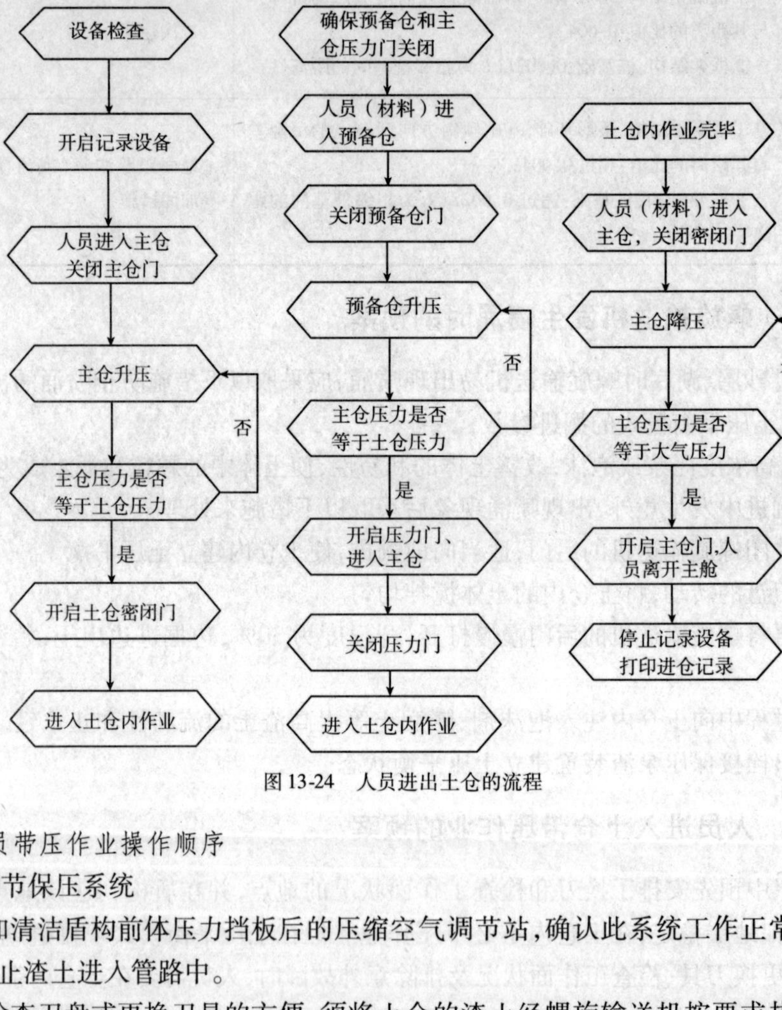

图13-24　人员进出土仓的流程

3）人员带压作业操作顺序

（1）调节保压系统

检查和清洁盾构前体压力挡板后的压缩空气调节站，确认此系统工作正常后关闭所有的阀门，防止渣土进入管路中。

为了检查刀盘或更换刀具的方便，须将土仓的渣土经螺旋输送机按要求排出一定的数量，停止刀盘和螺旋输送机并关闭螺旋输送机的仓门，此时仓内的土压将会降低。

打开保压系统的所有阀门，调节压缩空气站，使得土仓的气压保持或略高于原来的土压。

继续吹入空气，直到土仓顶部的土压传感器显示的气压值为压缩空气站的调节值。

（2）人员仓操作

人员仓的操作由受过专门培训的人员仓管理员执行，管理员需要用到的操作和显示元件均放在人员仓的外面。

检查所有部件(显示仪、条形记录器、加热系统、钟、温度计、密封和阀门)的功能。

必须严格遵守和执行国家有关空气仓升、降压的规定和所有安全规则。

通过压缩空气测试并经过相关培训的人员方可进入人员仓工作(患有流感或穿着湿衣服等的人员不能进入)。

(3)主仓

①主仓升压

工作人员进入主仓,打开主仓内的双倍条形记录器并检查是否正常工作,纸张是否充足。

关闭主仓室的仓门并确定正确锁好。

人员仓管理员要通过电话一直与坐在主仓中的人员保持联系。

人员仓管理员慢慢地打开通气主阀门,并按照说明缓慢地增加主仓室的压力直至到达预定的压力值(随时监测主仓内人员的健康状况,一旦出现任何微小的不适现象应立即中断)。

主仓内的工作人员可按照要求调节加热系统。

在主仓与土仓之间进行压力补偿后,主仓的人员便可打开主仓与土仓之间的门。

当主仓室的压力等于土仓的压力时,工作人员方可进入土仓工作。

人员仓管理员停止条形记录器。

②主仓降压

工作人员离开土仓进入主仓。

关闭主仓与土仓之间的门和压力挡板上作压力补偿用的阀门。

主仓内的人员通过电话与人员仓管理员联系。

人员仓管理员打开条形记录器。

人员仓管理员打开泄压阀门开始缓慢地降低主仓中的压力,同时观察压力表和流量计。与此同时,人员仓管理员打开通风阀门开始通风,但不升高压力。

继续调节通风阀门直至使得主仓压力能稳定而缓慢下降,流量计的值必须保持$0.5m^3/(min \cdot 人)$。

当主仓内的压力降低到一定的值后,人员仓管理员调节阀门保持此时压力值,同时观察流量计,并保持其通风良好。

在压力保持阶段,必须观察压力表和调节阀门保持压力的正常。在降压过程中主仓内的人员可打开加热系统,温度控制在15~28℃之间。

此后,可打开主仓的仓门,人员离开主仓。

人员仓停止条形记录器,填写记录表(日期/时间/压力/人数等)。

(4)预备仓

预备仓用于当土仓与主仓正在压力下工作时,容纳材料、工具和工作人员等;预备仓的升压和降压操作与主仓的操作类似。

(5)通过人员仓运输刀具/工具/材料

①按照主仓升压操作使主仓压力达到设定值且保持稳定后打开主仓与土仓的仓门。

②把需要的刀具/工具/材料/人员送到预备仓,关闭仓门。

③按照预备仓升压操作使预备仓压力达到设定值且保持稳定。

④打开材料仓和主仓之间的门，通过主仓把所需刀具/工具/材料和人员送到土仓。

⑤人员进出和材料运输必须保持人员仓通道畅通无阻。

⑥遵循操作规程和安全规定且防止材料/工具坠落或滚走的情况发生。

4）安全技术措施

（1）必须严格控制土仓与人员仓的压力，一般控制在0.8～1.6bar（$1bar = 10^5Pa$）之间，仓内工作时间严格控制在2～4h之间。

（2）在有压状态下进入土仓内作业前，将土仓内的渣土排至仓高的1/5以下。

（3）在有压状态下进入土仓内的工作人员必须经过体检并具有相应的作业资质，在工作前要进行严格的技术交底。

（4）严格控制减压。

13.6.4 盾构机较长时间停机的处理预案

由于一些特殊原因，需要安排盾构机较长时间停机。采取以下措施，保持停机期间的地层稳定和盾构机设备的正常运转。

（1）停机前，依据具体的停机时间制订详细的停机方案与计划，安排监测组和盾构队组织专人负责停机期间的工作。

（2）做好停机前的最后一环的掘进，使停机时的土仓压力比设定压力大0.2～0.3bar（$1bar = 10^5Pa$）。

（3）根据同步注浆浆液的初凝时间，安排停机5～7h后，再掘进50～100mm。掘进过程不进行注浆和出土，防止浆液凝固盾尾密封刷。

（4）如果停机时间较长，通过中盾和前盾的膨润土加注系统，在盾体周围注满泥浆，保持地层稳定，同时防止周围土体与盾体固结，避免盾构机再次掘进时土体摩擦力过大。

（5）加强对盾构机土仓压力的监视和调整，根据地层情况确定土仓压力警戒值。当土仓压力低于警戒值时，通过向膨润土系统加入泥浆来保持土仓压力。

（6）加强对地面的监测，及时反应地层的变形情况。

（7）如果停机时间超过3d，需要定期做小距离的推动。

（8）停机期间，按正常保养程序对盾构机进行保养。

第14章　单一粉细砂或刀盘上部为粉细砂、下部为圆砾的地层盾构施工技术

这里,以北京地铁5号线张自忠路站—北新桥站区间工程为例,论述单一粉细砂地层,或刀盘上部为粉细砂、下部为圆砾的地层,或单一圆砾地层的盾构施工技术。

14.1　工程概况

本工程段(张自忠路站—北新桥站区间、北新桥站—雍和宫站区间)为北京地铁五号线的盾构区间工程之一,位于北京市东城区,线路基本由南向北走向,南起于东城区张自忠路站,北至雍和宫站,包括两个盾构法区间隧道;其中,北新桥站—雍和宫站区间为北京地铁盾构隧道试验段。盾构法区间隧道里程为K10 + 681.700 ~ K12 + 186.400,两个区间隧道右线全长为1 333.9m,左线全长为1 319.4m. 隧道结构为单层预制拼装式管片衬砌,管片外径6 000mm,衬砌厚度300mm,管片接缝采用预制弹性密封橡胶圈防水。

14.2　隧道平面和纵断面

14.2.1　隧道平面

本区段线路曲线段线路最小曲线半径为800m,最大曲线半径为1 000m。隧道结构顶面覆土张自忠路站—北新桥站区间厚度为12 ~ 14m,北新桥站—雍和宫站厚度为12 ~ 16m。

14.2.2　隧道纵断面

本段张自忠路站—北新桥站为上坡,在里程K10 + 681.700 ~ K10 + 800.000以0.3%的坡度上坡,K10 + 800.000 ~ K11 + 126.900以0.5%的坡度上坡;在北新桥站—雍和宫站几乎全为下坡,通过里程K11 + 700.000 ~ K11 + 951.138以1.6%的坡度下坡,通过里程K11 + 951.138 ~ K12 + 186.400以0.3%的坡度下坡。

14.3　隧道近接环境条件

1)沿线周边建(构)筑物及基础

本盾构区间,途径密集的民房区,高层建筑极少,无三层以上建筑物,多为一二层建筑,房屋都为天然基础,但大部分属于危房,均年久失修,掘进施工过程中对地层扰动的控制极

为重要,需要通过优化参数和使用添加剂,减少对地层的扰动,确保地层的稳定。

2)地面交通状况

本工程临近雍和宫大街、东四北大街,交通繁忙。

3)地下管线分布情况

本盾构区间,途经密集的民房区。经现场勘察,现状道路下埋设有上水、雨水、污水、电力、电信、煤气、热力等地下管线,主要沿道路及两侧人行便道埋设,向两侧胡同延伸。其中南北各干线埋设深度分别为:DN800 上水,管顶覆土约 1.45m;ϕ1 500 雨污水,管底埋深约 4.50m;电力:埋深约 0.60m;电信:埋深约 2.10m。盾构推进段的地下管线大部分是南北走向的,盾构在沿线上下水管道下通过。隧道上方覆土厚度为 12 ~ 18m,在盾构施工过程中,要在各上下水管线的地面进行布点监测,严密监控地表沉降,确保地下管线的安全。

4)地形地貌

线路沿线地处北京永定河冲洪积扇轴部,地势平坦,微有起伏,地面高程在 44.63 ~ 45.27m 之间,地面坡降小于千分之一。隧道位于东四北大街现状路东侧,规划中的内环东侧路正下方。

14.4 地质条件

1)人工填土层(Q_4^{ml})

杂填土①$_1$ 层:主要成分为碎石、炉灰、房渣土等,稍湿,局部因管道漏水呈饱和状态,松散 ~ 稍密。一般厚度 1 ~ 3m,最大厚度为 6.3m;黏质粉土素填土①层:稍湿 ~ 饱和,可塑 ~ 硬塑,2 ~ 3m 厚。以上两层总厚 3 ~ 6m。K11 +200 以北为 1.4 ~ 3m,层底高程为 39.32 ~ 43.0m。

2)第四纪全新世冲洪积地层(Q_4^{al+pl})

黏质粉土砂质粉土②层:稍湿 ~ 饱和,可塑 ~ 硬塑。该层在不同地段分别夹粉质黏土层②$_1$、重粉质黏土②$_2$ 层。局部夹粉细砂透镜体②$_3$ 层。K10 + 350 ~ K12 + 369 段厚度为 5 ~ 9.5m,层底高程为 32.03 ~ 37.35m。

粉细砂③层:湿 ~ 饱和,密实,厚度 3 ~ 9.5m,层底高程 27 ~ 31.9m。K11 + 900 以北的砂层中出现粉质黏土、黏质粉土③$_3$ 层,厚度小于 5.5m。

3)第四纪晚更新世冲洪积地层(Q_3^{al+pl})

圆砾④层:饱和,密实。砾石为亚圆形,未风化 ~ 微风化,一般粒径为 5 ~ 20mm,最大粒径为 150mm,中粗砂填充,局部成为中粗砂④$_2$ 透镜体,该层中部或底部颗粒较粗成为卵石④$_3$ 层,其粒径一般为 20 ~ 80mm,在里程 K11 + 950 以北地段,圆砾、卵石层逐渐变薄尖灭,出现黏质粉土粉质黏土④$_1$ 层,厚度为 3m 左右,本层厚度 2 ~ 8m,层底高程 22.3 ~ 27.32m。

黏质粉土砂质粉土⑤层:饱和,硬塑,含姜石,局部夹细砂透镜体,夹粉质黏土重粉质黏土⑤$_1$ 层和黏土⑤$_2$ 层,本层厚度 1.2 ~ 6m,层底高程 19 ~ 25m。

中粗砂⑥层:饱和,密实,含少量砾石,夹粉细砂⑥$_1$ 层和粉质黏土重粉质黏土⑥$_2$ 层。本层厚度 0.7 ~ 7.8m,局部缺失,层底高程 16.06 ~ 21.94m。

卵石⑦层:饱和,密实,卵石为亚圆形,未风化,一般粒径为 20 ~ 80mm,最大粒径为

200mm，中粗砂或黏性土充填，局部地段颗粒较细，逐渐变为圆砾或砾砂⑦$_1$ 层，在里程K11 + 800 以北逐渐尖灭，本层一般厚度 2.5 ~ 7m，层底高程 13.6 ~ 18.54m。

粉质黏土黏质粉土⑧层，本层仅分布于里程 K10 + 700 以北地段，饱和，硬塑 ~ 坚塑，含氧化铁和姜石，夹重粉质黏土、黏土⑧$_1$ 层和粉细砂⑧$_2$ 层，厚度 2 ~ 8m，层底高程 8.36 ~ 13.28m。

卵石⑨层：饱和，密实，卵石为亚圆形，为风化 ~ 微风化，一般粒径为 20 ~ 60mm，最大粒径为 180mm，中砂或黏性土充填，夹粗砂⑨$_1$ 层，本层厚度大于 7m。

本标段盾构切削的地层会发生改变，主要为单一的粉细砂层，有些区段刀盘上部为粉细砂、下部为圆砾。

14.5 盾构机类型及主要技术参数

14.5.1 盾构机类型

本工程使用的盾构机为土压平衡盾构机（图 14-1），采用向开挖土体中注入泡沫的方式来改良土体，推进千斤顶为被动式铰接千斤顶。刀盘作为“重型钢结构”针对挖掘北京土质特点设计。主驱动的总输出功率为 945kW，刀盘最大可能转速为 3.0r/min。

图 14-1　施工所使用的盾构机

14.5.2 主要技术参数

主要技术参数如表 14-1 所示。

盾构机主要参数　　表 14-1

(1)管片参数			
外径	6 000mm	片数	3A + 2B + 1C
内径	5 400mm	最大片质量	3.3t
(2)盾构参数			
主机数量(前体和中体)		人闸连接法兰	1
直径	6 190mm	螺旋输送机上连接法兰	1
长度(前体和中体)	4 280mm	盾尾	
类型	土压平衡	盾尾数量	1
最小水平转弯半径	350m	连接形式	铰接
最大工作压力	3bar(1bar = 10^5Pa)	长度	3 550mm
最大设计压力	4.5bar	密封	3 层密封刷
土压检测点	5	注脂线	8(2 × 4)
人闸	1	注浆点	4

续上表

(3)推进千斤顶			
数量	16	推进速度	80mm/min
推力	28 350kN	缩回速度	1 400mm/min
行程	2 000mm		
(4)铰接油缸			
铰接形式	被动式	缩进压力	7 340kN
数量	14	行程	150mm
尺寸	ϕ180/80mm		
(5)刀盘			
刀盘数量	1	旋转方向	左/右
形式	面板式	刀具(软土层)	124 把齿刀;16 把周边刀
直径	6 200mm	回转接头	4 个泡沫管
(6)刀盘主驱动			
刀盘主驱动数量	1	转速	1.50/3.00r/min
形式	液压驱动	电功率	480kW
电动机个数	8	主轴承外径	2 600mm
额定扭矩	4 085kN · m	主轴承寿命	10 000h
脱困扭矩	4 700kN · m		
(7)人闸			
人闸数量	1	直径	1 600mm
形式	双人闸	工作压力	3bar(1bar = 10^5 Pa)
长度	2 000mm	工作人员	2 ~ 3
(8)拼装机			
拼装机数量	1	管片长度	1 200mm
形式	中心自由转动拼装机	伸缩距离	1 000mm
夹紧系统	机械式	轴向行程	2 000mm
自由度	6	控制方式	线控
旋转范围	±200°		
(9)螺旋输送机			
螺旋输送机数量	1	转速	0 ~ 19r/min
形式	中心轴式	最大出土量	250m^3/h
直径	700mm	螺距	600mm
电功率	110kW	伸缩	可以
最大扭矩	190kN · m	出土门	有

续上表

(10)皮带机			
皮带机数量	1	带长	约 45m
驱动	电力	速度	2.5m/s
带宽	800mm	最大输出能力	$450m^3/h$

14.6 盾构施工技术

14.6.1 盾构掘进参数控制

盾构掘进主要参数的实际控制值见表 14-2。

盾构掘进主要参数的实际控制值　　表 14-2

项目	控制值
1. 纵向千斤顶总推力/分组推力(kN)	28 350kN/1 800kN
2. 刀盘扭矩(一般/最大 kN · m)	2 000/2 600kN · m
3. 盾构推进一般和最大速度(cm/min)	一般速度 6 ~ 7cm/min,最大速度 8cm/min
4. 盾构隧道与设计轴线的最大偏差(mm)	50mm
5. 密封仓土压力控制(与设定值的偏差)	0.005MPa
6. 管片拼装	一般 30min/环,最快 15min/环
7. 加泥/泡沫(一般/最大)	75/180L/环
8. 盾尾密封油脂	一般 10kg/环,最大 20kg/环

14.6.2 盾构穿越粉细砂及圆砾混合地层的技术措施

根据地质勘察报告,本区间盾构隧道大部分区段上部为粉细砂、下部为圆砾。盾构掘进到此区段时,地表沉降量预计会有所增加,而且盾构掘进过程中会出现刀盘切削扭矩加大,排土困难等现象,是施工过程中的难点之一。

(1)根据地质勘察报告中土层的物理力学性能参数和隧道埋深、地下水位情况,计算确定此段隧道拱顶土压力理论值为 0.1MPa,在盾构掘进过程中以该值和盾构机土仓内土压力传感器读数为依据控制盾构掘进时的土仓压力在 0.12 ~ 0.15MPa 之间,同时严格控制每环出土量在 $50m^3$ 以内,避免超挖。

(2)调整同步注浆配比,使浆液的凝结时间和强度适应砂层施工的要求;根据拱顶水土压力调整注浆工艺参数,将掘进过程中盾构机上部注浆压力控制在 0.25 ~ 0.3MPa 之间,下部注浆压力控制在 0.3 ~ 0.35MPa 之间,同时严格控制每环注浆量在 $3.5 \sim 5.0m^3$ 之间,确保管片与地层之间的空隙被完全充填。结合地表沉降监测,必要时采取二次补浆措施。

(3)提高泡沫的膨胀率,产生较大的泡沫,阻挡过多的地层中的水进入土仓。加大泡沫注入率,改善刀盘切削条件,减小刀盘切削扭矩和刀具磨损,必要时辅以膨润土浆液,增加土仓中土的黏粒含量,提高土的可排性,降低土的透水性。

(4)加强地面沉降监测和信息反馈,及时调整优化盾构掘进工艺参数,把沉降控制在允许范围之内。

(5)停机时保证建立土仓压力,同时采取注入膨润土浆液等必要措施,维持土仓内土压力。

14.6.3 盾构测量和姿态控制

地铁工程的施工测量不同于一般工程的工程测量,施测的周围环境和条件复杂,要求的施测精度相当高,因此,必须精心组织施工。

14.6.3.1 施工测量要求

(1)为确保地铁测量精度,将抽调具有地铁测量经验的测量工程师和有测量上岗证的测量员组成项目测量组,配有高精度仪器。

(2)开工前,根据甲方提供的测量数据资料,布设地面施工控制网点将两施工井联系起来构成本区间独立控制网并与相邻区间控制网保持统一。其中导线网点按地面四等平面控制测量技术要求控制,高程按地面二等水准技术要求控制。测量成果报监理业主检测。

(3)施工现场的所有的测量主控制点均由施工单位技术部测量组组织二级复核。

(4)实行定期校核制度,每个月对施工控制点进行一次校核,发现问题及时调整。

(5)每施工放样点都必须经过换人检测无误后,才可定点并书面移交下道工序。

(6)做好测量记录工作。

14.6.3.2 控制测量基本原则

(1)地铁工程测量施测环境复杂,精度要求高,采用三角网进行测量。

(2)布设足够的控制点,并精心做好标记,加强对控制点的保护和检查。

(3)保证测量精度,配备先进的测量仪器,使用先进的测量技术。

(4)负责保存好本合同段内全部的三角网点、水准网点和自己布设的控制点,防止移动和损坏,一旦发生损坏,及时报告监理,并协商补救措施,及时处理。

(5)全部的控制点三维坐标经监理工程师检查合格后,才能开展后序工作。

(6)严格按照相关技术规范要求进行测量工作,并做好测量资料的管理。

14.6.3.3 控制测量

1)平面控制测量

根据业主提供的工程定位资料和测量标志资料,对所移交的导线网、水准网及其他控制点用精密导线方式进行复测;同时放线设置施工过程中使用的固定桩,并将测量成果书报请监理工程师及业主审批。

(1)引测近井导线点

利用业主及监理批准的测量成果,以最近的导线点为基点,引测至少三个导线点至每个端头井附近,布设成三角形,形成闭合导线网。

(2)引测近井水准点

利用业主及监理批准的水准网,以最近的水准点为基点,将水准点引测至端头井附近,测量等级达到国家二级。每个端头井附近至少布设两个埋设稳定的测点,以便相互校核。

2)高程控制测量

以首级控制水准网为基准设加密水准网,并且联测到相邻标段所使用的水准控制点一个以上。将水准网布成复合线路,往返观测,复合闭合差应≤ $\pm 8\sqrt{L}$mm(L 为复合线的路线长度,以 km 计算),使用精密水准仪、铟钢尺,按照国家二等水准测量方法的精度指标,均将高程传到地下,如图 14-2 所示。

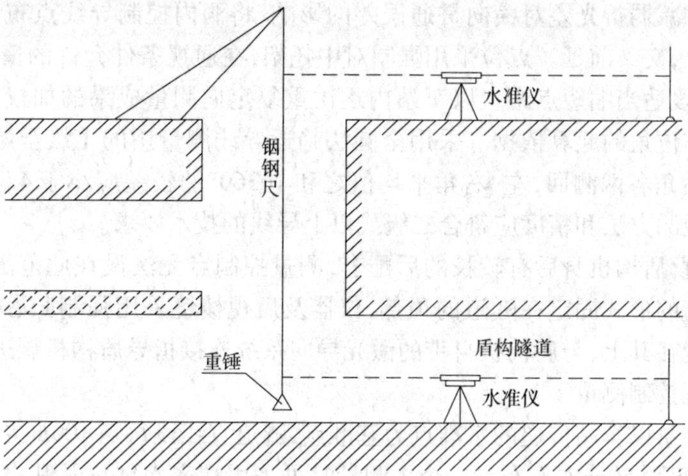

图 14-2　盾构隧道高程测量

精密水准点的埋设采用混凝土普通标石,一定要稳定、便于保护、不易破坏,其规格按规范有关要求确定。传递高程时,每次独立观测三测回,每测回测得地上、地下水准点的高差较差应小于 3mm。取三次观测的平均值作为地下水准点的高程。

3)联系测量

联系测量是将地面测量数据传递到隧道内,以便指导隧道施工。具体方法是将施工控制点通过布设趋近导线和趋近水准路线,建立近井点,再通过近井点把平面和高程控制点引入车站底板上,为隧道开挖提供井下平面和高程依据。

(1)平面坐标传递

平面坐标传递和定向测量同时作业,主要是通过竖井将方位、坐标从地面上的控制点传递到地下控制点。

根据施工现场的条件,为保证测量精度和优化现场作业,施工联系测量均采用全站仪进行投点,传递时采用三角网传递,本标段用的仪器是全自动测量全站仪,本仪器对仰角和俯角都有自动补偿,测量精度满足施工要求。传递示意图如图 14-3 所示。

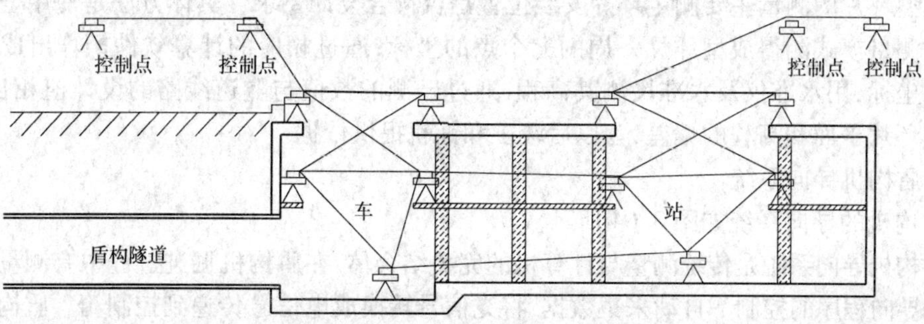

图 14-3　盾构隧道联系测量的三角网传递

在盾构施工期间,为提高地下控制测量精度,保证隧道准确贯通,应根据工程施工进度,在每个区间应进行至少三次联系测量。

(2)地下控制测量

①地下平面控制测量

为了消除和减弱折光差对横向贯通误差的影响，将洞内控制导线点布设在隧道两侧稳定的衬砌环片上，交叉前延。点位采用强制对中托架，在通视条件允许的情况下，每约100m布设一点，曲线段适当缩短点距。以车站内逐次重复定向测量成果的加权平均值建立的基线边为坐标和方位角的起算依据。采用全圆法趋近导线测量用的Ⅰ级全站仪进行测量，测角四测回(左、右角各两测回，左、右角平均值之和与360°的较差应小于4°)，测边往返观测各二测回。其观测方法和精度应符合二级或以上导线的技术要求。

盾构掘进时，盾构机身后有较长的后配套，测量控制点无法设在此范围隧道两侧，可以把控制点以吊篮的形式固定在隧道的顶部，仪器及后视棱镜采用强制归心。将自动导向系统的全站仪安置在其上，与盾构机自带的激光导向系统连接指导盾构机掘进。

②地下高程控制测量

地下高程测量以车站传递的水准点为基准点，隧道直线段每隔100m左右布设一个固定水准点，曲线段每隔50m左右布设一个。测量时可采用精密水准仪及其水准尺进行往返观测，相邻测点往返测闭合差≤3mm，全程闭合差≤$6\sqrt{L}$mm(L为全程长度，单位:km)。

③盾构掘进施工测量

a.盾构机姿态和衬砌环片的测量

盾构掘进时为优化掘进参数需对盾构机姿态和衬砌环片进行测量。由于选配了VMT公司先进的测量导向系统，盾构机掘进的过程中能实时地测出盾构机的瞬间姿态。为保证盾构机姿态的准确无误，需对盾构机姿态进行复测。盾构机姿态测量是以隧道里的导线点为依据，利用全站仪及其辅助工具，测出布设在盾构机上特殊测点的三维坐标，计算出盾构机的姿态，包括俯仰、旋转、平面和高程，观测值应与盾构机此时的理论值相比较，将其差值反馈给盾构操作人员，调整其参数，从而指导掘进。

衬砌环片的测量包括测量衬砌环的中心偏差、环的椭圆度等，利用全站仪及其辅助工具，通过测出环片上一些特征点的三维坐标，再通过几何计算确定环片安装位置的正确性，为安装人员提供操作校正参数。

b.成型环片的测量

成型环片的测量主要测定环片安装位置是否符合设计要求。具体方法是使用全站仪的五反射测量模式测得成型环片一周的七个点的坐标，通过相应的计算软件换算出成型环片中心的坐标，用水准仪及水准尺测其高程，通过已测的数值与隧道线路的设计值相比，便可得成型环片平面和高程的偏差，为以后竣工和铺轨提供依据。

c.盾构机导向系统

盾构机的导向系统如图3-64所示。

盾构机导向系统是传统测量与计算机的完美结合体，在盾构机掘进过程中有测量机器人在激光导向程序的控制下自动采集数据，将光信号转换成电信号传递到控制箱。盾构机前端有一光靶，它的作用是接受测量机器人传递过来的信号，自动计算出盾构机的水平和竖直、旋转角度，将这些数据传送到控制箱。控制箱将两个数据送到计算机上，通过盾构机的VMT-S系统计算出盾构机的实际三维坐标。在盾构机掘进前计算出隧道的设计轴线，将这些数据提前导入 VMT-S 中,这样将形成一个设计隧道轴线坐标系。通过 VMT-S 系统将盾构机的实际三维坐标和设计隧道轴线坐标系相比较就得出盾构机在掘进时的动态位置,如图 14-4 所示。

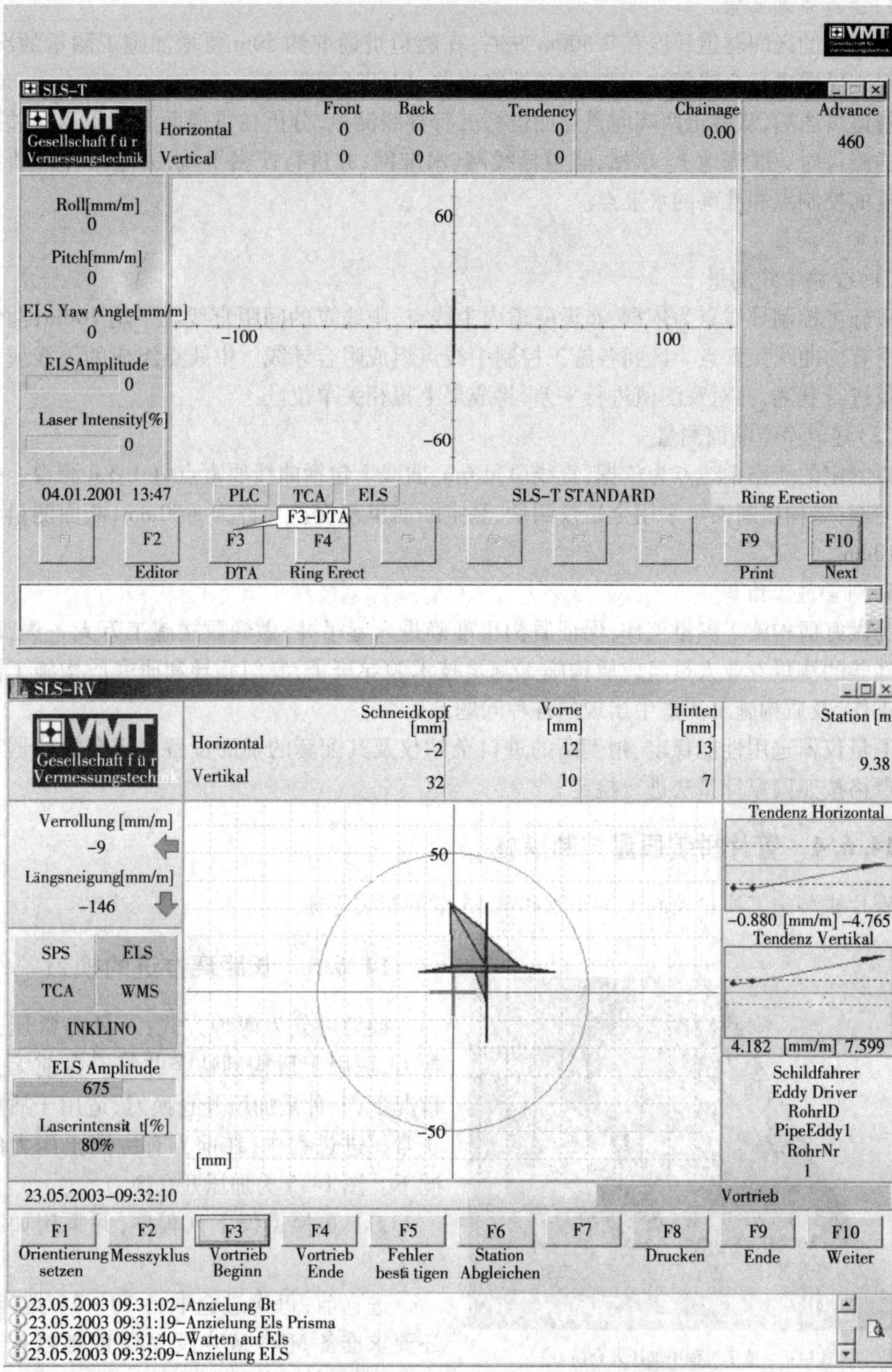

图 14-4　盾构机的 VMT-S 系统

图 14-5 中显示的是在这一时刻的盾构机姿态,盾构机操作员可以看着盾构姿态和导向系统提供的相关参数来控制盾构机的掘进方向。

4)隧道贯通测量

本标段的区间隧道长度在 2 500m 左右,在隧道贯通前约 50m 要增加施工测量的次数,并对控制导线进行全线复测,对观测值严密平差,保证隧道贯通。

隧道贯通后,从隧道两端向贯通面进行二等导线测量,分析在贯通面上的贯通误差。在做贯通测量时应联测地上、车站、隧道导线网、水准网,并进行严密平差,为竣工和铺轨提供高精度的控制点和准确的水准点。

5)竣工测量

(1)线路中线测量

以施工控制导线点为依据,布设隧道内中线点,中线点的间距直线段平均 100m,曲线段恢复所有的曲线元素点。区间各施工控制中线点组成附合导线。中线点组成的导线应采用全站仪进行观测,并对观测值进行平差,将成果上报相关单位。

(2)隧道净空断面测量

以测定的线路中线点为依据,直线段每 6m、曲线上包括曲线要素点每 4. 5m 测设一个结构横断面,结构横断面可采用全站仪测量,测定断面里程误差允许为 ±50mm,断面测量精度为 ±10mm。

6)测量施工组织

为做好盾构施工测量工作,保证盾构机准确进入起吊井,做到盾构施工万无一失,应选派有经验的测量专业人员组成盾构施工测量技术领导班子,专门领导和研究盾构施工测量技术工作,及盾构施工测量中出现的各种问题。

测量仪器选用性能稳定、精度高的进口全站仪及其配套的辅助设备。所有的仪器和工具都严格按照国家计量法进行检定。

14. 6. 4 管片拼装质量控制措施

管片拼装施工质量控制见第 4 章和第 13 章的相关论述。

14. 6. 5 长距离推进的换刀

换刀可分为两种方式:一种是常压开仓换刀,适用于盾构到达竖井等刀盘前无土压情况下;一种是加压开仓换刀,适用于盾构在正常掘进过程中,在前方有一定土压力的情况下。图 14-5 为加压开仓换刀。

图 14-5 施工过程中加压开仓换刀

刀具更换遵循下列程序,并采用如下的方法。

进仓前,每次进仓准备 10 ~ 15 把齿刀,还要求准备 M36、M34 及 M32 的螺栓若干和 SW36 的套筒及加力杆。

每次更换时,工作人员先将刀具周围的泥土清掉,保证有一定的工作空间。由刀盘外侧向内逐个检查刀具的磨损情况,确定需要更换时,用对应标号的刀具进行替换。用套筒及加力杆卸下固定螺栓,将拆下的螺栓及附件放入随身携带的工具袋内,以防丢失。将换下的刀具递到人闸内,同时将固定螺栓和固定座用水清洗干净,并检查是否有裂纹,如有裂纹必须更换新螺栓,以确保新装刀具有足够的固定强度。将新的刀具按原来的位置安装好,并将固定螺栓拧紧。每次带一批刀具和螺栓进仓,每批刀具换完后,把废刀具和没有安装的新刀放进料闸内。与此同时操作员转动刀盘,工作人员通过料闸把下一批刀具送入土仓内,再继续更换下一组刀具。每换完一批,由值班机械工程师检查安装质量,并检查是否有漏掉的或者没有固定好的,机械工程师确认无误后方可继续作业。更换速度按实际情况定,必须以保证安装质量为前提。

14.7　监控量测及结果分析

1)全断面砂层掘进

图 14-7 为 K11 +570 里程的 G20 监测断面,盾构刀盘切削的地层均为砂层时引起的地表沉降时程曲线。

K11 +504 ~ K11 +720 里程段为砂层,此段盾构机是叩头掘进,平均覆土厚度为 9m。从图 14-6 可以看出,盾构机在掘进过程中地表变化的趋势为:在砂层段盾构机在没有到达前时无隆起趋势,在盾构到达监测断面前 20m 时有地表下沉的趋势,直至盾构机通过监测断面 20m 后才开始趋于稳定。最大沉降量约为 16mm。

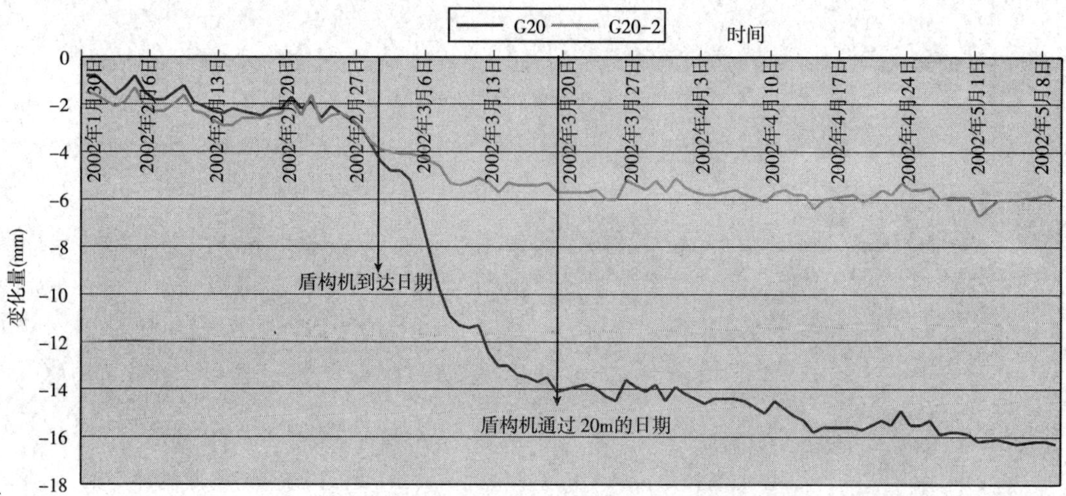

图 14-6　K11 +570 里程的 G20 监测断面地表沉降时程曲线

2)全断面圆砾层掘进

盾构在 K11 +720 ~ K11 +970 里程段为全断面圆砾层掘进。此段盾构机为叩头掘进,平均覆土厚度为 10m。图 14-7 为 K11 +762.29 里程的 G12 监测断面的地表沉降时程曲线。

盾构机到达监测断面前，地表有微小的隆起，约为 1mm；盾构机通过监测断面近 30m 后，才趋于稳定，与砂层比较，其具有一定的滞后性；最大沉降约为 17mm，表明同步注浆的时机和效果不太理想。

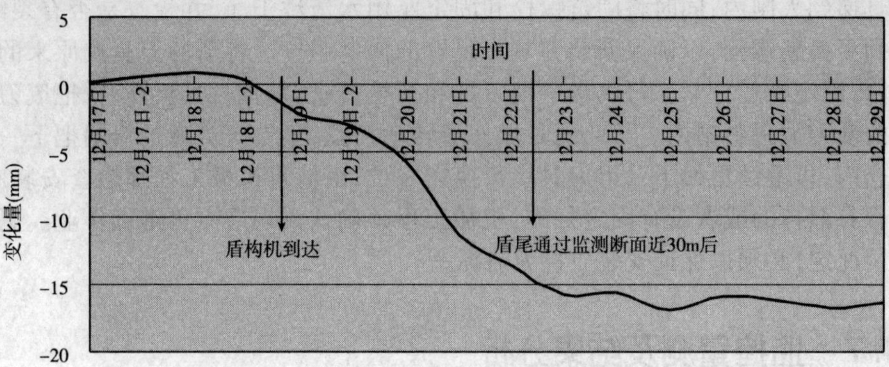

图 14-7 K11 + 762.29 里程的 G12 监测断面地表沉降时程曲线

第 15 章 全断面穿越粉质黏土、粉土夹少量的粉细砂、卵石地层盾构施工技术

15.1 工程概况

颐和园站位于颐和园路和圆明园西路交叉点东侧的颐和园路南侧;圆明园站位于清华西路中、圆明园南门西侧、万泉河北岸。颐和园站—圆明园站区间线路沿清华西路、颐和园路,与万泉河路、圆明园西路相交;圆明园站—成府路站区间线路起于中关村大街与成府路的丁字交叉路口北侧、止于圆明园南门西侧清华西路。

北京地铁 4 号线 19 标合同段包括颐和园站、圆明园站两个车站工程及颐和园站—圆明园站区间、圆明园站—成府路站区间两个区间盾构工程。颐和园站—圆明园站区间起止里程为 K25 + 173.149 ~ K23 + 655.85,长 3 046.405 单线延米。圆明园站—成府路站区间起止里程为 YK23 + 474.4 ~ YK22 + 410.3,长 2 122.2 单线延米,包括两个联络通道和一个泵站。

15.2 隧道平面及纵断面

颐和园站—圆明园站区间线路以直线出颐和园站后,通过半径为 350m 的左转曲线穿过万泉河高架桥进入颐和园路,以直线下穿一段颐和园路后以半径为 800m 的左转曲线进入圆明园园区,再以半径为 800m 的右转曲线进入圆明园站。曲线占本区间线路总长的 49%。左右线间距为 13 ~ 16m。线路在纵断面上呈“V”字形,最大坡度为 2%,最小坡度为 0.3%。区间隧道最大覆土厚度为 15.4m,最小覆土厚度为 6m。

圆明园站—成府路站区间线路以半径为 350m 的右转曲线出圆明园站,下穿万泉河,通过化工研究院和中关村北大街,下穿成府小学并再次进入中关村北大街,最后以半径为 400m 的左转曲线进入成府路站。曲线占本区间线路总长的 73%。左右线间距为 13 ~ 25.3m。线路在纵断面上呈“V”字形,最大坡度为 2.080 1%,最小坡度为 0.3%。区间隧道最大覆土厚度为 14.6m,最小覆土厚度 9.0m,位于万泉河处。

15.3 地质条件

地质条件见第 3.8 节的论述。

15.4 隧道近接环境条件

本合同段区间线路主要沿颐和园路、清华西路布置、与中关村北大街相交。所经道路尤其是

中关村北大街交通繁忙、车流量大。

(1)颐和园站—圆明园站区间

该区间线路贯穿颐和园和圆明园两大景区。施工影响范围内的主要建(构)筑物包括万泉河高架桥、颐和园路及道路两侧分布的房屋等。地下管线也主要为颐和园路下的电信管线、污水管及煤气管等。

(2)圆明园站—成府路站区间

圆明园站—成府路站区间线路位于中关村北大街、清华西路及成府小学下方。施工影响范围内的主要建(构)筑物包括化学工业研究院和成府小学。沿线两侧分布的建筑还有北大科技园、北大物理实验楼、在建的北大科技园、清华大学及圆明园等。地下管线主要分布在清华西路、中关村北大街等道路下方。

15.5 盾构机类型及主要参数

在本工程采用土压平衡式盾构机。盾构机的构造及主要参数见第3.8节的论述。

15.6 盾构施工技术

15.6.1 盾构推进参数及控制

1)盾构推进参数

盾构推进的实际参数见表15-1。

盾构推进的实际参数　　表15-1

项目	总推力(10kN)	掘进速度(mm/min)	土压(bar)	出渣量(m^3)	泡沫用量(L)
实际掘进参数	550~800	45~75	1.1~1.5	35~45	12~25

2)掘进施工控制

(1)掘进施工情况

盾构在通过卵石圆砾地层掘进时,受卵石圆砾层的影响,盾构机刀盘、刀具受到不均匀力的作用,主要体现在该段掘进中,刀盘扭矩波动范围较大,且波动频率极高,与在粉土⑥$_2$层和粉质黏土⑥层掘进时扭矩相对稳定形成鲜明对比;同时加大了对螺旋输送机的磨损;在盾构机姿态控制方面也出现了姿态变化连续性不强,波动性较大的问题;在本段成型管片姿态控制方面也出现了新的问题。

(2)采取措施

针对上述问题,在实际施工中采取了如下措施:

由于卵石圆砾层对刀盘、刀具和螺旋输送机磨损较大,在本段的掘进施工中,适当降低了刀盘转数,从而达到减小刀盘与卵石圆砾的碰撞冲击的目的;同时加强了对渣土的改良,通过向土仓和螺旋输送机内加入足量的泡沫以降低卵石圆砾对刀盘、刀具以及螺旋输送机的磨损。

为加强对盾构姿态控制,在掘进施工中,适当提高了土仓内土压力,加大了推力,放慢了推进速度,采取这些措施后取得了较好的效果,有效的减小了盾构在卵石圆砾层中掘进时盾构机姿态波动的问题。

在本段掘进中对注浆参数也进行了调整。主要是更换了更适合本段地质条件掘进施工的砂浆配合比,以达到更好的充填效果;同时由于卵石圆砾地层孔隙率较大,可注性较好,适当加大了注浆量,从而有效地控制了地表的沉降。

在采取了上述措施的情况下,同时加强了对设备的保养维护,从而顺利安全的通过了在卵石圆砾层的施工。

(3)体会感受

在卵石圆砾⑦层中掘进与在粉土$⑥_2$层或粉质黏土⑥层中掘进主要有以下特点:

①刀盘、刀具及螺旋输送机磨损大。

②盾构机掘进中掘进参数由于卵石圆砾地层的不均一性(相对于粉土$⑥_2$层或粉质黏土⑥层而言)而发生较大范围波动。主要体现在刀盘扭矩的波动,以及盾构机掘进姿态的波动。

③必须针对卵石圆砾层的特点采取相应措施达到控制成型管片姿态以及地表沉降的目的。如:控制掘进速度,改变注浆参数等。

15.6.2　同步注浆、补注浆的浆液类型、配比和注浆工艺及参数

1)方式与材料

壁后注浆采取同步注浆和二次补充注浆两种方式,同步注浆通过同步注浆系统随掘进同时注入,二次补充注浆利用补充注浆系统在盾尾后通过管片注浆孔进行。

同步注浆浆液为水泥砂浆,配比见表 15-2。二次补充注浆主要采用水泥浆,在隧道开挖对地表建筑或管线影响较大的地段,为减少地面沉降,可选择速凝型浆液,如水泥—水玻璃双液浆。水泥单液浆配比一般取水灰比 1:1 或 1:1.5。水泥—水玻璃双液浆的配比见表 15-3。

同步注浆材料的配比　　表 15-2

水泥(kg)	粉煤灰(kg)	膨润土(kg)	砂(kg)	水(kg)	外加剂
80 ~ 260	381 ~ 241	60 ~ 50	779	460 ~ 470	按需要根据试验加入

双液浆配比及浆液主要性质　　表 15-3

水灰比	A 液:B 液(体积比)	缓凝剂添加量(水泥用量%)	浆液密度(g/cm^3)	凝结时间(s)
1:1	1:1	0 ~ 1.5	1.44	20 ~ 48

2)浆液的性质

(1)胶凝时间:一般为 3 ~ 10h,根据地层条件和掘进速度,通过现场试验加入促凝剂及变更配比来调整胶凝时间。

(2)固结体强度:1d 不小于 0.2MPa,28d 不小于 2.5MPa。

(3)浆液结石率:>95%,即固结收缩率<5%。

(4)浆液稠度:8 ~ 12cm/m。

(5)浆液稳定性:倾析率(静置沉淀后上浮水体积与总体积之比)小于5%。

3)注浆技术参数

(1)注浆压力。为保证对环向空隙的有效充填,同时又能确保管片结构不因注浆产生过大的变形和损坏,根据计算和经验,注浆压力取值为:0.3~0.4MPa。

(2)注浆量。根据管片壁后环形空隙与地层有效填充的经验公式计算,注浆量取盾尾建筑控制空隙理论体积的1.3~1.8倍,则每环(1.2m)壁后注浆量:$Q=4.2\sim5.8\text{m}^3$。

(3)注浆速度。同步注浆速度应与掘进速度相匹配,按盾构在一环(1.2m)掘进的时间内完成当环注浆量来确定其平均注浆速度,达到均匀的注浆目的。

(4)注浆结束标准。采用注浆压力和注浆量双指标控制,即当注浆压力达到设定值时,注浆量达到设计值的95%以上时,即可认为达到了质量要求。对注浆参数还需通过监控量测进行优化,使注浆效果达到更佳。

(5)效果检查。注浆效果检查主要采用分析法,结合掘进速度及衬砌、地表与周围建筑物变形监测结果进行综合分析判断。必要时采用无损探测法进行效果检查。当检查表明注浆不足时,及时进行补充注浆。

15.6.3 刀具、刀盘的磨耗、损耗特征及规律

盾构机的刀盘最大直径为6 360mm,刀盘总质量约55t。为了保证刀盘的整体结构强度和刚度,刀盘结构为焊接箱形结构。刀盘开口形式为对称分布的8个长条孔,开口尽量靠近刀盘的中心位置,这样有利于中心部位渣土的流动。本刀盘的开口率在全部安装硬岩滚刀时开口率为28%,在全部安装齿刀时刀盘开口率可以达到34%。根据本标段的实际情况,我们在刀具布局时,充分考虑了渣土的流动性,39个刀孔只安装了8把正齿刀和1把中心鱼尾刀,其余刀孔都没有安装任何刀具,直接成了开口,增加了开口率,更进一步提高了渣土的流动性,确保在软土层掘进施工时,刀盘中心区域不易结成泥饼。这样布刀,实现了硬岩刀盘在软岩中的良好使用。

为改良渣土,保护刀具正常使用,刀盘面板上共有8个泡沫注入口,用来注入泡沫剂或膨润土及其他添加剂,其中刀盘中心位置布置有4个孔,刀盘外圈位置布置有4个孔。通过添加剂的注入,可以改良掘进切削的渣土,增加渣土的流动性。在硬岩地段掘进时,合理使用泡沫剂,还能减少岩石对刀具和刀盘的摩擦力,从而减少刀盘及刀具的磨损,同时注入的大量泡沫,对刀具起到一个冷却及外部润滑的作用;在软岩地段掘进时,加入足量的泡沫剂,不但能够降低刀盘的扭矩,而且能防止刀盘中心部位出现泥饼等不良现象。

盾构刀具是根据施工地段硬岩、软岩的不同强度和地质特点安装的,刀盘可以安装不同类型的刀具以适应不同地层的开挖,主要刀具类型为:单刃滚刀、中心双刃滚刀、中心鱼尾刀、单刃齿刀、中心双齿刀、切刀、扇形刮刀和仿形刀。其中,滚刀和齿刀的刀座形式相同,根据不同的地质类型两种刀具可以互换安装。在硬岩中掘进时,刀盘需安装单刃滚刀、中心双刃滚刀,在软岩中掘进时,可以根据需要把单刃滚刀、中心滚刀更换为对应形式的齿刀。

滚刀刀刃距刀盘面板的高度为175mm,齿刀、切刀和弧形刮刀刀刃距刀盘面板的高度为140mm,滚刀高出其余刀具35mm,这样在硬岩地段掘进时可以保护切刀和刮刀不受破坏。刀具离刀盘的中心越远,其线速度也就越大,则渣土流动的轨迹线越平缓,两个切刀(或刮刀)的背向布置间距就可以适当的加大。

针对不同的地质条件,选用与之相适应的刀具类型,刀具布置方式,是工程快速施工的前提条件。在刀具选用时,我们注重其实用性,而不是品牌;选用的刀具应适应工程大部分地段的掘进,而不是仅仅考虑工程中的重点和难点(当然,重点和难点是必须考虑的)。

一般情况下,盾构掘进速度为 $v=p\cdot n$(n 为刀盘转速)。无论在软土还是在硬岩中,刀具每转的切入深度 p 都和刀具所受的推力呈正比关系,驱动刀盘所受的扭矩也和刀具切入的深度成正比。软硬不均地段:掘进时,应减小油缸推力,降低刀盘转速,以减少岩石对刀具的冲击载荷。在砂砾石地层掘进时,要防止刀盘刀具的磨损,在黏土掘进时,要防止刀盘中心结成泥饼,一旦结成泥饼,将会造成堵仓的严重后果,造成刀具温度过高,磨损异常。

刀具磨损后在掘进中反映出来的现象:首先是掘进参数的变化,掘进相同的地层相同的推力推进速度大有降低,其次,刀盘驱动扭矩增加,并且随推力增加而迅速增加,随推力减小迅速减少。如果边刀磨损过大,调向也会出现较大的反弹,即方向不易调整过去。当出现这些反常时,必须认真分析是因地层的突变还是刀具已经磨损到极限造成的,如果盲目进行掘进会造成无可挽救的损失,强行掘进会造成刀盘本体的磨损,最终造成掘进受阻。并且更换刀盘或修复刀盘是非常困难的事情。所以在掘进过程中对出现的异常现象必须认真分析,在软土层掘进刀盘周边扇形刮刀、小齿刀的失效形式如图 15-1 所示。

图 15-1　失效的刀具

15.6.4　盾构故障及停机事故等异常情况统计分析

盾构机作为一个庞大的主体,它是由几十个相关的系统有机结合在一起,实现掘进施工的功能。盾构施工就跟工厂流水线作业一样,一个环节紧扣一个环节,如果其中有一个系统出现故障,盾构机就无法继续掘进。所以要提高盾构机的利用率,就要确保每个系统的完好性,才能保证盾构机的正常使用。但是,由于现场使用的特定条件,盾构机某个系统难免会出现这样那样的问题或故障,有些问题或故障是规律性出现的,但更多的是没有规律和征兆,这些故障不但增加了查找故障的时间,而且没办法制订针对性的配件计划,给维修带来较大的麻烦,严重影响施工进度。本标段盾构推进过程中出现的故障以及停机事故的统计见表 15-4。

盾构推进过程中出现的故障以及停机事故　　表 15-4

出故障的系统	故障类型、现象
PLC 系统	PDV 电脑电源损坏,主要是设备老化所致,PLC 系统瘫痪
	VMT 电脑硬盘损坏、数据丢失,导向系统无法正常工作
	电源损坏,PLC 数据在停电后消失,恢复困难
	模拟输出模块无输出,部分点位无输出信号
	模拟输出板坏,部分功能无法实现

续上表

出故障的系统	故障类型、现象
泡沫系统	泡沫泵变频器坏,泡沫泵无法使用
	气路、水路电磁阀坏
	泡沫管路泡沫发生器损坏
	水路电磁阀坏,密封渗漏
管片吊机系统	提升吊机不能正常使用,链条打滑,主要是链轮磨损
	双线圈接触器损坏,操作过急造成
	行走电机不能正常使用,主要是电磁制动打不开
管片安装机系统	油管破裂,旋转时被挤破
	操作无动作,电磁阀受潮短路
注浆系统	注浆球阀锈蚀,关闭不严
	注浆泵提升阀门磨损关闭不严
皮带机系统	部分滚筒轴承损坏
	驱动电机不转,电机变频器发生故障
ALUP 空压机	操作面板显示异常
	进气阀密封关闭不严
	加载电磁阀损坏
管片运输小车	举升油缸发卡,外泄严重
	同步发电机发卡、内泄
注浆系统	注浆管破老化损坏
	注浆传感器显示异常
推进泵系统	VT5003 比例板输出不稳定,推进油压波动
	推进泵启动无法建立油压,加载电磁阀坏
水系统	设备桥连接处水管破损
	旋转接头漏水
油脂系统	HBW 气电动机磨损,泵脂无力,无法保证正常施工安全
	盾尾油脂气动阀发卡,无法正常供脂,易漏水
液压系统	液压油管破裂,无法使用
	虑芯堵塞,污染系统
监视系统	摄像头损坏,影响监视

盾构机在掘进过程中,还常常会因非设备原因发生停机现象,如管片在安装过程中出现破损,而被迫更换管片的停机或运输车辆在运输过程中发生的掉道所引起的停机,以及下雨天渣土无法往外运输造成盾构机无法出土的停机等,这种停机约占盾构机施工过程中总停机的15%。因设备故障停机,与电气系统有关的故障约占70%,机械液压故障停机约占15%。

针对以上的故障统计，不难看出，盾构机在正式始发掘进后，故障率最高的应是电气系统，因为电气系统所出的故障基本没有规律性和前瞻性。并且其查找相对比较困难，因此耽误的时间也就比较多，比如，高度信息集中的 PLC 系统在出现故障后，整个盾构设备都无法运转，由于 PLC 的点位非常多，常常无法迅速判断出问题出在那一块板或那一部分的电路板上，常常需要通过笔记本电脑联机进行诊断，联机诊断也是需要时间的，需要通过一步步检查，有时加上硬件存在问题，检查就会更加困难。如果 PLC 系统的硬件损坏，购买周期一般比较长，又因这种配件比较昂贵，在市场上相对较少，每个部件也不可能都备有库存，否则备件资金积压会很大，给公司财务带来较大的压力，所以一般查找到某一块板存在问题后，再进行修理或购买，这样常常耽误的时间就会较长。机械液压方面的故障一般都具有前瞻性，一般在检查保养过程中就能够提前做好准备，计划相关的配件材料。一般这些配件在国内市场上都能够找到，这样有备的故障耽误的时间就会极少，甚至会在工序转换的间隙过程中进行处理，不会耽误盾构机正常施工的时间。

15.6.5　小半径曲线段施工

本合同段区间线路曲线长度占区间总长的 66%，最小曲线半径为 350m。线路条件对盾构机、运输系统及测量导向系统均有较高的要求，对盾构掘进方向控制、管片拼装质量控制和隧道轴线高精度拟合都增加了一定的难度。

根据工程地质、水文地质以及线路、环境条件，结合非曲线段的盾构施工经验，制定了盾构在该的段掘进施工参数，见表 15-5。掘进过程中要注意盾构机轴线姿态的控制，控制好同步注浆的压力和注浆量，保证管片拼装质量，同时要做好地表沉降监测工作，保证盾构施工安全。

小半径曲线段的盾构掘进参数　　表 15-5

序号	参数名称	参数值	备注
1	总推力	<8 000kN	
2	掘进速度	<55mm/min	
3	刀盘转速	1.75r/min	
4	土压力	1.1～1.3bar	
5	注浆量	$5m^3$	

注：$1bar = 10^5 Pa$。

15.6.6　监控量测资料及统计分析

本标段现场开展的监测项目主要有：地表沉降监测、地面建（构）筑物沉降监测。

1）测点布置

地表沉降点布设原则：在区间隧道两端各 50m 范围内及万泉河高架桥东西 50m 范围内，沿隧道中线按 10m 间距布设，其余地段按 20m 间距布设。地表横向沉陷槽测点按 60m 间距布设一组，每组共布置 13～15 个测点，局部因受场地限制，稍有调整。沉陷槽测点布置如图 15-2 所示。

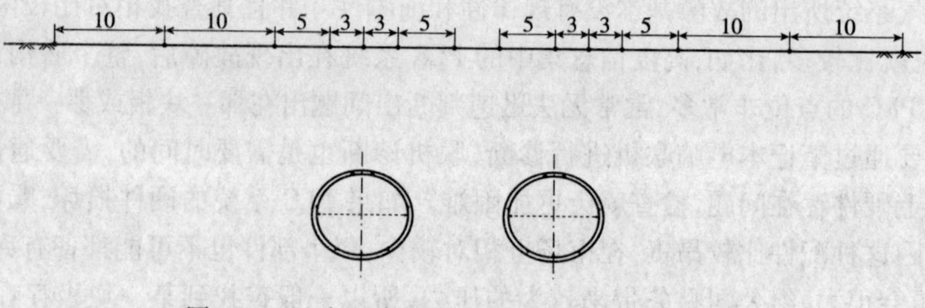

图 15-2　地表沉降槽监测点布置(尺寸单位:m)

2)监测结果及分析

(1)地面沉降的原因

盾构推进引起的地层损失和盾构隧道受扰动或受剪切破坏的重塑土的再固结,是地面沉降的基本原因。引起地层沉降的施工及其他因素主要有:

①开挖面土体移动。盾构掘进时,开挖面土体受到的水平支护应力小于原始侧向应力,则开挖面土体向盾构内移动,引起地层损失而导致盾构上方地面沉降,当盾构推进时,如作用在正面土体的推应力大于原始侧向应力,则正面土体向上向前移动,引起地层损失,导致盾构上方地面隆起。

②盾构后退。在盾构暂停推进时,由于盾构推进千斤顶漏油回缩引起盾构后退,使开挖面土体坍落或松动,造成地层损失。

③土体挤入盾尾空隙。如果向盾尾后面隧道外周建筑空隙中压浆不及时,压浆量不足,压浆压力不适当,使盾尾后面隧道周边土体失去原始的三维平衡状态,而向盾尾空隙移动,引起地层损失。在含水不稳定地层中,这往往是引起地层损失的最主要因素。

④改变推进方向,盾构在曲线推进、纠偏、抬头或叩头推进过程中,实际开挖断面不是圆形而是椭圆,因此引起地层损失。盾构轴线与隧道轴线的偏角越大,对土体扰动和超挖程度及其引起的地层损失越大。

⑤特别是推进的盾构外周黏附一层黏土时,盾尾后隧道外周环形空隙会有较大量的增加,如不相应增加压浆量,地层损失必然大量增加。

⑥在土压力作用下,隧道管片产生的变形也会引起少量的地层损失。

⑦隧道管片衬砌沉降较大时,会引起不可忽略的地层损失。同时饱和松软地层衬砌渗漏亦引起沉降。

⑧受扰动土体的固结沉降。由于受盾构推进中的挤压作用和盾尾后的压浆作用等施工因素的影响,使周围地层形成正值的超孔隙水压区,其在盾构隧道施工后的一段时间内消散复原,在此过程中地层发生排水固结变形,引起地面沉降(固结沉降)。

土体受到扰动后,在很长时间内,土体骨架还发生持续的压缩变形。在此土体蠕变过程中产生的地面沉降为次固结沉降。在孔隙比和灵敏度较大的软塑和流塑性地层中,次固结沉降往往要持续几年以上,它占总沉降量的比例可高达 35%。

(2)地表变形的发展过程

根据 4 个监测断面的监测数据绘出了盾构在地层中掘进时的沉降历时曲线图,根据其变形规律可以分为 5 个阶段，如图 15-3 所示。

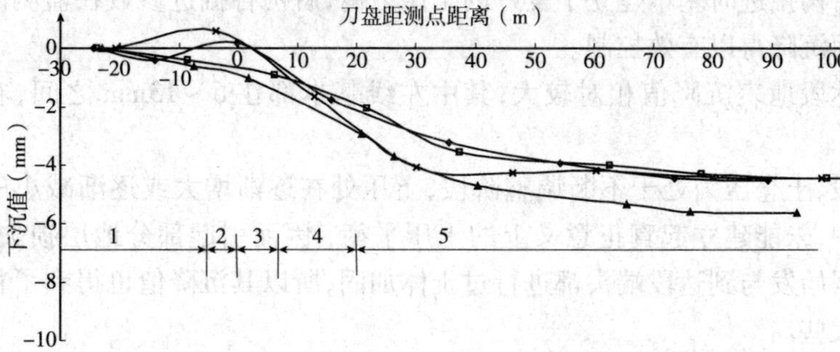

图 15-3　盾构施工引起地层变位规律图

1-先行沉降；2-开挖面前沉降或隆起；3-通过时的沉降；4-盾尾空隙沉降；5-后期沉降

从图 15-3 可以看出，因盾构在掘进过程中，已经建立起了良好的土压平衡，且地层比较均一，施工引起的第 1、2 阶段变形比较小，其变形都在 ±1mm 之内，盾构施工引起的变形主要发生在第 3、4、5 这 3 个阶段，表现为盾构掘进时对周边土体扰动、盾尾空隙的土体应力释放所引起的弹塑性变形及土体扰动后所引起的固结和蠕变残余变形，其中第三阶段变形占总变形的 15% ~25%，第 4 阶段变形占总变形的 25% ~40%，第 5 阶段变形占总变形的 40% ~50%，其变形在刀盘通过测点 60 ~80m 后基本就趋于稳定。

(3)纵向沿隧道中线地表沉降

本标段盾构主要是在粉质黏土层中掘进，地层比较均一，非常适合盾构掘进，由盾构施工引起的地层变位也比较小，其中右线隧道中线地表沉降基本都在 -1 ~ -8mm 之间，多数沉降稳定在 -2.5 ~ -6mm 之间；左线隧道中线地表沉降变化基本都在 -2 ~ -13mm 之间，多数沉降稳定在 -3 ~ -7mm 之间，如图 15-4。

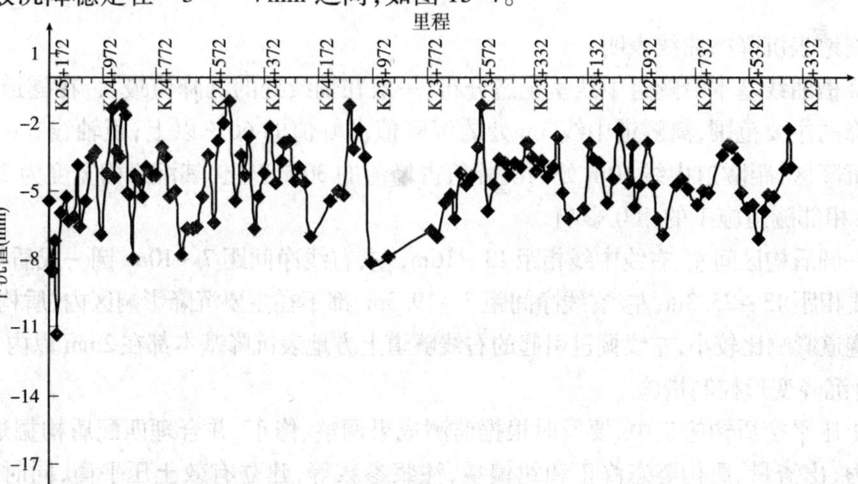

图 15-4　盾构区间左线隧道中线地表降沉曲线

从以上实测沉降曲线可以得出：

①盾构掘进时沉降控制总体较好，绝大多数沉降基本控制在 -6mm 以下，远小于规定的

限值。

在正常掘进段，盾构掘进时基本建立了良好的土压平衡，盾构各掘进参数在监测的反馈指导下设置较好，地面沉降得以有效控制。

②盾构始发、到达段地表沉降值相对较大，其中左线基本都在 6 ~ 13mm 之间，右线在 5 ~ 9mm 之间。

盾构始发、到达段，土仓压力处于不断调整阶段，土压处在逐渐增大或逐渐减小的过程中，在土压调整过程中，未能建立起真正意义上的土压平衡，因而引起部分地层损失，使地面沉降相对较大，但因始发与到达段端头都进行过土体加固，所以其沉降值也得到了很好的控制，只比正常段稍大些。

(4)横向地面沉陷槽和影响范围

根据现场监测数据绘出了盾构掘进时地面横向沉陷槽和影响范围，如图 15-5 所示。

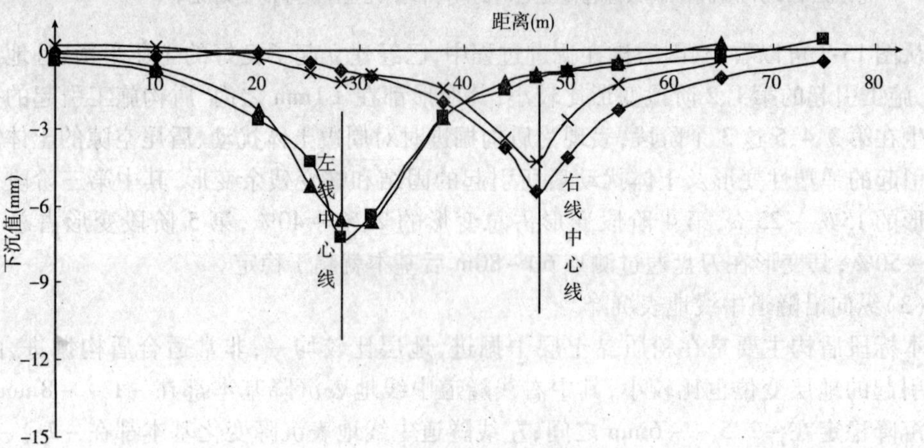

图 15-5　地表横向沉降槽曲线

实测地表沉降槽曲线表明：

沉降槽曲线基本沿隧道中线呈正态分布，一般在轴线处的沉降值最大，在隧道洞径范围是其沉降的主要范围，离隧道中线 3m 处的沉降值占峰值的 60% 以上；距轴线 3 ~ 10m 范围为次要沉降区，距隧道中线 10m 处的沉降值占峰值的 30% 以上，其沉降槽宽度为 20 ~ 30m。

(5)相邻隧道施工的相互影响

颐—圆盾构区间左、右线中线相距 13 ~ 16m，左、右线净间距 7 ~ 10m，圆—成盾构区间左、右线中线相距 13 ~ 25.3m，左、右线净间距 7 ~ 19.3m，都不在主要沉降影响区内，盾构左线掘进对右线隧道影响比较小，左线掘进引起的右线隧道上方地表沉降基本都在 2mm 以内。

(6)沉降变形控制措施

在土压平衡盾构施工中，要及时根据监测成果调整、修正、并合理匹配盾构掘进参数，如土仓压力、出渣量、盾构姿态修正和纠偏量，注浆参数等，建立有效土压平衡，同时确保同步注浆效果，减小对地层的扰动及地层的损失，达到控制地面的沉降和隆起的目的，保证盾构推进速度快、隧道管片拼装质量好。

(7)土仓压力控制

土压平衡盾构是靠土仓压力 P 来平衡掌子面前方土压和静止水压的，设刀盘中心地层静水压力、土压力之和为 P_0，则 $P = K \cdot P_0$，K 一般取 1.0 ~ 1.3，其 P 值应满足关系式：正面土体主动土压力 + 水压 + 总摩擦力 < P < 正面土体被动土压力 + 水压 + 总摩擦力。如土仓压力 P 设置过大，则会引起盾构刀盘前方土体隆起、如土仓压力 P 设置过小，又会引起盾构刀盘前方土体坍塌等。一般来说土仓压力 P 应根据掘进过程中地质、埋深及地表沉降监测信息来调整，通过维持开挖土量与排土量的平衡来实现，可通过设定掘进速度、调整排土量或设定排土量、调整掘进速度两条途径来实现。根据现场监测数据绘出了圆—颐区间左线土仓压力、出渣量、注浆量与地表沉降关系曲线，如图 15-6 所示。

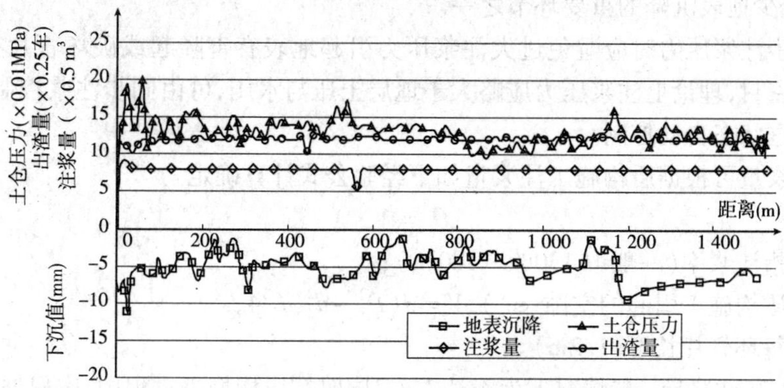

图 15-6　左线土仓压力、出渣量、注浆量与隧道中线地表沉降关系曲线

由图 15-6 及总的监测情况来看，在同等情况下（出渣量，注浆量等）地层沉降曲线起伏大多与土仓压力调整规律一致，土仓压力设置较大地段沉降相对小些，反之则相对大些。

在施工过程中建立有效的土压平衡体系，是控制地层损失，减小地层变位的一种有效手段。

盾构始发时土仓压力从 0 开始逐渐增加，到达时土仓压力则逐渐减小，在这个阶段，未能建立起真正意义上的土压平衡，虽始发端头与到达端头的地层都经过土体加固，但由施工引起的地层损失还是要比正常段大，地面沉降也随之增大，最大达到 −12.26mm，在土仓压力调整到位建立起真正意义上的土压平衡后，地层损失得到有效控制，沉降一般都控制 6mm 左右，本标段土仓压力根据现场水文地质及隧道埋深等情况，大都控制在 0.10 ~ 0.15MPa 之间。

（8）出渣量控制

盾构掘进过程中的每环出渣量可根据试掘进段所取得的参数进行控制。出渣量控制可通过推进速度与螺旋输送机转速来实现，在掘进过程中，为了使土仓压力波动较小，必须使挖土量和排土量保持一种平衡关系，尽量减小盾构施工对地层的扰动，防止超挖的发生，从而减小地表沉降。本标段出渣量基本控制在 12 车/环左右，土仓压力表现较为稳定，有利于地表沉降控制。一般来说，在同等条件（土仓压力，注浆量等）下，出渣量大、出渣量异常的地段，其地表沉降相应也较大，反之则相对较小。隧道中线地表沉降与盾构每环出渣量的关系（圆—颐区间左线）如图 15-6 所示。

（9）盾构姿态控制

盾构姿态包括纵向、水平及自身的转角三个参数。影响盾构姿态的因素有：出土量的多少、覆土厚度的大小、推进时盾壳周围的注浆情况、开挖面土层的分布情况、千斤顶作用力的分布情况等。

盾构前进的轨迹一般为蛇形,要保持盾构按设计轴线掘进,必须在推进过程中及时对盾构姿态进行修正和纠偏。蛇形修正及纠偏时应缓慢进行,如修正过程过急,蛇形反而更加明显,同时在施工过程中要做到勤测勤纠,避免因纠偏量过大引起过多的超挖,影响周围土体的稳定,以便更好地控制地层位移。

(10)同步注浆控制

随着盾构的推进,在盾壳外径与管片外径之间会产生建筑空隙,同时开挖面的超挖或部分崩塌及地应力释放引起地层松弛(扰动)都会引起一定的空隙。如何及时、饱和地充填这些空隙,是减少地表沉降的重要环节之一。

确定同步注浆压力时应避免过大注浆压力引起地表有害隆起或破坏管片衬砌,防止注浆损坏盾尾密封,理论上注浆压力应略大于地层土压与水压,可由同步注浆控制系统根据地层特点与掘进状态自动控制。

同步注浆量可根据盾构施工注浆量如下经验公式计算确定。

$$Q = V \cdot \lambda$$

式中:λ——指注浆率(一般取 130% ~180%);

V——盾构施工引起的空隙(m^3),$V = \pi(D_1^2 - d_2^2)L/4$;

L——每环管片长度(1.2m)。

本标段每环注浆量一般情况下为 $4m^3$ 左右,同时在盾构掘进过程中,应根据地质条件、地表沉降等及时调整,确定与推进速度相匹配的注浆速度,确保充填效果,达到控制沉降的目的。

隧道轴线地表沉降和盾构同步注浆量的关系(圆—颐区间左线)如图 15-18 所示。

由图 15-18 及整个盾构区间的现场监测数据可以看出:

同步注浆参数控制得较好,空隙充填的比较及时和饱满,由施工引起的地层损失也相对较小,其沉降控制得相对较好,由此产生的地表沉降一般都控制在 2 ~3mm 之间。本标段同步注浆量基本都控制在 $4m^3$/环,浆液注入率在 150% 以上,注浆量、浆液注入率很好地满足了地表沉降控制要求。

第16章 平面呈"S"形及纵坡变化频繁且急倾隧道的盾构施工技术

这里,以首都机场线东直门—三元桥区间工程为例,论述平面上呈"S"形;在纵坡上,上行、下行变化较频繁,个别区段急倾隧道的盾构施工技术。首都机场线东直门—三元桥区间段的线路纵坡,在目前北京轨道交通路网的线路中是最大的,达到了地铁设计规范规定的上限,因此,有别于其他线路,首都机场线采用了爬坡能力大的直线电机车辆与轨道线路系统。

16.1 工程概况

本工程为北京市轨道交通首都机场线03标段,主要工程为东直门—三元桥区间盾构2 568.259m;3个联络通道(左K1+034.566联络通道、左K1+974.254联络通道、左K2+564.776联络通道及泵房)和区间风井风道。隧道设计施工起点为轨道交通机场线三元桥车站南端,终点设在察慈小区住宅楼西南侧的盾构接收井。

16.2 隧道平面和纵断面

16.2.1 隧道平面

本区间有5个曲线段,东直门—三元桥方向分别为JD_2(R=550m)、JD_3(R=1 500m)、JD_5(R=800m)、JD_6(R=1 000m)、JD_7(R=4 000m),线路在平面上整体呈"S"形。左线与02合同段的右线线间距为10~13m。本区间隧道平面如图16-1所示。

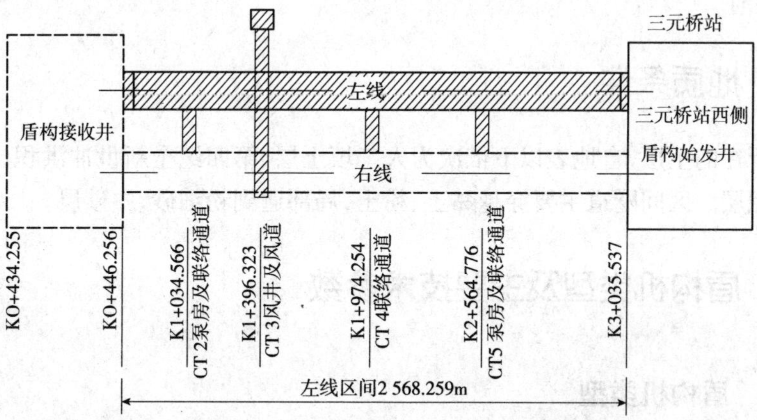

图16-1 东直门—三元桥区间左线盾构隧道路线平面示意图

16.2.2 隧道纵断面

本区间沿盾构掘进方向以 -0.2% 的坡度从三元桥站出发后，在 K2 +960.00 处线路开始以 -2.961 1% 的坡度向下前行，在 K2 +620.00 处开始以 +0.656 1% 坡度上行，在 K1 +500.00处开始以 -0.301 7% 坡度下行至盾构接收井。

16.3 隧道近接环境条件

16.3.1 邻近建(构)筑物

区间沿京顺路下穿三元桥的西北孔，与三元桥扩大基础中心线水平净距 0.24m，竖向净距 16.3m。下穿东直门外斜街后，进入规划红线内的平房区，然后从察慈小区旁边通过到达盾构接收井。

16.3.2 地面交通状况

本段线路下穿的三元桥是机场高速、京顺路连接三环路的节点立交，各个方向的车流在这里交汇，交通极为繁忙。

东直门外大街为二、三环之间的联络干道，现况机动车道宽 23m，为双向三车道，机动车道与非机动车道分隔带 5m，非机动车道 7m，道路交通繁忙。

16.3.3 地下管线分布情况

区间沿线上方存在多条市政管线，但由于隧道埋深较大，根据以往工程经验，区间施工对大部分管线的影响较小。只有一条位于三元桥东北侧横跨机场路的热力管沟由于埋深较大，控制机场线纵断面。

16.3.4 地形地貌

盾构区间在 K2 +624 处下穿三元桥，K1 +150 处下穿暗河，K0 +800 处下穿宽约 6m、深约 3m 的亮马河。

16.4 地质条件

本工程所在的土层，自地表以下依次为人工填土层、第四纪全新世冲洪积层和第四纪晚更新世冲洪积层。区间隧道主要穿越黏土、粉土，局部遇到粉细砂、中砂层。

16.5 盾构机类型及主要技术参数

16.5.1 盾构机类型

本工程使用的盾构机为德国海瑞克 S169 加泥式土压平衡盾构机，采用向开挖土体中注入泡沫的方式来改良土体,推进千斤顶为被动式铰接千斤顶。

16.5.2　主要技术参数

主要技术参数见表 16-1。

主要技术参数　　表 16-1

(1)管片参数			
外径	6 000mm	片数	3A + 2B + 1C
内径	5 400mm	最大片质量	3.3t
(2)盾构参数			
主机(前体和中体)		人闸连接法兰	1
直径	6 190mm	螺旋输送机上连接法兰	1
长度(前体和中体)	4 280mm	盾尾	
类型	土压平衡	盾尾数量	1
最小水平转弯半径	350m	连接形式	铰接
最大工作压力	3bar	长度	3 550mm
最大设计压力	4.5bar($1bar = 10^5Pa$)	密封	3 层密封刷
土压检测点	5	注脂线	8(2×4)
人闸	1	注浆点	4
(3)推进千斤顶			
数量	16	推进速度	80mm/min
推力	28 350kN	缩回速度	1 400mm/min
行程	2 000mm		
(4)铰接油缸			
铰接形式	被动式	缩进压力	7 340kN
数量	14	行程	150mm
尺寸	φ180/80mm		
(5)刀盘			
刀盘数量	1	旋转方向	左/右
形式	面板式	刀具(软土层)	124 把齿刀;16 把周边刀
直径	6 200mm	回转接头	4 个泡沫管
(6)刀盘主驱动			
刀盘主驱动数量	1	转速	1.50/3.00r/min
形式	液压驱动	电功率	480kW
电动机个数	8	主轴承外径	2 600mm
额定扭矩	4 085kN·m	主轴承寿命	10 000h
脱困扭矩	4 700kN·m		

续上表

(7)人闸			
人闸数量	1	直径	1 600mm
形式	双人闸	工作压力	3bar
长度	2 000mm	工作人员	2~3
(8)拼装机			
拼装机数量	1	管片长度	1 200mm
形式	中心自由转动拼装机	伸缩距离	1 000mm
夹紧系统	机械式	轴向行程	2 000mm
自由度	6	控制方式	线控
旋转范围	±200°		
(9)螺旋输送机			
螺旋输送机数量	1	转速	0~19r/min
形式	中心轴式	最大出土量	250m^3/h
直径	700mm	螺距	600mm
电功率	110kW	伸缩	可以
最大扭矩	190kN·m	出土门	有
(10)皮带机			
皮带机数量	1	带长约	45m
驱动	电力	速度	2.5m/s
带宽	800mm	最大输出能力	450m^3/h

16.6 盾构施工技术

16.6.1 盾构推进参数及控制

盾构推进主要参数的实际控制值见表16-2。

盾构推进主要参数的实际控制值　　表16-2

1. 纵向千斤顶总推力/分组推力(kN)	10 000kN/100~2 000kN
2. 刀盘扭矩(一般/最大)	200~240/260kN·m
3. 盾构推进一般和最大速度	一般速度6~7cm/min,最大速度8cm/min
4. 盾构隧道与设计轴线的最大偏差	50mm
5. 密封仓土压力控制	0.06~0.2MPa
6. 管片拼装(一般和最快)	一般20min/环,最快15min/环
7. 加泥/泡沫(一般/最大)	一般25L/环,最大33L/环
8. 盾尾密封油脂(一般/最大)	一般10kg/环,最大20kg/环

盾构穿越中粗砂及卵石层的施工采取了如下的技术措施：

(1)盾构穿越中粗砂及卵石层的施工。根据地质勘察报告，本区间盾构隧道距接收井 50m 范围内为上部粉细砂、下部夹卵石圆砾。盾构掘进到此区段时，地表沉降量预计会有所增加，而且盾构掘进过程中会出现刀盘切削扭矩加大，排土困难等现象，是施工过程中的难点之一。

(2)根据地质勘察报告中土层的物理力学性能参数和隧道埋深、地下水位情况，计算确定此段隧道拱顶土压力理论值为 0.1MPa，在盾构掘进过程中以该值和盾构机土仓内土压力传感器读数为依据控制盾构掘进时的土仓压力在 0.12～0.15MPa 之间，同时严格控制每环出土量在 $50m^3$ 以内，避免超挖。

(3)调整同步注浆配比，使浆液的凝结时间和强度适应砂层施工的要求；根据拱顶水土压力调整注浆工艺参数，将掘进过程中盾构机上部注浆压力控制在 0.25～0.3MPa 之间，下部注浆压力控制在 0.3～0.35MPa 之间，同时严格控制每环注浆量在 3.5～$5.0m^3$ 之间，确保管片与地层之间的空隙被完全充填。结合地表沉降监测，必要时采取二次补浆措施。

(4)提高泡沫的膨胀率，产生较大的泡沫，阻挡过多的地层中的水进入土仓。加大泡沫注入率，改善刀盘切削条件，减小刀盘切削扭矩和刀具磨损，必要时辅以膨润土浆液，增加土仓中土的黏粒含量，提高土的可排性，降低土的透水性。

(5)加强地面沉降观测和信息反馈，及时调整优化盾构掘进工艺参数，把沉降控制在允许范围之内。

(6)停机时保证建立土仓压力，同时采取注入膨润土浆液等必要措施，维持土仓内土压力。

16.6.2　盾构姿态控制

本区间隧道的几何形态在平面上呈“S”形；在纵坡上，上行、下行变化较频繁，个别区段急倾斜的特点，要求严格控制盾构的姿态及很高的施测精度，因此，必须精心组织实施。盾构姿态的控制见第 14.6.3 节的论述。

16.6.3　管片拼装质量控制

管片衬砌作为盾构隧道工程最重要的主体结构，其拼装质量的好坏直接影响着盾构隧道工程的质量。

本程中采用了标准环 + 左右楔型环作为管片衬砌，管片外径 6 000mm，内径 5 400mm，环宽 1 200mm，管片采用“3A + 2B + 1C(楔形块)”错缝拼装，管片接缝采用弹性密封防水，弹性密封采用三元乙丙橡胶和水膨胀橡胶止水条。

1)管片拼装位置确定

管片在使用时，必须预先根据盾构机的位置及盾尾间隙大小进行综合分析以选定管片的拼装位置。

2)盾尾法面和管片法面的相互关系

管片拼装的总原则是拼装的管片与盾尾的构造方向应尽量保持一致。

在盾构机尾部设有三道密封刷，用于保证施工过程中不会有水土进入隧道，在盾构机掘进的同时，向密封刷补充油脂，确保盾构机的密封性能，在密封刷前端设有保护块，用于保护密封刷不受损害,如果盾尾间隙过小,在管片脱出盾尾时,将产生较大变形,影响成型隧道的质量;同时,过小的盾尾间隙将直接损坏盾构机的密封刷。

3)管片拼装施工要求

为保证管片拼装质量及施工进度,施工时必严格按照如下要求进行管片拼装:

(1)为加快拼装施工速度,必须保证管片在掘进施工完成前 10min 进入拼装区,以便为下一步施工做好准备;另外,为保证管片在掘进过程中不被泥土污染,也不宜提前将管片备好。

(2)在拼装过程中要清除盾尾拼装部位的垃圾,同时必须注意管片定位的正确,尤其是第一块管片的定位会影响整环管片拼装质量及与盾构的相对位置,尽量做到对称。

(3)管片拼装要严格控制好环面的平整度及拼装环的椭圆度。

(4)每块管片拼装完后,要及时靠拢千斤顶,以防盾构后退及管片移位。每环衬砌拼装结束后,及时拧紧连接衬砌的纵、环向螺栓,在该衬砌环脱出盾尾后,应再次拧紧纵、环向螺栓。

(5)封顶块防水密封垫应在拼装前涂润滑剂,以减少插入时密封垫间的摩阻力,必要时设置尼龙绳或帆布衬里,以限制插入时橡胶条的延伸。

(6)在管片拼装的过程中如果需要调整管片之间的位置,不能在管片轴向受力时进行调整,以防止损坏防水橡胶条。

4)管片拼装质量要求

(1)选取管片时要多方面考虑,遵循"勤纠偏、小纠偏"的原则,以减小片拼装时的错台。

(2)质量合格、类型符合工程师指令的管片才准进洞。

(3)严格按指定的拼装工艺进行拼装。

(4)拼装过程中经尺量管片错台符合拼装要求后,再将管片就位。

(5)管片安装前应对管片安装区进行清理,清除污泥、污水,保证安装区及管片相接面的清洁,重点清理管片的环、纵接缝面。

(6)严禁非管片安装位置的推进油缸与管片安装位置的推进油缸同时收缩。

(7)管片安装质量应满足设计要求的隧道轴线偏差和有关规范要求的椭圆度及环、纵缝错台标准。拼装时要综合考虑隧道线路要求和盾尾间隙,合理选择管片拼装点位。

16.6.4 同步注浆、补注浆的浆液类型、配比和注浆工艺及参数

盾构掘进过程同步注浆、补注浆的浆液类型、配比和注浆工艺及参数见表 16-3。

同步注浆、补注浆的浆液类型、配比和注浆工艺及参数 表 16-3

同 步 注 浆(同一环)	
1. 浆液类型	惰性浆液
2. 浆液配比	砂 800kg、粉煤灰 240kg、膨润土 64kg、水 300kg
3. 注浆压力(MPa)	0.35~0.4
4. 注浆量(m^3)	2.8~3.8
5. 注浆结束标准	达到要求的注浆压力

续上表

补　注　浆(同一环)	
1. 浆液类型	双液浆
2. 浆液配比	水泥∶水玻璃 = 1∶1
3. 注浆压力(MPa)	0.3
4. 注浆量(m^3)	1.0 ~ 2.0
5. 注浆结束标准	达到设定的压力注浆,直到注不进为止
6. 注浆次数	2

16.6.5　刀具、刀盘的磨损、损耗特征及规律

1)刀具更换的标准

刀具磨损的标准:周边刀磨损量为 5 ~ 10mm,齿刀磨损量为 15 ~ 20mm。根据这一标准,在刀具更换的同时,工作人员必须检查螺栓是否完好。

2)刀具的损耗特征及规律

刀具在一般土层下掘进 500 ~ 700m 即达到磨损标准,在砂层或卵石层中掘进 100m 左右即达到磨损标准。需对土样进行观察,若发现添加剂加入正常,而出土较热,可初步判定刀具有磨损;施工参数异常,推进速度与出土速度不成比例或推进时扭矩较大,也可初步判定刀具有磨损,可开仓对刀盘的刀具进行检查。

16.6.6　长距离推进的换刀

换刀可分为两种方式:一种是常压开仓换刀,适用于盾构到达竖井等刀盘前无土压的情况;一种是加压开仓换刀,适用于盾构在正常掘进过程中,在前方有一定土压力的情况。

盾构由三元桥站始发,施工掘进 1 100m 后发现施工参数异常,于是决定开仓检查刀具,发现刀具有较大磨损,需对刀具进行部分更换。当时盾构机地面上方为公园,且地层中含水率不大,采用常压开仓检查并更换刀具。此次更换刀具共计 40 把,其中周边刀 8 把,齿刀 32 把。

刀具更换的程序和方法如下见第 14.6.7 节的论述。

16.6.7　监控量测及统计分析

盾构区间地处东直门—三元桥之间,贯穿三元桥、机场高速路、东直门斜街等城区,沿线工程地质水文条件复杂多变,地表多为危旧民宅和公交车站,道路交通繁忙,地下管线密集且纵横交错,沿途还有三元桥、公园、亮马河等重点建筑。因此,在盾构施工过程中必须严格控制施工技术参数,确保隧道沿线两侧的重要建筑物以及民用建筑的安全,使盾构顺利通过危险源。加强对周边环境情况的监测,并分析盾构机推进的影响范围和影响程度,这对盾构安全掘进是非常重要的。

1)施工监控量测的主要目的

(1)通过监控量测采集各个施工阶段的数据,并对监测数据进行分析及回归,掌握隧道衬砌环的动态变化,及时将分析成果化为施工指令,反映到盾构掘进施工中以保障施工过程

时时处在安全状态。

(2)通过对监测数据处理分析,结合相关的施工实际情况,得出地面以及成型隧道变化的原因,及时采取相应的措施,确保地面交通顺畅和地面建(构)筑物的正常使用,保证隧道的限界和质量。

(3)通过实际的监测结果来检验理论与实际之间的差异,并把监测分析结果及时反馈给设计,以便修改设计、指导施工。

(4)通过监控量测及时反映盾构隧道上方沉降槽区域的沉降情况,及时调整盾构施工参数以防止地面出现较大沉陷。

(5)通过监控量测,了解该工程条件下的施工情况,反映出一些施工规律和特点,为今后类似工程或相关工艺的发展提供借鉴、依据和指导。

2)地面沉降监测

图16-2为盾构穿越黏土层(刀盘切削黏土层)时,监测断面监测到的地面沉降时程曲线。

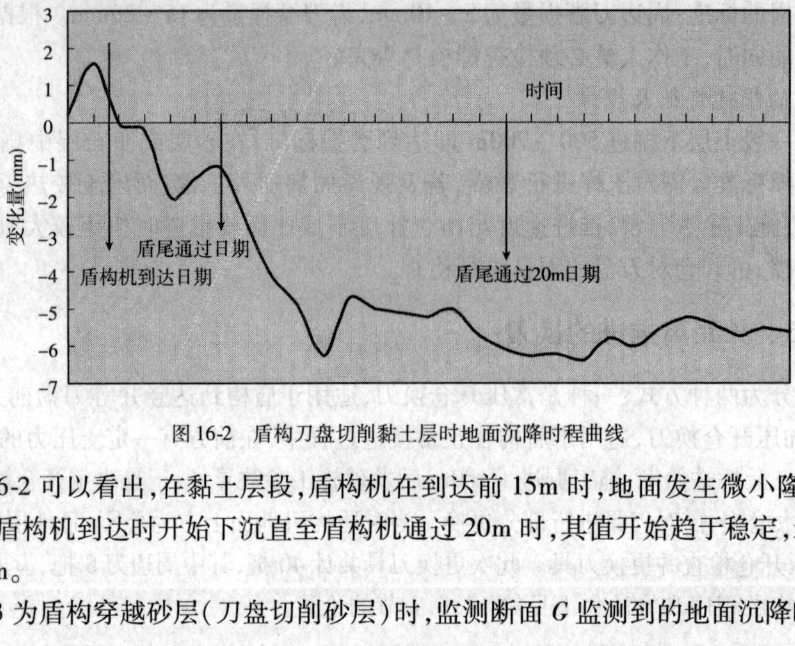

图16-2 盾构刀盘切削黏土层时地面沉降时程曲线

由图16-2可以看出,在黏土层段,盾构机在到达前15m时,地面发生微小隆起,且不超过2mm,在盾构机到达时开始下沉直至盾构机通过20m时,其值开始趋于稳定,最大沉降量不超过7mm。

图16-3为盾构穿越砂层(刀盘切削砂层)时,监测断面G监测到的地面沉降时程曲线。

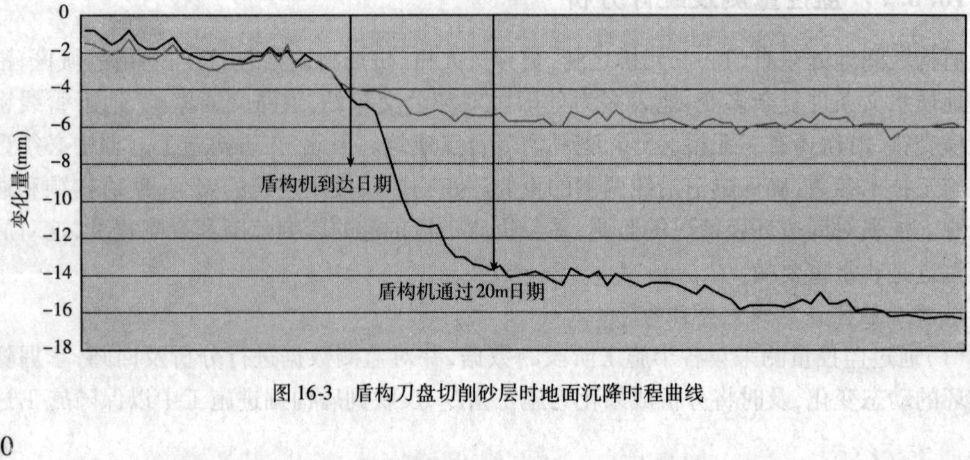

图16-3 盾构刀盘切削砂层时地面沉降时程曲线

此段盾构机为叩头掘进，平均覆土厚度为 16m，在该地层选取 K0 + 762 里程断面监测数据进行分析：

由图 16-3 可以看出，在砂层段，盾构机在到达前 20m 时，地面就有微量的沉降，但并不像盾构穿越黏土层时发生地面隆起，直至盾构机通过监测断面 20m 后，地面开始趋于稳定，最大地面沉降量为 16mm。

盾构掘进时的土仓压力对盾构机前面土体的影响非常重要，结合各监测断面的时程曲线图对盾构掘进时土仓压力进行分析，可以得出盾构机掘进时土压建立的大小与盾构机到达之前地表的变形量有一定的关系。从土压曲线图可以看出，盾构机掘进时在黏土层里的平均土仓压为 2. 3bar，在砂层中的平均土仓压为 1. 2bar 左右，盾构机在黏土层里掘进的土仓压力比在砂层里掘进高出 1bar 左右，因而在盾构机到达之前，前面土体有隆起的趋势但量很小，砂层几乎没有隆起的这一过程。产生这一现象的主要原因是因为黏土层密实性好，掘进时土仓里的水因土压作用不易散失，能使之建立较高土压，从而对盾构机前面的土体产生推力以至使地表隆起。综上所述，盾构机掘进时平均土压建立在 1 ~ 2. 3bar 之间符合北京地层的规律。

第17章　盾构过站和车站调头施工技术

17.1　盾构机平移过站施工技术

以地铁4号线20标段为例，论述盾构机以平移方式过北宫门站的施工技术。

17.1.1　工程概况

本标段工程包括颐和园站—北宫门站区间（以下简称“颐—北区间”）、北宫门站—龙背村盾构调头井（以下简称“北—龙区间”）两个盾构区间及龙背村盾构调头井。采用一台盾构机从颐和园站左线下井始发，到达北宫门站后，解体吊运至颐和园站右线组装始发，二次到达北宫门站后，直接过站始发至北—龙区间盾构井解体吊出，至北宫门站组装始发，再推进至北—龙区间盾构井解体出井。

北宫门车站主体结构施工完毕，盾构机已到达北宫门站右线，具备过站条件。

17.1.2　施工准备

1）监控量测

为保证盾构过站安全，根据实际量测数据，保证盾构机位置准确。

2）人员准备

盾构过站和二次始发工作由盾构工区负责，配备技术过硬、经验丰富的施工人员。其他部门做好技术、物资、设备等保障工作，领导组负责整体施工安排与协调工作。过站期间每日下午5点召开各部门及工班碰头会，确保施工顺利进行。

施工组织机构如图17-1所示。

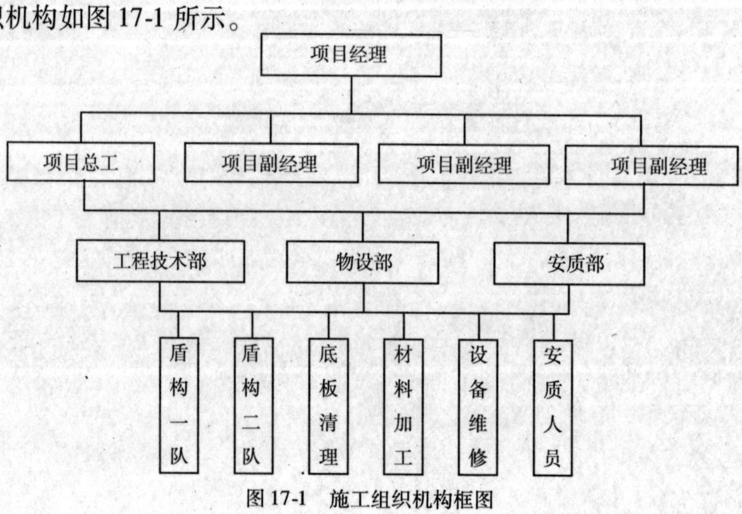

图17-1　施工组织机构框图

3) 材料准备

盾构过站施工准备的材料见表 17-1。

过站材料及加工件　　表 17-1

材料名称	需要数量	规格	用　　途
钢板	10 块	$\delta = 16$mm	大断面平移钢板
反力座	6 个		平移盾构机反力点
钢楔块	2 个		横移盾构机
砂	10 方	细砂	找平钢板基面
脚手架钢管	60 根	直径 48mm,6m/根	设备检修及材料运输
走道板	8 块		左右线人行道

4) 设备准备

盾构过站施工准备的设备见表 17-2。

盾构过站施工准备的设备　　表 17-2

设备名称	需要数量	规格	用　　途
空压机	1 台	10 立方	凿除掌子面、模板台车轨道混凝土
直流电焊机	2 台		焊接支座
气焊	2 套		割钢板
打磨机	8 台		打磨钢板
手推车	2 台		底板杂物清理
液压站	1 台		平移盾构机
千斤顶	2 个	80t	平移盾构机
导链	5 个	1t、2t、3t、5t、10t	站内左右线运输
电瓶车	2 辆		洞内运输

17.1.3　施工技术

1) 盾构机与车站结构尺寸

本标段采用德国海瑞克制造的土压平衡盾构机(S－285)进行施工。盾构机外径为 6 250mm,盾体总长 8 260mm,总质量约 326t。车站的结构与尺寸如图 17-2、图 17-3 及图 17-4所示。

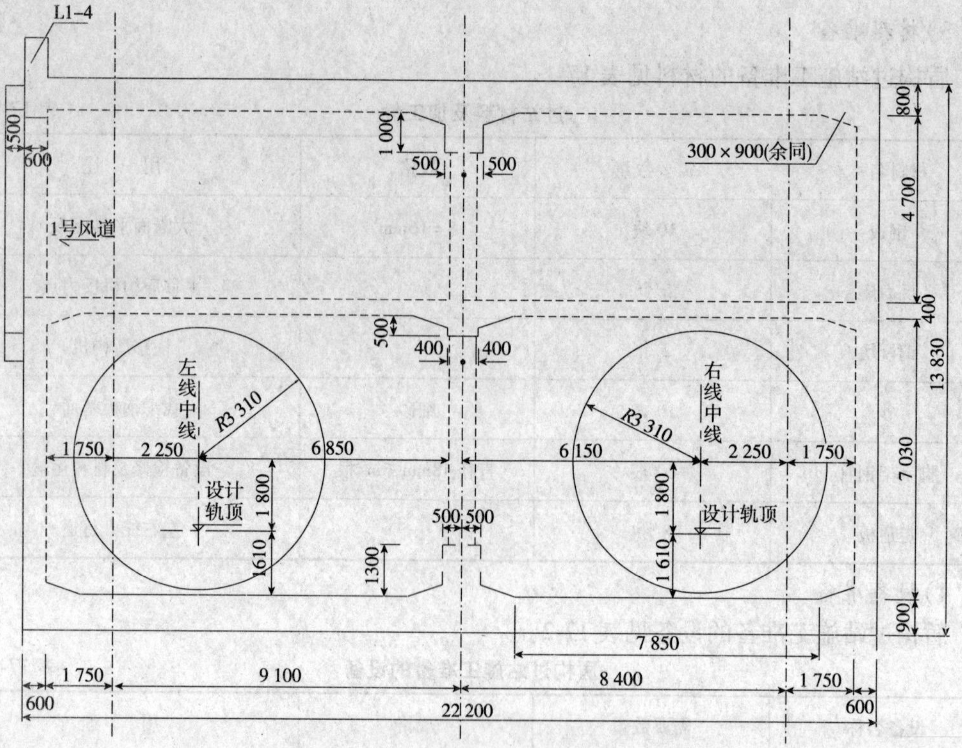

图 17-2　车站端头断面及结构尺寸(尺寸单位:mm)

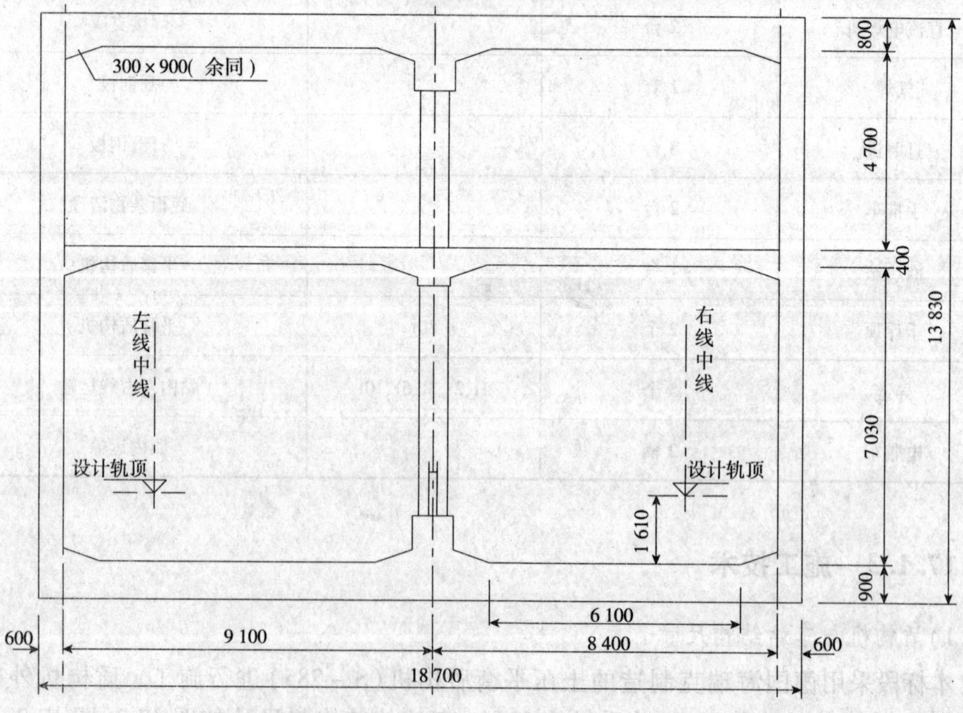

图 17-3　车站标准段断面及结构尺寸(尺寸单位:mm)

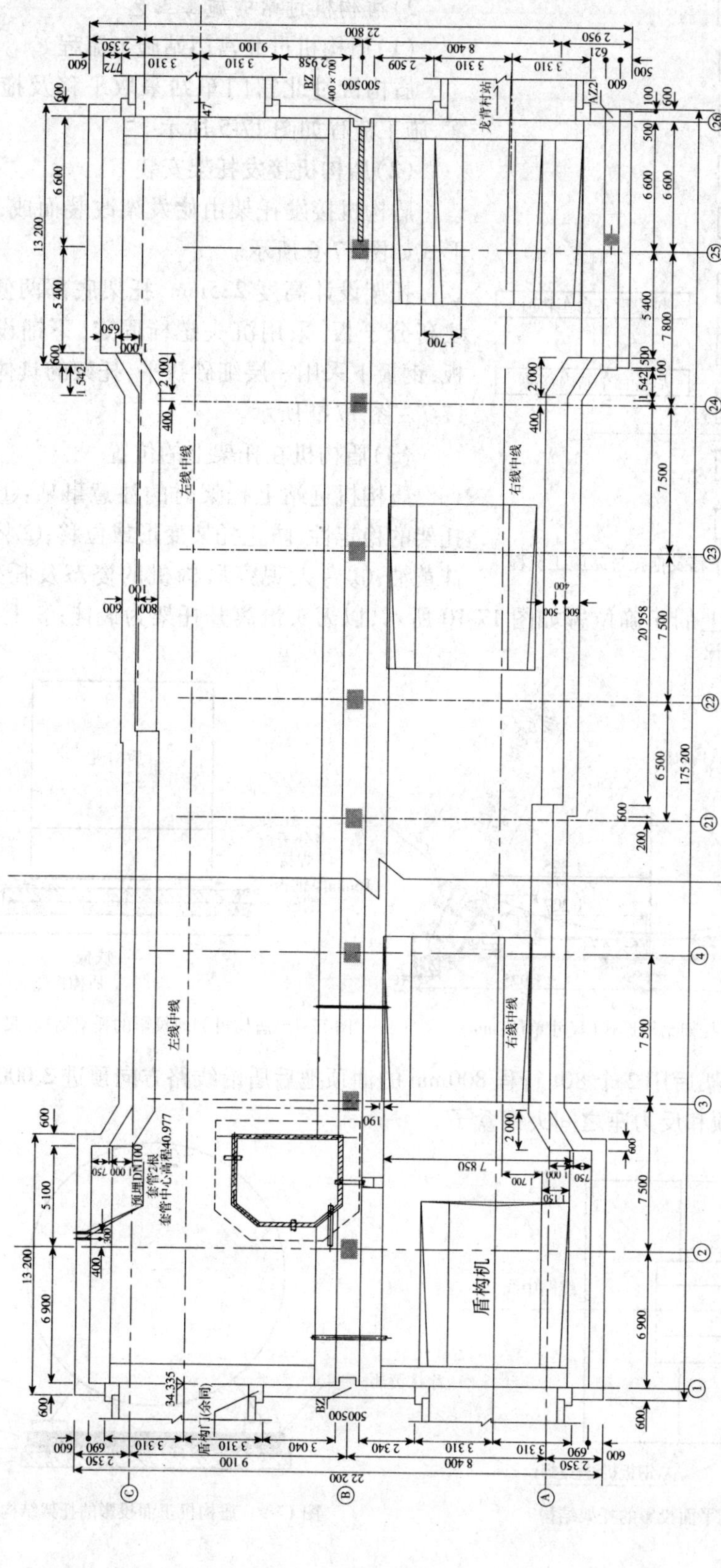

图 17-4　车站平面及结构尺寸（尺寸单位：mm）

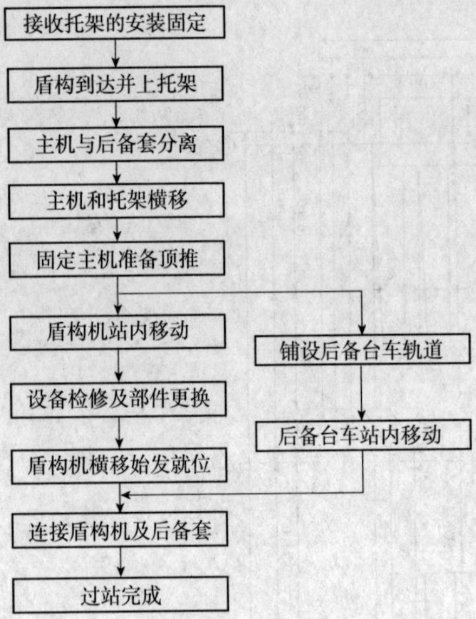

图 17-5　盾构机平移及拖拉过站施工流程

2)盾构机过站的施工工艺

(1)盾构机过北宫门站施工流程

盾构机过北宫门车站采取平移及拖拉过站方案,施工流程如图 17-5 所示。

(2)盾构机接发托架安装

盾构机接发托架由始发架改装而成,具体结构形式如图 17-6 所示。

托架设计高度 225mm,托架底部两侧各布设 4 块高分子板,采用沉头螺栓固定,下铺设 16mm 钢板,钢板下采用一层细砂找平,托架的具体结构如图 17-7 ~ 图 17-9 所示。

(3)盾构机在托架上的位置

盾构机进站上托架时的注意事项:①认真检查托架的稳定性,防止托架变形或位移;②将托架轨上抹黄油;③专人观察盾构机的姿态及托架的变形;④盾构机在托架上的正确位置如图 17-10 所示,以刀头恰离开托架为最佳;⑤上托架后,把盾构机和桥架断开。

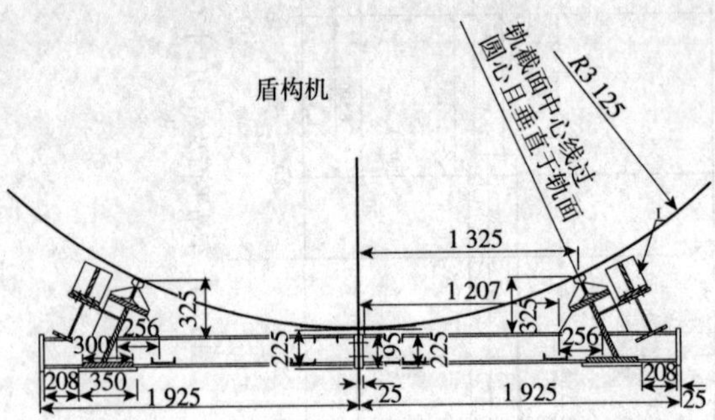

图 17-6　接发托架结构形式(尺寸单位:mm)

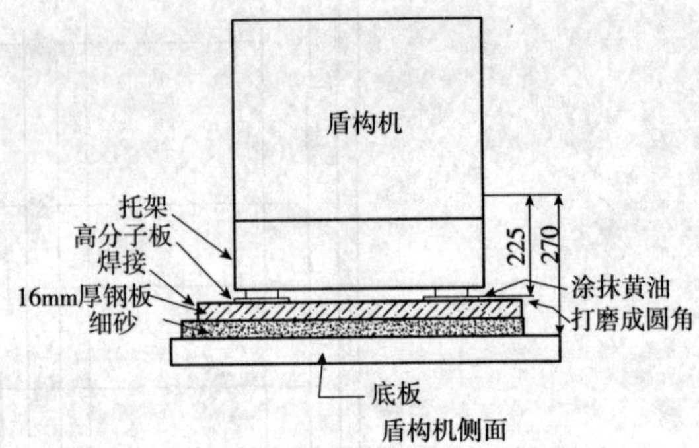

图 17-7　盾构机侧面投影的托架结构(尺寸单位:mm)

盾构机上托架后用 2 个 80t 行程 800mm 的油顶把后盾沿线路方向顶进 2 000mm。如果行程不够,在油顶和反力座之间夹钢盒子。

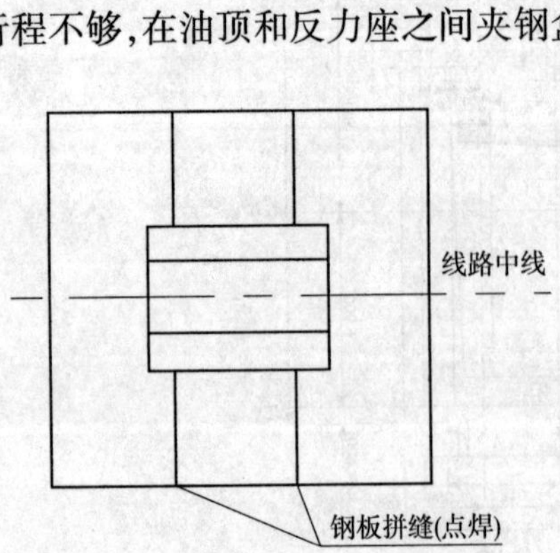

图 17-8　盾构机平面投影的托架结构

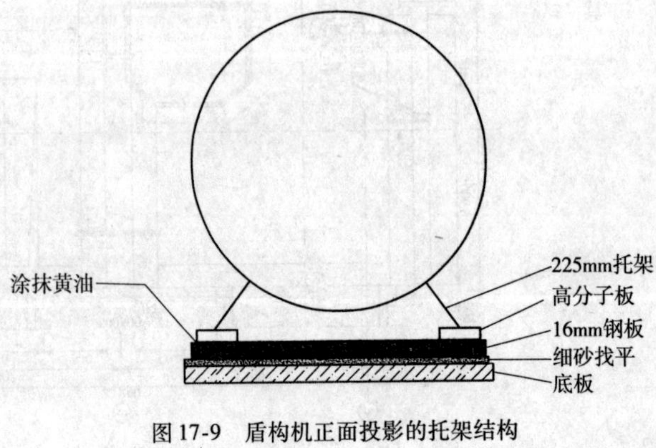

图 17-9　盾构机正面投影的托架结构

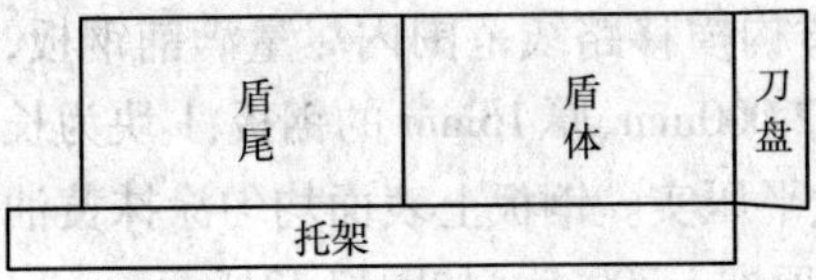

图 17-10　盾构机在托架上的正确位置

(4)盾体横移

由于北宫门车站右线底板线路中心线距车站主体标准段侧墙为 2.25m,而盾构机的半径为 3.14m,盾构机不能直接过站,需要对盾体进行横移。在盾尾距零环端面有 500mm 净空时,开始对盾体进行横移,如图 17-11 及图 17-12 所示。

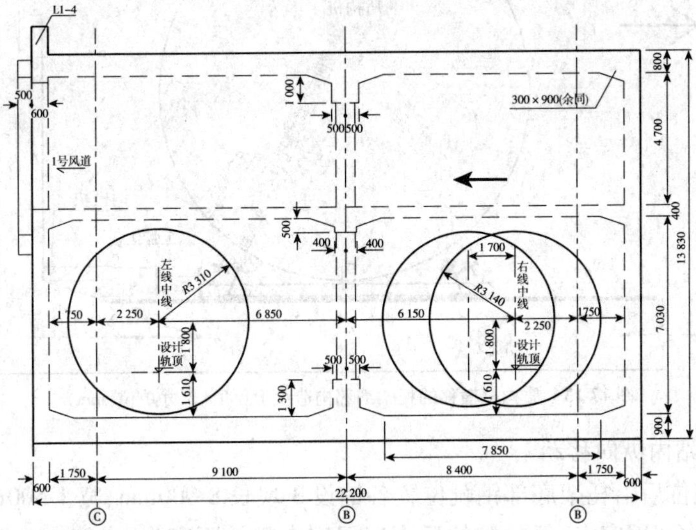

图 17-11　盾构机横移断面图(尺寸单位:mm)

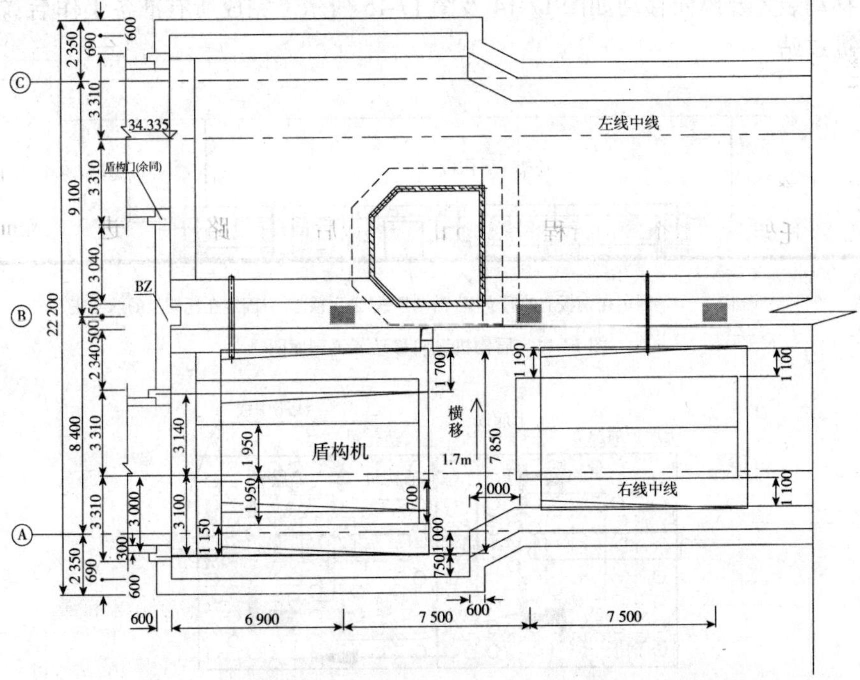

图 17-12　盾构机横移平面图(尺寸单位:mm)

在车站底板上,扩大段两侧倒角边间距为 7 850mm,盾构横移路线范围内尽量满铺钢板,按托架宽度均匀铺设固定 4 块钢板,3 块为长 9 000mm、宽 2 000mm、厚 16mm 的钢板,1 块为长 9 000mm、宽 1 500mm、厚 16mm 的钢板,钢板下部用细砂找平压实。钢板上表面均匀涂抹黄油进行润滑。通过两台 80t 千斤顶在托架上将盾体向南横向顶推 1 700mm,如图17-13所示。

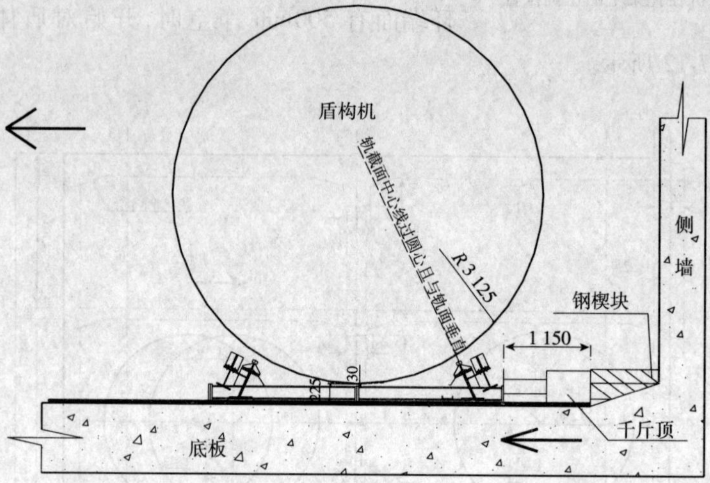

图 17-13 盾构机横移的托架细部构造及千斤顶(尺寸单位:mm)

(5)盾构机站内纵向移动

盾体横移到位后沿托架底部钢靴位置各铺设 3 块长 8 000mm、宽 1 500mm、厚 16mm 的钢板,并焊接反力座固定点,每一侧的反力座固定点间的距离为 1 000mm,左右两侧的反力座固定点要对称,以保证顶推时左右受力均匀。反力座用螺栓与反力座固定点连接。盾构机的纵向移动装置及纵向移动如图 17-14 及图 17-15 所示。完成所有准备工作后,就开始盾构机的顶进过站。

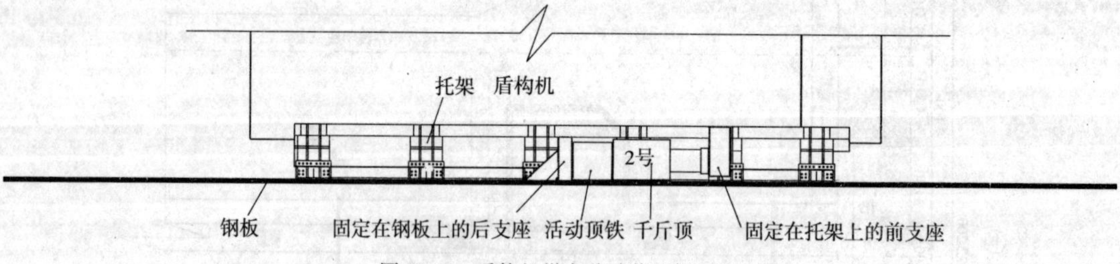

图 17-14 盾构机纵向移动装置剖面图

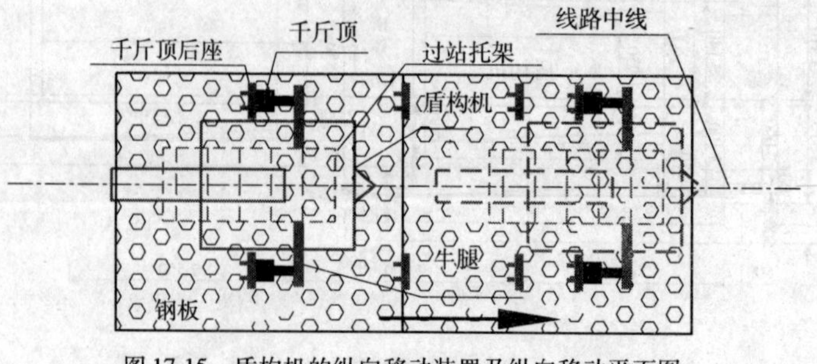

图 17-15 盾构机的纵向移动装置及纵向移动平面图

先依次开启两边的 80t 液压千斤顶,使千斤顶撑靴顶紧过站托架上的推进挡板,然后同时开动两边千斤顶,推动盾构机前进。盾构机前进过程中要及时将后面已脱离的钢板移至前方,循环使用。移动过程中,盾构机可能会偏离中心线,需及时纠偏。在推进过程中可只用单边的推进油缸进行纠偏。

(6)盾体就位

当托架距西端洞门 1m 左右时,撤出纵移钢板轨道,采用与进站后横移同样的方法将其横移至盾体轴线与隧道轴线重合。按要求固定始发架。

(7)后备台车过站

盾体过站后,在车站底板上铺设后备台车走行轨道,该轨道与隧道内台车走行轨道连接在一起。站内侧墙距线路中心线为 2. 25m,由于台车右侧在颐和园站始发时已进行改造,考虑到北宫门站底板的尺寸,台车轨道铺设时其中心向南偏离车站线路中心线 10cm,保证侧墙距轨道中心距离为 2. 35m。另外,考虑到盾构隧道底部比车站底板高 65cm,在车站底板东端和西端各 50m 预制混凝土轨枕,轨枕间距为 1. 2m,相邻两根混凝土轨枕的高度差为 24mm,从而保证运输线路的坡度为 2%。后备台车通过电瓶车将其牵引到位。

盾构机平移过北宫门站的具体过程说明及图示见表 17-3。

3)盾构过站技术措施

(1)盾构过北宫门站前,应制订详细的过站方案与计划,同时组织有经验的、经过技术培训的人员组成作业班组,指定专人负责组织施工。

(2)到达前,对托架进行加固和精确定位,确保盾构机过站时托架的刚度。

(3)到达前,将站台板预埋插筋和其他影响盾构过站的预埋件砸平,保证底板的平整。

(4)在底板先用细砂找平后铺设钢板,钢板上涂抹黄油,减少盾构滑动的摩擦力。

(5)定时校正千斤顶油缸的行程,使千斤顶行程同步。

4)盾构过站安全措施

(1)组建作业班承担盾构机过站工作,指定盾构工区经理负责组织,协调盾构机组装工作。

(2)车站内部场地狭小,且地面钢板涂油后太滑,过站操作人员应注意行走安全,非操作人员不得进入右线操作场地。

(3)盾构通过时,派专人负责检查盾构通过范围内是否有杂物,以免影响盾构过站。

(4)盾构机过站和台车过站时两边不允许站人。顶进过程中,在盾体四周派专人查看,查看人员要与液压站操作人员保持信息畅通,一旦发现问题立即停止顶推,待问题处理完后再顶进。

(5)加强用电管理,所有用电施工由专职电工执行。

(6)在车站内进行高空作业时必须拴安全带。

(7)轨道架设必须牢固,确保台车过站时设备的安全。

(8)按操作规程要求对盾构机各个系统进行检查,严禁违章检验、违章操作。

(9)加强盾构机及台车拆卸安装时的消防工作。杜绝因电焊、氧气焊、电气等引起火灾的发生。盾构机过站期间对灭火器材进行检查,对失效及功能损坏的进行更换。

(10)每节台车两侧各设一灭火器,盾构队长为消防总负责人。具体管片拼装手负责盾构主机及桥架消防工作;1 号台车、2 号台车消防工作由注浆手执行;3 号台车、4 号台车由油脂、泡沫更换人员负责;5 号台车由电工负责。

表 17-3

盾构过北宫门站步骤

<table>
<tr><th>序号</th><th>步骤</th><th>施工顺序</th><th>说明</th></tr>
<tr><td>1</td><td>到站准备</td><td>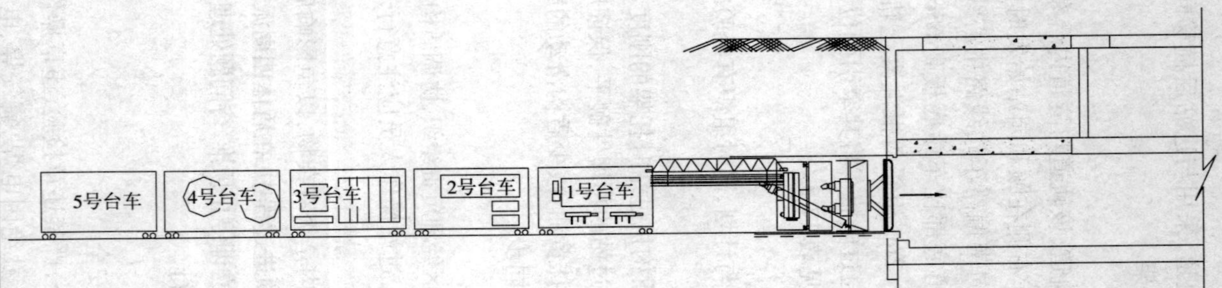
</td><td>盾构机到达北宫门站前，做好洞门破除和洞门密封安装等准备</td></tr>
<tr><td>2</td><td>盾构主机上接收托架</td><td>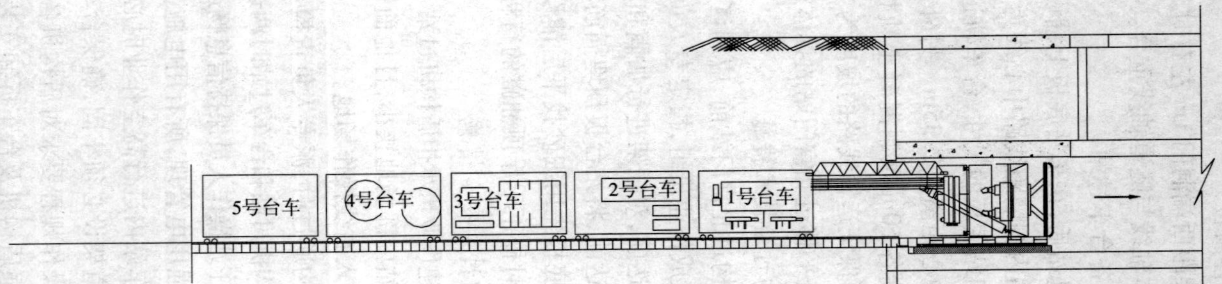
</td><td>1. 盾构机进站后，清理刀盘前的渣子和泥土；
2. 铺设钢板，安装托架；
3. 通过拼装管片，盾构主机上接收托架</td></tr>
</table>

续上表

序号	步骤	施工顺序	说明
3	盾构通过托架滑移前进，到达始发位置	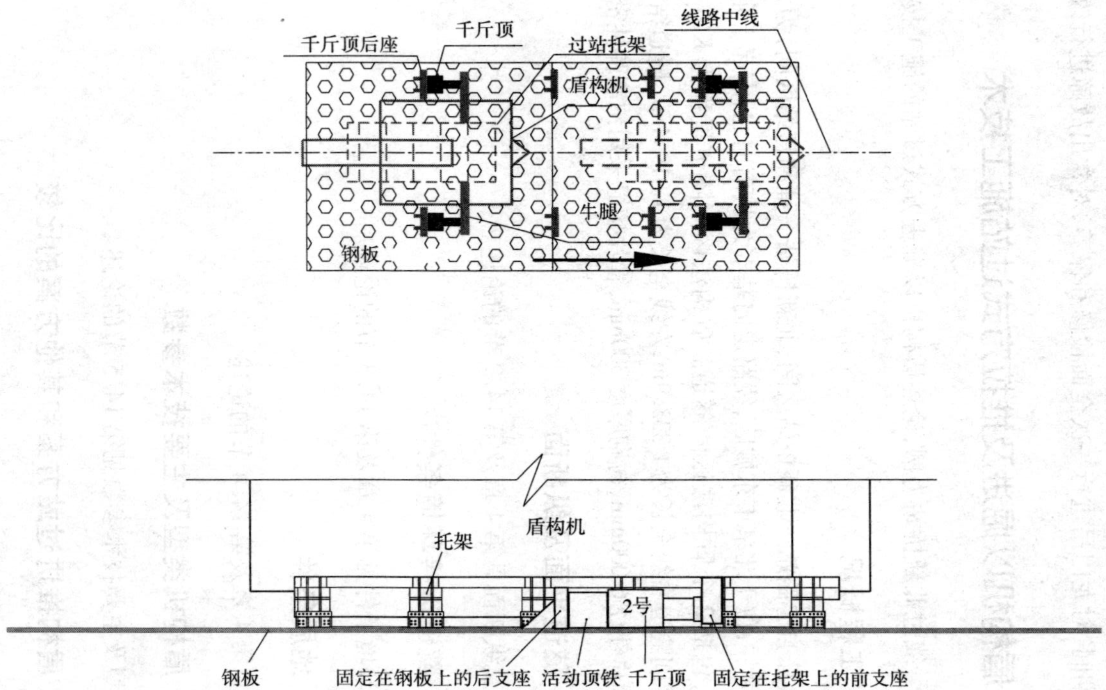	1. 前支座（牛腿）在托架上固定，后支座固定在钢板滑道上； 2. 千斤顶顶推承载盾构机的托架向前滑移，同时牵引后续台车一起前进； 3. 在前进过程的同时将钢板及后支座不断向前倒用

5)盾构机以及后配设施的检修、保养

(1)过北宫门站期间,对盾构机的刀盘、刀具、盾尾密封刷、泡沫系统和膨润土系统进行全面检查。

(2)对刀盘面加焊耐磨层,对刀盘磨损处进行修复。

(3)过北宫门车站期间,盾构机在洞外进行换刀。

(4)盾构过站期间,对电瓶车和其他运输车辆进行保养维修。

(5)过站期间,对龙门吊进行一次全面检修和保养,对常出故障进行改进。

17.2 盾构机以掘进及推拉方式过站施工技术

以地铁5号线过北新桥站为例,论述盾构机以掘进方式过站的施工技术。

17.2.1 工程概况

本工程段(张自忠路站—北新桥站区间、北新桥站—雍和宫站区间)为北京地铁5号线的盾构区间工程之一,位于北京市东城区,线路走向基本为从南向北,南起于东城区张自忠路站,北至雍和宫站,包括2个盾构法区间隧道。盾构法区间隧道里程为K10+681.700~K12+186.400,2个区间隧道右线全长为1 333.9m,左线全长为1 319.4m。隧道结构为单层预制拼装式管片衬砌,管片外径6 000mm,衬砌厚度300mm,管片接缝采用预制弹性密封橡胶圈防水。

17.2.2 隧道平面及纵断面

隧道平面及纵断面见第4章及第14.2节的论述。

17.2.3 隧道近接环境条件

隧道近接环境条件见第4章及第14.3节的论述。

17.2.4 地质条件

地质条件见第4章及第14.4节的论述。

17.2.5 盾构机类型及主要技术参数

盾构机类型及主要技术参数见第14.5节的论述。

17.2.6 盾构推进过站方案和其他方案的比较

如第4章所述,盾构试验段工程是北京地区地铁项目中首次采用盾构法施工的标段,盾构试验段取得成功后,在到达北新桥站时,由于设计方还没有设计好车站形式,车站并未施工,盾构机此时在车站北端等待过站。项目部对国内外盾构过站方案进行调查后得知,国外有掘进过站的实例,如果等车站修建好主体结构后再过站,不仅工期会受到很大影响,而且因盾构机长期停滞在潮湿的地层中,将对机电设备造成损坏,因此,在征得甲方和设计单位的意见后,制订了三个过站方案以供选择。

1)等待方案

等车站主体结构修建完毕后,进行盾构过站施工。

2)修竖井方案

在地面修建一临时竖井,将盾构机吊出,然后再修建一临时始发竖井,将盾构机吊入始发。

3)掘进过站方案

在不影响车站设计的情况下,先行掘进过站,待车站修建到隧道结构位置时再拆除。

三个过站方案的比选见表 17-4。

三个过站方案的比选　　表 17-4

项目 \ 方案	等待方案	修竖井方案	掘进过站方案
过站条件	车站底板施工完毕后	两座竖井施工完毕后	无
造价	50 万元	500 万元	350 万元
等待时间	12 月	6 月	节省了 6 ~ 12 月
施工时间	2 月	4 月	3 月

由表 17-4 可知,三个方案的优缺点如下:

(1)等待方案:过站施工有前提条件,造价不高,但是等待时间很长,制约工期。

(2)修竖井方案:过站时间最短,但是施工造价高。

(3)推进过站方案:造价虽不是最少,但避免盾构机长期停滞在地层中,对盾构机设备造成的影响小,且拆卸后回收的管片可重复利用。

综合权衡三个方案的优缺点,本工程采用了掘进过站方案。

17.2.7　盾构掘进及推拉过站施工技术

1)工程概况

本工程为双向两区间盾构隧道工程,左线线路起始点为雍和宫车站盾构始发井,途经北新桥站后,在张自忠路车站调头进行右线施工,右线再通过北新桥车站,最后在雍和宫车站接收、拆卸。

本工程根据北京地铁 5 号线试验段南延工程总体筹划和进度计划,盾构机于 2002 年 9 月份和 2005 年 5 月份在北新桥车站分两次进行盾构机过站施工。第一次是在车站未修建的情况下,盾构以先拼装管片掘进,后拆除管片修建车站的方式过站;第二次是在车站主体结构完成后,以盾构机整体推拉方式过站。

2)盾构过站方案及施工组织

(1)掘进过站方案设计及施工

在车站还未开挖的情况下,盾构机以掘进过站的方式完成过站施工,待车站基坑开挖至隧道结构时,再拆除掘进拼装的过站管片。用破碎机破除管片,释放管片间的应力,并加快拆除速度,其效果明显。管片拆除原则是先进行顶部管片的拆除,然后进行左右两侧管片的拆除。

在管片拆除的过程中,也向外界展现了盾构壁后浆液效果。在现场浆液取样,通过实验数据研究并分析了其效果:均匀、密实。浆液的一般厚度在 10cm 左右,抗压强度最大为 12MPa,最小为 9MPa,且有一定的防水效果,为隧道增加了一道防水的防线。其对管片也起到了保护作用,效果还十分明显。拆除的管片,经修复后可使用率为 60%。

(2)推拉过站方案设计及施工

由于区间盾构隧道中线和车站盾构通过中线相差300mm(图17-16),盾构机必须调整300mm的距离过站,用焊接在盾构机机身上的牛腿在钢轨上滑动,使盾构机整体拼装过站。

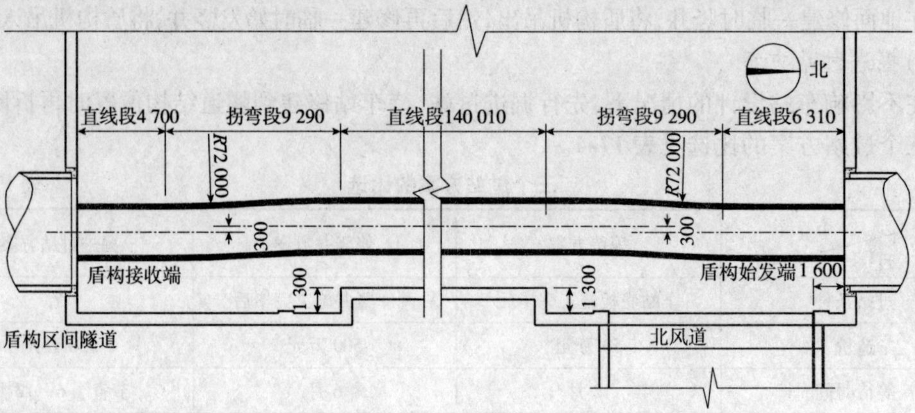

图17-16 区间盾构隧道中线与车站盾构通过中线的偏差(尺寸单位:mm)

在盾构机的下部拼装两片管片,千斤顶作用于两片管片上,靠管片的反作用力和牛腿的滑动使盾构机前进,同时在两片管片上铺设后配套前进所需的型钢和道轨,使盾构机主体及其后配套设备共同滑动,一起穿越车站,到达车站北端。盾构机过站后管片仍然依靠垫木和488型钢的支撑留在车站内,然后再拆除。

3)盾构过站施工

(1)盾构左线掘进过站施工

在盾构到达北新桥车站时,车站还未修建,本工程采用了将盾构机直接掘进过站的方式施工。当盾构机以掘进方式过站后,车站修建时要对车站内的管片进行拆除作业。

(2)盾构右线推拉过站施工

①过站前的准备

由于北新桥车站结构底板高程与盾构隧道衬砌外侧底部高程仅相差270mm,车站设计时,给过站施工预留的空间小,很难利用基座过站,并且盾构隧道中线和车站盾构通过中线相差300mm,考虑使用牛腿代替基座,利用弯轨过站,因此过站前在车站底板上横向铺设HW200型钢,并在上面纵向铺设50kg/m钢轨,488型钢放置在HW200型钢的两侧,用作后续管片的支撑。

②过站施工

盾构采用焊接在盾构机机身上的牛腿在钢轨上滑动(图17-17),使盾构机整体拼装过站。

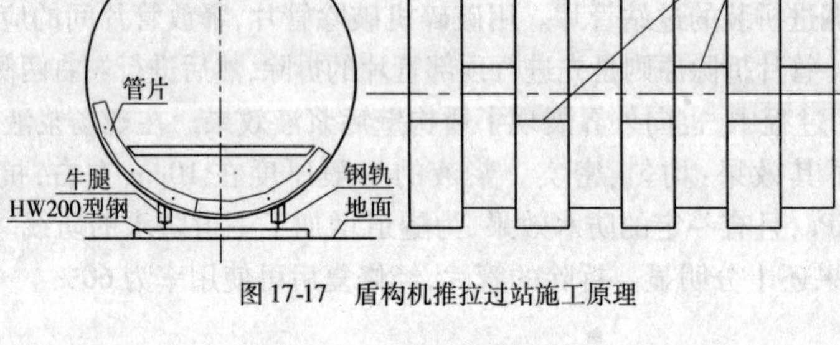

图17-17 盾构机推拉过站施工原理

盾构机的前进：在车站底板上横向铺设 HW200 型钢，在型钢上纵向铺设 50kg/m 钢轨，焊接在盾构机上的牛腿在钢轨上滑动，如图 17-18 所示。

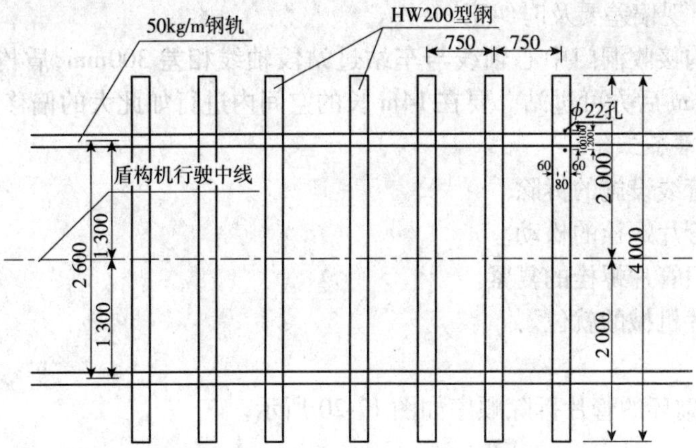

图 17-18　车站底板上盾构机的滑动设施（尺寸单位：mm）

后配套的前进：在盾构机内拼装的两片管片上铺设型钢和道轨，后配套台车作用在轨道上随盾构机一起前进。

曲线段施工：由于盾构机利用弯轨向西侧偏移 300mm，转弯半径只有 72m，盾构机无法自身完成这么小的曲线转弯，共采用了两种方法帮助盾构机转弯：

a. 利用液压千斤顶顶在盾构机的两侧牛腿上辅助转弯。

b. 利用左右环管片的楔行量进行转弯，如果楔行量不够大的话，在管片纵向间加塞薄木板以加大转弯的楔行量。

直线段施工：盾构机在车站内直线段施工，由于直线段相对较长（140m），车站结构只留给盾构机左右各 10cm 的间隙前进，为加快施工进度，保证盾构机安全过站，采用了在盾构机左侧 0.5m 的位置上加焊一个水平撑，其另一端支在车站结构上，并用钢板跟随水平撑移动，大大加快了过站速度，并且保证盾构机不会碰到车站立柱。

推拉过站后下部管片拆除施工：当盾构机进行下一区间段工程施工后，即可拆除过站拼装的管片。在车站内用大型机械拆除的可操作性并不高，所以利用轨道上行驶重 12t 的电瓶车提供反力，HW200 型钢和 160 槽钢组成管片拆除装置，其中装置的一端与电瓶车用销子连接，另一端装上倒链用来吊运管片。拆除的管片用电瓶车和平板车运至竖井吊装口，由龙门吊吊至地面。

17.2.8　过站段盾构隧道拆除施工技术

当盾构机以掘进方式过站后，要对车站内的隧道管片（图 17-19）进行拆除作业。

1）拆除作业重、难点

（1）车站内共有两道钢支撑，管片顶部距离钢支撑只有 1.73m，辅助拆除设备拆除管片的回转的安全距离也只有 0.7m，为管片拆除施工带来了难度。

（2）在拆除过程中，要尽量减少管片的损坏率，

图 17-19　车站内的盾构隧道管片

尽量降低拆除管片的成本和提高拆除管片的效率。

(3)在过站的过程中,要注意对车站结构的成品保护,尤其是车站西侧的立柱,避免损坏,如果盾构机出现偏差要及时纠正。

(4)由于盾构接收洞门中心轴线与车站过站段轴线相差 300mm,盾构机必须在出洞后向西侧偏移 300mm 后方可过站。要在 14m 长的空间内进行如此大的偏移,是难点之一。

2)拆除前的准备工作

(1)隧道内管线设施的拆除。

(2)拆除段管片螺栓的松动。

(3)车站洞门管片螺栓的复紧。

(4)拆除管片机械的就位。

3)拆除作业

隧道管片衬砌环的管片拆除顺序如图 17-20 所示。

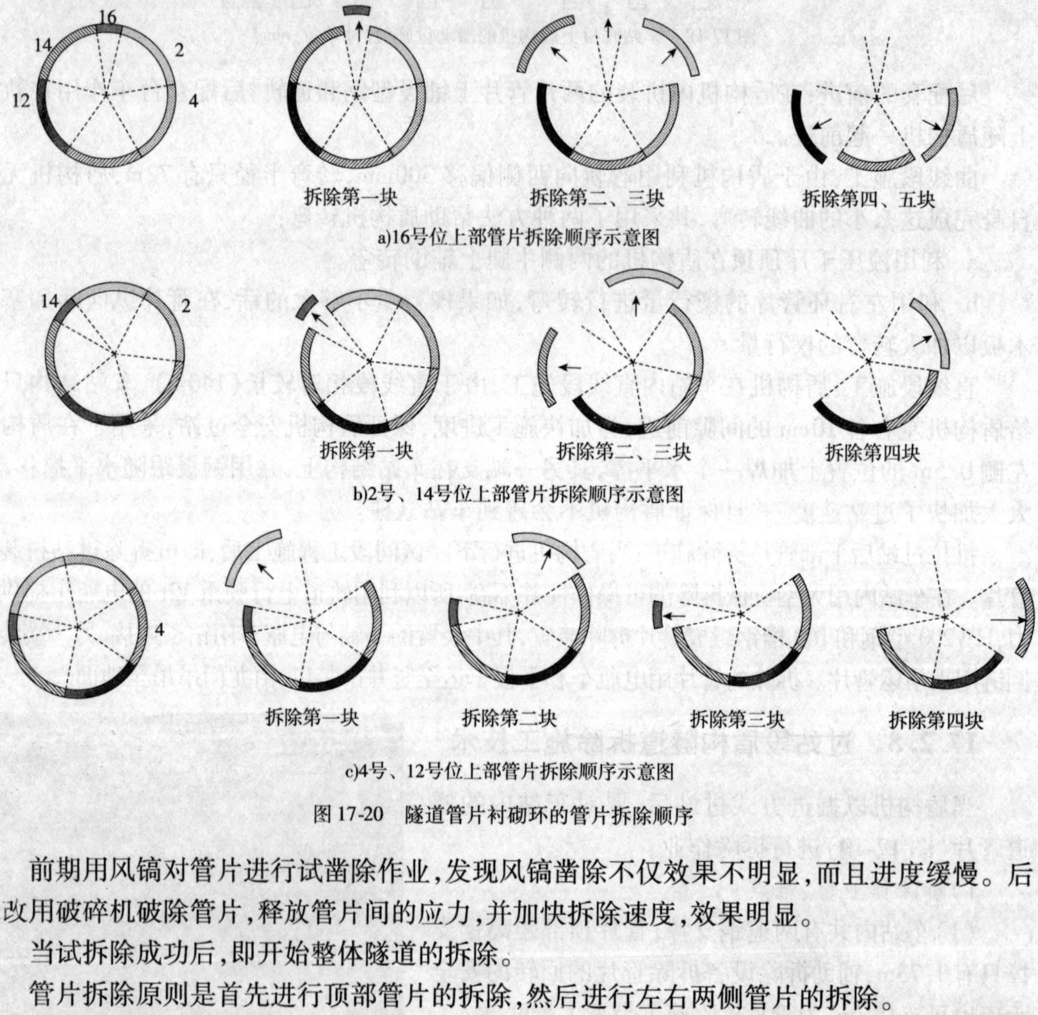

图 17-20 隧道管片衬砌环的管片拆除顺序

前期用风镐对管片进行试凿除作业,发现风镐凿除不仅效果不明显,而且进度缓慢。后来改用破碎机破除管片,释放管片间的应力,并加快拆除速度,效果明显。

当试拆除成功后,即开始整体隧道的拆除。

管片拆除原则是首先进行顶部管片的拆除,然后进行左右两侧管片的拆除。

拆除顶部管片时,将管片中部注浆预留孔打穿,用钢丝绳或钢索穿过注浆孔,上下用 U 形卡环将钢丝绳与顶部管片拴牢,钢丝绳上端挂于辅助拆除设备上,辅助拆除设备对管片产生向上提升的作用力，在辅助拆除设备的保护下拆除环向及纵向螺栓后，横向拆除管片。

拆除顶部管片的左右管片时，用钢丝绳或钢索穿过环向两个螺栓孔，钢丝绳汇合后挂于辅助拆除设备上，用 U 形卡环将钢丝绳拴牢，拆除环向及纵向螺栓后，用辅助拆除设备将顶部管片横向拆除。

在管片拆除的过程中，车站洞口处各留 4 环暂不拆除，并用拉杆螺栓拉紧，同时进行监测，监测结果显示管片间隙并没有变化。当拆除洞口外侧 4 环管片后，在洞口管片和车站结构间施作环梁，保证隧道和车站间填充密实，不漏水。拆除的管片利用车站东侧地面上 50t 吊车直接吊运到地面上，用管片挂车直接运走。

17.2.9　拆除管片完好率及其再利用

拆除后对管片完好率进行了统计，管片修复后可利用率为 50%。

17.3　盾构机以掘进方式过站施工技术

以地铁 4 号线盾构机过圆明园站为例，论述盾构机以掘进方式过站的施工技术。

17.3.1　工程概况

圆明园站为地下双层岛式车站。根据盾构过站需要，车站结构采用双跨单柱、双层矩形结构。基坑全长 184.45m，宽 18.7m，深 15.742m。车站主体工程采用明挖顺作法施工，车站附属工程共设三个出入口通道和两条风道。

右线盾构截至 2006 年 4 月 29 日已完成颐—圆区间盾构掘进 1 449.6m(1 208 环)，距离圆明园站只有 68m，预计在 2006 年 5 月 12 日掘进到达圆明园站；左线盾构预计在 2006 年 5 月 1 日始发，盾构掘进进度按 350m/月，预计在 2006 年 9 月 8 日完成颐—圆区间盾构掘进到达圆明园站。圆明园站由于前期拆迁影响，处于停工状态，无法按期提供盾构过站条件，为满足该标段总体交付铺轨的工期要求，拟采取盾构直接掘进通过圆明园站，然后再进行圆明园站施工的措施。

17.3.2　地质条件

地质条件见第 15 章的论述。

17.3.3　盾构机及主要参数

盾构机及主要参数见第 15 章的论述。

17.3.4　盾构过站方案及施工

盾构掘进到达圆明园站终点里程 K23 +655.185 后，盾构继续掘进、拼装管片通过圆明园站到达圆明园站起点里程 K23 + 471，盾构机掘进过圆明园站的里程范围为 K23 + 655.185 ~ K23 +471，掘进长度为 184.45m。

1) 地质情况

地质情况见第 15 章的论述。

2)盾构掘进轴线设计

在平面上,由于圆明园站西侧围护结构内侧距离隧道中线只有2 850mm,而盾构机开挖半径为3 150mm,如果盾构机按原设计隧道中线掘进则盾构掘进轮廓将侵入围护结构钻孔灌注桩300mm。为保证盾构机转弯绕开圆明园站侧墙围护结构,保证圆明园站施工与盾构过站掘进施工互不影响,拟采取以下措施:

(1)围护结构拉直

将圆明园站西端头阴角处10m范围内围护结构拉直,将该范围内的围护结构外放1 850mm。在后期圆明园站施工该部分主体结构侧墙时,侧墙外的间隙以C15素混凝土回填,不影响主体结构。

(2)以最小曲线半径尽快转弯

盾构到达圆明园站西端后首先以一条长为22.7m的圆曲线将盾构机轴线位置向内转弯避开侧墙围护结构,然后盾构机以直线继续向前掘进。圆明园站西端盾构到达井长12.7m,盾构以半径350m通过盾构井时,轴线与围护结构内侧距离为3 080mm,再经过10m长的围护结构拉直段,以曲线半径350m掘进后,盾构机轴线与围护结构内侧距离为3 587mm,完全能满足侧墙围护结构的施工需要。

右线盾构机到达圆明园站东端前31.6m,开始以350m的最小曲线半径向左转弯,经过长为23.008m的圆曲线后将盾构机姿态调整到设计轴线位置,然后盾构机按设计轴线位置向前推进始发;左线盾构机到达圆明园站东端前50.15m,开始以350m的最小曲线半径向左转弯,经过长为23.7m的圆曲线后,将盾构机姿态调整到设计轴线位置,然后盾构机按设计轴线位置向前推进始发。

根据线路条件,在纵断面上,盾构掘进通过圆明园站的线路处于0.2%的上坡上。圆明园车站结构采用双跨单柱、双层矩形结构,车站在设计时已考虑盾构过站需要,因此盾构掘进过站完全能满足车站结构施工的需要。

3)盾构掘进参数

根据圆明园站工程地质、水文地质以及线路、环境条件并结合以往的盾构施工经验,制定的盾构在该段掘进的施工参数见表17-5。掘进过程中要注意盾构机轴线姿态的控制,控制好同步注浆的压力和注浆量,保证管片拼装质量,同时要做好地表沉降监测工作,保证盾构施工安全。

过圆明园站盾构掘进参数　　表17-5

序　号	参数名称	大小	备　注
1	总推力	<10 000kN	
2	掘进速度	<50mm/min	
3	刀盘转速	1.8r/min	
4	土压力	0.10~0.13MPa	
5	注浆量	5m^3	

17.3.5　车站施工

1)区间隧道影响范围内围护结构补强方案

(1)围护结构钻孔灌注桩和桩间旋喷桩施工

考虑到洞门施工和管片拆除的影响,车站东西两端隧道横向 24m 范围内的围护结构钻孔桩由原来的 1 200mm 间距加密至 800mm 间距。洞门范围内钻孔灌注桩桩长为地面到区间隧道顶部之上 50cm,洞门范围外钻孔灌注桩桩长不变。盾构上方钻孔桩长度由原设计 21.63m变化为 6.7 ~8.134m。

洞门范围内桩间旋喷桩桩长为地面以下到区间隧道顶部之上 20cm,洞门范围外桩间旋喷桩桩长不变。间距由原来的 1 200m 加密至 1 000mm。在施工过程中要根据地面实际高程和隧道设计高程精确控制围护桩的深度,保证围护桩的施工质量。

(2)端头加固

为保证基坑开挖的施工安全,需对基坑东西端头进行加固。加固范围为 8m,采用 ϕ800mm 旋喷桩进行加固,旋喷桩桩间咬合 10cm,梅花形布置。洞门内加固深度为地面至区间隧道顶部之上 20cm;洞门外加固范围为隧道顶板以上 3m 到隧道底板以下 3m,共 12m。旋喷桩浆液水灰比为 1∶1,每米旋喷桩用水泥量为 700kg。

为保证加固区的止水效果,在旋喷桩施工完成后从地面向下钻孔对加固范围内进行压密注浆堵水,与端头加固的旋喷桩组合形成一道隔水墙,确保洞门位置的安全。在端头 8m 范围内,在左右线隧道中线左侧 2m 和中线右侧 2m 之间布置压密注浆孔,注浆孔间距 1m,共设压密注浆孔 96 个,加固深度为地面至区间隧道顶部之上 10cm。采用水泥—水玻璃双液浆加固,水泥浆水灰比为 1∶1,水泥浆与水玻璃的体积比为 1∶1,注浆压力控制在 0.5MPa 以内,每米注浆量不得少于 0.5m^3。

明挖基坑土方开挖后,结构钢筋混凝土施作前,此处仍采用钢管支撑体系维护基坑的稳定。

(3)管片背后二次注浆止水

为保证区间隧道管片背后环形间隙的止水效果,防止地下水通过管片背后环形间隙流入基坑,影响基坑的稳定,在基坑施工前,提前对管片背后进行二次注浆止水。其施工步骤如下:

①进一步紧固隧道管片连接螺栓,确保管片间连接紧密。

②加固范围:圆明园站东西端头左右线靠区间隧道侧的 10 环管片(包括洞口零环),总共 40 环管片需进行背后二次注浆止水。

③加固方法:打开管片的注浆孔,每环管片注浆孔数量为 5 个(C 块吊装孔不注),利用注浆机向管片背后注入水泥浆液进行加固;水泥采用 P.O32.5 普通硅酸盐水泥,水泥浆液水灰比为 1∶1,注浆压力为 0.4MPa,浆液扩散距离按 0.2m 计算,则每环管片注浆量为 4.67m^3。

其技术保证措施为:

①为保证加固过程的安全和施工质量,安全员和质检员要进行全过程的监督检查。

②为保证补注浆效果,补注浆时采用从联络通道中心向两侧逐环进行,多孔进行补注,孔位尽量保持对称,压力从小到大逐步增加。

③为掌握注浆过程的管片位移,全过程进行管片变形观察和监控。

④补注浆后,要等浆液具有一定的强度,一般至少在1d后才可进行下一步作业。

(4)零环管片钻孔注浆加固

洞口零环管片下方的围护结构受隧道管片影响未能施工,为保证洞口零环管片下方基坑开挖的稳定性,拟在零环管片底部钻孔对隧道底部地层进行小导管注浆加固,加固深度为管片底部以下5m。在零环管片上布置前后两排注浆孔,间距为600mm,每排注浆孔孔间距为600mm,每个洞口零环共布置钻孔22个,左右线共4个零环,共需钻孔88个,合计596.448m。注浆液采用水泥—水玻璃双液浆,水泥浆水灰比为1:1,水泥浆与水玻璃体积比为1:1,注浆压力控制在0.5MPa,每米注浆量不得少于1m^3。

管片底部注浆完成后用微膨胀水泥封堵管片上的开孔并预埋注浆铝管,注入堵漏剂进行堵漏,保证管片防水效果。

2)基坑土方开挖支护

(1)盾构隧道顶部钻孔桩锚索加固

盾构通过区段车站围护桩处于断开状态,盾构隧道顶部钢筋混凝土桩无法嵌入土层,受外侧土压力的作用,桩底部容易发生位移,采用锚索技术加固措施对桩进行锚固支撑,边开挖边施工锚索,保证车站土体开挖过程端头墙稳定。

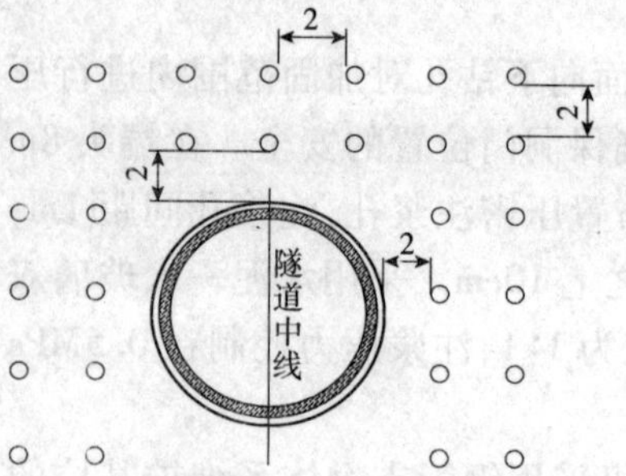

图7-21 锚索加固范围示意图(尺寸单位:m)

①加固范围

为保证隧道范围内的开挖施工安全,对圆明园车站东西两侧盾构始发和到达端头钻孔钢筋混凝土桩进行锚索锚固。支撑采用2根20b工字钢。锚索横向布置两排,每排7根;加固范围宽度14m,高度7m。竖向4排,每排4根。加固范围如图17-21所示。

②锚索设计参数

锚索相关设计参数见表17-6。

锚索相关设计参数 表17-6

孔深(m)	总长(m)	自由段(m)	锚固段(m)	张拉段(m)	倾角(°)	钢绞线规格	最大设计拉力(kN)
21	22	4	17	1.0	15	6ϕ15.2	855

③主要施工机具配备

锚索钻孔设备:XY—100型长螺旋钻机、套筒钻机各配置两台。

Hd水钻一台。

注浆设备:BUD25注浆泵、JS500搅浆机各两台。

张拉设备:ZBI5X/63拉拔仪一套。

④施工工艺

卵石层锚索成孔选用Hd型水钻,其他均采用XY—100型长螺旋钻机,注浆采用泵送水泥浆微压(0.2~0.5MPa)注浆工艺,张拉采用液压油泵和张拉千斤顶张拉后再锁定的施工工艺。锚索施工工艺流程如图17-22所示。

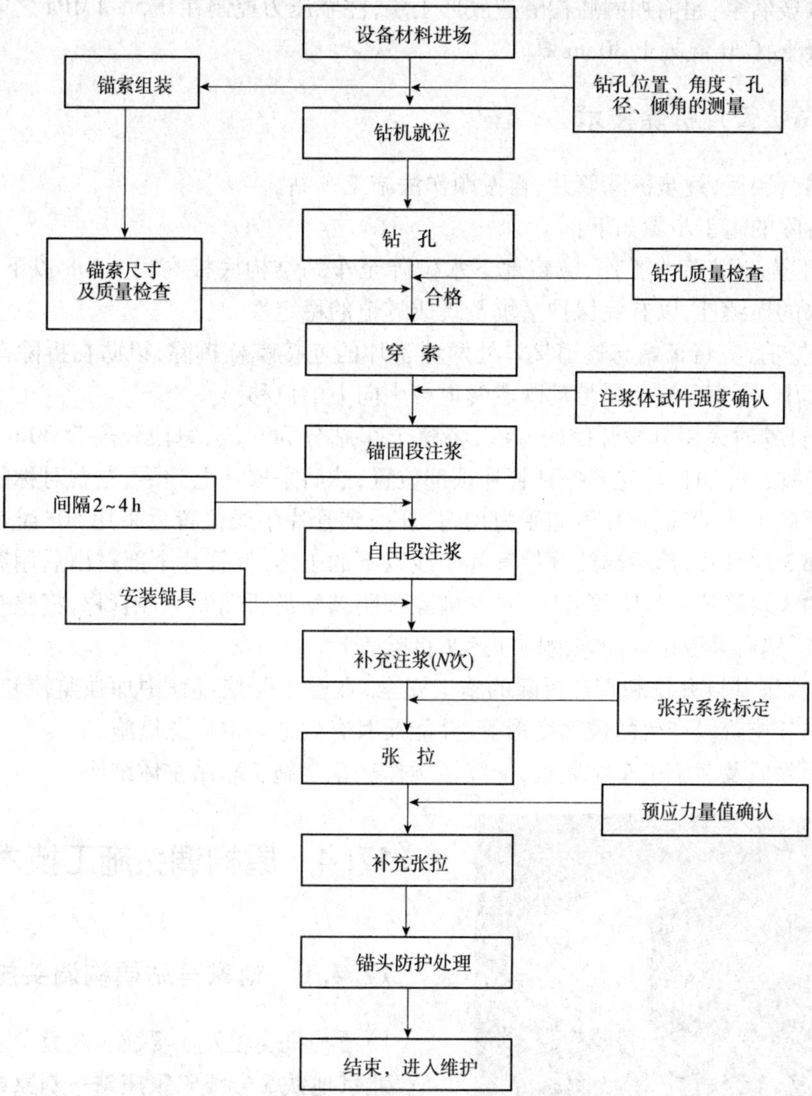

图 17-22　锚索施工工艺

(2)盾构隧道底部至车站开挖底部端面土体加固

由于盾构通过区段无法施工钻孔桩，盾构隧道洞口底部至车站基坑底部 1.7m 范围土方开挖采用"32mm 注浆小导管 + 20b 工字钢(纵横向布置) + ϕ6mm 钢筋网片 + C20 喷射混凝土"联合支护。工字钢支护间距 400mm，工字钢两端与围护桩连接。

相关设计参数及数量：

格栅：采用 20b 工字钢，格栅间距 0.4m；

纵向连接筋：ϕ22@500mm 纵向筋，双层布置；

钢筋网：ϕ6@100×100，双层布置；

注浆小导管：沿盾构隧道底部布设，纵向间距 50cm，横向间距 50cm，采用 ϕ32×3.25mm 钢花管，单根长 3 000mm，小导管打设角度应控制在 10°~15°之间，采用风镐顶入，注入水泥—改性水玻璃浆，超前加固盾构隧道底部土层，注浆压力控制在0.5～1MPa之间；

喷混凝土：C20混凝土30cm厚。

17.3.6 管片拆除技术

挖至站台层后，逐步拆除管片，再按顺作法施工车站。

管片拆除的施工步骤如下：

(1)开挖前做好降水工作，应将地下水位降至车站结构底板高程1.5m以下位置，并且要保证降水的连续性，以有效保护基坑及既成隧道的稳定性。

(2)开挖前，应将车站与隧道接口处两环管片的连接螺栓拆除，以防在拆除车站范围内管片的过程中，管片上浮变形带动既成隧道产生向上的位移。

(3)在开挖时采用分段开挖的方法，将整个车站分为6段，每段长度为30m左右，从西向东施工，每段开挖时，首先开挖到管片顶部位置，然后采取从上到下、左右对称的方法开挖管片左右两侧土体，保证管片侧向受力均匀，开挖到管片中线位置后采用50t履带吊拆每环管片的顶部3块管片，然后继续开挖管片中线以下的土体，待管片全部露出后用履带吊拆除底部剩余的3块管片。拆除管片时，首先破除圆明园站最西端的一环管片，将整个隧道的应力释放出来，然后采取由西向东的顺序逐步拆除管片。

(4)为保证基坑开挖和管片拆除的施工安全，在整个开挖过程中加强监控和监测，记录隧道在各个开挖阶段产生的位移变形等，并能及时有效地采取应急措施。

管片拆除后及时施工车站底板，继续按顺作法正常施工车站主体结构。

17.4 盾构调头施工技术

17.4.1 刘家窑站盾构调头施工技术

1)盾构机类型及主要技术参数

北京地铁5号线宋家庄站—刘家窑站区间隧道使用由日本日立造船株式会社制造的土压平衡盾构机施工，如图17-23所示。

图17-23 宋家庄站—刘家窑站区间隧道施工所使用的盾构机

盾构机的主要技术参数见表17-7。

盾构机的主要技术参数　　表17-7

1.盾构机主体尺寸	
①基本挖掘直径	6 170mm
②盾构机外径	6 150mm
③盾尾构造空隙内径	6 060mm
④盾尾空隙	30.0mm

续上表

1. 盾构机主体尺寸		
⑤总长度(不包括工作台和螺旋输送机)		8 405mm
⑥盾壳	前部厚度	45mm
	中部厚度	32mm
	后部厚度	45mm
	材质(前部和后部)	中等硬度钢 JIS SS—400
	材质(中部)	中等硬度钢 JIS SS—400
⑦盾尾密封	钢丝刷	3 道
	润滑油脂	自动(12 补给口)
⑧盾构机身的分割		前部:上部和下部 中部:上部和下部 后部:上部和下部
⑨铰接部位装置	铰接角度	最大 2.0°
	铰接方向	任意方向
	承受推力载荷	30 000kN
2. 推进装置		
①盾构千斤顶伸长顶进速(整体运动)		0 ~ 8.0cm/min
②单位面积上的装备推力		1 296kN/m^2
③总推力		38 500kN
④操作控制		所有千斤顶伸长类型
⑤压力控制组		4 组控制:从操作盘控制
3. 刀盘设备		
①支持类型		中间支持类型
②驱动类型		电动机驱动(逆变器驱动)
③装备扭矩	高扭矩模式	5 357kN · m(0.5 ~ 1.0min^{-1}, α = 23.0)
	高速度模式	5 357 ~ 3 570kN · m (1.0 ~ 1.5min^{-1}, α = 23.0 ~ 15.3)
④转速		0.5 ~ 1.0 ~ 1.5r/min
⑤转动方向		顺时针和逆时针
⑥超挖设备	类型	油压千斤顶类型仿形刀
	装备数量	2(1 个备用)
	最大超挖量	150mm
⑦刀具	1 把中心刀,12 把周边刀,42 把撕裂刀,90 把刮刀,2 把仿行刀	
4. 螺旋运输机		
①类型		连轴直径 700mm
②驱动类型		液压马达驱动
③装备扭矩		55.7kN · m

续上表

4. 螺旋运输机			
④转动速度		0～24r/min	
⑤排土闸门		水平门	
⑥排土能力		$280m^3/h(\eta=100\%)$	
5. 拼装设备			
①类型		环状类型	
②管片质量		最大3.3t/每块	
③旋转速度		$0\sim1.5min^{-1}$（速度控制可调）	
④提升力		150kN	
⑤推力		200kN	
⑥抓握移动动作		+800～-100mm	
⑦旋转角度		顺时针和逆时针210°（受限制开关制约）	
6. 皮带运输机			
驱动方式	电动	皮带宽度	750mm
驱动功率	30kW	最大输出能力	$280m^3/h$
速度	140m/min	皮带长度	约105m
7. 管片吊			
行走速度	10m/min	行走电机功率	2.2kW×2
提升速度	3.6m/min	提升电机功率	1.5kW×2
提升能力	2×2t	行走长度	18m

2）盾构调头总体部署

盾构主机全部进入刘家窑接收井后，将盾构主机与基座连成一整体，用千斤顶将其前推4.37m，用钢丝绳、手拉葫芦等将各台车固定好，开始拆除盾构主机与台车及各台车间各种连接管线、皮带、皮带架、盾构主机与1号台车的连接架、管片运输架等。在盾构到达刘家窑前，在刘家窑站南端的接收/始发井内满铺钢板、上涂润滑油，利用外设千斤顶来实现盾构主机的调头及由右线到左线的移动。盾构后配套台车首先通过电瓶车逐辆牵引至调头井以北的36m处进入一平铺在钢板上的台车调头平移轨道架，将台车与轨道架连为一整体，通过千斤顶、导链等将台车连同轨道架移至左线并完成调头，然后推入左线施工轨道系统。1～4号台车为整体移动、调头，其上面的皮带架随同台车同步移动；5、6号台车的平移和调头均采取左右两半部分单独完成，然后在左线再组成一整体。5号台车上的皮带机头架在接收井处卸下，从宋家庄盾构工作井吊运到地面，通过汽车运至刘家窑，再从4 500×6 000mm的预留孔处下到井下安到台车上。由于刘家窑车站可供盾构施工用的空间的限制，始发期间7号台车仍留在右线，待盾构推进87环后，在铺道岔期间进行7号台车的平移和调头。盾构主机与1号台车皮带架、牵引杆、管片运输架等均从宋家庄盾构工作井回到地面，通过汽车运至刘家窑，再从5 000×7 100mm的预留孔处下到井下复位。

3）盾构接收前期准备工作

（1）刘家窑车站盾构南端结构底板顶面与盾构接收基座底高差达676mm，站内调头场地沿盾构出洞向的长度为14m，如图17-24、图17-25及图17-26所示。

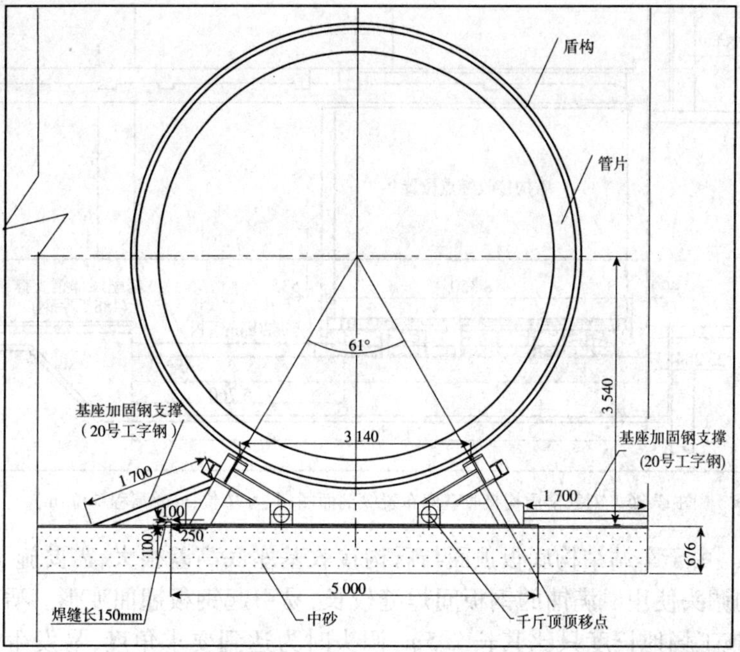

图 17-24　刘家窑盾构接收基座布置横断面图(尺寸单位:mm;高程单位:m)

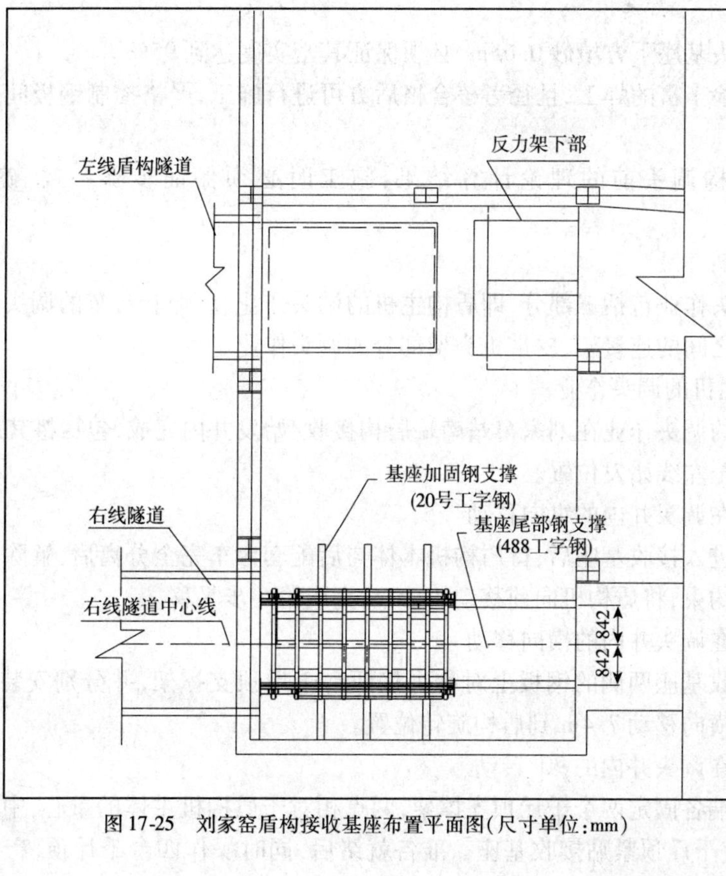

图 17-25　刘家窑盾构接收基座布置平面图(尺寸单位:mm)

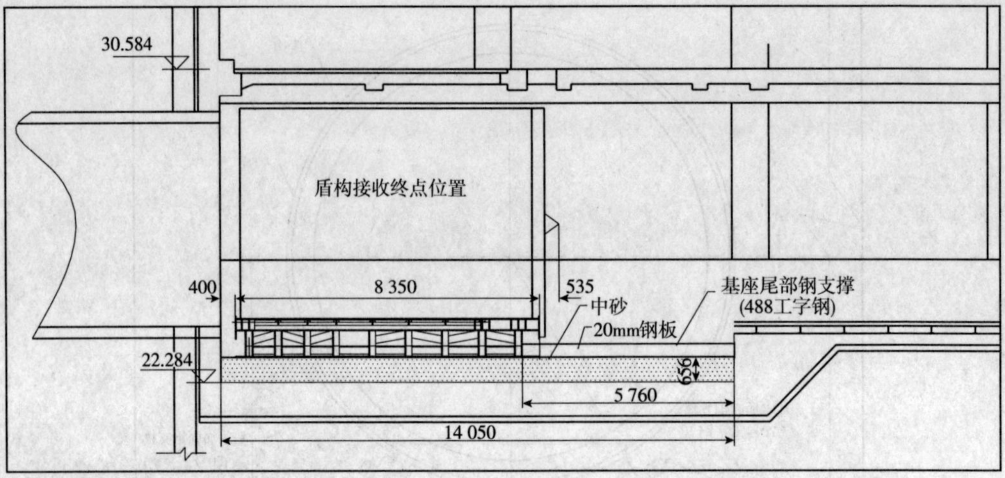

图 17-26　刘家窑盾构接收基座布置纵剖面图(尺寸单位:mm;高程单位:m)

(2)难点。由于车站结构底板顶面与盾构接收基座底高差很大,需要施工经济、合理的平台作为盾构调头使用。满铺的钢板间焊缝较长,易引起钢板翘曲变形。盾构主机对角向长为 11.5m,施工场地长度只比其长 2.5m,调头时为达到要求角度,易发生重复调整的情况,较难保证盾构调头在计划工期内完成。

(3)对策:

①盾构调头基座下方填砂 0.65m,必须保证其密实度达到 95%。

②选用经验丰富的焊工,且径考核合格后方可进行施工,严格控制钢板间焊缝强度及翘曲变形。

③根据盾构调头前的理论计算结果,施工时必须保证步骤一致,确保调头快速完成。

4)盾构调头作业

盾构的调头作业包括三部分,即盾构主机的调头作业、后配套台车的调头作业和盾构主机与 1 号台车之间的连接架、皮带机头架部分的调头作业。

(1)盾构主机的调头作业

盾构主机的调头作业在刘家窑站南端盾构接收/始发井内完成,包括将其旋转 180°和从右线接收处移至左线始发位置。

①盾构机在调头井内的纵向移动

盾构完全进入接收基座后,待盾构机本体与后配套台车完全分离后,解除盾构接收基座水平方向上的约束,将盾构机向前移动 4.25m,完成第一步平移。

②盾构机在调头井内的横向移动

在盾构接收基座两侧的钢板上对称焊接两台千斤顶支撑架,并分别安装两台 50t 千斤顶。将盾构机横向移动 7.4m 到盾构旋转位置。

③盾构机在调头井内的 90°转动

在基座两端各固定两个千斤顶支撑架,两点相对于盾构机主体的重心,中心对称。伸长各台千斤顶,使千斤顶紧贴接收基座。准备就绪后,同时操作四台千斤顶,产生一个力矩使盾构机围绕盾构机主体的中心旋转。在操作千斤顶时，保证各台千斤顶均紧贴接收架，千斤顶的伸长速度不宜太快，应以缓慢稳定的速度伸长各台千斤顶。

伸长千斤顶，将盾构机顺时针旋转 30°，测量盾构机中心与盾构调头井南、北侧的距离，使盾构机中心与盾构调头井南、北侧边墙的距离基本相等，当差值大于 0.3m 时，应在盾构机侧向固定千斤顶支撑架，将盾构机向距离大的一侧平移，达到要求后，继续旋转。

重复以上操作，将盾构机顺时针旋转 180°，共计 6 次。

④盾构机在调头井内的再次横向移动

重置千斤顶支撑架，横向移动盾构机，当盾构机的轴线与始发隧道轴线重合时，停止移动。

⑤盾构机在调头井内的纵向移动及始发就位

重置千斤顶支撑架，将盾构机在调头井内沿线路方向移动至刀尖距离洞门口 0.5m 的指定位置时，盾构主机调头作业完成。

以上过程详见图 17-27 及图 17-28。

a)　b)　c)　d)

图 17-27　盾构机调头过程

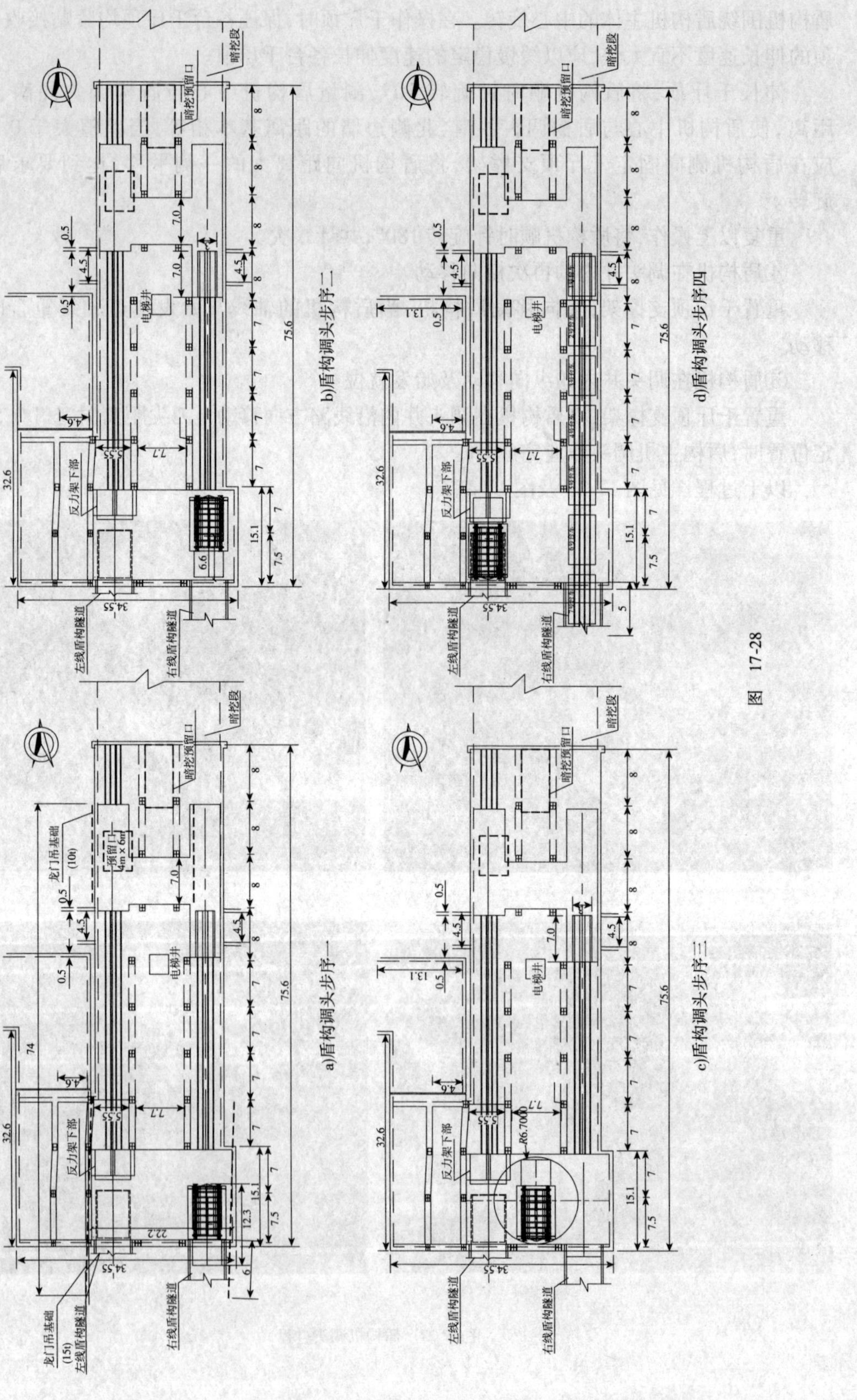
暗挖段
暗挖预留口
电梯井
反力架下部
左线盾构隧道
右线盾构隧道
龙门吊基础
(10t)
(15t)
预留口
4m×6m
R6.7000
75.6
32.6
34.55
a)盾构调头步序一
b)盾构调头步序二
c)盾构调头步序三
d)盾构调头步序四

图 17-28

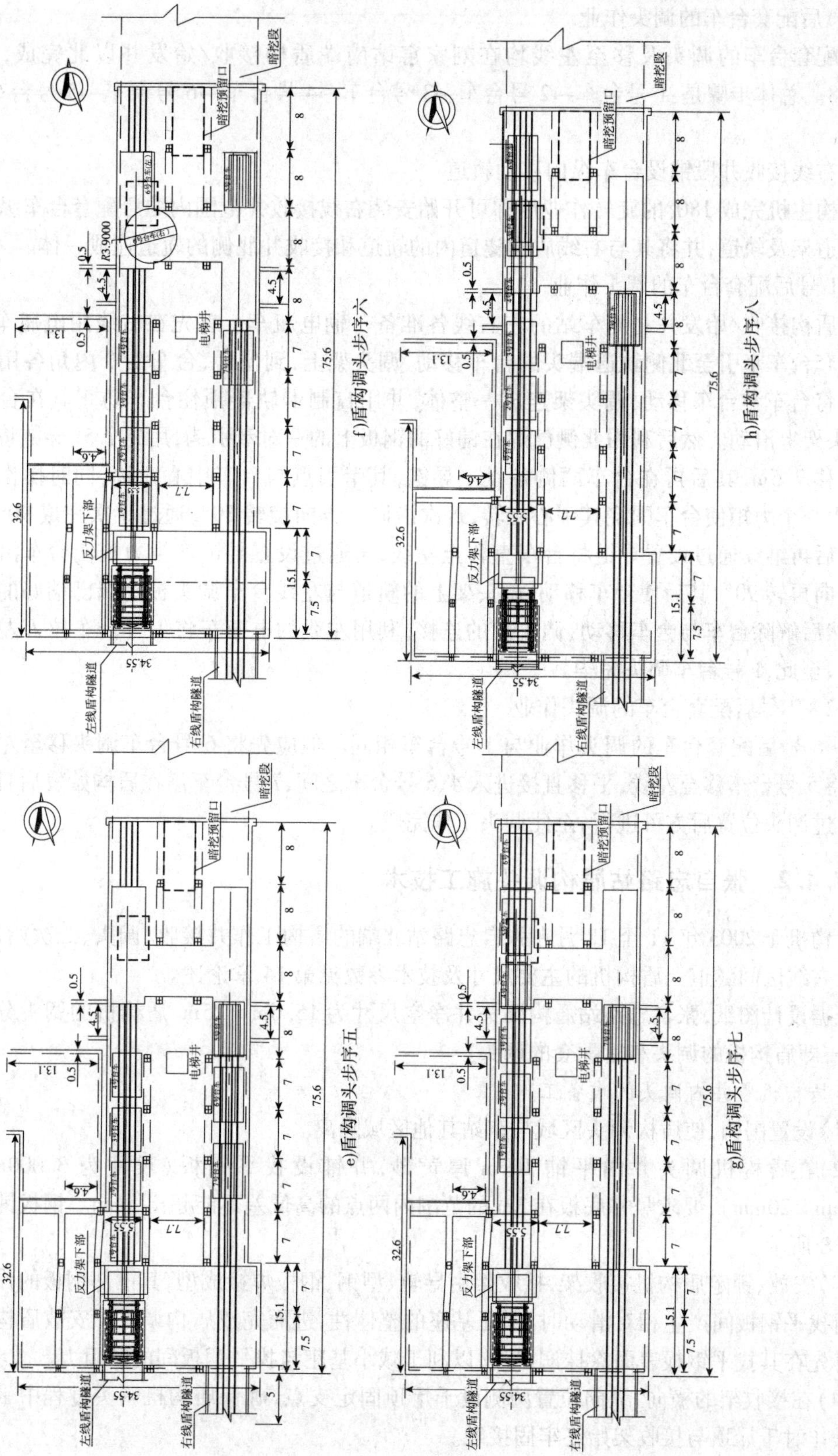

图17-28　盾构调头步序（尺寸单位：m）

(2)后配套台车的调头作业

后配套台车的调头及移至左线均在刘家窑站南端盾构接收/始发井以北完成,详见图17-28。总体步骤是:1号台车→2号台车→3号台车→4号台车→6号台车→5号台车→7号台车。

①右线接收井段铺设台车纵向移动轨道

盾构主机完成180°的旋转作业后即可开始安装右线接收井范围内的后配套台车纵向移动的轨道架及轨道,并将其与右线盾构隧道内的轨道和接收井北侧的轨道连成一体。

②1号后配套台车的调头作业

在盾构接收/始发井北侧车站的左右线各准备一辆电瓶车。首先在右线用电瓶车将1号后配套台车牵引至北侧轨道端头的台车移动、调头架上,到位后,台车四个内角各用1个1t导链将台车与台车移动、调头架连成一整体,并用自制卡轨器锁住台车防止其在台车移动、调头架上滑动。然后利用北侧已焊在铺好的钢板上的一对牵引钩,用2个5t导链将台车向前直移7.5m,其后再在台车两侧各设一导链,其牵引点与台车中心对称,同时操作两导链,产生一个力矩使台车围绕其中心旋转,每次沿同一方向旋转30°,通过3次完成90°的调头。其后再继续通过设置导链将台车直移至左线,再通过设置导链产生力矩使台车沿上次转动方向再转90°,其后使台车移动、调头架上的轨道与左线台车调头板南端已铺好的轨道对齐,然后解除台车与台车移动、调头架的连接,利用左线的电瓶车将1号台车拉入左线预定位置,至此,1号台车调头完毕。

③2~7号后配套台车的调头作业

2~6号后配套台车的调头作业与1号台车相同。但应先将6号台车调头移至左线后退,再将5号台车移至左线,平移直接进入4、6号台车之间,7号台车需在盾构始发后且6号台车通过调头位置后方可进行,至此调头工作完成。

17.4.2 张自忠路站盾构调头施工技术

盾构机于2003年11至12月在张自忠路站北端的盾构工作井接收、调头、二次始发,继续施工右线区间隧道。盾构机的主要尺寸及技术参数见第14章论述。

依据设计图纸,张自忠路站盾构调头井净空尺寸为15.6m×25m,盾构机的调头分为两个部分,即盾构机的调头和后配套的调头。

1)盾构机竖井内调头的准备工作

(1)设置围挡,使盾构调头区域与车站其他区域隔离。

(2)在盾构机调头井内平铺10cm厚黄砂,并铺设找平钢板(尺寸为3 000mm×6 000mm×20mm),要求竖井底板在3m的范围内两点的高低差不能超出5mm。钢板铺设如图17-28所示。

(3)安放、锁定盾构机接收架,接收架由导轨、型钢、钢板焊接成型,其下部钢板的作用为与井内找平钢板间产生相对滑动时,保证基座的整体性,进而完成盾构调头。安放盾构机接收架时先在其找平钢板表面涂抹润滑油,以利于减小基座与找平钢板间的摩阻力。

(4)在接收架的横向、纵向位置两侧设千斤顶固定支点,确保盾构机调头过程中平移和旋转操作时千斤顶与接收架始终牢固接触。

(5)制作千斤顶支撑架，焊接在钢板上，调头时作为千斤顶的支撑端。

(6)机具:4 台行程为 1m 的 50t 液压千斤顶及相应的控制泵站和控制阀组。

2)盾构机主体的调头

(1)盾构机接收

盾构机推进，完全进入接收架后(刀盘应超出接收架前端 300mm 左右)，将盾构机本体与后配套台车分离。拆除电气连接和其他各种连接(包括液压管路、供气管路、供油脂管路、注浆管路)。

(2)盾构机在调头井内的纵向移动

解除接收架水平方向上的约束，再将盾构机向前移动 4m，完成第一步平移。

(3)盾构机在调头井内的横向移动

在盾构接收架两侧的钢板上对称焊接两台千斤顶支撑架，并分别安装两台 50t 千斤顶。将盾构机横向移动到盾构旋转位置。

(4)盾构机在调头井内转动 90°

在基座两端各固定两个千斤顶支撑架，两点相对于盾构机主体的中心对称。伸长各台千斤顶，使千斤顶紧贴接收架。

同时操作四台千斤顶，产生一个使盾构机围绕盾构机主体中心旋转的力矩。在操作千斤顶时，保证各台千斤顶均紧贴接收架，千斤顶的伸长速度不宜太快，应以缓慢稳定的速度伸长各台千斤顶。

伸长千斤顶，将盾构机顺时针旋转 30°，测量盾构机中心与盾构调头井北侧围档的距离，确认盾构机中心与盾构调头井北侧围档的距离大于 1m，距离小于 1m 时，应在盾构机侧向固定千斤顶支撑架，将盾构机向南侧移动。达到要求后，继续旋转。

重复以上操作 3 次，将盾构机旋转 90°。

(5)盾构机在调头井内的纵向平移

焊接千斤顶支撑架，将盾构机向南平移至距离盾构调头井 2.5m 处。

(6)盾构机在调头井内二次旋转 90°

焊接千斤顶支撑架，将盾构机顺时针旋转 90°。

(7)盾构机在调头井内的横向移动

重置千斤顶支撑架，横向移动盾构机，当盾构机的轴线与始发隧道轴线重合时，停止移动。

(8)盾构机在调头井内的纵向移动及始发就位

重置千斤顶支撑架，将盾构机在调头井内沿线路方向移动至指定位置，连接电缆、管路(油管、水管、油脂管、气管、注浆管)，调试后准备始发。

3)盾构机后配套在盾构调头井内的调头

待盾构机右线始发掘进 60m 后，进行后配套台车调头。

后配套调头前，先将盾构机与后配套间的连接拆除，逐节分解后配套台车，并在左线洞口处安装后配套调头临时平台，平台的轨面高度要求与左线隧道轨面高度相同。轨道之间用连接板连接，平台与左线隧道内轨枕用导链连接，盾构机后配套进站如图 17-29 所示。

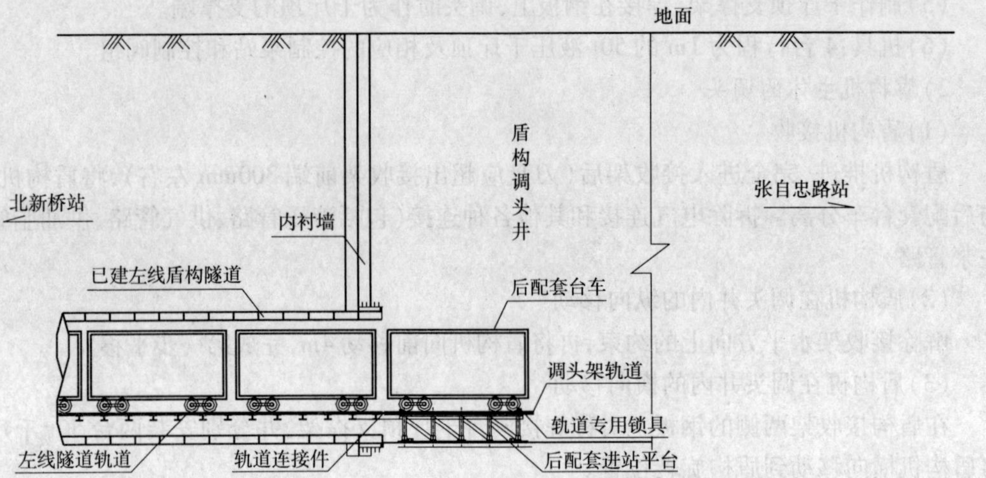

图 17-29 盾构机后配套进站示意图

首先,用卷扬机牵引后配套台车至台车调头架上,用专用锁具将后配套台车的轮子锁紧,将台车牢固锁定在调头架上,拆除调头架与左线轨道的连接件,松开调头架与隧道内轨枕连接的导链;然后,采用与盾构机调头相同的方法进行平移至盾构调头井中心位置。后配套台车的长度均小于6m,可在盾构调头井中心位置直接旋转180°;最后,平移调头架至右线始发位置,连接调头架与右线隧道的轨道,将台车牵引至修建好的右线隧道内。

重复以上操作,将所有后配套台车调头后,对后配套进行组装,连接液压管路、供气管路、供油脂管路、注浆管路、电缆,重新安装井内右线已拆除的轨枕等设施,并铺设轨道,为右线下一阶段盾构掘进做好准备。

盾构机的调头施工过程如图 17-30 所示。

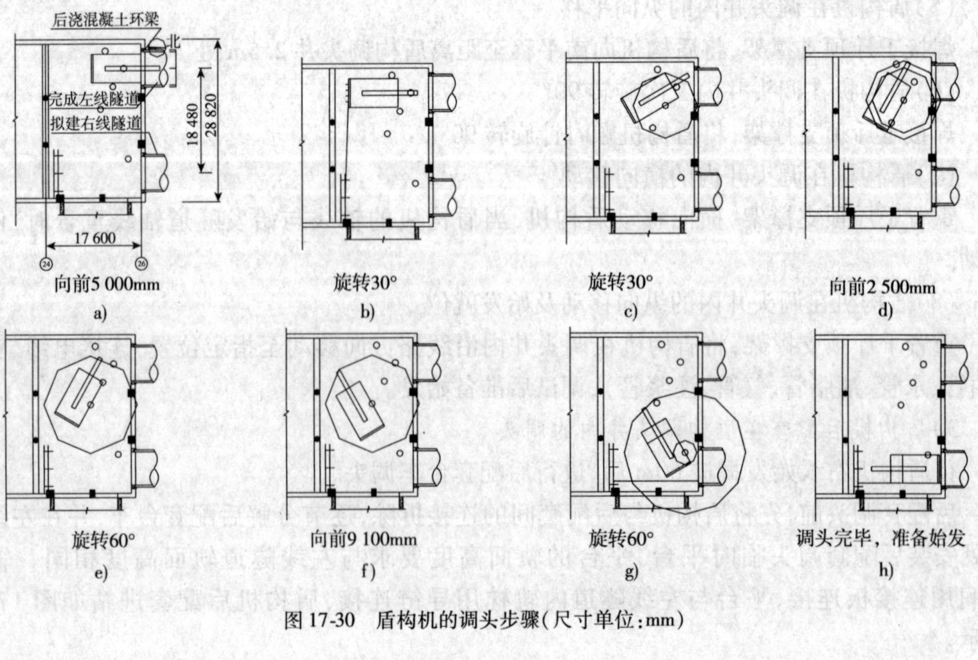

图 17-30 盾构机的调头步骤(尺寸单位:mm)

第18章 穿越重大环境风险源的盾构施工技术

18.1 地铁10号线始发井—三元桥站—亮马河站区间穿越南、北小街8号楼盾构施工技术

18.1.1 工程概况

北京地铁10号线11标盾构始发井—三元桥站—亮马河站区间设计起止里程为:左线K14+781.051~K16+891.919,区间长度2 135m;右线K14+784.650~K16+880.214,区间长度2 121m。左右线非同步前行,左线先行,右线后进。两条隧道分别在左K16+149.2~左K16+525.52和右K16+175.4~右K16+525.4区段,盾构穿越南、北小街8号楼。

左右线隧道穿越三元桥后至三元东桥将侧穿三源里建筑群(北小街8号、南小街2号、南小街6号、南小街8号、泛旅大厦)。其中,左线盾构从1 100~1 390环对三源里建筑群产生影响;隧道右线将在1 000~1 380环内旁穿三源里建筑群,对该区建筑群产生影响,且由于右线隧道与该建筑群的净距离较小(调线前最小净距离只有4.2m),故右线隧道施工对其影响较大,如图18-1所示。

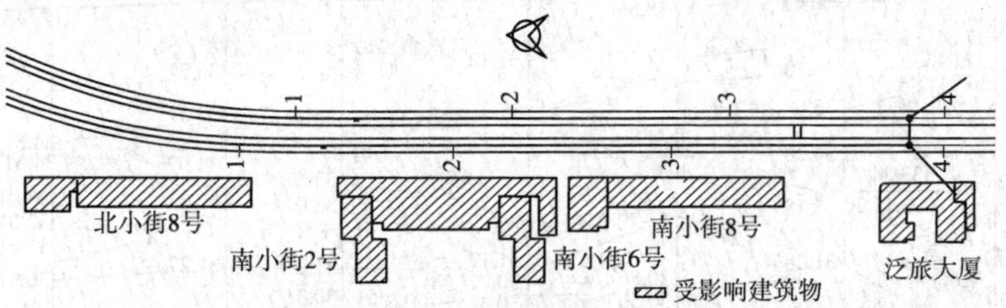

图18-1 盾构穿越建筑物平面图

18.1.2 北小街8号楼—南小街8号楼段工程地质及水文地质条件

1)工程地质条件

北小街8号楼—南小街8号楼段地面高程约38.8m,地层自上而下依次为:

(1)粉土填土①层,杂填土$①_1$层;层厚为1.8~5.3m。

(2)粉土③层,粉质黏土$③_1$层;层厚为3.6~7.4m。

(3)粉质黏土⑥层,粉土$⑥_2$层,中粗砂$⑦_1$层,粉细砂$⑦_2$层;层厚为7.0~14.5m。

(4)粉质黏土⑧层,卵石圆砾⑨层,中粗砂$⑨_1$层,粉质黏土⑩层,黏土$⑩_1$层。

地层的物理力学指标见表18-1。

地层物理力学指标 表 18-1

编号	土层名称	天然重度 γ(kN/m³)	饱和度 Sr	孔隙比 e	塑性指数 I_P	标贯试验 N	天然快剪		三轴(UU)		压缩模量 E_s(MPa)	泊松比 υ	柱状图	层厚 (mm)
							黏聚力 c(kPa)	内摩擦角 (°)	黏聚力 c(kPa)	内摩擦角 (°)				
①	杂填土	16.6					10	8	10	5			38.71m	2 400
③₁~③	粉土 粉质黏土	19.3	78.1~96.3	0.61~0.77	7.2~11.8	13~10	30.8	15.7	26.7	17.2	6.6~12.7	0.30		5 400
④	粉质黏土	20.1	96.5	0.59	11.9	10	35	9	30	15	5.5~10	0.31		4 000
⑥	粉质黏土	19.8	96.2	0.71	13.3	15	46	15	30	15	8.3~11.9	0.29		4 400
⑥₂	粉土	20.2	95.3	0.58	8.4	17	33	28	15	25	9.3~17.1	0.30		6 000
⑦₁~⑦₂	粉砂、中砂	19.9				54~48	0	32.8			30~40	(0.28)		3 600
⑦	圆砾	21.1					0	40			60	(0.25)		1 400
⑧	粉质黏土	19.7	96.4	0.73	12.9	25	54	9			9.2~13.6	(0.30)		5 000
⑨	粉细砂	20.6				62	0	30			35	(0.27)		1 600
⑩	粉质黏土	19.7	97.9	0.69	12.9		20	20			8.7~13.1	(0.29)		6 200

隧道右线穿越的土体主要为粉质黏土⑥，粉土⑥$_2$，其间夹杂着少量的黏土⑥$_1$ 及粉细砂⑦$_2$，土层自稳性中等，推断的土层情况如图 18-2 所示。

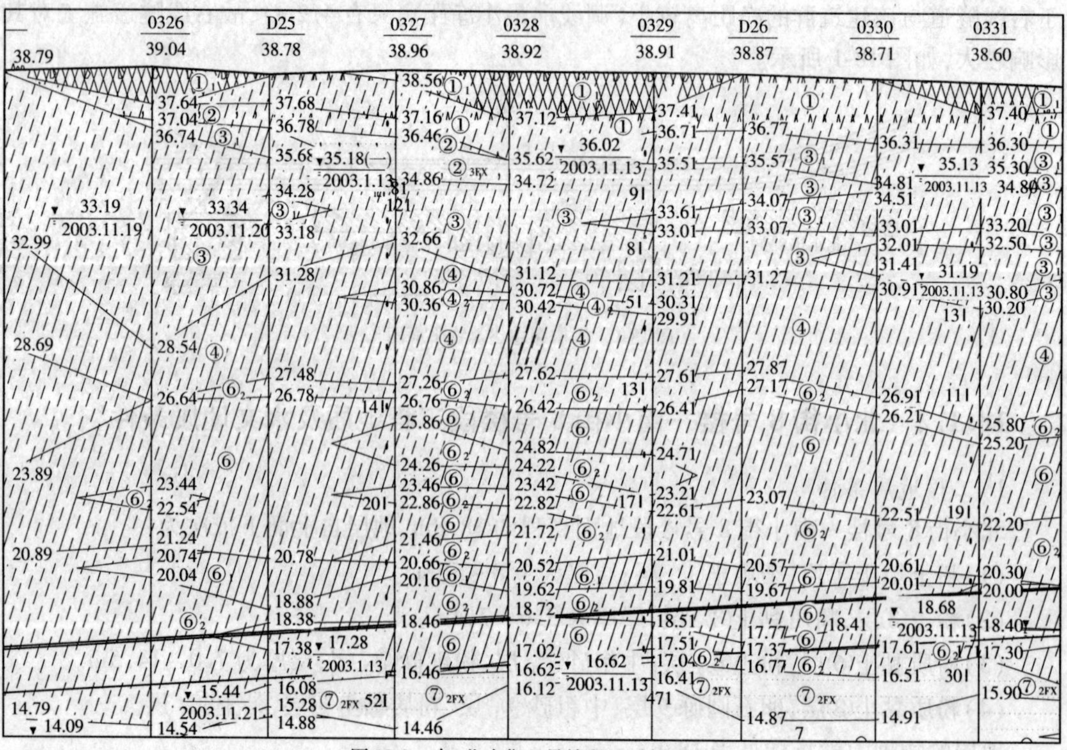

图 18-2 南、北小街 8 号楼段地质剖面图

2）水文地质条件

（1）上层滞水：水位高程 34.58m，含水层为粉土③层，局部为粉土填土①层。

（2）潜水：含水层主要为粉土$⑥_2$层，透水性一般，水位高程为 22.31m（水位埋深为 15.70m）。

（3）第三层地下水：该层地下水属承压水，含水层为卵石圆砾⑦层、中粗砂$⑦_1$层、粉细砂$⑦_2$层，渗透系数大，为强透水层，水头高程为 20.01m，因受区域性地下水开采形成的降水漏斗影响，该层承压性较弱。

地下水概况见表 18-2。

地下水概况　　表 18-2

序号	类　型	水位头埋深（m）	水位高程（m）
1	上层滞水	2.74～3.58	35.13～35.66
2	潜水	7.26～7.52	31.14～31.41
3	承压水	20.03～20.30	18.19～18.68

18.1.3　北小街 8 号楼—南小街 8 号楼段工程环境现状

1）调线前北小街 8 号楼—南小街 8 号楼段工程环境现状

北小街 8 号楼—南小街 8 号楼段地面建筑密集。保护地面建筑物是本工程的一个重点。区间在里程 K16 开始，将连续旁穿五幢楼房（北小街 8 号、南小街 2 号、南小街 6 号、南小街 8 号、泛旅大厦），该五幢建筑物基础外轮廓线离盾构隧道的最小水平距离为 3.7m（改线前），均属于地层移动与地表沉降的严重影响区，尤其是南小街 8 号楼与北小街 8 号楼，其基础距隧道水平距离分别仅为 4.2m 和 5.0m，而且这两幢楼为壁板楼，抵抗变形能力很差；同时这五幢建筑物基础外轮廓线离盾构隧道的最大水平距离均在 15m 以上，也就是说建筑物的另一边基本处于盾构隧道开挖引起的地表沉降影响范围之外。由此可知，以上五幢建筑物的差异沉降量即为建筑物靠近隧道一侧的最大沉降量。隧道与南、北小街 8 号楼房基础的位置关系如图 18-3 和图 18-4 所示。

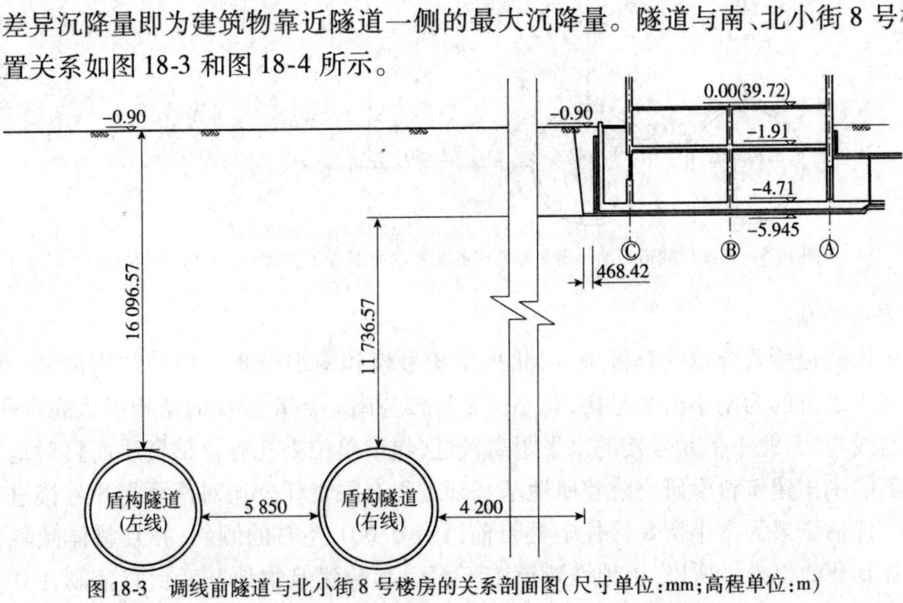

图 18-3　调线前隧道与北小街 8 号楼房的关系剖面图（尺寸单位：mm；高程单位：m）

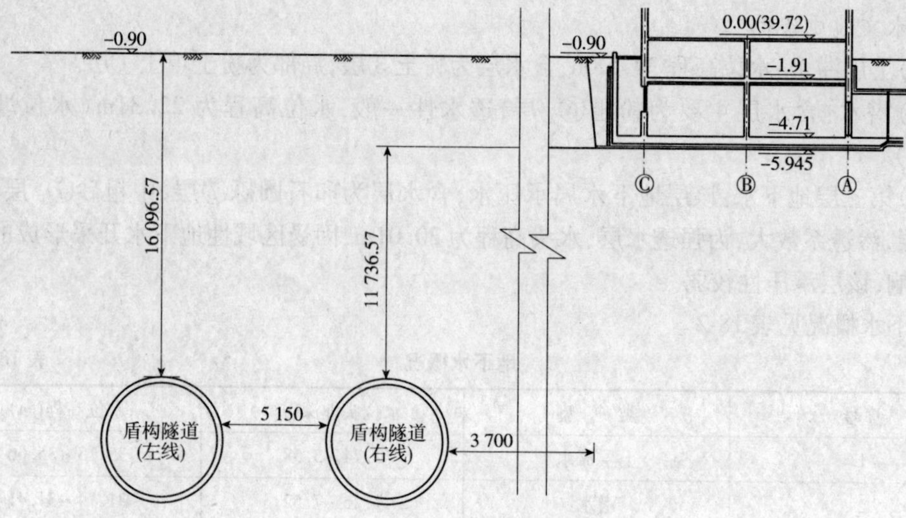

图 18-4　调线前隧道与南小街 8 号楼房的关系剖面图(尺寸单位:mm;高程单位:m)

2)调线后北小街 8 号楼—南小街 8 号楼段工程环境现状

调线后,本段的地面建构筑物与调线前一样,隧道与南小街 8 号楼房基础的位置关系发生了改变,右线隧道与南小街 8 号楼房基础的距离将大于6m,但两条隧道间的净距离却减小到最小仅为 1.7m,这样右线隧道施工时将难免会对已成形的左线隧道造成影响,如图18-5所示。

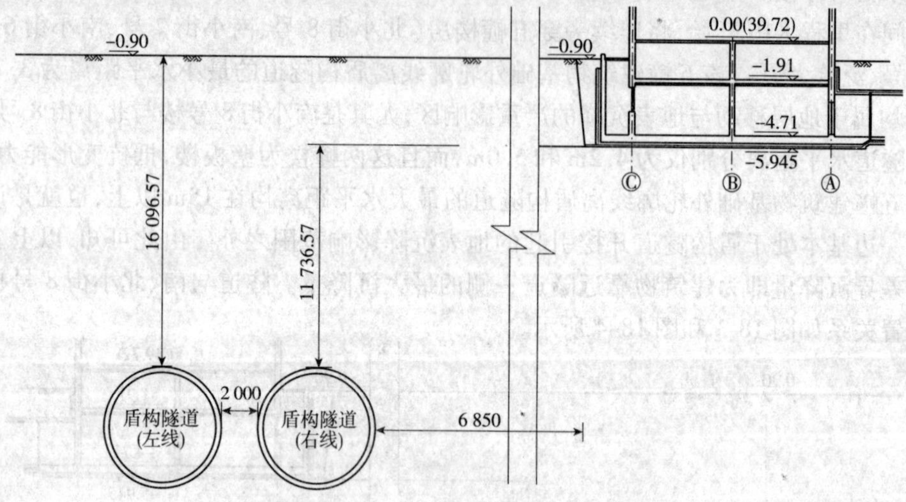

图 18-5　调线后隧道与南小街 8 号楼房的关系剖面图(尺寸单位:mm;高程单位:m)

3)安全评估

在盾构隧道所要穿越的群楼中,以北小街 8 号楼和南小街 8 号楼的结构最差。调线前与盾构施工最近的为南小街 8 号楼,北小街 8 号楼与南小街 8 号楼的结构形式完全相同,由于隧道右线与南、北小街 8 号楼的水平距离较近,建设单位委托有评估资质而且对地基研究比较权威的中国建筑科学研究院建研地基基础工程有限责任公司对南小街 8 号楼进行了安全评估。评估结果为南小街 8 号住宅楼目前已有 0.001 左右的倾斜,并且整体倾斜允许值宜控制在 0.002 以内。所以,由地铁隧道施工而引起的建筑物地基变形宜控制在 0.001 以内,并且临街外墙下基础的最大沉降量要求小于 10mm。

18.1.4　设计方案调整

根据评估标准,第一次设计方案调整结果为在隧道施工前必须对楼房进行加固保护。加固措施通过多方案比较确定采用隔离桩。

由于隔离桩加固保护方案在实施过程中对南、北小街 8 号楼居民的日常生活影响较大,方案实施无法进行,为此经过多次专家会论证,设计单位对原有设计方案进行了调整。即保持纵断面基本不变,右线向左线平移调整,使得在南小街 8 号楼处,线间距最近处为 7.7m(隧道净距 1.7m),隧道与楼房净距为 7.5m,如图 18-6 所示。

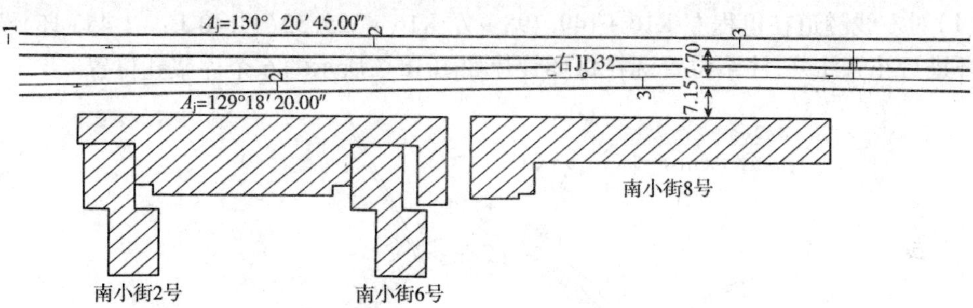

图 18-6　调线后隧道与南小街 8 号楼房关系平面图(尺寸单位:m)

18.1.5　工程难点及相应技术措施

18.1.5.1　工程难点

(1)盾构隧道与南小街 8 号楼房距离过近且旁穿距离较长。隧道右线距离南小街 8 号楼垡板基础的最小水平距离为 7.15m,并在盾构通过时所产生的沉降槽影响范围内,同时隧道与南小街 8 号楼走向平行,旁穿长度为 100m;隧道右线与北小街 8 号楼垡板基础的最小水平距离仅为 4.2m,且与该建筑有平行 52m 长的距离。

(2)南北小街 8 号楼为 20 世纪 80 年代的居民楼,其上部结构的墙面裂缝随处可见,普遍分布在壁板连接处,且有错动痕迹;板间连接件也有一定程度的锈蚀,其连接作用已被削弱,结构整体性较差。壁板式结构因其本身存在缺陷,故在北京地区曾试用数年而被及时禁止。因此,南小街 8 号住宅楼整体结构的强度和刚度均较差,又有较长的使用年数,对基础不均匀沉降很敏感。

(3)根据南、北小街 8 号楼的评估报告,南小街 8 号住宅楼目前已有 0.001 左右的倾斜,并且整体倾斜允许值宜控制在 0.002 以内。因此,设计要求由地铁隧道施工而引起的建筑物地基变形宜控制在 0.001 以内,并且临街外墙下基础的最大沉降量要求小于 10mm。此控制指标超出了《轨道交通盾构隧道工程施工质量验收标准》要求的沉降控制标准,即 20mm。

(4)线路调整后,由数值分析得到的隧道内力变化为:左线隧道内力最大增加 31%,右线隧道内力最大增加 8.7%。调线后右线隧道与楼房距离增大,右线隧道施工引起楼房沉降减小,但由于两条隧道之间的净距最近处为 1.7m,净距小于 2.5m 的范围达到 150m 左右,两条隧道近距离施工范围长,相互影响明显,因此需对左右线隧道进行加固。

18.1.5.2 左线隧道加固保护措施

调线后，右线盾构施工时，将会对两条隧道之间的土体产生扰动，进而影响左线隧道，如管片变形、隧道偏离中心线等。为了增强隧道间土体的抗压、抗剪能力，控制管片变形、隧道偏移等，设计要求采取以下措施对土体及左线隧道进行加固。

1）右线施工前，对左线的加固

在已经施工的洞内通过注浆对土层进行加固，由于通过原有注浆孔进行注浆加固后的加固范围有限，根据设计图纸和现场注浆情况，在管片吊装孔打入5根长3m、1根长1.5m，ϕ42mm的钢花管进行注浆加固，来控制右线隧道施工引起左线隧道的变形，如图18-8所示。

（1）对左线隧道在里程左K16+149.198~左K16+525.52（1 140环~1 453环）范围内的每环进行花管注浆，注浆位置选在每环管片如图18-7所示的6个注浆孔位置。

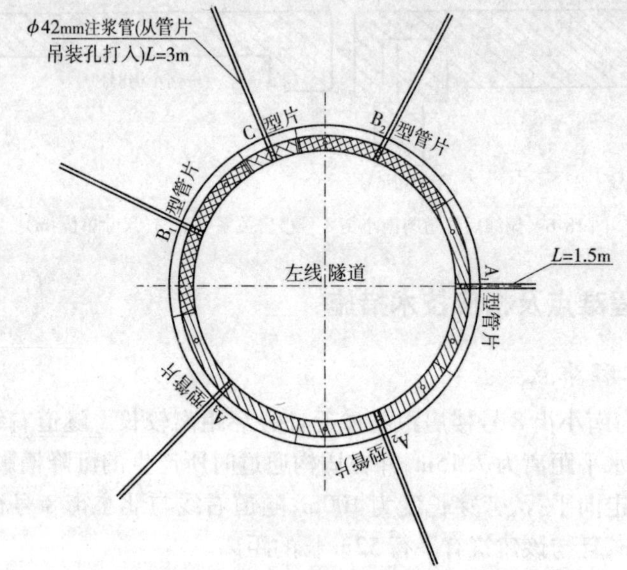

图18-7 左线隧道内注浆加固示意图

（2）每孔注浆量为1.5m^{3}左右，注浆压力为0.5~1.0MPa。

（3）采用两台ZBY-80/70液压注浆泵同时进行注浆。

（4）浆液采用HSC水泥、水玻璃双液浆，根据专家提供的注浆参数，浆液配比为：

①1m^{3}A液配比见表18-3。

A 液 配 比 表18-3

A 液		
HSC 水泥	水	外加剂（NaH_2PO_3）
735kg	735kg	22kg

注：A液水灰比为1:1。

②B液（水玻璃）的配比：水玻璃的波美度控制在35°Bé左右，A液的搅拌时间不少于10min。

③A 液、B 液体积比为 2∶1。

④注浆量计算。

$$Q = Vnd_{N1}a$$

式中：V——拟加固土体的体积；

n——土体的孔隙率；

d_{N1}——灌注时，浆液的相对密度；

a——浆液填充孔隙的系数，可取 0.60～0.80。

根据设计图纸，要求花管注浆体的半径不小于 0.5m，即注浆体的最小体积为：$V = 3.14 \times 0.5^2 \times 3 = 2.4(m^3)$，故每孔注浆量最少为：$Q = 2.4 \times 0.5 \times 1.52 \times 0.8 = 1.45(m^3)$。

以 10% 的损失率计：$Q = 1.45 \times (1 + 10\%) = 1.60(m^3)$。

每环注浆总量为：$1.60 \times 6 = 9.6(m^3)$。

(5)注浆需要注意的事项：

①进行注浆时，先打开水泥浆注浆管，然后打开水玻璃浆注浆管。

②在注浆结束时先停止水玻璃浆注浆管，10～15s 后再停止水泥浆注浆管。

③注意注浆孔的密封，以防渗水。

④为了避免因卸除球阀而造成浆液外漏的现象发生，在注浆过程中，使用一次性球阀。

⑤注浆完毕后，用泵送剂对注浆管进行清洗，避免堵管现象发生，以免影响下次使用。

⑥注浆时，为了避免因一侧注浆压力过大致使管片变形、滑动，应严格按照同时对称注浆的原则进行注浆。

2)在左线隧道内部附加支撑，用来改善左线隧道受力

用支撑对左线隧道进行加固，帮助管片承受外部的压力，控制管片的变形及滑动，具体做法如下。

(1)技术措施

在里程左 K16 + 204.314～K16 + 439.92(1 183～1 383 环)之间，共 201 环内采取注浆加隧道内支撑加固措施。同时，在右线盾构到达前，在里程左 K16 + 149.198～K16 + 204.314之间预先架设 3～5 环钢支撑并监测钢支撑的轴力，一旦竖向支撑轴力超过 34kN，则原先仅作注浆管注浆加固的地段也应加设钢支撑。

①钢环的制作、运输和安装：

a. 用厚 20mm、宽 500mm 的钢板作为钢环紧贴在每两环管片的接缝部位，使管片的接缝正好处于钢环的正中，钢环用厚 20mm 的钢板切割、弯弧，每环分 4 节制作。由于左线隧道钢轨已经拆除，钢环通过人工运至左线隧道内，运距为 1 500m 左右。该钢环分为 4 节安装，如图 18-8 所示。

b. 每节钢环之间采用焊接(螺栓)措施连接。

c. 钢环的安装顺序为先底部位置，接着左右位置，最后为顶部位置。

d. 安装过程中，用钢楔将钢环与管片之间的缝隙塞楔牢固。

e. 每环钢环之间采用型号为工 22a 型的工字钢连接，如图 18-9 所示。

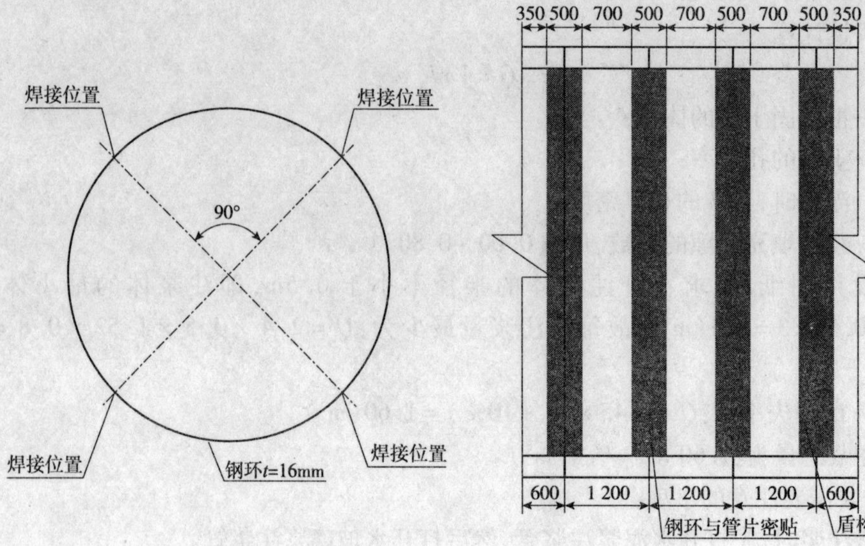

图 18-8　隧道内钢环布置示意图(尺寸单位:mm)

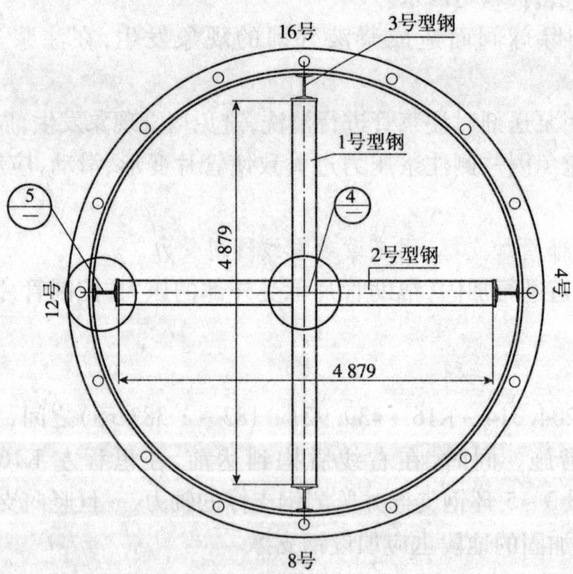

图 18-9　隧道内型钢支撑搭设示意图(尺寸单位:mm)

②型钢加固、安装:

a. 如图 18-9 所示,1、2 号工字钢的型号为工 22a,每环一榀,长度均为 4 879mm。

b. 由于左线隧道钢轨已经拆除,工字钢从右线隧道竖井吊运到左右线连接口,通过人工抬运到支撑安装作业面,运距平均在 1 500m 左右。一根 5m 长的工字钢需 4 人抬运,一根 12m 长的工字钢需 8 人抬运。

1、2 号两节工字钢垂直交叉连接,连接处采用∟ 100 × 10 等边角钢焊接,如图 18-10 所示。

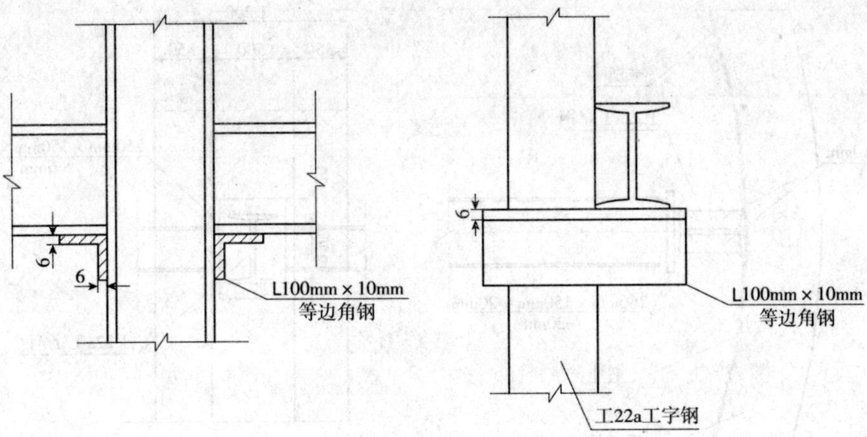

图 18-10　1、2 号工字钢连接示意图(尺寸单位:mm)

由于隧道内不具备吊装设备的运转条件,所以型钢的安装采用倒链配合人工完成。

c. 管片的临时钢支撑先不设,当中间的竖向钢支撑监测轴力超过 250kN 时即应架设,两端与钢环采用焊接的连接方式,如图 18-11 所示。

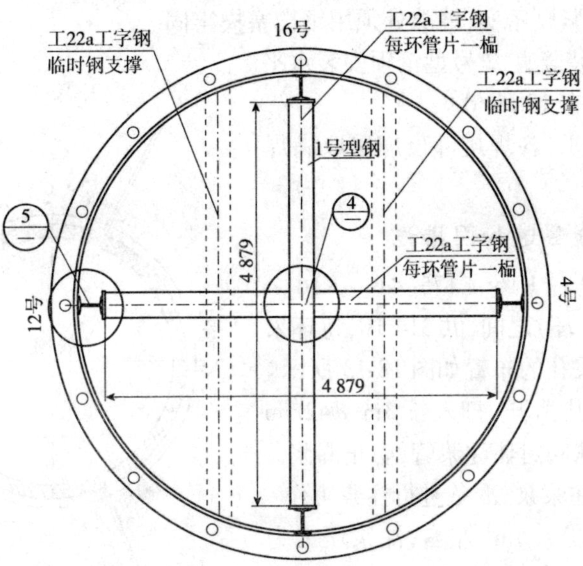

图 18-11　隧道内临时钢支撑架设示意图(尺寸单位:mm)

d. 如图 18-10 和图 18-13 所示,3 号工字钢的型号为工 22a 型,在钢环安装完成后焊接在 4 节钢环的正中部位,以便在轴向连接各个钢环,其空间位置分别对应管片的 4、8、12、16 号位置。

e. 3 号工字钢与钢环之间采用双面焊连接,与 1、2 号工字钢之间用规格为 260mm × 150mm × 20mm、厚 6mm 的钢板连接,采用双面焊。

f. 安装 1、2 号工字钢前,先松开顶部钢环钢板的螺栓,用 1、2 号钢支撑连接 3 号工字钢,同时将钢环与管片顶紧密贴,在管片与钢环靠贴不密实处,用钢楔(木楔)塞楔紧密。

g. 图 18-12 中 3 号钢支撑上的肋板的三边与该支撑焊接连接,焊缝高度为 8mm。

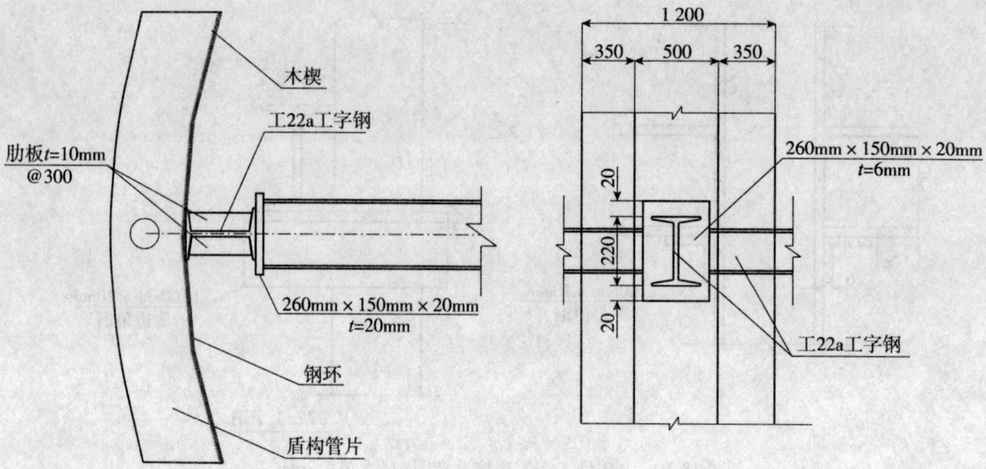

图 18-12　3 号工字钢与钢环连接详图(尺寸单位:mm)

(2)注意事项

①隧道内钢支撑须与隧道轴线垂直。

②钢环须与管片紧贴密实,缝隙处须用钢楔塞楔牢固。

③1 号型钢须安装竖直,2 号型钢须安装水平。

④安装速度保持在 10 环/d。

⑤如没有特殊要求,各焊接部位应采取满焊的方式。

18.1.5.3　右线隧道加固措施

(1)在右线里程右 K16 + 175.41 ~ K16 + 525.38(1 159 ~1 472 环)之间,共 314 环,每环采取注浆加固措施,注浆孔的布置如图 18-13 所示。

(2)将管片吊装孔凿开,打入长 3m、ϕ42mm 的钢花管,并及时用球阀封住注浆管,防止漏浆。

(3)连接球阀与注浆泵,准备进行注浆工作。

(4)每孔注浆量在 1.5m^3 左右,注浆压力为 0.5 ~1.0MPa。

(5)采用两台 ZBY-80/70 液压注浆泵同时进行注浆。

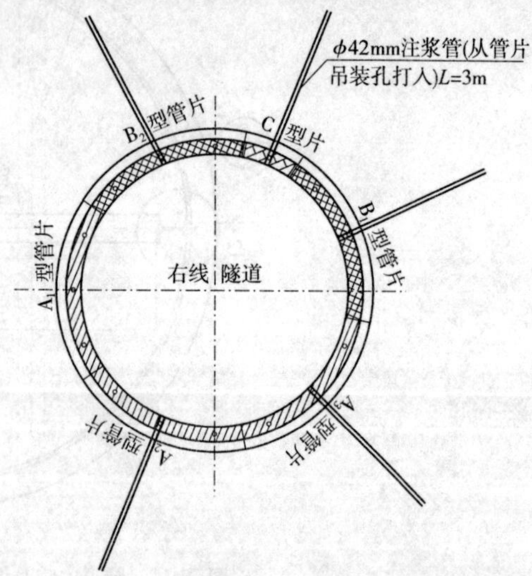

图 18-13　右线隧道内注浆加固示意图

(6)浆液采用 HSC 水泥、水玻璃双液浆,浆液配比、注浆工艺与左线隧道注浆加固措施相同。

18.1.6　右线盾构旁穿南、北小街 8 号楼的施工方法及技术措施

隧道采用土压平衡盾构法进行隧道掘进施工,土压盾构属于封闭式盾构。盾构推进时其前端刀盘旋转切削地层、土体,掘削下来的土体涌入土仓。当掘削土体充满土仓时,由于

盾构的推进作用,致使掘削土体即对掘削面加压。该加压压力(削土压力)与掘削地层的土压+水压相等,随后维持螺旋输送机的排土量与刀盘的掘土量相等,从而保持开挖面的平衡。

1)试验段技术分析

为了使盾构右线安全、顺利地旁穿南、北小街 8 号楼等建筑,左线盾构在左线 1 620 ~ 1 710环之间、右线盾构在 881 ~ 1 020 环之间采用了新的技术参数(如土压、推进速度、同步注浆量、注浆压力、浆液配比以及环箍注浆,二次补浆的位置、频率、注入量、浆液材料选择和注入压力等)进行试验掘进,具体详见试验段方案。

(1)左线试验段地面沉降分析

①左线试验段地面监测布点如图 18-14 所示。

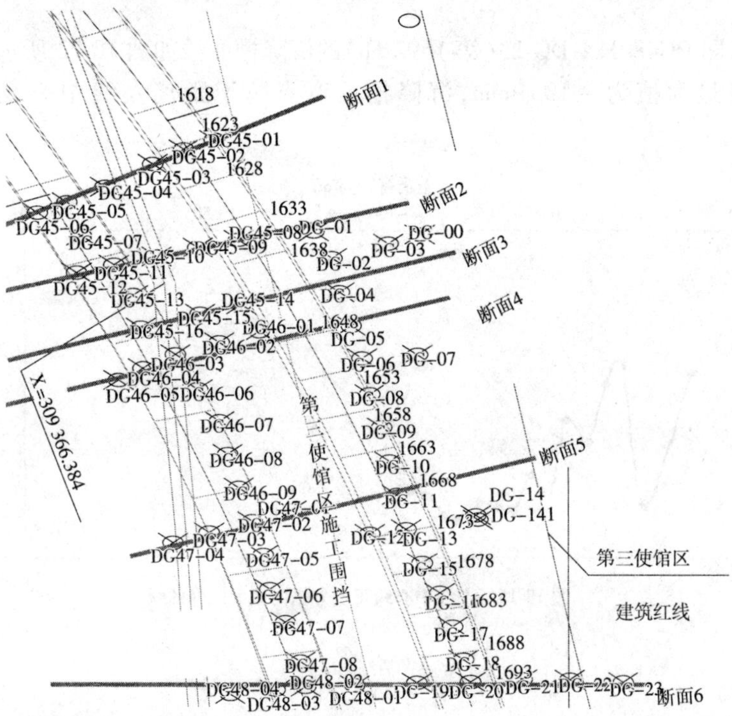

图 18-14　左线试验段地面监测布点图

在左线试验段共布设了 6 个断面,结合左、右线纵向每隔 5m 布设一个点,共布设了 62 个点。

②左线中心线正上方纵向地面沉降曲线如图 18-15 所示。

③右线中心线正上方纵向地面沉降曲线如图 18-16 所示。

④横断面沉降槽分析。

a. 断面 1,即 DG45-01 ~ DG45-06(第 1 624 环)的沉降槽曲线如图 18-17 所示。

累计沉降最大值为 -8.0mm,沉降槽反弯点位于距离左线中心线 13m 处,沉降值为 -2mm。

b. 断面 2,即 DG45-08 ~ DG45-12(第 1 635 环)的沉降槽曲线如图 18-18 所示。

累计沉降最大值为 -11.7mm，沉降槽反弯点位于距离左线中心线 9m 处，沉降值为 -4.7mm。

c. 断面 3，即 DG45-14 ~ DG45-16（第 1 640 环）的沉降槽曲线如图 18-19 所示。

累计沉降最大值为 -10.8mm，沉降槽反弯点位于距离左线中心线 8m 处，沉降值为 -6mm。

d. 断面 4，即 DG46-01 ~ DG46-05（第 1 647 环）的沉降槽曲线如图 18-20 所示。

累计沉降最大值为 -10.4mm，沉降槽反弯点位于距离左线中心线 16m 处，沉降值为 -0.5mm。

e. 断面 5，即 DG47-01 ~ DG47-04（第 1 668 环）的沉降槽曲线如图 18-21 所示。

累计沉降最大值为 -14.2mm，沉降槽反弯点位于距离左线中心线 13.3m 处，沉降值为 -3mm。

f. 断面 6，即 DG48-04 ~ DG-23（第 1692 环）的沉降槽曲线如图 18-22 所示。

累计沉降最大值为 -13.0mm，沉降槽反弯点位于距离左线中心线 15m 处，沉降值为 -3mm。

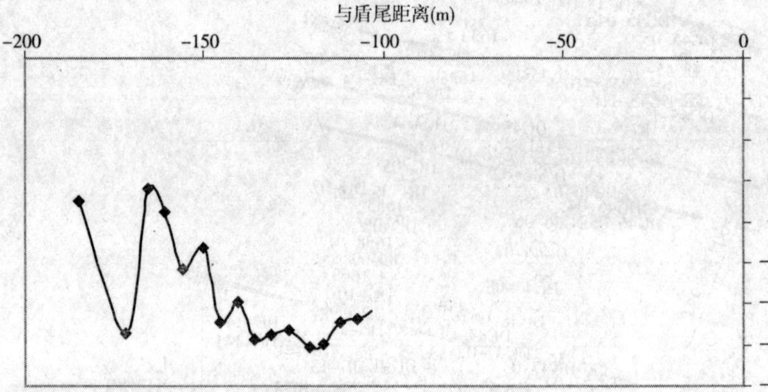

图 18-15　左线中心线正上方纵向地面沉降曲线

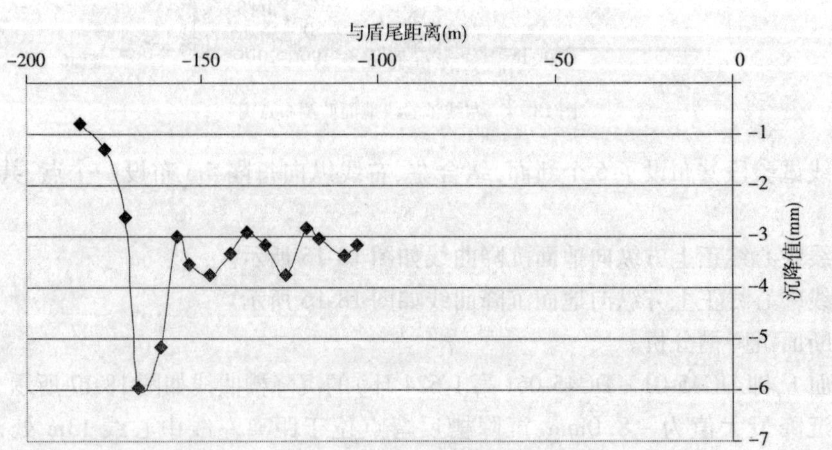

图 18-16　右线中心线正上方纵向地面沉降曲线

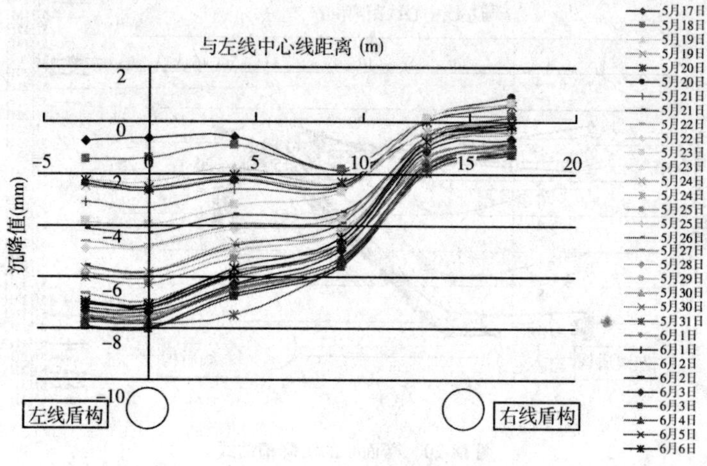

图 18-17　断面 1 的沉降槽曲线

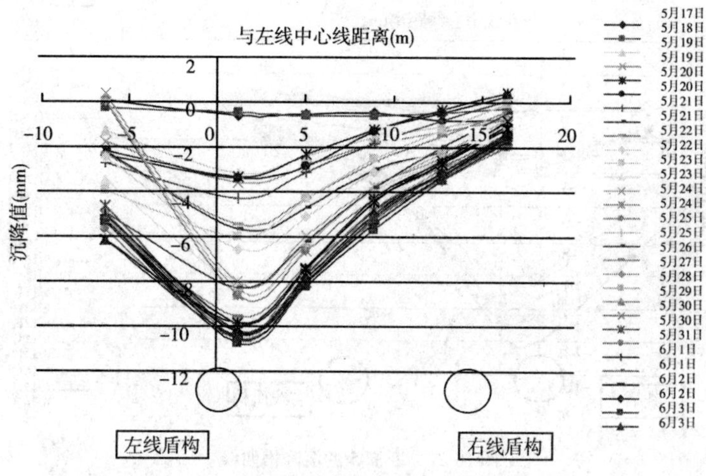

图 18-18　断面 2 沉降槽曲线

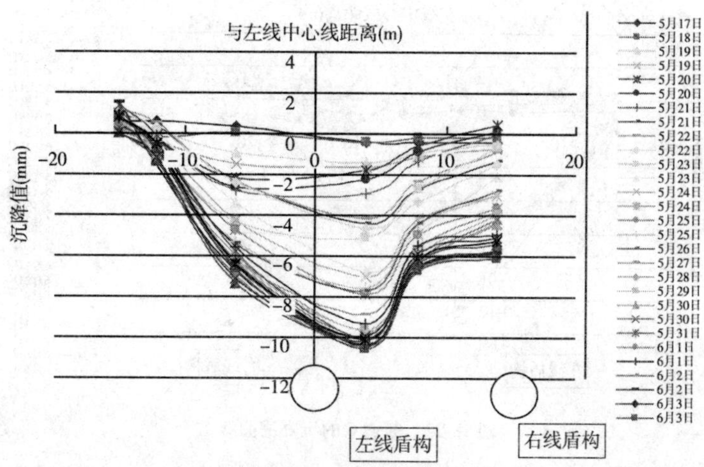

图 18-19　断面 3 的沉降槽曲线

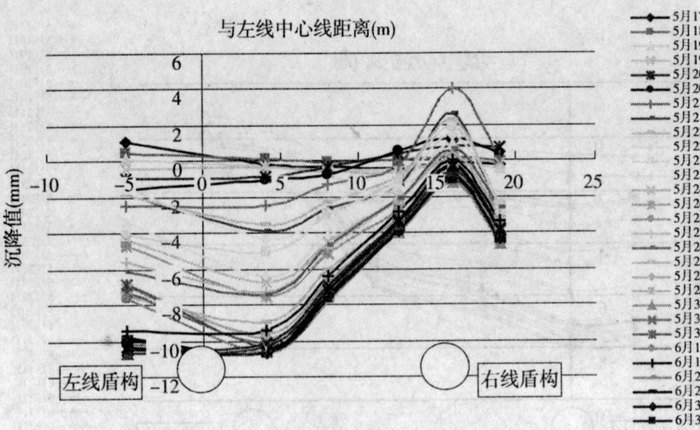

图 18-20　断面 4 的沉降槽曲线

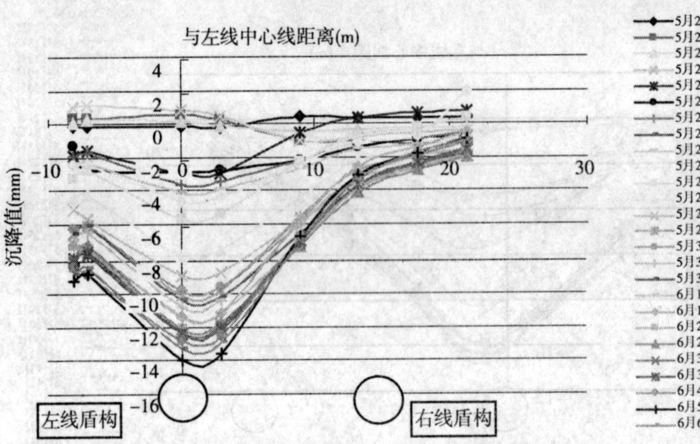

图 18-21　断面 5 的沉降槽曲线

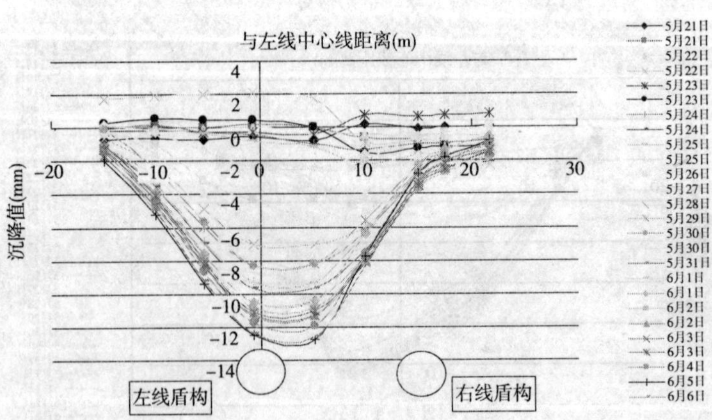

图 18-22　断面 6 的沉降槽曲线

g. 左线试验段典型测点的地面沉降时程曲线如图 18-23 和图 18-24 所示。

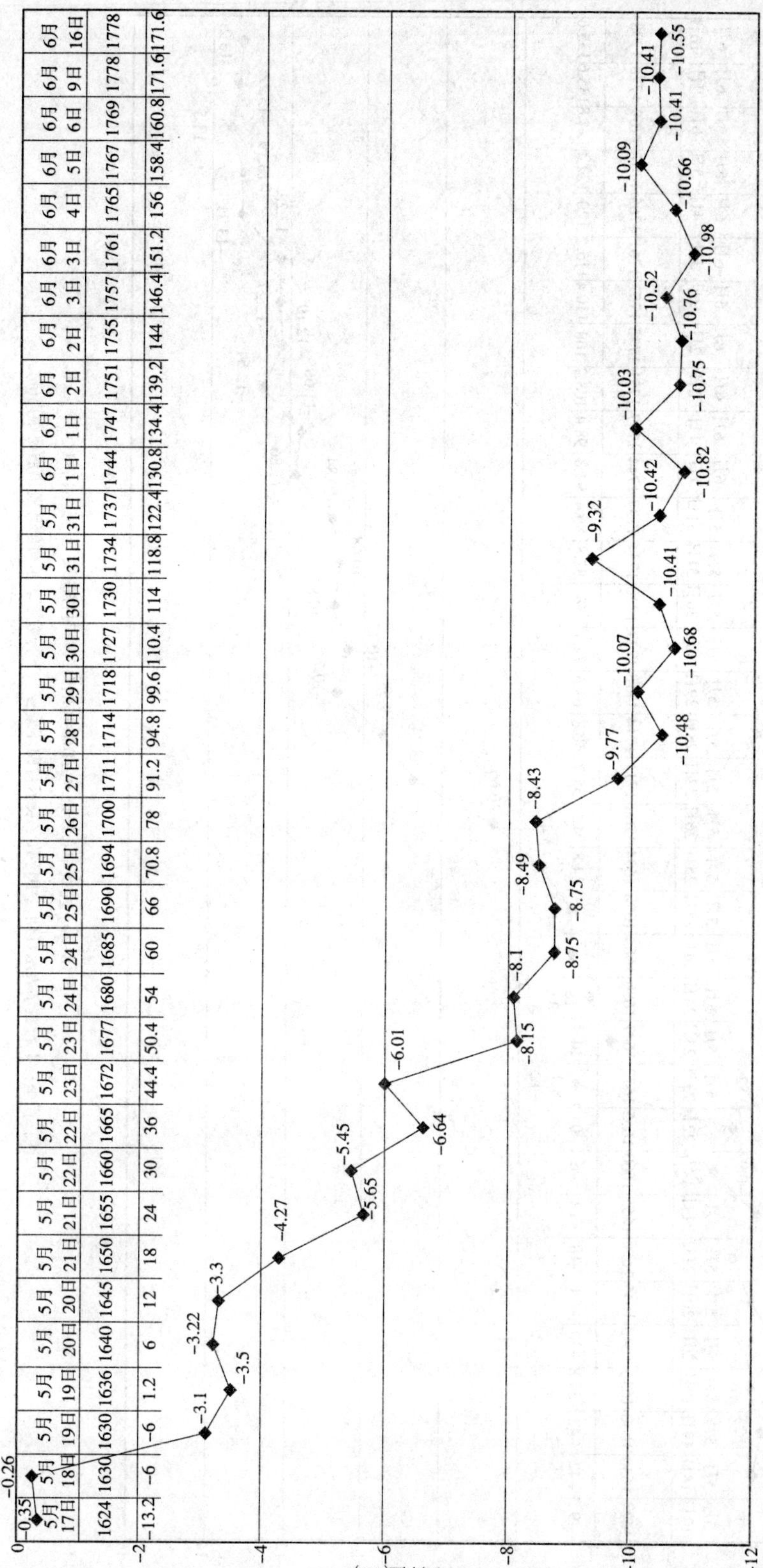

图 18-23　左线中心线正上方DG45-8地面沉降时程曲线

注：横坐标上行数字表示日期，中行数字表示衬砌环编号，下行数字表示衬砌环脱出盾尾距离(m)。

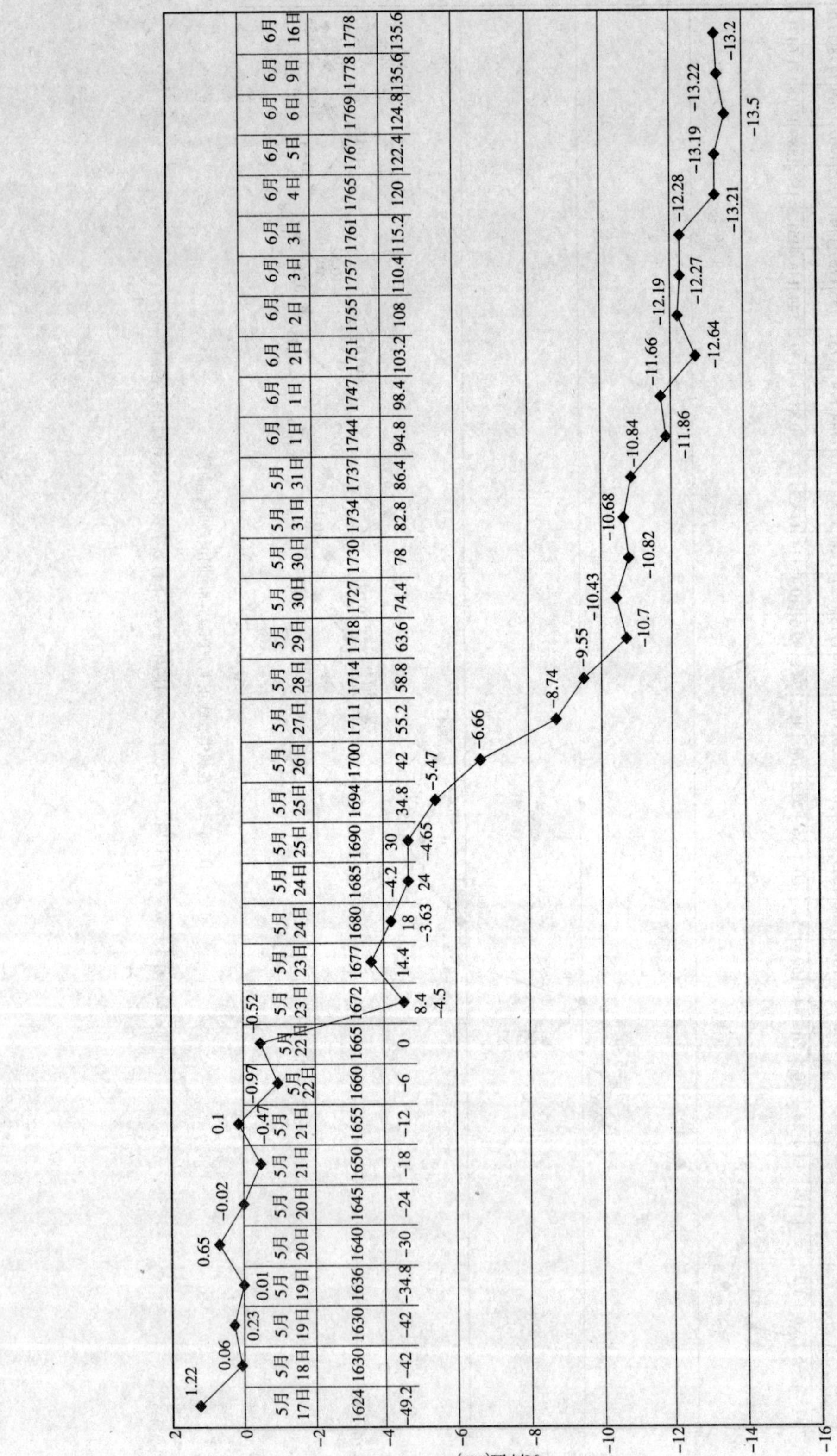

图 18–24　左线中心线正上方DG–10地面沉降时程曲线

注：横坐标上行数字表示日期，中行数字表示衬砌环编号，下行数字表示衬砌环脱出盾尾距离(m)。

(2)右线试验段地面沉降分析

①右线试验段地面监测布点如图 18-25 和图 18-26 所示。

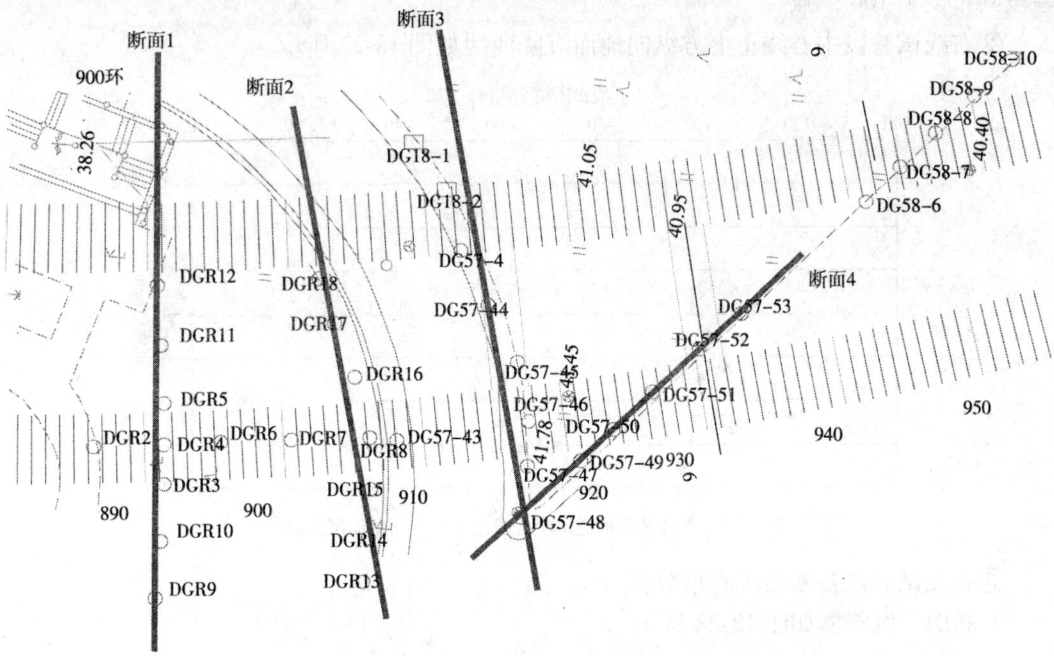

图 18-25　右线试验段 1 地面监测布点图

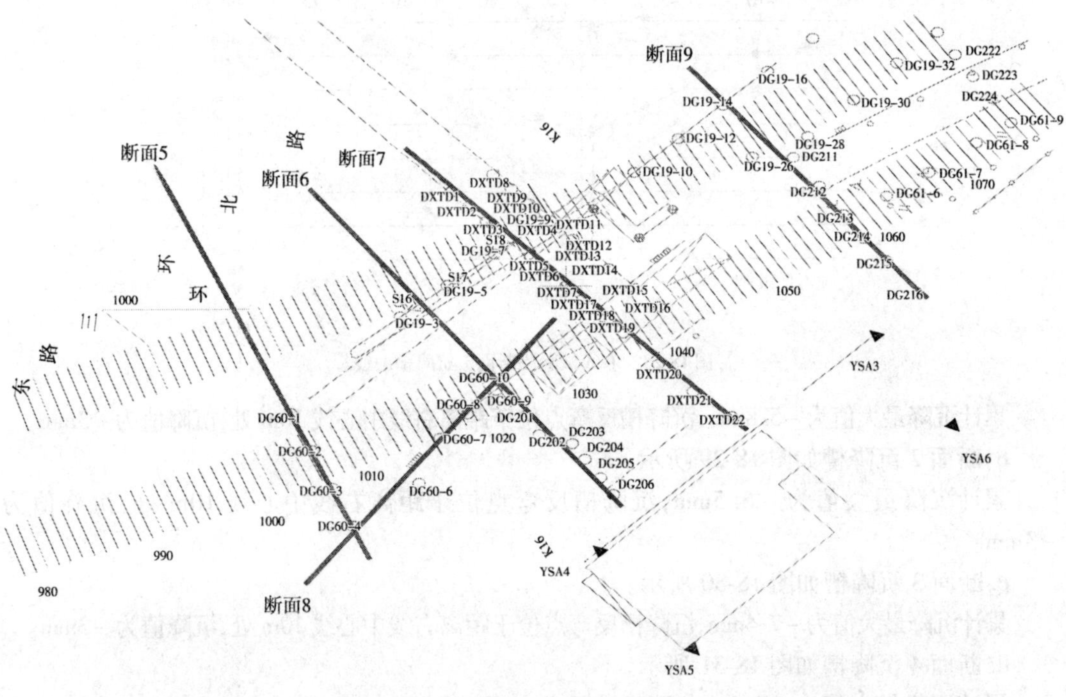

图 18-26　右线试验段 2 地面监测布点图

在右线试验段共布设了8个监测断面，结合左、右线纵向每隔5m布设一个点。但是，由于东三环主路上车流量大，考虑到监测人员的安全，在三环主路上没有布置监测点。右线试验段共布设了100个点。

②右线试验段中心线正上方纵向地面沉降曲线如图18-27所示。

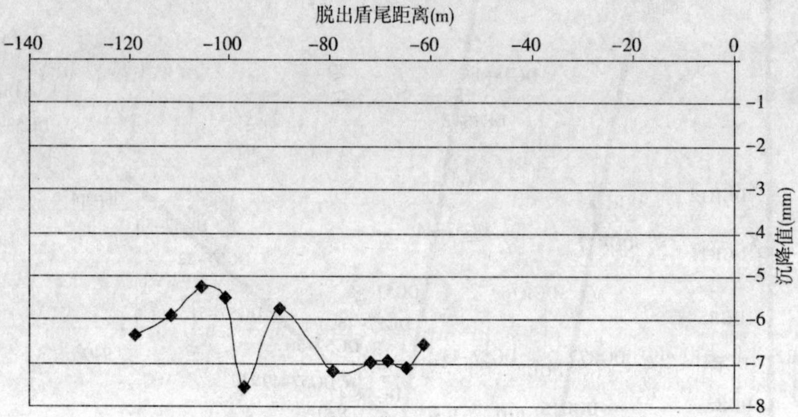

图18-27　右线试验段隧道中心线正上方纵向地面沉降曲线

③右线试验段各断面沉降槽分析

a. 断面1沉降槽如图18-28所示。

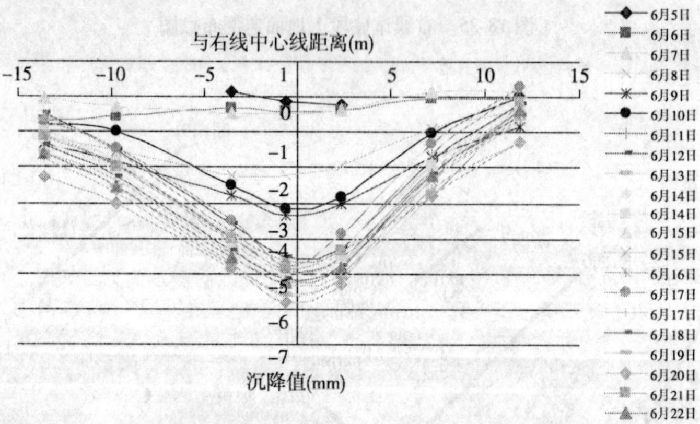

图18-28　右线试验段断面1沉降槽曲线

累计沉降最大值为−5.8mm，沉降槽反弯点位于距离右线中心线10m处，沉降值为−3mm。

b. 断面2沉降槽如图18-29所示。

累计沉降最大值为−6.5mm，沉降槽反弯点位于距离右线中心线10m处，沉降值为−3mm。

c. 断面3沉降槽如图18-30所示。

累计沉降最大值为−7.4mm，沉降槽反弯点位于距离右线中心线10m处，沉降值为−3mm。

d. 断面4沉降槽如图18-31所示。

累计沉降最大值为−7.2mm，沉降槽反弯点不明显。

e. 右线试验段典型测点的地面沉降时程曲线如图18-32和图18-33所示。

DGR-7 点沉降值比较普遍，累计沉降值为 -7.55mm，沉降速率为 -0.20mm/d，代表绝大多数的地面沉降规律；DGR-8 点沉降值是目前右线试验段中累计最大的沉降值，为 -11.17mm，沉降速率为 -0.17mm/d，基本稳定。

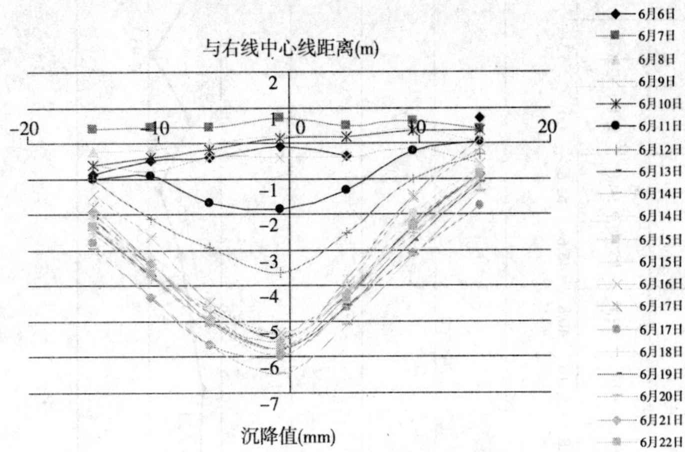

图 18-29　右线试验段断面 2 沉降槽曲线

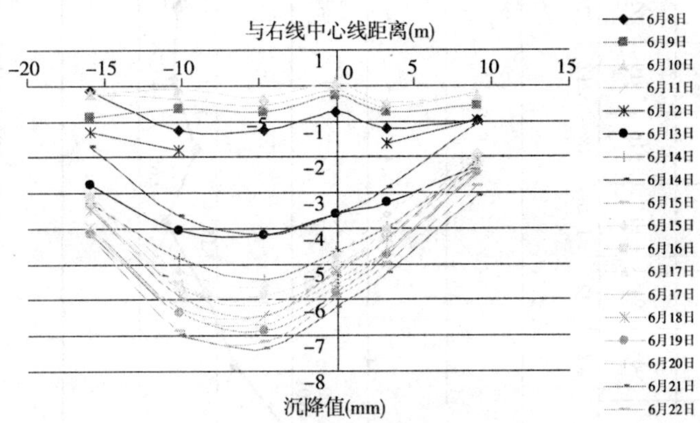

图 18-30　右线试验段断面 3 沉降槽曲线

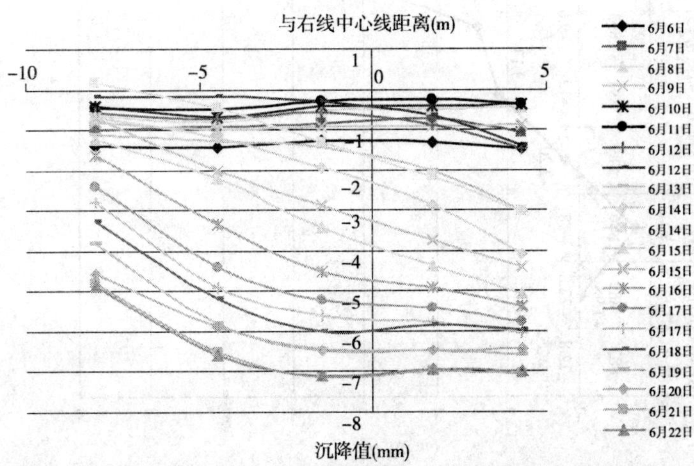

图 18-31　右线试验段断面 4 沉降槽曲线

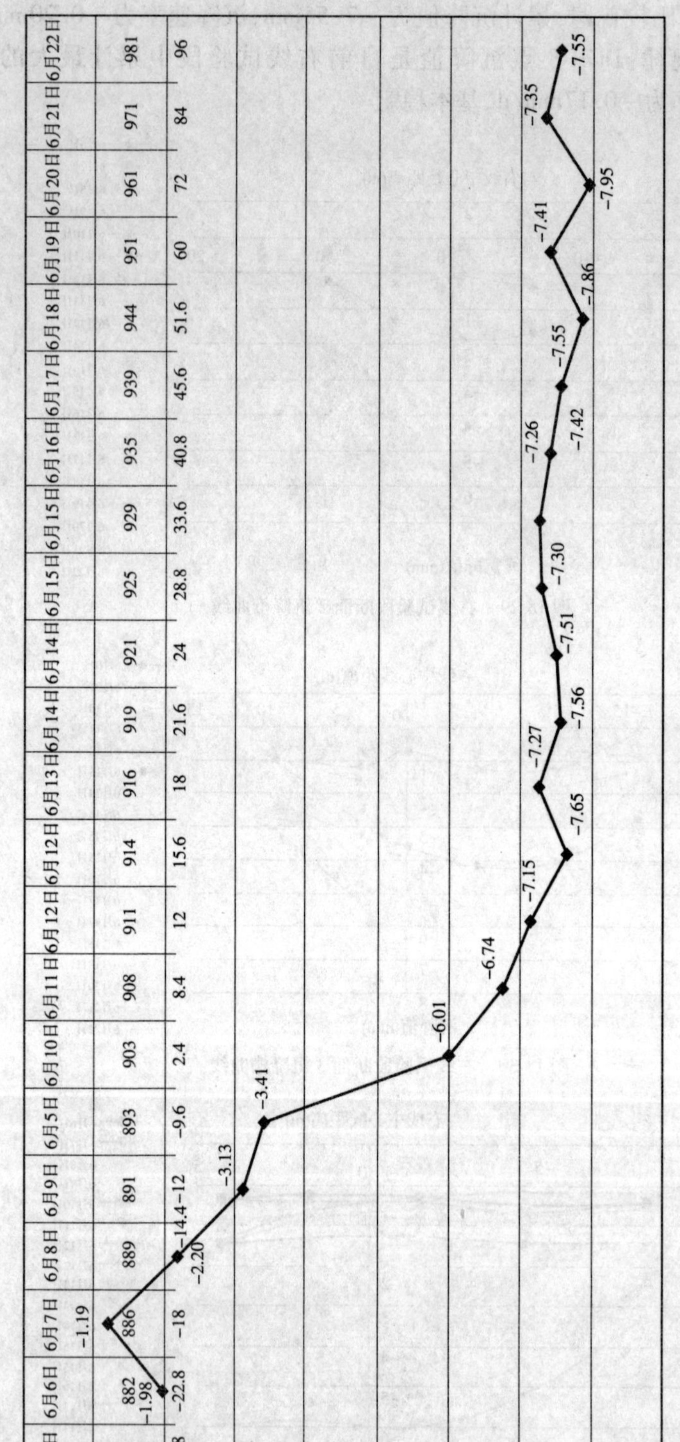

图 18-32 DGR-7沉降时程曲线

注：横坐标上行数字表示日期，中行数字表示衬砌环编号，下行数字表示衬砌环脱出盾尾距离(m)。

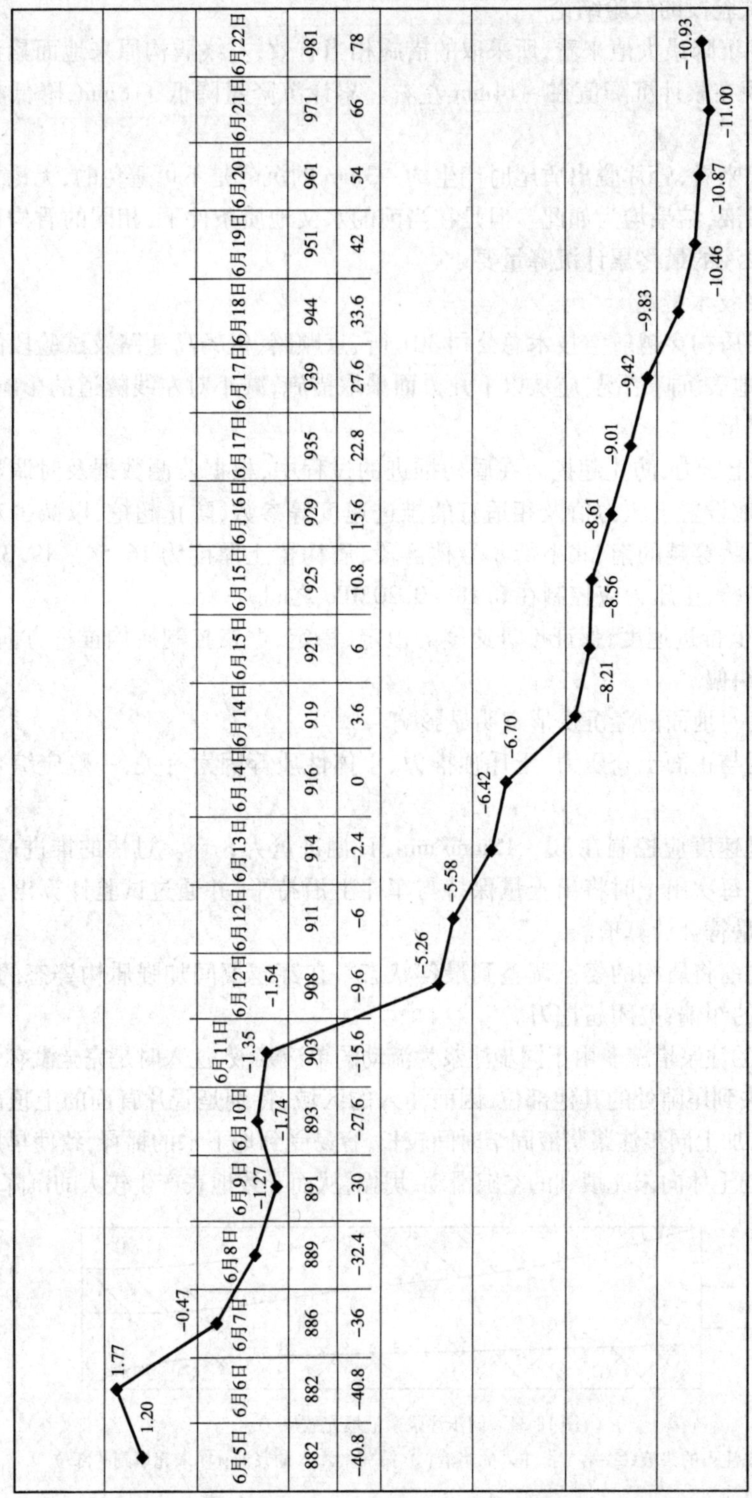

图 18-33　DGR-8沉降时程曲线

注：横坐标上行数字表示日期，中行数字表示衬砌环编号，下行数字表示衬砌环脱出盾尾距离(m)。

(3)左、右线试验段的试验结论

①从地面累计沉降最大值来看,所采取的措施相当有效,左线盾构原来地面累计沉降值在 -22mm 左右,现在累计沉降值在 -14mm 左右。累计沉降量降低了 8mm,降低幅度达到了 36% 的好效果。

②从沉降规律来看,管片脱出盾尾时产生约 -3mm 的沉降是不可避免的,无论采用惰性浆液还是可硬性浆液,结果均为如此。但是在当前的水文地质条件下,相同的盾构机采用可硬性浆液较惰性浆液的最终累计沉降量要小。

2)右线隧道内技术措施

根据前期右线盾构穿越航空技术总公司 301 所、京顺路、机场高速路及试验段的施工经验,结合相对应的地表沉降情况,应从以下几方面采取措施,减小对左线隧道的影响,降低隧道上方土层的沉降量。

(1)合理设置土压力,防止超挖。在盾构推进的过程中,根据监测数据及时调整土压力值,从而科学合理地设置土压力值及相适宜的推进速度等参数,防止超挖,以减少对土体的扰动。右线盾构即将穿越的南、北小街 8 号楼区段,盾构覆土厚度为 16.54 ~ 17.35m,根据计算和前期施工经验,土压力应控制在 0.18 ~ 0.20MPa 之间。

(2)穿越时降低推进速度,保证推进速度的恒定、稳定,严格控制盾构推进方向,减少纠偏,特别是大量值纠偏。

盾构推进速度对地面的隆沉变形有明显影响。

盾构推进速度与正面土仓压力、千斤顶推力、土体性质等因素有关,一般应综合考虑后确定。

穿越时的推进速度应控制在 10 ~ 15mm/min,日掘进量为 8 环。过快的推进速度,将增加对土体的扰动。每次出土时将出土量保持与车斗上沿持平,并通过试验计算出土的松散系数,使每环出土量符合计算值。

在穿越楼房之前将盾构的姿态调整到最佳状态。在穿越期间加强盾构姿态的测量,勤测勤纠,杜绝大量的纠偏;关闭超挖刀。

(3)采取合理的注浆措施。由于同步注浆为流动的单液浆液,注入时是完全没有自稳性的物体,浆液容易流失到尾隙处的其他部位,因而注入的区域,特别是管片背面的上顶部位很难充填到(图 18-34),加上同步注浆浆液固结时间较长,容易受到地下水的稀释,致使早期强度下降,使得隧道上方的土体向未充填到的空隙滑动、坍塌,从而导致地表产生较大的沉降。

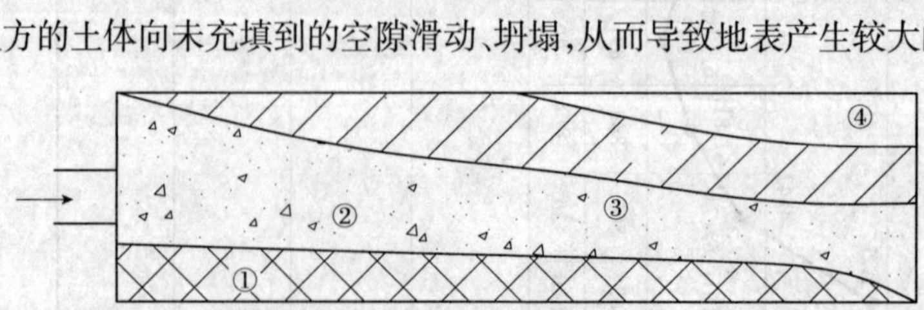

图 18-34 同步注浆浆液填充效果

①-最先注入的浆液;②-第二批注入的浆液;③-第三批注入的浆液;④-未充填到的部位

为了限制同步注浆浆液的流动,减小浆液流失,达到充填一固定区域的目的,根据盾构通过试验段时监测的数据分析,环箍注浆效果良好,如图 18-35 所示。

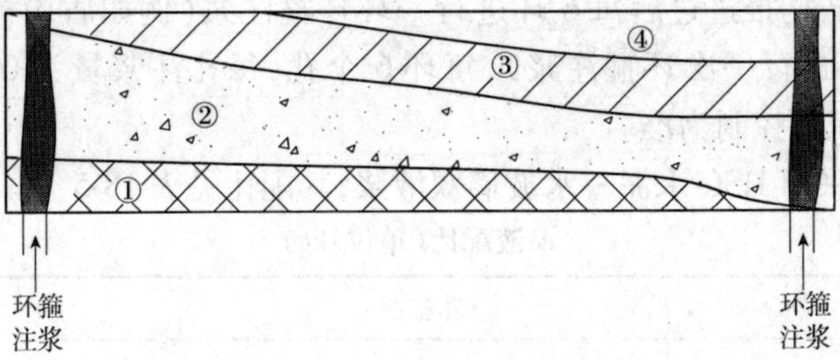

图 18-35　环箍注浆的注浆模式

①-最先注入的浆液；②-第二批注入的浆液；③-第三批注入的浆液；④-未充填到的部位

如前所述，同步注浆后，在管片背后将留下未充填到的部位④（图 18-34），在采取环箍注浆措施后，采用二次补浆的方法及时充填该部位，从而达到充填完全的目的，如图 18-36 所示。

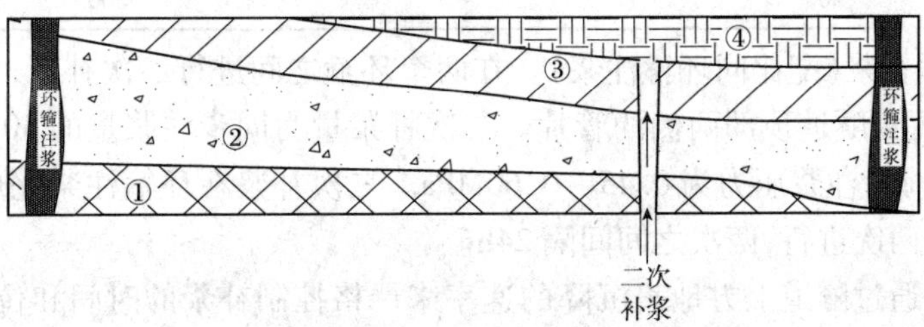

图 18-36　环箍二次补浆的注浆效果

①-最先注入的浆液；②-第二批注入的浆液；③-第三批注入的浆液；④-二次补浆充填的部位

①同步注浆的浆液配比见表 18-4。

同步注浆的浆液配比　　表 18-4

HSC 水泥（kg）	粉煤灰（kg）	膨润土（kg）	砂（kg）	水（kg）	膨胀剂（kg）	外加剂（kg）	相对密度
100	350	56	779	500	45	0.135	1.75

每推进一环的建筑空隙体积为：

$$V = \pi(D_1^2 - D_2^2)L/4$$

式中：D_1——左线盾构外径，取 6.26m；

D_2——管片外径，取 6m；

L——管片宽度，取 1.2m。

计算后，每推进一环的建筑空隙体积为：

$$V = \pi(D_1^2 - D_2^2)L/4 = 3.0(\text{m}^3)$$

每环的压浆量一般为建筑空隙体积的 120% ~200%，根据以往盾构推进的相关经验及地铁 10 号线 11 标前期推进经验，一般每环的注浆量为建筑空隙的 160%，即 4.8m^3（右线）便可满足地面沉降控制的要求。但考虑到南、北小街 8 号楼地面沉降控制标准高，且 HSC 水泥渗透率高的特点，南、北小街 8 号楼盾构推进期间同步注浆量应控制在 5.0 ~5.5m^3（右线）之间，为建筑空隙的 160% ~180%，注浆损耗率以 10% 计。注浆压力控制在 0.35 ~0.45MPa。

②环箍注浆。盾构推进过后每 6 环进行一环环箍注浆(例如盾构机当前正在推进 580 环,则需在第 574 环进行一次环箍注浆),每环 6 个孔,每孔注浆量为 0.75m³,注浆压力为 0.35MPa。以注浆压力控制为准。

环箍注浆浆液采用 HSC 水泥—水玻璃双液浆,其配比见表 18-5 及表 18-6。

A 液配比(单位:kg)　　表 18-5

HSC 水泥	膨胀剂	水
550	70	800

水玻璃的波美度控制在 19 ~ 21°Bé 之间,A、B 液的凝固时间控制在 15 ~ 20s。注浆的体积比 A 液:B 液 = 90%:10%。

B 液配比(单位:kg)　　表 18-6

水玻璃	水
300	800

③二(多)次补浆(配比同环箍注浆)。在两个环箍之间进行二次补浆,每一环箍内补两次浆,注浆孔位置为隧道顶部两侧的管片。二次补浆量为同步注浆量的 30%,即 1.0m³,注浆损耗率以 10% 计,注浆压力为 0.45 ~ 0.60MPa。二次补浆在环箍注浆完成后 12h 开始进行。二次补浆分两次进行,两次之间间隔 24h。

施工中还将通过隧道上方地表沉降的速率来严格控制补浆的时间和位置,如果监测中地表某一监测点的沉降速率大于 1mm/d,则需立即对监测点对应的地下隧道管片两侧各 5 环的管片进行补浆处理(配比同二次补浆),注浆量以注浆压力达到 0.35 ~ 0.45MPa 为标准。补浆 24h 进行一次,直到此几环管片对应的地表监测点的沉降速率小于 1mm/周。

④后期补浆措施。为减小隧道在施工过程中被破坏的程度及成型后在运营过程中土体液化等影响,盾构推过后,须在管片吊装孔打入长 3m、ϕ42mm 的钢花管进行注浆加固,来减小土体的变形及液化。

对右线隧道(1 159 ~ 1 450 环)的每环进行一次环箍注浆,注浆位置选在每环管片如图 18-14 所示的 5 个注浆孔位置。

右线隧道内 HSC 水泥—水玻璃双液浆加固的各项参数及顺序参考左线隧道加固措施。

(4)控制好盾构姿态,确保盾尾间隙均匀。盾构推进过程中的同步注浆及二次补浆是控制地面沉降的主要因素。以往的工程经验显示,盾构推进过程中的盾构姿态不好易造成盾尾处漏浆、地面沉降,因此在盾构穿越南、北小街 8 号楼段期间,应确保盾构推进轴线与设计轴线相吻合,盾尾四周间隙均匀。另外,还需通过加大盾尾油脂压注量来防止浆液通过盾尾流失。同时油脂全部采用进口油脂 CONDAT,预计每掘进 3 环,将用一桶油脂。正常推进时,每 6 环使用一桶国产油脂。

(5)加强施工过程管理,确保盾构连续穿越。盾构推进过程中长时间的停机易造成地面大量的沉降,为了确保 24h 连续推进,在穿越前应对盾构机及其他辅助设备进行一次全面且彻底的检修。对盾构机上现存的机械故障和缺陷,会同设备供应商和专家共同检测修理,并对可能产生的故障预先做好修理准备,对主要设备零件备件。

(6)在盾构机试验阶段,对盾构的各个工艺流程尤其是注浆工艺进行 24h 监控,及时记录实际发生的各项数据。

(7)合同外聘请两名德国海瑞克厂家的设备专家,在右线盾构通过南、北小街 8 号楼期间进驻现场,24h 值班对盾构设备进行维护和检修。

3)北小街 8 号楼—南小街 8 号楼段地表沉降控制指标

根据对南、北小街 8 号楼的安全评估,南、北小街 8 号楼邻街外墙下基础的最大沉降量要求小于 10mm。调线后右线隧道中心线距南、北小街 8 号楼邻街外墙的最近距离按 6m 考虑,覆土为 16m。根据右线隧道前段掘进的经验参数,6m 的水平距离沉降损失为 13 ~ 15mm,所以该段隧道正上方地表沉降应控制在 15mm 以下。

18.1.7　监控量测

18.1.7.1　隧道施工监测的要求

由于地铁是重要的公共交通设施,且地上地下情况复杂,该工程的安全等级属于一级。根据设计文件,隧道监测项目、测点布置和精度要求如下:

(1)隧道监测应以获得定量数据的专门仪器测量或专用测试元件监测为主,以现场目测检查为辅。

(2)量测数据必须完整、可靠,并及时绘制时态曲线。当时态曲线趋于平稳时,应及时进行回归分析,并推算出最终值。

(3)测试单位应能根据对当前测试数据的分析,较好地预报下一施工步骤地层及地表沉降等情况,并对施工措施提出相应的建议。

(4)所有测点均应反映施工中该测点受力或变形等随时间的变化,即从施工开始到完成,以及测试数据趋于稳定为止。

(5)监测单位应及时向建设单位、设计单位以及施工单位提供监测报告,内容包括:测点布置、测试方法、经整理的监测资料及结果分析、结论及建议、监测记录汇总等。同时,施工过程中监测单位应及时向建设单位、设计单位和施工单位提供监测资料,以便判断支护状态,相应地变更设计参数和施工方法。

(6)承担监测工作的单位应拥有专业的测试队伍和设备,掌握先进的测试数据处理系统及分析技术与软件。

18.1.7.2　测点布置

地面、楼房监控量测断面及测点布置如图 18-37 所示。

18.7.1.3　监测实施方案

1)地表沉降

(1)监测仪器

监测仪器包括:电子水准仪、铟钢尺,量测精度为 ±0.3mm。

(2)监测实施方法

①测点布置:沿右线隧道中线地表每隔 5m 埋设一个地表测点,每隔 20 ~ 25m 设置一个断面(5 ~ 10 点),所有地面监测点必须钻孔取芯穿透路面结构层、下保护套筒并加盖防护。

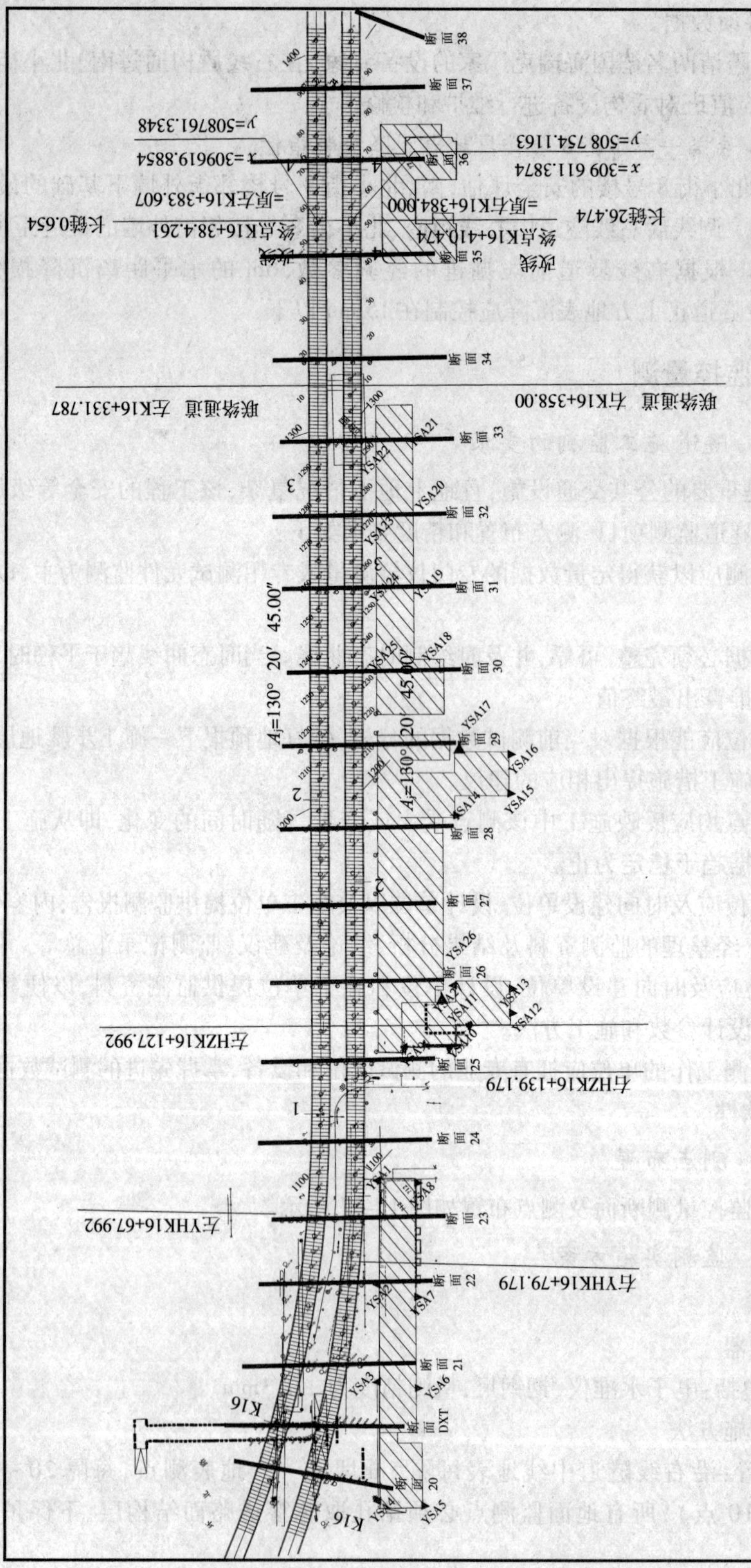

图 18-37 南、北小街8号楼段地面、楼房监测断面及测点布置

②测点埋设：在开挖前 20d 用水钻在地表路面钻孔取芯，要求穿透混凝土路面，然后根据路面混凝土层厚度打入长为 100 ~ 150cm 的 ϕ16mm 钢筋测点，并用砂子回填密实；在穿过混凝土路面层部分使用套管隔离，保证钢筋与下部土体固接而与上部路面分离。测点周围用红油漆做标记，并用红油漆编号作出测点标志。

③测量方法：采用精密水准测量方法。由基点和附近水准点联测取得初始高程。观测时各项限差应严格控制在规定额度之内，对不在水准路线上的观测点，一个测站不宜超过 3 个，超过时应重读后视点读数，以作核对。首次观测应对测点进行连续三次观测，三次高程之差应小于 ±0.5mm，取平均值作为初始值。

④监测频率：适当加密监测频率，当盾构机头与监测断面距离 $<2B$（B 为隧道宽度）时，4 次/d；当盾构机头与监测断面距离 $<5B$ 时，2 次/d；当盾构机头与监测断面距离 $<10B$ 时，1 次/d；当盾构机头与监测断面距离 $>20B$ 时，1 次/周。

⑤计算方法：地表沉降采用二级水准测量方法进行量测和计算。

（3）数据分析与处理

地表沉降测量随施工进度进行，并将各沉降测点的沉降值绘制成沉降变化曲线图、沉降变化速度曲线图，然后根据沉降变化曲线图和沉降速率来判断沉降变化趋势，必要时采用回归计算来推测沉降终值。

2）地面建筑物沉降及倾斜

（1）监测仪器

监测仪器包括：电子水准仪、铟钢尺，全站仪等，量测精度为 ±0.3mm。

（2）沉降监测实施方法

①测点布置：隧道外轮廓线每侧 30m 范围内的建筑物，在每个大转角上布设一个沉降监测点，每幢建筑物上一般布置 6 个监测点，特别重要的建筑物布置 8 个或更多测点。

②测点埋设：用冲击钻在建筑物的基础或墙上钻孔，然后放入长为 200 ~ 300mm、20 ~ 30mm 的半圆头弯曲钢筋，四周用水泥砂浆填实。测点的埋设高度应方便监测；对测点应采取保护措施，避免其在施工过程中受到破坏。周围用红油漆做标记，并用红油漆编号作出观测标志，如图 18-38 所示。

③测量方法：同地表沉降观测。

④监测频率：同地表沉降观测。

⑤计算方法：同地表沉降观测。

（3）建筑物倾斜监测（用连通水准仪取代）

由于在楼立面布点容易引起居民的注意和恐慌，故决定采取在楼顶布设连监水准监测点的方法取代。

①测点埋设：原设计在南小街 8 号楼及北小街 8 号楼背立面各布置 4 个测斜监测点，测点的埋设如图 18-39 所示。

现改为连通水准仪监测，测点布设如图 18-40 和图 18-41 所示。

②测量方法：同地表沉降观测。

③监测频率：同地表沉降观测。

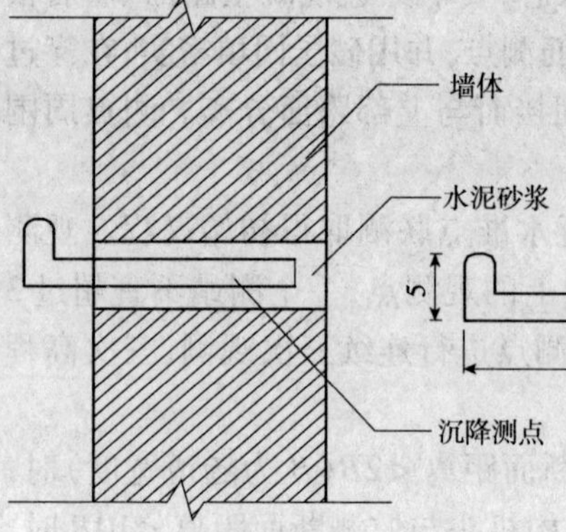

图 18-38 建筑物测点埋设示意图(尺寸单位:mm)

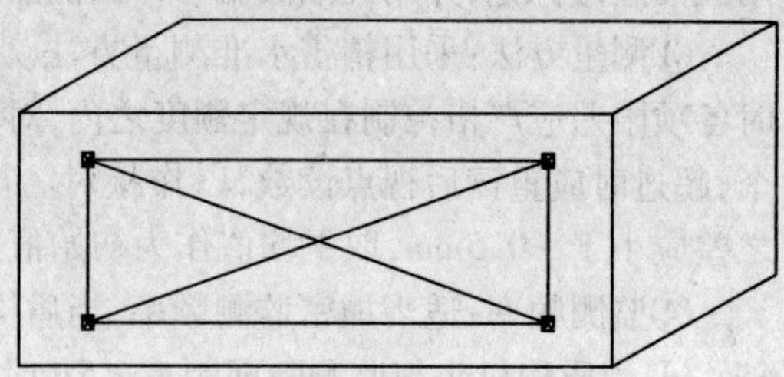

图 18-39 建筑物倾斜测点布置示意图

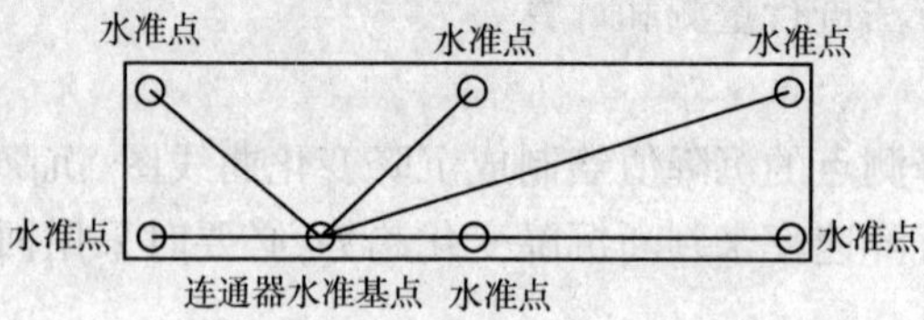

图 18-40 南小街 8 号楼楼顶差异沉降(倾斜)测点布置示意图

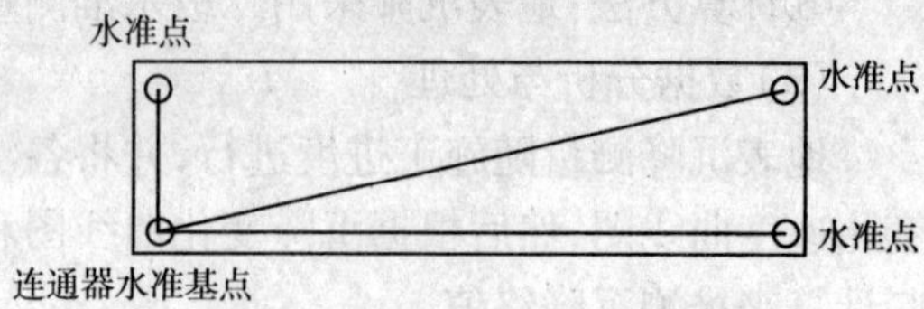

图 18-41 北小街 8 号楼楼顶差异沉降(倾斜)测点布置示意图

3)地面建筑物裂缝变形观测

在南、北小街 8 号楼各选定 5 条代表性裂缝,按规定频率使用裂缝观测仪进行宽度变化观测,记录每次观测宽度值并绘制变化曲线。

(1)监测仪器

监测仪器包括:游标卡尺、千分尺、膨胀螺栓。

(2)监测实施方法

对于混凝土建筑物上裂缝的位置、走向及长度的观测,可在裂缝的两端用油漆画线作出标志,或在混凝土表面绘制方格坐标,用钢尺丈量。

墙面上的普通裂缝,亦可采取在裂缝两端设置石膏薄片,使其与裂缝两侧固接牢靠,当裂缝扩展时,石膏片亦裂开,监测时可测定裂口的大小和变化。

根据裂缝分布情况,可以对重要的裂缝,选择在有代表性的位置与裂缝两侧各埋设一个标志,如图 18-42 所示。标志系直径为 20mm,长约 80mm 的金属棒,埋入混凝土内 60mm。外露部分为标点,标点上各有一个保护盖。两标点之间的距离不得小于 150mm,用游标卡尺定期测定两个标点之间距离的变化值,以此来掌握裂缝的发展情况。

对于比较整齐的裂缝(如伸缩缝),则可用千分尺直接量取裂缝的变化。

4)管线监测点

(1)监测仪器

监测仪器包括:精密水准仪 + 平板测微器、铟钢尺,量测精度为 ±0.4mm。

(2)监测实施方法

①测点布置:在地表沿管线中线每隔10~15m埋设一个地表测点。

②测点埋设:在开挖前20d用取芯钻在地表路面钻直径为190mm的孔,穿透混凝土路面并下套管护壁,然后在孔底打入长为1.5~2m的ϕ16mm钢筋,并用砂子回填密实,保证钢筋与下部土体固接而与上部路面分离,最后在孔顶部加盖保护盖以保护测点,并保证不影响交通。测点周围用红油漆做标记,并用红油漆编号作出测点标志。如图18-43及图18-44所示。

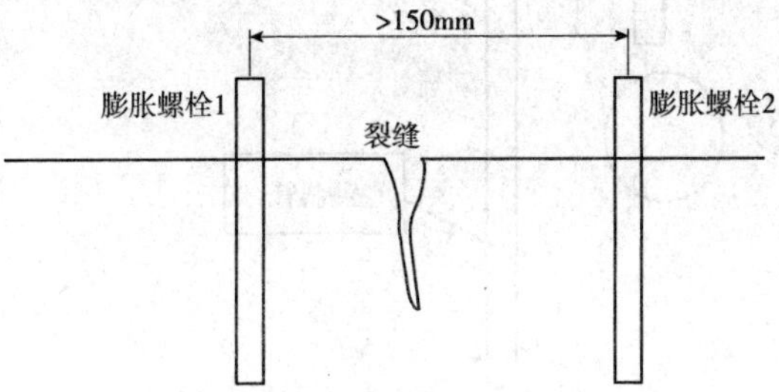

图18-42　墙体裂缝监测方法

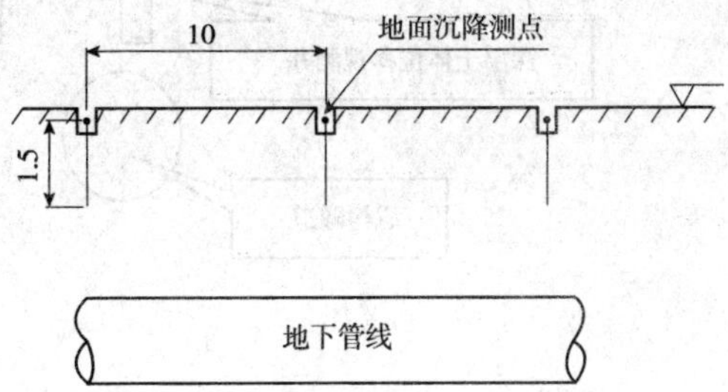

图18-43　地下管线测点埋设示意图(尺寸单位:m)

③测量方法:采用精密水准测量方法。观测时各项限差应严格控制在规定额度之内,超过时应重读后视点读数,以作核对。首次观测应对测点进行连续三次观测,三次高程之差应小于±0.5mm,取平均值作为初始值。

④监测频率:当开挖面与监测断面距离<2B(B为隧道宽度)时,1次/d;当开挖面与监测断面距离>5B时,1次/2d;当开挖面与监测断面距离>5B时,1次/周。

管线沉降采用二级水准测量进行量测。

(3)数据分析与处理

管线沉降测量随施工进度进行,并将各沉降测点的沉降值绘制成沉降变化曲线图及沉降变化速度、加速度曲线图,然后根据沉降变化曲线图和沉降速率来判断沉降变化趋势,必要时采用回归计算来推测沉降终值。

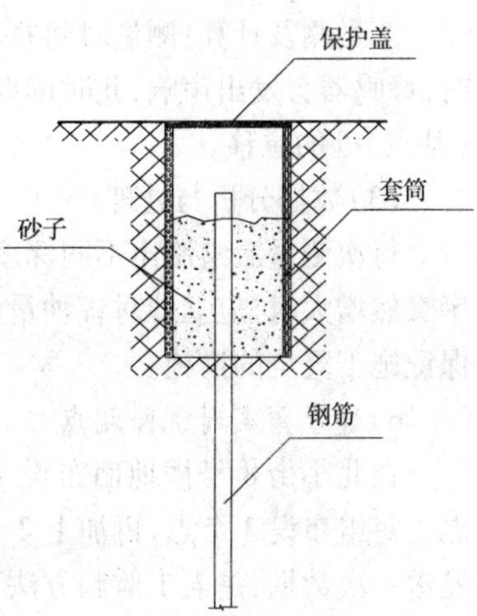

图18-44　地下管线测点示意图

5)深层土体(沉降)位移

根据设计资料,在南、北小街8号楼靠近东三环一侧各布设2个深层土体位移监测断面。每个断面设置3个深层土体位移观测井孔,如图18-45所示。

(1)监测仪器

分层沉降仪由两大部分组成:一是地下材料埋入部分,由沉降导管、底盖、沉降磁环组成;二是地面接收仪器–分层沉降仪,由测头、测量电缆、接收系统盒绕线盘等组成。

(2)监测实施方法

①测点埋设:锚固体为磁式锚环,间距2m;钻孔采用地质钻成孔。成孔后将导管缓慢放入孔中,然后依次将磁式锚环沿导管外壁埋入设计的位置。锚点间用细砂回

填。盖上测管口后，再用 ϕ150mm 的钢套管保护，套管外用混凝土堆砌并标明孔号和高程。

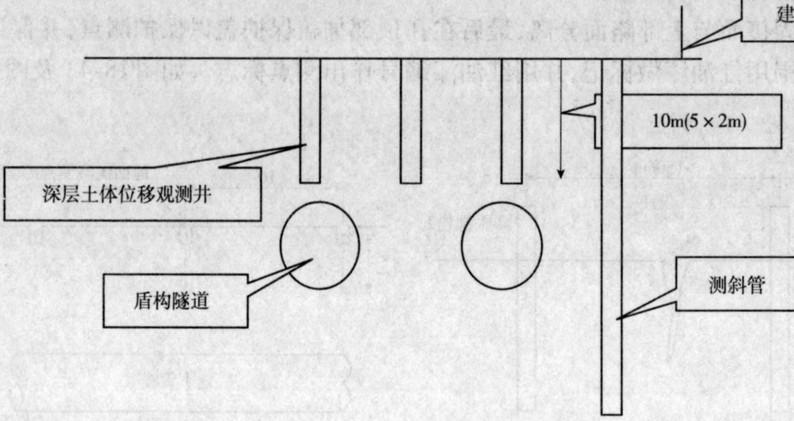

图 18-45 深层土体位移观测井示意图

②量测及计算：测量时将探头沿管内壁由下而上缓慢提升测尺，当通过测点磁环位置时，蜂鸣器会发出声响，此时读取孔口标志点（基点）处测尺的读数，即为各测点相对于孔口（基点）处的位移。

(3)数据分析与处理

每次测量后绘制出不同深度的位移－历时曲线、孔深－位移对应管线曲线。当位移速率突然增大时，应立即对各种量测信息进行综合分析，判断施工中出现的问题，并及时采取保证施工安全的措施。

6)连通器实时沉降测点

在北小街 8 号楼地面布设 2 组 7 点，楼上布设 4 点，在南小街 8 号楼地面布设 3 组 10 点。每组布设 3 个点，再加上 2 个基准点，共计 25 个测点。该实时监测系统可以每隔 30min 发送一次数据，是人工监测方法不能比拟的。

(1)监测仪器

连通器实时监测系统由两大部分组成：一是地下材料埋入部分，由连通器、液体导管、底盖、顶盖板组成；二是地面发送和接收部分，由太阳能电池板、数据发送天线、蓄电池组、系统供电电缆、接收系统电脑等组成。

(2)监测实施方法

如图 18-46 所示，首先做好连通器，在密闭性试验成功后埋入地面下，连接导管并注入有色液体（冬天加适量防冻剂），安装动力系统和发送系统，覆盖即可。当土体有位移时，系统自动测量后由天线发送到控制中心的电脑上，由工程技术人员实时监控和分析。连通器监测到的沉降由下列公式计算得出。

$$\Delta h = H_1 - H_2$$

或

$$\Delta h = (a_1 - a_2) - (b_1 - b_2)$$

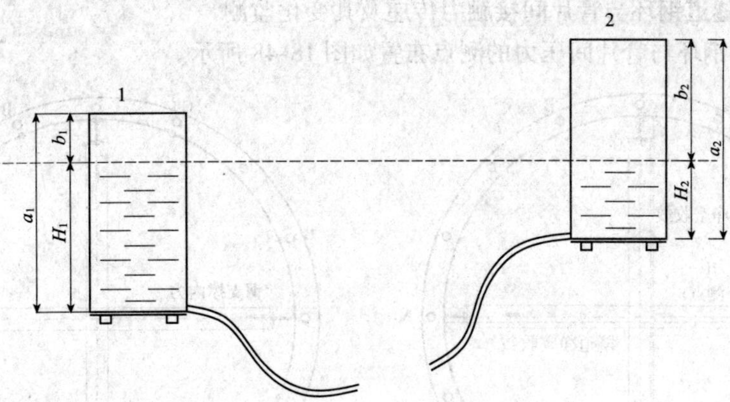

图 18-46　连通器原理图

7)地面基准点布设

(1)基点布设:在左家庄三源里小区内设置 3 个水准基点,兼布设于老房屋的基础外墙上,经过多次联测确信基准点稳定后方可使用。

(2)测点统计。

对地面上 10 个监测项目的测点进行统计,见表 18-7。

地面上的监测项目　　表 18-7

序　号	测点类型	数量(个、组)
1	地表沉降测点	207
2	地下管线测点	12
3	建筑物沉降测点	40
4	深层土体位移测点	12
5	连通器水准沉降测点	28
6	基准点布设	3

8)隧道内主要监测项目

左线加固隧道内的主要监测项目有:左线加固段支撑内力的变化情况,左线隧道钢环与管片间接触力传递与变化情况,左线隧道管片应变监测,右线隧道推进过程中对两隧道间土体应变监测,左右线隧道的净空收敛变形,右线隧道推进过程中左线管片连接螺栓的内力变化,左线隧道侧移,左右线隧道接头张开量。

其中,左线加固段内支撑的内力变化、左右线隧道的净空收敛和左右线隧道接头张开量,在加支撑范围内每 10m 布置一个监测断面。

(1)左线加固段支撑内力变化的监测

左线加固段支撑内力的测点布置如图 18-47 所示。

①测点布设:根据设计要求,钢支撑内力共布设 10 个断面,每个断面布设 6 个测点。

②监测频率:当开挖面与监测断面距离 $<2B$(B 为隧道宽度)时,1 次/d;当开挖面与监测断面距离 $<5B$ 时,1 次/2d;当开挖面与监测断面距离 $>5B$ 时,1 次/周。

(2)左线隧道钢环与管片间接触力传递及其变化监测

左线隧道钢环与管片间压力的测点布置如图18-48所示。

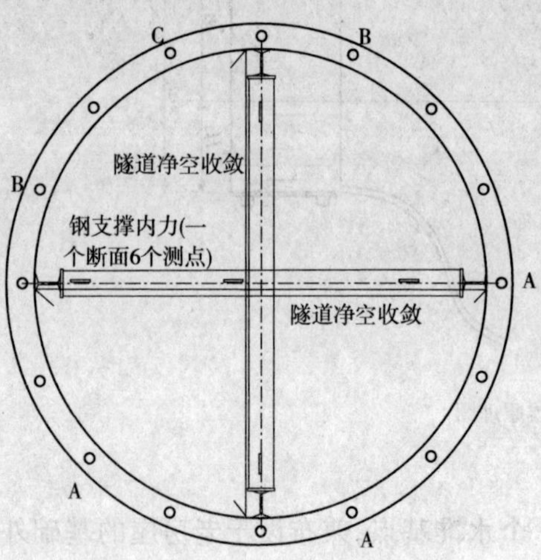

图18-47 左线加固段支撑内力测点布置图

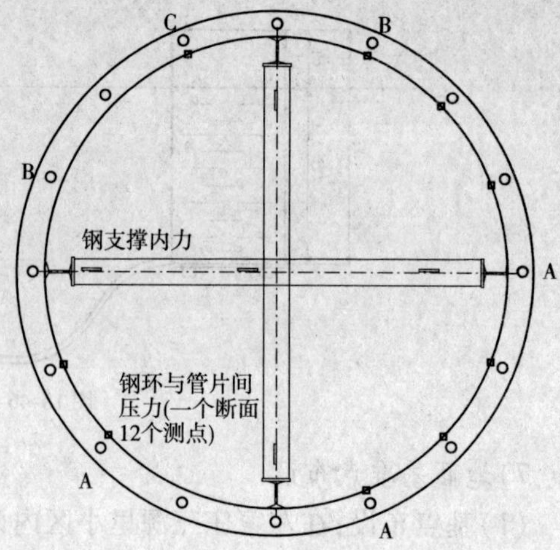

图18-48 左线隧道钢环与管片间压力测点布置图

①测点布设:根据设计要求,钢环与管片之间的压力共布设5个断面,每个断面布设12个测点。

②监测频率:临测频率与支撑内力变化监测相同。

(3)左线隧道管片应变监测

左线隧道管片应变测点布置如图18-49所示。

①测点布设:根据设计要求,左线隧道管片应变监测共布设5个断面,每个断面布设12个测点。

②监测频率:监测频率与支撑内力变化监测相同。

(4)右线隧道推进过程中对两隧道间土体应变监测

隧道之间土体应变测点布置如图18-50所示。

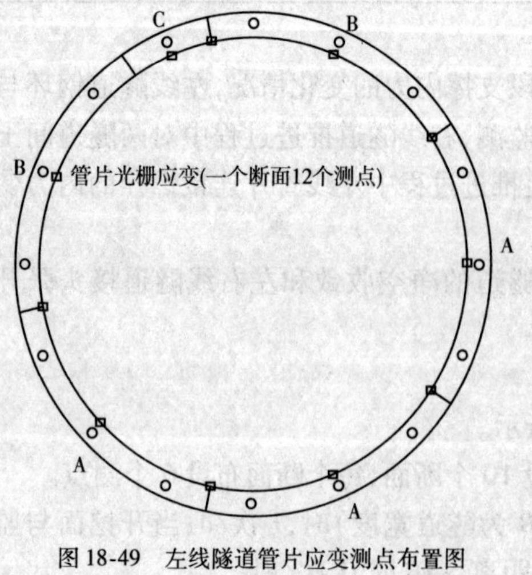

图18-49 左线隧道管片应变测点布置图

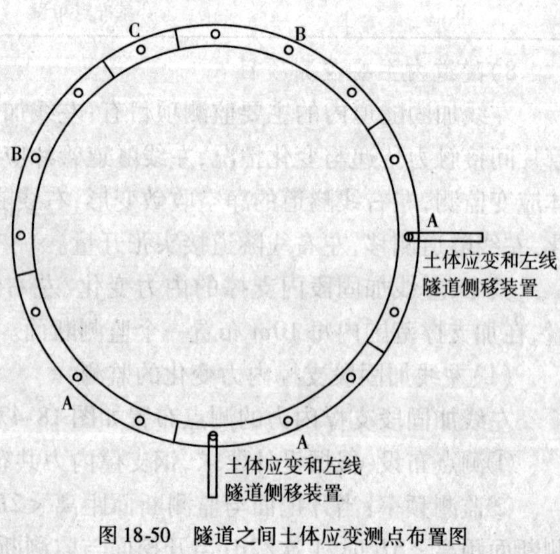

图18-50 隧道之间土体应变测点布置图

①测点布设：根据设计要求，两隧道间土体应变监测共布设 5 个断面，每个断面布设 2 个测点。

②监测频率：监测频率与支撑内力变化监测相同。

(5)左右线隧道的净空收敛变形监测

左右线隧道净室收敛测点布置如图 18-47 所示。

①测点布设：根据设计要求，左右线隧道净空收敛监测共布设 20 个断面，每个断面布设 2 组测点。

②监测频率：监测频率与支撑内力变化监测相同。

(6)右线隧道推进过程中左线管片连接螺栓的内力变化监测

左线管片连接螺栓内力测点布置如图 18-52 所示。

①测点布设：根据设计要求，左线隧道管片连接螺栓内力监测共布设 5 个断面，每个断面布设 28 个测点。

②监测频率：监测频率与支撑内力变化监测相同。

(7)左线隧道侧移监测

左线隧道侧移测点布置如图 18-51 所示。

①测点布设：根据设计要求，左线隧道侧移监测共布设 5 个断面，每个断面布设 2 个测点。

②监测频率：监测频率与支撑内力变化监测相同。

(8)左右线隧道接头张开量监测

左右线隧道接头张开量测点布置如图 18-52 所示。

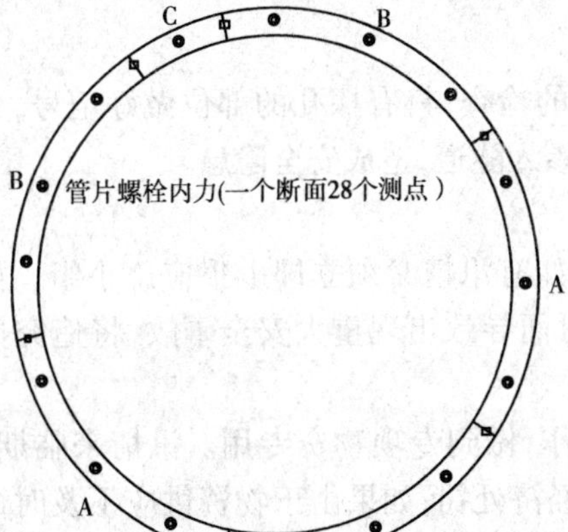

图 18-51　左线管片连接螺栓内力测点布置

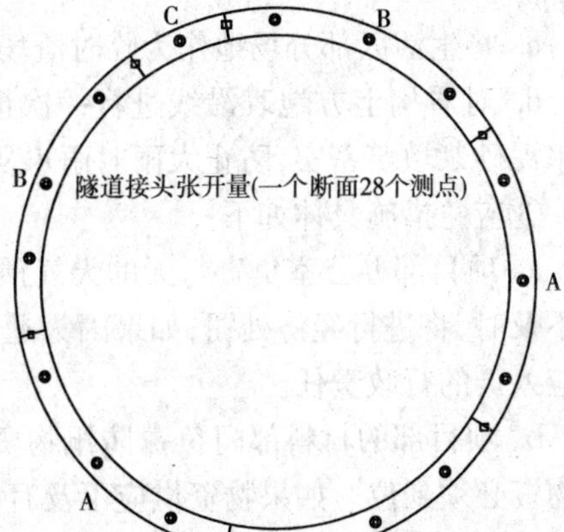

图 18-52　左右线隧道接头张开量测点布置

①测点布设：根据设计要求，左右线隧道接头张开管监测共布设 20 个断面，每个断面布设 28 个测点。

②监测频率：监测频率与支撑内力变化监测相同。

(9)测点统计

左线隧道加固段监测测点统计见表 18-8。

左线隧道加固段监测测点统计 表 18-8

序号	测点类型	数量(个、组)
1	支撑内力	60
2	接触力	60
3	管片应变	60
4	隧道之间土体应变	5
5	隧道净空收敛	80
6	螺栓的内力	140
7	左线隧道侧移	5
8	隧道接头张开量	560

18.1.8 施工应急预案及应急保障措施

1)外部条件变化的应急预案及应急保障措施

(1)暴雨

①风险点出现的原因:6~8 月为北京的汛期,发生大到暴雨的概率较高,盾构正常推进每天需出土 $500m^3$,遇到大到暴雨时渣土处于泥浆状态,弃土场将禁止弃土。

②预防措施具体如下:

a. 每天设专人收听天气预报,随时了解天气状况。

b. 准备两支土方外运队伍,增加外运车辆,以备渣场不具备弃渣条件时,将渣土存放在车上。

c. 将生活区部分场地作为临时渣场。

d. 对盾构上方地表沿线进行一次彻底细致的检查,将有探孔的部位做好记号,并及时用水泥砂浆填筑密实,防止大雨时雨水从勘探孔渗入隧道,造成安全隐患。

③应急措施具体如下:

a. 项目部办公室负责每天的天气预报工作,如有汛情必须立即上报应急小组。如果通知不及时,将进行经济处罚;如果因为通知不及时而导致出现重大安全事故,将追究办公室相应人员的行政责任。

b. 项目部的材料部门负责防汛物资储备工作,做到专项物资专用。汛情来临期间,防汛物资必须到位。如果物资供应不及时,将进行经济处罚;如果由于物资供应不及时而导致出现重大安全事故,将追究材料部门相应人员的行政责任。

c. 应急小组总指挥接到汛情通知后,须马上通知小组各成员,着手安排防汛工作。防汛小组各成员接到通知后,要马上进入防汛紧急状态。如汛情期间办事不力,将进行经济处罚;如果由于某项工作出现问题而导致出现重大安全事故,将追究具体负责人的行政责任。

d. 防汛物资足额准备到位。

(2)民扰

应急措施具体如下:

a. 一般民扰问题,应由办公室等部门给予安抚解释,让居民放心、安心居住。

b. 出现恶意民扰时,首先拨打“110”报警,并及时通知甲方和监理。

c. 一旦出现噪声扰民问题,应立即停止噪声作业工作,采取应对措施,待噪声控制住后,再行施工。

2)施工设备、供电等出现变化的应急预案及应急保障措施

(1)盾构机本身停机

①风险出现的原因:盾构机设备出现故障。

②预防措施具体如下:

a. 在右线盾构穿越楼区前,应对盾构及其他辅助设备进行一次全面彻底的检修。对盾构可能存在的机械故障和缺陷,会同设备供应商和专家共同检测修理,并对可能产生的经常性故障预先做好修理准备;对主要的设备零部件,应与盾构机生产厂家提前联系,保证生产厂家的技术服务人员和主要零部件在右线盾构穿越南、北小街 8 号楼段期间内能够进驻现场并进行备货,在盾构机出现停机等突发事故时能够及时到达现场进行抢修。

b. 联系有相同设备的单位作为配件紧急供应单位。

c. 隧道内除安装内线电话外,须另安装一部外线电话,保证在隧道内出现问题时能第一时间与项目部领导及相关负责人员及时取得联系,同时还可以在地面发生险情时能够及时通知隧道内的施工人员采取相应措施。

③应急措施具体如下。

a. 隧道抢修组:机械负责人与电气负责人组织隧道内的机修组、电工组人员进行故障检查,及时查找盾构设备出现故障原因和损坏的零部件。抢修人员及时将损坏的零部件整体更换,先保证盾构设备可以正常运转,再对零部件进行修理以备再次使用。

b. 地面辅助组:地面辅助组人员,主要负责缩短隧道内与地面的联系时间。地面抢修人员通过内线电话与隧道内进行联系,将所需备件、工具等相关物品及时送到隧道内供隧道抢修组使用。

c. 二次注浆组:组织人员清理同步注浆管路,并注入相应量的膨润土,防止注浆管路堵塞,同时还要及时注意清理储浆罐。二次注浆组人员将二次注浆设备调试好,随时听候命令进行二次补浆,以保证地表不出现明显沉降及塌陷的情况。

d. 专家维护组:盾构设备生产厂家的机械工程师、电气工程师常驻现场,每天对盾构设备进行日常维护,遇到关键问题,及时进行沟通,并到事故现场进行维修。

e. 盾构设备自身保护:由于盾构机的自身性能,在突然断电后会启动设备自身的应急照明约 1h 左右,螺旋机自动进入收缩状态,以确保短期的土压力。应争取在应急照明时段内启动其他电源。

(2)停电

①风险点出现的原因:地区用电高峰期,为保证居民用电,应对施工单位进行停电。

②预防措施具体如下:

a. 突然断电必然会给施工造成不利影响,与供电局联系,在停电前的 1h 应给予书面或电话通知,内容为:停电的具体时间和时段,以便提前采取措施,如提高土压,及时补浆和安置变压器等,将不利影响降到最低。

b. 配置最低容量为300kW的发电机1台,保证施工工地除盾构正常施工之外的所有电力供应;两台功率为30kW的发电机保证隧道内的通风和盾构机的注浆之用。

③应急措施具体如下。

低压停电后为保证隧道施工需要采取以下措施。

a. 地面设备组:龙门吊170kW,搅拌机44kW,循环水泵12kW,考虑到发电机的效率为80%左右,所以需要配置最低容量300kW的发电机1台。

发电机可安放在施工现场一级配电柜附近,停电后将发电机出线接至现场一级配电柜电源进线处,即可保证正常供电。

考虑到300kW的发电机购买费用高,同时为保证以最快的时间恢复供电,采取从北京供电局进行租赁的方式解决,在盾构穿越南、北小街8号楼区的关键地段,300kW的发电机常驻工地,租赁协议已经落实到位。

b. 隧道照明:隧道照明灯具的功率为10kW左右,项目部拥有两台功率为30kW的发电机,可以使用其中的一台来保障盾构隧道的照明,并且隧道内每隔50m有一盏应急灯,保证隧道照明安全。

发电机安放在大井口下隧道照明专用电箱附近,停电后将发电机出线接至隧道照明专用箱供电的二级箱电源进线处,即可保证隧道照明的供电。

c. 二次注浆:为严格控制沉降,二次注浆设备为两台功率为5.5kW的注浆泵,搅拌泵为5kW左右,可使用项目部现有的两台功率为30kW的发电机中的另一台来保证供电。

发电机已送至盾构机第四节台车处,隧道停电后启动发电机,为二次注浆设备供电,保证其正常使用。

3)地表沉降超标、地面塌陷、冒浆的应急预案及应急保障措施

(1)安全隐患

地面出现裂缝、沉陷,建筑物变形、倾斜等。

(2)风险原因

不可预见的地下空洞,同步注浆和二次补浆量不足、土压力过大等。

(3)预防措施

a. 加强对路面的巡逻。提前对隧道右线上方地层进行雷达探测,对土质疏松和含有空洞的区域进行预先注浆加固(已经进行的物探结果表明,穿越地段无地下空洞)。在盾构进行掘进的过程中,对路面及周围建(构)筑物实行24h巡逻、观察。

b. 加强对监控量测的监督,保证监测数据的采集、传递能够准确、及时、可靠。

(4)处理措施

根据评估单位对南小街8号楼的安全评估报告,南小街8号楼邻街外墙下基础的最大沉降量要求小于10mm(隧道上方地表沉降小于15mm),按照专家咨询组和建研院对楼房倾斜、楼顶变形缝变化以及裂缝扩展的控制要求,盾构掘进过程实行预警值、报警值和警戒值三级管理(表18-9及表18-10);在右线盾构穿越期间,盾构前20m和后50m范围内的监控量测频率为4次/d,监测时间为8:00和15:00为一组,10:00和17:00为另外一组。

地表及楼房边沿沉降的预警值、报警值和警戒值三级管理　　表 18-9

内容	条　件	备注
预警值	盾构机刀盘前方 10m 处的监测点，已有沉降现象	满足任何一条都为预警值
	盾构机到达该监测点时，该点沉降值 >3mm	
	监测点脱离盾尾 30m 后，沉降速率 >0.5mm/d，或脱离盾尾 30m 内地表最大沉降达到 5.5mm	
	楼房外墙累计沉降值达到 7mm（隧道正上方为 11mm）	
报警值	楼房外墙累计沉降值达到 8mm（隧道正上方为 12mm）；楼房外墙累计沉降值达到 7mm，且沉降速率 >0.5mm/d	
警戒值	楼房外墙累计沉降值达到 9mm（隧道正上方为 15mm）	

楼房倾斜、楼顶变形缝变化和裂缝扩展的预警值、报警值和警戒值三级管理　　表 18-10

序号	项目	安全等级及其控制量			备注
		预警值	报警值	警戒值	
1	倾斜值	0.000 8	0.001	0.001 2	
2	楼顶变形缝变化量	30mm	35mm	40mm	楼顶测试
3	裂缝变形量	0.8d 且不大于 2mm	1.0d 且不大于 3mm	1.2d 且不大于 4mm	d 为裂缝初始值

①当地表监测沉降数据达到预警值 11mm，或楼房邻街外墙基础沉降超过 7mm，或达到表 18-9 规定的预警值条件，或楼房倾斜等方面数值达到预警条件时，执行预警值上报程序。

a. 监测负责人按图 18-53 所示的程序及时逐级上报。

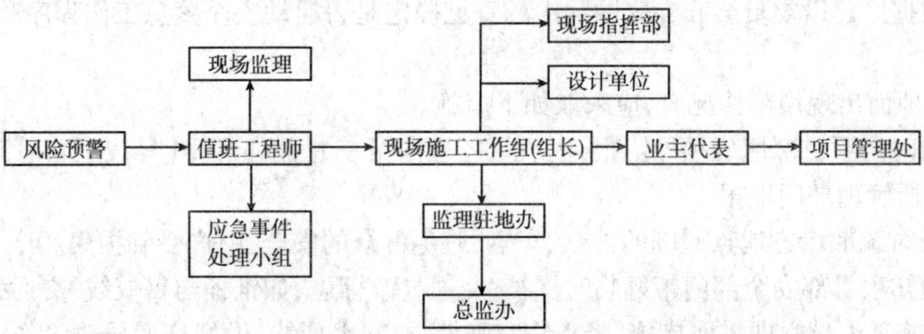

图 18-53　预警上报流程框图

b. 调整盾构掘进参数，放慢掘进速度。

c. 通知隧道内施工人员对沉降值达到预警值的监测点所对应的相应管片区域进行环箍注浆。

②当地表监测沉降数值达到报警值 12mm，或楼房邻街外墙基础沉降超过 8mm，或楼房倾斜等方面数值达到报警条件时，执行报警值上报程序。

a. 监测负责人及时向项目部领导汇报。

b. 通知隧道内施工人员对沉降值超标的监测点所对应的管片前后五环进行二次（多次）补浆。

③当出现地表沉降监测数据达到警戒值 15mm,或楼房邻街外墙基础沉降超过 9mm 且无收敛趋势,或楼房倾斜等方面数值达到警戒条件时,按图 18-54 所示的程序执行警戒值风险事件上报程序。

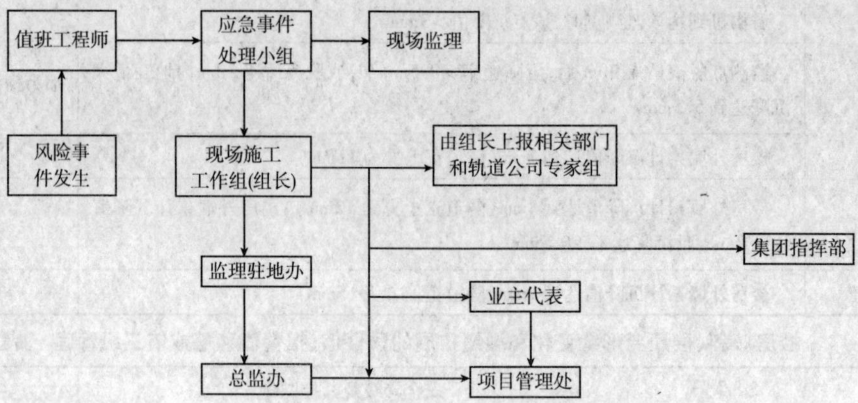

图 18-54 风险事件上报流程框图

相关部门包括:居民委员会、街道办事处、区建设委员会、轨道公司指挥部

a. 及时向项目部领导汇报,由项目经理向第三总监办和 10 号线项目管理处、集团公司指挥部、专家顾问组报告,同时向相关主管部门汇报工作。

b. 盾构推进放慢速度,保持土压力。

c. 监测人员加强对沉降超标点地段的监控量测,安保人员加强对楼房和沉降超标点对应地面的巡视,发现异常及时向项目部汇报。

d. 通知隧道内施工人员对沉降超标监测点对应的管片前后五环进行二次或多次补浆。

e. 根据区建设委员会和专家顾问组的意见确定是否启动安全紧急工作程序和人员疏散流程。

④当地面出现塌陷情况时,应采取如下措施。

a. 及时向项目部值班领导汇报,由项目经理向第三总监办和 10 号线项目管理处报告,同时向交通管理部门汇报工作。

b. 及时疏散塌方地点周围的群众、车辆,避免群众的安全、财产受到损失。

c. 通知项目部安全部门带好临时围挡、交通导改标志,如锥桶与警戒线、交通指挥棒等,组织现场施工人员立即采取措施,竖立临时围挡,拉起警戒线,做好交通导改工作,防止造成东三环路交通拥堵,并阻止无关人员进入事发现场。

d. 通知隧道内施工人员加大同步注浆量,同时在塌陷部位相应的管片壁后采取二次补浆措施。

e. 采取在地面向塌方部位注浆的措施。如果塌方程度较大,则从混凝土搅拌站运送水泥砂浆进行填筑,同时用凝固较快的双液浆直接向洞内注入。如果塌方程度较小,则采用钢花管注双液浆法进行加固。

f. 对塌陷部位加固完毕后,在塌陷部位表面进行硬化处理,撤销警戒线,恢复交通,同时加强巡逻、观察的频率。

⑤地面出现冒浆、冒泡沫情况时,应采取如下措施。

a. 及时向项目部值班领导汇报。

b. 及时疏散冒浆、冒泡沫地点周围的群众、车辆。

c. 通知项目安全部带好临时围挡、交通导改标志，如锥桶与警戒线、交通指挥棒等，组织现场施工人员立即采取措施，竖立临时围挡，拉起警戒线，做好交通导改工作，防止造成东三环路交通拥堵，并阻止无关人员进入事发现场。

d. 通知施工队带好铁锹、扫帚、水管等工具，及时、干净地对事发现场进行清理、冲洗。

e. 通知隧道内技术人员、施工人员对盾构掘进参数进行相应调整。

f. 清理完毕后，撤销警戒线，恢复交通，同时加强巡逻、观察的频率。

4)楼体挂板有脱落趋势等安全问题的应急预案及应急保障措施

(1)风险点出现的原因：地表沉降突然严重超标，楼房倾斜超过允许值。

(2)应急措施：盾构掘进过程中，楼体挂板有脱落迹象等涉及楼身重大安全的问题应立即上报现场指挥部，执行警戒值上报程序，组织专家到场论证，制订可实施方案，同时盾构机放慢推进速度，保持土压力，加强二次补浆及现场监测工作。应立即启动安全应急工作流程，并迅速上报现场指挥部。

安全应急工作流程如图 18-55 所示。

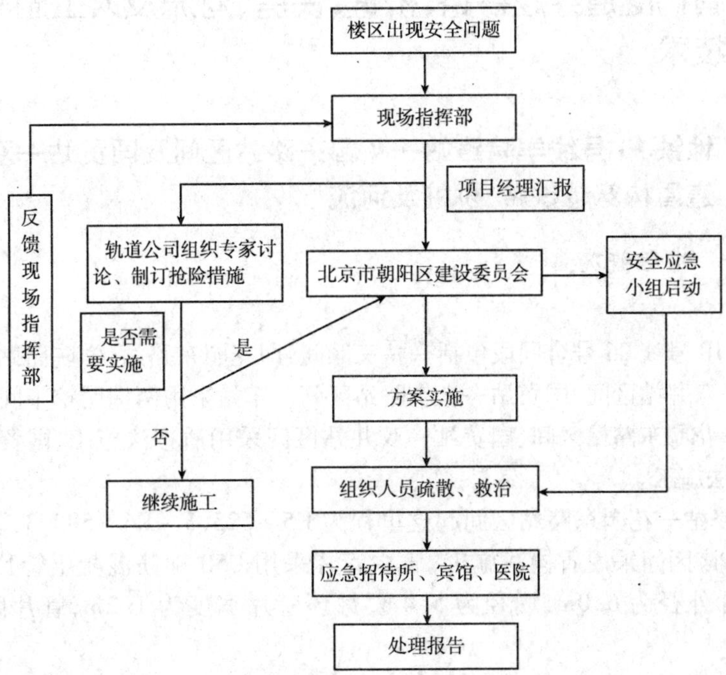

图 18-55　安全应急流程框图

5)左线隧道内支撑应力变化较大问题的应急预案及应急保障措施

(1)风险原因：右线盾构土压力过大，注浆压力过大或其他不明原因等。

(2)预防措施：右线盾构机穿越楼区期间，监测人员应对左线隧道内支撑上布设的测点进行及时监控量测，当支撑上的力变化或变形较大时，立即向项目部值班领导汇报，并且加密监测频率，及时上报数据。

现场按设计要求准备足够的临时支撑材料，当中间的竖向钢支撑监测轴力超过250kN时，即应架设临时支撑。

(3)应急措施：根据设计要求，对隧道内支撑部位增设临时支撑，同时降低盾构掘进速度，减少出土量，但须保持盾构机推进的连续性，适当调整注浆压力、注浆速度，使注浆能够持续注入，但压力相对减小，以降低对管片及周围土体的压力。

当隧道内支撑上的力变化依然没有减弱的迹象时，立即启动图18-55所示的安全工作流程，加强隧道内支护，并向指挥部汇报，召开专家会议，讨论应对措施，编制方案。

18.1.9 工程效果

基于调整后的盾构隧道，按照预先精心制订的施工方案、技术措施及盾构推进参数，加强施工过程中盾构推进参数的控制、监控量测和信息反馈，盾构隧道安全、顺利地穿越了南、北小街8号楼。地铁10号一期工程经过数年的运营表明，工程质量优良。

18.2 盾构隧道穿越铁路、桥桩、民房、河流及人工湖等盾构施工技术

18.2.1 地铁10号线学院路站—花园东路站区间及国贸站—双井站区间隧道盾构穿越铁路、桥桩及河流

18.2.1.1 工程概况

1)概述

北京地铁10号线06号合同段包括一站三区间，即花园东路站、学院路站—花园东路站区间、国贸站—双井站区间、国贸站—光华路站区间。车站采用两端明挖中间暗挖的方法施工，学院路站—花园东路站区间、国贸站—双井站区间采用盾构法施工，国贸站—光华路站区间采用暗挖法施工。

(1)学院路站—花园东路站区间起讫里程为K5+525.3~K6+599.3，长度为2 148m(折合单线)。该区间采用盾构法施工，盾构管片采用C50钢筋混凝土管片错缝拼装，弯螺栓连接，管片外径为6.0m，内径为5.4m，每环管片宽度为1.2m，管片防水等级不低于P10。

K6+061.7设联络通道一处，联络通道采用矿山法施工。根据线路纵断面，区间内不设排水泵站。该区段的盾构工作井利用车站端头井设置。

该区间线路呈东西走向，从花园东路站出发，一路穿行在元土城遗址公园下方，附近为小月河，河道基本平行于线路方向，净距为7~9m，最后到达花园东路站。公园内多为绿地、树木，地下管线较少，主要为公园照明、供水管线。本区间线路最大纵向坡度为0.6%，最小纵向坡度为0.3%，设计隧道顶板埋深为14~16m。

(2)国贸站—双井站区间隧道,左线全长 1 473.862m(里程为 K21 +634.299 ~ K23 +108.161),右线全长 1 471.967m(里程为 K21 +636.194 ~ K23 +108.161)。区间长度 2 937.6m(折合单线),该区间采用盾构法施工,盾构管片采用 C50 钢筋混凝土管片错缝拼装,弯螺栓连接,管片外径 6.0m,内径 5.4m,每环管片宽度 1.2m,管片防水等级不低于 P10。

在区间隧道 K21 +805 和 K22 +704 处设区间联络通道,在 K22 +300 处联络通道和泵房以及通风井合设一处,在 K21 +440 ~ K21 +470 范围内设一处迂回风道。双井站北端设盾构始发井,国贸站南端设盾构平移出洞条件。

该区间呈南北走向,位于东三环路下,北起国贸站南至双井站,在距离国贸站约 115m 处左右线各设一个盾构吊出井,该 115m 范围采用矿山法从盾构吊出井开始进行暗挖施工;由于国货站—双井站区间位于北京繁华的闹市区,东三环车流量大,沿线周边高楼林立,管线繁多,存在双井北天桥、京秦铁路桥、通惠河、国贸桥桩群诸多环境风险点,隧道埋深 15 ~ 23m,线路平面存在曲线段,最小半径 350m,最大坡度 0.55%。

2)地质条件

国贸站—双井站区间的地层包括:人工填土层,新近沉积层,第四纪全新世冲洪积层,第四纪晚更新世冲洪积层;土质主要为卵石层,中粗砂层,粉细沙层,粉质黏土层,透镜状细中砂层。隧道顶部大部分为饱和的砂土,其稳定性差,极易发生流沙和大面积的坍塌现象。本隧道位于潜水水位以下,并同时揭露承压水含水层,故受地下水影响,围岩土体的自稳能力差,尤其是砂土、粉土层易产生坍塌,并易产生局部潜蚀、涌沙、流沙等。双井站—国贸站盾构隧道所穿越的地层见表 18-11 及图 18-56。

双井站—国贸站盾构隧道穿越的地层条件评价　　表 18-11

与隧道的空间关系	围　岩	围岩分级	地质特征及评价
隧道顶部	卵石⑤层,中粗砂$⑤_1$ 层	Ⅵ	饱和的砂土、碎石土层稳定性差
隧道中部	粉质黏土⑥层、黏土$⑥_1$ 层、粉土$⑥_2$ 层	Ⅵ	有潜水和承压水含水层,受地下水影响,土体的自稳能力差
隧道底部	粉质黏土⑥层、粉土$⑥_2$ 层、粉细砂$⑦_2$ 层、	Ⅵ	由于隧道底部有承压含水层,极易发生底鼓或涌沙

3)隧道近接环境条件

国贸站—双井站盾构区间线路最大纵向坡度为 6‰,最小纵向坡度为 0.3%,设计隧道顶板埋深为 14.00 ~ 16.00m。线路从国贸站出发,左右线分别沿东三环路两侧辅路向南而行,先后下穿国贸桥桩群、通惠河、京秦铁路桥、双井立交北天桥等重要区域。线路两侧地面上建筑物密集、地下各种公用管线密布。该区间最大埋深为 23m,最小埋深为 15m;最小坡长为 250m。国贸站—双井站区间地下管线较多,主要有热力 DN5000 × 1750、污水 DN1550、污水 DN2100 × 1638、污水 DN3800 × 2500、热力 DN1300 × 740、热力 DN1400 × 840、污水 DN1300、上水 DN1400、电力 DN2200 × 2500 共计四类管线,其中 K21 + 939.953 处的 DN3800 ×2500 污水管线高程较低,管底距地面为 8.3m,管底高程为 28.84m,是本段的控制管线。地下管线均在区间隧道拱顶外缘以上。

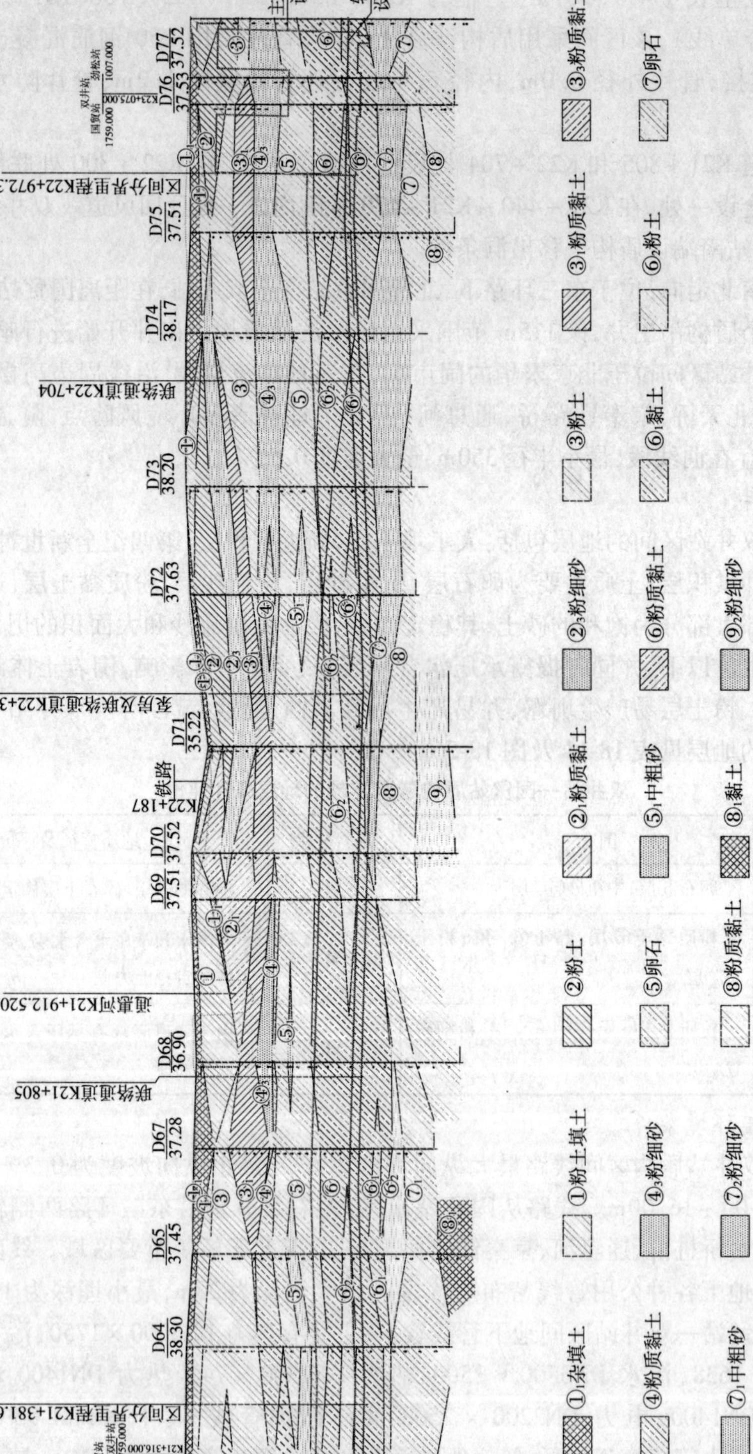

图 18-56 国贸站—双井站地址剖面图

18.2.1.2　盾构机类型及主要技术参数

1) 盾构机型

基于地层条件，国贸站—双井站区间隧道施工选用了两台德国海瑞克公司生产的 ϕ6 250mm铰接式土压平衡盾构机，如图 18-57 所示。

图 18-57　盾构主机及刀盘刀具

2) 主要技术参数

盾构机的主要尺寸、技术性能及主要参数见表 18-12。

盾构机的主要尺寸、技术性能及主要参数　　表 18-12

技术性能		规格/尺寸/数量	备　注	技术性能	规格/尺寸/数量	备　注
类型		EPB		重量	310kN	
盾构主体	直径	6 250mm	不包括耐磨层	土压传感器	5 个	
	长度	7 430mm		气闸室连接法兰	ND1600	双闸室
螺旋输送机连接法兰				螺旋输送机闸门	有	在压力隔板上
压力隔板		最小厚度 60mm		开挖室内注料管（钻杆）	4 个	
推进油缸				数量	30 个	10 单 +10 双
尺寸		220/180mm		推进力	36 400kN	
工作压力		300bar		行程	2 000mm	
推进速度		80mm/min		回缩速度	1 400mm/min	
尾盾				形式	铰接式	
密封		3 排钢丝刷		长度	3 150mm	不算铰接部分
注脂管		2m ×6m	DN25	注浆口	4 个	DN50
真圆保持器		1 个		重力	265kN	
尾盾铰接油缸				形式	随动式	可回缩
数量		14 个		回缩力	7 340kN	
直径		180/80mm		行程	150mm	
行程测量		4 个		刀盘		

续上表

技术性能	规格/尺寸/数量	备　注	技术性能	规格/尺寸/数量	备　注
类型	面板式		直径	6 280mm	
开口率	38%		旋转连接副	用于泡沫管线	4 泡沫
刀具配置	1 组中心割刀 92 把刮削刀 8 组铲刀		旋转方向	左/右	
			回转接头	1 个	内有 4 条管路
			重量	460kN	
刀盘驱动			类型	液压、环型驱动	
液压马达数量	8 个		最大扭矩	4 377kN · m	
脱困扭矩	5 350kN · m		旋转速度	0 ~ 6.1r/min	
主驱动	945kW	3 × 315kW	主轴承形式	固定	
主轴承直径	2 600mm		主轴承寿命	10 000h	

注：1bar = 10^5 Pa。

18.2.1.3 盾构施工技术

1）盾构推进的实际参数及合理参数

①观察盾构机姿态变化，以调整推进油缸压力的分布，盾构机前点和后点的坐标差值应以控制在 30mm 内为宜，最大不可超过 50mm。

②推进油缸压力应合理分布，尽量不要出现压力差值过大的分布，避免出现上、下组油缸的最小推力大于左、右组油缸的最大推力（Min[Top, Bottom] > Max[Left, Right]）或上、下组油缸的最大推力小于左、右组油缸的最小推力(.Max[Top, Bottom] < Min[Left, Right]）的情况。

③调整盾构机位置时，每环移动量应小于 5mm。

④铰接油缸的伸长量应控制在 20 ~ 140mm 之间。

⑤注意泡沫注入系统是否正常。

⑥打开排土门时，如果其压力不为零，应缓慢打开，直至压力降为零，方可迅速打开。

⑦调节螺旋输送机的转速及掘进速度，控制土仓压力位置 1 处在 1.2×10^5Pa 左右。

⑧当土质过于稀湿时，须减小排土门开度，出每斗土间隙时间应关闭排土门，否则土会因压力作用过快排出，致使土仓压力迅速降低，严重影响土压平衡的建立。

⑨根据土质情况适当调整误帧率（*FER*）、远红外线（*FIR*），以及采取加水或膨润土等措施。本工程可采用 *FER* = 6 ~ 15，*FIR* = 10 ~ 20。

⑩刀盘扭矩过大，应减小推进速度，采取加水或增大 *FIR* 等措施，使扭矩控制在正常范围。

⑪盾构机在软土层中掘进时，应保持抬头姿态，建议垂直方向 Tendency 保持在 3.5 左右。

⑫在拼装管片时，每次收顶的个数不得超过 7 个（双顶算 1 个）。

⑬盾构机旋转角即 Roll 值应控制在 ± 10mm/m 以内，最大不得超过 ± 15mm/m。

⑭当遇到螺旋输送机扭矩过大、排土不畅、持续较长时间时,应停止掘进,可采用正反转处理。

2)管片拼装质量控制统计分析

(1)管片安装

①根据管片安装顺序,将须安装管片位置的千斤顶缩回到位,空出管片拼装位置。

②用管片安装遥控器操作,管片安装头须与管片调整好相对位置(通过调整安装头上的6个自由度),然后吊起管片。

③将管片旋转至最终的正确位置上。

④穿上螺栓,拧紧螺栓(纵向与环向螺栓)。

⑤将该管片位置的千斤顶伸长,顶住管片。

⑥在做上述工作的同时,管片输送器继续按拼装顺序输送管片至安装位置。

⑦余下管片重复上述操作步骤。

(2)管片安装的质量安全要求

①管片安装头必须拧紧,为避免管片旋转过程中安装头单独承受管片质量,应将四条压板均匀地接触管片,避免拼装过程中吊装头被拔出,破坏管片及引起安全隐患。

②管片拼装过程中,第一块管片的位置尤为重要,它决定本环其他管片的位置是否正确及管片环纵缝的宽窄。若第一块管片水平面高于前一环相邻管片,则最后造成F块的拼装空间不够;若低于相邻块,管片环直径、纵缝偏大,防水性能降低,同时给下一环管片拼装造成困难。因此,第一块管片拼装时要打好水平面,与上一环邻接管片保持同一平面,防止形成喇叭口。

③当拼装最后一片相邻块时,应用尺子量出预留给F块管片的空间(宽度),若宽度不够或过大,须重新调整相邻块位置,确保F块的安装空间。

④管片拼装应满足规范规定的允许偏差:高程和平面不超限;每环相邻管片平整度≤10mm,纵向相邻环面平整度≤15mm,衬砌直径椭圆度≤0.5%。

⑤拧紧螺栓时应确保螺栓紧固,拧紧矩要达到设计要求的300kN·m。环向螺栓连接:成环管片均有纵、环向螺栓连接,其连接的紧密度将直接影响到隧道的整体性能和质量,因此每环拼装结束后应及时拧紧纵、环向螺栓,当推进下一环时,在千斤顶力的作用下拧紧纵向螺栓,当成环管片脱出车架后,再次拧紧纵、环向螺栓。

⑥同一环内管片的相对位置应符合设计图纸要求,不可互换。每块管片上均有管片类型标记、纵缝对接标记,安装管片时应认真查验这些标记,保证管片安装正确。管片正千斤顶和背千斤顶面不同,方向不要装错。

⑦管片F块安装方法为:F块先纵向搭接70cm,然后将F块推顶到环向预定位置再纵向插平。

⑧安装时应注意小心轻放,避免损坏管片和止水条。

为保证装配后结构良好的受力性能,提供符合计算假定的结构工作条件,拼装必须达到下列精度。

整环拼装的允许误差:相邻环的环面间隙≤1.0mm;纵缝间隙≤2mm;衬砌对应的环向

螺栓孔不同轴度 <1.0mm。

3)同步注浆与补注浆的浆液类型、配合比和注浆工艺及参数

(1)浆液制造

浆液配合比见表 18-13。

浆液配合比(单位:kg)　　表 18-13

水泥	砂	粉煤灰	膨润土	水
120	800	340	50	200

(2)注浆方式

采用盾尾同步注浆方式进行注浆。在盾尾内侧沿周围布置 4 根内置式注浆管,每根管上设有压力表和手动阀门,盾尾通过软管分别与 4 根注浆管相连,注浆泵可以手动控制。注浆装置根据压力可控制注浆量大小,但须保证盾尾密封装置不被破坏,避免管片受到过大压力。

(3)浆液供应

浆液在地面搅拌好,运到浆液罐旁,再搅拌 3 ~ 5min 后,通过浆液车上的注浆泵将浆液转移到后续台车上的浆液罐。

(4)注浆工艺及参数

注浆工艺流程如图 18-58 所示。

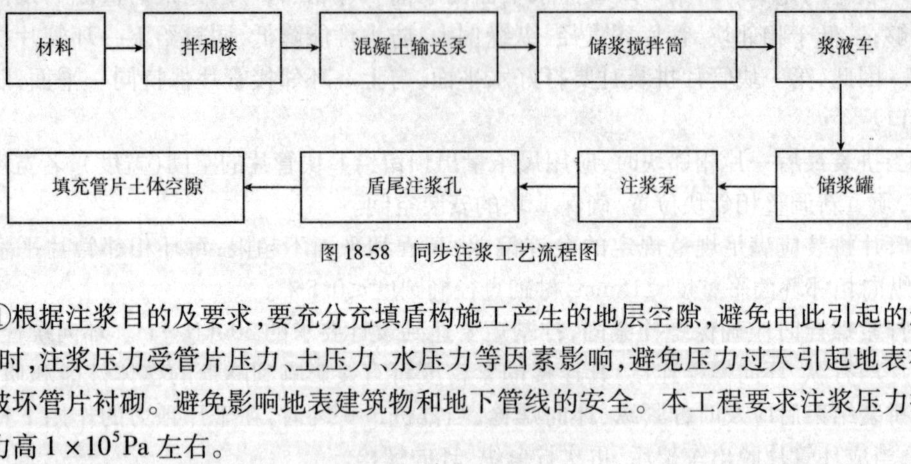

图 18-58　同步注浆工艺流程图

①根据注浆目的及要求,要充分充填盾构施工产生的地层空隙,避免由此引起的地表沉陷;同时,注浆压力受管片压力、土压力、水压力等因素影响,避免压力过大引起地表有害隆起或破坏管片衬砌。避免影响地表建筑物和地下管线的安全。本工程要求注浆压力控制比土压力高 1×10^5Pa 左右。

②盾构掘进前,设定好各项注浆参数。

③注浆过程中,密切注意注浆系统的运行情况,注意冲程数和压力值的变化,由此判断是否堵管及堵管的位置。

④注浆停止时,应及时清洗管道,并检查注浆泵和管道是否堵塞。余浆处理后外运。

⑤注浆压力由技术人员确定,注浆工作应及时做好拌浆记录和注浆压力及注浆量记录,并按期检查浆液质量,注浆量应控制在理论空隙值的 1.2 ~ 1.8 倍。

注浆主要参数:注浆压力控制在 1.1 ~ 1.2 倍的静止水、土压力范围内,注浆量为 4.86 ~ 6.48m^3/环(1.2m)。

18.2.1.4　下穿双井北天桥桥桩的技术措施

北京地铁 10 号线国贸站—双井站区间隧道，在里程为 K22 + 806 ~ K22 + 822 的范围内下穿双井立交桥北天桥。

盾构机推进过双井立交桥北天桥时要经过北天桥的 1、2 号桩，并对这两个桩影响较大。1 号桩距隧道水平净距 1.738m；2 号桩距隧道水平净距 1.981m。

两个桩的桩底均位于盾构隧道的斜上方。桥桩与隧道在横断面上的位置关系如图 18-59所示。

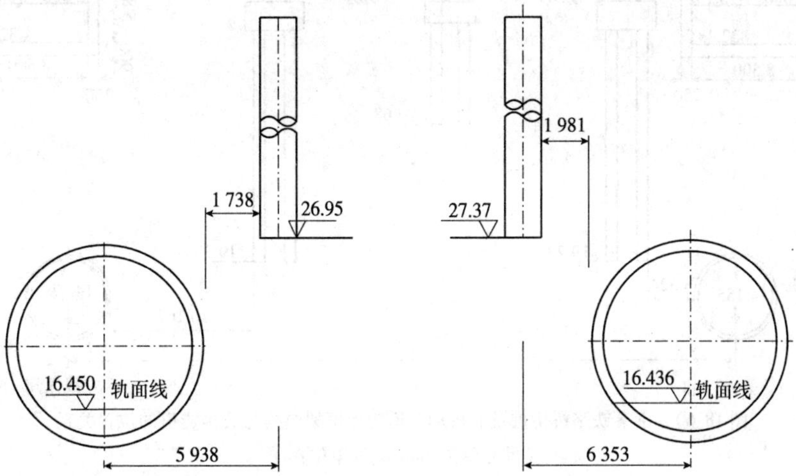

图 18-59　双井北天桥桥桩与隧道在横断面上的位置关系（尺寸单位：mm；高程单位：m）

根据以往的盾构施工监测资料，在这种地质条件下，正常施工情况时，地面沉降可以控制在 5mm 以内，通过调整盾构施工参数，地面沉降还可以控制得更小。

盾构机掘进到该段时采取了以下施工措施：

(1)控制推进速度和出土速度，使两者有机协调，保证掌子面土压力，降低正面土仓压力。

(2)穿过双井北天桥之前调整盾构机姿态，摸索好盾构机的掘进参数，保证刀具完好。

(3)同步注浆时，控制好注浆量和注浆压力。

18.2.1.5　下穿京秦铁路桥的技术措施

1)工程概况

京秦铁路是中国新建的第一条双线电气化铁路，也是晋煤外运北线的重要通道。京秦铁路桥更是与首都车水马龙的东三环路相会合，其交通枢纽的地位和地理位置的重要性可见一斑。

该处地质条件从地面往下依次为粉土层、砂层、卵石层、粉土层、砂层，在该种组合地层下开挖出来的地下洞室自稳能力差，不能作为持力层，极易造成地面、结构物基础沉降。由于三环路上难以施作旋喷加固，因此土体无法得到任何补强。

京秦铁路桥跨东三环机动车道的两跨简支梁结构，跨度在 12.5m 左右，桩采用 ϕ800mm 钻孔桩，桩底高程为 19.29m。京秦铁路桥跨非机动车道为两个矩形框架结构，净空跨度为

8.5m。国贸站—双井站区间左右线隧道分别下穿非机动车道的两个框架结构，该处地面高程为35.7m，地铁轨面高程为14.155m，隧道埋深为15.893m。右线隧道与简支梁桩横向净距为3.324m，左线隧道与简支梁桩横向净距为10.167m。盾构隧道与京秦铁路桥桥桩及非机动车道矩形框架结构在横断面上的位置关系如图18-60所示。

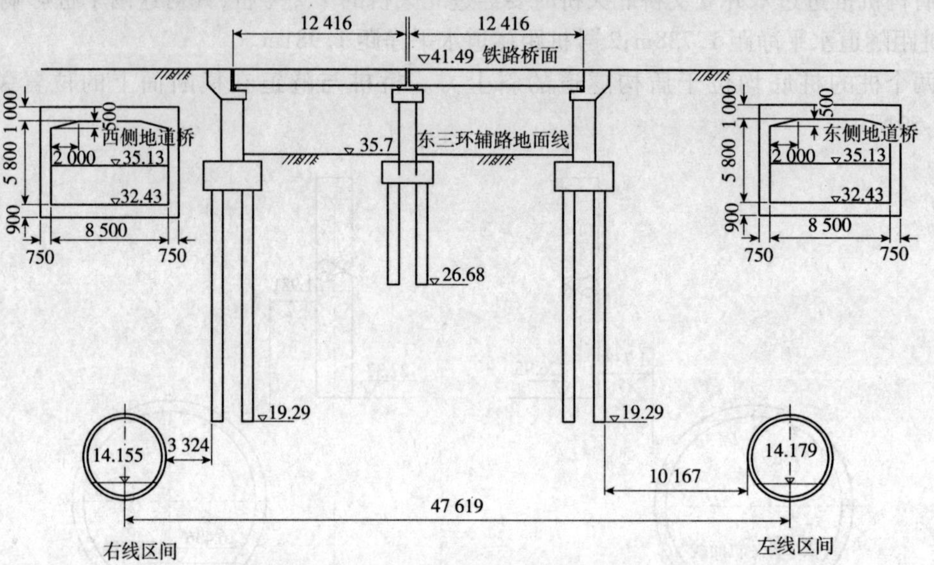

图18-60 京秦铁路桥桥桩及非机动车道矩形框架结构与盾构隧道的位置关系

（尺寸单位：mm；高程单位：m）

2）分析计算

（1）计算模型

采用Plaxis平面有限元程序对盾构隧道施工过程引起的地层和桥桩的变形进行了平面弹塑性有限元分析。计算区域宽120m、深50m，模型左右边界为水平约束，底部边界为竖向约束。框架地道桥及铁路桥用实体单元模拟，盾构管片用弹性梁单元模拟，岩土材料屈服条件采用Mohr－Coulomb屈服准则，隧道开挖使用单元的生与死来模拟。计算考虑了列车动荷载的作用，换算为地面均布荷载100kPa施加于模型顶部边界；框架地道桥的人群荷载取4kPa；铁路桥下机动车荷载取20kPa。计算分两种情况进行：①先开挖右线，后开挖左线；②先开挖左线，后开挖右线。地层参数取值见表18-14，计算模型如图18-61所示。

地层物理力学参数　　表18-14

层名	层厚(m)	重度γ(kN/m^3)	黏聚力c(MPa)	内摩擦角φ(°)	泊松比υ	变形模量E_0(MPa)
杂填土	9.7	17.5	10	10	0.3	6
粉细砂	3	19.5	0	25	0.28	7.8
粉质黏土	2.2	19.6	36	17	0.33	6.7
卵石	5.4	20.8	0	45	0.2	31.5
粉质黏土	15.8	20	44	16	0.3	8.3
卵石	—	21.2	0	45	0.2	63

注：$E_0=E_s[1-2\mu^2/(1-\mu)]$，$E_s$为压缩模量。

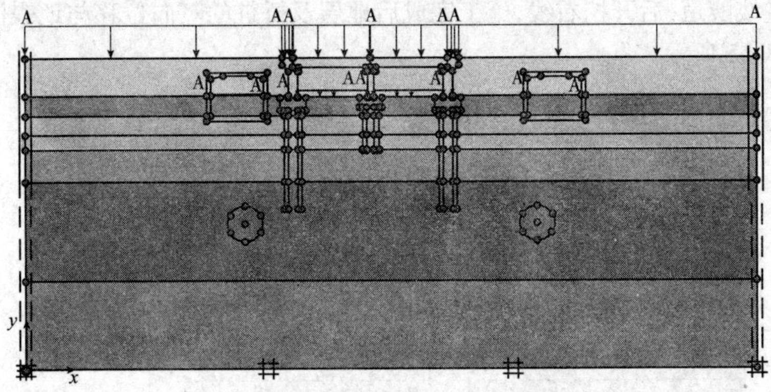

图 18-61　地层和桥桩计算模型

(2)计算结果

先开挖右线隧道,后开挖左线隧道,施工完成后地层及桥桩的竖向位移与地表沉降曲线如图 18-62 和图 18-63 所示。

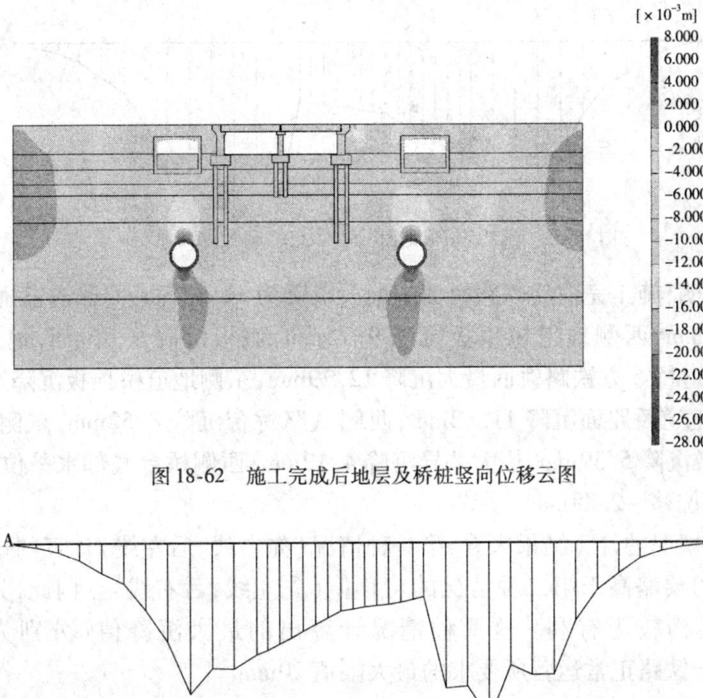

图 18-62　施工完成后地层及桥桩竖向位移云图

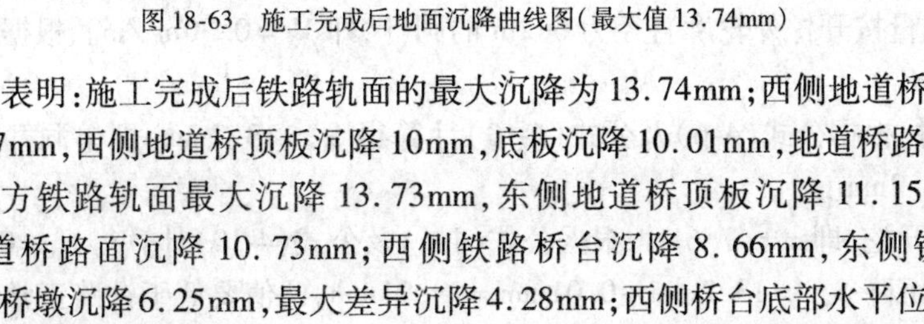

图 18-63　施工完成后地面沉降曲线图(最大值 13.74mm)

计算结果表明:施工完成后铁路轨面的最大沉降为 13.74mm;西侧地道桥上方铁路轨面最大沉降 11.7mm,西侧地道桥顶板沉降 10mm,底板沉降 10.01mm,地道桥路面沉降 10mm;东侧地道桥上方铁路轨面最大沉降 13.73mm,东侧地道桥顶板沉降 11.15mm,底板沉降 11.17mm,地道桥路面沉降 10.73mm;西侧铁路桥台沉降 8.66mm,东侧铁路桥台沉降 4.38mm,中间桥墩沉降 6.25mm,最大差异沉降 4.28mm;西侧桥台底部水平位移 4.29mm,东侧桥台底部水平位移 -2.4mm。

先开挖左线隧道，后开挖右线，施工完成后地层及桥桩的竖向位移与地表沉降曲线如图18-64及图18-65所示。

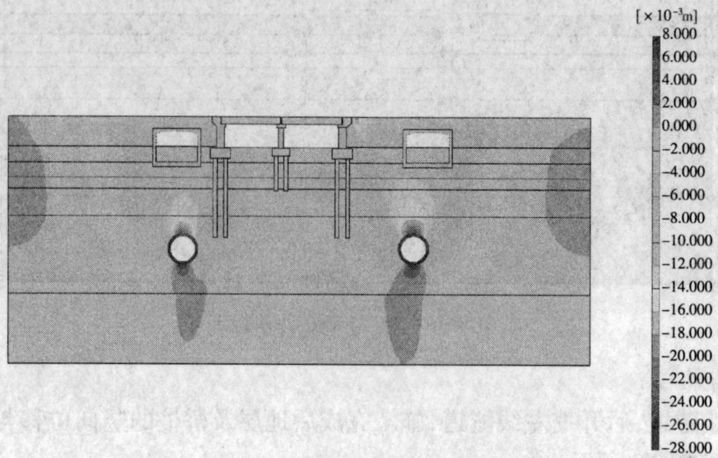

图18-64 施工完成后地层及桥桩竖向位移云图

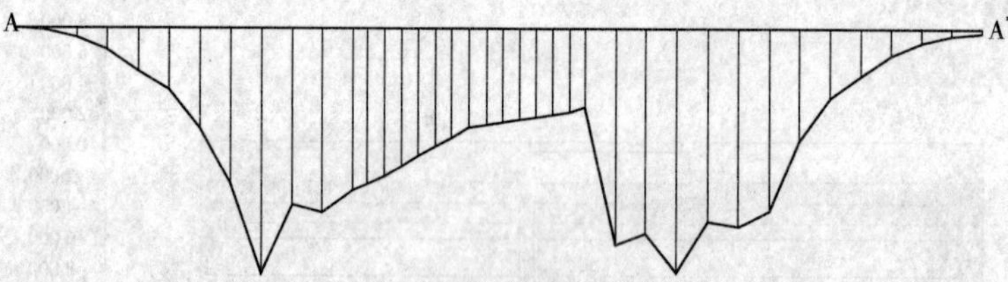

图18-65 施工完成后地面沉降曲线图(最大值12.82mm)

计算结果表明：施工完成后铁路轨面的最大沉降为12.82mm；西侧地道桥上方铁路轨面最大沉降12.82mm，西侧地道桥顶板沉降9.75mm，底板沉降9.76mm，地道桥路面沉降9.74mm；东侧地道桥上方铁路轨面最大沉降12.79mm，东侧地道桥顶板沉降11.63mm，底板沉降11.64mm，地道桥路面沉降11.62mm；西侧铁路桥台沉降8.52mm，东侧铁路桥台沉降4.4mm，中间桥墩沉降5.39mm，最大差异沉降4.12mm；西侧桥台底部水平位移3.72mm，东侧桥台底部水平位移-2.88mm。

从上述两种情况的计算结果来看，第一种情况(先右线，后左线)计算的位移值(除东侧地道桥的位移外)要略高于第二种情况的位移值(先左线，后右线)。因此，先开挖左线、后开挖右线对于结构较为有利。这两种情况计算出的最大沉降值(分别为13.74mm和12.82mm)要低于铁路正常运营所要求的最大限值20mm。

根据国内盾构隧道类似工程经验，结合北京地区地质情况的特点，地层损失量按开挖量的1%计，开挖量按开挖外轮廓直径为6.2m的圆计，即$V_s=0.30\text{m}^3/\text{m}$。根据公式(4-13)计算得$i=9.064\text{m}$。

当$x=0$时，根据公式(4-6)及公式(4-10)计算得$S_0=13.2\text{mm}$，即单洞开挖盾构隧道的最大沉降为13.2mm；

另一隧道开挖，即$x=47.6$时，根据公式(4-6)及公式(4-10)计算得$S_0=0.01\text{mm}$，因此，盾构隧道最大沉降$S_{max}=13.2\text{mm}+0.01\text{mm}=13.21\text{mm}$，此值要低于铁路正常运营所要求的最大限值20mm。

由以上分析可知，数值分析法计算出的沉降值(13.74mm,12.82mm)与经验公式计算出的沉降值(13.21mm)较为接近，均低于铁路正常运营所要求的最大限值 20mm。在盾构正常施工条件下，能够保证铁路桥梁设施的安全与使用。

3)技术措施

针对以上各种不利因素，基于计算分析结果，制订如下施工措施：

(1)控制好盾构机姿态，建立好土压平衡，使得①号土压传感器压力在 0.14 ~ 0.15MPa。

(2)掘进速度控制在 50mm/min 以内。

(3)严格控制出土量，每环(1.2m)控制在 43 ~ 47m^3。

(4)壁后注浆采用凝结时间短的活性浆液替代惰性浆液，在每方浆液中加入约 140kg 的水泥。每环(1.2m)同步注浆控制在 5m^3 左右，①、④注浆管每管控制在 130 个冲程左右，②、③注浆管每管控制在 50 个冲程左右，四管总冲程数在 320 ~ 360 之间。

(5)加强监测和施工过程盾构推进参数的控制，监测频率必要时 6 次/d，根据监测反馈信息，及时优化施工参数。

(6)出现盾尾漏浆情况应及时采取补注密封油脂等措施，阻止继续漏浆，并根据浆液漏出量及时进行补注。

18.2.1.6　下穿通惠河的技术措施

通惠河呈东西走向，横穿东三环路并与其垂直相交(图 18-66)，是北京市的水利枢纽，在汛期和雨季担负排水泄洪的作用。

图 18-66　通惠河与国贸站—双井站盾构区间平面关系示意图

河道宽约 35m，河水高程为 30.53m，河道底高程为 28.56m，路面高程为 36.9m，河底距隧道结构顶距离为 10m 左右，通惠河底与隧道顶板间的土层相对较薄，并有饱和的卵石层，地表河水的渗漏对地下潜水有一定的补给作用。同时在地下水如此丰富的情况下，盾构施工的同步注浆浆液容易流失，无法起到加固地层、稳定隧道的作用。如何有效防止地下水渗流，确保工程安全是施工中的难点。

此外，盾构机在通过通惠河的同时通过通惠河桥桩群，如图 18-67 所示。

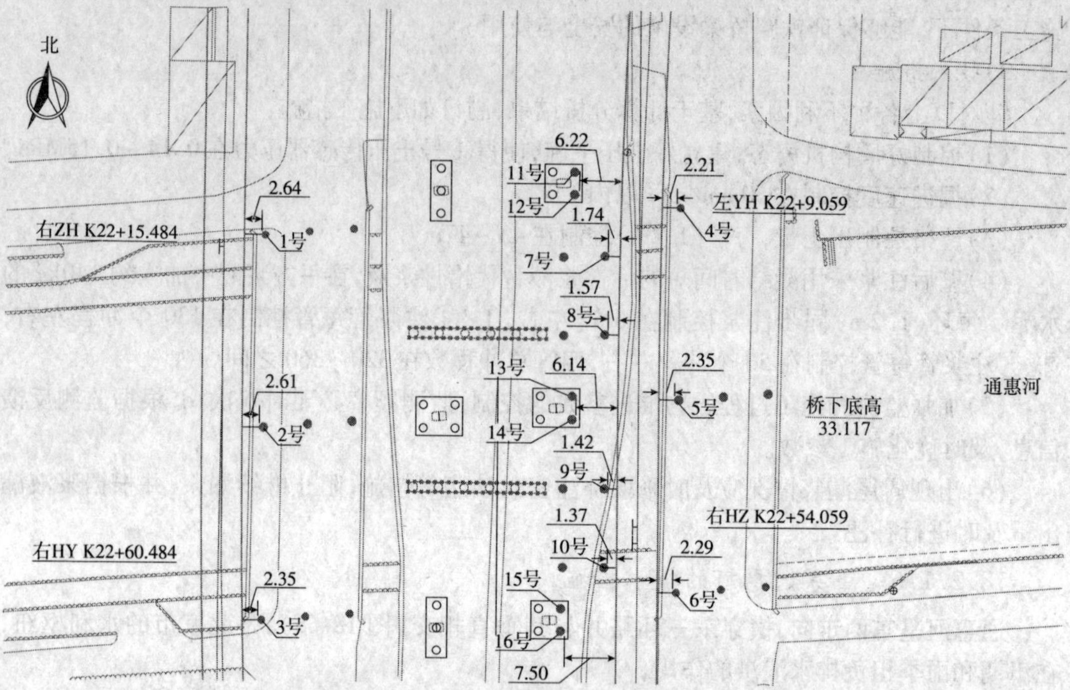

图 18-67　通惠河及桥桩与隧道结构的平面关系图

施工时，采取了以下技术措施来保证通惠河及通惠河桥的安全：

(1)做好理论渣土量与实际渣土量的记录，保证出渣量与掘进速度一致，避免“冒顶”突发事故的发生。

(2)通过合理组织施工，使盾构尽量能连续、快速地通过通惠河。

(3)加强盾构姿态的测量和地面的监控测量，及时反馈信息以指导掘进施工。

(4)严格控制盾构操作，调整好盾构推进油缸的压力差以及各组推进油缸的行程，避免盾构上飘。

(5)掘进时保持土压平衡工况掘进。

(6)施工时在土仓和刀盘前注入泡沫，改善渣土性能，防止涌沙、突水现象发生。

(7)在盾构掘进过程中不断地对盾尾密封注入油脂，防止地层泥水和浆液进入盾体内。

18.2.1.7　穿越国贸桥桥桩的技术措施

1)概况及要点

国贸桥位于东三环和长安街的交叉口，是北京的重要交通枢纽之一，同时还处于北京政治经济繁华的中心，周围高楼林立、管线复杂，桥上是三环主路，桥两侧是三环辅路，桥下是停车场，周边环境复杂，给本区间的施工造成了很大难度，其中面临一个很重要的问题，就是如何减少区间隧道施工对国贸桥桥桩造成的影响。经调查，此段区间通过国贸桥预计要下穿或影响共计 48 根桥桩，如图 18-68 所示。

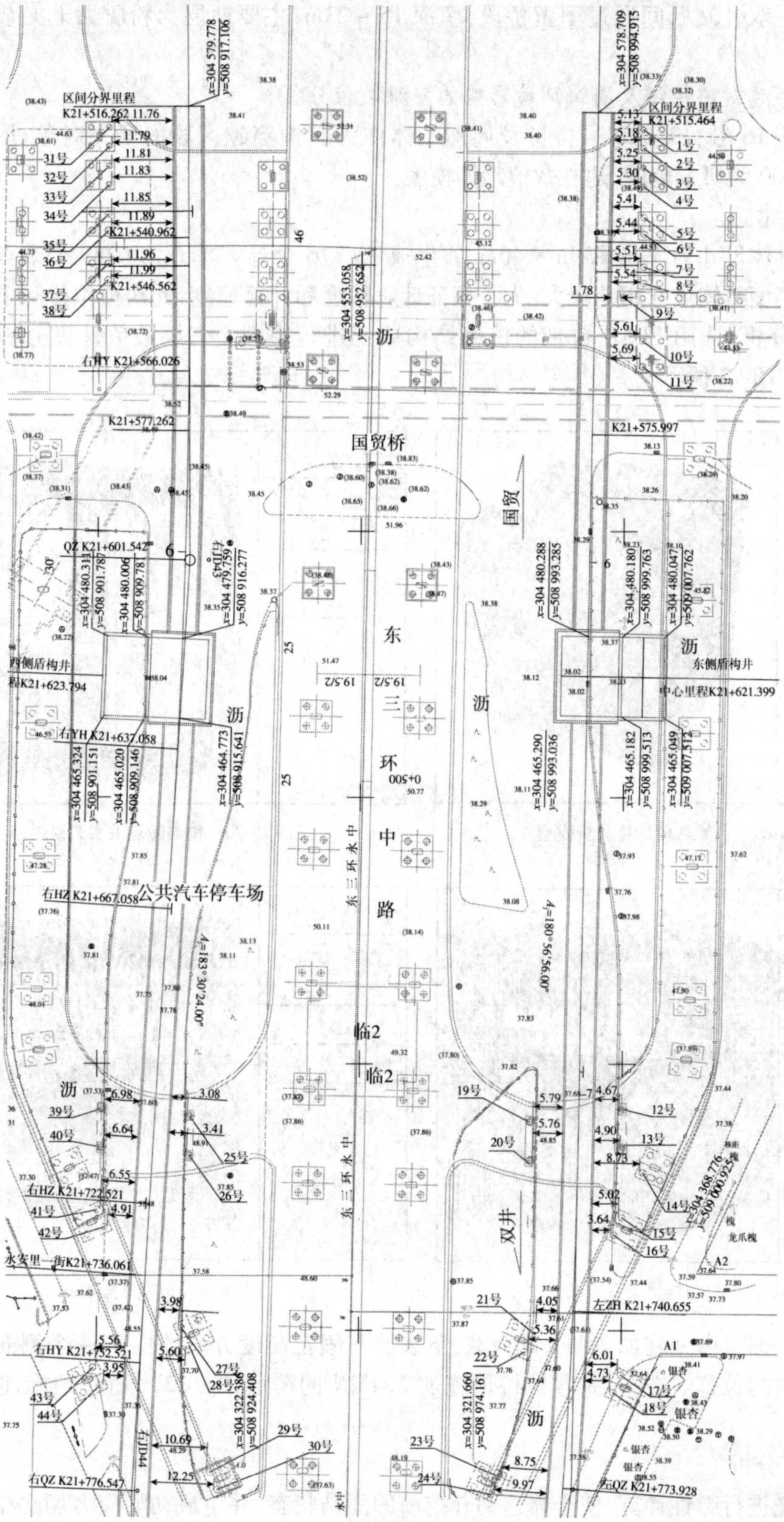

图 18-68　盾构隧道穿越区段的国贸桥桩群平面位置图

国贸站—双井站区间通过国贸桥段,埋深 15 ~ 23m,主要地层为粉质黏土夹杂砂卵石地层。

2)盾构穿越对桥桩群及周边环境影响的三维数值分析

选取 12 ~ 16 号、19 ~ 20 号桥桩及周围土体作为盾构穿越区段的研究对象,取 K21 + 740 ~ K21 + 700 为研究范围,建立数值计算模型。

(1)模型建立

模型的具体尺寸为 39m × 39m × 40m,共生成 75 776 个计算单元,80 289 个节点。考虑桩的尺寸与模型整体尺寸相差很大,为了保证计算精度和计算速度,此次模拟排除了桩自身的结构破坏分析,选用 FLAC 自带的桩体结构单元进行模拟。三维数值计算分析建模如图 18-69 ~ 图 18-72 所示。

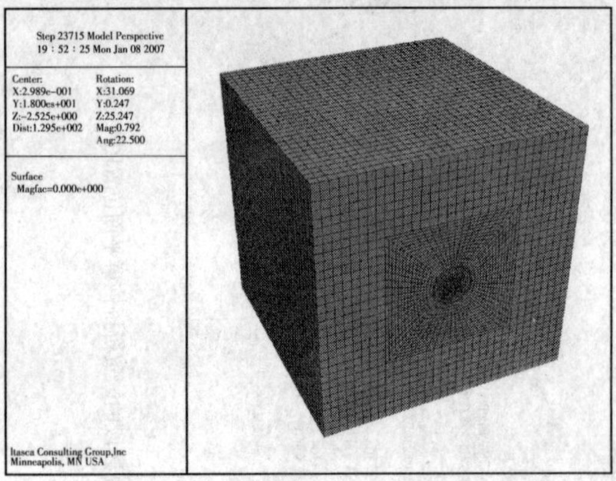

图 18-69 三维数值计算分析模型

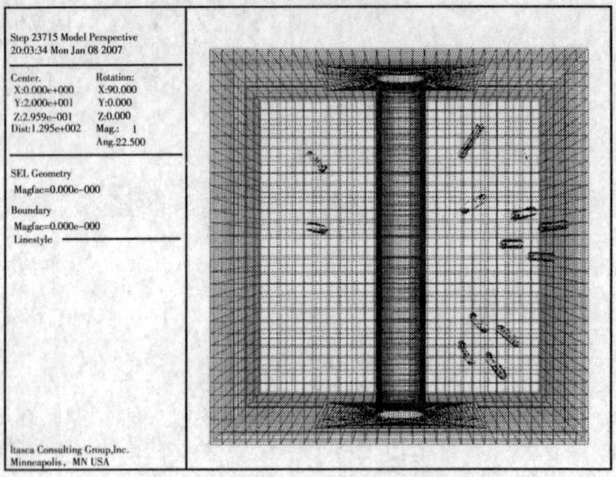

图 18-70 桩与隧道关系俯视图

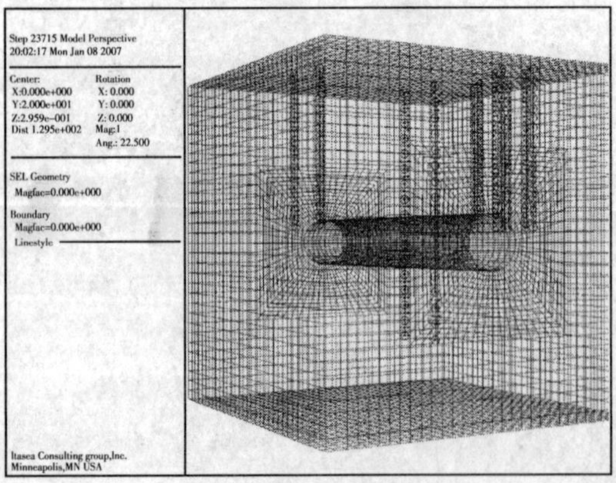

图 18-71 桩与隧道关系主视图

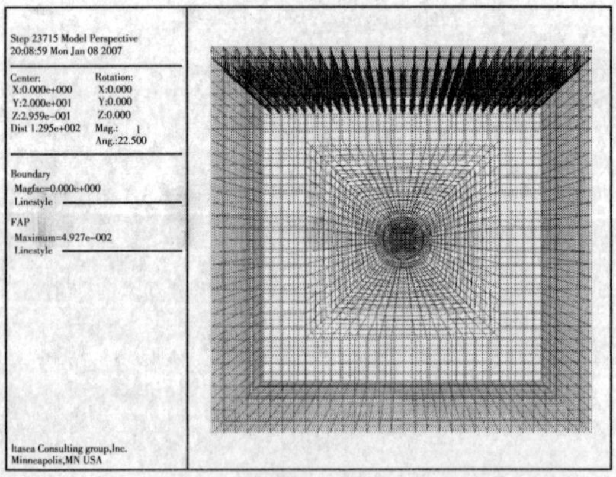

图 18-72 外荷载施加图

模型上表面自由并施加 20kPa 的荷载,下表面只固定高度方向的位移,4 个侧面分别限制其法线方向的位移。在 1 ~ 8 号桩桩顶施加 2.4MN 的荷载,9 ~ 12 号桩桩顶施加 3.0MN 的荷载。

(2)计算分析

模型首先进行弹性计算,使土体达到开挖前的固结状态,并生成初始应力场。在弹性平衡后,给模型赋以塑性参数,使其在开挖过程中可以根据莫尔 - 库仑准则判断自身是否破坏,是否产生相应塑性变形。并对已经达到开挖前状态的土体模型进行位移清零(注:此操作对模型单元内力无影响)。桩作为研究的重点,在形成初始应力场后加入,并施加桩顶荷载,形成盾构掘进前的地层应力状态。

模型初始应力场如图 18-73 和图 18-74 所示。最大主应力及竖向应力均随深度的增加而增加,分布规则为在桩底位置应力高于同水平地层应力。

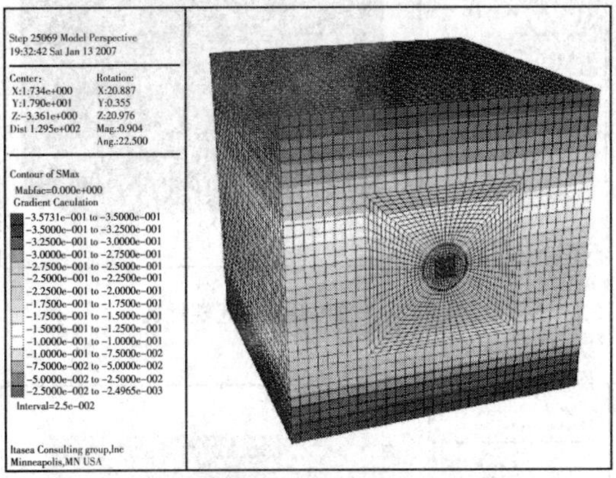

图 18-73　开挖前最大主应力分布

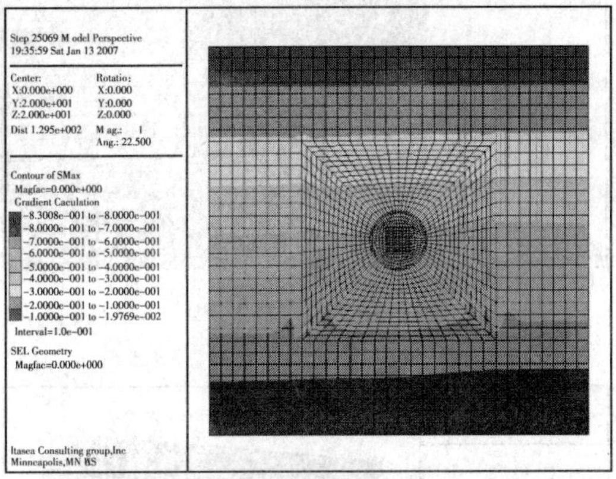

图 18-74　开挖前垂直应力分布

计算中模拟盾构开挖过程,在盾构工作面施加 0.4MPa 的工作压力。模型分 12 步开挖,每步向前开挖 2 ~ 4m。其中在桥桩区放慢开挖速度,一次开挖进尺为 2m(图 18-75 和图 18-76)。

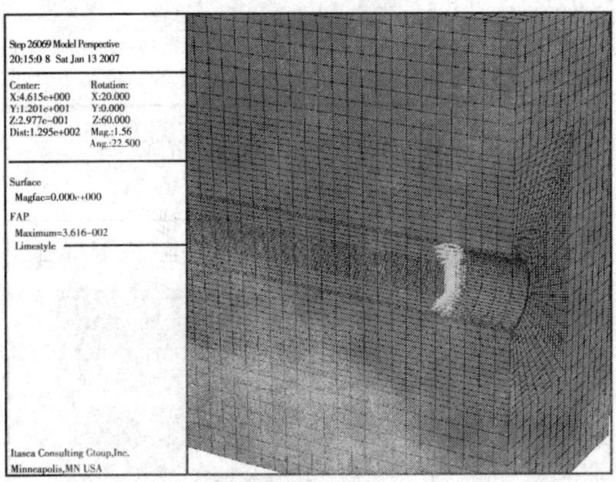

图 18-75　第一步开挖及施加的工作面压力

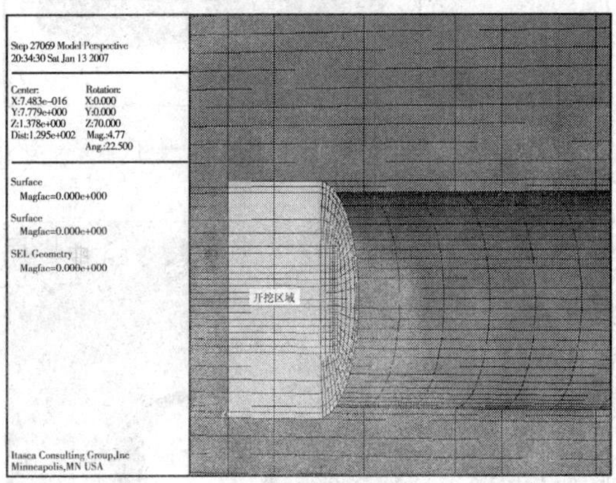

图 18-76　过桩区隧道开挖

数值计算模拟开挖支护瞬时完成(图 18-77),这与实际施工的情况略有出入。故计算的塑性区比实际因支护不及时产生的塑性区小,如图 18-78 和图 18-79 所示。由盾构开挖所产生的塑性区图可以看出,盾构法施工对周围土体扰动较少;塑性破坏区多发生在隧道顶部,特别是靠近密集桥桩的部位;工作面前端土体大部分发生塑性破坏。若支护不及时,或者支护与土体存在较大空隙则会产生较大范围的破坏,影响桥桩稳定性。盾构穿越所引起的地表沉降、地层应力及变形和 28 ~ 31 号桥桩的桩顶沉降如图 18-80 ~ 图 18-88 所示，1 ~ 12 号桥桩的桩顶沉降见表 18-15。

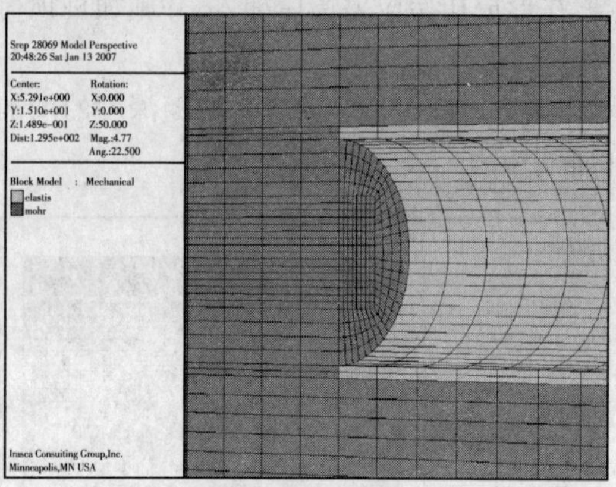

图 18-77　隧道支护

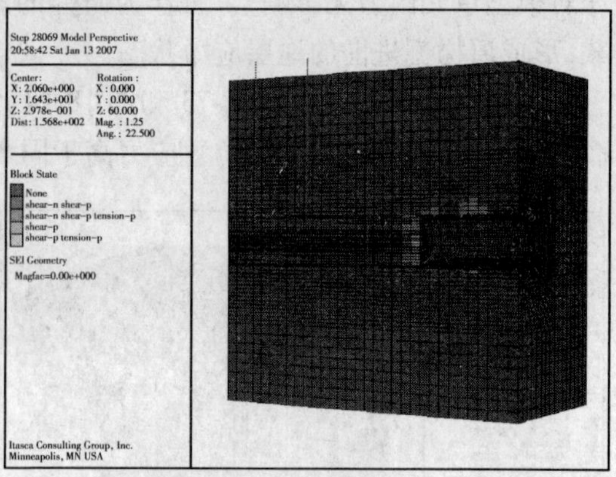

图 18-78　盾构开挖引起塑性区

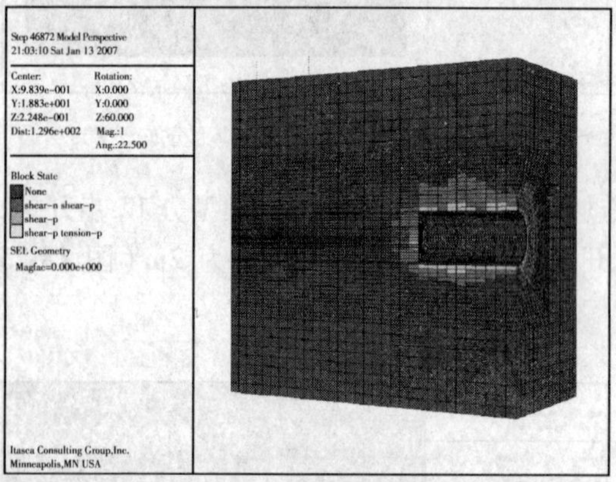

图 18-79　支护不及时产生的塑性区

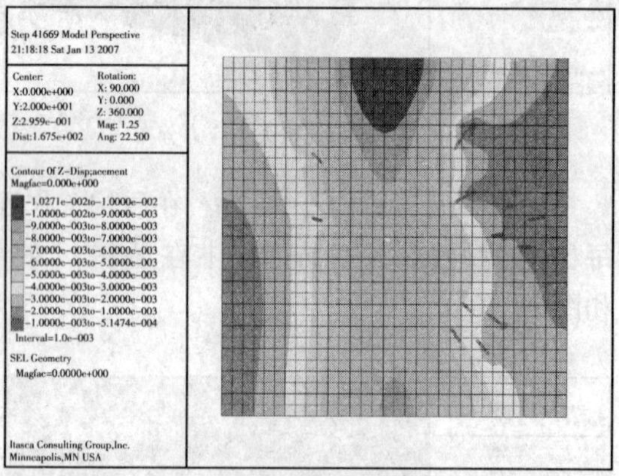

图 18-80　开挖完成后地表沉降

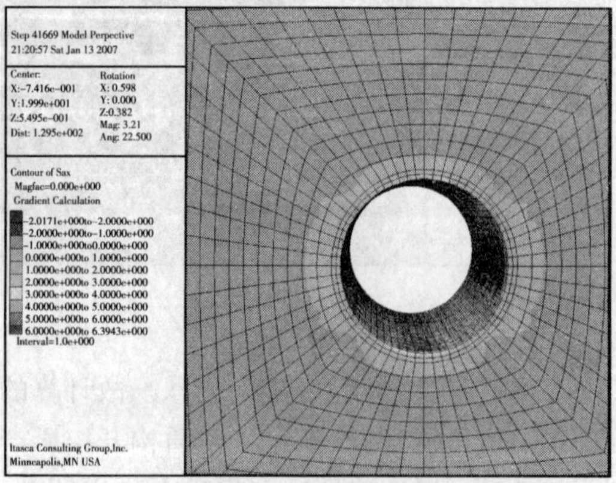

图 18-81　开挖完成后隧道周边主应力分布

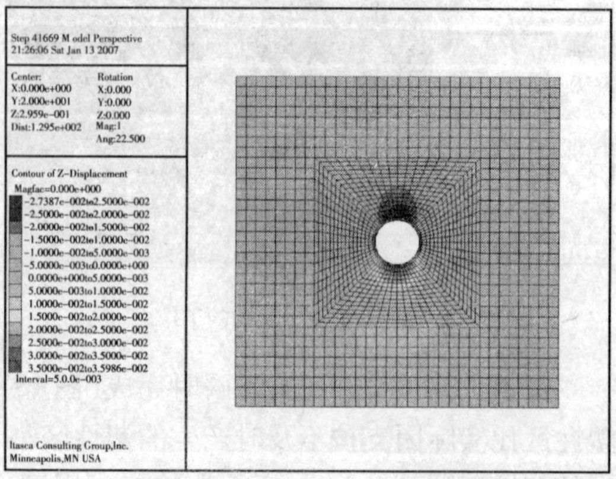

图 18-82　开挖完成后隧道周边沉降

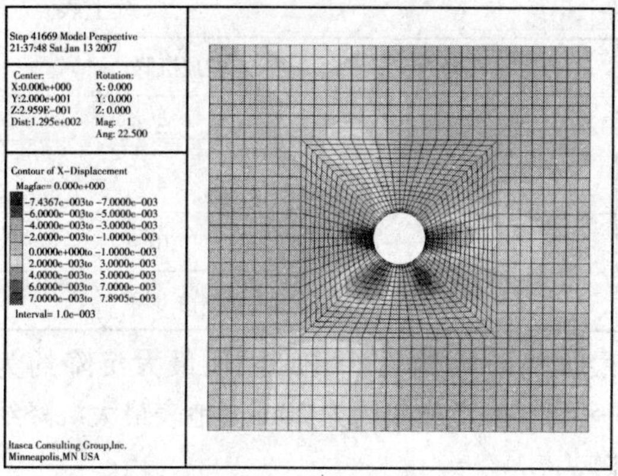

图 18-83　开挖完成后非桥桩区洞室水平位移

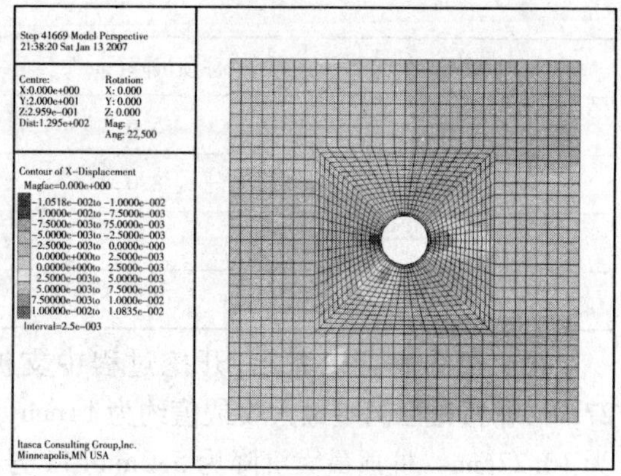

图 18-84　桩区洞室水平位移

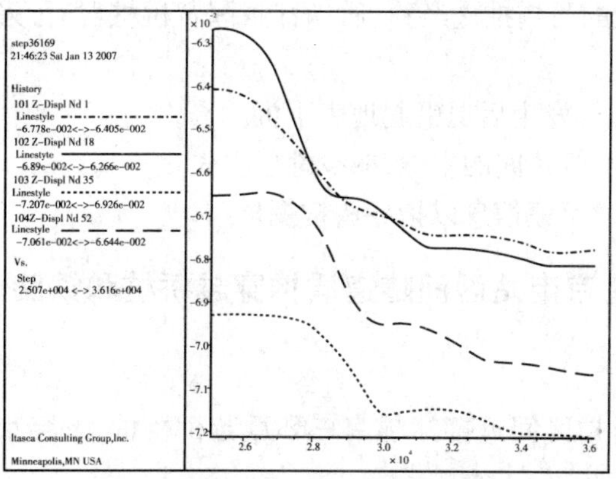

图 18-85　28 号桩桩顶沉降

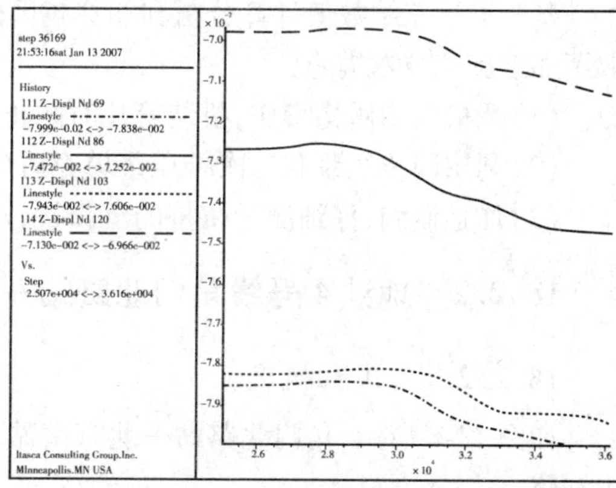

图 18-86　29 号桩桩顶沉降

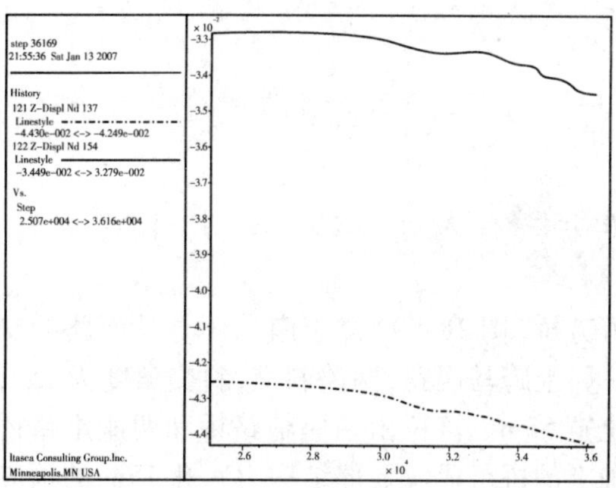

图 18-87　30 号桩桩顶沉降

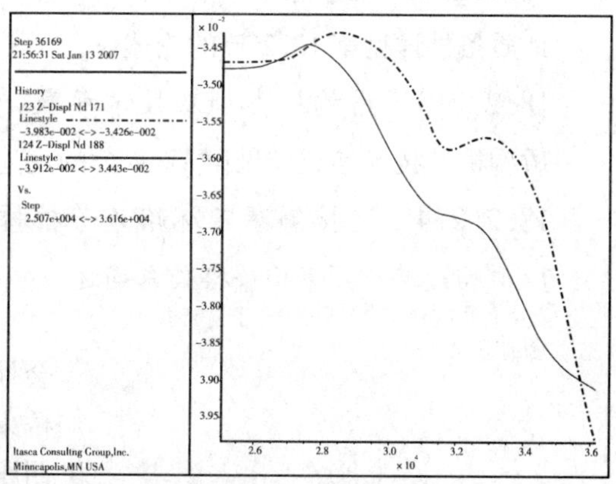

图 18-88　31 号桩桩顶沉降

桩 顶 沉 降　　表 18-15

桩号	桩顶沉降(mm)	桩号	桩顶沉降(mm)
1 号	7.5	7 号	2.4
2 号	11.4	8 号	3.0

续上表

桩号	桩顶沉降(mm)	桩号	桩顶沉降(mm)
3号	5.6	9号	3.6
4号	8.0	10号	4.4
5号	3.0	11号	10.4
6号	4.0	12号	8.8

由上述图表可以看出，开挖过程中支护最大主应力约为6MPa，拱顶最大沉降约为27mm，非桥桩区洞室最大收敛值约为14mm，桩区洞室水平收敛约为20mm，地表最大沉降约为10.27mm。桩顶最大沉降为5.2mm(11号桩)。

3)所采取的技术措施

基于上述三维数值计算分析和非穿越区段的盾构推进经验，盾构穿越国贸桥桩群时，采取了如下施工技术措施：

(1)严格控制盾构操作，拼装管片时防止盾构发生后退引起地表下沉。

(2)利用同步注浆和二次补压浆填充盾尾与管片间的空隙，减少地层损失。

(3)加强监测，仔细测量桥桩的沉降量，及时反馈信息以指导盾构掘进。

18.2.2 地铁4号线角门北路站—北京南站区间隧道盾构穿越桥桩和铁路

18.2.2.1 工程概况

如图12-8所示，角门北路站—北京南站盾构区间近接穿越南三环万芳桥桥桩，下穿京山铁路。

18.2.2.2 地质条件

地质条件详见第12.2节的论述。

18.2.2.3 盾构机类型及技术参数

盾构机及技术参数详见第12.2节的论述。

18.2.2.4 近接侧穿三环路万芳桥桥桩

1)盾构隧道与万芳桥桥桩关系描述

图18-89 南三环万芳桥

万芳桥(图18-89)位于南三环与马西路的交会处。桥上跨马西路，两路斜交，斜交角度为15°，桥梁全宽53m。该桥由两座辅路桥和两座主路桥四座独立的桥组成。上部结构为4孔15m的预应力混凝土简支宽腹T梁桥；下部结构：桥台为柱式台身接钻孔灌注桩基础，桥墩为柱式墩身接钻孔灌注桩基础。桥梁全长63.64m。区间结构与万芳桥东南侧桥墩斜擦而过，桥基距地铁结构外轮廓最小水平距离为3.993m。万芳桥桥桩与盾构隧道的位置关系如图18-90和图18-91所示。穿越区段盾构隧道的埋深约为 11m。

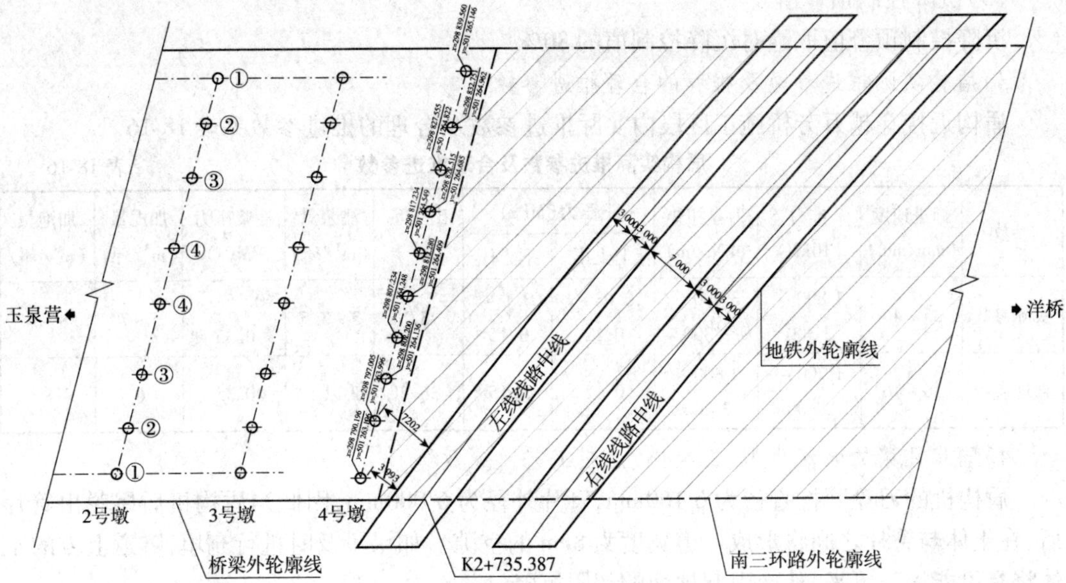

图 18-90　万芳桥桥桩与盾构隧道位置关系平面图(尺寸单位:mm)

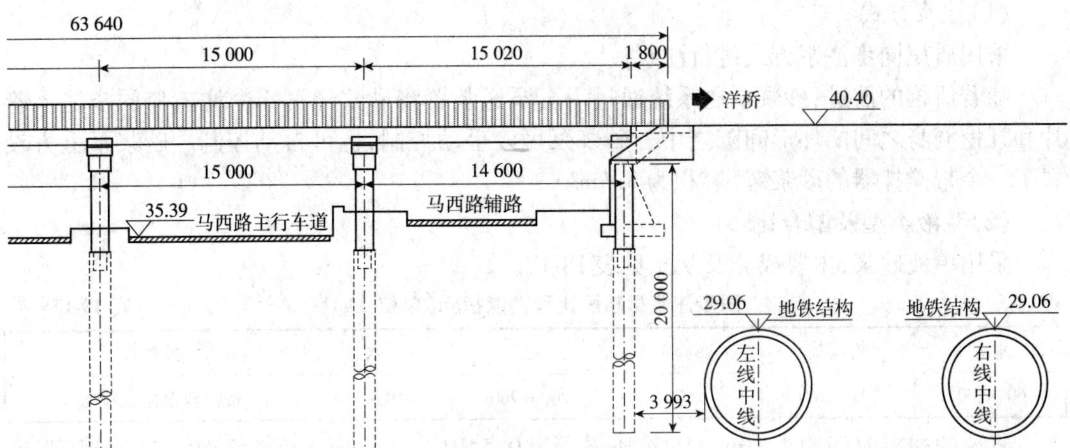

图 18-91　万芳桥桥桩与盾构隧道位置关系横断面图(尺寸单位:mm;高程单位:m)

2)桥桩施工影响控制标准

根据第三方评估单位对三环路万芳桥进行的评估结果,提出以下控制标准。

(1)万芳桥基础位移控制标准

①桥桩地面处水平位移值控制在 3mm 内。

②简支梁桥相邻桥墩差异沉降控制在 20mm 内。

③同一盖梁下两桩基差异沉降控制在 3mm 内。

(2)挡墙和梯道位移控制标准

①挡墙倾斜控制在 1/1 000 内。

②挡墙和梯道沉降控制在 10mm 内。

(3)沉降控制预警值

沉降控制预警值取绝对沉降控制值的 80%。

3)盾构实际推进参数及推荐的合理推进参数

盾构近接穿越万芳桥施工区段内实际推进参数及合理的推进参数见表 18-16。

盾构实际推进参数及合理推进参数 表 18-16

参数	掘进速度(mm/min)	推力(10kN)	刀盘扭矩(kN·m)	土压力(MPa)		出土量(m^3)	注浆量(m^3/环)	注浆压力(MPa)	加泥量(m^3/环)	加泡量(m^3/环)
				上土压	下土压					
实际参数	35~40	1 800~2 300	3 000~3 300	0.08~0.12	0.1~0.15	37	3~3.5	0.25~0.35	5~7	8~9
合理参数	30~40	1 700~2 400	2 800~3 400	0.12	0.15	36.5	3 以上	0.35	6	8

4)同步注浆的浆液类型、配合比、注浆工艺及参数

盾构机的刀盘开挖直径为 6 160mm,管片外径为 6 000mm,因此当盾构机盾尾脱出管片后,在土体与管片之间将形成一道宽度为 8cm 的空隙。如果不及时进行充填,隧道上方的土体将有可能塌陷下来,从而引起地面的超限沉降。

注浆除防止地面沉降外,还有增强防水和限制管片变形的作用。

(1)注浆方式

采用盾尾同步注浆方式进行注浆。

随着盾构的前进,砂浆泵送系统通过一套泵送装置将砂浆经过 4 个注入口同步注入管片和开挖洞身之间的环形间隙之中。砂浆泵可以手动控制,也可自动控制。砂浆泵上方设置了一个带搅拌器的砂浆罐(容积为 3.5m^3)。

(2)浆液类型及配合比

采用单液砂浆,主要成分及配比见表 18-17。

同步注浆材料配比和性能指标(单位:kg) 表 18-17

水泥	粉煤灰	膨润土	砂	水	外加剂
60~100	241~340	60	900~960	419~516	按需要根据试验加入

浆液的初凝时间约为 10h,24h 抗压强度为 0.5MPa,3d 抗压强度为 2MPa,28d 抗压强度为 6MPa。

(3)注浆工艺及参数

①砂浆供应:砂浆在地面搅拌好后,通过溜管装入拖卡上的砂浆斗中(容积为 6m^3);砂浆斗被运到砂浆罐旁时,先接通砂浆斗搅拌器的电源搅拌 3~5min 后,再通过后续台车上的砂浆转运泵将砂浆转移到砂浆罐中。

②注浆量确定:根据刀盘开挖直径、管片外径及现场实际情况,一环管片背后环形空隙的注浆量控制在 3.5m^3/环即可。

③注浆压力:注浆压力应略大于各注浆点位置的静止水土压力,并避免浆液进入盾构机土仓中。

最初的注浆压力是根据理论的静止水土压力确定的,在实际掘进中将不断进行调整。

如果注浆压力过大,会导致地面隆起和管片变形,还易漏浆;如果注浆压力过小,则浆液填充速度赶不上空隙形成速度,又会引起地面沉陷。一般而言,注浆压力可取 1.1 ~1.2 倍的静止水土压力,最大不超过 0.3 ~0.4MPa。

由于是从盾尾圆周上的四个点同时注浆,考虑到水土压力的差别和防止管片大幅度下沉和浮起的需要,各点的注浆压力将不同,并保持合适的压差,以达到最佳效果。在最初的压力设定时,下部每孔的压力应比上部每孔的压力略大 0.5 ~0.10kg/cm^2。

5)监控量测方案及监测结果

依据第三方评估单位提供的评估咨询报告及专家评审意见,严格按照施工方案进行万芳桥的监控量测工作。在盾构穿越南三环万芳桥施工期间,为了确保三环路的行车安全、万芳桥的结构稳定及盾构施工的顺利进行,对盾构穿越三环路范围内的地表及万芳桥的挡土墙、桩基进行了专项监测。

(1)监测项目

监测项目包括:现场观察三环路地表及万芳桥桩基沉降监测。

①现场观察:安排有丰富施工经验的人员现场观察路面及桥身有无明显变化,盾构穿越期间每 2h 观察一次。

②三环路地表及万芳桥桩基沉降监测:为了确保监测数据的准确性与连续性,水准基点设在盾构施工区域 50m 以外,并采用与盾构施工监测统一的北京市高程系统。

(2)仪器设备

采用美国天宝公司蔡司 DINI12 电子水准仪及配套铟钢条码尺,仪器标称精度为 0.3mm/km。

(3)监测频率

每天 2 次,盾构施工至万芳桥桩基附近时每天 3 ~4 次。

(4)监测结果

每次监测完成后,及时进行数据整理,填写数据报表,绘制沉降曲线图,以指导施工顺利进行。

通过现场监测工作,盾构通过万芳桥施工最大沉降不超过 2mm,满足控制要求。

18.2.2.5　下穿越京山铁路

1)工程概况

盾构施工在角门北路站—北京南站区间里程 K3 +500 ~ K3 +600 范围内斜穿京山铁路。京山铁路(图 18-92)是进出京的关键运营线路,车辆运行速度快(120km/h),车流量大(每 15 ~25min 一列)。因此在盾构施工期间,保证京山铁路的正常运行至关重要。

图 18-92　京山铁路

隧道覆土厚度为 12 ~ 14.5m,最小转弯半径 R =350m,坡度 0.2% ~1.8%。过铁路段隧道覆土厚度为 14.1m,位于半径 R = 350m 的曲线上,隧道坡度为 0.5%。盾构隧道与京山铁路的平面关系如图 18-93 所示。

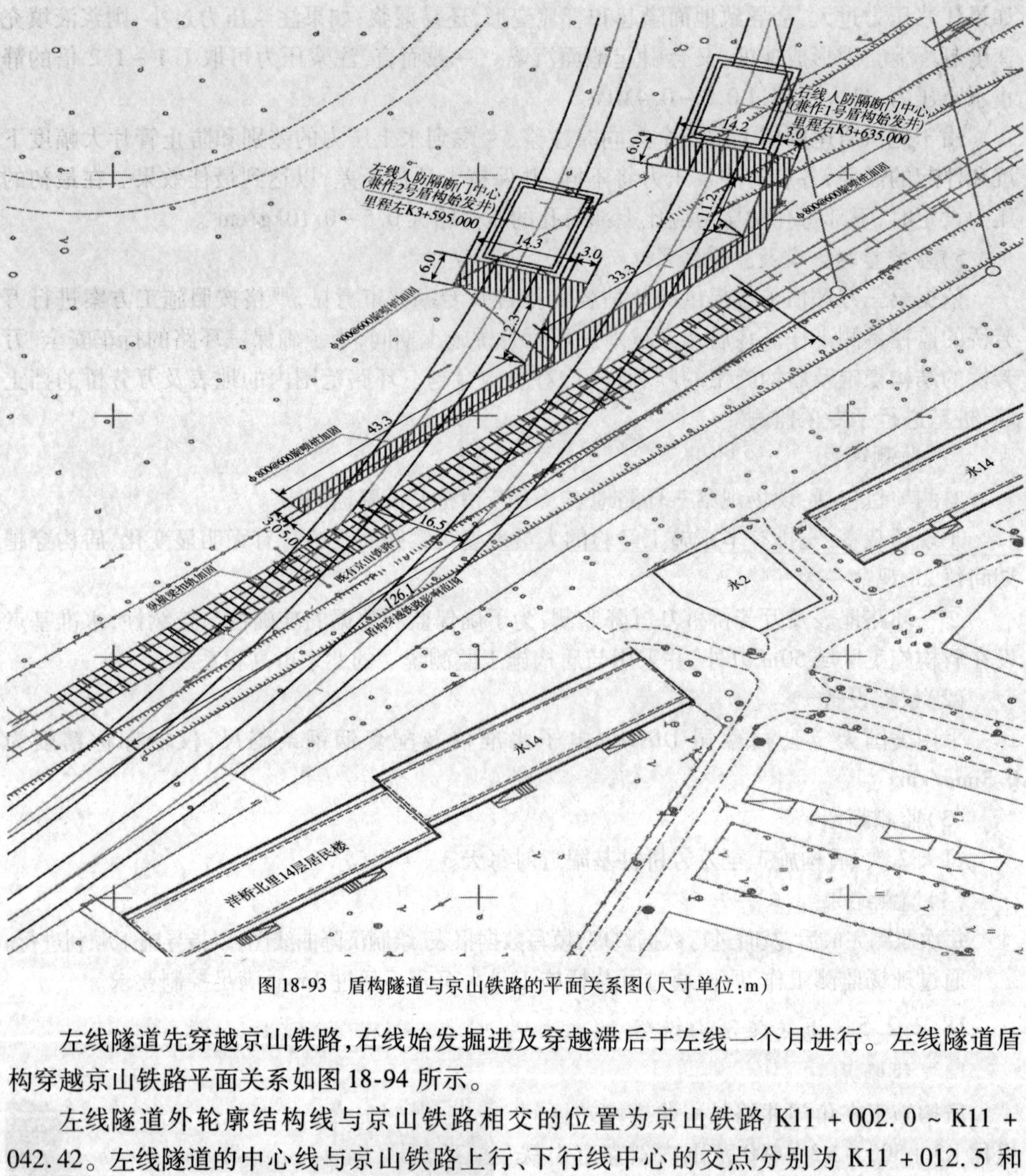

图 18-93　盾构隧道与京山铁路的平面关系图(尺寸单位:m)

左线隧道先穿越京山铁路,右线始发掘进及穿越滞后于左线一个月进行。左线隧道盾构穿越京山铁路平面关系如图 18-94 所示。

左线隧道外轮廓结构线与京山铁路相交的位置为京山铁路 K11 + 002.0 ~ K11 + 042.42。左线隧道的中心线与京山铁路上行、下行线中心的交点分别为 K11 + 012.5 和 K11 + 026.2,京山铁路与下穿盾构隧道左线的平面相交角度为 21°,坡度为 0.683%,结构顶至地面的距离约为 13m。

右线隧道外轮廓结构线与京山铁路相交的位置为京山铁路 K10 + 957 ~ K10 + 986.55。右线隧道的中心线与京山铁路上行、下行线中心的交点为 K10 + 966.1 和 K10 + 976.2,京山铁路与下穿盾构隧道右线的平面相交角度为 25°,坡度为 0.683%,结构顶至地面的距离约为 13m。

2)穿越铁路施工工作程序

在充分调查穿越段周边环境及地质情况的基础上,借鉴以往类似的施工经验,编制穿越铁路段专项施工组织方案。同时,与过铁路影响区域内各设施产权单位,组织方案论证会,

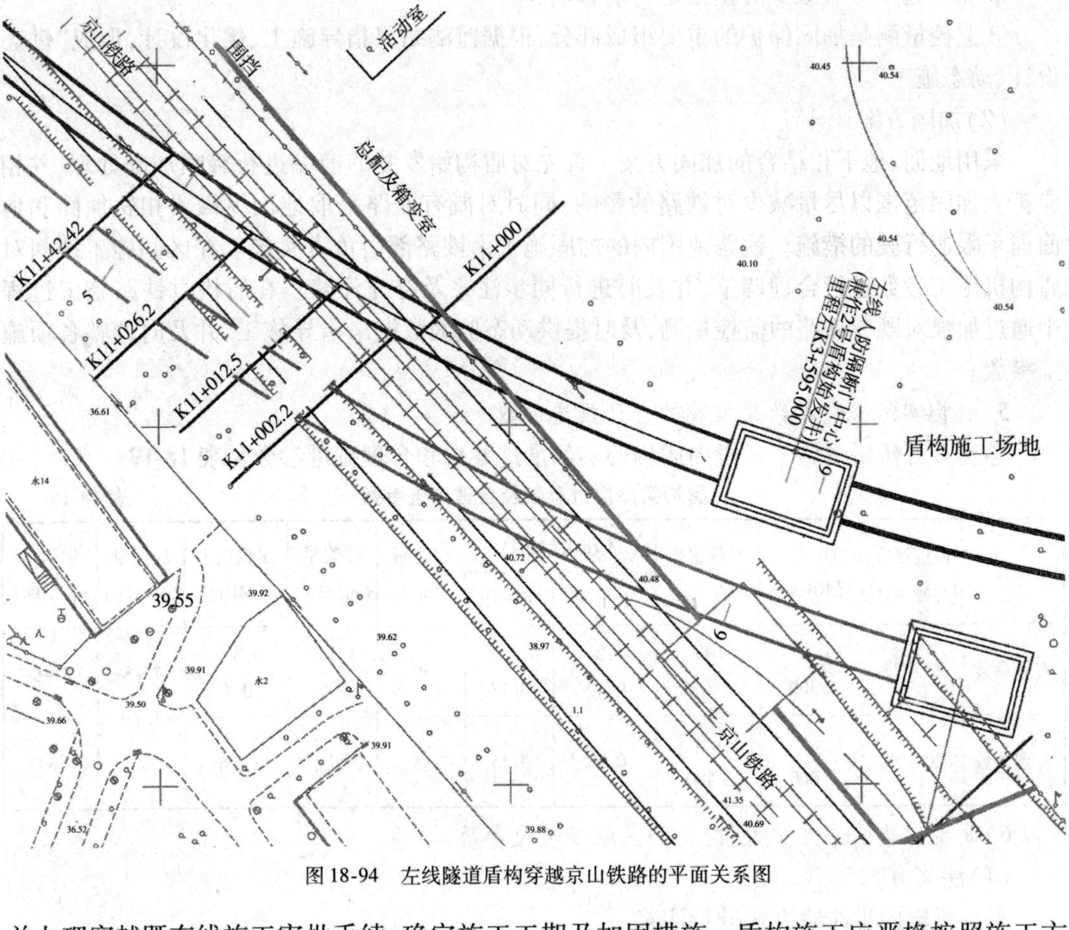

图 18-94　左线隧道盾构穿越京山铁路的平面关系图

并办理穿越既有线施工审批手续，确定施工工期及加固措施。盾构施工应严格按照施工方案进行，同时必须满足工期要求。

3）施工影响控制标准

根据北京地铁施工经验，结合本工程的特点、设计要求及有关规范规定，对盾构隧道开挖引起的地面沉降（隆起）、地面建筑物沉降、管线沉降等确定了相应的控制值和预警值。本加固地段地面最大沉降量不大于 10mm。

盾构隧道变形控制值见表 18-18。

隧道变形控制值　　表 18-18

序号	监测项目	控制值（mm）	位移平均速度（mm/d）	位移最大速度（mm/d）
1	底部隆起	10	—	—
2	拱顶下沉	30	2	5
3	洞周收敛	20	1	3

4）加固措施

（1）加固原则

①加固标准不降低现状铁路的安全度。

②加固施工尽量减少对铁路运行的影响。

③监控量测是加固保护的重要组成部分,根据监测结果指导施工、优化设计,形成"动态设计、动态施工"。

(2)加固方案

采用地面、地下相结合的加固方案。首先对盾构始发井的前端进行旋喷加固处理,并相应扩大加固范围以尽量减少对铁路的影响;同时对既有铁路采取地面纵横梁扣轨加固和地面列车限速行驶的措施。铁路范围内的加固施工由铁路部门负责实施。在区间施工期间对盾构机施工参数进行合理调整,并及时进行同步注浆及补充注浆。在盾构过铁路施工过程中通过加强对既有铁路的监控量测,及时提供动态监测数据来指导施工,并及时调整各项施工参数。

5)盾构实际推进参数及推荐的合理推进参数

穿越万芳桥桥桩施工区段内盾构的实际推进参数和合理掘进参数见表18-19。

盾构实际推进参数及合理推进参数 表18-19

参数	掘进速度(mm/min)	推力(10kN)	刀盘扭矩(kN·m)	土压力(MPa)		出土量(m^3)	注浆量(m^3/环)	注浆压力(MPa)	加泥量(m^3/环)	加泡量(m^3/环)
				上土压	下土压					
实际参数	15~25	3 000~3 300	3 100~3 300	0.12~0.15	0.15~0.18	39	3.3~3.5	0.3~0.4	7~8	8~9
合理参数	20~30	2 500~3 000	2 800~3 400	0.12	0.15	38	3以上	0.35	7	8

6)同步注浆的浆液类型、配比和注浆工艺及参数

(1)注浆方式

采用盾尾同步注浆方式进行注浆。

随着盾构的推进,砂浆泵送系统通过一套泵送装置将砂浆经过4个注入口同步注入管片和开挖洞身之间的环形间隙之中。砂浆泵可以手动控制,也可自动控制。砂浆泵上方设置有一个带搅拌器的砂浆罐(容积为3.5m^3)。

(2)浆液类型及配合比

采用单液砂浆,主要成分及配比见表18-20。

同步注浆材料配比和性能指标(单位:kg) 表18-20

水泥	粉煤灰	膨润土	砂	水	外加剂
60~100	241~340	60	900~960	419~516	按需要根据试验加入

浆液的初凝时间约为10h,24h抗压强度为0.5MPa,3d抗压强度为2MPa,28d抗压强度为6MPa。

(3)注浆工艺及参数

①砂浆供应:砂浆在地面搅拌好后,通过溜管装入拖卡上的砂浆斗中(容积为6m^3);砂浆斗被运到砂浆罐旁时,先接通砂浆斗搅拌器的电源搅拌3~5min后,再通过后续台车上的砂浆转运泵将砂浆转移到砂浆罐中。

②注浆量确定:根据刀盘开挖直径、管片外径及现场实际情况,一环管片背后环形空隙的注浆量控制在 $3.5m^3$/环即可。

7)监控量测方案及监测结果

京山铁路是重要的公共交通设施和国家运输的大动脉,因此盾构穿越京山铁路的施工相当重要,项目部非常重视。

测量监测是盾构施工最重要的施工保证措施之一。也是保证京山铁路正常运行的措施之一。为保证盾构安全顺利地下穿铁路,以及京山铁路的正常运营,项目部根据下穿铁路工程的实际情况,结合类似相关监测工程经验,成立了以项目总工程师直接负责的测量监测部(9 人),加强监测和测量的组织与管理。

盾构机本身带有自动测量系统,其自动采集的信息和通过人工监测测量采集的信息相互校核,将会更好地指导施工,提供安全质量的保证。

(1)工作流程

监测工作流程如图 18-95 所示。

(2)测点布置原则

①按监测方案在现场布设测点,当实际地形不允许时,可在靠近设计测点位置设置测点,以能达到监测目的为原则。

②为验证设计参数而设的测点应布置在设计最不利位置和断面;为指导施工而设的测点应布置在相同工况下最先施工的部位,其目的是为了及时反馈信息,以便修改设计和指导施工。

③地表变形测点的位置既要考虑反映对象的变形特征,又要便于采用仪器进行观测,还要有利于测点的保护。

④测点深埋(结构变形测点等)不能影响和妨碍结构的正常受力,不能削弱结构的刚度和强度。

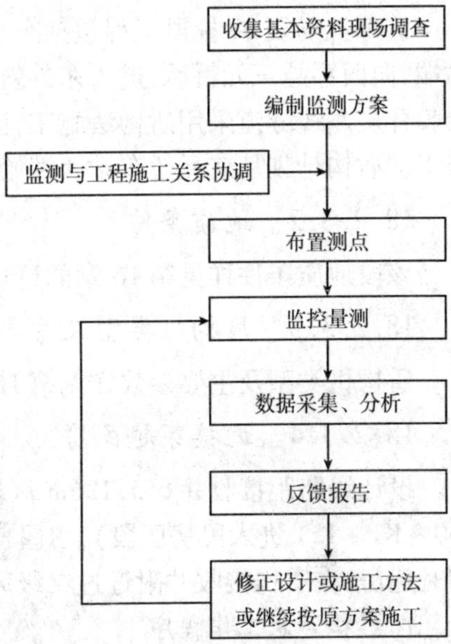

图 18-95　下穿京山铁路监测工作流程图

⑤各类监测测点的布置在时间和空间上有机结合,力求同一监测部位能同时反映不同的物理变化量,以便找出其内在的联系和变化规律。

⑥测点的埋设应提前一定时间,并及早进行初始状态的量测。

⑦测点在施工过程中一旦被破坏,应尽快在原来位置或尽量靠近原来位置补设测点,以保证该测点监测数据的连续性。

(3)京山铁路加固段监测项目、方法

本工程包括盾构隧道地上和地下两个方面,为充分了解施工时铁路结构的受力、变形状态,确保心中有数,应加强施工监测,对变形、收敛、拱顶下沉以及地面沉降进行监测,下穿铁路段监测频率要加大。由于盾构隧道穿过京山铁路段容易引起过大的地面沉降,所以应加强监测,并及时将信息反馈给各有关单位。

(4)测点布设

①地面沉降(隆起)监测点布置:在区间与铁路轨道相距 5m 的范围内,每 5m 布设一个

地表沉降监测断面，区间与铁路轨道相距大于5m的范围内，每10m布设一个地表沉降监测断面，每个断面布置2个监测点。

②地面建筑物沉降、倾斜：电气化网杆S29～S36，每个网杆的根部都布设一个倾斜监测点。

③拱顶下沉、底部隆起、净空收敛纵向每10m布设一断面。

④管线沉降：每10～20m设一断面。

(5)监测结果

通过精心组织、精心施工，盾构隧道安全地通过了京山铁路段，地面最大沉降为4mm。

18.2.3　首都机场线东直门—三元桥区间近接穿越民房及桥桩

18.2.3.1　工程概况

首都机场线03标段工程包括东直门—三元桥区间，左线盾构隧道起于三元桥车站西侧站端，向西穿越三元桥后，进入东外斜街，下穿亮马河桥，到达察慈小区住宅楼西南侧的盾构接收井。左线隧道采用盾构法施工，区间联络通道及风道采用暗挖法施工，风井采用明挖法施工。盾构计划从三元桥车站西端始发，在察慈小区住宅楼西南侧的盾构接收井出洞。

18.2.3.2　地质条件

该段地质条件详见第16章的论述。

18.2.3.3　盾构机类型及主要参数

盾构机类型及主要参数详见第16章的论述。

18.2.3.4　近接穿越民房

设计线路距接收井665.136m区段范围内为民房区，此区段上方有大量民房(从K0+460～K1+151进入民房区段)，房屋普遍建成时间为20世纪60～70年代，沿线也存在一些临时建房，在盾构接收井附近过二级风险源察慈小区住宅楼。

1)近接穿越工作程序

近接穿越工作程序为：前期地质雷达探测空调→盾构正常掘进→管片拼装→同步注浆→二次注浆及深孔注浆→地表沉降监测。

2)既有建(构)筑物加固及地层预加固措施及效果

对既有建(构)筑物加固及地层预加固采用二次注浆及深孔注浆的方式。盾构同步注浆后，由于浆液的脱水，浆液体积收缩会加剧地表的后期沉降量，因此采用二次注浆能有效地进一步充实衬背和提高止水能力。在盾构常规段采用盾尾同步注浆即可满足沉降控制的要求。为保证沉降控制效果，在穿越民房段采用二次补注浆进行加强补浆，以控制地面的后期沉降。

参照本工程在穿越三元桥的施工经验，每环注浆量在3～7m^3，地面沉降在6mm左右。

3)同步注浆与补注浆的浆液类型、配合比、注浆工艺及参数

同步注浆浆液类型为水泥—水玻璃双液浆，浆液配比为水泥：水玻璃=1∶1。在盾尾对管片进行同步注浆，注浆压力为0.35～0.40MPa。

补注浆包括二次注浆和深孔注浆。二次补注浆安排在当前拼装管片后数第8环管片处开始，对每环管片的16号位起吊孔内装入单向逆止阀并凿穿管片外侧保护层进行注浆，注

浆压力控制在 0.3 ~0.4MPa，注浆浆液为 1∶1水泥—水玻璃双液浆。

如果二次补注浆不能够较好地控制地表沉降，则增加深孔注浆的技术措施。即在 16 号位管片位置打设 5m 长的钢花管，注水泥—水玻璃双液浆，注浆压力控制在 0.4MPa。

18.2.3.5　近接下穿三元桥桥桩

1) 近接关系描述

本工程在桩号 K2 +650 ~ K2 +700 线路下穿三元桥。三元桥是机场高速、京顺路连接三环路的节点立交，各个方向的车流在这里交汇，交通繁忙。

盾构隧道和三元桥基础的关系如图 18-96 所示。

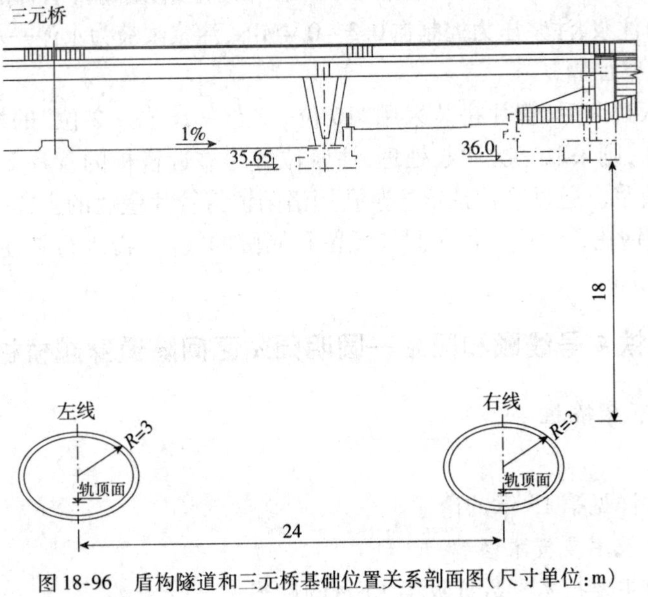

图 18-96　盾构隧道和三元桥基础位置关系剖面图(尺寸单位：m)

2) 桥桩施工影响控制标准

左右线隧道施工引起的桥桩不均匀累计沉降应不大于 5mm。

3) 盾构实际推进参数及推荐的合理推进参数

施工过程中要全速前进，没有特殊情况不得停机，每环的同步注浆压力及方量必须满足要求，压力不满足要求不能进行下一步施工。

建立较高的土仓压力，同时控制进土与出土的方量关系。

4) 同步注浆与补注浆的浆液类型、配合比、注浆工艺及参数

(1)盾尾同步注浆

在施工过程中应对注浆加强管理，注浆操作是盾构施工中的一道关键工序。为防止土体挤入盾尾空隙，必需严格遵循“确保注浆压力，兼顾注浆量”的双重保障原则，对注浆量一定要确保在理论计算值的 130% ~200%，并且在实际平均注浆量的合理范围内波动。注浆操作必须由专人完成，在每环掘进完成后必须对注浆量进行记录，当发现注浆量变化较大时，应认真分析其原因，通过加大注浆压力等方法补注，当补注不能进行时必须及时进行二次(三次)补浆。此区域盾构施工采用四点注浆，以控制成型隧道的质量。注浆压力为 0.35 ~0.40MPa，注浆时一定要确保注浆压力，直到地层注满为止。在每环管片拼装结束后，

必须进行补浆，在盾尾压力达到设定压力并维持相对稳定后，方可进行下一环的施工。为缩短浆液凝结时间，将浆液改为水泥砂浆，配比为将原配比中的粉煤灰更换为水泥。根据掌握的反馈信息及时调整浆液的配比，使浆液的配比更科学、合理。为保证浆液的质量，应对制备浆液的原材料进行严格控制，定期测定浆液的坍落度、黏性、离析率、凝结时间、抗压强度等。

(2)严格控制二次注浆，做好洞内加固

在盾构常规段采用盾尾同步注浆即可满足沉降控制的要求。为保证沉降控制效果，在穿越三元桥段采用二次补注浆进行加强补浆，以控制地面的后期沉降。

二次补注浆安排在当前拼装管片后数第 8 环管片处开始，对每环管片的 16 号位预留注浆孔安装注浆塞进行注浆，注浆压力控制在 0.3 ~ 0.4MPa，注浆浆液为水泥—水玻璃双液浆。

(3)三次补注浆加固

盾构施工进入桥区后，管片拼装采用“16 位—2 位—16 位—2 位”的拼装方式。若二次补浆不能满足要求，则采取三次注浆处理，注浆位置为靠近桥桩的管片 2 号位，注浆浆液为水泥—水玻璃双液浆。通过管片预留注浆孔用洛阳铲将管片壁后的土体掏挖出 10m 长的孔洞，打入 10m 长的钢花管后用水泥浆封堵预留孔周围的间隙，再进行补注浆，补注浆的压力控制在 0.5 ~ 0.6MPa。

18.2.4　地铁 4 号线颐和园站—圆明园站区间隧道穿越桥桩及河流

18.2.4.1　下穿桥桩

1)地质条件

该段地质条件详见第 15 章的论述。

2)盾构机类型及主要技术参数

盾构机类型及主要技术参数详见第 15 章的论述。

3)近接关系描述

颐和园站—圆明园站区间隧道与万泉河高架桥相交，穿过④ ~ ⑦号墩，区间隧道外轮廓与高架桥桩基最小距离约为 5m。万泉河高架桥与隧道的关系如图 18-97 所示。万泉河高架桥西起北四环万泉河立交，跨越圆明园南路、颐和园北路，北至公路一环，桥宽 26m，全长1 043.4m，该桥于 2002 年 9 月建成通车。桥梁设计标准为城市—A 级。本区间结构下穿万泉河高架桥⑤ ~ ⑥墩桥孔，右线穿越桥孔的距离为 27m(右 K24 + 888.5 ~ K24 + 861.5)，左线穿越桥孔的距离为 26.5m(右 K24 + 888 ~ K24 + 861.5)。本区间结构距⑤墩桩基最小净距为 5.498m，距⑥墩桩基最小净距为 5.755m。此处该桥上部结构为 32.00m + 43.00m + 32.77m 三跨连续钢—混凝土组合梁，施加桥面板预应力及体外索预应力；④、⑦墩采用40cm × 60cm × 6.7cmF4 板式橡胶支座，⑤、⑥墩采用 50cm × 90cm × 6.6cm 普通板式橡胶支座；下部结构

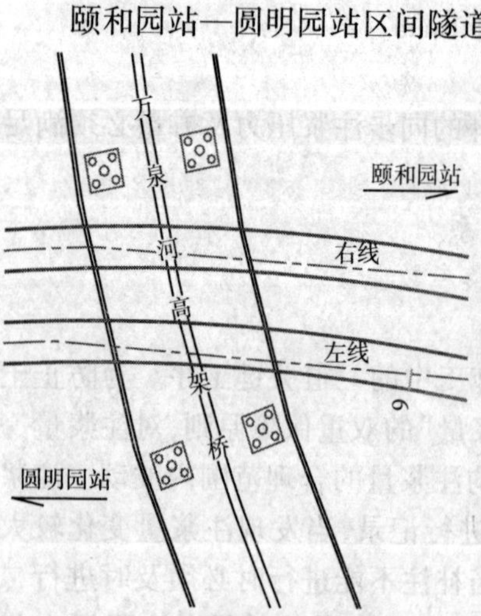

图 18-97　万泉河高架桥与隧道关系示意图

为预应力混凝土双柱盖梁，5.5m×5.5m×2.0m 承台，下接 4 根直径为 1.2m 的钻孔灌注桩，⑤、⑥墩桩长为 24m。

4）掘进施工控制

施工时，具体在如下方面进行掘进施工控制：

（1）提前做好设备检修、应急预案等施工准备，按照“安全、连续、快速”的原则进行施工组织。

（2）严格盾构操作控制。调整并保持好盾构姿态、控制并管理好出渣量、合理选择土仓压力参数、减小超挖量，以减小盾构掘进引起的地层位移变形、土体扰动及地层损失。

（3）加强施工过程控制。严格控制同步注浆压力和注浆质量，及时有效地填充盾尾空隙，避免地层损失和冒浆。

（4）加强施工监控量测和环境监控观察。提前在高架桥桥墩上布设沉降、倾斜监测点，在盾构施工影响期间对其实施监测，施工期间派专人对环境进行监控与观察，及时反馈信息。并根据监测结果，进行二次补充注浆控制地层损失。

5）盾构实际推进参数及推荐的合理推进参数

采用土压平衡模式掘进，土压力为 0.1MPa。在停机进行管片拼装或机器维修时将土仓土压力提高到 0.12MPa；若停机时间较长土压力下降到低于 0.06MPa 时，采取加气或向前推进 100～200mm 的方法将土压力提高到 1.2bar，以免地面发生较大的沉降。为确保同步注浆质量，掘进速度应控制在 50mm/min 以内，避免因速度过快造成浆液无法及时注入，导致管片上浮和地面沉降。

盾构机在圆曲线段水平姿态控制在 ±8mm 以内；竖直姿态略呈抬头趋势，盾尾控制在 -30mm 左右，竖直趋势控制在 0～3mm/m 范围内。在缓和曲线上水平姿态控制在 ±5mm 以内；盾尾控制在 -30mm 左右，竖直趋势控制在 0～3mm/m 范围内。

掘进推力控制在 8 000～10 000kN 之间；刀盘转数控制在 1.7～1.9r/min 之间；泡沫剂用量为 20～25L/环，根据渣土性状酌情加水；每环出渣量控制在 3～3.5 车以内；每环注浆量要保证不少于 4.5m^3，以确保充分填充管片背部间隙，尽量减小对万泉河高架桥桥墩桩基周围土体的扰动。

6）同步注浆与补注浆的浆液类型、配合比、注浆工艺及参数

管片背后二次补充注浆加固：为保证盾构过高架桥段管片背后注浆填充的效果，防止因管片背后同步注浆效果不佳而导致地面下沉，拟向管片背后进行二次补充注浆加固。注浆是利用注浆机在盾尾后通过管片注浆孔进行的。

二次补充注浆采用水泥—水玻璃双液浆，水泥浆与水玻璃体积比为 1∶1，水泥浆水灰比为 1∶1。

注浆采用压力控制标准，当注浆机油压达到 3MPa（油压）时停止注浆。注浆过程中由现场值班工程师注意观察管片错台、破损及变形情况，发现管片异常变形时，应立即停止注浆。

地表注浆加固：为控制地表沉降，确保万泉河立交桥的安全，对万泉河立交桥范围内区间隧道地表处万泉河立交桥的桥墩周围进行注浆加固。注浆方法为首先用地质钻机钻孔，然后利用注浆机注入水泥—水玻璃双液浆加固地层。水泥浆水灰比为 1∶1.5。

7）监控量测

（1）监测测点布设及监测频率

在万泉河高架桥东西 50m 范围内，沿隧道中心线每 10m 布置一个地表监测点，并在④～⑦墩桥柱上布设监测点，其测点布置如图 18-98 所示。

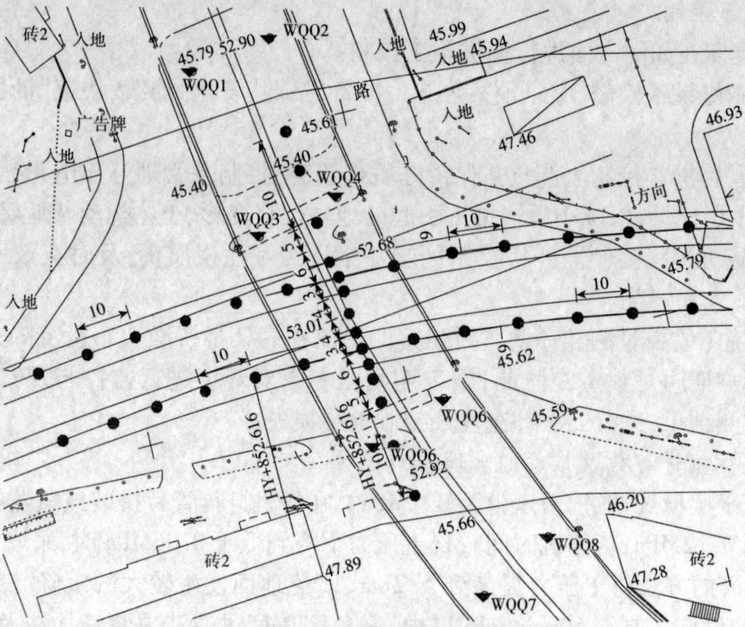

图 18-98　穿越万泉河高架桥测点布置图(尺寸单位:m)

在清华西门南人行天桥各桥墩上布设一监测点，并在天桥东边一定范围内的地表每 10m 布设一个监测点(注浆加固范围内间距为 2.5m)，其测点布置如图 18-99 所示。

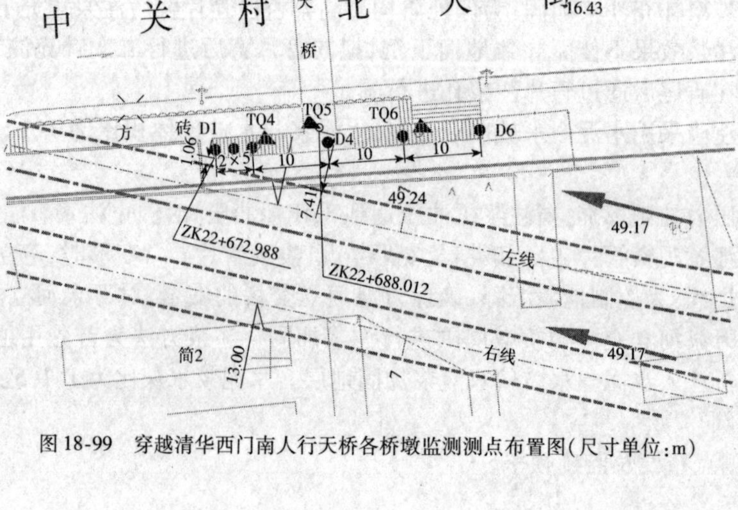

图 18-99　穿越清华西门南人行天桥各桥墩监测测点布置图(尺寸单位:m)

监测频率为：当距盾构前后 <2B 时（B 为隧道宽度），1 次/d；当距盾构前后 <5B 时，1 次/2d；当距盾构前后 >5B 时，1 次/周，必要时，可以根据现场情况加大其监测频率。

（2）监测控制标准

根据有关规范、规程、设计图纸和北京地铁 4 号线有关规定及类似工程经验，确定控制标准为地表及桥柱允许沉降值为 20m。

（3）安全控制措施

在施工过程中应从盾构操作方面入手来减少地表沉降，并配以其他辅助措施，以确保盾构施工时万泉河高架桥的安全。具体措施如下：

①掘进过程中严格控制盾构机姿态，减小蛇行值；严格控制土仓压力，根据地层情况设定好土压和出土量，保持土压平衡模式掘进。在不良地质条件下掘进时，根据地层情况及时对渣土进行改良，使土压易于保持；在含水丰富地层掘进时，要防止发生喷涌而使地下水大量流失；每一环掘进时严格控制出土量，防止超挖造成地层损失。

②严格规范同步注浆操作，以注浆压力和注浆量进行双控保证环形间隙填充质量；注浆管路要保证顺畅，严格执行"掘进与注浆同步，不注浆不掘进"的原则。"保证环形空间及时饱满地填充；特殊地段浆液改为快硬性注浆料，使管片衬砌尽早支撑地层。如地表变形较大超过预警值时，应立即进行二次注浆施工，确保地表沉降控制在规定范围内，必要时还应考虑进行地表注浆，对万泉河桥墩基础进行加固及纠偏。

③施工过程中应对万泉河高架桥及该区段地表进行严密监测，并及时分析反馈监测结果。同时利用实测数据进一步修正完善盾构施工参数。

④在掘进过程中合理控制推进速度，保持连续均衡施工，避免较长时间的盾构停机；在盾构停机过程中要做好盾构推进油缸的保压工作，长时间停机时要将推进油缸锁定，防止盾构机后退。

⑤施工中出现渗漏水的部位要及时进行处理，避免地下水流失引起固结沉降。

8）监测结果与分析

（1）过万泉河高架桥段

①数据统计：地表及桥柱沉降见表 18-21。

穿越万泉河高架桥段地表及桥柱监测数据汇总（单位：mm）　　表 18-21

点号	沉降值	点号	沉降值	点号	沉降值
DZ17	-1.31	DZ18	-3.79	DZ19	-3.76
DZ20	-3.29	DZ21	-2.06	DZ22	-2.49
DZ23	-0.64	DZ24	-1.08	DZ25	-2.22
DZ26	-2.50	DZ27	-1.08	DZ28	0.59
DZ29	-7.12	DZ30	-9.63	DZ31	-4.18
DZ32	-3.90	DZ33	-5.76	DY17	-4.09
DY18	-3.79	DY19	-0.82	DY20	-3.10
DY21	-3.01	DY22	-4.16	DY23	-1.95
DY24	-3.16	DY25	-4.56	DY26	-5.86
DY27	-3.40	DY28	-4.20	DY29	-4.92
DY30	-3.51	DY31	-4.09	DY32	-5.34

续上表

点号	沉降值	点号	沉降值	点号	沉降值
DY33	-3.55	D7H1	0.50	D7H2	-1.36
D7H3	-1.31	D7H4	-2.93	D7H5	-1.31
D7H6	-1.78	D7H7	-1.68	D7H8	0.09
D7H9	-4.09	D7H10	-2.10	D8H1	-0.95
D8H2	-3.63	D8H3	0.17	D8H4	-2.83
D8H5	-8.70	D8H6	-4.28	D8H7	-4.10
D8H8	-6.86	D8H9	-2.26	D8H10	-2.21
D8H11	-1.09	DZJ1	-1.08	DZJ2	-2.22
DZJ3	-2.50	DZJ4	-1.08	DZJ5	0.59
WQ1	0.00	WQ2	0.18	WQ3	0.29
WQ4	0.28	WQ5	-0.08	WQ6	1.52
WQ7	-0.04	WQ8	0.79		

②监测结果分析：万泉河高架桥因其桥墩基础埋深较大，处在隧道底板以下，再加上盾构掘进到该段时，加强了施工管理，虽然盾构是从两桥柱间通过，但其变形控制得较好，桥墩沉降变形都控制在 -1.0 ~1.0mm 之间，该段地表变形都控制在 -9.5 ~ -1.0mm 之间。

(2)过清华西门南天桥段

①数据统计：地表及桥柱沉降见表 18-22。

穿越清华西门南天桥段地表及桥柱监测数据汇总(单位：mm)　　表 18-22

点号	沉降值	点号	沉降值	点号	沉降值
TQ1	-2.10	TQ2	-0.10	TQ3	-0.88
TQ4	-4.48	TQ5	-1.60	TQ6	-2.41
TQJ1	-4.51	TQJ2	-3.39	TQJ3	-2.72
TQJ4	-1.58	TQJ5	-1.87		

②监测结果分析：清华西门南天桥处在圆—成区间西侧，左线盾构从其旁侧通过，右线盾构距其较远，在左线盾构通过前，对离隧道较近的桥柱附近进行了注浆加固。在盾构通过时，由施工引起的桥柱最大沉降值为 -4.48mm，地表最大沉降值为 -4.51mm，都是离隧道最近的测点，所以其沉降值最大；又因该处的桥柱基础比较浅，所以该处由施工引起的地表沉降和桥柱沉降差不多。

18.2.4.2　下穿万泉河

1)万泉河水文条件和万泉河底地质条件

万泉河位于成—圆区间盾构掘进段 206 ~240 环之间(管片安装环号)，其河底距隧道顶部 8.8m，万泉河与隧道之间的地质主要为(从上至下)杂填土层(1.2m)、圆砾砂砾层(2.8m)、粉土和粉质黏土层(4.8m)。

2)万泉河底地层预加固措施及效果

为控制河底沉降，确保盾构安全顺利地通过万泉河，对万泉河范围内区间隧道地表处万泉河河堤的周侧进行注浆加固。其施工方法为首先用地质钻机钻孔，然后利用注浆机注入水泥—水玻璃双液浆加固地层。水泥浆水灰比为 1:1.5。

3)盾构实际推进参数及推荐的合理推进参数

根据该区间的前期盾构掘进段参数情况来看,通过与其地质情况相比较,为了更好地完成万泉河段的掘进施工,盾构推进采用土压平衡模式掘进,土压力为 1.0 ~ 1.3bar;在停机进行管片拼装或机器维修时将土仓压力提高到 1.5bar,若停机时间较长土压力下降到低于0.8 bar 时,采取加气或向前推进 100 ~ 200mm 的方法将土压提高到 1.5bar,以免河底发生较大沉降。为确保同步注浆质量,掘进速度应控制在 50mm/min 以内,避免因速度过快造成浆液无法及时注入,导致管片上浮和河底沉降。

掘进推力控制在 700 ~ 1 000t;刀盘转数控制在 1.7 ~ 1.9r/mim;泡沫剂用量为 20 ~ 25L/环,根据渣土性状酌情加水;每环出渣量控制在 3 ~ 3.2 车以内;每环注浆量要保证不少于 4.5m^3,以确保充分填充管片背部间隙,尽量控制对河底及其下地层的扰动。

4)同步注浆与补注浆的浆液类型、配合比、注浆工艺及参数

根据万泉河段的地质情况,为了更好地控制该段的同步注浆效果,加强其注浆量,盾构掘进通过万泉河段时采用的水泥砂浆配合比见表 18-23。

同步注浆浆液配比(单位:kg)　　　　表 18-23

水泥	粉煤灰	膨润土	细砂	水
100	420	100	720	420

二次补充注浆采用水泥—水玻璃双液浆,水泥浆与水玻璃体积比为 1:1,水泥浆水灰比为 1:1。

注浆采用压力控制标准,当注浆机油压达到 3MPa(油压)时停止注浆。注浆过程中由现场值班工程师注意观察管片错台、破损及变形情况,发现管片异常变形时,应立即停止注浆。

5)监控量测方案

(1)监测点布设及监测频率

在万泉河两岸 50m 范围内,沿隧道中线每 10m 布置一个地表监测点,并在两岸护栏上每隔 5m 布设一监测点,其测点布置如图 18-100 所示。

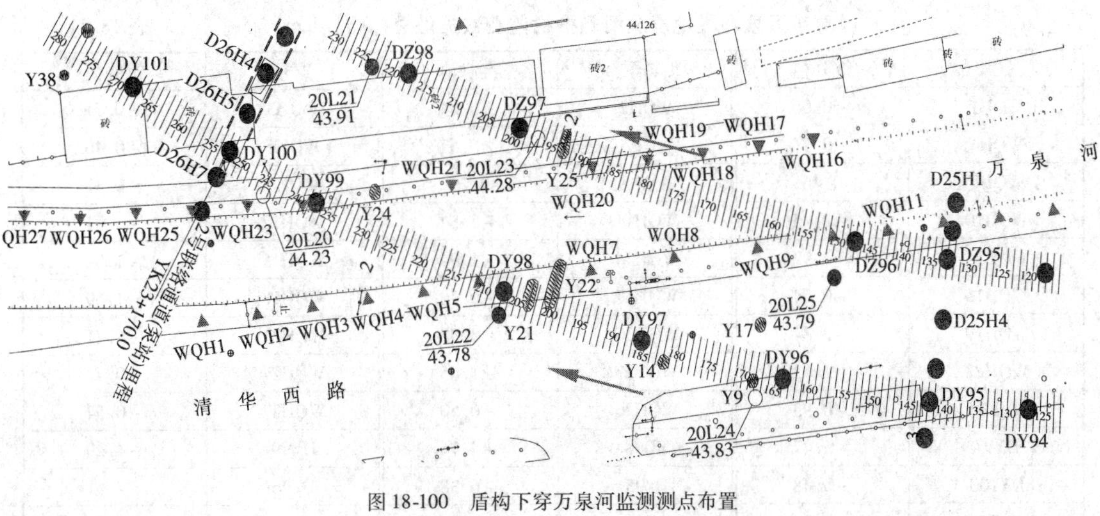

图 18-100　盾构下穿万泉河监测测点布置

监测频率为：当距盾构前后 <2B（B 为隧道宽度）时，1 次/d；当距盾构前后 <5B 时，1 次/2d；当距盾构前后 >5B 时，1 次/周。必要时，可以根据现场情况加大监测频率。

（2）监测控制标准

根据有关规范、规程、设计图纸和北京地铁 4 号线有关规定及类似工程经验，确定控制标准为地表允许沉降值为 10mm。

（3）安全控制措施

在施工过程中，应从盾构操作方面入手来减少盾构开挖对万泉河的影响，并配以其他辅助措施，以确保盾构施工时万泉河的安全。具体措施如下：

①掘进过程中严格控制盾构机姿态，减小蛇行值；严格控制土仓压力，根据地层情况设定好土压和出土量，保持土压平衡模式掘进。在不良地质条件下掘进时，根据地层情况及时对渣土进行改良，使土压易于保持；在含水丰富的地层掘进时，要防止发生喷涌而使地下水大量流失；每一环掘进时严格控制出土量，防止超挖造成地层损失。

②严格规范同步注浆操作，以注浆压力和注浆量进行双控保证环形间隙填充质量；注浆管路要保证顺畅，严格执行"掘进与注浆同步，不注浆不掘进"的原则。"保证使环形空间及时饱满地得到填充；特殊地段浆液改为快硬性注浆料，使管片衬砌尽早支撑地层。如地表变形较大超过预警值时，应立即进行二次注浆施工，确保地表沉降控制在要求范围内。

③施工过程对万泉河及该区段地表进行严密监测，并及时分析反馈监测结果。同时利用实测数据进一步修正完善盾构施工参数。

④在掘进过程中合理控制推进速度，保持连续均衡施工，避免较长时间的盾构停机；在盾构停机过程中要做好盾构推进油缸的保压工作，长时间停机时要将推进油缸锁定，防止盾构机后退。

⑤施工中出现渗漏水的部位要及时进行处理，避免地下水流失引起固结沉降。

6）监测结果与分析

（1）数据统计

盾构穿越万泉河段引起的地表及两侧护栏沉降见表 18-24。

穿越万泉河段地表及两侧护栏监测数据汇总（单位：mm） 表 18-24

点号	沉降值	点号	沉降值	点号	沉降值
WQH1	-0.06	WQH2	-0.04	WQH3	-0.71
WQH4	-0.77	WQH5	-0.57	WQH6	-0.46
WQH7	0.46	WQH8	0.29	WQH9	-0.33
WQH10	-2.75	WQH11	-3.84	WQH12	-1.91
WQH13	-4.92	WQH14	-1.94	WQH15	-1.02
WQH16	-0.54	WQH17	-0.70	WQH18	-1.69
WQH19	-2.84	WQH20	-3.38	WQH21	-4.71
WQH22	-2.12	WQH23	-1.65	WQH24	-0.72
WQH25	-0.93	WQH26	-0.50	WQH27	-0.54
DY97	-5.47	YD98	-4.76	DY99	-4.29
DY100	-5.48	DZ95	-6.38	DZ96	-4.61
DZ97	-5.35	DZ98	-6.94		

(2)监测结果分析

盾构通过万泉河时,由施工引起的地表沉降值为 4 ~ 7mm,万泉河两岸护栏沉降值为0 ~ 5mm,由于采取了盾构施工参数的控制及河床本身的整体性,其隧道中心线地表点沉降值比较均衡;两岸护栏测点沉降中间大,两边小,符合地表沉降槽规律,其沉降值比较小。

18.2.5　机场线下穿三元桥和过街天桥桥桩及穿越居民楼群

18.2.5.1　工程概况

本合同段是机场线的控制性工程,包括东直门—三元桥区间右线盾构隧道 2 575.771m (K0 +459.766 ~ K3 +035.537)和盾构接收井及盾构接收井内联络通道附属结构。此段隧道起于三元桥车站西侧站端,向西穿越三元桥后,进入东外斜街,下穿亮马河桥,到达察慈小区住宅楼西南侧的盾构接收井。采用盾构法施工。盾构从三元桥车站西端始发,在察慈小区住宅楼西南侧的盾构接收井出洞。

18.2.5.2　隧道平面及纵断面

1)隧道平面

区间隧道包含 R180m、R550m、R800m、R1 000m、R1 500m、R4 000m 的平曲线。尤其是盾构接收井位于 R180m 的缓和曲线上,对盾构进洞施工要求较高。根据此工程特点,制订如下措施,保证施工质量。

(1)严格测量程序

对导线点要严格进行测量和测量复核,盾构推进采用全自动测量系统,随时进行测量,有效指导盾构机的推进。

(2)控制盾构姿态

本标段采用的盾构设备带有分区油压、中折铰接系统,可以有效进行盾构姿态的控制。

(3)合理使用管片

该段设计有复合曲线,在盾构掘进过程中,必须合理排列管片使用顺序,使管片中心轨迹与盾构机头中心轨迹一致。

2)隧道纵断面

区间隧道包含 R3 000m、R5 000m 的竖曲线,特别是区间隧道纵坡最大达到 3% ,给盾构洞内水平运输带来较大难度。

18.2.5.3　隧道近接环境条件

区间隧道沿线上方存在多条市政管线,但由于隧道埋深较深(16.8 ~ 33m),根据以往工程经验区间施工对大部分管线的影响较小。只有一条位于三元桥东北侧横跨机场路的热力管沟由于埋深较深,控制机场线纵断,结构外皮净距为 2.65m。

在桩号 K2 +645 ~ K2 +685 线路下穿的三元桥是机场高速、京顺路连接三环路的节点立交,各个方向的车流在这里交汇,交通繁忙。

在区间 K2 +080 处下穿东外斜街过街天桥,桥桩底距离隧道结构外皮约 1m。

在桩号右 K0 +460 ~ K1 +600 范围,右线线路下穿现况居民区,在盾构施工影响的范围内该居民区包括新源里小区1、2号楼，新源西里小区1、2号楼，新源西里中街1、2号楼，东直门外斜街两侧1～2层商铺、察慈小区12、14号楼等。

在桩号右K0+539.073从察慈小区居民楼近旁穿过后，在桩号右K0+519.507下穿东外斜街。

18.2.5.4 地质条件

本工程所在土层，自地表以下依次为人工填土层、第四纪全新世冲洪积层。区间隧道主要穿越黏土、粉土，局部遇到粉细砂、中砂层。

18.2.5.5 盾构机类型及主要技术参数

1)盾构机类型

盾构机类型为日本石川岛播磨重株式会社生产的加泥式土压平衡盾构机。

2)主要技术参数

盾构机的主要技术规格及参数见表18-25。

盾构机主要技术规格及参数　　表18-25

序号	名称	项目		规格及参数
1	盾构主机	长度(mm)		8 040(不含工作台)
		外径(mm)		6 140
		质量(kg)		2 900 000
		装机容量(kW)		810
2	推进系统	千斤顶		1 500kN×34.3MPa×2 150×24
		推进速度(mm/min)		0～60
		总推力(kN)		36 000
3	刀盘系统	驱动方式		变频电机驱动
		支撑方式		辐条式中心支撑
		最大扭矩系数		$\alpha=23$
4	仿形刀	行程(mm)		130
		工作压力(MPa)		20.6
5	铰接系统	千斤顶		2 000kN×34.3MPa×250×16
		转动角度(°)	左右	2.0
			上下	0.5
		总推力(kN)		32 000
6	螺旋输送机	驱动方式		液压
		结构形式		带式无轴
		最大排土粒径(mm)		ϕ610
		排土能力(m^3/h)		164
7	皮带运输机	驱动方式		电动
		输送能力(m^3/h)		246

续上表

序号	名称	项　目	规格及参数
8	管片起吊机	起吊能力(kN)	50
		提升速度(m/min)	7.6
		行走速度(m/min)	11.0
9	管片拼装机	垂直行程(mm)	700
		水平行程(mm)	950
		回转角(°)	±220
		最大起重量(N)	47 000
10	管片正圆器	支撑千斤顶(kN)	310
		滑动千斤顶(kN)	156
11	盾尾间隙测量系统	量程(mm)	2~100
12	盾尾密封系统	密封结构	三道钢丝刷(注油脂式)
		自动注油脂泵	1套
13	壁后注浆系统	—	1套
14	加泥系统	—	1套
15	加泡沫系统	—	1套
16	超前注浆加固系统	—	1套
17	数据采集及监控系统	—	1套
18	全自动监测系统	—	1套
19	后续台车系统	—	1套

18.2.5.6　盾构隧道施工技术

1)盾构推进的实际参数及合理参数

(1)控制土压力为0.1~0.14MPa,避免土压产生较大浮动。

(2)推进速度为30~40mm/min,最大为60mm/min。

(3)同步注浆压力保证达到0.35MPa,补注浆压力保证达到0.45MPa。

(4)补注浆方式为一环一补,两侧补;注浆孔选择隧道两侧中部注浆孔。

盾构推进的主要参数实际控制见表18-26。

盾构推进的主要参数实际控制　　表18-26

地层条件描述	断面以黏性土为主
环境条件描述	地面多建筑物,现况道路穿越三元桥、新源里小区等
盾构推进主要参数的实际控制值	
纵向千斤顶总推力/分组推力(kN)	实际总推力16 000
盾构推进一般和最大速度	一般为3~4cm/min,最大为6cm/min
盾构隧道与设计轴线的最大偏差	50mm
密封仓土压力控制,与设定值的偏差	控制值:150kPa 偏差:上下10kPa
管片拼装,一般和最快(min/环)	一般为30,最快为20

续上表

加泥/泡沫(kg/环)	4 ~ 6
盾尾密封油脂(kg/环)	35

2)同步注浆与补注浆的浆液类型、配合比、注浆工艺及参数

根据本合同段的地层土质状况,同步注浆采用SPG可塑型浆液,SPG可塑型浆液属于双浆液。其凝结过程包括化学凝结、物理凝结和固化三个阶段。化学凝结时间为11~18s,根据施工状况和土质条件可进行适当调整。浆液充填盾尾建筑空隙主要是在物理凝结过程中完成的,该阶段浆液在压力作用下具有一定时效的流塑性,故称之为可塑型浆液。物理凝结完成之后就进入固化阶段,长期强度可达2~3MPa。SPG可塑型浆液具有适当的稠度及可抗剪切能力,因而具有抗地下水稀释的特点。该浆液在流动水的冲刷作用下仍能保持很好的整体性,在压力作用下也能维持一定的塑性和流动性,因此较易实现限域充填。

同步注浆与补注浆的技术参数见表18-27。

同步注浆与补注浆的技术参数 表18-27

同 步 注 浆(同一环)	
浆液类型	双液浆
浆液配比	水:水泥:水玻璃=800:810:160
注浆压力(MPa)	0.35
注浆量(m^3)	1.7
注浆结束标准	注浆量和注浆压力双控
补 注 浆(同一环)	
浆液类型	双液浆
浆液配比	水:水泥:水玻璃=800:810:160
注浆压力(MPa)	0.45
注浆量(m^3)	0.8
注浆结束标准	注浆量和注浆压力双控
注浆次数	1次/环

3)小曲线半径段施工

(1)严格测量程序

对导线点要严格进行测量和测量复核,盾构推进采用全自动测量系统,随时进行测量,有效指导盾构机推进。

(2)控制盾构姿态

本标段采用的盾构设备带有分区油压、中折铰接系统,可以有效进行盾构姿态的控制。

(3)合理使用管片

该段设计有复合曲线,在盾构掘进过程中,必须合理排列管片使用顺序,使管片中心轨迹与盾构机头中心轨迹一致。

18.2.5.7 盾构隧道近接穿越施工技术措施

1)工程概况

三元桥位于东北三环路与京顺路和机场路的交会处,在跨越京顺路和机场路处各有一

座三环路主桥，该桥由北京市市政工程设计研究总院于 1983 年进行设计，1983 年 3 月 31 日设计施工图报出。于 1984 年完成桥梁结构施工并顺利通车。

三元桥主线桥—京顺桥结构为采用边孔设铰的三孔 V 形墩刚架体系，沿长度方向跨径分配为 13.48m + 27.3m + 13.48m。主梁结构高度为 1.1m，其东侧中墩位于机场线双线正上方。中墩为 V 形墩，边墩为单排柱式墩。桥墩下为条形扩大基础。

盾构施工能够有效控制地面沉降，但其对地面不可能没有影响，沉降量也不可能为零。为确保盾构施工过后三元桥的沉降得到控制，使其不影响使用功能，在盾构施工时有必要在洞内采取管片新增注浆孔的措施。新增注浆孔内径为 84mm，每环 2 ~ 3 个，方向基本向上，其作用为在盾构台车过后通过钻孔、埋管，在洞内进行较高压力注浆，对三元桥基础土体进行微量顶升、加固，控制三元桥在盾构过后的后期沉降，恢复三元桥基础的前期沉降。该方法已在其他工程中使用过，并取得了良好的效果。根据穿越三元桥 44.8m 段的地质情况，为验证盾构过后的注浆效果，在进入桥区之前，首先进行一段试验，试验段选取桩号为 K2 + 733 ~ K2 + 775，长度共计 42m。在该段根据盾构施工过后的地面实际沉降情况，进行洞内深孔注浆，对地面沉降进行恢复。

盾构穿越三元桥段洞内预留注浆孔范围为 K2 + 623 ~ K2 + 707，长度共计 84m；洞内注浆采用深孔双重管注浆法，以便确保注浆压力与效果。

2）近接穿越工作程序

（1）施工单位上报施工方案。

（2）组织专家进行方案论证。

（3）报市路政局等管理部门批准。

（4）报交通管理部门批复占路施工手续，进行桥梁加固施工。

（5）进行试验段施工。

3）盾构穿越桥梁施工

（1）施工影响控制标准

对三元桥影响控制标准为：各墩台之间不均匀沉降控制值为 5mm，允许横桥向相邻墩柱之间不均匀沉降控制值为 2mm，允许倾斜角度 1′（3/10 000）。

（2）桥桩基础加固与地层预加固措施及效果

劈裂注浆的原理：劈裂注浆是浆液在孔内随着注浆压力的增加，先压密周围土体，当压力达到一定程度时，浆液流动使地层产生劈裂，形成脉状或条带状胶结体，从而使周围土体产生变形。

（3）盾构实际推进参数

盾构掘进控制土压为 0.15MPa，推进速度为 30 ~ 40mm/min。

（4）同步注浆与补注浆的浆液类型、配合比、注浆工艺及参数

同步注浆与补注浆的浆液采用水泥—水玻璃双液浆；同步注浆压力为 0.35MPa，补注浆压力为 0.45MPa。

（5）监控量测结果

穿越区段的监测结果如图 18-101 和图 18-102 所示。根据图示的沉降时程曲线可知，最大地表沉降小于 6mm。

桥墩沉降监测数据及沉降曲线(单位:mm)

桩　号	11月16日	11月17日	11月18日	11月19日	11月20日	11月21日	11月22日	11月23日	11月24日	11月25日	11月26日	11月27日	11月28日	11月29日	12月1日	12月2日	12月3日
K2+680	0	-1.3	-0.5	-1.6	-2.1	0.4	1.6	2.3	1.6	1.2	0.7	0.5	0.2	0.1	-0.4	-0.6	-0.2
K2+670	0	0	-1.7	-2.4	-2.2	-1.2	-0.8	-2.8	-3.4	2.5	-3.2	-3.3	-3.1	-2.6	-3.3	-3.6	-3.1
K2+660	0	0	-0.6	-3	-0.7	0.5	1.1	2	0.7	0	-0.3	-0.1	-0.4	-0.7	-0.9	-1.2	-0.9
K2+650	0	0	-0.8	-1.4	0.7	0.4	0.5	2.2	0.9	-0.4	-0.1	-0.1	-0.6	-0.9	-1.3	-1.6	-0.9
K2+640	0	0	-0.1	-0.8		-4.1	-3.5	-4.7	-4.7	-4	-4	-4.1	-4.7	-4.4	-5	-5.2	-4.7

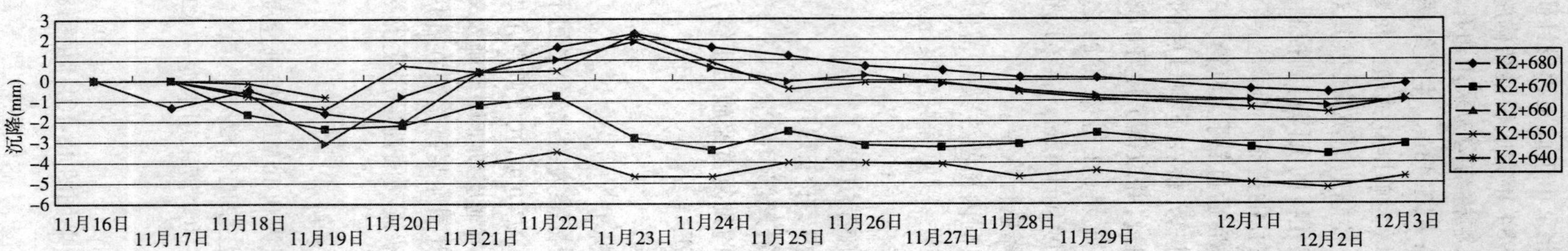

图 18-101　桥墩沉降时程曲线图

隧道轴线地表沉降数据及曲线(单位:mm)

桩　号	11月16日	11月17日	11月18日	11月19日	11月20日	11月21日	11月22日	11月23日	11月24日	11月25日	11月26日	11月27日	11月28日	11月30日	12月1日	12月2日	12月3日
K2+680	0	-1.4	-3.8	-4.7	-4.9	-3.8	-3.6	-5.4	-4.3	-4.5	-5.2	-5	-5.6	-5.2	-5.4	-5.2	-5.2
K2+670	0	0	-1.9	-3.2	-3.9	-2.3	-2.6	-4.9	-4.1	-3.7	-5.1	-5	-4.4	-4.1	-3.7	-4	-4.4
K2+660	0	0	-1.5	-2.8	-3.9	-2.5	-2.8	-4	-5.2	-4.3	-4.8	-5	-5.5	-5	-5	-4.9	-5.3
K2+650	0	0	-1.7	-0.8	-4.8	-1.9	-1	-4.6	-3.9	-3.7	-4.2	-4.5	-4.3	-3.9	-3.7	-4	-4.3
K2+640	0	0	1	-2.1	-4.2	-4.7	-3.3	-3.8	-4.9	-3.6	-4.6	-4.8	-4.9	-4.7	-4.8	-4.6	-4.9

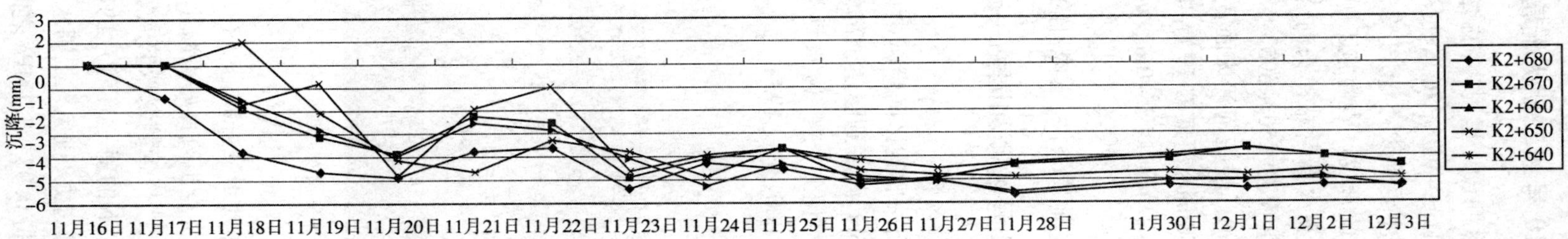

图 18-102　隧道轴线地表沉降时程曲线图

18.2.6 地铁10号线二期火器营站—终点区间隧道盾构下穿昆玉河

火器营站—终点区间设计里程为:右线 K55 +996.037 ~ K56 +936.224,全长940.187m;左线 K55 +996.037 ~ K56 +959.326,全长 963.289m。在右 K56 +944.175 处设一座盾构始发、接收井。区间上方主要管线有:燃气管,污水管,雨水管,电信管线,电缆管线,公安电缆,上水管,电力管线等市政管线。盾构施工顺序为一台盾构机从终点竖井始发后,下穿昆玉河并沿昆玉河向南掘进,在火器营站掉头向终点竖井掘进,到达终点竖井后拆机吊出。其中,盾构施工分别在隧道里程右 K56 +695 ~ K56 +755(约 60m),左 K56 +720 ~ K56 +780(约 60m)范围内下穿昆玉河。昆玉河河床面宽度 47 ~48m,河底有混凝土板衬砌,厚约 150mm,其下为聚苯板,厚约 50mm,河底高程为 46.35 ~ 46.41m,水面高程约为 48.70m,水深约 2.3m,盾构隧道顶距昆玉河河底 8 ~9m。火器营站—终点区间盾构隧道与昆玉河剖面关系如图 12-68 所示。

下穿昆玉河区段的地质条件、盾构机的类型与技术参数见 12.5 的论述。

18.2.7 地铁4号线颐和园站—北宫门站盾构区间穿越中央党校人工湖

1)工程概况及风险分析

颐和园站—北宫门站盾构区间穿越中央党校人工湖,如图 18-103 所示。人工湖最大深度 3.4m,最小深度 1.6m,湖底到隧道顶部的浮土最大厚度为 7.4m,对应隧道顶的浮土多为圆砾、砾砂和粉细砂,自稳性差,透水性强,施工难度极大。人工湖段里程为 $K_{右}25$ + 588.000 ~ $K_{右}25$ +781.000,全长 193m。

图 18-103 中央党校人工湖

盾构机下穿人工湖 4A 风险地段:由于湖底地质对沉降或隆起灵敏度高,如果盾构掘进时土压控制不好,就会导致人工湖水力与掘进掌子面连通,易引起喷涌、大面积塌方等,造成重大工程事故。

盾构机的类型及主要技术参数详见第 13 章的论述。

2)过人工湖的施工措施

(1)技术措施

盾构机到达人工湖之前,应对盾构机各系统进行一次全面的维修保养,重点是检查渣土改良系统、注浆系统、盾尾密封系统等,使盾构机及后配套系统的工作处于良好状态。在盾构掘进过程中关键是保持稳定的土仓压力、同步注浆压力及注浆量,将渣土改良好以减小刀盘扭矩,防止对地层扰动过大;注意控制推力,避免湖底沉降或隆起。严格控制浆液的质量,浆液凝固时间控制在 4 ~6h,注浆压力控制在 0.2MPa 左右;通过湖底下的每一环管片的注浆量为 6.5 ~7.0m^3,注浆饱满率达到 200%。为防止湖底隆起或沉降过大,避免人工湖水力与掘进掌子面连通,应该选择偏小一点的土压力,如将 1 号土压力保持 0.08 ~0.1MPa 之间。

(2)保障措施

①结合以前的施工经验,确定合适的土压力,快速通过人工湖。人工湖的沉降控制在 -20 ~ +10mm 之间。当人工湖水力与掘进掌子面连通时,冷静观察土仓里水压变化情况,若水压力变化较慢,不要停机,加快盾构机掘进速度,直接通过人工湖。盾构掘进中采用双液注浆。

②当盾构机土仓内水压力急剧增加,而且形成喷涌时,应快速关闭盾构机螺旋输送机,停止掘进,注满盾尾油脂,撤离隧道里的所有施工人员,并进行以下处理。

第一步:组织人力及时向人工湖底回填粉质黏土、膨润土和泥砂袋,回填厚度为 0.5m。回填结束后,盾构机操作员启动刀盘,刀盘空转 2min 后,开始出土,同时观察土压传感器和螺旋输送机出土情况,若传感器压力稳定,出土正常,就继续掘进。

第二步:如果湖底地层扰动过大,应对盾构机上方和前方 5m 范围采取压密注浆加固,加固完后继续掘进。

第三步:如果压密注浆隔离不了湖水,就抽干湖水,在盾构机前面做旋喷桩,检查完刀具后,再继续推进。

③湖下掘进施工质量的保证措施。

根据对地质资料的研究及运用相关设备,适时准确地掌握前方土层的变化,以决定掘进过程中的掘进模式。当盾构机从一类地层转到另一类地层时,预留 10m 作为工况过渡段,以实现工况逐步转换。密切注意螺旋输送机排土速度、盾构顶进速度与施工监测信息的协调控制,保持开挖面稳定。

加大监测频率,每班 4 次,监测数据及时上报,提前预警,确保工程安全。

3)盾构机下穿人工湖的施工效果

盾构机先后两次下穿人工湖,均未造成任何不良影响。

管片拼装符合设计要求,无推顶贯穿裂缝和大于 0.2mm 宽的裂缝及混凝土剥落现象;地面隆沉控制在 6mm。成型隧道衬砌环质量:①中线平面和高程偏差:直线段和半径不小于 500m 的曲线段为 ±50mm,半径小于 500m 的曲线段为 ±80mm;②错台:每环相邻管片为 5mm,纵向相邻环管片为 5mm,椭圆度为 0.5%D(D 为隧道直径)。

18.3　地铁 10 号线一期工程北土城东路站—芍药居站区间盾构穿越既有城铁 13 号线芍药居车站的施工技术

18.3.1　工程概况

18.3.1.1　概述

本工程为北京地铁 10 号线一期工程土建施工第 9 号合同段。工程位于朝阳区太阳宫地区,西起惠新西街,东至太阳宫中路,线路呈东西走向,由芍药居站、太阳宫站、北土城东路站—芍药居站区间和芍药居站—太阳宫站区间 4 个部分组成(两站两区间),如图 18-104 所示。

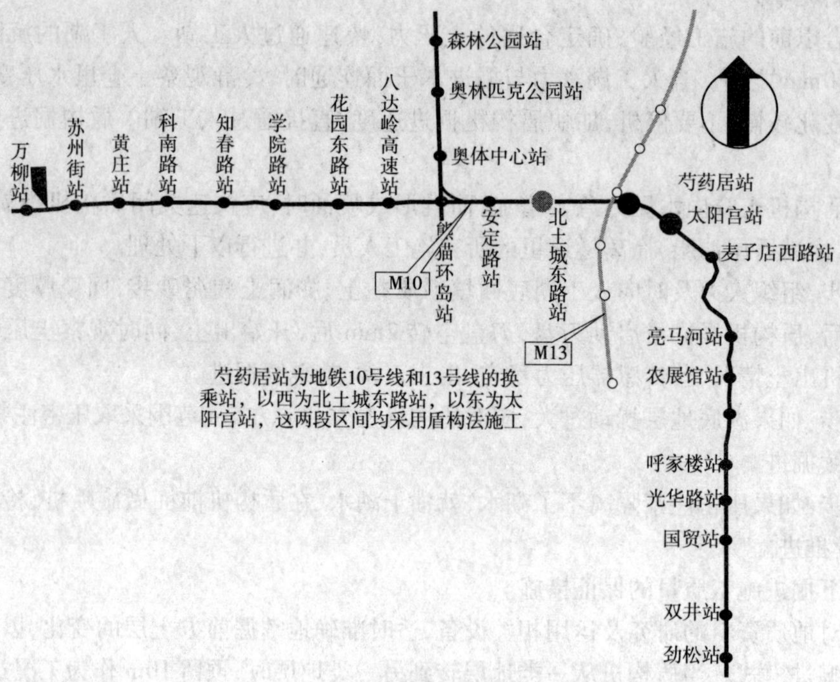

图 18-104　北京地铁 10 号线一期工程平面示意图

北土城东路站—芍药居站区间东起地铁 5 号线北土城东路站，由西向东至 10 号线芍药居站。区间盾构掉头井以东区段线路长 1 129.4m（单线长度），线路中线间距为 13m，采用盾构法施工。在里程 K12 + 386 ~ K12 + 406 下穿既有城铁 13 号线芍药居站（先后过轨两次）。

18.3.1.2　隧道平面

北土城东路站—芍药居站区间隧道包含 *R*500m、*R*1 000m 的平曲线。

18.3.1.3　隧道纵断面

北土城东路站—芍药居站区间隧道包含 *R*3 000m、*R*5 000m 的竖曲线，特别是区间隧道纵坡最大达到 2.4%，给盾构洞内水平运输带来较大难度。

18.3.1.4　隧道近接环境条件

北土城东路站—芍药居站区间位于规划的土城北路下方，起点为地铁 5 号线北土城东路站，由西向东下穿惠新东街、城铁 13 号线、京承高速公路，至芍药居站，呈东西走向。区间上方土城北路尚未实现规划，路由范围内为平房，如图 18-105 所示。

北土城东路站—芍药居站区间穿越城铁 13 号线芍药居车站南端，如图 18-106 所示。该车站西侧为京承高速公路，跨路处为桥梁通过，盾构从其桥桩旁边穿过，距桥桩最近处为 5.61m。同时，区间还从京承高速公路西侧匝道挡土墙下方穿过，挡土墙南侧地下埋有一根 ϕ1 000的雨水管线，管底至隧道结构顶 7m；北侧有一幢 6 层建筑物（住宅），沿线路走向布置，距离隧道结构外侧水平距离 8m。

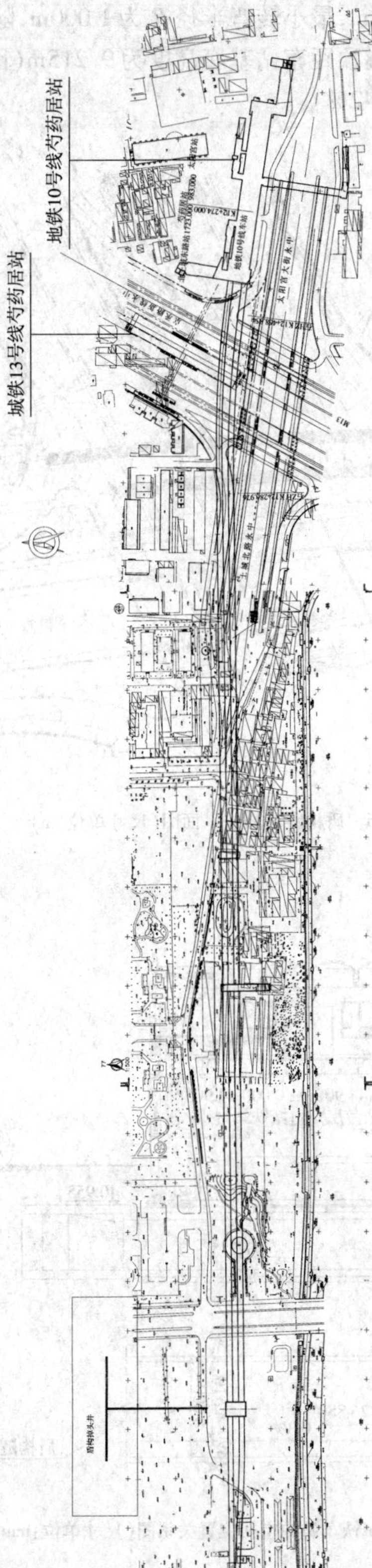

图18－105　北土城东路站—芍药居站区间盾构法施工总平面图

区间隧道覆土厚度为6.5~12m,最小转弯半径R为1 000m,隧道坡度为0.2%~2.4%。盾构过轨时覆土厚度为11.41m,隧顶距车站基底高度为9.215m(图18-107),位于半径R为1 000m的曲线上,隧道坡度为0.342%。

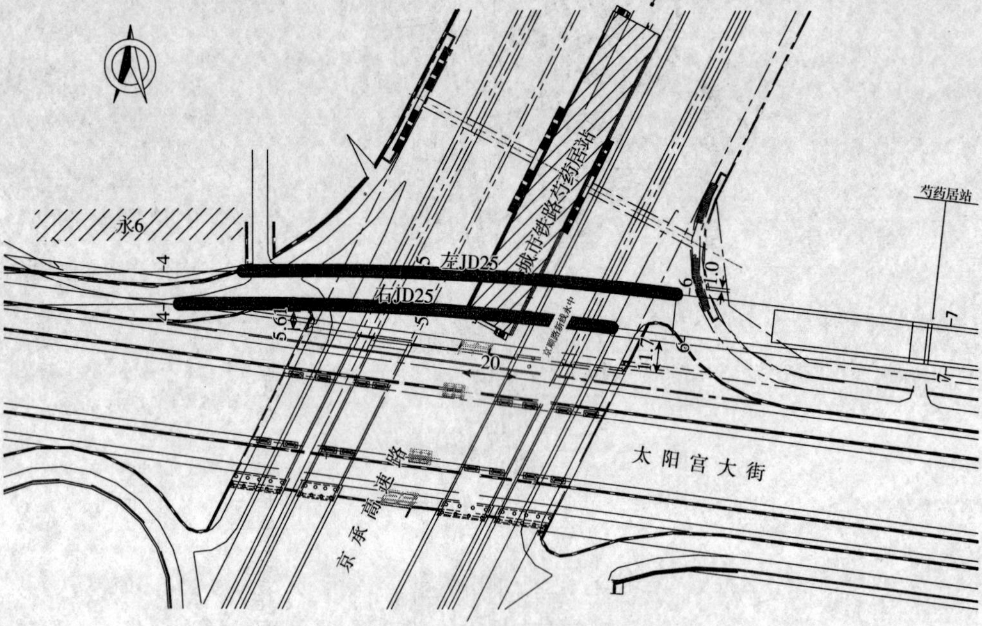

图18-106 盾构穿越城铁平面图(尺寸单位:m)

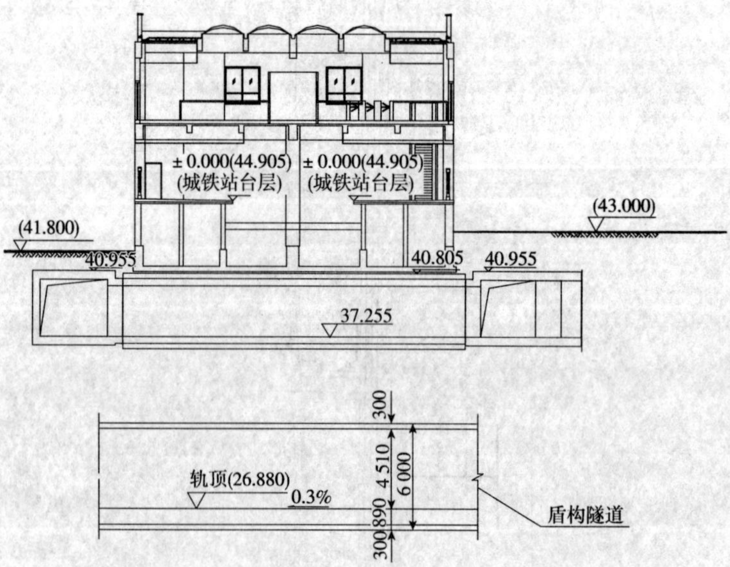

图18-107 盾构隧道下穿城铁车站的空间位置关系图(尺寸单位:mm;高程单位:m)

18.3.1.5　盾构隧道结构形式及工程地质条件

1)隧道结构形式

隧道采用标准单圆盾构衬砌结构,衬砌管片外径 6 000mm,厚度 300mm,内径 5 400m,环宽 1 200mm。衬砌管片分为 6 块,其中 3 块标准管片(A 型)、2 块邻接管片(B_1 和 B_2型)和 1 块封顶块(C 型),采用错缝拼装。相邻管片环间沿圆周均匀布置 16 个纵向连接螺栓,环向管片间设 12 个螺栓,每环共计 28 个螺栓,均为弧形螺栓。盾构隧道结构形式如图 18-108 所示。

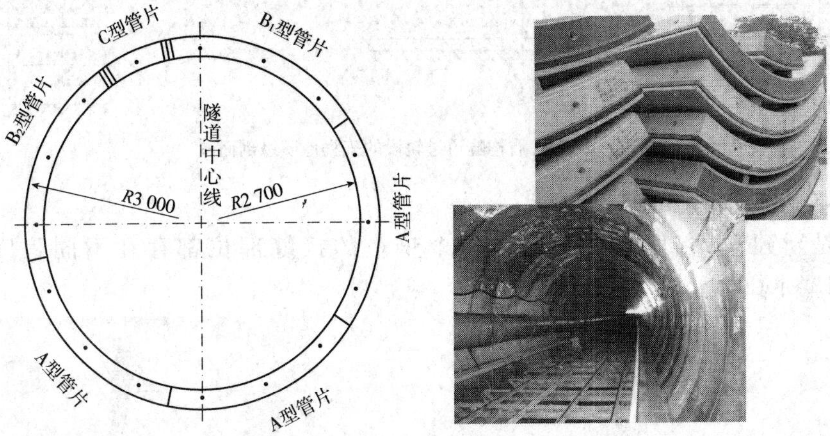

图 18-108　盾构隧道结构形式(尺寸单位:mm)

(1)工程地质条件

过轨段隧底高程为 25.4m,隧道主要穿越地层为粉质黏土④、粉土$④_2$ 和粉质黏土⑥层。根据地勘报告,地层土质自上而下依次为:

①人工填土层,粉土填土①层、层底高程为 40.21 ~41.81m。

②第四纪全新世冲洪积层,粉土③、粉质黏土$③_2$ 层、粉土$④_2$、粉质黏土④,层底高程为 26.21 ~33.91m。

③第四纪晚更新世冲洪积层,细中砂$⑥_3$ 层、粉质黏土⑥层、黏土$⑥_1$ 层、粉质黏土$⑥_2$ 层,层底高程为 20.21 ~26.21m。

盾构隧道过轨段的地质条件如图 18-109 所示。

(2)地下水情况

根据地勘报告和芍药居站主体基坑降水实际情况来看,本段地下水由上至下分为三层:

①表层滞水,水位高程为 33.17 ~41.55m,透水性一般,不影响盾构施工。

②潜水,水位高程为 26.23 ~31.47m,微承压性,盾构施工主要受此层地下水影响,土压设定需考虑水压影响。

③层间潜水,水位高程为 20.20 ~26.70m,施工过程中未涉及此层地下水。

18.3.1.6　既有线车站结构形式及现状

既有城铁 13 号线芍药居车站为地面两层三跨侧式车站,整体道床,如图 18-110 所示。站宽 18.8m,长 125.1m。钢筋混凝土框架结构,筏板基础,等距离设有两道变形缝,基础底

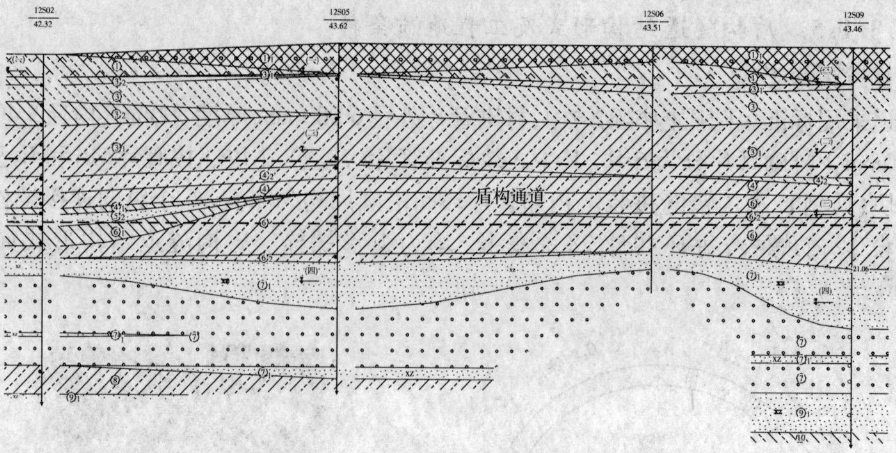

图 18-109　盾构隧道过轨段的工程地质纵剖面图

面高程为 40.905，如图 18-111 所示。

尽管是新建车站，但道床上几乎每个垫块的接缝部位都存在不同程度的裂缝，如图 18-112 所示。

图 18-110　既有城铁 13 号线芍药居车站南端结构实景照片

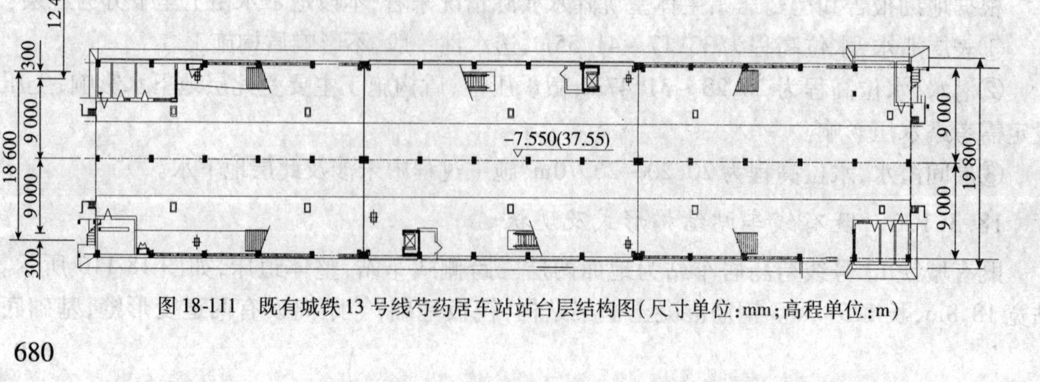

图 18-111　既有城铁 13 号线芍药居车站站台层结构图(尺寸单位：mm；高程单位：m)

图 18-112　既有城铁 13 号线芍药居车站道床裂缝实景照片

18.3.2　盾构机类型及主要技术参数

本区段施工采用 ϕ6.14m 加泥式土压平衡盾构机，如图 18-113 所示。

M10芍药居站

M13芍药居站

ϕ6.0m盾构隧道

ϕ6.14m盾构机

图 18-113　加泥式土压平衡盾构机

盾构机的主要技术参数见表18-28。

盾构机的主要技术参数　　表18-28

<table>
<tr><th>序号</th><th>名　称</th><th colspan="2">项　目</th><th>规格及参数</th></tr>
<tr><td rowspan="3">1</td><td rowspan="3">盾构主机</td><td colspan="2">长度(mm)</td><td>10 650</td></tr>
<tr><td colspan="2">外径(mm)</td><td>6 140</td></tr>
<tr><td colspan="2">重量(kN)</td><td>2 900</td></tr>
<tr><td rowspan="4">2</td><td rowspan="4">推进系统</td><td colspan="2" rowspan="2">千斤顶</td><td>2 000kN×34.3MPa×2 150×5</td></tr>
<tr><td>2 500kN×34.3MPa×2 150×11</td></tr>
<tr><td colspan="2">推进速度(mm/min)</td><td>0~60</td></tr>
<tr><td colspan="2">总推力(kN)</td><td>37 500</td></tr>
<tr><td rowspan="2">3</td><td rowspan="2">刀盘系统</td><td colspan="2">驱动方式</td><td>(0~80Hz)变频电机驱动</td></tr>
<tr><td colspan="2">额定扭矩(kN·m)</td><td>工作扭矩:5 105.6;
启动扭矩:6 100</td></tr>
<tr><td rowspan="2">4</td><td rowspan="2">仿形刀</td><td colspan="2">行程(mm)</td><td>130</td></tr>
<tr><td colspan="2">工作压力(MPa)</td><td>20.6</td></tr>
<tr><td rowspan="4">5</td><td rowspan="4">铰接系统</td><td colspan="2">千斤顶</td><td>2 500kN×34.3MPa×2 150×12</td></tr>
<tr><td rowspan="2">转动角度(°)</td><td>左右</td><td>2</td></tr>
<tr><td>上下</td><td>1.0</td></tr>
<tr><td colspan="2">最小曲线半径(m)</td><td>250</td></tr>
<tr><td rowspan="6">6</td><td rowspan="6">螺旋输送机</td><td colspan="2">驱动方式</td><td>液压</td></tr>
<tr><td colspan="2">结构形式</td><td>无轴螺旋输送</td></tr>
<tr><td colspan="2">螺旋尺寸(mm)</td><td>ϕ710×750</td></tr>
<tr><td colspan="2">最大排土粒径(m)</td><td>ϕ630</td></tr>
<tr><td colspan="2">最大排土能力(m^3/h)</td><td>181</td></tr>
<tr><td colspan="2">闸门紧急关断装置</td><td>储能器(安装在后续台车上)紧急开关在操作室内</td></tr>
<tr><td rowspan="2">7</td><td rowspan="2">皮带运输机</td><td colspan="2">驱动方式</td><td>电动</td></tr>
<tr><td colspan="2">输送能力(m^3/h)</td><td>280</td></tr>
<tr><td rowspan="3">8</td><td rowspan="3">管片起吊机</td><td colspan="2">起吊能力(kN)</td><td>50</td></tr>
<tr><td colspan="2">提升速度(m/min)</td><td>7.6</td></tr>
<tr><td colspan="2">行走速度(m/min)</td><td>11.0</td></tr>
<tr><td rowspan="4">9</td><td rowspan="4">管片拼装机</td><td colspan="2">垂直行程(mm)</td><td>600</td></tr>
<tr><td colspan="2">水平行程(mm)</td><td>1 000</td></tr>
<tr><td colspan="2">回转角(°)</td><td>±220</td></tr>
<tr><td colspan="2">最大起重力(kN)</td><td>50</td></tr>
<tr><td rowspan="2">10</td><td rowspan="2">管片正圆器</td><td colspan="2">支撑千斤顶(kN)</td><td>392</td></tr>
<tr><td colspan="2">滑动千斤顶(kN)</td><td>156</td></tr>
<tr><td>11</td><td>盾尾间隙测量系统</td><td colspan="2">量程(mm)</td><td>2~100</td></tr>
</table>

续上表

序号	名 称	项 目	规格及参数
12	盾尾密封系统	密封结构	三道钢丝刷(注油脂式)
		自动注油脂泵	1 套
		注射口	6 点 ×2
13	壁后注浆系统	手(自动)控制	1 套
14	加泥系统	手(自动)控制	1 套
15	加泡沫系统	手(自动)控制	1 套
16	数据采集及监控系统	全自动	1 套
17	全自动监测系统	—	1 套
18	后续台车系统	总长度,包括设备	51m,同步注浆系统、操纵室、加泥系统、泡沫系统、电气柜、液压泵单元
		包括设备	液压阀单元、润滑单元、变压器等

18.3.3 过轨施工总体筹划

1)“北—芍”区间盾构施工总体计划安排

“北—芍”区间盾构施工顺序总体为:由芍药居站西端头井右线始发,向西掘进至盾构掉头井,掉头后向东掘进左线,在芍药居站西端接收,如图 18-114 所示。

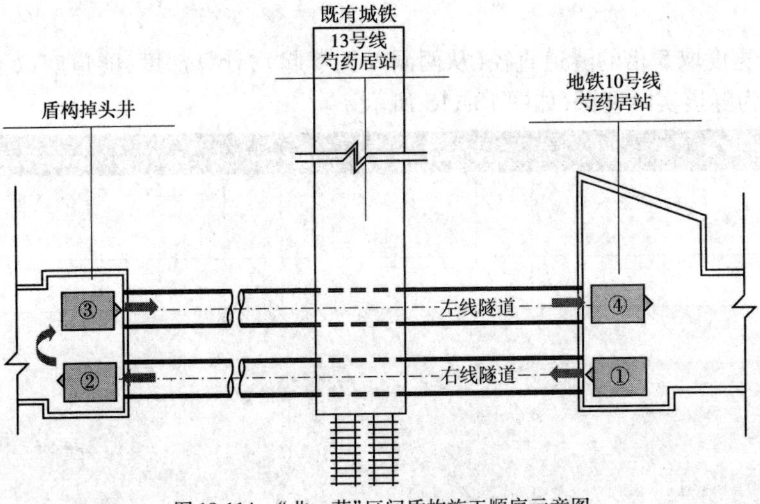

图 18-114 “北—芍”区间盾构施工顺序示意图

时间顺序为:

(1)区间右线掘进,2005 年 5 月 5 日 ~2005 年 9 月 10 日。

(2)区间左线掘进,2005 年 10 月 10 日 ~2006 年 1 月 25 日。

2)盾构过轨施工计划安排

(1)盾构第一次过轨时间(20m):2005 年 05 月 30 日 ~2005 年 05 月 31 日。

(2)盾构第二次过轨时间(20m):2005 年 12 月 30 日 ~2005 年 12 月 31 日。

18.3.4 过轨施工的风险分析

18.3.4.1 盾构过轨施工技术要求

盾构下穿城市铁路(13 号线)施工所引起的车站结构和轨道的变形控制指标为:

(1)轨道整体沉降 10mm。

(2)轨道差异沉降 5mm。

(3)结构整体沉降 15mm。

(4)结构差异沉降 5mm。

(5)房屋倾斜 0.2%。

18.3.4.2 盾构过轨施工有限元模拟分析

针对现况城铁 13 号线芍药居站的结构特点及载荷、盾构施工顺序、地层情况、隧道覆土厚度等,选取一定边界范围的区域作为分析对象,采用 2D－σ 有限元计算分析软件模拟过轨阶段盾构机开挖土体和管片拼装过程,分析盾构过轨施工可能引起的地表沉降是否超限,是否可以满足过轨技术要求。

1)计算模型建立

计算模型建立过程中主要考虑以下五个方面:

(1)物理模型特性为平面应变问题。

(2)计算方法采用弹塑性分析,屈服准则采用 Mohr－Coulomb 准则。

(3)假定计算边界处不受隧道开挖的影响,即该处为静止的原始应力状态,变形为零,用约束来模拟。

(4)计算宽度取 5 倍的隧道直径(从两洞外侧算起);计算深度,隧道底以下为 3 倍的隧道直径,上方为隧道实际埋深,如图 18-115 所示。

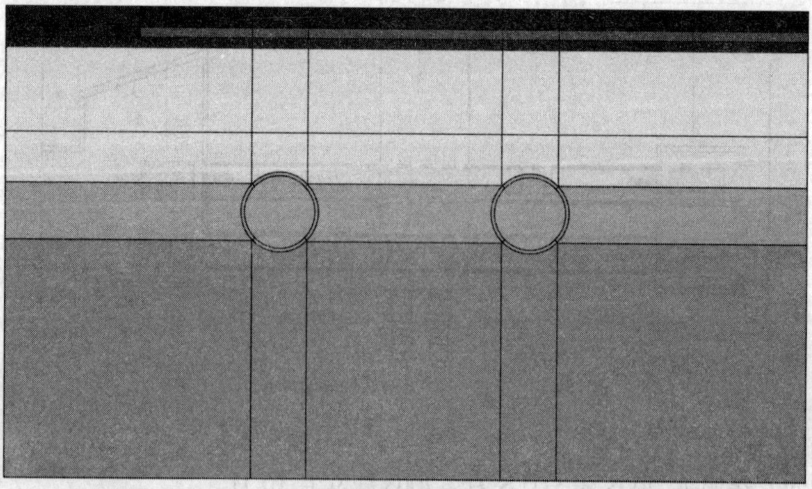

图 18-115 计算模型

(5)考虑到时间效应,开挖过程中应力的释放率为:开挖为 85%,支护为 15%。

模型顶部左侧为既有线荷载 20kPa,右侧为既有车站荷载按 50kPa 考虑。在断面两侧边节点上施加水平链杆支座,底边节点上施加铰支座,如图 18-116 所示。

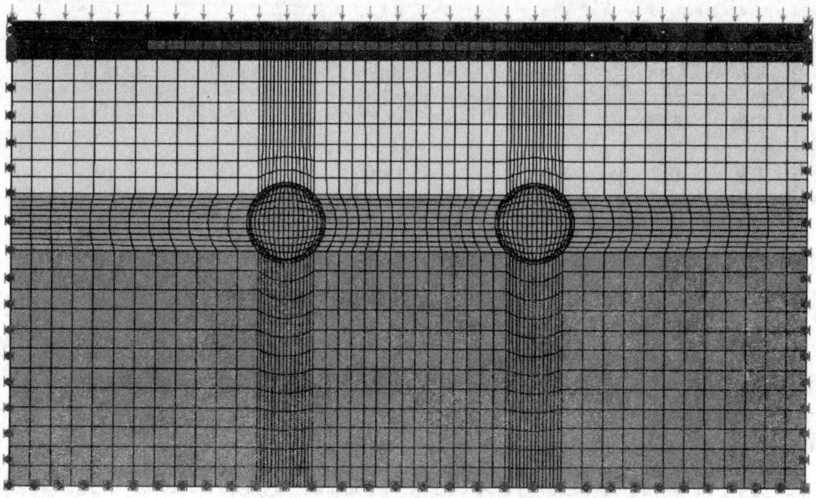

图 18-116　模型所受荷载及约束图

模型的有限元网格共分 7 636 个节点,2 477 个单元,对隧道和其周边地层采用了细密单元,具体网格划分如图 18-117 所示。

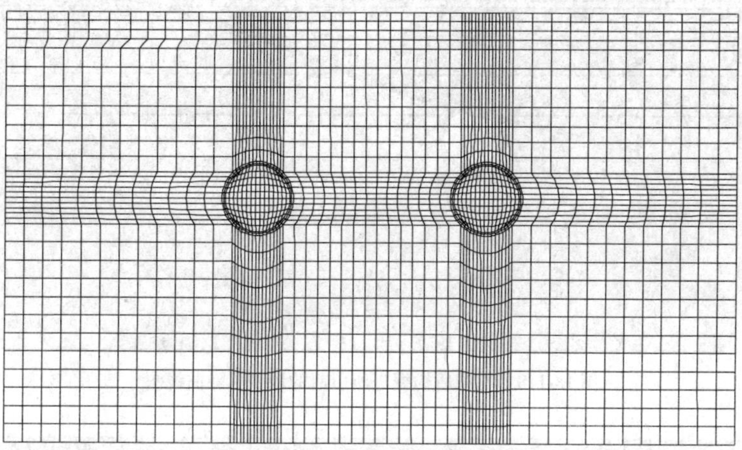

图 18-117　模型网格划分图

2)计算参数的选定

将地层以岩性和地质特点划分为 4 个不同的类别,各土层的物理力学指标依据地勘报告选取(表 18-29)。岩土体自上而下分别为:杂填土、粉质黏土、粉细砂和粉土,各土层材料参数的选取根据其厚度加权平均得出。对于混凝土管片结构,选取 C50 材料参数;考虑到接头以及错缝拼装方式的影响,将管片的折减系数确定为 0.85。

车站结构、隧道结构与地层的力学参数　　表 18-29

结构及地层	地层厚度(m)		弹性模量(kPa)	重度(kN/m^3)	泊松比 v	黏聚力 c(kPa)	内摩擦角 φ(°)
	左侧	右侧					
筏板基础	0.0	2.2	30 000 000	25.0	0.17	4 000	60
管片(C50)	—	—	34 500 000	25.0	0.17	4 000	60

续上表

结构及地层	地层厚度(m)		弹性模量(kPa)	重度(kN/m^3)	泊松比 υ	黏聚力 c(kPa)	内摩擦角 φ(°)
	左侧	右侧					
杂填土	2.9	0.7	5 800	18.0	0.42	10	8
粉质黏土	6.3	6.3	13 300	19.5	0.3	23	11.5
粉细砂	8.0	8.0	36 000	20.0	0.34	6.0	12
粉土	18.0	18.0	10 000	19.2	0.35	30	32
C30 混凝土	—	—	30 000 000	25.0	0.17	4 000	60

3)计算结果

(1)地表沉降:右线盾构掘进及右线、左线盾构掘进所引起的地表沉降如图 18-118 和图 18-119 所示。右线盾构掘进所引起的地表沉降最大值为 3.37mm,右线、左线盾构掘进所引起的地表沉降最大值为 4.86mm。

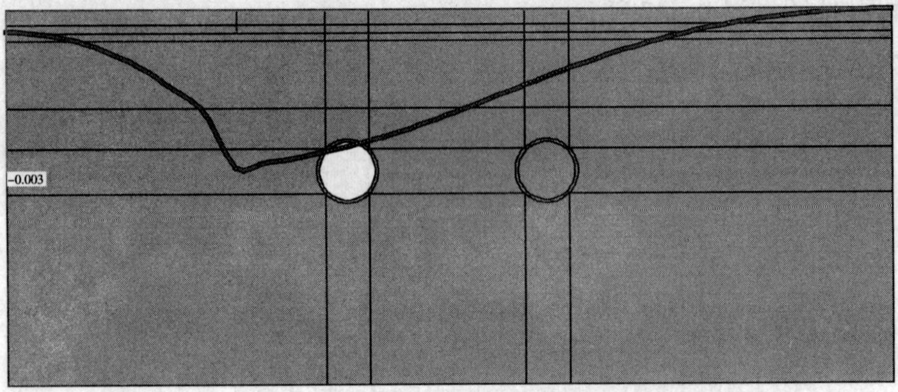

图 18-118 右线盾构掘进所引起的地表沉降曲线图

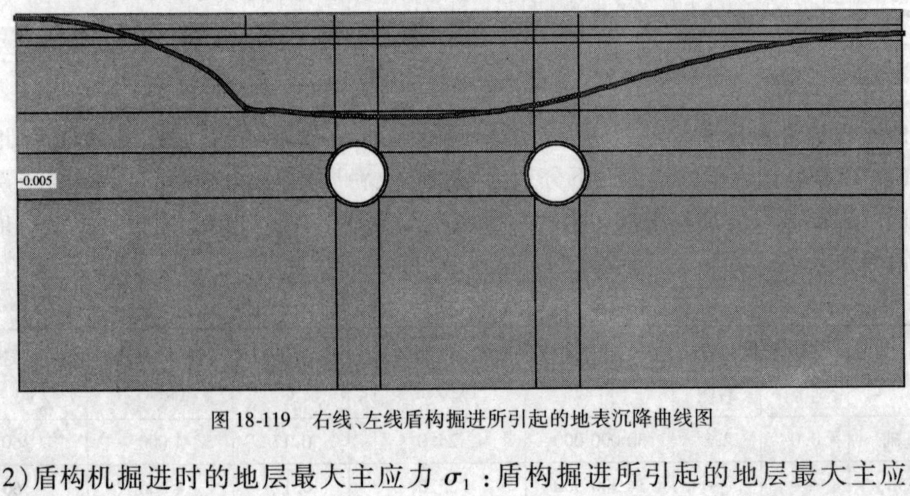

图 18-119 右线、左线盾构掘进所引起的地表沉降曲线图

(2)盾构机掘进时的地层最大主应力 σ_1:盾构掘进所引起的地层最大主应力如图 18-120和图 18-121 所示。

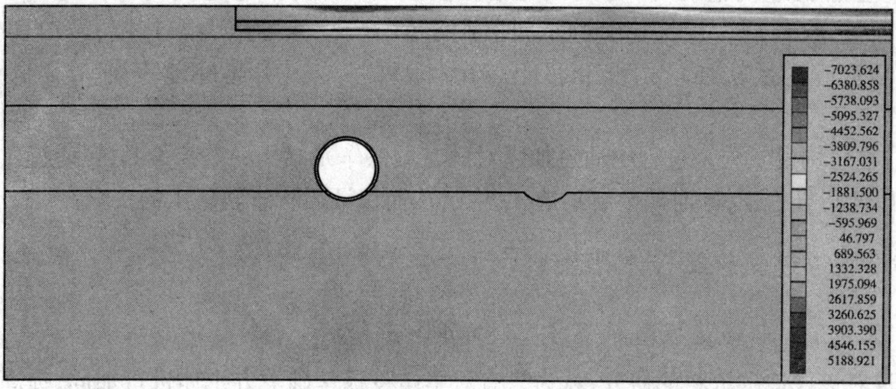

图 18-120　右线隧道掘进时地层最大主应力 σ_1 云图

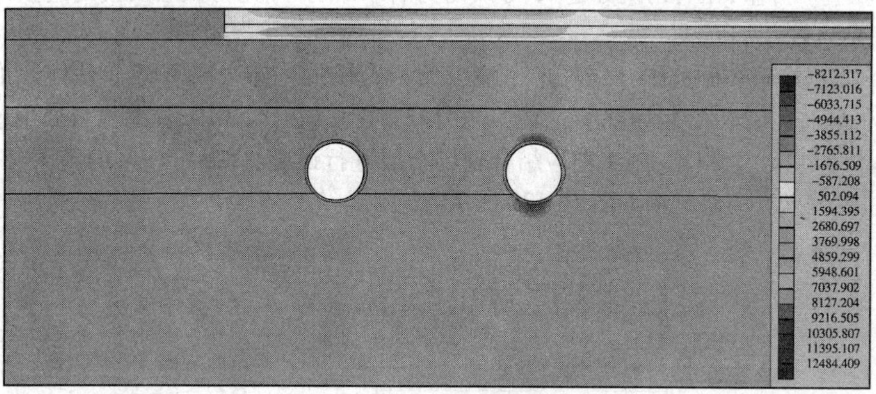

图 18-121　右线、左线盾构掘进时地层最大主应力 σ_1 云图

由盾构掘进所引起的地层最大主应力 σ_1 云图计算结果可知：随着盾构机的掘进，隧道周围土体应力是不断变化的。在右线隧道的两侧由于荷载差异较大（线路和车站的荷载相差较大），使得右线隧道两侧所受应力相差较大；在进行左线隧道施工时，其拱顶 120°范围内的荷载相同，使得左线隧道两侧的应力变化相差不大，但在拱顶和拱底均出现了较为明显的应力集中。

18.3.4.3　风险分析与解决思路

根据盾构法的施工特点，结合盾构过轨施工有限元模拟分析，可以看出：

（1）由于盾构从既有城铁 13 号线下方的一侧穿越到另一侧的过程中将产生一个沉降差，这个差值如果超限，将造成车站沉降、结构弯曲和扭曲变形、已有裂缝的扩展和错动，并由此引发轨道几何形位的改变，如钢轨顶面相对高差（轨道水平）变化、轨道中心在水平面上的平顺性（顺轨向）变化、轨道沿线路方向的竖向平顺性（前后高低）变化等。这些变化不仅会引起既有线隧道结构的内力增加，而且还可能会导致钢轨顶面水平超差、轨向平顺超差或前后高低超差，

另外，考虑到既有线的道床和基层的整体刚度不一，受变形过大的影响，道床和其基层之间将会产生脱离现象，对既有线运营产生危害。

(2)在盾构过轨施工时,合理设定土压力,调节盾构推进速度与排土速度关系,保持开挖面稳定,使盾构保持均衡施工,同时控制同步注浆的压力和速度,及时实施二次补浆。结合盾构过轨环境情况和覆土等条件,可将施工引起的地表沉降控制在5mm以内。

(3)在盾构过轨施工过程中通过加强对既有城铁车站结构的监控量测,及时提供动态监测数据以便指导施工,同时调整各项施工参数,从而保证盾构过轨施工的安全。

18.3.5 过轨施工技术措施

18.3.5.1 车站筏板基础下方土体加固

通过对该段地勘资料的研究,认为只有对车站筏板基础下方土体进行加固,提高其抗扰动能力,才能从根本上控制车站在盾构施工中的沉降。车站筏板基础下方③$_1$层土体为粉质黏土,为软塑—可塑,在盾构机穿越13号线芍药居车站前,应先对该层及其周边土体进行加固,采用WSS注浆加固法。

WSS工法注浆加固范围:对盾构隧道施工影响范围的土体采取WSS工法注浆加固。注浆孔径为ϕ42,孔中心距为1 000mm,注浆压力控制在0.3~0.5MPa,注浆材料采用超细早强水泥,注入率暂按45%计。施工前应结合现场土层进行试验,以确定注浆的施工参数、合理配比及注浆效果。注浆范围如图18-122所示。

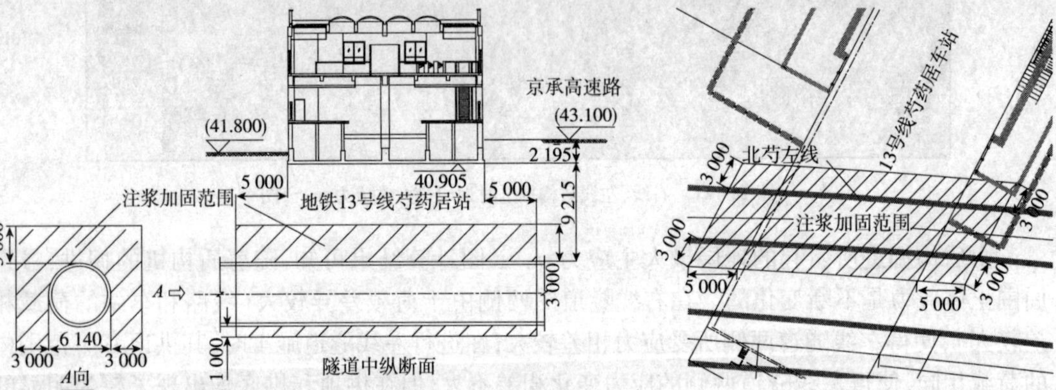

图18-122 WSS注浆加固范围示意图(尺寸单位:mm;高程单位:mm)

注浆加固控制标准为:无侧限抗压强度≥1.0MPa,渗透系数≤10^{-7}cm/s。

18.3.5.2 盾构推进参数及控制

开挖面稳定作为土压平衡盾构机掘进施工的技术核心,其主要内容就是土压管理。

1)土压力设定

土压管理是指在盾构掘进过程中通过合理控制掘进和排土的关系来使土仓内土压稳定在目标范围内,土仓内土压设定值可根据相关理论计算得出。在盾构掘进和停机过程中根据计算出的土压力为目标进行土压管理,使土仓内土压力与开挖面前方的水土压平衡,从而确保开挖面的稳定。

(1)土压管理方法

设定目标土压,根据土压计的读数调整螺旋输送机的转数,维持仓内土压处于设定的目标范围内。当土压力超过目标土压设定的上限时，增加螺旋输送机转数，加大排土量；当水土压力低于目标土压设定的下限时，降低螺旋输送机转数，减少排土量；当水土压力位于目标土压设定的范围内时，螺旋输送机定数旋转出土。另外，刀盘转速、扭矩、推力及推进速度也是进行土压管理的依据。

(2)土压力设定

平衡土压力值的设定根据盾构过轨段工程和水文地质条件及隧道埋深确定，理论计算的刀盘切口平衡压力为：

$$P = \alpha K_0 \gamma h$$

式中：α——刀盘开口率；

K_0——静止土压力系数；

γ——地层重度；

h——隧道中心的埋深。

针对土压力计算过程中各种参数、安全系数的选取得是否合理，盾构掘进过程中土压实际应控制在什么范围内，需由地面沉降的结果来验证。

鉴于过轨前后地层分布较为连续，在盾构穿越车站前 50m 范围内设置了两组分层沉降观测点(具体位置和监测方法在后面监控量测部分中详细说明)。

通过第一组数据得到盾构通过前、通过中和通过后的地层沉降变化情况，初步确定盾构掘进各项技术参数；通过第二组数据来验证盾构掘进各项参数，以便进一步调整和修正参数。

2)渣土改良

螺旋输送机能否顺畅排土是土压管理的基本前提。为此，需对切削下来的渣土加泥、加水或加化学泡沫以控制土仓内土砂的塑性、泌水性、流动性(流塑性)处于适当的范围内，保证螺旋输送机顺畅排土，避免土压力值波动。

(1)加泥方式

根据过轨段工程地质条件，结合 IHI 盾构机性能，盾构掘进施工中，采用单独加泥方式。

在盾构掘进施工中，当切削土为黏土或粉质黏土、黏质粉土时，加泥浆可以改善黏土在刀盘和螺旋输送机上的黏附性，通过刀盘切削搅拌和螺旋输送机传动，可使切削下来的渣土具有很大的流塑性。

(2)泥浆组成及注入量

泥浆是由膨润土和水按一定比例混合而成，浓度控制在 5% ~ 30% 之间，并需浸泡 24h 以后方可使用，以保证泥浆注入效果。

泥浆通过盾构机上的加泥浆系统加入到开挖产生的渣土中。其体积使用量为 5% ~ 30%，每环泥浆注入量为 1.8 ~ 10.6m^3。

3)开挖面稳定方法

盾构过轨施工过程中，根据过轨前设置的两组分层沉降观测点的情况来计算土压力值的范围，实际施工时以此为目标进行控制。同时根据地表沉降监测结果及时调整，控制地表沉降在要求范围内。

由于粉质黏土层土的黏结力较大，在盾构掘进过程中，易造成黏性土附着在刀盘上致使刀盘扭矩增大，或土体进入土仓后被压密固化，造成开挖、排土无法进行的情况。针对该种情况，可采取如下措施：

(1)向刀盘前方土体注入泡沫，在增大土体流动性的同时，降低其附着力，防止开挖土附着在刀头和土仓内壁。

(2)利用刀盘辐条上的搅拌翼将泡沫和切削下来的渣土加以搅拌，使之充分混合，变得较为蓬松，增大可排性。

(3)通过螺旋输送机上的注浆孔向螺旋输送机内注入适量泡沫，增加渣土的流动性，减小渣土的摩擦，使土顺利排出。

(4)注入泡沫时，根据出土情况、盾构机掘进速度、刀盘扭矩等参数合理调整泡沫的注入位置和分配量。

4)盾构掘进

(1)土方挖掘

由于盾构排土量多少直接影响到盾构开挖面稳定及盾构正面土压力，因此控制排土量是控制地表变形的重要措施。盾构在一定的正面土压力下，其排土量取决于螺旋输送机的转速，而螺旋输送机的转速则应和盾构千斤顶的推进速度自动协调控制。按国外统计，在主动破坏和被动破坏限界之间的开挖面稳定区间内，压力差和排土量大致成比例关系。盾构掘进每环的理论排土量为49.7m^3/环。

(2)掘进速度

考虑盾构机设计掘进速度、地质状况、工期进度要求和以往盾构施工经验，盾构过轨段掘进速度初步确定为20～30mm/min，即6～8m/d，相对正常条件(掘进速度40mm/min，即10～15m/d)减缓不少，以减少开挖扰动。

5)壁后注浆施工

由于盾构机外径大于盾构隧道结构外径，故形成70mm的建筑空隙是造成地面沉降的直接因素。因而，选择何种注浆方式、浆液及相应注浆参数是确保有效控制地层沉降的关键所在。

本工程采用快速限域填充机理对隧道壁后建筑空隙进行同步注浆填充。

(1)同步注浆

盾尾同步注浆是利用同步注浆系统，对随着盾构机向前推进、管片衬砌逐渐脱出盾尾所产生的间隙进行限域和及时充填的过程。壁后注浆施工具有防止围岩松弛和把千斤顶推力传递到围岩的作用，因此必须进行充分填充。在盾构工法中注浆施工是一个必不可少的重要施工环节，把握好该环节与其他施工环节的配合是盾构施工的关键之一，也是过轨施工控制地表沉降的关键点。

①注浆方式：本工程盾构机的注浆方式采用由地面上制浆设备把浆液压送到盾构机台车上的浆液箱内，再由装在台车上的注浆泵注入。

②注浆设备：同步注浆设备基本上由材料储藏设备、计量设备、拌浆机、储液槽(料斗、搅拌器)、注浆泵、注入管、注入控制装置、记录装置等构成。

控制系统包括：千斤顶速度测定装置，注入量调节装置，自动注入率的设定装置，变速电动机，压力调节装置，记录装置，报警显示装置，A 液、B 液注入比例的设定装置，雷达监测装置。

③浆液类型与配比：根据本标段的地质情况，同步注浆与补注浆的浆液类型为 A + B 液，配比根据地质的实际情况确定。

④注浆量：根据以往的施工经验，注浆量应控制在 120% ~160%。二次补注浆应根据地面沉降的监测结果，发现未完全填充时而采取的措施。

掘进每环注浆量：

$$V = k\pi[(D^2 - D_g^2)/]4L = k \times \pi \times [(6.14^2 - 6^2)/4] \times 1.2 = 1.92 \sim 2.56(m^3)$$

式中：k——注浆的注入率，可取 1.2 ~1.6；

D——盾构机外径；

D_g——盾构隧道外径，取 6.0m。

本工程中采用 A 溶液和 B 溶液双液注浆（表 18-30），注浆量为 1.92 ~2.56m³/环，A 溶液为 92%，B 溶液为 8%。根据以往的施工经验，为了达到更好的注浆效果，避免出现较大的地面沉降，在掘进过程中除了进行同步注浆之外，还应进行二次补注浆。根据实际监测的地面沉降，确定二次补注浆的注浆量。

注浆材料及参数　　表 18-30

浆液名称	化学成分	注浆泵压力（MPa）	每环注入量（m³）
A 溶液	水泥、膨润土、稳定剂、水	0.24	2.12 ~2.76（同步）
B 溶液	速凝剂、水	0.40	0.18 ~0.24（同步）

⑤注浆压力：为了使浆液很好地充填于管片的背后间隙，必须以一定的压力压送浆液。注入压力大小通常选择为地层土压力与 0.1 ~0.2MPa 的和。地层阻力强度是由土层条件及掘削条件决定的，通常在 0.1 ~0.2MPa 以下，但也有高达 0.4MPa 的情况。为了不影响盾构隧道管片的稳定性，不宜选择过高的注浆压力。根据本区间的地层土质条件，注浆压力初步定为 0.24MPa。

⑥注浆速度：同步注浆应建立注浆速度与盾构推进的关系。如果注浆速度大于盾构推进的速度，则浆液会发生跑浆现象，甚至会穿过盾尾进入盾构机内，污染拼装的工作面；如果注浆速度小于盾构推进的速度，则会在盾尾脱出的部位造成较大的沉降。因此，按盾构掘进速度 40mm/min 确定的注浆速度为 0.077 ~0.1m³/min。

（2）二次补注浆

①注浆孔位置：二次注浆孔布置及注浆管构造如图 18-123 所示。

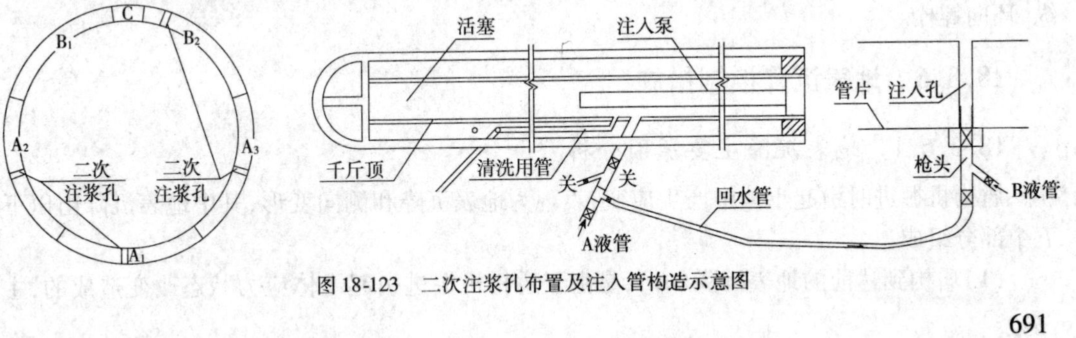

图 18-123　二次注浆孔布置及注入管构造示意图

二次注浆采用后方注浆方式,即从3环后注浆孔进行壁后注浆。注浆孔的位置选择对注浆效果起重要作用,可从便于施工和注浆效果两方面综合考虑。

②注浆方式及顺序:在隧道内通过管片注浆孔(盾构机后方5环位置起)。

注浆顺序为:两侧注浆→隧顶注浆→隧底注浆。

③注浆材料:使用同步注浆材料。

④注浆参数:二次注浆压力按比同步注浆压力高出0.01~0.03MPa来控制。

6)管片拼装施工

(1)拼装工艺

隧道管片采用错缝拼装方式,管片拼装由隧道中心线和隧道轴线定位。安装顺序为先装A型块,再拼装B_1和B_2型块,最后拼C型块管片。C型块管片拼装时,先径向推上,然后纵向插入。

用管片拼装机将管片吊起,沿吊机梁移动到盾尾位置。拼装时千斤顶交替收回,即安装哪段管片收回哪段相对应的千斤顶,其余千斤顶仍顶紧,保证土压仓土压不降低。边拼装管片边拧紧纵、环向连接螺栓。在整环管片脱出盾尾后,再次按规定拧紧连接螺栓。

管片拼装完毕脱出盾尾后,采用同步注浆填充土层与隧道结构间的建筑空隙,注浆与盾构推进同步进行,起到减小地层沉降、减少管片脱出盾尾后的变位、增强隧道结构防水性能的作用。

(2)管片拼装技术措施

①管片拼装紧随盾构掘进,在考虑管片与盾尾相互位置关系的同时,还应顾及纠偏施工的需要。

②在推进前进行下一环管片的正确拼装预测,通知地面人员适时将管片吊运下井。

③盾构机掘进施工作为管片拼装的前提条件,其走向与管片端面姿态直接影响盾构机的轴线及管片拼装形式和管片拼装姿态的选择。盾构机掘进过程中,须严格按"勤纠偏,小纠偏"的原则,在曲线(过轨段位于$R=1\ 000$m的曲线上)掘进时根据计算值控制千斤顶的行程差,使盾构机推进(行进)方向与隧道设计轴线在允许的偏差范围内,同时将盾构机位置控制在设计轴线的内侧,保证纠偏幅度在合理范围内。

④根据封顶块位置,遵循"先下后上"的原则逐块进行管片拼装。加强过程控制,以保证掘进施工完成前10min管片进入拼装区。

⑤拼装过程中必须保证管片定位的正确,特别是第一块管片的定位。

⑥拼装时要严格控制好环面的平整度和拼装环的椭圆度。

⑦每块管片拼装完后及时靠拢千斤顶,防止盾构机后退及管片移位,并及时拧紧和复紧纵、环向螺栓。

18.3.6 地表沉降控制措施

18.3.6.1 地表沉降主要原因分析

盾构机掘进时引起土体中产生应变,表现为地表沉降和侧向变形,其中地表沉降由以下五个部分组成:

(1)盾构到达前的地表沉降(d_1),是由于盾构机掘进引起土体应力状态改变造成的,主要原因为超孔隙水压产生，有效压力降低，一般表现为地表隆起，此时盾构机距离被监测断面距离约为 2.5D(15m)(D 为隧道直径)。

(2)盾构到达时的地表沉降(d_2)，是由于开挖面上的平衡土压力引起的，此时盾构机距离被监测断面距离为 0 ~ 2.5D(0 ~ 15m)。

(3)盾构通过时的地表沉降(d_3)，是由于盾构与土层之间的摩擦剪切力，以及盾构"抬头"和"叩头"引起的，此时盾构机距离被监测断面距离为 -2.5D ~ 0(-15 ~ 0m)。

(4)盾构通过后脱出盾尾时的地表沉降(d_4)，是由于"建筑空隙"和应力释放引起的。

(5)盾构通过后的长期固结沉降(d_5)，是由于土体受盾构掘进扰动，土体再固结引起的，盾构后方 -2.5D(D 为隧道直径)。

通常将前四项称为即时地表沉降，即时地表沉降的大小反映了盾构机掘进时对周围土体的影响程度。

盾构通过后的长期固结沉降是由于盾构掘进对土体扰动引起的，因此盾构掘进对土体扰动越大，盾构通过后的长期固结沉降就越大。

针对盾构施工引起的 5 个阶段的沉降，其原因分析及施工控制对策见表 18-31。

盾构掘进引起的沉降原因分析及施工控制对策　　表 18-31

<table>
<tr><th colspan="2">盾构掘进情况</th><th colspan="2">地层变化发生形式</th><th>估计原因</th><th>确认项目</th><th>施工管理上的对策方法</th></tr>
<tr><td rowspan="6">盾构机到达既有线车站前</td><td rowspan="3">盾构相距15m以上</td><td>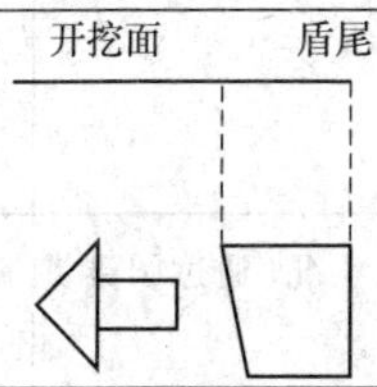</td><td>正常</td><td>—</td><td>—</td><td>—</td></tr>
<tr><td rowspan="2">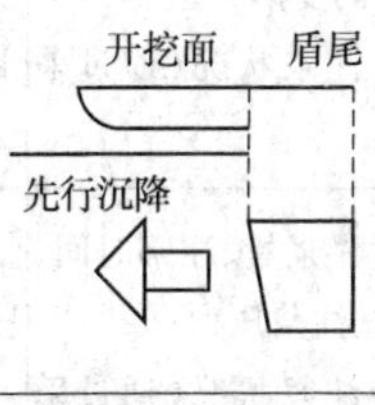</td><td rowspan="2">先行沉降</td><td>地下水位下降</td><td>洞内涌水状况、压气压力、地下水位</td><td>管片环止水，闸门止水</td></tr>
<tr><td>围岩凹陷</td><td>①开挖面压力(泥土压)；
②排土率、开口率、千斤顶推力、切削刀转矩</td><td>①增大泥土压力、千斤顶推力；
②减小排土率、开口率</td></tr>
<tr><td rowspan="3">到达开挖面前夕</td><td>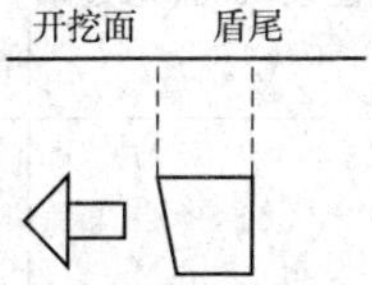</td><td>正常</td><td>—</td><td>—</td><td>—</td></tr>
<tr><td>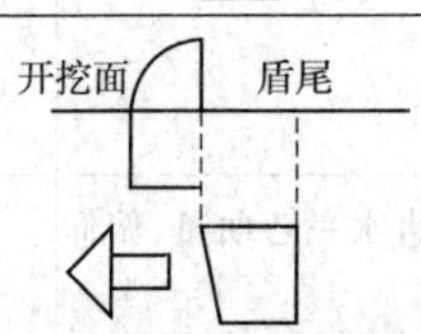</td><td>开挖面前隆起</td><td>开挖面压力过大</td><td>①开挖面压力(泥土压)；
②排土率、开口率、千斤顶推力、切削刀转矩</td><td>①降低泥土压力、千斤顶推力；
②减小排土率、开口率</td></tr>
<tr><td>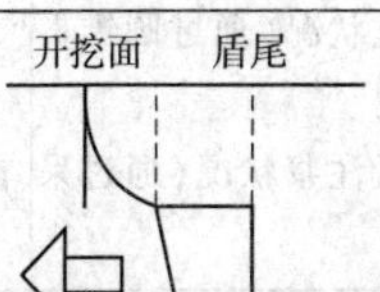</td><td>开挖面前沉降</td><td>开挖面压力过小(明显时开挖面可能坍塌)</td><td>①开挖面压力(泥土压)；
②排土率、开口率、千斤顶推力、切削刀转矩</td><td>①增大泥土压力、千斤顶推力；
②减小排土率、开口率</td></tr>
</table>

续上表

盾构掘进情况		地层变化发生形式		估计原因	确认项目	施工管理上的对策方法
盾构通过时		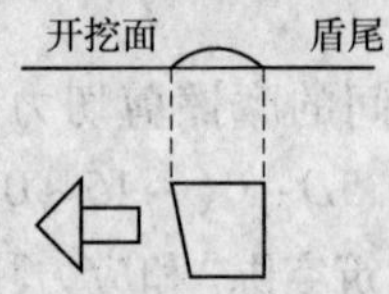	正常（若干隆起）	盾构面板与围岩间的摩擦力	—	—
盾构通过时		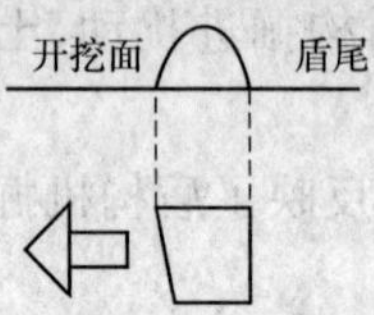	通过时隆起	锯齿形、俯仰	垂直水平锯齿形	减少弯曲量缩短停机时间
盾构通过时		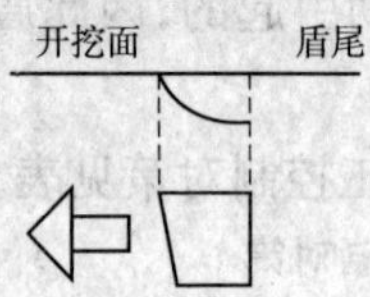	通过时沉降	超挖、锯齿形、扰乱、俯仰、偏转	①垂直水平弯曲量、俯仰和偏转； ②扰乱状况（通过圆锥贯入试验）	①减少弯曲量、俯仰、偏转； ②减少超挖量
盾构通过后	尾隙刚脱离时	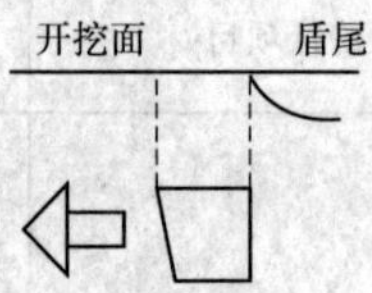	正常（若干沉降）	尾隙产生	—	—
盾构通过后	尾隙刚脱离时	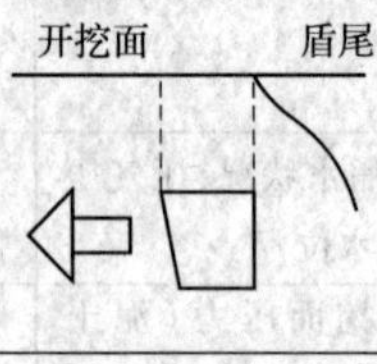	尾隙沉降	尾隙产生并扩大	①扰乱状况（通过圆锥贯入试验）； ②管片的变形； ③壁后注浆状况（通过采样取芯）	①减少弯曲量、俯仰、偏转； ②减少管片变形量； ③增加壁后注浆率
盾构通过后	尾隙刚脱离时	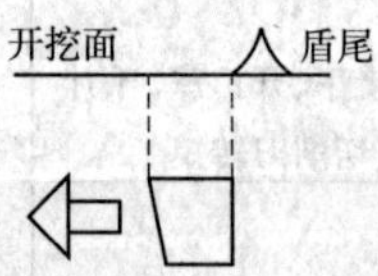	通过后隆起	壁后注浆压力过大	①壁后注浆量、注浆时间、注浆次数、注浆压力； ②壁后注浆状况（通过采样取芯）	①降低壁后注浆压力； ②调整壁后注浆量、灌浆时间、灌浆地点
盾构通过后	盾构通过十几天后	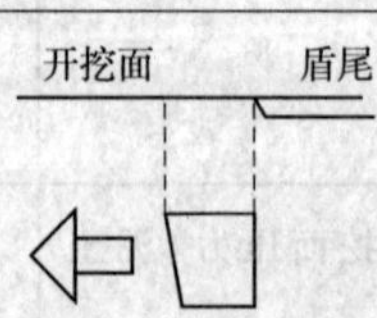	正常	—	—	—
盾构通过后	盾构通过十几天后	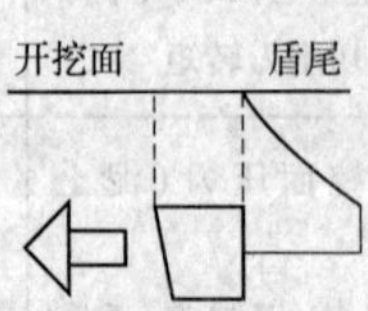	后续沉降	扰乱（软黏土）	①垂直水平弯曲量、俯仰和偏转； ②扰乱状况（通过圆锥贯入试验）； ③壁后注浆状况（通过采样取芯）	—

18.3.6.2　地表沉降控制具体措施

对于盾构施工 5 个阶段产生的地表沉降，除考虑正常掘进工况下采取控制措施外，针对停机这种特殊工况也制订了针对性措施。

1) 正常掘进工况下地表沉降控制措施

在盾构正常掘进的工况下，通过控制施工参数和加强管理来实现控制地表沉降的目的。

(1) 严格控制土压力

预先计算为减少开挖土体移动必须设定的土压力，在施工过程中进行严格控制，使实际土压略大于计算值。

在实时监测的情况下，可以根据地表隆起状况及时调整推进速度及出土量，降低正面土仓压力，从而达到降低地表隆起的目的。

通过调整推进速度、减少出土量以及提高正面土仓压力的方式来控制盾构机前方的地表沉降。

盾构通过时的沉降是无法避免的，但是如果沉降超过设定预警值时，可以采取控制掘进速度和出土量，调整土仓压力，控制同步注浆的压力及注浆量，从而达到有效控制地层的弹塑性变形。

(2) 严格控制注浆量

注浆作为盾构施工的一个关键工序，必须严格按"确保注浆压力，兼顾注浆量"的双重保障原则，紧密结合施工监控量测的反馈信息，不断优化注浆压力的设定。注浆量一定要保证超过理论计算值，在实际平均注浆量的合理范围内波动。

(3) 尽量减少盾构推进方向的改变

盾构推进过程中严格执行"勤纠偏，小纠偏"的原则，严禁大幅度纠偏，尽量减少由施工原因造成的盾构推进方向的改变。当盾构机在过轨段(曲线段)推进或在仰头、叩头推进过程中，必须严格控制超挖方向，保证出土量在合理范围内。

(4) 严密观察土质变化状况

地下水位变化是盾构施工必然产生的结果，为确保其变化不大，施工中必须严格监控挖掘出土体的质量，杜绝出现水土分离的现象。当地层含水率较大时，通过提高设定土压力，在形成土压平衡的同时，疏干开挖面的地下水，保证出土质量。

(5) 减小对地层的扰动

盾构施工对地层的扰动主要是由盾构机千斤顶的推力和刀盘旋转产生的，因而保证盾构机正常运转，确保盾构机的机械性能尤为重要。当土压力突变时，在分析原因的同时，采取填注泡沫的措施改良开挖土体。

(6) 保证拼装质量，减少管片变位、变形

隧道管片的变形量与管片拼装的质量密切相关，在施工过程中，必须强化施工管理，保证一次紧固结实。每环掘进过程中，应适时对螺栓进行二次紧固。

(7) 实时监测，采取信息化管理。

2) 停机工况下地表沉降控制措施

盾构过轨期间必须保持施工连续，当由于各种不可见因素的影响而不得不停机施工时(这种停机需尽量避免)，为控制停机期间的地表沉降，可采取以下措施。

(1)停机前的措施

盾构停机前,为加强开挖面的密闭性,减少土仓漏压而造成的土压力降低,必须对开挖面进行改良处理,采取维持土压措施。在停机前建立的土压力应比正常工作时的压力高,以保证停机期间的土压力;在最后一环施工时必须保证同步注浆用量和注浆效果,在推进完成后,维持注浆压力在设定压力 1h 以上。

(2)停机期间的措施

停机期间土仓压力随时间的推移而降低。对盾构机前方的土压力值进行记录监控,保证土压力在计算值以上;当压力值低于计算值时,将盾构机微量推进,从而重新建立土压力,推进过程中保持注浆,并向土仓内注入膨润土。

18.3.7 监控量测

18.3.7.1 监测重点

根据过轨工程的实际情况,结合类似相关监测工作经验,将轨道的沉降、差异沉降和车站结构的沉降及道床裂缝的错动、差异沉降作为本项目监测的重点,辅以其他监测项目形成一个严密的监测系统,达到安全监测的目的。

18.3.7.2 监测内容

监测项目、测点布置安排如下:

(1)以获得定量数据的专门仪器测量或专用测试元件监测为主,以现场目测检查为辅。

(2)监测数据必须完整、可靠,并及时绘制时态曲线,当时态曲线趋于平稳时,及时进行回归分析,并推算出最终值。

(3)根据对当前测试数据的分析,预报下一施工步骤地层、隧道结构的稳定与受力情况及地表沉降等,并对施工措施提出相应建议。

(4)所有测点均应反映施工中该测点变形等随时间的变化情况,即从施工开始到完成、测试数据趋于稳定为止。

(5)及时向建设单位、运营单位、设计单位提供监测报告。

18.3.7.3 既有线安全监测项目

13 号线的运营期安全监测关系重大,在监测范围、监测项目、测点布设、仪器设备的选用、数据的采集处理和信息的反馈等多方面进行考虑,针对轨道形位变化、隧道结构变化等方面进行全面监控量测,主要的监测项目见表 18-32。

运营安全监测项目 表 18-32

序号	监测项目	监测仪器	仪器精度	监测部位	监测周期
1	轨顶差异沉降	电水平尺	0.005mm/m	轨道	连续监测
2	中心线平顺性(竖向)监测	电水平尺	0.005mm/m	轨道	连续监测
3	道床裂缝监测	测缝计	0.01mm	道床	连续监测
4	轨道水平间距监测	智能数码位移计	0.01mm	轨道	连续监测

续上表

序号	监测项目	监测仪器	仪器精度	监测部位	监测周期
5	结构沉降	精密水准	0.01mm	13 号线结构	当距开挖面 > 12m 时，1 次/d；当距开挖面 >6m 时，2 次/d；穿越时 4 次/d；当距开挖面 >30m 时，停止监测
6	土体垂直位移	分层沉降仪	1mm	穿越围岩	
7	土体水平位移	测斜仪	0.02mm/0.5m	穿越围岩	
7	裂缝普查（选测）	目测		结构、道床	

18.3.7.4　运营期安全监测的测点布设

1）结构沉降的测点布设

结构沉降是直接反映车站结构变形的一项监测内容。根据具体的施工环境和要求，在车站结构上沿结构纵向，以穿越隧道的中心点为中心向两侧分布。分别在结构两边侧墙布设两条测线，每条测线布设 7 个测点（图 18-124），按照近密远疏的原则进行分布。

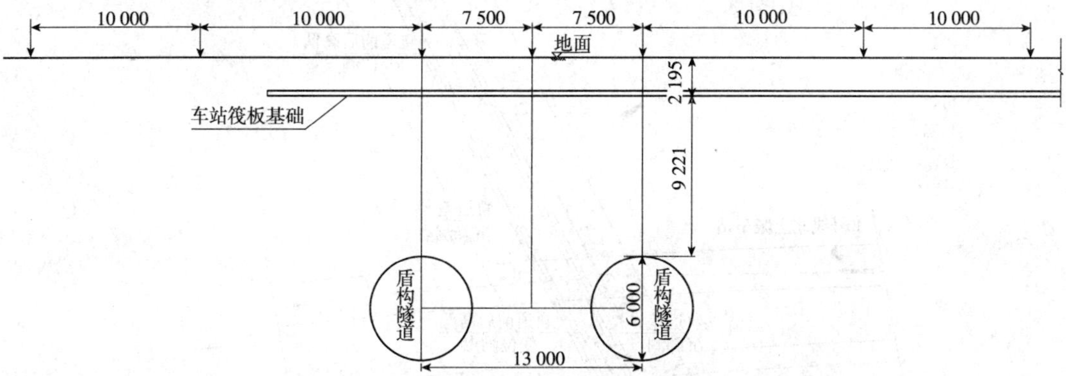

图 18-124　城铁 13 号线芍药居车站结构沉降测点布设断面示意图（尺寸单位：mm）

（1）基准点设置

布设了深埋混凝土结构水准基准点 3 个，其为埋设的永久性标志，形成监控网。基准点设置在距所观测建筑物 50m 的沉降影响区以外；工作基点距离拟建建筑物的距离不得小于建筑物基础深度的 1.5 ~ 2.0 倍，工作基点与联系点也可在稳定的永久建筑物墙体或基础上设置，点与点之间的距离小于 30m，要求埋设于车辆、行人少，通视情况良好且便于保存的地方。

（2）结构沉降测点布置

用冲击钻在 13 号线芍药居车站的基础或墙上钻孔，然后放入长为 200 ~ 300mm、直径为 20 ~ 30mm 的半圆头弯曲钢筋，四周用水泥砂浆填实。

2）轨道变位（轨顶差异沉降和前后高低变化）测点布设

对于轨道前后高低变化的监测，电水平尺的主要布设原则是以穿越中心线为基准，沿线路纵向前后共 59m 范围内安排 36 支电水平尺，以监测该范围内轨道的前后高低“变化”，如图 18-125 所示。电水平尺在两条轨道上对称布设，采用专用的夹紧件固定在道枕上（其中 1m 长的 13 支，2m 长的 23 支）。

对于轨道的差异沉降，在左右水平方向上，安排 8 支横向电水平尺（长均为 1m），以监测安装处线路“左右水平”的变化（左右线同样）。电水平尺采用专用的夹紧件固定在道枕上。另一侧轨道按照同样的原则进行布设，测点共计 88 个。通过自控系统实现自动数据采集和分析。

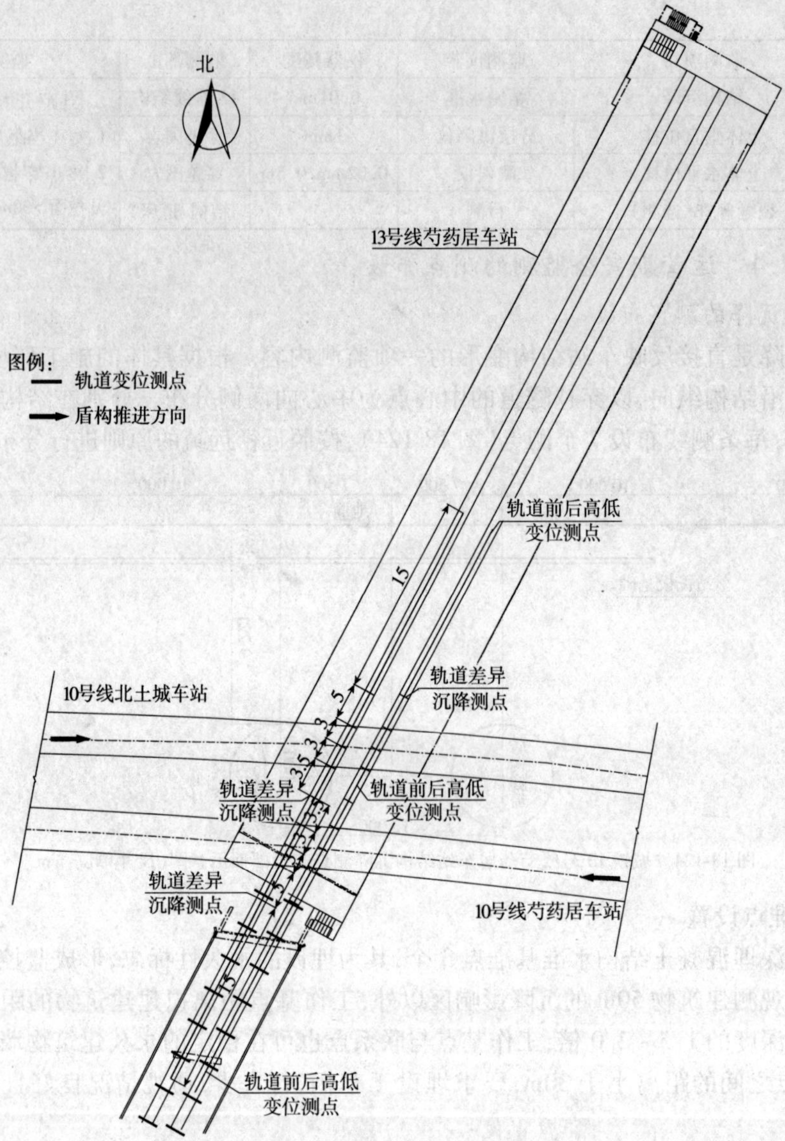

图 18-125　轨道变位测点布设示意图(尺寸单位:m)

监测轨道纵向和横向差异沉降的电水平尺的埋设如图 18-126 和图 18-127 所示。

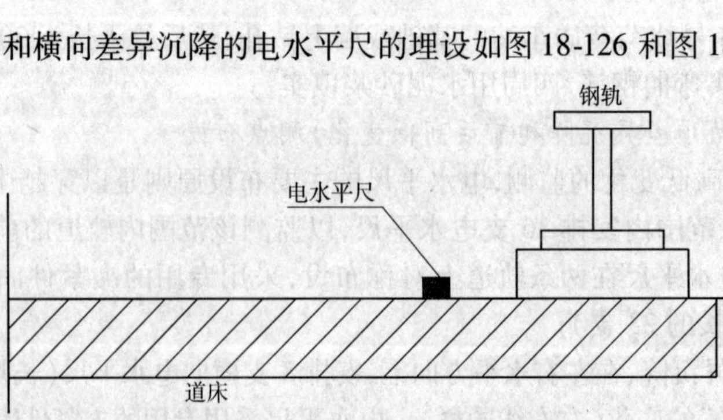

图 18-126　轨道纵向差异沉降测点埋设示意图

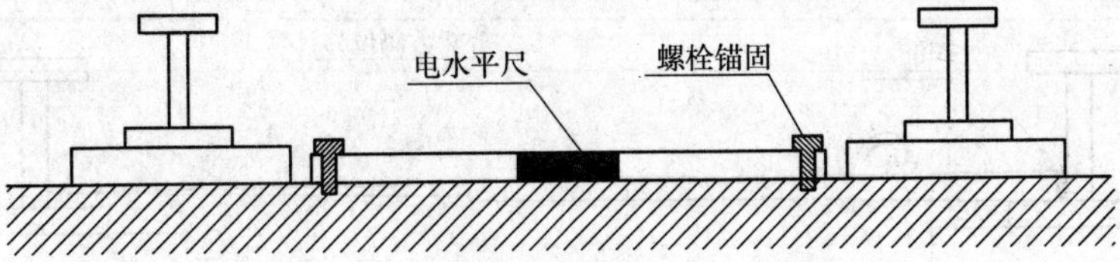

图 18-127　轨道横向差异沉降测点埋设示意图

3)道床裂缝监测

道床裂缝是结构变形监测的关键部位,在盾构施工影响范围内的裂缝上布设 8 个测缝计来监测裂缝的变位情况。具体位置按照现场的裂缝实际位置安装,测点布设如图 18-128 所示。

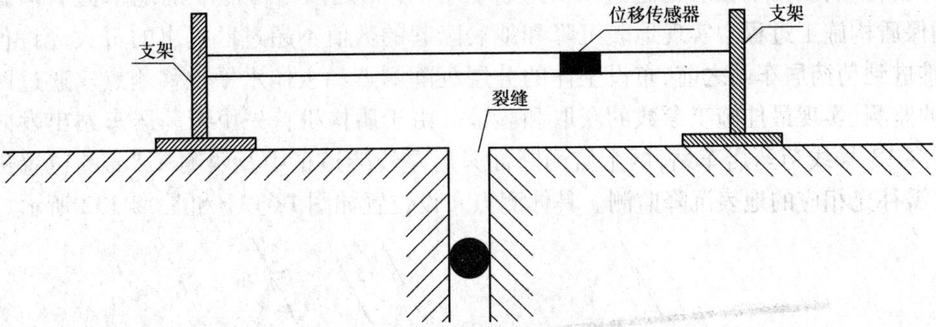

图 18-128　道床裂缝测点埋设示意图

4)轨道水平间距监测

除上述测点外,还在轨道上布设了轨道水平间距监测测点,利用智能数码位移计实现连续监测,如图 18-129 和图 18-130 所示。

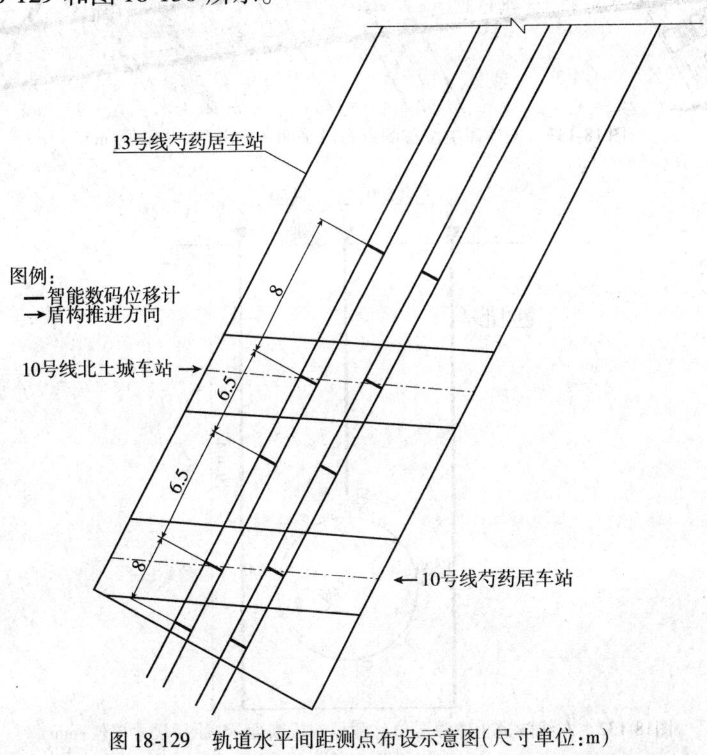

图 18-129　轨道水平间距测点布设示意图(尺寸单位:m)

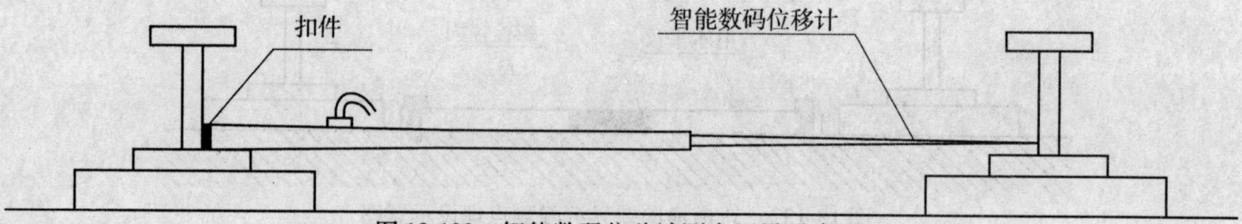

图 18-130　智能数码位移计测点埋设示意图

5）围岩变位监测（土体深层水平位移与垂直位移）

由于工程的实际环境比较复杂，且盾构推进通过的地层不同将会产生不同的垂直位移和水平位移，所以为了在盾构通过 13 号线芍药居车站之前尽可能准确地掌握盾构施工参数，确保盾构施工过程中实现地表沉降和地表隆起的数值不超过已提出的最大允许值。在盾构推进到芍药居车站之前，布设土体的分层沉降测点和土体水平位移测点。通过两个主断面的监测，实现最佳施工参数的获取和验证。由于盾构机首先由芍药居车站出发向西推进，下穿 13 号线芍药居车站，两个监测断面只对左线隧道正中及两侧 1.5m 的位置进行监测，故需补充相应的地表沉降监测。具体测点布设位置如图 18-131 和图 18-132 所示。

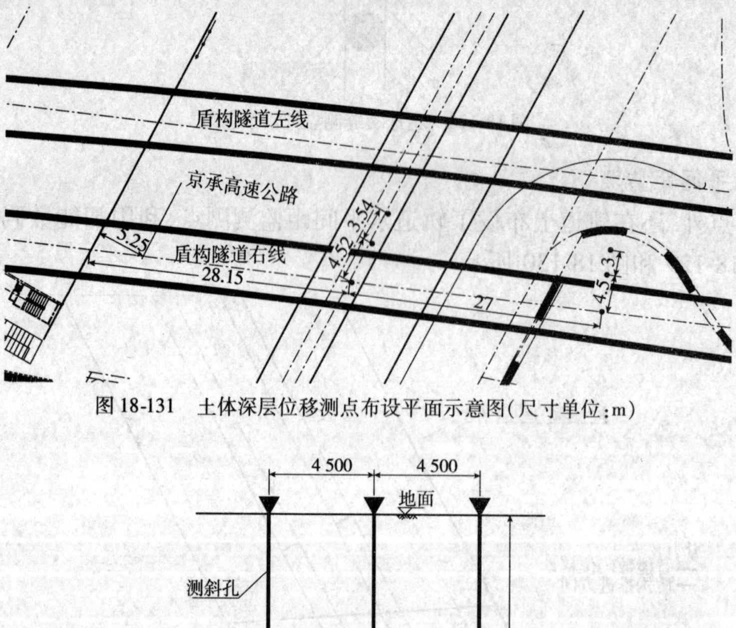

图 18-131　土体深层位移测点布设平面示意图（尺寸单位：m）

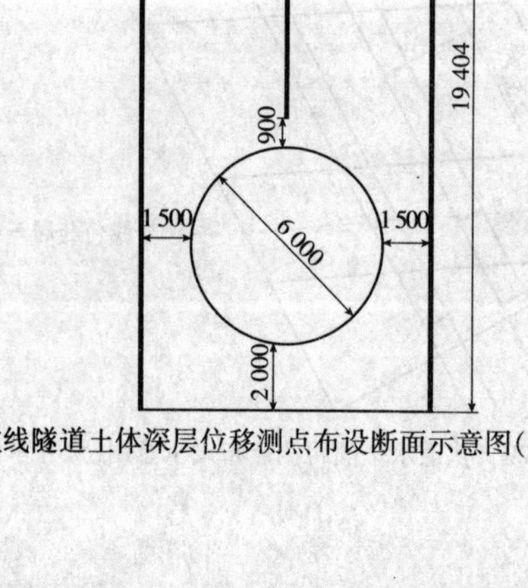

图18-132　左线隧道土体深层位移测点布设断面示意图（尺寸单位：mm）

18.3.7.5　运营安全监测所用的仪器设备

运营安全监测的基础是高精度的仪器设备,这样可以及时获取准确的数据,并能为数据处理提供良好的前提条件。所采用的仪器设备见表 18-33。

运营安全监测所使用的仪器设备　　表 18-33

序号	设备名称	精度	产地	备注
1	电水平尺	0.005mm/m	美国	可接数据采集器
2	测缝计	0.01mm	国产	可接数据采集器
3	智能数码位移计	0.01	国产	可接数据采集器
4	自动数据采集器	—	美国	—
5	精密水准	0.01mm	德国	—

18.3.8　应急预案

城铁 13 号线芍药居站为筏式基础,整体道床。盾构隧道先后两次穿越车站南端,隧道顶距离车站基础底部为 9.2m。尽管两结构间距离已大于 1.0 倍 D(D 为隧道直径)影响范围,若施工措施采取不当,仍可能造成既有线车站地基受到破坏、道床受损,影响既有线的正常运行。

针对以上情况,为确保工程顺利进行,应对施工中可能遇到的风险点进行深入排查,找出施工中需高度重视的问题,并制订相应处理措施,成立风险管理及应急事件处理机构,从组织落实、方案落实、人员落实、设备物资落实等方面给以保证,使其处于受控状态。此外还必须做到未雨绸缪,针对可能出现的事故,编制应急预案,以便在发生问题时各相关单位和人员能够及时有效地进行处理,将事故所造成的损失及不良影响减小到最低限度。

18.3.8.1　可能发生的风险事故排查分析

(1)既有线结构沉降速率超限,风险等级:AAAA。

(2)既有线结构出现裂缝,风险等级:AAAA。

(3)道床与结构发生分离,既有线停运,风险等级:AAAAA。

18.3.8.2　风险发生上报程序

风险事件发生后按程序上报,其上报程序如下:

1)AAAA 级风险事件上报程序

AAAA 级风险事件上报程序如图 18-133 所示。

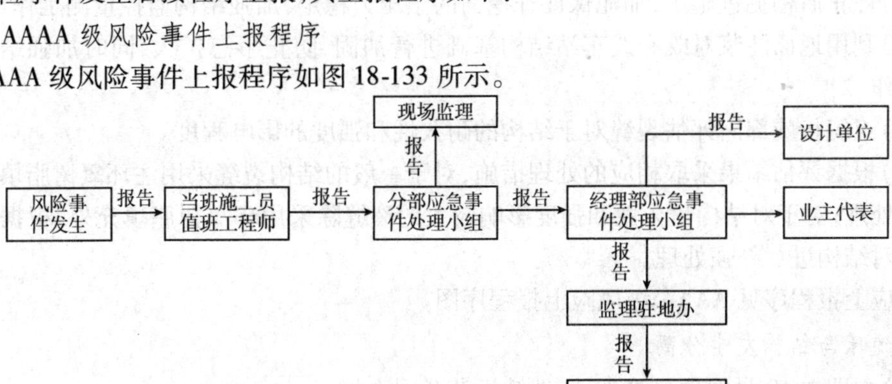

图 18-133　AAAA 级风险事件上报程序图

2)AAAAA 级风险事件上报程序

AAAAA 级风险事件上报程序如图 18-134 所示。

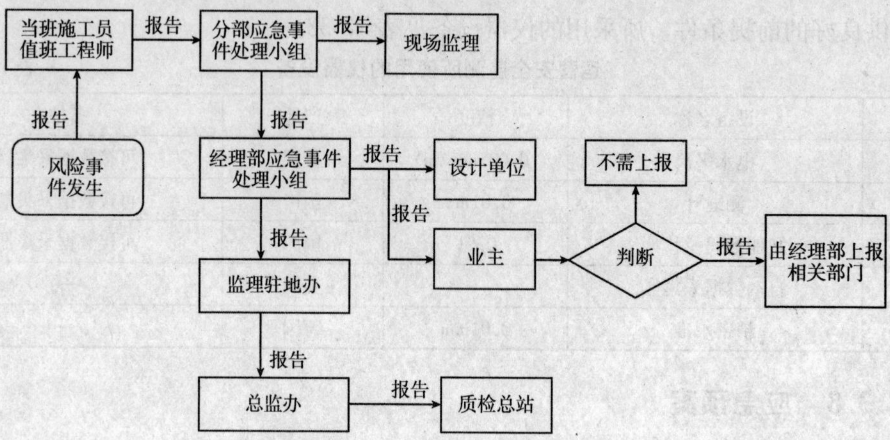

图 18-134　AAAAA 级风险事件上报程序图

18.3.8.3　应急预案

1)既有结构沉降速率超限

(1)立即向地铁 10 号线项目管理处、地铁运营公司上报。

(2)停止盾构掘进施工,加泥保证开挖面的土压力稳定,加强结构监控量测工作。

(3)组织专家讨论分析造成既有线结构沉降速率超限的原因和相应的控制措施。

(4)根据确定的控制措施重新制订或调整施工工艺和施工组织,并做施工交底,严格落实各项措施,进行盾构掘进施工。

(5)若既有线结构沉降速率超限未得到有效控制,再次重复上述过程直到完全解决既有线结构沉降速率超限问题为止。

相应上报程序见 AAAA 级风险上报程序图。

2)既有线结构出现裂缝

(1)立即向 10 号线项目管理处、地铁运营公司上报。

(2)停止盾构掘进施工,加泥保证开挖面的土压力稳定,加强结构监控量测工作。

(3)利用地面注浆对既有线车站结构基础进行加固,防止事态扩大,同时加强结构监控量测工作。

(4)组织权威部门评估裂缝对于结构的耐久性和强度的影响程度。

(5)根据评估结果采取相应的处理措施,对于一般的结构裂缝采用注环氧树脂填充的措施进行处理;对于对结构耐久性和强度影响较大的裂缝除采用环氧树脂填充外,根据需要采取措施对结构进行补强处理。

相应上报程序见 AAAA 级风险上报程序图。

3)道床与结构发生分离

(1)立即向 10 号线项目管理处、地铁运营公司上报。

(2)停止盾构掘进,加泥保证开挖面的土压力稳定,加强结构监控量测工作。

(3)该地段对列车进行限速运行。

(4)组织专家讨论分析造成结构与道床分离的原因和相应的治理措施。

(5)根据确定的治理措施及时对道床和结构之间的空隙进行填充处理,并采取一定的预防措施防止类似问题的再次发生。

相应上报程序见 AAAAA 级风险上报程序图。

18.3.9　下穿施工控制效果

盾构隧道下穿城铁 13 号线芍药居站取得了很大的成功,最大沉降值控制在了 3.0mm,完全满足过轨的要求,未对城铁的正常运营造成任何不良影响。

18.4　机场线 T2 支线穿越首都机场停机坪及国航办公楼盾构施工技术

本节以机场线 09 标段工程为例,论述在粉质黏土、黏土、局部粉细砂、中粗砂地层中穿越首都机场停机坪的盾构施工技术。

18.4.1　工程概况

机场线 09 标段为机场线 T2 支线(左线)地下段。隧道设计起点为左 T2K1 + 295,终点为左 T2K5 + 397,全长 4 092m,采用盾构法施工。1 号盾构机采用过站法(结构先施作,盾构后穿越)穿越 1 号风井,整个工程中盾构机三次始发、三次到达,最终 1 号盾构机达到位于机场一号路东侧林地内的 2 号风井解体、吊出,2 号盾构机到达位于 T2 站南侧的盾构接收井进行解体、吊出。

18.4.2　隧道平面及纵断面

1)隧道平面

本区间线路基本呈南北走向。线路在天竺苗圃场处转为地下,线间距逐渐变为 12.0m。下穿国泰超市后以半径为 550m 的曲线转入现状岗山路下,穿越规划机场东西航站区联络线和规划机场贵宾专用道后,线路以两组半径为 800m 的曲线转入机场一号路东侧的绿地下,与机场一号路平行。在国航办公楼前线路以半径为 600m 的曲线从中国民用航空华北管理局办公楼和国航办公楼间的空隙穿过,隧道穿过停机坪、2 号高架桥后,以半径为 400m 的曲线调整线路为南北方向至 T2 航站楼前的绿地下。

2)隧道纵断面

本区间以 3% 的下坡在左线 T2K0 + 910 处入地,在 T2K1 + 140 里程处以半径为5 000m 的竖曲线变坡为 0.3% 的下坡,盾构始发井设在该坡上。在 T2K2 + 825 里程处以半径为 5 000m的竖曲线变坡为 0.3% 的上坡,在 T2K3 + 450 里程处以半径为 5 000m 的竖曲线变坡为 0.3% 的下坡,在 T2K4 + 105 里程处以半径为 5 000m 的竖曲线变坡为 0.4% 的上坡,在 T2K5 + 400 里程处以半径为 5 000m 的竖曲线变坡为 0.2% 的上坡,设置岔线和 T2 站。

18.4.3 隧道近接环境条件

区间附近影响范围内有中国民用航空华北管理局办公楼、国航办公楼、多层停车楼等建筑。

区间下穿北京陆联通果菜批发市场、国泰超市、东平里小区、机场停机坪、2 号和 3 号桥、通往地下隧道的 U 形槽段等建(构)筑物。区间沿线管线众多。

18.4.4 地质条件

18.4.4.1 工程地质

地层层序自上而下依次为:

(1)人工填土层

粉土填土①层和杂填土①$_1$层,该层一般厚度为 0.4 ~ 3.0m,GZ35 孔最大厚度为 16.7m,层底高程为 17.30 ~ 33.00m。

(2)第四纪全新世冲洪积层

粉土③层、粉质黏土③$_1$层、黏土③$_2$层、粉细砂③$_3$层、中粗砂③$_4$层,该层主要分布在 K16 + 900 以北,厚度为 0 ~ 7.10m,层底高程为 11.18 ~ 29.00m。

粉质黏土④层、黏土④$_1$层、粉土④$_2$层、粉细砂④$_3$层、中粗砂④$_4$层,该层在线路沿线普遍分布,厚度为 1.90 ~ 16.8m,层底高程为 8.07 ~ 18.05m。

(3)第四纪晚更新世冲洪积层

粉细砂⑤$_2$层,该层在线路沿线基本连续分布,仅在 K20 + 840 ~ K20 + 990 局部有缺失,厚度为 0 ~ 11.0m,层底高程为 4.60 ~ 14.39m。

粉质黏土⑥层、黏土⑥$_1$层、粉土⑥$_2$层、细中砂⑥$_3$层,该层分布较连续,在 K19 + 700 ~ K20 + 010 处局部缺失,厚度为 0 ~ 10.80m,层底高程为 -2.60 ~ 11.81m。

中粗砂⑦$_1$层、粉细砂⑦$_2$层,该层分布较连续,局部缺失,厚度为 0 ~ 9.00m,层底高程为 -5.73 ~ 5.10m。

粉质黏土⑧层、黏土⑧$_1$层、粉土⑧$_2$层,该层分布较连续,局部缺失,厚度为 0 ~ 7.70m,层底高程为 -5.73 ~ 5.10m。

中粗砂⑨$_1$层、粉细砂⑨$_2$层、粉土⑨$_3$层、粉质黏土⑨$_4$层,该层全段连续分布,厚度为 0.90 ~ 11.80m,层底高程为 -11.90 ~ -4.20m。

粉质黏土⑩层、黏土⑩$_1$层、粉土⑩$_2$层,该层局部缺失,厚度为 0 ~ 9.50m,层底高程为 -18.83 ~ -8.29m。

中粗砂⑪$_1$层、粉细砂⑪$_2$层,部分钻孔穿透此层,层底高程低于 -9.3m。

粉质黏土⑫层、黏土⑫$_1$层,最深钻孔未穿透此层。

18.4.4.2 水文地质

(1)地下水概况

第一层地下水为上层滞水,含水层为人工填土①层、粉土③层以及局部粉土④$_2$层透镜体,该段上层滞水具有多层含水、水位不连续、含水层水量小、透水性较差的特点。水位高程为 28.26 ~ 29.75m(水位埋深为 3.46 ~ 3.80m)。该层地下水补给来源主要为大气降水、绿地灌溉或局部管路渗水补给,以蒸发和向下渗透补给潜水方式排泄。

第二层地下水为层间潜水或承压水,含水层主要为粉细砂$④_3$层、中粗砂$④_4$层和粉细砂$⑤_2$层,含水层透水性较好,沿线分布普遍,水位高程为 13.57 ~ 20.29m(水位埋深为 11.20 ~ 20.83m),观测时间为 2005 年 2 月 20 日 ~ 2005 年 3 月 19 日。该层地下水主要接受侧向径流补给及越流补给。通过区域含水层分布特点分析,本层地下水在温榆河河漫滩段埋藏形式以潜水为主,在 K18 + 300 以北到 T2 航站楼的地区则为层间潜水—承压水。

第三层地下水为承压水,含水层为细中砂$⑥_3$层、中粗砂$⑦_1$层、粉细砂$⑦_2$层、细中砂$⑧_3$层、中粗砂$⑨_1$层、粉细砂$⑨_2$层,该层地下水连续分布,水头高程为 2.80 ~ 7.25m(水头埋深为 23.93 ~ 29.43m),含水层为强透水层。该层地下水观测时间为 2005 年 2 月 20 日 ~ 2005 年 2 月 24 日。该层地下水主要接受侧向径流补给及越流补给,以侧向径流方式排泄,地下水流向自西向东。

第四层地下水属承压水,在本单元内没有观测到,水头高度不会超过(三)层承压水。

(2)地下水的腐蚀性评价

拟建场区地下水对混凝土结构有弱腐蚀性,对钢筋混凝土结构中的钢筋无腐蚀性,对钢结构具弱腐蚀性。

(3)历年最高水位

1959 年水位高程为自然地面,1971 ~ 1973 年水位高程为自然地面,近 3 ~ 5 年最高水位高程(潜水)为 20.00m。

18.4.4.3　盾构隧道洞身穿越地层评价

隧道洞身主要穿越粉土、粉质黏土和黏土,以穿越粉质黏土居多。隧道顶以上在 T2K3 + 325 里程处以南主要为粉土,以北主要为粉质黏土;局部隧道底部穿越细砂 ~ 中砂层。

上层滞水水位埋深为 3.46 ~ 3.80m,层间潜水水位埋深为 11.20 ~ 20.83m,承压水水头埋深为 23.93 ~ 29.43m。

隧道顶埋深为 5.3 ~ 14.50m,盾构始发段覆土厚度为 5.45m,通往地下隧道的 U 形槽段覆土厚度仅为 3.9m,属浅覆土盾构隧道。

18.4.5　盾构机类型及主要技术参数

18.4.5.1　盾构机类型

本标段 2 号风井以南采用从上海租赁的一台日本三菱土压平衡盾构机,该盾构机在深圳地铁完成约 1km 的盾构施工任务,设备性能良好;2 号风井以北采用公司自有的一台日本日立土压平衡盾构机,该盾构机已完成北京地铁 5 号线约 2.5km 的盾构施工,设备性能良好。

18.4.5.2　主要技术参数

(1)1 号盾构机主要技术参数

1 号盾构机的主要技术参数见表 18-34 ~ 表 18-39。

盾构机本体尺寸　　表 18-34

外径	6 140mm	环形梁长度	4 247mm
内径	6 050mm	盾尾长度	3 023mm
盾尾间隙	25mm	盾尾密封	3 道盾尾刷
长度	12 410mm	分块数	6 块
长度(从刀盘到盾尾)	8 520mm	最大尺寸和重力	$L \times W \times H = 6\ 140mm \times 3\ 070mm \times 3\ 300mm$,600kN
长度(盾壳)	8 020mm		

推 进 装 置　　表 18-35

总推力	39 000kN	摆晃传感器	电动铅重型,保护等级为 IP53
行程	1 700mm	推进油缸行程传感器位置	油缸 4,9,18,23
推进速度	6.2cm/min		

注:推进压力分 4 个区,每区可在操作室调整。

铰 接 装 置　　表 18-36

推力	32 000kN	
行程	190mm	
角度	水平度	±1.5°
	垂直度	±0.5°
设计曲线	最小 150m	

刀 盘 装 置　　表 18-37

类型	面板式	回转方向	顺时针和逆时针
支承类型	中间支承型	中心刀刀距	13in(1in = 0.025 4m)双刃
开挖直径	6 190mm	面板刀刀距	13in 双刃
功率	1 120kW	切削刀	碳化钨钢
速度	0.2 ~ 3.0r/min	周边刀	碳化钨钢
扭矩	最大 6 327kN · m	辅助刀	碳化钨钢
驱动方式	液压驱动	面保护刀	碳化钨钢
分块数量	1(不分开)	边保护刀	碳化钨钢
驱动筋数量	1 整套(不分开)大约 700kN	仿形刀	液压油缸驱动型

人行闸装置　　表 18-38

类型	2 人	尺寸	大约为 ϕ1 500mm × 3 500mm
数量	1		

螺旋输送机　　表 18-39

螺旋输送机壳体内径	800mm	驱动方式	液压马达驱动
速度	2.0 ~ 15.8r/min	螺旋闸门类型	闸板式
扭矩	60kN · m	驱动方式	液压油缸驱动
能力	$288m^3$/h(当 $\eta = 100\%$ 时)	分块数量	1(不分开)

(2)2 号盾构机主要技术参数

2 号盾构机的主要技术参数见表 18-40～表 18-42。

盾构机本体尺寸　表 18-40

项目		参数
基本挖掘直径		6 170mm
盾构机本体外径		6 150mm
盾尾内部结构内径		6 060mm
盾尾间隙		30.0mm
总长度(不含工作台和螺旋输送机)		8 405mm
盾壳	前体厚度	45mm
	中体厚度	32mm
	后体厚度	45mm
	材质(前体和中体)	低碳钢 JIS SS400
	材质(后体)	低碳钢 JIS SS400
盾尾刷	钢丝刷	3 道
	供脂	自动(12 点)
本体分割数	前体	上部与下部
	中体	上部与下部
	后体	上部与下部
铰接装置	铰接角度	最大 2.0°
	铰接方向	全方向
	铰接推力	30 000kN

推 进 装 置　表 18-41

项目	参数	项目	参数
盾构机千斤顶伸展速度(全数动作时)	0～8.0cm/min	控制	所有千斤顶伸长型
作业面上的单位面积推力	1 396kN/m^2	分区控制	分 4 组:操作盘上控制
总推力	38 500kN		

刀 盘 装 置　表 18-42

项目		参数
支撑方式		中间支撑方式
驱动方式		电动马达驱动(变频马达)
装备扭矩	高扭矩模式	5 341kN · m(0.5～1.0r/min);(α=23.0)
	高转速模式	5 341～2 563kN · m(1.0～2.0r/min);(α=23.0～11.0)
刀盘转速		1.0～2.0r/min
刀盘转动方向		顺时针和逆时针
超挖装置	方式	液压千斤顶型仿形刀
	装备数量	2 台(其中 1 台备用)
	最大超挖量	150mm

18.4.6 盾构推进参数及控制

18.4.6.1 盾构推进参数

盾构推进参数见表18-43。

盾构推进参数 表18-43

盾构推力(kN)	7 000 ~ 9 000	推进速度(mm/min)	20 ~ 45
盾构扭矩(kN·m)	1 200 ~ 1 600	刀盘转速(r/min)	1.0 ~ 1.5
土仓压力(MPa)	0.08 ~ 0.1	出土量(m^3)	<45
注浆压力(MPa)	0.2 ~ 0.35		

在盾构机掘进过程中,根据监测结果及实际情况,对施工参数不断进行优化调整。

18.4.6.2 盾构姿态控制

由于隧道曲线和坡度变化以及操作等因素的影响,盾构推进会产生一定的偏差。当这种偏差超过一定限界时就会使隧道衬砌侵限、盾尾间隙变小,导致管片局部受力恶化,并造成地应力损失增大而使地表沉降加大,因此盾构施工中必须采取有效技术措施控制掘进方向,及时有效地纠正掘进偏差。

1)盾构掘进方向控制

结合本标段盾构区间的特点,采取以下方法控制盾构掘进方向:

(1)采用自动导向系统和人工测量辅助进行盾构姿态监测

自动导向系统配置了导向、自动定位、掘进程序软件和显示器等,能够全天候在盾构机主控室动态显示盾构机当前位置与隧道设计轴线的偏差以及趋势。据此调整控制盾构机掘进方向,使其始终保持在允许的偏差范围内。

由于盾构推进导向系统后视基准点需要前移,故必须通过人工测量来进行精确定位。为保证推进方向的准确可靠,拟每周进行两次人工测量,以校核自动导向系统的测量数据并复核盾构机的位置、姿态,确保盾构掘进方向的正确。

(2)采用分区操作盾构机推进油缸控制盾构掘进方向

根据线路条件所做的分段轴线拟合控制计划、导向系统反映的盾构姿态信息,结合隧道地层情况,通过分区操作盾构机的推进油缸来控制掘进方向。

推进油缸按上、下、左、右分成四组,每组油缸都有一个带行程测量和推力计算的推进油缸,根据需要调节各组油缸的推进力,控制掘进方向。

在上坡段掘进时,适当加大盾构机下部油缸的推力;在下坡段掘进时,适当加大上部油缸的推力;在左转弯曲线段掘进时,适当加大右侧油缸推力;在右转弯曲线掘进时,适当加大左侧油缸的推力;在直线平坡段掘进时,尽量使所有油缸的推力保持一致。

2)盾构掘进姿态调整与纠偏

在实际施工过程中,由于管片选型错误、盾构机驾驶员操作失误等原因,盾构机推进方向可能会偏离设计轴线并超过管理警戒值;在稳定地层中掘进,因地层提供的滚动阻力小,可能会产生盾体滚动偏差;在线路变坡段或急弯段掘进过程中,有可能产生较大的偏差,这时就要及时调整盾构机姿态、纠正偏差。

(1)参照上述方法分区操作推进油缸来调整盾构机姿态、纠正偏差，将盾构机的方向控制在符合要求的范围内。

(2)在曲线段和变坡段，必要时可利用盾构机的超挖刀进行局部超挖，并在轴线允许偏差范围内提前进入曲线段掘进来纠偏。

(3)当滚动超限时，应及时采用盾构刀盘反转的方法纠正滚动偏差。

3)方向控制及纠偏注意事项

(1)在切换刀盘转动方向时，应保留适当的时间间隔，切换速度不宜过快，否则可能造成管片受力状态突变，而使管片损坏。

(2)根据掌子面地层情况及时调整掘进参数，调整掘进方向时应设置警戒值与限制值。达到警戒值时及时实行纠偏程序。

(3)蛇行修正及纠偏时应缓慢进行，如修正过程过急，蛇行反而更加明显。在直线推进的情况下，应选取盾构当前所在位置点与设计线上远方的一点作一直线，然后再以这条线为新的基准进行线形管理。在曲线推进的情况下，使盾构当前所在位置点与远方点的连线同设计曲线相切。

(4)推进油缸油压的调整不宜过快、过大，否则可能造成管片局部破损甚至开裂。

(5)正确进行管片选型，确保拼装质量与精度，以使管片端面尽可能与计划的掘进方向垂直。

18.4.6.3 同步注浆与补注浆的浆液类型、配合比、注浆工艺及参数

本工程中，盾构管片壁后注浆的类型采用双液浆。双液浆是指由水泥砂浆等搅拌成的 A 液与由水玻璃等组成的 B 液混合而成的浆液。在施工中，根据地层条件、地下水情况及周边条件等，通过现场试验优化浆液配比。双液浆的主要材料及配合比见表 18-44。

双液浆的主要材料及配合比 表 18-44

主要材料	水泥(kg)	膨润土液(kg)	粉煤灰(kg)	减水剂(kg)	水(kg)	水玻璃(L)
用量	200	380	70	3.6	512	43

壁后注浆的注入量受浆液向土体中的渗透、泄漏损失(浆液流到注入区域之外)及小曲率半径施工、超挖、壁后注浆所用浆液的种类等多种因素影响。虽然这些因素的影响程度目前尚没有确定，但控制注入量多少的基本原则是不变的，即要保证有足够的浆液能很好地填充管片与地层之间的空隙。

一般每环浆液注入量为 $3m^3$，施工中如果发现注入量持续增多时，必须检查超挖、漏失等因素。而注入量低于预定注入量时，可考虑是否为注入浆液的配比、注入时机、盾构推进速度过快或出现故障等因素所致，必须认真检查并采取相应的措施。

注入压力要考虑不同地层的不同情况，注入压力一般为 0.2 ~ 0.4MPa，由于考虑在砂质或砂卵石地层中浆液的扩散作用，所以注入压力要比在黏土中的注入压力小一些。在壁后注浆施工中，为控制注浆效果和质量，应对注入压力和注入量这两个参数进行严格控制，施工过程中采取的是以设定注入压力为主，兼顾注入量的方法。通过对注浆层的取样分析结果和地层沉降的监测结果综合分析来看，这种注浆参数的控制方法效果比较理想。

施工过程中，同步注浆的控制如图 18-135 所示。图 18-136 为第 373 ~ 383 环同步注浆

的注浆压力及注浆量变化曲线。

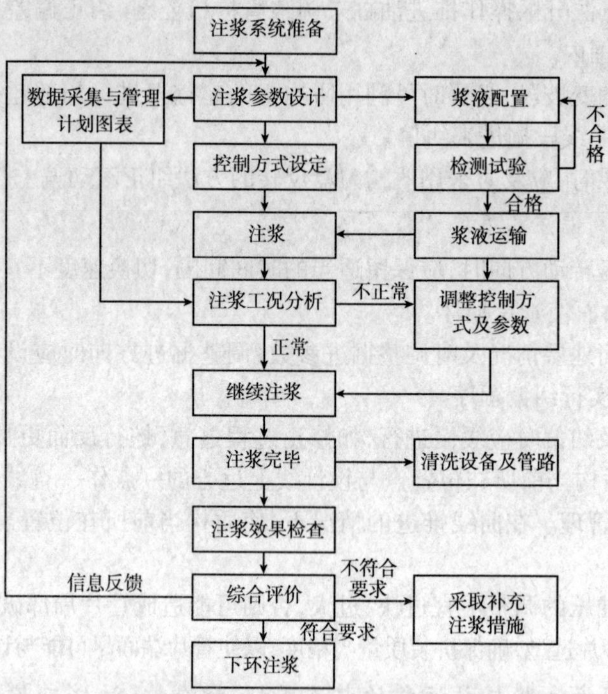

图 18-135　管片衬砌背后同步注浆工艺流程及管理程序图

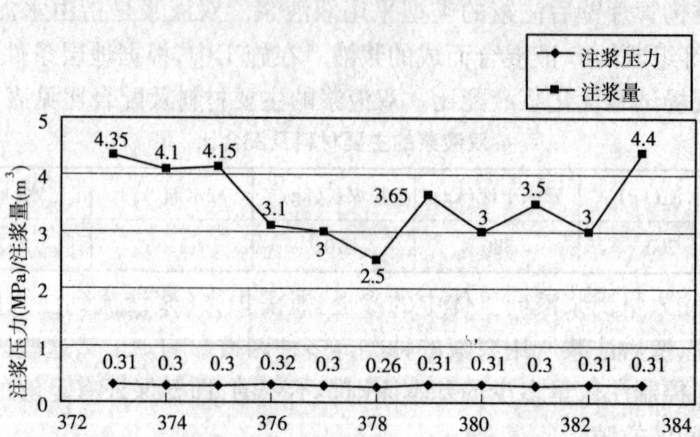

图 18-136　第 373～383 环同步注浆的注浆压力及注浆量变化曲线

18.4.7　近接穿越国航办公楼

18.4.7.1　工程概况

国航办公楼为 20 世纪 60 年代的建筑物，隧道结构边线与该办公楼基础边缘重合，隧道覆土厚度为 7.5m 左右。本区域地下水位较高，且土体为粉质黏土和淤泥质粉土，较松散，易流失。

为保证盾构机在不影响办公楼安全的情况下顺利通过，采用二重管无收缩双液注浆工法对隧道周边土体进行注浆加固处理。通过注浆密实土体间隙,疏干过量水分,从而使浆液与土体形成复合地基,且有较高的抗压强度和支承保护能力,确保地面管线及建筑物的安全。

18.4.7.2　注浆方案设计

1)主要设计内容

本工程隧道穿越粉质黏土、淤泥质粉土层,水位较高,自稳性极差,开挖易形成土体流失,造成坍塌,危及上部管线及地表建(构)筑物的安全。故需对隧道影响范围内的土层进行地质改良,使松散土体得到充分填充及密实,使地层的不透水性增强,且具有一定强度,以达到止水加固目的。确保拱顶上部管线及建筑物的安全,从而保证工程施工的顺利进行。

2)施工方法

根据本工程所处位置及地面施工条件,采用扩散式倾斜钻杆回抽注浆法进行施工。

扩散式倾斜钻杆回抽注浆法,在隧道穿越管线及地表建筑物不能垂直钻孔时采用。其特点为:孔位分布均匀性较差,倾斜钻孔难度较大,且浆液扩散分布均匀度较差,故须采用增加注浆孔数来确保加固效果。

3)注浆材料的要求及配比

(1)其特性对地下水而言,不易溶解。

(2)对不同地层,凝结时间可调节。

(3)高强度。

(4)注浆材料配比:注浆材料的配比见表 18-45。

注浆材料的配比　　表 18-45

A 液	B 液	C 液
1. 水玻璃:100L; 2. 水:100L	1. Gs 剂:8.5%; 2. P 剂:4.5%; 3. H 剂:6.7%; 4. C 剂:7.1%; 5. 水	1. 水泥:42%; 2. H 剂:4.6%; 3. C 剂:3.2%; 4. 水
200L	200L	200L

注:溶液由 A、B 液组成,悬浊液由 A、C 液组成。

注浆时,根据现场实际情况适当调整配合比,并适当加入特种材料以增加可灌性。

4)注浆范围的设计

注浆加固范围如图 18-137 所示。

5)注浆孔的布置及注入顺序

根据注浆扩散半径计算,孔距一般为 1 ~ 1.5m,本工程拟采用 1.5m;排距为 1.5m;平面布孔采用梅花形布置。

注入顺序:加固区域从外围到中心进行施工。

6)主要注浆参数

(1)注浆孔直径 ϕ46mm。

(2)浆液扩散半径:1m。

(3)浆液凝结时间:20s ~ 30min。

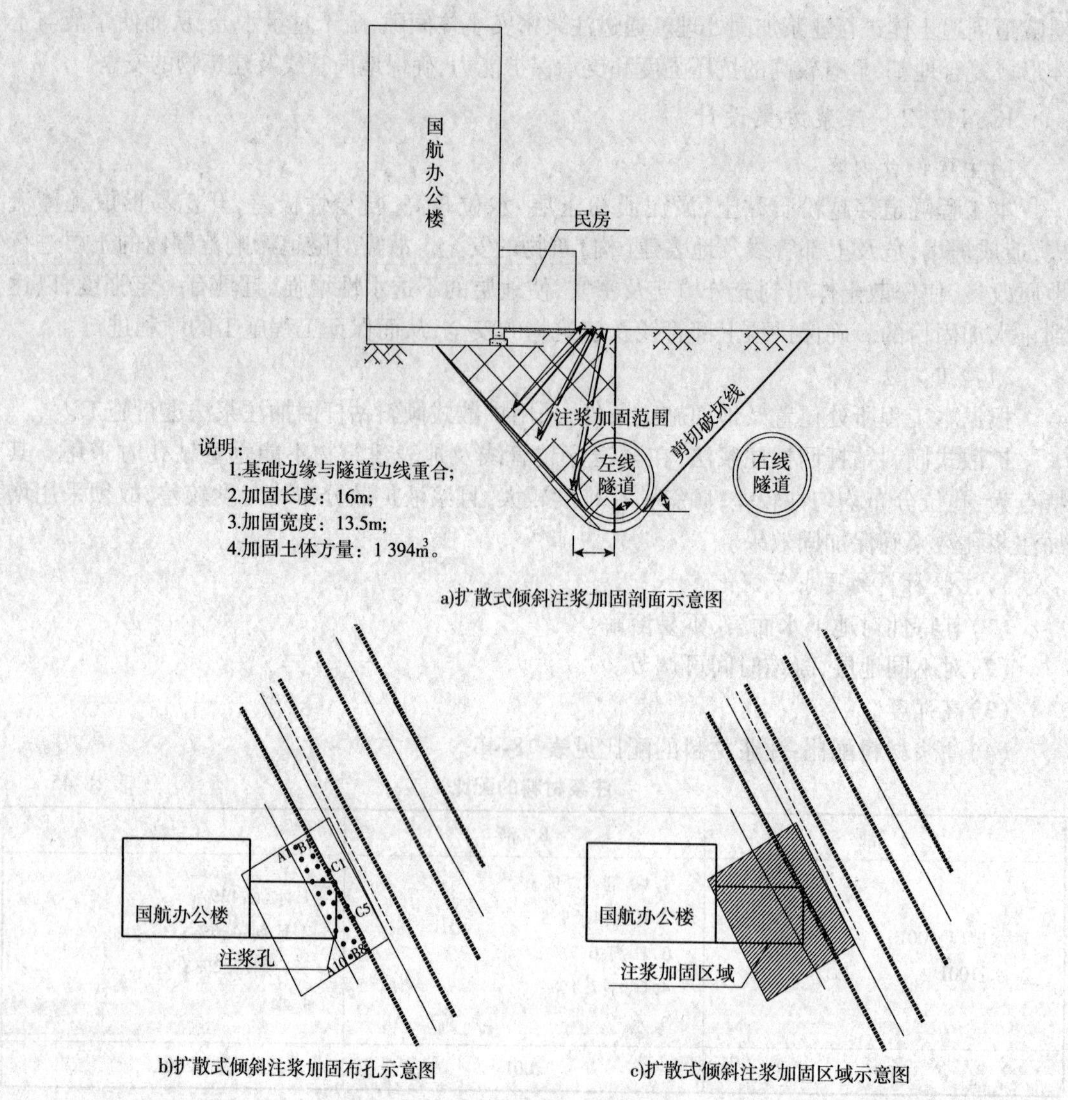

图 18-137　预注浆加固国航办公楼的注浆范围

(4)注浆压力:0.3 ~1MPa。

7)注浆效果检测

注浆施工结束后,通过注浆体内钻孔,用压水、注水或抽水等办法测定流量及渗透系数,不合格者需进行补充注浆。检查孔的数目约为总注浆孔数的5% ~10%,布孔的重点是地质条件不好的地段以及注浆质量较差或有疑问的部位。

通过钻孔,从注浆体内取出原状样品,送实验室进行必要的试验研究。实践经验证明,通过这类检测可得出以下几项重要的物理力学性能指标,据此可对注浆效果作出比较准确的评价。

(1)样品的密度。

(2)结石的性质。

(3)浆液充填率及剩余孔隙率。

(4)无侧限抗压强度及抗剪强度。

18.4.8　盾构穿越停机坪施工技术

18.4.8.1　工程概况

机场线 T2 支线地下段区间盾构工程,在到达 T2 航站楼前要下穿首都机场停机坪,穿越长度为 376m,下穿停机坪段的隧道覆土厚度为 8.6 ~ 10.2m,如图 18-138 所示。

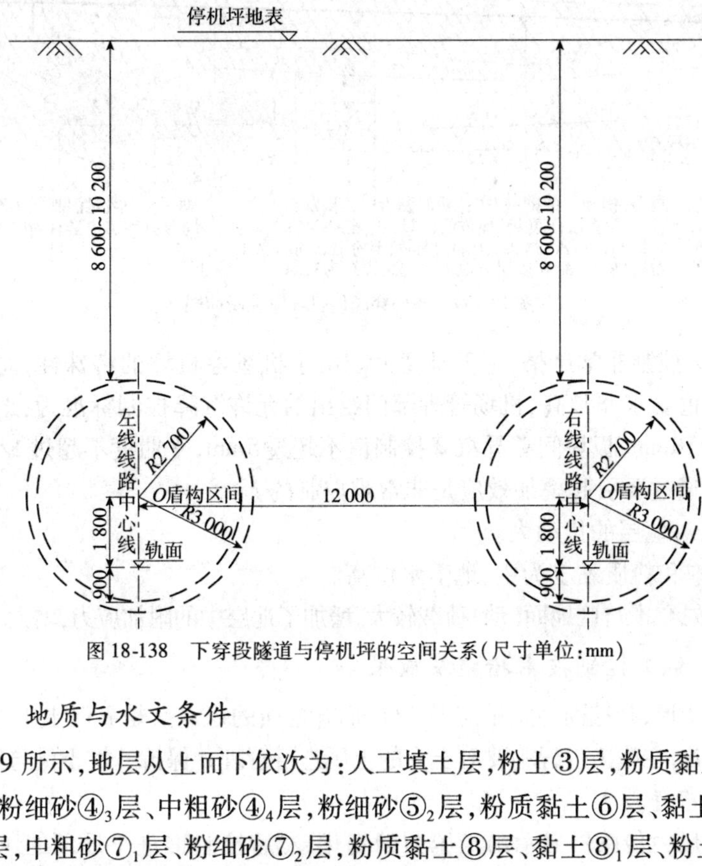

图 18-138　下穿段隧道与停机坪的空间关系(尺寸单位:mm)

18.4.8.2　地质与水文条件

如图 18-139 所示,地层从上而下依次为:人工填土层,粉土③层,粉质黏土④层、黏土④$_1$层、粉土④$_2$层、粉细砂④$_3$层、中粗砂④$_4$层,粉细砂⑤$_2$层,粉质黏土⑥层、黏土⑥$_1$层、粉土⑥$_2$层、细中砂⑥$_3$层,中粗砂⑦$_1$层、粉细砂⑦$_2$层,粉质黏土⑧层、黏土⑧$_1$层、粉土⑧$_2$层,中粗砂⑨$_1$层、粉细砂⑨$_2$层、粉土⑨$_3$层、粉质黏土⑨$_4$层。

隧道主要穿越粉质黏土④、黏土④$_2$层,局部穿越粉细砂④$_1$层。

水文情况:现场钻探期间,42m 范围内从上至下依次为:上层滞水、潜水、承压水三种类型。

上层滞水水位埋深为 3.46 ~ 3.80m,主要受大气降水、绿地灌溉和自来水、雨水、污水等地下管线的垂直渗漏补给。

层间潜水水位埋深为 15.7 ~ 19.5m,其含水层主要为粉土④$_2$层、粉细砂④$_3$层。潜水以径流补给及大气降水、灌溉水和上层滞水的垂直渗透补给为主,以侧向径流和向下越流补给承压水的方式排泄。

承压水水头埋深为 31.8 ~ 36m,已超出隧道施工范围。

18.4.8.3　工程特点

盾构下穿停机坪段的工程特点如下:

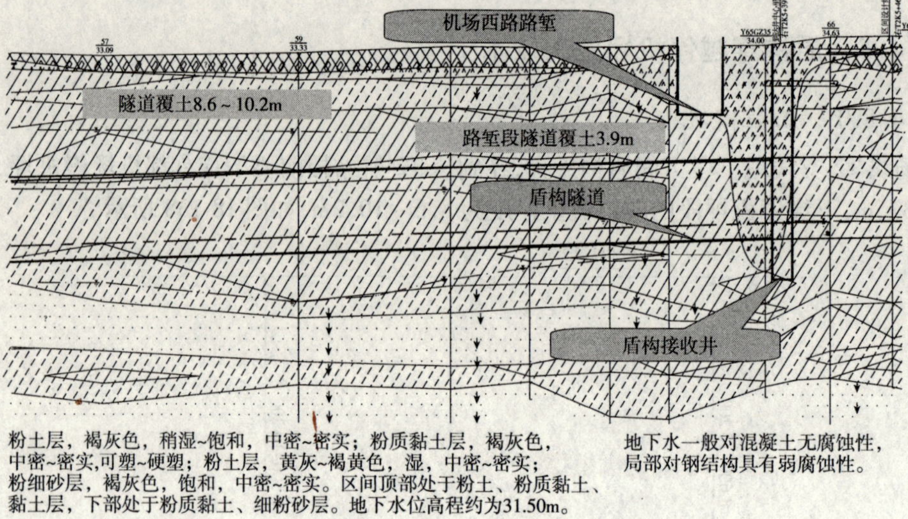

图 18-139　盾构穿越停机坪段纵断面图

(1)地层沉降控制非常严格,施工难度大。由于机场停机坪的特殊性,尤其是飞机滑行区域对地表沉降值要求非常高,机场管理部门给出的允许沉降控制标准为:地表允许最大沉降控制值不超过10mm,板块间差异沉降控制值不超过5mm,平曲度不超过1/4 000。这对于两台盾构机先后通过要引起叠加效应是非常难控制的。

(2)覆土浅,对地层的扰动大。

(3)地层以饱和粉质黏土为主,地下水位高。

(4)飞机停放区、滑行区地面(动)荷载较大,增加了地层中的附加应力,增大了地层变形量。

18.4.8.4　施工控制技术措施及效果

为控制地层变形,开挖面稳定是前提条件,而开挖面的稳定又是靠泥土压力与水土压力平衡来实现的。因此,在施工过程中要对土仓的土压进行管理并保持开挖土量与排土量的平衡。

1)土仓土压管理技术

通过土仓内压力传感器显示出土压力的变化,然后控制推进千斤顶的压力和螺旋输送机的排土量,并调节向开挖面的注泥量和注泡沫量以及注入速度和注入压力,从而使得开挖面土压力的波动控制在允许的范围内,保持土压力的动态平衡。

(1)目标工作土压力的设定

合理设定土压力是目标土压力管理的重要内容。本工程目标土压力设定的基本原则是:保证开挖面的土体稳定,尽量减少掘进对周围土体的干扰。前面已经介绍了土仓内土压力的确定方法,一般按"静止土压 + 水压 + 预留压力"来计算,但静止土压数值很难确定,土仓内土压随砂土状态而异,所以也可根据初期掘进时地层的变位状况和停止时土仓内的土压假定值管理。当有土体原位测试资料时,可结合埋设在轴线上的土压力盒的数据确定其设计值,当土体为砂性土时,可适当降低目标土压力设定值。一般情况之下,以盾构停止时开挖面上土压计的测定值近似作为目标土压力设定值。

(2)开挖面土压平衡的保持

盾构机利用设置在密封仓隔板上的土压力计，作为协调盾构机推进速度和螺旋输送机排土量保持平衡的桥梁。当在盾构机操作台上输入目标土压力值后，若加快盾构机的掘进速度，密封仓内的土量会随之增加。若排土速度不变，则土压力上升。这时，通过土压计与螺旋输送机的联动，会自动加快螺旋输送机的排土速度，使土压力值保持不变，从而保证设定的目标土压力值与开挖面水土压力处于动态平衡状态，不会隆起，反之亦然。

显然，为控制开挖面的稳定，必须通过目标土压力值的管理，使地层水土压力 P 和密封仓内泥土压力 P_0 保持动态平衡。这种平衡，通过调节与控制螺旋输送机的排土量来实现。

图 18-140 给出了盾构机掘进时，开挖面压力差 $|P-P_0|$ 与螺旋输送机排土量之间的关系。由该图可知，开挖面土压力的大小及其变化幅度是开挖面稳定的重要因素。为实现螺旋输送机正常排土，保证开挖面的土压平衡，目标土压力值的管理还涉及加泥量(含泥浆性能)、千斤顶推进速度、切削刀盘的转速控制等。因此，目标工作压力的管理实际上是一项综合管理技术。

经过上述土压力调整，实现了土压力的稳定，如图 18-141 所示。

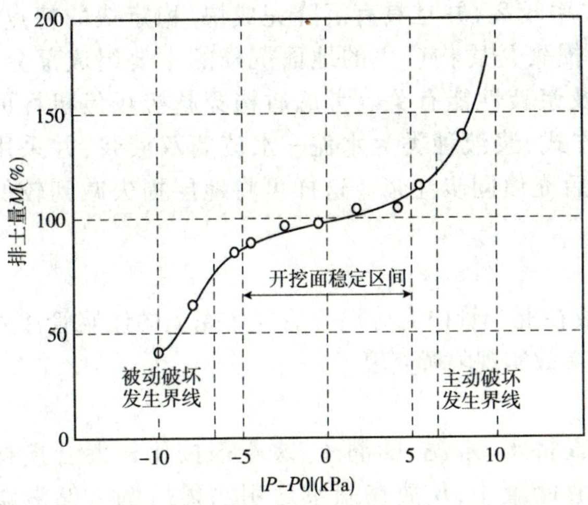

图 18-140 开挖面压力的变化与排土量的关系

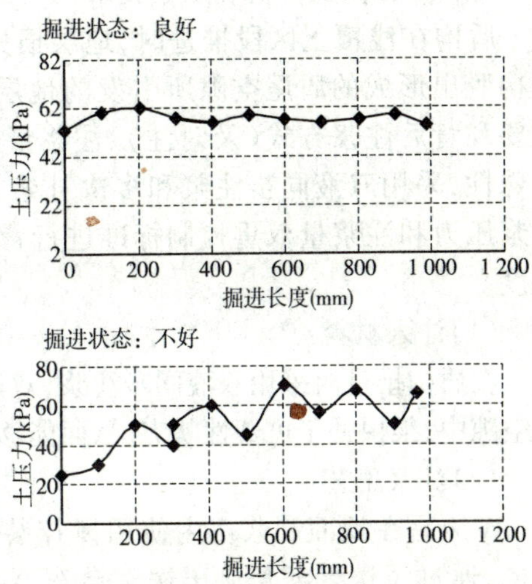

图 18-141 掘进一环土仓内土压力的不同变化

2)开挖土量的管理

开挖土量与排土量是否平衡对开挖面上的土压力平衡影响较大。图 18-142 为盾构掘进中某一环的开挖土量与排土量的关系，从该图中可以看出，开挖土量、排土量与土压力的关系为：若开挖土量大于排土量，则土压力有升高的趋势；若开挖土量小于排土量，则土压力有降低的趋势。

盾构开挖土量的管理要求是使挖掘的土量与排出的土量相等。在施工中通过调整刀盘油压和螺旋输送机的油压实现开挖土量与排土量的平衡，如图 18-143 所示。但实际上这些参数是随着盾构掘进不断变化的，因此要做到开挖土量与排土量绝对相等很难，工程实际中两者是有一定波动的。

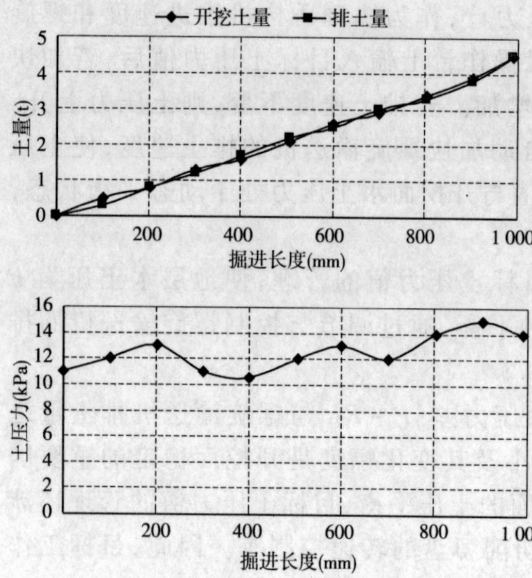

图 18-142 开挖土量、排土量与土压力的关系

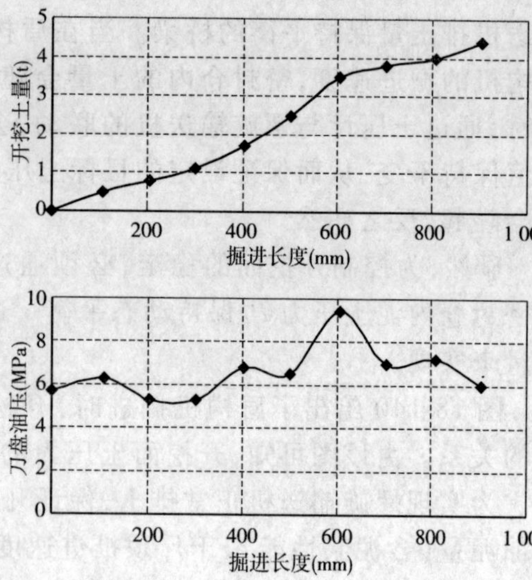

图 18-143 开挖土量与刀盘油压的关系

3)同步注浆及多次补压浆技术

盾构在浅覆土区段推进时,地层损失率较高,并且具有沉降完成快、稳定快的特点。盾构脱出形成的盾尾空隙所引发的地层损失是盾构产生的地面沉降的主要组成部分,主要和背后注浆方式(及时注)、注浆量及浆液性能有关。考虑盾构穿越机场停机坪的特殊性,采用双液同步注浆和多次补浆方式,浆液种类为水泥—水玻璃双液浆,并采用注浆压力和注浆量双重控制标准进行背后充填同步注浆。这样可将地层损失减到较低程度。

(1)注入材料

在盾构推进时采用双液同步注浆,双液在混合管内充分混合后经盾壳上的注浆管注入到空隙中,很快处于可塑性状态,从而能够有效实现限域充填。

(2)注浆工艺

A 液是在地面制浆房内使用搅拌装置将水、水泥、膨润土、缓凝剂按比例混合搅拌而成,通过压送泵经管道压送至台车 A 液储罐中;B 液在制浆房用水稀后倒入储液罐内,经管道泵送至台车 B 液储罐中。当盾构推进 100mm 左右时,通过台车上的两台注浆泵分别将 A 液、B 液送出,在机头内混合管中充分混合后经盾构盾壳上的注浆管注出,开始进行同步注浆,如图 18-144 所示。当推完 900mm 时,即完成同步注浆。每次同步注浆完成后要通过机头内的高压水管进行冲洗。在冲洗管上接出一根软管,用作二次管片背后补压浆;在 A 液注浆管上接出一根软管,安装至台车尾部,用作三次管

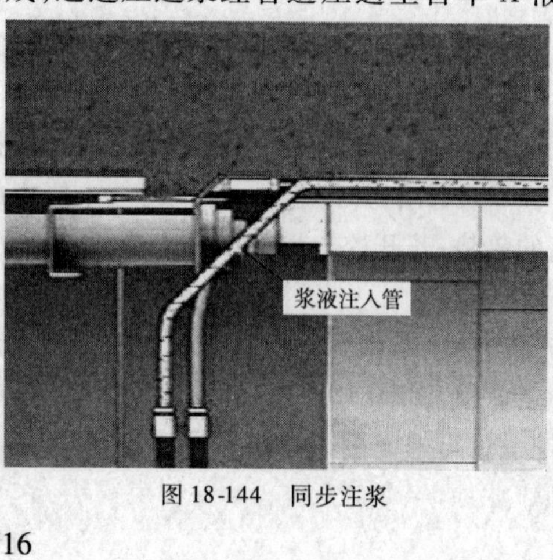

图 18-144 同步注浆

片背后补压浆。

(3)同步注浆压力与注浆量

同步注浆时要求在压力入口大于该点的静止水压力及土压力之和，做到尽量填补而不是劈裂。注浆压力过大，管片外的土层将会被浆液扰动而造成较大的后期地层沉降及隧道本身的沉降，并易造成跑浆；而注浆压力过小，浆液填充速度过慢，填充不充足，也会使地表沉降增大。本工程同步注浆压入口的压力选取 1.1 ~ 1.2 倍的静止水土压力，注浆压力≤0.28MPa；同步注浆量为理论间隙的 140% 左右，取 1 300L/环；同步注浆在衬砌脱出盾尾及盾构掘进时同步进行，并在推进一环的时间内完成。

(4)二次(多次)注浆

二次(多次)注浆主要是弥补同步注浆的不足，因此其浆液性能与同步注浆的浆液有明显不同。要求浆材的细度更小，浆液的流动性更好，必须掺入缓凝剂来延长凝结时间。同时为了提高浆体强度，不掺膨润土。注浆压力应当小一些，注浆时间适当延长，即延时低压。二次补浆：700L/2 环，注浆压力≤0.3MPa；三次补浆：500L/2 环，注浆压力≤0.35MPa。二次、三次补压浆则利用滞后盾构机 4 ~ 6 环管片上的注浆孔完成。

4)隧道洞内深孔劈裂注浆技术

盾构施工不可避免的要扰动周围土体，引起地面隆起或沉降，可以采取在洞内预留注浆孔的方式，当盾构机掘进一段后，及时对隧道上方土体进行深孔劈裂注浆，挤密受扰动的土体，有效控制地面的最终变形，使停机坪的最终沉降控制在设计允许的范围内。

盾构施工能够有效地控制地面沉降，但其对地面不可能没有影响，为确保盾构施工过后对停机坪沉降的控制，盾构施工时在洞内采取管片新增注浆孔的措施，新增注浆孔内径 84mm，每环 2 ~ 3 个，方向基本向上，其作用可以在盾构台车过后，通过钻孔、埋管，在洞内进行较高压力注浆，对停机坪土体进行微量顶升、加固，控制停机坪在盾构过后的后期沉降。隧道洞内深孔劈裂注浆孔布置如图 18-145 所示。

5)其他技术措施

(1)将进入停机坪前 50m 作为下穿停机坪模拟段，完全模拟按照穿越停机坪时的盾构操作要求进行推进，加强监测，不断优化施工参数，为正式穿越停机坪提供施工依据。

(2)穿越前详细核实各控制点坐标及高程，特别是位于平曲线和竖曲线上的控制点，根据设计曲线偏移值和竖曲线修正值确定盾构掘进中线，并控制好盾构机的掘进姿态，以免引起偏差。

(3)隧道成型后，根据监测情况，采用隧道洞内深孔劈裂注浆，抑制土体变形。

6)监控量测

(1)测点布设

测点布置在地面上，监测断面垂直于线路方向，断面间距 20m，如图 18-146 所示。测点分两类：第一类钻穿停机坪结构板到土体里，以监测土层变形，沿隧道中线布置；第二类布置在结构板块上，以监测板块间的差异沉降，在板缝的两侧布置。

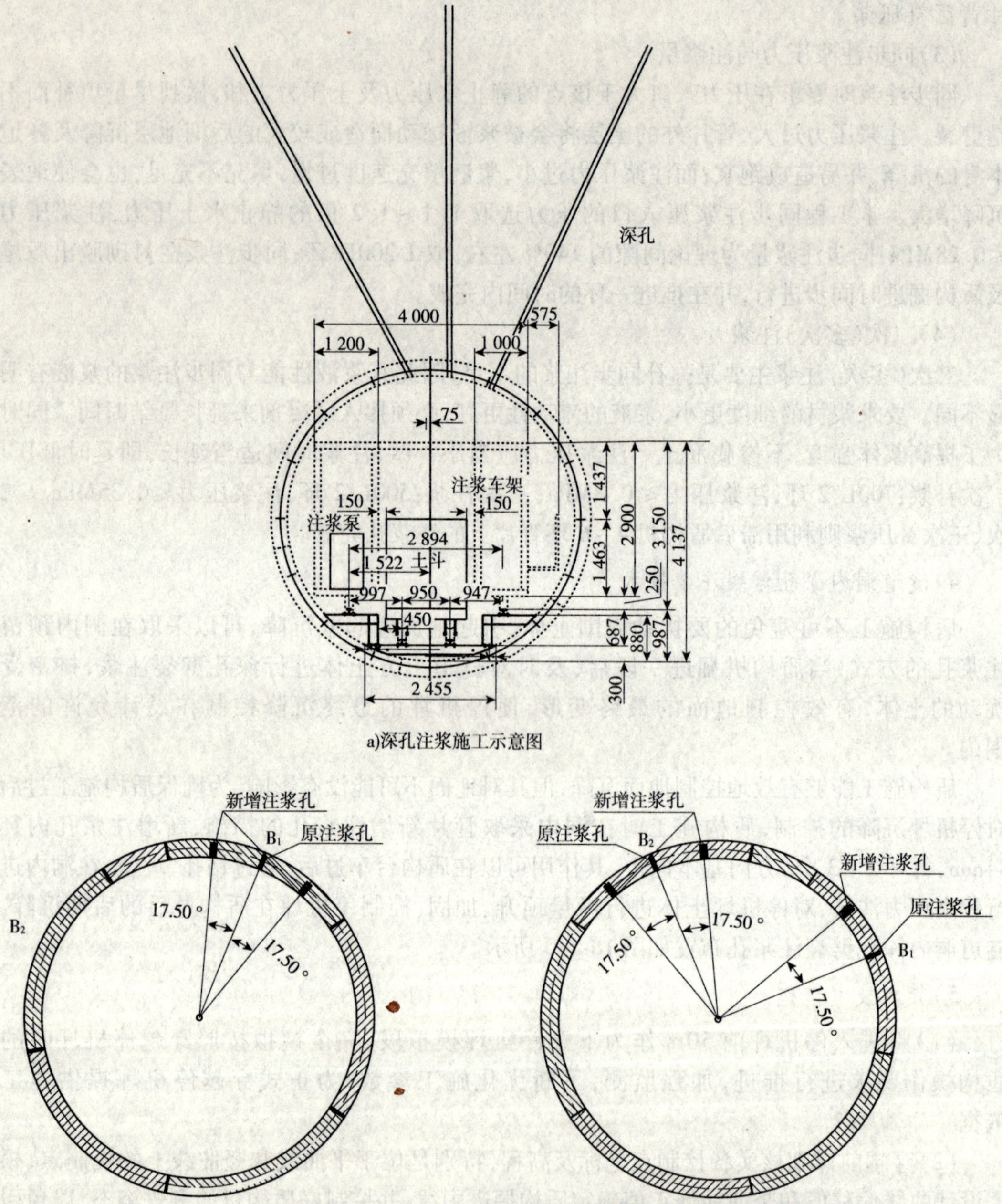

说明：
1. 新增注浆孔位置遇到管片钢筋可适当调整。
2. 新注浆孔内径为84mm。

图 18-145　隧道洞内深孔劈裂注浆孔布置图(尺寸单位:mm)

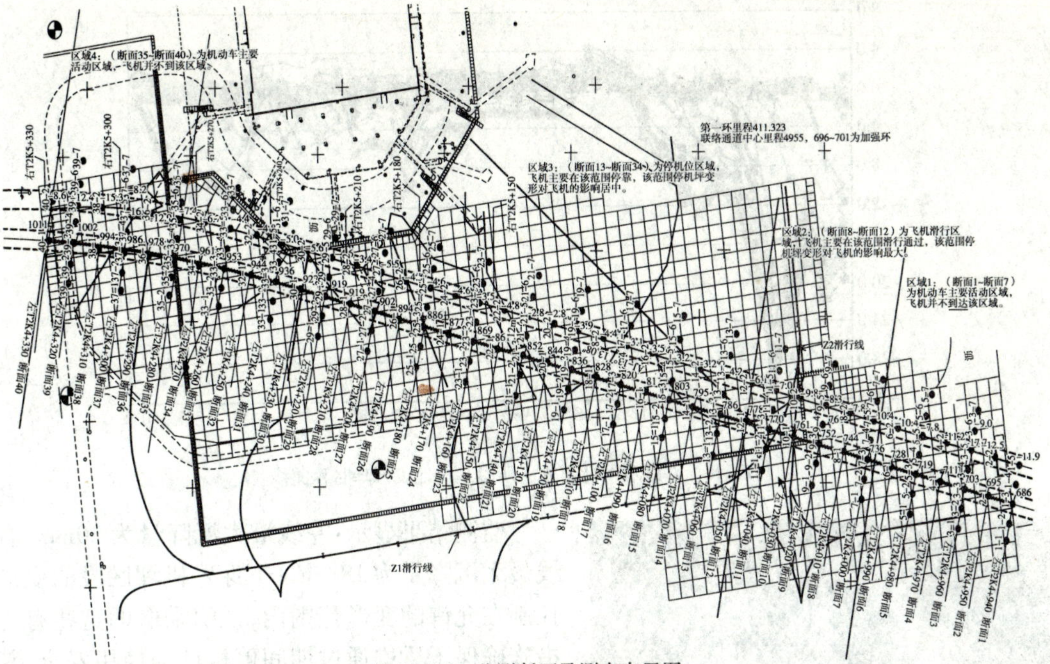

图 18-146　监测断面及测点布置图

(2)监测方法及频率

监测点按照国家二等水准观测的技术要求实施,用精密水准仪进行监测。对监测结果进行分析,判断盾构掘进对地表沉降的影响。

监测频率:当距开挖面前后 20m 时,2 次/1d;当距开挖面前后 50m 时,1 次/1d;当距开挖面前后 >50m 时,1 次/1 周。

量测精度: ±0.5mm。

使用仪器:精密水准仪、铟钢尺。

(3)监控量测标准

停机坪变形的要求为:停机坪沉降限值为 10mm,平曲度不大于 1/4 000,板块间差异沉降为 5mm。

(4)数据整理分析

左、右线盾构隧道施工所引起的地表沉降如图 18-147 和图 18-148 所示。

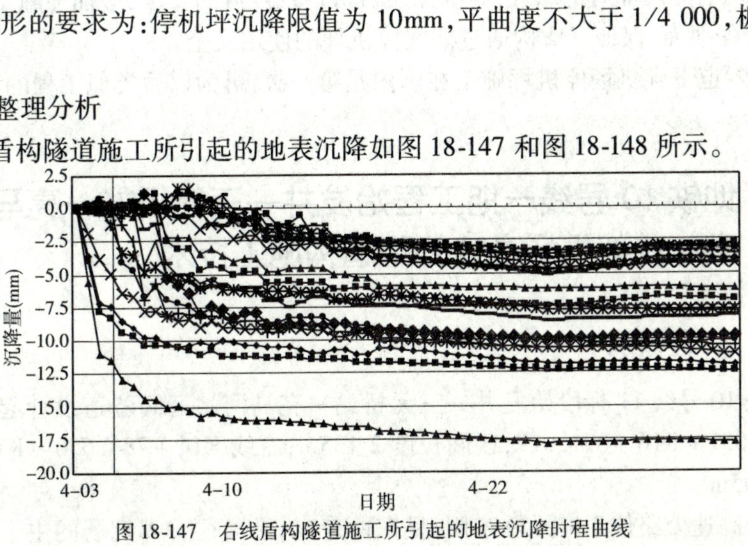

图 18-147　右线盾构隧道施工所引起的地表沉降时程曲线

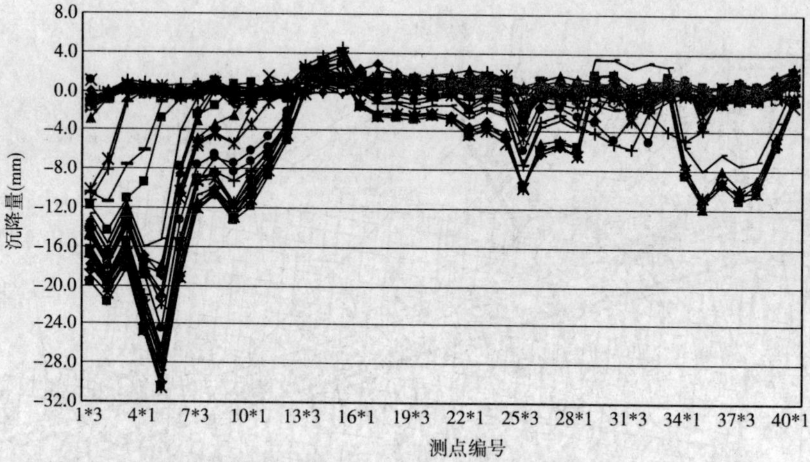

图 18-148　左线盾构隧道施工所引起的地表沉降时程曲线

图 18-149　下穿停机坪的盾构隧道

监测结果显示：左线最大沉降量为 30mm，右线最大沉降量为 18mm。下穿停机坪区段的变形控制在允许的变形范围内，说明采取的这些有力措施确保了盾构通过期间停机坪的使用安全，其隧道工程质量优良，如图 18-149 所示。

18.4.8.5　体会

(1)对于在浅覆土及饱和的粉土、粉质黏土(局部砂层)中推进盾构，由于土体强度低，自稳性差，地层位移量增大，控制地表沉降难度大，而且机场管理部门要求的地表控制值非常严格。因此在施工过程中，通过优化盾构掘进参数，采取土压动态控制技术、二次注浆技术及深孔劈裂注浆技术，把沉降值控制在目标值以内，保证了盾构安全、快速地通过。

(2)由于机场停机坪的特殊性，为确保飞机滑行及停放的安全，应加强施工监测，监测数据及时反馈给作业面，保证了盾构通过期间停机坪的使用安全。

(3)盾构隧道下穿机场停机坪施工在国内是第一次，可为以后类似工程的设计与施工提供重要的参考。

18.5　地铁 10 号线一期工程始发井—三元桥站—亮马河站区间穿越首都机场高速公路盾构施工技术

18.5.1　工程概况

北京地铁 10 号线 11 标段始发井—三元桥站—亮马河站区间隧道设计起止里程为：左线 K14 +781.051 ~ K16 +891.919，区间长度 2 135m；右线 K14 +784.650 ~ K16 +880.214，区间长度 2 095m。

首都机场高速公路位于三元桥东侧，呈东西走向，是通往首都机场的主干道，车流量较大，因此在盾构隧道施工时，应注意重点保护。

从里程 K15 +610.00 开始，盾构掘进方向与首都机场高速公路相交，并在首都机场高速公路下方掘进约 120m，从里程右 K15 +720.00 穿出。隧道顶部到机场高速公路路面的最小垂直距离为 12.25m。该段位于盾构隧道的缓和曲线～圆曲线段范围内，如图 18-150 所示。

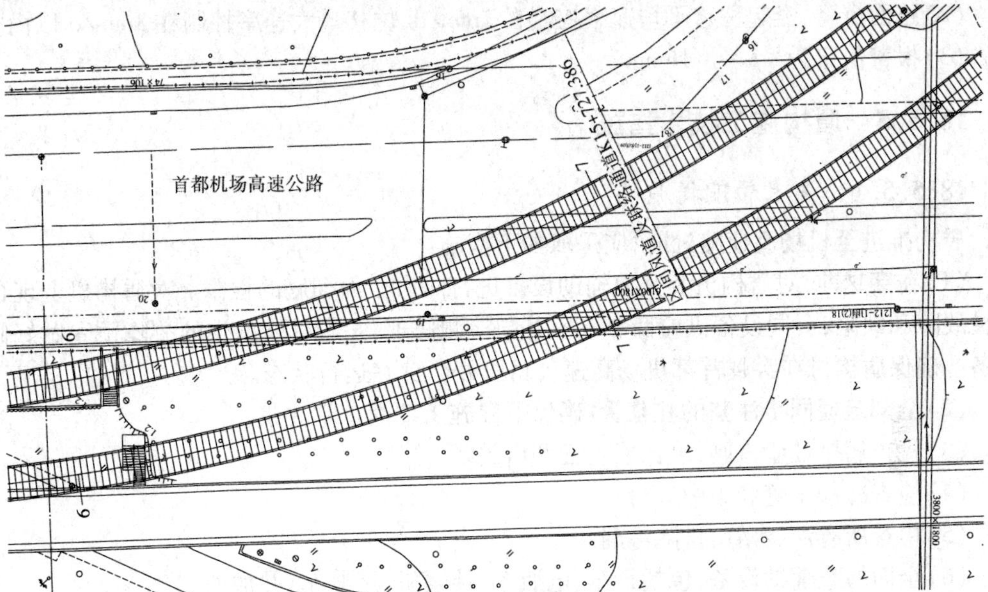

图 18-150　盾构隧道下穿首都机场高速公路段平面图

18.5.2　地质条件

在该段范围内，盾构隧道主要穿越中粗砂⑤$_1$、粉细砂⑤$_{2FX}$、粉质黏土层⑥及少量的黏土⑥$_1$、粉土⑥$_2$，如图 18-151 所示。地下水主要为潜水层，埋深为 9.05～16.88m。

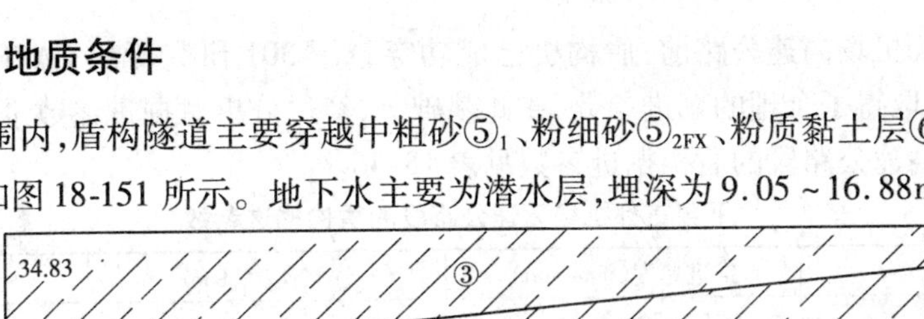

图 18-151　盾构隧道下穿首都机场高速公路段地质纵断面图

18.5.3　盾构机类型

本区间隧道左线选用 IHIϕ6 140 辐条式土压平衡盾构进行隧道掘进，右线选用海瑞克 ϕ6 250 面板式土压平衡盾构机进行掘进。

18.5.4 变形控制标准

盾构下穿首都机场高速公路施工过程所引起的路面沉降等变形控制标准如下：

(1)路面沉降、隆起极限值控制在 +10 ~ -20mm 之间。

(2)路面沉降、隆起位移平均速率控制在 1mm/d，位移最大速率控制在 3mm/d 以内。

(3)报警值定为 +8 ~ -16mm。

18.5.5 盾构施工技术措施

18.5.5.1 技术管理措施

盾构推进至机场高速路处时，应采取如下措施：

(1)在穿越前，对盾构机及其他辅助设备进行一次全面彻底的检修。对盾构机上现存的机械故障和缺陷，会同设备供应商和专家共同检测修理，并对可能产生的故障预先做好修理准备。确保盾构机在穿越首都机场高速公路段处于良好运行状态。

(2)全部疏通同步注浆的注浆管，确保下穿施工期间正常注浆。

(3)检查盾尾油脂汽阀，确保能正常开启关闭。

(4)检查冷却水管和集中润滑。

(5)检查所有油、水管，排除渗漏。

(6)全面检查辅助设备，包括行车、电瓶车、拌浆机、运浆车，并加油。

18.5.5.2 盾构掘进参数及控制

在下穿首都机场高速公路前，盾构机已成功穿越了 301 研究所的 CAPE 大楼、食堂、仓库及办公大楼，取得了合理的掘进参数；在此基础上，经过分析对掘进参数进行了初步优化。下穿首都机场高速公路段的盾构掘进参数见表 18-46。

下穿首都机场高速公路段的盾构掘进参数 表 18-46

土压力(bar)	推进速度(mm/min)	注浆压力(bar)	注浆量(m^3)
1.8 ~ 2.2	30 ~ 40	2 ~ 3	4.5

注：$1bar = 10^5Pa$。

在推进过程中，基于监测信息，随时调整参数，不断优化。

(1)二次补浆措施

二次补浆采用水泥—水玻璃浆液。

根据盾构穿越 301 研究所时采取二次补浆的成功经验，在下穿首都机场高速公路段施工时，采用与其相同的配比进行二次补浆，作为减少路面不均匀沉降的措施之一。二次补浆浆液配比见表 18-47，注浆量为 $1m^3$/环。

二次补浆的浆液配比 表 18-47

双液浆	A 液			B 液	
每环	水泥(kg)	粉煤灰(kg)	水(kg)	水玻璃(kg)	水(kg)
左线	300 ~ 500	250 ~ 800	245 ~ 800	10 ~ 20	200
右线	1 200	—	1 600	200	900

(2)控制掘进参数

穿越期间根据模拟推进时采集的数据,合理设定土压力、同步注浆量、注浆压力,降低推进速度,尽量少纠偏,以达到减少对地层的扰动、减少地层变形量的目的。

穿越时,降低推进速度,严格控制盾构方向,减少纠偏,特别是大量值纠偏。

盾构推进速度与土仓正面土压力、千斤顶推力、土体性质等因素有关,一般应综合考虑。

根据以往隧道推进的经验,过快的推进速度,将增加对土体的扰动。

在盾构机下穿机场高速路前,对隧道内的测量控制点进行复测。在确认无误的情况下,盾构机根据测得的姿态,将轴线误差调整到小于 50mm,以准确的姿态进行推进。

由于施工机械的精度、人工控制的误差、土层的不均匀性以及盾构本身设计轴线的曲率变化等原因,盾构推进过程中其轴线不可能始终与隧道轴线平行且重合,即盾构姿态会随盾构的推进而变化。盾构姿态的变化包括水平姿态变化和竖直姿态变化,这种变化将在盾构四周产生空洞区和扰动挤压区,对周围环境产生影响。

在下穿机场高速公路的推进过程中,将每环测量一次盾构机的姿态偏差,盾构驾驶员根据偏差及时调整盾构机的推进方向,尽可能减少纠偏,特别是要杜绝大量值纠偏;同时在盾构穿越期间,适当降低推进速度,从而保证盾构机平稳地穿越机场高速路。

严格控制左右线盾构的距离,使其保持在 100m 以上,降低盾构对土体的二次扰动影响,减少地面沉降。

(3)施工对工程环境的影响预测

由于盾构穿越该段的地层主要为中粗砂$⑤_1$、粉细砂$⑤_{2FX}$、粉质黏土⑥,为具有一定的自稳性且渗透系数较低的土层,只要同步注浆参数合理、注浆满足施工方案要求,二次补浆及时充足,如盾构推进穿越的土层与地质勘查报告一致,控制地面沉降在允许的范围内是可能的。

18.5.5.3　监测量测

为了能很快、精确地掌握在盾构机推过时的路面沉降情况,在盾构穿越机场高速公路之前,于紧急停车带外侧每 5m 布设一个路面沉降监测点。

测点埋设方法是:在盾构推进到达前 15d 用冲击钻在路面钻孔,并穿透路面层,然后打入长约 800mm 的 $\phi16$ 的钢筋测点,并用水泥砂浆回填密实,保证钢筋与下部土体固结而与上部路面分离,在不影响交通的情况下测点可高出地面 2 ~ 5mm。测点周围用红油漆做标记,并用红油漆编号作出测点标志。

监测仪器:电子水准仪、钢尺、全站仪等,量测精度为 ±0.4mm。

测量方法:采用精密水准测量方法。基点和附近水准点联测取得初始高程。观测时各项限差应严格控制在规定额度之内,对不在水准路线上的观测点,一个测站不宜超过 3 个,超过时应重读后视点读数,以作校核。首次观测应对测点连续观测三次,三次高程之差应小于 ±0.5mm,取平均值作为初始值。

穿越期间,加强监测频率,初定为 2 次/d。

18.5.6 应急预案

为了确保顺利穿越机场高速路段，特成立风险管理及应急事件处理机构，从组织落实、方案落实、人员落实、设备物资落实等全方位予以保证，确保其处于受控状态。在发生问题时各相关单位及人员能够及时有效地进行处理，将事故所造成的损失及不良影响降低到最低限度。

一旦路面沉降监测值达到极限值，应采取以下措施：

(1)立即向总监办、10 号线项目管理处上报，并通知交通管理部门。

(2)停止盾构掘进施工，加泥保持开挖面的土压力稳定，加强监控量测工作。

(3)组织专家讨论分析原因并制订相应的控制措施。

(4)根据确定的控制措施重新制订或调整施工工艺和施工组织，做施工交底，严格落实各项措施，进行盾构掘进施工。

18.5.7 工程效果

通过加强施工过程盾构推进参数的过程控制与管理，盾构顺利地穿越了首都机场高速公路，盾构推进过程所引起的路面沉降或隆起严格控制在预先确定的标准之内。

第 19 章 施工运输和通风及通信与监控

19.1 运输组织及施工运输

19.1.1 地铁 4 号线颐和园站—圆明园站区间

其工程概况及盾构机的类型与主要技术参数详见第 15 章的论述。

19.1.1.1 水平运输

为满足本工程快速施工的需要以及考虑运输与掘进相适配的能力等因素，左右线每条隧道掘进各配备两列相同编组的列车，以满足该工程快速施工的需要。由于本工程的纵向坡度在 2.8% 以内，根据电瓶机车的综合牵引能力，计算每掘进一环的运输量。考虑节能和快速安全的因素，编组列车是由 1 台 35t 变频电瓶机车、4 节 $18m^3$ 矿车、1 节 $6m^3$ 砂浆车、2 节管片车组成，列车总长约 39m。因此，盾构机每掘进一环的所出的渣土以及需要的砂浆、管片和辅助材料，通过 1 列编组列车运输一次就能完成。列车编组时，机车在掘进方向后面，进洞时是倒着开进去的，以便于把材料、管片送到盾构机作业面。行车时，需要一名调车员在列车后部监视列车运行的前方情况，并通过对讲机随时与机车驾驶员保持联系，指挥列车运行。列车出洞时，主要由驾驶员操作驾驶，调车员也要在列车的后部进行监视，如果有意外情况及时与驾驶员沟通，保证列车运行安全。由于隧道施工洞内运输是单线运输，洞内不能会车，所以必须在洞口车站的站台上进行会车调车工作。严禁把两列列车同时开进洞内，以免发生两车相撞的危险。

盾构掘进时所需要的运输主要为渣土、管片、砂浆料及其他辅助材料，每循环掘进出渣材料运输由 1 列编组列车完成，每列车由 1 节 35t 变频机车、4 节渣车、1 节砂浆车、2 节管片车组成。

盾构掘进每环出渣量：

$$Q = \frac{\pi {d_1}^2 L\eta}{4} = \frac{\pi \times 6.28^2 \times 1.2 \times 1.5}{4} = 56(\mathrm{m}^3)$$

式中：d_1 ——刀盘开挖直径，6.28m；

L ——管片宽度，1.2m；

η ——松散系数，1.5。

每节矿车容量为：

$$V_{矿车} = \frac{Q}{4} = \frac{56}{4} = 14(\mathrm{m}^3)$$

这里每节矿车容量取为 $18m^3$。

每循环注浆量为：$Q_{注浆}=\frac{1}{4}\pi(d_1^2-d_2^2)\times1.2\times1.6=5.18(m^3)$。

取砂浆罐车容量为：$Q_{罐}\geq Q_{注浆}=6m^3$。

一环管片为六块拼装，计划用两台管片车运送，每台管片车运输能力为3块。

由此得出列车最大运输质量包括：两台管片车自重8t，一台砂浆车自重5t，四台矿车自重42t，每环渣土质量90t，合计145t。

隧道最大坡度为2.1%，列车受到最大阻力为坡度2.1%时，重载上坡，坡度阻力系数为：坡道阻力系数0.21kN/t，滚动阻力系数0.08kN/t，总阻力系数0.29kN/t。

列车总阻力：$F=143t\times0.29kN/t=41.47(kN)$。

采用一台变频机车牵引，机车的黏着质量为：$G=\frac{41.47}{9.8\times0.18-0.3}=28.33(t)$。

机车最大黏着系数为0.2，交直流变频机车牵引力的黏着系数按0.18考虑，机车实际质量应大于黏着质量，机车黏着质量取为35t。

列车制动距离已考虑机车和渣车都有制动机构，能够保证制动性能的可靠性。35t电瓶车主要技术参数见表19-1。

35t电瓶车主要技术参数 表19-1

项　目	技术参数	项　目	技术参数
机车型号	JXK-35	持续牵引力	72kN
黏着质量	35t	持续速度	10.5km/h
变频器额定容量	300kV·A	最高速度	30km/h
传动方式	交流传动	轨距	900mm
电池容量	600AH	最小曲线半径	25m
额定功率	220kW	外形尺寸	6.6m×1.6m×2.4m
起动牵引力	98kN	蓄电池连续工作时间	10h

充电机的选择应根据机车蓄电池容量确定，每台机车有3箱蓄电池及3箱备用蓄电池，4台机车共有12箱蓄电池。蓄电池充电时间为8h，充电电流最大为150A，因此需要充电机的数量为9台，充电机规格为KCA150A/300V。

根据盾构供应商提供的盾构技术参数，平均掘进速度为40mm/min，那么一环的掘进时间为30min，加上一环管片的安装时间45min，盾构正常掘进一环的时间为75min。取正常日掘进时间为20h，则日掘进进度为$L=20\times60\div75=16$环$=19.2(m)$可满足工程施工总体进度要求。

列车循环包括装渣、重载列车出洞、轻载列车进洞以及装卸材料，整个循环合计为70min，列车循环时间与盾构掘进循环时间匹配。

列车编组及洞内水平运输轨线分别如图19-1和图19-2所示。

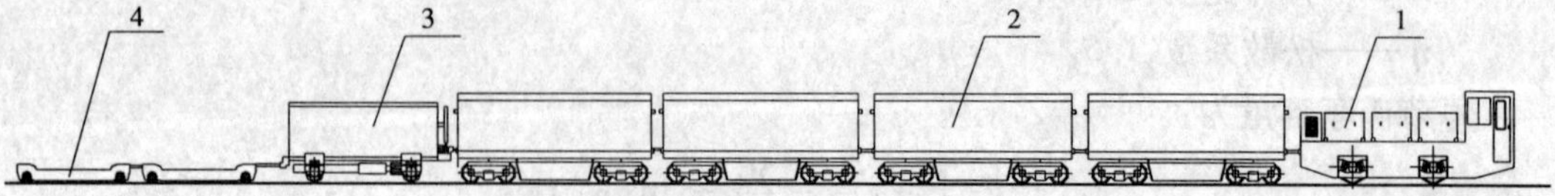

图19-1　编组列车示意图

1-35t电机车；2-18m^3矿车；3-6m^3砂浆车；4-12t管片车

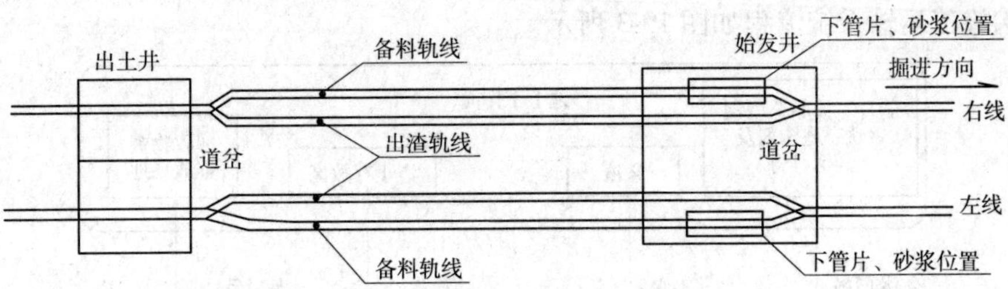

图 19-2 洞内水平运输轨线示意图

19.1.1.2 垂直运输

隧道盾构掘进过程中，掘进的渣土、管片及材料供应在地面与隧道之间需要通过提升设备进行垂直运输及装卸，除考虑渣斗除提升要求外还需要进行翻转作业，因此垂直提升设备采用专用门吊，并且同时具有渣斗翻转功能和小型材料起吊功能。材料提升运输时最大提升质量为矿车渣斗自重 5t 加平均每车渣土质量为：

$$M=\frac{\pi d_1{}^2 L\gamma}{4\times 4}=\frac{\pi\times 6.28^2\times 1.2\times 2.13}{4\times 4}=20(\mathrm{t})$$

总质量为 25t，考虑门吊应具备吊装盾构后配套拖车的能力，后配套拖车质量最大为 35t，所以门吊的最大提升能力选择为 45t。

盾构循环掘进工作时间为 75min，门吊每循环需要提升的次数计算如下。

出渣次数：4 次。初略取垂直提升高度 $H=25\mathrm{m}$，平均提升和下降速度：$v_{提升}=6.5\mathrm{m/min}$，$v_{下降}=13\mathrm{m/min}$。提升时间：$T_1=25\mathrm{m}\div 6.5\mathrm{m/min}=3.8\mathrm{min}$。下降时间：$T_2=25\mathrm{m}\div 13\mathrm{m/min}=1.9\mathrm{min}$。门吊移动定位时间：$T_3=1\mathrm{min}\times 2=2\mathrm{min}$。渣斗翻渣时间：$T_4=0.5\mathrm{min}$。列车定位及挂钩时间：$T_5=2\mathrm{min}$。合计提升循环工作时间：$T_{总}=T_1+T_2+T_3+T_4+T_5=10.2\mathrm{min}$。每循环提升次数：$N=75/10.2=7.3$ 次。

45t 门吊每循环 75min 时间内提升能力为 7.3 次，完全能够满足盾构正常掘进循环对提升设备的要求，45t 门吊技术参数见表 19-2。

45t 门吊主要技术参数 表 19-2

项 目	技术参数	项 目	技术参数
型号	45t/9.42	副钩起升速度	10.8m/min
起重质量	45t	小车运行速度	1.25～12.5m/min
工作级别	A5	大车运行速度	23.485m/min
跨度	9.42m	轴距	—
主钩起升速度	6.5m/min（满载） 13m/min（空载）	总功率	80kW
主钩起升高度	32.2m	长×宽×高	17.32m×7.776m×15.966m
卸料高度	4.8m	总质量	96t

19.1.2 机场线东直门—三元桥区间

本工程概况及盾构机的类型与主要技术参数详见第 16 章的论述。

盾构施工运输系统流程如图 19-3 所示。

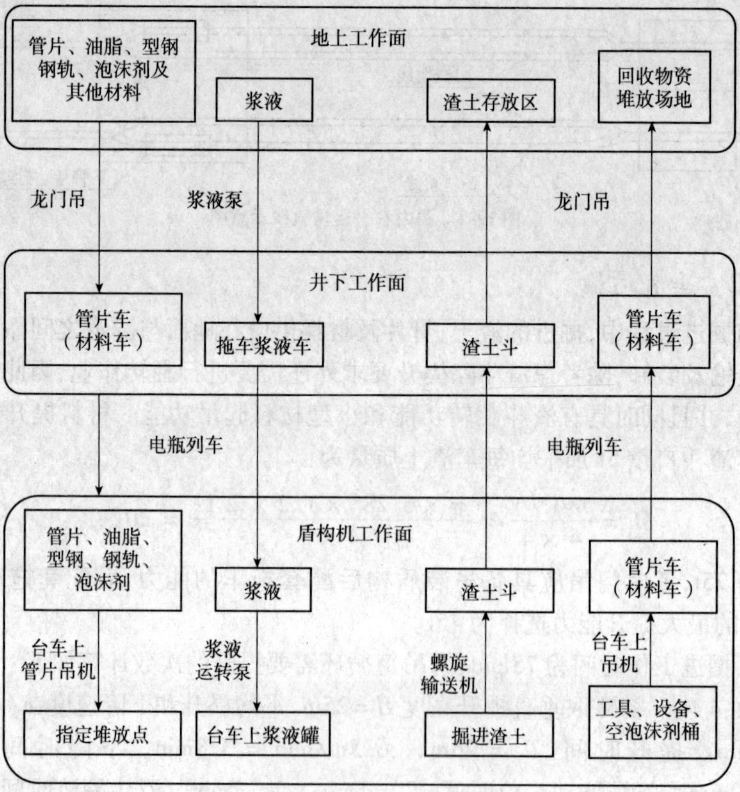

图 19-3　盾构施工运输系统流程图

1）工作流程

运输系统由地面运输系统和地下（隧道内）运输系统组成。地面运输系统主要包括龙门吊、管片运输车、渣土车和装载机，地下运输系统主要指轨道运输列车。运输系统的主要作用是将掘进需要的材料（管片、浆液、型钢、钢轨、油脂、泡沫剂等）运到隧道内的掘进现场，并将掘进排出的渣土等运到地面，其运输流程参见图 19-3。

2）运输能力需求

本工程使用的管片外径为 6 000mm，环宽为 1 200mm，盾构机刀盘的直径为 6 200mm。每环的出土量为：

$$V = K\pi l(D/2)^2$$

式中：K——松散系数，取 1.3 ~ 1.4；

D——盾构机直径；

l——管片环宽。

代入计算式计算出每环出土量约为 $47m^3$，在运输组织设计中，松散系数按 1.4 考虑，出土按 $50m^3$ 考虑。

隧道内配置 3 列运输列车。左线隧道掘进时列车编组如图 19-4 所示，第一、二列车由 5 辆土斗车和 1 辆牵引机车组成，总长约 25m。第三列车由 2 辆管片车、1 辆浆液车和 1 辆牵引机车组成，总长约 16m。

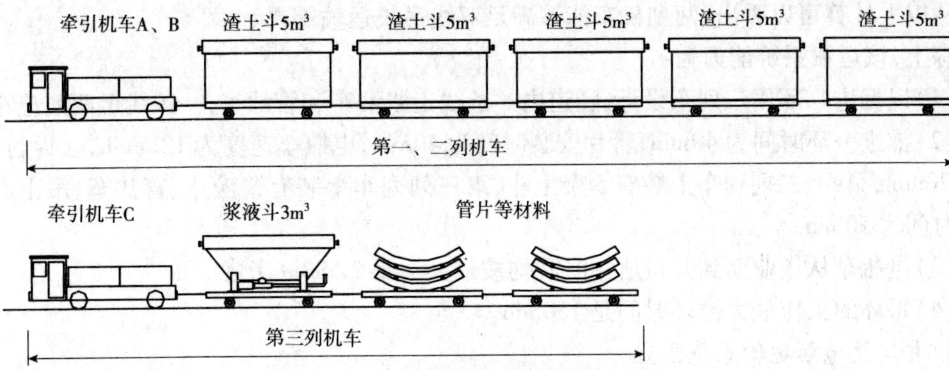

图 19-4　左线隧道掘进时列车编组示意图

隧道弃渣通过皮带输送机装入渣斗后，由电瓶车牵引至工作井口，再由地面 15t 龙门吊提升至地面，卸渣于渣土存放区内，由挖掘机将渣土直接从渣土存放区装至全封闭运土车上，倒运至弃土场废弃。

3）配置运输系统能力的检算

在运输系统的配置上，必须保证盾构掘进速度。掘进速度按最大 12m/d，每天工作 24h 计算，即每环的循环时间为 144min。

最大运输能力按本区间隧道运输距离最远计算，即以盾构隧道最长距离（此处暂取 2 560m）计算。隧道为双线轨道，盾构机内为单线轨道，出土车按两列车共 10 节土斗车运完一环的出土量计算。

每个循环时间检算如下：

（1）渣土吊运

电瓶车的行车速度为 10 ~ 15km/h，按平均速度 12km/h 计算，即 200m/min。当最大运距为 2. 2km 时需时约 11min。

吊一斗渣土需要时间约为 5min，一列渣土车共 5 个斗，需要 30min，同样另一列车返回时间约为 11min；考虑列车编组调车时间为 9min，故列车一个往返的运行时间约为 20min。

（2）管片拼装和注浆

当掘进完成后即开始进行管片拼装，管片拼装时间控制为 40min。注浆作业不占用盾构推进作业循环时间。

（3）掘进（装渣）作业

盾构机设计最大掘进速度为 8cm/min，掘进时按平均 4cm/min 计算，则每环掘进时间为 30min。考虑到出土中间要换车出土，所以掘进时间定为 40min。

（4）管片吊运和浆液运输

当盾构机掘进出土时，可以进行管片的吊运工作，从竖井口吊运一环管片到平板车上用时约为 20min。

浆液采用溜管放入浆液斗内，在管片吊放时间内可完成。

第一、二列机车从盾构井处到盾构掘进面装土后返回到盾构井处所需时间约为：15min + 20min = 35min，第三列机车在盾构井吊土 + 吊管片时间约为：30min + 20min = 50min，能够满足每一环 144min 的机车运行需要。

从以上计算可以看出，两列机车能够满足双线最长运输需要。

综上，该运输系统能力为：

(1)以掘进一环用三列车设计，隧道内一条线走浆液车和管片车，一条线走两列土车。

(2)推进一环时间为40min，管片安装时间为40min，电瓶车速度为12km/h，往返行进时间为20min，第一、二列列车上装有5个土斗，第三列列车上装有浆液斗、管片车，吊土、吊管片的时间为50min。

(3)电瓶车从作业面到井口所用时间均按最大运距2 500m考虑。

(4)每环的工作最大循环时间是150min。

4)井口及地面运输系统配置

(1)移动式龙门吊

现场吊运用一台15t的龙门吊与一台10t的龙门吊，分别负责渣土的吊运、管片的吊运、型钢、钢轨、临时材料、其他材料的吊运等。其主跨度为16m，可同时吊起三块管片，吊钩提升速度为13m/min，龙门吊行车速度为30m/min。

(2)管片运输车

组织5辆管片运输车，负责将管片从管片厂运到施工现场，每辆车可运输2环管片。每天的管片运入量将根据实际进度确定，一般为10～20环/d。

(3)土方运输车

组织10辆8～12m^3的专用密封土方车，负责将土方从现场的渣土场运到弃土场，在政策允许范围内，渣土及时外运。当出现特殊情况造成土方积压时，将采取临时增加运输力量或设置临时渣土堆放场地的办法紧急抢运，做到不影响隧道掘进。

(4)渣土挖掘机

在现场配置1台装载机，负责渣土的归堆整理及装车外运。

5)地下运输系统配置

(1)牵引机车

采用兰州产的25t直一交流蓄电池机车，承担列车牵引动力，机车性能完全能满足本工程最大3.4%坡度的需要，时速达12km/h。

(2)渣土运输车

洞内渣土运输车采用5m^3平板运输车，车斗与车架可以分离。

(3)管片运输车

采用两台平板运输车，每节车可装载3块管片。

(4)浆液运输车

采用平板运输车上置容量3m^3带有卧式搅动叶片的浆液车。

6)运输轨道设计

(1)钢轨及轨枕

根据配套设备情况选用24kg/m钢轨，钢轨间距762mm，轨枕间距1 200mm。轨枕采用“H200”型钢。

(2)扣件设置

本工程轨道连接选用铁路常用扣件，用普通M24螺栓加防转垫圈代替螺栓旋道钉。扣件由 M24 螺栓、螺母、平垫圈、弹簧垫圈、扣板、铁座、绝缘缓冲垫板、衬垫等零件组成。

(3)道岔设置

本工程共铺设道岔 5 副,其中“Y”形道岔 2 副(放置到盾构机后配套后),“N”形道岔 3 副(始发隧道口 1 个,其他两个根据施工掘进里程再增设),以满足盾构掘进三列车的交叉施工。

(4)轨道连接

①轨枕与管片连接:为了避免轨枕破坏管片,需在轨枕两端焊接端板才可放置在管片上,轨枕与管片采用面接触。

②钢轨与轨枕连接:钢轨与轨枕采用扣板式扣件连接。

③后配套车架由于质量较轻、行进速度较慢,其钢轨与轨枕采用一般连接。

7)地下运输线路布置

根据盾构机的掘进能力和电瓶车的运输能力,在隧道内主要铺设双线。在始发处洞口设置“N”形道岔,在盾尾后配套处设置“Y”形道岔,盾构机内部采用单线铺设。

19.2　施工通风

19.2.1　地铁 4 号线颐和园站—圆明园站区间

根据地铁盾构施工的特点选用压力强制压入作为盾构隧道施工的通风主要方式。由于隧道施工时,地铁车站的施工已经结束,在车站内不但能够提供足够的风机安装位置,而且吸入的空气也比较洁净,所以通风机可以直接在隧道外的车站内安装,无需将风机安装在地面。这样不但减少了从地面向隧道输送通风的管道的铺设,还减少了风阻,提高了向隧道供风的能力。

通风管采用 ϕ1 000 的拉链式软风管,悬挂在隧道顶部管片的连接螺栓上,在盾构机的拖车尾部安置储风管筒,储风管筒能够随盾构机的推进自动延伸后部风管,当风管延伸完时,能够迅速更换储风筒,并且新更换的风管能够通过拉链与上次的风管迅速连接,确保施工停风时间极短,保证隧道内的空气清新良好,满足施工需要。盾构机拖车上的通风管为 ϕ600mm,把进风管放在盾构机的拖车右侧顶部,送到盾构机设备桥,让风直接吹到盾构主机内部。为了使风更好地循环,在拖车的顶部左侧安装一台 15kW 的轴流风机,向洞外强制抽风,加强了隧道内部的通风循环,确保了盾构机作业面的空气良好。

隧道通风系统如图 19-5 所示。

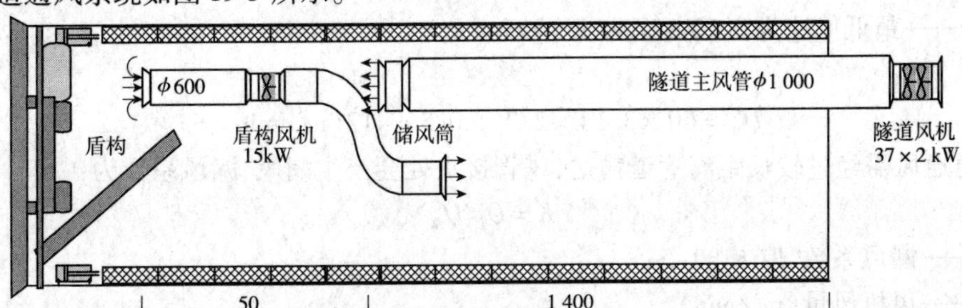

图 19-5　隧道通风系统示意图(尺寸单位:m)

工作面需要的风量：

$$Q_{需} \geqslant v_{\min} \times S = 0.25 \times 30.83 \times 60 = 462.45(\mathrm{m^3/min})$$

式中：$v_{\min}$——最小断面风速，取0.25m/s；

S——开挖断面面积，约为30.83$\mathrm{m^2}$。

通风机风量考虑了通风管的漏风，风机风量为：

$$Q_{机} = (Q_{需} + Q_{漏}) \times \eta = (Q_{需} + Q_{需} \times L_{10} \times L/100)\eta$$

$$= (462.45 + 462.45 \times 2.5\% \times 1\,516/100) \times 1.5 = 956.58(\mathrm{m^3/h})$$

式中：L——掘进长度(m)；

L_{10}——百米漏风率，100m < L < 2 000m，L_{10} = 2.5%；

η——风量储备系数，取1.5。

选用SDF-N1轴流式通风机，其主要参数为：风量1 250$\mathrm{m^3/h}$，风压3 500Pa，功率37 × 2kW，因为通风机风量1 250$\mathrm{m^3/h}$ > 956.58$\mathrm{m^3/h}$，所以能够满足使用要求。该风机具有三级调速，能够根据施工情况进行风量调节，节能降耗的效果显著。

19.2.2 机场线东直门—三元桥区间

1）通风方式

隧道的通风主要采用压入通风为主，排风为辅。在盾构始发井设置大功率的通风机，将地面的新鲜空气送入隧道，利用软风管连接到盾构机的盾尾位置，保证盾构机上有足够的新鲜空气；在盾构机的台车尾部设置较小功率的排风机，将盾构机上的热空气排走，完成热空气交换和补充新鲜空气的功能，使掘进工人在较好的条件下工作。

盾构法隧道施工，盾构机上的各种动力元件及变压器、配电柜等为主要的热源。此外，潮湿、尘土也是洞内环境较差的主要影响因素。采用机械通风才能有效的降温、降湿、降尘和增氧，改善人、机的工作环境。

2）风量的估算

隧道内通风量计算依据，一是根据洞内最多工作人数确定供氧风量；二是根据洞内横断面上的最低风速要求计算风量。盾构法施工人员的供氧量完全可以满足；只有最低风速的要求，隧道断面上风速取0.3m/s，工作面的风量按下式计算：

$$Q_{\mathrm{W}} = 60 \cdot S \cdot v$$

式中：Q_{W}——工作面所需要的风量($\mathrm{m^3/min}$)；

S——隧道断面面积($\mathrm{m^2}$)；

v——最低风速为0.12m/s，取v = 0.3m/s。

则：

$$Q_{\mathrm{W}} = 60 \times 3.14 \times 2.7^2 \times 0.3 = 412(\mathrm{m^3/min})$$

隧道通风需经过较长距离管道输送，风管接头处会产生漏风，漏风系数为：

$$K = Q_{\mathrm{f}}/Q_{\mathrm{W}}$$

式中：K——漏风系数，取K = 1.5；

Q_{f}——风机风量($\mathrm{m^3/min}$)。

风机供风量应为：

$$Q_{\mathrm{f}} = 1.5 \times 412 = 618(\mathrm{m}^3/\mathrm{min}) = 37\ 080(\mathrm{m}^3/\mathrm{h})$$

3)通风系统的布置

拟采用直径为 800mm 单节长度为 20m 的 PVC 塑料软风管,并在风管外加 $\phi 6$ 的钢筋环箍,两节风管之间采用拉链加尼龙搭扣进行连接,以降低漏风量和接头连接的可靠性。由于隧道较长,漏风量将随着隧道的延长而增加,根据计算及以往施工的经验,选用 2SZ-100A 型风机。该风机的参数为:风量为 60 000m^3/h,风压为 4 800kPa,噪声为 88dB。

风机布置在井内,垂直安装,用基座固定于井壁上,风机增设降噪设备。取风口及进洞口段采用刚性的玻璃钢风管,取风口要有防雨措施,当玻璃钢风管进入隧道后即采用帆布风管。风管在隧道内固定时,应在管片纵向连接螺栓上加装一个 3mm 厚的钢片,钢片与风管的吊挂竿连接(直接挂接或焊接),每一环即 1.2m 间距,设置一个吊挂点。帆布风管的端头与伸缩风管连接,完成对盾构机及工作面的供风。隧道每延伸 100m 安装一次帆布风管(5 节)。

19.3　通信与监控

以下介绍的是首都机场线东直门—三元桥区间盾构隧道施工的通信与监控系统。

通信主要依靠内部电话网络,场地办公室设置内部通话系统,各主要生产部门、各重要位置(如竖井口、出土口、浆液站、调度室、盾构机及其控制室、隧道口等)均设置电话,保证场地内各主要位置的通信畅通无阻。场地与外界的联系利用电信局的有线电话网、移动通信网和国际互联网,做到沟通无限。通信与监控系统如图 19-6 所示。

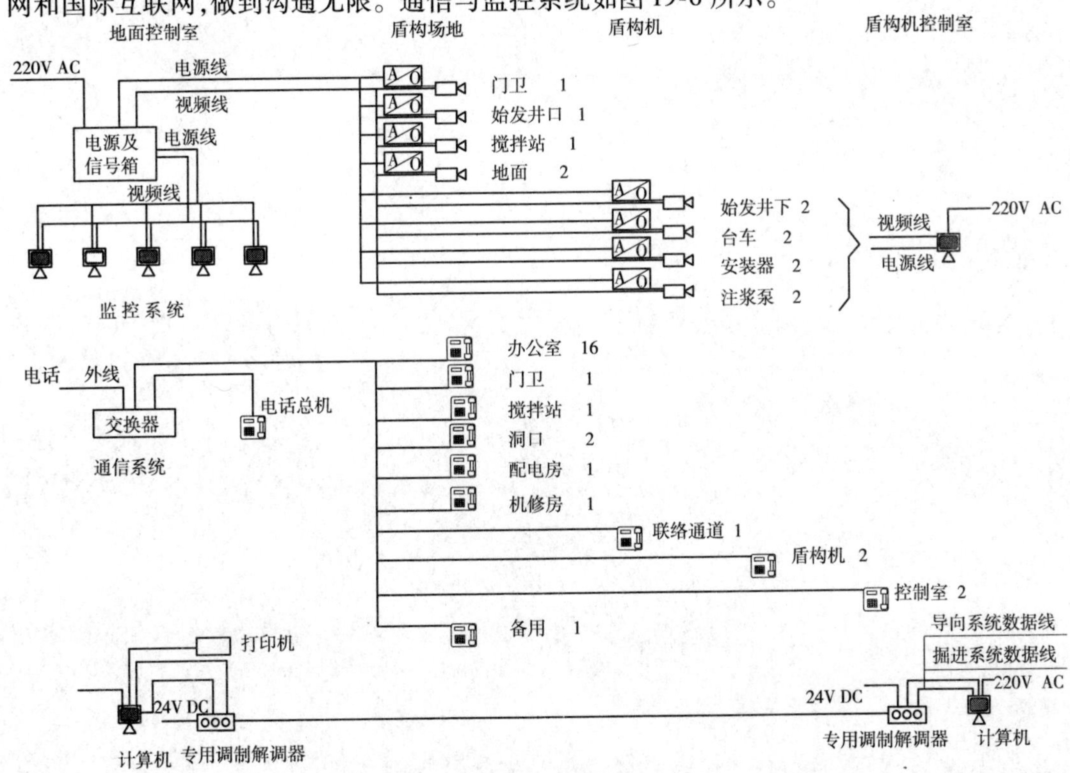

图 19-6　通信与监控系统示意图

场地监控主要利用监控室和各位置设置的监控设备来实现。在场地内拟设置8支摄像头，分别安装在盾构机螺旋机的出土口、皮带机的出土口，隧道口、出土井口等位置。监视器10台，除每台盾构机控制室安装两台监视器外，其他监视器均安装在地面的监控室内，由土建工程师统一监控和调度。

盾构机的监控在盾构机的控制室内。控制掘进的计算机和控制导向的计算机通过专用调制解调器向地面控制室内的监控计算机发送信号，有关数据通过专用数据线传入地面专用调制解调器并进入地面的监控计算机实现储存和显示，将信号传输到打印机实现数据的纸化提取。

第 20 章　盾构隧道工程经济分析

20.1　盾构施工进度指标及盾构一次掘进长度

北京地铁 5 号线、10 号线一期、4 号线及首都机场线某些盾构隧道工程区段的施工进度指标及盾构一次掘进长度见表 20-1 和表 20-2。

北京地铁 5 号线、10 号线一期、4 号线及首都机场线某些盾构隧道工程区段的施工进度指标及盾构一次掘进长度　　表 20-1

工程区段	盾构施工进度指标	盾构一次掘进长度	盾构所穿越的地层
北京地铁 5 号线张自忠路站—北新桥站区间、北新桥站—雍和宫站区间，盾构法区间隧道里程为 K10 + 681.700 ~ K12 + 186.400，两个区间隧道右线全长为 1 333.9m，左线全长为 1 319.4m	盾构机在本区段施工过程中的进度指标为250m/月	本台盾构机一次最大施工长度在北新桥站—雍和宫站左线施工时，长度为600m，其他区间都因为民扰、机械、地质条件等发生了停机	隧道洞身穿越的地层为单一粉细砂或刀盘上部为粉细砂、下部为圆砾
首都机场线东直门站—三元桥站区间盾构隧道长度为 2 568.259m	根据建设单位提供的工期合理安排施工进度，平均每个月掘进 400m	盾构由三元桥站始发，施工掘进 1 100m 后发现施工参数异常，于是决定开仓检查刀具，发现刀具有较大磨损，需对刀具进行部分更换	隧道主要穿越黏土、粉土，局部遇到粉细砂、中砂层
地铁 10 号线一期工程学院路站—花园东路站区间起讫里程为 K5 + 525.3 ~ K6 + 599.3，区间长度为 2 148m(折合单线)	盾构机下井时间安排在 2005 年 6 月 15 日。盾构机下井拼装调试 20d，洞门破除用时 5d（不占关键工期），左线隧道用时 170d(其中始发段 100m 安排日进尺 4 环，到达段 100m 安排日进尺 5 环)。右线施工比左线推迟一个月。学—花区间综合平均日进度约为 7.67m/台	—	—

续上表

工程区段	盾构施工进度指标	盾构一次掘进长度	盾构所穿越的地层
地铁10号线一期工程国贸站—双井站区间隧道，左线全长1473.862m（里程为K21+634.299～K23+108.161），右线全长1 471.967m（里程为K21+636.194～K23+108.161）	盾构机下井安排在2006年5月7日。盾构机拼装、调试15d，洞门破除5d，右线掘进用时277d（其中始发段100m安排日进尺4环，到达段100m安排日进尺4～5环），左线施工比右线推迟一个月。国—双综合平均日进度约为8.16m/台	—	隧道顶部为卵石⑤层、中粗砂$⑤_1$层；隧道中部为粉质黏土⑥层、黏土$⑥_1$层、粉土$⑥_2$层；隧道底部为粉质黏土⑥层、粉土$⑥_2$层、粉细砂$⑦_2$层
北京地铁10号线一期工程北土城东路站—芍药居站区间及芍药居站—太阳宫站区间	盾构组装15～18d；合理日效率为20环；合理月效率为400环；最大日效率为37环；最大月效率为600环	1 200m	盾构穿越的地层主要为：粉土③层、粉质黏土$③_1$层、黏土$③_2$层、粉细砂$③_3$层、粉质黏土④层、黏土$④_1$层、粉土$④_2$层和粉细砂$④_3$层
地铁4号线颐和园站—圆明园站区间及圆明园站—成府路站区间	盾构始发、试掘进段，单台盾构每天掘进4.0m；盾构正常掘进段，单台盾构每天掘进6.0～10.0m；盾构到达段，单台盾构每天掘进5.0m	—	颐和园—圆明园站区间盾构穿越的主要地层为：粉质黏土、粉土、粉细砂、卵石圆砾；圆明园—成府路站区间盾构穿越的主要地层为：粉质黏土、粉土、黏土
地铁4号线角门北路站—北京南站区间盾构工程，分别在右线K3+635.000、左线K3+595.000处设盾构始发井，然后由北向南掘进；其中，右线盾构段长1 231.434m，左线盾构段长1 161.488m	见表20-2的角门北路站—北京南站区间盾构工程施工工序时间及进度指标	刀具更换位置为：左线K2+946.77，隧道埋深16.941m；右线K3+045.152，隧道埋深16.572m。一次掘进长度：左线648.23m；右线589.848m	区间隧道穿越地层为：全断面砂卵石地层，局部隧道上层土体含有少量黏土及粉细砂层。卵石的一般粒径为20～80mm，最大粒径为200mm，亚圆形，粒径大于20mm的颗粒含量约占全重的70%，中粗砂充填
地铁4号线动物园—白石桥区间盾构隧道长1 333.6m；白石桥—学院南路区间盾构隧道长1 471.3m，学—双区间盾构隧道长823m	创造了单月掘进653环的纪录	动—白区间、白—学区间和学—双区间隧道均为不换刀一次推进	隧道断面内大部分为卵石圆砾层，部分地段夹少量的砂层
机场线东直门站—三元桥站区间右线盾构隧道	接收井的合理施工时间为4个月；盾构拼装、始发的合理时间为15～20d；合理日效率为18环；合理月效率为300环；最大日效率为23环；最大月效率为430环	盾构始发至接收的一次最大施工长度为2 556m	隧道主要穿越黏土、粉土，局部遇到粉细砂、中砂层

地铁 4 号线角门北路站—北京南站区间盾构工程施工工序时间及进度指标　　表 20-2

序号	工序名称	单位	进度指标	备　注
1	盾构始发井施工	月/个	3.5	包括二次衬砌结构施工
2	盾构机组装调试	d/项	40	含盾构机及配套设备进场和安装、盾构机调试
3	盾构始发、接收端头加固	d/项	30	包括旋喷加固及地面恢复
4	盾构始发掘进	d/项	17	100m 初始掘进长度，含掘进、拼装、注浆、清理
5	拆除反力架和负环	d/项	7	包括反力架和负环拆除、运输轨道重新铺设以及管路的连接
6	正常段掘进	m/d	12	10 环/d，每周一天停机检修
7	到达段掘进施工	d/项	8	50m 盾构机到达施工
8	洞门施工	d/个	12	含防水、钢筋绑扎、支模、混凝土浇筑
9	盾构机解体运输	d/项	30	盾构机拆除后解体吊运

20.1.1　地铁 9 号线含大粒径漂石砂卵石地层盾构施工进度

1) 丰台科技园站—科怡路站盾构区间

根据工程合同文件要求开工日期为 2007 年 4 月 1 日，竣工日期为 2010 年 10 月 31 日，合同工期总日历天数为 1 310d。

由于拆迁、征地等前期工作未按原计划时间完成，根据项目管理公司下发的《地铁 9 号线整体工程筹划》等文件要求，对本合同段工程的工期进行了调整，调整后丰台科技园站—科怡路站区间关键点控制时间为：

(1) 左线 2009 年 2 月 15 日开始盾构吊装，2009 年 3 月 17 日盾构始发掘进，2009 年 6 月 12 日左线隧道贯通。

(2) 2009 年 6 月 15 日 ~2009 年 7 月 29 日，盾构掉头。

(3) 右线 2009 年 7 月 30 日盾构开始始发掘进，2009 年 10 月 12 日隧道贯通后，盾构解体退场。

实际施工过程中，盾构掘进进度控制情况如下。

(1) 左线隧道：2009 年 3 月 15 日盾构从丰台科技园站始发，2009 年 7 月 13 日到达科怡路站，左线隧道贯通。

(2) 右线隧道：盾构在科怡路站掉头以后，2009 年 8 月 25 日从科怡路站始发，2009 年 12 月 13 日到达丰台科技园站后，实现双线贯通。整体掘进进度情况如图 20-1 所示。

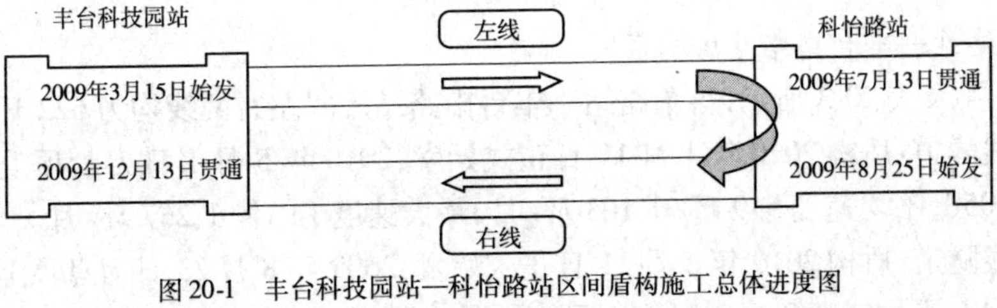

图 20-1　丰台科技园站—科怡路站区间盾构施工总体进度图

2)科怡路站—丰台南路站盾构区间

丰台科技园站—科怡路站双线贯通后，盾构被运至科怡路站进行科怡路站—丰台南路站的盾构隧道施工，实际进度如图 20-2 所示。

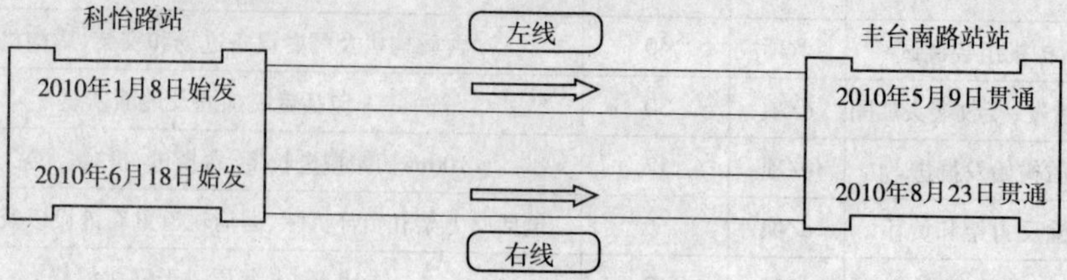

图 20-2　科怡路站—丰台南路站区间盾构施工总体进度图

(1)左线隧道：2010 年 1 月 8 日盾构从科怡路站始发，2010 年 5 月 9 日盾构到达丰台南路站，实现左线隧道贯通。

(2)右线隧道：左线隧道贯通后，将盾构转场运回科怡路站，进行右线掘进；2010 年 6 月 18 日盾构从科怡路站始发，2010 年 8 月 23 日到达丰台南路站，实现双线贯通。

3)丰台科技园站—科怡路站及科怡路站—丰台南路站两个盾构区间

丰台科技园站—科怡路站及科怡路站—丰台南路站两个盾构区间，一共 2 021 环，包含盾构组装、解体，洞内掉头，转场等。从 2009 年 2 月 10 日开始施工，至 2010 年 9 月 20 日结束，历时 19.4 个月，共 588d。

20.1.2　地铁 9 号线含大粒径漂石砂卵石地层盾构施工进度的详细控制情况

1)丰台科技园站—科怡路站盾构区间

如图 20-3 与表 20-3 所示，丰台科技园站—科怡路站区间左右两线均为 480 环。

(1)左线隧道：盾构 2009 年 3 月 15 日正式始发，2009 年 7 月 12 日刀盘顶上接收井围护结构，历时 120d，平均速度 4 环/d、120 环/月，最大速度 14 环/d、173 环/月。

(2)右线隧道：盾构 2009 年 8 月 18 日正式始发，2009 年 12 月 7 日刀盘顶上接收井围护结构，历时 112d，平均速度 3.5 环/d、139 环/月，最大速度 13 环/d、232 环/月。

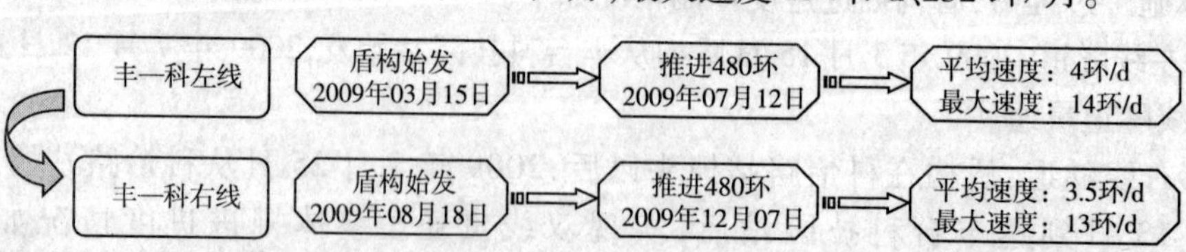

图 20-3　丰台科技园站—科怡路站区间盾构详细推进图

2)科怡路站—丰台南路站盾构区间

如图 20-4 及表 20-3 所示，科怡路站—丰台南路站区间左右两线均为 622 环。

(1)左线隧道：盾构 2010 年 1 月 17 日正式始发，2010 年 5 月 1 日刀盘顶上接收井围护结构，历时 105d，平均速度 5.9 环/d、163 环/月，最大速度 14 环/d、267 环/月。

(2)右线隧道：盾构 2010 年 6 月 11 日正式始发，2009 年 8 月 23 日刀盘顶上接收井围护结构，历时 64d，平均速度 8.6 环/d、271 环/月，最大速度 14 环/d，278 环/月。

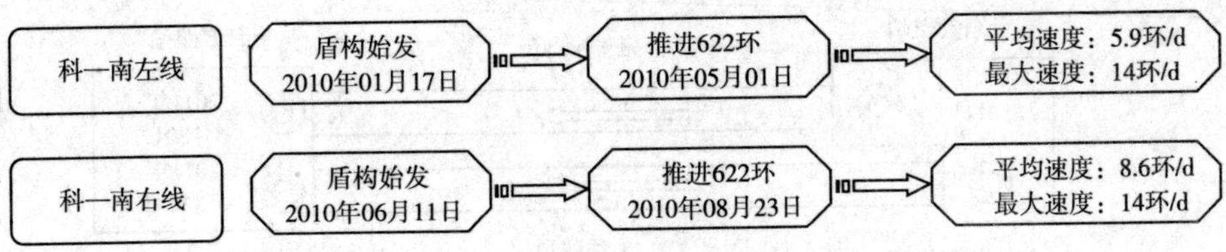

图 20-4　科怡路站—丰台南路站区间盾构详细推进图

地铁 9 号线丰台科技园站—科怡路站及科怡路站—丰台南路站区间含大粒漂石砂卵石地层盾构掘进进度统计

表 20-3

标段	区间	线路	每日环数(环)		每月环数(环)		总时间(d)
			最大	平均	最大	平均	
02 标	丰—科	左线	14	4	173	120	120
		右线	13	3.5	232	139	112
	科—南	左线	14	5.9	267	163	105
		右线	14	8.6	278	271	64

3）丰台东大街站—丰台北路站区间

丰台东大街站—丰台北路站区间左线隧道长 1 020m，858 环；右线长 1070m，902 环；双线共计长 2 112m，1 760 环。计划开工日期为 2011 年 1 月 26 日，计划竣工日期为 2011 年 6 月 1 日。

本工程的施工部署原则是：以盾构始发井为主要施工场地，围绕盾构掘进工作统筹安排，其他部位与盾构施工平行作业。本工程一共分为六个施工阶段。

(1)第一阶段：2011 年 1 月 26 日 ~2011 年 2 月 15 日，盾构机进场组装，主要进行盾构井内设施安装、盾构机下井组装调试。

(2)第二阶段：2011 年 2 月 16 日 ~2011 年 4 月 16 日，盾构左线施工。

(3)第三阶段：2011 年 4 月 17 日 ~2011 年 5 月 30 日，盾构解体吊出。

(4)第四阶段：2011 年 2 月 26 日 ~2011 年 3 月 15 日，右线盾构组装，主要进行盾构井内设施安装及盾构机下井组装、调试。

(5)第五阶段：2011 年 3 月 16 日 ~2011 年 5 月 16 日，盾构右线施工，本阶段主要进行盾构掘进施工。

(6)第六阶段：2011 年 5 月 17 日 ~2011 年 6 月 1 日，盾构解体清理交验，本阶段主要进行现场清理、竣工验收。

实际施工进度控制情况如下：

(1)左线隧道：2011 年 2 月 21 日盾构从丰台东大街站始发，2011 年 6 月 20 日到达丰台北路站，左线隧道贯通。

(2)右线隧道：2011 年 3 月 23 日另一台盾构从丰台东大街站始发，2011 年 7 月 12 日到达丰台科技园站后，实现双线贯通。整体掘进进度情况如图 20-5 所示。

如图 20-6 及表 20-4 所示，丰台东路站—丰台北路站盾构区间左线 850 环，左线盾构 2011 年 2 月 21 日始发，2011 年 6 月 20 日刀盘顶上接收井围护结构，历时 121d，平均速度 7.0 环/d、214 环/月，最大速度 31 环/d、451 环/月。右线盾构，2011 年 3 月 23 日正式始发，2011 年 7 月 12 日刀盘顶上接收井围护结构，历时 112d，平均速度 8.0 环/d，239 环/月、最大速度 36 环/d、367 环/月。

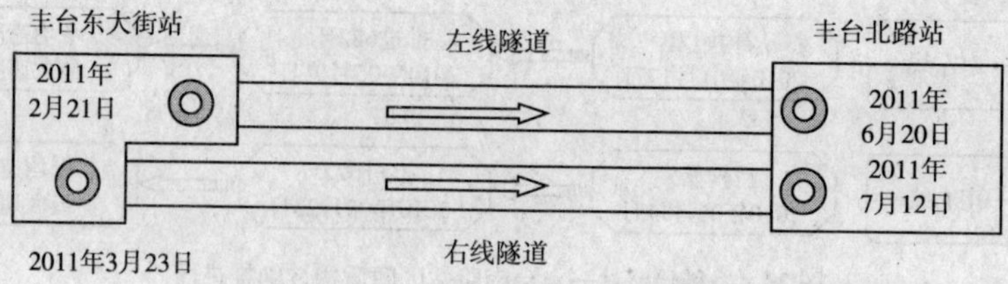

图 20-5 丰台东大街站—丰台北路站区间盾构施工总体进度图

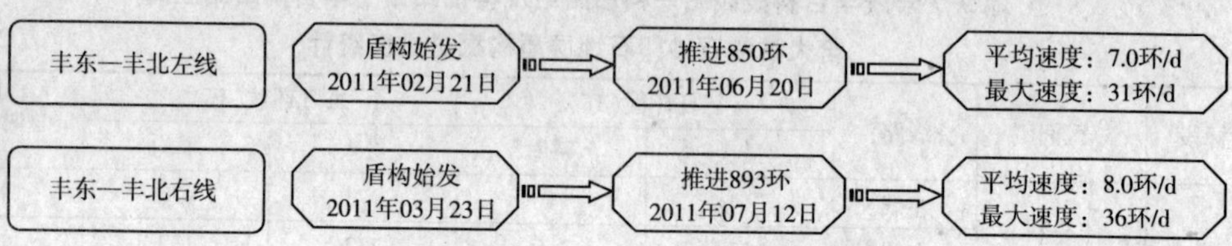

图 20-6 丰台东路站—丰台北路站区间盾构进度图

地铁 9 号线丰台东路站—丰台北路站盾构区间盾构掘进进度统计表 表 20-4

标段	区间	线路	每日环数(环)		每月环数(环)		总时间(d)
			最大	平均	最大	平均	
03 标	丰东—丰北	左线	31	7.0	451	214	121
		右线	36	8.0	367	239	112

根据盾构施工进度情况，分别从左右线隧道取两区段进行详细进度分析。

(1)左线隧道:2011 年 2 月 21 日 ~2011 年 5 月 10 日

2011 年 2 月 21 日盾构始发，2011 年 5 月 10 日盾构掘进至 371 环，平均速度 4.7 环/d，最大速度 36 环/d，详细施工进度情况如图 20-7 所示。从表 20-5 及图 20-8 可知，正常掘进时间只占了工期的 32.9%，被动换刀占了工期的 56.96%。因此，本阶段被动换刀所消耗的时间成为影响盾构工期的主要因素。施工过程中应有预见性的确定换刀地点，提前做好换刀竖井，适时进行主动检修和换刀能够有效节省工期，加快工程进度。

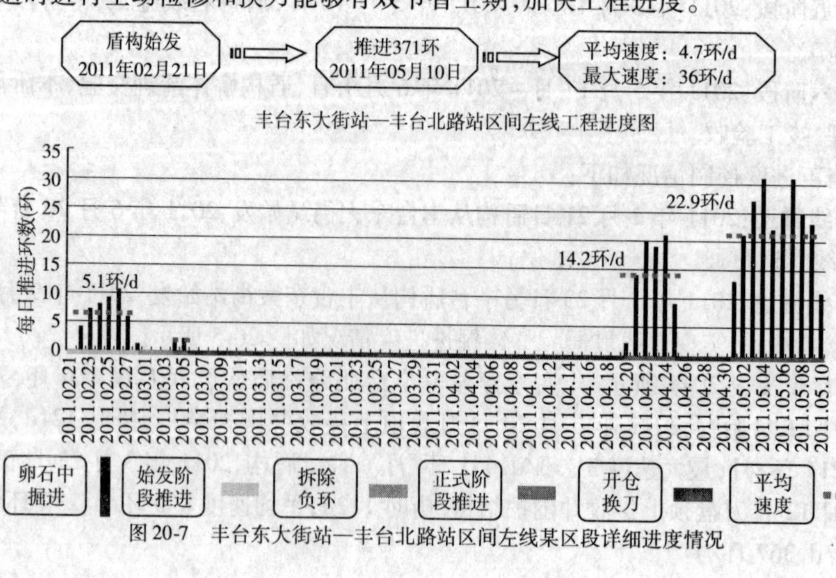

图 20-7 丰台东大街站—丰台北路站区间左线某区段详细进度情况

丰台东大街站—丰台北路站区间左线某区段进度比例　　表 20-5

施工阶段		天数(d)	所占比例(%)
正常掘进		26	32.9
拆除负环		3	3.79
刀盘、刀具检修更换	第一次被动换刀(竖井)	45	56.96
	第二次主动换刀(竖井)	5	6.35

(2)右线隧道:2011 年 3 月 23 日~2011 年 5 月 10 日

2011 年 3 月 23 日盾构始发,2011 年 5 月 10 日盾构掘进至 317 环,平均速度 6.47 环/d,最大速度 31 环/d,详细施工进度情况如图 20-9 所示。从表 20-6 及图 20-9 可知,正常掘进时间占工期的 46.9%,第二次主动换刀占了工期的 46.94%。第二次主动换刀时间成为影响本区段盾构工期的主要原因。通过调查可知,第二次主动换刀的时间较长,主要是因为现场施工安排不尽合理。由于施工场地条件的限制,很难满足两台盾构同时正常施工,实际上左右线盾构交替施工情况占多数。因此,对于左右两线盾构前后掘进时,应合理布置好施工场地,避免产生交替影响。

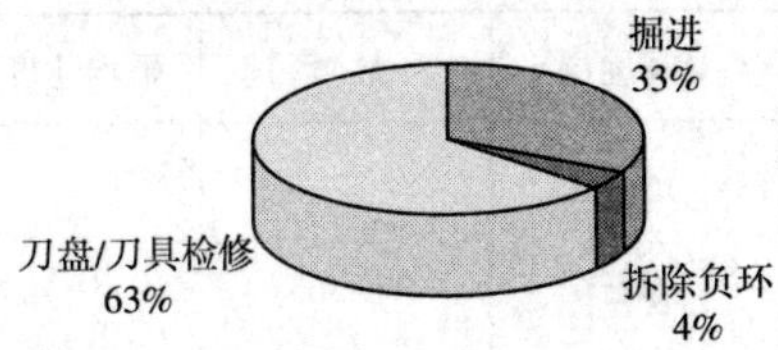

图 20-8　丰台东大街站—丰台北路站区间左线某区段进度比例图

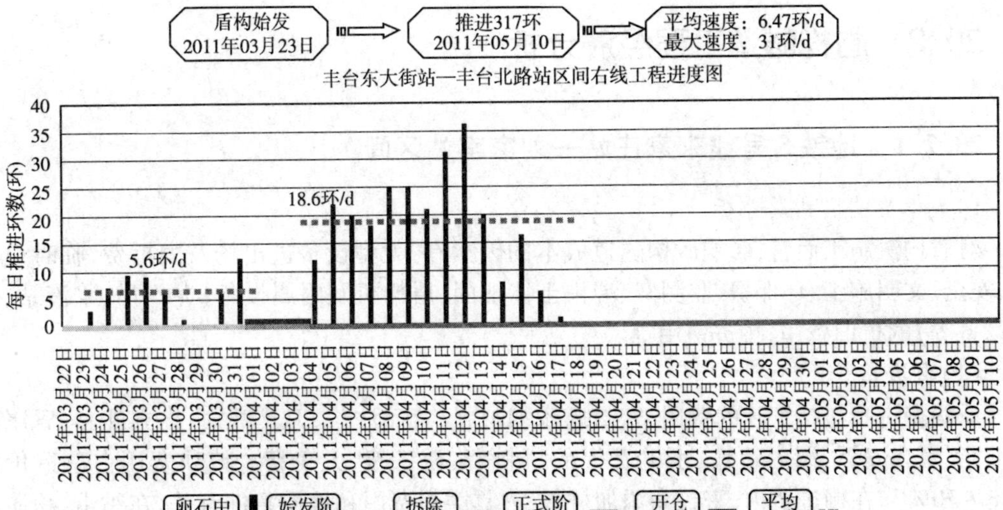

图 20-9　丰台东大街站—丰台北路站区间右线某区段详细进度情况

丰台东大街站—丰台北路站区间左线某区段进度比例表　　表 20-6

施工阶段		天数(d)	所占比例(%)
正常掘进		26	46.9
拆除负环 + 第一次主动换刀		3	6.12
刀盘、刀具检修/更换	第二次主动换刀(竖井)	23	46.94

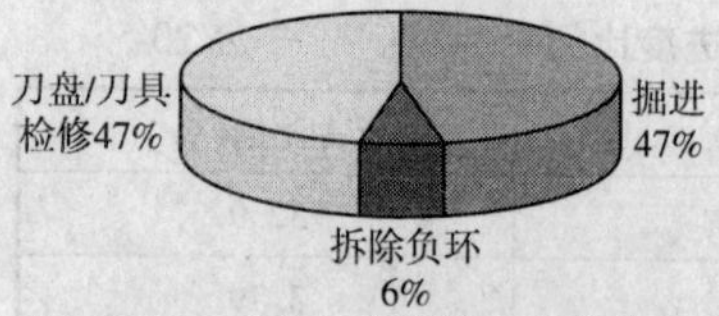

图 20-10 丰台东大街站—丰台北路站区间右线某区段进度比例图

从盾构正常掘进阶段施工进度情况可知(图 20-10、表 20-7 及表 20-8),影响盾构在卵石地层中掘进速度的主要因素有刀盘、刀具检修、换刀、渣土改良等。由于净掘进速度并不慢,如果能够减少上述因素的影响,加快盾构速度,缩短工期是可能的。

丰台东大街站—丰台北路站区间左线某区段正常掘进阶段进度表 表 20-7

穿越地层	环数(环)	平均速度(环/d)	最大速度(环/d)	正常掘进速度(环/d)	
卵石	1 ~365	4.6	31	第一次被动换刀前(45d)	5.1
				第一次被动换刀后(3d)	14.2
				第二次主动换刀后(5d)	22.9

丰台东大街站—丰台北路站区间右线某区段正常掘进阶段进度表 表 20-8

穿越地层	环数(环)	平均速度(环/d)	最大速度(环/d)	正常掘进速度(环/d)	
卵石	1 ~317	6.5	36	第一次被动换刀前(3d)	5.6
				第二次主动换刀后(23d)	18.6

20.2 盾构隧道工程经济分析

20.2.1 地铁 5 号线宋家庄站—刘家窑站区间

1)成本影响因素及分析

对盾构法施工而言,影响盾构隧道成本的因素有:大型设备进出场及安拆费、临时设施费、安全、文明施工、环保费、监测费、端头土体加固、盾构机及附属设备(龙门吊、浆液站、运输设备等)的折旧费用、掘进费用等。

(1)掘进费

盾构掘进费包括管片的费用,密封仓添加材料、背后注浆、刀具磨损、土方外弃、盾尾密封油脂、管线安拆、洞内运输、水电费等的材料费、设备费、人工费。该项费用占总造价的60% ~70%。在掘进费中,密封仓添加材料、刀具磨损费用和地质条件有关,在黏土、粉质黏土等地层这两项费用较低,在砂层、砂卵石地层费用较高(7% ~12%);管片(包括胶条、螺栓)占 60%;背后注浆 5%;土方外弃 5%;人工费 5%;盾尾密封油脂等其他费用占13% ~18%。

(2)盾构机折旧

盾构机及附属设备(龙门吊、浆液站、运输设备等)的折旧费用相对固定,一般为总造价的 20% ~25%。

(3)其他费用

大型设备进出场及安拆费、临时设施费、安全、文明施工、环保费、监测费、端头土体加固等一般变化不大,占总造价的 15% ~20%。

2）地面配套设备费用

盾构施工地面配套设备有龙门吊、浆液站、供水及冷却系统、积土坑、监控室及监控设备、供电系统。该部分费用按折旧计算。

（1）龙门吊

龙门吊是盾构法施工必不可少的提升设备，负责管片的卸车和从地面运至井下，土方的垂直运输以及各种辅料的垂直运输。一般宜采用 15t 以上的龙门吊。购置龙门吊一般价格为 100 万 ~200 万元之间，折旧费用为 100 ~200 元/m。龙门吊基础费用为 10 万 ~20 万元。

（2）浆液站

浆液站费用为 30 万元左右，分单液浆和双液浆，可按 30 元/m 折旧。

（3）积土坑

积土坑费用一般为 10 万元左右。

（4）其他设备

供水及冷却系统、监控室及监控设备、供电系统等费用一般为 10 万 ~20 万元。

3）盾构始发、接收造价

盾构机始发、接收应尽量安排在车站内，这样结构方面增加的费用很少。如果使用始发井和接收井则费用较高。

（1）始发井及接收井

盾构机始发和接收需先做好始发井和接收井。考虑盾构机的组装和解体，始发及接收井的尺寸根据盾构机的尺寸应不小于 $L+4m$、$D+3m$。竖井的造价应根据施工方法的不同而变化，采用逆做法（初期支护 + 二次衬砌）费用一般为 350 万元一个井，采用围护桩 + 衬砌一般为 300 万元一个井。

（2）始发井支座及反力架，出洞、进洞加固等费用

始发及接收基座可以使用一个，一般造价为 10 万元。反力架一般造价为 20 万元，可以重复使用。洞门密封为 5 万元。

（3）出洞、进洞端头加固

每个端头加固一般为 40 万元，但根据加固方法的不同而差别很大。使用冻结方法费用最高，需 60 万 ~80 万元；旋喷筋灌注或注浆为 50 万 ~60 万元；玻璃纤维筋灌注桩为 30 万元；素桩为 20 万元。如在做竖井结构时在洞门处用玻璃纤维筋灌注桩代替围护桩综合造价最低为 15 万元。

4）标准区间隧道单位造价

标准区间隧道造价包括：掘进费用、设备折旧费、始发接收费用、联络通道费用、措施费、利润及税金。

（1）掘进费

盾构掘进费包括管片的费用，密封仓添加材料、背后注浆、刀具磨损、土方外弃、盾尾密封油脂、管线安拆、洞内运输、水电费等的材料费、设备费、人工费。费用一般在 1.6 万 ~2 万元/m 之间。

（2）设备折旧费

设备折旧费包括盾构机折旧、龙门吊、浆液站、电瓶车、轨道、电缆、风机风管、平板车、土斗等，一般为7 000元/m。

(3)始发接收费

始发接收费包括始发井、接收井、基座、反力架、端头土体加固等，造价为800万元左右。

(4)联络通道

盾构隧道区间一般均设联络通道及泵房，费用一般为100万元。

(5)措施费

措施费一般占总造价的3% ~5%。

(6)利润和税金

利润和税金一般取6% ~8%。

5)各种近接穿越施工的措施费用

盾构隧道一般穿越的有：建(构)筑物、铁道、地铁、危旧民房、河流、市政管线等。穿越的措施费随施工方案和要求的不同差别很大，如果没有特殊要求，一般应增加10%的措施费。

6)盾构转场费用

盾构机转场包括：盾构机解体、盾构机运输、盾构机组装。盾构机解体机械费一般需40万元，人工费20万元，共60万元；盾构机运输在同一城市内为20万元；盾构机组装需80万元。

20.2.2 地铁5号线张自忠路站—北新桥站区间、北新桥站—雍和宫站区间

1)成本影响因素及分析

(1)地质条件：地质条件直接影响施工掘进速度，此段施工速度和其他标段相比施工降耗在50%左右。

(2)刀具的磨损及更换频率较高：250m左右更换刀具一次。

(3)密封仓添加材料：泡沫添加量最大180L/环。

(4)地表建筑物沉降、补偿费在600多万元。

(5)等待车站提供施工条件时间较长。

2)地面配套设备费用

(1)龙门吊进、出场及基础：20万元/台。

(2)浆液站进、出场及基础：16万元/座。

(3)积土坑制作：15万元。

(4)盾构井临时设施：28万元。

(5)临时设施：70万元。

3)盾构始发井、接收井单位造价

始发井及接收井单位造价均为200万元。

4)标准区间隧道单位造价

标准的区间盾构隧道单位工程实际造价见表20-9。

标准的区间盾构隧道单位工程实际造价　　表 20-9

支座及反力架	约 25 万元	止水条(含施工费用)	约 700 元/环
出洞地层加固	约 50 万元	盾构密封油脂(含施工费用)	约 800 元/环
接收段地层加固	约 50 万元	背后注浆(含施工费用)	约 1 500 元/m
掘进(元/环)	约 1.7 万元	密封仓添加材料	约 2 300 元/m
管片(元/环)(含施工费用)	约 1.2 万元		

5)盾构转场费用

盾构进出施工场地的费用约为 150 万元。

20.2.3　机场线东直门—三元桥区间

1)成本影响因素及分析

地质条件直接影响施工掘进速度;成本影响因素还包括刀具的磨损及更换频率、密封仓添加材料、壁后注浆量;建筑物的重要程度、基础及结构的完好程度,地下管线自身的完好度等。

2)地面配套设备费用

(1)龙门吊进、出场及基础:20 万元/台。

(2)浆液站进、出场及基础:16 万元/座。

(3)积土坑制作:15 万元。

(4)盾构井临时设施:30 万元。

3)盾构始发井、接收井单位造价

始发井及接收井单位造价均为 200 万元。

4)标准区间隧道单位造价

标准的区间盾构隧道单位工程实际造价见表 20-10。

标准的区间盾构隧道单位工程实际造价　　表 20-10

支座及反力架	约 25 万元	止水条(含施工费用)	约 700 元/环
出洞地层加固	约 30 万元	盾构密封油脂(含施工费用)	约 500 元/环
接收段地层加固	约 30 万元	背后注浆(含施工费用)	约 1 100 元/m
掘进(元/环)	约 1.2 万元	密封仓添加材料	约 1 300 元/m
管片(元/环)(含施工费用)	约 1.2 万元		

5)各种近接穿越施工的措施费用

(1)穿越道路:40 万元/条。

(2)桥梁:50 万元/座。

6)盾构转场费用

盾构进出施工场地的费用约为 120 万元。

20.2.4　地铁 4 号线角门北路站—北京南站区间

该区间盾构隧道工程经济分析见表 20-11。

地铁4号线角门北路站—北京南站盾构隧道工程经济分析　　表20-11

标段名称	角门北路站—北京南站区间
盾构机类型、生产厂家	φ6140土压平衡式盾构机，日本三菱重工
地层条件描述	盾构刀盘全断面切削砂卵石地层
盾构隧道单位工程实际造价	
始发井	472万/座
支座及反力架	25万反力架，23万基座
出洞段地层加固	72万元
接受井	470万元
接受段地层加固	72万元
掘进	10461元/环
管片（含施工费用）	15840元/环
止水条（含施工费用）	2121.82元/环
盾构密封油脂（含施工费用）	1000元/环
背后注浆（含施工费用）	357.55元/m³
盾构转场	150万元
其他	

20.2.5　机场线T2支线（左线）地下段

1）地面配套设备费用

地面配套设施费用为35万元。

2）盾构始发井、接收井单位造价（包括始发井支座及反力架，出洞、进洞加固等费用）

盾构始发井、接收井端头土体加固造价均为55万元。

3）标准区间隧道单位工程造价

标准区间隧道单位工程造价为23800元/m。

4）各种近接穿越施工的措施费用

穿越停机坪为60万元。

5）盾构转场费用

盾构转场费用为80万元。

第 21 章　盾构隧道联络通道施工方法及工艺

21.1　钢管片衬砌环部位联络通道的施工方法及工艺

21.1.1　工程概况

本联络通道处于北京地铁 5 号线张自忠路站—北新桥站区间，里程为 K10 +978.000。

联络通道地面为东四十四条胡同西口，其两侧为民房、商铺及餐馆，无三层以上建筑，主要为一、二层平房，房屋密集，地基都为天然地基，大部分属于危房，年久失修，对地表沉降、隆起等地表变化较敏感，不具备地面加固条件。

经现场勘察，现状道路下埋设有上水、污水、光缆等地下管线，胡同内的地下管线均沿东西方向布设。在联络通道正上方，埋深 1.4m 左右的位置有 $\phi600$ 的污水管；紧挨胡同路南侧有埋深 0.15m 左右的光缆。

21.1.2　地质条件

联络通道部位的地质条件见第 14 章的论述。

21.1.3　联络通道的布置形式

联络通道与盾构隧道垂直，布置在东四十四条道路北侧下方，如图 21-1 和图 21-2 所示。

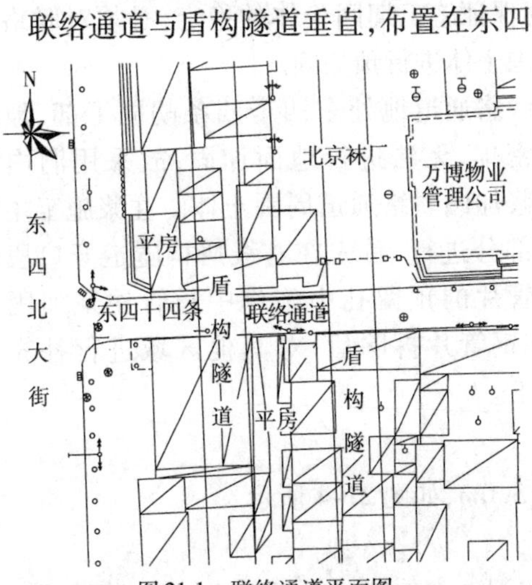

图 21-1　联络通道平面图

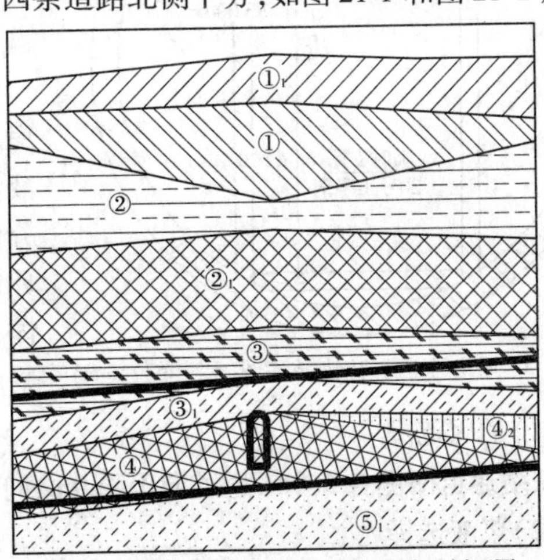

图 21-2　联络通道与盾构隧道相互关系剖面图
（沿盾构隧道纵向）

21.1.4 联络通道处盾构隧道的管片类型和拼装方式

联络通道处盾构隧道的管片为两环预制的钢管片，采用通缝拼装，并留有注浆预留孔，可在开洞门前对洞门土体进行注浆加固。表面镀有防锈漆，预防钢管片被锈蚀。

21.1.5 联络通道的施工方法及工艺

21.1.5.1 联络通道施工工艺流程

联络通道的施工工艺流程为：联络通道洞门管片支撑→注浆加固土体→洞门钢管片拆除→土方开挖→初期支护→基面处理、背后注浆→防水层铺设→绑扎底板钢筋→浇筑底板混凝土→绑扎拱墙钢筋→安装二次衬砌模板→浇筑拱墙混凝土→拆摸并养护→防火门安装。

21.1.5.2 施工方法

1）管片支撑

联络通道施工前需对预先安装好的开洞范围的钢管片进行拆除，为保证施工期间钢管片及其两侧混凝土管片的稳定性，必须预先对钢管片及其两侧混凝土管片进行支撑。

在联络通道口处的隧道内架设临时支撑，支撑采用20号工字钢制作。安装时用千斤顶施加预应力，以防止和减少区间隧道在通道位置处的管片发生过大变形。通道口临时支撑形式如图21-3所示。

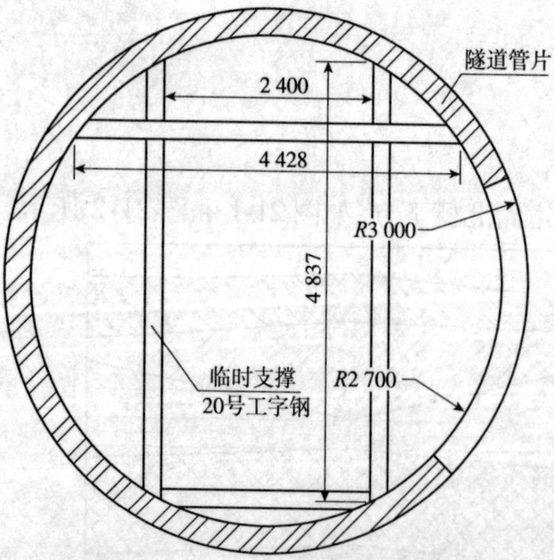

图21-3 联络通道洞门钢架支撑图（尺寸单位：mm）

联络通道洞门支撑在联络通道左右各3m布设，间距1m，各支撑间用角钢纵向连接。

2）注浆改良土体

联络通道穿越土层主要为中粗砂层和圆砾层，为保证施工期间土体的稳定，必须对联络通道周围土体进行预加固。

联络通道地处东四十四条胡同下部，地面房屋密集，无法进行地面加固，故采用洞内双液注浆加固联络通道周围土体。注浆施工主要分两部分进行，首先在右线盾构隧道开口段两环钢管片的预留孔中施作中长管注浆加固土体；在钢管片拆除后，对其他区域进行补充注浆施工。

（1）加固范围

联络通道两侧各3.0m，通道向上4.0m、向下3.0m，如图21-4所示。

（2）浆液选择

由于联络通道主要处于圆砾地层，因此采用水泥—水玻璃双液浆进行加固，浆液凝固时间为16~20s，浆液配合比见表21-1。

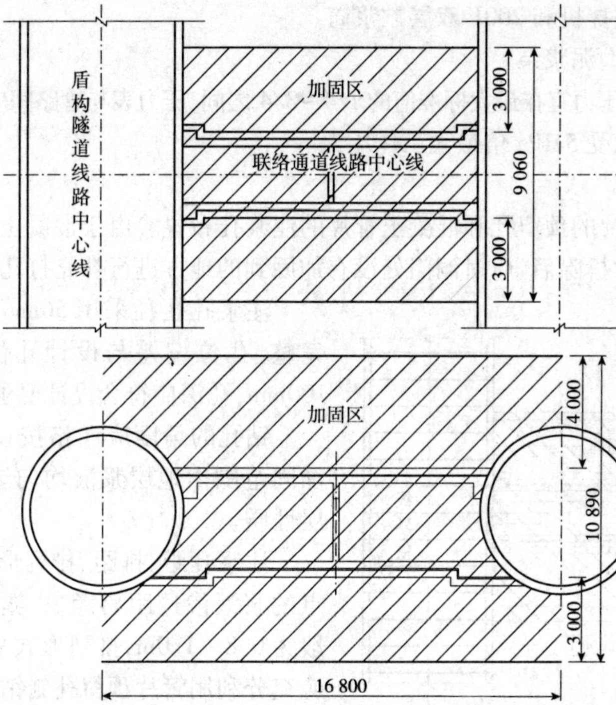

图 21-4　联络通道土体加固范围示意图(尺寸单位:mm)

双液浆配合比　　表 21-1

浆液材料(每 $1m^3$)	A 液			B 液
	水泥(42.5)	水	稳定剂(柠檬酸)	水玻璃(35~37Be′)
	470kg	$0.74m^3$	30g	$0.12m^3$
配合比(体积比)	5			1
初凝时间	17~20s			

浆液采用 42.5 级普通硅酸盐水泥,对水泥细度要求为通过 80μm 方孔筛的筛余量不宜大于 5%。

所用水泥必须符合质量标准,不得使用受潮结块水泥,并应严格防潮及缩短存放时间。

在注浆作业前必须分别针对粉细砂、中粗砂和圆砾进行浆液配合比现场试验,以求在不同地质条件下达到最佳加固效果,符合要求后才能进行施工。

(3)施工设备选择

注浆孔采用浙江产 KQY90 型潜孔冲击回转钻机施工,该钻机适宜在隧道内作业,可用于不同倾角、倾向的钻孔施工,其主要技术参数见表 21-2。

KQY90 型潜孔冲击回转钻机的主要技术参数　　表 21-2

适用岩石硬度	钻孔直径	经济钻孔深度	一次推进长度	钻杆转速
$F=6\sim12$	80~130mm	25m	1m	0~75r/min
使用气压	耗气量	液压系统压力	最大推进力	最大提升力
0.5~0.7MPa	$5\sim7.2m^3/min$	10MPa	6 000N	1 500N

搅拌机：高速型搅拌机和200L双层贮浆筒。

注浆泵：BW-150型泥浆泵。

压力表：使用最大压力宜在最大标准值的1/4~3/4之间，压力表与管路间应有隔浆装置。

注浆管路：应能承受5MPa倍最大工作压力。

(4)注浆孔布置

注浆孔利用钢管片的预留孔和混凝土管片的注浆孔布置。由于混凝土管片上注浆孔较少，因此在洞门钢管片拆除后，应对洞门处没有加固到的地方进行补充打孔注浆。

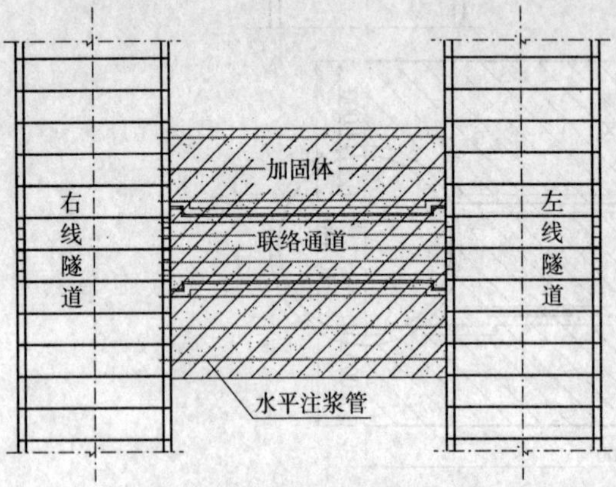

图21-5 联络通道注浆加固平面示意图

注浆孔孔径采用56mm，孔壁要求平直、完整，孔位偏差与设计孔位偏差不得大于100mm，孔深应符合设计要求。

钻孔的角度应严格按设计要求，保证需加固范围内地层浆液均匀渗透，有效改善地层性质。

注浆孔距、排距、排列形式应从最远注浆点的浆液渗透距离考虑，隧道远点处孔距一般为0.8~1.0m，排列形式采用梅花形，同时应充分利用管片预留孔施钻多组扇形孔。

具体孔位布置如图21-5和图21-6所示，补充注浆孔位布置如图21-7所示。

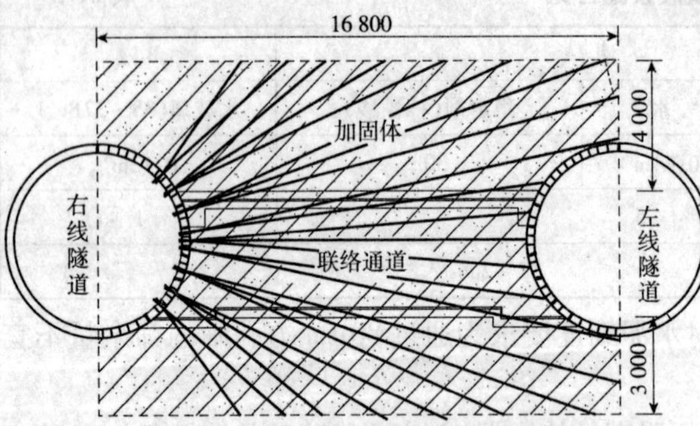

图21-6 联络通道注浆加固剖面示意图

(尺寸单位：mm)

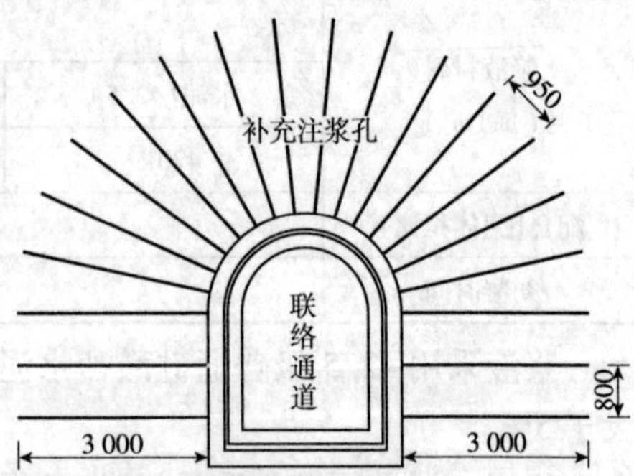

图21-7 联络通道洞门补充注浆示意图

(尺寸单位：mm)

(5)注浆施工

注浆时首先从底部开始，然后逐渐向顶部施工，注浆压力控制在0.5~0.8MPa。

注入率根据地层的性质、浆液的性质及注浆目的和效果而确定。由于本工程注浆加固土体的地层为中砂和卵石层，具体注入率见表21-3。

地层的浆液注入率 表21-3

注浆方式	注浆目的	注入率选择(%)			
		砂卵石		中砂	
		密实	中等	密实	中等
双液浆	防渗+强化	35~45	40~50	30~40	35~45

(6)质量检测

检测方法:可采用压水、注水或抽水试验、抽芯取样或动力触探等方法进行检测。

检测部位:应在地质条件复杂,或施工情况不正常对注浆质量有影响的部位进行。

检查数量:检查孔数量宜为注浆孔总数的5% ~10%。

3)管片拆除及马头门施工

(1)在联络通道两侧管片支撑和洞门区域土体加固完成后,应检测加固体的强度和漏水状况,检测合格后进行钢管片的拆除和联络通道马头门的施工。

(2)马头门施工前应在拱顶部位打入 $\phi42$ 的小导管并注入改性水玻璃浆液,小导管长度为1.75m,环向间距为300mm,打入土层的仰角为5°~8°。小导管中段以梅花形均布小孔,前端加工成锥形。

(3)施工时首先拆除上部钢管片,然后开挖上部土体并及时支护,待上部进洞1.5~2m后再进行下部钢管片拆除和下部土方的开挖、支护施工。拆除时要特别注意对钢管片和两侧混凝土管片的变形监测,并加强监测频率。

(4)马头门拱顶初期支护施工时,采用临时钢格栅进行封闭,待联络通道初支施工全部完成后,再破除临时钢格栅,反向开挖至设计拱顶。

(5)马头门钢格栅安装时必须与钢管片进行焊接,以保证马头门的施工安全,马头门钢格栅间距为225mm。

4)排水施工

联络通道底部开挖线高程为26.74m,根据地质资料,该处地下水位高程为28.95m,且地层为圆砾层,富含地下水。但根据现场实际调查,联络通道所处地层无地下水,因此不需要在开挖前进行降水施工,只需在联络通道开挖轮廓线下部设3根水平排水管,对洞内残留水进行排除。

排水管采用DN50钢管,钢管上梅花形均布小孔,孔径为6mm。排水管布置情况如图21-8所示。

5)初期支护施工

(1)土方开挖

由于联络通道上方建筑物密集,且全部为年代较久的民房,基础薄弱,因此在开挖前必须加强超前小导管注浆支护。开挖前沿拱顶打超前小导管,小导管一榀一打,管长为1.75m,环向间距为300mm。小导管必须穿过前榀钢格栅中腹,其打入土层的仰角为5°~8°。导管采用 $\phi42$ 的钢管,在小导管中段以梅花形均布小孔,前端加工成锥形。

注浆前先沿开挖工作面喷射厚度不小于100mm的C20混凝土作为止浆墙,然后将酸化的改性水玻璃浆液经导管小孔注入周围土体之中,注浆压力控制在0.3~0.5MPa,浆液注完30min后即可破除工作面混凝土止浆墙开始进行挖土作业。

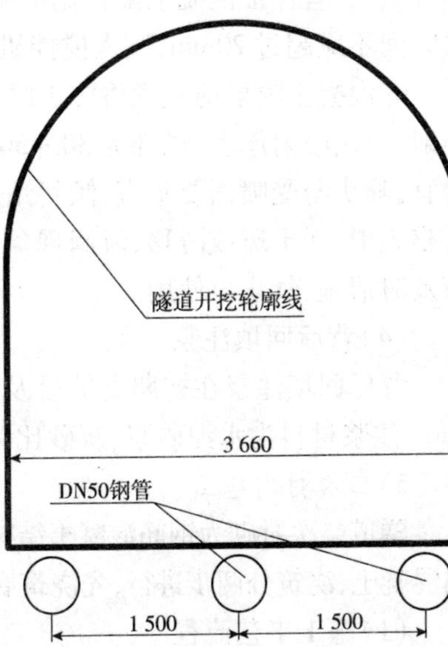

图21-8　排水管布置图(尺寸单位:mm)

联络通道开挖步距为0.75m，土方开挖采用正台阶法施工。施工时，先开挖拱部土方，开挖完成后立即进行拱部支护（安装钢格栅、喷射混凝土），然后开挖下部台阶土层，并进行底板及侧墙的初期支护，上下台阶间距保持2.0m。

开挖时以激光点控制开挖尺寸，严禁超、欠挖，并随时注意土体变化，做到“快开挖、快封闭”。

拱部开挖后尽早封闭，尽量减少顶部土方悬空时间，施工过程中密切注意掌子面土层情况，在地层变化处需对掌子面地层性状进行描述，并做好记录。

(2)安装钢格栅

钢格栅与钢筋网在工厂加工制作，第一榀钢格栅加工完成后要试拼，经检验合格后方可进行批量生产。

土方开挖后及时安装钢格栅，间距为0.75m。安装拱部格栅前将拱脚下虚土及其他杂物清理干净，连接板下垫方木（挖下部土方时拆除），防止拱部沉降。

钢格栅安装时，用激光指向仪控制高程，并测量好拱顶及两拱脚间距，保证整榀钢格栅不扭曲、歪斜。钢格栅间用ϕ22的纵向钢筋连接，纵向钢筋间距为1.0m，在拱部和角部必设一根，纵向钢筋连接采用焊接，焊接长度为10d（d为钢筋直径）。

安装钢格栅时，在格栅外侧设ϕ6@150mm×150mm的钢筋网片，网片搭接长度为150mm，网片与钢格栅绑扎牢固。

钢格栅连接处角钢用螺栓连接，并在格栅主筋处绑焊4根500mm长的ϕ22钢筋。

钢格栅安装完毕并经验收合格后方可进行下一道工序施工。

(3)喷射混凝土

①按设计要求，本工程喷射混凝土为C20混凝土，采用普通硅酸盐水泥，强度等级不低于42.5；集料为中砂和豆石，其中豆石粒径不大于12mm；外加剂为速凝剂。进入施工现场的原材料必须具有合格证或准用证，并及时提供给监理人员，经认可后方可使用。

②喷射混凝土按试验给定的配比通知单，进行配料施工。喷射混凝土前应做好原材料的计量工作，保证混凝土配合比准确。混合料使用搅拌机搅拌，要拌和均匀并随拌随用，存放时间不应超过20min，装入搅拌机前要过筛。

③混凝土喷射前注意将施工缝用高压风、水冲净，不实的混凝土应凿除。喷射时应分层喷射，一次喷射厚度：拱部为30~50mm，墙为50~80mm；喷射口至喷射面距离以0.8~1.2m为宜；喷头与受喷面要垂直，倾斜角度不大于10°。喷射人员要控制好水灰比，使受喷面表面平整光滑、无干斑或滑移、流淌现象。每层喷完后及时清理表面，使其平整度良好。回弹料应及时清理，禁止再使用。

(4)背后回填注浆

背后回填注浆在初期支护后及时进行，注浆孔用ϕ42的钢管布置在拱顶中心，间距为3m。注浆材料为水泥砂浆，灰砂比为1:1~1:1.3，水灰比为1:1，注浆压力为0.1~0.3MPa。

6)二次衬砌施工

隧道二次衬砌为钢筋混凝土结构，混凝土强度等级为C30，防水等级为P8。混凝土采用商品混凝土，浇筑分两步进行，先浇筑底板混凝土，再支立模板支撑体系浇筑边墙与拱部混凝土。

(1)施工工艺流程

二次衬砌的施工工艺流程为：准备工作→测量放线→绑扎底板钢筋→浇筑底板混凝

土→测量放线→绑扎拱墙钢筋→支立拱墙模板→浇筑拱墙混凝土→清理→填充注浆。

(2)清理底板及放线

隧道初期支护和防水完工后，将防水保护层表面杂物清理干净，然后在两边墙上放出隧道二次衬砌底板和墙的控制线。

(3)绑扎底板钢筋与浇筑底板混凝土

底板钢筋为 ϕ12@200 双排双向钢筋，绑扎底板钢筋时应预埋墙体立筋，钢筋净保护层为35mm。混凝土采用商品混凝土，坍落度应控制在180~200mm，混凝土由混凝土输送泵通过 ϕ125 输送管输送。浇筑过程中应及时将混凝土振捣密实，振捣间距不大于700mm，并严格控制底板高程，混凝土浇筑应保持连续性，最大间隔时间不得超过2h。

底板混凝土浇筑时应多浇筑300mm高的边墙混凝土，以方便侧墙模板的支立和施工缝的设置。

(4)绑扎边墙及拱部钢筋

底板混凝土浇筑完后放出边墙线及模板控制线，并根据设计要求绑扎边墙和拱部钢筋。拱墙环向及纵向分布钢筋都为 ϕ12@200，锚固长度为 $40d$，保护层厚度为35mm。

(5)支立拱墙模板

边墙模板采用普通钢模板，拱部采用100mm宽、1 200mm长的钢模板拼装，支撑采用160工字钢及 ϕ48 钢管配合可调支撑作为纵横向和斜向支撑，具体如图21-9所示。

模板拼装完成后，调节边墙与拱部的可调支撑，使模板内边线与通道二次衬砌轮廓线一致，同时拱顶模板要预留20mm的沉落量。

模板与支撑体系组装完成后要检查验收，包括支架的稳定性、模板的密封性、通道中心线及轮廓线。

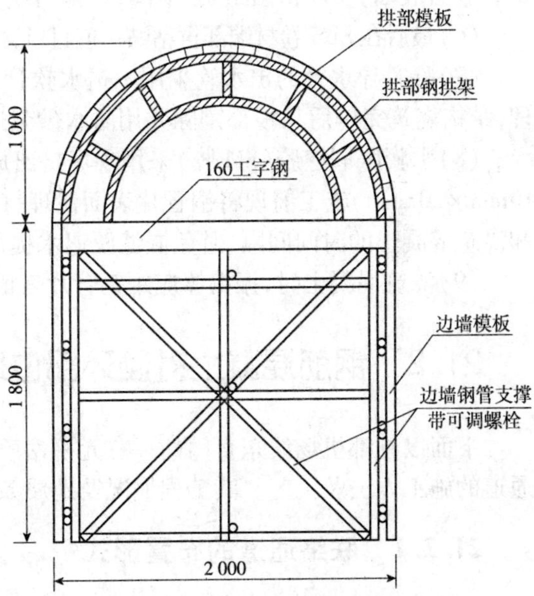

图 21-9　联络通道模板拱架示意图(尺寸单位:mm)

(6)浇筑拱墙混凝土

①拱墙混凝土浇筑分两次进行，以变形缝为界，首先浇筑中间部分拱墙混凝土，然后进行两侧洞门处混凝土的浇筑。

②中间部分混凝土浇筑时，拱顶处设置两个混凝土泵送口，采用混凝土输送泵接输送管灌注混凝土，并预留2根 ϕ32 的钢管(上端距防水层10mm，下端伸出模板以外200mm)，作为观察孔和放气孔，以确保混凝土模筑密实。

③两侧洞门部分混凝土浇筑时，各设置一个混凝土泵送口，并各预留1根 ϕ32 的钢管(上端距防水层10mm，下端伸出模板以外200mm)，作为观察孔和放气孔。

④浇筑过程中和结束前应派专人密切注意浇筑情况及模板、支撑的变化，防止浇筑不实或跑模。

⑤在二次衬砌浇筑完成后，利用观察孔进行二次衬砌背后注浆，注浆压力不得大于0.1MPa。

21.1.6 接合部位的防水施工方法及工艺

联络通道与盾构隧道钢管片接合部位的防水施工方法及工艺如下：

(1)联络通道与钢管片接口防水采用2mm厚的冷自粘式SBS防水卷材+水膨胀嵌缝胶+防水砂浆的形式。

(2)喷射混凝土初支施作完毕后，先将靠近洞门钢管片500mm范围内的喷射混凝土表面清理干净，然后用水泥砂浆进行找平处理，使基面平整、干净，无毛刺、流水；将钢管片露出部位的表面用钢刷处理干净，无灰尘、油污等。

(3)如果钢管片与初期支护连接角部无明显渗漏水，可直接用水泥砂浆进行倒角处理；如果渗漏水严重且通过注浆或表面封堵无法将水堵住时，则在角部先固定$\phi42$的临时导水管，然后在导水管的外面用防水砂浆覆盖压实，以不再渗漏水为主。防水砂浆采用与管片内侧嵌缝材料相同的氯丁胶乳聚合物水泥砂浆。

(4)在清理干净的基面上铺设无纺布缓冲层和ECB防水卷材，要求防水卷材的端部紧靠在倒角边缘，且尽量平整。

(5)先将裁剪好的冷自粘式SBS防水卷材贴在处理好的钢管片表面，然后再粘贴在ECB卷材表面，要求粘贴密实、牢固，不得出现空鼓、脱落部位。

(6)最后在SBS卷材端部再粘贴一道封口，封口同样采用2mm厚的冷自粘式SBS防水卷材。

(7)临时导水管的出水管采用不透水软管，穿过防水砂浆的部位需用封口胶进行封口处理，结构浇筑完毕后从根部割除并用防水砂浆进行封堵处理。

(8)水膨胀嵌缝胶(SM胶)采用现场挤出成型的方法粘贴在钢管片表面，其断面尺寸为10mm×20mm。施工前现将钢管片表面清理打磨干净，表面不得潮湿，尽量缩短设置嵌缝胶和浇筑混凝土的时间间隔，避免嵌缝胶遇水提前膨胀。

(9)浇筑混凝土时，振捣棒应距钢管片表面一定距离，防止振捣棒破坏嵌缝胶和防水层。

21.2 钢筋混凝土衬砌环部位联络通道的施工方法及工艺

下面以首都机场线东直门站—三元桥站盾构区间为例论述钢筋混凝土衬砌环部位联络通道的施工方法及工艺。其工程概况及地质条件见第16章的论述。

21.2.1 联络通道的布置形式

联络通道采用复合式衬砌、拱顶直墙式结构，联络通道初期支护厚度为250mm，二次衬砌厚度为300mm(仰拱厚350mm)。在初期支护和二次衬砌之间设置柔性外包防水层。

初期支护采用C20早强喷射混凝土；二次衬砌采用C30钢筋混凝土，抗渗等级为P10；细石混凝土保护层采用C15素混凝土。

21.2.2 联络通道处盾构隧道的管片类型

联络通道处盾构隧道的管片类型为两环钢筋混凝土管片，拼装方式采用通缝拼装，拼装位置为适合通道开洞口位置。

21.2.3　开口施工方法及工艺

破除(切割)联络通道口的钢筋混凝土管片前,在通道口处的隧道内架设临时刚性支撑,防止通道位置附近的管片由于管片切割发生过大变形。加固范围为盾构区间联络通道开口处及相临左右各10环管片,在加固范围内每环管片均设20号H型钢加固环,每块混凝土管片通过安装在提升孔处的钢旋塞与加固钢环焊接连接,加固钢环间用20号H型钢拉结,环内设20号H型钢辐条,加固钢环与混凝土管片间用钢板背紧,每块管片背紧点不少于两处。加固环与拉杆及辐条的连接采用螺栓连接。洞门加固前须先将加固范围内的管片连接螺栓全部复紧。待支撑安装完毕后,利用切割机破除通道洞门处管片。管片正式切割前按照设计提供的方位、尺寸要求,在被切割墙体上准确放线定位。具体施作采用碟式切割方法进行切割,为不损伤无需切割墙体,在每道切割段始端和终端先钻孔,再切割,并确保废弃管片的吊运安全施工。

21.2.4　接合部位的防水施工方法及工艺

盾构隧道与联络通道结构衔接处后浇防水混凝土环梁采用补偿收缩合成纤维防水混凝土或钢纤维防水混凝土浇筑,其混凝土强度等级应比联络通道混凝土高一级。它与现浇钢筋混凝土内衬墙、盾构管片的接缝处各设置两道遇水膨胀嵌缝胶,并在两道嵌缝胶之间预埋注浆管,注浆管在拱部及两侧拱腰处经由注浆导管引出。

21.2.5　联络通道的施工方法及工艺

21.2.5.1　联络通道施工工艺流程

联络通道的施工工艺流程为:联络通道洞门管片支撑→注浆加固土体→凿除通道开口处混凝土管片→洞门补浆→超前支护→土方分台阶开挖→安装钢格栅、挂钢筋网片并喷射混凝土→防水层铺设→绑扎底板钢筋→浇筑底板混凝土→绑扎拱墙钢筋→安装二次衬砌模板→浇筑拱墙混凝土→拆摸并养护→其他设施安装。

21.2.5.2　施工方法

1)洞门凿除施工

(1)洞门土体加固

采用洞内双液注浆加固联络通道洞门上下、左右各3m、长10m范围土体。注浆施工主要分两部分进行:首先通过盾构隧道开口段两环及左右各三环钢筋混凝土管片的吊装孔插管注浆加固,其次在开洞门的混凝土区域钻孔注浆,最后待洞门部位管片拆除后,对其他区域进行补充注浆施工。注浆加固方法及其范围如图21-7、图21-10和图21-11所示。

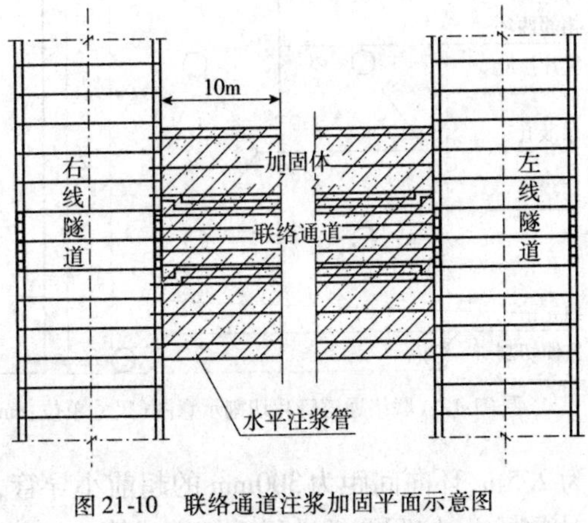

图21-10　联络通道注浆加固平面示意图

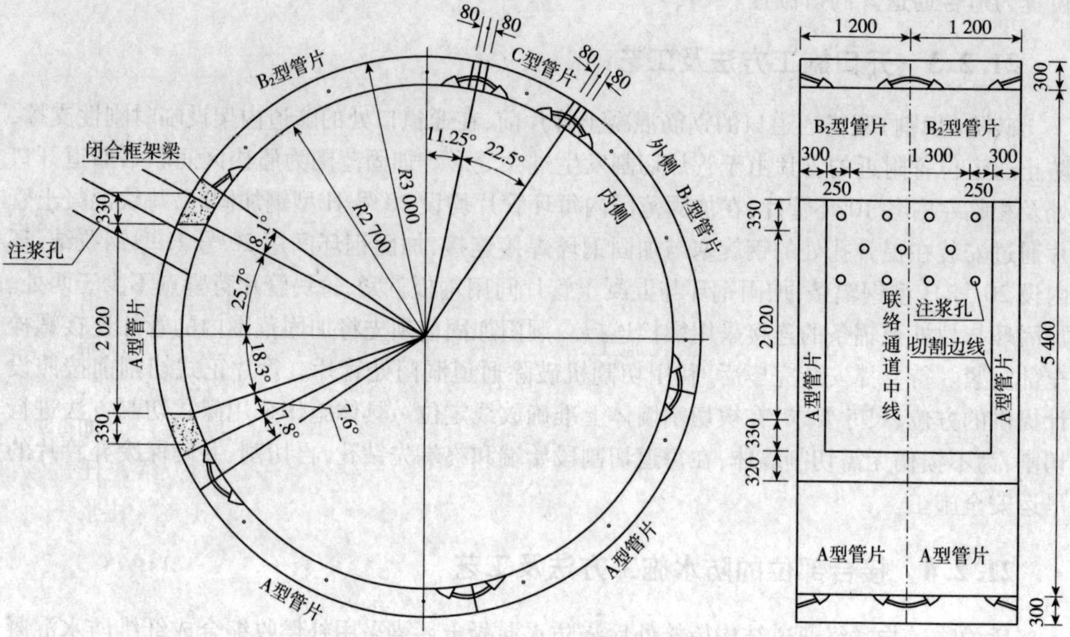

图 21-11　联络通道开口处注浆加固平面、断面示意图(尺寸单位:mm)

(2)洞门凿除施工

破除(切割)联络通道口的混凝土管片前,在通道口处的隧道内架设临时刚性支撑,防止通道位置附近的管片由于管片拆除发生过大变形。加固范围为盾构区间联络通道开口处及相邻左右各 10 环管片,待支撑安装完毕后,利用切割机破除通道洞门处管片。管片正式切割前按照设计提供的方位、尺寸要求,在被切割墙体上准确放线定位。具体施作采用碟式切割方法进行切割,为不损伤无需切割墙体,在每道切割段始端和终端先钻孔,再切割,并确保废弃管片的吊运安全施工。联络通道管片切割如图 21-12 所示。

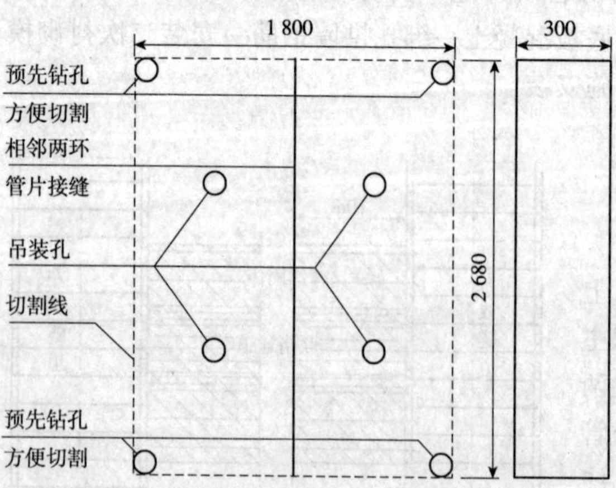

图 21-12　联络通道管片切割示意图(尺寸单位:mm)

(3)马头门施工

为了保证施工安全,把管片分为上下两部分进行破除,先进行上半部分施工。打开管片后,如图 21-13 所示在拱部的开挖轮廓线上方进行超前小导管支护体系施工,超前小导管长度为 2.5m,环向间距为 300mm,小导管注 1:1 的水泥—水玻璃双液浆。加固体强度形成后进行上台阶的开挖,直接安装第三榀钢格栅形成支护结构,上台阶完成 5m 后,进行下半部分的管片破除与下台阶的开挖。待洞体贯通后,在第三榀格栅处向管片上方打设长度为 2.5m,环向间距为 300mm 的超前小导管,小导管注 1:1 的水泥—水玻璃双液浆,再破除喷射混凝土,按照图纸进行反挖完成第一、二榀钢格栅的施工。

2)超前支护施工

联络通道土方开挖前,采用超前小导管注浆加固土体。小导管采用 DN32 的钢管加工,每根长度为 2.5m,在导管中段以梅花形均布小孔,前端加工成锥形。小导管沿拱顶环向布置,间距为 30cm,外插角为 5°~10°,沿隧道纵向每两榀格栅打设一道小导管,小导管必须穿过前榀钢格栅中腹。小导管施工前喷射混凝土将工作面封闭,沿开挖轮廓线测放出小导管钻设位置。小导管使用小钻机钻孔施工,其孔深略大于小导管长度。注浆前用压缩空气将管内积物吹净,孔口采取暂时封堵措施。注浆时,将钢管尾部及孔口周边空隙封堵,钢管尾部使用止浆塞,孔周边用快凝水泥进行封堵。采用水泥—水玻璃双液浆进行注浆加固。浆液在现场配制,配制的浆液应与注浆速度相应,浆液必须在规定时间内用完,禁止任意延长停放时间。注浆时应注意检查各连接管件的连接状态,对注浆速度应严格控制,注浆压力经试验确定,一般为 0.3~0.5MPa。注浆后 2h 方可进行土方开挖。

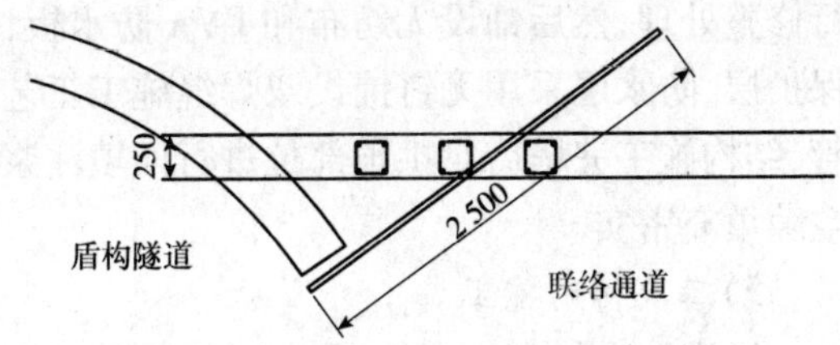

图 21-13　马头门超前小导管施工示意图(尺寸单位:mm)

CT4 联络通道上方为交通量非常大的机场高速路,为保证路面安全减少地表沉降,在本段联络通道施工时采用双层小导管,第二层小导管打设角度为 30°~45°。

3)土方开挖

土方开挖采用留核心土上下台阶法施工。施工时,先开挖拱部土方,开挖完成后立即进行拱部支护(安装钢格栅、喷射混凝土),并施作锁脚锚管,然后开挖核心土体,并进行下台阶的开挖和初期支护,初期支护封闭,上下台阶间距保持 3.0m。开挖采用探挖的方法,即采用 5m 洛阳铲向前探挖,以了解前方土层及地下水情况,待旁站人员确认安全不需要处理后进行开挖作业。开挖 3m 后,再进行地层的探挖。

开挖时以激光点控制开挖尺寸,严禁欠挖,并随时注意土体变化,做到“快开挖、快封闭”。

拱部开挖后尽早封闭,尽量减少顶部土方悬空时间。施工过程中密切注意掌子面土层情况,在地层变化处需对掌子面地层性状进行描述,并做好记录。联络通道断面纵向施工步骤如图 21-14 所示。

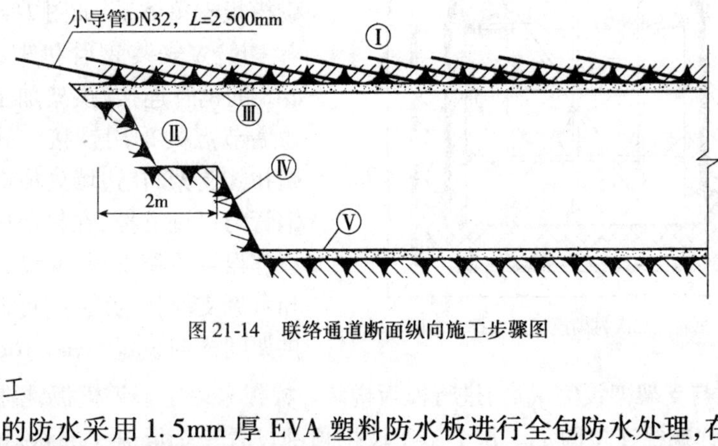

图 21-14　联络通道断面纵向施工步骤图

4)防水施工

联络通道的防水采用 1.5mm 厚 EVA 塑料防水板进行全包防水处理,在防水层内表面设置注浆系统,塑料防水板缓冲层材料采用 $400g/m^2$ 的无纺布。防水层敷设前先对基面进行修整处理，然后铺设无纺布和 EVA 防水板；防水板敷设后，在防水板表面铺设无纺布作为保护层，防水层采用无钉铺设双焊缝施工工艺。结构二次衬砌施工前，在拱顶部位预埋注浆管，结构施工完毕后对拱顶部位进行回填注浆处理，将拱顶部位的二次衬砌与防水板之间的空隙填充密实。

5）二次衬砌施工

通道二次衬砌为钢筋混凝土结构，混凝土强度等级为 C30，防水等级为 P10。

二次衬砌混凝土浇筑分两步进行，先浇筑底板混凝土，再支立模板支撑体系浇筑边墙和拱部混凝土。纵向以 8m 为一段进行施工。

（1）工艺流程

二次衬砌的施工工艺流程如下：

绑扎底板钢筋→浇筑底板混凝土→绑扎边墙与拱部钢筋→架设模板支撑体系→封堵头模板→浇筑边墙与拱部混凝土→拆模并养护。

（2）施工方法

①底板混凝土的施工步骤如下：

a. 底板混凝土浇筑前在两侧边墙上设置底板高程控制线，并在底板中部钢筋上焊接直立短钢筋，其上设置底板高程控制点。

b. 与区间管片相接处设置变形缝，在底板混凝土浇筑前将止水带固定好。

c. 混凝土浇筑使用混凝土地泵泵送，插入式振捣棒振捣密实。混凝土振捣时要防止破坏防水层。

d. 混凝土表面使用刮杠刮平，再用木抹子赶浆，最后用铁抹子压光。

e. 在底板混凝土初凝前插入一些短钢筋，用以固定边墙与拱部模板支撑体系。

②边墙与拱部的施工步骤如下：

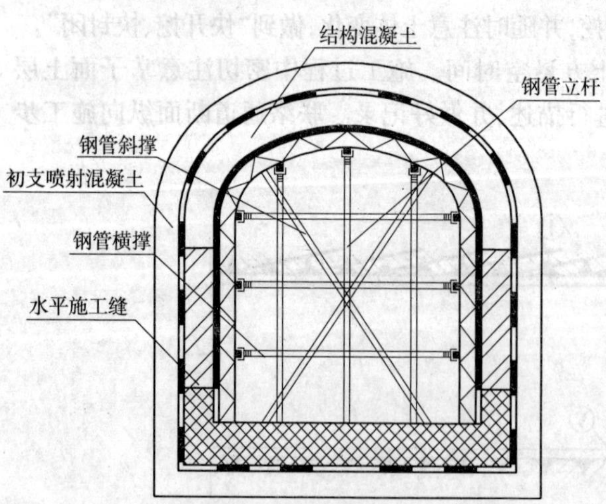

图 21-15　横通道二次衬砌模板及支撑示意图

a. 边墙与拱部模板采用钢模板拼装，组合式钢管拱架、600mm × 600mm 碗扣式脚手架及 $\phi48$ 钢管配合可调支撑作为纵横向和斜向支撑，形成二次衬砌模板支撑体系，如图 21-15 所示。

b. 先安装钢管拱架，拱架间使用 $\phi48$ 的钢管连接，拱架加工时在拱脚与边墙节点处采用铰接方式。然后架设碗扣式支架，在边墙处横向设置 $\phi48$ 的钢管与可调支撑，在拱部碗扣支架立杆顶部设置可调支撑，并设置 $\phi48$ 的钢管和可调支撑作为斜撑，可调支撑与钢管拱架间横向设置 5cm × 10cm 的方木。

c. 钢管拱架与支架架设完成后，进行模板拼装。模板采用定型钢模板，模板与钢管拱架间使用卡具与弯钩螺栓连接固定。每个施工段拱顶部设置一个混凝土泵送口，每两个泵送口间设置一根 $\phi32$ 的钢管，钢管上端贴近防水层，作为混凝土浇筑时的排气口和二次衬砌背后注浆口;边墙每侧每隔 2m 设置一个混凝土泵送口。最后安装端头模板。

d. 模板拼装完成后,调节边墙与拱部的可调支撑,使模板内边线与通道二次衬砌轮廓线一致,同时拱顶模板要预留 20mm 的沉落量。

e. 模板与支撑体系组装完成后要检查验收,包括支架的稳定性、模板的密封性、通道中心线及轮廓线。

③混凝土浇筑。联络通道采用 C30 模筑混凝土浇筑,混凝土采用预拌混凝土,二次倒运到达工作面,人工入模浇捣混凝土。混凝土浇筑时边墙部分从两侧浇筑口灌入,要对称浇筑,每次浇筑的高度为 50 ~ 60cm;拱顶部混凝土由顶部浇筑口灌入。混凝土浇筑过程中要随时检查支撑体系的稳定及模板的变形情况,发现问题及时处理。

④拆模及养护。二次衬砌拆模时混凝土强度不得小于设计强度的 80%,因此拆模时间由同条件养护试块的强度确定。拆模后喷水养护时间不少于 7d。

⑤二次衬砌背后注浆。二次衬砌拆模,且混凝土强度达到设计要求后,进行背后注浆来充填二次衬砌与防水层间的空隙,增强混凝土的密实度,提高防水质量。利用预埋的注浆管注入水泥浆,水灰比为 0.6 ~ 1.25,同时为减少水泥浆泌水,在水泥浆中掺入减水剂。注浆压力不要过高,只要克服注浆管阻力和二次衬砌与防水层间的空气阻力即可,注浆压力控制在 0.3MPa,压力超过 0.5MPa 时停止注浆。

21.3　联络通道与泵房的施工方法及工艺

下面以地铁 10 号线国贸站—双井站盾构区间为例来论述联络通道与泵房的施工方法及工艺。其工程概况及地质条件见 18.2 节的论述。

21.3.1　联络通道与泵房的布置形式

地铁 10 号线国贸站—双井站盾构区间的联络通道与泵房的布置形式如图 21-16 所示。

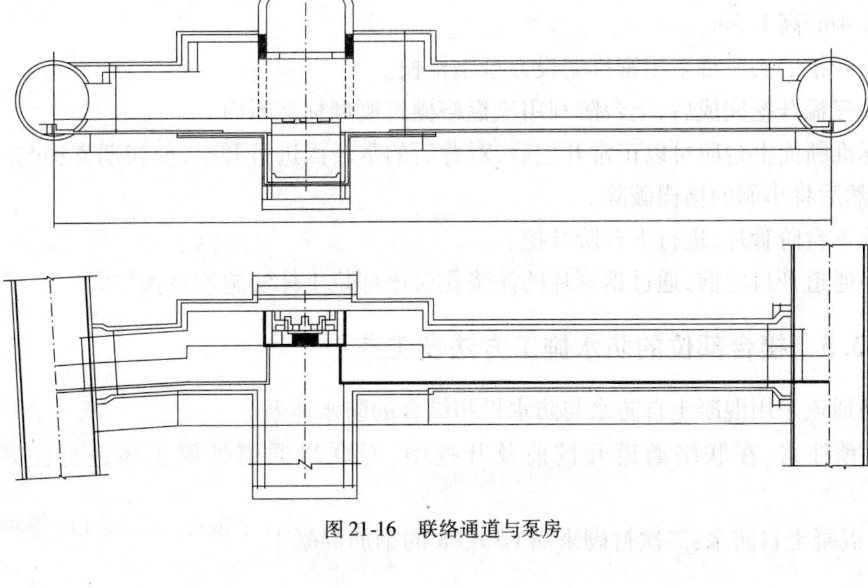

图 21-16　联络通道与泵房

在盾构区间隧道的 K22 + 104 处,联络通道与泵房以及通风井合设一处。在 K22 + 104 ~ K22 + 140 范围内设一处迂回风道。

21.3.2 开口施工方法及工艺

联络通道与盾构隧道连接处需切除部分管片。隧道开口处铺设特殊管片,完成后施作型钢临时支撑,如图 21-17 所示。施工时可根据地质条件、开口大小和施工方便等实际情况灵活变通,以保证安全质量。支撑架设牢固后,切割管片开洞,施作开口闭合框架梁,待达到设计强度后方可进行联络通道施工。

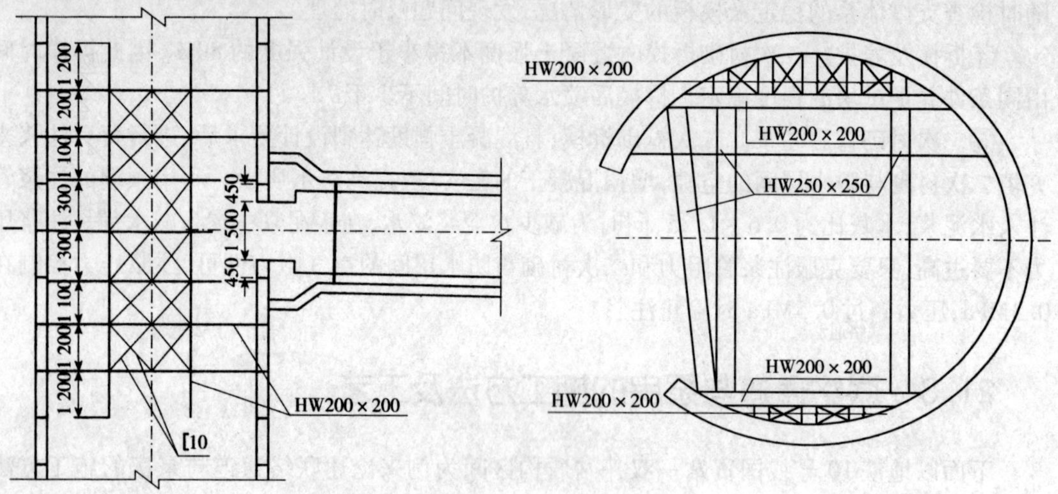

图 21-17 型钢临时支撑示意图(尺寸单位:mm)

为便于联络通道的开口施工,在盾构开挖时,采用了特殊管片,连续两环 F 型块拼装在 9 点和 3 点(左线为 9 点,右线拼装在 3 点)。为最大程度的保护开挖隧道背后土体的稳定性,采用 WSS 预先注浆。开口的时候,先破除封顶块及部分上台阶管片,然后进行小洞开挖。小洞宽 2.4m,高 1.5m。

小洞开挖的头三榀采用密排架设方型钢格栅。

待头三榀开挖完成后,上台阶利用三榀格栅过渡到标准断面。

待标准断面上台阶可以正常开挖后,对背后的掌子面进行开挖,使初期支护与隧道管片相连接,然后将小洞的格栅破除。

破除下台阶管片,进行下台阶开挖。

联络通道开口之前,通过钢管片的注浆孔对该部位土体实施注浆预加固。

21.3.3 接合部位的防水施工方法及工艺

联络通道采用混凝土自防水与防水板相结合的防水体系。

(1)预注浆:在联络通道开挖前及开挖中,对联络通道外侧土体进行注浆加固及止水。

(2)混凝土自防水:二次衬砌采用 C30、P8 的钢筋混凝土。

(3)塑料防水板防水：在初期支护与二次衬砌之间铺设土工布缓冲层及 1.5mm 厚的 ECB 防水板(图 21-18)。

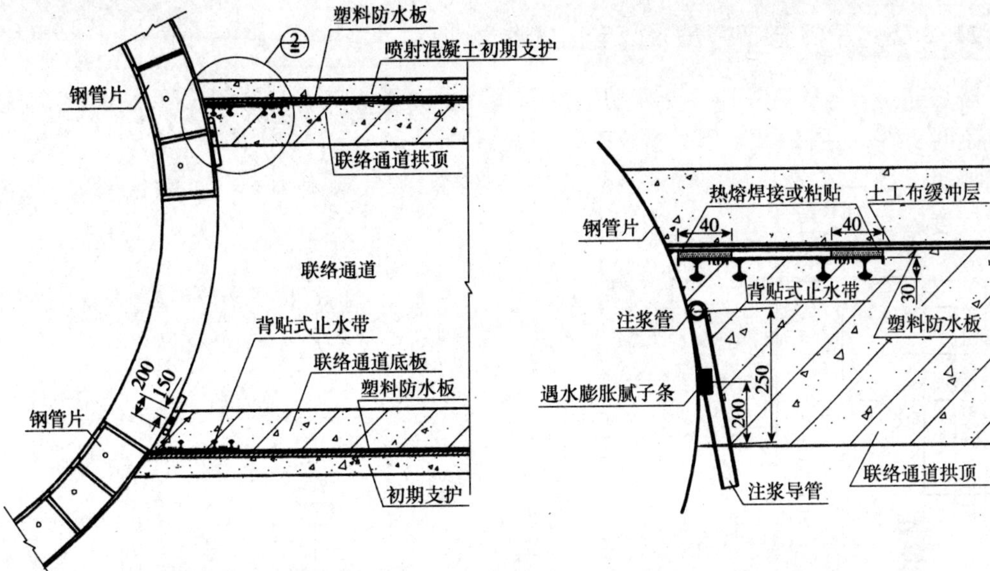

a) 联络通道与盾构隧道接口防水图　　b)接口防水做法详图

图 21-18　联络通道与盾构隧道接口防水细部节点图(尺寸单位：mm)

21.3.4　联络通道的施工方法及工艺

联络通道包含两种断面：一般断面和泵房断面。开挖面大小分别为 5 360mm ×5 400mm 和 7 920mm ×7 200mm。联络通道采用矿山法施工。一般断面采用台阶法开挖，每步开挖步距为 50 ~70cm，不得超挖、倒挖；上下台阶错开 4 ~5m，留置核心土不少于 2m，如图 21-19 所示。

泵房断面尺寸较大，采用 CRD 法施工，如图 21-20 所示。施工时，洞室之间开挖面的错开距离不小于 5m，即洞室 1 的开挖与支护进尺达 5m 后才可进行洞室 2 的开挖与支护。

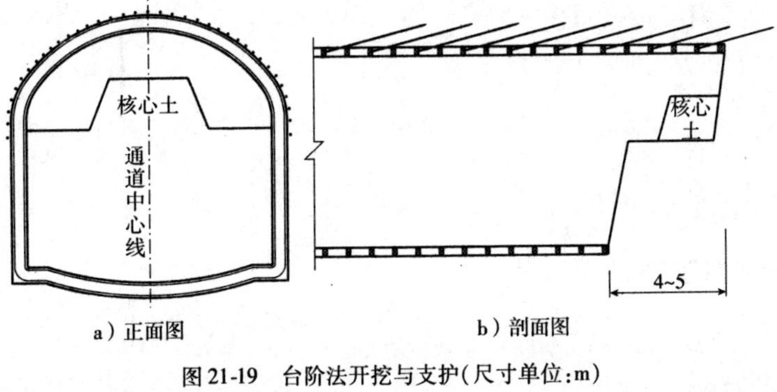

a）正面图　　b）剖面图

图 21-19　台阶法开挖与支护(尺寸单位：m)

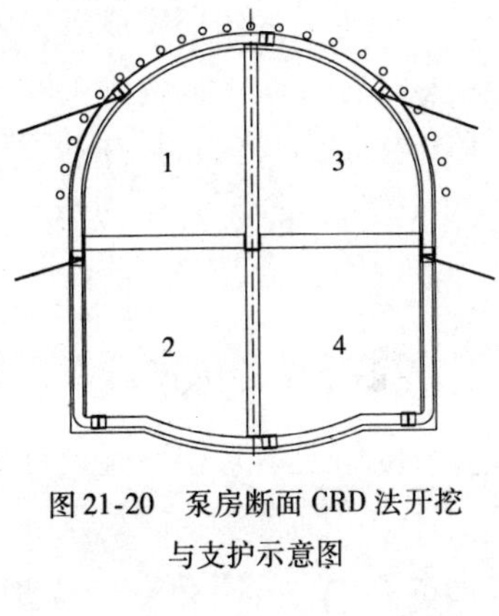

图 21-20　泵房断面 CRD 法开挖与支护示意图